민법판례
- 총칙편 -

머 리 말

이 책은 필자가 민법총칙을 강의하면서 보조자료로 활용한 판례들을 보완하여 출간하게 되었다. 민법의 기초실력을 배양하기 위해서는 구체적인 분쟁의 모습을 통하여 개개의 법원칙이나 법제도의 의미를 정확하게 이해하고 해결할 수 있는 능력을 갖추는데 초점이 맞추어져야 할 것이다.

판례는 구체적 사실관계를 전제로 하여 실정법의 의미를 밝히는 중요한 자료이므로 사실관계의 파악, 쟁점의 추출 그리고 이러한 문제를 해결하기 위해 어떠한 법적 추론이 전개되는지에 대한 검토작업은 법률규정과 법이론을 이해하는데 매우 중요하다. 그래서 교과서 내용의 전반에 대해 쉽게 이해할 수 있도록 일반적인 교과서의 편제에 따라 판례를 정리하였다. 다만 교과내용의 개별적 사항에 적합한 판례를 선별하는 것이 쉬운 작업은 아니었지만, 가능한 한 추상적인 법이론을 구체적 사례에 적용하는 전개과정이 명확하게 드러나는 판례들을 정리하고자 노력하였고, 특히 중요 판례에는 사실관계, 소송의 경과, 쟁점 등을 정리해둠으로써 다툼의 과정을 생생하게 알 수 있도록 하였다.

아무쪼록 이 책이 민법총칙을 공부하는 학생들의 판례 이해에 작은 도움이나마 될 수 있기를 바란다. 더불어 판례학습을 통해 구체적인 분쟁과정을 익히는 것도 중요하지만, 판례를 공부함에 있어서는 기본과목에서의 이론적인 문제들에 대해 정확하게 이해하고 있음을 전제로 하고 있다는 점을 잊어서는 안 될 것이다.

끝으로 이 책의 출판을 위해 세심한 배려와 큰 도움을 준 (도서출판)에듀컨텐츠휴피아의 이상열 대표를 비롯한 임직원 여러분께도 감사의 말을 전한다.

2022년 12월
이 준 영

차 례

제1장 서론 · 3

제1절 민법의 법원 · 5
- I. 관습법 · 5
  - 1. 의의 및 성립요건 · 5
  - 2. 효력 · 13
  - 3. 관습법과 사실인 관습 · 14
- II. 조리 · 16
- III. 판례 · 21

제2절 민법의 해석 · 23
- I. 민법해석의 목적 · 23
- II. 민법해석의 방법 · 24

제2장 법률관계와 권리의 행사 · 25

제1절 법률관계와 권리·의무 · 27
- I. 법률관계 · 27
- II. 권리의 종류 · 29

제2절 권리의 행사 · 31
- I. 신의칙의 기본법리 · 31
- II. 신의칙의 구체적 적용사례 · 43

제3장 권리의 주체

제1절 자연인

I. 권리능력
1. 권리능력의 의의 ········ 109
2. 권리능력의 시기 ········ 110
3. 태아의 권리능력 ········ 113
4. 권리능력의 종기 ········ 118

II. 의사능력
1. 의사능력 여부의 판단 ········ 123
2. 효과 ········ 128

III. 행위능력
1. 미성년자 ········ 133
2. 피성년후견인 ········ 140
3. 제한능력자의 상대방 보호 ········ 143

IV. 부재, 실종
1. 부재자 ········ 145
2. 실종선고 ········ 153

V. 동시사망의 추정 ········ 158

제2절 법인

I. 법인의 설립
1. 비영리 사단법인의 설립 ········ 162
2. 재단법인의 설립 ········ 165

II. 법인의 능력
1. 법인의 권리능력 ········ 170
2. 법인의 행위능력 ········ 177
3. 법인의 불법행위능력 ········ 179

Ⅲ. 법인의 기관 ··· 186
　　　1. 이사 ·· 186
　　　2. 임시이사·직무대행자 등 ··· 200
　　　3. 의사결정기관: 사원총회 ·· 206
　　Ⅳ. 법인의 주소·정관변경 및 소멸 ··································· 213
　　　1. 정관변경 ·· 213
　　　2. 법인의 소멸 ··· 217
　　Ⅴ. 법인 아닌 사단과 재단 ··· 219
　　　1. 의의 ·· 219
　　　2. 법률관계 ·· 220

제4장 권리의 객체 ·· 237
　　Ⅰ. 부동산과 동산 ·· 239
　　Ⅱ. 주물과 종물 ··· 241
　　Ⅲ. 원물과 과실 ··· 249

제5장 권리변동 ·· 253
제1절 법률행위 ·· 255
제1관 법률행위의 해석 ·· 255
　　Ⅰ. 법률행위 해석의 목표 ··· 255
　　Ⅱ. 법률행위 해석의 방법 ··· 256
　　　1. 자연적 해석 ··· 256
　　　2. 규범적 해석 ··· 259
　　　3. 보충적 해석 ··· 265

Ⅲ. 법률행위 해석의 표준 ·· 269
　　　1. 당사자가 기도한 목적 ·· 269
　　　2. 거래관행 ··· 270
　　　3. 신의성실의 원칙 또는 조리 ·································· 272
제2관 법률행위의 목적 ··· 277
　　Ⅰ. 법률행위 목적의 확정성 ·· 277
　　Ⅱ. 법률행위 목적의 실현가능성 ···································· 278
　　　1. 원시적 불능 ··· 278
　　Ⅲ. 법률행위 목적의 적법성 ·· 282
　　　1. 강행법규의 의의 ··· 282
　　　2. 강행법규와 단속법규와의 관계 ································ 284
　　Ⅳ. 법률행위 목적의 사회적 타당성 ·································· 291
　　　1. 사회질서 위반의 성립요건 ···································· 291
　　　2. 사회질서 위반행위의 구체적 사례 ····························· 301
　　　3. 사회질서 위반의 효과 ·· 318
　　Ⅴ. 불공정한 법률행위 ··· 324
　　　1. 적용범위 ·· 324
　　　2. 성립요건 ·· 327
　　　3. 증명책임 ·· 331
　　　4. 효과 ··· 332

제2절 의사표시 ·· 334
제1관 의사표시의 의의와 본질 ·· 334
제2관 흠 있는 의사표시 ·· 338
　　Ⅰ. 진의 아닌 의사표시 ·· 338
　　　1. 요건 ··· 338
　　　2. 효과 ··· 344
　　　3. 적용범위 ·· 345

II. 허위표시 ··········· 348
1. 의의 ··········· 348
2. 요건 ··········· 350
3. 효과 ··········· 355

III. 착오 ··········· 380
1. 의의 ··········· 380
2. 요건 ··········· 382
3. 착오의 효과 ··········· 411
4. 적용범위 ··········· 422

IV. 사기·강박에 의한 의사표시 ··········· 423
1. 사기에 의한 의사표시 ··········· 423
2. 강박에 의한 의사표시 ··········· 431
3. 사기·강박에 의한 의사표시의 효과 ··········· 436

제3절 법률행위의 대리 ··········· 447

I. 대리권 ··········· 447
1. 대리권의 발생원인 ··········· 447
2. 대리권의 범위 및 제한 ··········· 450
3. 대리권의 남용 ··········· 457

II. 대리행위 ··········· 462
1. 현명주의 ··········· 462
2. 대리행위의 하자 ··········· 472

III. 대리의 효과 ··········· 474

IV. 복대리 ··········· 475
1. 대리인의 복임권과 그 책임 ··········· 475

V. 무권대리 ··········· 478
1. 표현대리 ··········· 478
2. 협의의 무권대리 ··········· 499

제4절 무효와 취소 ··· 515
I. 무효 ··· 515
1. 무효의 유형 ·· 515
2. 무효행위의 전환 ·· 526
3. 무효행위의 추인 ·· 528
4. 무권리자의 처분행위에 대한 추인 ······················ 530
II. 취소 ·· 532
1. 취소권 ·· 532
2. 취소할 수 있는 법률행위의 추인 ························ 536

제5절 조건과 기한 ·· 541
I. 조건 ··· 541
1. 조건의 의의 ·· 541
2. 조건을 붙일 수 없는 법률행위 ··························· 544
3. 조건의 성취와 불성취 ······································· 545
4. 조건부 법률행위의 효력 ···································· 559
II. 기한 ·· 562
1. 불확정기한과 정지조건의 구별 ··························· 562
2. 기한의 이익 ·· 565

제6장 소멸시효 ·· 567
I. 소멸시효 일반 ·· 569
1. 제척기간을 둔 권리의 행사방법 ························· 569
2. 제척기간을 정하지 않은 권리의 행사방법 ··········· 575
II. 소멸시효의 요건 ·· 577
1. 소멸시효의 대상 ·· 577
2. 권리의 불행사 ·· 584
3. 권리불행사의 상태가 일정기간 계속될 것 ··········· 602

III. 소멸시효의 중단과 정지 ·· 611
　1. 소멸시효의 중단 ··· 611
　2. 소멸시효중단의 효력 ·· 671
IV. 소멸시효의 효과 ··· 675
　1. 소멸시효 완성의 효과 ··· 675
　2. 소멸시효이익의 포기 ·· 692

판례색인 ·· 703

민법판례

- 총칙편 -

이 준 영 著
(전북대학교 법학전문대학원 교수)

제1장 서론

제1절 민법의 법원

제2절 민법의 해석

에듀컨텐츠·휴피아
CH Educontents·Huepia

제1절 민법의 법원

I. 관습법

1. 의의 및 성립요건
§ 1-1 관습법의 의의와 성립요건
❶ 대법원 2003. 7. 24. 선고 2001다48781 전원합의체 판결 【소유권이전등기등】

사실관계
A(장O산)는 X 토지의 소유권자로서 甲 등(A의 딸 및 외손자)을 두고 1950. 6. 30. 사망하였다. 한편 B(서O수)는 A의 사후양자로 입양된 사실이 없음에도 호적에 양자로 입적되어 호적상 그 재산상속인의 외관을 갖추고 있었다. 당시 A에 대한 사망신고가 되어 있지 아니하여 호적부상 A가 생존한 것으로 되어 있어 결과적으로 B가 A의 딸 및 외손자인 甲 등과 함께 X 토지를 공동상속한 것으로 오인될 만한 외관을 갖추게 되었다. 이에 따라 A가 사망하자 B가 다른 상속인들과 X 토지를 공동상속하였고, B가 사망한 후에는 B의 상속인 C가 1994년 재산상속을 원인으로 X 토지에 대하여 상속등기를 경료한 후, 이를 乙에게 매각하여 소유권이전등기를 마쳤다. 그 후 이와 같은 사실을 알게 된 甲 등은 1998. 3. 18. 상속재산인 X 토지의 진정한 상속인임을 전제로 하여, C로부터 X 토지를 전득한 乙을 상대로 乙 명의의 위 소유권이전등기가 원인무효라고 주장하면서 진정명의회복을 원인으로 한 소유권이전등기절차의 이행의 소를 제기하였다.

원심판단
원심법원은 甲이 그 소유권 또는 지분권의 귀속을 내세우는 주장이 위와 같이 상속을 원인으로 하는 것인 이상 그 청구원인 여하에 불구하고 민법이 정하는 상속회복청구의 소에 해당한다고 보아야 할 것이고, 민법은 부칙 제25조 제1항에서 "이 법 시행 전에 개시된 상속에 관하여는 이 법 시행일 후에도 구법의 규정을 적용한다."라고 정하고 있음을 밝히고, A(장O산)의 실제 사망일은 민법 시행 전(1960. 1. 1.부터 시행된 것)이므로 민법 시행 전의 상속회복청구권의 소멸기간에 관한 관습법이 적용되어야 하고, 그에 따르면 상속회복청구권은 상속이 개시된 날로부터 20년이 경과하면 소멸되었다고 보아야 할 것인데, 그 상속이 개시된 6·25 사변 무렵으로부터 20년이 경과한 후 이 사건 소가 제기되었으므로 이 사건 소는 부적법하다고 판단하였다.

판결이유
……

2. 가. *<관습법의 의의와 효력>* 관습법이란 사회의 거듭된 관행으로 생성한 사회생활규범이 사회의 법적 확신과 인식에 의하여 법적 규범으로 승인·강행되기에 이른 것을 말하고, 그러한 관습법은 바로 법원(법원)으로서 법령과 같은 효력을 가져 법령에 저촉되지 아니하는 한 법칙으로서의 효력이 있는 것인바(대법원 1983. 6. 14. 선고 80다3231 판결 참조), *<관습법의 성립요건>* 사회의 거듭된 관행으로 생성한 어떤 사회생활규범이 법적 규범으로 승인되기에 이르렀다고 하기 위하여는 그 사회생활규범은 헌법을 최상위 규범으로 하는 전체 법질서에 반하지 아니하는 것으로서 정당성과 합리성이 있다고 인정될 수 있는 것이어야 하고, 그렇지 아니한 사회생활규범은 비록 그것이 사회의 거듭된 관행으로 생성된 것이라고 할지라도 이를 법적 규범으로 삼아 관습법으로서의 효력을 인정할 수 없다고 할 것이다.

그런데 *<민법 시행 전 상속회복청구권에 대한 관습법의 효력상실 여부(소극) (민법 제1조, 제999조)>* 제정 민법(1958. 2. 22. 법률 제471호로 공포되어 1960. 1. 1.부터 시행된 것)이 시행되기 전에 존재하던 관습 중 "상속회복청구권은 상속이 개시된 날부터 20년이 경과하면 소멸한다."는 내용의 관습은, 이를 적용하게 되면 위 20년의 경과 후에 상속권 침해행위가 있을 때에는 침해행위와 동시에 진정상속인은 권리를 잃고 구제를 받을 수 없는 결과가 되므로 진정상속인은 모든 상속재산에 대하여 20년 내에 등기나 처분을 통하여 권리확보를 위한 조치를 취하여야 할 무거운 부담을 떠안게 되는데, 이는 소유권은 원래 소멸시효의 적용을 받지 않는다는 권리의 속성에 반할 뿐 아니라 진정상속인으로 하여금 참칭상속인에 의한 재산권침해를 사실상 방어할 수 없게 만드는 결과로 되어 불합리하고, 헌법을 최상위 규범으로 하는 법질서 전체의 이념에도 부합하지 아니하여 정당성이 없으므로, 위 관습에 법적 규범인 관습법으로서의 효력을 인정할 수 없다고 할 것이다.

그럼에도 불구하고, 위 관습에 법적 규범인 관습법으로서의 효력을 인정하고 이를 적용하여 원고들의 이 사건 청구가 상속개시일로부터 20년이 경과됨으로써 소멸되었다고 판단한 원심판결에는 관습법에 관한 법리를 오해하여 판결에 영향을 미친 위법이 있다고 할 것이다.

이와 달리, 위 관습을 법적 규범인 관습법으로서의 효력이 있는 것으로 보아 이를 적용할 수 있다고 판시한 대법원 1981. 1. 27. 선고 80다1392 판결, 1991. 4. 26. 선고 91다5792 판결, 1998. 4. 24. 선고 96다8079 판결 등은 이 판결의 견해에 배치되는 범위 내에서 이를 모두 변경하기로 한다.

이와 달리, 위 관습을 법적 규범인 관습법으로서의 효력이 있는 것으로 보아 이를 적용할 수 있다고 판시한 대법원 1981. 1. 27. 선고 80다1392 판결, 1991. 4. 26. 선고 91다5792 판결, 1998. 4. 24. 선고 96다8079 판결 등은 이 판결의 견해에 배치되는 범위 내에서 이를 모두 변경하기로 한다.

나. 나아가 헌법재판소는 2001. 7. 19. 선고 99헌바9·26·84, 2000헌바11, 2000헌

가3, 2000헌가23(병합) 결정에 의하여, 구 민법(2002. 1. 14. 법률 제6591호로 개정되기 전의 것) 제999조 제2항 중 "상속이 개시된 날부터 10년" 부분과 구 민법(1990. 1. 13. 법률 제4199호로 개정되기 전의 것) 제999조에 의하여 준용되는 제982조 제2항 중 "상속이 개시된 날로부터 10년" 부분은 헌법에 위반된다는 결정을 하였는바, <***헌법재판소 위헌결정의 효력 범위*** *(헌법재판소법 제47조 제2항)*> 헌법재판소의 위헌결정의 효력은 위헌제청을 한 당해 사건, 위헌결정이 있기 전에 이와 동종의 위헌 여부에 관하여 헌법재판소에 위헌여부심판제청을 하였거나 법원에 위헌여부심판제청신청을 한 경우만이 아니라, 따로 위헌제청신청은 하지 아니하였지만 당해 법률 또는 법률의 조항이 재판의 전제가 되어 법원에 계속중인 사건과 위헌결정 이후에 위와 같은 이유로 제소된 일반 사건에도 미치는 것이다(대법원 1993. 1. 15. 선고 92다12377 판결, 1994. 2. 22. 선고 93다58295 판결, 1996. 3. 12. 선고 95다40755 판결, 2000. 2. 25. 선고 99다54332 판결, 2001. 8. 24. 선고 2000다17605 판결 등 참조).

그럼에도 불구하고, 원심은 위헌결정으로 효력을 상실한 구 민법 제999조 제2항 중 "상속이 개시된 날로부터 10년" 부분을 이 사건에 적용하여 판단하고 있으니 이러한 원심 판단 역시 위법하다고 할 것이다. 이 점을 지적하는 상고이유의 주장은 이유 있다.

❷ 대법원 2005. 7. 21. 선고 2002다1178 전원합의체 판결 【종회회원제도】

사실관계

乙은 ○○이씨 시조 A의 18세손 B를 공동시조로 하는 종중이고, 甲 등은 B의 후손인 여성들로서 ○○이씨 33세손이다. 乙의 종중규약 제3조에 "본회는 ○○이씨 B의 후손으로서 성년이 되면 회원자격을 가진다"고 규정하고 있다. 한편 乙 소유의 임야 3만여 평이 아파트 부지로 350억 원에 매각되었는데, 乙 종중은 매각대금을 종중 회원인 성인 남성과 미성년 남성에게 차등적으로 분배하고, 성년 여성과 미성년 여성에게는 증여의 형식으로 일정액을 지급하였으나, 출가여성 甲 등에게는 전혀 지급하지 않았다. 이에 甲 등은 위 규약에서 회원 자격을 남자로 제한하고 있지 않으므로 자신들도 乙 종회의 회원(종원) 자격을 갖는다고 주장하면서 乙 종중의 회원확인의 소를 제기하였다. 이에 대하여 乙은 관습법에 의하면 여성은 종원이 될 수 없으므로 종중규약에서 회원의 자격을 명시적으로 남자로 제한하지 않는다 하더라도 甲 등은 종중의 회원자격을 가지지 않는다고 항변하였다.

판결이유

1. 원심판결의 요지

원심은, 피고(을)는 OO 이씨 시조 OO의 18세손 말손을 중시조로 하는 종중이고, 원고들(갑 등)은 말손의 후손인 여성들로서 OO 이씨 33세손이며, 피고(을)의 종중규약 제3조에 "본회는 OO 이씨 사맹공(휘 말자 손자)의 후손으로서 성년이 되면 회원자격을 가진다."고 규정되어 있는 사실을 인정한 다음, 위 규약에서 회원 자격을 남자로 제한하고 있지 않으므로 원고들(갑 등)도 피고(을) 종회의 회원(종원) 자격을 갖는다는 원고들(갑 등)의 주장에 대하여, 종래 관습상 종중은 공동선조의 분묘수호와 제사 및 종원 상호간의 친목을 목적으로 공동선조의 후손 중 성년인 남자를 종원으로 하여 구성되는 종족의 자연적 집단으로서 혈족이 아닌 자나 여성은 종중의 구성원이 될 수 없고, 종중의 구성원이 될 수 없는 자에게 종원의 자격을 부여하는 종회의 결의에 따라 제정된 회칙은 종중의 본질에 반하여 부적법하다는 법리에 비추어 볼 때, 비록 피고(을)의 종중규약이 회원의 자격을 명시적으로 남자로 제한하고 있지는 않다고 하더라도 이로 인하여 여성도 피고(을) 종회의 회원 자격을 갖는다고 할 수는 없다고 하여 이를 배척하고, 나아가 피고(을)가 관습상의 종중과 다른 종중 유사단체에 해당한다는 원고들(갑 등)의 주장에 대하여도, 피고(을)의 종중회의에 여성들이 참석한 적이 없었던 점과 종중은 성년의 남자를 구성원으로 하여 자연적으로 성립된다는 점에 비추어 볼 때, 피고(을)가 종중규약을 통하여 피고(을) 종중을 관습상의 종중과는 다른 종중 유사의 사단으로 변경하려는 의사가 있었다고 인정할 수 없다고 하여 이를 배척하였다.

2. 대법원의 판단

가. 종중에 대한 종래의 대법원판례

<종중에 대한 종래의 입장> 종래 대법원은 관습상의 단체인 종중을 공동선조의 분묘수호와 제사 및 종원 상호간의 친목을 목적으로 하여 공동선조의 후손 중 성년 남자를 종원으로 하여 구성되는 종족의 자연적 집단이라고 정의하면서, 종중은 공동선조의 사망과 동시에 그 자손에 의하여 성립되는 것으로서 종중의 성립을 위하여 특별한 조직행위를 필요로 하는 것이 아니므로, 반드시 특별하게 사용하는 명칭이나 서면화된 종중규약이 있어야 하거나 종중의 대표자가 선임되어 있는 등 조직을 갖추어야 하는 것은 아니라고 하였고, 종원은 자신의 의사와 관계없이 당연히 종중의 구성원이 되는 것이어서 종원 중 일부를 종원으로 취급하지 않거나 일부 종원에 대하여 종원의 자격을 영원히 박탈하는 내용으로 규약을 개정하는 것은 종중의 본질에 반하는 것으로 보았으며, 혈족이 아닌 자나 여성은 종중의 구성원이 될 수 없다고 하였다.

나. 관습법의 요건

<관습법의 의의와 효력 (민법 제1조, 제106조)> 관습법이란 사회의 거듭된 관행으로 생성한 사회생활규범이 사회의 법적 확신과 인식에 의하여 법적 규범으로 승인·강행되기에 이른 것을 말하고, 그러한 관습법은 법원(법원)으로서 법령에 저촉되지

아니하는 한 법칙으로서의 효력이 있는 것이며(대법원 1983. 6. 14. 선고 80다3231 판결 참조), 또 **<관습법의 성립요건 *(민법 제1조, 제106조)*>** *(관습법이란)* 사회의 거듭된 관행으로 생성한 어떤 사회생활규범이 법적 규범으로 승인되기에 이르렀다고 하기 위하여는 헌법을 최상위 규범으로 하는 전체 법질서에 반하지 아니하는 것으로서 정당성과 합리성이 있다고 인정될 수 있는 것이어야 하고, 그렇지 아니한 사회생활규범은 비록 그것이 사회의 거듭된 관행으로 생성된 것이라고 할지라도 이를 법적 규범으로 삼아 관습법으로서의 효력을 인정할 수 없다고 할 것이다(대법원 2003. 7. 24. 선고 2001다48781 전원합의체 판결 참조).
<관습법으로 승인되었던 '사회의 거듭된 관행으로 생성한 사회생활규범'이 그 법적 규범으로서의 효력을 상실하게 되는 경우 *(민법 제1조, 제106조)*> 따라서 사회의 거듭된 관행으로 생성된 사회생활규범이 관습법으로 승인되었다고 하더라도 사회 구성원들이 그러한 관행의 법적 구속력에 대하여 확신을 갖지 않게 되었다거나, 사회를 지배하는 기본적 이념이나 사회질서의 변화로 인하여 그러한 관습법을 적용하여야 할 시점에 있어서의 전체 법질서에 부합하지 않게 되었다면, 그러한 관습법은 법적 규범으로서의 효력이 부정될 수밖에 없다.

다. 종중 구성원의 자격을 성년 남자로 제한하는 종래 관습법의 효력
(1) 종중에 대한 사회일반의 인식 변화
종중은 조상숭배의 관념을 바탕으로 제사를 일족일가의 최중요사로 하는 종법사상에 기초한 제도로서, 조상에 대한 제사를 계속 실천하면서 남계혈족 중심의 가의 유지와 계승을 위하여 종원들 상호간에 긴밀한 생활공동체를 달성하는 것을 주된 목적으로 성립되었으며, 성년 남자만을 종중의 구성원으로 하는 종래의 관행은 이러한 종법사상에 기초한 가부장적, 대가족 중심의 가족제도와 자급자족을 원칙으로 한 농경중심의 사회를 그 토대로 하고 있었다.

그런데 우리 사회는 1970년대 이래의 급속한 경제성장에 따른 산업화·도시화의 과정에서 교통과 통신이 비약적으로 발달하고 인구가 전국적으로 이동하면서 도시에 집중되며 개인주의가 발달하는 한편 대중교육과 여성의 사회활동참여가 대폭 증대되고 남녀평등의식이 더욱 넓게 확산되는 등 사회 환경이 전반적으로 변화하였고, 이에 따라 가족생활과 제사문화 등에 있어서도 커다란 변화가 있게 되었다.

가족생활에서는 부모와 미혼의 자녀를 구성원으로 하는 핵가족의 생활공동체를 바탕으로 출산율의 감소와 남아선호 내지 가계계승 관념의 쇠퇴에 따라 딸만을 자녀로 둔 가족의 비율이 증가하게 되었고, 부모에 대한 부양에 있어서도 아들과 딸의 역할에 차이가 없게 되었으며, 핵가족의 확산 등에 따라 과거의 엄격한 제사방식에도 변화가 생겨 여성이 제사에 참여하는 것이 더 이상 특이한 일로 인식되지 않게 되었다.

그리고 국토의 효율적인 이용을 위한 국토이용계획의 수립과 묘지제도의 변화로 화장(화장)이 확산됨에 따라 조상의 분묘수호를 주된 목적의 하나로 하는 종중의 존립기반이 동요될 수 있는 요인이 생겼고, 개인주의의 발달과 함께 조상숭배관념이 약화됨으로써 종중에 대하여 무관심한 현상이 일부 나타나고 있기도 하며, 다른 한편으로는 교통·통신의 발달, 경제적 생활여건의 개선과 더불어 자아실현 및 자기존재확인 욕구의 증대 등으로 종중에 대한 관심이 고조되는 현상도 일부 나타나고 있다.

이러한 변화된 사회현실은 종중의 구성원에 대한 국민의 인식에도 적지 않은 변화를 가져오게 되었는바, 종중이 종원의 범위를 명백히 하기 위하여 일족의 시조를 정점으로 그 자손 전체의 혈통, 배우자, 관력 등을 기재하여 반포하는 족보의 편찬에 있어서 과거에는 아들만을 기재하는 경우가 보통이었으나 오늘날에는 딸을 아들과 함께 기재하는 것이 일반화되어 가고 있고, 전통적인 유교사상에 입각한 가부장적 남계혈족 중심의 종중 운영과는 달리 성년 여성에게도 종원의 지위를 부여하는 종중이 상당수 등장하게 되었으며, 나아가 종원인 여성이 종중의 임원으로 활동하고 있는 종중들도 출현하게 되었다.

결국, 위와 같은 사회 환경과 인식의 변화로 인하여 종원의 자격을 성년 남자로만 제한하고 여성에게는 종원의 자격을 부여하지 않는 종래의 관습에 대하여 우리 사회 구성원들이 가지고 있던 법적 확신은 그것이 현재 소멸되었다고 단정할 수는 없으나 상당 부분 흔들리거나 약화되어 있고, 이러한 현상은 시일의 경과에 따라 더욱 심화될 것으로 보인다.

(2) 우리 사회 법질서의 변화

우리 헌법은 1948. 7. 17. 제정 시에 모든 국민은 법률 앞에 평등이며 성별에 의하여 정치적, 경제적, 사회적 생활의 모든 영역에 있어서 차별을 받지 아니한다고 선언하였으나, 가족생활관계를 규율하는 가족법 분야에서는 헌법에서 선언한 남녀평등의 원칙이 바로 반영되지는 못하였다.

그 후 1980. 10. 27. 전문 개정된 헌법에서는 혼인과 가족생활은 개인의 존엄과 양성의 평등을 기초로 성립되고 유지되어야 한다는 규정이 신설되었는바, 이는 유교사상에 의하여 지배되던 우리의 전통적 가족제도가 인간의 존엄과 남녀평등에 기초한 것이라고 보기 어렵기 때문에 헌법이 추구하는 이념에 맞는 가족관계로 성립되고 유지되어야 한다는 헌법적 의지의 표현이라고 할 것이다.

한편, 1985. 1. 26.부터 국내법과 같은 효력을 가지게 된 유엔의 여성차별철폐협약(CONVENTION ON THE ELIMINATION OF ALL FORMS OF DISCRIMINATION AGAINST WOMEN)은 '여성에 대한 차별'이라 함은 정치적, 경제적, 사회적, 문화적, 시민적 또는 기타 분야에 있어서 결혼 여부와 관계없이 여성이 남녀동등의 기초 위에서 인권과 기본적 자유를 인식, 향유 또는 행사하는 것을 저해하거나 무효화하는 것을 목적으로 하는 성별에 근거한 모든 구별, 제외 또는 제한을 의미한다고 규정하면서, 위 협약의 체약국에 대하여 여성에 대한 차별을 초래하는 법률, 규칙, 관습 및 관행을 수정 또는 폐지하도록 입법을 포함한 모든 적절한 조치를 취할 것과 남성과 여성의 역할에 관한 고정관념에 근거한 편견과 관습 기타 모든 관행의 철폐를 실현하기 위하여 적절한 조치를 취할 의무를 부과하였다. 그리고 <u>1990. 1. 13. 법률 제4199호로 개정되어 1991. 1. 1.부터 시행된 민법</u>은 가족생활에서의 남녀평등의 원칙을 특히 강조하고 있는 헌법정신을 반영하여 친족의 범위에 있어서 부계혈족과 모계혈족 및 부족인척과 처족인척 사이의 차별을 두지 아니하고, 호주상속제를 폐지하는 대신 호주승계제도를 신설하면서 실질적으로 가족인 직계비속 여자가 호주승계인이 되어 조상에 대한 제사를 주재(주재)할 수 있도록 하였으며, 재산상속분에 있어서도 남녀의 차별을 철폐하였다.

또한, <u>1995. 12. 30. 법률 제5136호로 제정되어 1996. 7. 1.부터 시행된 여성발전기본법</u>은 정치·경제·사회·문화의 모든 영역에 있어서 남녀평등을 촉진하고 여성의 발전을 도모함을 목적으로 하여, 모든 국민은 남녀평등의 촉진과 여성의 발전의 중요성을 인식하고 그 실현을 위하여 노력하여야 하고, 국가 및 지방자치단체는 남녀평등의 촉진, 여성의 사회참여확대 및 복지증진을 위하여 필요한 법적·제도적 장치를 마련하고 이에 필요한 재원을 조달할 책무를 지며, 여성의 참여가 현저히 부진한 분야에 대하여 합리적인 범위 안에서 여성의 참여를 촉진함으로써 실질적인 남녀평등의 실현을 위한 적극적인 조치를 취할 수 있도록 규정하였다.

<u>나아가 2005. 3. 31. 법률 제7428호로 개정된 민법</u>은, 호주를 중심으로 가를 구성하고 직계비속의 남자를 통하여 이를 승계시키는 호주제도가 남녀평등의 헌법이념과 시대적 변화에 따른 다양한 가족형태에 부합하지 않는다는 이유에서 호주에 관한 규정과 호주제도를 전제로 한 입적·복적·일가창립·분가 등에 관한 규정을 삭제하고, 자녀의 성과 본은 부의 성과 본을 따르는 것을 원칙으로 하되 혼인신고 시 부모의 협의에 의하여 모의 성과 본을 따를 수도 있도록 규정하기에 이르렀다.

(3) 종중 구성원에 관한 종래 관습법의 효력

앞에서 본 바와 같이 **<종중 구성원의 자격을 성년 남자만으로 제한하는 종래의 관습법의 효력** (민법 제1조, 제31조; 헌법 제11조 제1항, 제36조 제1항)> 종원의 자격을 성년 남자로만 제한하고 여성에게는 종원의 자격을 부여하지 않는 종래 관습에 대하여 우리 사회 구성원들이 가지고 있던 법적 확신은 상당 부분 흔들리거나 약화되어 있고, 무엇보다도 헌법을 최상위 규범으로 하는 우리의 전체 법질서는 개인의 존엄과 양성의 평등을 기초로 한 가족생활을 보장하고, 가족 내의 실질적인 권리와 의무에 있어서 남녀의 차별을 두지 아니하며, 정치·경제·사회·문화 등 모든 영역에서 여성에 대한 차별을 철폐하고 남녀평등을 실현하는 방향으로 변화되어 왔으며, 앞으로도 이러한 남녀평등의 원칙은 더욱 강화될 것인바, 종중은 공동선조의 분묘수호와 봉제사 및 종원 상호간의 친목을 목적으로 형성되는 종족단체로서 공동선조의 사망과 동시에 그 후손에 의하여 자연발생적으로 성립하는 것임에도, 공동선조의 후손 중 성년 남자만을 종중의 구성원으로 하고 여성은 종중의 구성원이 될 수 없다는 종래의 관습은, 공동선조의 분묘수호와 봉제사 등 종중의 활동에 참여할 기회를 출생에서 비롯되는 성별만에 의하여 생래적으로 부여하거나 원천적으로 박탈하는 것으로서, 위와 같이 변화된 우리의 전체 법질서에 부합하지 아니하여 정당성과 합리성이 있다고 할 수 없다. 따라서 종중 구성원의 자격을 성년 남자만으로 제한하는 종래의 관습법은 이제 더 이상 법적 효력을 가질 수 없게 되었다고 할 것이다.

라. 종중 구성원의 자격

민법 제1조는 민사에 관하여 법률에 규정이 없으면 관습법에 의하고 관습법이 없으면 조리에 의한다고 규정하고 있는바, 성문법이 아닌 관습법에 의하여 규율되어 왔던 종중에 있어서 그 구성원에 관한 종래 관습은 더 이상 법적 효력을 가질 수 없게 되었으므로, 종중 구성원의 자격은 민법 제1조가 정한 바에 따라 조리에 의하여 보충될 수밖에 없다.

<종중 구성원의 자격 및 그 근거 (민법 제1조, 제31조, 제105조; 헌법 제19조, 제20조, 제21조 제1항)> 종중이란 공동선조의 분묘수호와 제사 및 종원 상호간의 친목 등을 목적으로 하여 구성되는 자연발생적인 종족집단이므로, 종중의 이러한 목적과 본질에 비추어 볼 때 공동선조와 성과 본을 같이 하는 후손은 성별의 구별 없이 성년이 되면 당연히 그 구성원이 된다고 보는 것이 조리에 합당하다고 할 것이다.

마. 새로운 판례의 적용 시점과 이 사건에의 소급적용

이와 같은 <종중 구성원의 자격에 관한 대법원의 변경된 견해가 이 사건 판결 선고 이전의 종중 구성원의 자격과 이와 관련된 법률관계에 대하여 소급적용되는지 여부(소극) (민법 제1조, 제31조)> 종중 구성원의 자격에 관한 대법원의 견해의 변경은 관습상의 제도로서 대법원판례에 의하여 법률관계가 규율되어 왔던 종중제도의 근간을 바꾸는 것인바, 대법원이 이 판결에서 종중 구성원의 자격에 관하여 위와 같이 견해를 변경하는 것은 그동안 종중 구성원에 대한 우리 사회일반의 인식 변화와 아울러 전체 법질서의 변화로 인하여 성년 남자만을 종중의 구성원으로 하는 종래의 관습법이 더 이상 우리 법질서가 지향하는 남녀평등의 이념에 부합하지 않게 됨으로써 그 법적 효력을 부정하게 된 데에 따른 것일 뿐만 아니라, 위와 같이 변경된 견해를 소급하여 적용한다면, 최근에 이르기까지 수십 년 동안 유지되어 왔던 종래 대법원판례를 신뢰하여 형성된 수많은 법률관계의 효력을 일시에 좌우하게 되고, 이는 법적 안정성과 신의성실의 원칙에 기초한 당사자의 신뢰보호를 내용으로 하는 법치주의의 원리에도 반하게 되는 것이므로, 위와 같이 변경된 대법원의 견해는 이 판결 선고 이후의 종중 구성원의 자격과 이와 관련하여 새로이 성립되는 법률관계에 대하여만 적용된다고 함이 상당하다.

다만, <종원 지위의 확인을 구하는 이 사건 청구에 한하여 종중 구성원의 자격에 관한 대법원의 변경된 견해가 소급적용되는 근거 *(민법 제1조, 제31조)*> 대법원이 위와 같이 종중 구성원의 자격에 관한 종래의 견해를 변경하는 것은 결국 종래 관습법의 효력을 배제하여 당해 사건을 재판하도록 하려는 데에 그 취지가 있고, 원고들*(갑 등)*이 자신들의 권리를 구제받기 위하여 종래 관습법의 효력을 다투면서 자신들이 피고*(을)* 종회의 회원(종원) 자격이 있음을 주장하고 있는 이 사건에 대하여도 위와 같이 변경된 견해가 적용되지 않는다면, 이는 구체적인 사건에 있어서 당사자의 권리구제를 목적으로 하는 사법작용의 본질에 어긋날 뿐만 아니라 현저히 정의에 반하게 되므로, 원고들*(갑 등)*이 피고*(을)* 종회의 회원(종원) 지위의 확인을 구하는 이 사건 청구에 한하여는 위와 같이 변경된 견해가 소급하여 적용되어야 할 것이다.

따라서 종중 구성원의 자격을 성년 남자로 제한하는 관습에 법적 규범인 관습법으로서의 효력을 인정하고 이를 적용하여 성년 여성인 원고들*(갑 등)*에게 피고*(을)* 종회의 회원 자격을 인정하지 아니한 원심의 판단에는 관습법의 효력에 관한 법리를 오해함으로써 판결에 영향을 미친 위법이 있다고 할 것이다.

2. 효력

§ 1-2 관습법의 보충적 효력

❶ 대법원 2009. 5. 28. 자 2007카기134 결정 【위헌법률심판제청】

<관습법이 헌법재판소의 위헌법률심판의 대상인지 여부(소극)> *(헌법 제111조 제1항 제1호; 헌법재판소법 제41조 제1항; 민법 제1조)* 헌법 제111조 제1항 제1호 및 헌법재판소법 제41조 제1항에서 규정하는 위헌심사의 대상이 되는 법률은 국회의 의결을 거친 이른바 형식적 의미의 법률을 의미하고(헌법재판소 1995. 12. 28. 선고 95헌바3 결정 등 참조), 또한 <관습법의 보충적 효력> 민사에 관한 관습법은 법원에 의하여 발견되고, 성문의 법률에 반하지 아니하는 경우에 한하여 보충적인 법원(法源)이 되는 것에 불과하여(민법 제1조) 관습법이 헌법에 위반되는 경우 법원이 그 관습법의 효력을 부인할 수 있으므로(대법원 2003. 7. 24. 선고 2001다48781 전원합의체 판결 등 참조), 결국 관습법은 헌법재판소의 위헌법률심판의 대상이 아니라 할 것이다.

따라서 민법 시행 이전의 상속에 관한 구 관습법 중 '호주가 사망한 경우 여자에게는 상속권 및 분재청구권이 없다'는 부분에 대한 위헌법률심판의 제청을 구하는 신청인의 이 사건 신청은 부적법하다.

3. 관습법과 사실인 관습
§ 1-3 관습법과 사실인 관습과의 관계

❶ *(§ 5-7 ❶)* 대법원 1983. 6. 14. 선고 80다3231 판결 【분묘이장】

사실관계

아내가 호주인 남편 A보다 먼저 사망하자 그의 장남 乙이 甲의 토지에 그의 허락을 받지 않고 어머니의 분묘를 설치하고 그 분묘를 관리하고 있었는데, A가 생존하여 호적상 A가 호주로 기재되어 있었다. 이에 토지소유자인 甲이 乙에 대하여 분묘의 철거 및 묘역에 해당하는 임야부분의 인도를 청구하는 소를 제기하였다. 이 소송에서 乙은 어머니, 즉 A의 아내가 먼저 사망한 경우에는 그 부(夫)가 망실(亡室)의 제사를 통제하는 제주가 되는 것이 관습이라고 하면서 甲의 청구는 A에 대하여 하여야 한다고 주장하였다.

판결이유

1. 원심판결 이유기재에 의하면, 원심은 원래 분묘의 소유권은 관습상 제사상속인에 전속하는 권리이고, 민법 제996조의 규정에 의하더라도 분묘에 속한 1정보 이내의 금양임야와 600평 이내의 묘토인 농지, 족보와 제구의 소유권은 호주상속인이 이를 승계한다고 되어 있으므로, 본소와 같이 분묘의 철거 및 묘역에 해당하는 임야부분의 인도를 청구함에 있어서는 위 분묘에 대한 대외적 관계에서의 처분권한을 가지는 호주상속인 겸 제사상속인을 상대로 하여야 할 것인바, 원고(갑)가 철거를 구하는 이 사건 분묘는 피고(을)의 어머니인 소외 망 박O금의 묘임이 당사자 사이에 다툼이 없고 을 제2호증 호적등본의 기재에 의하면, 피고(을)와 동일 가적에 있는 아버지인 소외 이O창(A)이 일가의 호주로서 생존하여 있음이 인정되므로, 피고(을)는 위 민법 법조에 의한 호주 및 제사상속인이 될 수 없음이 명백할 뿐더러 처가 먼저 사망한 경우에는 그 부(A)가 망실의 제사를 통제하는 제주가 되는 것이 관습인 만큼 피고(을)가 비록 위 망 박O금(A의 아내)의 장남으로서 위 망인의 분묘를 사실상 설치하고 이를 수호 관리하였다고 하더라도, 이러한 사정만으로는 피고(을)에게 위 분묘의 소유권 또는 처분권한이 귀속된다고 할 수 없다하여, 이 사건 분묘의 소유권이나 처분권한이 없는 피고(을)를 상대로 분묘의 철거 및 묘역의 인도를 구하는 이 사건 소는 부적법한 것이라고 판시하였다.
2. 민법 제996조의 규정은 호주상속에 관하여 호주상속의 효력으로 분묘에 속한 1정보 이내의 금양임야와 600평 이내의 묘토인 묘지 족보와 제구외 소유권은 호주상속인이 이를 승계한다는 것으로 호주상속과 관계없는 가족의 사망의 경우에는 그 적용이 없고, 호주라고 하여 그 가족이 사망하였을 경우에도 그 가족의 제사상

속인으로서 분묘 등에 관하여 당연히 그 권리가 귀속된다고 할 근거가 없으므로, 피고(을)의 아버지인 소외 이○창(A)이 호주이므로 호주로서 그 가족의 분묘에 관한 권리를 당연히 취득하는 것이라고 할 수 없다.

3. 민법 제1조는 민사에 관하여 법률에 규정이 없으면 관습법에 의하고 관습법이 없으면 조리에 의한다고 규정하여 관습법 및 조리의 법원으로서의 근거를 천명하고 있으며, 한편 같은 법 제106조는 법령 중의 선량한 풍속 기타 사회질서에 관계없는 규정과 다른 관습이 있는 경우에 당사자의 의사가 명확하지 아니한 때에는 그 관습에 의한다고 규정하여 사실인 관습의 효력을 정하고 있다.

<관습법과 사실인 관습의 차이 (민법 제1조, 제106조)> 관습법이란 사회의 거듭된 관행으로 생성한 사회생활규범이 사회의 법적 확신과 인식에 의하여 법적 규범으로 승인 강행되기에 이른 것을 말하고, 사실인 관습은 사회의 관행에 의하여 발생한 사회생활규범인 점에서는 관습법과 같으나, 다만 사실인 관습은 사회의 법적 확신이나 인식에 의하여 법적 규범으로서 승인될 정도에 이르지 않은 것을 말하여, 관습법은 바로 법원으로서 법령과 같은 효력을 갖는 관습으로서 법령에 저촉되지 않는 한 법칙으로서의 효력이 있는 것이며, 이에 반하여 사실인 관습은 법령으로서의 효력이 없는 단순한 관행으로서 법률행위의 당사자의 의사를 보충함에 그치는 것이다.

일반적으로 볼 때 *<관습법과 사실인 관습의 주장입증책임 (민법 제1조, 제106조)>* 법령과 같은 효력을 갖는 관습법은 당사자의 주장 입증을 기다림이 없이 법원이 직권으로 이를 확정하여야 하나, 이와 같은 효력이 없는 사실인 관습은 그 존재를 당사자가 주장 입증하여야 한다고 파악할 것이나, 그러나 사실상 관습의 존부 자체도 명확하지 않을 뿐만 아니라 그 관습이 사회의 법적 확신이나 법적 인식에 의하여 법적 규범으로까지 승인된 것이냐 또는 그에 이르지 않은 것이냐를 가리기는 더욱 어려운 일이므로, 법원이 이를 알 수 없을 경우 결국은 당사자가 이를 주장 입증할 필요에 이르게 될 것이다.

한편 *<사실인 관습의 효력범위 (민법 제1조, 제106조)>* 민법 제1조의 관습법은 법원으로서의 보충적 효력을 인정하는데 반하여 같은 법 제106조(*사실인 관습*)는 일반적으로 사법자치가 인정되는 분야에서의 관습의 법률행위의 해석기준이나 의사보충적 효력을 정한 것이라고 풀이할 것이므로, 사법자치가 인정되는 분야 즉 그 분야의 제정법이 주로 임의규정일 경우에는 위와 같은 법률행위의 해석 기준으로서 또는 의사를 보충하는 기능으로서 이를 재판의 자료로 할 수 있을 것이나, 이 이외의 즉 그 분야의 제정법이 주로 강행규정일 경우에는 그 강행규정 자체에 결함이 있거나 강행규정 스스로가 관습에 따르도록 위임한 경우 등 이외에는 이 관습에 법적 효력을 부여할 수 없다고 할 것인바, *<가정의례준칙 제13조의 규정과 상치되는 관습법의 효력을 인정할 수 있는지 여부 (민법 제1조, 제106조, 가정의례준칙*

제13조)> 가정의례에 관한 법률에 따라 제정된 가정의례준칙(1973.5.17 대통령령 제6680호) 제13조는 사망자의 배우자와 직계비속이 상제가 되고 주상은 장자가 되나 장자가 없는 경우에는 장손이 된다고 정하고 있으므로, 원심인정의 관습이 관습법이라는 취지라면(원심판시의 취지로 보아 관습법이라고 보여지나 반드시 명확하지는 않다) 관습법의 제정법에 대한 열후적, 보충적 성격에 비추어 그와 같은 관습법의 효력을 인정하는 것은 관습법의 법원으로서의 효력을 정한 위 민법 제1조의 취지에 어긋나는 것이라고 할 것이고 **<가정의례준칙 제13조의 규정과 상치되는 사실인 관습의 효력인정 요건** *(민법 제1조, 제106조, 가정의례준칙 제13조)>* 이를 사실인 관습으로 보는 취지라면 우선 그와 같은 관습을 인정할 수 있는 당사자의 주장과 입증이 있어야 할 것일 뿐만 아니라, 사실인 관습의 성격과 효력에 비추어 이 관습이 사법자치가 인정되는 임의규정에 관한 것이어야만 비로소 이를 재판의 자료로 할 수 있을 따름이므로 이 점에 관하여도 아울러 심리판단하였어야 할 것이므로, 따라서 원심인정과 같은 관습을 재판의 자료로 하려면 그 관습이 관습법인지 또는 사실인 관습인지를 먼저 가려 그에 따라 그의 적용여부를 밝혔어야 할 것이다.

II. 조리

§ 1-4 조리의 법원성 여부

❶ *(§ 1-1 ❷)* 대법원 2005. 7. 21. 선고 2002다1178 전원합의체 판결 【종회회원제도】
(대법원 2009. 1. 15. 선고 2008다70220 판결; 대법원 2007. 9. 6. 선고 2007다34982 판결)
……

2. ……
라. 종중 구성원의 자격
민법 제1조는 민사에 관하여 법률에 규정이 없으면 관습법에 의하고 관습법이 없으면 조리에 의한다고 규정하고 있는바, 성문법이 아닌 관습법에 의하여 규율되어 왔던 종중에 있어서 그 구성원에 관한 종래 관습은 더 이상 법적 효력을 가질 수 없게 되었으므로, 종중 구성원의 자격은 민법 제1조가 정한 바에 따라 조리에 의하여 보충될 수밖에 없다.
<종중 구성원의 자격 및 그 근거 *(민법 제1조, 제31조, 제105조; 헌법 제19조, 제20조, 제21조 제1항)>* 종중이란 공동선조의 분묘수호와 제사 및 종원 상호간의 친목 등을 목적으로 하여 구성되는 자연발생적인 종족집단이므로, 종중의 이러한 목적과 본질에 비추어 볼 때 공동선조와 성과 본을 같이 하는 후손은 성별의 구별 없이 성년

이 되면 당연히 그 구성원이 된다고 보는 것이 조리에 합당하다고 할 것이다.
……
4. 대법원장 최종영, 대법관 유지담, 대법관 배기원, 대법관 이규홍, 대법관 박재윤, 대법관 김용담의 **별개의견**은 다음과 같다.

가. 시대의 변화와 우리 사회의 법질서의 변천 등에 따라 종중에 관한 종래의 관습법에 일부 변화가 있어야 할 것이라는 점에 대하여는 다수의견과 견해를 같이한다. 그러나 다수의견이 설시한 바와 같은 이유로 종래의 종중 구성에 관한 관습법의 효력을 통틀어 부정한 다음, 공동선조와 성과 본을 같이 하는 후손은 성년이 되면 당연히 그 구성원이 된다고 보는 것이 조리에 합당하다는 견해에는 찬성할 수 없다.

나. (1) 종래 종중에 관한 관습법으로 대법원이 승인한 것은 '고유한 의미의 종중이란 공동선조의 후손 중 성년 이상의 남자를 종원으로 하여 구성되는 자연발생적인 종족단체'라는 것이고, 이러한 고유한 의미의 종중은 남계혈족 중심의 사고를 전제로 한 것임은 분명하다.

<종중 구성원의 자격을 성년 남자만으로 제한하는 종래의 관습법의 효력: 별개의견> 남계혈족 중심의 사고가 재음미·재평가되어야 한다는 점에 대하여는 수긍한다 하더라도 종중의 시조 또는 중시조가 남자임을 고려할 때(여자를 시조 또는 중시조로 하는 종중도 가능하나, 이는 관습법의 범위 밖의 문제이다.), 종중에 있어서의 남녀평등의 관철의 범위와 한계에 대하여는 보다 신중한 검토가 필요할 것이다.

또한 종중은 다른 나라에서 유래를 찾아보기 어려운 우리나라에 독특한 제도이며, 우리 전통의 산물이다. 그런데 우리 헌법상 국가는 전통문화의 계승·발전과 민족문화의 창달에 노력하여야 할 헌법적 의무를 지고 있다(헌법 제9조). 그러므로 종중에 관한 종래의 관습법을 평가함에 있어서도 우리의 전통문화가 현대의 법질서와 조화되면서 계승·발전되도록 노력하여야 할 것이다.

(2) 다수의견은 종래의 관습법이 우리의 '전체' 법질서에 부합하지 않게 되었다고 말하면서도 실제에 있어서는 종중의 구성원에 관하여 오직 남녀평등의 원칙 그 하나만을 유일한 기준으로 종중관습법을 평가하고 있다.

그러나 종중은 그 주된 기능상 제사공동체·친목공동체이며, 본질적으로 사적 자치단체이다. 그리고 이러한 사적 자치단체의 구성에 관하여 그것이 합헌적·합법적인지 여부 등을 '전체 법질서'에 비추어 판단함에 있어서 고려하여야 할 요소로는 남녀평등의 원칙만이 있는 것이 아니며, 오히려 헌법 제21조 제1항의 결사의 자유와의 관계가 먼저 검토되어야 할 것이다.

또한, 종중의 주된 목적 중의 하나인 제사와 관련하여서는, 봉제사(봉제사)는 인륜의 기본이며 계승되어야 할 미풍양속이라는 견해에서부터 소극적으로 침묵하거나 종교적 신념 또는 양심에 기초하여 이를 미신으로 보아 극단적으로 반대하는 태도에 이르기까지 다양한 입장을 취할 수 있으며, 이러한 개인의 자유는 보장되어야 하는 것이므로, 양심의 자유(헌법 제19조), 종교의 자유(헌법 제20조)와의 관계도 신중히 고려되지 않으면 안 된다.
(3) 이러한 기본인식에 비추어 볼 때, 다수의견이 '공동선조와 성과 본을 같이 하는 후손은 성별의 구별 없이 성년이 되면 당연히 그 구성원이 된다고 보는 것이 조리에 합당하다.'고 하는 결론에 대하여는 의문을 제기하지 않을 수 없다.
<공동선조와 성과 본을 같이 하는 후손은 성별의 구별 없이 성년이 되면 당연히 종중의 구성원이 되는지 여부(적극) 및 그 근거: 별개의견> 일반적으로 어떤 사적 자치단체의 구성원의 자격을 인정함에 있어서 구성원으로 포괄되는 자의 신념이나 의사에 관계없이 인위적·강제적으로 누구든지 구성원으로 편입되어야 한다는 조리는 존재할 수 없으며 존재하여서도 안 된다.
주지하는 바와 같이 결사의 자유는 자연인과 법인 등에 대한 개인적 자유권이며, 동시에 결사의 성립과 존속에 대한 결사제도의 보장을 뜻하는 것이다. 그리고 그 구체적 내용으로서는 조직강제나 강제적·자동적 가입의 금지, 즉 가입과 탈퇴의 자유가 보장되는 것을 말하며, 특히 종중에서와 같이 개인의 양심의 자유·종교의 자유가 보장되어야 할 사법적(사법적) 결사에 있어서는 더욱 그러한 것이다.
(4) 그럼에도 불구하고, 다수의견이 위와 같은 결론을 도출한 것은 종래의 종중관습법상 종중은 '자연발생적' 단체라는 것과 성년 남자는 그 의사와 관계없이 당연히 종중 구성원이 된다는 것과의 균형 때문인 것으로 짐작된다.
그러나 대법원판례가 종중이 자연발생적이라고 한 것은 조상숭배를 일족일가의 가장 중요한 일 중의 하나로 여기는 남계혈족 중심의 종법 아래 특별한 소집권자나 소집절차 없이 그야말로 자연스럽게 모여 제사를 지내고 친목을 도모하던 현상을 있는 그대로 표현한 것이지, 종중은 자연발생적이어야 한다는 규범을 설정한 것이 전혀 아니다. 그러므로 종중이 자연발생적 단체이기 때문에 성년여자도 그 의사와 관계없이 모두 종중 구성원이 되어야 한다는 논리구성을 취하는 것이라면, 이는 사실과 규범을 혼동한 것이라고 생각된다.
그리고 종래의 관습법상 성년남자는 그 의사와 관계없이 종중 구성원이 된다고 대법원이 파악하여 왔음은 주지하는 바와 같고, 이 부분에 관한 한 현재로서는 문제될 것이 없다는 것이 우리의 견해이다. 그러나 그와 같이 보는 것은 고유한 의미의 종중에 있어서 종원의 가장 주요한 임무는 공동선조에 대한 제사를 계속 실천하는 일이고, 따라서 종원은 기제·묘제의 제수, 제기 구입, 묘산·선영 수호, 제각 수리 등을 비롯한 제사에 소요되는 물자를 조달·부담하는 것이 주된 임무였으며, 종원의 이러한 부담행위는 법률적으로 강제되는 것이 아니고 도덕적·윤리적 의무에 불과하여, 그들의 권리가 실질적으로 침해되는 바가 없었으므로, 법률이 간섭하지 않더라도 무방하다고 보기 때문일 뿐이다.
그러므로 관습법과 전통의 힘에 의하여 종래의 종중관습법 중 아직까지는 용인되는 부분이 있을 수 있다는 것을 이유로, 그러한 바탕 없이 새롭게 창설되는 법률관계에 대하여서까지 다수의견이 남녀평등의 원칙을 문자 그대로 관철하려는 것은 너무 기계적이라고 할 것이다.

(5) 이와 같이 볼 때 종래의 종중 구성에 관한 관습법 중 문제가 되는 부분은 종래의 관습법을 해석함에 있어 종중에 가입하려는 의사를 표명한 성년여자가 여자라는 이유만으로 종중 구성원에서 배제된 부분에 한정된다고 본다. 왜냐하면, 공동선조의 후손들이 가지는 분묘수호와 제사 및 종중원 상호간의 친목 등을 통한 명예와 인격권의 발현 또는 종중재산에 대한 이용·관리·처분에 관한 재산상의 권리 등은 그 성질상 종중을 통해서만 실현될 수 있는 것이며, 특히 여성들의 권리의식 및 자기존재 확인의 욕구 등이 높아짐에 따라 성년여자들의 종중 참여욕구가 점증하고 있는 현상도 일부 나타나고 있는데, 그럼에도 불구하고 여자라는 이유만으로 그 참여를 배제하는 것은 우리 헌법과 현행의 법질서상 허용될 수 없기 때문이다. 그리고 우리는 위와 같은 문제는 현행 법질서 안에서 충분히 해결될 수 있다고 생각한다. 즉, 우리 민법 제103조는 선량한 풍속 기타 사회질서에 위반한 사항을 내용으로 하는 법률행위는 무효로 한다고 규정하고 있는데, 그 당연한 이치로서 사적 자치의 적용을 받는 단체라 하더라도 선량한 풍속 기타 사회질서에 반하는 행위로 타인에게 손해를 끼쳐서는 안 되는 것이므로, 이러한 법리에 비추어 보면, 어떤 단체가 그 단체에 대하여 중대하거나 본질적인 이해관계를 가지는 개인이 가입을 원하는 경우 합리적이고 정당한 이유 없이 가입을 거부함으로써 그 개인을 차별적으로 대우하거나 부당한 불이익을 주어서는 안 되는 것이다. 따라서 그 단체의 정관이 별도의 가입요건을 규정하여 제한하고 있더라도 그 요건은 더 이상 무제한적으로 정당화될 수 없고, 그 제한규정에 정당성과 합리성이 없는 한 가입을 허용하여야 할 의무를 부담한다고 보아야 할 것이며, 위와 같은 법리를 이 사건에 적용하면 종중 구성에 관하여 전통적으로 확인하여 온 관습법을 송두리째 허물지 않더라도 전체 법질서에 부합하는 결론을 도출할 수 있기 때문이다.

(6) 다수의견은 법실천적인 면에서도 문제가 있다는 것이 우리의 생각이다. 종중의 목적과 기능에 대한 변화 중 가장 두드러진 것이 종중의 재산공동체적 성격이 제사공동체, 친목공동체적 성격보다 점점 더 전면에 부상하고 중요성을 띠게 되었다는 점이다. 또한 국토이용계획과 장묘문화의 변화와 함께 종중재산의 가치가 증가함에 따라 종중 참여에의 관심이 제고된 반면, 종중의 법률관계를 둘러싼 분쟁도 증가·격화되고 있는 것이 오늘의 현실이다.

그러나 먼저, 종원 자격과 종중재산의 분배의 문제는 전혀 별개의 문제로 보아야 할 것이다. 종중은 종중 목적을 달성하기 위하여 종중재산을 가지고 있으나, 이러한 종중재산은 제사불인멸·재산영구보전의 원칙 아래 처분은 원칙적으로 금지되며, 종중재산으로부터 얻어지는 수익은 주로 선조의 제사봉행 등에 소요되고, 나머지가 있는 경우에 종원의 원조 내지 공익을 도모하는 용도에 충당되는 것이다.
대법원은 종중을 비법인사단으로 보면서 종중재산은 종중원들의 총유라고 판시하여 왔는바, 종중재산의 형성과정, 목적, 관리·처분관계를 종합적으로 고려하면 여기에서는 일종의 신탁 유사의 관계가 성립한다고 보는 것이 합리적이다. 즉, 종중의 재산은 제사의 봉행 및 공동선조의 후손 전체의 이익을 위해 종중에게 신탁된 것으로 보아, 종중은 신탁목적에 맞게 종중재산을 관리·처분하여야 한다고 해석되므로, 종중재산을 처분하여 이를 개인에게 귀속시킴에 있어서는 신탁의 법리를 유추하여 성년 여자뿐만 아니라 미성년자들을 포함한 전체 후손 전원에게 합리적 기준에 따라 배분하여야 하며, 종원에게만 분배하는 것은 허용될 수 없다고 해석하여야 할 것이다.
요컨대, 종중이 소유하는 재산으로는 분묘수호 등에 쓰이는 종산과 제사봉행 등에 소요될 식량 및 그 비용의 조달 등을 위한 위토전답 그리고 제구등이 주된 것이고, 이러한 재산은 주로 재력 있는 선조나 후손들의 증여 또는 종원들의 출연에 의하여 마련된 종중의 총유로서, 일단 종중의 소유로 귀속되면 그 재산을 종중에 증여한 사람이나 그의 상속인이라도 배타적인 권리를 주장할 수 없고, 오로지 종중의 목적에 합당하게 사용되어야 하며, 종중재산을 처분하여 이를 개인에게 귀속시킴에 있어서는 신탁의 법리를 유추하여 후손 전원에게 합리적으로 분배하고, 종원에게만 분배하는 것은 허용될 수 없는 것이다.
종중재산의 법률관계가 위와 같음에도 불구하고, 현재 종중에 관한 다툼은 종중재산의 보존·관리·처분을 둘러싼 분쟁에서 비롯되는 것이 거의 전부인바, 다수의견대로라면 종원이 그때그때 편의에 따라 소송에 이용되거나 동원되는 현상이 성년여자에게까지 확대됨으로써 분쟁을 더욱 더 심화시키고 복잡화시킬 뿐이라는 우려를 지울 수 없다.
(7) 결국, 우리는 이 사건이 파기환송되어야 한다는 결론에 있어서는 다수의견과 결론을 같이하나, 이 사건은 다음과 같은 이유로 파기되어야 한다고 본다.
기록에 의하면, 피고*(을)* 종회규약 제3조에는 "본회는 ○○ 이씨 사맹공(휘 말자 손자)의 후손으로서 성년이 되면 회원자격을 가진다."라고만 규정하고 있을 뿐, 그 어디에도 성년의 여자를 회원에서 배제한다는 규정을 두고 있지 아니한바, <u>성년 여자인 원고들*(갑 등)*이 피고*(을)* 종회에의 가입의사를 표명한 경우, 원고들*(갑 등)*이 ○○ 이씨 사맹공의 후손이 아니라는 등 그 가입을 거부할 정당하고 합리적인 이유가 없는 이상 원고들*(갑 등)*은 가입의사를 표명함으로써 피고*(을)* 종회 회원자격을 가진다고 보아야 할 것</u>이므로, 원심으로서는 이에 관하여 심리를 하여 원고들 청구의 당부를 판단하였어야 함에도 불구하고, 이에 이르지 아니한 채 그 판시와 같은 이유로 원고들의 청구를 배척하고 말았으니, 거기에는 종중에 관한 법리를 오해하여 필요한 심리를 다하지 아니한 위법이 있고, 이는 판결 결과에 영향을 미쳤음이 분명하므로, 원심판결은 이러한 이유로 파기환송되어야 하는 것이다.

III. 판례

§ 1-5 판례의 법원성 여부
❶ 대법원 2009. 7. 23. 선고 2009재다516 판결 [소유권이전등기]

1. 원고(재심원고. 이하 '원고'라고만 한다)는, 재심대상판결이 대법원 2002. 12. 26. 선고 2000다21123 판결; 2003. 5. 16. 선고 2002다71252 판결 등에서 밝힌 '부동산 실권리자 명의 등기에 관한 법률'의 "해석적용에 관한 의견"과는 달리 그 법률 시행 전의 계약명의신탁에 관하여 같은 법률 제11조에서 정하는 대로 일정한 유예기간 내에 실명전환을 하지 못한 경우에 명의수탁자가 명의신탁약정의 무효로 인하여 부담하는 부당이득반환의무가 명의신탁자가 제공한 매수대금 상당액을 그 내용으로 한다는 견해를 취하였으므로, 그 판결은 대법관 전원의 3분의 2 이상의 합의체에서 행하여졌어야 함에도 대법관 3인으로 구성된 부에서 판결하였으니, 이는 민사소송법 제451조 제1항 제1호에서 정하는 "법률에 따라 판결법원을 구성하지 아니하는 때"의 재심사유에 해당한다고 주장한다.
2. 가. 종전에 대법원이 판시한 "법률의 해석적용에 관한 의견"을 변경하는 경우에는 대법관 전원의 3분의 2 이상으로 구성된 합의체에서 재판하여야 하고(법원조직법 제7조 제1항 단서 제3호), 이를 3인의 대법관으로 구성된 부에서 재판하였다면 이는 법률이 요구하는 대로 판결법원을 구성하지 아니한 것이 되어 민사소송법 제451조 제1항 제1호의 재심사유에 해당한다고 함은 원고가 주장하는 바와 같다(대법원 2000. 5. 12. 선고 99재다524 판결 등 참조).
나. 그런데 <*종전에 대법원이 판시한 '법률의 해석적용에 관한 의견'을 변경하는 경우에 해당하는지 여부의 판단 방법* (민사소송법 제451조 제1항 제1호; 법원조직법 제7조 제1항 제3호)> 구체적인 대법원의 재판(이하에서는 '전부를 대표하는 부분'으로서 판결만을 문제삼아 논의하기로 한다)에서 어떠한 표현으로 법의 해석에 관한 일정한 견해가 설시되어 있다고 하더라도, 그것이 진정으로 의미하는 바가 무엇인가, 즉 어떠한 내용으로 또는 어떠한 범위에서 장래 국민의 법생활 또는 법관을 비롯한 법률가의 법운용을 '구속'하는 효력, 즉 판례로서의 효력을 가져서 그 변경에 대법원 전원합의체의 판단이 요구되는가를 살피려면, 사람의 의사표현행위 일반에서와 마찬가지로, 그 설시의 문구에만 구애될 것이 아니라 당해 판결의 전체적인 법판단에 있어서 그 설시가 어떠한 위상을 가지는가에 유의하면서 또 다른 재판례

들과의 관련을 고려하면서 면밀하게 따져보아야 할 것이다. 특히 판결은 1차적으로 개별적인 사건에 법적인 해결을 부여하는 것을 지향하는 것이고, 대법원 판결에서의 추상적·일반적 법명제의 설시도 기본적으로 당해 사건의 해결을 염두에 두고 행하여지므로, 그 설시의 위와 같은 '의미'는 당해 사건의 사안과의 관련에서 이해되어야 한다.

제2절 민법의 해석

I. 민법해석의 목적

§ 1-6 법률해석의 목적
§ 1-6-1 민법해석의 목적 및 한계
❶ 대법원 2009. 4. 23. 선고 2006다81035 판결【건물명도등】
(대법원 2013. 1. 17. 선고 2011다83431 전원합의체 판결)
1. <*법률 해석의 방법과 한계* (구 임대주택법(2005. 7. 13. 법률 제7598호로 개정되기 전의 것) 제15조 제1항(현행 제21조 제1항 참조))> 법은 원칙적으로 불특정 다수인에 대하여 동일한 구속력을 갖는 사회의 보편타당한 규범이므로, 이를 해석함에 있어서는 법의 표준적 의미를 밝혀 객관적 타당성이 있도록 하여야 하고, 가급적 모든 사람이 수긍할 수 있는 일관성을 유지함으로써 법적 안정성이 손상되지 않도록 하여야 한다. 그리고 실정법이란 보편적이고 전형적인 사안을 염두에 두고 규정되기 마련이므로 사회현실에서 일어나는 다양한 사안에서 그 법을 적용함에 있어서는 구체적 사안에 맞는 가장 타당한 해결이 될 수 있도록, 즉 구체적 타당성을 가지도록 해석할 것도 또한 요구된다. 요컨대, 법해석의 목표는 어디까지나 법적 안정성을 저해하지 않는 범위 내에서 구체적 타당성을 찾는 데에 두어야 할 것이다. 그리고 그 과정에서 가능한 한 법률에 사용된 문언의 통상적인 의미에 충실하게 해석하는 것을 원칙으로 하고, 나아가 법률의 입법 취지와 목적, 그 제·개정 연혁, 법질서 전체와의 조화, 다른 법령과의 관계 등을 고려하는 체계적·논리적 해석방법을 추가적으로 동원함으로써, 앞서 본 법해석의 요청에 부응하는 타당한 해석이 되도록 하여야 할 것이다.
한편, 법률의 문언 자체가 비교적 명확한 개념으로 구성되어 있다면 원칙적으로 더 이상 다른 해석방법은 활용할 필요가 없거나 제한될 수밖에 없고, 어떠한 법률의 규정에서 사용된 용어에 관하여 그 법률 및 규정의 입법 취지와 목적을 중시하여 문언의 통상적 의미와 다르게 해석하려 하더라도 당해 법률 내의 다른 규정들 및 다른 법률과의 체계적 관련성 내지 전체 법체계와의 조화를 무시할 수 없으므로, 거기에는 일정한 한계가 있을 수밖에 없다.

§ 1-6-2 민법의 해석으로서 헌법재판소의 법률해석의 한계
❶ 대법원 2008. 10. 23. 선고 2006다66272 판결 [부당이득금]
……

2. 상고이유 제2점에 대하여

<헌법재판소가 법률의 위헌 여부를 판단하기 위하여 한 법률해석에 법원이 구속되는지 여부(소극) *(헌법 제101조, 제103조, 제111조; 헌법재판소법 제45조, 제47조 제1항, 제2항)>* 구체적 분쟁사건의 재판에 즈음하여 법률 또는 법률조항의 의미·내용과 적용 범위가 어떠한 것인지를 정하는 권한, 곧 법령의 해석·적용 권한은 사법권의 본질적 내용을 이루는 것이고, 법률이 헌법규범과 조화되도록 해석하는 것은 법령의 해석·적용상 대원칙이므로, 합헌적 법률해석을 포함하는 법령의 해석·적용 권한은 대법원을 최고법원으로 하는 법원에 전속하는 것이며, 헌법재판소가 법률의 위헌 여부를 판단하기 위하여 불가피하게 법원의 최종적인 법률해석에 앞서 법령을 해석하거나 그 적용 범위를 판단하더라도 헌법재판소의 법률해석에 대법원이나 각급 법원이 구속되는 것은 아니다(대법원 2001. 4. 27. 선고 95재다14 판결, 헌법재판소 2004. 10. 28.자 99헌바91 결정 등 참조).

II. 민법해석의 방법

§ 1-7 유추적용

❶ 대법원 2020. 4. 29. 선고 2019다226135 판결 [구상금]
......
2. 지역신용보증재단의 경우에 기술보증기금법 제37조의3 또는 신용보증기금법 제30조의3이 유추적용되는지 여부(상고이유 제2점)

가. *<유추적용 (민법 제105조)>* 민사법의 실정법 조항의 문리해석 또는 논리해석만으로는 현실적인 법적 분쟁을 해결할 수 없거나 사회적 정의관념에 현저히 반하게 되는 결과가 초래되는 경우에는 법원이 실정법의 입법정신을 살려 법적 분쟁을 합리적으로 해결하고 정의관념에 적합한 결과를 도출할 수 있도록 유추적용을 할 수 있다(대법원 1994. 8. 12. 선고 93다52808 판결 등 참조). 법률의 유추적용은 법률의 흠결을 보충하는 것으로 법적 규율이 없는 사안에 대하여 그와 유사한 사안에 관한 법규범을 적용하는 것이다. 이러한 유추를 위해서는 법적 규율이 없는 사안과 법적 규율이 있는 사안 사이에 공통점 또는 유사점이 있어야 한다. 그러나 이것만으로 유추적용을 긍정할 수는 없다. 법규범의 체계, 입법 의도와 목적 등에 비추어 유추적용이 정당하다고 평가되는 경우에 비로소 유추적용을 인정할 수 있다.

제2장
법률관계와 권리의 행사

제1절 법률관계와 권리·의무

제2절 권리의 행사

제1절 법률관계와 권리·의무

I. 법률관계

§ 2-1 법률관계와 호의관계

❶ *(§ 9-3-1 ❶)* 대법원 2021. 1. 14. 선고 2018다223054 판결 [매매대금등지급청구의소]

……

2. ……

다. (1)

(가) <*법률효과의사의 유무 (민법 제105조)*> 어떠한 의무를 부담하는 내용의 기재가 있는 문면에 '최대한 노력하겠습니다.', '최대한 협조한다.' 또는 '노력하여야 한다.'고 기재되어 있는 경우, 특별한 사정이 없는 한 당사자가 위와 같은 문구를 기재한 의미는 문면 그 자체로 볼 때 그러한 의무를 법적으로는 부담할 수 없지만 사정이 허락하는 한 그 이행을 사실상 하겠다는 취지로 해석함이 타당하다. 당사자가 그러한 표시행위에 의하여 나타내려고 한 의사는 그 문구를 포함한 전체의 문언을 고려하여 해석해야 하는데, 그러한 의무를 법률상 부담하겠다는 의사였다면 굳이 위와 같은 문구를 사용할 필요가 없고, 위와 같은 문구를 삽입하였다면 그 문구를 의미 없는 것으로 볼 수 없기 때문이다(대법원 1994. 3. 25. 선고 93다32668 판결, 대법원 1996. 10. 25. 선고 96다16049 판결 등 참조). 다만 계약서의 전체적인 문구 내용, 계약의 체결 경위, 당사자가 계약을 체결함으로써 달성하려는 목적과 진정한 의사, 당사자에게 의무가 부과되었다고 볼 경우 이행가능성이 있는 것인지 여부 등을 종합적으로 고려하여 당사자가 그러한 의무를 법률상 부담할 의사였다고 볼 만한 특별한 사정이 인정되는 경우에는 위와 같은 문구에도 불구하고 법적으로 구속력이 있는 의무로 보아야 한다.

❷ 대법원 1996. 3. 22. 선고 95다24302 판결 【손해배상(자)】

사실관계

乙(소외 1)이 자신의 소유인 자동차에 직장 동료인 甲(소외 이〇)을 태우고 가다가 갑자기 차선을 침범하여 반대차선으로 진행하여 오던 차량과 정면충돌하여 乙과 甲이 모두 사망하였다. 이에 甲의 부모인 甲1은 乙의 부모인 乙1을 상대로 손해배상을 청구하였다. 위 소송에서 乙1은 사고 당시 甲이 직장 동료관계인 乙의 차량에 동승하여 유흥을 위하여 대구로 가던 중이었으므로 乙과 운행이익을 공유한 운행자의 지위에 있었고, 따라서 자동차손해배상보장법 제3조 소정의 "다른 사람"에 해당하지 않으므로 乙에게 위와 같은 손해배상책임이 없고, 또한 동승자로서 밤늦은 시간에 피로한 상태에서 승용차를 운전한 乙에게 안전운전을 촉구하지 아니한 채 잡담을 나누면서 그의 주의를 산만하게 한 과실로 사고를 당하였으므로 이와 같은 동승 경위와 운행 목적 및 甲의 과실을 참작하여 손해배상액을 감액하여야 한다고 주장하였다.

판결이유

1. 원심판결 이유를 기록에 비추어 살펴보면, 원심이 그 판결에서 채용하고 있는 증거들을 종합하여 소외 1(을)이 자신의 소유인 자동차에 직장 동료인 소외 이ㅇ(갑)을 태우고 가다가 갑자기 반대차선을 침범하여 반대차선으로 진행하여 오던 차량과 정면 충돌한 나머지 양인이 모두 사망한 사실을 인정한 후, 망 소외 1(을)의 부모인 피고들(을1)에게 소외 망 이ㅇ(갑)의 사망으로 인한 손해의 배상을 명함에 있어서, 이 사건 사고 당시 소외 망 이ㅇ(갑)은 직장 동료관계인 망 소외 1(을)의 차량에 동승하여 유흥을 위하여 대구로 가던 중이었으므로 위 소외 1(을)과 운행이익을 공유한 운행자의 지위에 있었고, 따라서 자동차손해배상보장법 제3조 소정의 '다른 사람'에 해당하지 않으므로 위 소외 1(을)에게 위와 같은 손해배상책임이 없고, 또한 동승자로서 밤늦은 시간에 피로한 상태에서 위 승용차를 운전한 위 소외 1(을)에게 안전운전을 촉구하지 아니한 채 잡담을 나누면서 그의 주의를 산만하게 한 과실로 위 사고를 당하였으므로, 위와 같은 동승 경위와 운행 목적 및 위 이ㅇ(갑)의 과실을 참작하여 이 사건 손해배상액을 감액하여야 한다는 주장에 대하여, 직장 동료의 승용차에 동승하여 가다가 사고를 당하였다는 사실만으로 승용차의 공동운행자에 해당한다거나, 위 법률 제3조 소정의 '다른 사람'에 해당한다고 할 수 없고, 피고들(을1)의 주장과 같은 소외 망 이ㅇ(갑)의 잘못은 이를 인정할 만한 아무런 증거가 없다는 이유로 위 주장을 모두 배척하고 있다. 기록에 비추어 살펴보면, 원심의 위와 같은 판단은 정당한 것으로 수긍이 가고, 거기에 채증법칙을 위배하였거나 심리를 다하지 못한 잘못이 없으며, 그 밖에 단순한 사실오인의 점은 원심의 전권에 속하는 적법한 사실 확정을 비난하는 것으로 적법한 상고이유가 되지 못한다. 이와 관련된 상고이유는 모두 받아들일 수 없다.

2. <호의동승에 있어서 운행자의 책임을 감경할 수 있는 경우 (민법 제396조, 제763조; 자동차손해배상보장법 제3조)> 차량의 운행자가 아무런 대가를 받지 아니하고 동승자의 편의와 이익을 위하여 동승을 허락하고 동승자도 그 자신의 편의와 이익을 위하여 그 제공을 받은 경우 그 운행 목적, 동승자와 운행자의 인적관계, 그가 차에 동승한 경위, 특히 동승을 요구한 목적과 적극성 등 여러 사정에 비추어 가해자에게 일반 교통사고와 동일한 책임을 지우는 것이 신의칙이나 형평의 원칙으로

보아 매우 불합리하다고 인정될 때에는 그 배상액을 경감할 수 있으나(대법원 1987. 12. 22. 선고 86다카2994 판결, 1989. 1. 31. 선고 87다카1090 판결 참조), 사고 차량에 단순히 호의로 동승하였다는 사실만 가지고 바로 이를 배상액 경감사유로 삼을 수 있는 것은 아니다(대법원 1992. 11. 27. 선고 92다24561 판결, 1994. 11. 25. 선고 94다32917 판결 참조). 원심판결 이유와 기록에 의하면, <사안의 경우> 소외 망 이○(갑)은 직장 동료인 소외 1(을)이 운행하는 차량에 동승하였다는 사실을 알아볼 수 있을 뿐이고, 차량에 탑승하였던 양인이 다 사망하여 그 밖의 동승 경위나 운행 목적 등에 관하여 이를 알아 볼 수 없게 된 이상, 위에서 본 바와 같은 법리에 비추어 볼 때 이 사실만 가지고 막바로 손해배상의 경감사유로 삼을 수는 없다고 하겠다. 같은 취지의 원심의 판단은 정당하고, 거기에 호의동승에 관한 법리오해로 판결에 영향을 미친 위법이 있다고 할 수 없다. 이 점을 지적하는 상고이유도 받아들일 수 없다.

II. 권리의 종류

§ 2-2 형성권의 재판상 행사
❶ 대법원 1982. 5. 11. 선고 80다916 판결 [소유권이전등기]

원심판결 이유에 의하면, 원심은 거시의 증거에 의하여 원고가 1977. 6. 14. 피고로부터 이 사건 대지 및 건물(이하 이 사건 부동산이라 한다)을 대금 1,750만원에 매수하면서 그날 계약금 150만원을 피고에게 지급하고, 중도금 300만원은 그해 6. 25.에, 잔대금 1,300만원 중 금 435만원은 그해 7. 20.에 이 사건 부동산의 소유권이전등기절차 이행과 동시에, 금100만원은 그해 9. 14.에, 나머지 잔대금 765만원은 1978. 3. 30. 위 부동산의 명도와 동시에 지급하기로 약정한 사실, 원고는 중도금 지급기일인 그해 6. 25.보다 며칠 후인 그달 30. 피고에게 중도금 300만원을 이행 제공하였으나 피고가 그 수령을 거절하여 그해 7. 5. 위 금 300만원을 변제공탁한 사실을 각 인정한 다음, 원고가 피고를 상대로 하여 이 사건 계약금반환청구 소송을 제기한 바 있으므로 이는 원고가 이 사건 매매계약을 유지할 의사가 없어 계약을 해제한 것으로 보아야 한다는 피고의 항변에 대하여는 을 제3호증의 1, 2의 기재에 의하면 원고가 1978. 5. 23. 서울민사지방법원에 피고를 상대로 이 사건 매매계약금의 반환청구 소송을 제기하였던 사실은 엿볼 수 있으나, 한편 을 제3호증의 5의 기재에 변론의 취지를 모아보면 원고는 당시 피고가 이건 매매계약이 해제되었다고 주장하므로 피고의 해약 주장을 가정하여 그 소를 제기하였으나 그 후 소송 계속중 1978. 8. 29. 그 계약금 반환청구 소송을 취하하고 계약의 본지에 따른 이행을 구하기 위하여 이건 소를 제기한 사실을 알 수 있어 피고의 위 항쟁은 받아들일 수 없다 하여 이를 배척하고 있다. 그러나 앞서 본 원고가 피고에게 중도금 300만원을 이행 제공하여도 피고가 그 수령을 거절하여 변제 공탁한 사실은 원심이 확정하고 있고, 원심이 배척하지 아니한 을 제1호증의 기재에 의하면 피고는 1977. 7. 9. 원고의 중도금 지급 지체를 이유로 하여 이 사건 매매계약 해제통고를 한 사실이 인정되므로, 이는 피고가 계약을 이행할 의사가 없음이 명백한 경우로 볼 수 있고 이러한 경우에는 원고는 피고에게 채무이행을 최고할 필요 없이 계약해제권을 행사할 수 있는 경우라 할 것인바, 을 제 3 호증의 1, 2의 기재에 의하면 원고는 1978. 5. 23. 피고를 상대로 하여 서울지방법원 영등포지원에 피고가 잔금 수령을 거절하고 계약을 위약하였다 하여 이 사건 매매계약금의 배액인 금 300만원 중 금 150만원의 반환청구 소송을 제기하였음이 뚜렷하므로, *<매매계약해제를 원인으로 한 계약금반환청구의 소의 취하와 계약해제권 행사의 효력 (민법 제543조)>* 원고의 위 소 제기로서 이 사건 매매계약 해제의 의사표시를 명시적으로 하지는 않았다 하더라도, 원고가 피고에게 이 사건 매매계약의 존속과는 양립할 수 없는 위약금의 지급 청구를 하고, 그 소장이 피고에게 송달됨으로써 해제권을 행사하였다 할 것이고(대법원 1969. 1. 28. 선고 68다626 판결 참조), 해제권은 형성권이므로 비록 그 후에 원고가 그 소송을 취하하였다 하여 위 해제권 행사의 효력에 아무런 영향도 미치지 않는다 할 것이다. 그럼에도 불구하고 원심이 원고의 전소 제기를 피고의 해약주장을 가정하여 제기하였다가 이를 다시 취하하였다는 이유로 피고의 위 계약해제의 항변을 배척하였음은 매매계약 해제에 관한 법리를 오해한 위법이 있고 이는 판결결과에 영향을 미쳤다 할 것이므로 이 점을 탓하는 논지는 이유있다. 원심판결은 다른 논점을 살필 것 없이 이 점에서 파기를 면치 못한다 할 것이다.

제2절 권리의 행사

I. 신의칙의 기본법리

§ 2-3 적용상의 한계
❶ 대법원 2014. 5. 29. 선고 2012다44518 판결 【가등기말소】

사실관계

乙 주식회사는 丙 소유의 농지에 관하여 매매계약을 체결하고, 乙 회사 명의로 소유권이전청구권가등기를 마쳤다. 丙을 대위한 기술신용보증기금 甲은 위 매매계약이 구 농지개혁법상 乙 회사의 농지 소유권 취득이 금지되어 무효임을 이유로 가등기말소를 구하였다.

판결이유

1. 원심판결 이유에 의하면, 원심은 피고(을)가 1990. 7. 10. 소외인(병)과 그 소유의 농지인 원심 판시 이 사건 각 부동산(이하 '이 사건 각 부동산'이라 한다)에 관하여 각 매매계약을 체결하고 피고(을) 명의로 각 소유권이전청구권가등기를 경료한 사실을 인정한 다음, 구 농지개혁법(1994. 12. 22. 법률 제4817호로 폐지된 것) 시행 당시 법인인 피고(을)와 소외인(병)이 체결한 이 사건 각 매매계약은 구 농지개혁법상 법인의 농지 소유권 취득이 불가능한 법리에 비추어 무효이나, 이 사건 각 매매계약의 체결 경위나 소외인(병)이 취득한 경제적 이익 등을 고려할 때 소외인이나 이를 대위한 원고(갑)가 피고(을)를 상대로 이 사건 각 가등기의 말소를 구함은 신의성실의 원칙에 반하여 허용될 수 없다고 판단하였다.

2. 그러나 원심의 위와 같은 판단은 다음과 같은 이유로 수긍하기 어렵다.

가. <합법성의 원칙보다 구체적 신뢰보호를 우선할 필요가 있는 경우인지 판단하는 기준 (민법 제2조 제1항)> 사적 자치의 영역을 넘어 공공질서를 위하여 공익적 요구를 선행시켜야 할 경우 합법성의 원칙은 신의성실의 원칙보다 우월한 것이므로, 신의성실의 원칙은 합법성의 원칙을 희생하여서라도 구체적 신뢰보호의 필요성이 인정되는 경우에 한하여 예외적으로 적용되는 것인바(대법원 2000. 8. 22. 선고 99다62609, 62616 판결 등 참조), 어떠한 경우에 합법성의 원칙보다 구체적 신뢰보호를 우선할 필요가 있는지를 판단하기 위하여는 신뢰보호를 주장하는 사람에게 위법행위와 관련한 주관적 귀책사유가 있는지 여부 및 그와 같은 신뢰가 법적으로 보호할 가치가 있는지 여부 등을 종합적으로 고려하여야 한다.

나. 위와 같은 법리에 비추어 기록을 살펴보면, <乙 주식회사가 丙 소유의 농지에 관하여 매매계약을 체결하고 乙 회사 명의로 소유권이전청구권가등기를 마쳤는데, 丙을 대위한 기술신용보증기금 甲이 위 매매계약이 구 농지개혁법상 무효임을 이유로 가등기 말소를 구한 사안의 경우 (구 농지개혁법(1994. 12. 22. 법률 제4817호 농지법 부칙 제2조로 폐지) 제19조 제3호(현행 농지법 제8조 참조); 민법 제2조 제1항)> 법인의 농지 소유권 취득을 금지한 구 농지개혁법 관련 규정은 그 성질상 경자유전의 원칙이라는 공익적 요구를 구체적으로 실천하기 위한 강행규정으로서, 이 사건은 그와 같은 합법성의 원칙이라는 토대 위에서 그 당부를 검토하여야 할 사안이라 할 것인데, 비록 원심의 판시와 같이 피고(을)가 이 사건 각 매매계약 이후 소외인(병)에게 매매대금을 모두 지급하고 세금을 납부해 오는 등 소외인(병)에 대한 관계에서 진정한 소유자로서 권리를 행사해 온 사정 등이 인정된다 하더라도, 피고(을) 스스로도 이 사건 각 매매계약 당시 법인 사업자로서 농지에 대한 소유권이전등기를 경료할 수 없었기 때문에 이 사건 각 가등기를 경료하였다고 인정하고 있는 이상, 구 농지개혁법에 위반되는 이 사건 등기가 이루어지게 된 경위에는 스스로 불법을 인식한 채 이 사건 각 매매계약을 체결한 피고(을)에게도 주관적 귀책사유가 있다고 할 것이므로, 이에 관한 피고(을)의 신뢰를 합법성의 원칙을 희생하면서까지 보호할 것은 아니다.

그럼에도 불구하고 원심은 원고(갑)의 이 사건 청구가 신의성실의 원칙에 반한다는 이유로 배척하였는바, 이는 신의성실의 원칙과 관련한 법리를 오해하여 판단을 그르친 것이다.

❷ 대법원 2013. 12. 18. 선고 2012다89399 전원합의체 판결 [퇴직금] 〈통상임금 사건(정기상여금)〉

.....

2. 이 사건에 대한 판단
가. 이 사건 상여금이 통상임금에 속하는지에 관하여
원심판결 이유와 원심이 적법하게 채택한 증거들에 의하면, 피고(피고의 전신인 모딘코리아 유한회사는 2004. 6. 7. 설립된 후 2009. 12. 23. 갑을오토텍 유한회사로 상호가 변경되었고, 이후 2010. 8. 20. 피고로 조직변경되었다. 이하에서는 이들 회사를 구분하지 않고 '피고'라고 한다)는 상여금지급규칙에 따라 이 사건 상여금을 근속기간이 2개월을 초과한 근로자에게는 전액을, 근속기간이 2개월을 초과하지 않는 신규입사자나 2개월 이상 장기 휴직 후 복직한 자, 휴직자에 대하여는 상여금 지급 대상기간 중 해당 구간에 따라 미리 정해 놓은 비율을 적용하여 산정한 금액을 각 지급하였으며, 상여금 지급 대상기간 중에 퇴직한 근로자에 대해서는 근무일수에 따라 일할계산하여 지급한 사실을 알 수 있다.

앞에서 본 법리를 위 사실관계에 비추어 보면, 이 사건 상여금은 근속기간에 따라 지급액이 달라지기는 하나 일정 근속기간에 이른 근로자에 대해서는 일정액의 상여금이 확정적으로 지급되는 것이므로, 이 사건 상여금은 소정근로를 제공하기만 하면 그 지급이 확정된 것이라고 볼 수 있어 정기적·일률적으로 지급되는 고정적인 임금인 통상임금에 해당한다.

원심이 같은 취지에서 이 사건 상여금이 통상임금에 해당한다고 판단한 것은 정당하고, 거기에 상고이유 주장과 같은 통상임금의 개념, 요건 및 범위에 관한 대법원 판례 위반 등의 위법이 없다.

나. 이 사건 상여금을 통상임금에서 제외하는 노사합의의 무효를 주장하여 추가 법정수당을 청구하는 것이 신의성실의 원칙에 위배되는지에 관하여

1) *<신의성실원칙의 의의>* 신의성실의 원칙(이하 '신의칙'이라고 한다)은, 법률관계의 당사자는 상대방의 이익을 배려하여 형평에 어긋나거나 신뢰를 저버리는 내용 또는 방법으로 권리를 행사하거나 의무를 이행하여서는 아니 된다는 추상적 규범을 말하는 것으로서, 신의칙에 위배된다는 이유로 그 권리행사를 부정하기 위해서는 상대방에게 신의를 공여하였거나 객관적으로 보아 상대방이 신의를 가지는 것이 정당한 상태에 이르러야 하고, 이와 같은 상대방의 신의에 반하여 권리를 행사하는 것이 정의관념에 비추어 용인될 수 없는 정도의 상태에 이르러야 한다(대법원 1991. 12. 10. 선고 91다3802 판결, 대법원 2006. 5. 26. 선고 2003다18401 판결 등 참조).

<노사가 정기상여금을 통상임금에서 제외하기로 합의하고 이를 전제로 임금수준을 정한 경우, 근로자가 노사합의의 무효를 주장하며 정기상여금을 통상임금에 포함하여 산정한 추가 법정수당을 청구하는 것이 신의성실의 원칙에 위배되는지 여부 *(헌법 제32조 제1항, 제3항; 근로기준법 제2조 제1항 제5호, 제15조, 제56조; 근로기준법 시행령 제6조 제1항; 민법 제2조 제1항)>* 단체협약 등 노사합의의 내용이 근로기준법의 강행규정을 위반하여 무효인 경우에, 그 무효를 주장하는 것이 신의칙에 위배되는 권리의 행사라는 이유로 이를 배척한다면 강행규정으로 정한 입법 취지를 몰각시키는 결과가 될 것이므로, 그러한 주장이 신의칙에 위배된다고 볼 수 없음이 원칙이다. 그러나 노사합의의 내용이 근로기준법의 강행규정을 위반한다고 하여 그 노사합의의 무효 주장에 대하여 예외 없이 신의칙의 적용이 배제되는 것은 아니다(대법원 2001. 5. 29. 선고 2001다15422, 15439 판결 참조). 위에서 본 신의칙을 적용하기 위한 일반적인 요건을 갖춤은 물론 근로기준법의 강행규정성에도 불구하고 신의칙을 우선하여 적용하는 것을 수긍할 만한 특별한 사정이 있는 예외적인 경우에 한하여 그 노사합의의 무효를 주장하는 것은 신의칙에 위배되어 허용될 수 없다.

2) 건전한 재정은 기업에 있어 생명줄과도 같다. 재정의 악화는 경영난으로 이어지고 그것이 심화되면 기업의 존립이 위태로워진다. 특히 임금은 기업의 재정에 가장

큰 영향을 미치는 요소 중의 하나이다. 노사는 임금협상을 하면서 근로자에게 근로의 대가로 얼마만큼의 금품을 어느 시기에 어떠한 형태와 조건으로 지급할 것인지를 정하게 된다. 이러한 임금협상은 기업의 경영실적, 근로자의 노동생산성, 물가상승률, 동종 업계의 일반적인 임금인상률 등 여러 요소를 고려하여 이루어지지만, 기업의 지속적인 존립과 성장은 노사 양측이 다 같이 추구하여야 할 공동의 목표이므로 기업 재정에 심각한 타격을 주어 경영상 어려움을 초래하거나 기업의 존립 기반에 영향을 주면서까지 임금을 인상할 수는 없는 것이다. 따라서 임금의 인상은 기업이 생산·판매 활동 등을 함으로써 얻을 수 있는 수익에 기초하여 노동비용 부담능력 안에서 이루어져야 한다는 내적 한계가 있고, 이는 노사 상호 간에 양해된 사항이라 할 수 있다.

그리하여 노사가 자율적으로 임금협상을 할 때에는 기업의 한정된 수익을 기초로 하여 상호 적정하다고 합의가 이루어진 범위 안에서 임금을 정하게 되는데, 우리나라의 실태는 임금협상 시 임금 총액을 기준으로 임금 인상 폭을 정하되, 그 임금 총액 속에 기본급은 물론, 일정한 대상기간에 제공되는 근로에 대응하여 1개월을 초과하는 일정 기간마다 지급되는 상여금(이하 '정기상여금'이라고 한다), 각종 수당, 그리고 통상임금을 기초로 산정되는 연장·야간·휴일 근로 수당 등의 법정수당까지도 그 규모를 예측하여 포함시키는 것이 일반적이다. 이러한 방식의 임금협상에 따르면, 기본급, 정기상여금, 각종 수당 등과 통상임금에 기초하여 산정되는 각종 법정수당은 임금 총액과 무관하게 별개 독립적으로 결정되는 것이 아니라 노사 간에 합의된 임금 총액의 범위 안에서 그 취지에 맞도록 각 임금 항목에 금액이 할당되고, 각각의 지급형태 및 지급시기 등이 결정된다는 의미에서 상호 견련관계가 있는 것이다.

그런데 우리나라 대부분의 기업에서는 정기상여금은 그 자체로 통상임금에 해당하지 아니한다는 전제 아래에서, 임금협상 시 노사가 정기상여금을 통상임금에서 제외하기로 합의하는 실무가 장기간 계속되어 왔고, 이러한 노사합의는 일반화되어 이미 관행으로 정착된 것으로 보인다. 이러한 관행이 정착하게 된 데에는, 상여금의 연원이 은혜적·포상적인 이윤배분이나 성과급에서 비롯된 점, 국내 경제가 성장기로 접어든 이후 상여금이 근로의 대가로서 정기적·일률적으로 지급되는 경우가 많다고는 하지만 여전히 성과급, 공로보상 또는 계속근로 장려 차원에서 지급되는 경우도 있고 그 지급형태나 지급조건 등이 다양하여 그 성질이 명확하지 아니한 경우도 있는 점, 근로현장에서 노사 양측에 지대한 영향력을 발휘하여 온 고용노동부의 '통상임금 산정지침'이 1988. 1. 14. 제정된 이래 일관되게 정기상여금을 통상임금에서 제외하여 온 점, 대법원판례상으로도 2012. 3. 29. 이른바 '금아리무진 판결'이라고 불리는 대법원 2010다91046 판결이 선고되기 전에는 상여금의 통상임금 해당성을 부정한 대법원판결(대법원 1990. 2. 27. 선고 89다카2292 판결, 대법원 1996. 2. 9. 선고 94다19501 판결 등)만 있었고 정기상여금이 통상임금에 해당할 수 있음을 명시적으로 인정한 대법원판결은 없었던 점 등이 그 주요 원인이 되어 노사 양측 모두 정기상여금은 통상임금에서 제외되는 것이라고 의심 없이 받아들여 왔기 때문인 것으로 보인다.

위와 같은 임금협상의 구조와 한계, 근로현장에서의 임금협상 방법과 과정, 각 임금 항목의 결정 방법 및 그 내용, 관행 등을 고려하지 아니한 채, 종래 정기상여금을 통상임금에서 제외한 노사합의가 근로기준법의 강행규정에 위배되어 무효라는 이유로 새로이 정기상여금이 포함된 통상임금을 기초로 한 법정수당을 추가로 지급하게 되면, 근로자가 받을 임금 총액이 당초 노사 간에 합의한 임금 총액의 범위를 훨씬 초과하게 되어, 임금협상 당시 노사 양측이 의도한 것과 사뭇 다른 결과가 발생할 수 있다.

앞서 본 바와 같이 임금에 관한 노사합의는 기업의 한정된 수익에 기초하여 합의한 임금 총액의 범위 안에서 각 임금 항목에 액수를 할당하고 그 개별적인 지급시기, 지급형태 및 조건 등을 정하는 실질을 갖고 있다. 따라서 기업의 수익 기초가 동일한 이상 노사 양측이 임금협상 당시 정기상여금이 통상임금에 해당할 수 있다는 점을 인식하였다면, 해당 정기상여금이 통상임금에 산입됨을 전제로 기본급과 수당 등의 인상률을 조정하고 지급형태나 조건 등을 변경하는 등의 조치를 취함으로써 결과적으로 통상임금을 기초로 산정되는 각종 법정수당을 포함하여 근로자에게 지급되는 임금 총액은 정기상여금이 통상임금에 산입되는 경우와 그렇지 않은 경우 사이에 실질적인 차이가 없도록 하는 등 기업의 부담능력 범위 내에서 다른 대안을 마련하여 노사합의를 이루었을 것으로 봄이 타당하다.

그런데도 이러한 사정들은 전혀 고려하지 아니한 채 노사 양측이 합의 당시 상호 공통적으로 이해하고 있었던 것과는 전혀 다른 법리적 사유를 들어 사용자에게 정기상여금이 포함된 통상임금을 토대로 한 추가적인 법정수당 지급의무를 부과한다면, 근로자 측은 한편으로는 임금협상 당시 노사가 서로 양해한 전제나 기초 아래 기업의 한정된 수익을 감안하여 결정된 임금을 모두 지급받으면서, 다른 한편으로는 그 전제나 기초가 무효임을 주장하며 기업의 한정된 수익을 넘는 추가적인 법정수당을 지급받게 되고, 반면에 사용자 측은 노사합의를 신뢰하여 이를 기초로 수지 균형을 맞추며 기업을 경영하여 오다가 예측하지 못하였던 재정적 부담을 지게 되고, 그로 인하여 중대한 경영상의 어려움을 겪거나 기업의 존립 자체가 흔들리는 상황에 놓이게 될 수 있다. 이는 상호 신뢰를 기초로 하여 노사합의를 이루어 자율적이고 조화로운 관계를 유지하며 공동의 이익을 추구해 온 노사관계에 있어 예기치 않은 사유로 서로 간의 신뢰기반을 깨뜨리고 노사가 지향해 온 상생관계를 해치는 행위로서 궁극적으로는 근로자의 근로환경이나 근로조건에도 부정적인 영향을 미치고, 기업의 재정적 파탄으로 이어져 일자리의 터전을 상실할 위험도 초래하는 등 노사 양쪽 모두에게 피해가 갈 수 있다.

따라서 <*사안의 경우*> 앞서 본 바와 같은 방식의 임금협상 과정을 거쳐 이루어진 노사합의에서 정기상여금은 그 자체로 통상임금에 해당하지 아니한다고 오인한 나머지 정기상여금을 통상임금 산정 기준에서 제외하기로 합의하고 이를 전제로 임금수준을 정한 경우, 근로자 측이 앞서 본 임금협상의 방법과 경위, 실질적인 목표와 결과 등은 도외시한 채 임금협상 당시 전혀 생각하지 못한 사유를 들어 정기상여금을 통상임금에 가산하고 이를 토대로 추가적인 법정수당의 지급을 구함으로써, 노사가 합의한 임금수준을 훨씬 초과하는 예상외의 이익을 추구하고 그로 말미암아 사용자에게 예측하지 못한 새로운 재정적 부담을 지워 중대한 경영상의 어려움을 초래하거나 기업의 존립을 위태롭게 한다면, 이는 종국적으로 근로자 측에까지 그 피해가 미치게 되어 노사 어느 쪽에도 도움이 되지 않는 결과를 가져오므로 정의와 형평 관념에 비추어 신의에 현저히 반하고 도저히 용인될 수 없음이 분명하다. 그러므로 이와 같은 경우 근로자 측의 추가 법정수당 청구는 신의칙에 위배되어 받아들일 수 없다.

§ 2-4 최후의 비상수단
❶ 대법원 2008. 2. 14. 선고 2007다33224 판결 [배당이의]

1. 피고 1의 상고이유에 대하여
<*건축중인 주택의 임차인이 마친 주민등록이 보존등기 후 등기를 마친 저당권자에 대한 관계에서 임대차를 공시하는 효력이 있는지 여부의 판단 기준* (주택임대차보호법 제3조 제1항)> 건축중인 주택을 임차하여 주민등록을 마친 임차인의 주민등록이 그 후 소유권보존등기가 경료되고, 이를 바탕으로 저당권을 취득하여 등기부상 이해관계를 가지게 된 제3자에 대한 관계에서 임대차를 공시하는 효력이 있는지 여부는, 그 제3자의 입장에서 보아 사회통념상 그 주민등록으로 당해 주택에 임차인이 주소 또는 거소를 가진 자로 등록되어 있다고 인식할 수 있는지 여부에 따라 판단되어야 한다(대법원 1999. 9. 3. 선고 99다15597 판결 등 참조).
원심은, 피고 1이 전입신고한 "에이스텔 404호"로 표시된 주민등록은 그 후 건축물관리대장 및 등기부상 표시된 실제 호수인 "에이스텔 4층 304호"와 일치하지 아니하여 당해 임대차의 유효한 공시방법이 될 수 없다고 판단하였는바, 앞서 본 법리와 기록에 비추어 살펴보면 원심의 그와 같은 판단은 정당하고, 거기에 주장하는 바와 같은 주택임대차보호법 소정의 대항요건인 주민등록의 유효 여부에 관한 법리오해 등의 위법이 없다.

2. 원고의 상고이유에 대하여
<*임차인의 주민등록상 주소가 등기부상 표시와 다르다는 이유로 임대차의 대항력*

을 부정하는 근저당권자의 주장이 신의칙에 위배되는 경우 (주택임대차보호법 제3조 제1항; 민법 제2조)> 근저당권자가 임차인의 주민등록상 주소가 등기부상 표시와 다르다는 이유로 임대차의 대항력을 부정하는 주장이 신의칙에 비추어 용납될 수 없는 경우에는 예외적으로 그 주장을 배척할 수 있으나, 이는 주택임대차보호법에 의하여 인정되는 법률관계를 신의칙과 같은 일반원칙에 의하여 제한하는 것이어서 법적 안정성을 해할 수 있으므로 그 적용에 있어 신중을 기하여야 할 것이다.

앞서 본 바와 같이 주민등록이 임대차를 공시하는지 여부는 사회 통념상 그 주민등록으로 당해 주택에 임차인이 주소 또는 거소를 가진 자로 등록되어 있다고 인식할 수 있는지 여부에 따라 판단되어야 하므로, 근저당권자가 근저당권 설정에 앞서 임차인의 주민등록상 주소가 등기부상 표시와 다르다는 사정을 알았거나 알 수 있었다는 사정만으로는 임대차의 대항력을 부정하는 근저당권자의 주장이 신의칙에 위배된다고 할 수 없고, 임차인의 주민등록이 잘못되었다는 사실을 알면서 그 임차인을 선순위의 권리로 인정하고 그만큼 감액한 상태의 담보가치를 취득하겠다는 전제에서 근저당권을 설정하였으면서도 부당한 이익을 얻으려는 의도로 사후에 임차인의 손해는 전혀 고려함이 없이 그 주민등록의 잘못에 따른 임대차의 대항력 결여를 주장하는 경우와 같이, 근저당권자의 권리행사가 상대방의 신의에 반하고 정의관념에 비추어 용인될 수 없는 정도의 상태에 이른다는 사정이 구체적으로 인정되어야 할 것이다(대법원 1991. 12. 10. 선고 91다3802 판결 등 참조).

원심판결 이유에 의하면, 원심은 피고들이 이 사건 오피스텔의 일부를 각 임차하여 입주하면서 임대차계약서에 기재된 대로 피고 1은 "에이스텔 404호"로, 피고 2는 "에이스텔 504호"로 각 전입신고를 하였는데, 그 후 건축물관리대장이 작성되면서 그 호수가 "에이스텔 404호"는 "에이스텔 4층 304호"로, "에이스텔 504호"는 "에이스텔 5층 404호"로 각 바뀌어 표시된 사실을 인정한 다음, 피고 2의 위 주민등록은 해당 임대차의 유효한 공시방법이 될 수 없으나, 통상 담보권자로서는 담보로 제공된 건물의 임대차 여부를 조사하는 것이 보통이므로, 원고도 담보가치를 파악하는 과정에서 "504호"로 인식될 가능성이 있는 "5층 404호"를 누군가가 임차하여 거주하고 있으며 피고 2가 "504호"로, 피고 1이 "404호"로 각 표시하여 전입신고한 사실을 알고 있었다고 보이고, 따라서 원고로서는 위 "5층 404호" 건물의 담보가치를 파악함에 있어 대항력 있는 임대차의 존재를 인식하고 있었고 임차인의 임차보증금 상당액을 고려한 상태에서 근저당권을 취득하였다고 할 것임에도, 위 건물에 관한 건축물관리대장 및 등기부의 호수 표시가 바뀌는 바람에 피고 2가 임대차의 대항력을 잃게 되자 이를 기화로 부당한 이익을 얻으려는 의도에서 위 피고의 손해는 전혀 생각함이 없이 배당요구를 하고 있다고 할 것이므로, 위와 같은 원고의 근저당권자로서의 권리 행사는 신의칙에 반한다고 판단하였다.

그러나 기록을 살펴보아도, *<건축중인 주택을 임차하여 주민등록을 마친 임차인의*

주민등록상의 주소가 그 후 건축물관리대장 및 등기부상 표시된 실제 호수와 일치하지 않은 사안의 경우 *(주택임대차보호법 제3조 제1항; 민법 제2조)>* 원고*(근저당권자)*가 피고 2*(임차인)*의 주민등록상 주소가 등기부상의 표시와 다르다는 사실을 알고 있었다고 볼 증거가 없을 뿐 아니라, 실제로 원고*(근저당권자)*가 임대차관계를 조사한 사실이 있는지, 조사하였다면 언제, 어떤 방법으로 하였고 그 결과는 어떠하였는지, 채무자에 대한 대출은 어떤 경위로 이루어졌고 그에 대한 담보가치는 어떻게 평가하였는지 또 대출금액은 어떻게 결정되었는지, 원고*(근저당권자)*의 위 피고*(임차인)*에 대한 배당이의를 받아들이면 원고*(근저당권자)*에게 어떠한 결과가 발생하게 되는지 등과 같이 원고*(근저당권자)*의 임대차 대항력 결여 주장이 위 피고*(임차인)*에 대한 신의에 반하고 정의관념에 비추어 용인될 수 없는 정도라고 인정될 수 있는 구체적인 사정에 관하여 아무런 심리가 이루어지지 아니하였음을 알 수 있는바, 그럼에도 그 판시와 같은 사실만으로 원고*(근저당권자)*가 위 건물의 대항력 있는 임대차의 존재를 인식하고 임차보증금 상당액을 고려한 상태에서 근저당권을 취득하였다고 추측하고, 나아가 근저당권자로서의 원고*(근저당권자)*의 이 사건 권리 행사가 신의칙에 반한다고 단정한 원심판결에는 위에서 본 신의칙에 관한 법리에 어긋나게 심리를 다하지 아니한 위법이 있고, 이는 판결에 영향을 미쳤음이 분명하다(그러한 임대차의 대항력을 부정하는 근저당권자의 주장에 대하여 근저당권자의 임대차관계 조사 여부와 그 내역, 대출의 경위와 담보가치의 평가방법, 근저당권자의 이의를 받아들일 때 임차인에게 발생하게 될 결과 등을 심리하지 아니한 채 위 주장이 신의칙에 반한다고 단정한 원심판결을 심리미진을 이유로 파기한 사안). 상고이유 중 이 점을 지적하는 부분은 이유 있다.

❷ **대법원 2018. 5. 17. 선고 2016다35833 판결 [약정금] <신의칙 및 형평의 관념에 의한 약정 변호사보수 감액 여부가 문제된 사건>**
(대법원 2018. 10. 25. 선고 2017다287648, 287655 판결)

사실관계

甲은 변호사로서 전국교수공제회 직원인 A(소외인)의 500억 원이 넘는 횡령과 그로 인한 공제회의 파산으로 퇴직금 등을 불입했던 乙(교수들 367명)이 손해를 입은 것과 관련하여 乙을 대리하여 乙1(대한민국)을 상대로 공제회 등에 대한 관리·감독의 책임을 물어 손해배상을 청구하였다. 甲은 위 소송의 1인당 청구금액을 100만 원으로 정하여 乙1을 상대로 3억 6700만 원을 손해배상금으로 청구하고, 1인당 착수금을 10만 원으로 정하여 총 착수금을 3670만 원으로 정하였다. 甲은 乙로부터 소송위임을 받아 乙1을 상대로 국가배상을 청구하는 소를 제기하여 소송을 수행하였는데, 결국 각하 또는 기각 판결을 선고받았다. 한편 甲이 제기한 소송은 검찰과 금융감독원의 직무유기를 다투는 것으로서 쟁점이 단순하거나 쉬운 것이 아니었고, 소송기간도 1년 5개월이 걸렸고, 준비서면을 7회 제출하였고, 서증을 5회 제출하였으며, 9회의 사실조회를 신청하였다. 甲은 乙에 대하여 착수금 3850만 원(착수금에다가 부가가치세 포함)의 지급을 요구하였으나 乙은 2000만 원만 지급하고 나머지 1850만 원은 지급하지 않았다. 이에 甲은 乙을 상대로 약정금의 지급을 구하는 소를 제기하였다.

소송경과

원심은, 甲과 乙이 소송위임계약에서 약정한 변호사 보수(착수보수금과 부가가치세) 3850만 원이 부당하게 과다하여 신의성실의 원칙과 형평의 관념에 반한다는 이유로 변호사 보수를 2000만 원으로 감액한 다음, 감액된 변호사 보수 채권이 모두 변제되어 소멸하였다고 판단하여 甲의 청구를 기각하였다.

대법원은, 원심이 제시한 사정만으로 이 사건 변호사 보수가 부당하게 과다하여 신의성실의 원칙이나 형평의 관념에 반한다고 볼 만한 특별한 사정이 있다고 보기 어렵다고 하여 파기환송 판결을 하고, 결국 甲은 착수금 전액에 대하여 승소 판결을 받았다.

판결이유

1. 약정금 청구

가. 착수보수금과 부가가치세 관련

(1) <변호사의 소송위임사무에 관한 약정 보수액이 부당하게 과다하여 신의성실의 원칙이나 형평의 관념에 반한다고 볼 만한 특별한 사정이 있는 경우, 변호사의 보수 청구가 적당하다고 인정되는 범위 내로 제한되는지 여부(적극) 및 이 경우 법원은 그에 관한 합리적 근거를 명확히 밝혀야 하는지 여부(적극)> *(헌법 제4조, 제10조, 제119조 제1항; 민법 제2조, 제103조, 제104조, 제398조 제2항, 제686조)* 변호사의 소송위임 사무처리 보수에 관하여 변호사와 의뢰인 사이에 약정이 있는 경우 위임사무를 완료한 변호사는 원칙적으로 약정 보수액 전부를 청구할 수 있다. 다만 의뢰인과의 평소 관계, 사건 수임 경위, 사건처리 경과와 난이도, 노력의 정도, 소송물 가액, 의뢰인이 승소로 인하여 얻게 된 구체적 이익, 그 밖에 변론에 나타난 여러 사정을 고려하여, 약정 보수액이 부당하게 과다하여 신의성실의 원칙이나 형평의 관념에 반한다고 볼 만한 특별한 사정이 있는 경우에는 예외적으로 적당하다고 인정되는 범위 내의 보수액만을 청구할 수 있다(대법원 1991. 12. 13. 선고 91다8722 판결, 대법원 2014. 3. 27. 선고 2012다50353 판결 등 참조). 그런데 이러한 보수 청구의 제한은 어디까지나 계약자유의 원칙에 대한 예외를 인정하는 것이므로, 법원은 그에 관한 합리적인 근거를 명확히 밝혀야 한다(대법원 2009. 9. 10. 선고 2009다40677 판결, 대법원 2014. 7. 10. 선고 2014다18322 판결 등 참조).

이러한 법리는 대법원이 오랜 시간에 걸쳐 발전시켜 온 것으로서, 현재에도 여전히 그 타당성을 인정할 수 있다. 그 이유는 아래와 같다.

(가) 사적 자치와 계약자유의 원칙은 사법(사법)의 기본원리로서 사법적인 법률관계를 규율하는 기초를 형성하고 있다. 그러나 이러한 원칙이 아무런 제한 없이 절대적으로 인정되는 것은 아니다. 우리 민법은 통칙에서 신의성실과 권리남용의 금지를 민법의 중요한 원칙으로 선언하고 있다. 신의성실의 원칙은 법질서 전체를 관통하는 일반 원칙으로서 실정법이나 계약을 형식적이고 엄격하게 적용할 때 생길 수 있는 부당한 결과를 막고 구체적 타당성을 실현하는 작용을 한다. 사적 자치나 계약자유도 신의칙에 따라 제한될 수 있고, 구체적 사안에서 그 적용 범위가 문제될 뿐이다.

(나) 위임이나 신탁과 같은 계약은 당사자 사이의 신뢰관계를 기초로 상대방의 권리와 이익을 보호하는 데에 목적이 있으므로, 단순히 급부의 교환에 그치는 매매와 같은 계약에 비하여 신의칙과 형평의 관념이 강하게 작용한다.

의뢰인이 변호사에게 소송을 위임하는 경우 변호사는 전문적인 법률지식을 활용하여 일체의 소송행위를 할 수 있다. 특히 변호사법은 법률사무 전반을 변호사에게 독점시키되, 변호사는 기본적 인권을 옹호하고 사회정의를 실현함을 사명으로 하고, 공공성을 지닌 법률 전문직으로서 독립하여 자유롭게 직무를 수행한다고 선언하면서(제1조, 제2조), 여러 규정을 통해 직무에 관한 고도의 공공성과 윤리성을 요구하고 있다(대법원 2015. 7. 23. 선고 2015다200111 전원합의체 판결 등 참조). 이처럼 변호사의 직무수행이 영리추구가 목적인 상인의 영업활동과 중대한 차이가 있다는 점은 소송위임계약에 관하여 신의칙을 적용할 때에도 고려하여야 한다.

(다) 소송위임사무 등 법률서비스의 제공은 고도의 전문지식이 필요한 것으로 원칙적으로 변호사만이 할 수 있다. 법률전문가인 변호사와 의뢰인 사이에는 소송의 쟁점, 법리, 절차, 난이도 등에 관한 정보의 불균형이 존재할 수밖에 없다. 변호사 보수가 반드시 일반적인 수요와 공급의 법칙에 따라 적정 수준으로 결정되고 있다고 볼 수는 없다. 변호사 보수에 대한 예측가능성을 확보할 수 있는 장치도 충분히 마련되어 있지 않다. 이는 과거뿐만 아니라 변호사 시험제도의 실시 등으로 다수의 변호사가 배출되고 있는 현 상황에서도 여전히 마찬가지이다.

(라) 우리 민법은 위임에 따른 보수를 제한하는 명시적 규정이 없다. 변호사 보수에 관하여 공서양속에 관한 민법 제103조나 불공정 법률행위에 관한 민법 제104조를 적용하여 구체적으로 타당한 결론을 도출하는 데에는 한계가 있다. 또한 민법 제103조나 제104조에 따른 효과는 법률행위의 전부 무효가 원칙이므로 이 규정들을 통하여 변호사 보수 제한에 관한 적정한 결론을 도출하기도 어렵고, 신의칙을 적용하여 그 보수를 제한하는 것에 비하여 우월하다고 보기도 어렵다.

위 두 조항의 요건을 충족하지는 않지만 소송위임계약에서 정보 불균형, 교섭력의 차이 등으로 말미암아 약정 보수액이 지나치게 많아 그 청구를 예외적으로 제한할 필요가 있는 경우가 있다. 특히 소송위임계약 이후의 소송 경과에 따라 당사자들이 예상할 수 없는 사정변경이 생겨 당초 약정한 보수액이 과도하게 불합리하다고 판단되는 경우도 있다. 이러한 경우 신의칙은 법 규정의 흠결을 보충하여 구체적 타당성을 도출하는 기능을 할 수 있다. 과도한 변호사 보수 청구를 적정한 수준으로 제한하는 것은 당사자의 진정한 의사에 부합할 뿐만 아니라, 당사자 사이에 보수에 관한 약정이 없는 경우 변호사가 위임인을 상대로 적정 보수를 청구할 수 있다는 것(대법원 1995. 12. 5. 선고 94다50229 판결 등)과도 균형이 맞는다.

(마) 법원이 적정한 결론을 도모한다는 구실로 신의칙에 기대어 당사자 사이의 계약 내용을 함부로 수정·변경하는 것은 당연히 경계하여야 한다. 그러나 대법원은 변호사 보수 청구 제한의 법리를 발전시켜 오면서, 이러한 법리가 계약자유의 원칙을 제한·수정하는 예외적인 것이므로 그 적용에 신중을 기하여야 한다는 입장을 밝혀 왔고, 보수 청구를 제한하는 경우 그에 관한 합리적 근거를 명확히 밝혀야 한다고 판단해 왔다. 이러한 판례를 통하여 변호사 보수에 대해 신의칙을 적용함으로써 생길 수 있는 우려는 해소되었다고 볼 수 있다.

(2) 원심은 아래와 같은 사정을 종합하여, <u>원고(갑)와 피고들(을)이 소송위임계약에서 약정한 변호사 보수(착수보수금과 부가가치세) 3,850만 원이 부당하게 과다하여 신의성실의 원칙과 형평의 관념에 반한다는 이유로 변호사 보수를 2,000만 원으로 감액한 다음, 감액된 변호사 보수 채권이 모두 변제되어 소멸하였다고 판단하여 이 부분 원고의 청구를 받아들이지 않았다.</u>

(가) 원고는 피고들 등으로부터 소송위임을 받아 대한민국을 상대로 국가배상을 청구하는 소를 제기하여 소송(이하 '원고 제기 소송'이라 한다)을 수행하였는데, 결국 각하 또는 기각 판결을 선고받았다. 원고 제기 소송의 소가가 3억 6,700만 원이고 당사자가 다수이나, 당사자 사이에 쟁점이 일치한다.

(나) 원고와 피고 2는 고등학교 동창이다. 원고는 원고 제기 소송 사건의 첫 변론기일 전인 2014. 8. 19. 피고 1로부터 원고 제기 소송의 원고들 중 324명이 원고에 대한 소송위임을 철회한다는 통보를 받았다. 그런데도 원고는 그들의 소송대리인 지위를 사임하지 않고 소송을 수행하였다.

(3) 그러나 앞서 본 법리와 기록에 비추어 살펴보면, <u>원심의 판단은 그대로 받아들이기 어렵다. 원심이 제시한 사정만으로 이 사건 변호사 보수가 부당하게 과다하여 신의성실의 원칙이나 형평의 관념에 반한다고 볼 만한 특별한 사정이 있다고 보기 어렵다. 그 이유는 다음과 같다.</u>

(가) 이 사건 소송위임계약에서 약정한 착수보수금은 1인당 10만 원이다. 원고는 위 금액이 피고 측이 관련 형사고소사건의 변호사 선임비용으로 지급한 금액과 같고 피고 측이 먼저 원고에게 제의하였다고 주장하였는데, 이에 대해 피고들은 원심

에 이르기까지 아무런 반박도 하지 않았다.

원고 제기 소송은 소외인의 500억 원이 넘는 횡령과 그로 인한 전국교수공제회(이하 '공제회'라 한다)의 파산으로 공제회에 퇴직금 등을 불입했던 피고들을 포함한 회원들이 손해를 입은 것과 관련하여 대한민국을 상대로 공제회 등에 대한 관리·감독의 책임을 물어 손해배상을 청구한 것이다. 원고 제기 소송의 소가가 3억 6,700만 원인 것은 위 소송의 원고 1인당 청구금액이 100만 원이었기 때문이다. 그런데 1인당 청구금액 100만 원이 부당히 고액이라고 보기 어렵고, 그 10%인 10만 원을 1인당 착수보수금으로 정한 것도 고액의 변호사 보수로 보기 어렵다.

(나) 원고 제기 소송은 검찰과 금융감독기관(금융위원회와 금융감독원)의 직무유기 등을 다투는 것으로 쟁점이 단순하거나 쉬운 것이 아니고, 소 제기 후 판결선고 시까지 소송 기간도 1년 5개월 이상 걸렸다.

(다) 원고는 소송 과정에서 준비서면을 7번 제출하고, 서증을 5번 제출하였으며, 9번의 사실조회신청을 하는 등 소송수행을 하였다.

(라) 원고 제기 소송에서 원고는 결과적으로 패소판결을 받았으나, 다른 변호사들도 동일한 내용의 손해배상청구 소송에서 패소판결을 받기는 마찬가지여서, 특별히 원고의 소송수행상 과실이 인정된다고 단정하기도 어렵다. 또한 착수보수금은 소송결과와는 무관하게 소송위임사무를 완료한 경우 전부 청구할 수 있는 성격의 것이다.

(마) 한편 원고는 원고 제기 소송의 첫 변론기일 전 피고 1로부터 '그 소송의 원고들 중 324명이 원고에 대한 소송위임을 철회한다'는 통보를 받았다. 그러나 원고가 2014. 4. 14. 소를 제기한 다음 피고 1은 2014. 4. 22. 원고의 소 제기를 추인함과 아울러 향후 절차에 대해서는 자신이 아닌 피고 2와 협의하라고 하였다. 이러한 사정에 비추어 보면, 피고 1이 피고 2 등 다른 피고들의 의사에 반하여 소송위임 철회를 통보한 것으로 볼 수 있다. 따라서 위 통보를 받고서도 원고가 소송수행을 계속한 것에 어떠한 잘못이 있다고 단정하기 어렵다.

원고 제기 소송의 제1심과 제2심 역시 '소 제기 이후 다수 원고들이 소취하서를 제출하였으나, 소취하 의사에 더하여 원고를 소송대리인에서 해임하는 의사를 표시한 것으로까지 보기는 어렵다.'고 판단하였다.

(4) 결국 위와 같은 원심의 판단에는 신의성실의 원칙과 형평의 관념에 기초한 변호사 보수 청구 제한에 관한 법리를 오해하여 판결에 영향을 미친 잘못이 있다. 이 점을 지적하는 상고이유 주장은 정당하다.

§ 2-5 신의칙의 적용대상

❶ 대법원 2018. 4. 26. 선고 2017다288757 판결 [주주명의변경]
(대법원 2017. 2. 15. 선고 2014다19776, 19783 판결)

1. 원심은, 피고가 그 자회사인 이 사건 유한공사를 매각하기 위해서는 상법 제374조 제1항 제1호에 따라 주주총회의 특별결의가 있어야 하는데 피고는 주주총회 특별결의를 거치지 않았으므로 피고가 원고에 대하여 이 사건 유한공사를 매각한 행위는 무효라는 피고의 주장에 대하여, 상법 제434조에 규정된 주주총회 특별결의 요건 이상에 해당하는 84% 지분을 가진 주주가 이 사건 양도계약의 체결에 동의한 것으로 볼 수 있으므로, 피고가 주주총회 특별결의의 흠결을 이유로 위 계약의 무효를 주장하는 것은 신의칙에 반하여 허용되지 않는다고 판단하여 그 주장을 받아들이지 아니하였다.

2. 그러나 이러한 원심의 판단은 다음과 같은 이유로 수긍하기 어렵다.

가. *<신의성실의 원칙의 의미와 이에 위배된다는 이유로 권리의 행사를 부정하기 위한 요건 (민법 제2조)>* 민법상 신의성실의 원칙은 법률관계의 당사자는 상대방의 이익을 배려하여 형평에 어긋나거나, 신뢰를 저버리는 내용 또는 방법으로 권리를 행사하거나 의무를 이행하여서는 아니 된다는 추상적 규범으로서, 신의성실의 원칙에 위배된다는 이유로 그 권리의 행사를 부정하기 위해서는 상대방에게 신의를 공여하였다거나 객관적으로 보아 상대방이 신의를 가짐이 정당한 상태에 있어야 하고, 이러한 상대방의 신의에 반하여 권리를 행사하는 것이 정의관념에 비추어 용인될 수 없는 정도의 상태에 이르러야 한다. 또한 *<강행법규를 위반한 자가 스스로 약정의 무효를 주장하는 것이 신의칙에 반하는지 여부(원칙적 소극)>* 강행법규를 위반한 자가 스스로 그 약정의 무효를 주장하는 것이 신의칙에 위배되는 권리의 행사라는 이유로 그 주장을 배척한다면, 이는 오히려 강행법규에 의하여 배제하려는 결과를 실현시키는 셈이 되어 입법 취지를 완전히 몰각하게 되므로, 달리 특별한 사정이 없는 한 위와 같은 주장이 권리남용에 해당되거나 신의성실 원칙에 반한다고 할 수 없다(대법원 2014. 9. 4. 선고 2014다6404 판결 등 참조).

II. 신의칙의 구체적 적용사례

1. 사정변경의 원칙
1) 사정변경에 의한 계약해제권
§ 2-6 사정변경에 의한 계약해제권
❶ 대법원 2007. 3. 29. 선고 2004다31302 판결 【매매대금】
(대법원 2011. 6. 24. 선고 2008다44368 판결)

사실관계

甲은 지방자치단체(제주시) 乙이 소유하고 있는 X 토지가 개발제한구역 지정에서 해제되어 음식점 등의 건축이 가능한 것으로 알고 당시의 객관적 시가보다 훨씬 비싼 가격으로 X 토지를 乙로부터 매수하였다. 한편 乙은 X 토지매매에 대해 공개매각절차를 거치면서, 공개매각조건에 X 토지가 개발제한 구역에 속해 있고, X 토지의 매각 후 행정상의 제한 등이 있을 경우 이에 대해 책임을 지지 아니한다는 내용을 명시하였다. 또한 乙은 위 공개매각조건에 X 토지의 인도 후에 발생한 일체의 위험부담에 대하여 책임지지 않는다는 내용이 명시되어 있고, X 토지상의 건축가능 여부에 관하여 논의가 없었다. 그런데 그 후 乙에 의하여 X 토지가 공공공지로 지정되어 건축개발이 불가능해지고, 공공공지 개발계획에 따라 수용될 상황이 되었다. 이에 甲은 乙과의 X 토지에 대한 매매계약을 사정변경을 이유로 해제하고, 매매대금의 반환을 구하는 소를 제기하였다.

판결이유

1. 상고이유 제1점에 대하여

<사정변경으로 인한 계약해제가 인정되는 경우 (민법 제2조, 제543조)**>** 이른바, 사정변경으로 인한 계약해제는 계약성립 당시 당사자가 예견할 수 없었던 현저한 사정의 변경이 발생하였고, 그러한 사정의 변경이 해제권을 취득하는 당사자에게 책임 없는 사유로 생긴 것으로서, 계약내용대로의 구속력을 인정한다면 신의칙에 현저히 반하는 결과가 생기는 경우에 계약준수 원칙의 예외로서 인정되는 것이고, 여기에서 말하는 사정이라 함은 계약의 기초가 되었던 객관적인 사정으로서, 일방당사자의 주관적 또는 개인적인 사정을 의미하는 것은 아니라 할 것이다. 또한, 계약의 성립에 기초가 되지 아니한 사정이 그 후 변경되어 일방당사자가 계약 당시 의도한 계약목적을 달성할 수 없게 됨으로써 손해를 입게 되었다 하더라도 특별한 사정이 없는 한 그 계약내용의 효력을 그대로 유지하는 것이 신의칙에 반한다고 볼 수도 없다 할 것이다.

원심은 그 판시와 같은 사실을 인정한 다음, 이 사건 토지에 대한 개발제한구역 지정이 해제됨에 따라 원고(갑)가 건축 등이 가능한 토지로 알고 당시의 객관적인 시가보다 훨씬 비싼 가격에 이 사건 토지를 피고(을)로부터 매수하였는데, 그 후 피고(을)에 의하여 이 사건 토지가 공공공지로 지정되어 건축개발이 불가능해지고, 공공공지 개발계획에 따라 이 사건 토지가 수용될 상황이 되는 등 이 사건 매매계약 당시에 원고(갑)가 예상하지도 않았고 예상할 수도 없었던 현저한 사정변경이 생겼고, 이러한 사정변경은 원고에게 책임을 돌릴 수 없는 것으로서, 이로 인해 원고에게 이 사건 매매계약 당시에는 예상하지 못한 엄청난 손해가 발생하게 되어 이 사건 매매계약을 그대로 유지하는 것은 신의칙에 반한다고 보아 원고(갑)는 사정변경 또는 신의칙을 사유로 하여 이 사건 매매계약을 해제할 수 있다고 판단하였다.

그러나 원심의 이러한 판단은 앞서 본 법리에 비추어 수긍할 수 없다.

원심이 인정한 사실과 기록에 의하면, 이 사건 매매계약은 일반 매수예상자들을 대상으로 한 피고의 공개매각절차를 거쳐 이루어진 것으로서, 공개매각조건에는 이 사건 토지가 개발제한구역에 속해 있고, 이 사건 토지의 매각 후 행정상의 제한 등이 있을 경우 피고(을)가 이에 대하여 책임을 지지 아니한다는 내용이 명시되어 있으며, 이 사건 매매계약에서도 피고(을)는 이 사건 토지의 인도 후에 발생한 일체의 위험부담에 대하여 책임지지 않는다는 내용이 명시되어 있을 뿐 당시 이 사건 토지상의 건축가능 여부에 관하여 논의가 이루어졌다고 볼 만한 자료를 찾아볼 수 없다.

그렇다면 <*사안의 경우* (민법 제2조, 제543조)> 이 사건 토지상의 건축가능 여부는 원고(갑)가 이 사건 토지를 매수하게 된 주관적인 목적에 불과할 뿐 이 사건 매매계약의 성립에 있어 기초가 되었다고 보기 어렵다 할 것이므로, 이 사건 매매계약 후 이 사건 토지가 공공공지에 편입됨으로써 원고(갑)가 의도한 음식점 등의 건축이 불가능하게 되었다 하더라도, 이러한 사정변경은 이 사건 매매계약을 해제할 만한 사정변경에 해당한다고 할 수 없다 할 것이고, 이러한 사정변경으로 인하여 원고(갑)가 의도한 주관적인 매수목적을 달성할 수 없게 되어 손해를 입었다 하더라도 특별한 사정이 없는 한 이 사건 매매계약의 효력을 그대로 유지하는 것이 신의칙에 반한다고 볼 수도 없다 할 것이다.

그럼에도, 원심은 위와 같이 변경된 사정이 계약해제권을 발생시키는 사정변경에 해당한다거나, 이 사건 매매계약의 효력을 그대로 유지하는 것이 신의칙에 위배된다고 보아 원고에게 이 사건 매매계약에 대한 해제권이 발생한다고 판단하였으니, 원심판결에는 사정변경이나 신의칙에 의한 계약해제에 관한 법리를 오해한 나머지 판결에 영향을 미친 위법이 있다 할 것이다.

❷ 대법원 2017. 6. 8. 선고 2016다249557 판결 [손해배상(기)]

사실관계

乙은 1988년부터 호텔캐피탈 건물에서 X 휘트니스클럽 운영자이고, 甲 등은 乙에게 직접 입회비, 보증금과 연회비를 지급하고 X 클럽을 이용하기로 하는 내용의 이용계약을 체결하거나 X 클럽의 회원권을 양수하는 방법으로 이용계약의 당사자가 되어 乙에게 연회비를 납부하며 개인회원이나 가족회원으로서 X 클럽을 이용해 왔다. 乙은 X 클럽을 운영하면서 2002년부터 2012년까지 5차례에 걸쳐 연회비를 조금씩 인상하였는데, 2009. 10. 1.경부터 2013. 9. 30.경까지 매출은 점점 감소한 반면 물가상승에 따라 비용 지출은 점점 증가하여 2012. 10. 1.부터

2013. 9. 30.까지의 기간 동안 乙의 전체 사업은 적자상태가 되었다. 乙은 2013. 9. 12. 甲 등에게 "X 클럽의 계속적인 적자 발생 등으로 운영이 더 이상 불가능하여 2013. 9. 30.자로 X 클럽 운영을 중단하므로 납입한 보증금을 반환받아 가라"고 통보하고, 같은 내용으로 공고한 다음 2013. 9. 30. X 클럽 운영을 중단하였다. 이에 甲 등은 乙이 X 클럽의 운영을 일방적으로 중단함으로써 입게 된 손해배상을 청구하였다. 이 소송에서 乙은 X 클럽 운영 과정에서 적자가 누적되어 경영에 심각한 지장이 발생하였다는 등의 사정변경을 이유로 X 클럽 이용계약을 해지하였다고 항변하였다.

판결이유

1. 상고이유 제1점
가. 약정해지에 관한 법리오해 등 주장
피고(을)는 서울 OO구 (주소 생략)에 있는 호텔캐피탈 건물에서 사우나, 체력단련장, 수영장 등의 시설을 구비한 휘트니스클럽(이하 '이 사건 클럽'이라 한다)을 운영하던 중 적자가 지속적으로 누적되자, 원고들(갑 등)과 체결된 이 사건 클럽 이용계약(이하 '이 사건 이용계약'이라 한다)을 해지하였다고 주장하였으나, 원심은 다음과 같은 이유로 피고(을)의 주장을 모두 배척하였다.
(1) 이 사건 클럽(X) 약관에 해당하는 회칙 제10조와 세칙 제10조가 약정 해지권을 정한 조항으로 볼 수 없다. 따라서 이 사건 이용계약이 해지 약정에 따라 적법하게 해지되었다는 피고(을)의 주장이 인정되지 않는다.
(2) 이 사건 회칙 제5조 제2항은 '퇴회 희망이 없을 경우는 매년 연회비를 납부함으로써 회원권을 지속한다.'고 정하고 있다. 이 사건 이용계약은 존속기간을 1년으로 정하되 특별한 사정이 없는 한 매년 연회비의 납부를 통해 이를 갱신하기로 한 것으로 계약기간의 정함이 없는 계약이라고 보기도 어렵다. 따라서 이 사건 이용계약이 기간의 정함이 없는 계속적 계약에 해당하여 해지권 유보 약정이 없어도 당사자가 언제든지 일방적으로 해지할 수 있다는 피고(을)의 주장도 받아들일 수 없다.
원심판결 이유를 관련 증거와 기록에 비추어 살펴보면, 이러한 원심의 판단은 정당하다. 원심의 판단에는 상고이유 주장과 같이 계속적 계약에 관한 약정 해지권에 관한 법리를 오해하는 등의 잘못이 없다.
나. 사정변경으로 인한 계약해지에 관한 법리오해 등 주장
(1) *<사정변경을 이유로 계약을 해제하거나 해지할 수 있는 경우 및 여기에서 말하는 "사정"의 의미* (민법 제2조, 제543조)> 계약 성립의 기초가 된 사정이 현저히 변경되고, 당사자가 계약의 성립 당시 이를 예견할 수 없었으며, 그로 인하여 계약을 그대로 유지하는 것이 당사자의 이해에 중대한 불균형을 초래하거나 계약을 체결한 목적을 달성할 수 없는 경우에는 계약준수 원칙의 예외로서 사정변경을 이유로

계약을 해제하거나 해지할 수 있다(대법원 2007. 3. 29. 선고 2004다31302 판결, 대법원 2013. 9. 26. 선고 2012다13637 전원합의체 판결 등 참조). 여기에서 말하는 사정이란 당사자들에게 계약 성립의 기초가 된 사정을 가리키고, 당사자들이 계약의 기초로 삼지 않은 사정이나 어느 일방당사자가 변경에 따른 불이익이나 위험을 떠안기로 한 사정은 포함되지 않는다.

<계속적 계약에서 경제적 상황의 변화로 당사자에게 불이익이 발생했다는 것만으로 계약을 해지할 수 있는지 여부(소극) (민법 제2조, 제543조)> 경제상황 등의 변동으로 당사자에게 손해가 생기더라도 합리적인 사람의 입장에서 사정변경을 예견할 수 있었다면 사정변경을 이유로 계약을 해제할 수 없다. 특히 계속적 계약에서는 계약의 체결 시와 이행 시 사이에 간극이 크기 때문에 당사자들이 예상할 수 없었던 사정변경이 발생할 가능성이 높지만, 이러한 경우에도 위 계약을 해지하려면 경제적 상황의 변화로 당사자에게 불이익이 발생했다는 것만으로는 부족하고 위에서 본 요건을 충족하여야 한다.

(2) 원심판결과 원심이 인용한 제1심판결에 의하면 다음의 사실이 인정된다.
(가) 피고(을)는 1988년부터 호텔캐피탈 건물에서 이 사건 클럽을 운영하였고, 원고들(갑 등)은 피고(을)에게 직접 입회비, 보증금과 연회비를 지급하고 이 사건 클럽을 이용하기로 하는 내용의 이 사건 이용계약을 체결하거나 이 사건 클럽의 회원권을 양수하는 방법으로 이 사건 이용계약의 당사자가 되어 피고(을)에게 연회비를 납부하며 개인회원이나 가족회원으로서 이 사건 클럽(X)을 이용해 왔다.
(나) 피고(을)가 이 사건 클럽(X)을 운영하면서 2002년부터 2012년까지 5차례에 걸쳐 연회비를 조금씩 인상하였는데, 2009. 10. 1.경부터 2013. 9. 30.경까지 매출은 점점 감소한 반면 물가상승에 따라 비용 지출은 점점 증가하여 2012. 10. 1.부터 2013. 9. 30.까지의 기간 동안 피고(을)의 전체 사업은 적자상태가 되었다.
(다) 피고(을)는 2013. 9. 12. 원고들에게 '이 사건 클럽(X)의 계속적인 적자 발생 등으로 운영이 더 이상 불가능하여 2013. 9. 30.자로 이 사건 클럽(X) 운영을 중단하므로 납입한 보증금을 반환받아 가라'고 통보하고, 같은 내용으로 공고한 다음 2013. 9. 30. 이 사건 클럽(X) 운영을 중단하였다.
(라) 피고(을)는 2013. 9. 30. 이후에도 계속 적자상태였고 2015년경에는 호텔 등급이 특2등급에서 1등급으로 하락하였다.
(마) 한편 2013. 9.경 작성된 피고(을)에 대한 신용분석보고서에 따르면, 피고(을)의 기업평가등급은 AAA+(직전 기업평가등급도 AAA+)로서 상거래를 위한 신용능력이 최우량급이며 환경변화에 충분한 대처가 가능한 기업이라는 평가를 받았고, 현금흐름등급은 CF1으로서 현금흐름창출능력이 최상급인 유동성 우수기업이라는 평가를 받았으며, Watch등급은 정상으로서 최근 기업 내·외부환경의 변화가 발생하지 않았다는 평가를 받았고, 2012년도의 당기순이익은 19억 3,400만 원이었다.

(3) 위 인정 사실에 따르면, **<사안의 경우>** 피고*(을)*가 적자 누적의 원인으로 들고 있는 신규 회원의 감소나 휴회원의 증가, 시설의 유지·관리 비용의 증가와 같은 사정은 이 사건 이용계약의 기초가 된 사정이라고 보기 어렵고, 현저한 경제상황의 변동으로 인한 것이 아닌 한 원칙적으로 피고*(을)*가 변경에 따른 위험을 떠안기로 한 것으로 보아야 한다. 나아가 피고*(을)*가 주된 사업인 호텔의 이용객을 위한 부가적인 서비스 차원에서 다소간의 적자를 감수하고 이 사건 클럽을 운영해 왔기 때문에 피고*(을)*가 이 사건 클럽을 운영하면서 2009년부터 매출이 감소하고 2012년 말부터 적자가 누적되어 왔다는 점이 계약 당시 예견할 수 없었던 현저한 사정변경에 해당한다고 보기도 어렵다.

같은 취지의 원심의 판단은 위 법리에 비추어 정당하다. 원심의 판단에 상고이유 주장과 같이 사정변경에 의한 해지에 관한 법리를 오해한 잘못이 없다.

2. 상고이유 제2점

<법관이 감정 결과에 따라 사실을 인정한 경우, 위법이라 할 수 있는지 여부(원칙적 소극) *(민사소송법 제202조, 제341조)>* 감정은 법원이 어떤 사항을 판단하면서 특별한 지식과 경험칙을 필요로 하는 경우에 그 판단의 보조수단으로서 그러한 지식과 경험을 이용하는 것이다. 법관이 감정 결과에 따라 사실을 인정한 경우에 그것이 경험칙이나 논리법칙에 위배되지 않는 한 위법이라고 할 수 없다(대법원 1988. 3. 8. 선고 87다카1354 판결 참조).

원심은 제1심 감정인의 시가감정 등을 종합하여, 이 사건 이용계약의 채무불이행으로 인해 원고들이 입은 손해를 산정하였다.

원심판결 이유를 위의 법리와 아울러 적법하게 채택된 증거들에 비추어 살펴보면, 위와 같은 원심의 판단에 상고이유 주장과 같이 감정평가 방법의 위법성과 손해배상액 산정 등에 관한 법리를 오해하는 등의 잘못이 없다.

3. 상고이유 제3점

<과실상계나 책임제한 사유에 관한 사실인정이나 비율을 정하는 것이 사실심의 전권사항인지 여부(원칙적 적극) *(민법 제393조, 제396조, 제763조)>* 채무불이행으로 인한 손해배상책임의 범위를 정하는 데 과실상계나 손해부담의 공평을 기하기 위한 책임제한 사유에 관한 사실인정이나 그 비율을 정하는 것은, 그것이 형평의 원칙에 비추어 현저히 불합리한 것이 아닌 한 사실심의 전권사항이다(대법원 1999. 5. 25. 선고 98다56416 판결, 대법원 2012. 10. 11. 선고 2010다86709 판결 등 참조).

원심판결 이유를 위 법리와 기록에 비추어 살펴보면, 원심의 책임제한 사유에 관한 사실인정이나 그 비율 판단이 형평의 원칙에 비추어 현저히 불합리하다고 할 수 없으므로, 이 부분 피고*(을)*의 상고이유 주장은 받아들이지 않는다.

2) 사정변경에 의한 계약해지권
§ 2-7 사정변경에 의한 계약해지권
§ 2-7-1 계속적 계약의 해지권
❶ 대법원 2021. 6. 30. 선고 2019다276338 판결 [수수료등반환청구]

사실관계

甲 등은 2015. 8. 26. 해외이주 알선업체인 乙과 미국 비숙련 취업이민을 위한 알선업무계약을 체결하였다. 위 계약은 계약서 작성일부터 甲 등의 이민비자 취득일까지 유효하고, 국외알선 수수료는 미화 3만 달러로 하되, 계약 시(1차), 노동허가 취득 시(2차), 이민허가 취득 시(3차)로 나누어 미화 1만 달러씩을 지급하기로 하였다. 당시 주한 미국대사관의 업무처리 관례에 따르면 비숙련 취업이민의 경우 대체로 2년 정도면 비자발급 절차가 마무리되었는데, 이러한 점은 계약 당시부터 당사자들이 잘 이해하고 있었다. 미국 비숙련 취업이민 절차는 ① 미국 노동부의 노동허가 단계, ② 미국 이민국의 이민허가 단계, ③ 주한 미국대사관의 이민비자 발급 단계로 구분되는데, 甲 등은 2016. 5. 미국 이민국의 이민허가를 받았고, 이에 따라 甲 등은 乙에게 위 계약에 따른 국외알선 수수료를 모두 지급하였다. 그런데 주한 미국대사관은 2016. 11.경 甲 등에 대한 이민비자 인터뷰를 한 다음 그 자리에서 추가 행정검토(Administrative Processing, 영사가 신청자의 비자발급 자격에 관한 결정 전 신청 건에 대하여 추가적으로 심사하는 것, 이하 'AP'라 함) 결정을 하였고, 2017. 9.경 이민국 이송(Transfer in Progress, 영사가 AP 결정을 내린 건에 대하여 이민국으로 재심사를 하도록 돌려보내는 것, 이하 'TP'라 함) 결정을 하였고, 그 이후 甲 등의 비자발급 절차도 중단되었다. 주한 미국대사관이 비자발급 절차를 중단된 이유나 재개 여부를 전혀 알 수 없는 상황에서 甲 등은 2017. 12. 1. 위 계약에 관하여 사정변경을 이유로 한 해지 등을 주장하며 乙에 대하여 이미 지급한 수수료의 반환을 청구하는 소를 제기하였다.

판결이유

……

2. 원심판단
원심은 다음과 같은 이유로 이 사건 계약에 관하여 사정변경을 이유로 한 해지가 인정된다고 판단하였다.
주한 미국대사관이 원고들(갑 등)에 대해 AP/TP 결정을 함으로써 당초 예상했던 기간보다 훨씬 장기간 비자발급 절차가 진행되지 않고 중단된 상태가 지속되어 원고들(갑 등)이 언제 비자를 발급받을지 알 수 없는 상태가 되었다. 이로써 원고들(갑 등)과 피고(을)가 계약의 기초로 삼았던 원고들(갑 등)의 비자발급 여부에 관하여 이 사건 계약 체결 당시 당사자가 예견할 수 없었던 현저한 사정변경이 생겼다. 이러한 상황에서 원고들(갑 등)에게 최종적인 결정을 기다려서 계약에서 벗어날 수 있다고 하는 것은 신의칙에 반하므로 계약준수 원칙의 예외로서 원고들(갑 등)은 사정변경을 이유로 이 사건 계약을 해지할 수 있다.

3. 대법원 판단

가. <*사정변경을 이유로 계약을 해제하거나 해지할 수 있는 경우* (민법 제2조 제1항, 제543조)> 민법 제2조 제1항은 신의성실의 원칙에 관하여 "권리의 행사와 의무의 이행은 신의에 좇아 성실히 하여야 한다."라고 정하고 있다. 이 원칙은 법률관계의 당사자가 상대방의 이익을 배려하여 형평에 어긋나거나 신의를 저버리는 내용 또는 방법으로 권리를 행사하거나 의무를 이행해서는 안 된다는 추상적 규범으로서 법질서 전체를 관통하는 일반 원칙으로 작용하고 있다(대법원 1985. 4. 9. 선고 84다카1131, 1132 전원합의체 판결, 대법원 2021. 6. 10. 선고 2017다52712 판결 참조).

판례는 계약을 체결할 때 예견할 수 없었던 사정이 발생함으로써 야기된 불균형을 해소하고자 신의성실 원칙의 파생원칙으로서 사정변경의 원칙을 인정하고 있다. 즉, 계약 성립의 기초가 된 사정이 현저히 변경되고(*현저한 사정변경*), 당사자가 계약의 성립 당시 이를 예견할 수 없었으며(*예견불가능*), 그로 인하여 계약을 그대로 유지하는 것이 당사자의 이해에 중대한 불균형을 초래하거나 계약을 체결한 목적을 달성할 수 없는 경우(*계약유지의 부당성*)에는 계약준수 원칙의 예외로서 사정변경을 이유로 계약을 해제하거나 해지할 수 있다(대법원 2007. 3. 29. 선고 2004다31302 판결, 대법원 2013. 9. 26. 선고 2012다13637 전원합의체 판결 등 참조).

<*사정변경에 대한 예견가능성이 있었는지 판단하는 기준*> 여기에서 말하는 사정이란 당사자들에게 계약 성립의 기초가 된 사정을 가리키고, 당사자들이 계약의 기초로 삼지 않은 사정이나 어느 일방당사자가 변경에 따른 불이익이나 위험을 떠안기로 한 사정은 포함되지 않는다(대법원 2017. 6. 8. 선고 2016다249557 판결 참조). 사정변경에 대한 예견가능성이 있었는지는 추상적·일반적으로 판단할 것이 아니라, 구체적인 사안에서 계약의 유형과 내용, 당사자의 지위, 거래경험과 인식가능성, 사정변경의 위험이 크고 구체적인지 등 여러 사정을 종합적으로 고려하여 개별적으로 판단하여야 한다. 이때 합리적인 사람의 입장에서 볼 때 당사자들이 사정변경을 예견했다면 계약을 체결하지 않거나 다른 내용으로 체결했을 것이라고 기대되는 경우 특별한 사정이 없는 한 예견가능성이 없다고 볼 수 있다.

경제상황 등의 변동으로 당사자에게 손해가 생기더라도 합리적인 사람의 입장에서 사정변경을 예견할 수 있었다면 사정변경을 이유로 계약을 해제하거나 해지할 수 없다. 특히 계속적 계약에서는 계약의 체결 시와 이행 시 사이에 간극이 크기 때문에 당사자들이 예상할 수 없었던 사정변경이 발생할 가능성이 높지만, 이러한 경우에도 계약을 해지하려면 경제상황 등의 변동으로 당사자에게 불이익이 발생했다

는 것만으로는 부족하고 위에서 본 요건을 충족하여야 한다(위 대법원 2016다249557 판결 참조).

나. **<사안의 경우** (민법 제2조 제1항, 제543조)> 원심판결 이유와 기록에서 알 수 있는 다음 사정을 위 법리에 비추어 살펴보면, 원고들(갑 등)은 사정변경을 이유로 이 사건 계약을 해지할 수 있다고 봄이 타당하다.

(1) 이 사건 계약 당시 주한 미국대사관의 업무처리 관례에 따르면 비숙련 취업이민의 경우 대체로 2년 정도면 비자발급 절차가 마무리되었다. 피고(을)는 원고들(갑 등)에게 비숙련 취업이민의 경우 1~2년 정도면 영주권을 취득할 수 있다고 설명하고, 같은 내용의 안내문을 제공하였다. 이처럼 원고들(갑 등)과 피고(을) 모두 늦어도 2년 내에는 비자가 발급될 것으로 예상하고 이를 계약 성립의 기초로 삼아 2015. 8. 26. 이 사건 계약을 체결하였다.

(2) 그런데 주한 미국대사관은 2016. 3.경부터 국내 비숙련 취업이민 신청에 대하여 AP 결정을 내리기 시작하였고, 2016. 9.경부터는 TP 결정을 내리기 시작하였다. 그 후 국내에서 비숙련 취업이민 신청 비자발급 절차는 더 이상 진행되지 않고 있고, 이때부터 국내에서 비숙련 취업이민 비자를 받은 사례는 없거나 극히 드물다. 원고들(갑 등)도 2016. 11.경 AP 결정을, 2017. 9.경 TP 결정을 받고 그 이후 비자발급 절차가 중단되었는데, 비자발급 절차가 중단된 이유나 재개 여부는 전혀 알 수 없다.
이 사건 계약을 체결할 당시 당사자들이 이러한 사정변경을 예견했다고 볼 수 없고, 그로 인한 불이익이나 위험을 원고들(갑 등)이 부담하기로 했다고 볼 수 없다. 만일 원고들(갑 등)이 이러한 사정을 예견했더라면 이 사건 계약을 체결하지 않거나 계약 내용 중 일부를 변경하거나 추가하였을 것으로 보는 것이 합리적이다.

(3) 이러한 사정을 종합하면, 이 사건 계약은 성립의 기초가 되었던 비자발급 절차나 기간에 관한 사정이 현저히 변경되었고, 당사자가 계약의 성립 당시 이를 전혀 예견할 수 없었으며, 계약을 유지해도 체결한 목적을 달성할 수 없거나 당사자의 이해에 중대한 불균형을 초래하는 경우에 해당한다고 볼 수 있다.

(4) 피고(을)는 원고들(갑 등)에 대한 비자발급 절차 중단이 이 사건 계약 제5조 제6호에서 정한 '미국의 이민정책의 변경으로 인하여 원고들(갑 등)의 이민 절차가 불가능해진 경우'에 해당하므로, 사정변경의 법리를 적용하기에 앞서 위 계약 조항을 우선 적용하여야 한다고 주장한다. 그러나 위에서 보았듯이 원고들(갑 등)에 대한 비자발급 절차가 중단된 구체적인 이유를 알 수 없고, 미국 이민법령의 개정이나 행정명령 발효 등 공식적인 정책 변경이 있었다는 증명이 없으므로, 원고들(갑 등)의 이민 절차가 미국의 암묵적인 이민정책 변경으로 불가능해졌을 것이라는 추측이나 추정만으로 위 조항을 적용할 수 없다.

다. 원심이 사정변경을 이유로 하여 이 사건 계약의 해지를 인정한 판단에 상고이유 주장과 같이 신의성실 원칙이나 사정변경에 의한 해지에 관한 법리 등을 오해한 잘못이 없다. 피고(을)의 나머지 상고이유 주장은 근거 없는 것으로서 받아들일 수 없고, 나아가 기록에 비추어 살펴보아도 원심판결에 상고이유 주장과 같이 처분권주의나 변론주의에 관한 법리 등을 위반한 잘못이 없다.

§ 2-7-2 계속적 보증계약의 해지권
❶ 대법원 1990. 2. 27. 선고 89다카1381 판결 [물품대금등]

사실관계

甲은 시멘트 등의 공동구매사업을 영위하는 조합이고, 乙은 甲의 조합원인 A 콘크리트공업주식회사에 재직하는 직원이다. 乙은 1985. 8. 21. A와 甲 간의 시멘트 외상거래로 인하여 향후 3년의 기간 동안에 발생하게 될 甲에 대한 A 회사의 외상대금지급채무와 이와 관련된 특별회비 지급채무를 그 구매금액의 한도 내외를 불문하고 전액 연대보증하였다. 그 후 乙은 A 회사의 계속된 다른 보증요청을 받아들일 수 없어 1985. 9. 3. 부득이 A 회사를 퇴사하고 같은 달 30. 甲 조합의 실무책임자인 상무이사 B를 찾아가 이러한 사정을 알리고 구두로 위 연대보증계약을 해지한다는 통고를 하였다. 이후 甲 조합은 1986. 8. 29.부터 1987. 3. 30.까지 A 회사와 시멘트 외상거래로 발생한 외상대금지급채무와 이와 관련된 특별회비 지급채무에 관하여 乙에게 보증채무의 이행을 청구하였다.

판결이유

1. 피고 소송대리인의 상고이유를 본다.
(1) 원심판결 이유에 의하면, 원심은 원고(갑) 조합의 조합원인 소외 OO콘크리트공업주식회사(A)에서 재직하고 있던 피고(을)가 1985. 8. 21. 위 회사(A)와 원고(갑) 조합간의 시멘트 외상거래로 인하여 향후 3년의 기간 동안에 발생하게 될 원고(갑) 조합에 대한 위 회사(A)의 외상대금지급채무와 이와 관련된 특별회비 지급채무를 그 구매금액의 한도 내외를 불문하고 전액 연대보증한 사실과 위 회사(A)가 1986. 8. 29.부터 1987. 3. 30.까지 시멘트 등의 공동구매사업을 영위하는 원고(갑) 조합으로부터 시멘트를 외상으로 구입함으로써 그 거래종료당시의 물품대금잔액과 이와 관련하여 체납된 999,509원의 특별회비의 합계액이 156,450,875원에 달하는 사실을 인정하고, 원고(갑) 조합에서는 위 거래종료후 위 회사(A)로부터 위 특별회비 전액과 외상대금 일부에 대한 변제로서 85,865,920원을 지급받았음을 자인하고 있으므로, 피고(을)는 특별한 사정이 없는 한 원고(갑) 조합에 아직도 미변제된 위 외상잔대금 70,584,955원을 일응 지급할 의무가 있다고 한 후, 피고(을)가 위 보증계약당시 위 회사(A)의 일개 직원에 불과하였는데도 그 대표이사의 지시로 단순히

요식을 갖춘다는 뜻으로 위의 보증을 하였을 뿐이고 1985. 9. 3.에는 위 회사(A)의 계속된 다른 보증의 요청을 받아들일 수 없어 부득이 위 회사(A)에서 퇴사하여 같은 달 30. 원고(갑) 조합의 실무책임자인 상무이사 소외 이○도(B)를 찾아가 그에게 이러한 전후 사정을 알리며 구두로 위 연대보증을 해지한다는 통고를 하였으므로 그 해지 이후에 이루어진 위와 같은 외상거래로 인한 물품대금 채무에 대하여 피고(을)는 보증인의 책임을 질수 없다고 주장한 데에 대하여, 피고(을)의 위와 같은 연대보증행위가 관계당사자들의 양해아래 연대보증의 진의 없이 단순한 요식적 의미로 이루어진 것이라는 점에 관하여는 이를 인정할 만한 증거가 없고, 또 피고(을)가 위 회사(A)를 퇴사한 후 보증해지의 의사를 표명하였다 하여도 보증후의 회사 퇴사라는 한가지 사유만으로는 위 인정과 같은 계속적 보증계약을 일방적으로 해지할 수 있을 정도의 중대한 사정변경이 있는 경우에 해당되지 않으므로 피고(을)의 위 주장은 이유 없다고 판단하여 이를 배척하였다.

(2) 그러나 이른바 **<회사의 임원 또는 직원이 회사의 요구로 회사와 제3자 사이의 계속적 거래로 인한 회사채무를 보증한 후 퇴사한 경우의 사정변경에 의한 보증계약의 해지** (민법 제428조, 제543조)> 계속적인 보증계약에 있어서 보증계약성립 당시의 사정에 현저한 변경이 생긴 경우에는 보증인은 보증계약을 해지할 수 있다고 보아야 할 것인 바, 회사의 임원이나 직원의 지위에 있기 때문에 회사의 요구로 부득이 회사와 제3자 사이의 계속적 거래로 인한 회사의 채무에 대하여 보증인이 된 자가 그 후 회사로부터 퇴사하여 임원이나 직원의 지위를 떠난 때에는 보증계약성립당시의 사정에 현저한 변경이 생긴 경우에 해당하므로 사정변경을 이유로 보증계약을 해지할 수 있다고 보아야하며, 위 계속적 보증계약에서 보증기간을 정하였다고 하더라도 그것이 특히 퇴사 후에도 보증채무를 부담키로 특약한 취지라고 인정되지 않는 한 위와 같은 해지권의 발생에 영향이 없다고 할 것이다.

그러므로 원심으로서는 피고(을)가 소외 ○○콘크리트공업주식회사(A)의 직원으로 있었기 때문에 위 회사(A)의 요구에 따라 이 사건 보증계약을 체결하게 되었던 것인지의 여부와 피고(을)가 적법하게 위 보증계약해지의사표시를 하였는지의 여부를 가려보아 피고(을)의 보증책임유무를 판단하였어야 함에도 불구하고, 만연히 보증후의 회사 퇴사라는 한가지 사유만으로는 일방적으로 해지할 수 없다고 판단하고 말았음은 계속적인 보증계약의 해지에 관한 법리를 오해한 위법이 있고, 이는 소송촉진등에관한특례법 제12조 제2항 소정의 파기사유에 해당하므로이 점에 관한 논지는 이유있다.

(3) 이밖에 원심판결은 피고(을)의 위 보증행위가 보증의 진의가 없는 단순한 요식적 의미를 가진 것에 불과하다는 피고주장을 배척하고 있는바, 기록에 의하여 살펴보면 이러한 원심판단은 정당하고 소론이 지적한 사유들만으로 위 보증을 비진의 의사표시라고 볼 수 없으므로 위 원심판단 부분에 채증법칙을 위반하여 사실을 오

인한 위법이 있다는 논지는 이유없다.

2. 원고 소송대리인은 원심판결이 피고(을)가 위 보증당시 예상할 수 있었던 거래한도액을 기준으로 잔존주채무 중 금 20,000,000원의 범위 내에서 피고(을)의 보증책임을 인정한 판단에 대하여 보증책임의 한도에 관한 법리를 오해한 것이라고 다투고 있는 바, 피고(을) 소송대리인의 상고이유에 대한 판단에서 본 바와 같이 피고의 보증계약존속 여부가 문제되는 이상 원심판결 전부를 유지하기 어렵다고 할 것이다.

❷ 대법원 2018. 3. 27. 선고 2015다12130 판결 [구상금]

사실관계

보증보험 주식회사인 甲은 2011. 5.경 乙1(제1심 공동피고 주식회사 OO니어)과 현재 또는 장래에 甲과 乙1이 체결하는 보증보험계약에 관하여 한도거래금액 60억 원, 한도거래기간 2011. 5. 17.부터 2012. 5. 16.까지로 정한 보증보험 한도거래 약정을 하였다. 그 무렵 乙 등은 乙1의 이사, 감사 또는 직원으로서 위 한도거래 약정에 따른 乙1의 甲에 대한 구상채무를 연대보증하였다. 위 한도거래 약정에 기초하여 甲과 乙1은 2011. 5. 20. 乙1이 甲1(원고보조참가인: 소관은 공군군수사령부)과 체결한 '기체구성품 외주정비계약'에 관하여 보험가입금액 700만 원, 보험기간 2011. 5. 20.부터 2012. 9. 30.까지로 정하여 향후 주계약이 해제되거나 해지됨으로써 乙1이 甲1에 대하여 부담하는 계약보증금 상당의 지급채무에 관하여 이행보증보험계약을 체결하였다. 甲은 같은 방식으로 2011. 9. 20.까지 총 4차례에 걸쳐 보험가입금액 합계 6천만 원의 이행보증보험계약을 체결하였다. 乙 등은 2012. 1. 31.경 乙1를 퇴사하였고, 2012. 2. 2.경 甲에게 연대보증을 해지하는 통지를 하여 2012. 2. 3.경 위 통지가 甲에게 도달하였다. 한편 甲1은 乙1이 위 외주정비계약 등 주계약에 따른 의무를 이행하지 않아 보험사고가 발생하였다면서 2012. 4. 20.경 甲에게 보험금의 지급을 청구하였고, 甲은 2012. 5. 30.경 甲1에게 보험가입금액에 해당하는 위 6천만 원을 지급하였다. 이에 甲은 乙 등을 상대로 구상금채무를 청구하였다.

판결이유

1. <계속적 보증에서 보증인의 주채무자에 대한 신뢰가 깨어지는 등 정당한 이유가 있는 경우, 보증인이 보증계약을 해지할 수 있는지 여부(원칙적 적극)> (민법 제2조 제1항, 제428조의3, 제543조)> 계속적 보증은 계속적 거래관계에서 발생하는 불확정한 채무를 보증하는 것으로 보증인의 주채무자에 대한 신뢰가 깨어지는 등 정당한 이유가 있는 경우에는 보증인으로 하여금 그 보증계약을 그대로 유지·존속시키는 것이 신의칙상 부당하므로 특별한 사정이 없는 한 보증인은 보증계약을 해지할

수 있다. <보증계약을 해지할 정당한 이유가 있는지 판단하는 기준> 이때 보증계약을 해지할 정당한 이유가 있는지 여부는 보증을 하게 된 경위, 주채무자와 보증인의 관계, 보증계약의 내용과 기간, 채무증가의 구체적 경과와 채무의 규모, 주채무자의 신뢰상실 여부와 그 정도, 보증인의 지위 변화, 채권자와 보증인의 이익상황, 주채무자의 자력에 관한 채권자나 보증인의 인식 등 여러 사정을 종합적으로 고려하여 판단하여야 한다.

<회사의 임직원으로서 부득이 회사와 제3자 사이의 계속적 거래에서 발생하는 회사의 채무를 연대보증한 사람이 그 후 회사에서 퇴직하여 임직원의 지위에서 떠난 경우, 연대보증계약을 일방적으로 해지할 수 있는지 여부(원칙적 적극)> (민법 제2조 제1항, 제428조의3, 제441조, 제543조; 상법 제726조의5, 제726조의7)> 회사의 임원이나 직원의 지위에 있었기 때문에 부득이 회사와 제3자 사이의 계속적 거래에서 발생하는 회사의 채무를 연대보증한 사람이 그 후 회사에서 퇴직하여 임직원의 지위에서 떠난 때에는, 연대보증계약의 기초가 된 사정이 현저히 변경되어 그가 계속 연대보증인의 지위를 유지하도록 하는 것이 사회통념상 부당하다고 볼 수 있다. 이러한 경우 연대보증인은 특별한 사정이 없는 한 연대보증계약을 일방적으로 해지할 수 있다고 보아야 한다(대법원 1992. 5. 26. 선고 92다2332 판결, 대법원 2000. 3. 10. 선고 99다61750 판결 등 참조).

<이는 보증보험 한도거래 약정에 따라 보험계약자인 회사가 보험자에게 부담하게 될 불확정한 구상채무를 보증한 경우에도 마찬가지인지 여부(적극)> 보험자가 보험계약자와 현재 또는 장래에 체결하는 보증보험계약에 관하여 보증기간과 보증한도액을 정하여 보증보험 한도거래 약정을 하면서 보험계약자의 채무불이행 등 보험사고 발생으로 보험금을 지급할 경우, 보험계약자가 보험자에게 부담하게 될 불확정한 구상채무를 보증한 사람도 위와 같은 사정이 있는 경우에는 마찬가지로 해지권을 행사할 수 있다고 보아야 한다.

한편 <보증보험계약에서 이행을 담보하는 주계약상의 채무가 확정되기 전에 구상채무의 보증인이 적법하게 보증계약을 해지한 경우, 구체적인 보증채무가 발생하기 전에 보증계약관계가 종료되어 구상채무의 보증인이 보증책임을 면하는지 여부(적극)> (민법 제428조의3, 제441조, 제543조, 상법 제726조의5, 제726조의7)> 보증보험계약에서 이행을 담보하는 주계약상의 채무가 확정되기 전에 구상채무의 보증인이 적법하게 보증계약을 해지하면 구체적인 보증채무가 발생하기 전에 보증계약관계가 종료된다. 따라서 그 이후 보험사고가 발생하여 보험자의 보험금지급채무가 확정되고 나아가 보험계약자의 구상채무까지 확정되더라도 구상채무의 보증인은 그에 관하여 보증책임을 지지 않는다(대법원 1998. 6. 26. 선고 98다11826 판결, 대법원 2014. 4. 10. 선고 2011다53171 판결 등 참조).

……

3. 위에서 본 사실관계에 따르면, **<사안의 경우>** 피고들(을 등)은 ○○니어(을1)와 원고(갑)가 보증보험 한도거래 약정에 기초하여 현재 또는 장래에 체결하는 보증보험계약에 따라 ○○니어(을1)가 장차 원고(갑)에게 부담하게 될 불확정한 구상채무를 60억 원의 한도 내에서 연대보증하였고, 이는 계속적 거래에 관한 보증에 해당한다. 피고들(을 등)은 ○○니어(을1)의 이사, 감사 또는 직원의 지위에 있었기 때문에 부득이 연대보증인이 되었다가 그 후 퇴사하여 이사 등의 지위를 상실하였으므로, 연대보증계약의 기초가 된 사정이 현저히 변경되어 연대보증계약을 해지할 수 있다고 보아야 한다.

한편 원고(갑)가 들고 있는 원고보조참가인(갑1)의 2012. 1. 27.자 대가지급 보류통보나 보증한도약정 제8조 제2항의 내용만으로는 보증계약의 해지로 채권자인 원고(갑)가 예상치 못한 매우 중대한 손해를 입게 되는 등 보증인(을 등)에게 생긴 사정변경에도 불구하고 보증책임의 존속을 인정해야 할 만한 특별한 사정이 존재한다고 보기 어렵다.

또한 위와 같은 사실관계와 기록에 비추어 보면, 원고(갑)가 이행보증한 주계약상 채무인 ○○니어(을1)의 원고보조참가인에 대한 계약보증금 상당의 지급채무는 피고들(을 등)의 연대보증계약이 2012. 2. 해지되기 전까지는 그 발생 여부가 확정되었다고 보기 어렵다. 구상채무의 연대보증인인 피고들(을 등)은 구체적인 보증채무가 발생하기 전에 보증계약이 종료되어 그 이후에 확정된 채무에 관해서는 구상채무의 보증책임을 지지 않는다고 보아야 한다. 이와 달리 이행보증보험계약 당시에 이미 주계약상 채무가 확정되었음을 전제로 한 상고이유 주장은 받아들일 수 없다. 상고이유에서 들고 있는 대법원 1997. 2. 14. 선고 95다31645 판결과 대법원 2003. 11. 14. 선고 2003다21872 판결은 구상채무의 보증인이 퇴사하거나 보증기한이 종료하기 전에 구상채권자가 채무액과 변제기 등이 특정되어 있는 확정채무를 보증한 사안에 관한 것으로서 이 사건과는 사안이 다르다.

따라서 원심이 피고들(을 등)의 연대보증계약 해지로 ○○니어의 원고(갑)에 대한 구상채무에 관한 보증책임을 면하였다고 판단한 것은 결론적으로 정당하다. 원심판결에 상고이유 주장과 같이 연대보증계약의 해지권 발생, 원고의 보증채무의 법적 성격 또는 보증채무의 확정에 관한 법리를 오해하여 판결 결과에 영향을 미친 잘못이 없다.

❸ 대법원 2002. 5. 31. 선고 2002다1673 판결 [구상금]

사실관계

丙(제1심 공동피고, ○○드엘 주식회사)은 1997. 6. 28. 甲과 사이에 보증원금 1억 6천만 원,

보증기간 1998. 6. 28.까지로 정하여 丙이 A 은행으로부터 당좌대출을 받음으로써 부담할 원리금 상환채무에 대하여 甲(신용보증기금)이 근보증하기로 하는 신용보증약정을 체결하였다. 위 신용보증약정에 의하면, 甲이 보증채무를 이행한 때에는 丙은 그 금액과 손해금, 법적 절차 비용 등을 상환하고, 어음교환소로부터 거래정지처분을 받거나 채권자로부터 신용보증사고통지 또는 보증채무이행청구가 있을 때 또는 그 외에 신용상태가 크게 약화되어 객관적으로 채권보전이 필요하다고 인정되는 때 등에는 별도의 통지나 최고 없이 甲이 보증하고 있는 금액을 보증채무이행 전에 상환하기로 되어 있는데, 당시 丙의 대표이사이던 피고 乙(김O성)은 丙의 甲에 대한 위 신용보증약정에 따른 채무에 대하여 연대보증을 하였다. 丙은 위 신용보증약정에 기하여 1997. 6. 30. A 은행과 사이에 대출한도 1억 6천만 원, 거래기간 1998. 6. 28.까지로 정하여 당좌대출거래약정을 체결하고 당좌대출거래를 하여 오던 중, 1997. 11. 초경부터 자금사정이 악화되어 1997. 12. 10. 부도가 발생하여 최종 부도처리되었다. 이에 甲은 1998. 3. 25. A 은행에게 위 당좌대출원리금으로서 1억 7천만 원을 지급하였고, 그 후 가압류 등 법적 절차 비용을 지출하였다. 한편 乙은 1995. 12. 11. 丙의 이사 및 대표이사로 취임하여 丙을 경영하여 오던 중 丙의 대표이사 지위에서 부득이 위 신용보증약정에 따른 채무에 대하여 연대보증을 하였고, 1997. 10. 20. 丙의 이사 및 대표이사직을 사임하였다. 乙은 위 사임을 전후하여 그 소유이던 X 부동산에 관하여 그 동서인 망 B(김O문) 또는 아내인 선정자 C(임O자)와 사이에 매매예약 또는 증여계약을 체결하고 그에 따른 가등기 또는 소유권이전등기를 각 경료하였다. 乙은 1997. 12. 8. 甲에게 그 사임 사실을 알리면서 "귀사에 대한 법인 대표이사 변경에 관한 제반 서류 및 대표이사 개인 연대보증에 관한 제반 서류 변경을 조속한 기일 내에 처리해 주시기 바랍니다."라는 내용의 내용증명우편을 발송하였다. 한편 B는 2001. 1. 27. 사망하여 그의 재산을 아내인 선정자 乙1, 피고 乙2(김미O), 乙3(김O희), 乙4(김OO)가 공동상속하였다. 이에 甲은 乙에 대하여 위 연대보증채무의 이행을 청구하고, 乙1-4에 대하여는 위 연대보증채무를 전제로 하여 乙의 위 매매예약 및 증여계약이 甲에 대한 사해행위에 해당한다는 이유로 위 매매예약 및 증여계약의 취소와 함께 위 가등기 및 소유권이전등기의 각 말소를 구하는 소를 제기하였다.

판결이유

……

2. 상고이유에 대한 판단 ……

<이사의 지위에서 부득이 회사의 계속적 거래관계로 인한 불확정한 채무에 대하여 보증인이 된 자가 이사의 지위를 떠난 경우 사정변경을 이유로 보증계약을 해지할 수 있는지 여부(적극) (민법 제2조 제1항, 제428조, 제543조)> 회사의 이사의 지위에서 부득이 회사와 제3자 사이의 계속적 거래로 인한 회사의 채무에 대하여 보증인이 된 자가 그 후 퇴사하여 이사의 지위를 떠난 때에는 보증계약 성립 당시의 사정에 현저한 변경이 생긴 경우에 해당하므로 이를 이유로 보증계약을 해지할 수 있는

것이고, 한편 계속적 보증계약의 보증인이 장차 그 보증계약에 기한 보증채무를 이행할 경우 피보증인이 계속적 보증계약의 보증인에게 부담하게 될 불확정한 구상금채무를 보증한 자에게도 사정변경이라는 해지권의 인정 근거에 비추어 마찬가지로 해지권을 인정하여야 할 것이나(대법원 1998. 6. 26. 선고 98다11826 판결 등 참조), <*계속적 보증계약의 이행으로 피보증인이 보증인에게 부담하게 될 불확정한 구상금채무를 보증한 자도 사정변경을 이유로 보증계약을 해지할 수 있는지 여부(적극)와 구상금채무가 확정된 후에도 그 해지권을 행사할 수 있는지 여부(소극)*> *(민법 제2조 제1항, 제428조, 제543조)>* 이와 같은 경우에도 보증계약이 해지되기 전에 계속적 거래가 종료되거나 그 밖의 사유로 주채무 내지 구상금채무가 확정된 경우라면, 보증인으로서는 더 이상 사정변경을 이유로 보증계약을 해지할 수 없다 할 것이다.

그런데 기록에 의하면, 원고*(갑)*와 OO드엘*(병)* 사이의 신용보증약정서 제6조 제1항은 주채무자와 보증인은 일정한 사유가 발생한 때에는 통지·최고 등이 없더라도 원고*(갑)*가 보증하고 있는 금액을 원고*(갑)*의 보증채무이행 전에 상환한다고 하면서, 그 일정한 사유로서 "주채무자가 어음교환소로부터 거래정지처분을 받았을 때"(제4호), "채권자로부터 신용보증사고통지 또는 보증채무이행청구가 있을 때"(제8호) 등 뿐 아니라 "그 외에 주채무자의 신용상태가 크게 약화되어 객관적으로 채권보전이 필요하다고 인정되는 때"(제9호)를 규정하고 있는 사실을 인정할 수 있는바, <*신용보증약정을 체결하면서 주채무자의 신용상태가 크게 약화되어 객관적으로 채권보전이 필요하다고 인정되는 등 일정한 사유가 발생한 때에는 통지·최고 등이 없더라도 신용보증인이 보증금액에 대하여 사전구상권을 행사할 수 있도록 약정한 경우*> *(민법 제105조, 제428조, 제442조)* 이는 민법 제442조 제1항의 사전구상권을 행사할 수 있는 사유를 확장함과 아울러 그 행사에 특별한 절차적 요건이 필요하지 아니함을 밝힌 것으로서, 그 취지는 주채무 자체에 관하여 현실적으로 이행지체 등의 사유가 발생하지 않았더라도 그러한 개연성이 있는 사유, 즉 주채무자인 기업이 경제적 신용을 잃었다고 볼 수 있는 사유가 발생한 경우에는 신용보증인인 원고로 하여금 그 사유만으로 곧바로 미리 구상권을 확보할 수 있도록 하겠다는 데 있다 할 것이다(대법원 2001. 2. 23. 선고 2000다38947 판결 참조).

나아가 기록에 의하면, 주채무자인 OO드엘*(병)*은 1997. 6. 30. OO은행*(A)*과 사이에 당좌대출거래를 시작한 이래 1997. 11. 26.까지 대출한도액 금 160,000,000원 중 금 159,933,685원을 소진하였고 그 이후 당좌부도가 난 1997. 12. 10.까지 거래가 없었던 사실, OO드엘*(병)*은 1997. 11. 6.부터 OO은행*(A)*에 대한 금 1,980,000,000원의 대출금을 연체하였고, 1997. 11. 19.부터 OO은행*(A)*에 대한 금 2,883,988,000원의 대출금을 연체하는 등 자금사정이 극도로 악화되었으며, 1997. 12. 1. 1차로 OO은행에 당좌부도 및 OO은행*(A)*에 어음부도를 내고 1997.

12. 10. ○○은행(A)에서 최종 부도에 이르게 된 사실, ○○드엘(병)은 1997년도에 금 2,996,425,381원의 당기 순손실을 기록하였고, 1997. 12. 현재 자산은 금 5,242,368,692원에 불과한 반면, 부채는 금 8,216,822,447원이 되어 자본의 전액이 잠식되어 있었던 사실을 인정할 수 있는바, 위 인정 사실에 의하면, <u>이 사건 신용보증계약상의 주채무자인 ○○드엘(병)은 늦어도 1997. 12. 1. 1차 부도 이전에 경제적 신용을 잃게 되어 이 사건 신용보증약정 제6조 제1항 제9호가 정하는 "신용상태가 크게 약화되어 객관적으로 채권보전의 필요성이 인정되는 상태"에 이르렀다고 볼 수 있고,</u> **<사안의 경우** (민법 제2조 제1항, 105조, 제428조, 제442조, 제543조)> 따라서 이 사건 신용보증계약상 ○○드엘(병)의 사전구상채무에 대한 피고 김○성(을)의 연대보증채무는 늦어도 1997. 12. 1. 이미 주채무인 사전구상채무의 확정에 따라 확정되었고, <u>그 이후 피고 김○성(을)은 사정변경을 이유로 연대보증계약을 해지할 수 없는 것으로 보아야 할 것이다.</u>

그럼에도 원심은, 이 사건 신용보증계약상 주채무자인 ○○드엘(병)의 사전구상채무가 1997. 12. 10.에야 확정되었음을 전제로 하여 1997. 12. 9. 도달한 피고 김○성(을)의 해지 의사표시에 의하여 피고 김○성(을)이 그 보증채무를 면하였다고 판단하였으니, 거기에는 계속적 보증에 있어서 주채무의 확정시기를 잘못 판단하고 해지권 행사에 관한 법리를 오해함으로써 판결 결과에 영향을 미친 위법이 있다고 할 것이다. 이를 지적하는 상고이유의 주장은 이유가 있다.

§ 2-7-3 특정채무에 대한 보증계약의 해지권
❶ **대법원 1996. 2. 9. 선고 95다27431 판결 [구상금]**

원심판결 이유에 의하면 원심은, 그 내세운 증거에 의하여 피고들은 소외 ○○전자 주식회사(이하 소외 회사라 한다)의 이사로 각 재직 당시 소외 회사가 소외 ○○기술금융 주식회사로부터 장기로 대출받는 금 73,606,660원의 원리금 채무에 대하여 원고가 지급보증을 하고, 그에 따라 원고가 대신 소외 회사를 위해 변제하는 경우에 원고의 위 소외 회사에 대한 구상청구권을 제1심 피고 신승구와 함께 연대보증한 사실을 확정한 다음, 피고들의 주장, 즉 원고가 그 판시와 같이 위 채무를 변제하고 구상권을 취득하여 그 권리를 행사함에 대하여, 피고들은 그가 소외 회사의 이사로 각 재직하면서 위 소외 회사의 요구에 의하여 부득이 소외 회사의 원고에 대한 구상금 채무를 연대보증하였으나 1992. 11. 30. 이사직을 각 사임한 이상 보증계약 성립 당시의 사정에 현저한 변경이 생긴 경우에 해당하여 이를 이유로 위 보증계약을 해지할 수 있고, 위 보증계약은 피고들의 각 해지통고로 인하여 적법하게 해지되었으므로 그 해지통고 이후에 발생한 위 보증사고에 대하여 피고들은 책임이 없다는 주장에 대하여, **<이사 재직 중 회사의 확정채무에 대하여 보증을 한**

후 사임한 경우, 사정변경을 이유로 그 보증계약을 해지할 수 있는지 여부(소극) (민법 제543조)> 사정변경을 이유로 보증계약을 해지할 수 있는 것은 포괄근보증이나 한정근보증과 같이 채무액이 불확정적이고 계속적인 거래로 인한 채무에 대하여 한 보증에 한한다 할 것인바, 이 사건과 같이 피고들이 소외 회사의 이사로 각 재직하면서 보증 당시 그 채무액과 변제기가 특정되어 있는 확정채무에 대하여 보증을 한 후 이사직을 사임하였다 하더라도 사정변경을 이유로 보증계약을 해지할 수 없는 것이므로 그 해지권이 있음을 전제로 하는 피고들의 위 주장은 이유 없다는 취지로 판단하고 있는바, 기록에 비추어 보면 원심의 이러한 인정과 판단은 옳다고 여겨지고(대법원 1994. 12. 27. 선고 94다46008 판결, 1991. 7. 9. 선고 90다15501 판결 등 참조), 거기에 상고이유의 주장과 같은 사실오인이나 법리오해의 위법이 있다고 할 수 없다. 상고이유에서 지적하는 대법원의 판례들은 이 사건에 적절한 것이 아니다.

❷ 대법원 2006. 7. 4. 선고 2004다30675 판결 [대여금]

1. 피고 안O노의 상고이유에 관하여
가. 기록에 의하면, 피고 안O노가 원고(탈퇴, 이하 '원고'라고만 한다)와 사이의 원심 판시 보증계약을 합의 해지하였다고 볼 만한 증거가 없으므로 피고 안O노의 보증계약 합의해지 주장을 배척한 원심의 조치는 정당하고, 거기에 상고이유에서 주장하는 바와 같은 채증법칙 위반 등의 잘못이 없다.
나. *<이사가 재직 중 회사의 확정채무를 보증한 후 사임한 경우, 사정변경을 이유로 보증계약을 해지할 수 있는지 여부(소극) (민법 제2조, 제428조, 제543조)>* 회사의 이사가 채무액과 변제기가 특정되어 있는 회사 채무에 대하여 보증계약을 체결한 경우에는, 계속적 보증이나 포괄근보증의 경우와는 달리 이사직 사임이라는 사정변경을 이유로 보증인인 이사가 일방적으로 보증계약을 해지할 수 없다(대법원 1991. 7. 9. 선고 90다15501 판결, 1999. 12. 28. 선고 99다25938 판결 등 참조).
기록에 의하면, 원고와 피고 안O노 사이의 보증계약이 비록 형식적으로는 원고와 주식회사 OOO현대코아(이하 'OOO현대코아'라고 한다) 사이의 여신거래로 인한 채무를 일체 보증하는 형태의 한정근보증 계약으로 체결되었다 하더라도, 원고와 OOO현대코아 사이의 여신거래는 오로지 보증계약 당일의 3년 거치 5년 분할상환으로 약정한 20억 원의 기업시설자금 대출뿐인 사실을 인정할 수 있는바, *<대표이사가 은행과 체결한 한정근보증 계약이 그 계약 형식에 불구하고 채무와 변제기가 특정되어 있는 확정채무에 대한 보증이라는 이유로, 대표이사직을 사임한 후에도 사정변경을 들어 위 한정근보증 계약을 해지할 수 없다고 한 사례 (민법 제2조, 제428조, 제543조)>* 이러한 사실관계에 비추어 보증계약의 형식 여하에도 불구하고 원고와 피고 안O노 사이의 보증계약은 채무와 변제기가 특정되어 있는 확정채무에 대한 보증이라 할 것이고, 이러한 사정에 앞서 본 법리를 덧붙여 보면, 피고 안O노는 OOO현대코아의 대표이사 자격에서 확정채무에 대하여 보증을 한 이상 그 대표이사직을 사임하였다 하더라도 사정변경을 이유로 보증계약을 해지할 수는 없다 할 것이니 이에 관한 원심의 판단은 정당하고, 거기에 상고이유에서 주장하는 바와 같은 보증계약 해지에 관한 법리오해 등의 위법이 없다.

§ 2-8 신의칙에 의한 보증인의 책임제한
❶ 대법원 1984. 10. 10. 선고 84다카453 판결 【대여금】

1. *<계속적 보증계약에 있어서의 보증인의 책임범위 (민법 제2조, 제429조)>* 채권자와 주채무자 사이의 계속적 거래관계로 현재 및 장래에 발생하는 불확정적 채무에 관하여 보증책임을 부담하기로 하는 이른바 계속적 보증계약은 보증책임의 한도액이나 보증기간에 관하여 아무런 정함이 없는 경우라 하더라도, 그 본질은 의연히 보증계약임에 변함이 없는 것이므로 보증인은 변제기에 있는 주채무 전액에 관하여 보증책임을 부담함이 원칙이라 할 것이다.
다만 보증인의 부담으로 돌아갈 주채무의 액수가, 보증인이 보증당시에 예상하였거나 예상할 수 있었던 경우에는 그 예상범위로 보증책임을 제한할 수 있다 할 것이나, 그 예상범위를 훨씬 상회하고 그 같은 주채무과다발생의 원인이 채권자가 주채무자의 자산상태가 현저히 악화된 사실을 익히 알면서도(중대한 과실로 알지 못한 경우도 같다) 이를 알지 못하는 보증인에게 아무런 통보나 의사타진도 없이 고의로 거래규모를 확대함에 연유하는 등 신의칙에 반하는 사정이 인정되는 경우에 한하여 보증인의 책임을 합리적인 범위내로 제한할 수 있다 할 것이다.

❷ 대법원 2004. 1. 27. 선고 2003다45410 판결 [구상금]
……

<특정채무에 대한 보증책임을 신의칙에 의하여 제한할 수 있는지 여부(한정 적극)
(민법 제2조, 제429조)> 채권자와 채무자 사이에 계속적인 거래관계에서 발생하는 불확정한 채무를 보증하는 이른바 계속적 보증의 경우뿐만 아니라 특정채무를 보증하는 일반보증의 경우에 있어서도, 채권자의 권리행사가 신의칙에 비추어 용납할 수 없는 성질의 것인 때에는 보증인의 책임을 제한하는 것이 예외적으로 허용될 수 있을 것이나, 일단 유효하게 성립된 보증계약에 따른 책임을 신의칙과 같은 일반원칙에 의하여 제한하는 것은 자칫 잘못하면 사적 자치의 원칙이나 법적 안정성에 대한 중대한 위협이 될 수 있으므로 신중을 기하여 극히 예외적으로 인정하여야 할 것이다.

3) 계약의 변경권
§ 2-9 차임불증액의 특약이 있는 경우 등
❶ 대법원 1996. 11. 12. 선고 96다34061 판결 【임대차청약무효확인등】
.....
(2) 상고이유 제2점에 대하여
원심판결 이유에 의하면 원심은 거시 증거에 의하여 피고가 원고의 이 사건 건물 앞에 위치한 파출소 건물을 철거하여 주는 대신 원고가 이 사건 건물 일부를 파출소로 임대하기로 하되 <사안> 원(임대인)·피고(임차인)는 실질적으로 피고(임차인)에게 이 사건 임차 부분에 대한 영구적인 무상사용을 보장하기 위하여 기간 20년으로 하되, 기간만료시 10년간씩 기간을 연장하기로 한 임대차계약을 체결하면서 임대차기간 존속 중에는 임료로 매년 1원을 받기로 명시적으로 약정(차임불증액 특약이 있는 임대차계약 체결)한 사실을 인정하였는바, 기록에 의하여 살펴보면 원심의 이러한 사실인정은 정당하고 거기에 소론과 같은 사실오인의 위법이 있다고 할 수 없다.

<차임불증액 특약이 있는 임대차에서 사정변경으로 인한 차임증액청구권이 인정되는지 여부(적극) (민법 제2조 제1항, 제628조)> 당사자 사이에 앞서와 같은 무상사용을 보장하기 위한 임대차의 약정이 있었다면 이는 차임불증액의 특약이 있었던 것이라고 할 것인데, 차임불증액의 특약이 있더라도 그 약정 후 그 특약을 그대로 유지시키는 것이 신의칙에 반한다고 인정될 정도의 사정변경이 있다고 보여지는 경우에는 형평의 원칙상 임대인에게 차임증액 청구를 인정하여 주어야 할 것이므로, 원심이 차임불증액의 합의가 있어 차임증액 청구가 불가능하다는 취지로 보이는 판시를 한 것은 잘못이라고 할 것이나, 한편 기록에 의하여 살펴보면 그 약정 후 위 차임불증액의 특약을 그대로 유지시킴이 신의칙에 반한다고 인정될 정도의 경제사정의 변동이 있었다고 볼 아무런 사정을 찾아볼 수 없으므로, 원심이 원고(임대인)의 차임증액 청구를 배척한 것은 결과적으로 정당하다고 할 것이어서, 원심판결에 차임증액청구권에 관한 법리오해의 위법이 있다는 소론의 주장도 받아들이기 어렵다.

❷ 대법원 1991. 12. 24. 선고 90다카23899 전원합의체 판결 [보험금]

사실관계

甲은 1988. 7. 7. 보험회사 乙과의 사이에 피보험차량을 甲 소유의 봉고트럭, 보험기간을 같은 날 24:00부터 1989. 1. 7. 24:00까지로 하여 甲이 위 트럭의 운행으로 인하여 타인을 죽게 하거나 다치게 하여 자동차손해배상보장법에 의한 손해배상책임을 짐으로써 입게 될 손해를 乙로부터 보상받기로 하는 내용의 대인배상자동차종합보험계약을 체결하였다. 甲은 같은 날 乙에게 그 보험료를 지급하였는데, 甲이 위 보험기간 중인 1988. 9. 3. 21:00경 자신이 경영하는 ○○공업사 앞길에 위 트럭을 열쇠를 꽂아 둔 채 정차시켜 놓은 사이에 전에 위 ○○공업사 종업원으로 일한 적이 있는 A가 이를 무단운전하여 가다가, 같은 날 21:10경 손수레를 끌고 가는 B를 위 트럭 앞부분으로 들이받아 현장에서 사망하게 하였다. 이에 B의 유족들이 같은 해 11. 2. 甲을 상대로 위 교통사고로 인한 손해배상청구의 소를 제기하여, 원고 승소의 판결이 선고되었고, 위 판결은 1989. 8. 2. 항소기간의 도과로 확정되었다. 이에 甲은 乙을 상대로 위 보험계약에 따른 보험금을 청구하였다. 한편 위 보험계약의 내용인 자동차종합보험보통약관 제10조 제1항 제6호에 의하면 乙은 자동차의 운전자가 무면허운전을 하였을 때에 생긴 사고로 인한 손해를 보상하지 않는다고 규정되어 있는데, A는 아무런 자동차운전면허도 없이 위 사고 당시 주취상태로 위 트럭을 운전하다가 위 사고를 일으켰다.

> 판결이유

......

3. 그런데 약관의규제에관한법률(이하 약관규제법이라 한다)에 의하면 제6조 제1항은 신의성실의 원칙에 반하여 공정을 잃은 약관조항은 무효라고 규정하고, 제2항은 고객에게 부당하게 불리한 조항, 고객이 계약의 거래형태 등 제반 사정에 비추어 예상하기 어려운 조항 및 계약의 목적을 달성할 수 없을 정도로 계약에 따르는 본질적 권리를 침해하는 조항은 공정을 잃은 것으로 추정한다고 규정하고 있으며, 또 제7조 제2, 3호는 면책조항에 관하여 상당한 이유 없이 사업자의 손해배상범위를 제한하거나 사업자가 부담하여야 할 위험을 고객에게 이전시키는 조항, 상당한 이유 없이 사업자의 담보책임을 배제 또는 제한하거나 그 담보책임에 따르는 고객의 권리행사의 요건을 가중하는 조항은 무효로 한다고 규정하고 있다.

위와 같은 *<보험약관에 있어 약관의 내용통제원리로 작용하는 신의성실의 원칙의 의미와 이에 반하는 약관조항의 해석방법(=수정해석)* (민법 제2조, 제105조; 약관의규제에관한법률 제6조, 제7조)> 약관의 내용통제원리로 작용하는 신의성실의 원칙은 보험약관이 보험사업자에 의하여 일방적으로 작성되고 보험계약자로서는 그 구체적 조항내용을 검토하거나 확인할 충분한 기회가 없이 보험계약을 체결하게 되는 계약성립의 과정에 비추어, 약관작성자는 계약상대방의 정당한 이익과 합리적인 기대 즉 보험의 손해전보에 대한 합리적인 신뢰에 반하지 않고 형평에 맞게끔 약관조항을 작성하여야 한다는 행위원칙을 가리키는 것이며, 보통거래약관의 작성이 아무리 사적자치의 영역에 속하는 것이라고 하여도 위와 같은 행위원칙에 반하는 약관조항은 사적자치의 한계를 벗어나는 것으로서 법원에 의한 내용통제 즉 수정해석의 대상이 되는 것은 지극히 당연하다. 그리고 이러한 수정해석은 조항전체가 무효사유에 해당하는 경우뿐만 아니라 조항일부가 무효사유에 해당하고 그 무효부분을 추출배제하여 잔존부분만으로 유효하게 존속시킬 수 있는 경우에도 가능한 것이다. <자동차종합보험보통약관 제10조 제1항 제6호 소정의 무면허운전면책조항에 대하여 수정해석할 필요가 있는지 여부(적극)와 유효한 조항으로 유지될 수 있는 '무면허운전이 보험계약자나 피보험자의 지배 또는 관리가능한 상황에서 이루어진 경우'의 의미 (민법 제2조, 제105조; 약관의규제에관한법률 제6조, 제7조)> 이 사건 무면허운전면책조항(자동차종합보험보통약관 제10조 제1항 제6호 소정의 책임보험조항: 자동차의 운전자가 무면허운전을 하였을 때에 생긴 사고로 인한 손해를 보상하지 아니한다)을 문언 그대로 무면허운전의 모든 경우를 아무런 제한 없이 보험의 보상대상에서 제외한 것으로 해석하게 되면 절취운전이나 무단운전의 경우와 같이 자동차보유자는 피해자에게 손해배상책임을 부담하면서도 자기의 지배관리가 미치지 못하는 무단운전자의 운전면허소지 여부에 따라 보험의 보호를 전혀 받지 못하는 불합리한 결과가 생기는바, 이러한 경우는 보험계약자의 정당한 이익과 합리적인 기대에 어긋나는 것으로서 고객에게 부당하게 불리하고 보험자가 부담하여야 할 담보책임을 상당한 이유 없이 배제하는 것이어서 현저하게 형평을 잃은 것이라고 하지 않을 수 없으며, 이는 보험단체의 공동이익과 보험의 등가성 등을 고려하더라도 마찬가지라고 할 것이다. 결국 위 무면허운전면책조항이 보험계약자나 피보험자의 지배또는 관리가능성이 없는 무면허운전의 경우에까지 적용된다고 보는 경우에는 그 조항은 신의성실의 원칙에 반하여 공정을 잃은 조항으로서 위 약관규제법의 각 규정(제6조 제1, 2항, 제7조 제2, 3호)에 비추어 무효라고 볼 수밖에 없다. 그러므로 위 무면허운전면책조항은 위와 같은 무효의 경우를 제외하고 무면허운전이 보험계약자나 피보험자의 지배 또는 관리가능한 상황에서 이루어진 경우에 한하여 적용되는 조항으로 수정해석을 할 필요가 있으며 그와 같이 수정된 범위 내에서 유효한 조항으로 유지될 수 있는 바, 무면허운전이 보험계약자나 피보험자의 지배 또는 관리가능한 상황에서 이루어진 경우라고 함은 구체적으로는 무면허운전이 보험계약자나 피보험자 등의 명시적 또는 묵시적 승인 하에 이루어진 경우를 말한다고 할 것이다(대체로 보험계약자나 피보험자의 가족, 친지 또는 피용인으로서 당해 차량을 운전할 기회에 쉽게 접할 수 있는 자에 대하여는 묵시적인 승인이 있었다고 볼 수 있을 것이다).

4. 결론적으로 요약하면 자동차종합보험보통약관 제10조 제1항 제6호의 무면허면책조항은 무면허운전의 주체가 누구이든 묻지 않으나 다만 무면허운전이 보험계약자나 피보험자 등의 명시적 또는 묵시적 승인하에 이루어진 경우에 한하여 면책을 정한 규정이라고 해석하여야 하며, 이와 같이 해석하는 한도 내에서 그 효력을 유지할 수 있다고 보아야 한다. 위 견해와 달리 위 무면허운전면책조항에 대하여 직

접적 내용통제로서의 수정해석을 배제한 당원 1990. 6. 26. 선고 89다카28287 판결의 견해는 이를 변경하기로 한다.

2. 부당한 권리행사의 항변으로서의 신의칙
1) 권리남용금지의 원칙
§ 2-10 권리남용의 요건
§ 2-10-1 객관적 요건과 주관적 요건
❶ 대법원 2006. 11. 23. 선고 2004다44285 판결 【부당이득금】
(대법원 2005. 3. 25. 선고 2003다5498 판결; 대법원 2010. 2. 25. 선고 2009다58173 판결)

<권리행사가 권리의 남용에 해당하기 위한 요건 (민법 제2조)> 권리행사가 권리의 남용에 해당한다고 할 수 있으려면, 주관적으로는 그 권리행사의 목적이 오직 상대방에게 고통을 주고 손해를 입히려는 데 있을 뿐 권리를 행사하는 사람에게 아무런 이익이 없는 경우이어야 하고, 객관적으로는 그 권리행사가 사회질서에 위반된다고 볼 수 있어야 하는 것이며, 이와 같은 경우에 해당하지 않는 한 비록 그 권리의 행사에 의하여 권리행사자가 얻는 이익보다 상대방이 입을 손해가 현저히 크다고 하여도 그러한 사정만으로는 이를 권리남용이라 할 수 없다고 할 것이다(대법원 2002. 9. 4. 선고 2002다22083, 22090 판결, 2003. 2. 14. 선고 2002다62319 판결, 2003. 11. 27. 선고 2003다40422 판결 등 참조).
원심은, 원고 및 승계참가인의 이 사건 송전탑 등 철거 및 송전탑 부지 인도 청구가 권리남용에 해당한다는 피고의 주장에 대하여, 그 채용 증거에 의하여 인정되는 다음과 같은 사정, 즉 ① 이 사건 고압송전탑 및 고압송전선은 피고와 피고 보조참가인과 사이에 체결된 도급계약에 따라 피고의 청주공장에 전기를 공급하기 위하여 1991. 9. 15.경까지 설치된 것으로서, 이 사건 송전탑은 원래 충북 OO군 OO면 OO리 307-5(이하 '충북 OO군 OO면 OO리 소재 토지는 지번만'으로 표시한다) 하천부지에 설치예정이었으나 실제로는 위 307-5 하천부지의 일부 이외에 그에 인접한 231 임야 16,406㎡(이하 '이 사건 제1토지'라 한다) 중 10㎡와 307-1 전 546㎡(이하 '이 사건 제2토지'라 한다) 중 71㎡를 침범하여 설치되었고, 이 사건 송전선은 위 제1토지, 제2토지 및 307-3 잡종지 2,099㎡(이하 이 사건 제3토지라 한다)의 지상 공간을 지나가고 있는데, 피고는 그 설치 이전에 위 307-5 하천 및 제2토지와 제3토지의 소유자였던 정O철로부터 토지사용승낙을 받은 점, ② 이 사건 송전탑 및 송전선이 설치된 후 2000년 초까지 약 10년간 이 사건 각 토지의 소유자들로부터 이를 철거하라는 등의 이의제기가 없었던 점, ③ 원고와 민O성(이하 '원고 등'이라 한다)이 당초 이 사건 송전탑이 위 제1토지 전면(서쪽)에 설치되

어 있고, 이 사건 송전선이 그 지상 위를 지나가고 있음을 알면서도 전원주택분양사업을 실시할 목적으로 이 사건 각 토지를 매수한 점, ④ 이 사건 제2, 3토지는 원고 등의 총 분양사업면적 약 21,000㎡ 중 2,645㎡에 불과하고, 이 사건 송전탑이 위 제1토지를 침범하고 있는 부분은 10㎡에 불과하며, 위 제1토지 지상에 설치된 송전선은 그 서쪽 끝에 치우쳐 있고, 이 사건 송전선은 이 사건 각 토지의 지상으로부터 상당한 높이에 설치되어 있는 반면, 원고 등이 신축하고자 했던 전원주택은 1층 단독주택이었던 점, 원고 등이 당초 이 사건 송전탑 및 송전선의 존재를 알면서 전원주택분양사업을 시작하여 이 사건 송전탑 등의 이전과 상관없이 2000년 8월 말경까지 전원주택 택지조성공사를 완료하고, 피고로부터 대체 부지를 마련할 수 없어 이 사건 송전탑 등을 이전하는 것이 불가능하다는 통보를 받은 후에도 계속 사업을 추진하여 2000. 12. 6. 주식회사 진종합건설을 설립하고, 2001년 1월경에는 전원주택 신축공사 설계용역을 의뢰한 점 등을 종합하여 볼 때, 위 전원주택분양사업이 당초 예상과 달리 제대로 진척되지 아니한 원인이 반드시 이 사건 송전탑 등의 존재 때문이라고 단정하기는 어려운 점, ⑤ 피고가 원고 등으로부터 이 사건 송전탑의 이전 요청을 받은 후 이를 수용하여 대체부지를 마련하기 위한 방안을 세웠고, 현실적으로 이전이 어렵게 되자 원고 등에게 이 사건 송전탑이 침범하는 토지를 매수하겠다는 제의를 하여 철거 이외의 방법으로 원고 등의 권리를 확보해 주기 위한 나름대로의 노력을 경주하여 온 점, ⑥ 현재 상태에서 이 사건 송전탑을 원래의 설치예정지였던 위 307-5로 완전히 이전하는 것에 대하여는 대전지방국토관리청이 곤란하다는 입장이고, 이를 위 제1토지 동쪽에 위치한 제비동산이나 월탄리 마을 쪽으로 이전하는 것에 대하여는 주민들이 강력하게 반대하고 있으며, 고압송전선을 지중선으로 매설하는 방법은 경제적으로 10억 원 이상의 비용 지출이 예상되고 송전선의 장력이 커지는 등 기술적인 문제가 있어, 그 대체방안의 마련이 현실적으로 어려운 점, ⑦ 원고는 전원주택분양사업을 재개할 만한 경제적인 여력이 없는 상태이고, 승계참가인도 경영난으로 해산하여, 실질적으로 새마을금고 연합회가 이 사건 각 토지에 관한 권리행사를 주도하고 있는데, 그 사업이 재개될 가능성이 없는 것으로 보이며, 그렇다면 이 사건 송전탑 등이 철거되지 않더라도 이 사건 각 토지를 본래대로 임야, 전답, 잡종지 등으로 이용함에는 별다른 지장이 없을 것으로 예상되는 점, ⑧ 원고 및 승계참가인이 이 사건 각 토지 위에서 전원주택분양사업을 재개할 가능성이 없다면, 이 사건 송전탑 등의 철거 자체로써 원고 및 승계참가인이 얻게 될 이익은 전혀 없는 반면 피고가 청주공장의 가동 중지로 입게 될 손실은 막대할 것으로 예상되는 점, ⑨ 원고 및 승계참가인이 전원주택분양사업의 실패로 투자금액인 약 17억 원 상당의 손해를 입었다고는 하나, 가사 이 사건 송전탑 등의 존재가 사업실패의 한 원인이 되었다고 하더라도 본래 그 존재를 염두에 두고 사업을 시작한 원고 등이 사업실패로 입은 손해를 피고에게 전가하는 것은 부당한 것으로 보이는 점, ⑩ 피고는 이 사건 송전탑의 침범 부분을 매수하는 등의 방법으로 조정이나 화해에 의한 분쟁해결을 희망하고 있으나, 원고 및 승계참가인은 이 사건 각 토지의 매수가격 373,000,000원을 초과하는 6억 원의 화해권고결정에 대하여 이의를 제기하고, 이 사건 각 토지뿐만 아니라 원고 등이 전원주택분양사업 시행을 위해 취득한 토지까지 전부 피고가 매수할 것을 요구하고 있는 점 등을 종합적으로 고려할 때, 원고 및 승계참가인의 이 사건 송전탑, 송전선에 대한 철거청구와 이 사건 송전탑 부지에 대한 인도청구는 원고 및 승계참가인에게는 별다른 이익이 없는 반면 피고에게는 그 피해가 극심하여 주관적으로는 그 목적이 오직 상대방에게 고통을 주고 손해를 입히려는 데 있고, 객관적으로는 사회질서에 위반된 권리행사로서 권리남용에 해당하여, 허용되지 아니한다고 판단하였다.

그러나 우선, <고압송전탑과 고압송전선이 설치된 사정을 알면서도 그 토지를 취득하여 전원주택분양사업을 추진한 토지소유자들의 위 송전탑 등의 철거청구가 권리남용에 해당하지 않는다고 본 사례 (민법 제2조, 제212조, 제214조)> 피고(대한펄프 주식회사)가 이 사건 송전탑 및 송전선 설치 이전에 그 부지의 일부 소유자였던 정O철로부터 토지사용승낙을 받았다고 하더라도, 그 부지 등에 관한 소유권을 취득하거나 지상권 등의 제한물권을 취득하지 아니한 이상, 새로이 소유권을 취득한 원고 등에게 대항할 수 없고(대법원 2001. 2. 23. 선고 2000다65246 판결 등 참조), 이 사건 송전탑이 설치되어 이 사건 송전선이 그 지상 공간을 지나가고 있는 것에 대하여 토지소유자들로부터 장기간 이의제기가 없었고, 원고 등이 이 사건 각 토지의 지상이나 인근에 이 사건 송전탑과 송전선이 설치되어 있는 사정을 잘 알면서 이 사건 각 토지를 취득하였다고 하더라도, 그것만으로는 원고 등이 피고의 이 사건 각 토지의 사용을 묵인하였다거나 이 사건 각 토지에 대한 소유권의 행사가 제한된 상태를 용인하였다고 볼 수 없다(대법원 1995. 8. 25. 선고 94다27069 판결, 1995. 11. 7. 선고 94다31914 판결 등 참조).

나아가 기록에 의하면, 원심이 인정하고 있는 사정 이외에 다음과 같은 사정, 즉 ① 원고 등이 이 사건 송전탑 등이 설치되어 있다는 사정을 알면서도 위 각 토지를 매수하기는 하였으나, 위 각 토지 일대에 총 26가구의 전원주택단지를 조성하여 전원주택을 신축·분양하는 사업에 사용할 계획으로 이를 매수하여 1999. 10. 26. 측량 및 설계용역을 의뢰하고 위 제1토지에 관하여는 1999. 12. 30.에 위 제2토지에 관하여는 2000. 4. 8.에 형질변경허가를 받아 2000년 8월 말경까지 택지조성공사를 완료하고 2000. 6. 17.경에는 건축허가를 받는 등 사업을 진행하여 2000. 8. 31.까지 위 사업과 관련하여 토지매수비용, 주택단지조성공사비용, 설계 및 광고비용, 제세공과금 등으로 약 17억 원 가량의 비용을 투입하였다는 점에 비추어 보면, 원고 등이 위 각 토지를 취득한 목적이 오로지 이 사건 각 토지의 소유권을 이용하여 피고로부터 부당한 이득을 얻기 위한 것이라거나 피고에게 고통을 주기 위한 것이라고 보기는 어려운 점, ② 더구나, 피고는 위 제2토지의 형질변경허가 등과 관련하여 청원군수로부터 위 송전탑의 처리에 대한 의견을 요청받고 2000. 3. 27. 및 2000. 4. 4. '민원인의 건축허가에 지장이 없도록 조속한 시일 내에 이전하겠다.'고 각 회신하였고, 2000. 5. 3. 원고 등으로부터 위 송전탑으로 인하여 공사의 지장이 초래되고 있으니 이를 이전해 달라는 취지의 통고를 받고 2000. 5. 17. 원고 등에게도 직접 '새로이 송전탑을 제작하여 설치하는데 약 4-5개월 정도 소요되므로, 2000년 9월 내지 2000년 10월까지는 이 사건 송전탑을 이전토록 하겠으며, 원고 등이 전원주택을 분양하는데 지장이 없도록 최대한 협조하겠다'고 회신한 점, ③ 피고가 이 사건 송전탑을 원래의 설치예정지였던 307-5 하천부지상이나 동쪽의 제비동산 내지 월탄리 마을쪽으로 이전하는 것이 현실적으로 불가능하고 이 사건 송전선을 지중선으로 매설하는 방법이 경제적으로 10억 원 이상의 비용지출이 예상된다거나 다소의 기술적인 문제가 있다고 하더라도, 그렇다고 하여 그 밖에 다른 부지로 위 송전탑 등의 이설이 전혀 불가능하다거나 지중선으로의 매설 역시 전혀 불가능한 것이라고 할 수 없는 점, ④ 원고가 현재 경제적인 여력이 없고 승계참가인도 경영난 악화로 2003. 12. 15.경 해산하였으며 원심 조정기일에서 원고측이 위 각 토지를 포함하여 위 사업의 시행을 위하여 취득한 토지 전체를 피고가 매수할 것을 요구하였기는 하였으나, 이 사건 각 토지는 이미 토목공사, 옹벽공사 및 조경공사 등으로 택지조성공사가 완료되어 있어 더 이상 종전의 임야, 전답, 잡종지 등으로 이용될 가능성은 없어 보이고, 원고측이 향후 직접 분양사업을 진행하지 않더라도 이미 조성된 택지를 다른 사업자에게 양도하는 등의 방법으로 분양사업이 재개될 수 있다는 점에 비추어 보면, 위 전원주택사업이 재개될 가능성이 없다거나 원고와 승계참가인의 이 사건 권리행사에 아무런 이익이 없다고 하기는 어려운 점, ⑤ 원고 등이 신축하고자 했던 전원주택이 1층 단독주택이었다고 하더라도, 앞서 본 바와 같이 피고가 당초 원고 등에게 늦어도 2000년 9월 내지 2000년 10월경까지 이 사건 송전탑 등을 이전하겠으며 원고 등의 전원주택 분양에 지장이 없도록 최대한 협조하겠다고 약속하였고, 원고 등이 2000. 8. 31.경까지 위 전원주택분양사업에 약 17억 원 상당을 투자하였던 점 등에 비추어, 피고의 이 사건 송전탑 및 송전선으로 인하여 위 전원주택사업의 추진 등에 방해가 되지 않았다거나 앞으로도 방해가 되지 않을 것으로 보기는 어려운 점, ⑥ 이 사건 송전탑 등의 이설에 막대한 비용이 소요된다거나 원고측이 법원의 화해권고결정 등에 이의하고 과다한 요구를 하고 있다는 등의 사정이 있더라도, 그러한 사정만으로 피고가 아무런 권한 없이 위 송전탑의 부지 등을 점유사용하고 있는 침해상태를 원고와 승계참가인이 감수하여야 한다고 보기는 어려운 점 등을 알 수 있다.

사정이 이와 같다면, 앞서 본 법리에 비추어 볼 때, 원심이 설시하고 있는 여러 사정을 감안하더라도 원고와 승계참가인의 이 사건 송전탑과 송전선 철거청구 및 토지 인도청구를 권리의 남용이라고 볼 수 없다.

❷ 대법원 1999. 9. 7. 선고 99다27613 판결 [건물철거등]

사실관계

乙(한국전력공사)은 甲 등(토지소유자) 소유의 X 임야를 변전소 부지로 매수하기 위하여 甲 등과 협의하였으나 협의가 성립되지 아니하자 경기도지방토지수용위원회에 수용재결을 신청하여 1989. 12. 2. 수용재결을 받고 그 손실보상금을 공탁한 다음, X 임야에 관하여 자기 앞으로 소유권이전등기를 마치고 그 지상에 변전소신축공사를 시작하여 1993. 12. 8. 이를 완공하였다. 그런데 乙은 손실보상금을 공탁할 때 X 임야에 A 은행 앞으로 근저당권이 설정되어 있고 또 B 앞으로 처분금지가처분등기가 마쳐져 있어 누가 피보상자인지 알 수 없다는 이유로 피공탁자를 甲 등, A 또는 B라고 표시하여 공탁하였다. 그 후 甲 등이 위 수용재결에 불복하여 이의재결을 신청하였다가 기각되자 이에 불복하여 제기한 행정소송에서, 수용대상 토지에 근저당권설정등기가 마쳐져 있다는 사유를 들어 피보상자를 알 수 없다는 이유로 손실보상금을 공탁한 것은 부적법하므로 수용재결은 실효되었다는 취지의 판결이 선고되어 1996. 3. 22. 확정되었다. 이에 乙은 X 임야를 시가 이상으로 매수하려고 노력하였으나, 甲 등은 이를 거절하고 위 변전소의 철거와 X 임야를 청구하는 소를 제기하였다.

판결이유

1. 원심은 ……
<한국전력공사 을이 정당한 권원에 의하여 토지를 수용하고 그 지상에 변전소를 건설하였으나 갑 등에게 그 수용에 따른 손실보상금을 공탁함에 있어서 착오로 부적법한 공탁이 되어 수용재결이 실효됨으로써 결과적으로 그 토지에 대한 점유권원을 상실하게 된 경우, 갑 등이 그 변전소의 철거와 토지의 인도를 청구하는 것은 권리남용에 해당한다고 본 사례 (민법 제2조 제2항)> 위 변전소가 철거될 경우 인근에 있는 부천, 부개 등의 변전소에서 최대한 24,424가구에 대하여는 전력공급이 가능하나 나머지 61,750가구에 대하여는 전력공급이 불가능하고, 위 변전소 인근은 이미 개발이 완료되어 더 이상 변전소 부지를 확보하기가 어려울 뿐만 아니라 설령 그 부지를 확보한다고 하더라도 변전소를 신축하는 데는 상당한 기간이 소요되며, 이 사건 토지의 시가는 약 6억 원인데 비하여 위 변전소를 철거하고 같은 규모의 변전소를 신축하는 데에는 약 164억 원이 소요될 것으로 추산되는 사실, 원고들(갑 등)은 이 사건 토지가 자연녹지지역에 속하고 개발제한구역 내에 위

치하고 있어서 이 사건 토지를 인도받더라도 도시계획법상 이를 더 이상 개발·이용하기가 어려운데도 이 사건 토지 또는 이 사건 토지를 포함한 그들 소유의 임야 18,919㎡ 전부를 시가의 120%에 상당하는 금액으로 매수하겠다는 피고(을)의 제의를 거절하고 위 변전소의 철거와 이 사건 토지의 인도만을 요구하고 있는 사실 (원고들은 공장을 이전할 목적으로 1987. 12. 30. 이 사건 토지를 포함한 분할 전의 시흥시 (주소 3 생략) 임야 18,919㎡ 전부를 금 5억 4천만 원에 매수하였고, 이 사건 토지 외의 나머지 임야에는 이미 공장을 이전하였는바, 위 임야는 개발제한구역 내에 위치하여 그 지상에 더 이상의 공장 증축은 어렵다는 것이고, 한편 피고(을)는 제1심 법원의 합의권고에 따라 이 사건 토지만은 금 868,548,495원에, 이 사건 토지를 포함한 위 임야 전부에 대하여는 금 1,948,298,280원에 매수할 수 있다고 제의하였음에도 원고들은 이를 받아들이지 않았다.) 등을 인정한 다음, 원고들(갑 등)이 피고(을)에 대하여 위 변전소의 철거와 이 사건 토지의 인도를 청구하는 것은 원고들(갑 등)에게는 별다른 이익이 없는 반면 피고(을)에게는 그 피해가 극심하여 이러한 권리행사는 주관적으로는 그 목적이 오직 상대방에게 고통을 주고 손해를 입히려는 데 있고, 객관적으로는 사회질서에 위반된 것이어서 권리남용에 해당한다고 판단하였다.

2. 살펴보니 원심의 사실인정은 정당하고, 거기에 상고이유의 주장과 같은 채증법칙을 위반한 잘못이 없으며, 사실관계가 위와 같다면 피고(을)는 정당한 권원에 의하여 이 사건 토지를 수용하였으나 손실보상금 공탁에 있어서의 착오로 부적법한 공탁이 되어 수용재결이 실효됨으로써 결과적으로 이 사건 토지에 대한 점유권원을 상실하게 된 것이고, 변전소는 공공의 이익에 관계된 시설로서 이를 철거하는 경우 피고(을)의 이익뿐 아니라 공익에도 심각한 침해를 가져올 우려가 있는 반면 원고들(갑 등)로서는 피고(을)가 제의하는 금액으로 이 사건 토지를 매도하더라도 별다른 손해가 없고 오히려 상당한 이익이 있을 것으로 보이는데도 이를 거절하였음을 알 수 있는바, 이러한 사정들과 그 밖에 이 사건 변론에 나타난 다른 모든 사정을 함께 감안하면, 원고들(갑 등)의 이 사건 청구가 권리남용에 해당한다고 본 원심의 판단도 수긍이 가고, 거기에 상고이유의 주장과 같은 법리오해의 잘못이 없다. 따라서 상고이유는 모두 받아들이지 아니한다.

§ 2-10-2 주관적 요건의 완화

❶ 대법원 1993. 5. 14. 선고 93다4366 판결 【건물철거등】

사실관계

甲은 1989. 12. 29. 자신의 명의로 소유권이전등기가 경료된 X 토지상에 건립되어 있는 기존 병원의 확장공사를 하게 되었다. 乙은 X 토지에 인접한 대지와 그 지상에 1층 식당, 2층 사무실로 사용해 오고 있는 2층 건물을 소유하고 있었는데, 甲은 이처럼 乙 소유의 건물이 위 병원의 전면에 위치하고 있어서 이를 매수하려 하였으나 성사되지 아니하였다. 그런데 甲이 위 병원 확장공사를 하면서 토지측량 결과 乙 소유의 위 건물이 X 토지 중 0.3㎡를 침범하고 있는 것으로 판명되었다. 이에 甲은 乙을 상대로 0.3㎡의 건물부분의 철거 및 대지인도청구의 소를 제기하였다.

판결이유

원심판결 이유에 의하면, 원심은 그 거시증거를 종합하여, 이 사건 토지인 대구 O구 O동 13의 1 대 84.3평방미터에 관하여 1989. 12. 29. 원고(갑) 명의로 소유권 이전등기가 경료된 사실, 피고(을)는 이에 인접한 같은 구 OO로 1가 66 대 36.7평방미터 지상에 2층 건물을 소유하고 있는데, 그 건물이 이 사건 토지 중 원심판결 별지도면표시 (가)부분 0.3평방미터를 침범한 채 건립되어 있는 사실을 확정한 후, 원고(갑)의 위 건물부분의 철거와 대지인도청구에 대한 피고(을)의 권리남용항변에 대하여 피고(을) 주장과 같은 객관적인 사정이 있다 하더라도, 원고(갑)의 이 사건 청구가 오로지 피고(을)에게 고통이나 손해를 주기 위한 것임을 인정할만한 증거가 없으므로 권리남용에 해당한다고 할 수 없다는 이유로 이를 배척하였다.

그러나 <*권리행사가 권리남용에 해당하기 위한 요건 (민법 제2조)*> 권리의 행사가 주관적으로 오직 상대방에게 고통을 주고 손해를 입히려는 데 있을 뿐 이를 행사하는 사람에게는 아무런 이익이 없고, 객관적으로 사회질서에 위반된다고 볼 수 있으면, 그 권리의 행사는 권리남용으로서 허용되지 아니한다고 할 것이고, 그 권리의 행사가 상대방에게 고통이나 손해를 주기 위한 것이라는 주관적 요건은 권리자의 정당한 이익을 결여한 권리행사로 보여지는 객관적인 사정에 의하여 추인할 수 있을 것이다.

기록에 의하면, 원고(갑)는 이 사건 토지와 함께 인접한 같은 동 65의 1 대지를 취득하여 이 사건 토지상에 건립되어 있는 기존 병원의 확장공사를 하는 한편, <*건물철거소송에 이른 사정, 계쟁토지가 0.3㎡에 불과한 점, 철거에 상당한 비용이 들고 철거 후에도 잔존 2층건물의 효용이 크게 감소되리라는 점 등에 비추어 권리남용에 해당하지 않는다는 원심판결을 심리미진을 이유로 파기한 사례 (민법 제2조)*> 대로변에 위치한 피고(을) 소유의 건물이 위 병원의 전면에 위치하게 되어 이를 매수하려고 하였으나 성사되지 아니하자 이 사건 제소에 이르게 된 사실을 엿볼 수 있고, 또한 원고(갑)가 이 사건 (가)부분 지상에 세워진 건물부분을 철거하여 그 부지를 인도받는다 하더라도 그 면적이 0.3평방미터에 불과하고, 피고(을)의 이 사건 건물과 인접하여 한 원고(갑)의 병원신축건물은 거의 완공상태에 있어서 이를 어떠한 용도에 사용할 수 있는지 알 수 없는 데 반하여, 피고(을)로서는 위 토지상의 건물부분이 1층 식당 및 2층 사무실의 일부이어서 그 철거에 상당한 비용이 소요되고 철거 후에도 그 잔존건물의 효용이 크게 감소되리라고 보여지는바, 이러한 사정 아래에서는 권리남용의 법리에 비추어 원고(갑)의 위 청구가 떳떳한 권리행사라고는 보여지지 않는다.

따라서 원심으로서는 이 사건 0.3평방미터의 땅이 원고(갑)에게 어떻게 쓰여지고 전체 토지의 효용에 반드시 필요하며, 그 가격은 얼마나 되는지, 이에 비하여 철거되는 피고(을)의 건물의 효용상실정도, 경계선 확인에 대한 쌍방의 부주의 정도 등을 구체적으로 심리하여 본 다음 원고(갑)의 이 사건 청구가 권리남용에 해당하는지의 여부를 판단하였어야 할 것임에도 불구하고 이에 이르지 아니하고 섭사리 피고(을)의 권리남용의 항변을 배척한 것은 결국 권리남용에 관한 법리를 오해하여 심리를 다하지 아니한 위법을 저지른 것이므로, 이 점을 지적하는 논지는 이유 있다.

❷ 대법원 2003. 11. 27. 선고 2003다40422 판결 【송전선로철거등】

(대법원 2012. 6. 14. 선고 2012다20819 판결; 대법원 2010. 12. 9. 선고 2010다59783 판결) ……

2. 원심은, 원고의 이 사건 송전선철거청구가 권리남용에 해당한다는 피고의 주장에 대하여, 이를 인정할 아무런 증거가 없을 뿐만 아니라 피고가 주장하는 사정만으로는 원고의 이 사건 철거청구가 권리남용에 해당된다고 보기 어렵다는 이유로, 위 주장도 배척하였다.

그러나 <권리행사가 권리남용에 해당하기 위한 요건 (민법 제2조)> 권리의 행사가 주관적으로 오직 상대방에게 고통을 주고 손해를 입히려는 데 있을 뿐 이를 행사하는 사람에게는 아무런 이익이 없고, 객관적으로 사회질서에 위반된다고 볼 수 있으면, 그 권리의 행사는 권리남용으로서 허용되지 아니하고, 그 권리의 행사가 상대방에게 고통이나 손해를 주기 위한 것이라는 주관적 요건은 권리자의 정당한 이익을 결여한 권리행사로 보여지는 객관적인 사정에 의하여 추인할 수 있으며(대법원 1993. 5. 14. 선고 93다4366 판결 등 참조), <판단 방법> 어느 권리행사가 권리남용이 되는가의 여부는 개별적이고 구체적인 사안에 따라 판단되어야 할 것이다(대법원 1991. 10. 25. 선고 91다27273 판결 등 참조).

그런데 기록에 의하면, 원고 소유의 이 사건 토지(충남 OO군 OO면 OO리 839-2)는 북서 및 남동 방향의 기다란 직사각형 모양의 잡종지 24,144㎡로서 농경지로 이용되고 있는데, 피고가 설치한 이 사건 송전선은 지상 30m의 높이로 이 사건 토지 중 북서쪽 모서리의 51㎡ 면적인 직각삼각형 부분만을 침범하고 있을 뿐이며, 이 사건 토지의 감정가격은 2002년 현재 ㎡당 37,000원으로서, 위 51㎡ 부분의 가격은 1,887,000원이고, 같은 부분의 구분지상권에 상응하는 월임료는 630원

정도에 불과한 사실, 피고는 1996. 1.경부터 1998. 12.경까지 사이에 당진-신서산 송전선로 건설사업에 따라 이 사건 송전선 등을 설치한 다음, 그 직후인 1999. 2. 11.경 원고에게 손실보상 협의를 요청하는 공문을 보내면서 그 송전선 최외측으로부터 수평거리 3m를 적용하여 그 편입면적을 148㎡로 산정하고 2개 감정기관의 평가액을 산술평균한 1,531,800원을 보상금으로 제시하였으며, 이 사건 토지 이외의 석문면 일대의 다른 토지들에 관하여는 주민대책위원회의 요구에 의해 1999. 2. 23.과 2. 24.의 양일간 계약을 체결하고 같은 기준에 의한 보상금을 지급하였던 사실, 그러나 원고는 피고의 위와 같은 협의요청을 거부한 채 이 사건 토지 및 이에 접한 원고 소유의 위 OO리 839-1 잡종지 합계 약 8,600평의 시가가 이 사건 송전선 및 그 주변의 철탑 등으로 말미암아 하락하였다는 등의 막연한 이유를 들어, 피고에 대하여 7억 8,000만 원 가량의 보상금을 요구하다가 피고가 이에 응하지 않자 이 사건 송전선의 철거 등을 구하는 이 사건 소송을 제기하였고, 원심 변론 종결일 무렵에는 최소한의 보상금으로 12억 원의 거액을 요구하고 있는 사실, <*농로 위로 지나가는 송전선의 철거를 구하는 청구가 권리남용에 해당한다고 한 사례* (민법 제2조)> 이 사건 송전선은 대전과 서해안 지역에 전원을 공급하는 국가기간시설의 일부로서(*송전선로철거소송에 이르게 된 과정, 계쟁 토지가 51㎡에 불과한 점.*) 이를 철거하고 송전선을 이설하기 위해서는 막대한 비용과 손실이 예상되는 반면, 이 사건 송전선이 철거되지 않더라도 원고가 이 사건 토지를 이용함에 있어서 별다른 지장을 받지는 않는 사실을 알 수 있는바, 이러한 사정 아래에서는 앞서 본 법리에 비추어 원고의 이 사건 청구 중 송전선철거청구(*농로 위로 지나가는 송전선의 철거를 구하는 청구*) 부분은 권리남용에 해당한다고 볼 여지가 충분하다.

§ 2-10-3 상계권 및 상표권 남용
❶ 대법원 2003. 4. 11. 선고 2002다59481 판결 【채무부존재확인】

1. 원고의 상고이유에 대하여
<*상계권의 행사가 신의칙에 반하거나 상계에 관한 권리남용에 해당하기 위한 요건* (민법 제2조, 제492조)> 일반적으로 당사자 사이에 상계적상이 있는 채권이 병존하고 있는 경우에는 이를 상계할 수 있는 것이 원칙이고, 이러한 상계의 대상이 되는 채권은 상대방과 사이에서 직접 발생한 채권에 한하는 것이 아니라, 제3자로부터 양수 등을 원인으로 하여 취득한 채권도 포함한다 할 것인바, 이러한 상계권자의 지위가 법률상 보호를 받는 것은, 원래 상계제도가 서로 대립하는 채권, 채무를 간이한 방법에 의하여 결제함으로써 양자의 채권채무관계를 원활하고 공평하게 처리함을 목적으로 하고 있고, 상계권을 행사하려고 하는 자에 대하여는 수동채권의 존재가 사실상 자동채권에 대한 담보로서의 기능을 하는 것이어서 그 담보적 기능에

대한 당사자의 합리적 기대가 법적으로 보호받을 만한 가치가 있음에 근거하는 것이다.

따라서 당사자가 상계의 대상이 되는 채권이나 채무를 취득하게 된 목적과 경위, 상계권을 행사함에 이른 구체적·개별적 사정에 비추어, 그것이 위와 같은 상계 제도의 목적이나 기능을 일탈하고, 법적으로 보호받을 만한 가치가 없는 경우에는, 그 상계권의 행사는 신의칙에 반하거나 상계에 관한 권리를 남용하는 것으로서 허용되지 않는다고 함이 상당하고, 상계권 행사를 제한하는 위와 같은 근거에 비추어 볼 때 일반적인 권리 남용의 경우에 요구되는 주관적 요건을 필요로 하는 것은 아니라고 할 것이다.

원심이 확정한 사실관계에 의하면, 원고는 소외 주식회사 대전백화점(이하 '대전백화점'이라고 한다)의 부도로 인하여 대전백화점이 발행한 약속어음의 가치가 현저하게 하락된 사정을 잘 알면서 오로지 자신이 대전백화점에 대하여 부담하는 임대차보증금반환채무와 상계할 목적으로 대전백화점이 발행한 약속어음 20장을 액면가의 40%에도 미치지 못하는 가격으로 할인·취득하고, 그 약속어음채권을 자동채권으로 하여 상계를 하였다는 것이다.

그렇다면 원고가 위 약속어음 채권을 취득한 목적과 경위, 그 대가로 지급한 금액, 상계권을 행사하게 된 위와 같은 사정에 비추어, 원고의 상계권 행사는 상계제도의 목적이나 기능을 일탈하는 것이고, 법적으로 보호받을 만한 대립하는 채권, 채무의 담보적 기능에 대한 정당한 기대가 없는 경우에 해당하여 신의칙에 반하거나 상계에 관한 권리를 남용하는 것으로서 허용되지 않는다고 할 것이다.

❷ **대법원 2007. 1. 25. 선고 2005다67223 판결 (상표권의 남용) 【가처분이의】**
(대법원 2007. 2. 22. 선고 2005다39099 판결; 대법원 2008. 7. 24. 선고 2006다40461, 40478 판결)

1. 음반의 제명(제명)은 특별한 사정이 없는 한 그 음반에 수록된 해당 저작물의 창작물로서의 명칭 내지는 그 내용을 함축적으로 나타내는 것이어서 상품의 출처를 표시하는 기능을 하기 어려운 경우가 대부분이나, 음반은 일반 유체물과 마찬가지로 독립된 거래의 대상이 되는 '상품'이므로, 음반의 종류 및 성격, 음반의 제명이 저작물의 내용 등을 직접적으로 표시하는지 여부 및 실제 사용 태양, 동일 제명이 사용된 후속 시리즈 음반의 출시 여부, 광고·판매 실적 및 기간 등 구체적·개별적 사정 여하에 따라 음반의 제명이 일반 수요자에게 상품의 출처를 표시하고 자기의 업무에 관계된 상품과 타인의 업무에 관계된 상품을 구별하는 표지로서 인식되는 때에는, 그 음반의 제명은 단순히 창작물의 내용을 표시하는 명칭에 머무르지 않고 자타상품의 식별표지로서 기능한다고 봄이 상당하다. 그리고 자타상품의

식별표지로서 기능하는 음반의 제명에 화체된 업무상의 신용이나 고객흡인력 등은 음반의 제작·판매자가 투여한 자본과 노력 등에 의하여 획득되는 것이므로, 이러한 무형의 가치는 특별한 사정이 없는 한 음반에 수록된 저작물의 저작자가 아니라 음반의 제작·판매자에게 귀속된다.

한편, <*등록상표권자의 상표권의 행사가 권리남용에 해당하기 위한 요건* (민법 제2조; 상표법 제50조)> 상표권자가 당해 상표를 출원·등록하게 된 목적과 경위, 상표권을 행사하기에 이른 구체적·개별적 사정 등에 비추어, 상대방에 대한 상표권의 행사가 상표사용자의 업무상의 신용유지와 수요자의 이익보호를 목적으로 하는 상표제도의 목적이나 기능을 일탈하여 공정한 경쟁질서와 상거래 질서를 어지럽히고, 수요자 사이에 혼동을 초래하거나 상대방에 대한 관계에서 신의성실의 원칙에 위배되는 등 법적으로 보호받을 만한 가치가 없다고 인정되는 경우에는, 그 상표권의 행사는 가사 권리행사의 외형을 갖추었다 하더라도 등록상표에 관한 권리를 남용하는 것으로서 허용될 수 없고, 상표권의 행사를 제한하는 위와 같은 근거에 비추어 볼 때 상표권 행사의 목적이 오직 상대방에게 고통을 주고 손해를 입히려는 데 있을 뿐 이를 행사하는 사람에게는 아무런 이익이 없어야 한다는 주관적 요건을 반드시 필요로 하는 것은 아니다.

2. 원심판결 이유 및 기록에 의하면, 아래와 같은 사실을 알 수 있다.

가. 피신청인은 음반, 카세트테이프 등의 제조 및 판매업을 목적으로 하는 회사로서 1999. 10.경 'OO커피'(이하 편의상 'OO커피 제1집'이라고 한다) 음반을, 2000. 12.경 'OO커피 제2집' 음반을, 2002. 12.경 'OO커피 제3집' 음반을, 2004. 11.경 'OO커피 제4집' 음반을, 2005. 4.경 'OO커피 제5집' 음반을 각 제작·홍보·판매하였는데, 위 각 음반은 국내 가요 중 발라드풍의 곡들만을 선곡하여 수록한 편집음반으로서 그 음반 전면 상단에 " "와 같이 구성된 제명을 사용하고 그 바로 밑에는 위 제1집부터 제5집에 이르기까지 순차 '…그리고, 첫사랑', '…그리고, 슬픈 인연', '…그리고, 슬픈 고백', '…그리고, 기다림', '…그리고, 첫사랑'이라는 부제(부제)를 달고 있다.

나. 피신청인의 신문, 잡지 및 라디오 등을 통한 선전·광고활동과 시중 음반매장 등에서의 판촉활동 결과 OO커피 제1, 2집 음반은 1999.경부터 2002. 5.경까지 총 60만 장 정도가 판매되었고, 특히 OO커피 제2집 음반은 2000. 12.경 '주식회사 OO'로부터 2000년도 음반 부문 히트상품으로 선정되었으며, OO커피 제1, 2, 3집은 1999.경부터 2003. 8.경까지 총 80만 장 이상이 판매되었는데, OO커피 제4집 음반이 2004. 11.경 발매될 무렵에는 일간신문 등 여러 매체에서 '1999년 첫사랑을 주제로 한 1집부터 슬픈 인연에 관한 2집, 슬픈 고백을 모티브로 한 3집 등 주제별로 발표된 OO커피 시리즈는 그 동안 100만 장 가까이 발매되었다.'는 내용과 함께 OO커피 제4집 음반 발매를 소개하는 기사를 게재하였다.

다. 신청인은 피신청인이 OO커피 제1, 2집을 기획·제작함에 있어서 수록될 곡의 선택·배열 등 편집과정에 상당 정도 관여한 관계로 'OO커피' 편집음반 시리즈의 제작·판매와 그 상업적 성공에 관한 사정을 잘 알고 있었음에도 불구하고, 'OO커피' 명칭의 선사용자인 피신청인의 동의나 허락을 받지 않은 채 2002. 5. 15. 지정상품을 '음악이 녹음된 콤팩트 디스크, 음악이 녹음된 테이프' 등으로 하고 ''와 같이 구성된 이 사건 등록상표(등록번호 제557510호)를 출원하여 2003. 8. 13. 상표등록결정을 받고, 2002. 9. 13. 음반기획 및 제작업 등을 목적으로 하는 주식회사 OO커피를 설립하였다.

라. 신청인은 이 사건 등록상표의 출원 후 등록 전인 2002. 11.경 스스로 저작권자 내지 저작인접권자로부터 편집음반 제작과 관련한 이용허락을 받은 다음, 주식회사 OO커피 명의로 피신청인과 'OO커피 제3집'에 관하여 음반제조판매계약을 체결하면서 피신청인으로부터 마스터 테이프 제작에 필요한 비용 1억 원과 아울러 피신청인의 음반판매량에 따른 사용료를 지급받기로 약정하였는데, 그 과정에서 이 사건 등록상표의 출원사실을 피신청인에게 알리지 아니하였고, 'OO커피 제3집' 음반은 그 후면 우측에 피신청인의 상호의 약칭인 'OOO뮤직', '(주)OO커피' 및 'Maeil' 등이 기재됨과 아울러 음반의 제조·배포자가 피신청인임을 표시하는 영문이 기재된 상태로 출시되었다.

마. 신청인은 이 사건 등록상표의 등록 후인 2004. 8.경 주식회사 도레미미디어(이하 '도레미미디어'라고 한다)와 음반제조판매계약을 체결하였는데, 도레미미디어는 음반명을 '진한커피 4집'으로 하고 「OO커피」 4집 발매!', '역사상 최고의 편집앨범 - 전작 1 + 2 + 3집 [910,000장] 최고 판매, 편집앨범 역사상 깨지지 않고 있는 최저 반품율 [1.2%]', 「OO커피」의 깊은 감동이 다시 한 번 재현된다!' 등의 문구가 기재된 신보안내서를 시중 음반판매점 등에 배포하였다가, 피신청인이 주식회사 OO커피 및 OOO미디어를 상대로 'OO커피'라는 명칭은 피신청인의 편집음반 상품 명칭으로 널리 알려져 있으므로 그 사용을 중단하라는 취지의 통지를 보내자, 그 편집음반의 제명을 'OO후애'로 변경하고, 부제를 '...그리고, 미련'으로 달아 출시하였다.

3. 앞에서 본 법리와 위 사실관계에 비추어 살펴보면 다음과 같다.

기존의 수많은 국내 가요들 중에서 일부를 선곡하여 수록한 피신청인의 OO커피 시리즈 편집음반은 특정 저작자의 창작물이라기보다는 그 음반제작·판매자의 기획상품이라는 성격이 짙고, 위 각 편집음반의 전면 상단에 일정한 도형과 색채를 가미하고 영문자를 부기하여 동일한 형태로 계속 사용된 'OO커피'라는 제명 역시 위 각 편집음반의 내용 등을 직접적으로 표시하는 것이 아니며, 나아가 OO커피 시리즈 편집음반의 판매기간 및 판매실적, OO커피 제2집 음반의 2000년도 음반 부문 히트상품 선정 경력, 경쟁 음반제작사의 'OO커피 시리즈 편집음반'의 인지도에 편승하려는 광고 및 피신청인으로부터 'OO커피' 명칭의 사용중단 요구를 받은 후의 중단 조치, 'OO커피 4집'에 대한 언론매체들의 관심과 보도 등 기록에 나타난 여러 사정들을 아울러 고려하여 보면, 피신청인의 OO커피 시리즈 편집음반에 사용된 'OO커피'라는 제명은, 신청인의 이 사건 등록상표의 출원·등록 당시 이미 '편집음반' 상품과 관련하여서는 단순히 창작물의 내용을 표시하는 명칭에 머무르지 않고 거래자나 일반 수요자 사이에 특정인의 상품을 표시하는 식별표지로서 인식되기에 이르렀고, 그 'OO커피' 제명에는 피신청인의 신용과 고객흡인력이 화체되어 있다고 봄이 상당하다.

그런데 <*시리즈 편집음반의 'OO커피'라는 제명이 자타상품의 식별표지로서 기능하고 있음에도 불구하고 'OO커피'와 같이 구성된 등록상표를 출원·등록하여 위 제명의 선사용자의 음반 제작·판매 금지를 구하는 것은 등록상표에 관한 권리를 남용하는 것으로서 허용될 수 없다고 본 사례*(민법 제2조, 상표법 제50조, 제65조)> 신청인은 피신청인의 'OO커피' 제1, 2, 3집의 제작과정에 상당 정도 관여한 자로서 자타상품의 식별표지로서 기능하는 'OO커피' 제명의 선사용자가 누구인지 및 그 'OO커피' 제명에 화체된 신용과 고객흡인력이 어느 정도 가치가 있는지 등에 관하여 잘 알고 있음에도 불구하고, 피신청인(위 제명의 선사용자인 음반제작·판매자)의 동의나 허락 없이 이 사건 등록상표를 출원·등록한 다음 그 상표권에 기하여 피신청인이 'OO커피' 제명을 사용하여 출시한 'OO커피 제4집' 및 'OO커피 제5집' 음반의 제작·판매 금지 등을 구하고 있는바, 이는 신청인이 피신청인의 자본과 노력 등에 의하여 획득되어 'OO커피' 제명에 화체된 신용 등에 편승하여 이익을 얻을 목적으로 이 사건 등록상표를 출원·등록한 것을 기화로 오히려 그 신용 등의 정당한 귀속 주체인 피신청인으로부터 그 신용 등을 빼앗아 자신의 독점하에 두려는 행위에 다름 아니어서, 신청인의 이러한 상표권의 행사는 상표제도의 목적이나 기능을 일탈하고 법적으로 보호받을 만한 가치가 없다고 인정되므로, 비록 상표권의 행사라는 외 형을 갖추었다 하더라도 이 사건 등록상표에 관한 권리를 남용하는 것으로서 허용될 수 없다.

2) 모순행위금지의 원칙
(1) 적용요건
§ 2-11 모순행위금지 원칙의 적용요건
❶ 대법원 1991. 12. 10. 선고 91다3802 판결 【소유권이전등기말소】

사실관계
甲 조합의 조합장 A는 조합재산 X 토지를 처분한 후 조합원 임시총회에서 추인결의를 받아 매

수인인 乙(주식회사 ○○컨트리구락부)로부터 매매잔금을 지급받고 이전등기를 경료해 주었다. 그런데 甲 조합의 정관에 의하면 재적 조합원 3분의 2 이상이 출석한 조합원총회에서 출석 조합원 과반수의 찬성에 의한 의결에 따르도록 되어있는데, 위 조합원 임시총회는 조합원 118명 중 78명의 조합원이 참석하여 의사정족수에 미달한 총회여서 총회 성립에 하자가 있었다. 이에 甲 조합은 위 조합원 임시총회의 의결이 무효임을 주장하면서 乙을 상대로 X 토지에 대한 소유권이전등기 말소청구를 하였다. 이에 대하여 乙은 위 추인결의의 참석인원이 의사정족수에서 불과 1명이 부족할 뿐이고, 또한 조합장 A로부터 매매대금 전액을 상환받아 甲조합 이름으로 보관중이어서 위 매매는 甲조합에게도 경제적 이득이 있다고 주장하면서, 甲조합의 소유권이전등기 말소청구는 신의칙에 위배된다고 주장하였다.

판결이유

......

제2점에 대하여

1. <u>원심은</u> 나아가 위 임시총회 당시의 재적 조합원이 118명이어서 총회의 성립에 하자가 있다 하더라도, 원고(갑)조합은 118명을 기준으로 한 의사정족수에서 불과 1명이 모자란 78명의 조합원이 참석한 가운데 열린 총회에서 이 사건 토지매매를 추인하는 취지의 의결을 하였고, 그에 따라 위 강○수, 양○종으로부터 매매대금 전액인 금 31,917,600원을 상환받는 한편 이미 금 2,130,000원씩을 분배받고 사퇴서를 제출한 10명의 조합원에 대하여는 1986. 2. 23.자로 제명처분을 함으로써 오히려 위 10명의 조합원지분에 상당하는 재산상의 이득을 보게 되었으며, 또한 상환받은 위 매매대금에 대하여는 1986. 2. 23.자로 제명되고 남은 조합원 전원에 대하여 금 300,000원씩 분배하였다가 이 사건 소송에 대비하여 이를 다시 환수하여 원고(갑)조합 이름으로 보관중인 사실들이 엿보이므로, 그에 비추어 보면 <u>원고(갑)조합의 이 사건 말소등기청구는 신의성실의 원칙에 반하는 행위로서 받아들일 수 없다고 판단하였다.</u>

2. 살피건대 <*신의성실의 원칙의 의미와 신의칙 위배를 이유로 권리행사를 부정하기 위한 요건 (민법 제2조)*> 민법상의 신의성실의 원칙은, 법률관계의 당사자는 상대방의 이익을 배려하여 형평에 어긋나거나 신뢰를 저버리는 내용 또는 방법으로 권리를 행사하거나 의무를 이행하여서는 안된다는 추상적 규범을 말하는 것으로서(당원 1989. 5. 9. 선고 87다카2407 판결 참조), <u>신의성실의 원칙에 위배된다는 이유로 그 권리행사를 부정하기 위하여는 상대방에게 신의를 공여하였다거나, 객관적으로 보아 상대방이 신의를 가짐이 정당한 상태에 이르러야 하고, 이와 같은 상대방의 신의에 반하여 권리를 행사하는 것이 정의관념에 비추어 용인될 수 없는 정도의 상태에 이르러야 한다고 할 것이다.</u>

3. 그런데 **<사안의 경우** (민법 제2조)**>** 원심이 들고 있는 위와 같은 사유들은 원고(갑)조합의 내부사정에 지나지 아니한 것이고, 이로 인하여 피고(을)에게 어떠한 신의를 창출(창출)한 바 있다고 할 수 없고, 원고(갑)조합의 위의 조합원총회가 의사정족수를 갖추지 못하여 그 의결이 적법하게 성립된 것이 아닌 이상 이와 같은 결의의 존재를 이유로 하여 원고의 권리행사를 제한할 수 없다고 할 것이며, 원고(갑)조합이 이 사건 토지를 적법하게 매도한 바 없고, 적법한 추인을 한 것도 아니라면, 원고(갑)조합의 조합장이 이를 매도하고 그 대금을 수령하였다고 하여 또는 부적법한 조합원총회에서 조합원의 다수가 이를 추인하는 데에 찬성한 바 있다고 하여, 이것만 가지고 원고(갑)조합의 이 사건 청구가 정의관념에 반한다고 할 수도 없을 것이다.

(2) 모순행위금지 원칙의 구체적 적용사례
§ 2-12 구체적 적용사례
§ 2-12-1 권리자의 묵비행위
❶ 대법원 1987. 5. 12. 선고 86다카2788 판결 【건물명도】
(대법원 1987. 11. 24. 선고 87다카1708 판결; 대법원 1987. 12. 8. 선고 87다카1738 판결; 대법원 1997. 6. 27. 선고 97다12211 판결; 대법원 2000. 1. 5. 선고 99마4307 판결; 대법원 2007. 11. 29. 선고 2005다64552 판결)

사실관계

乙은 1981. 3. 5. A(소외 윤O동)로부터 그 소유의 X 건물을 보증금 1천 5백만 원에 임차하여 주민등록까지 옮기고서 입주하였다. 그 후 A는 B(소외 주식회사 덕신)가 甲 은행으로부터 대출을 받을 때 X 건물을 담보로 제공하면서 이 건물의 담보가치를 높이고자 乙에게 甲 은행에서 나와 묻거든 임대인 A와는 친척이기 때문에 임차보증금 없이 입주하고 있다고 대답해달라고 부탁하였다. 乙은 이에 응하여 X 건물의 담보가치를 조사하기 위하여 찾아온 甲 은행의 직원에게 A가 부탁한 대로 보증금 없이 입주하고 있다고 말하였고, 결국 1982. 4. 27. X 건물에 甲 은행 명의의 근저당권설정등기가 경료되었다. 그리고 같은 해 5. 3.에는 乙이 위와 같은 내용(乙이 A에게 보증금을 지급하지 않았다)의 확약서를 작성하여 甲에게 교부하였다. 그 후 B가 채무를 변제하지 않아 X 건물에 관하여 임의경매절차가 진행되었는데, 경매절차가 끝날 때까지도 甲은 위와 같은 임대차관계를 모르고 있었다. 甲은 X 건물을 경락받아 1985. 2. 2. 그 명의로 소유권이전등기를 경료하고, 乙에 대하여 X 건물의 명도를 청구하였다. 그러자 乙은 보증금의 반환을 내세워 X 건물의 명도청구를 거절하였다.

판결이유

원심판결은 그 이유에서 <임차보증금 반환을 내세워 건물명도청구를 거부하는 것이 금반언 및 신의측에 위반된다고 본 사례 (민법 제2조 제1항)> 피고(을)가 소외 윤O동(A)으로부터 그 소유의 이 사건 건물(X 건물)을 보증금 15,000,000원에 임차하여 주민등록까지 옮기고서 입주하였지만, 그 후 소외 주식회사 덕신(B)이 원고(갑) 은행으로부터 대출을 받을 때, 위 윤O동(A)이 이 사건 건물(X 건물)을 담보로 제공하면서 위 건물(X 건물)의 담보가치를 높이고자 피고(을)에게 부탁하여 피고(을)가 사실은 위와 같이 보증금을 주고 임차했으면서도 원고(갑) 은행직원에게 보증금 없이 입주하고 있다고 말하고, 그와 같은 내용의 확약서까지 만들어 주어서 원고(갑) 은행으로 하여금 위 부동산(X 건물)에 대한 담보가치를 높게 평가하도록 하여 위 회사(B)에게 계속 대출하도록 한 사실을 그 증거에 의하여 확정하고 나서, 그럼에도 불구하고 피고(을)가 원고(갑)의 이 사건 명도청구에 즈음하여서는 이를 번복하면서 위 임차보증금의 반환을 내세워 그 명도를 거부하는 것은 금반언 및 신의칙에 위반되는 것이라고 판시하고 있다.

그리고 위 증거와 갑 제5호증의 1, 2(경매기록)에 의하면, 이 사건 부동산에 대한 경매절차가 끝날때까지도 원고(갑)가 위와 같은 임대차관계를 모르고 있었던 사실을 인정할 수 있으므로 사실이 이와 같다면 원심의 판단은 결국 정당하게 수긍이 가고 거기에 주장하는 바와 같은 법리의 오해나 채증법칙을 어긴 위법이 없다.

§ 2-12-2 위법행위의 유발

❶ 대법원 1990. 7. 24. 선고 89누8224 판결 【증여세등부과처분취소】

사실관계

甲은 X 농지에 대한 소유권이전등기를 자신 명의로 경료하였는데, 그 원인이 된 매매계약을 자기의 아버지인 A가 체결하였고 그 매매대금도 A가 지급하였다. 그런데 甲은 자기 앞으로 소유권이전등기를 경료할 때 A와 함께 서울에 거주하면서 한보그룹의 계열회사에서 경영수업을 하고 있었을 뿐, 그 스스로 농가도 아니고 그 토지를 자영할 의사도 없으면서 A와 의논한 끝에 X 농지 부근으로 그 주소를 옮겨 농가 또는 자영의사가 있는 것처럼 가장하여 농지개혁법 제19조 제2항에서 요구하고 있는 소재지관서의 증명을 얻은 것이었다. 그 후 乙(국가)은 甲이 등기명의자로 되어있는 사실이 실질소유자 A로부터 甲에게의 증여에 해당한다고 하여 甲에게 증여세 등을 부과하였다. 이에 甲은 X 농지를 취득한 것은 농지개혁법에 위배되어 무효이므로 증여의제의 대상이 되지 않는다고 주장하면서 증여세부과처분의 취소를 구하는 소를 제기하였다.

판결이유

1. 원판결 이유에 의하면 원심은, 원고(갑)가 소외 정O수(A)와 함께 서울 구로구 OO동 OOO에 거주하면서 한보그룹의 계열회사에서 경영수업을 하고 있었을 뿐 그 스스로 농가도 아니고, 또한 이 사건 토지들을 매수하여 농지로 자경할 의사가 전혀 없음에도 불구하고 위 정O수(A)와 의논한 끝에 그 주소를 위 토지들 부근에 있는 경기도 용인군 OO읍 OO리 OOO로 이전하여 농가 또는 자경의사가 있는 것처럼 가장하여 소재지관서의 증명을 얻어 1987. 5. 20.(원심은 1987. 5. 19.로 오기하였다) 농지인 위 토지들에 관하여 그 앞으로 소유권이전등기를 경료한 사실을 인정한 다음, 원고(갑)가 위와 같이 적극적으로 농가이거나 자경의사가 있는 것처럼 가장하여 허위의 소재지관서의 증명을 받아 이 사건 등기를 경료함으로써 그 목적을 달성하여 놓고는 이번에는 위 등기에 따른 증여의제규정의 적용을 회피할 목적으로 자기가 한 농가 또는 자경의사의 가장을 내세워 그 등기의 무효를 스스로 주장하는 것이 신의칙 내지 금반언의 원칙상 허용되지 않는다고 판단하였다.

무릇 농지에 대하여는 자경 또는 자영의 의사가 없는 한 농지에 대한 소유권을 취득할 수 없고, 자경 또는 자영의 의사없이 소유권이전등기만을 경유하는 경우에 그 소유권이전등기는 원인무효라 할 것이며(당원 1968. 5. 26. 선고68다490 판결 참조), 부동산의 실질소유자가 아닌 제3자 명의로 된 등기가 원인무효인 경우에는 그 원인무효의 등기만에 의하여 실질소유자가 그 명의자에게 증여한 것으로 보는 상속세법 제32조의2 제1항의 규정은 적용할 수 없는 것이지만(당원 1985.7.23. 선고 85누313 판결 참조), *<농지에 대하여 자경의사가 있는 것처럼 소재지관서의 증명을 받아 소유권이전등기를 마친 명의수탁자가 증여세 등의 부과를 면하기 위하여 그 등기가 자경의사없이 한 것으로서 무효라고 주장하는 것이 신의성실의 원칙에 어긋나는지 여부(적극)* (상속세법 제32조의2 제1항; 농지개혁법 제19조 제2항; 민법 제2조)> 이 사건에서와 같이 원고(농지의 명의수탁자 갑) 스스로 적극적으로 농가이거나 자경의사가 있는 것처럼 하여 소재지관서의 증명을 받아 그 명의로 소유권이전등기를 마치고 이 사건 토지들에 관한 소유자로 행사하면서, 이제 와서 한편으로 증여세 등의 부과를 면하기 위하여 농가도 아니고 자경의사도 없었음을 들어 농지개혁법에 저촉되기 때문에 그 등기가 무효라고 주장함은, 전에 스스로 한 행위와 모순되는 행위를 하는 것으로 자기에게 유리한 법지위를 악용하려 함에 지나지 아니하므로, 이는 신의성실의 원칙이나 금반언의 원칙에 위배되는 행위로서 법률상 용납될 수 없다(당원1984. 11. 13. 선고 84다75 판결 참조. 더구나 을 제3, 6호증, 을 제4호증의 1, 2의 각 기재와 영상 및 증인 장세현의 증언에 의하면 이 사건 토지들 중 경기도 용인군 OO읍 OO리 OO 답 6,707㎡는 공부상 농지로 되어 있을 뿐 실제로는 수목이 우거진 임야의 상태임을 알 수 있으므로 이를 농지로 볼 수도 없는 것이다. 당원 1987. 1. 15.자 86마1095 결정; 1984. 2. 10.자 84마16 결정 등 참조).

이와 같은 취지의 원심판단은 옳고, 여기에 증여의제규정의 해석적용에 관한 법리오해나 이유모순이 잘못이 없다. 원고(갑)가 상고이유에서 든 당원 판례(1985. 7. 23. 선고 85누313 판결)는 위에서 본 것처럼 사안을 달리하여 이 사건에 적절한 것이 아니다. 결국 이 점에 관한 논지는 이유없다.

2. <*명의신탁을 증여로 의제할 수 없는 경우인 조세회피의 목적이 없었다는 점에 대한 주장입증책임* (상속세법 제32조의2 제1항; 행정소송법 제26조)> (명의신탁의 의제에 관한) 상속세법 제32조의2 제1항은 원칙적으로 등기이전을 한 날에 실질소유자가 명의자에게 그 부동산을 증여한 것으로 해석할 수 있으나, 실질소유자가 명의자에게 그 소유명의를 신탁하게 된 이유가 실정법상의 제약이나 제3자의 협력거부 등의 사정으로 인하여 부득이 한 것이었을 뿐, 이를 이용하여 조세회피를 꾀할 목적으로 하게 된 것이 아니었음이 증명된 경우에는 적용이 되지 않는 것으로 보아야 하고, 여기에서 조세회피를 꾀할 목적이 없었다는 점에 관한 주장, 입증은 그 명의자가 해야 할 것이다(당원 1990. 3. 27. 선고 88누4997판결; 1989. 12. 22. 선고 88누5464 판결 등 참조).

원심이 이와 같은 취지에서 이 사건 토지들에 대하여 원고(갑) 앞으로 소유권이전등기를 경료한 것이 위 정O수(A)의 소유권취득을 위하여 부득이하게 취하여진 조치였다고 볼 수 없고, 조세회피의 가능성이 없다고 단정할 수도 없으며, 조세회피의 목적이 없었음을 인정할 증거가 없다고 판단하였음은 옳고, 여기에 이유모순 및 증거에 의하지 아니하고 사실을 인정한 잘못이나 증여의제규정의 해석을 그르치고 입증책임에 관한 법리를 오해한 잘못이 없다. 그리고 원고(갑)가 상고 이유에서 든 당원판례는 앞에서 인용했듯이 오히려 위 취지에 맞는 것이다. 결국 이 점에 관한 논지도 이유없다.

§ 2-12-3 묵인행위

❶ 대법원 1993. 12. 24. 선고 93다42603 판결【소유권이전등기말소】
……

2. 그러나 원심이 적법하게 확정한 바에 의하더라도, <*경매목적이 된 부동산의 소유자가 배당기일에 자신의 배당금을 이의 없이 수령하고 경락인에게 부동산을 임의로 명도해 준 후 경매절차가 무효라고 주장하는 것이 신의칙에 위반된다고 한 사례* (민법 제2조)> 원고(경매목적이 된 부동산의 소유자)는 이 사건 경매절차가 개시된 이래 피고(이 사건 부동산 경락자) 앞으로 경락허가결정이 있기까지 위와 같이 경매절차가 진행중인 사실을 알면서도 그 경매의 기초가 된 근저당권 내지 채무명의인 약속어음공정증서가 무효임을 주장하여 경매절차를 저지하기 위한 적절

한 조치를 일체 취하지 않고 이를 그대로 방치하였을 뿐만 아니라, 오히려 원고*(경매목적이 된 부동산의 소유자)*는 위 경락허가결정에 따라 피고*(이 사건 부동산 경락자)*가 경락대금을 전액 납부하자 그 배당기일에서 그 경락대금 중 자신의 배당금 2,645,360원을 아무런 이의없이 수령하기도 하였음이 분명하고, 더욱이 피고*(이 사건 부동산 경락자)*가 이 사건 상고심에 이르러 제출한 원고*(경매목적이 된 부동산의 소유자)* 자필의 영수증서의 기재에 의하면, 원고*(경매목적이 된 부동산의 소유자)*는 위 경매사건의 종결 이후 피고*(이 사건 부동산 경락자)*로부터 이 사건 부동산의 명도요구를 받게 되자 이사비용의 지급을 요구하여 그로부터 금 1,000,000원을 수령하면서 위 부동산을 임의로 명도해 주기까지 하였음을 알 수 있다.

사실이 그러하다면 특별히 다른 사정이 없는 한, 원고*(경매목적이 된 부동산의 소유자)*는 경락인인 피고*(이 사건 부동산 경락자)*에 대하여 이 사건 경매의 기초가 된 근저당권이나 그 집행증서인 공정증서가 유효하다는 신뢰를 부여한 것으로서, 객관적으로 보아 피고*(이 사건 부동산 경락자)*로서는 이와 같은 신뢰를 갖는 것이 상당하다고 할 것이므로, 원고*(경매목적이 된 부동산의 소유자)*가 그 후에 뒤늦게 태도를 달리하여 위 근저당권이나 공정증서가 적법한 효력이 없는 것임을 들고 나와 이에 기하여 이루어진 경매절차가 무효라고 주장하여 피고*(이 사건 부동산 경락자)*를 상대로 경매목적의 이 사건 부동산에 관한 소유권이전등기의 말소등기절차를 청구하는 것은 금반언의 원칙 및 신의칙에 위반되는 것이어서 이를 허용할 수 없다 할 것이다(당원 1992. 7. 28. 선고 92다7726 판결, 1993. 6. 29. 선고 93다16666 판결 등 참조).

다만 원심이 인정한 바와 같이, 원고가 위 경매의 진행 도중에 그 절차와는 별도로, 직접 위 근저당권자 내지 약속어음 채권자들을 상대로 근저당권설정등기말소 내지 약속어음금 채무부존재확인 등을 구하는 본안소송을 제기한 바 있음이 사실이기는 하나, 피고가 이 사건 경매절차의 진행과정을 통하여 원고의 위와 같은 구체적인 권리행사의 내용을 알았다고 볼 만한 사정을 기록상 전혀 찾아볼 수 없으며, 원고는 위 소송들마저 위 경락허가결정의 선고 이후에 스스로 이를 모두 취하하였던 것인 이상, 원고의 그러한 소제기 사실만을 이유로 위 결론을 달리 볼 바는 못 된다.

❷ 대법원 2001. 9. 25. 선고 2000다24078 판결【건물명도】
……
2. 상고이유에 대한 판단
……
그리고 <*임대차가 종료된 경우에 배당요구를 한 임차인이 낙찰허가결정이 확정된 후 배당요구시의 주장과는 달리 임대차기간이 종료되지 않았음을 주장하면서 낙찰*

자에게 대항력을 행사하는 것이 금반언 및 신의칙에 위배되는지 여부(적극) *(민법 제2조 제1항; 구 주택임대차보호법(1999. 1. 21. 법률 제5641호로 개정되기 전의 것) 제3조 제1항, 제3조의2 제1항)>* 임대차가 종료된 경우에 배당요구를 한 임차인은 우선변제권에 의하여 낙찰대금으로부터 임차보증금을 배당받을 수 있으므로, 이와 같은 경우에 일반 매수희망자(낙찰자 포함)는 그 주택을 낙찰받게 되면 그 임대차에 관한 권리·의무를 승계하지 않을 것이라는 신뢰하에 입찰에 참가하게 되는 것인바, 이러한 믿음을 기초로 하여 낙찰자가 임대차보증금을 인수하지 않을 것이라는 전제하에 낙찰이 실시되어 최고가 매수희망자를 낙찰자로 하는 낙찰허가결정이 확정되었다면, 그 후에 이르러 임차인이 배당요구시의 주장과 달리 자신의 임대차기간이 종료되지 않았음을 주장하면서 우선변제권의 행사를 포기하고 명도를 구하는 낙찰자에게 대항력을 행사하는 것은, 임차인의 선행행위를 신뢰한 낙찰자에게 예측하지 못한 손해를 입게 하는 것이어서 위와 같은 입장 변경을 정당화할 만한 특별한 사정이 없는 한 금반언 및 신의칙에 위배되어 허용될 수 없는 것이다.

이 사건에서 보면, 피고*(임차인)*는 이 사건 낙찰허가결정이 있기 전에 1년의 임대차기간이 이미 경과한 내용의 임대차계약서를 제출하면서 배당요구를 하고서도, 낙찰허가결정이 확정된 후에 이르러 그 임대차가 아직 종료되지 아니하였다는 새로운 사유를 주장하면서 낙찰대금으로부터 우선변제를 받는 대신 낙찰자인 원고에 대하여 임차인으로서의 대항력을 행사하겠다는 것이므로, 이는 위의 법리에 따라 신의칙 위반으로 허용될 수 없다고 할 것이다.

원심 판시는 이유설시에 있어 다소 미흡하기는 하나, 낙찰자로서 경매목적물의 명도를 구하는 원고에 대하여 대항력 있는 임차인임을 내세워 임차보증금의 동시이행을 구하는 피고의 항변을 금반언 및 신의칙에 위배되어 허용될 수 없다는 이유로 배척한 결론에 있어서는 정당하고, 거기에 주택임대차보호법이나 신의칙에 관한 법리오해, 판례위반으로 인한 위법이 없다.

§ 2-12-4 대지사용승낙 후 건물철거청구와 신의칙
❶ 대법원 1991. 9. 24. 선고 91다9756, 9763(반소) 판결 【토지인도등】
(대법원 2003. 4. 11. 선고 2003다2154 판결 참조)

제1점에 대하여
1. 원심판결 이유에 의하면 원심은 이 사건 대지(서울 소재 335의208, 대 182㎡)는 원고의 소유이고, 피고가 이 사건 대지 위에 이 사건 건물인 벽돌조 기와지붕 2층 주택 1, 2층 각 87㎡, 지하실 75.60㎡를 신축하여 그의 명의로 소유권보존등기를 마치었다고 확정하고,
2. 원고는 소외 정○학(이하 소외인이라고 한다)과 이 사건 대지에 대한 매매계약을

체결하면서 이 사건 대지에 대한 사용승낙을 하였고, 피고는 대지사용승낙을 받은 소외인으로부터 이 사건 건물의 신축공사를 도급받아 완성함으로써 피고가 이 사건 건물을 원시취득한 것이니 피고는 원고의 위 대지사용승낙에 기하여 이 사건 대지를 이 사건 건물의 부지로 점유할 정당한 권원이 있다는 피고의 주장에 대하여는, 원고가 1987. 1. 10. 원고 소유의 서울 335의73 대 164평을 그 대지상에 건물을 신축하려고 하던 소외인과 소외 임O제에게 대금 213,000,000원에 매도하되, 계약금 없이 중도금 20,000,000원은 같은 해 7. 30.에 잔대금 193,000,000원은 같은 해 9. 30.에 지급하기로 하는 내용의 매매계약을 체결하였고, 이 대지는 같은 해 3. 21. 같은 번지의 73 대 137㎡ 같은 번지의 209 대 223㎡ 및 이 사건 대지로 각 분할되었으며, 같은 해 3. 30. 소외인들의 요청에 따라 위 매매계약상의 의무를 성실히 이행할 것을 조건으로 소외인들에게 이 사건 대지를 건축대지로 사용할 것을 승낙하면서 그들이 이 사건 대지를 사용할 것으로 믿고 사용자란이 백지로 된 승낙서 3통을 작성하여 교부한 사실과 소외인은 사용승낙서를 받은 다음 같은 해 4. 15. 자신을 도급인, 피고를 수급인으로 하여 이 사건 건물의 신축공사 도급계약을 체결하고, 이에 따라 피고가 같은 달 23.경 이 사건 건물의 신축공사를 시작하게 된 사실, 그런데 소외인들이 원고에게 위 매매대금을 지급하지 아니하자 원고는 1987. 11. 4. 소외인들에게 그 이행을 최고한 후 1988. 9. 7. 위 매매계약을 해제한 사실을 인정할 수 있고, 이 인정사실에 의하면 <u>원고(매도인)의 소외인들(임O제, 도급인, 매수인)에 대한 위 대지사용승낙은 그들간의 위 매매계약이 유효하게 존속하고 있음을 전제로 이에 터잡은 부수적인 사용대차계약이라고 할 것인데, 주된 계약인 위 매매계약이 적법하게 해제된 이상 부수적인 사용대차 계약인 원고의 소외인들(임O제, 도급인, 매수인)에 대한 위 대지사용승낙약정 또한 그와 함께 실효되었다고 판단하여 배척하였다.</u>

3. 살피건대 **<대지에 관하여 매매계약을 체결하면서 매수인들(소외인과 임O제, 도급인)에게 대지사용승낙을 한 경우에 주된 계약인 매매계약이 적법하게 해제된 이상 대지사용승낙의 약정도 그와 함께 실효되었다고 본 사례** (민법 제548조, 제609조)> 피고(수급인)가 이 사건 대지위에 이 사건 건물을 신축한 것이 원고(매도인)의 사용승낙에 기하여 한 것이라고 하더라도, 원고(매도인)의 위와 같은 대지사용승낙은 이 사건 매매계약이 유효하게 존속함을 전제로 한 부수적인 사용대차계약이라고 볼 것이고, 위 매매계약이 적법하게 해제된 경우에는 대지사용승낙의 약정 또한 실효되었다고 보는 것이 옳을 것이므로, 피고의 위 항변을 배척한 원심의 조처는 옳고 논지는 이유 없다.

……

제3, 4점에 대하여

……

5. <대지소유자(매도인)가 건물을 신축하게 한 원인행위자라면 대지사용승낙을 신뢰하여 견고한 건물을 건축한 제3자에게 건물철거를 구하는 것은 신의성실의 원칙에 위배된다고 본 사례> 만일 원고(매도인)가 이 사건 대지에 이 사건 건물을 신축함을 승낙하였고, 피고(수급인)가 원고(매도인)의 사용승낙에 터잡아 이 사건 건물을 신축한 것이거나 또는 원고(매도인)가 이 사건 대지에 미리 집을 지어 이를 분양하여 토지대금을 지급할 것을 허락한 것이라면, 이 사건 대지에 이 사건 건물을 신축하게 한 원인행위를 한 장본인의 한사람인 원고(매도인)로서는 원고(매도인)의 위와 같은 승낙과 허락을 신뢰하거나 전제하고 이 사건 건물의 신축에 관한 도급계약을 체결하고 적법하게 건축한 제3자 소유의 위와 같은 규모의 견고한 건물을, 그것이 적법하게 준공된 후에 대지에 대한 소외인들(임O제, 도급인, 매수인)과의 위와 같은 매매계약이 해제되었음을 이유로 하여 철거를 요구하는 것은, 비록 그것이 이 사건 대지의 소유권에 기한 것이라고 하더라도 사회적, 경제적, 측면에서는 물론이고, 신의성실의 원칙에 비추어서도 용인할 만한 것이 못된다고 보는 것이 상당하다.

§ 2-12-5 시효에 관한 신의칙
❶ 대법원 1998. 5. 22. 선고 96다24101 판결 【소유권이전등기】

원심판결 이유에 의하면, 원심은, 원고가 그 판시의 토지(이하 사건 토지라 한다)를 점유하여 그 취득시효기간이 만료된 후 피고를 대리한 OO군수에게 이 사건 토지는 피고의 소유인데 이를 원고가 무단점유하고 있음을 확인하면서 이 사건 토지에 관하여 어떠한 권리도 주장하지 아니한다는 내용의 각서를 작성·교부하였고, 다시 OO군수와 사이에 피고가 원고에게 이 사건 토지를 대부하되 대부기간이 만료되거나 계약이 해지될 경우 원고는 지정한 기간 내에 원상으로 회복하여 반환하고 이 사건 토지에 관한 연고권을 주장할 수 없다는 내용의 국유재산 대부계약을 체결한 사실 및 원고가 피고에 대하여 과거 이 사건 토지를 권원 없이 점용한 데 대한 변상금 및 위 대부계약에 따른 1993년까지의 대부료를 납부한 사실을 인정하고, 원고는 이 사건 토지에 관한 취득시효완성 후에 피고에게 위와 같은 내용의 각서를 작성하여 주고 피고와의 사이에 위와 같은 내용의 대부계약을 체결함으로써 취득시효완성의 이익을 포기하는 적극적인 의사표시를 하였다고 할 것이라고 판단한 다음, 위 각서작성이나 대부계약의 체결은 피고의 강요에 의한 것이거나 비진의표시에 해당한다고 하는 원고의 주장에 대하여는 그와 같은 주장 사실을 인정할 증거가 없다는 이유로 이를 배척하였다.

기록에 비추어 살펴보면, 원심의 이와 같은 사실인정과 판단은 수긍이 가고, <취득시효완성 후 그 사실을 모르고 권리를 주장하지 않기로 하였다가 후에 시효주장을

하는 것이 신의칙에 반하는지 여부(적극) (민법 제2조)> 시효완성 후에 그 사실을 모르고 이 사건 토지에 관하여 어떠한 권리도 주장하지 않기로 하였다 하더라도, 이에 반하여 시효주장을 하는 것은 특별한 사정이 없는 한 신의칙상 허용되지 않는다 할 것이므로 원심 판단은 결론에 있어서 정당하여 거기에 상고이유에서 지적하고 있는 채증법칙 위배나 시효이익의 포기에 관한 법리오해 등의 위법이 없다.

(3) 모순행위금지 원칙의 적용한계
§ 2-13 금반언원칙 적용의 한계
❶ 대법원 2000. 6. 9. 선고 99다70860 판결 【근저당권말소】

사실관계

甲은 A 유치원이 교지 및 교사로 사용하던 X 부동산을 매수하여 자신 명의의 소유권이전등기를 경료하고, 유치원의 설립자 명의를 자신으로 변경하고 이를 경영하였다. 甲은 乙(피고) 및 丙(피고, 은행)에게 X 부동산을 담보로 제공하여 이들에게 각기 가등기 및 근저당권설정등기를 경료하여 주었다. 그런데 甲은 乙과 丙을 상대로 X 부동산에 관한 위 각 등기가 학교법인이 학교교육에 직접 사용되는 학교법인의 재산 중 교지, 교사 등은 이를 매도하거나 담보에 제공할 수 없다고 규정한 사립학교법 제28조 제2항에 위반하여 무효라고 주장하면서 그 말소를 구하는 소를 제기하였다.

결정이유

<사립학교 경영자가 학교의 교사, 교지로 사용하기 위하여 출연·편입시킨 경영자 개인 명의의 부동산에 관하여 경료된 담보 목적의 가등기 또는 근저당권설정등기의 효력(무효) (사립학교법 제28조 제2항, 제51조; 사립학교법시행령 제12조)> 사립학교법(아래에서는 '법'이라고 쓴다) 제28조 제2항, 법시행령 제12조는, 학교교육에 직접 사용되는 학교법인의 재산 중 교지, 교사 등은 이를 매도하거나 담보에 제공할 수 없다고 규정하고 있고, 법 제51조는, 사립학교 경영자에게도 학교법인에 관한 법 제28조 제2항을 준용한다고 규정하고 있으므로, 사립학교 경영자가 사립학교의 교지, 교사로 사용하기 위하여 출연·편입시킨 토지나 건물이 등기부상 학교 경영자 개인 명의로 있는 경우에도, 그 토지나 건물에 관하여 경료된 담보 목적의 가등기나 근저당권설정등기는 법 제51조에 의하여 준용되는 법 제28조 제2항, 법시행령 제12조에 위배되어 무효이다.
그리고 *<사립학교법 제28조 제2항의 입법 취지 및 사립학교 경영자가 위 규정에 위반한 매도나 담보제공이 무효라는 사실을 알고서 매도나 담보제공을 한 후 스스로 그 무효를 주장하는 것이 권리남용 내지 신의성실의 원칙에 위배되는지 여부(한*

정 소극) (민법 제2조; 사립학교법 제28조 제2항, 제51조; 사립학교법시행령 제12조)> 법 제28조 제2항, 법시행령 제12조가 학교법인이 학교교육에 직접 사용되는 학교법인의 재산 중 교지, 교사 등은 이를 매도하거나 담보에 제공할 수 없다고 규정한 것은 사립학교의 존립 및 목적 수행에 필수적인 교육시설을 보전함으로써 사립학교의 건전한 발달을 도모하는 데 그 목적이 있는 것이라고 해석되는바, 강행법규인 법 제28조 제2항을 위반한 경우에 위반한 자 스스로가 무효를 주장함이 권리남용 내지 신의성실 원칙에 위배되는 권리의 행사라는 이유로 배척된다면 위와 같은 입법 취지를 완전히 몰각시키는 결과가 되므로, 명목상으로만 학교법인에 직접 사용되는 재산으로 되어 있을 뿐 실제로는 학교교육에 직접 사용되는 시설·설비 및 교재·교구 등이 아니거나 학교 자체가 형해화되어 사실상 교육시설로 볼 수 없는 경우와 같은 특별한 사정이 있다면, 매도나 담보제공을 무효라고 주장하는 것은 법규정의 취지에 반하는 것이므로 신의성실 원칙에 반하거나 권리남용이라고 볼 것이지만, 그와 같은 특별한 사정이 없이 사립학교 경영자가 매도나 담보제공이 무효라는 사실을 알고서 매도나 담보제공을 하였다고 하더라도 매도나 담보제공을 금한 관련 법규정의 입법 취지에 비추어 강행규정 위배로 인한 무효주장을 신의성실 원칙에 반하거나 권리남용이라고 볼 것은 아니다(대법원 1997. 3. 14. 선고 96다55693 판결 참조).

원심은, 원고가 이 사건 담보 목적의 가등기 또는 근저당권설정등기 이전에 이미 3회에 걸쳐 금원을 차용하고 근저당권설정등기를 경료하였다가 이를 말소한 바 있을 뿐만 아니라, 피고 주식회사 서울은행으로부터 금원을 차용함에 있어서는 스스로 이 사건 부동산이 법에 의한 유치원의 교지 및 교사로 이용되고 있어 이를 담보로 제공할 수 없음을 알고도 관할 교육구청장의 확인을 얻는 형식을 갖추는 등 피고 주식회사 서울은행을 적극적으로 기망하려 한 것으로 보이고, 나머지 피고들 모두 이러한 등기부상의 기재를 신뢰하고 이 사건 각 등기를 경료하게 된 점, 원고가 유가증권위조 등 죄로 징역 10월의 형을 선고받고 그 형의 집행을 종료하였으며, 한편 법 제49조 제3호는 금고 이상의 형을 받고 그 집행이 종료되거나 집행을 받지 아니하기로 확정된 후 2년이 경과되지 아니한 자는 사립학교 경영자가 될 수 없도록 규정하고 있는바, 비록 그 형의 확정으로 원고가 당연히 그 사립학교 경영자로서의 자격을 상실하거나 유치원설립인가가 당연히 실효하는 것은 아니지만 그 형의 확정으로 인하여 유치원에 대한 관할 교육구청장의 설립인가처분이 취소될 여지가 있는 점, 원고가 이 사건 부동산을 담보로 제공하고 차용한 각 금원은 유치원의 유지·존속 및 발전을 위하여 사용된 것이 아니라 원고가 경영하는 여러 회사의 사업자금으로 사용되었고, 원고가 이 사건 소송을 제기한 목적도 유치원의 건전한 발전을 도모하려는 것이 아니라 오로지 피고들의 채권추심을 면하는 데에 있는 것으로 보이는 점, 학교법인 소유의 재산과 달리 사인(사인)인 학교 경영자 소유의 재산은 학교 경영자가 사립학교의 경영을 포기하거나 학교교육에 직접 사용하는 재산에서 제외하기만 하면 법상의 아무런 제약도 받지 않고 유효하게 처분할 수 있는 점에 비추어, 이 사건 담보 목적의 가등기 및 근저당권설정등기를 무효로 하여 이 사건 부동산을 원고(갑)에게 계속하여 보유시키는 것이 사립학교의 존립 및 목적 수행에 필수적인 교육시설을 보전함으로써 사립학교의 건전한 발달을 도모하고자 하는 목적에 부합한다고 보기도 어렵다 할 것이므로, 이러한 경우에는 강행규정을 스스로 위반한 원고(갑)가 그 각 규정에 위반하였음을 이유로 무효를 주장하는 것은 권리남용 내지 신의성실의 원칙에 위반되는 권리의 행사로서 허용되지 않는다고 판단하였다.

그러나 <사안의 경우> 근저당권자인 피고 주식회사 OO은행(병)은 전문금융기관으로 법 제28조 제2항에 의하여 유치원의 교지 및 교사로 이용되는 부동산을 담보로 제공받을 수 없음을 몰랐다고 보기도 어렵고, 허가나 신고사항이 아닌 이 사건 담보제공과 관련하여 관할 교육구청장으로부터 유치원근저당에 대하여 이의 없음을 확인한다는 유치원근저당이용가능확인서를 원고(갑)가 받았다는 사정만으로 피고 주식회사 서울은행(병)에 대한 유치원시설의 담보제공이 유효한 것처럼 원고(갑)가 피고 주식회사 서울은행(병)을 적극적으로 기망하였다고 단정할 수도 없으며, 달리 원고(갑)가 피고 주식회사 서울은행(병)을 기망하여 담보를 설정한 사실을 인정할 만한 사정을 기록상 찾을 수 없을 뿐만 아니라, 가령 원고(갑)에게 기망행위가 있었다고 하더라도 원고(갑)를 사기죄로 처벌하는 것은 별론으로 하고 그러한 사유가 특별한 사정이 된다고 보아 유치원 교육에 직접 사용하는 재산의 처분을 용인한다면 사립학교 경영자의 불법행위 때문에 유치원의 존립 및 목적 수행에 필수적인 교육시설을 보전함으로써 유치원의 건전한 발달의 도모라는 입법 취지를 살릴 수 없을 것이다.

또 구 사립학교법(1999. 8. 31. 법률 제6004호 개정되기 전의 것) 제49조 제3호는 "금고 이상의 형을 받고 그 집행이 종료되거나 집행을 받지 아니하기로 확정된 후 2년이 경과되지 아니한 자는 사립학교 경영자가 될 수 없다."고 규정하고 있는데, 원심도 원고가 징역 10월의 형의 확정으로 원고가 당연히 그 사립학교 경영자로서의 자격을 상실하거나 유치원설립인가가 당연히 실효하는 것은 아니라고 판시하고 있을 뿐만 아니라 그 규정은 1999. 8. 31. 법률 제6004호 개정으로 삭제되었고 현재까지 유치원설립인가처분이 취소된 사정도 찾아 볼 수 없으므로 원고가 형을 선고받아 집행되었다는 사정만으로 설립인가처분이 취소될 여지가 있다고 할 수도 없다.

그리고 원고가 무효를 주장함으로써 결과적으로 피고들의 채권추심에 지장을 초래하는 것은 분명하나 기록에 의하니, 이 사건 유치원(A)은 1999년 6월 현재 교직원 7명, 원생 90명으로 정상적으로 운영되고 있음을 알 수 있어 근저당권 등의 효력이 인정되지 않는다고 하여 오로지 원고(갑) 개인의 채권추심 면탈의 효과만 있을 뿐, 유치원의 건전한 발전이라는 법이 정한 입법 취지를 살릴 수 없다고 단정할 것도 아니며, 법인 소유의 재산과 달리 사인(사인)인 학교 경영자 소유의 재산은 학교 경영자가 사립학교의 경영을 포기하거나 학교교육에 직접 사용하는 재산에서 제외하기만 하면 법상의 아무런 제약도 받지 않고 유효하게 처분할 수 있다고 하더라도, 이 사건 부동산은 여전히 유치원 교육에 직접 사용되는 재산으로서 정상적으로 유치원(A)이 운영되고 있는 이 때에 장래 발생할지도 모르는 가능성만 가지고 신의성실 원칙 위배와 권리남용 여부를 판단할 수는 없을 것이다.

그 밖에 피고들에 대한 이 사건 담보 목적의 가등기나 근저당권설정 이전에 근저당권을 설정한 후 말소한 적이 있다거나, 피고 주식회사 서울은행에 대해 근저당권이 설정되어 있어 나머지 피고들이 이를 신뢰하였다거나, 원고가 이 사건 부동산을 담보로 제공하여 차용한 금원을 유치원의 유지·존속 및 발전에 사용하지 않았다는 사정을 함께 고려하더라도, 매도나 담보제공을 금함으로써 유치원의 존립과 건전한 발달을 도모하려는 입법 취지를 상기할 때, 강행규정 위반에 따른 이 사건 무효주장을 신의성실 원칙에 반하거나 권리남용이라 하여 물리쳐도 될 정도의 근거라고 할 수는 없다.

3) 실효의 원칙
(1) 요건
§ 2-14 실효원칙의 의의 및 요건
❶ 대법원 2005. 10. 28. 선고 2005다45827 판결 【면직해임무효확인등】

<실효의 원칙을 적용하기 위한 요건 및 그 충족 여부의 판단 기준 (민법 제2조)> 일반적으로 권리의 행사는 신의에 좇아 성실히 하여야 하고, 권리는 남용하지 못하는 것이므로, 권리자가 실제로 권리를 행사할 수 있는 기회가 있었음에도 불구하고 상당한 기간이 경과하도록 권리를 행사하지 아니하여, 의무자인 상대방으로서도 이제는 권리자가 권리를 행사하지 아니할 것으로 신뢰할 만한 정당한 기대를 가지게 된 다음에, 새삼스럽게 그 권리를 행사하는 것이 법질서 전체를 지배하는 신의성실의 원칙에 위반하는 것으로 인정되는 결과가 될 때에는 이른바 실효의 원칙에 따라 그 권리의 행사가 허용되지 않는다고 보아야 할 것이다. 또한, 실효의 원칙이 적용되기 위하여 필요한 요건으로서의 실효기간(권리를 행사하지 아니한 기간)의 길이와 의무자인 상대방이 권리가 행사되지 아니하리라고 신뢰할 만한 정당한 사유가 있었는지의 여부는, 일률적으로 판단할 수 있는 것이 아니라 구체적인 경우마다 권리를 행사하지 아니한 기간의 장단과 함께 권리자측과 상대방측 쌍방의 사정 및 객관적으로 존재한 사정 등을 모두 고려하여 사회통념에 따라 합리적으로 판단

하여야 할 것이다(대법원 1992. 5. 26. 선고 92다3670 판결 참조).

원심판결 이유에 의하면, 원심은, 1992. 7. 10. 임용되어 피고의 ○○○관리사무소 남부지소 소속 연곡매표소에서 근무하던 원고는 위 매표소의 직원 소외 1과 함께 1998. 12. 25. 10:40경부터 12:30경까지 인근에서 민박업, 숙박업을 하는 사람들과 위 매표소 숙직실에서 판돈 합계 623,000원으로 속칭 포커라는 도박을 하다가 신고를 받고 출동한 ○○경찰서의 경찰관에게 적발되었고, ○○경찰서에서는 원고와 소외 1을 도박으로 입건하고 1998. 12. 29. 위 남부지소에 통보한 사실, 위 남부지소에서는 1999. 1. 1.자로 원고와 소외 1에 대하여 사무소 대기근무를 명하였고, 피고는 1999. 1. 6. 일신상의 사정으로 인하여 부득이하게 사직을 원한다는 내용의 1999. 1. 6.자 원고 명의의 사직원을 근거로 원고에 대하여 의원면직한 사실을 각 인정하고 나서, 위 사직원은 피고 직원의 협박에 따라 소외 2가 원고의 동의 없이 작성·제출한 것이므로 위 의원면직은 무효라는 등의 이유로 위 의원면직의 무효확인 및 의원면직의 다음날부터 복직될 때까지 봉급 상당액의 지급을 구하는 이 사건 청구에 대하여, 그 판시와 같은 사실을 인정한 다음에, 위 인정 사실에 의하면 (1) 사법경찰리의 직무까지 수행하는 원고가 정상적인 근무 시간에 인근에서 숙박업 등에 종사하는 외부인과 함께 사무실 내에서 도박을 하다가 입건된 점, 피고의 인사규정, 복무규칙, 보수규정의 관련 규정과 구조조정을 진행하던 당시 피고의 상황, 원고가 도박으로 입건된 후 무단결근하고 있었던 점에 비추어 원고에 대한 징계절차에서 파면될 가능성이 높았다고 보이고, 그와 같은 *객관적 정황과 파면될 경우 퇴직금이 급여액의 2분의 1로 감액되는 불이익을 원고의 형으로서 피고의 ○○○관리사무소 남부지소에 근무하고 있던 소외 2에게 고지하였다고 하여 이를 협박이라고 할 수 없고, (2) 비록 원고(○○○관리사무소 남부지소 소속 연곡매표소 근로자)가 사직원을 직접 작성하여 피고에게 제출한 적은 없다고 하더라도, 당시의 객관적인 정황, 소외 2(원고의 형)가 원고의 사직원을 제출하게 된 경위, 원고가 아무런 이의 없이 정상적인 퇴직금을 수령한 점, 그 후 원고가 피고(국립공원관리공단)의 퇴직자 모임인 지사모에 가입하고 피고로부터 매점을 수의계약으로 임차하여 사용·수익한 점에 비추어 보면, 원고는 소외 2(원고의 형)가 원고의 이익을 위하여 위와 같이 사직원을 작성하고 제출하는 행위에 대하여 사전에 동의하였거나 사후에 이를 추인한 것으로 보이며, (3) 나아가 원고는 위와 같이 유리한 조건으로 봉급을 수령하고, 이의나 조건 없이 정상적인 퇴직금을 수령하였으며, 그 후 지사모에 가입하여 피고로부터 위 각 매점을 임차하여 2년 동안 운영하는 등 이 사건 의원면직을 유효한 것으로 인정하고 그에 대하여 다투지 않겠다는 의사를 묵시적으로 표시하였다고 볼 것이고, 그에 따라 피고로서도 원고가 이 사건 의원면직을 유효한 것으로 받아들이고 그에 대하여 다투지 않을 것으로 신뢰하는 것이 상당하다고 보이므로, <근로자(원고)가 사직원의 작성·제출이 자신이 아닌 그의 형(소외

2)에 의하여 이루어졌음을 이유로 의원면직의 무효확인을 구하는 사례 (민법 제2조)> *(근로자의 형이 사직원을 제출하게 된 경위 및 근로자가 아무런 이의 없이 퇴직금을 수령한 점 등 제반 사정에 비추어 볼 때)* 원고가 위와 같은 의사 내지 신뢰에 반하여 이 사건 의원면직일로부터 5년 여가 경과한 후에 이를 다투면서 이 사건 소를 제기하는 것은 신의칙 내지 금반언의 원칙에 반하는 것으로서 부적법하다고 판단하였다.

위에서 본 법리와 기록에 비추어 살펴보면, 원심의 위와 같은 사실인정과 판단은 모두 정당한 것으로서 수긍이 가고, 거기에 상고이유의 주장과 같은 심리미진, 채증법칙 위배로 인한 사실오인, 법리오해 등의 위법이 없다.

❷ 대법원 1990. 8. 28. 선고 90다카9619 판결 【사원확인】

사실관계

甲은 乙(한국전력공사)의 송배전원으로 근무하였는데, 乙은 1978. 6. 16. 징계심사위원회를 개최하여 乙의 성동지점 송배전원으로 근무하던 甲이 수용가로부터 금품을 받았다는 이유로 같은 해 7. 5.까지 甲 스스로 사직원을 제출하면 의원면직으로 처리하되 이에 불응할 경우에는 징계해임으로 처리한다는 내용의 조건부 징계해임결의를 하였다. 이를 통지받은 甲은 7. 5. 사직원을 제출하였으며, 乙은 甲을 의원면직으로 처리하였다. 그런데 乙의 취업관리요령에 의하면 징계심사위원회가 징계결의를 함에 있어서는 반드시 본인을 출석시켜 그의 진술을 듣도록 되어 있음에도 위 징계심사위원회는 甲의 출석 없이 징계결의를 하였다. 그리하여 甲과 같은 경우로 사직했던 동료 중 수인이 1984년부터 위 징계처분의 효력을 다투는 소송을 제기하였고, 하급심에서는 승패가 엇갈리다가 1988. 4. 25.에 그 중 1인인 丙의 승소판결이 확정되었다. 甲은 다른 사람들의 위 소송을 지켜보다가 위 확정판결이 있자 1989. 5. 8. 위 조건부 징계해임처분은 무효이고 이에 따른 의원면직처분 또한 무효이므로 자신은 乙의 사원임의 확인을 구한다는 소송을 제기하였다. 이에 대하여 乙은 甲이 위 조건부 징계해임처분에 승복하여 그 효력을 다투지 아니한 채 약 10년이 경과하여 甲이 더 이상 위 징계처분의 효력을 다투지 아니할 것으로 신뢰하고 새로운 인사질서를 구축하였는데, 이제 와서 甲이 새삼스럽게 소를 제기하여 위 징계처분의 효력을 다투는 것은 신의칙에 반하여 허용될 수 없다고 주장하였다.

판결이유

원심은 피고(을)가 1978. 6. 16. 징계심사위원회를 개최하여 피고(을)의 OO지점 송배전원으로 근무하던 원고(갑)가 수용가로부터 금품을 받았다는 이유로 같은 해 7. 5.까지 원고(갑) 스스로 사직원을 제출하면 의원면직으로 처리하되 이에 불응할 경우에는 징계해임으로 처리한다는 내용의 조건부 징계해임결의를 하고 그 사실을 같은 해 6. 28. 원고(갑)에게 통지함에 따라 원고(갑)가 같은 해 7.5. 사직원을 제출하여 같은 날 의원면직된 것으로 처리한 사실을 확정한 다음, 피고(을)의 취업관리요령에 의하면 인사위원회가 징계결의를 함에 있어서는 반드시 본인을 출석시켜 그의 진술을 듣도록 되어 있음에도 위 인사위원회는 원고(갑)의 출석 없이 징계결의를 하였으니, 위 조건부 징계해임처분은 무효이고, 이에 따른 의원면직처분 또한 무효이므로, 원고(갑)는 피고(을)의 사원임의 확인을 구한다는 원고(갑)의 청구에 대하여, 이 사건 청구는 원고(갑)가 피고(을)에게 노무를 제공하고 그 대가로 보수를 청구할 수 있는 권리, 즉 고용계약상의 채권채무가 있다는 것의 확인에 지나지 아니하고, 이러한 채권채무는 민법 제162조 제1항에 의하여 10년의 소멸시효에 걸리는데 원고(갑)는 위 징계처분에 따라 사표를 제출한 1978. 7. 5.부터 10년 10개월이 지난 1989. 5. 8.에야 이 사건 소송을 제기하였고, 그 이전에 시효중단의 사유가 있었다는 주장입증이 없으므로 원·피고(갑·을)간의 고용계약상의 채권채무관계는 시효로 인하여 소멸하였고, 따라서 위 채권채무가 존재하고 있음을 전제로 한 이 사건 청구는 허용되지 않는다고 판단하였다.

그러나 **<징계처분이 있은지 오래된 뒤에 한 소의 제기가 신의칙상 허용될 수 없다는 주장에 소멸시효의 주장도 포함되는 것으로 볼 수 있는지 여부(소극)** (민법 제2조, 제162조 제1항; 민사소송법 제188조)> 소멸시효기간의 만료로 인한 권리소멸의 효과는 그 시효의 이익을 받는 자가 시효완성의 항변을 하지 않는 한 그 의사에 반하여 이를 인정할 수가 없는 것인바, 기록에 의하면, 피고(을)는 원고(갑)가 이 사건 조건부 징계해임처분에 승복하여 그 효력을 다투지 아니한 채 약 10년이 경과하여 피고(을)는 원고(갑)가 더 이상 위 징계처분의 효력을 다투지 아니할 것으로 신뢰하고 새로운 인사질서를 구축하였는데, 이제 와서 원고(갑)가 새삼스럽게 이 사건 소를 제기하여 위 징계처분의 효력을 다투는 것은 신의측에 반하여 허용될 수 없다고 주장하였을 뿐이고(1989. 7. 11. 준비서면) 피고(을)가 소멸시효완성의 항변을 한 흔적은 찾아볼 수 없으며, 또한 피고(을)의 위 주장을 원심설시와 같이 소멸시효의 주장도 포함한 것으로 볼 수도 없는 것이고('조건부징계해임처분에 승복하여 그 효력을 다투지 아니한 채 약 10년이 경과한 뒤에 새삼스럽게 소를 제기하여 징계처분의 효력을 다투는 것은 신의칙에 반하여 허용될 수 없다'는 주장에는 소멸시효의 주장도 포함된 것으로 볼 수 없다), 뿐만 아니라 **<사원임의 확인을 구하는 청구가 민법 제162조 제1항의 채권관계인지 여부 (소극)** (민법 제2조, 제162조 제1항)> 원고(갑)가 피고(을)의 사원임의 확인을 구하는 이 사건 청구는 원고(갑)와 피고(을) 사이에 개별적으로 구체화되어 존재하는 고용계약상의 권리의무, 예컨대 임금청구권, 재해보상청구권, 휴업수당청구권, 퇴직금청구권 등과 이에 대응하는 의무들의 확인을 구하는 것이 아니라, 이들 권리의무의 전제가 되고, 또한 이들이 파생되어 나온 기본적인 고용에 관한 법률관계 그 자체의 확인을 구하는 취지로 볼 것이어서, 이러한 법률관계가 민법 제162조 제1항이 규정하는 채권이 될 수도 없는 것이므로, 이 점에서 원판결에는 변론주의에 반하여 당사자가 주장하지도 아니한 사실을 판단하고 민법 제162조 제1항 소정의 채권에 관한 법리를 오해한 위법이 있다고 하지 않을 수 없다.

그런데 원심은 나아가 원고(갑)는 위 사직원을 제출한 1978. 7. 5.부터 10년 10개월이 지난 1989. 5. 8.에 이르기까지 위 징계처분이나 의원면직처분에 대하여 아무런 법적구제절차를 취하지 않았고, 원고(갑)와 같은 날에 유사한 이유로 징계처분을 받았던 직원들은 1980.경부터 1983.경 사이에 그 설시와 같이 수차에 걸쳐 법원에 소송을 제기하여 일부는 승소판결을 받았음에도 원고(갑)는 그 소송에 참여하지 않았으며, 반면에 피고(을)는 위 징계처분 이후 원고(갑)가 고용관계의 소멸을 다투지 않을 것으로 믿고 10여년간에 걸쳐 새로운 인사체계를 구축하여 이제 이를 번복한다는 것은 피고(을)의 인사노무관리 및 경영에 심각한 영향을 줄 것이라는 점은 능히 추단되는 바이므로, 위와 같이 새로운 인사체계가 형성되고 10년이라는 장기간의 세월이 흐른 이제 와서 새삼 위 징계처분의 효력을 다투는 것은 비록 위 징계처분에 원고(갑)주장과 같은 하자가 있다 하더라도 자의적인 고용관계상의 권리행사로서 비난을 면할 수가 없고 따라서 신의칙에 반하므로 위 징계처분의 무효를 주장하는 것은 허용되지 않는다고 풀이함이 상당하고, 원고(갑)주장과 같이 장기간 권리행사를 하지않은 이유가 위 징계처분이 무효라는 것을 알지 못하였거나 승소가능성을 기대할 수 없었기 때문이라 하더라도 이러한 사정은 원고(갑)의 내심의 문제로서 주관적인 동기에 불과하여 이유 없다고 판단하였다. 그러나 <*조건부 징계해고처분을 받고 의원면직된 후 10년 남짓 경과된 뒤에 조건부 징계처분 등이 무효이므로 갑은 을의 사원임의 확인을 구하는 소를 제기한 것이 신의칙에 위반되지 않는다고 본 사례 (민법 제2조)*> 권리의 행사는 신의에 쫓아 성실히 하여야 하고 남용할 수가 없는 것이고, 특히 권리자가 장기간에 걸쳐 그의 권리를 행사하지 아니하여 의무자인 상대방으로서도 이제는 권리자가 그 권리를 행사하지 아니할 것으로 믿을 만한 정당한 사유를 갖게 되거나 행사하지 아니할 것으로 추인하게 되고 새삼스럽게 그 권리를 행사하는 것이 신의성실의 원칙에 반하는 결과가 될 때에는 이른바 실효의 법리에 따라 그 권리행사가 허용되지 않는다고 볼 것이나, 여기서 권리자가 그 권리를 행사하지 않은 것이 문제가 되는 것은 비록 권리자의 주관적인 동기가 고려되지 않는다 하더라도 그에게 권리행사의 기회가 있어서 이를 현실적으로 기대할 수가 있었음에도 불구하고 행사하지 않은 경우에 한하는 것인바(당원 1988. 4. 27. 선고 87누915 판결 참조), 이 사건을 원판결과 기록에 의하여 보면 원고(갑)는 위 조건부 징계해임결의의 통보를 받고 사직원을 제출한 후 소정의 퇴직금을 수령하였고, 당시 원고(갑)와 함께 유사한 비위사실로 징계처분을 받은 사람들 가운데 일부가 원심설시와 같이 피고(을)를 상대로 징계결의무효확인의 소를 제기하여 일부 승소한 사실이 있고 원고(갑)는 이를 알고서도 이 사건 징계결의의 무효를 주장하는 소를 제기하지 아니하다가 징계처분일로부터 10년 남짓 기간이 경과한 후에 이르러서야 이 사건 소송을 제기한 사실을 인정할 수 있으나, 원고(갑)가 위와 같이 퇴직금을 수령하였다 하여 이 사건 조건부 징계해임결의절차에 원고(갑) 주장의 하자가 있어서 그 결의자체가 무효라는 것까지 알면서 이를 승인한 것으로 단정하기는 어렵고, 또한 그 후의 위 일련의 소송에서 원고(갑)와 같이 조건부 징계해임결의에 따라 사직원을 제출하여 의원면직으로 처리된 사람으로서 승소판결을 받은 사람은 한 사람도 없다가 1984.경부터 원고(갑)와 같은 경위로 의원면직처분을 받은 사람들이 소송을 제기하기 시작하였으나 하급심에서 승패가 엇갈리자 원고는 그 최종적인 결과에 관심을 가지고 있다가 1988. 4. 25.경에야 대법원의 상고기각판결로 소외 인(병)의 승소가 확정되자 이 사건 소를 제기하게 된 것이고, 한편 피고(을)로서도 그동안 이 사건 징계처분의 효력을 다투는 소송이 잇달아 제기되어 왔고, 그 중 일부에 대하여는 피고(을)가 패소판결을 받아 확정되는 등의 사정이 있었던 것임을 알 수 있으므로, 이로써 보면 원고(갑)의 이 사건 권리행사의 지체가 그의 단순한 주관적인 동기에 비롯된 것으로 보기 어렵고, 상대방인 피고(을)로서도 이제는 원고(갑)가 그의 권리를 행사하지 아니할 것이라고 신뢰할 정당한 사유가 있었다고 볼 수 없으니, 원고(갑)의 이 사건 권리행사가 신의성실에 반하여 그 권리가 실효되었다고 단정할 수는 없는 것이다.

그렇다면 원심으로서는 모름지기 원고(갑)가 주장하는 그 무효사유의 유무를 심리판단하였어야 할 것임에도 불구하고 이에 이르지 아니하고 원고(갑)의 권리가 소멸시효기간 만료로 인하여 소멸되었고, 나아가 그 권리행사가 신의칙에 반하여 허용되지 않는다고 판단한 것은 신의칙위반 내지 권리실효에 관한 법리를 오해함으로써 심리를 다하지 아니하고 판결에 영향을 미친 위법을 저질렀다 할 것이고, 이는 소송촉진등에관한특례법 제12조 제2항 소정의 파기사유에 해당하므로 논지는 모두 이유있다.

(2) 적용범위
§ 2-15 적용범위
§ 2-15-1 고용관계존부와 실효
❶ 대법원 1992. 1. 21. 선고 91다30118 판결 【사원확인】
(대법원 2005. 10. 28. 선고 2005다45827 판결)

> 사실관계

甲은 乙(한국전력공사)의 ○○영업소 전기원으로 근무하였는데, 乙은 1978. 6. 16. 인사위원회를 개최하여 甲이 수용가로부터 금품을 받았다는 이유로 甲에게 사직을 권고하여 7. 5.까지 甲 스스로 사직원을 제출하면 의원면직으로 처리하되 이에 불응할 경우에는 징계해임으로 처리하도록 하는 내용의 조건부 징계해임결의를 하고, 그 사실을 6. 28. 甲에게 통지함에 따라 甲이 7. 5. 사직원을 제출하자 의원면직으로 처리하였다. 한편 乙의 정관 및 취업규칙에 의하면 징계심사위원회가 징계결의를 하는 경우 반드시 본인을 출석시켜 그의 진술을 듣도록 되어 있음에도 위 징계심사위원회는 甲의 출석 없이 위와 같이 조건부 징계해임을 결의하였다. 그런데 甲과 같이 조건부징계해임결의에 의한 의원면직처분을 받았던 丙1이 1985. 10.경 의원면직처분의 효력을 다투는 소송을 제기하여 1988. 4. 25.에 승소확정되었으며, 이어서 丙2와 丙3도 각각 1988. 5.경, 1989. 5.경 丙1과 같은 내용의 소를 제기하여 각각 1989. 2.경, 1990. 8. 28. 역시 의원면직처분이 무효라는 취지의 판결이 선고되었다. 이에 甲은 1990. 9. 3. 위 조건부 징계해임처분은 무효이고 이에 따른 의원면직처분 또한 무효이므로 자신은 乙의 사원임의 확인을 구한다는 소송을 제기하였다.

★ 甲은 앞의 § 2-14 ❷ 대법원 1990. 8. 28. 선고 90다카9619 판결에서와 마찬가지로 乙(한국전력공사)의 ○○영업소에 근무하던 중 그와 동일한 경위로 해임되었는데, 동료들의 승소 판결이 확정되고 2년 4개월이 지난 1990. 9. 3.에 소를 제기한 사안이다.

> 판결이유

……

2. 같은 상고이유 제2의 가. 점에 대한 판단.
가. 원심의 판단.
<u>원심은</u>, 원고(갑)가 사직원을 제출한 날로부터 이 사건 소를 제기하기까지 12년이 넘는 동안 위 조건부 징계해임처분이나 그에 기한 의원면직처분에 관하여 아무런 법적 구제절차를 취하지 아니하였고, 그에 따라 피고(을)는 원고(갑)가 피고(을)와의 고용관계를 더 이상 다투지 아니할 것으로 믿고 새로운 인사체제를 구축하여왔을 뿐 아니라 원고(갑)가 다시 피고(을)의 전기원으로 근무하는 것이 현실적으로 어려운 상황임에도, <u>이 사건 소를 제기하여 원고(갑)와 피고(을) 사이의 고용관계를 주장하여 원고(갑)가 피고(을)의 사원임의 확인을 청구하는 것은 신의칙에 위반되어 허용될 수 없거나 실효의 법리에 의하여 받아들일 수 없는 것이라는 피고(을)의 항변</u>에 대하여, 아래와 같은 이유를 들어 피고의 위 주장은 이유가 없는 것이라고 판단하였다.
즉, 실효의 법리에 따라 권리자가 그 권리를 행사하지 않은 것이 문제가 되는 것은 비록 권리자의 주관적인 동기가 고려되지 않는다 하더라도 그에게 권리행사의 기회가 있어서 이를 현실적으로 기대할 수가 있었음에도 불구하고 행사하지 않은 경우에 한하는 것인바, 원고(갑)가 징계처분을 받을 당시 유사한 비위사실로 함께

징계처분을 받은 피고(을)의 직원들 중 일부가 피고(을)를 상대로 징계결의무효확인의 소나 의원면직무효확인의 소를 제기하였으나, 1985년경까지 그들 중 의원면직으로 처리되지 않고 징계해임으로 처리된 일부 직원들은 승소하였음에 반하여 원고(갑)와 같이 조건부 징계해임결의를 통고받아 사직원을 제출하여 의원면직으로 처리된 직원들은 모두 패소하였는데, 원고(갑)와 같이 조건부징계해임결의에 의한 의원면직처분을 받았던 소외 김○도(병1)가 1985. 10.경 의원면직처분이 무효임을 내세워 이 사건과 같은 소를 제기하여 1988. 4. 25. 선고된 대법원판결로 승소확정되었으며, 이어서 소외 김○수(병2)가 1988. 5.경 위 김○도(병1)와 같은 내용의 소를 제기하여 1989. 2.경 역시 승소확정되자, 같은 처지에 있던 소외 이○형(병3)도 1989. 5.경 동일한 내용의 소를 제기하였으나 항소심에서 패소하였다가 1990. 8. 28. 대법원에서 위 항소심판결을 파기하는 판결이 선고되었고, 이처럼 원고(갑)와 같은 경위로 의원면직처분을 받은 직원들이 제기한 소송의 최종적인 결과에 관심을 갖고 있던 원고(갑)는 위 의원면직처분이 무효라는 취지의 대법원판결이 거듭 선고되자 1990. 9. 3. 이 사건 소를 제기하기에 이른 사실이 인정되므로, 위와 같은 사정에 비추어 보면 원고(갑)의 이 사건 권리행사의 지체가 그의 단순한 주관적인 동기에서 비롯된 것으로 보기는 어렵고, 상대방인 피고(을)로서도 이제는 원고(갑)가 그의 권리를 행사하지 아니할 것이라고 신뢰할 정당한 사유가 있었다고 볼 수 없으며, 또한 원고(갑)에 대한 위 의원면직처분에 의하여 원고(갑)와 피고(을) 사이의 근로관계가 그 무렵 사실상 종료되어 이 사건 소의 제기에 이르기까지 12년 정도의 시일이 경과하였다 하여, 곧바로 원고(갑)가 다시 피고(을)의 전기원으로 근무하는 것이 현실적으로 어려운 상황으로 되었다고 단정할 수도 없다는 것이다.

나. **<이른바 실효의 원칙을 적용하기 위한 요건 (민법 제2조)>** 일반적으로 권리의 행사는 신의에 좇아 성실히 하여야 하고 권리는 남용하지 못하는 것이므로, 권리자가 실제로 권리를 행사할 수 있는 기회가 있어서 그 권리행사의 기대가능성이 있었음에도 불구하고 상당한 기간이 경과하도록 권리를 행사하지 아니하여, 의무자인 상대방으로서도 이제는 권리자가 권리를 행사하지 아니할 것으로 신뢰할 만한 정당한 기대를 가지게 된 다음에, 새삼스럽게 그 권리를 행사하는 것이 법질서 전체를 지배하는 신의성실의 원칙에 위반하는 것으로 인정되는 결과가 될 때에는, 이른바 실효의 원칙에 따라 그 권리의 행사가 허용되지 않는다고 보아야 할 것이다(당원 1988. 4. 27. 선고 87누915 판결; 1991. 7. 26. 선고 90다15488 판결 등 참조).

<실효의 원칙이 사용자와 근로자 사이의 고용관계(근로자의 지위)의 존부를 둘러싼 노동분쟁에 있어서 더욱 적극적으로 적용되어야 할 필요성이 있는지 여부(적극) (민법 제2조; 근로기준법 제27조)**>** 특히 이 사건과 같이 사용자와 근로자 사이의 고용관계(근로자의 지위)의 존부를 둘러싼 노동분쟁은, 그 당시의 경제적 정세에 대처하

여 최선의 설비와 조직으로 기업활동을 전개하여야 하는 사용자의 입장에서는 물론, 근로자로서의 임금수입에 의하여 자신과 가족의 생계를 유지하고 있는 근로자의 입장에서도 신속히 해결되는 것이 바람직한 것이므로, 위와 같은 실효의 원칙이 다른 법률관계에 있어서보다 더욱 적극적으로 적용되어야 할 필요가 있다고 볼 수 있다. 더군다나 사용자에 의하여 해고된 근로자가 해고의 효력을 다투는 경우, 해고가 부당노동행위라고 주장하여 노동위원회에 부당노동행위 구제신청을 하는 경우에 관하여는 노동조합법 제40조 제2항에 그 구제신청을 하여야할 기간이 부당노동행위가 있은 날로부터 3월 이내로 규정되어 있으나, 해고가 무효라고 주장하여 법원에 해고무효확인의 소 등을 제기하는 경우의 제소기간에 관하여는 우리 법에 아무것도 규정되어 있지 않기 때문에, 위와 같은 필요성은 더 절실하다.

이와 같은 관점에서 이 사건을 검토하여 보건대, 원심이 판시하고 있는 바와 같이 원고(갑)처럼 피고(을)로부터 조건부 징계해임결의를 통고받고 사직원을 제출함으로써 의원면직처분을 당한 다른 직원들 중 소외 김○도(병1)가, 그 조건부 징계해임결의에 의한 의원면직처분이 무효임을 내세워 이 사건과 같은 내용의 소를 제기하여 1988. 4. 25. 선고된 대법원판결로 승소확정되었고, 원고(갑)가 같은 처지에 있었던 다른 직원들이 제기한 소송의 결과에 관심을 갖고 있었다면, 원고(갑)가 이 사건 의원면직처분을 받을 당시에는 그 기초가 된 조건부 징계해임처분에 무효사유가 있음을 알지 못하였다고 하더라도, 1988. 4. 25. 위 대법원판결이 선고됨으로써 위 김○도(병1)에 대한 의원면직처분이 무효인 것으로 판명된 때부터는 이 사건 의원면직처분이 무효인 것도 알게 되었다고 봄이 상당하다고 할 것인바, 그 때부터 원고(갑)가 이 사건 소를 제기한 날임이 기록상 분명한 1990. 9. 3.까지 무려 2년 4개월 남짓한 동안 원고(갑)가 이 사건 의원면직처분이 무효인 것이라고 주장하여 자신의 권리를 행사하였음을 인정할 만한 자료를 기록에서 찾아볼 수 없다.

원심은, 원고(갑)가 위 대법원판결이 선고된 후에도 자신과 같은 처지에 있던 소외 김○수(병2)와 이○형(병3)이 제기한 소송의 최종적인 결과에 관심을 갖고 있다가 1990. 8. 28.까지 위 대법원판결과 같은 취지의 대법원판결이 거듭 선고되자 이 사건 소를 제기하기에 이른 것이라고 설시하고 있으나, 위 김○도(병1)가 제기한 소송에서 이 사건 의원면직처분과 같은 내용의 처분이 무효인 것으로 대법원판결로써 이미 확정된 이상, 그 대법원판결이 취한 견해가 번복될 가능성이 있다고 볼 만한 특별한 사정이 없는 한, 그 후 같은 취지의 대법원판결이 거듭 선고될 때까지 원고(갑)에게 권리를 행사할 수 있는 기회나 권리행사의 기대가능성이 없었다고는 도저히 보기 어렵다.

원심으로서는, 1978. 7. 5. 의원면직으로 처리된 후 10년 가까이나 이 사건 의원면직처분의 효력을 다투지 않고 있던 원고(갑)가 1988. 4. 25. 위 김○도(병1)에 대한 대법원판결이 선고된 후에도 곧바로 또는 상당한 기간 내에 이 사건 의원면직처분의 효력을 다투지 아니한 채 2년 4개월 남짓이나 경과하도록 아무런 권리도 행사하지 아니한 까닭이 무엇인지, 위 대법원판결이 취한 견해가 번복될 가능성이 있거나 원고(갑)가 이 사건 의원면직처분이 무효인 것인 점에 관한 확신을 가지지 못할 만한 특별한 사정이 있었는지의 여부 등을 더 소상하게 심리하여 본 다음, 피고의 위 항변이 이유가 있는 것인지의 여부를 가렸어야 할 것이다.

그럼에도 불구하고 원심은 위에서 본 바와 같은 사정만을 설시한 채 원고에게 권리를 행사할 수 있는 기회가 없었으므로 실효의 원칙이 적용될 수 없다는 취지로 판단하였으니, 원심판결에는 실효의 원칙에 관한 법리를 오해하였거나 심리를 제대로 하지 아니한 위법이 있다고 보지 않을 수 없다.

다. 한편 <*실효의 원칙을 적용하기 위하여 심리하여야 할 일반적인 사항 및 징계해임처분의 효력을 다투는 분쟁에 있어서 실효의 원칙을 적용하는 방법*> (민법 제2조; 근로기준법 제27조)> 실효의 원칙이 적용되기 위하여 필요한 요건으로서의 실효기간(권리를 행사하지 아니한 기간)의 길이와, 의무자인 상대방이 권리가 행사되지 아니하리라고 신뢰할 만한 정당한 사유가 있었는지의 여부는 일률적으로 판단할 수 있는 것이 아니라, 구체적인 경우마다 권리를 행사하지 아니한 기간의 장단과 함께 권리자측과 상대방측 쌍방의 사정 및 객관적으로 존재하는 사정 등을 모두 고려하여 사회통념에 따라 합리적으로 판단하여야 할 것으로서, 이 사건과 같은 징계해임처분의 효력을 다투는 분쟁에 있어서는, 징계사유와 그 징계해임처분의 무효사유 및 징계해임 된 근로자가 그 처분이 무효인 것을 알게된 경위는 물론, 그 근로자가 그 처분의 효력을 다투지 아니할 것으로 사용자가 신뢰할 만한 다른 사정(예를 들면, 근로자가 퇴직금이나 해고수당 등을 수령하고 오랫동안 해고에 대하여 이의를 하지 않았다든지 해고된 후 곧 다른 직장을 얻어 근무하였다는 등의 사정), 사용자가 다른 근로자를 대신 채용하는 등 새로운 인사체제를 구축하여 기업을 경영하고 있는지의 여부 등을 모두 참작하여, 그 근로자가 새삼스럽게 징계해임처분의 효력을 다투는 것이 신의성실의 원칙에 위반하는 결과가 되는지의 여부를 가려야할 것이다. 이 경우 근로자의 권리가 부당하게 침해되는 일이 없도록 신중하게 판단하여야 할 것임은 물론이다.

그런데 원심이 판시한 바에 의하면, <*근로자(갑)가 의원면직된 때로부터 12년, 그 의원면직처분이 무효임을 안 때로부터 2년 4개월 후에 제기한 근로자지위확인의 소가 허용될 수 없다고 본 사례*> (민법 제2조; 근로기준법 제27조)> 원고(갑)에 대한 이 사건 의원면직처분의 기초가 된 조건부 징계해임처분의 사유는 원고(갑)가 수용가로부터 금품을 받았다는 것이고, 위 징계해임처분의 무효사유는 피고(을)가 인사위원회의 심리기일에 결석한 원고(갑)에 대하여 심리기일을 1회 연기하지 아니하고 막바로 징계결의를 하였다는 것인바, 이러한 사정들과 원고(갑)가 이 사건 의원면직처분이 무효인 것임을 알고서도 2년 4개월 남짓한 동안이나 그 처분이 무효인 것이라고 주장하여 자신의 권리를 행사한 바 없다는 점을 함께 고려하여 보면, 원고*(갑)*가 이 사건 의원면직처분으로 면직된 때로부터 12년 이상이 경과된 후에 새삼스럽게 그 처분의 무효를 이유로 피고*(을)*와의 사이에 고용관계가 있다고 주장하여 이 사건과 같은 소를 제기하는 것은, 앞에서 본 바와 같은 노동분쟁의 신속한 해결이라는 요청과 신의성실의 원칙 및 실효의 원칙에 비추어 허용될 수 없는 것이라고 볼 여지가 없지 아니하다(당원 1989. 9. 29. 선고 88다카19804 판결; 1989. 12. 12. 선고 88누8869 판결; 1990. 11. 23. 선고 90다카25512 판결, 1991. 4. 12. 선고 90다8084 판결 등 참조).

또 기록에 의하면, 피고*(을)*는 원고*(갑)*가 이 사건 의원면직처분으로 면직된 후 피고*(을)*로부터 퇴직금을 수령하였다고 주장하고 있음을 알 수 있는바, 원심은 이점에 대하여 아무런 심리판단도 하지 않고 있으나, 만일 원고*(갑)*가 피고*(을)*로부터 퇴직금을 수령한 바 있다면, 원고*(갑)*가 이 사건 의원면직처분이 무효인 것임을 알게 된 후에도 수령한 퇴직금을 반환하지 아니하고 그대로 보유하고 있다는 사정도 위와 같은 실효의 원칙을 적용함에 있어서 고려되어야 할 것이므로, 원심이 이 점에 대하여 심리판단하지 아니한 것도 잘못이라고 할 것이다.

그렇다면 원심이 저지른 위와 같은 위법은 판결에 영향을 미친 것이라고 보지 않을 수 없으므로, 이 점을 지적하는 논지는 이유가 있다.

§ 2-15-2 소송법상의 권리와 실효
❶ 대법원 1996. 7. 30. 선고 94다51840 판결 【소유권이전등기】
(대법원 2006. 10. 27. 선고 2004다63408 판결)

1. 원심판결 이유에 의하면, 원심은 원고는 1986년도에 피고를 상대로 이 사건 소송을 제기하면서 제1심법원을 속이고 피고의 주소를 허위로 기재하여 피고에 대한 변론기일소환장 등의 소송서류를 그 허위주소로 송달되게 한 후 피고 아닌 다른 사람으로 하여금 권한 없이 이를 수령하게 하여, 의제자백 형식에 따른 원고 승소의 이 사건 제1심판결이 선고되었고, 그 판결정본도 위와 같은 방법으로 송달된 사실, 피고는 1988. 10. 21.경 임시영주권으로 국내에 일시 귀국하여 약 1개월 동안 체류하였는데 당시 원고의 2남인 소외 1로부터 원고가 위와 같은 방법으로 승소판결을 받아 그 판결에 기하여 이 사건 부동산에 관하여 원고 명의로 소유권이전등기를 경료하였으며 피고가 고소하면 징역을 가게 되니 양해해 달라는 말을 듣고서 이 사건 제1심판결이 있었다는 것을 알게 된 사실, 피고는 당시 원고에게 이의를 제기하고 법률사무소에 그 구제방법을 문의하였으나 소송비용도 없고 다른 사람도 아닌 아버지인 원고의 이름으로 해 두었으니 설마 다른 사람에게 팔겠느냐 하는 생각에서 별다른 소송문제를 거론하지 않은 채 같은 해 11. 18. 미국으로 출

국한 사실, 원고, 원고의 처 소외 2, 원고의 손녀 소외 3 등 3인이 1992. 8. 12. 피고의 초청으로 미국에 있는 피고의 집에 가서 1개월간 체류하다 온 적이 있는데 그 때에도 피고는 이 사건 제1심판결에 대한 항소 내지는 원고와 피고의 동생 소외 4 등을 상대로 한 형사고소 등을 거론하지 않았던 사실, 원고 및 위 소외 4는 피고가 이 사건 제1심판결에 대하여 상당한 기간이 지나도 아무런 법적 조치를 취하지 않은 것이 부정한 방법으로 등기를 넘겨 갔더라도 가족간의 일이라 용서해 준다는 취지로 믿고, 1992. 11. 5. 원고 보조참가인에게 이 사건 부동산을 금 243,000,000원에 매도하고, 같은 해 11. 12. 소유권이전등기를 하여 준 사실, 피고의 동생 소외 5가 같은 해 12. 6. 미국에 있는 피고에게 원고 등이 이 사건 부동산을 매도하여 대금을 서로 나눠 착복하고 있다고 전화로 알려주자 피고는 1993. 1. 27.경 귀국하여 같은 해 2. 2. 이 사건 항소에 이른 사실, 그런데 이 사건 부동산을 매수한 원고 보조참가인은 이 사건 제1심판결에 기해서 피고로부터 원고에게 위 소유권이전등기가 경료된 사실을 모른 채 당시 등기부등본과 원고의 주민등록증 등으로 원고가 이 사건 부동산의 소유자임을 확인한 다음 이 사건 매매계약을 체결한 사실 등을 인정한 다음, 피고(자녀)가 이 사건 제1심판결에 대하여 원래는 기간의 정함이 없이 항소할 수 있는 소송상의 권능을 가지고 있더라도 이를 장기간에 걸쳐 행사하지 않은 채 방치함으로써, 원고(父)로서는 이제는 피고(자녀)가 위와 같은 소송상의 권능을 행사하지 않으리라는 정당한 기대를 가지게 되었고, 그러한 신뢰에 바탕을 두고 이 사건 부동산을 제3자인 원고 보조참가인에게 매도하였으므로, 피고(자녀)의 항소권은 신의칙상 이른바 실효의 원칙에 따라 이미 실효된 것으로 보아야 할 것이라고 판단하였다.

2. <실효의 원칙의 의의 및 그 원칙의 소송법상 권리에 대한 적용 가부(적극) (민법 제2조; 민사소송법 제1조)> 실효의 원칙이라 함은 권리자가 장기간에 걸쳐 그 권리를 행사하지 아니함에 따라 그 의무자인 상대방이 더 이상 권리자가 권리를 행사하지 아니할 것으로 신뢰할 만한 정당한 기대를 가지게 된 경우에 새삼스럽게 권리자가 그 권리를 행사하는 것은 법질서 전체를 지배하는 신의성실의 원칙에 위반되어 허용되지 아니한다는 것을 의미하고(대법원 1995. 2. 10. 선고 94다31624 판결, 1994. 11. 25. 선고 94다12234 판결, 1994. 6. 28. 선고 93다26212 판결 등 참조), 항소권과 같은 소송법상의 권리에 대하여도 이러한 원칙은 적용될 수 있다고 할 것이다.

그리고 실효의 원칙이 적용되기 위하여 필요한 요건으로서의 실효기간(권리를 행사하지 아니한 기간)의 길이와 의무자인 상대방이 권리가 행사되지 아니하리라고 신뢰할 만한 정당한 사유가 있었는지의 여부는, 일률적으로 판단할 수 있는 것이 아니라 구체적인 경우마다 권리를 행사하지 아니한 기간의 장단과 함께 권리자측과 상대방측 쌍방의 사정 및 객관적으로 존재한 사정 등을 모두 고려하여 사회통념에 따라 합리적으로 판단하여야 한다(대법원 1992. 12. 11. 선고 92다23285 판결, 1992. 5. 26. 선고 92다3670 판결, 1992. 1. 21. 선고 91다30118 판결 등 참조). 그런데 원심이 인정한 사실에 의하더라도 <*부(父)가 사위판결을 받아 소유권을 넘겨간 것을 알고도 4년간 아무런 법적 조치를 위하지 않던 자(자녀)가 부의 그 부동산 처분 사실을 듣고 항소를 제기한 경우, 자의 항소권이 실효된 것으로 본 원심판결을 파기한 사례* (민법 제2조; 민사소송법 제1조)> 피고*(자녀)*는 이 사건 제1심판결이 있음을 알게 된 당시 원고*(父)*에게 이의를 제기하고 법률사무소에 그 구제방법을 문의하였으나 소송비용도 없고 다른 사람도 아닌 아버지인 원고*(父)*의 이름으로 해 두었으니 설마 다른 사람에게 팔겠느냐 하는 생각에서 별다른 조치 없이 일단 피고*(자녀)*가 살고 있는 미국으로 출국하였다는 것으로, 그 후 4년 남짓 동안 이 사건 제1심판결에 대한 항소나 원고*(父)*에 대한 형사고소 등을 거론한 바 없었다 하여, 원고*(父)*의 입장에서 피고*(자녀)*가 더 이상 위 판결에 대한 항소권을 행사하지 않으리라는 정당한 기대를 가지게 되었다고 단정할 수는 없고, 원고 보조참가인이 원고를 이 사건 부동산의 진정한 권리자라고 믿고 원고로부터 이를 매수한 사정이 인정된다 하여 달리 보기는 어렵다고 할 것이다.

뿐만 아니라, 기록에 의하면, 피고는 이 사건 제1심판결이 있음을 알고 나서 곧바로 원고에게 항의하였고 이로 인하여 원고 등 가족들과 사이에 불화가 생겨 가족들을 떠나 친척집에서 거주하다가 미국으로 되돌아간 사실, 원고가 1992. 8.경 미국에 거주하는 피고를 방문한 적이 있는데 그때에도 원·피고 사이에 이 사건 부동산을 둘러싸고 언쟁이 있었던 사실, 원고는 그 후 얼마 되지 아니하여 피고에게는 별다른 말도 없이 이 사건 부동산을 원고 보조참가인에게 매도하였고, 피고는 같은 해 12. 6.경 원고가 이 사건 부동산을 원고 보조참가인에게 매도하였다는 것을 알고 나서 곧바로 귀국하여 이 사건 항소를 제기한 사실을 알 수 있는바, 이러한 사정과 원고의 이 사건 변론 경위 등에 비추어 보면 원고로서는 비록 부정한 방법으로 이 사건 부동산에 관한 소유권이전등기를 넘겨받았다 하더라도 피고가 이를 용서하여 준 것으로 믿고서 이 사건 부동산을 매도하였다고 하는 원심의 사실인정 또한 쉽사리 수긍할 수 없다고 할 것이다.

그럼에도 불구하고 원심이 원고*(父)*로서는 피고*(자녀)*가 이 사건 제1심판결에 대한 항소권을 행사하지 않으리라는 정당한 기대를 가지게 되었고, 그러한 신뢰에 바탕을 두고 이 사건 부동산을 매도하였으므로, 피고*(자녀)*의 항소권은 실효의 원칙에 따라 실효된 것으로 보아야 한다고 판단한 조치에는 실효의 원칙에 관한 법리를 오해하고 채증법칙에 위배하여 사실을 오인한 나머지 판결 결과에 영향을 미친 위법이 있다고 보지 않을 수 없다.

(3) 적용한계
§ 2-16 인지청구권과 실효
❶ 대법원 2001. 11. 27. 선고 2001므1353 판결 【인지청구】

> 사실관계

甲의 생모인 A는(소외 1) B(소외 2)와 혼인하였다가(1957. 3. 8. 혼인신고) 1958. 6. 12. 협의이혼하고 같은 해 부산 OO동 근처에서 다방을 경영하였는데, 그 무렵 위 다방에 손님으로 드나들던 C(소외 망 소외 3)를 알게 되었다. C는 그 당시 乙(피고보조참가인)과 혼인하여 살면서 부산 소재 모직물 공장을 소유하고 부산 범일동에서 모직물 판매상을 하고 있었는데 A에게는 자신의 처가 난치병을 앓고 있으니 사별하게 되면 결혼하자고 말하였고, A는 이를 믿고 C와 동거하였고, 그 무렵 甲을 포태하였다. A는 그 후 C의 권유로 다방을 그만두고 C가 마련해 준 집에서 살면서 1959. 7. 24. 甲을 출산하였는데, C는 작명소에 가서 甲에게 이름을 지어주었다. 그러나 1963년경 C의 처인 乙이 A와 C 사이의 관계를 알고 A의 집에 찾아옴으로써 A는 C가 자신을 속여서 동거하였음을 알게 되었고, 이에 C와의 5년간의 동거생활을 청산하고 하숙업 등을 하면서 혼자서 甲을 양육하였다. C는 그 당시 A에게 화폐개혁 후 찾은 돈이라면서 금 20만 원을 건네주었고, 그 후에도 불규칙적으로 D, E(소외 4, 5) 등을 통해 甲의 양육비 명목으로 금원을 전달해 주었다. A는 1971년경 甲이 초등학교를 졸업할 무렵 E를 통해 C에게 甲을 C의 호적에 올려 달라고 부탁하였다. 그러자 얼마 후 C는 6·25 전쟁 당시 월북하여 생사불명인 자신의 형 F(소외 6)의 호적에 같은 해 10월 15일 F와 A가 혼인신고한 것으로 등재하였고, F와 A 사이에서 甲이 1959. 7. 24. 출생하였다는 내용의 출생신고를 같은 날짜에 F가 한 것으로 기재된 호적등본을 A에게 건네주었다. 그 후에도 C는 OO주식회사를 운영하면서 A와는 만나지 않았으나 甲에 대해서는 그 성장과정에 관심을 갖고 지켜보면서 나름대로 많은 도움을 주었다. 즉 C는 甲이 고등학교를 다닐 무렵부터 OO주식회사에서 영업과장을 하던 G(소외 8)를 시켜 甲과의 연락 및 생활비 전달 등의 일을 중간에서 맡아 처리하게 하였고, 그 후 甲이 OO대학교 의과대학에 진학하자 서울에 아파트를 전세 얻어 A와 甲을 살게 하였으며, 甲의 대학 입학금 및 그 이후의 학비 등을 부담하였다. 또한, 1981년경에는 G를 시켜 F가 1974. 9. 6. 사망하였다는 내용의 사망신고를 함으로써 甲이 6개월의 방위 복무만으로 병역을 마칠 수 있게 도와주기도 하였다. 또한 C는 甲이 인턴 과정을 마칠 무렵 OO의대 교수이던 H(소외 9)와 성형외과 학회장이던 I(소외 10)를 자신이 직접 만나 甲이 레지던트 과정을 이수할 병원을 소개하여 달라고 부탁하기도 하였고, 甲이 1993년 J(소외 11)와 혼인하자(혼인신고는 1994. 6. 11. 경료되었다) 같은 해 11월경 직접 신혼집에 찾아와 J에게 자신이 甲의 친아버지임을 밝히고 甲에게 결혼 축하금 및 병원 개업 자금 명목으로 금 1억 원을 주었고, 1994. 11. 1. 甲과 J 사이에서 아들 K가 태어나자 그 이름도 자기 집안의 항렬자인 "준"이라는 글자를 넣어 "○준"으로 지어주었으며, 1995년 11월경에는 K의 돌 선물로 1,000만 원을 내놓으면서 교육보험에나 가입하라고 말하기도 하였다. 甲은 1995년 11월경 C를 만나 식사를 하는 자리에서 C에게 호적을 제대로 정리해 줄 것을 부탁하였는데, 이에 C는 자신이 알아서 해주겠다고 대답하였다. 그러나 그 이후 甲은 C와 만날 기회를 갖지 못하였고, 1996. 11. 3. 신문보도를 통해 C가 그 전날 사망한 사실을 알게 되었다. 이에 甲은 C의 장례식에 참석하는 한편 C의 처인 乙에게 자신의 호적을 제대로 정리해 줄 것과 C가 자신을 위하여 배려해 둔 것이 없는지 여부를 물어보았으나, 乙을 비롯한 C의 유족들이 자신을 C의 아들로 인정해 주지 않자 같은 해 12월 24일 부가 사망했기 때문에 제864조에 의하여 검사를 상대로 인지청구의 소를 제기하였다.

> **판결이유**

......

3. 상고이유 제3점에 대하여
원심은, 원고가 출생 이후 38년간을 살아오면서도 소외 3을 상대로 자신이 소외 3의 친자임을 주장하지 않았고 소외 6의 친자로 입적된 데 대하여 아무런 이의 없이 살아왔으며, 그리하여 피고보조참가인을 비롯한 소외 3의 친족들도 원고가 더 이상 그러한 주장을 하지 않으리라는 기대 또는 신뢰를 갖고 장기간에 걸쳐 사회생활 및 법률관계를 형성해 왔던 점에 비추어 소외 3의 사망 이후 비로소 제기한 원고의 이 사건 청구는 이른바 실효의 법리에 따라 인지청구권이 실효된 후에 행하여진 것으로써 허용될 수 없다고 보아야 한다는 피고보조참가인의 주장에 대하여, <***인지청구권의 행사에 실효의 법리가 적용되는지 여부(소극)*** *(민법 제2조, 제863조)*> 인지청구권은 본인의 일신전속적인 신분관계상의 권리로서 포기할 수도 없으며, 포기하였더라도 그 효력이 발생할 수 없는 것이고, 이와 같이 인지청구권의 포기가 허용되지 않는 이상 거기에 실효의 법리가 적용될 여지도 없다고 판단하여, 피고보조참가인의 위 주장을 배척하였다.
기록에 비추어 살펴보면, 원심의 위와 같은 판단은 옳고, 거기에 상고이유의 주장과 같은 실효의 법리를 오해한 잘못이 없고, 한편 피고보조참가인이 상고이유에서 들고 있는 대법원판결들은 이 사건과 사안을 달리 하여 원용하기에 적절하지 아니하다.

4. 상고이유 제4점에 대하여
기록에 의하면, 피고보조참가인이 원심에서 원고의 이 사건 제소는, 소외 3과의 친생자관계의 확정을 위한 것이 아니라 소외 3이 남긴 상속재산에 대한 이해관계에서 비롯된 것이고, 또한 원고가 인지청구권을 장기간 행사하지 아니함으로써 실효된 후에 행사된 것이므로 신의칙에 반하는 소권의 남용으로서 각하되어야 한다는 주장을 하였음에도(기록 1116쪽) 원심이 이에 대한 판단을 유탈한 위법이 있음은 상고이유에서 주장하는 바와 같다.

그러나 <**인지청구권의 행사가 상속재산에 대한 이해관계에서 비롯되었다 하더라도 정당한 신분관계를 확정하기 위해서라면 신의칙에 반하는 것이라 하여 막을 수 없다고 한 사례** (민법 제2조, 제863조)> 원고(갑)의 이 사건 인지청구권 행사에 실효의 법리가 적용되지 않음은 앞서 본 바와 같고, 또한 원고(갑)의 이 사건 제소가 소외 3(C)이 남긴 상속재산에 대한 이해관계에서 비롯되었다 하더라도 정당한 신분관계를 확정하기 위한 이 사건 제소를 신의칙에 반하는 것이라 하여 막을 수 없는 것이므로 결국 피고의 위 항변은 결국 이유 없어 배척될 경우임이 명백하다(대법원 1982. 3. 9. 선고 81므10 판결 참조).

에듀컨텐츠·휴피아
Educontents·Huepia

제3장
권리의 주체

제1절 자연인

제2절 법인

에듀컨텐츠·휴피아
Educontents·Huepia

제1절 자연인

I. 권리능력

1. 권리능력의 의의
§ 3-1 동물 사망시 손해배상청구의 주체
❶ 대법원 2013. 4. 25. 선고 2012다118594 판결 [손해배상(기)]

사실관계

甲(김○영)이 2009년 3월경 乙(동물사랑협회)에게 평소 집에서 기르던 개 2마리를 위탁하면서 乙과의 사이에 위탁료는 월 14만 원으로 약정하였다. 이에 따라 위탁계약시부터 2011년 5월 28일까지 乙에게 매월 14만 원씩 합계 308만 원의 위탁료를 지급하였다. 그러던 중 乙이 2011년 3월 9일 甲으로부터 위탁받은 개 2마리를 유기견으로 오인하여 안락사 시켰다. 이에 개의 소유자인 甲은 乙을 상대로 2,000만 원의 손해배상을 청구하였다. 한편 유기동물 입양, 기타 동물보호관련 제반 사업 및 업무지원 등을 사업내용으로 하는 비법인사단인 甲1(유사주: 유기견에게 사랑을 주세요)의 대표자 A(임○정)는 甲1이 2007. 9.경 乙에게 위탁한 개 1마리가 乙의 과실로 안락사되었다고 주장하며, 甲1 명의로 乙을 상대로 안락사 당한 위 개의 위자료 200만 원, 甲1의 위자료 800만 원 등 합계 1,000만 원의 지급을 구하였다. 이에 대하여 乙은 甲1은 사단으로서의 실체를 갖추고 있지 아니할 뿐만 아니라, A가 甲1의 적법한 대표자라고 볼 수 없으며, 이 사건 소제기 전에 사원총회의 결의도 거치지 아니하였으므로, 이 사건 소는 부적법하다고 주장하였다.

판결이유

1. 원고 1의 상고이유에 관하여
<동물 자체가 위자료 청구권의 귀속주체가 될 수 있는지 여부(소극) 및 그 동물이 반려동물이어도 마찬가지인지 여부(적극) (민법 제751조; 동물보호법 제1조)> <u>동물의 생명보호, 안전 보장 및 복지 증진을 꾀하고 동물의 생명 존중 등 국민의 정서를 함양하는 데에 이바지함을 목적으로 한 동물보호법의 입법 취지나 그 규정 내용 등을 고려하더라도, 민법이나 그 밖의 법률에 동물에 대하여 권리능력을 인정하는 규정이 없고 이를 인정하는 관습법도 존재하지 아니하므로, 동물 자체가 위자료 청구권의 귀속주체가 된다고 할 수 없다. 그리고 이는 그 동물이 애완견 등 이른바 반려동물이라고 하더라도 달리 볼 수 없다.</u>

원심은 제1심판결 이유를 인용하여, 피고(을)가 원고 1(갑)로부터 위탁받은 애완견 2마리를 유기견으로 오인하여 안락사시킨 이 사건에서, 안락사당한 위 개 2마리 자체의 위자료 청구 부분은 배척하는 대신 이와 같은 사정까지 참작하여 원고 1(갑)의 위자료를 산정하였다.
원심의 이러한 조치는 정당하고, 거기에 상고이유 주장과 같이 동물의 권리능력에 관한 법리를 오해하는 등의 잘못이 없다.
2. 원고 유기견에게 사랑을 주세요(이하 '원고 유사주'라고 한다)의 상고이유에 관하여

<비법인사단 대표자의 대표권 유무가 의심스러운 경우, 법원이 이를 직권으로 조사하여야 하는지 여부(적극) 및 비법인사단이 사원총회 결의 없이 제기한 소송의 적법 여부(원칙적 소극)> (민법 제31조, 제276조 제1항; 민사소송법 제52조, 제58조, 제64조, 제134조)> 비법인사단이 당사자인 사건에서 대표자에게 적법한 대표권이 있는지는 소송요건에 관한 것으로서 법원의 직권조사사항이므로, 비법인사단 대표자의 대표권 유무가 의심스러운 경우에 법원은 이를 직권으로 조사하여야 하고, 비법인사단이 총유재산에 관한 소송을 제기할 때에는 정관에 다른 정함이 있다는 등의 특별한 사정이 없는 한 사원총회 결의를 거쳐야 하므로 비법인사단이 이러한 사원총회 결의 없이 그 명의로 제기한 소송은 소송요건이 흠결된 것으로서 부적법하다(대법원 2011. 7. 28. 선고 2010다97044 판결 등 참조).

원심은 제1심판결 이유를 인용하여, 원고 유사주(갑1)의 정관에는 대표이사를 비롯한 임원을 총회에서 구성원 과반수 참석과 참석인원 과반수 찬성으로 선임하게 되어 있는데, 원고 유사주(갑1)의 대표자라고 주장하는 소외인(A)이 위와 같은 절차를 거쳐 원고 유사주(갑1)의 대표자로 선임되었음을 인정할 아무런 증거가 없고, 원고 유사주(갑1)가 총유재산에 관한 이 사건 소를 제기하기에 앞서 사원총회의 결의를 거쳤음을 인정할 아무런 증거도 없으므로, 원고 유사주(갑1)의 이 사건 소는 부적법하다고 판단하였다.
원심의 판단은 앞서 본 법리에 따른 것으로서 정당하고, 거기에 상고이유 주장과 같이 논리와 경험의 법칙에 위반하여 자유심증주의의 한계를 벗어나거나 비법인사단 대표자의 대표성이나 비법인사단의 소송제기 요건에 관한 법리를 오해하는 등의 잘못이 없다.

2. 권리능력의 시기

§ 3-2 사람의 출생시기
❶ 서울고법 2007. 3. 15. 선고 2006나56833판결【손해배상(의)】
……
3. 쟁점별 판단

……
나. 손해배상의 범위
(1) 태아의 손해
(가) 원고들의 주장
<u>원고들은</u>, 비록 이 사건 태아가 분만중에 사망하였다고 할지라도 이미 사람으로서 권리능력을 취득한 후에 사망한 것이므로 위 태아가 피고들에 대하여 가지는 일실 수입 상당의 재산상 손해 금 127,690,214원 및 위자료 금 50,000,000원에 대한 배상청구권을 원고들이 상속하였다고 주장하면서 그 권리능력 취득의 법적 근거로, (가) 위 태아가 어떠한 과정을 거쳤든지 간에 신체의 구조적인 이상이 없이 전부 노출된 이상 더 이상 산모의 신체 일부가 아니므로 독립호흡에까지 이르지 못했다고 할지라도 독립된 사람으로서의 법인격을 취득한 것으로 보아야 하고, (나) 가사 그렇지 않다고 할지라도, 민법상 사람의 시기를 형법에서 취하는 진통설(陣痛說)과 같이 분만을 개시하는 진통이 있을 때로 보지 않고 분만이 완성되어 태아가 모체로부터 완전히 분리되었을 때로 보는 전부노출설(全部露出說)을 취할 경우에는, ① 이 사건과 같이 태아가 모체로부터 분리되기 시작하여 주기적인 진통이 시작되었으나 그 이후 행하여진 분만상 과실로 인하여 전부 노출되지 못한 채 사망한 경우에는 그 태아는 자신의 생명침해에 대한 손해배상청구권을 취득하지 못함은 물론 산모조차도 산모 자신이 직접적인 상해를 입은 것은 아니기 때문에 손해배상청구권을 취득하지 못하고 단지 위자료만을 배상받게 되는 부당한 결과를 가져 오는 점, ② 극단적인 경우에는 의료과오를 일으킨 의료인이 책임을 은폐하기 위하여 고의로 태아를 사망에 이르게 하는 악결과를 초래할 수도 있어 인명경시를 가져올 우려가 있는 점, ③ 의료과실 여부에 관하여 종래 의사주권적인 입장에서 환자 주권적인 입장으로 변화하고 있는 현재의 추세에 맞추어 '분만 중의 태아'도 보통의 환자와 마찬가지로 자기결정권을 갖는 환자의 범위에 포함하여 권리주체로서의 지위를 인정할 필요가 있는 점, ④ 출생의 시기에 관하여 죄형법정주의에 입각한 형법에서는 '분만중인 태아'를 독립한 사람으로 인정하고 있으므로 법학적인 입장에서 하나의 기준으로 통일할 필요가 있는 점, ⑤ 의학적인 관점에서도 출생의 시기를 진통설에 의하여 이해하는 것이 적절한 점 등에서, <u>민법상 사람의 시기를 자연 분만의 경우에는 자궁벽에 규칙적인 진통이 시작되면서 자궁경관의 소실과 개대가 이루어지는 시기인 '분만 1기(개구기, the first stage of labor)가 시작하는 시점'으로 보아야 한다고 주장한다.</u>
(나) 판 단
먼저, 사람의 시기에 관하여 보건대, 민법 제3조는 "사람은 생존한 동안 권리와 의무의 주체가 된다."라고 규정하고 있으므로 사람으로서 생존하기 시작하는 출생시를 권리능력의 취득시점을 보아야 할 것인데, 출생이 어느 한순간 일시에 이루어지

는 것이 아니라 출산이라는 일련의 생리적 과정을 거쳐 이루어진 것이므로 어느 단계를 출생으로 볼 것인가는 중요하고도 어려운 문제라고 할 것이지만, 적어도 민법에서 사람의 시기를 정하는 것인 이상, 생리적인 현상을 의학적으로 규명하는 것이 아니라 민법의 권리능력에 관한 입법 취지에 따라 법적 관점에서 결정할 문제라고 할 것이다.

우리 민법은 모든 개인에게 재산 및 가족관계 등의 모든 사법관계에서 자유롭게 소유권을 누리고 계약관계를 맺을 수 있으며 친족관계를 형성할 수 있는 추상적이고 일반적인 자격, 즉 권리능력을 평등하게 인정하고 있다. 이와 같이 사법관계의 초석이 되는 사람의 권리능력은 그 취득시기가 무엇보다도 명확할 필요가 있고 동일한 법적 이념을 추구하는 세계 각국과도 보조를 맞추어야 할 것이다. 이렇게 볼 때, <*민법상 사람의 출생시기(태아가 모체로부터 전부 노출된 때)*(민법 제3조, 제762조, 제1000조 제3항)> 독일이나 스위스에서는 '출생의 완료'로서 사람의 권리능력이 시작됨을 명문으로 규정하고 있는 점, 그 밖에 태아가 사산한 경우에 그 망아에게 손해배상청구권을 인정하고 있는 입법례나 실무례를 찾아보기 어려운 점, 전부노출설이 비교적 명확하게 그 시기를 확정할 수 있는 점 등을 감안하면, 태아의 법적 보호를 위하여 불법행위에 기한 손해배상청구(민법 제762조), 재산상속(민법 제1000조 제3항) 등과 같이 개별적으로 특별규정을 두어 이미 출생한 것으로 보는 경우를 제외하고는, 우리 민법의 해석상으로도 사람의 출생시기를 태아가 모체로부터 전부 노출한 때를 기준으로 삼는 것이 타당하다고 할 것이다(대법원 1976. 9. 14. 선고 76다1365 판결 참조). 아울러 태아가 모체로부터 전부 노출되었다고 할지라도 이미 그 이전에 사망하였다면 비록 그 태아가 외관상 구조적인 이상이 없다고 할지라도 이미 생존하지 않는 사체에 불과하여 사람으로 평가될 수는 없으므로, 이와 다른 전제 위에 선 원고들의 위 주장은 받아들이기 어렵다.

다만, <*이 사건과 같이 태아가 모체로부터 분리되기 시작하여 주기적인 진통이 시작되었으나 그 이후 행하여진 분만상 과실로 인하여 전부 노출되지 못한 채 사망한 경우* (민법 제3조, 제750조, 제751조)> 전부노출설을 취할 경우 원고들이 적절히 지적한 바와 같이 이미 분만이 개시된 태아가 위험한 상황에 빠지는 것을 방치하거나 의료과오를 은폐하는 수단을 조장할 우려가 있는 점, 태아의 수정·성장 및 출산이라는 일련의 과정에서 보면 정상적으로 성장하여 분만이 개시된 단계에 이른 태아는 그 생명적 가치나 보호의 필요성이라는 측면에서 이미 출산을 마친 신생아 못지 아니한 점 등을 감안할 때, (분만중인 태아에 대하여는 사람으로서의 권리능력을 인정할 수 없지만,) 그 태아의 부모에 대한 의료과오로 인한 위자료를 산정함에 있어서 출산을 마친 직후 사망한 신생아의 손해에 대한 법적 평가액을 아울러 참작함이 상당하다고 할 것이다.

3. 태아의 권리능력
§ 3-3 태아의 법률상의 지위
❶ 대법원 1976. 9. 14. 선고 76다1365 판결 【손해배상】
(대법원 1982. 2. 9. 선고 81다534 판결)

사실관계

甲의 아내 A는 횡단보도를 건너다 乙 주식회사 소속 운전기사 B의 운전과실(음주운전)로 인하여 사망하였다. 그런데 A는 이 교통사고(불법행위) 당시 임신 8개월째였는데, 위 교통사고로 태아도 A와 함께 사망하였다. 이에 甲은 태아도 불법행위로 인한 손해배상청구권을 가진다고 하면서, 乙에 대하여 자신이 상속하게 된 태아의 손해배상청구권을 행사하여 손해배상을 청구하였다.

판결이유

<태아보호를 위한 입법주의> 사람은 생존하는 동안이라야 권리의무의 주체가 되나니 어머니 뱃속에 있는 태아는 권리능력이 있을 수 없다. 그러나 <U>태아를 보호할 필요가 있음을 숨길 수 없어 실정법에 있어서는 보호의 규정을 두고 있다</U>(일반적 보호주의와 개별주의). <U>우리 민법도 특정한 중요관계에서만 보호하고 있는 터로서 (민법 제762조 같은 것이 그런 것이다) 민법 제762조는 태아는 손해배상의 청구권에 관하여는 이미 출생한 것으로 본다고 규정하고 있다.</U>

<모체와 같이 사망한 태아에게 손해배상청구권을 인정할 수 있는지 여부 (민법 제3조, 제762조)> <U>특정한 권리에 있어서 태아가 이미 태어난 것으로 본다는 것은 무엇을 말하나 설사 태아가 권리를 취득한다 하더라도 현행법상 이를 대행할 기관이 없으니 태아로 있는 동안은 권리능력을 취득할 수 없으니, 살아서 출생한 때에 출생시기가 문제의 사건의 시기까지 소급하여 그 때에 태아가 출생한 것과 같이 법률상 보아준다고 해석하여야 상당하므로</U>(1949. 4. 9. 선고 4281민상197 당원 판결 참조, 법정정지조건설, 인격소급설), 원심이 이와 같은 취지에서 원고(갑)의 처(A)가 사고로 사망할 당시 임신 8개월된 태아가 있었음과 그가 모체와 같이 사망하여 출생의 기회를 못가진 사실을 인정하고, <U>살아서 태어나지 않은 이상 배상청구권을 논할 여지없다는 취의로 판단하여 이 청구를 배척한 조치는 정당하다. 또 설사 태아를 위한 법률관계의 보존을 위한 목적에서 태아중에도 출생한 것으로 인정되는 범위에서 제한적 권리능력을 주고 따라서 법정대리인에 의한 권리보전수단을 쓸 수 있으며 살아서 태어나지 않을 때엔 그 권리능력이 소급적으로 소멸한다고 보는 견해</U>(법정해제조건설, 제한적인격설)에 따른다고 하더라도 태아가 사산과 같은 경우인 본건에 있어서는 결론은 달라지지 아니한다.

논지는 태아가 태아 중에 얻은 권리는 태아가 불법행위로 사산될 경우는 그 권리

가 상속된다고 주장하고 또 이런 경우는 그 유족은 민법상 위자료청구를 할 수 있다고 주장하나 당원이 따르기를 꺼리는 바이다.

§ 3-4 태아의 손해배상청구권과 위자료청구권
❶ **대법원 1993. 4. 27. 선고 93다4663 판결 【손해배상(자)】**
(대법원 1968. 3. 5. 선고 67다2869 판결)

사실관계

乙은 1990. 9. 28. 운전 중 편도 3차선의 도로를 무단 횡단하던 甲(원고)을 치어 상해를 입혔는데, 위 사고 당시 甲의 아내 A는 태아 丙(원고)을 임신 중이었으며, 丙은 1991. 4. 23.에 출생하였다. 이에 丙도 甲과 함께 乙에 대하여 손해배상을 청구하였다.

판결이유

1. 피고소송대리인의 상고이유 제1 내지 제3의 각 점에 대한 판단

<u>원심은, 피고(을)가 자기를 위하여 자동차를 운행하는 자로서 그 운행으로 말미암아 원고 김O철(갑)을 부상하게 하였으므로 그 손해를 배상할 책임이 있다고 판시한 다음,</u> 피고(을)는 위 원고(갑)가 이 사건 교통사고가 일어난 도로의 1차선과 2차선 사이에 설치된 철책난간을 교각 바로 뒤에서 뛰어넘어 사고가 일어났는바, 피고(을)로서는 위와 같은 상황을 예상할 수는 없었던 것이므로 이 사건 교통사고는 원고의 일방적인 과실에 의하여 발생한 것이어서 피고(을)는 아무런 책임이 없다고 항변하지만, 위와 같은 사실을 인정할 증거가 없고, <u>다만 위 원고(갑)에게도 편도 3차선의 도로를 무단횡단한 과실이 있으므로 피고(을)가 배상하여야 할 손해액을 산정함에 있어서 이를 참작하기로 한다고 판시하였다.</u>

원고들 소송대리인이 제1심의 제4차 변론기일에서 진술한 1992. 5. 21.자 청구변경서에는 원고 김O철이 도로를 무단 횡단하였다고만 기재되어 있을 뿐, 소론과 같이 위 원고가 철책난간을 뛰어 넘어 도로를 횡단하였다고는 기재되어 있지 않을 뿐만 아니라, 관계증거를 기록과 대조하여 검토하여 보면, 원심의 위와 같은 인정판단은 정당한 것으로 수긍이 되고, 원심판결에 소론과 같이 심리를 제대로 하지 아니한 채 채증법칙을 위반하거나 자동차운전자의 과실에 관한 법리를 오해하여 사실을 잘못 인정한 위법이나 이유를 갖추지 못한 위법이 있다고 볼 수 없으므로, 논지는 이유가 없다.

2. 같은 상고이유 제4점에 대한 판단

사실관계가 원심이 적법하게 확정한 바와 같다면, 원심판결에 과실상계에 관한 법리를 오해한 위법이 있다고 볼 수 없을 뿐만 아니라, *<부가 교통사고로 상해를 입*

을 당시 태아이다가 출생한 자에게 부의 부상에 대한 위자료청구권이 있는지 여부 (적극) (민법 제752조, 제762조)> 태아도 손해배상의 청구권에 관하여는 이미 출생한 것으로 보는바, 원고 김O철*(갑)*이 이 사건 교통사고로 상해를 입을 당시는 원고 김O향*(병)*이 출생하지 아니하였다고 하더라도, 그 뒤에 출생한 이상 아버지인 원고 김O철*(갑)*의 부상으로 인하여 입게 될 정신적 고통에 대한 위자료를 청구할 수 있을 것이므로, 논지도 받아들일 것이 못된다.

§ 3-5 태아의 수증능력

❶ 대법원 1982. 2. 9. 선고 81다534 판결 【토지소유권이전등기말소등기등】

사실관계

X 대지를 소유하고 있는 戊는 1941. 6. 1 그 아들 들인 乙(장남 김도O)과 A(김낙O), B(김채O), C(김석O) 및 당시 잉태 중이던 甲 등 5인에게 X 대지를 분할하여 특정하지는 않고 생전증여하였다. 戊는 같은 해 9. 5. 사망하였으며, 甲은 1942. 1. 14. 남아로 출생하였다. 그런데 乙이 X 대지에 관하여 1946. 4. 24. 상속을 원인으로 자기 앞으로 소유권이전등기를 경료하였고, 다시 증여를 원인으로 자신의 넷째 아들 丙 명의로 이전등기하였다. 甲은 X 대지가 戊의 생전행위로 아들들에게 증여된 재산이므로 乙이 공유지분등기를 하지 않고 상속한 것처럼 자기 앞으로 이전등기한 뒤 丙과 통정하여 가장으로 양도하였으므로 위 각 등기는 원인무효라고 주장하면서, 乙과 丙을 상대로 위 양도된 등기의 말소와 동시에 5분의 1 지분에 대한 이전등기절차의 이행을 구하는 소를 제기하였다.

판결이유

1. 피고들 소송대리인의 상고이유 제1점을 본다.
(1) 원심은, 소외 망 김O철*(戊)*이 1941.6.1 그 아들 들인 피고 김도O*(乙)*, 소외 김낙O*(A)*, 같은 김채O*(B)*, 같은 김석O*(C)* 및 당시 잉태 중이던 원고*(갑)* 등 5인에게 이 사건 대지를 증여하고 같은 해 9. 5 사망한 뒤 원고*(갑)*가 남아로 태어난 사실을 인정한 다음, 태아도 그 어머니의 대리행위를 통하여 증여를 받을 능력이 있다는 전제아래 증여받은 위 1/5지분에 대한 원고의 지분이전등기청구를 인용하였다.
(2) 그러나, **<태아의 수증능력 유무 및 법정대리인에 의한 수증행위의 가부(소극)** *(민법 제3조)>* 현행 민법이 태아의 권리능력에 관하여 개별주의를 취하고 있는 것과 마찬가지로 이 사건 증여행위가 있은 당시에 시행되던 조선민사령에 의한 의용 민법이나 구관습(이하, 구법이라 약칭한다) 아래에서도 태아에게는 일반적으로 권리능력이 인정되지 아니하고 손해배상청구권(위 의용 민법 제721조 참조) 또는 상속 (당원 1949. 4. 9 선고 4281민상 제197 판결 참조) 등 특별한 경우에 한하여 제한

된 권리능력을 인정하였을 따름이었으며 증여에 관하여는 태아의 수증능력을 인정하는 구법상 근거가 없다.

더우기 증여는 구법하에서도 증여자와 수증자 간의 계약으로서 수증자의 승낙을 요건으로 하는 것이므로 태아에 대한 증여에 있어서도 태아의 수증행위가 필요한 것인바, 구법하에서 개별적으로 태아의 권리능력이 인정되는 경우에도 그 권리능력은 태아인 동안에는 없고, 살아서 출생하면 문제된 사건의 시기까지 소급하여 그때에 출생한 것과 같이 법률상 간주되었던 것이므로(위 당원 판결 참조), 태아인 동안에는 법정대리인이 있을 수 없고, 따라서 법정대리인에 의한 수증행위도 불가능한 것이어서 증여와 같은 쌍방행위가 아닌 손해배상청구권의 취득이나 상속 또는 유증의 경우를 유추하여 태아의 수증능력을 인정할 수 없는 것이다.

(3) 그럼에도 불구하고, 원심이 태아로서의 원고에 대한 증여가 그 어머니의 대리에 의하여 유효하게 이루어진 것으로 판단하였음은 태아의 권리능력에 관한 법리를 오해하여 판결결과에 영향을 미친 위법이 있으므로 이 점에 관한 논지는 이유 있다.

§ 3-6 사인증여

❶ 대법원 1996. 4. 12. 선고 94다37714, 37721 판결 【소유권이전등기·토지인도 등】

(대법원 2001. 9. 14. 선고 2000다66430, 66447 판결)

사실관계

경기도 소재 X 토지에 관하여 1954. 5. 11. A(소외 유O동) 명의로 소유권이전등기가 경료된 후 A가 1968. 8. 2. 사망하였고, 그의 아내인 乙과 자녀들이 공동재산상속인들로서 같은 날 X 토지를 乙 단독 소유로 하기로 합의하여 위 협의분할에 의한 재산상속을 원인으로 1990. 5. 8. 乙 앞으로 소유권이전등기가 경료되다. 한편 B(소외 김O년)는 X 토지의 소재지에서 C(소외 신O휴)와 혼인하여 아들 둘을 낳고 살았는데 C가 사망하고, 아들들마저 6·25 전쟁 등 전사하였으며, 그 후 전몰 군경 유독으로서 국가로부터 지급받은 연금을 모아, X 토지 소재지 마을에 살다가 타지로 이사가는 A로부터 1955. 1. 31. X 토지를 매수하였고, 그 후 B는 그의 시숙인 C1(소외 신대O)의 아들인 D(소외 신O우)를 데려와 X 토지를 경작케 하며 같이 살다가 자신이 사망하면 그의 재산을 모두 D에게 주기로 포괄적인 사인증여를 하고 1960. 9.경 사망하였다. D는 X 토지를 경작하다가 1989. 12. 15. 사망하여 甲 등(아내인 라O련, 자녀들)이 공동으로 재산상속을 하였다. 이에 甲 등은 X 토지의 매수인인 B의 포괄적 사인증여에 의하여 X 토지는 D에게 포괄적으로 승계되었다가 다시 자신들에게 상속되었다고 주장하면서 A로부터 X 토지를 단독상속한 乙에 대하여 X 토지 중 자신들의 각 법정상속분에 따른 지분에 관하여 1955. 1. 31. 자 매매를 원인으로 한 소유권이전등기절차의 이행을 청구하였다.

판결이유

1. 원심판결 이유에 의하면 원심은, 본소청구에 대하여, 그 내세운 증거에 의하여 원심판시 청구취지 기재의 토지(이하, 이 사건 토지라고만 한다)에 관하여 1954. 5. 11. 소외 유O종 명의로 소유권이전등기가 된 후, 위 유O종이 1968. 8. 2. 사망하였고, 그의 처인 피고와 자녀들인 소외 유O성 등 공동재산상속인들이 같은 날 위 토지를 피고 단독 소유로 하기로 합의하여 위 협의분할에 의한 재산상속을 원인으로 1990. 5. 8. 피고 앞으로 소유권이전등기가 된 사실, 한편 소외 김O년은 이 사건 토지의 소재지인 경기 남양주군에서 소외 신O휴와 혼인하여 아들 둘을 낳고 살았는데 위 신O휴가 사망하고, 아들들마저 6·25 전쟁 중 전사한 사실, 그 후 전몰 군경 유족으로서 국가로부터 지급받은 연금을 모아, 위 마을에 살다가 타지로 이사가는 소외 유O종으로부터 1955. 1. 31.경 위 토지를 매수한 사실, 그 후 위 김O년은 그의 시숙인 소외 신대O의 아들인 소외 신O우를 데려와 위 토지를 경작케 하며 같이 살다가 일자불상경 자신이 사망하면 그의 재산을 모두 위 신O우에게 주기로 포괄적인 사인증여를 하고 1960. 9.경 사망한 사실 및 위 신O우는 위 토지 등을 경작하다가 1989. 12. 15. 사망하여 처인 원고 라O련과 자녀들인 나머지 원고들이 공동으로 재산상속을 한 사실을 인정한 다음, 위 인정사실에 의하면 위 김O년(B)의 이 사건 토지 매수인으로서의 지위는 위 포괄적 사인증여에 의하여 위 신O우(D)에게 포괄적으로 승계되었다가 다시 원고들(갑 등)에게 상속되었다고 할 것이고, 피고(을)는 상속재산 협의분할에 의하여 위 유O종(A)으로부터 이 사건 토지를 단독으로 상속함으로써 위 토지에 관한 매도인으로서의 지위도 단독상속하였다고 할 것이므로, 피고(을)는 원고들(갑 등)에게 이 사건 토지 중 원고들(갑 등)의 각 법정상속분에 따른 지분에 관하여 위 1955. 1. 31.자 매매를 원인으로 한 소유권이전등기절차를 이행할 의무가 있다고 판단하여 원고의 본소청구를 인용하고, 반면 이 사건 토지는 원래 소외 신O우가 소외 유O종으로부터 임차하였던 것이나 그 임대차기간이 만료하였음을 이유로 이 사건 토지의 인도와 1989. 1. 1.부터 인도시까지의 임료 상당의 손해배상을 구하는 피고의 반소청구에 대하여, 원심은, 앞에서 본 바와 같이 이 사건 토지는 위 김O년이 위 유O종으로부터 매수하여 대금까지 지급하고 인도받은 것으로서 원고들은 위 신O우를 거쳐 위 김O년의 지위를 승계받아 이를 점유 경작하고 있고 또 피고에 대하여 소유권이전등기청구권도 가지고 있으므로 원고들의 위 점유는 적법한 권원에 의한 것이라고 하여 원고들이 이 사건 토지를 권원 없이 점유하고 있음을 전제로 한 피고의 반소청구를 배척하였다. 원심의 위와 같은 각 사실인정은 기록에 비추어 정당한 것으로 보이고 거기에 상고이유의 주장과 같은 심리미진 및 채증법칙 위반으로 인한 사실오인의 위법이 없다. 그리고 <유증의 방식에 관한 민법 제1065조 내지 제1072조가 사인증여에 준

용되는지 여부(소극) (민법 제562조, 제1065조, 제1066조, 제1067조, 제1068조, 제1069조, 제1070조)> 민법 제562조는 사인증여에 관하여는 유증에 관한 규정을 준용하도록 규정하고 있지만, 유증의 방식에 관한 민법 제1065조 내지 제1072조는 그것이 단독행위임을 전제로 하는 것이어서 계약인 사인증여에는 적용되지 아니한다고 보아야 할 것이므로 원심이 유증증서의 방식에 의하지 아니한 사인증여를 위와 같이 다른 증거에 의하여 인정하였다고 하여 위법하다고 할 수 없다. 이 점에 관한 상고이유의 주장도 이유 없다.

2. <*포괄유증의 효력에 관한 민법 제1078조가 포괄적 사인증여에도 준용되는지 여부(소극)* (민법 제562조, 제1078조)> 민법 제562조가 사인증여에 관하여 유증에 관한 규정을 준용하도록 규정하고 있다고 하여, 이를 근거로 포괄적 유증을 받은 자는 상속인과 동일한 권리의무가 있다고 규정하고 있는 민법 제1078조가 포괄적 사인증여에도 준용된다고 해석하면 포괄적 사인증여에도 상속과 같은 효과가 발생하게 된다. 그러나 포괄적 사인증여는 낙성·불요식의 증여계약의 일종이고, 포괄적 유증은 엄격한 방식을 요하는 단독행위이며, 방식을 위배한 포괄적 유증은 대부분 포괄적 사인증여로 보여질 것인바, 포괄적 사인증여에 민법 제1078조가 준용된다면 양자의 효과는 같게 되므로, 결과적으로 포괄적 유증에 엄격한 방식을 요하는 요식행위로 규정한 조항들은 무의미하게 될 것이다. 따라서 민법 제1078조가 포괄적 사인증여에 준용된다고 하는 것은 사인증여의 성질에 반한다고 할 것이어서 준용되지 아니한다고 해석함이 상당하다.

그렇다면 <*사안의 경우*> 원고들*(갑 등)*은 위 김O년*(B)*의 재산상속인에게 위 김O년*(B)*의 사인증여 계약상의 의무이행을 청구하여야 하고, 만일 위 김O년*(B)*의 상속인이 없으면, 상속재산 청산절차에서 위 사인증여 계약상의 채권을 신고하여 이를 변제(채권양도)받아 이 사건 토지의 매도인의 재산상속인인 피고*(을)*에 대하여 소유권이전등기절차이행의 청구를 할 수 있음은 별론으로 하고, 원심이 소외 김O년*(B)*의 이 사건 토지 매수인으로서의 지위가 포괄적 사인증여에 의하여 소외 신O우*(D)*에게 상속의 경우와 같이 포괄적으로 승계되었다고 보아 원고들*(갑 등)*의 이 사건 주위적 본소 청구를 인용하였음은 포괄적 사인증여에 관한 법리를 오해하여 판결결과에 영향을 미친 위법이 있다고 할 것이다.

4. 권리능력의 종기

§ 3-7 연명치료의 중단

❶ 대법원 2009. 5. 21. 선고 2009다17417 전원합의체 【무의미한연명치료장치제거등】

1. 연명치료 중단의 허용기준에 관한 상고이유에 대하여

가. 의료계약에 따른 진료의무의 내용

<의료계약에 따른 진료의무의 내용 (헌법 제10조; 민법 제680조)**>** 환자가 의사(의사) 또는 의료기관(이하 '의료인'이라 한다)에게 진료를 의뢰하고, 의료인이 그 요청에 응하여 치료행위를 개시하는 경우에 의료인과 환자 사이에는 의료계약이 성립된다. 의료계약에 따라 의료인은 질병의 치료 등을 위하여 모든 의료지식과 의료기술을 동원하여 환자를 진찰하고 치료할 의무를 부담하며 이에 대하여 환자 측은 보수를 지급할 의무를 부담한다.

질병의 진행과 환자 상태의 변화에 대응하여 이루어지는 가변적인 의료의 성질로 인하여, 계약 당시에는 진료의 내용 및 범위가 개괄적이고 추상적이지만, 이후 질병의 확인, 환자의 상태와 자연적 변화, 진료행위에 의한 생체반응 등(이하 '환자의 건강상태 등'이라 한다)에 따라 제공되는 진료의 내용이 구체화되므로, 의료인은 환자의 건강상태 등과 당시의 의료수준 그리고 자기의 지식경험에 따라 적절하다고 판단되는 진료방법을 선택할 수 있는 상당한 범위의 재량을 가진다(대법원 1992. 5. 12. 선고 91다23707 판결, 대법원 2007. 5. 31. 선고 2005다5867 판결 등 참조).

그렇지만 환자의 수술과 같이 신체를 침해하는 진료행위를 하는 경우에는 질병의 증상, 치료방법의 내용 및 필요성, 발생이 예상되는 위험 등에 관하여 당시의 의료수준에 비추어 상당하다고 생각되는 사항을 설명하여 당해 환자가 그 필요성이나 위험성을 충분히 비교해 보고 그 진료행위를 받을 것인지의 여부를 선택하도록 함으로써 그 진료행위에 대한 동의를 받아야 한다(대법원 1994. 4. 15. 선고 92다25885 판결; 대법원 2002. 10. 25. 선고 2002다48443 판결 등 참조). 환자의 동의는 헌법 제10조에서 규정한 개인의 인격권과 행복추구권에 의하여 보호되는 자기결정권을 보장하기 위한 것으로서, 환자가 생명과 신체의 기능을 어떻게 유지할 것인지에 대하여 스스로 결정하고 진료행위를 선택하게 되므로, 의료계약에 의하여 제공되는 진료의 내용은 의료인의 설명과 환자의 동의에 의하여 구체화된다고 할 수 있다.

나. 생명과 관련된 진료의 거부 또는 중단

자기결정권 및 신뢰관계를 기초로 하는 의료계약의 본질에 비추어 강제진료를 받아야 하는 등의 특별한 사정이 없는 한 환자는 자유로이 의료계약을 해지할 수 있다 할 것이며(민법 제689조 제1항), 의료계약을 유지하는 경우에도 환자의 자기결정권이 보장되는 범위 내에서는 제공되는 진료행위의 내용 변경을 요구할 수 있을 것이다.

따라서 환자의 신체 침해를 수반하는 구체적인 진료행위가 환자의 동의를 받아 제공될 수 있는 것과 마찬가지로, 그 진료행위를 계속할 것인지 여부에 관한 환자의 결정권 역시 존중되어야 하며, 환자가 그 진료행위의 중단을 요구할 경우에 원칙적으로 의료인은 이를 받아들이고 다른 적절한 진료방법이 있는지를 강구하여야 할 것이다.

그러나 인간의 생명은 고귀하고 생명권은 헌법에 규정된 모든 기본권의 전제로서 기능하는 기본권 중의 기본권이라 할 것이므로, 환자의 생명과 직결되는 진료행위를 중단할 것인지 여부는 극히 제한적으로 신중하게 판단하여야 한다.

다. 회복불가능한 사망 단계에 진입한 환자에 대한 진료중단의 허용 요건

(1) **<연명치료 중단의 허용 기준** *(헌법 제10조; 민법 제12조, 제680조, 제689조 제1항, 제947조; 장기등 이식에 관한 법률 제3조 제4호, 제39조; 응급의료에 관한 법률 제2조, 제3조, 제6조 제2항, 제9조 제2항; 응급의료에 관한 법률 시행규칙 제2조)>* 의학적으로 환자가 의식의 회복가능성이 없고 생명과 관련된 중요한 생체기능의 상실을 회복할 수 없으며 환자의 신체상태에 비추어 짧은 시간 내에 사망에 이를 수 있음이 명백한 경우(이하 '회복불가능한 사망의 단계'라 한다)에 이루어지는 진료행위(이하 '연명치료'라 한다)는 원인이 되는 질병의 호전을 목적으로 하는 것이 아니라 질병의 호전을 사실상 포기한 상태에서 오로지 현 상태를 유지하기 위하여 이루어지는 치료에 불과하므로, 그에 이르지 아니한 경우와는 다른 기준으로 진료중단 허용 가능성을 판단하여야 한다.

환자가 회복불가능한 사망의 단계에 진입한 경우, 환자는 전적으로 기계적인 장치에 의존하여 연명하게 되고, 전혀 회복가능성이 없는 상태에서 결국 신체의 다른 기능까지 상실되어 기계적인 장치에 의하여서도 연명할 수 없는 상태에 이르기를 기다리고 있을 뿐이므로, 의학적인 의미에서는 치료의 목적을 상실한 신체 침해 행위가 계속적으로 이루어지는 것이라 할 수 있으며, 이는 죽음의 과정이 시작되는 것을 막는 것이 아니라 자연적으로는 이미 시작된 죽음의 과정에서의 종기를 인위적으로 연장시키는 것으로 볼 수 있다.

생명권이 가장 중요한 기본권이라고 하더라도 인간의 생명 역시 인간으로서의 존엄성이라는 인간 존재의 근원적인 가치에 부합하는 방식으로 보호되어야 할 것이다. 따라서 이미 의식의 회복가능성을 상실하여 더 이상 인격체로서의 활동을 기대할 수 없고 자연적으로는 이미 죽음의 과정이 시작되었다고 볼 수 있는 회복불가능한 사망의 단계에 이른 후에는, 의학적으로 무의미한 신체 침해 행위에 해당하는 연명치료를 환자에게 강요하는 것이 오히려 인간의 존엄과 가치를 해하게 되므로, 이와 같은 예외적인 상황에서 죽음을 맞이하려는 환자의 의사결정을 존중하여 환자의 인간으로서의 존엄과 가치 및 행복추구권을 보호하는 것이 사회상규에 부합되고 헌법정신에도 어긋나지 아니한다고 할 것이다.

그러므로 회복불가능한 사망의 단계에 이른 후에 환자가 인간으로서의 존엄과 가치 및 행복추구권에 기초하여 자기결정권을 행사하는 것으로 인정되는 경우에는 특별한 사정이 없는 한 연명치료의 중단이 허용될 수 있다.

(2) 환자가 회복불가능한 사망의 단계에 이르렀을 경우에 대비하여 미리 의료인에게 자신의 연명치료 거부 내지 중단에 관한 의사를 밝힌 경우(이하 '사전의료지시'라 한다)에는 비록 진료 중단 시점에서 자기결정권을 행사한 것은 아니지만 사전의료지시를 한 후 환자의 의사가 바뀌었다고 볼 만한 특별한 사정이 없는 한 사전의료지시에 의하여 자기결정권을 행사한 것으로 인정할 수 있다.

다만, 이러한 사전의료지시는 진정한 자기결정권 행사로 볼 수 있을 정도의 요건을 갖추어야 한다. 따라서 의사결정능력이 있는 환자가 의료인으로부터 직접 충분한 의학적 정보를 제공받은 후 그 의학적 정보를 바탕으로 자신의 고유한 가치관에 따라 진지하게 구체적인 진료행위에 관한 의사를 결정하여야 하며, 이와 같은 의사결정 과정이 환자 자신이 직접 의료인을 상대방으로 하여 작성한 서면이나 의료인이 환자를 진료하는 과정에서 위와 같은 의사결정 내용을 기재한 진료기록 등에 의하여 진료 중단 시점에서 명확하게 입증될 수 있어야 비로소 사전의료지시로서의 효력을 인정할 수 있다.

환자 본인의 의사에 따라 작성된 문서라는 점이 인정된다고 하더라도, 의료인을 직접 상대방으로 하여 작성하거나 의료인이 참여한 가운데 작성된 것이 아니라면, 환자의 의사결정능력, 충분한 의학적 정보의 제공, 진지한 의사에 따른 의사표시 등의 요건을 갖추어 작성된 서면이라는 점이 문서 자체에 의하여 객관적으로 확인되지 않으므로 위 사전의료지시와 같은 구속력을 인정할 수 없고, 아래에서 보는 바와 같이 환자의 의사를 추정할 수 있는 객관적인 자료의 하나로 취급할 수 있을 뿐이다.

(3) 한편, 환자의 사전의료지시가 없는 상태에서 회복불가능한 사망의 단계에 진입한 경우에는 환자에게 의식의 회복가능성이 없으므로 더 이상 환자 자신이 자기결정권을 행사하여 진료행위의 내용 변경이나 중단을 요구하는 의사를 표시할 것을 기대할 수 없다. 그러나 환자의 평소 가치관이나 신념 등에 비추어 연명치료를 중단하는 것이 객관적으로 환자의 최선의 이익에 부합한다고 인정되어 환자에게 자기결정권을 행사할 수 있는 기회가 주어지더라도 연명치료의 중단을 선택하였을 것이라고 볼 수 있는 경우에는 그 연명치료 중단에 관한 환자의 의사를 추정할 수 있다고 인정하는 것이 합리적이고 사회상규에 부합된다.

이러한 환자의 의사 추정은 객관적으로 이루어져야 한다. 따라서 환자의 의사를 확인할 수 있는 객관적인 자료가 있는 경우에는 반드시 이를 참고하여야 하고, 환자가 평소 일상생활을 통하여 가족, 친구 등에 대하여 한 의사표현, 타인에 대한 치료를 보고 환자가 보인 반응, 환자의 종교, 평소의 생활 태도 등을 환자의 나이, 치료의 부작용, 환자가 고통을 겪을 가능성, 회복불가능한 사망의 단계에 이르기까지의 치료 과정, 질병의 정도, 현재의 환자 상태 등 객관적인 사정과 종합하여 환자가 현재의 신체상태에서 의학적으로 충분한 정보를 제공받는 경우 연명치료 중단을 선택하였을 것이라고 인정되는 경우라야 그 의사를 추정할 수 있을 것이다.
(4) 환자 측이 직접 법원에 소를 제기한 경우가 아니라면, 환자가 회복불가능한 사망의 단계에 이르렀는지 여부에 관하여는 전문의사 등으로 구성된 위원회 등의 판단을 거치는 것이 바람직하다.
라. 이 사건에 대한 판단
원심판결 이유에 의하면, 원심은 환자가 회생가능성이 없는 회복불가능한 사망과정에 진입한 경우에 환자의 진지하고 합리적인 치료중단 의사가 추정될 수 있다면 사망과정의 연장에 불과한 진료행위를 중단할 수 있다는 취지로 판단하였는바, 원심이 연명치료 중단의 기준으로 삼은 위와 같은 사유는 위에서 살펴 본 회복불가능한 사망의 단계에 이른 경우의 연명치료 중단에 관한 법리와 같은 취지이므로 정당하고, 거기에 연명치료 중단의 허용기준에 관한 법리를 오해한 위법이 없다.
2. 원고가 회복불가능한 사망의 단계에 진입하지 않았다는 상고이유에 대하여
앞서 본 바와 같이 **<연명치료 중단의 요건으로서 환자가 회복불가능한 사망의 단계에 진입하였고 연명치료 중단을 구하는 환자의 의사를 추정할 수 있다고 한 사례** (헌법 제10조, 민법 제680조, 제689조 제1항)> 환자의 추정적 의사에 의하여 연명치료의 중단이 허용될 수 있는 회복불가능한 사망의 단계는 의식의 회복가능성이 없고 생명과 관련된 중요한 생체기능의 상실을 회복할 수 없으며, 환자의 신체상태에 비추어 짧은 시간 내에 사망에 이를 수 있음이 명백한 경우를 의미하는바, 그 단계에 이르렀는지 여부는 주치의의 소견뿐 아니라 사실조회, 진료기록 감정 등에 나타난 다른 전문의사의 의학적 소견을 종합하여 신중하게 판단하여야 한다.
원심은 거시 증거를 종합하여 원고에 대한 뇌 자기공명영상(MRI) 검사에서 뇌가 전반적으로 심한 위축을 보이고 대뇌피질의 요철이 단지 가느다란 띠 형상으로 보일 정도로 심하게 파괴되어 있으며 기저핵 시상(시상)의 구조가 보이지 아니하고 뇌간 및 소뇌도 심한 손상으로 위축되어 있는 사실, 원고의 담당 주치의는 원고에게 자발호흡은 없지만 뇌사상태는 아니며 지속적 식물인간상태로서 의식을 회복할 가능성은 매우 낮아 5% 미만이라는 견해를 피력하였으나, 진료기록 감정의는 원고가 자발호흡이 없어 일반적인 식물인간상태보다 더 심각하여 뇌사상태에 가깝고 회복가능성은 거의 없다고 하고 있으며, 신체감정의들도, 모두 원고가 지속적 식물인간상태로서 회생가능성이 희박하다는 취지의 견해를 밝히고 있는 사실, 자발호흡이 없어 인공호흡기에 의하여 생명이 유지되는 상태인 사실을 각 인정한 후, 원고가 회복불가능한 사망의 단계에 진입하였다고 판단하였다.
이러한 원심의 판단은 위의 법리에 따른 것으로서 수긍할 수 있고, 거기에 상고이유에서 주장하는 바와 같은 의료행위의 재량성에 대한 법리오해 등의 위법이 없다.
3. 원고의 진료중단을 구하는 의사가 추정되지 않는다는 상고이유에 대하여
원심은 거시 증거를 종합하여 원고가 독실한 기독교 신자로서 15년 전 교통사고로

팔에 상처가 남게 된 후부터는 이를 남에게 보이기 싫어하여 여름에도 긴 팔 옷과 치마를 입고 다닐 정도로 항상 정갈한 모습을 유지하고자 하였던 사실, 텔레비전을 통해 병석에 누워 간호를 받으며 살아가는 사람의 모습을 보고 "나는 저렇게까지 남에게 누를 끼치며 살고 싶지 않고 깨끗이 이생을 떠나고 싶다"라고 말하였던 사실, 3년 전 남편의 임종 당시 며칠 더 생명을 연장할 수 있는 기관절개술을 거부하고 그대로 임종을 맞게 하면서 "내가 병원에서 안 좋은 일이 생겨 소생하기 힘들 때 호흡기는 끼우지 말라. 기계에 의하여 연명하는 것은 바라지 않는다"고 말한 사실 등 일상생활에서의 대화 및 원고의 현 상태 등 여러 사정을 종합하여, <u>원고가 현재의 상황에 관한 정보를 충분히 제공받았을 경우 원고에게 현재 시행되고 있는 연명치료를 중단하고자 하는 의사가 있었을 것으로 추정하였다.</u>

<u>원심의 이와 같은 조치는 위에서 본 회복불가능한 사망의 단계에 이르렀을 경우의 환자의 자기결정권 및 환자 의사 추정에 관한 법리에 부합되는 것으로서 수긍할 수 있고</u>, 거기에 상고이유에서 주장하는 바와 같은 헌법 위반이나 법리오해 등의 위법이 없다.

4. 결 론

그러므로 상고를 기각하고, 상고비용은 패소자가 부담하기로 하여 주문과 같이 판결한다. 이 판결에는 원고가 회복불가능한 사망의 단계에 들어섰고 연명치료 중단의 의사가 추정되는지 여부에 대한 대법관 안대희, 대법관 양창수의 반대의견과 연명치료 중단의 허용기준에 대한 대법관 이홍훈, 대법관 김능환의 반대의견이 있는 외에는 관여 법관들의 의견이 일치하였고, 다수의견에 대한 대법관 김지형, 대법관 차한성의 보충의견 및 연명치료 중단의 절차에 대한 대법관 김지형, 대법관 박일환의 별개의견이 있다.

II. 의사능력

1. 의사능력 여부의 판단

§ 3-8 의사능력의 의의 및 판단기준, 부당이득반환에 관한 제141조 단서의 유추적용

❶ *(§ 3-9-2* ❶*)* 대법원 2009. 1. 15. 선고 2008다58367 판결 【채무부존재확인】

> **사실관계**
>
> 甲은 2003. 11. 20. 乙(농협조합)로부터 5,000만 원을 차용하는 내용의 대출거래약정을 체결하면서 이를 담보하기 위해 甲 소유의 부동산에 대해 채권최고액을 6,500만 원으로 하는 乙

명의의 근저당권설정등기를 경료하였다. 위 대출 당시 甲의 지인인 A(소외 1)가 甲과 함께 乙 조합을 방문하여 대출거래약정서와 근저당권설정계약서에 甲을 대신하여 서명 날인한 뒤 위 대출금 5,000만 원을 수령하여 자신의 아들인 B(소외 2)의 사업자금으로 사용하였고, 이후 한동안 위 대출금에 대한 월 이자를 변제하였다. 그러나 A는 위 대출금 5,000만 원을 받아 아들 B(소외 2)의 사업자금에 모두 사용한 뒤 B를 차용인으로, A를 연대보증인으로 한 차용증을 甲에게 교부한 바 있으나 현재는 그 원리금을 제대로 변제하기 어려운 형편이다. 한편 甲은 초등학교 1학년 때인 1962년경 원인불명의 열병을 앓은 후부터 언어 및 정신적 장애를 겪게 되어 초등학교를 중간에 그만두고 현재까지 가족들의 도움을 받으며 생활하고 있다. 그런데 甲에 대한 신체감정 결과에 따르면, 甲의 지능은 64로서 '정신지체'의 범주에 속하는 지적 능력을 가지고 있고, 사회적 연령은 7세, 의사소통 영역은 5.14 내지 6.19세, 작업 영역은 7.54 내지 10.4세 정도에 해당하며, 언어능력에 있어 일상적인 질문에 대해 말로는 전혀 답을 하지 못하고 동작으로만 "예, 아니오"의 대답이 가능하여 내용전달이 전혀 안 되는 수준이다. 이에 甲은 乙과의 대출거래약정과 근저당권설정계약이 자신의 의사능력이 흠결된 상태에서 체결된 것으로서 무효라고 주장하면서, 乙을 상대로 근정당권설정등기의 말소를 청구하였다. 이 소송에서 乙은 대출거래약정 등이 무효라 하더라도 甲이 근저당권설정등기를 말소받음과 동시에 자신에게서 위 대출받은 5,000만원을 부당이득으로서 반환해야 한다고 항변하였다.

판결이유

1. 원심의 판단
……

원심은 위 인정 사실에 터잡아, 원고(갑)는 이 사건 대출거래약정 및 근저당권설정의 법률적인 의미와 그로 인하여 자신이 부담하게 될 법적인 책임을 정상적인 인식력과 예기력을 바탕으로 합리적으로 판단할 수 있는 정신적 능력을 갖추고 있었다고 볼 수 없으므로, 원고(갑)와 피고(을) 조합 사이의 이 사건 대출거래약정과 근저당권설정계약은 의사능력이 흠결된 상태에서 체결된 것으로서 무효이고, 따라서 이를 원인으로 하는 이 사건 근저당권설정등기도 원인무효로서 말소되어야 한다고 판단한 다음, 원고(갑)가 이 사건 대출원리금 중 일부를 상환함으로써 이 사건 대출거래약정 등을 추인하였다거나, 가사 이 사건 대출거래약정 등이 무효라 하더라도 원고(갑)는 이 사건 근저당권설정등기를 말소받음과 동시에 피고(을) 조합에게 위 대출받은 5,000만 원을 부당이득으로서 반환해야 한다는 피고(을) 조합의 항변들을 모두 배척함으로써, 원고의 청구를 인용한 제1심판결의 결론을 그대로 유지하였다.

2. 상고이유 제1점
<어떤 법률행위에 특별한 법률적 의미나 효과가 부여되어 있는 경우, 의사능력이

인정되기 위하여 그 행위의 법률적 의미나 효과를 이해할 수 있어야 하는지 여부 (적극) (민법 제9조, 제13조)> 의사능력이란 자신의 행위의 의미나 결과를 정상적인 인식력과 예기력을 바탕으로 합리적으로 판단할 수 있는 정신적 능력 내지는 지능을 말하는 것으로서, 의사능력의 유무는 구체적인 법률행위와 관련하여 개별적으로 판단되어야 할 것이므로(대법원 2002. 10. 11. 선고 2001다10113 판결 참조: *직접 금융기관을 방문하여 5천만 원을 대출받고 금전소비대차약정서 및 근저당권설정계약서에 날인한 자가 어릴 때부터 지능지수가 낮아 정규교육을 받지 못한 채 가족의 도움으로 살아왔고, 위 계약일 2년 8개월 후 실시된 신체감정결과 지능지수는 73, 사회연령은 6세 수준으로서 이름을 정확하게 쓰지 못하고 간단한 셈도 불가능하며, 본래 지능수준도 이와 크게 다르지 않을 것으로 추정된다는 감정결과가 나온 경우, 위 계약 당시 결코 적지 않은 금액을 대출 받고 이에 대하여 자신 소유의 부동산을 담보로 제공함으로써 만약 대출금을 변제하지 못할 때에는 근저당권의 실행으로 인하여 소유권을 상실할 수 있다는 일련의 법률적인 의미와 효과를 이해할 수 있는 의사능력을 갖추고 있었다고 볼 수 없고, 따라서 위 계약은 의사능력을 흠결한 상태에서 체결된 것으로서 무효라고 본 사례*), 특히 어떤 법률행위가 그 일상적인 의미만을 이해하여서는 알기 어려운 특별한 법률적인 의미나 효과가 부여되어 있는 경우 의사능력이 인정되기 위하여는 그 행위의 일상적인 의미뿐만 아니라 법률적인 의미나 효과에 대하여도 이해할 수 있을 것을 요한다(대법원 2006. 9. 22. 선고 2006다29358 판결 참조: *지능지수가 58로서 경도의 정신지체 수준에 해당하는 38세의 정신지체 3급 장애인이 2,000만원이 넘는 채무에 대하여 연대보증계약을 체결한 사안에서, 연대보증계약 당시 그 계약의 법률적 의미와 효과를 이해할 수 있는 의사능력이 없었다고 본 사례*).

원심이 채용한 증거들을 기록에 비추어 살펴보면, 원고(갑)의 의사무능력에 관한 원심의 사실인정과 판단은 정당하고 위 법리에도 부합하는 것으로서 수긍할 수 있다 할 것인바, 거기에 상고이유에서 주장하는 바와 같은 채증법칙 위배 또는 법리오해의 위법이 없다.

3. 상고이유 제2점

원심은, 대출원리금 중 일부가 상환되었다는 사실만으로는 원고(갑)가 이 사건 대출거래약정 등이 무효임을 알면서 이를 추인하였다고 인정하기에 부족하고, 달리 이를 인정할 증거가 없다는 이유로 피고 조합의 위 추인항변을 배척하였는바, 기록에 비추어 살펴보면, 원심의 이 부분 사실인정과 판단 또한 정당한 것으로 볼 수 있고, 달리 채증법칙 위배나 법리오해, 판단유탈 등의 위법이 있다 할 수 없으므로, 이 부분 상고논지 또한 이유 없다.

❷ **대법원 2022. 5. 26. 선고 2019다213344 판결 [대여금] 〈지적장애를 가진 사람의 의사능력이 문제된 사건〉**

사실관계

신용대출 또는 담보대출 등을 목적으로 설립된 회사인 甲은 2015. 7.경 乙과의 사이에, 乙에게 굴삭기의 구입자금으로 대출원금 88,000,000원을 대출금리 연 11.9%, 대출기간 48개월, 월납입금 2,313,059원(원리금균등상환)으로 정하여 대출하는 내용의 일반대출약정을 체결하고, 2015. 7. 6. 대출금 중 인지대를 공제한 8,796만 5,000원을 굴삭기 공급자 丙에게 직접 지급하였다. 위 굴삭기에 관하여 2015. 7. 9. 乙 명의의 소유권이전등록이 마쳐졌다. 그런데 위 대출약정에 따른 연체금이 발생하자 甲은 2015. 11. 2. 乙에게 전화로 '익일까지 위 대출약정에 따른 연체금을 변제하지 아니하면 차량 인도절차를 진행하겠다'는 내용을 고지하였다. 한편 乙은 2005. 10. 12. 지적장애 3급의 장애인으로 등록하였고, 2013. 5. 20. '지능지수 70, 사회발달연령 7세 8개월, 사회성숙지수 43'의 장애진단을 받았다. 위 대출약정 이후 乙에 대한 성년후견 개시가 청구되어 2017. 1. 18. 乙에 대해 한정후견이 개시되었다. 그 심판 절차에서 2016. 10. 31.부터 2016. 11. 24.까지 이루어진 乙에 대한 정신상태 감정 결과 '지능지수 52, 사회지수 50(사회연령 9세)'이라는 진단을 받았고, '학습이나 문제해결을 위한 기본적인 지적능력뿐만 아니라 일상생활에서의 사회 적응 수준이 해당 연령에 비해 매우 부족하고, 사회적 규범에 대한 이해가 부족하며, 비합리적 방식의 의사결정 가능성이 높아 정신적 제약으로 사무를 처리할 능력이 매우 부족하다.'는 평가를 받았다. 乙이 위 대출약정에 기한 대출금채무를 연체하자, 甲은 乙을 상대로 대출원리금의 지급을 구하는 소를 제기하였다. 이에 대해 乙은 위 대출약정 당시 의사능력이 없었으므로 위 대출약정은 무효라고 다투었다.

판결이유

......

2. 원심판단
원심은 이 사건 대출약정 당시 피고(을)가 인지·판단능력이 현저히 결여되어 독자적으로 자기 의사를 결정할 수 없는 의사무능력 상태에 있었다고 인정하기 어렵다는 이유로, 피고(을)의 의사무능력 주장을 배척하였다.

3. 대법원 판단

가. **<의사능력의 의의 및 판단기준** (민법 제9조 제1항, 제12조 제1항, 제14조의2 제1항)**>** 의사능력이란 자기 행위의 의미나 결과를 정상적인 인식력과 예기력을 바탕으로 합리적으로 판단할 수 있는 정신적 능력이나 지능을 말한다. 의사능력 유무는 구체적인 법률행위와 관련하여 개별적으로 판단해야 하고(대법원 2002. 10. 11. 선고 2001다10113 판결 참조), 특히 어떤 법률행위가 그 일상적인 의미만을 이해해서는 알기 어려운 특별한 법률적 의미나 효과가 부여되어 있는 경우 의사능력이 인정되기 위해서는 그 행위의 일상적인 의미뿐만 아니라 법률적인 의미나 효과에 대해서도 이해할 수 있어야 한다(대법원 2006. 9. 22. 선고 2006다29358 판결, 대

법원 2009. 1. 15. 선고 2008다58367 판결 등 참조).

<지적장애를 가진 사람에게 의사능력이 있는지 판단하는 기준> 장애인복지법 제2조 제2항 제2호, 장애인복지법 시행령 제2조 제1항 [별표 1] 제6호, 장애인복지법 시행규칙 제2조 제1항 [별표 1] 제6호에 따르면, 특별한 사정이 없는 한 지능지수가 70 이하인 사람은 교육을 통한 사회적·직업적 재활이 가능하더라도 지적장애인으로서 위 법령에 따른 보호의 대상이 된다. 지적장애인에 해당하는 경우에도 의학적 질병이나 신체적 이상이 드러나지 않아 사회 일반인이 보았을 때 아무런 장애가 없는 것처럼 보이는 경우가 있다. 반면 지적장애를 가진 사람이 장애인복지법령에 따라 지적장애인 등록을 하지 않았다거나 등록 기준을 충족하지 못하였다고 해서 반드시 의사능력이 있다고 단정할 수 없다.

이러한 사정을 고려하면, 지적장애를 가진 사람에게 의사능력이 있는지를 판단할 때 단순히 그 외관이나 피상적인 언행만을 근거로 의사능력을 쉽게 인정해서는 안 되고, 의학적 진단이나 감정 등을 통해 확인되는 지적장애의 정도를 고려해서 법률행위의 구체적인 내용과 난이도, 그에 따라 부과되는 책임의 중대성 등에 비추어 볼 때 지적장애를 가진 사람이 과연 법률행위의 일상적 의미뿐만 아니라 법률적인 의미나 효과를 이해할 수 있는지, 법률행위가 이루어지게 된 동기나 경위 등에 비추어 합리적인 의사결정이라고 보기 어려운 사정이 존재하는지 등을 세심하게 살펴보아야 한다.

나. 원심판결 이유와 원심이 적법하게 채택한 증거에 따르면 다음과 같은 사정을 알 수 있다.

(1) 피고*(을)*는 2005. 10. 12. 지적장애 3급의 장애인으로 등록하였다. 피고*(을)*는 2013. 5. 20. '지능지수 70, 사회발달연령 7세 8개월, 사회성숙지수 43'의 장애진단을 받았다.

(2) 이 사건 대출약정 이후 피고*(을)*에 대한 성년후견 개시가 청구되어(사건번호 생략) 2017. 1. 18. 피고에 대해 한정후견이 개시되었다. 그 심판 절차에서 2016. 10. 31.부터 2016. 11. 24.까지 이루어진 피고*(을)*에 대한 정신상태 감정 결과 '지능지수 52, 사회지수 50(사회연령 9세)'이라는 진단을 받았고, '학습이나 문제해결을 위한 기본적인 지적능력뿐만 아니라 일상생활에서의 사회 적응 수준이 해당 연령에 비해 매우 부족하고, 사회적 규범에 대한 이해가 부족하며, 비합리적 방식의 의사결정 가능성이 높아 정신적 제약으로 사무를 처리할 능력이 매우 부족하다.'는 평가를 받았다. 위 감정 결과의 내용과 그 감정 시기 등에 비추어 볼 때, 이 사건 대출약정 당시 피고*(을)*의 지능지수와 사회적 성숙도 역시 위 감정 당시와 비슷한 정도였을 것으로 볼 수 있다.

(3) 이 사건 대출약정의 대출금은 8,800만 원으로서 결코 소액이라고 볼 수 없다. 이 사건 대출약정은 굴삭기 구입자금을 마련하기 위한 것으로서 굴삭기는 실질적

으로 대출금채무의 담보가 되고 대출금은 굴삭기 매도인에게 직접 지급되는데, 이와 같은 대출 구조와 내용은 피고(을)의 당시 지적능력으로는 이해하기 어려운 정도라고 볼 수 있다.

(4) 원고(갑)는 피고(을)가 굴삭기의 실수요자라고 보아 이 사건 대출을 한 것이고, 증빙자료로서 피고(을)의 굴삭기운전자격증을 제출받았으나, 굴삭기운전자격증은 이후 위조된 것으로 판명되었다. 이 사건 대출약정 당시 피고(을)의 지적능력에 비추어 피고(을)가 굴삭기를 운전할 능력이 있었다고 보기도 어렵다. 이 사건 대출금은 굴삭기 공급자에게 직접 지급되어 피고(을)가 이를 받은 적이 없는데도, 피고(을)가 굴삭기운전자격증을 위조하면서까지 이 사건 대출약정을 할 동기를 찾기 어렵다. 이와 같이 이 사건 대출약정의 체결 경위에는 합리적인 의사결정이라고 보기 어려운 사정이 있고, 오히려 제3자가 대출금을 실제로 사용하기 위해서 피고(을)를 이용한 것은 아닌지 의심이 든다.

다. 이러한 사정을 위에서 본 법리에 비추어 보면, <사안의 경우> 지적장애인인 피고(을)가 이 사건 대출약정의 법률적인 의미나 효과를 이해할 수 있었다고 보기 어렵다. 따라서 피고(을)는 이 사건 대출약정 당시 의사능력이 없다는 이유로 이 사건 대출약정은 무효라고 볼 여지가 많다.

그런데 원심은 피고(을)가 이 사건 대출약정 당시 인지·판단능력이 현저히 결여되어 독자적으로 자기 의사를 결정할 수 없는 상태에 있었다고 보기 어렵다는 이유로 피고(을)의 의사무능력 주장을 배척하였다. 원심판결은 지적장애인의 의사능력에 관한 법리를 오해하여 필요한 심리를 다하지 않아 판결에 영향을 미친 잘못이 있다.

2. 효과
§ 3-9 의사무능력자의 법률행위
§ 3-9-1 의사능력을 이유로 한 무효주장과 그 한계(금반언)
❶ 대법원 2006. 9. 22. 선고 2004다51627 판결 【배당이의】

1. 상고이유 제1점에 대하여

가. <의사능력의 의미> 의사능력이란 자신의 행위의 의미나 결과를 정상적인 인식력과 예기력을 바탕으로 합리적으로 판단할 수 있는 정신적 능력 내지는 지능을 말하는 것으로서, 의사능력의 유무는 구체적인 법률행위와 관련하여 개별적으로 판단하여야 할 것이다(대법원 2002. 10. 11. 선고 2001다10113 판결 참조).

나. 원심은 판시와 같은 사실을 인정하여 이 사건 근저당권설정계약 및 대출계약과 연대보증계약 당시 원고가 의사무능력 상태에 있었으므로 위 근저당권설정계약 등은 무효라고 판단하였는바, 기록에 비추어 살펴보면, 원심의 위와 같은 판단은 정

당하고, 거기에 상고이유로 주장하는 바와 같이 심리미진 또는 채증법칙에 위반하여 사실을 인정한 위법이 있다고 할 수 없다.
·····

3. 상고이유 제3점에 대하여

구 민사소송법(2002. 1. 26. 법률 제6626호로 전문 개정되기 전의 것) 제659조 제1항에 의하면, 배당기일에 출석한 채무자는 각 채권자의 채권 또는 그 채권의 순위에 대하여 이의할 수 있고, 부동산임의경매절차에서 채무자는 배당표에 대한 이의사유로 근저당권자의 피담보채권의 불성립, 소멸 등의 실체상의 사유를 주장할 수 있으며, 저당권자의 피담보채권의 존재 및 범위에 대하여 이의한 채무자는 배당이의의 소를 제기할 수 있다(대법원 2003. 5. 6.자 2000마3981 결정 참조).

또한, 같은 법 제726조 제1항 제3호, 제2항에 의하면, 경매법원에 담보권이 없거나 소멸되었다는 취지의 확정판결의 정본이 제출되면 경매절차를 정지하고, 이미 실시한 경매절차를 취소하여야 하나, 구 민사소송규칙(2002. 6. 28. 대법원규칙 제1761호로 전문 개정되기 전의 것) 제205조, 제146조의3 제1항, 제3항의 각 규정에 의하면, 위 서류는 경락인이 경락대금을 지급하기 전까지 제출하여야 하고, 경락인이 경락대금을 지급한 후에 위 서류가 제출된 경우에 당해 채권자 이외에 배당받을 자가 있는 때에는 그 자에 대한 배당을 실시하도록 규정함으로써 당해 채권자를 제외하고 나머지 채권자들에 대하여 배당을 실시하도록 하고 있다.

<의사무능력자가 근저당권 실행을 위한 경매의 배당절차에서 자신이 체결한 근저당권설정계약의 무효를 주장하며 배당이의를 할 수 있는지 여부(적극) (구 민사소송법(2002. 1. 26. 법률 제6626호로 전문 개정되기 전의 것) 제659조 제1항(현행 민사집행법 제151조 제1항 참조), 제726조 제1항 제3호(현행 민사집행법 제266조 제1항 제3호 참조), 제2항(현행 민사집행법 제266조 제2항 참조), 제728조(현행 민사집행법 제268조 참조); 구 민사소송규칙(2002. 6. 28. 대법원규칙 제1761호로 전문 개정되기 전의 것) 제146조의3 제1항(현행 민사집행규칙 제50조 제1항 참조), 제3항(현행 민사집행규칙 제50조 제3항 참조), 제205조(현행 민사집행규칙 제194조 참조); 민법 제2조)> 위와 같은 규정에 비추어 보면, 의사무능력자가 채권자와 사이에 금전소비대차계약을 체결하고, 그 대여금채권을 담보하기 위하여 자신의 소유의 부동산에 근저당권을 설정하여 준 후 위 근저당권에 기한 임의경매절차가 진행되어 최고가매수인에 대한 매각허가결정이 확정되고 그 매각대금에 대한 배당절차가 진행된 경우에, 의사무능력자의 법정대리인 등은 위 근저당권설정계약의 무효를 주장하여 경락인을 상대로 소유권의 취득을 다툴 수 있지만, 이와 별도로 배당금을 수령할 권리가 없는 근저당권자에게 배당이 이루어지는 것을 저지하기 위하여 배당절차에서 위 근저당권 및 피담보채권의 부존재를 주장하여 채권자의 배당액에 대하여 이의하고, 나아가 채권자를 상대로 배당이의 소송을 제기하는 것도 가능하다 할 것이다. 한편, 의사무능력자나 소유자가

근저당권설정계약의 무효를 주장하면서도 그 근저당권에 기한 임의경매절차의 배당절차를 통하여 그에게 배당된 돈을 수령하는 등의 행위가 객관적으로 보아 경락인으로 하여금 위 임의경매절차가 유효하다는 신뢰를 갖게 하는 정도에 이르러서, 그 후 그 경매절차의 무효를 주장하는 것이 금반언의 원칙 또는 신의칙 위반에 해당한다고 볼 만한 사정이 있는 경우에는 의사무능력자나 소유자가 경락인을 상대로 다시 근저당권의 무효를 주장하면서 소유권이전등기의 말소를 구하는 소를 제기할 수는 없게 될 것이지만(대법원 1993. 12. 24. 선고 93다42603 판결 참조), 아직 배당금을 수령하지 아니한 의사무능력자나 소유자가 배당절차에서 근저당권설정계약의 무효를 주장하여 배당이의를 하는 것이 부당하다고 할 수는 없다.

그렇다면 원심이 다소 취지는 다르지만, 배당이의절차는 배당절차의 유효함을 전제로 하는 것이어서 배당절차의 기초가 되는 근저당권설정등기가 무효라는 주장은 적법한 배당이의 사유에 해당하지 않는다는 피고의 주장을 배척한 것은 결론에 있어서 정당한 것으로 수긍이 가고, 거기에 상고이유에서 지적하는 바와 같은 배당이의 사유에 관한 법리오해의 위법이 있다고 할 수 없다.

4. 상고이유 제4점에 대하여

가. **<의사무능력자가 사실상의 후견인의 보조를 받아 대출계약을 체결하고 자신 소유의 부동산에 관하여 근저당권을 설정한 경우, 의사무능력자의 특별대리인이 위 대출계약 및 근저당권설정계약의 무효를 주장하는 것이 신의칙상 허용될 수 없는지 여부(한정 소극)** (민법 제2조, 제12조, 제13조)> 의사무능력자의 사실상의 후견인이었던 아버지의 보조를 받아 의사무능력자가 자신의 명의로 대출계약을 체결하고, 의사무능력자 소유 부동산에 관하여 근저당권을 설정한 후, 의사무능력자의 여동생이 특별대리인으로 선임되어 위 대출계약 및 근저당권설정계약의 효력을 부인하는 경우에, 이러한 무효 주장이 거래관계에 있는 당사자의 신뢰를 배신하고 정의의 관념에 반할 것 같은 예외적인 경우에 해당하지 않는 한, 의사무능력자에 의하여 행하여진 법률행위의 무효를 주장하는 것이 신의칙에 반하여 허용되지 않는다고 할 수 없다.

나. 원심이 적법하게 인정한 사실과 기록에 의하면, 이 사건 부동산은 원고가 가족들로부터 증여받은 원고 소유의 부동산인 사실, 원고는 정신지체 장애등급 2급으로 독자적인 경제활동이 곤란하였기 때문에, 그의 부모 및 이 사건 배당이의 소송의 특별대리인으로 선임된 여동생 소외 2 등과 오랜 기간 함께 거주하면서 가족들이 원고와 그 자녀의 생활비를 조달하여 온 사실, 원고의 아버지인 소외 1은 정신지체자인 원고의 사실상 후견인의 입장에서 원고를 보조하여 원고 소유의 이 사건 부동산에 관하여 피고 앞으로 원심 판시와 같은 각 근저당권을 설정하여 주고 원고의 명의로 돈을 대출받은 사실, 소외 1은 이 사건 부동산 이외에도 그가 원고 이름으로 등기해 주었던 경북 청도군 풍각면 송서동 (지번 생략) 대지 및 그 지상

건물에 관하여는 피고 앞으로 1980. 12. 30., 1982. 8. 6., 1989. 6. 7. 각 근저당권을 설정하여 주고 대출받았다가 이를 해지하기도 한 사실이 인정된다. 그렇지만 한편으로 원고가 위 대출계약 및 연대보증계약 당시 직접 피고 조합사무실을 방문하여 피고 조합 직원들 앞에서 관련 서류에 서명·날인하였으나 주소는 소외 1이 대필하여 주고 서명은 소외 1이 다른 종이에 원고의 이름을 쓴 후 원고가 이를 보고 따라 기재하는 방식으로 작성하였음을 알 수 있으므로, 피고 조합 직원들은 원고가 법률행위를 할 수 있을 정도의 충분한 의사능력을 갖추지 못하였음을 알 수 있었던 것으로 보이고, 위 대출금은 원고가 아닌 원고와 주거를 달리하던 원고의 동생 소외 3을 위하여 사용되었으므로 위 대출로 인하여 원고가 구체적인 이익을 얻은 바는 없으며, 또한 이 사건 특별대리인은 원고의 여동생으로서 원고로부터 이 사건 부동산에 관하여 매매를 원인으로 한 소유권이전등기를 경료받았음을 알 수 있지만 원고나 이 사건 특별대리인이 소외 1과 이해관계를 같이 한다고 단정할 수 없다.

다. 위와 같은 사정을 종합하여 보면, <사안의 경우> 이 사건에서 의사무능력자인 원고의 특별대리인이 선임되어 의사무능력자가 한 위 각 근저당권설정계약 및 대출계약 등 무효를 주장하는 것이 거래관계에 있는 당사자의 신뢰를 배신하고 정의의 관념에 반하는 경우로서 신의칙상 허용될 수 없는 경우라고 볼 수는 없으며, 따라서 원심이 같은 취지에서 피고의 신의칙 위반 주장을 배척한 것은 정당한 것으로 수긍이 가고, 거기에 상고이유에서 지적하는 바와 같은 신의칙에 관한 법리오해의 위법이 있다고 할 수 없다.

§ 3-9-2 부당이득반환에 관한 제141조 단서의 유추적용

❶ *(§ 3-8 ❼)* 대법원 2009. 1. 15. 선고 2008다58367 판결 【채무부존재확인】
……

4. 상고이유 제3점
<u>피고*(을)* 조합의 동시이행항변에 대해 원심은, 원고*(갑)*에게 이 사건 대출거래약정으로 인한 이익이 현존한다는 점을 인정할 증거가 없을 뿐 아니라, 오히려 소외 1*(A)*이 이 사건 대출금을 수령하여 아들*(B)*의 사업자금으로 사용한 사실이 인정된다는 이유로 위 항변*(을의 항변)*을 배척하였는바, 이에 관한 원심의 판단은 그대로 수긍하기 어렵다.</u>
<무능력자의 책임을 제한하는 민법 제141조 단서 규정이 의사능력의 흠결을 이유로 법률행위가 무효가 되는 경우에도 유추적용되는지 여부(적극) 및 이익의 현존 여부의 증명책임의 소재(=의사무능력자) (민법 제141조, 제748조; 민사소송법 제288조)> 민법 제141조는 "취소한 법률행위는 처음부터 무효인 것으로 본다. 그러나 무능력자는 그 행위로 인하여 받은 이익이 현존하는 한도에서 상환할 책임이 있다."

고 규정하고 있는데, 무능력자의 책임을 제한한 위 조항의 단서는 부당이득에 있어 수익자의 반환범위를 정한 민법 제748조의 특칙으로서 무능력자의 보호를 위해 그 선의·악의를 묻지 아니하고 반환범위를 현존 이익에 한정시키려는 데 그 취지가 있으므로, 의사능력의 흠결을 이유로 법률행위가 무효가 되는 경우에도 유추적용되어야 할 것이나, 법률상 원인 없이 타인의 재산 또는 노무로 인하여 이익을 얻고 그로 인하여 타인에게 손해를 가한 경우, 그 취득한 것이 금전상의 이득인 때에는 그 금전은 이를 취득한 자가 소비하였는가의 여부를 불문하고 현존하는 것으로 추정되므로(대법원 1996. 12. 10. 선고 96다32881 판결 참조), 위 이익이 현존하지 아니함은 이를 주장하는 자, 즉 의사무능력자측에 입증책임이 있다 할 것이다.

원심이 인정한 사실과 기록에 의하면, 이 사건 대출금 5,000만 원은 소외 1(A)이 이를 받아 아들 소외 2(B)의 사업자금에 모두 사용한 뒤 소외 2(B)를 차용인으로, 소외 1(A)을 연대보증인으로 한 차용증을 원고(갑)에게 교부한 바 있으나 현재는 그 원리금을 제대로 변제하기 어려운 형편인 것으로 보이는바, 원고(갑)가 회수가능성 등을 고려하지 않은 채 경솔하게 분수에 맞지 않는 대여행위를 한 것은 금전을 낭비한 것과 다를 바 없어 위 대출금 자체는 이미 모두 소비하였다고 볼 것이지만, 소외 1(A) 또는 소외 2(B)에 대하여 대여금채권 또는 부당이득반환채권(위 대여행위 역시 원고의 의사무능력을 이유로 무효가 될 여지가 있어 보인다) 등을 가지고 있는 이상 <의사무능력자가 자신이 소유하는 부동산에 근저당권을 설정해 주고 금융기관으로부터 금원을 대출받아 이를 제3자에게 대여한 사안의 경우 (민법 제141조, 제748조)> 원고(갑)가 이 사건 대출로써 받은 이익은 그와 같은 채권의 형태로 현존한다 할 것이므로, 피고(을) 조합은 이 사건 대출거래약정 등의 무효에 따른 원상회복으로서 위 대출금 자체의 반환을 구할 수는 없다 하더라도 현존 이익인 위 채권의 양도를 구할 수는 있다 할 것이고, 공평의 관념과 신의칙에 비추어 볼 때 원고(갑)의 위 채권양도 의무와 피고(을) 조합의 이 사건 근저당권설정등기말소 의무는 동시이행관계에 있다고 보아야 할 것이다.

그렇다면 원심으로서는 원고(갑)가 소외 1(A) 또는 소외 2(B)에 대하여 위 대여로 인한 어떤 채권을 가지고 있는지를 심리하여 원고(갑)에게 현존 이익이 있는지를 규명하여야 할 것임에도 만연히 원고(갑)에게 이익이 현존함을 인정할 증거가 없다며 위 동시이행항변을 배척한 원심의 판단에는 이익의 현존 여부에 관한 심리를 다하지 아니하거나 법리를 오해함으로써 판결 결과에 영향을 미친 위법이 있다 할 것이므로, 이를 지적하는 피고(을) 조합의 상고논지는 이유 있다.

III. 행위능력

1. 미성년자
§ 3-10 미성년자의 행위능력과 부양료청구
❶ 대법원 1972. 7. 11. 선고 72므5 판결 【인지등】
……

같은 상고이유 제2점에 대한 판단
<*부양을 받을 미성년자가 부양의무자인 친권자에게 미지급부양료를 직접 청구할 수 있는지 여부(적극)* (민법 제863조, 제975조, 제5조, 제921조, 제909조 제3항)> 피심판청구인*(부)*이 심판청구인*(미성년인 자)*을 인지하면 심판청구인*(미성년인 자)*의 아버지로서 친권자가 될 것이고, 생활능력 없는 아들인 심판청구인*(미성년인 자)*을 부양할 의무가 있을 것이며, 본건에 있어서는 피심판청구인*(부)* 자신이 심판청구인*(미성년인 자)*의 인지 및 부양료 청구를 다투고 있을 뿐 아니라, 심판청구인*(미성년인 자)*의 생모가 그를 양육하고 있음으로(원심은 생모의 자활 능력없음을 확정하였다) 그가 성년이 될때까지 부양료 지급을 명한 원판결은 정당하며, 미성년자라 하더라도 권리만을 얻는 행위는 법정대리인의 동의가 필요 없으며(민법 제5조), 친권자와 자 사이에 이해 상반되는 행위를 함에는 그 자의 특별대리인을 선임하도록 하는 규정(민법 제921조)이 있는 점에 비추어 볼 때, 피심판청구인*(부)*이 심판청구인*(미성년인 자)*의 친권자가 되어 법정대리인이 된다 하더라도 피심판청구인*(부)*이 심판청구인을 부양 하고 있지 않은 이상 그 부양료를 부양의무자에게 직접 청구할 수 있다(미성년자라 하더라도 권리만을 얻는 행위는 법정대리인의 동의가 필요 없으며, 친권자와 자 사이에 이해상반되는 행위를 함에는 그 자의 특별대리인을 선임하도록 하는 규정이 있는 점에 비추어 볼 때, 청구인(미성년자인 혼인외의 자)은 피청구인(생부)이 인지를 함으로써 청구인의 친권자가 되어 법정대리인이 된다 하더라도 피청구인이 청구인을 부양하고 있지 않은 이상 그 부양료를 피청구인에게 직접 청구할 수 있다 할 것이다) 할 것이므로 상고 논지는 이유 없다.

§ 3-11 법정대리인의 묵시적 동의와 처분의 허락
❶ 대법원 2000. 4. 11. 선고 2000다3095 판결 【약정금】

사실관계

A는 甲으로부터 금전을 차용하였는데 부도를 내고 기소중지로 도피 중에 있었다. 그리하여 甲이 A의 아내인 乙에 대하여 대여금의 지급을 독촉하자, 乙 및 당시 미성년인 딸 丙이 함께 있는 자리에서 연대하여 A의 채무를 지급하겠다고 하는 지불각서를 작성하여 甲에 교부하였다. 乙이

대금을 지급하지 않자 甲은 乙 및 丙에 대하여 위 대여금채무의 이행을 구하는 소를 제기하였다. 이에 대하여 丙은 위 채무지급약정 당시 미성년이었음을 이유로 이를 취소한다고 하면서 그 지급을 거절하였다. 그런데 위 각서의 작성시 乙과 丙은 함께 있었다.

판결이유

원심판결 이유에 의하면, 원심은 소외 이O수(A)의 처인 원심공동피고 황O자(을)와 그의 딸인 피고(병)가 위 이O수(A)의 원고(갑)에 대한 약속어음금 등 채무의 변제를 위하여, 연대하여 원고(갑)에게 금 4,800만 원을 지급하기로 약정한 이 사건에 있어서, 피고(병)는 위 약정 당시 미성년자였고, 피고(병)가 법정대리인의 동의를 얻어 그와 같은 약정을 하였음에 대한 아무런 주장·입증이 없으므로, 피고(병)에 관한 위 약정은 피고(병)의 취소의 의사표시에 의하여 적법하게 취소되어 그 효력을 상실하였다고 판단하였다.

그러나 기록에 의하면, <모(母)와 미성년자인 딸이 함께 있는 자리에서 주민등록등본을 첨부하여 도피중이던 부(父)의 채무를 연대하여 지급하기로 하는 지불각서를 작성·교부해 준 경우, 모(母)가 딸의 위 의사표시에 대하여 법정대리인으로서 묵시적으로 동의한 것으로 본 사안 (민법 제5조, 제909조, 제911조)> 피고(병)와 그 어머니인 원심공동피고 황O자(을)가 위와 같은 약정을 하면서 원고(갑)에게 지불각서(갑 제1호증)를 작성하여 교부하였는데, 그 당시 위 황O자(을)는 피고와 같은 자리에 함께 있었고(다만, 피고의 아버지인 위 이O수는 금 2억 원의 부도를 내고 기소중지로 도피 중에 있었다.), 위 지불각서 다음에 주민등록등본을 첨부하였던 사실을 인정할 수 있는바, 사실관계가 그와 같다면, 위 황O자(을)는 피고(병)의 위 약정의 의사표시에 대하여 법정대리인으로서 묵시적으로 동의한 것으로 볼 여지가 있다.

그렇다면 원고(갑)로서는 갑 제1호증의 제출로 피고(병)의 위 약정에 대하여 법정대리인의 동의가 있었다는 점을 입증한 것으로 볼 수 있고(위 이O수(A)는 당시 도피중이었으므로 민법 제909조 제3항이 정한 부모의 일방이 친권을 행사할 수 없을 때에 해당한다.), 나아가 기록에 의하면, 피고(병)는 제1심 및 원심을 통하여 피고(병)의 위 약정은 궁박·경솔 또는 무경험 상태에서 불공정하게 이루어진 것으로서 무효이고, 가사 유효라 하더라도 원고의 강박 및 기망에 의한 것이므로 취소한다고 주장하였으며, 원심 제4차 변론기일에 진술된 피고의 1999. 6. 24.자 준비서면에서 비로소 예비적 주장으로 추가하여 피고(병)가 위 약정 당시 미성년자였으므로 위 약정을 취소한다는 주장을 하였고, 원고는 당사자 본인으로서 이에 대하여 아무런 답변도 하지 않은 채 변론이 종결되었음이 명백한바, 그 경우 원심으로서는 석명권을 행사하여 원고(갑)에게 피고(병)가 법정대리인의 동의를 받고 위 지불각서에 서명했다는 취지로도 주장하는지를 묻고 이에 대한 판단을 하였어야 함에도 불구하고, 그에 대한 주장·입증이 없다 하여 피고(병)에 관한 위 약정은 피고(병)의 취소의 의사표시에 의하여 적법하게 취소되어 그 효력을 상실하였다고 판단한 것은 석명권 행사를 게을리 하여 심리를 다하지 아니한 위법을 범한 것이라고 할 것이므로, 이 점을 지적하는 상고이유의 주장은 이유 있다.

❷ 대법원 2007. 11. 16. 선고 2005다71659, 71666, 71673 판결 【채무부존재확인등·부당이득반환청구】

사실관계

甲은 1982. 8. 26.생으로서 2001. 10. 15. 신용카드를 발급받을 당시 19세 1개월 남짓의 나이였고, 영어과외를 하여 월 60만 원 이상의 수입을 얻고 있었다. 甲은 여신전문금융업법에 의한 신용카드업자인 乙(엘지카드 주식회사)과 다음과 같은 내용의 신용카드이용계약을 체결하여 신용카드를 발급받았다.

가) 신용카드를 발급받은 甲이 신용카드로 일시불 또는 할부로 상품을 구매하거나 용역을 제공받으려고 할 때에는 직접 대금을 지급하는 대신 乙과 가맹점계약을 체결한 신용카드 가맹점(이하 '가맹점'이라 한다) 丙에게 신용카드를 제시하고 매출전표에 서명을 함으로써 결제한다(이하 이러한 방식의 거래를 '신용구매'라 한다).

나) 甲은 현금자동지급기 등을 이용하여 乙로부터 현금을 대여받을 수 있다(이하 이러한 방식의 거래를 '현금서비스'라 한다).

다) 甲은 乙에게, 가맹점으로부터 제공받은 재화 및 용역에 대한 대금(할부구매의 경우는 상품 현금가격의 분할대금에 乙이 정한 월간 할부수수료를 가산한 할부금), 현금서비스로 지급받은 대여금 및 이에 대하여 乙이 정한 일정액의 현금서비스 수수료 등 카드대금을 약정한 방법에 따라 약정 대금지급일에 지급하되, 약정 대금지급일에 결제하지 못할 경우 약관에서 정한 계산식에 의한 연체료를 추가로 지급하여야 한다.

이후 甲은 위 신용카드이용계약에 따라 乙로부터 발급받은 신용카드를 이용하여 乙과 가맹점계약을 체결한 신용카드 가맹점 丙으로부터 재화와 용역을 신용구매 하였는데, 이 신용구매계약은 甲 자신의 월 소득액의 범위 내의 구매로써 대부분 식료품·의류·화장품·문구 등 비교적 소규모의 일상적인 거래행위였을 뿐만 아니라, 그 대부분이 할부구매였다. 그 중 일정한 이용금액은 이미 乙에게 지급하였고 나머지 일정한 이용금액은 乙에게 아직 지급하지 않고 있다. 그러나 甲은 가맹점 丙에 대해서 자신이 미성년자인 상태에서 법정대리인의 동의 없이 위 신용구매계약을 체결하였음을 이유로 이 신용구매계약을 취소한다는 의사표시가 담긴 내용증명우편을 발송하였고, 이 내용증명우편은 丙에게 도달하였다. 이에 대해 丙은 甲이 위 신용구매계약을 취소하는 것은 신의칙에 반하며, 위 신용구매행위는 甲이 임의로 처분할 수 있는 재산이어서 이를 취소할 수 없다고 주장한다. 또한 甲은 자신이 미성년자인 상태에서 부모의 동의 없이 위 신용카드이용계약을 체결하였음을 이유로 위 신용카드이용계약을 취소한다는 의사표시가 담긴 내용증명우편을 발송하였고, 이 내용증명우편은 乙에게 도달하였다. 甲은 위 신용카드이용계약이 위 내용증명우편의 도달로 취소되었으므로, 위 신용카드이용계약에 의하여 甲이 乙에 대하여 부담하고 있는 미지급금액채무의 부존재확인 및 이미 지급한 신용카드이용대금을 부당이득으로 반환을 청구하였다.

판결이유

1. 상고이유 제1점에 대하여

가. <법정대리인의 동의 없이 신용구매계약을 체결한 미성년자가 그 동의 없음을 이유로 위 계약을 취소하는 것이 신의칙에 위배되는지 여부(소극) (민법 제2조, 제5조, 제6조)> 행위무능력자 제도는 사적자치의 원칙이라는 민법의 기본이념, 특히 자기책임 원칙의 구현을 가능케 하는 도구로서 인정되는 것이고, 거래의 안전을 희생시키더라도 행위무능력자를 보호하고자 함에 근본적인 입법취지가 있는 것인바, 행위무능력자 제도의 이러한 성격과 입법취지 등에 비추어 볼 때, 신용카드 가맹점이 미성년자와 사이에 신용구매계약을 체결할 당시 향후 그 미성년자가 법정대리인의 동의가 없었음을 들어 스스로 위 계약을 취소하지는 않으리라고 신뢰하였다 하더라도 그 신뢰가 객관적으로 정당한 것이라고 할 수 있을지 의문일 뿐만 아니라, 그 미성년자가 가맹점의 이러한 신뢰에 반하여 취소권을 행사하는 것이 정의관념에 비추어 용인될 수 없는 정도의 상태라고 보기도 어려우며, 미성년자의 법률행위에 법정대리인의 동의를 요하도록 하는 것은 강행규정이라 할 것인데, 위 규정에 반하여 이루어진 신용구매계약을 미성년자 스스로 취소하는 것을 신의칙 위반을 이유로 배척한다면, 이는 오히려 위 규정에 의해 배제하려는 결과를 실현시키는 셈이 되어 미성년자 제도의 입법취지를 몰각시킬 우려가 있다고 할 것이므로, 법정대리인의 동의 없이 신용구매계약을 체결한 미성년자가 사후에 법정대리인의 동의 없음을 사유로 들어 이를 취소하는 것이 신의칙에 위반된 것이라고 할 수 없음은 상고이유에서 주장하는 바와 같다.

나. 그러나 <미성년자의 법률행위에 대한 법정대리인의 동의가 묵시적으로도 가능한지 여부(적극) (민법 제5조, 제6조)> 미성년자가 법률행위를 함에 있어서 요구되는 법정대리인의 동의는 언제나 명시적이어야 하는 것은 아니고 묵시적으로도 가능한 것이며, 한편 민법은, 범위를 정하여 처분을 허락한 재산의 처분 등의 경우와 같이 행위무능력자인 미성년자가 법정대리인의 동의 없이 단독으로 법률행위를 할 수 있는 예외적인 경우를 규정하고 있고, 미성년자의 행위가 위와 같이 법정대리인의 묵시적 동의가 인정되거나 처분허락이 있는 재산의 처분 등에 해당하는 경우라면, 미성년자로서는 더 이상 행위무능력을 이유로 그 법률행위를 취소할 수는 없다

고 할 것이다.

그리고 <**미성년자의 법률행위에 있어서 법정대리인의 묵시적 동의나 처분허락의 인정 여부에 대한 판단 기준 및 이때 신용카드로 구매한 경우와 현금구매의 경우를 달리 보아야 하는지 여부(소극)** (민법 제5조, 제6조)> 이 경우 묵시적 동의나 처분허락이 있다고 볼 수 있는지 여부를 판단함에 있어서는, 미성년자의 연령·지능·직업·경력, 법정대리인과의 동거 여부, 독자적인 소득의 유무와 그 금액, 경제활동의 여부, 계약의 성질·체결경위·내용, 기타 제반 사정을 종합적으로 고려하여야 할 것이고, 위와 같은 법리는 묵시적 동의 또는 처분허락을 받은 재산의 범위 내라면 특별한 사정이 없는 한 신용카드를 이용하여 재화와 용역을 신용구매한 후 사후에 결제하려는 경우와 곧바로 현금구매하는 경우를 달리 볼 필요는 없다고 할 것이다.

다. 기록에 의하면, <**만 19세가 넘은 미성년자가 월 소득범위 내에서 신용구매계약을 체결한 사안의 경우** (민법 제5조, 제6조)> 원고(갑)는 1982. 8. 26.생으로서 이 사건 각 신용구매계약 당시 성년에 거의 근접한 만 19세 2개월 내지 4개월에 이르는 나이였고, 당시 경제활동을 통해 월 60만 원 이상의 소득을 얻고 있었으며, 이 사건 각 신용구매계약은 대부분 식료품·의류·화장품·문구 등 비교적 소규모의 일상적인 거래행위였을 뿐만 아니라, 그 대부분이 할부구매라는 점을 감안하면 월 사용액이 원고(갑)의 소득범위를 벗어나지 않는 것으로 볼 수 있는바, 이러한 제반 사정을 종합하면, 원고(갑)가 당시 스스로 얻고 있던 소득에 대하여는 법정대리인의 묵시적 처분허락이 있었고, 이 사건 각 신용구매계약은 위와 같이 처분허락을 받은 재산범위 내의 처분행위에 해당한다고 볼 수 있다 할 것이다.

라. 따라서 원심이 원고(갑)가 이 사건 각 신용구매계약을 취소하는 것이 신의칙에 위반된다는 이유로 원고(갑)의 위 주장을 배척한 것은 신의칙에 관한 법리를 오해한 것이라 할 것이나, 이 부분에 관한 원고(갑)의 본소청구를 배척하고 피고(을)의 반소청구를 인용한 결론에 있어서는 정당하므로, 결국 판결에 영향을 미친 위법이 있다고 할 수는 없어 상고이유 제1점은 이유 없다.

2. 상고이유 제2점에 대하여

원고(갑)의 상고이유 제2점은 원심의 부가적 판단 부분에 그 주장과 같은 판례위반 등의 위법이 있다는 취지이나, 앞서 살펴본 바와 같이 원고(갑)의 이 사건 각 신용구매계약 취소 주장을 배척한 원심의 주된 판단이 결과적으로 정당한 이상, 원심의 부가적 판단은 판결 결과에 아무런 영향을 줄 수 없으므로, 상고이유 제2점은 더 나아가 살펴볼 필요 없이 이유 없다.

❸ 대법원 2005. 4. 15. 선고 2003다60297, 60303, 60310, 60327판결 [채무부존재확인]

<미성년자가 신용카드거래 후 신용카드 이용계약을 취소한 경우의 법률관계 (민법 제141조, 제741조, 제748조)> 미성년자가 신용카드발행인과 사이에 신용카드 이용계약을 체결하여 신용카드거래를 하다가 신용카드 이용계약을 취소하는 경우 미성년자는 그 행위로 인하여 받은 이익이 현존하는 한도에서 상환할 책임이 있는바(민법 제141조), 신용카드 이용계약이 취소됨에도 불구하고 신용카드회원과 해당 가맹점 사이에 체결된 개별적인 매매계약은 특별한 사정이 없는 한 신용카드 이용계약취소와 무관하게 유효하게 존속한다 할 것이고, 신용카드발행인이 가맹점들에 대하여 그 신용카드사용대금을 지급한 것은 신용카드 이용계약과는 별개로 신용카드발행인과 가맹점 사이에 체결된 가맹점 계약에 따른 것으로서 유효하므로, 신용카드발행인의 가맹점에 대한 신용카드이용대금의 지급으로써 신용카드회원은 자신의 가맹점에 대한 매매대금 지급채무를 법률상 원인 없이 면제받는 이익을 얻었으며, 이러한 이익은 금전상의 이득으로서 특별한 사정이 없는 한 현존하는 것으로 추정된다 할 것이다.

원심판결 이유에 의하면, 원심은 이 사건 신용카드 이용계약이 취소됨으로써 원고(반소피고, 이하 '원고'라고 한다)들은 신용카드발행인인 피고(반소원고, 이하 '피고'라고 한다)들이 가맹점에 대신 지급하였던 물품, 용역대금채무를 면제받았으므로 피고들에게 위 물품, 용역대금 상당을 반환할 의무가 있다고 판단하고, 원고들이 가맹점과의 매매계약을 통하여 취득한 물품과 제공받은 용역이 부당이득으로 반환의 대상이 된다는 원고들의 주장을 배척하였는바, 원심의 이러한 판단은 위의 법리에 따른 것으로 정당하고, 거기에 주장과 같은 부당이득에 관한 법리오해 등의 위법이 있다고 할 수 없다.

§ 3-12 친권자와 그 자 사이의 이해상반행위의 금지
❶ 대법원 2002. 1. 11. 선고 2001다65960 판결 【채무부존재확인】

사실관계

X 토지는 원래 A(소외 1)의 소유이었는데, A가 1990. 4. 20. 사망하여 그의 아내인 B(소외 2), 자녀인 甲과 C(소외 3), D(소외 4)가 X 토지를 공동으로 상속하였다. B는 고철도매업을 경영하면서 1995년 5월경부터 乙로부터 금원을 차용하였는데, 1998년 10월경까지 차용금 합계액이 1억 2,000만 원에 이르렀다. 이에 B는 1998. 10. 15. 당시 성년이던 C의 동의를 얻어 乙과 사이에, 위 1억 2천만 원의 채무에 관하여 주채무자를 C로 하고, B를 연대보증인으로 하는 채무인수계약을 체결하였고, 같은 날 C의 위 1억 2천만 원의 채무를 담보하기 위하여 乙과 사이에, X 토지 중 자신의 공유지분에 관하여는 공유지분권자로서, X 토지 중 미성년자이던 甲의 공유지분에 관하여는 그 법정대리인의 자격으로, 각각 근저당권설정계약을 체결함으로써 X 토

지 중 甲의 공유지분에 관하여 근저당권설정등기가 경료되었다. 이후 성년이 된 甲은 을을 상대로 B가 자신의 법정대리인자격으로 을과 체결한 근저당권설정계약은 이해상반행위로서 무효라고 주장하면서 채무부존재확인의 소를 제기하였다.

판결이유

……

2. 원심판결이 인용한 제1심판결 이유에 의하면, 원심은 소외 2(B)가 원고(갑)를 대리하여 이 사건 토지 중 원고(갑)의 공유지분에 관하여 위 근저당권설정계약을 체결한 행위는 민법 제921조의 이해상반행위로서 무효라는 원고(갑)의 주장에 대하여, 민법 제921조의 이해상반행위는 행위의 객관적 성질상 친권자와 그 자 사이에 이해의 대립이 생길 우려가 있는 행위를 가리키는 것으로서, 친권자의 의도나 그 행위의 결과 실제로 이해의 대립이 생겼는지 여부는 묻지 아니하는 것이라고 할 것인바, 피고(을)에 대한 위 채무의 채무자는 소외 2(B)가 아니라 소외 3(C)이라고 할 것이므로 소외 2(B)가 원고(갑)를 대리하여 소외 3(C)의 피고(을)에 대한 채무 담보를 위하여 근저당권을 설정하는 행위는 친권자와 그 자 사이에 이해의 대립이 생길 우려가 있는 이해상반행위라고 볼 수 없다(나아가, 가사 소외 2(B)가 주채무자라 하더라도 판시 증거들을 종합하면 위 차용금은 대부분 원고(갑) 등의 생활비 등으로 소요된 사실을 인정할 수 있으므로 그와 같은 사정에 비추어 보더라도 소외 2(B)의 대리행위가 원고(갑)에 대하여 이해상반행위라고 볼 수 없다.)는 이유로 이를 배척하였다.

3. 그러나 위에서 인정한 바와 같은 사실관계하에 있어서는, <친권자인 모가 자신이 연대보증한 채무의 담보로 자신과 자의 공유인 토지 중 자의 공유지분에 관하여 법정대리인의 자격으로 근저당권설정계약을 체결한 행위가 민법 제921조 제1항 소정의 '이해상반행위'에 해당하는지 여부(적극) (민법 제921조)> 친권자인 모(B)가 자신이 연대보증한 차용금 채무의 담보로 자신과 자(갑)의 공유인 토지 중 자신의 공유지분에 관하여는 공유지분권자로서, 자(갑)의 공유지분에 관하여는 그 법정대리인의 자격으로 각각 근저당권설정계약을 체결한 경우, 위 채권의 만족을 얻기 위하여 피고(채권자, 을)가 이 사건 토지 중 원고(갑)의 공유지분에 관한 저당권의 실행을 선택한 때에는, 그 경매대금이 변제에 충당되는 한도에 있어서 소외 2(모, B)의 책임이 경감되고, 또한 피고(채권자, 을)가 소외 2(모, B)에 대한 연대보증책임의 추구를 선택하여 변제를 받은 때에는, 소외 2(모, B)는 피고(채권자, 을)를 대위하여 이 사건 토지 중 원고(갑)의 공유지분에 대한 저당권을 실행할 수 있는 것으로 되는바, 위와 같이 친권자인 소외 2(모, B)와 자인 원고(갑) 사이에 이해의 충돌이 발생할 수 있는 것이, 친권자인 소외 2(모, B)가 한 행위 자체의 외형상 객관적

으로 당연히 예상되는 것이어서, 소외 2*(모, B)*가 원고*(갑)*를 대리하여 이 사건 토지 중 원고*(갑)*의 공유지분에 관하여 위 근저당권설정계약을 체결한 행위는 이해상반행위로서 무효라고 보아야 할 것이고, 또한 <민법 제921조 제1항 소정의 '이해상반행위' 여부의 판단에 있어서 행위의 동기나 연유를 고려하여야 하는지 여부(소극) *(민법 제921조)*> 법정대리인인 친권자와 그 자 사이의 이해상반의 유무는 전적으로 그 행위 자체를 객관적으로 관찰하여 판단하여야 할 것이지 그 행위의 동기나 연유를 고려하여 판단하여야 할 것은 아니어서, 원심이 부가적 판단에서 설시한 바와 같이, 위 차용금이 대부분 원고*(갑)* 등의 생활비로 소요되었다는 사정에 비추어 위 근저당권설정계약이 이해상반행위에 해당하지 않는다고 판단할 수도 없을 것이므로, 결국 원심판결에는 이해상반행위에 관한 법리를 오해함으로써 판결에 영향을 미친 위법이 있다 할 것이다.

2. 피성년후견인
§ 3-13 성년후견 개시 청구에 대하여 한정후견 개시 여부
❶ *(친족편 § 7-13)* 대법원 2021. 6. 10.자 2020스596 결정 [성년후견개시]

사실관계

乙(사건본인)은 자녀로 D(장녀. 신청외 3), B(차녀. 신청외 1), 甲(장남인 청구인), C(삼녀. 신청외 2)를 두고 있다. 乙은 1997년경 뇌졸중으로 쓰러져 치료를 받고 있었고, A(참가인)가 2002년경 乙과 혼인하지 않고 간병만 해주겠다는 취지의 각서를 작성한 후 그 무렵부터 乙을 간병하며 동거하여 왔는데, 2018. 5. 8. 乙과 A 사이에 혼인신고가 이루어졌다. 乙의 재산은 甲이 1998년경부터 관리하면서 A에게 간병 및 생활비 등 명목으로 월 300만 원을 지급하여왔으며, A가 2019. 1. 7.경 乙 소유 건물을 담보로 대출을 받기 위하여 필요하다며 甲에게 임대차계약서 등 관련서류를 교부해 줄 것을 요청하자 甲이 이를 거절하였고, 이에 A가 세무서에 방문하여 위 건물 임대계약서를 요청하기도 하였다. 이와 같이 乙과 A 사이의 혼인신고나 위와 같은 대출 문제 등으로 甲을 비롯한 乙의 자녀들과 A 사이에 갈등이 계속되었다. 이에 甲은 乙의 사무처리능력이 지속적으로 결여되어 있으므로 성년후견을 개시해야 한다고 주장하면서 乙에 대하여 성년후견개시의 심판을 청구하였다.
한편 乙은 2018. 5. 16. 치매선별검사(MMSE-DS)를 받았는데, 총점 30점 중 15점이 나왔으며, 2018. 11.경 혈관성 치매(Vascular dementia) 등 진단을 받고 2018. 11. 11. 대학병원에 입원하기도 하였다. 또한 乙은 2019. 12. 3. 간이정신상태검사(K-MMSE)를 받았는데, 총점 30점 중 13점이 나왔다.

판결이유

1. 민법은 성년후견과 한정후견을 구별하여 개시 요건, 청구권자, 절차와 효과를 개별적으로 정하고 있다.

<**성년후견과 한정후견의 구별**> 성년후견은 '질병, 장애, 노령, 그 밖의 사유로 인한 정신적 제약으로 사무를 처리할 능력이 지속적으로 결여된 사람'에 대하여 개시되고(제9조 제1항), '질병, 장애, 노령, 그 밖의 사유로 인한 정신적 제약으로 사무를 처리할 능력이 부족한 사람'에 대하여 한정후견이 개시된다(제12조 제1항). 성년후견의 요건과 한정후견의 요건 중에서 '질병, 장애, 노령, 그 밖의 사유로 인한 정신적 제약' 부분은 같고, '사무처리 능력의 지속적 결여'와 '사무처리 능력의 부족'은 정도의 차이에 지나지 않아 둘 사이의 구별이 명확한 것은 아니다.

성년후견의 청구권자인 '본인, 배우자, 4촌 이내의 친족, 미성년후견인, 미성년후견감독인, 한정후견인, 한정후견감독인, 특정후견인, 특정후견감독인, 검사 또는 지방자치단체의 장'(제9조 제1항)과 한정후견의 청구권자인 '본인, 배우자, 4촌 이내의 친족, 미성년후견인, 미성년후견감독인, 성년후견인, 성년후견감독인, 특정후견인, 특정후견감독인, 검사 또는 지방자치단체의 장'(제12조 제1항)도 대부분 동일하나, 한정후견인이나 한정후견감독인은 성년후견의 개시를 청구할 수 있고 성년후견인이나 성년후견감독인은 한정후견의 개시를 청구할 수 있도록 하고 있을 뿐이다.

성년후견이 개시된 경우 피성년후견인의 법률행위는 원칙적으로 취소할 수 있는 반면(제10조 제1항 참조), 한정후견이 개시된 경우 피한정후견인은 유효하게 법률행위를 할 수 있는 것이 원칙이고 예외적으로 가정법원이 피한정후견인의 행위능력을 제한할 수 있다(제13조 제1항 참조).

<**한정후견의 개시를 청구한 사건에서 가정법원이 성년후견을 개시할 수 있는 요건 및 성년후견 개시를 청구하고 있더라도 필요한 경우, 한정후견을 개시할 수 있는지 여부(적극)** (민법 제9조, 제12조; 가사소송법 제2조 제1항 제2호)> 성년후견이나 한정후견에 관한 심판 절차는 가사소송법 제2조 제1항 제2호 (가)목에서 정한 가사비송 사건으로서, 가정법원이 당사자의 주장에 구애받지 않고 후견적 입장에서 합목적적으로 결정할 수 있다. 이때 성년후견이든 한정후견이든 본인의 의사를 고려하여 개시 여부를 결정한다는 점은 마찬가지이다(제9조 제2항, 제12조 제2항).

위와 같은 규정 내용이나 입법 목적 등을 종합하면, 성년후견이나 한정후견 개시의 청구가 있는 경우 가정법원은 청구 취지와 원인, 본인의 의사, 성년후견 제도와 한정후견 제도의 목적 등을 고려하여 어느 쪽의 보호를 주는 것이 적절한지를 결정하고, 그에 따라 필요하다고 판단하는 절차를 결정해야 한다. 따라서 한정후견의 개시를 청구한 사건에서 의사의 감정 결과 등에 비추어 성년후견 개시의 요건을 충족하고 본인도 성년후견의 개시를 희망한다면, 법원이 성년후견을 개시할 수 있

고, 성년후견 개시를 청구하고 있더라도 필요하다면 한정후견을 개시할 수 있다고 보아야 한다.

한편 <가사소송법 제45조의2 제1항의 의미 및 피성년후견인이나 피한정후견인이 될 사람의 정신상태를 판단할 만한 다른 충분한 자료가 있는 경우, 가정법원은 의사의 감정이 없더라도 성년후견이나 한정후견을 개시할 수 있는지 여부(적극)> (민법 제9조, 제12조; 가사소송법 제45조의2 제1항)> 가사소송법 제45조의2 제1항은 "가정법원은 성년후견 개시 또는 한정후견 개시의 심판을 할 경우에는 피성년후견인이 될 사람이나 피한정후견인이 될 사람의 정신상태에 관하여 의사에게 감정을 시켜야 한다. 다만 피성년후견인이 될 사람이나 피한정후견인이 될 사람의 정신상태를 판단할 만한 다른 충분한 자료가 있는 경우에는 그러하지 아니하다."라고 정하고 있다. 이 규정의 의미는 의사의 감정에 따라 정신적 제약으로 사무를 처리할 능력이 부족하거나 지속적으로 결여되었는지를 결정하라는 것이 아니라, 의학상으로 본 정신능력을 기초로 하여 성년후견이나 한정후견의 개시 요건이 충족되었는지 여부를 결정하라는 것이다. 따라서 피성년후견인이나 피한정후견인이 될 사람의 정신상태를 판단할 만한 다른 충분한 자료가 있는 경우 가정법원은 의사의 감정이 없더라도 성년후견이나 한정후견을 개시할 수 있다.

2. 원심은 재항고인(갑)의 성년후견 개시 청구에 대하여 의사의 감정 없이 한정후견을 개시한 제1심결정을 다음과 같은 이유로 그대로 유지하였다.

가. 사건본인(을)은 정신적 제약으로 인하여 사무를 처리할 능력이 부족한 것으로 봄이 타당하므로 사건본인(을)에 대하여 한정후견을 개시할 필요성이 인정된다. 사건본인(을)은 2018. 5. 16. ○○○보건소 치매안심센터에서 치매선별검사(MMSE-DS)를 받았는데, 총점 30점 중 15점이 나왔다. 사건본인(을)은 2018. 11.경 혈관성 치매(Vascular dementia) 등 진단을 받고 2018. 11. 11. △△대학교병원에 입원하였다. 사건본인(을)은 2019. 12. 3. □□□□요양병원에서 간이정신상태검사(K-MMSE)를 받았는데, 총점 30점 중 13점이 나왔다. 제1심법원의 가사조사관은 사건본인(을)에 대해 장소와 사람에 관한 지남력이 양호한 편이나 시간 지남력이 다소 저하된 상태로 보인다는 의견을 제시하였다.

나. 재항고인(청구인 갑)은 사건본인(을)의 사무처리능력이 지속적으로 결여되어 있으므로 성년후견을 개시해야 한다고 주장한다. 그러나 사건본인(을)의 남은 능력을 고려하면 사건본인(을)의 사무처리능력이 부족한 것을 넘어 지속적으로 결여되었다고 보기 어렵다.

3. 원심결정 이유를 위에서 본 법리와 기록에 비추어 살펴보면, 원심결정은 정당하고 재항고이유 주장과 같이 필요한 심리를 다하지 않고 논리와 경험의 법칙에 반하여 자유심증주의의 한계를 벗어나거나 성년후견 개시의 요건에 관한 법리를 오해한 잘못이 없다.

§ 3-14 제한능력자의 취소규정의 적용 여부
❶ 대법원 1992. 10. 13. 선고 92다6433 판결 [건물명도등]

원심은 이 사건 매매계약 당시 소외인이 의사무능력상태에 있었으므로 위 계약이 무효라는 피고들의 항변을 인정할 증거가 부족하다 하여 배척하였는바, 관계증거를 기록과 대조하여 검토하면 위와 같은 인정판단은 정당한 것으로 수긍이 가고 거기에 소론과 같은 경험칙에 반하여 사실을 그릇 인정한 위법이 있다고 할 수 없고, 또한 <**표의자가 법률행위 당시 심신상실이나 심신미약상태에 있었으나 금치산 또는 한정치산선고를 받은 사실은 없었는데 그 후 금치산 또는 한정치산선고가 있어 그의 법정대리인이 된 자가 금치산 또는 한정치산자의 행위능력 규정을 들어 선고 이전의 법률행위를 취소할 수 있는지 여부(소극)** (민법 제10조(제5조), 제13조)> 표의자가 법률행위 당시 심신상실이나 심신미약상태에 있어 금치산 또는 한정치산선고를 받을 만한 상태에 있었다고 하여도 그 당시 법원으로부터 금치산 또는 한정치산선고를 받은 사실이 없는 이상 그 후 금치산 또는 한정치산선고가 있어 그의 법정대리인이 된 자는 금치산 또는 한정치산자의 행위능력 규정을 들어 그 선고 이전의 법률행위를 취소할 수 없다고 할 것이므로 이와 같은 취지의 원심의 판단 또한 정당하고 거기에 소론과 같은 법리오해의 위법이 없다.

3. 제한능력자의 상대방 보호
§ 3-15 미성년자의 속임수(사술)
❶ 대법원 1971. 6. 22. 선고 71다940 판결 【근저당권설정등기말소】

사실관계

미성년자 甲은 A와 석유곤로판매업을 동업하기로 약정하였는데, 그들이 판매할 석유곤로는 이 제작업자인 乙로부터 공급받기로 하고 乙과 계속적인 거래를 하려면 외상대금 채무의 확보를 위하여 乙에게 적당한 담보물을 제공하여야 하므로 그 담보물은 甲이 제공하기로 합의하였다. 그리하여 甲은 乙에게 그 담보로서 자신이 소유하는 X 부동산에 근저당권설정등기를 경료하여 주었다. 그런데 甲과 A는 甲이 미성년자라는 사실을 乙이 알면 乙이 甲과의 근저당권설정계약의 체결을 거부할 것이 명백하므로, 乙로 하여금 甲을 성년자로 믿게하기 위하여 미리 동사무소 직원과 통정하여 甲의 생년월일을 허위로 기재한 인감증명을 교부받아 이를 乙에게 제시하였다. 그런데 甲은 그 후에 미성년을 이유로 위 근저당권설정등기의 말소를 구하는 소를 제기하였다. 이에 대해 乙은 甲이 자신을 성년자로 믿게 하기 위하여 미리 관계동사무소 직원과 통정하여 甲의 생년월일을 성년으로 기재한 인감증명을 교부받아 이를 제시하여 근저당권설정계약을 체결하였으므로 위 근저당권설정등기의 말소청구에 응할 수 없다고 주장하였다.

판결이유

......

제2점, 원심이 적법히 확정한 사실에 의하면 원고(갑)는 소외 인 등(A)과 석유곤로 판매업을 동업하기로 함에 있어서 피고(을)와 계속적인 거래를 할려면 외상대금 채무의 확보를 위하여 피고(을)에게 적당한 담보물을 제공하여야 하므로 그 담보로서 원고(갑) 소유의 이 사건 부동산을 제공하기로 합의가 되어 원고(갑)는 피고(을)에게 이 사건 근저당권설정등기를 하여 주었다는 것이고 원고(갑)와 위 소외인들(A)은 원고(갑)가 미성년자라는 사실을 피고(을)가 알면 피고(을)는 원고(갑)와의 근저당권설정계약 체결을 거부할 것이 명백하므로 <**미성년자가 사술로써 상대방으로 하여금 성년자로 믿게 하고 한 의사표시의 취소 여부(소극)** (민법 제17조 제1항)> 피고(을)로 하여금 원고(갑)를 성년자로 믿게하기 위하여 미리 관계동사무소 직원과 통정하여 원고(갑)의 생년월일을 1948. 2. 17.로 기재한 인감증명을 교부받아, 이를 피고(을)에게 제시 행사하여 피고(을)로 하여금 원고(갑)를 성년자로 오신케 하여 이 사건 근저당권설정계약을 체결하였다는 것이므로, 피고(을)로 하여금 원고(갑)를 성년자로 오신케 한 것은 원고(갑)와 위 소외인들(A)이라 할 것이고 소론과 같이 원고(갑)는 피고(을)를 위와 같이 기망하는 데 가담하지 아니하였다는 것이 아니니 원고(갑)는 이 사건 근저당권설정계약의 의사표시를 취소할 수 없다고 한 원심판단은 정당하다 할 것이고 여기에 법리오해의 위법이 있다고 할 수 없다. 원심확정사실과 달리 원고(갑)는 피고(을)를 기망한 것이 아니고 또 원고(갑)는 위 소외인들(A)로 부터 기망당한 피해자라고 주장하면서 원판결에는 의사표시의 취소에 대한 법리오해의 위법이 있다는 상고논지는 이유 없다.

❷ **대법원 1971. 12. 14. 선고 71다2045 판결【소유권이전등기】**

......

동 홍O만의 상고이유 제4점 및 동 최O모의 상고이유 제2점에 대한 판단,
원판결은 앞에서 본바와 같이 원고는 피고와의 사이에 본건 임야에 대한 매매계약 체결당시 미성년자로서 법정대리인의 동의 없이 본건매매계약을 체결한 사실을 인정하였으니 미성년자인 원고는 그 매매계약을 취소할 수 있다할 것이고 따라서 <**입증책임** (민법 제17조; 민사소송법 제187조)> 상대방인 피고가 미성년자인 원고의 취소권을 배제하기 위하여 민법 제17조 소정의 미성년자인 원고가 사술을 썼다고 주장하는 때에는 그 주장자인 피고측에 그에 대한 입증책임이 있다할 것인바, 본건에 있어서 피고가 그 입증의 하나로서 을 제6호증(원고가 성년으로 된 인감증명서)를 제출하였으나 원고는 그 성년이라는 년의 숫자부분이 변조된 것과 또 원고 자신이 변조한 사실이 없다는 반증을 제출한 이상 피고는 입증책임의 원리원칙에 되

돌아가 그 변조가 원고 또는 원고와 공모한 제3자가 변조한 것이라는 점에 대하여 입증책임이 있다할 것이므로 같은 취지에서 원고가 본건임야에 대한 이전등기의 소요서류인 임감증명서를 변조하였음을 전제로 사술을 썼다는 피고의 주장에 대한 입증이 없다는 이유로 배척한 원판결조처는 정당하고 거기에는 입증책임을 전도하였거나 채증법칙을 위배한 잘못은 없으며 또한 <속임수의 정도> 민법 제17조에 이른바 "무능력자가 사술로써 능력자로 믿게 한 때"라 함은 무능력자가 상대방으로 하여금 그 능력자임을 믿게하기 위하여 적극적으로 사기수단을 쓴 것을 말하는 것으로서, 단순히 자기가 능력자라 사언함은 동조에 이른바 사술을 쓴 것이라고 할 수 없다 할 것이므로(대법원 1955. 3. 31. 선고 1954민상77호 판결 참조)본건에 있어서 <사안의 경우> 미성년자인 원고가 본건 매매계약 당시 원고 본인이 스스로 사장이라고 말하였다거나 또는 동석한 소외인이 상대방인 피고에 대하여 원고를 OO전선 주식회사의 사장이라고 호칭한 사실이 있었다 하더라도 이것만으로서는 이른바 사술을 쓴 경우에 해당되지 아니한다 할 것이므로 이와 같은 견해의 취지에서 판단한 원판결은 정당하고, 원판결에는 법률의 해석적용을 그릇한 위법은 없다 할 것이므로 논지들은 받아드릴 수 없다.

IV. 부재, 실종

1. 부재자
§ 3-16 법원이 개임 또는 유임처분을 한 경우 그 재산관리인의 지위
❶ 대법원 1977. 3. 22. 선고 76다1437 판결 【소유권이전등기말소등】

기록에 의하면 피고들은 부재자 허O은 6.25사변 전부터 가사 일체와 재산의 관리 및 처분을 그 모인 박O자, 처인 이O희 및 매인 허O경에게 일임하고 있었다고 주장하였는 바 그 취지가 3인의 공동수임인지 각 단독수임인지가 분명하지 아니함에도 불구하고 원심은 이점을 가려보지도 아니하고 위 박O자 1인 단독으로 수임한 취지로 판시하였으니 이는 당사자의 주장을 명확히 아니한채 주장하지 아니하는 사실을 인정하였다는 허물을 면할 수 없으며 기록에 의하면 <u>위 박O자(부재자의 모)는 위 허O의(부재자)</u> 실종후인 1954. 5. 8. 법원에 신청하여 동 부재자 허O의 <u>(부재자)</u> 재산관리인으로 선임되었음이(기록 288면 참조) 분명하므로 이점으로 미루어 볼 때 원판시와 같이 허O이 실종되기 전에 그 재산의 관리처분권을 위 박O자에 위임하였다 함은 사리에 맞지 않는다는 의심이 갈 뿐 아니라 원판시와 같이 <민법 제23조의 관리인의 개임에 해당하는 사례 (제23조, 제25조)> <u>(부재자 허O의)</u>

위 박O자*(부재자의 모)*에 그*(6.25사변 전부터 가사 일체와 재산의 관리 및 처분)* 권한 위임을 하였다고 가정하더라도, 위의 법원에 의한 재산관리인 선임은 부재자의 생사가 분명하지 아니하여 민법 제23조에 규정에 의한 개임이라고 보지 못할 바도 아니므로, 이때부터 허O의*(부재자)* 위임에 의한 박O자*(부재자의 모)*의 재산관리처분권한을 종료 소멸되었다고 봄이 상당하고, 따라서 그 후에 박O자*(부재자의 모)*의 부재자 재산처분에 있어서는 민법 제25조에 따른 권한초과 행위 허가를 받아야 하며(그렇기 때문에 박O자가 부재자의 다른 재산을 처분함에 있어 초과행위 허가를 받았다······기록 35면) 그 허가를 받지 아니하고 한 부재자의 본건 재산매각은 무효라 아니할 수 없다.

그럼에도 불구하고 원심판결이 위 박O자*(부재자의 모)*의 위와 같은 법원의 허가없이 한 부재자 허O*(부재자)*의 본건 토지매매를 유효시 하였음은 부재자 재산관리인의 법리를 오해한 위법이 있다고 아니할 수 없어 이점에서 상고논지 이유 있음으로 다른 점에 대한 판단을 생략하고 원심판결은 파기를 면할 수 없다.

§ 3-17 부재자 재산관리인의 지위와 권한

❶ 대법원 1976. 12. 21. 자 75마551 결정 【부동산경매개시결정에대한이의신청기각결정에대한재항고】

사실관계

부재자 甲(홍O환)의 재산관리인 乙(홍O욱)은 甲 소유였던 X 부동산에 대하여 1963. 6. 4. 법원으로부터 매각처분 허가를 받아 1965. 11. 25. 甲과는 아무런 관련이 없는 丙 주식회사의 丁은행에 대한 채무의 담보를 위해 X 부동산에 관하여 근저당권설정등기를 경료하였다(채권최고액 3억 원, 근저당권설정자 甲, 근저당권자 丁, 채무자 丙). 그 후 乙은 재산관리인에서 해임되고 戊(홍O창)가 새로 재산관리인으로 선임되었다. 丁은행이 위 근저당권에 기하여 X 부동산에 대한 임의경매를 신청하여 경매법원이 1974. 7. 5. X 부동산에 대하여 경매개시결정을 하자 甲은 위 경매개시결정에 대한 이의신청을 제기하였다.

결정이유

원심결정이유에 의하면 본건 부재자 재산관리인*(을)*이 부재자 재산에 대한 법원의 매각허가를 받아 이를 매각치 않고 타인*(병)*의 채무의 담보를 위하여 이에 근저당권을 설정하는 경우에는, 따로이 위 근저당권설정에 관한 허가를 받을 필요가 없고, 이 허가를 받지 아니하였다 하여 동 근저당권설정행위가 권한없이 행하여진 것이라 볼 수 없을 뿐 아니라, 이를 반사회적 행위라고 볼 수도 없다는 취지의 이유로서 본건 부동산에 관한 임의경매개시결정에 대하여 신청인*(갑)(재항고인)*의 이의

신청기각결정에 대한 항고를 이유없다 하여 이를 배척하고 있다. <부재자 재산관리인이 처분허가를 받고 한 처분행위의 한계> 그러나 부재자 재산관리제도의 취지는 부재자 재산관리인으로 하여금 부재자의 잔류재산을 본인의 이익과 더불어 사회경제적 이익을 기하고, 나아가 잔존배우자와 상속인의 이익을 위하여 관리케 하고, 귀래(귀래)하는 부재자 본인 또는 그 상속인에게 그 관리해 온 재산전부를 인계케 하는데 있다 할 것이며, 법원의 선임한 부재자 재산관리인은 부재자 본인의 의사에 의하는 것이 아니라 법률에 규정된 자의 청구로 법원에 의하여 선임되는 일종의 법정대리인으로서 법정위임 관계가 있다 할것이니 모름지기 위 취지에 따른 선량한 관리자의 주의의무로서 그 직무수행을 하여야 할 것이므로, 그 관리행위는 부재자를 위하여 그 재산을 보존, 이용, 개량하는 범위로 한정된다 할 것이고, 위 범위를 넘는 법원의 허가를 얻어야하는 처분행위에 있어서도 그 행위는 부재자를 위하여 범위에 한정된다 할 것이다.

기록에 의하면 부재자 홍O환(갑)의 소유 잔류재산인 본건 부동산 6필지 등에 대하여 법원의 선임에 의한 부재자재산관리인 홍O욱(을)이 1963. 6. 4. 서울지방법원으로부터 매각처분허가를 받아 1965. 11. 25 OO상역주식회사(병)의 조흥은행(정)에 대한 채무의 담보로 (1) 1965. 11. 5.자 서울지방법원 접수 제231, 440호로서 본건 부동산에 관하여 근저당권설정자는 재항고인, 근저당권자는 주식회사 조흥은행(정), 채무자는 OO상역주식회사(병)로 하여 채권최고액 3,200만원의 근저당권설정등기를 경료함을 위시하여 위 법원에서 (2) 1966. 1. 27.자 접수 채권최고액 1,000만원 (3) 1966. 10. 8.자 접수 채권최고액 2,400만원 (4) 같은 날 접수 채권최고액 2,700만원 (5) 1967. 4. 22.자 접수 채권최고액 1,700만원(6) 1968. 9. 30.자 접수 채권최고액 1억원 (7) 1969. 9. 24.자 접수 채권최고액 8,000만원의 각 근저당권설정등기를 경료한 바 있고 위 재산관리인 홍O욱(을)은 위 (5), (6), (7) 기재 각 등기가 경료되기전인 1966. 11. 9. 위 재산관리인에서 해임되고 홍O창(무)이 선임되었으며 위 채권자인 조흥은행(정)이 위 (1) 내지 (7) 기재의 근저당권에 의한 담보권실행으로 본건 부동산에 대한 임의경매신청을 하여 경매법원이 1974. 7. 5. 본건 부동산에 관하여 경매개시결정을 하자 재항고인(신청인)이 위 경매개시결정에 대한 이의신청을 하게 된 경위사실을 알 수 있는바 이러한 사실에 미루어 보면 <부재자 재산관리인이 법원의 매각처분허가를 받은 경우에 부재와 아무관계도 없는 제3자의 채무담보만을 위하여 부재자 재산에 근저당권을 설정한 것의 적부 (민법 제25조, 제118조)> 위 근저당권설정에 있어 본건 부재자(갑)와 중앙상역주식회사(병)와의 사이에는 채권·채무 등 아무런 관련있음을 엿볼 수 없으며, 순전히 중앙상역주식회사(병)의 조흥은행(정)에 대한 채무의 담보만을 부담하는 것이므로, 달리 위 처분이 부재자를 위한 것으로 인정될 수 있는 특별한 사정이 있으면 별문제이지만 그러한 사정이 없는 한 부재자를 위한 것이라 볼 수는 없다할 뿐더러 부재자를 위하는 뜻에서 한 본건 법원의 처분허가 취지에도 어긋나는 것이라 아니할 수 없다할 것이다. 따라서 본건 부재자 재산관리인의 위 근저당권설정행위는 위와 같은 특별한 사정이 없는 한 그 허용된 권한을 넘는 무효의 처분이라 할 것이다.
또한 <*표현대리의 인정여부(소극)*> 본건 처분행위의 상대방에 있어서 부재자 재산관리인(을)이 법원의 매각처분허가를 얻었다 하더라도, 위와 같이 부재자(갑)와 아무런 관계가 없는 남(정)의 채무의 담보만을 위하여 부재자(갑) 재산에 근저당권을 설정하는 행위는 보통 있을 수 없는 드문 처사라 할 것이니 통상의 경우 객관적으로 그 행위가 부재자(갑)를 위한 처분행위로서 당연하다고는 경험칙상 쉽사리 볼 수 없는 처사라 할 것이므로, 달리 그 권한 있는 것으로 믿음에 잘못이 없다고 인정되는 정당한 이유가 있다면 모르거니와 그렇지 않다면 그 권한 있다고 믿음에 있어 선의무과실이라 할 수 없을 것이다(*즉 상대방인 丁에게 부재자재산관리인 乙의 권한이 있다고 믿을 만한 정당한 이유가 없다고 판단하였다*).
그렇다면 원심으로서는 위 설시사항 등을 마땅히 살펴야 함에도 불구하고 이에 이르지 않고 위와 같이 판단하였음은 필경 심리미진 이유불비이거나 부재자 재산관리 제도의 취지내지 처분행위의 범위와 권한을 넘는 표현대리에 관한 법리를 오해한 잘못이 있다 할 것이니 이에 대한 논지는 그 이유있다 할 것이므로 다른 논지에 대한 판단을 할 필요 없이 원심결정은 파기를 면치 못한다 할 것이다.

§ 3-18 허가 없이 한 처분행위에 대한 사후허가
❶ 대법원 1982. 12. 14. 선고 80다1872,1873 판결 【소유권이전등기】

사실관계
부재자 乙은 가족으로 모(최O금) A와 누님(박O춘) B가 있었고, 아버지 A1로부터 단독상속받은 X 부동산이 있었다. 甲은 A로부터 X 부동산을 매수하고 계약금 및 중도금을 지급하였다. 한편 위 매매계약은 甲, A, B, B1(B의 남편 이O섭) 모두 동석한 자리에서 체결되었는데, 그 당시 그들은 A1의 재산상속인이 아내인 A로 잘못 알고 매도인 명의를 A로 하였으나 후에 재산상속인이 乙임을 알고 B를 乙의 부재자 재산관리인으로 하기로 하였다. 그 후 B가 乙의 부재자 재산관리인으로 선임되었고, X 부동산에 대해 甲 앞으로 소유권이전등기를 하기 위하여 甲에게 B와 A의 인감증명서를 교부하였으나, 부재자의 부동산 처분에는 다시 법원의 허가가 필요하여 B는 X 부동산의 매각처분에 관해 법원의 허가를 받은 후 남편인 B1에게 甲 앞으로 소유권이전등기를 해주라고 하였다. 이 후 甲은 乙을 상대로 X 부동산에 대한 소유권이전등기를 구하였다. 그러나 B는 X 부동산에 대한 매매계약이 법원의 허가 없이 행해진 것임을 이유로 甲의 소유권이전등기 청구를 거절하였다.

판결이유

사실관계가 위와 같다면, <부재자의 재산관리인이 무권대리인으로부터 부재자 소유의 부동산을 매수한 자에게 이전등기에 소요되는 인감증명을 교부한 경우 매매계약의 추인에 해당하는지 여부 (민법 제130조)> 소외 최○금(A)의 이 사건매매계약 체결행위는 부재자 재산관리인으로서 적법한 권한없이 한 행위인데, 소외 박○춘(B)이 피고(을)의 부재자 재산관리인으로 선임된 후에 위 매매에 기한 소유권이전등기를 위하여 자기의 인감증명서를 원고(갑)에게 교부함으로써 이를 추인한 것이라고 볼 것이고, <부재자의 재산관리인의 권한없는 추인행위 후에 법원의 재산관리인의 초과행위 결정이 있는 경우 추인의 효력 유무 (민법 제25조)> 위(부재자의 재산관리인에 의한 부재자소유 부동산매각행위의) 추인행위 역시 그 당시 아직 부동산매각처분을 위한 법원의 허가를 얻기 전이어서 권한 없이 행하여진 것이라고 할 것이나, 법원의 재산관리인의 초과행위 결정의 효력은 그 허가받은 재산에 대한 장래의 처분행위 뿐만 아니라 기왕의 처분행위를 추인하는 행위로도 할 수 있는 것이므로, 그 후 법원의 허가를 얻고 그의 남편 소외 디○섭(B1)에게 소유권이전등기절차를 이행하여 주라고 한 행위에 의하여 종전에 권한없이 한 위 처분행위를 추인한 것이라고 할 것이다.

그럼에도 불구하고 원심이 그 판시와 같은 이유로 원고(갑)의 위 주장을 배척한 조처에는 필경 채증법칙을 위배하여 사실을 오인하였거나 이유불비의 위법을 저질러 판결에 영향을 미쳤다고 할 것이므로 이러한 취지를 포함하는 논지는 이유 있고 나머지 상고이유에 대하여 판단할 것 없이 원심판결 중 원고(갑) 패소부분은 파기를 면하지 못한다.

❷ **대법원 1982. 9. 14. 선고 80다3063 판결 [주주권확인등]**

......

3. 상고이유 제3점에 대하여,

<법원의 재산관리상 권한초과행위 허가결정이 재산관리인의 기왕의 권한초과행위를 추인하는 효력을 갖는지 여부(적극) (민법 제25조)> 법원의 재산관리인의 초과행위허가의 결정은 그 허가받은 재산에 대한 장래의 처분행위를 위한 경우뿐만 아니라 기왕의 처분행위를 추인하는 행위로도 할 수 있다고 봄이 상당하다 할 것인바, 이 사건에 있어서 원고 김○병이 1955. 10. 5. 위 부재자의 재산관리인으로 선임되었고, 1957. 12. 11. 법원의 초과행위허가결정을 받아 그 허가결정등본(을 제2호증)을 매수인에게 교부하므로서 이미 1957. 10. 18.에 한 위 부재자 김○열 소유의 주식매매계약을 추인한 것으로 봄이 상당하다 할 것이니(당원 1956. 6. 14. 선고 1956년 민상 제43호 판결 참조) 같은 취지의 원심판결은 정당하고 거기에 재산관

리인의 권한초과행위에 관한 법리오해의 위법이 있다 할 수 없으며 소론이 지적하는 판례는 재산관리인이 법원의 처분허가를 얻은 사실이 없음을 기초로 한 것으로 그 처분허가를 추후에 받은 본건의 경우와는 사안을 달리하여 이 사건에 적절한 것이 못된다할 것이며, 기록에 의하면(1978. 2. 28.자 준비서면 참조) 원고는 이 사건 주식을 판시와 같이 소외인들에게 양도한 후 1957. 12. 11. 부재자 김O열의 재산관리인으로서 부재자의 이 사건 주식의 양도에 관한 권한초과행위의 허가결정을 받아 양수인측에 교부하였다고 주장하고 있는바, 이는 위 주식양도의 묵시적 추인이 있었다는 주장으로 못 볼바 아니므로 무권한의 위 주식양도를 추인한 흔적이 없다는 소론은 이유 없다.

§ 3-19 패소판결 확정 후의 처분허가 및 허가신청절차의 이행청구 여부
❶ 대법원 2002. 1. 11. 선고 2001다41971 판결 【소유권이전등기절차이행등】

> 사실관계

乙은 1990. 6. 26. 가정법원에 의해 부재자 A의 재산관리인으로 선임되었고, 1995. 7. 20. 법원의 허가를 받지 않은 채 甲(모건설회사 대표이사)과 A의 부동산을 매도하기로 하는 매매계약을 체결하였다. 1997. 3. 6. 乙은 甲에게 위 매매계약과 관련하여 권한초과행위에 관한 법원의 허가신청절차를 이행하여 1997. 4. 말일까지 소유권이전등기절차를 이행하기로 약정하였다. 이에 甲은 재산관리인 乙을 상대로 A 부동산에 대한 소유권이전등기절차의 이행을 청구하였으나 기각·확정되자, 법원의 허가신청절차이행 및 소유권이전을 구하는 소를 제기하였다. 소송 도중에 乙이 재산관리인의 임무에 위반하였다는 것을 이유로 가정법원에 의해 해임되고 丁이 재산관리인으로 선임되었다. 丁은 이 사건 매매계약은 乙이 자신의 권한범위를 초과하는 매도행위에 관하여 법원으로부터 허가를 받지 아니한 상태에서 한 법률행위로서 무효이고, 따라서 무효의 법률행위의 이행을 위한 전제로서 구하는 이 사건 권한초과행위의 허가신청절차이행청구에는 응할 수 없다는 주장을 하였다.

> 판결이유

1. 제1점에 대하여
<패소판결 확정 후의 처분허가(적극) (민법 제25조, 제118조; 민사소송법 제202조, 제226조)> 원고(갑)가 부재자 소외 1(A)에 대하여 이 사건 매매계약을 원인으로 한 소유권이전등기절차의 이행을 구하였으나, 이 사건 매매계약은 부재자 소외 1(A)의 재산관리인이었던 소외 2(을)가 권한을 초과하여서 체결한 것으로 법원의 허가를 받지 아니하여 무효라는 이유로 청구(소유권이전등기절차의 이행청구)가 기각되어 확정되었다고 하더라도, 패소판결의 확정 후에 위 권한 초과행위에 대하여 법원의

허가를 받게 되면 다시 이 사건 매매계약에 기한 소유권이전등기청구의 소를 제기할 수 있는 것이다(대법원 1967. 2. 21. 선고 65다1603 판결 참조).
그러므로 부재자 소외 1(A)의 재산관리인이었던 소외 2(을)의 권한을 초과한 이 사건 매매계약에 관하여 약정에 터잡은 허가신청절차의 이행을 청구하는 것이 소의 이익이 없다거나 위 패소판결의 기판력에 저촉된다고 할 수 없다.
이 부분 상고이유의 주장은 받아들일 수 없다.
2. 제2점에 대하여
<허가신청절차의 이행을 소구할 수 있는지 여부(적극) (민법 제25조, 제118조; 민사소송법 제226조)> 법원의 선임에 의한 부재자 재산관리인이 권한을 초과하여서 체결한 부동산 매매계약에 관하여 허가신청절차를 이행할 것을 약정하는 것은 관리권한행위에 해당한다고 할 것이고, 이러한 약정을 이행하지 아니하는 경우 매수인으로서는 재산관리인을 상대로 하여 그 이행을 소구할 수 있다는 것이 환송판결의 취지이다(그 이후의 절차에서 법원의 허가가 나고, 아니 나고는 전혀 별개의 문제이다). 이처럼, **<법원에 대하여 허가신청절차를 이행하기로 한 약정에 기하여 그 이행을 소구당한 부재자 재산관리인이 소송계속중 해임되어 관리권을 상실하는 경우, 소송절차는 중단되고 새로 선임된 재산관리인이 소송을 수계하는지 여부(적극)** (민법 제25조; 민사소송법 제215조; 가사소송규칙 제41조, 제42조)> 재산관리인이 부재자를 대리하여 부재자 소유의 부동산을 매매하고 매수인에게 이에 대한 허가신청절차를 이행하기로 약정하고서도 그 이행을 하지 아니하여 매수인으로부터 허가신청절차의 이행을 소구당한 경우, 재산관리인의 지위는 형식상으로는 소송상 당사자이지만 그 허가신청절차의 이행으로 개시된 절차에서 만일 법원이 허가결정을 하면 재산관리인이 부재자를 대리하여서 한 매매계약이 유효하게 됨으로써 실질적으로 부재자에게 그 효과가 귀속되는 것이다.
그러므로 법원에 대하여 허가신청절차를 이행하기로 한 약정에 터잡아 그 이행을 소구당한 부재자 재산관리인이 소송계속중 해임되어 관리권을 상실하는 경우 소송절차는 중단되고 새로 선임된 재산관리인이 소송을 수계한다고 봄이 상당하다고 할 것이다.
같은 법리에서, 부재자 소외 1(A)의 재산관리인 소외 2(을)가 이 사건 소송계속중 해임되어 소송절차가 중단되고, 개임된 재산관리인인 피고(정)가 소송을 수계하였음을 전제로 피고(정)에게 이 사건 매매계약과 관련하여 그 권한초과행위에 대한 가정법원의 허가신청절차를 이행할 의무가 있다고 한 원심의 판단은 정당하고 거기에 소송중단 및 소송수계에 관한 법리를 오해한 위법이 있다 할 수 없다.

§ 3-20 부재자의 사망확인과 재산관리인의 권한
❶ 대법원 1971. 3. 23. 선고 71다189 판결【소유권이전등기말소】

사실관계

X 임야는 A(소외 1)의 소유였는데, A가 1949년경 행방불명되어 그의 어머니인 B(소외 2)가 법원의 결정에 의하여 A의 부재자 재산관리인에 선임되어 X 임야를 관리하여 왔으며, 그러던 중 1968. 9. 19. A의 사망이 확인되었다. 그리하여 A의 상속인인 甲 등(A의 아내와 아들, 딸)이 X 임야를 공동상속하게 되었다. 그런데 B는 A의 사망이 확인된 후인 1969. 1. 5. A의 부재자 재산관리인 자격으로 법원의 초과행위 허가를 받고 X 임야를 乙에게 매도하고 소유권이전등기를 경료하였다. 이에 甲 등은 위 등기의 원인인 매매는 당연무효라고 하면서 乙을 상대로 이의 말소를 청구하였다.

판결이유

원판결이 인용한 제1심판결의 이유설시에 의하여 원심이 본건 계쟁임야들은 원래 소외 1(A)의 소유였으나 동인이 1949년경 행방불명이 되었으므로, 그의 어머니인 소외 2(B)이 법원의 결정에 의하여 소외 1(A)을 위한 부재자관리인에 선임되어 그 임야들을 관리하여 오던 중 1968. 9. 19.로서 소외 1(A)의 사망이 확인됨으로써 그의 아들 소외 3과 그 딸 소외 4 및 그의 처 소외 5가 위 임야들을 공동상속하게 되었던 바 전기 소외 2(B)는 소외 1(A)의 사망이 확인된 후인 1969. 1. 5. 동인의 부재자재산관리인 자격으로서(기록상 법원의 초과행위허가가 있었음이 뚜렷하다) 그 임야를 소외 6에게 매도하고 그로 인한 소유권 이전등기까지 하였던 것인즉, 그 등기의 원인인 매매는 당연무효한 행위였다는 원고의 주장에 관하여 <u>**<부재자의 사망확인과 재산관리인의 권한** (민법 제22조)></u> <u>법원의 결정으로서 부재자의 재산관리인에 선임된 자는 그 부재자의 사망이 확인된 후라 할지라도 그에 대한 부재자관리인 선임결정이 취소되지 않는 한 그 관리인으로서의 권한이 소멸되는 것은 아니며, 소외 2(B. A의 모)에 대한 전기 부재자 재산관리인 선임결정은 아직 취소되지 않았던 것이었다</u> 하여 그 주장을 배척하였음이 뚜렷하고, 위 원고(갑 등) 주장을 배척한 조치에 법리의 오해나 기타의 위법이 있었다고는 인정되지 않는바 소론은 사실과 법리에 관한 독자적인 견해하에 위 조치를 논난하는 것이니 그 논지를 이유 없다하여 관여법관 전원의 일치한 의견으로 민사소송법 제400조, 제384조, 제95조, 제89조에 의하여 주문과 같이 판결한다.

❷ **대법원 1987. 3. 24. 선고 85다카1151 판결 [부동산소유권확인]**

부재자의 생사가 일정기간동안 분명하지 아니하여 이해관계인이나 검사의 청구에 의하여 법원에서 실종선고를 받은 때에는 그 실종기간이 만료하는 때에 사망한 것으로 보는 것인바, 소송계속중에 당사자가 사망한 때에는 그 당사자에게 소송대리인이 선임되어 있지 아니하는 한 소송절차는 중단되고, 이 경우에는 상속인, 상속재산관리인, 기타 법률에 의하여 소송을 속행할 수 있는 자가 소송절차를 수계하여야 하며 소송절차의 중단 중에는 소송수계인에 의하여 적법한 소송수계가 있을 때까지 소송절차가 정지되어 그 기간 중에는 유효한 소송행위를 할 수 없는 것이고, <*부재자의 재산관리인에 의하여 소송이 진행되던중 부재자 본인에 대하여 실종선고가 확정된 경우 소송절차의 중단여부*> *(민사소송법 제211조; 민법 제22조, 제28조)*> 부재자의 재산관리인에 의하여 소송절차가 진행되던 중 부재자 본인에 대한 실종선고가 확정되면 그 재산관리인으로서의 지위는 종료되는 것이므로, 그 경우에도 상속인 등에 의한 적법한 소송수계가 있을 때까지 소송절차가 중단되는 법리는 다를 바 없다 할 것이다(당원 1983. 10. 25. 선고 83다카850 판결 참조).

그런데 기록에 의하면, 이 사건 소송은 법원에 의하여 부재자재산관리인으로 선임된 소외인이 그 부재자 재산관리권에 기하여 그 보존행위로서 이 사건 소송을 제기하여 1984. 5. 25. 그 제1심판결이 선고되었고, 위 제1심판결에 대하여 피고들이 항소를 제기하여 항소심인 원심법원에 그 소송이 계속되어 있던 1984. 7. 1. 청주지방법원 83느164호로 부재자에 대하여 실종선고가 되고, 같은 해 7. 28. 위 실종선고가 확정되어 사망간주됨으로써 소외인의 부재자에 대한 부재자재산관리인으로서의 지위가 종료되었음에도 불구하고(그 후 1985. 5. 14. 대전지방법원 공주지원에서 위 부재자재산관리인선임이 취소되었다), 원심에서는 원고에게 소송대리인이 선임되어 있지 아니한 이 사건 소송에서 부재자의 상속인등에 의한 소송절차의 수계가 없었음에도 불구하고 이미 부재자의 재산관리권을 상실한소외인에 의하여 소송절차가 진행된 결과 1985. 4. 29. 원심판결이 선고되었음이 분명하다.

그렇다면 원심판결은 소송절차의 중단 중에 진행된 소송행위에 의하여 이루어진 판결로서 위법임을 면할 수 없고, 이는 결국 소송촉진등에 관한 특례법 제12조 제2항 소정의 파기사유에 해당한다 할 것이므로 상고이유에 대한 판단을 생략한 채 원심판결을 파기하고, 사건을 다시 심리판단케 하기 위하여 원심법원으로 환송하기로 관여법관의 의견이 일치되어 주문과 같이 판결한다.

2. 실종선고
1) 실종선고의 요건
§ 3-21 가족관계등록부상 사망자에 대한 실종선고
❶ 대법원 1997. 11. 27. 자 97스4 결정 【실종선고】
(대법원 2002. 6. 14. 선고 2001므1537 판결; 대법원 2008. 9. 29. 자, 2006마8883 결정)

1. 제1점에 대하여
<*호적부 사망기재의 추정력 및 호적상 사망자로 기재된 자에 대한 실종선고 가부*

(소극) (민법 제27조)> 호적부의 기재사항은 이를 번복할 만한 명백한 반증이 없는 한 진실에 부합하는 것으로 추정되고, 특히 호적부의 사망기재는 쉽게 번복할 수 있게 해서는 안되며, 그 기재내용을 뒤집기 위해서는 사망신고 당시에 첨부된 서류들이 위조 또는 허위조작된 문서임이 증명되거나, 신고인이 공정증서원본불실기재죄로 처단되었거나, 또는 사망으로 기재된 본인이 현재 생존해 있다는 사실이 증명되고 있을 때, 또는 이에 준하는 사유가 있을 때 등에 한해서 호적상의 사망기재의 추정력을 뒤집을 수 있을 뿐이고, 그러한 정도에 미치지 못한 경우에는 그 추정력을 깰 수 없다 할 것이므로(대법원 1995. 7. 5.자 94스26 결정 참조), 호적상 이미 사망한 것으로 기재되어 있는 자는 그 호적상 사망기재의 추정력을 뒤집을 수 있는 자료가 없는 한 그 생사가 불분명한 자라고 볼 수 없어 실종선고를 할 수 없다고 할 것이다.

원심결정 이유에 의하면 원심은 사건본인은 호적상의 사망일시인 1951. 1. 15. 사망한 것으로 추정된다 할 것인데, 청구인이 제출한 증거들 및 제반 자료들만으로는 위 추정력을 뒤집기에 부족하고, 달리 위 호적상 사망기재의 추정력을 뒤집을 수 있는 아무런 자료가 없다는 이유로 실종을 선고한 1심의 심판을 취소하고 신청인의 청구를 기각하고 있는바, 기록에 비추어 살펴보면 원심의 위와 같은 조치는 앞서 본 법리에 따른 것으로서 수긍이 가고, 거기에 호적기재의 추정력과 실종선고의 관계에 관한 법리오해나 심리미진의 잘못이 있다고 할 수 없다. 이 점을 지적하는 재항고이유는 받아들일 수 없다.

2. 제2점에 대하여

<실종선고에 대한 항고사건에서 청구인을 절차에 참여시키지 않은 항고법원의 조치가 위법하지 않다고 본 사안 *(민법 제27조; 가사소송법 제2조 제1항 (나)목, 제37조 제2항, 제43조 제2항, 제45조)>* 민법 제27조에 의한 실종선고는 라류 가사비송사건이고 {가사소송법 제2조 제1항 (나)목}, 라류 가사비송사건의 심판은 사건관계인을 심문하지 아니하고 할 수 있으며(같은 법 제45조), 항고법원의 재판절차에는 제1심의 재판절차에 관한 규정이 준용되므로(같은 법 제43조 제2항), 항고법원이 청구인을 심문하지 아니하고 심판할 수는 있으나, 이 사건에 있어서와 같이 이해관계인이 항고를 제기하여 항고법원이 제1심의 결정을 취소하고 청구인에게 불리한 결정을 하는 경우에는, 가사소송법 제43조, 제37조 제2항의 규정에 비추어 볼 때 청구인을 절차에 참가하게 하는 것이 상당하다고 할 것이다. 그러나 기록에 의하면 이 사건 청구인이 이 사건 사건본인을 상대로 하여 제기한 호적정정신청 사건기록과 그 밖의 이 사건을 둘러싼 계속된 사건관계자료가 모두 제출되어 있어, 원심이 더 이상 당사자의 진술을 듣거나 사실조사를 할 필요가 있다고 보여지지 아니하므로, 원심이 청구인을 절차에 참가시키지 않았다고 하여 거기에 무슨 잘못이 있다고 하기 어렵다. 이 점을 지적하는 재항고이유는 받아들일 수 없다.

3. 제3점에 대하여

***<항고장의 송달 요부(소극)** (민사소송법 제413조)>* 항고는 원칙적으로 두 당사자의 대립을 예상하지 않는 편면적인 불복절차로서 항고인과 이해가 상반되는 자가 있는 경우라도 판결절차에 있어서와 같이 엄격한 의미의 대립을 인정할 수 있는 것이 아니므로, 항고장에 반드시 상대방의 표시가 있어야 하는 것도 아니고, 항고장을 상대방에게 송달하여야 하는 것도 아니다(대법원 1966. 8. 12.자 65마473 결정 참조). 따라서 원심이 상대방에게 항고장을 송달하지 아니한 것이 재판에 영향을 미친 위법이라고 말할 수 없다. 이 점에 관한 재항고이유도 받아들일 수 없다.

§ 3-22 실종선고청구의 이해관계인
❶ 대법원 1986. 10. 10. 자 86스20 결정 【실종신고】

실종선고는 부재자를 법률상 사망한 것으로 간주케 하는 중대한 효과를 가지므로 *<**실종선고를 청구할 수 있는 이해관계인의 범위** (민법 제27조)>* 민법 제27조의 실종선고를 청구할 수 있는 이해관계인이라 함은 부재자의 법률상 사망으로 인하여 직접적으로 신분상 또는 경제상의 권리를 취득하거나 의무를 면하게 되는 사람만을 뜻한다고 할 것인바, 원심이 같은 취지에서 *<**부재자의 자매로서 제2순위 상속인인 자가 실종선고를 청구할 수 있는 이해관계인지 여부** (민법 제27조)>* 이 사건 부재자의 제1순위 상속인은 그 모 소외인이고, 재항고인은 부재자의 자매로서 제2순위 상속인에 불과할 뿐만 아니라 부재자에 대한 실종선고의 여부에 따라 재항고인의 상속지분에 차이가 생긴다고 하더라도, 이는 위 부재자의 사망 간주시기에 따른 간접적인 영향에 불과하고 부재자의 실종선고 자체를 원인으로 한 직접적인 결과는 아니라고 하여 재항고인은 부재자에 대한 실종선고를 청구할 이해관계인이 될 수 없다고 판단하였음은 정당하고 거기에 이해관계인에 대한 해석을 잘못한 위법이 있다고 할 수 없다.

2) 실종선고의 효과
§ 3-23 사망의제
❶ 대법원 1994. 9. 27. 선고 94다21542 판결 【소유권보존등기말소】
(대법원 1995. 2. 17. 선고 94다52751 판결)

*<**실종선고의 취소사유가 있다는 사정만으로 실종선고로 인하여 개시된 상속의 효력을 부인할 수 있는지 여부** (민법 제28조, 제29조)>* 실종선고를 받은 자는 실종기간이 만료한 때에 사망한 것으로 간주되는 것이므로, 실종선고로 인하여 실종기간 만료시를 기준으로 하여 상속이 개시된 이상 설사 이후 실종선고가 취소되어야 할

사유가 생겼다고 하더라도, 실제로 실종선고가 취소되지 아니하는 한, 임의로 실종기간이 만료하여 사망한 때로 간주되는 시점과는 달리 사망시점을 정하여 이미 개시된 상속을 부정하고 이와 다른 상속관계를 인정할 수는 없다고 할 것이다.

소론은 이와 다른 견해에서, 소외 망 박O만의 사망시기가 실종선고에 의하여 사망이 간주되는 시점과 다르므로 원심으로서는 이에 관한 석명권행사를 다하지 아니하였거나 채증법칙에 위배하여 잘못된 실종선고를 기초로 상속관계를 판단하였다는 취지로 원심판결을 비난하는 것에 지나지 아니하여 받아들일 수 없다.

§ 3-24 부재자 재산관리인의 재산처분행위

❶ 대법원 1991. 11. 26. 선고 91다11810 판결(사실관계) 【토지소유권이전등기말소등기등】

사실관계

X 부동산의 소유자 A(소외 망 현O익)는 6.25사변 중인 1950. 9. 30.에 행방불명되어 그 재산관리에 관하여 1962. 9. 26. 그의 아내 B(소외 망 조O숙)가 재산관리인으로 선임되었다. 그 후 1966. 6. 11. 또는 1967. 6. 20.자로 X 부동산에 관하여 乙 명의로 소유권이전등기가 경료되었다. 그런데 법원이 A에 대하여 1980. 11. 18. 실종선고를 하였고, 이에 따라 A는 실종선고기간이 만료된 1955. 9. 30.에 사망한 것으로 간주되었다. A의 장녀인 甲은 乙에 대하여 X 부동산에 대한 소유권이전등기는 A의 생사불명의 상태에서 법률상 원인 없이 경료된 것이고, 또한 B가 X 부동산을 乙에게 처분함에 있어서 법원으로부터 처분허가를 받지 않았다고 하면서 X 부동산에 대한 소유권이전등기의 말소를 구하는 소를 제기하였다.

판결이유

(1) 상고이유 제2점에 대하여 본다.

원심판결 이유에 의하여 원심은 그 거시증거에 의하여 이 사건 부동산의 소유자 소외 망 현O익(A)은 6.25사변 중에 행방불명되어 그 재산관리에 관하여 1962. 9. 26. 그의 처 소외 망 조O숙(B)이 재산관리인으로 선임되어 있었는데 그 후 1966. 6. 11. 또는 1967. 6. 20.자로 이 사건 부동산에 관하여 피고(을) 명의로 소유권이전등기가 경료된 사실, 그런데 법원이 현O익(A)에 대하여 1980. 11. 18. 실종선고를 하여 그가 실종선고기간이 만료 1955. 9. 30.에 사망한 것으로 간주되었으며 원고(갑)가 그의 장녀인 사실을 확정한 다음 위 등기는 현O익(A)의 생사불명의 상태에서 법률상 원인 없이 경료된 것이라는 원고(갑)의 주장에 대하여, 조O숙(B)이 현O익(A)이 재산관리인으로 선임되어 있었으므로 위 등기는 그 재산관리인에 의하여 적법한 절차에 따라 경료되었다고 추정되므로, 비록 현영익(A)이 사망한 것으로 간주된 후에 경료 되었다 하더라도 그 등기의 추정력은 번복되지 아니한다는 이유로 배척하였고, 위 재산관리인(B)이 이 사건 제1, 3, 4부동산을 피고(을)에게 처분함에 있어서 법원으로부터 처분허가를 받지 아니하고 위 등기를 경료하였으므로 위 등기는 무효라는 주장에 대하여는, 위 등기가 경료되어 있는 이상 법원의 처분허가를 받아 적법하게 등기를 경료하였다고 추정되고 위 추정을 번복시킬 만한 증거가 없다는 이유로 이를 배척하였는바, 기록에 의하여 살펴보면 원심의 위와 같은 사실인정과 판단은 수긍이 되고 거기에 소론과 같이 채증법칙을 위반하여 사실을 오인한 위법이 있다고 할 수 없다. 논지는 이유 없다.

(2) 상고이유 제1점에 대하여 본다.

사망자 명의의 등기신청에 의하여 경료된 등기는 일단 원인 무효의 등기로서 그 등기에 추정력이 인정되지 아니하고, 실종선고가 확정되면 실종기간이 만료된 때에 사망한 것으로 간주됨은 소론이 내세우는 바와 같으나, **<생사불명의 부재자가 사망간주되는 시점 이후 실종선고가 있기 이전에 재산관리인의 처분행위에 기하여 경료된 등기의 적법추정력 유무(적극)** (민법 제25조, 제28조, 제186조)> 사망한 것으로 간주된 자가 그 이전에 생사불명의 부재자로서 그 재산관리에 관하여 법원으로부터 재산관리인이 선임되어 있었다면, 그 재산관리인은 그 부재자의 사망을 확인했다고 하더라도 그 선임결정이 취소되지 아니하는 한 계속하여 그 권한을 행사할 수 있다 할 것이므로(당원 1967. 2. 21. 선고 66다2353 판결; 1971. 3. 23. 선고 71다189 판결 참조), 그 재산관리인에 대한 선임결정이 취소되기 전에 그 재산관리인의 처분행위에 기하여 경료된 등기는 그 경료에 필요한 법원의 처분허가 등 모든 절차를 거쳐 적법하게 경료된 것이라고 추정된다 할 것이다. 따라서 이 경우 법원의 처분허가 없이 위조된 허가결정 등으로 등기를 경료하였다는 사실은 위 등기의 추정력을 번복시켜 그 등기의 말소를 구하는 원고(갑)에게 그 입증책임이 있다고 할 것이므로 같은 취지의 원심판단은 정당하고 반대의 견해에서 하는 소론주장은 받아들일 수 없다. 원심판결에 등기의 추정력 및 실종신고의 효과에 관한 법리오해의 위법이 있고 입증책임을 전도한 위법이 있다는 논지는 이유 없다.

❷ 대법원 1975. 6. 10. 선고 73다2023 판결 [소유권이전등기말소]

제1점에 대하여,

(가) **<부재자재산관리인의 권한초과행위가 부재자에 대한 실종선고기간이 만료된 후에 이루어진 경우에 그 효력>** 부재자재산관리인으로서 권한초과행위의 허가를 받고 그 선임결정이 취소되기 전에 위 권한에 의하여 이뤄진 행위는 부재자에 대한 실종선고기간의 만료된 후에 이뤄졌다고 하더라도 유효하다(당원 1970. 1. 27. 선고 69다719 판결 참조)고 볼 것이므로, 그 재산관리인의 적법한 권한행사의 효

과는 이미 사망한 부재자의 재산상속인에게 미친다고 하겠다. 원심이 같은 취지에서 소외인의 설시 증여를 유효한 것으로 본 조치에 위법이 없다. 논지는 이유 없다.

V. 동시사망의 추정

§ 3-25 동시사망 추정의 효과
❶ 대법원 1998. 8. 21. 선고 98다8974 판결 【손해배상(자)】
......

상고이유 제2점에 대하여
<동시사망의 추정을 번복하기 위한 입증책임의 내용 및 정도 *(민법 제30조, 민사소송법 제261조)*> 민법 제30조에 의하면, 2인 이상이 동일한 위난으로 사망한 경우에는 동시에 사망한 것으로 추정하도록 규정하고 있는바, 이 추정은 법률상 추정으로서 이를 번복하기 위하여는 동일한 위난으로 사망하였다는 전제사실에 대하여 법원의 확신을 흔들리게 하는 반증을 제출하거나 또는 각자 다른 시각에 사망하였다는 점에 대하여 법원에 확신을 줄 수 있는 본증을 제출하여야 하는데, 이 경우 사망의 선후에 의하여 관계인들의 법적 지위에 중대한 영향을 미치는 점을 감안할 때 충분하고도 명백한 입증이 없는 한 위 추정은 깨어지지 아니한다고 보아야 할 것이다.

원심판결의 이유에 의하면, 원심이 거시 증거에 의하여, 이 사건 사고차량에 동승하였던 소외 망 김O호 및 하O숙이 모두 이 사건 사고로 현장에서 사망하였거나 병원으로 후송되다가 병원에 도착하기 이전에 이미 사망한 사실을 인정한 다음, 위 망인들은 다른 특별한 사정이 없는 한 같은 교통사고로 인하여 동시에 사망하였다고 추정되고 이를 번복할 만한 증거가 없다고 판단하였는바, 기록에 의하면 원심의 이러한 조치는 수긍이 가고, 거기에 소론과 같은 채증법칙 위배 내지 심리미진 또는 동시사망 추정의 법리를 오인한 위법이 있다고 할 수 없다.

❷ 대법원 2001. 3. 9. 선고 99다13157 판결 【소유권이전등기말소】

사실관계

피상속인 A는 아내인 소외 B와의 사이에 딸 소외 D와 아들 소외 C가 있다. 딸 D는 피고 乙과 혼인하여 소외 E와 소외 F라는 자녀를 두고 있고, 아들 C는 소외 G와 혼인하여 소외 H라는 자녀를 두고 있다. A에게는 직계존속은 없고, 형제자매인 甲(甲1-7)들이 있다. 피상속인 A는 여름휴가를 위하여 괌으로 가족여행을 떠났고, 이 여행에는 처 B와 자녀 C와 D, 며느리 G 그리고 손자녀인 E, F, H가 동행하였으나, 사위인 乙은 개인적인 사정으로 일정을 달리하여 출발하기로 하여 같은 항공기에 동승하지 않았다. 그런데 이 항공기가 괌에서 추락을 하여 A를 포함한 동행한 가족 전원이 사망(동시사망으로 추정)하였고, 이로 인하여 A의 상속이 개시되자 乙은 A의 부동산에 대하여 A의 대습상속인임을 근거로 하여 상속등기를 신청하였고, 이 등기신청은 수리되었다. 이에 대하여 甲은 乙에게 대습상속권이 없다는 것을 이유로 하여 乙 앞으로 경료된 소유권이전등기말소를 청구하였다.

상고이유

제1심 및 2심법원은 갑의 청구를 기각하였으나, 甲은 이에 불복하여 동시사망의 경우에는 대습상속의 요건을 충족하지 않는다는 점과 추정상속인 전원이 사망한 경우에는 대습상속이 일어나는 것이 아니고 본위상속이 일어난다는 점, 그리고 피대습자의 배우자가 피상속인의 형제자매라는 혈족상속인을 배제한 채 단독상속하는 것은 타당하지 않다는 점 등을 들어 대법원에 상고하였다.

판결이유

......

2. 상고이유 제1점에 관하여

<피상속인의 사위(을)가 피상속인의 형제자매(갑)보다 우선하여 단독으로 대습상속한다는 민법 제1003조 제2항이 위헌인지 여부(소극) (민법 제1001조, 제1003조 제2항; 헌법 제11조 제1항, 제36조 제1항)> 우리 나라에서는 전통적으로 오랫동안 며느리의 대습상속이 인정되어 왔고, 1958. 2. 22. 제정된 민법에서도 며느리의 대습상속을 인정하였으며, 1990. 1. 13. 개정된 민법에서 며느리에게만 대습상속을 인정하는 것은 남녀평등·부부평등에 반한다는 것을 근거로 하여 사위에게도 대습상속을 인정하는 것으로 개정한 점, 헌법 제11조 제1항이 누구든지 성별에 의하여 정치적·경제적·사회적·문화적 생활의 모든 영역에 있어서 차별을 받지 아니한다고 규정하고 있고, 헌법 제36조 제1항이 혼인과 가족생활은 양성의 평등을 기초로 성립되고 유지되어야 하며 국가는 이를 보장한다고 규정하고 있는 점, 현대 사회에서 딸이나 사위가 친정 부모 내지 장인장모를 봉양, 간호하거나 경제적으로 지원하는 경우가 드물지 아니한 점, 배우자의 대습상속은 혈족상속과 배우자상속이 충돌하는 부분인데 이와 관련한 상속순위와 상속분은 입법자가 입법정책적으로 결정할 사항으로서 원칙적으로 입법자의 입법형성의 재량에 속한다고 할 것인 점, 상속순위와 상속분은 그 나라 고유의 전통과 문화에 따라 결정될 사항이지 다른 나라의 입법례에 크게 좌우될 것은 아닌 점, 피상속인의 방계혈족에 불과한 피상속인의 형제자매가 피상속인의 재산을 상속받을 것을 기대하는 지위는 피상속인의 직계혈족의 그러한 지위만큼 입법적으로 보호하여야 할 당위성이 강하지 않은 점 등을 종합하

여 볼 때, 외국에서 사위의 대습상속권을 인정한 입법례를 찾기 어렵고, 피상속인의 사위가 피상속인의 형제자매보다 우선하여 단독으로 대습상속하는 것이 반드시 공평한 것인지 의문을 가져볼 수는 있다 하더라도, 이를 이유로 곧바로 피상속인의 사위가 피상속인의 형제자매보다 우선하여 단독으로 대습상속할 수 있음이 규정된 민법 제1003조 제2항이 입법형성의 재량의 범위를 일탈하여 행복추구권이나 재산권보장 등에 관한 헌법규정에 위배되는 것이라고 할 수 없다. 따라서 원심판결에 위헌법률을 적용한 위법이 있다고 할 수 없고, 이에 관한 상고이유의 주장은 받아들일 수 없다.

3. 상고이유 제2점에 관하여

<동시사망으로 추정되는 경우 대습상속의 가능 여부(적극) (민법 제30조, 제1001조, 제1003조 제2항)> 원래 대습상속제도는 대습자의 상속에 대한 기대를 보호함으로써 공평을 꾀하고 생존 배우자의 생계를 보장하여 주려는 것이고, 또한 동시사망 추정규정도 자연과학적으로 엄밀한 의미의 동시사망은 상상하기 어려운 것이나 사망의 선후를 입증할 수 없는 경우 동시에 사망한 것으로 다루는 것이 결과에 있어 가장 공평하고 합리적이라는 데에 그 입법 취지가 있는 것인바, 상속인이 될 직계비속이나 형제자매(피대습자)의 직계비속 또는 배우자(대습자)는 피대습자가 상속개시 전에 사망한 경우에는 대습상속을 하고, 피대습자가 상속개시 후에 사망한 경우에는 피대습자를 거쳐 피상속인의 재산을 본위상속을 하므로 두 경우 모두 상속을 하는데, 만일 피대습자가 피상속인의 사망, 즉 상속개시와 동시에 사망한 것으로 추정되는 경우에만 그 직계비속 또는 배우자가 본위상속과 대습상속의 어느 쪽도 하지 못하게 된다면 동시사망 추정 이외의 경우에 비하여 현저히 불공평하고 불합리한 것이라 할 것이고, 이는 앞서 본 대습상속제도 및 동시사망 추정규정의 입법 취지에도 반하는 것이므로, 민법 제1001조의 '상속인이 될 직계비속이 상속개시 전에 사망한 경우'에는 '상속인이 될 직계비속이 상속개시와 동시에 사망한 것으로 추정되는 경우'도 포함하는 것으로 합목적적으로 해석함이 상당하고, 따라서 피고(을)의 처인 망 소외 3(C)이 피상속인인 망 소외 1(A)과 동시에 사망한 것으로 추정된다는 점이 피고(을)가 망 소외 1(A)의 재산을 대습상속함에 장애가 된다고 볼 수 없다. 같은 취지의 원심의 판단은 정당하고 거기에 민법 제1001조의 해석을 그르친 위법이 있다고 할 수 없다. 이에 관한 상고이유의 주장도 받아들일 수 없다.

4. 상고이유 제3점에 관하여

<피상속인의 자녀가 상속개시 전에 전부 사망한 경우 피상속인의 손자녀의 상속의 성격(대습상속) (민법 제1000조, 제1001조)> 피상속인의 자녀가 상속개시 전에 전부 사망한 경우 피상속인의 손자녀는 본위상속이 아니라 대습상속을 한다고 봄이 상당하다(보충상고이유서가 들고 있는 대법원판결은 상속의 포기에 관한 것이고 상속의 포기는 사망과는 달리 우리 민법상 대습상속사유가 아니므로 피대습자의 사망

이라고 하는 대습상속사유가 발생한 이 사건과 같은 경우에 원용할 수 없다). 따라서 피상속인의 자녀가 상속개시 전에 전부 사망한 경우 피상속인의 손자녀의 상속은 본위상속이라고 하는 독자적인 견해를 전제로 하여 대습상속은 단독상속으로는 불가능하고 피대습자와 같은 촌수의 다른 직계비속이 생존하여 공동상속인의 지위가 유지·보존된 경우에 한하여 공동상속으로만 가능하다고 하는 상고이유의 주장은 더 나아가 살필 필요 없이 채용할 수 없다. 원심판결은 그 이유를 달리하였으나 피고에게 대습상속권이 없다는 원고들의 주장을 배척한 결론에 있어서 정당하다.

5. 상고이유 제4점에 관하여

민법 제1003조 제2항이 혈족상속주의를 수정하여 피상속인의 직계비속의 배우자가 경우에 따라 단독으로 대습상속할 수 있음을 규정하고 있고 이 조항에 대한 원고들의 위헌주장을 받아들이지 않는 이상, 피상속인의 직계비속의 배우자는 어떠한 경우에도 피상속인의 혈족과 공동상속함에 그쳐야 한다는 상고이유의 주장은 독자적인 견해에 불과하여 채용할 수 없다.

6. 상고이유 제5점에 관하여

설령 이 사건의 구체적 사정 아래에서 피고(을)가 망 소외 1(A)의 재산을 단독상속하는 것이 국민의 법감정에 배치되는 면이 없지 않다고 하더라도, 민법 제1003조 제2항이 유효한 이상, 피고의 대습상속권 자체를 부인할 수는 없다. 그리고 상속재산에 대한 기여분은 기여자가 상속순위 이내에 드는 경우에 한하여 고려하는 것이므로, 피고(을)만이 망 소외 1(A)의 재산상속인이고 원고들(갑)은 그 재산상속인이 아닌 이 사건에 있어 원고들(갑)이 망 소외 1(A)의 재산 형성 과정에서 기여하였는지의 여부는 더 나아가 살필 필요가 없다. 이에 관한 상고이유의 주장도 받아들일 수 없다.

제2절 법인

I. 법인의 설립

1. 비영리 사단법인의 설립

§ 3-26 사단법인 정관의 법적 성질
❶ 대법원 2000. 11. 24. 선고 99다12437 판결 [회장등선출무효확인등]
……
2. 가. *<사단법인의 정관의 법적 성질(=자치법규) 및 정관의 규범적인 의미 내용과는 다른 해석이 사원총회의 결의에 의하여 표명된 경우, 그 결의에 의한 해석이 구속력을 갖는지 여부(소극) (민법 제40조, 제68조, 제105조)>* 사단법인의 정관은 이를 작성한 사원뿐만 아니라 그 후에 가입한 사원이나 사단법인의 기관 등도 구속하는 점에 비추어 보면 그 법적 성질은 계약이 아니라 자치법규로 보는 것이 타당하므로, 이는 어디까지나 객관적인 기준에 따라 그 규범적인 의미 내용을 확정하는 법규해석의 방법으로 해석되어야 하는 것이지, 작성자의 주관이나 해석 당시의 사원의 다수결에 의한 방법으로 자의적으로 해석될 수는 없다. 따라서 어느 시점의 사단법인의 사원들이 정관의 규범적인 의미 내용과 다른 해석을 사원총회의 결의라는 방법으로 표명하였다 하더라도 그 결의에 의한 해석은 그 사단법인의 구성원인 사원들이나 법원을 구속하는 효력이 없다 할 것이다.

그런데 원심판결 이유에 의하면, *<사안의 경우 (민법 제40조, 제68조, 제105조)>* 피고 법인의 정관은 제12조 제1항 단서에서 "회장은 중임할 수 없다."고만 규정하고 있을 뿐, 전임자의 궐위로 인하여 선임된 이른바 보선회장을 특별히 중임제한 대상에서 제외한다는 규정을 따로 두고 있지 아니함을 알 수 있는바, 위와 같은 정관 규정의 문언 내용에다가 보선회장의 지위를 통상의 회장과 달리 볼 이유나 정관상의 근거가 전혀 없는 점, 회무의 경직과 정체 및 회원 상호간의 분열과 반목의 방지라는 중임제한규정의 규정 취지 등을 보태어 보면, 위 정관 제12조 제1항 단서에서 말하는 *(중임이 제한되는)* 회장에는 보선회장도 당연히 포함된다고 해석함이 상당하다 할 것이다.

§ 3-27 비영리법인설립허가의 성질
❶ 대법원 1996. 9. 10. 선고 95누18437 판결 [법인설립불허가처분취소]

사실관계

甲은 1986. 1. 15. 창립총회를 거쳐 '전국공인중개사연합회'라는 명칭으로 설립된 법인격 없는 비영리사단으로서 1993. 10. 4. 명칭을 '한국공인중개사회'로 변경한 다음 주무관청인 乙에게 민법 제32조에 따른 비영리사단법인 설립허가신청을 하였다. 그런데 乙은 1993. 10. 27. 甲이 설립하고자 하는 비영리사단법인의 설립목적이 부동산중개업법 제30조에 의하여 의무적으로 설립된 협회의 설립목적과 동복·경합되고 甲에게 법인격을 부여할 경우에 부동산중개업자 사이에 분열과 혼란을 초래할 우려가 있다는 이유로 甲에 대하여 법인설립불허가처분을 하였다. 이에 甲은 법인설립허가신청을 허가하지 않은 乙의 처분은 재량권을 일탈·남용한 위법이 있음을 이유로 법인설립불허가처분의 취소를 구하는 소를 제기하였다.

판결이유

……

(2) 원심은 이러한 사실관계를 기초로 하여 다음과 같이 판단하고 있다.

협회는 부동산중개업법에 따라 공인중개사이든 중개인이든 가리지 않고 중개업자 모두를 당연직 회원으로 하여 전국에 걸쳐 1개의 법인으로 설립된 비영리사단법인임에 반하여, 원고는 헌법상의 집회·결사의 자유에 터잡아 중개업자인지 여부를 불문하고 공인중개사 모두를 대상으로 그 중 가입희망자를 회원으로 하여 설립된 비영리·비법인사단이어서 근본적으로 그 구성원을 달리하고 있는바, 비록 협회의 임원과 대의원의 과반수를 회원 중 공인중개사인 회원으로 구성하도록 법적으로 보장되어 있고 비개업 공인중개사도 준회원으로 가입할 수 있다고 하더라도, 협회의 준회원의 수가 극히 적을 뿐 아니라 회원으로서의 완전한 권리(선거권·피선거권)를 누릴 수 없고 또한 협회의 회원인 개업 공인중개사가 원고의 회원으로도 가입하였다는 이유로 협회에 의하여 회원으로서의 권리(피선거권)를 박탈당하고 징계처분까지 당하고 있는 사정에 비추어, 여전히 공인중개사의 대부분(72%)을 차지하는 비개업 공인중개사는 법률상 또는 사실상으로 자신들의 권익옹호와 공인중개사로서의 영리활동(중개업 개입) 이외의 활동을 하는데 필요한 단체적 보호와 지원을 협회에게는 기대할 수 없고 원고에게 기대할 수밖에 없는 상황에 있다 할 것이므로, <u>원고(갑)와 협회는 그 구성원을 달리 하는 단체들로서 원고(갑)가 법인으로 설립된다고 해서 그들이 중복·경합되는 단체들이라고 할 수 없을 뿐 아니라 협회의 법률상의 지위가 위태롭게 된다거나 중개업자 간의 혼란과 분열을 초래한다고는 볼 수 없다.</u>

그들의 목적과 사업을 비교하여 보더라도, 회원의 권익보호·자질향상·품위유지 등의 목적 및 사업은 앞서 본 바와 같이 회원이 다른 이상 그 표현에 있어 동일·유사한 점이 있더라도 목적사업이 현저히 중복·경합되는 것은 아니며, 부동산 거래와 중개에 관한 제도의 개선·연구·정보제공 등의 목적 및 사업 역시 비록 그 표현에 있어 동일·유사한 점이 있더라도 이는 공인중개사와 중개업자라는 회원들의 자격 및 직업의 유사성에서 기인한 것일 뿐 기본적으로 영리행위를 하는 중개업자들이 회원인 협회와 비영리 학술·연구·제도개선 등의 행위를 하는 공인중개사(비개업 공인중개사)들이 회원의 대부분인 원고는 그 목적 및 사업에 있어서 서로 달라 그들의 목적사업이 현저히 중복·경합되는 것은 아니라 할 것이므로, 원고*(갑)*의 이 사건 법인설립허가신청은 위 설립규칙 제4조 제1항 제5호 소정의 허가기준인 '목적사업이 다른 법인의 목적사업과 현저히 경합되지 아니할 것'에 저촉되지 아니하고, 피고*(을)* 주장과 같이 원고*(갑)* 이외에도 유사한 임의단체들이 있고 중개업자들 중 중개인의 수가 1990년부터 그들에 대한 신규허가억제와 폐업 등으로 해마다 감소하고 있어 몇 년이 지나면 공인중개사인 중개업자수보다 적어지고 종국에는 공인중개사인 중개업자만으로 협회의 회원이 구성될 수 있다는 등의 사유만으로 이를 달리 볼 수 없다고 할 것이며, 그 밖에 위 설립규칙 제4조 제1항 제1, 2, 3, 4호 소정의 허가기준에 저촉된다고 볼 만한 사정이나 증거도 없다.

따라서 원고*(갑)*의 법인설립허가신청을 불허가한 피고*(을)*의 이 사건 처분은 위 설립규칙 소정의 허가기준에 어긋남으로써 재량권을 일탈·남용한 위법이 있다.

나. 당원의 판단

……

(3) 상고이유 제4점, 제5점에 대하여

(가) **<*비영리법인 설립허가의 성질과 주무관청의 재량의 정도*** *(민법 제31조, 제32조; 행정소송법 제27조)>* 민법은 제31조에서 "법인은 법률의 규정에 의함이 아니면 성립하지 못한다."고 규정하여 법인의 자유설립을 부정하고 있고, 제32조에서 "학술, 종교, 자선, 기예, 사교 기타 영리 아닌 사업을 목적으로 하는 사단 또는 재단은 주무관청의 허가를 얻어 이를 법인으로 할 수 있다."고 규정하여 비영리법인의 설립에 관하여 허가주의를 채용하고 있으며, 현행 법령상 비영리법인의 설립허가에 관한 구체적인 기준이 정하여져 있지 아니하므로, 비영리법인의 설립허가를 할 것인지 여부는 주무관청의 정책적 판단에 따른 재량에 맡겨져 있다고 할 것이다. 따라서 주무관청의 법인설립불허가처분에 사실의 기초를 결여하였다든지 또는 사회관념상 현저하게 타당성을 잃었다는 등의 사유가 있지 아니하고, 주무관청이 그와 같은 결론에 이르게 된 판단과정에 일응의 합리성이 있음을 부정할 수 없는 경우에는, 다른 특별한 사정이 없는 한 그 불허가처분에 재량권을 일탈·남용한 위법이 있다고 할 수 없다.

……

(라) 따라서 **<*부동산중개업법에 의한 전국부동산중개업협회 외에 민법에 의한 한국공인중개사회의 법인설립을 불허가한 처분에 재량권의 일탈·남용이 없다고 본 사례*** *(부동산중개업법 제30조, 제31조; 행정소송법 제27조; 민법 제31조, 제32조)>* 민법 및 부

동산중개업법의 관계 규정과 원심이 적법하게 확정한 일부 사실 및 기록에 의하여 인정되는 다음과 같은 사정, 즉 (i) 헌법 제37조 제2항에 근거한 결사의 자유의 제한으로 민법 제31조, 제32조가 법인의 자유설립을 제한함과 동시에 허가주의를 취하고 있는 점, (ii) 학설·판례상 법인설립허가에 있어 주무관청에 폭넓은 재량을 인정하고 있으므로 그 재량판단에 재량권의 일탈·남용이 없는 한 법원도 이를 존중하는 것이 타당할 것인 점, (iii) 부동산중개업법이 부동산중개업협회를 1개로 하되 그 지부·지회를 둘 수 있고, 중개업자는 그 중개업허가를 받은 날로부터 당연히 협회의 회원이 되며, 회원이 된 자는 협회에 등록하도록 규정하고 있는 점, (iv) 원고의 설립목적이나 사업 내용이 협회의 그것과 대동소이하고 그 회원에 있어 원고 회원의 거의 전부인 개업 공인중개사는 법률상 당연히 협회의 회원이 되는 점, (v) 원고의 법인설립을 허가할 경우 다른 유사단체의 법인화를 막을 방법이 없어 결국 유사법인의 난립을 조장하고 중개업자 간의 혼란과 분열을 초래하게 되는 점, (vi) 나아가 피고는 이 사건 처분을 하기에 이른 판단 과정에서 위와 같은 여러 가지 사정을 고려한 것으로 보이는 점 등을 종합하여 보면, 피고가 이 사건 처분을 하기에 이를 판단 과정에 일응의 합리성이 있음을 부정할 수 없으므로 다른 특별한 사정이 있음을 찾아볼 수 없는 이 사건 처분에 재량권을 일탈·남용한 위법이 있다고 할 수 없다.

그럼에도 불구하고 원심은 그 판시와 같은 이유에서 이 사건 처분에 재량권을 일탈·남용한 위법이 있다고 판단하고 말았으니 원심판결에는 심리를 제대로 다하지 아니하여 사실을 잘못 인정하였거나 비영리법인 설립허가 및 재량권의 범위에 관한 법리를 오해한 위법이 있다고 할 것이므로, 이 점을 지적하는 논지는 그 이유가 있다고 할 것이다.

2. 재단법인의 설립

§ 3-28 출연재산의 귀속시기

❶ 대법원 1979. 12. 11. 선고 78다481, 482 전원합의체 판결 [소유권이전등기말소등]

사실관계

사망한 丙은 그가 생존하고 있던 1956. 4. 10. 자신의 소유인 X 토지(760평)를 당사자참가인인 재단법인 甲의 설립을 위하여 출연하였다. 그 후 甲 재단법인은 1960. 5. 9. 설립허가를 얻어 같은 달 20. 그 설립등기를 마쳤다. 한편 1965. 3. 10. X 토지에 대하여 丙으로부터 사망한 丁 앞으로 소유권이전등기가 경료되었고, 이에 터잡아 乙 및 원심공동피고 乙1, 乙2, 乙3 등 앞으로 각 공유지분이전등기 내지 가등기가 순차적으로 경료되었다. 그 후 丙의 상속인 甲

1은 X 토지는 선대로부터 상속에 의하여 취득한 부동산이며, 사망한 조부 戊가 이를 처분하거나 매각한 사실이 없는데도 불구하고 사문서를 위조하여 乙 및 乙1, 乙2, 乙3 앞으로 각각 등기가 이루어진 것이라고 주장하면서 소유권이전등기의 말소를 구하는 소를 제기하였다. 이에 甲 재단법인은 독립당사자로서 X 토지는 민법 제48조와 제187조에 의하여 소유권이전등기의 유무에 관계없이 甲 재단법인 설립일인 1960. 5. 20.에 자신에게 귀속되었다고 주장하면서 甲1에 대하여는 소유권이전등기의 이행을 청구하고, 또한 乙 및 乙1, 乙2, 乙3에 대하여는 무권리자들이므로 말소등기의 절차이행을 청구하였다.

판결이유

……

그러나 민법 제48조는 재단법인 성립에 있어서 재산출연자와 법인과의 간의 관계에 있어서의 출연재산의 귀속에 관한 규정이고, 동 규정은 그 기능에 있어서 출연재산의 귀속에 관해서 출연자와 법인과의 관계를 상대적으로 결정함에 있어서 그의 기준이 되는 것에 불과하여 출연재산은 출연자와 법인과의 관계에 있어서 그 출연행위에 터잡아 법인이 성립되면 그로써 출연재산은 민법의 위 조항에 의하여 법인 설립시에 법인에게 귀속되어 법인의 재산이 되는 것이라고 할 것이고, 출연재산이 부동산인 경우에 있어서도 위 양 당사자간의 관계에 있어서는 위 요건(법인의 성립)외에 등기를 필요로 하는 것이 아니라 함이 상당하다 할 것이다(출연행위는 재단법인의 성립요소임으로 출연재산의 귀속에 관해서 법인의 성립 외에 출연행위를 따로 요건으로 둘 필요는 없는 것이라고 할 것이다).

원래 법적인 관념 따라서 물권변동에 관한 관념은 모든 다른 분야에 있어서의 그것과 마찬가지로 이를 실체화해서 고정적인 것으로 받아들이지 않으면 안될 이론상 또는 사실상의 이유나 필요가 반드시 있는 것이 아니므로, 민법의 위 조항을 위와 같은 취지로 받아들이는 것이 이론상으로나 사실상으로나 무리라고 하여야 할 이유가 있다고 할 수 없으며, 또 동 조항을 위와 같은 취지로 받아들이는 것이 동 조항의 문언상 허용할 수 없다고 하여야 할 이유가 있다고도 할 수 없을 뿐만 아니라, 위 조항의 기능을 위와 같이 상대적인 것으로 받아들이는 것은 일반적으로 출연자의 의사에 합치되는 동시에 거래의 안전에 기여하는 결과가 되는 것이라고도 할 수 있고, 아울러 법인으로 하여금 성립 후 출연재산에 대하여 제3자에 대한 관계에 있어서 권리확보의 필요한 조치를 속히 취하도록 유도하므로서 법인의 재산 충실의 결과를 기대할 수 있게 되어 현실적으로도 출연자와 법인 그리고 제3자의 이해관계가 적절히 조화될 것이 기대할 수 있게 되는 것이라고 할 수 있다(원래 공시제도는 그 기능이 개개의 재산을 중심으로 하고 인정되고 있는 것이고 재산의 주체를 중심으로 하고 인정되고 있는 것이 아니므로 법인의 성립은 그로써 그의 재산의 공시를 결과케 하는 것이 아니며, 또 법인의 권리확보에 대한 해태의 결과를 제3자의 불이익으로 돌려야 할 합리적인 이유도 없는 것이다).
<u>그러므로 제3자에 대한 관계에 있어서는 출연행위가 법률행위임으로, 출연재산의 법인에의 귀속에는 부동산의 권리에 관해서는 법인 성립 외에 등기를 필요로 하는 것이라고 함이 상당하다 할 것이다.</u>
……
이 판결은 관여법관 중 대법원판사 이영섭, 민문기, 임항준, 안병수, 유태흥, 서윤홍을 제외한 나머지 법관의 일치된 의견이다.
다수의견을 요약하면 다음과 같다.
즉 민법 제48조 제1항의 해석에 있어서 생전처분으로 재단법인을 설립하는 때에는 출연재산은 법인이 성립된 때로부터 법인의 재산이 된다는 것은 재산출연자와 법인간에 있어서는 등기를 필요로 하지 않고 법인 성립과 동시에 법인의 재산이 되지만, 법인과 제3자의 관계에 있어서는 민법 제186조의 원칙으로 도과가 등기가 법인 앞으로 이전되어야만 법인의 재산이 된다는 것이고, 위와 같이 민법 제48조를 해석하는 것이 이론상으로나 사실상으로 타당하고 거래의 안전에 기여하는 결과가 된다는 것이다.
<u>그러나 위와 같은 이론은 민법 제48조의 규정을 무시한 법에 근거없는 해석일 뿐만 아니라, 제48조의 입법 정신에 어긋나고 거래의 안전에 기여하게 되는 것이 아니라, 거래의 혼란을 가져올 해석이라고 아니할 수 없다.</u>
<u>즉 재단법인의 설립행위인 정관작성과 재산출연 중에서 실질적으로 핵심이 되는 것은 재산출연 즉 목적재산을 설정하는 행위인 것이므로, 출연재산이 없는 재단법인은 사실상 존립할 수가 없는 것이므로 민법은 48조의 규정을 두어 재단법인의 재산유지의 철저를 기하고저 한 것이다.</u>
즉 제48조가 법인으로부터 재산이 일탈하는 것을 극력 방지하고저 한 입법정신은 제48조 제2항을 보아도 알 수 있다.
즉 유언으로 재단법인을 설립하는 때에는 법인의 성립되기 전이라도 유언의 효력이 발생한 때 즉 재산출연자가 사망한 때로부터 법인에 귀속한 것으로 본다고 규정하여 출연자의 사망시로부터 법인의 성립시까지의 사이에 상속인 등에 의하여 출연재산이 침해될 염려가 있기 때문에 재산의 귀속시기에 소급효를 인정하면서까지 법인의 재산이 일탈하는 것을 방지하고저 한 점을 보아도 제48조 제1항의 취지도 법인의 성립과 재산의 귀속시기를 일치시켜 재산이 없는 법인이 되는 것을 철저히 방지하자는 규정임을 알 수 있다.
<u>그런데 다수의견은 민법 제48조 제1항의 문언 중 어디에서 재산출연자와 법인간에는 등기이전이 필요없지만 법인과 제3자 간에는 등기가 필요하다는 해석을 할 수 있는 근거가 있다는 것인지 동 조문을 검토하여도 이를 수긍할 도리가 없고,</u> 제48

조 제1항은 민법 제187조 소정의 법률의 규정에 의하여 등기없이 물권이 취득되는 한 경우를 규정한 것으로 볼 수 밖에 없는 것은 이 경우에도 등기이전이 필요하다고 한다면 민법 제186조로서 족하고 제48조의 규정을 따로 둘 필요가 없을 것이요, 다수의견과 같은 효과를 법이 원하였다면 제48조의 규정에 이를 명시할 것이지 "법인이 성립된 때로부터 법인의 재산이 된다"고만 규정할리가 없는 것이고, 또 위에 설시한 바와 같이 재단법인의 재산유지의 철저를 기하고저 한 제48조 제1, 2항의 규정으로 보아 다수의견과 같이 제48조 제1, 2항의 취지와 배치되는 입법은 할 수도 없다 할 것이다.

다수의견이 위와 같이 제48조 제1항을 복잡하게 해석한 이유는 재산출연 후에도 출연자 명의로 등기가 그대로 남아 있는 경우에 제3자가 출연자로부터 매수하는 등 거래가 있을 때 그 제3자를 보호하여야 한다는 점에 구애되어 조문에 근거도 없는 비약적인 해석을 한 것으로 보이나, 제3자를 보호하려다가 재단법인의 성립요소인 재산이 일탈되어 형해에 불과한 법인이 되고마는 결과가 초래될 것인데 이렇게 되는 것이 민법 제48조의 입법취지와 부합된다고 할 것인가, 또 형식상 성립되어 있기는 하나 실질적으로는 재단법인이 아닌 재산이 없는 재단법인이 그 성립 이후 하나의 법인격자로서 대외적인 법률행위를 한 경우에 그 혼란이 막심할 것인데 그래도 다수의견이 거래의 안전에 기여하는 해석이라고 할 수 있을 것인가, 결국 다수의견은 재단법인의 출연재산이 침해 일탈되는 것을 방지하고저 한 제48조의 입법정신에 정면으로 위배하여 출연재산이 침해되어 제3자에게 일탈되는 길을 터놓은 해석이라는 비난을 면치 못할 것이요, 더 나아가 물권변동에 있어서 민법 제186조의 형식주의에 따르거나 예외적으로 제187조의 의사주의에 따르거나 어느 한편에 따를 수 밖에 없는 현 법제하에 있어서 대내적으로는 의사주의요, 대외적으로는 형식주의라는 법에 근거없는 복잡한 제도를 창안하여 재단법인의 성립과 그 기능에 혼란을 야기시킨 해석이라고 아니할 수 없을 것이다.

❷ 대법원 1993. 9. 14. 선고 93다8054 판결 [소유권이전등기말소]

제1점에 대하여

<출연재산의 재단법인에의 귀속과 등기 (민법 제48조)> 민법 제48조는 재단법인 성립에 있어서 재산출연자와 법인과의 관계에 있어서의 출연재산의 귀속에 관한 규정이고, 이 규정은 그 기능에 있어서 출연재산의 귀속에 관하여 출연자와 법인과의 관계를 상대적으로 결정함에 있어서의 기준이 되는 것에 불과하여, 출연재산은 출연자와 법인과의 관계에 있어서 그 출연행위에 터잡아 법인이 성립되면 그로써 출연재산은 민법의 위 조항에 의하여 법인성립시에 법인에게 귀속되어 법인의 재산이 되는 것이라고 할 것이고, 출연재산이 부동산인 경우에 있어서도 위 양당사자간

의 관계에 있어서는 위 요건(법인의 성립) 외에 등기를 필요로 하는 것이 아니라 할 것이나, 제3자에 대한 관계에 있어서는 출연행위가 법률행위이므로 출연재산의 법인에의 귀속에는 부동산의 권리에 관해서는 법인성립 외에 등기를 필요로 한다고 할 것이므로(당원 1979. 12. 11. 선고 78다481,482 판결; 1981. 12. 22. 선고 80다2762, 2763 판결 참조), 원심이 출연자와 법인 사이에서는 법인이 성립(생전처분으로 설립하는 경우)되거나, 출연자가 사망(유언으로 설립하는 경우)하면, 그로써 출연재산은 법인의 재산이 되고 출연재산이 부동산인 경우에도 위 요건외에 등기를 필요로 하는 것은 아니지만, 제3자에 대한 관계에 있어서는 출연재산이 부동산인 경우 이것이 법인재산으로 귀속되기 위하여는 법인성립 외에 법인 앞으로의 등기가 필요하다고 판단한 것은 옳고, 거기에 민법 제48조의 법리를 오해한 위법이 있다고 할 수 없다.

논지는 유언으로 재단법인을 설립하는 때에는 생전처분으로 재단법인을 설립하는 경우와 구별하여야 한다는 것이나, 원심의 위와 같은 판단은 출연행위가 법률행위이므로 민법 제186조의 원칙에 따라야 하고, 민법 제48조 제1항(생전처분)과 제2항(유언)의 경우를 구별하여 달리 볼 근거가 없고, 이렇게 해석하는 것이 거래의 안전보호에도 기여함을 그 이유로 한 것으로서, 이를 수긍할 수 있으므로 받아들일 수 없다.

소론의 판례(당원 1984. 9. 11. 선고 83누578 판결)는 이 사건과 사안을 달리한 것으로서, 이 사건에 적절한 것이 아니다. 따라서 논지는 이유 없다.

제2점에 대하여

원고 소송대리인이 제1심법원에 제출하여 진술한 1992. 7. 11.자 준비서면은 피고의 항쟁사실을 반박한 것으로서, 적극적으로 유언집행자가 있는 경우에는 상속인에게 상속재산에 대한 관리, 처분권이 없고 그 처분행위도 당연무효라고 주장한 것이라고 보기는 어려우므로, 거기에 소론과 같은 판단유탈의 위법이 있다고 할 수 없다.

또 위에서 본 바와 같이 *<유언에 의한 재단법인설립의 경우 출연재산의 귀속과 등기>* 유언으로 재단법인을 설립하는 경우에도 제3자에 대한 관계에서는 출연재산이 부동산인 경우는 그 법인에의 귀속에는 법인의 설립외에 등기를 필요로 하는 것이므로, 원고*(재단법인)*가 그와 같은 등기를 마치지 아니한 이 사건에서 유언자의 상속인의 한 사람으로 부터 이 사건 부동산의 지분을 취득하여 이전등기를 마친 선의의 제3자인 피고에 대하여 대항할 수는 없을 것이므로, 이는 이 사건 결과에도 영향이 없는 것이라고 할 것이다.

II. 법인의 능력

1. 법인의 권리능력
1) 권리능력의 범위
§ 3-29 권리능력의 범위
§ 3-29-1 법률에 의한 제한
❶ 대법원 1987. 4. 28. 선고 86다카2534 판결 [예치금]

사실관계

학교법인 甲의 이사 겸 甲이 경영하는 ○○여자고등학교장으로 재직하던 A는 개인적으로 경영하던 ○○주식회사의 사업자금에 사용할 목적으로 甲 학교법인의 이사회의 결의를 거친 후 甲의 시설확충을 위한다는 명목으로 乙 은행으로부터 2억 4천만 원을 차용하였다. 이에 따라 乙 은행이 위 금액을 甲 학교법인의 예금계좌로 송금하였고, A는 위 금액을 곧바로 인출하여 자신의 사업자금으로 사용하였다. 한편 A는 이 과정에서 감독청의 허가를 받지 않았으며, 乙 은행의 대출담당자 B 역시 위 금전소비대차계약을 체결하면서 甲 학교법인의 이사회결의가 있었으므로 감독청허가의 존재여부를 확인하지 않았다. 甲이 위 차용금을 변제하지 않자 乙 은행은 甲 학교법인을 상대로 2억 4천만 원의 반환을 구하는 소를 제기하였다.

판결이유

1. 피고 소송대리인의 상고이유 제1점에 대한 판단
<사립학교법 제28조 제1항의 규정목적> 사립학교법 제28조 제1항에서 학교법인이 "의무의 부담이나 권리의 포기를 하고자 할 때에는 감독청의 허가를 받아야 한다"고 규정하고 있는 것은 학교법인 재산의 원활한 관리와 유지·보호를 기함으로써 사립학교의 건전한 발달을 도모하자는데 그 목적이 있다 할 것이므로, 위 법조에서 말하는 의무부담에 해당하는가 여부는 위 목적과 대조하여 구체적으로 결정되어야 하고 학교법인의 행위에 의하여 발생하는 모든 의무가 일률적으로 이에 해당한다고 단정할 수는 없다고 하겠다.
그러나 <사립학교의 금전차용 행위가 사립학교법 제28조 제1항 소정의 "의무부담 행위"에 해당하는지 여부> 학교법인이 타인으로부터 금전을 차용하는 행위는 학교운영상의 통상적인 거래행위도 아닐뿐만 아니라, 그로 인하여 학교법인은 일방적인 의무부담의 대가로 소비에 용이한 금전을 취득하는 결과가 되어, 이를 감독하지 아니하면 학교재산의 원활한 유지·보호를 기할 수 없음이 분명하므로, 그 차용액수의 과다, 변제기간의 장단, 예산편성의 범위내인지의 여부에 관계없이 위 법조에 의하

여 감독청의 허가를 받아야 할 의무부담행위에 해당하는 것으로 해석하지 않을 수 없다.

그리고 **<차입금에 관한 학교법인 정관의 규정과 사립학교법 제28조와의 관계>** 학교법인의 정관에 예산내의 지출을 위하여 그 회계년도의 수입으로서 상환하는 차입금은 감독청의 허가를 받지 아니한다고 규정되어 있다고 하더라도, 그 입법취지에 비추어 강행규정으로 해석되는 사립학교법 제28조의 적용이 위 정관규정에 의하여 배제되는 것이라 할 수 없고, 그와 같은 학교법인의 정관이 사립학교법 제10조 제1항에 의거 감독청의 허가를 받은 것이고, 또 학교법인의 당해 회계년도의 예산이 사립학교법 제31조에 의하여 감독청에 제출되었으나 감독청이 그 예산에 관하여 시정을 요구한 바 없었다 하더라도, 감독청의 학교법인 정관에 대한 허가권과 예산에 대한 시정요구권은 사립학교법 제28조 소정의 학교법인 재산관리에 관한 허가권과는 각 그 목적을 달리하는 별개의 권한으로 볼 것이어서, 위와 같은 사유만으로는 예산내 지출을 위하여 그 회계년도의 수입으로 상환하는 차입금에 관하여는 감독청의 허가가 필요없다거나 이미 허가를 받은 것으로 보아야 한다고 해석할 수 없다고 하겠다(당원1977. 12. 27 선고 77다511, 584 판결; 1978. 11. 28. 선고 78다1359 판결 참조).

위와 같은 취지에서 학교법인인 원고(갑)가 피고(을)로부터 금 239,000,000원을 차용한 행위는 감독청의 허가를 받지 아니하여 무효라고 한 원심의 판단은 정당하고, 위 금원의 차용은 원고 학교법인(갑)이 당해 회계년도의 예산상의 수입범위 내에서 이루어진 것이므로 감독청의 허가를 받지 않았다 하더라도 유효한 것으로 보아야 한다는 논지는 채용할 수 없다.

2. 원고 소송대리인의 상고이유 제1점에 대한 판단원심판결 이유에 의하면, 원심은 원고 학교법인(갑)의 설립자로서 이사 겸 원고 학교법인(갑)이 경영하는 ○○여자고등학교장으로 재직하던 소외인(A)이 개인적으로 경영하던 OO실업주식회사와 OO주식회사의 사업자금에 쓸 목적으로 원고 학교법인(갑)의 이사회결의를 거쳐 피고(을)가 이 사건 예치금에 대하여 발행한 약속어음들을 담보로 하여 원고 학교법인(갑)의 명의로 금 239,000,000원을 차용하였으나, 위 차용행위는 감독청의 허가를 받지 아니하여 무효이므로, 이로 인하여 피고(을)는 동액상당의 손해를 입게 된 사실을 적법히 확정한 후, 위 차용행위는 원고 학교법인(갑)의 피용자인 소외인(A)의 직무상 행위로서 피고(을)에 대하여 불법행위를 구성한다고 할 것이므로, 원고(갑)는 피고(을)에게 그로 인한 손해를 배상할 책임이 있다고 판단하고 있는 바, 원심의 위와 같은 판단은 정당하고 거기에 심리미진이나 법리오해의 위법이 있음을 찾아볼 수 없다.

논지는 소외인(A)이 자기 개인의 사업자금으로 사용할 목적으로 위 금원을 차용하였다면 이는 원고 학교법인(갑)의 사무로 볼 수 없다는 것이나, 원심인정과 같이

<학교법인의 이사 겸 학교장이 학교법인의 이사회의 결의를 얻어 자기 사업자금으로 금전을 차용한 행위가 학교법인의 사무집행 행위인지 여부 (민법 제35조)> 소외인(A)이 원고 학교법인의 명의로 위 금원을 차용한 것이고, 그와 같이 차용함에 있어서 원고 학교법인의 이사회결의까지 있었던 것이라면, 그 차용금의 사용목적이 무엇이던간에 동 소외인(A)의 차용행위는 원고 학교법인의 사무집행행위라 하지 않을 수 없으므로 논지는 이유 없다.

3. 원고 소송대리인의 상고이유 제2,3점과 피고 소송대리인의 상고이유 제2점에 대한 판단

피고(을)는 금융기관으로서 학교법인이 의무를 부담함에는 감독청의 허가가 있어야 한다는 점을 의당 알고 있었어야 마땅하다고 할 것이므로, 원고 학교법인(갑)에 대하여 이 사건 금원을 대여함에 있어서도 의당 그에 관한 감독청의 허가가 있었는지 여부를 확인하였어야 할 것인데, 원고 학교법인(갑)의 이사회결의만으로 충분한 것으로 믿고 이를 확인함이 없이 소외인(A)에게 앞서 본 바와 같이 금원을 대여하였으니, 피고(을)에게도 과실이 있었다고 하지 아니할 수 없으며, 그 과실정도에 대한 원심의 인정도 기록에 나타난 여러 사정에 비추어 보면 정당한 것으로 수긍되므로 이점에 관한 쌍방의 논지는 모두 이유없다.

§ 3-29-2 목적에 의한 제한

❶ 대법원 2009. 12. 10. 선고 2009다63236 판결 [소유권말소등기]

사실관계

甲은 영세상인들로 구성되어 X 토지와 그 지상 점포만을 유일한 재산으로 만들어진 합자회사이고, 甲의 정관에는 "회사의 목적은 광주산수시장의 점포관리와 그 부대사업이며, 그러한 목적범위 외의 행위를 하려면 총 사원의 동의를 얻어야 한다"고 규정하고 있다. 한편 甲은 2003. 11. 20. 丙 회사와 X 토지상에 재건축공사에 관한 도급계약을 체결하였는데, 丙은 甲의 공사대금 미지급을 이유로 공사도급계약을 해제하고 2004. 4. 23. 甲에 대하여 공사대금청구의 소를 제기하였다. 이 소송의 계속 중에 甲이 丙 회사에 대하여 3억 4천만 원을 2005. 11. 18.까지 지급하기로 하는 조정이 성립되었다. 이에 甲은 강제경매절차를 통해 乙1에게 X 토지를 매각하는 매각허가결정을 받은 후 2007. 1. 4. 乙1에 대하여 X 토지를 18억 2천만 원에 매도하였고, 乙1은 甲에 갈음하여 丙 회사에 2007. 2. 22.에 1억 8천만 원을, 2007. 3. 16.에 2억 원을 지급하였다. 이에 丙 회사는 2007. 1. 12. X 토지에 대한 부동산경매신청을 취하하였고, X 토지는 2007. 1. 4. 매매를 원인으로 하여 乙1 앞으로 소유권이전등기가 경료되었다. 그 후 乙1은 2007. 3. 15. 乙2와 사이에 X 토지에 대하여 부동산담보신탁계약을 체결하고, 이에 따라 이를 원인으로 하여 2007. 3. 16. 乙2 앞으로 소유권이전등기가 이루어졌다. 그러

자 甲은 乙1에 대한 X 토지의 매매행위는 정관의 목적범위를 벗어난 것이거나 동의 없이 이루어진 것으로 무효이고, 이를 원인으로 한 乙1 명의의 소유권이전등기와 그에 기초한 乙2 명의의 소유권이전등기는 모두 원인무효라고 주장하면서 乙1과 乙2를 상대로 소유권이전등기말소청구의 소를 제기하였다.

판결이유

상고이유를 판단한다.

<회사의 권리능력을 제한하는 '회사의 정관상의 목적범위 내의 행위'의 의미와 판단 기준 (민법 제34조)> 회사의 권리능력은 회사의 설립근거가 된 법률과 회사의 정관상의 목적에 의하여 제한되나, 그 목적범위 내의 행위라 함은 정관에 명시된 목적 자체에 국한되는 것이 아니라 그 목적을 수행하는 데 있어 직접, 간접으로 필요한 행위는 모두 포함되고, 목적수행에 필요한지의 여부는 행위의 객관적 성질에 따라 판단할 것이고 행위자의 주관적, 구체적 의사에 따라 판단할 것은 아니다(대법원 1987. 12. 8. 선고 86다카1230 판결, 대법원 1988. 1. 19. 선고 86다카1384 판결 등 참조).

원심판결 이유 및 제출된 증거에 의하여 알 수 있는 다음과 같은 사정, *<사안의 경우>* 즉 원고*(갑)*는 영리를 목적으로 하는 상법상의 합자회사로서 그 정관에서 목적을 이 사건 토지 위에 존재하는 시장건물의 관리업무로 한정하고 있지 아니하여 이 사건 토지를 매도한 후 새로 시장건물을 매수하는 등의 방법으로 계속하여 존속할 수도 있을 것이므로, 이 사건 토지를 매도하는 행위가 원고*(갑)*의 목적범위 내에 포함되지 않는다고 단정하기 어려운 점, 특히 이 사건 토지를 매도할 당시 이미 이 사건 토지에 관한 경매절차에서 매각허가결정이 되어 사실상 소유권을 상실한 상태였던 점, 이와 같은 상태에서 원고의 요청에 의하여 매각허가를 받은 피고 1*(을1)* 주식회사와 사이에 이 사건 토지에 관한 매매계약이 체결된 점, 그 후 피고 1*(을1)* 주식회사는 이 사건 토지를 담보로 피고들 보조참가인으로부터 15억 원을 대출받았을 뿐만 아니라 피고 2*(을2)* 주식회사와 부동산담보신탁계약을 체결하고 그에 따라 이 사건 토지에 관하여 피고 2*(을2)* 주식회사 앞으로 위 신탁계약을 원인으로 한 소유권이전등기를 마치는 등 이 사건 토지를 둘러싼 다수의 법률관계가 형성되어 있어 거래안전의 보호가 강하게 요구되는 점 등에 비추어 보면, 원고*(갑)*의 대표사원인 소외인이 피고 1*(을1)* 주식회사에게 이 사건 토지를 매도한 행위는 원고*(갑)*의 목적을 수행하는 데 있어 직접, 간접으로 필요한 행위에 해당한다고 봄이 상당하다.

이와 달리 위와 같은 이 사건 토지의 매도행위가 원고*(갑)*의 목적범위 내에 포함되지 않는다고 본 원심의 판단에는 회사의 권리능력에 관한 법리를 오해하여 판결에 영향을 미친 위법이 있다 할 것이고 이를 지적하는 피고들의 상고이유의 주장은 이유 있다.

그러므로 원심판결 중 피고들 패소 부분을 파기하고, 이 부분 사건을 다시 심리·판단하게 하기 위하여 원심법원으로 환송하기로 하여 관여 법관의 일치된 의견으로 주문과 같이 판결한다.

❷ 대법원 1974. 11. 26. 선고 74다310 판결 [손해배상]
······

2. 피고 소송대리인의 상고이유에 대하여,

가. 기록에 의하여 원심판결이 의용한 증인 소외 2의 증언을 보면 그로써 금 1,150,000원은 위 소외 1이 1970년도의 사업보조비의 일부로 납부한 사실을 인정 못할 바 아니므로 변제충당의 지정이 없다는 전제에서 법정충당할 것을 들고 나온 논지는 이유없다.

나. <법인이 타인간의 계약에 대한 보증을 한 경우에 그 보증행위가 법인의 목적범위내에 속한 여부에 관하여 심리함이 없이 법인의 보증책임을 인정할 수 있는지 여부 (민법 제34조, 제428조 제1항)> 민법 제34조에 의하면 법인은 법률의 규정에 좇아 정관으로 정한 목적의 범위 내에서 권리와 의무의 주체가 된다고 규정하고 있으므로, 법인의 권리능력이 그 목적에 의하여 제한됨은 자명한 것이나 그 목적의 범위 내라 함은 이를 광의로 해석하여 정관에 열거된 목적과 그 외에 법인의 목적을 달성함에 필요한 범위를 지칭하는 것으로 해석함이 타당할 것인 바(당원 1946. 2. 8선고 4278민상179 판결, 1957. 11. 28선고 4290민상613 판결 참조), *(법인이 타인간의 계약에 대한 보증을 한 경우에 그 보증행위가 법인의 목적범위내에 속한 여부에 관하여 심리함이 없이 법인의 보증책임을 인정 할 수 없다.)* 원심이 피고 ○○산업주식회사가 한 위 소외 1의 위 계약에 대한 보증행위가 피고 회사의 목적범위내에 속한 여부에 관하여는 아무런 심리를 한 바 없이, 주식회사의 대표이사가 한 법률행위가 그 회사의 영업목적 범위에 포함되지 않는 것이라 하더라도 그 행위가 달리 강행법규나 공서약속에 위반되는 등의 특별한 사정이 없는 한 그 행위는 회사의 행위로 간주됨에는 아무런 지장이 없는 것이라고 판시하여 목적범위에 속하지 아니한다는 피고회사의 항변을 물리쳤음은 위의 법리를 오해하여 심리를 다하지 못한 위법을 저질러 판결결과에 영향을 미쳤다 할 것이므로 이 점을 들고 나온 논지는 이유있다.

2) 법인격의 남용
§ 3-30 법인격 남용
❶ 대법원 2001. 1. 19. 선고 97다21604 판결 [매매대금]

(대법원 2008. 9. 11. 선고 2007다90982 판결; 대법원 2004. 11. 12. 선고 2002다66892 판결 등)

사실관계

甲은 1991. 6. 19. 乙이 대표이사로 있는 乙1 회사로부터 그 회사가 분양하는 X 건물 중 5층 2호를 4억 2천만 원에 분양 받기로 하고, 1992. 3. 30.까지 계약금과 1, 2차 중도금 합계 2억 5천만 원을 지급하였다. 甲은 위 분양계약 당시 乙1 회사와 잔금을 입주할 때 지급하기로 약정하였지만, X 건물의 완공 및 입주 예정일에 관하여는 별도의 약정을 하지 아니하였다. 다만 乙1 회사가 입주예정일을 정하여 그 15일 전에 甲에게 통보하기로 하였다. 한편 乙은 오래전부터 丙 주식회사, 丁 주식회사 등 여러 회사를 사실상 지배하면서 그 회사명의 또는 乙 자신의 개인 명의로 빌딩 또는 오피스텔 등의 분양사업을 하여 왔으며, 이러한 사업의 일환으로 X 건물의 분양 및 관리를 위하여 1991. 5. 3. 乙1 회사 전 대표이사로부터 乙1 회사의 주식을 양수한 다음 자신이 乙1 회사의 대표이사로 취임하였다. 乙1 회사주식은 모두 5,000주이고, 외형상 乙 등 4인 명의로 분산되어 있으나 실질적으로는 乙이 위 주식의 대부분을 소유하고 있고, 주주총회나 이사회의 결의 역시 외관상 회사로서의 명목을 갖추기 위한 것일 뿐 실질적으로는 이러한 법적 절차가 지켜지지 아니한 채 乙 개인의 의사대로 회사 운영에 관한 일체의 결정이 이루어졌다. 乙1 회사 사무실은 현재 폐쇄되어 그 곳에 근무하는 직원은 없고, 乙1 회사가 수분양자들로부터 지급받은 분양대금 약 78억 원 중 30억 원 가량은 乙이 임의로 X 건물의 대지를 자기 명의로 매입하는 자금으로 사용하였고, 회사채권자들에 의한 강제집행에 대비하여 위 대지에 관하여 제3자 명의로 가등기를 경료하였다가 이를 말소하는 등 乙1 회사의 재산과 乙의 개인재산이 제대로 구분되어 있지 않다. 또한 乙1 회사가 시행하는 이 사건 공사는 공사 발주금액이 166억 원 가량에 이르는 공사이고 X 건물의 분양대금도 수백억 원에 이르는데 乙1 회사의 자본금은 5천만 원에 불과할 뿐만 아니라 이마저도 명목상의 것에 불과하고 분양대금으로 매수한 대지는 乙 개인 명의로 소유권이전등기가 경료되어 있고 나머지 분양대금 역시 그 용도가 명확히 밝혀지지 아니한 채 모두 사용되어 버려 乙1 회사의 실제 자산은 사실상 전혀 없다. 그런데 乙1 회사의 건물분양실적이 저조하여 일부 공사대금의 지급을 지체하자 X 건물의 시공회사인 戊는 1992년 8월 지하 5층 지상 7층까지의 골조공사만 시행한 채 공사가 사실상 중단된 상태로 남아있었다. 이에 甲은 1996. 5. 乙1 회사가 X 건물의 완공 및 입주에 필요한 신의칙상의 요구되는 상당한 기간을 지났음을 이유로 乙1 회사와의 매매계약을 해제하면서 乙1 회사와 그 회사의 대표이사인 乙을 상대로 납부한 분양대금 중 매매대금의 반환을 청구하였다.

판결이유

……

2. 상고이유 제2점에 관한 판단

회사는 그 구성원인 사원과는 별개의 법인격을 가지는 것이고, 이는 이른바 1인 회사라 하여도 마찬가지이다.

그러나 <법인격부인론의 요건과 효과 *(민법 제2조; 상법 제171조 제1항)*> 회사가 외형상으로는 법인의 형식을 갖추고 있으나, 이는 법인의 형태를 빌리고 있는 것에 지나지 아니하고, 그 실질에 있어서는 완전히 그 법인격의 배후에 있는 타인의 개인기업에 불과하거나, 그것이 배후자에 대한 법률적용을 회피하기 위한 수단으로 함부로 쓰여지는 경우에는, 비록 외견상으로는 회사의 행위라 할지라도 회사와 그 배후자가 별개의 인격체임을 내세워 회사에게만 그로 인한 법적 효과가 귀속됨을 주장하면서 배후자의 책임을 부정하는 것은 신의성실의 원칙에 위반되는 법인격의 남용으로서 심히 정의와 형평에 반하여 허용될 수 없다 할 것이고, 따라서 회사는 물론 그 배후자인 타인에 대하여도 회사의 행위에 관한 책임을 물을 수 있다고 보아야 할 것이다.

기록에 의하면, 피고 이O수*(을)*는 종전부터 OO팔래스유통 주식회사*(병)*, OO산업 주식회사*(정)* 등 여러 회사를 사실상 지배하면서 이들 회사를 내세워 그 회사 명의로 또는 자신의 개인 명의로 빌딩 또는 오피스텔 등의 분양사업을 하여 왔고, 이러한 사업의 일환으로 이 사건 건물의 분양 및 관리를 위하여 1991. 5. 3. 피고 회사*(을1)* 전 대표이사인 소외 최O형으로부터 피고 회사*(을1)*의 주식을 양수한 다음 자신이 피고 회사*(을1)*의 대표이사로 취임한 사실, 피고 회사*(을1)* 주식은 모두 5,000주인데 현재 외형상 피고 이O수*(을)* 등 4인 명의로 분산되어 있으나 실질적으로는 피고 이O수*(을)*가 위 주식의 대부분을 소유하고 있고, 주주총회나 이사회의 결의 역시 외관상 회사로서의 명목을 갖추기 위한 것일 뿐 실질적으로는 이러한 법적 절차가 지켜지지 아니한 채 피고 이O수*(을)* 개인의 의사대로 회사 운영에 관한 일체의 결정이 이루어져 온 사실, 피고 회사*(을1)* 사무실은 현재 폐쇄되어 그곳에 근무하는 직원은 없고, 피고 회사*(을1)*가 수분양자들로부터 지급받은 분양대금 약 78억 원 중 30억 원 가량은 피고 이O수*(을)*가 임의로 자신의 명의로 위 최O형으로부터 이 사건 건물의 부지인 이 사건 대지를 매입하는 자금으로 사용하였고 회사채권자들에 의한 강제집행에 대비하여 위 대지에 관하여 제3자 명의로 가등기를 경료하였다가 이를 말소하는 등 피고 회사*(을1)*의 재산과 피고 이O수*(을)* 개인 재산이 제대로 구분되어 있지도 아니한 사실, 피고 회사*(을1)*가 시행하는 이 사건 공사는 공사 발주금액만도 166억 원 가량에 이르는 대규모 공사이고 이 사건 건물의 분양대금도 수백억 원에 이르는 데에 반하여 피고 회사*(을1)*의 자본금은 5,000만 원에 불과할 뿐만 아니라 이마저도 명목상의 것에 불과하고 위 분양대금으로 매수한 이 사건 대지는 피고 이O수*(을)* 개인 명의로 소유권이전등기가 경료되어 있고 나머지 분양대금 역시 그 용도가 명확히 밝혀지지 아니한 채 모두 사용되어 버려 피고 회사*(을1)*의 실제 자산은 사실상 전혀 없다시피 한 사실을 인정할 수 있다.

이와 같은 <사안의 경우> 피고 이O수(을)의 피고 회사(을1) 주식양수 경위, 피고 이O수(을)의 피고 회사(을1)에 대한 지배의 형태와 정도, 피고 이O수(을)와 피고 회사(을1)의 업무와 재산에 있어서의 혼융 정도, 피고 회사(을1)의 업무실태와 지급받은 분양대금의 용도, 피고 회사(을1)의 오피스텔 신축 및 분양사업의 규모와 그 자산 및 지급능력에 관한 상황 등 제반 사정에 비추어 보면, 피고 회사(을1)는 형식상은 주식회사의 형태를 갖추고 있으나, 이는 회사의 형식을 빌리고 있는 것에 지나지 아니하고, 그 실질은 배후에 있는 피고 이O수(을)의 개인기업이라 할 것이고, 따라서 피고 회사(을1)가 분양사업자로 내세워져 수분양자들에게 이 사건 건물을 분양하는 형식을 취하였다 할지라도 이는 외형에 불과할 뿐이고 실질적으로는 위 분양사업이 완전히 피고 이O수(을)의 개인사업과 마찬가지라고 할 것이다.

그런데 피고 이O수(을)는 아무런 자력이 없는 피고 회사(을1)가 자기와는 별개의 독립한 법인격을 가지고 있음을 내세워 이 사건 분양사업과 관련한 모든 책임을 피고 회사(을1)에게만 돌리고 비교적 자력이 있는 자신의 책임을 부정하고 있음이 기록상 명백한 바, 이는 신의성실의 원칙에 위반되는 법인격의 남용으로서 심히 정의와 형평에 반하여 허용될 수 없다 할 것이고, 따라서 피고 회사(을1)로부터 이 사건 오피스텔을 분양받은 원고(갑)로서는 피고 회사(을1)는 물론 피고 회사(을1)의 실질적 지배자로서 그 배후에 있는 피고 이O수(을)에 대하여도 위 분양계약의 해제로 인한 매매대금의 반환을 구할 수 있다 할 것이다.

2. 법인의 행위능력

§ 3-31 대표권의 남용

❶ 대법원 1997. 8. 29. 선고 97다18059 판결 [예치금반환]

……

2. 상고이유 제1, 2점을 함께 본다.

<주식회사 대표이사의 대표권 제한과 그 제한 위반행위의 효력 *(상법 제209조, 제389조 제3항)*> 일반적으로 주식회사 대표이사는 회사의 권리능력의 범위 내에서 재판상 또는 재판 외의 일체의 행위를 할 수 있고, 이러한 대표권 그 자체는 성질상 제한될 수 없는 것이지만 대외적인 업무 집행에 관한 결정 권한으로서의 대표권은 법률의 규정에 의하여 제한될 뿐만 아니라 회사의 정관, 이사회의 결의 등의 내부적 절차 또는 내규 등에 의하여 내부적으로 제한될 수 있으며, 이렇게 대표권한이 내부적으로 제한된 경우에는 그 대표이사는 제한 범위 내에서만 대표권한이 있는 데 불과하게 되는 것이지만, 그렇더라도 그 대표권한의 범위를 벗어난 행위 다시 말하면 대표권의 제한을 위반한 행위라 하더라도 그것이 회사의 권리능력의 범위 내에 속한 행위이기만 하다면 대표권의 제한을 알지 못하는 제3자는 그 행위를 회

사의 대표행위라고 믿는 것이 당연하고 이러한 신뢰는 보호되어야 한다(상법 제389조 제3항, 제209조). 또한 주식회사의 대표이사가 그 대표권의 범위 내에서 한 행위는 설사 대표이사가 회사의 영리목적과 관계없이 자기 또는 제3자의 이익을 도모할 목적으로 그 권한을 남용한 것이라 할지라도 일단 회사의 행위로서 유효하고, 다만 그 행위의 상대방이 대표이사의 진의를 알았거나 알 수 있었을 때에는 회사에 대하여 무효가 되는 것이다(대법원 1988. 8. 9. 선고 86다카1858 판결 등 참조).

이렇게 볼 때, 위 소외 4가 피고 회사의 대표이사로 재직하였다면 그 동안에는 피고 회사의 권리능력 범위 내에서 재판상·재판외의 모든 행위를 할 권한을 가지는 것이므로 <**주식회사 대표이사의 대표권 남용행위의 효력** *(민법 제107조 제1항; 상법 제209조, 제389조 제3항)*> 그가 대표권의 범위 내에서 한 행위는 그대로 회사 자체의 행위가 되므로, 피고 회사가 위 예치금채무를 인수하였는지 여부는 위 소외 4의 대표행위와 구별하여 별도로 판단할 수 없고, 만일 위 소외 4의 행위에 의하여 피고 회사가 이 사건 예치금반환채무를 인수하고 분양수당을 지급하기로 약정한 것으로 인정된다면 그러한 행위가 피고 회사의 행위로서 유효인지 여부만이 문제될 뿐이고, 나아가 위 소외 4의 채무인수 내지 지급약정행위가 유효인지 여부를 따지기 위하여는, 갑 제1호증의 1의 기재에 의하여 '부동산 임대 및 매매업'도 피고 회사의 목적 중의 하나인 사실이 인정되고, 또한 위와 같은 행위들은 그 객관적 성질에 비추어 볼 때 부동산매매업을 수행하는 데에 있어서 직접·간접으로 필요한 행위로서 피고 회사의 목적 범위 내의 행위라고 할 것이어서 그 권리능력의 범위 내에 속할 뿐만 아니라 대표권의 행사에 관하여 법령상의 제한이 없는 사항이므로, **첫째**로 피고 회사의 정관, 이사회의 결의 등의 내부적 절차 또는 내규 등에 의하여 위 소외 4의 대표권한에 대하여 내부적인 제한이 가하여졌고 상대방인 수분양자들이 그러한 내용을 알고 있었는지 여부와, **둘째**로, 비록 위 소외 4가 대표권의 범위 내에서 한 행위라고 할지라도 그가 피고 회사의 영리목적과 관계없이 자기 또는 제3자의 이익을 도모할 목적으로 그 권한을 남용한 것이고, 상대방인 원고들이 위 소외 4의 그러한 진의를 알았거나 알 수 있었는지 여부를 살펴야 할 것이다(*주식회사의 대표이사가 그 대표권의 범위 내에서 한 행위는 설사 대표이사가 회사의 영리목적과 관계없이 자기 또는 제3자의 이익을 도모할 목적으로 그 권한을 남용한 것이라 할지라도 일단 회사의 행위로서 유효하고, 다만 그 행위의 상대방이 대표이사의 진의를 알았거나 알 수 있었을 때에는 회사에 대하여 무효가 되는 것이다. 심리유보설*).

❷ **대법원 2016. 8. 24. 선고 2016다222453 판결 [추심금]**
......

나. ……
다음으로, **<주식회사 대표이사의 대표권 남용행위가 회사의 행위로서 유효한지 여부(원칙적 적극)** *(민법 제2조; 상법 제209조, 제389조)>* 주식회사 대표이사의 대표권 남용 여부에 관하여 본다. 주식회사의 대표이사가 그 대표권의 범위 내에서 한 행위는 설사 대표이사가 회사의 영리 목적과 관계없이 자기 또는 제3자의 이익을 도모할 목적으로 그 권한을 남용한 것이라 할지라도 일응 회사의 행위로서 유효하다. **<남용행위의 상대방이 악의인 경우, 회사는 신의칙을 근거로 행위의 효과를 부인할 수 있는지 여부(적극)>** 그러나 그 행위의 상대방이 그와 같은 정을 알았던 경우에는 그로 인하여 취득한 권리를 회사에 대하여 주장하는 것이 신의칙에 반하므로 회사는 상대방의 악의를 입증하여 그 행위의 효과를 부인할 수 있다고 함이 상당하다*(신의칙설)*(대법원 1987. 10. 13. 선고 86다카1522 판결 등 참조). 그런데 이 사건 약정의 내용은 이 사건 회사의 대표이사인 소외인이 개인 자격에서 피고에게 부담하는 경영권 양수대금 채무를 면하는 대신 피고는 회사에 대한 판결금 채무를 면제받는다는 것이므로, 그 내용 자체에 의하더라도 회사에 손실을 주고 대표이사 자기 또는 제3자에게 이익이 되는 행위임이 분명하다. 그리고 피고는 이 사건 회사의 전 대표이사로서 이 사건 단기매매차익금반환 소송의 피고이자 이 사건 약정의 당사자의 지위에서 위와 같은 대표권 남용행위에 가담한 지위에 있으므로 신의칙상 이 사건 약정이 유효하다는 주장은 허용되지 아니한다고 보아야 한다.

3. 법인의 불법행위능력
§ 3-32 대표권 없는 이사의 불법행위
❶ 대법원 2005. 12. 23. 선고 2003다30159 판결 [예금]

1. **<예금계약의 성립 요건** *(민법 제532조, 제702조)>* 예금계약은 예금자가 예금의 의사를 표시하면서 금융기관에 돈을 제공하고 금융기관이 그 의사에 따라 그 돈을 받아 확인을 하면 그로써 성립하며, 금융기관의 직원이 그 받은 돈을 금융기관에 실제로 입금하였는지 여부는 예금계약의 성립에는 아무런 영향을 미치지 아니한다(대법원 1984. 8. 14. 선고 84도1139 판결, 1996. 1. 26. 선고 95다26919 판결 등 참조).
원심이 그 판시와 같은 사정을 들어 심실 명의의 합계 12,060,493,150원의 예금의 예금주가 원고라고 판단한 것은 기록과 앞서 본 법리에 비추어 정당하고 거기에 상고이유 제1점의 주장과 같은 예금계약의 성립에 관한 법리오해 등의 위법이 없다.
2. 기록에 의하면, 소외인*(피용자)*은 원고 학원*(사용자)*의 이사로서 원고 법인의 자금에 관한 업무를 담당하고 있었던 것은 사실이지만, 소외인*(피용자)*이 원고*(사용자)*의 이 사건 예금을 인출할 당시 원고*(사용자)*로부터 이 사건 예금을 인출할 권

한을 부여받은 바 없고 그 밖에 이 사건 예금을 인출할 다른 정당한 권한도 없었으며, 피고 은행*(피해자)*의 ○○지점장인 피고 보조참가인(이하 '참가인'이라 한다)도 위와 같은 사실을 잘 알고 있었던 사실을 알 수 있는바, 그렇다면 참가인이 소외인*(피용자)*의 요청을 받아들여 원고*(사용자)*의 이 사건 예금을 인출하여 준 행위는 원고*(사용자)*에 대한 예금의 지급으로서의 효력이 없다고 하여야 한다. 같은 취지의 원심의 판단은 정당하고, 거기에는 소외인*(피용자)*이 2000. 1. 20.(피고의 2003. 4. 9.자 준비서면의 1999. 12. 20.은 오기로 보인다.) 인출한 55억 원을 원고 학원 이사장인 O실 명의의 예금계좌에 입금함으로써 55억 원의 예금은 원고*(사용자)*에게 반환된 것이라는 취지의 피고의 주장을 배척한다는 판단이 포함되어 있다고 볼 수 있다. 따라서 원심판결에 상고이유 제2, 6점의 주장과 같은 예금인출에 관한 법리오해, 이유불비, 심리미진 및 판단누락 등의 위법이 없다.

3. *<피용자의 행위가 사용자나 그에 갈음한 사무감독자의 사무집행행위에 해당하지 않음을 피해자 자신이 알았거나 중과실로 알지 못한 경우, 사용자책임의 인정 여부(소극) (민법 제756조)>* 피용자의 불법행위가 외관상 사무집행의 범위 내에 속하는 것으로 보이는 경우에도 피용자의 행위가 사용자나 사용자에 갈음하여 그 사무를 감독하는 자의 사무집행행위에 해당하지 않음을 피해자 자신이 알았거나 또는 중대한 과실로 알지 못한 경우에는 사용자 또는 사용자에 갈음하여 그 사무를 감독하는 자에 대하여 사용자책임을 물을 수 없다 할 것인데(대법원 2000. 3. 28. 선고 98다48934 판결, 2002. 12. 10. 선고 2001다58443 판결, 2003. 2. 11. 선고 2002다62029 판결 등 참조), *<피해자인 법인의 법률상 대리인이 법인에 대한 관계에서 배임적 대리행위를 하는 경우 (민법 제756조)>* 법인이 피해자인 경우 법인의 업무에 관하여 일체의 재판상 또는 재판 외의 행위를 할 권한이 있는 법률상 대리인이 가해자인 피용자의 행위가 사용자의 사무집행행위에 해당하지 않음을 안 때에는 피해자인 법인이 이를 알았다고 보아야 하고, 이러한 법리는 그 법률상 대리인이 본인인 법인에 대한 관계에서 이른바 배임적 대리행위를 하는 경우에도 마찬가지라고 할 것이다.

기록에 의하면, *<사안의 경우>* 피고의 ○○지점장이자 법률상 대리인으로서 재판상 또는 재판 외의 일체의 행위를 할 수 있는 권한이 있는 참가인은, 소외인*(피용자)*이 원고*(사용자)*로부터 위임을 받은 바 없이 피고 은행*(피해자)*으로부터 ○○써텍 주식회사의 명의로 대출을 받고 또 원고*(사용자)* 명의의 예금을 인출한다는 사실, 즉 소외인*(피용자)*의 금원차용행위 및 예금인출행위가 원고*(사용자)*의 사무집행이 아니라는 사실을 알고 있었던 것으로 보이는바, 그렇다면 앞서 본 법리에 비추어 피고 은행*(피해자, 법인)*이 위와 같은 사실을 알고 있었다고 보아야 하고, 그러한 경우에 피고는 소외인*(피용자)*의 사용자인 원고에 대하여 사용자책임을 물을 수 없다고 할 것이다.

원심이 원고가 소외인의 사용자로서 손해배상책임을 부담하여야 한다는 피고의 주장을 그 판시와 같은 이유로 배척한 것은 앞서 본 법리와 기록에 비추어 정당하고 거기에 상고이유 제3, 4점의 주장과 같은 지배권 남용, 사용자책임의 성립 요건 및 면책 요건에 관한 법리오해, 신의칙에 관한 법리오해 등의 위법이 없다. 피고가 상고이유에서 들고 있는 대법원판결들은 그 사안과 취지를 달리하는 것이어서 이 사건에 적절한 선례가 될 수 없다.

4. <*대표권이 없는 이사의 행위에 대하여도 법인의 불법행위책임이 성립하는지 여부(소극)* (민법 제35조 제1항)> 민법 제35조에서 말하는 '이사 기타 대표자'는 법인의 대표기관을 의미하는 것이고, 대표권이 없는 이사는 법인의 기관이기는 하지만 대표기관은 아니기 때문에 그들의 행위로 인하여 법인의 불법행위가 성립하지 않는다. 원심이 같은 취지로 원고 법인의 불법행위책임을 인정하지 아니한 것은 정당하고 거기에 상고이유 제5점의 주장과 같은 법인의 불법행위책임에 관한 법리오해 등의 위법이 없다.

❷ (§ 3-37-2 ❶) 대법원 2011. 4. 28. 선고 2008다15438 판결 [분양대금반환]
……
2. 피고 1차 조합, 피고 1-1차 조합, 피고 2차 조합, 피고 2-1차 조합에 대한 손해배상청구 부분에 관한 상고이유
가. 피고 2-1차 조합에 대한 법인의 불법행위책임 유추적용에 의한 손해배상청구에 관하여
<*민법 제35조 제1항에서 정한 '법인의 대표자'에 당해 법인을 실질적으로 운영하면서 법인을 사실상 대표하여 법인의 사무를 집행하는 사람도 포함되는지 여부(적극) 및 그러한 사람에 해당하는지 여부의 판단 기준* (민법 제31조, 제35조 제1항)>
민법 제35조 제1항은 "법인은 이사 기타 대표자가 그 직무에 관하여 타인에게 가한 손해를 배상할 책임이 있다"라고 정한다. 여기서의 '법인의 대표자'에는 그 명칭이나 직위 여하, 또는 대표자로 등기되었는지 여부를 불문하고 당해 법인을 실질적으로 운영하면서 법인을 사실상 대표하여 법인의 사무를 집행하는 사람을 포함한다고 해석함이 상당하다. 구체적인 사안에서 이러한 사람에 해당하는지는 법인과의 관계에서 그 지위와 역할, 법인의 사무 집행 절차와 방법, 대내적·대외적 명칭을 비롯하여 법인 내부자와 거래 상대방에게 법인의 대표 행위로 인식되는지 여부, 공부상 대표자와의 관계 및 공부상 대표자가 법인의 사무를 집행하는지 여부 등 제반 사정을 종합적으로 고려하여 판단하여야 한다. 그리고 이러한 법리는 주택조합과 같은 비법인사단에도 마찬가지로 적용된다.
기록에 비추어 알 수 있는 다음과 같은 사정들, <*갑 주택조합의 대표자가 을에게 대표자의 모든 권한을 포괄적으로 위임하여 을이 그 조합의 사무를 집행하던 중*

불법행위로 타인에게 손해를 발생시킨 데 대하여 불법행위 피해자가 갑 주택조합을 상대로 민법 제35조에서 정한 법인의 불법행위책임에 따른 손해배상청구를 한 사안의 경우 (민법 제31조, 제35조 제1항)> 즉 소외 2(A)는 피고 2-1차 조합(갑 주택조합)의 등기부상 대표자이지만 피고 2-1차 조합(갑) 설립시부터 대표자로서의 모든 권한을 소외 1(을)에게 일임하여, 소외 1(을)이 피고 2-1차 조합(갑)의 도장, 소외 2(A)의 신분증 등을 소지하면서 조합 대표자로서 사무를 집행한 점, 소외 2(A)는 소외 1(을)로부터 월급을 받는 직원에 지나지 아니하여 소외 2(A)가 소외 1(을)의 사무 집행에 관여할 수 있는 지위에 있지 아니하였고, 실제로도 일절 대표자로서의 사무를 집행하지 아니하였던 점, 소외 1(을)은 대외적으로 조합장으로 불렸고 대내적으로 사장으로 불리는 등 조합원들이나 이 사건 각 조합의 거래 상대방들도 소외 1(을)을 대표자로 알고 있었던 점, 소외 1(을)이 소외 2(A)의 관여 없이 피고 2-1차 조합(갑)을 대표하여 사무를 집행하는 데 아무런 지장이 없었던 점 등에 비추어 볼 때, 소외 1(을)은 피고 2-1차 조합(갑)을 실질적으로 운영하면서 법인을 사실상 대표하여 법인의 사무를 집행하는 사람으로서 민법 제35조 소정의 '대표자'에 해당한다고 봄이 상당하다고 할 것이다.

그럼에도 원심은 소외 1(을)이 피고 2-1차 조합(갑)의 적법한 대표자 또는 대표기관이라고 볼 수 없다는 이유를 들어 피고 2-1차 조합(갑)에 대한 법인의 불법행위책임으로 인한 손해배상 청구를 배척하고 말았으니, 이 부분 원심판결에는 법인의 불법행위책임에 관한 법리를 오해함으로써 판결에 영향을 미친 위법이 있다고 할 것이다.

§ 3-33 외형이론에 따른 직무와의 관련성 판단

❶ 대법원 2004. 2. 27. 선고 2003다15280 판결 [소유권확인]

> 사실관계

甲1과 甲2는 1997. 11.경 丙 건설회사와 사이에 甲1과 甲2가 丙 건설회사에 20억 원을 대여하고 1998. 5. 15.까지 위 원금에 투자수익금 6억 원을 합한 26억 원을 반환하기로 약정하였고, 乙 조합의 조합장인 乙1은 乙을 대표하여 丙 건설회사의 甲1과 甲2에 대한 위 채무를 丙 건설회사의 연대보증인으로서 연대보증하였다. 그에 기초하여 甲1은 5억 원, 甲2는 4억 6천만 원을 대여하였는데, 甲1과 甲2는 위 약정 이전에 이미 丙 건설회사에 대한 10억 7천만 원의 대여금이 있어 그 대여금을 포함하여 20억 원을 대여하기로 약정한 것이라고 주장하였다. 한편 乙1은 乙 조합이 시행하는 구획정리사업의 시공회사인 丙 건설회사의 원활한 자금운용 등을 위하여 위와 같은 보증행위를 하였지만, 乙1은 丙 건설회사의 甲1과 甲2에 대한 채무를 연대보증하면서 조합원총회나 대의원회의 결의를 거치지 아니하였다. 이에 甲1과 甲2는 乙을 상대로 乙1의 불법행위로 인한 손해배상청구의 소를 제기하였다.

판결이유

<법인의 불법행위책임에 관한 민법 제35조 제1항 소정의 '직무에 관하여'의 의미
(민법 제35조 제1항, 제750조)> 법인이 그 대표자의 불법행위로 인하여 손해배상의무를 지는 것은 그 대표자의 직무에 관한 행위로 인하여 손해가 발생한 것임을 요한다 할 것이나, 그 직무에 관한 것이라는 의미는 행위의 외형상 법인의 대표자의 직무행위라고 인정할 수 있는 것이라면 설사 그것이 대표자 개인의 사리를 도모하기 위한 것이었거나 혹은 법령의 규정에 위배된 것이었다 하더라도 위의 직무에 관한 행위에 해당한다고 보아야 한다(대법원 1969. 8. 26. 선고 68다2320 판결 참조).

원심판결 이유에 의하면, 원심은 그 채용 증거들을 종합하여 그 판시와 같은 사실들을 인정하고, **<사안의 경우>** 피고*(을)* 조합의 대표자인 조O호*(을1)*가 우진건설주식회사*(병)*(이하 '우진건설'이라고 한다)의 원고들에*(갑1, 갑2)* 대한 채무를 연대보증하면서 조합원총회나 대의원회의 결의를 거치지 아니함으로써 위 연대보증행위는 무효라고 할 것이나, 원고들*(갑1, 갑2)*은 조O호*(을1)*의 이 사건 연대보증이 피고*(을)*에 대하여 효력이 있다고 믿고 우진건설*(병)*에게 20억 원을 투자하기로 하는 약정을 체결하고 그에 기초하여 우진건설*(병)*에 원고 최O원*(갑1)*이 5억 원, 원고 송O헌*(갑2)*이 4억 6,000만 원을 대여한 것인데, 조O호*(을1)*가 조합원총회나 이에 갈음하는 대의원회의 의결 없이 이 사건 연대보증을 하고 이후 위 결의를 얻어주지도 아니함으로써 연대보증이 무효로 되었고, 조O호*(을1)*는 피고*(을)*가 시행하는 구획정리사업의 시공회사인 우진건설*(병)*의 원활한 자금운용 등을 위하여 위와 같은 보증행위를 한 것으로서, 대표자의 직무에 관하여 한 행위라고 볼 것이므로, 피고*(을)*는 민법 제35조 제1항에 의하여 원고들*(갑1, 갑2)*이 입은 손해를 배상할 책임이 있다고 판단하고, 다만 그 판시 증거들을 종합하여 인정되는 그 판시와 같은 원고들*(갑1, 갑2)*의 잘못도 원고들*(갑1, 갑2)*이 입게 된 손해의 발생 및 확대에 기여하였다고 하여 원고들*(갑1, 갑2)*의 과실을 50%로 참작하여 배상액을 정하였다.

❷ 대법원 2003. 7. 25. 선고 2002다27088 판결 [소유권이전등기]

사실관계

E 건설(주식회사)의 권유에 따라 1993. 4.경 무주택자들이 단위조합들(장기신용은행직장주택조합, 가락현대지역주택조합, 동남은행가락동직장주택조합, 신협지역주택조합 및 국민일보직장주택조

합)을 각 결성하였다. 위 단위조합들의 조합장들은 1993. 7.경 조합주택의 건축, 자금조달 및 분양사업을 효율적으로 추진하기 위한 방법으로 위 단위조합들의 각 조합원 전원을 조합원으로 하는 乙 조합을 결성하여 이를 통하여 건축사업을 추진하기로 결의하였다. 위 단위조합들은 1993. 10.경 주택을 신축할 대지를 매입하고 1994. 4. 1. 이에 관하여 장기신용은행 직장주택조합의 명의로 신탁등기를 경료하였고, 1993. 10. 6.부터 1994. 2. 24.까지 사이에 각각 주택조합설립인가를 받았다. 위 단위조합들의 조합장들은 각 소속 조합원들의 위임을 받아 1994. 3.경 단위조합들의 각 조합원 전원을 조합원으로 하는 乙 조합을 결성하고 조합장과 총무를 선출하였다. 위 단위조합들의 설립인가 후에 그 조합원 중 주택건설촉진법에 의한 조합원자격이 없는 사람이 14명인 것으로 드러나 37평형 아파트를 조합원들에게 공급하더라도 14세대가 남게 되고, 乙 조합은 조합원 자격이 없는 위 14명 및 ○○은행과 ○○협동조합에서 근무하던 직원 중에서 조합아파트의 건축사업 종료시에는 조합원 자격을 갖출 수 있는 14명을 임시 조합원으로 모집하여, 이들이 정식 조합원들과 같은 액수의 분담금을 납부하면 1세대씩 분양하여 주기로 하였다. 위 단위조합들은 1994. 5. 3. 2동 162세대의 민영주택을 건설하는 사업계획의 승인을 받고 같은 날 위 민영주택 건축허가를 받았다. 위 승인된 사업계획에 의하면 위 아파트 중 148세대는 조합원들에게 공급하고, 나머지 14세대(임의분양분)는 비조합원에게 임의분양하도록 되어 있다. 위 단위조합들의 조합장들은 1994. 6. 3.경 각 조합원들을 대표하여 乙 조합의 규약을 제정하고, 위 규약에 따라 단위조합들의 각 조합장들로 구성된 임원회의에서 乙1을 乙 조합의 조합장으로 새로 선출한 후 E 건설을 민영주택 건축사업대행사로 지정하였으며, 乙 조합은 1994. 11. 27.경 E 건설과 사이에 민영주택건축공사 도급계약을 체결하였다. 그런데 E 건설이 1994. 6.경 부도나면서 건축사업의 대행업무를 수행할 수 없게 되자, 乙 조합의 조합장인 乙1은 1995. 6.경 E1 주식회사(소외 2 회사)를 설립하여 E 건설을 대신하여 건축사업 대행업무를 하였다. 乙 조합은 임원회의의 의결을 거쳐 乙1, E1 회사의 직원에게 건축사업 대행업무수행에 대한 활동비를 지급하였다. 위 임의분양분에 대한 분담금을 납부하여 오던 임시 조합원 14명 중 4명이 그 지위를 포기함에 따라 추가로 4세대를 임의분양할 수 있게 되었다. 그런데 乙1과 E1 회사의 고문인 丙, E1 회사의 회장인 丁 등은 위 추가 임의분양분 4세대를 중복분양하여 분양금을 편취하기로 공모한 후, 부동산 브로커들을 동원하여 乙 조합의 자금사정이 좋지 않아 분양금을 일시불로 납입하는 조건으로 미분양된 아파트 14세대를 시가보다 싼값에 분양한다고 선전하면서 분양희망자들을 유인케 하여 1996. 1.경부터 1997. 8.경까지 사이에 직접 또는 위 부동산 브로커들을 통하여 甲 등을 비롯한 108명에게 위 37평형 4세대를 중복분양하여 그 분양대금 합계 156억 원을 편취하였다. 甲 등은 조합원들에게 분양되고 남은 14세대를 분양받을 수 있다는 말을 부동산중개업자들로부터 듣고 乙1, 丙 등과 사이에 매매계약을 체결한 후 乙1의 직인이 날인된 아파트 분양계약서 및 분양대금완납증명서를 교부받았으며, 乙은 1997. 8.경 조합원을 대상으로 위 민영주택에 대한 동·호수 추첨을 실시하였는데, 甲 등은 임의분양분 계약자들이 14세대를 초과하여 추첨 현장에 집결한 것을 목격하고 비로소 중복분양 사실을 알게 되어 강력히 항의하였다. 이에 대하여 乙1, 丙, 丁은 甲 등이 乙 조합의 임의분양분 수분양자임을 확인하고, 1997.

8. 30.까지 동·호수 추첨이 이루어지도록 하겠다는 내용의 각서를 작성하여 주었다. 그 후 甲 등은 乙에 대하여 乙1 등의 불법행위로 인한 손해배상청구의 소를 제기하였다.

판결이유

1. 상고이유 제1점에 대하여
......

<비법인사단의 대표자의 행위가 대표자 개인의 사리를 도모하기 위한 것이었거나 법령의 규정에 위배된 경우, 민법 제35조 제1항의 직무에 관한 행위에 해당하는지 여부(한정 적극) *(민법 제35조 제1항, 제750조)>* 피고 조합(주택조합)의 법적 성격은 이 사건 단위조합들과는 별개의 비법인사단이라고 할 것이고(대법원 2001. 7. 10. 선고 2000다62582 판결 참조), 피고 조합(주택조합)과 같은 비법인사단의 대표자가 직무에 관하여 타인에게 손해를 가한 경우 그 사단은 민법 제35조 제1항의 유추적용에 의하여 그 손해를 배상할 책임이 있으며 (대법원 1994. 3. 25. 선고 93다32828, 32835 판결, 1997. 7. 11. 선고 97다1266 판결 등 참조), 비법인사단의 대표자의 행위가 대표자 개인의 사리를 도모하기 위한 것이었거나 혹은 법령의 규정에 위배된 것이었다 하더라도 외관상, 객관적으로 직무에 관한 행위라고 인정할 수 있는 것이라면 민법 제35조 제1항의 직무에 관한 행위에 해당한다고 할 것이나, ***<대표자의 행위가 직무에 해당하지 아니함을 피해자가 알았거나 또는 중대한 과실로 알지 못한 경우에도 비법인사단은 손해배상책임이 있는지 여부(소극) 및 중대한 과실의 의미*** *(민법 제35조 제1항, 제750조)>* 다만, 그 경우에도*(비법인사단의 경우)* 대표자의 행위가 직무에 관한 행위에 해당하지 아니함을 피해자 자신이 알았거나 또는 중대한 과실로 인하여 알지 못한 경우에는 비법인사단에게 손해배상책임을 물을 수 없다고 할 것이고, 여기서 중대한 과실이라 함은 거래의 상대방이 조금만 주의를 기울였더라면 대표자의 행위가 그 직무권한 내에서 적법하게 행하여진 것이 아니라는 사정을 알 수 있었음에도 만연히 이를 직무권한 내의 행위라고 믿음으로써 일반인에게 요구되는 주의의무에 현저히 위반하는 것으로 거의 고의에 가까운 정도의 주의를 결여하고, 공평의 관점에서 상대방을 구태여 보호할 필요가 없다고 봄이 상당하다고 인정되는 상태를 말한다고 할 것이다.

기록 및 원심판결 이유에 의하면, *<사안의 경우>* 피고(을) 조합은 조합원의 주거생활의 안정과 향상을 도모하기 위하여 아파트 건립과 이를 위한 자금조달 및 운영에 관하여 필요한 사업을 효율적으로 수행하기 위하여 설립되었고, 그 구성원은 이 사건 단위조합들의 조합원 전원이므로, 피고(을) 조합원들의 총유재산인 이 사건 임의분양분을 비조합원에게 분양하는 업무는 피고(을) 조합의 설립목적 범위 내에 포함된다고 할 것이니, 피고(을) 조합장 소외 1(을1)이 원고들(갑 등)에게 이 사건 임의분양분을 분양한 행위는 외관상, 객관적으로 보아 피고 조합장(을1)의 직무에 관한 행위라고 할 것이고, 구 주택공급규칙 제3조 제2항 단서에 의하면, 주택조합이 그 조합원에게 공급하고 남는 주택이 20세대 미만인 경우에는 반드시 공개모집 및 추첨의 방법에 의하여 입주자를 선정할 필요는 없는 점, 소외 1(을1)이 원고들(갑 등)에게 피고(을) 조합장의 직인이 날인된 분양계약서 및 대금완납증명서를 발급한 점, 피고(을) 조합의 조합원이 아닌 원고들(갑 등)로서는 자신들이 납부한 분양대금이 조합원들의 부담금보다 저렴한지 알 수 없었던 점, 임의분양의 경우 분양대금의 액수, 납부방법, 납부시기 등은 당사자가 합의하는 대로 정하여지는 점, 중복분양 사실이 밝혀진 후에도 소외 1(을1)은 원고들(갑 등)의 수분양권을 확인하여 준 점 등을 종합하면, 피고(을)가 상고이유에서 주장하는 여러 가지 사정을 감안하더라도 원고들(갑 등)이 피고(을) 조합장 소외 1(을1)이 공동불법행위자들과 공모하여 개인의 사리를 도모하기 위하여 이 사건 임의분양분을 중복분양하는 것을 알지 못한 데 중대한 과실이 있다고 할 수 없다.

원심은, 소외 1(을1)의 행위가 외형상으로 피고(을) 조합의 업무집행 행위로 볼 수 있다는 이유로 민법 제35조 제1항에 의하여 피고(을)의 손해배상책임을 인정한 다음, 뒤에서 보는 바와 같이 원고들(갑 등)의 과실을 참작하여 피고(을)가 배상하여야 할 손해액을 제한하였는바, 원심의 위와 같은 조치는 원고들(갑 등)이 소외 1(을1)의 행위가 피고(을) 조합장의 직무에 관한 행위라고 믿은 데 중대한 과실이 없었음을 당연한 전제로 한 것으로 수긍할 수 있고, 거기에 민법 제35조에 의한 책임의 성립에 관한 법리를 오해한 위법이 없다.

III. 법인의 기관

1. 이사

1) 의의

§ 3-34 임기만료이사의 업무수행권

❶ 대법원 2005. 3. 25. 선고 2004다65336 판결 [이사회무효]

사실관계

乙 재단법인의 이사인 甲은 2001. 2. 5. 이사장 乙1에게 이사로서의 모든 권리를 포기하고 乙1에게 모든 권한을 양도한다는 내용의 포기각서를 작성·교부하였다. 甲은 이사로 재직 중이던 1997. 6. 19.경부터 2000. 6. 12.경까지 사이에 乙의 건물신축공사, 구내식당, 매점 등의 임대차 등과 관련하여 많은 범법행위를 저질렀다. 甲은 여러 피해자들을 기망하여 그들로부터 합계

13억 4천 5백만 원 가량을 편취하였다는 범죄사실로 징역 3년의 형을 선고받고 2002. 12. 10. 그 판결이 확정되어 사건당시 수감 중이었다. 더구나 甲은 당장 스스로 이사로서의 업무를 수행하는 것이 사실상 불가능한 상태로 보이는데도 위 피해자들을 포함한 채권자들이 채권단협의를 조직하여 乙을 상대로 그 각 피해액 상당의 채권을 주장하면서 그 각 채권의 회수를 위하여 乙의 재산의 조속한 매각을 통한 청산을 희망하고 있었다. 그런데 乙은 이미 2001. 5. 18.경 감독관청인 노동부장관으로부터 '목적사업의 수행 불능 및 허가조건의 불이행'을 이유로 직업능력개발 훈련법인으로서의 허가를 취소당하여 현재 그에 따른 청산절차가 진행 중이었다. 乙은 2000. 10. 23.자 이사회에서 이사 A, B를 각 해임하고 C, D, E를 각 이사로 선임하였다. 이에 甲은 乙을 상대로 위 이사회결의의 무효확인을 구하는 소를 제기하였다. 이 소송에서 乙은 甲이 2000. 10. 23. 乙 재단법인의 이사를 사임하고 2001. 2. 5.에는 乙 재단법인의 이사장인 乙1에게 이사로서의 모든 권리를 포기하겠다는 내용의 포기각서를 작성·교부하기도 하였으므로 이미 적법하게 사임한 甲에게는 위 이사회결의의 무효확인을 구할 법률상 이익이 없다고 항변하였다.

판결이유

.....

<민법상 법인의 이사 전원 또는 그 일부의 임기가 만료되었거나 사임한 경우, 후임 이사가 선임될 때까지 종전 직무를 계속 수행할 수 있는지 여부(한정 적극) (민법 제57조, 제58조, 제691조)> 민법상 법인의 이사 전원 또는 그 일부의 임기가 만료되었거나 사임하였음에도 불구하고 그 후임 이사의 선임이 없거나 또는 그 후임 이사의 선임이 있었다고 하더라도, 그 선임결의가 무효이고, 남아 있는 다른 이사만으로는 정상적인 법인의 활동을 할 수 없는 경우, 임기 만료되거나 사임한 구 이사로 하여금 법인의 업무를 수행케 함이 부적당하다고 인정할 만한 특별한 사정이 없는 때에는, 구 이사는 후임 이사가 선임될 때까지 종전의 직무를 수행할 수 있고, *<구 이사가 다른 이사를 해임하거나 후임 이사를 선임한 이사회결의의 무효확인을 구할 법률상의 이익이 있는지 여부(적극)* (민법 제691조; 민사소송법 제250조)> 임기 만료되거나 사임한 구 이사가 후임 이사가 선임될 때까지 종전의 직무를 수행할 수 있는 경우에는 구 이사는 그 직무수행의 일환으로 다른 이사를 해임하거나 후임 이사를 선임한 이사회결의의 하자를 주장하여 그 무효확인을 구할 법률상 이익이 있지만, *<특별한 사정이 있는 경우* (민법 제691조; 민사소송법 제250조)> 만약 임기 만료되거나 사임한 구 이사로 하여금 법인의 업무를 수행케 함이 부적당하다고 인정될 만한 특별한 사정이 있다면 이러한 구 이사가 제기한 이사회결의 무효확인의 소는 확인의 이익이 없어 부적법하다고 보아야 할 것이다. 기록에 의하면, 원고*(갑)*는 이 사건 이사회결의일로부터 3개월 남짓이 지난 2001. 2. 5. 이사

장인 김O진*(을1)*에게 피고*(을)*의 이사로서의 모든 권리를 포기하고 이사장 김O진*(을1)*에게 모든 권한을 양도한다는 내용의 포기각서를 작성·교부한 사실, 원고*(갑)*는 이사 재직중이던 1997. 6. 19.경부터 2000. 6. 12.경까지 사이에 보성직업전문학교 건물의 신축공사 또는 위 학교 구내식당이나 매점 등의 임대차 등과 관련하여 여러 피해자들을 기망하여 그들로부터 합계 13억 4,500만 원 가량을 편취하였다는 범죄사실로 징역 3년의 형을 선고받고 2002. 12. 10. 그 판결이 확정되어 현재까지 수감중인 관계로(더구나 별도의 사기죄로 확정된 징역 2년의 집행유예가 실효되어 추가로 복역하여야 할 것으로 보인다.) 당장 스스로 이사로서의 업무를 수행하는 것이 사실상 불가능한 상태로 보이는데, 그 피해자들을 포함한 채권자들이 채권단 협의회를 조직하여 피고*(을)*를 상대로 그 각 피해액 상당의 채권을 주장하면서 그 각 채권의 회수를 위하여 피고*(을)*의 재산의 조속한 매각을 통한 청산을 희망하는 한편, 원고*(갑)*의 업무 복귀를 원하지 아니하고 있는 사실, 피고*(을)*는 이미 2001. 5. 18.경 감독관청인 노동부장관으로부터 '목적사업의 수행 불능 및 허가조건의 불이행'을 이유로 직업능력개발 훈련법인으로서의 허가를 취소당하여 현재 그에 따른 청산절차가 진행중인 사실 등을 알 수 있는데, 사정이 이러하다면 <사안의 경우> 원고*(갑)*로 하여금 피고의 이사로서의 업무를 수행케 하는 것은 부적당하다고 볼 여지가 있다고 하지 않을 수 없다. 그렇다면 위의 법리에 비추어 원고*(갑)*의 이 사건 소는 확인의 이익이 없어 부적법하다고 볼 여지도 충분함에도 불구하고 원심이 그 판시와 같은 이유만으로 피고*(을)*의 이 사건 본안전 항변을 선뜻 배척한 데에는, 사임한 구 이사가 제기하는 이사회결의무효확인의 소에서의 확인의 이익에 관한 법리를 오해하거나, 심리를 다하지 아니하고 채증법칙에 위배하여 사실을 오인하여 판결에 영향을 미친 위법이 있다고 아니할 수 없다.

❷ 대법원 2003. 7. 8. 선고 2002다74817 판결 [대의원결의무효확인등]

1. 원심은 그 채용 증거들을 종합하여, 원고(선정당사자, 이하 '원고'라 한다)와 별지 명단 기재 선정자들을 포함한 서울 용산구 산천동 소재 산천시민아파트 6개동의 구분소유자 270명이 노후화한 위 아파트를 철거하고 그 대지 위에 새 아파트를 신축할 목적으로 1991.경 산천시민아파트재건축주택조합을 설립한 사실, 위 재건축조합의 최고의결기관인 대의원회가 1996. 5. 30. 피고를 2년 임기의 조합장으로 선출하고, 1997. 9. 19. 다시 피고를 조합장으로 선출한 사실, 그 후 1999. 4. 15. 및 2000. 5. 19.에도 피고를 조합장으로 재선출하는 대의원회의 결의가 있었던 사실, 위 재건축조합의 조합장 유고시 정관에 따라 연장자순으로 조합장의 직무를 대행할 2인의 부조합장들이 2000. 10. 16. 이전에 모두 후임자 없이 사임한 사실 등 판시 사실들을 인정한 다음, 피고의 연임을 의결한 위 1999. 4. 15.자 및 2000. 5.

19.자 각 대의원회 결의가 위 재건축조합의 정관에 정하여진 대의원회의 소집 절차를 위반함과 동시에 의결정족수도 충족하지 못하여 무효이고, 그에 따라 피고의 조합장으로서의 임기가 이미 종료되었다고 하더라도, 비법인사단인 재건축주택조합과 그 기관인 조합장과의 관계는 위임인과 수임인의 법률관계와 같은 것인데, 조합장의 임기가 만료된 이후 그 후임 조합장이 선임되기까지 조합장 직무를 대행할 다른 기관이 존재하지 않는다면 기관에 의하여 행위를 할 수밖에 없는 재건축주택조합으로서는 당장 정상적인 활동을 중단하지 않을 수 없는 상태에 처하게 되고, 이는 민법 제691조에 규정된 '위임종료의 경우에 급박한 사정이 있는 때'와 같이 볼 수 있어, 임기가 만료된 조합장이라도 그 임무를 수행함이 부적당하다고 인정할 만한 특별한 사정이 없는 한 후임 조합장이 선임될 때까지 조합장의 직무를 계속 수행할 수 있다고 보아야 할 것이므로, 피고는 그 임기 종료 이후에도 후임 조합장 등 위 재건축조합을 대표할 기관이 새로 선임될 때까지는 조합장의 직무를 계속 수행할 수 있다고 판단하여, 피고의 직무수행금지를 구하는 원고의 청구를 배척하였다.

2. 그러나 위와 같은 원심의 판단은 수긍하기 어렵다.

가. <*재건축주택조합 대표자의 임기가 만료되어 대표자가 존재하지 않는 경우 종전 대표자의 업무수행권이 인정되는지 여부(한정 적극)*> (*민법 제31조, 제57조, 제58조, 제691조*)> 권리능력 없는 사단인 재건축주택조합과 그 대표기관과의 관계는 위임인과 수임인의 법률관계와 같은 것으로서 임기가 만료되면 일단 그 위임관계는 종료되는 것이 원칙이고, 다만 그 후임자가 선임될 때까지 대표자가 존재하지 않는다면 대표기관에 의하여 행위를 할 수밖에 없는 재건축주택조합은 당장 정상적인 활동을 중단하지 않을 수 없는 상태에 처하게 되므로, 민법 제691조의 규정을 유추하여 구 대표자로 하여금 조합의 업무를 수행케 함이 부적당하다고 인정할 만한 특별한 사정이 없고 종전의 직무를 구 대표자로 하여금 처리하게 할 필요가 있는 경우에 한하여 후임 대표자가 선임될 때까지 임기만료된 구 대표자에게 대표자의 직무를 수행할 수 있는 업무수행권이 인정된다(대법원 1996. 10. 25. 선고 95다56866 판결 등 참조) 함은 원심이 판시한 바와 같다.

나. <*임기만료된 권리능력 없는 사단의 대표자의 업무수행권의 범위* (*민법 제57조, 제58조, 제691조*)> 그러나 임기만료된 종전 대표자에게 후임자 선임시까지 업무수행권을 인정할 필요가 있는 경우에 해당한다 하더라도, 임기만료된 대표자의 업무수행권은 급박한 사정을 해소하기 위하여 그로 하여금 업무를 수행하게 할 필요가 있는지를 개별적·구체적으로 가려 인정할 수 있는 것이지, 임기만료 후 후임자가 아직 선출되지 않았다는 사정만으로 당연히 포괄적으로 부여되는 것이 아니라고 할 것이고(대법원 1996. 12. 10. 선고 96다37206 판결 참조), <*권리능력 없는 사단의 사원 기타 이해관계인이 임기만료된 대표자의 직무수행금지를 소구한 경우,*

민법 제691조만을 근거로 이를 배척할 수 있는지 여부(소극) *(민법 제57조, 제58조, 제691조)>* 임기만료된 대표자의 사무처리에 대하여 유추적용되는 민법 제691조는 종전 대표자가 임기만료 후에 수행한 업무를 사후에 개별적·구체적으로 가려 예외적으로 그 효력을 인정케 하는 근거가 될 수 있을 뿐, 그로 하여금 장래를 향하여 대표자로서의 업무수행권을 포괄적으로 행사하게 하는 근거가 될 수는 없으므로, 법인 아닌 사단의 사원 기타 이해관계인이 임기가 만료된 대표자의 직무수행금지를 소구하여 올 경우 민법 제691조만을 근거로 이를 배척할 수는 없는 것이다. 더구나 이미 임기만료된 대표자가 위법하여 무효인 대의원회 결의를 구실로 연임되었다고 주장하면서 직무를 계속 수행하는 데 대하여 다른 구성원들이 이의를 제기하면서 그 직무수행의 금지를 구하는 소송을 제기하였고 이미 임기만료 후 몇 년의 장기간이 지나갔다면, 그러한 사실만으로도 구 대표자로 하여금 종전의 업무를 계속 수행케 함이 부적당한 경우에 해당한다고 볼 여지도 다분하다.

다. 그럼에도 불구하고, 원심은 조합장인 피고의 임기만료 후 정관상 그의 직무를 대행할 부조합장들이 모두 사임하였고 후임 조합장 기타 다른 대표기관이 선임되지도 아니하였다는 사정만을 들어, 민법 제691조에 따라 피고가 조합장 직무를 계속 수행할 수 있다고 판단하고, 피고의 직무수행금지를 구하는 원고의 청구를 기각하였으니, 거기에는 법인 아닌 사단의 임기만료된 대표자가 민법 제691조에 따라 가지는 직무수행의 권한에 관한 법리를 오해한 위법이 있다. 이 점을 지적하는 상고이유의 주장은 이유 있다.

❸ 대법원 2003. 3. 14. 선고 2001다7599 판결 [소유권이전등기]

1. 상고이유를 본다.
가. 사단법인의 대표와 행위능력 및 추인에 관한 법리오해 여부
<민법상 법인의 유일한 대표자인 회장이 사임한 경우 사임한 회장은 후임회장이 선출될 때까지 대표자의 직무를 계속 수행할 수 있는지 여부(적극) (민법 제59조, 제60조, 제691조)> 민법상 법인과 그 기관인 이사와의 관계는 위임자와 수임자의 법률관계와 같아서 이사가 사임하면 일단 위임관계는 종료됨이 원칙이나, 후임 이사의 선임시까지 이사가 존재하지 않는다면, 기관에 의하여 행위를 할 수밖에 없는 법인으로서는 당장 정상적인 활동을 중단하여야 할 상황에 놓이게 되고, 이는 민법 제691조에 규정된 위임종료의 경우에 급박한 사정이 있는 때와 같으므로, 사임한 이사라도 임무를 수행함이 부적당하다고 인정할 만한 특별한 사정이 없는 한 후임 이사가 선임될 때까지 이사의 직무를 계속 수행할 수 있고, *<직무수행권의 범위>* 한편 법인의 자치규범인 정관에서 법인을 대표하는 이사인 회장과 대표권이 없는 일반 이사를 명백히 분리함으로써 법인의 대표권이 회장에게만 전속되도록 정하고

회장을 법인의 회원으로 이루어진 총회에서 투표로 직접 선출하도록 정한 경우, 일반 이사들에게는 처음부터 법인의 대표권이 전혀 주어져 있지 않기 때문에 회장이 궐위된 경우에도 일반 이사가 법인을 대표할 권한을 가진다고 할 수 없고, 사임한 회장은 후임 회장이 선출될 때까지 대표자의 직무를 계속 수행할 수 있다(대법원 1996. 1. 26. 선고 95다40915 판결, 1996. 10. 25. 선고 95다56866 판결, 1997. 6. 24. 선고 96다45122 판결 등 참조). 그러나 사임한 대표자의 직무수행권은 법인이 정상적인 활동을 중단하게 되는 처지를 피하기 위하여 보충적으로 인정되는 것이다(대법원 1982. 3. 9. 선고 81다614 판결, 1997. 6. 24. 선고 96다45122 판결 등 참조).

§ 3-35 이사의 해임
❶ **대법원 2014. 1. 17.자 2013마1801 결정 [이사회결의효력정지가처분]**
……
2. 재항고이유 제2점에 대하여
사립학교법은, 학교법인 이사회의 의사는 정관에 특별한 규정이 없는 한 재적이사 과반수의 출석으로 개의하고 정관이 정한 이사 정수의 과반수의 찬성으로 의결한다(사립학교법 제18조 제1항)고 규정하고 있고, 채무자의 정관은 이사장 1인을 포함한 이사 15인을 두고(정관 제22조 제1호), 이사의 구성은 총회 추천이사 11인, 개방이사 4인으로 한다고 정하고 있다(정관 제22조의2 제2항).
<*임기가 만료되지 아니한 다른 이사들로 법인이 정상적인 활동을 할 수 있는 경우, 임기만료된 이사의 업무수행권 인정여부(소극)*> *(민법 제57조, 제58조, 제691조)*>
임기만료된 이사의 업무수행권은 이사에 결원이 있음으로써 법인이 정상적인 활동을 할 수 없는 사태를 방지하자는 데 그 취지가 있으므로, 이사 중 일부의 임기가 만료되었더라도 아직 임기가 만료되지 아니한 다른 이사들로 정상적인 활동을 할 수 있는 경우에는 임기만료된 이사로 하여금 이사로서의 직무를 행사하게 할 필요가 없고, <*법인이 정상적인 활동을 할 수 있는지 판단하는 기준 시기(=이사의 임기만료 시)*> 이러한 경우에는 임기만료로서 당연히 퇴임하며, 법인의 정상적인 활동이 가능한지는 그 이사의 임기만료시를 기준으로 판단하여야 하지 그 이후의 사정까지 고려할 수는 없다(대법원 1996. 4. 15.자 95마1504 결정 등 참조).
원심은 개방이사인 소외인을 포함한 이사 3명의 임기가 만료된 당시 이들을 제외하고도 12명의 이사가 남아 있어 채무자가 법인으로 정상적인 활동을 할 수 있는 상태였으므로 개방이사 소외인 등 3명에게 후임이사가 선임될 때까지 종전의 직무를 계속하여 수행할 권한이 인정된다고 볼 수 없다고 판단하였다.
앞서 본 관련 규정들과 법리에 비추어 기록을 살펴보면 원심의 이와 같은 판단은 정당한 것으로 수긍할 수 있고, 거기에 재항고이유의 주장과 같이 학교법인 이사의 긴급처리권과 소집절차에 하자가 있는 학교법인 이사회 결의의 효력에 관한 대법원 판례를 위배하여 사립학교법 제14조 제3항, 제17조, 제18조 등을 위반한 위법이 없다.

……

4. 재항고이유 제4점에 대하여

<법인이 정당한 이유 없이도 이사를 해임할 수 있는지 여부(적극) 및 그 경우 상대방에게 손해배상책임을 지는지 여부(한정 적극)> (민법 제57조, 제58조, 제680조, 제689조)> 법인과 이사의 법률관계는 신뢰를 기초로 한 위임 유사의 관계이고(대법원 2008. 9. 25. 선고 2007다17109 판결 등 참조), 위임계약은 원래 해지의 자유가 인정되어 쌍방 누구나 정당한 이유 없이도 언제든지 해지할 수 있으며, 다만 불리한 시기에 부득이한 사유 없이 해지한 경우에 한하여 상대방에게 그로 인한 손해배상책임을 질 뿐이다(대법원 2000. 4. 25. 선고 98다47108 판결 등 참조).

원심은, 채무자가 이사회 결의를 통하여 채권자를 이사에서 해임함에 있어 특별한 사유가 필요하지 아니하고, 그 판시와 같은 이유로 채권자에 대한 이사 해임 결의에 정당한 사유가 없다고 볼 수 없다고 판단하였다.

원심판결 이유를 앞서 본 법리와 기록에 비추어 살펴보면 원심의 이와 같은 판단은 정당하고, 거기에 재항고이유의 주장과 같이 학교법인 이사의 지위와 권한 및 재단법인 이사의 해임절차에 관한 대법원 판례들을 위배하여 사립학교법 제20조를 위반한 위법이 없다.

❷ **대법원 2013. 11. 28. 선고 2011다41741 판결 [이사해임취소]**

1. <법인 정관에 이사의 해임사유에 관한 규정이 있는 경우, 정관에서 정하지 아니한 사유로 이사를 해임할 수 있는지 여부(원칙적 소극)> (민법 제40조 제5호, 제43조, 제57조, 제689조 제1항, 상법 제385조)> 법인과 이사의 법률관계는 신뢰를 기초로 한 위임 유사의 관계로 볼 수 있는데, 민법 제689조 제1항에서는 위임계약은 각 당사자가 언제든지 해지할 수 있다고 규정하고 있으므로, 법인은 원칙적으로 이사의 임기 만료 전에도 이사를 해임할 수 있지만(대법원 2008. 9. 25. 선고 2007다17109 판결 참조), <이사에 대한 해임사유를 정관에 정한 경우의 법적 성질> 이러한 민법의 규정은 임의규정에 불과하므로 법인이 자치법규인 정관으로 이사의 해임사유 및 절차 등에 관하여 별도의 규정을 두는 것도 가능하다. 그리고 이와 같이 법인이 정관에 이사의 해임사유 및 절차 등을 따로 정한 경우 그 규정은 법인과 이사와의 관계를 명확히 함은 물론 이사의 신분을 보장하는 의미도 아울러 가지고 있어 이를 단순히 주의적 규정으로 볼 수는 없다. 따라서 법인의 정관에 이사의 해임사유에 관한 규정이 있는 경우 법인으로서는 이사의 중대한 의무위반 또는 정상

적인 사무집행 불능 등의 특별한 사정이 없는 이상, 정관에서 정하지 아니한 사유로 이사를 해임할 수 없다고 봄이 상당하다.

§ 3-36 이사사임행위의 법적 성질 및 철회가부
❶ 대법원 1993. 9. 14. 선고 93다28799 판결 [이사회결의무효확인]

원심판결은 그 이유에서 그 증거에 의하여 인정한 판시와 같은 사실에 터잡아 *<재단법인 이사를 사임하는 행위의 법적 성질 (민법 제57조)>* 재단법인의 이사를 사임하는 행위는 상대방 있는 단독행위라 할 것이어서, 그 의사표시가 상대방에게 도달함과 동시에 그 효력을 발생하고 그 의사표시가 효력을 발생한 후에는 마음대로 이를 철회할 수 없는 것이지만, *<재단법인 이사를 사임하는 의사표시가 완료되지 않았다고 본 사례>* 피고 재단(을)의 이사이던 소외인(A)이 1989. 3. 25.자의 이 사건 이사회에 즈음하여 정당한 이사인 원고(갑)와 권O재(B)에게 이사직사임서를 제시하고 이사직에서 사임할 뜻을 밝혔으나, 원고(갑)의 묵시적인 동의 아래 위 권O재(B)의 철회권유를 받고 곧바로 개최된 이 사건 이사회에 참여하였다가 그 회의가 끝난 후 사임서를 다시 제출하고, 피고 재단(을)을 떠난 이상, 그 이사직을 사임한다는 의사표시의 표시행위는 이 사건 이사회결의가 끝난때까지는 완료되지 아니하였다고 봄이 상당하고, 따라서 이 사건 이사회결의 당시 위 소외인(A)은 적법하게 피고 재단(을)의 이사직을 보유하고 있었다고 판단하였는바 기록에 비추어 원심의 판단은 정당하고 거기에 지적하는 바와 같은 법리의 오해나 채증법칙위배, 이유모순 등의 위법이 없다.

❷ 대법원 2006. 6. 15. 선고 2004다10909 판결 [이사장직무집행정지및직무대행자선임가처분]
......
2. 제466회 이사회의 의사정족수에 관하여
<법인의 이사를 사임하는 행위의 법적 성질 및 그 사임의사를 철회할 수 있는 경우 (민법 제57조, 제111조)> 법인의 이사를 사임하는 행위는 상대방 있는 단독행위라 할 것이어서, 그 의사표시가 상대방에게 도달함과 동시에 그 효력을 발생하고, 그 의사표시가 효력을 발생한 후에는 마음대로 이를 철회할 수 없음이 원칙이나, 사임서 제시 당시 즉각적인 철회권유로 사임서 제출을 미루거나, 대표자에게 사표의 처리를 일임하거나, 사임서의 작성일자를 제출일 이후로 기재한 경우 등 사임의사가 즉각적이라고 볼 수 없는 특별한 사정이 있을 경우에는, 별도의 사임서 제출이나 대표자의 수리행위 등이 있어야 사임의 효력이 발생하고, 그 이전에 사임의사를 철회할 수 있다 할 것이다(대법원 1992. 4. 10. 선고 91다43138 판결, 1993. 9. 14.

선고 93다28799 판결, 1998. 4. 28. 선고 98다8615 판결 등 참조).
……

3. 제466회 이사회의 이사장 선임결의에 관하여
기록에 의하면, 학교법인 정관에는 "이사장은 이사의 호선에 의하여 선임한다."고 규정하고 있고, 제466회 이사회에서 피신청인의 의견진술 없이 나머지 이사들의 추천과 의사표명에 의한 만장일치의 방식으로 피신청인을 이사장으로 선임한 사실을 인정할 수 있는바, 호선은 '특정한 사람들이 자기네 가운데서 어떠한 사람을 골라 뽑는 방법의 선거'를 일컫는데, 호선의 특성상 후보자 모두에게 의결에 참여할 기회를 부여하여도 호선의 본질에 반하지 아니한다 할 것이므로, 비록 정관에 임원의 선임 및 해임이 자신에 관한 사항일 경우 당해 이사장 또는 이사는 그 의결에 참여하지 못한다고 규정되어 있다 하더라도, 적어도 이러한 제척사유는 위와 같은 방식의 이사장 호선에 관하여는 적용되지 아니한다고 해석하여야 할 것이다. 따라서 위 이사회에서 피신청인을 이사장으로 선임한 결의는 적법하다.

2) 이사의 직무권한
§ 3-37 대표권의 제한
§ 3-37-1 정관에 의한 제한
❶ 대법원 1992. 2. 14. 선고 91다24564 판결 [물품대금]

> **사실관계**

乙 재단법인은 1987. 10. 17. 丙 건설회사에 도로포장공사를 도급주었고, 丙 건설회사는 위 도로포장공사에 사용되는 레미콘을 甲으로부터 구입하였는데, 乙 재단법인이 甲과의 사이에서 이 레미콘 대금채무에 대해 연대보증을 하였다. 그 후 丙이 위 레미콘 대금채무를 이행하지 않자, 甲은 乙 재단법인을 상대로 보증채무의 이행으로서 대금지급을 청구하는 소를 제기하였다. 한편 乙 재단법인의 정관에 의하면 법인의 대표자가 법인의 채무를 부담하는 계약을 함에 있어서 이사회의 결의를 거쳐 노회와 설립자의 승인을 얻고 주무관청의 인가를 받도록 규정되어 있는데, 乙 재단법인의 대표자 乙1은 위 정관에 규정된 절차를 거치지 않고 위 레미콘 대금채무에 대해 연대보증을 하였다. 또한 乙 재단법인은 정관에 규정된 대표권제한을 등기하지 않았다.

> **판결이유**

1. 상고이유 제1점을 본다.
원심판결 이유에 의하면, 원심은 그 채택한 증거를 종합하여 피고 법인(을)이 소외 경원건설주식회사(병)가 피고 법인(을)으로부터 판시 도로포장공사를 도급받아 위 포장공사에 소요되는 레미콘을 원고(갑)로부터 구입함에 있어 판시와 같은 경위와 형식으로 원고에 대하여 위 레미콘 대금채무를 연대보증한 사실을 인정하였는바, 기록에 비추어 살펴보면, 원심의 증거취사와 사실인 정은 수긍이 가고 거기에 소론과 같이 채증법칙을 어기고 증거 없이 사실을 인정한 위법이 있다고 할 수 없다. 이 점에 관한 논지는 이유 없다.

2. 상고이유 제2점을 본다.

<**등기가 되어 있지 아니한 경우 제3자에 대한 대항력 유무(소극)**> *(민법 제49조, 제60조)* 법인의 대표자가 법인의 채무를 부담하는 계약을 함에 있어서 이사회의 결의를 거쳐 노회와 설립자의 승인을 얻고 주무관청의 인가를 받도록 정관에 규정되어 있다면, 그와 같은 규정은 법인대표권의 제한에 관한 규정으로서 이러한 제한은 등기하지 아니하면 제3자에게 대항할 수 없다고 할 것인바(당원 1975. 4. 22. 선고 74다410판결; 1987. 11. 24. 선고 86다카 2484 판결 각 참조), <**법인 대표권의 제한에 관한 규정이 등기되어 있지 않은 경우 위 대표권 제한으로써 대항할 수 없는 제3자의 범위**> *(민법 제60조)* 피고 법인*(을)*의 정관 제10조에 그와 같은 취지의 법인 대표권의 제한에 관한 규정이 있음은 소론과 같으나 그와 같은 취지가 등기되어 있다는 주장 입증이 없는 이 사건에서, 피고 법인*(을)*은 원고*(갑)*가 그와 같은 정관의 규정에 대하여 선의냐 악의냐에 관계없이 제3자인 원고*(갑)*에 대하여 이러한 절차의 흠결을 들어 이 사건 보증계약의 효력을 부인할 수 없다고 할 것이다.

§ 3-37-2 이익상반행위에 대한 제한

❶ 대법원 2003. 5. 27. 선고 2002다69211 판결 [이사장및이사선임대의원총회결의부존재확인]

······

3. 위와 같은 소송의 경위에 비추어 보면, 이 사건 본안소송에 있어서 원래 피고를 대표할 이사장인 피고보조참가인(이하 '참가인'이라 한다) 이○희는 위 가처분에 의하여 그 직무집행이 정지됨으로써 대표권을 잃게 되었고, 이는 민사소송법 제235조, 제64조가 정하는 소송절차의 중단사유에 해당하지만, 당시 피고에게는 위 참가인 이○희가 피고를 대표하여 적법하게 선임해 놓은 소송대리인이 있었으므로, 민사소송법 제238조에 의하여 제1심 소송절차가 중단되지는 아니한다. 그러나 <**사단법인의 이사장 직무대행자가 개인의 입장에서 그 사단법인을 상대로 소송을 하는 것이 민법 제64조가 규정하는 이익상반 사항에 해당하는지 여부(적극)**> *(민법 제64조)* 위 가처분*(이사장등직무집행정지가처분)*에 의하여 선임된 피고*(사단법인)*의 이사장 직무대행자 이○상은 원고의 지위를 갖고 있는데, 이러한 직무대행자는 피고에 대하여 이사와 유사한 권리의무와 책임을 부담하므로, 피고와의 사이에 이익이 상반하는 사항에 관하여는 민법 제64조가 준용되고, 이 사건과 같이 피고의 이사장 직무대행자가 개인의 입장에서 원고가 되어 피고를 상대로 소송을 하는 경우에

는 민법 제64조가 규정하는 이익상반 사항에 해당함이 분명하다. **<소송절차가 중단된 상태에서 수계절차를 거치지 않은 채 상소권한이 없는 제1심 소송대리인에 의하여 제기된 항소가 부적법하다고 판단한 사례** (민사소송법 제90조 제2항, 제235조, 제238조)> 따라서 직무대행자 이○상은 피고의 통상사무에 관하여 피고를 대표할 권한이 있지만 이 사건 소송에 관하여는 대표권이 없고(그러므로 위 항소취하는 효력이 없다), 이사장인 참가인 이○희 역시 그 직무집행이 정지되어 대표권을 잃게 되었음은 앞서 본 바와 같으므로, 결국 이 사건 소송은 심급대리의 원칙상 제1심 판결 정본이 위 소송대리인에게 송달된 때에 중단되었고, 이와 같이 소송절차가 중단된 상태에서 수계절차를 거치지 않은 채 상소권한도 없는 제1심 소송대리인에 의하여 제기된 이 사건 항소는 특별한 사정이 없는 한 부적법한 것이며, 기록에 의하면, 이 사건 소송에 관하여 피고를 적법하게 대표할 특별대리인이 민사소송법 제64조, 제62조 또는 민법 제64조, 제63조에 의하여 선임된 바 없음을 알 수 있어, 위와 같은 흠은 보정할 수 없는 경우에 해당하므로, 이 사건 항소는 각하를 면할 수 없다(다만, 제1심판결은 소송절차의 중단 상태가 해소되지 않는 한 확정되지 아니한다).

§ 3-37-3 복임권의 제한

❶ (§ 3-32 ❷) 대법원 2011. 4. 28. 선고 2008다15438 판결 [분양대금반환]

1. 피고 구성스윗닷홈 2차1지역주택조합에 대한 분양대금 또는 분담금 반환청구 부분에 관한 상고이유

<비법인사단의 대표자가 사단의 제반 업무처리를 타인에게 포괄적으로 위임할 수 있는지 여부(소극) 및 위 대표자가 타인에게 한 포괄적 위임과 그에 따른 포괄적 수임인의 대행행위가 비법인사단에 효력이 미치는지 여부(소극) (민법 제31조, 제62조)> 비법인사단에 대하여는 사단법인에 관한 민법 규정 가운데 법인격을 전제로 하는 것을 제외하고는 이를 유추적용하여야 할 것인데, 민법 제62조의 규정에 비추어 보면 비법인사단의 대표자는 정관 또는 총회의 결의로 금지하지 아니한 사항에 한하여 타인으로 하여금 특정한 행위를 대리하게 할 수 있을 뿐 비법인사단의 제반 업무처리를 포괄적으로 위임할 수는 없으므로, 비법인사단 대표자가 행한 타인에 대한 업무의 포괄적 위임과 그에 따른 포괄적 수임인의 대행행위는 민법 제62조의 규정에 위반된 것이어서 비법인사단에 대하여 그 효력이 미치지 아니한다(대법원 1996. 9. 6. 선고 94다18522 판결 등 참조).

원심은 채택증거를 종합하여 판시와 같은 사실을 인정한 다음, 소외 1(을)은 피고 구성연원마을주택조합(이하 '피고 1차 조합'이라고 함), 피고 구성스윗닷홈 2차주택조합(이하 '피고 2차 조합'이라고 함)을 설립한 후 추가로 모집한 조합원들로 구성

된 피고 구성스윗닷홈 1차1지역주택조합(이하 '피고 1-1차 조합'이라고 함)과 피고 구성스윗닷홈 2차1지역주택조합(이하 '피고 2-1차 조합'이라고 함)을 설립하였고, 위 각 피고 조합은 별개의 조합으로 존속하였음에도 원고들(병 등)이 작성한 조합원가입계약에 관련된 서류에는 계약자가 피고 구성스윗닷홈 주택조합(정)으로 기재되어 있는 점 등에 비추어 원고들(병 등)이 피고 2-1차 조합(갑)과 조합원가입계약을 체결하였다고 볼 수 없을 뿐만 아니라, 소외 1(을)이 피고 2-1차 조합(갑)의 대표자 소외 2를 대리하여 원고들(병 등)과 조합원가입계약을 체결하였다 하더라도 소외 2(A)는 피고 2-1차 조합(갑)의 대표자로서의 모든 권한을 소외 1(을)에게 포괄적으로 위임하였으므로, 그 조합원가입계약은 피고 2-1차 조합(갑)에 대하여 효력이 없다고 판단하였다.

기록에 의하면, 소외 1(을)은 피고 2-1차 조합(갑)의 대표자인 소외 2(A)로부터 권한을 위임받아 피고 2-1차 조합의 업무를 하면서 피고 주식회사 한스리더 및 프라임탑(분양대행사)과 각 조합원모집대행계약을 체결하였고, 원고들(병 등)이 그 대행회사에 의하여 조합원가입계약을 체결한 사실, 소외 1(을)은 원고들(병 등)로부터 피고 2-1차 조합(갑)의 대표자인 소외 2(A)의 개인 명의 계좌를 통하거나 현금으로 분담금을 지급받은 사실, 피고 구성스윗닷홈 주택조합(정)은 피고 1차, 2차 조합을 칭하는 명칭으로도 사용되었지만 이 사건 각 조합을 통칭하는 명칭으로도 사용된 사실을 알 수 있다. 그리고 이러한 사정에다가 피고 2-1차 조합(갑)도 피고 1차, 2차 조합이 분담금을 전혀 납부하지 아니한 유령조합이라고 주장하고 있는 점을 참작하여 보면, **<갑 주택조합 등 다수의 주택조합을 설립한 을이 갑 주택조합 대표자(A)에게서 권한을 위임받아 갑 주택조합의 업무를 수행하면서 분양대행회사와 조합원모집대행계약을 체결하였고, 그에 따라 병 등이 분양대행회사를 통해 조합원가입계약을 체결하였는데, 계약서에는 계약당사자로 갑 주택조합 등 위 다수의 주택조합을 통칭하는 명칭으로 사용되는 정 주택조합이 기재되어 있는 사안의 경우>** 비록 계약서에는 피고 구성스윗닷홈 주택조합(정)이라고 기재되어 있다고 하더라도, 원고들(병 등)이나 소외 1(을)에 의하여 분양대행계약을 위임받은 피고 주식회사 한스리더 및 프라임탑 사이에서는 계약당사자를 피고 2-1차 조합(갑)으로 보는 의사합치가 있었다고 할 것이므로, 조합원가입계약의 계약당사자는 원고들(병 등)과 피고 2-1차 조합(갑)이라고 할 것이다. (다만 소외 2(A)는 피고 2-1차 조합(갑)의 대표자로서의 모든 권한을 소외 1(을)에게 포괄적으로 위임한 것은 민법 제62조에 위반한 것이어서 위 조합원가입계약은 피고 2-1차 조합(갑)에 대하여 효력이 없다). 그럼에도 원심이 조합원가입계약의 형식적 계약당사자를 피고 구성스윗닷홈 주택조합(정)으로 본 것은 잘못이다.

반면 위 법리 및 기록에 비추어 살펴보면, 포괄적 위임 부분에 대한 원심의 위와 같은 사실인정과 판단은 정당한 것으로 수긍할 수 있고, 거기에 상고이유의 주장과 같은 채증법칙 위배의 위법이 없다. 결국 위와 같은 원심의 잘못은 이 부분 결론에 영향을 미치지 못하였으므로 이 부분 상고이유는 받아들일 수 없다.

3) 이사회
§ 3-38 이사회 결의의 하자
❶ 대법원 2006. 10. 27. 선고 2004다63408 판결 [소유권이전등기]

1. 피고 법인의 2003. 3. 11.자 이사회 결의의 효력에 관하여
<*정당한 소집권자가 아닌 자가 소집하고 일부 이사만이 참석한 재단법인 이사회 결의의 효력(무효)*> *(민법 제58조)*> 재단법인 이사회가 법령 또는 정관이 정하는 바에 따른 정당한 소집권자 아닌 자에 의하여 소집되고, 그 이사 가운데 일부만이 참석하여 결의를 하였다면, 그 이사회의 결의는 부적법한 결의로서 효력이 없다(대법원 1992. 7. 24. 선고 92다749 판결, 2000. 2. 11. 선고 99두2949 판결 등 참조).
그런데 피고 법인의 정관 제29조 제2항에는 "이사회를 소집하고자 할 때에는 적어도 회의 7일 전에 회의목적을 명시하여 각 이사에게 통지하여야 한다. 다만, 이사 전원이 집회하고 또 그 전원이 이사회의 소집을 요구할 때에는 그러하지 아니한다."라고 규정되어 있는바, 원심이 그 판결에서 채용하고 있는 증거들을 종합하여 소외 1이 2003. 3. 11.자 이사회에 참석하고 그 회의록에 기명날인한 사실을 인정한 후 이사 6인 중 1인인 소외 1에 대한 위 이사회 소집통지가 누락되어 그가 불참한 위 이사회 결의가 무효라는 원고(보조참가인)의 주장을 배척한 조치는 정당하여 수긍이 가고 거기에 상고이유로 주장하는 바와 같은 채증법칙 위배, 경험칙 위배, 심리미진 등의 위법이 없다.

❷ 대법원 2000. 1. 28. 선고 98다26187 판결 [이사회결의무효확인]
……
2. 상고이유와 보충범위 내의 보충상고이유의 판단
가. 원고 1, 원고 2, 원고 4 부분
<*임기만료이사의 업무수행권 및 종전 직무를 수행할 수 있는 전임 이사에게 이사를 개임한 이사회 결의의 무효확인을 구할 법률상 이익이 있는지 여부(적극)*> *(민사소송법 제226조; 민법 제57조, 제58조, 제691조)*> 재단법인의 이사 전부 또는 일부가 임기만료되었음에도 후임 이사의 선임이 없거나 또는 후임 이사의 선임이 있었다고 하더라도, 그 선임결의가 무효이어서 임기가 만료되지 아니한 다른 이사들 인원수만으로는 정상적인 법인의 활동을 할 수 없는 경우, 임기가 만료된 전임(전임) 이사로 하여금 법인의 업무를 수행하게 함이 부적당하다고 인정할 만한 특별한 사

정이 없는 한, 전임 이사는 후임 이사가 선임될 때까지 종전의 직무를 수행할 수 있고, 이와 같이 종전의 직무를 수행할 수 있는 전임 이사는 그 직무수행의 일환으로 이사회 결의의 하자를 주장하여 이사를 개임한 결의의 무효확인을 구할 법률상의 이익도 있다고 볼 것이다(대법원 1998. 12. 23. 선고 97다26142 판결 참조). 그런데 기록을 살펴보니, **<사안의 경우>** 원고들이 이 사건 소로서 구하는 각 이사회의 결의가 모두 무효로 판명될 경우에는 원심변론 종결 당시 피고 재단의 적법한 이사는 원고 3 한명만이 남게 됨을 알 수 있으니, 그런 경우 이사회의 의사정족수 관계에서 정상적인 법인의 활동을 할 수 없으므로, 특별한 사정이 없는 한 원고들을 포함한 전임 이사들이 적법한 후임 이사가 선임될 때까지 종전의 직무를 수행하여야 하고, 따라서 원고들로서는 그 직무수행의 일환으로 그 각 이사회 결의의 하자를 주장하여 그 무효확인을 구할 법률상의 이익이 있다고 보아야 할 것이다.

이와 같은 사정이어서 원심으로서는 마땅히 그 각 이사회 결의에 원고들이 주장하는 바와 같은 하자가 있는지의 여부를 심리하여 원고들의 주장이 정당하다면 앞서 본 바와 같은 이유로 원고들에게 소의 이익도 있다고 인정할 수 있으므로 본안판결을 할 것이고, 만일 원고들의 주장이 이유 없다면 적법한 절차에 의하여 원고들의 후임 이사까지 선임된 것으로 원고들로서는 임기만료로 당연히 퇴임하는 것이므로 그 각 이사회 결의의 무효를 구할 당사자적격 내지 소의 이익이 없게 되어 소를 각하하여야 할 것이다.

그럼에도 원심은 이와 같은 원고들의 주장에 대하여는 심리·판단하지 아니하고 원고들의 임기가 만료되었다는 사유만을 들어 곧바로 소의 이익이 없다고 판단하였으니, 원심판결에는 심리를 다하지 아니한 나머지 이사회 결의무효확인의 소에 있어서의 소의 이익 또는 임기만료된 이사의 직무수행권에 관한 법리를 오해함으로써 판결 결과에 영향을 미친 위법이 있다.

따라서 이 점을 지적하는 원고 1, 원고 2, 원고 4의 상고이유의 주장은 정당하기에 이를 받아들인다.

나. 원고 3 부분

<이사회 결의무효확인 판결의 대세적 효력 유무(소극) *(민사소송법 제204조)***>** 민법상 법인의 이사회의 결의에 하자가 있는 경우에 관하여 법률에 별도의 규정이 없으므로 그 결의에 무효사유가 있는 경우에는 이해관계인은 언제든지 또 어떤 방법에 의하든지 그 무효를 주장할 수 있다고 할 것이지만, 이와 같은 무효주장의 방법으로서 이사회 결의무효확인소송이 제기되어 승소확정판결이 난 경우 그 판결의 효력은 위 소송의 당사자 사이에서만 발생하는 것이지 대세적 효력이 있다고 볼 수는 없고(대법원 1988. 4. 25. 선고 87누399 판결 참조), 한편, **<이사변경등기의 실체적 효력 유무(소극)** *(민법 제54조 제1항)***>** 민법 제54조 제1항에 의하면 설립등기

이외의 법인등기는 대항요건으로 규정되어 있으므로, 이사 변경의 법인등기가 경료되었다고 하여 등기된 대로의 실체적 효력을 갖는 것은 아니다.

따라서 위에서 본 전주지방법원 97가합1906 이사회 결의무효확인 판결이 확정되었다고 하여도 특별한 사정이 없는 한 그 소송의 당사자로 되거나 또는 소송고지를 받는 등의 위치에 있지 아니한 원고 3에게는 그 판결의 효력이 미치지 아니하므로, 그 원고를 이사로 선임한 이사회 결의에 하자가 있다면 그러한 실체적 하자가 주장·입증되어야 하고, 원심법원으로서도 그와 같은 사정이 있는지의 여부를 심리·판단하여야 할 것이지 그 확정판결이 있다는 사정만으로 그 원고의 피고 재단 이사로서의 지위를 부정하여서는 안될 터이다.

그럼에도 단순히 위의 확정판결이 존재하고 그에 따른 등기가 경료되었다는 사정만으로 곧바로 그 원고의 피고 재단 이사로서의 지위를 부정한 원심판결에는 이사회 결의부존재확인 판결 및 법인등기의 효력에 관한 법리를 오해함으로써 심리를 다하지 아니한 위법이 있다.

2. 임시이사 · 직무대행자 등

1) 임시이사

§ 3-39 임시이사의 선임

❶ 대법원 2009. 11. 19.자 2008마699 전원합의체 결정 [임시이사선임신청서]

사실관계

乙 종단은 도전인 A가 1969. 4.경 창설한 종교단체로서 법인 아닌 사단이고, 신청인 B는 乙 종단의 임원이다. 乙 종단의 최고규범인 도헌(도헌, 1972. 2.경 제정된 것)에는 종신제인 도전이 乙 종단을 대표하고, 乙 종단의 대외적인 업무는 도전의 지시에 의하여 도전이 임명하는 종무원장 명의로 시행하고, 종무원장은 중앙종의회의 불신임 의결이 있는 경우를 제외하고는 임기의 제한을 받지 아니하며, 도전 유고시에는 종무원장, 중앙종의회 의장의 순으로 도전의 직무를 대리하고 그 직무는 도전이 행사할 수 있는 대내적, 대외적 업무전반을 포괄한다고 규정하고 있다. A는 1996. 1. 23. 후임 도전을 지명하지 않은 채 사망하였고, 그 후 乙 종단 내에 갈등이 생겨 종단의 대표자가 누구인가에 관하여 재판이 벌어졌는데, 법원은 도전의 법률상 지위와는 별도로 종무원장은 법률적으로 독립한 乙 종단의 대표자이지만, 종무원장이라고 주장하는 사람들은 모두 종무원장이 아니라고 판결하여 결국 종무원장이 공석이 되었다. 이에 B는 임시 종무원장의 선임을 구하였고, 원심은 乙 종단의 임시 종무원장으로 乙 종단의 신도가 아닌 변호사 C를 선정하였다. 그러자 위 결정에 불복한 乙 종단의 신도들인 甲 등이 재항고를 제기하였다.

판결이유

1. 법인 아닌 사단에서 민법 제63조의 유추 적용에 관한 이해관계인 2, 이해관계인 3의 재항고이유에 대하여

민법은 법인 아닌 사단의 법률관계에 관하여 재산의 소유 형태 및 관리 등을 규정하는 제275조 내지 제277조를 두고 있을 뿐이므로, 사단의 실체·성립, 사원자격의 득실, 대표의 방법, 총회의 운영, 해산사유와 같은 그 밖의 법률관계에 관하여는 민법의 법인에 관한 규정 중 법인격을 전제로 하는 조항을 제외한 나머지 조항이 원칙적으로 유추 적용된다(대법원 2003. 11. 14. 선고 2001다32687 판결, 대법원 2006. 4. 20. 선고 2004다37775 전원합의체 판결 등 참조).

<민법 제63조의 취지> 민법 제63조는 "이사가 없거나 결원이 있는 경우에 이로 인하여 손해가 생길 염려가 있는 때에는 법원은 이해관계인이나 검사의 청구에 의하여 임시이사를 선임하여야 한다."고 규정하고 있다. 이사가 없는 사이에 긴급한 사무를 처리하지 못하거나 의사표시의 수령을 하지 않으면 법인이나 제3자에게 손해가 생길 염려가 있으므로, 법원이 임시이사를 선임하여 임시로 이사의 업무를 처리하도록 함으로써 그 손해를 방지하도록 한 것이다.

이와 같이 <임시이사 선임에 관한 민법 제63조의 규정을 법인 아닌 사단 또는 재단에도 유추 적용할 수 있는지 여부(적극) (민법 제63조)> 민법 제63조는 법인의 조직과 활동에 관한 것으로서 법인격을 전제로 하는 조항은 아니라 할 것이고, 법인 아닌 사단이나 재단의 경우에도 이사가 없거나 결원이 생길 수 있으며, 통상의 절차에 따른 새로운 이사의 선임이 극히 곤란하고 종전 이사의 긴급처리권도 인정되지 아니하는 경우에는 사단이나 재단 또는 타인에게 손해가 생길 염려가 있을 수 있으므로, 민법 제63조는 법인 아닌 사단이나 재단에도 유추 적용할 수 있다고 봄이 상당하다.

이와 달리 법인 아닌 사단이나 재단의 경우에 법인에 관한 민법 제63조의 규정을 준용할 수 없다고 판시한 대법원 1961. 11. 16.자 4294민재항431 결정은 이 결정의 견해에 배치되는 범위 내에서 이를 변경하기로 한다.

따라서 법인 아닌 사단에 대하여도 민법 제63조가 유추 적용되어 임시이사의 선임이 가능하다고 판단한 원심결정은 정당하고, 거기에 이해관계인 2, 이해관계인 3의 재항고이유 주장과 같은 민법 제63조의 임시이사 제도에 관한 법리오해의 위법이 있다고 할 수 없다.

2. 신청인 적격에 관한 이해관계인 1의 재항고이유에 대하여

<민법 제63조에 따라 임시이사의 선임을 신청할 수 있는 '이해관계인'의 범위> 임시이사의 선임을 신청할 수 있는 "이해관계인"이라 함은 임시이사가 선임되는 것에 관하여 법률상의 이해관계가 있는 자로서 그 법인의 다른 이사, 사원 및 채권

자 등을 포함한다(대법원 1976. 12. 10.자 76마394 결정 등 참조).

원심결정 이유를 기록에 비추어 살펴보면, 신청인(B)을 사건본인 종단(을) ○○진리회(이하 '사건본인 종단'이라 한다)의 임원인 선감(선감)으로 인정하여 이 사건 임시이사 선임신청의 이해관계인이라고 판단한 원심결정은 정당하고, 신청인 적격에 관한 법리를 오해하였다는 이해관계인 1의 재항고이유 주장은 받아들이지 아니한다.

3. 법인 아닌 사단인 종교단체에서 민법 제63조의 유추 적용에 관한 이해관계인 2, 이해관계인 3, 이해관계인 1의 재항고이유와 사건본인 종단의 임시이사 선임요건에 관한 이해관계인 1의 재항고이유에 대하여

<민법 제63조에서 임시이사 선임의 요건으로 정하고 있는 '이사가 없거나 결원이 있는 경우'와 '이로 인하여 손해가 생길 염려가 있는 때'의 의미> 민법 제63조에서 임시이사 선임의 요건으로 정하고 있는 "이사가 없거나 결원이 있는 경우"라 함은 이사가 전혀 없거나 정관에서 정한 인원수에 부족이 있는 경우를 말한다 할 것이고(대법원 1975. 3. 31.자 74마562 결정 등 참조), "이로 인하여 손해가 생길 염려가 있는 때"라 함은 통상의 이사선임절차에 따라 이사가 선임되기를 기다릴 때에 법인이나 제3자에게 손해가 생길 우려가 있는 것을 의미한다.

교의의 선포, 종교적 의식의 집행, 신도의 교화 등을 목적으로 하는 종교단체라고 하더라도 그 종교적 행위를 영위하는 과정에서 인적·물적 조직을 구비하여 단체(사단 또는 재단)로서의 실체를 갖추고 일반사회에서 활동하며 다른 사회주체와 사회적 관계를 형성·유지하고 있다면, 이를 둘러싸고 발생하는 구체적인 권리 또는 법률관계의 분쟁에 관하여는 당해 종교단체가 사단법인 또는 재단법인으로 설립되어 있는 경우에는 법인에 관한 민법의 규정에 의하여, 법인으로 설립되지 않은 경우에는 법인격 없는 단체에 관한 일반법리가 적용될 수 있고, 따라서 법인 아닌 사단인 종교단체에 대하여도 원칙적으로 그 요건이 충족되는 한 이해관계인이나 검사는 법원에 민법 제63조에 따른 임시이사의 선임을 청구할 수 있다.

하지만 *<민법 제63조에 따라 법원이 종교단체의 임시이사를 선임함에 있어서 헌법이 보장하는 종교의 자유와 관련하여 고려해야 할 사항* (민법 제63조: 헌법 제20조)*>* 헌법 제20조는 제1항에서 모든 국민은 종교의 자유를 가진다고 규정하고, 제2항에서 국교는 인정되지 아니하며 종교와 정치는 분리된다고 규정하여 종교의 자유를 보장하고 종교와 국가기능의 엄격한 분리를 선언하고 있으므로, 종교의 자유에 속하는 종교적 집회·결사의 자유는 그 성질상 일반적인 집회·결사의 자유보다 광범위한 보장을 받는다 할 것이며, 이에 따라 종교적 집회·결사의 자유를 실현하기 위하여 설립된 종교단체에 대하여는 그 조직과 운영에 관한 자율성이 최대한 보장되어야 한다.

따라서 법원이 종교단체에서 이사의 결원으로 발생하는 장해를 방지하기 위하여 임시이사의 형태로 그 조직과 운영에 관여하게 될 때에도 헌법상 종교단체에 보장

되는 종교활동의 자유와 자율성이 침해되지 않도록 그 선임요건과 필요성을 인정함에 신중을 기하여야 하며, 특히 그 선임요건으로 "손해가 생길 염려가 있는 때"를 판단할 때에는, 이사의 결원에 이르게 된 경위와 종교단체가 자율적인 방법으로 그 결원을 해결할 수 있는지 여부를 살피고, 아울러 임시이사의 부재(부재)로 인하여 혼란이 초래되어 임시이사를 선임하지 아니하는 것이 현저히 정의관념에 반하고 오히려 자유로운 종교활동을 위한 종교단체의 관리·운영에 심각한 장해를 초래하는지 여부 등의 사정을 종합적으로 참작하여야 할 것이다.

원심결정의 이유에 의하면, 원심은 심문종결일 현재 사건본인 종단(을)에는 법률상 대표자 겸 업무집행자에 해당하는 종무원장이 없는 상태라고 인정하고, 나아가 사건본인 종단(을)의 도헌(도헌)에 따른 종무원장 선임의 현실적인 어려움, 사건본인 종단의 재정 구성과 자금 및 보유 부동산의 관리 실태, 종단재산의 유지·보존과 사건본인 종단을 상대로 하는 다수의 소송제기에 따른 적절한 대응이 요구되는 상황 등 원심 판시와 같은 사유를 들어 사건본인 종단(을)에는 결원이 된 종무원장의 업무 수행을 위하여 민법 제63조에 따른 임시이사의 선임이 필요하다고 판단하였다.

……

4. 종단 대표자에 대한 임시이사의 선임자격과 권한 제한에 관한이해관계인 1, 이해관계인 2, 이해관계인 3의 재항고이유에 대하여

가. 앞서 본 바와 같은 종교의 자유에 기초한 종교단체의 헌법적 가치와 정교분리의 원칙에 비추어 보면, 종교단체 내에 필수적으로 선임되어야 하는 이사가 결원인 경우에 임시이사 선임의 요건과 필요성을 인정함에는 신중한 자세를 견지하여야 할뿐더러, 부득이하게 국가가 그 결원을 보충하기 위하여 법원의 재판을 통하여 종교단체에 관여하게 된다고 하더라도 관여의 주된 목적이 순수한 종교적 영역에 속하는 사항이 아니어야 하고, 관여의 결과로 신앙공동체로서의 종교적 활동에 지장을 주어서는 아니 되며, 관여의 형태도 당해 종교단체의 자율적 운영에 과도하게 개입하는 것이어서는 아니 된다.

따라서 *<당해 종단의 신도 아닌 사람을 종단 대표자의 결원으로 인한 임시이사로 선임할 수 있는지 여부 (민법 제63조; 헌법 제20조)>* 종교단체에서 임시이사의 선임요건에 관한 심사결과 당해 종교단체에 장래 발생이 염려되는 손해를 방지하기 위한 조치로서 임시이사의 선임이 불가피한 경우에도, 결원이 된 당해 이사가 지니는 지위, 권한 및 직무내용과 임시이사가 실제로 수행하여야 하는 업무나 역할 등 당해 종교단체에 관한 구체적 사정에 따라서는 종교단체의 종교적인 활동 및 그 자율성에 장해를 주지 않도록 선임자격이나 그 구체적 권한 내지 직무내용을 제한함이 상당하다.

특히 교의의 통일 등을 위하여 단위 종교단체의 상위 단체로 조직한 포괄적인 종교단체인 종단의 대표자는 법률적으로 종단을 대표하는 권한을 가지고, 종단의 규

약이 정한 임명권 등을 통하여 종단의 업무 조직을 구성하는 포괄적인 권한을 가지는 한편, 종교적 권능을 통하여 대내외적으로 당해 종단의 정체성을 표창하고 신도들의 신앙적 일체감을 지지·통합하는 구심점인 역할을 수행하는 지위에 있다. 이와 같이 종교적인 영역에서 차지하는 종단 대표자의 지위나 역할의 중요성을 감안하면 그 종단의 신도가 아니어서 신앙적 동일성이 인정되지 않는 외부의 제3자로 하여금 신앙공동체인 종단의 대표자 업무를 담당하도록 하는 것은 특별한 사정이 없는 한 종교단체의 자율성과 본질에 어긋나므로 원칙적으로 허용되지 않는다고 해석함이 상당하다.

다만, 종단 내부의 총체적 분규와 전체적 대립 양상으로 인하여 당해 종단의 신도 중에서는 중립적인 지위에서 종단의 대표자 업무를 적정하게 수행할 수 있는 적임자를 도저히 찾을 수 없는 예외적 사정이 존재하는 경우에는 신도 아닌 사람도 임시이사로 선임할 수 있다고 할 것이나, 이 경우에도 그 직무범위나 권한을 비종교적(비종교적) 영역 내에서 선임의 필요성에 상응한 최소한의 범위로 제한함으로써, 종단의 정체성을 보존하고 그 자율적 운영에 대한 제약도 최소화될 수 있도록 하여야 한다.

나. 원심결정 이유에 의하면, 사건본인 종단(을)의 종무원장은 도헌에 따른 법률상 대표자이자 유일한 업무집행기관이고, 도전의 지시에 따라 종단 내 종교적 행사인 치성 의례의 집사 임무를 수행하기도 하였으며, 현재로서는 사건본인 종단의 종교적 대표성을 보유하고 종단의 조직구성과 운영 면에서 최고지도자의 위상을 가졌던 도전까지 부재하여 그 직무도 대리하는 지위에 있게 되었음을 알 수 있다.

이와 같이 사건본인 종단(을)에 있어 결원이 된 종무원장의 지위는 사건본인 종단(을)의 법률상·종교상 대표자이고 그 조직과 운영에 있어서도 포괄적 권한을 가지고 있는 점, 나아가 원심의 판시에 나타난 사건본인 종단(을)의 상황에 비추어 종무원장의 결원으로 선임되는 이 사건 임시이사에게 요구되는 주된 역할이 사건본인 종단의 정상화를 위한 필수적인 조직정비로서 종무원장 선임을 위한 도헌개정 및 그에 따른 종무원장 선임에 관한 절차적인 진행과 그 기간 동안의 보존적인 재산관리에 있는 점 등을 아울러 감안하면, 법원으로서는 사건본인 종단(을)의 신도인 도인의 자격을 갖추고 종단 내에서 신도들 다수의 신뢰를 결집하여 분쟁해결의 합의를 도출할 수 있는 사람으로 선임하여야 할 것이고, 만약 그 동안의 분규과정과 현재의 종단 내부사정으로 사건본인 종단(을)의 신도로는 도저히 적임자를 찾을 수 없었다고 한다면, 신도 아닌 사람 중에서라도 적임자를 선임하되 그 직무범위나 권한은 비종교적 영역에 한정하여 위와 같은 선임의 필요성에 상응하는 최소한의 범위로 제한하였어야 한다.

그런데 기록에 나타난 원심의 이 사건 임시이사 선정 경과를 보면, 원심은 사건본인 종단의 신도 중에 적임자가 있는지 여부를 충분히 심리하지 아니하였을뿐더러 사건본인 종단의 신도가 아닌 변호사를 선임하면서도 그 직무범위나 권한에 대한 제한 조치도 취하지 아니하였다.

이러한 원심의 결정에는 헌법상 종교의 자유와 종단 대표자의 결원으로 선임되는 임시이사의 자격 내지는 그 직무범위 및 권한에 관한 법리를 오해하여 필요한 심리를 다하지 않은 위법이 있다. 이 점을 지적하는 취지의 이해관계인 1, 이해관계인 2, 이해관계인 3의 재항고이유 주장은 이유 있다.

2) 직무대행자
§ 3-40 직무대행자의 대표권 범위
❶ 대법원 2006. 1. 26. 선고 2003다36225 판결 [이사회결의무효확인]

가처분결정에 의하여 선임된 학교법인 이사직무대행자의 법적 지위 및 권한 범위 (민법 제60조의2 제1항; 민사집행법 제300조 제2항)> 민사집행법 제300조 제2항의 임시의 지위를 정하는 가처분은 권리관계에 다툼이 있는 경우에 권리자가 당하는 위험을 제거하거나 방지하기 위한 잠정적이고 임시적인 조치로서 그 분쟁의 종국적인 판단을 받을 때까지 잠정적으로 법적 평화를 유지하기 위한 비상수단에 불과한 것으로, 가처분결정에 의하여 학교법인의 이사의 직무를 대행하는 자를 선임한 경우에 그 직무대행자는 단지 피대행자의 직무를 대행할 수 있는 임시의 지위에 놓여 있음에 불과하므로, 가처분명령에 다른 정함이 있는 경우 외에는 학교법인을 종전과 같이 그대로 유지하면서 관리하는 한도 내의 학교법인의 통상업무에 속하는 사무만을 행할 수 있다고 하여야 할 것이다(민법 제60조의2 제1항 본문, 대법원 1995. 4. 14. 선고 94다12371 판결 등 참조).

그런데 <*가처분결정에 의하여 선임된 학교법인 이사직무대행자가 그 가처분의 본안소송의 제1심판결에 대한 항소권을 포기하는 행위가 위 법인의 통상업무에 속하는 행위인지 여부(소극)*> (민법 제60조의2 제1항; 민사집행법 제300조 제2항)> 가처분결정에 의하여 선임된 직무대행자가 그 가처분의 본안소송인 이사회결의무효확인의 제1심판결에 대하여 항소권을 포기하는 행위는 학교법인의 통상업무에 속하지 않는다고 보아야 할 것이므로(대법원 1982. 4. 27. 선고 81다358 판결 참조), 그 가처분정에 다른 정함이 있거나 관할법원의 허가를 얻지 아니하고서는 이를 할 수 없다고 보아야 할 것이다(민법 제60조의2 제1항 단서 참조).

기록에 의하면, 피고의 이사장 직무대행자는 2002. 9. 27. 이 사건 제1심판결을 송달받은 후 2002. 10. 1. 제1심법원에 항소권포기서를 제출한 사실이 인정되므로, 원심으로서는 위 항소권 포기에 관하여 법원의 허가가 있었는지 여부를 심리하여 그 유효 여부를 판단했어야 할 것이다.

3. 의사결정기관: 사원총회
§ 3-41 사원총회의 소집
❶ 대법원 2017. 12. 1.자 2017그661 결정 [임시총회소집허가]

1. *<민법상 법인의 정관에 대표권 있는 이사만 이사회를 소집할 수 있고, 다른 이사가 요건을 갖추어 이사회 소집을 요구하면 대표권 있는 이사가 이에 응하도록 규정하고 있는데도 대표권 있는 이사가 다른 이사의 정당한 이사회 소집을 거절한 경우, 이사가 정관의 규정 또는 민법에 기초하여 이사회를 소집할 수 있는지 여부(적극) (민법 제58조)>* 민법 제58조 제1항은 민법상 법인의 사무집행은 이사가 하도록 규정하고 있고, 같은 조 제2항은 이사가 수인인 경우에는 이사의 과반수로써 결정하되 정관에 다른 규정이 있으면 이에 따르도록 규정하고 있다. 그러므로 이사가 수인인 민법상 법인의 정관에 대표권 있는 이사만 이사회를 소집할 수 있다고 규정하고 있다고 하더라도 이는 과반수의 이사가 본래 할 수 있는 이사회 소집에 관한 행위를 대표권 있는 이사로 하여금 하게 한 것에 불과하다. 따라서 정관에 다른 이사가 요건을 갖추어 이사회 소집을 요구하면 대표권 있는 이사가 이에 응하도록 규정하고 있는데도 대표권 있는 이사가 다른 이사의 정당한 이사회 소집을 거절하였다면, 대표권 있는 이사만 이사회를 소집할 수 있는 규정은 적용될 수 없다. 이 경우 이사는 정관의 이사회 소집권한에 관한 규정 또는 민법에 기초하여 법인의 사무를 집행할 권한에 의하여 이사회를 소집할 수 있다.
<민법상 법인에서 과반수에 미치지 못하는 이사가 정관의 특별한 규정에 근거하여 이사회를 소집하거나 과반수의 이사가 민법 제58조 제2항에 근거하여 이사회를 소집하는 경우, 법원의 허가를 받을 필요 없이 이사회를 소집할 수 있는지 여부(적극) 및 법원이 민법상 법인의 이사회 소집을 허가할 법률상 근거가 있는지 여부(소극) (민법 제58조)> 민법상 법인의 필수기관이 아닌 이사회는 이사가 그 사무집행권한에 의해 소집하는 것이므로, 과반수에 미치지 못하는 이사는 특별한 사정이 없는 한 민법 제58조 제2항에 반하여 이사회를 소집할 수 없다. 반면 과반수에 미치지 못하는 이사가 정관의 특별한 규정에 근거하여 이사회를 소집하거나 과반수의 이사가 민법 제58조 제2항에 근거하여 이사회를 소집하는 경우에는 법원의 허가를 받을 필요 없이 그 본래적 사무집행권에 기초하여 이사회를 소집할 수 있다. 법원은 민법상 법인의 이사회 소집을 허가할 법률상 근거가 없고, 다만 이사회 결의의 효력에 관하여 다툼이 발생하면 그 소집절차의 적법 여부를 판단할 수 있을 뿐이다.
한편 *<법원의 허가를 얻어 임시총회를 소집할 수 있도록 규정한 민법 제70조 제3항을 민법상 법인의 이사회 소집에 유추적용할 수 있는지 여부(소극) (민법 제70조 제2항, 제3항)>* 사단법인의 소수사원이 이사에게 요건을 갖추어 임시총회의 소집을 요구하였으나 2주간 내에 이사가 총회소집의 절차를 밟지 아니한 경우 법원의 허

가를 얻어 임시총회를 소집할 수 있도록 규정한 민법 제70조 제3항은, 사단법인의 최고의결기관인 사원총회의 구성원들이 그 사원권에 기초하여 일정한 요건을 갖추어 최고의결기관의 의사를 결정하기 위한 회의의 개최를 요구하였는데도 집행기관인 이사가 절차를 밟지 아니하는 경우에 법원이 후견적 지위에서 소수사원의 임시총회 소집권을 인정한 법률의 취지를 실효성 있게 보장하기 위한 규정이다. 따라서 위 규정을 그 구성과 운영의 원리가 다르고 법원이 후견적 지위에서 관여하여야 할 필요성을 달리하는 민법상 법인의 집행기관인 이사회 소집에 유추적용할 수 없다.

2. 원심은, 사건본인의 정관 제27조 제4항에 "대표권 있는 이사는 재적이사 3분의 1 이상이 회의안건을 명시하여 소집을 요구한 때와 감사가 연서로 소집을 요구한 때로부터 14일 이내에 이사회를 소집하여야 한다."고 규정하고 있고, 재적이사의 3분의 1 이상에 해당하는 신청인들이 대표권 있는 이사 신청외인에게 임원 해임과 선임을 안건으로 하는 임시이사회 소집을 요구하였는데도, 신청외인이 그 임시이사회를 소집하지 아니하였다는 이유로, 신청인들의 위 안건을 회의목적으로 하는 임시이사회 소집을 허가하였다.

3. 앞서 본 법리에 비추어 살펴보면, *<사안의 경우>* 원심이 판단한 바와 같이 대표권 있는 이사가 다른 이사들의 정당한 임시이사회 소집 요구에 응하지 않았다고 하더라도, 이로써 대표권 있는 이사만이 이사회를 소집할 수 있다는 정관 제27조 제4항이 적용될 수 없고, 사건본인의 이사들이 여전히 그 사무집행권에 기초하여 이사회를 소집할 수 있다. 그러므로 법원으로서는 신청인들에게 민법상 법인의 이사회 소집을 허가할 법률상 근거가 없다는 이유로 신청인들의 주장을 배척했어야 했다. 그럼에도 신청인들에게 사건본인의 임시이사회 소집을 허가한 원심결정에는 민법 제58조 제2항, 제70조 제3항에 관한 법리를 오해하여 사건본인이 정당한 법률에 의한 재판을 받은 권리를 침해함으로써 재판에 영향을 미친 잘못이 있다.

❷ 대법원 1999. 6. 25. 선고 99다10363 판결 [임시총회결의부존재확인등]

> 사실관계

A동과 B동의 각 일부 주민들이 각기 결성해 있던 재건축추진위원회가 통합되면서 그의 대표자도 각 동의 추진위원회의 위원장이 공동대표자로 되었기에 A동 추진위원회에서 위원장으로 선출된 A1(김O규)과 B동 추진위원회의 위원장이던 B1(최O수)이 통합재건축조합의 설립인가를 위하여 공동대표자로 활동하게 되었다. 그러던 중 통합재건축조합인 乙의 설립인가를 위한 단일대표자의 선출과정에서 법정 결격사유 없는 A1이 乙 조합의 단일대표자로 되고, 1993. 1. 5. 乙 조합설립인가를 받았다. 그 후 1993. 8. 19. 통합위원회의 임원들인 A1, B1 등 22명이 乙 조합의 최초의 총회를 개최하기로 결의하여 A1이 1993. 12. 11. 총회를 소집하여 정관을 의결·확정하였

다. 위 총회의 의결에 따라 주택건설공사가 추진되었는데, 조합원인 甲 등은 4년여가 지난 후 乙 조합을 상대로 총회의 소집권자인 공동대표 중의 1인이 나머지 공동대표자와 공동하지 않은 채 단독으로 총회의 소집을 통지하였다는 점, 그 통지를 정관에서 규정한 것보다 약 2일 늦게 한 점, 소집통지서에 의안으로 기재되지 않은 조합장 인준에 관한 의안을 상정·결의한 점 등의 흠을 이유로 총회결의부존재확인의 소를 제기하였다.

판결이유

제1점에 관하여
……

그리고, 원심은 피고(을) 조합의 성립경위와 그 총회소집의 경위 등을 종합하여 김O규(A1)가 대표자로서 조합의 설립인가를 받았으므로, 통합 전의 2개 위원회로부터 통합된 위원회의 이원적인 기관구성을 피고(을) 조합의 일원적인 기관형태로 정비하는 과정에서는 공동대표자의 지위에서 적법하게 피고(을) 조합의 임시총회를 소집할 권한이 있다고 판단하였다.
……

그리고, <총회의 소집권자인 공동대표 중의 1인이 단독으로 총회를 소집한 경우, 그 총회의 결의는 부존재 또는 무효인지 여부(소극) (민법 제71조)> 총회의 소집권자인 공동대표 중의 1인이 나머지 공동대표자와 공동하지 않은 채 단독으로 총회를 소집하였다 하더라도 특단의 사정이 없는 한 그 총회의 결의가 부존재라거나 무효라고 할 정도의 중대한 하자라고 볼 수는 없다(대법원 1993. 1. 26. 선고 92다11008 판결 참조).
위와 같은 그 결의의 경위와 법리 그리고 관계 규정의 취지를 관련시켜 볼 때, 이 사건 1993. 12. 11. 총회가 이사회의 결의를 거쳐 통합된 재건축추진위원회의 2인 공동대표 중의 1인이며 피고(을) 조합설립인가에서의 명의상 조합장이던 김O규(A1)에 의하여 단독소집되었다 하여도 그 총회가 정관을 의결, 확정할 총회인 이상 그 정관의 규정에 의거한 소집권자에 의한 소집이 아니라는 점을 들어 그의 결의가 무효라고 단정할 것은 아니라고 본 원심의 인정·판단은 수긍되고, 그 인정·판단에 심리를 다하지 아니하였거나 채증법칙에 위배하였다거나 이유를 갖추지 아니한 위법은 없다.
<비법인 사단 총회의 소집통지가 법정기한보다 단순히 1, 2일 지연되고, 회원들이 회의의 목적사항을 알고 있는 경우, 그 총회결의의 효력(유효) (민법 제71조)> 비법인 사단의 총회개최에 일정의 유예기간을 두고 소집통지를 하도록 규정한 취지는 그 구성원의 토의권과 의결권의 행사를 보장하기 위한 것이므로, 회원에 대한 소집통지가 단순히 법정기한을 1일이나 2일 지연하였을 뿐이고 회원들이 사전에 회의

의 목적사항을 알고 있는 등의 사정이 있었다면, 회원의 토의권 및 결의권의 적정한 행사는 방해되지 아니한 것이므로 이러한 경우에는 그 총회결의는 유효하다(대법원 1995. 11. 7. 선고 94다24794 판결 참조).

따라서 원심이, 위의 총회소집통지를 정관에서 정한 것보다 약 2일 정도 늦게 한 사실만으로서는 의사정족수, 의결정족수는 충족된 그 총회에서 그 통지지연의 점에 대한 이의없이 이뤄진 각 결의가 부존재 또는 절차상 중대한 하자가 있다 할 수 없다고 판단한 것은 정당하고, 거기에 판결 결과에 영향한 법리오해의 위법사유는 없다.

❸ 대법원 2007. 4. 12. 선고 2006다77593 판결 [주지후보선출자지위확인등]

> 사실관계

甲은 乙 종단(대한불교조계종) 제14교구 본사인 ○○사에 재적하던 승려이다. 乙은 불교종교단체로서 그 산하에 의결기관으로 원로회의 및 중앙종회, 집행기관으로 총무원, 사법기관으로 호계원 및 법규위원회, 선거관리기관으로 중앙 및 교구선거관리위원회를 두고 있고, 총무원 산하에 25개의 본사(本寺)를 두고 있다.

乙 종단 내부의 최고규범인 종헌은 각 교구의 종무를 관장하고 관할 말사를 지휘, 감독하는 본사의 주지는 교구본사의 산중총회에서 추천하고, 총무원장은 종법이 정하는 결격사유가 없는 한 지체없이 임명하도록 규정하고 있다(제89조, 제91조 참조). 한편 乙 종단의 종법인 산중총회법은 본사 주지후보 선출을 위한 산중총회의 소집은 교구선거관리위원회가 하고, 회의소집, 등록 등 선거 관련 업무는 중앙선거관리위원회의 감독하에 교구선거관리위원회가 담당하는 것으로 규정하고 있다(제6조, 제7조 참조).

○○사의 종전 주지인 丙의 임기가 2003. 12. 20. 만료됨에 따라 후임 주지후보자 선출이 문제되자, 제14교구선거관리위원회(이하 '교구선관위'라 함)는 2003. 10. 9. ○○사 본사 주지후보자 선출을 위한 산중총회를 소집하기로 결의하고, 그 소집일을 2003. 11. 3.로 정하여 乙 종단의 기관지인 불교신문에 공고하였다. 한편 甲은 문도총회의 결정에 따라 구성된 후보단일화를 위한 조정위원회에서 단일후보로 추대되어 후보자등록 마감일인 2003. 10. 26. 교구선관위에 단독으로 후보자등록을 하였다(당시 甲은 주지후보자등록을 하면서 제출하도록 되어 있는 호적등본을 제출하지 아니하였는데, 주지후보자등록에 있어서 호적등본의 제출을 요구하는 것은 후보자의 국적 및 독신 여부 등을 파악하는 중요한 근거가 되기 때문).

교구선관위는 2003. 10. 27.경 乙 종단 산하의 중앙선거관리위원회(이하 '중앙선관위'라 함)에 甲의 후보자등록사실을 보고하였는데, 중앙선관위는 같은 달 30. 교구선관위에 "甲은 1986. 6. 12. 국적을 상실한 이후의 호적을 확인할 수 없어 후보자 자격을 인정할 수 없다"는 사유로, 2003. 11. 3. 개최가 예정된 산중총회에서 본사주지후보자 선출이 불가하니 조속한 시일 내에

산중총회가 다시 개최될 수 있도록 조치하라는 취지의 공문을 보냈다. 이에 ○○사의 총무국장인 A(소외 1)는 2003. 10. 31. 통상적인 공문작성절차에 따라 교구선관위원장의 사전동의를 받지 아니한 채 甲의 후보자지위를 인정할 수 없다는 중앙선관위의 입장에 동의할 수 없다는 취지의 교구선관위원장 명의의 공문을 작성하여 중앙선관위에 발송하였다. 그러나 교구선관위는 2003. 11. 1. 교구선관위원 5명 중 4명의 찬성으로 중앙선관위의 결정을 수용하여 2003. 11. 3.로 예정된 산중총회의 소집을 취소하고, 추후 산중총회를 재소집하기로 결의하고, ○○사 종무소에 산중총회의 취소결정을 통보하고 이를 공고할 것을 지시함과 아울러 중앙선관위에 이를 보고하였다.
○○사 종무소(A가 종무소의 일을 주로 처리하여 왔음)는 교구선관위로부터 산중총회 취소결정을 통보받고도 산중총회 구성원에게 이를 통보하거나 공고하지 아니함에 따라 2003. 11. 3. 구성원 총원 271명의 과반수인 143명이 참석하여 산중총회가 개최되었고, ○○사 주지인 丙으로부터 임시의장으로 지정된 A가 진행한 위 산중총회에서 甲은 투표 없이 참석자 전원의 찬성으로 주지후보자로 선출되었다.
A는 산중총회 임시의장의 자격으로 甲이 국적을 회복한 다음인 2004. 1. 15. 새로 선출된 교구선관위원장 명의의 산중총회 결과보고 지연사유서 및 甲의 호적등본(위에서 본 바와 같이 문제로 된 甲의 국적에 대한 회복신고가 이루어진 뒤의 호적등본임) 등을 첨부하여 총무원장 丁에게 甲을 법어사 주지후보로 추천하였다. 그러나 乙 종단 총무원장 丁은 甲을 ○○사 주지로 임명하지 아니하고, 종전 주지인 丙의 임기가 만료된 다음인 2004. 1. 19. C(소외 3)를 ○○사 주지 직무대행자로 임명하였다.
이에 甲은 산중총회 결의의 유효를 전제로 乙 종단을 상대로 주지후보선출자지위확인청구 및 자신을 ○○사 주지로 임명하는 절차이행을 구하는 소를 제기하였다.

> 판결이유

1. <법인이나 법인 아닌 사단에서 총회소집권자가 이미 소집한 총회의 개최를 연기하거나 소집을 철회·취소할 수 있는 경우 *(민법 제71조)*> 법인이나 법인 아닌 사단의 총회에 있어서, 소집된 총회가 개최되기 전에 당초 그 총회의 소집이 필요하거나 가능하였던 기초 사정에 변경이 생겼을 경우에는, 특별한 사정이 없는 한 그 소집권자는 소집된 총회의 개최를 연기하거나 소집을 철회·취소할 수 있다고 할 것이다.
원심은, 그 채용 증거들을 종합하여 판시와 같은 사실을 인정한 다음, 피고*(을)* 종단의 중앙선거관리위원회(이하 '중앙선관위'라 한다)가 제14교구 선거관리위원회(이하 '교구선관위'라 한다)에 제14교구 본사 ○○사 주지후보자 선출을 위한 이 사건 산중총회의 소집 철회 및 재개최의 지시를 한 것은 피고*(을)* 종단의 종법인 선거관리위원회법 제5조 제4항 및 산중총회법 제7조 제5항이 정한 중앙선관위의 교구선관위에 대한 지휘감독권에 근거한 것이고, 후보자의 등록 취소 등으로 산중총회에서 주지후보자 선출이 불가능한 사유가 있다고 하더라도 무조건 이미 소집된 산중총회를 개최하여야 한다고 하는 것은 불합리한 점, 일반적으로 회의의 소집권자는 회의의 소집 후 사정의 변경이 있는 경우에는 소집을 철회 내지 취소할 수 있다고 볼 것인 점 등을 종합하여 보면, 위 산중총회법에 산중총회 소집의 취소나 철회 등에 관한 명문의 규정이 없더라도 소집권자인 교구선관위는 그 소집을 취소할 수 있다고 보아, <u>중앙선관위의 지시에 따라 교구선관위가 이 사건 산중총회의 소집을 취소한 이상 이를 무시하고 임의로 강행된 이 사건 산중총회에서 이루어진 결의는 무효라고 판단하였다.</u>

앞의 법리와 기록에 비추어 살펴보면, 원심의 이러한 판단은 옳은 것으로 수긍이 가고, 거기에 상고이유의 주장과 같은 총회 소집행위의 법적 성질 및 이미 소집된 총회의 소집 취소 불가능성에 관한 법리오해 등의 위법이 있다고 할 수 없다.

2. <**법인이나 법인 아닌 사단의 총회소집권자가 총회의 소집을 철회·취소함에 있어 반드시 소집과 동일한 방법으로 구성원들에게 통지하여야 하는지 여부(소극)** *(민법 제71조)*> 법인이나 법인 아닌 사단의 총회에 있어서, 총회의 소집권자가 총회의 <u>소집을 철회·취소하는 경우에는, 반드시 총회의 소집과 동일한 방식으로 그 철회·취소를 총회 구성원들에게 통지하여야 할 필요는 없고, 총회 구성원들에게 소집의 철회·취소결정이 있었음이 알려질 수 있는 적절한 조치가 취하여지는 것으로써 충분히 그 소집 철회·취소의 효력이 발생한다고 할 것이다.</u>

<u>원심은</u>, 그 채용 증거들을 종합하여 판시와 같은 사실을 인정한 다음, 교구선관위가 이 사건 산중총회의 소집을 취소하기로 결정하고 교구선관위의 사무를 관장하는 ○○사 주지가 통리하는 ○○사 종무소에 이를 통보하고 감독자인 중앙선관위에 이를 보고한 점, 이 사건 산중총회의 소집이 취소되었다는 사실이 당시 부산방송 뉴스에 보도되기까지 한 점, 그럼에도 불구하고 원고(갑)와 친밀한 관계에 있는 ○○사 종무소 총무국장인 소외인(A)이 교구선관위의 소집 취소 결정을 무시하고 산중총회의 개최를 강행·주도하였던 것인 점 등의 사정을 종합하여 보면, <u>비록 교구선관위의 위 산중총회의 소집 취소 결정이 산중총회 소집과 동일한 방식(불교신문에의 공고 및 관할 사찰에 대한 공문발송 등)으로 통지되지 아니하였다고 하더라도 위 소집 취소 결정은 유효하게 효력이 발생하였다고 판단하였다.</u>

앞의 법리와 기록에 비추어 살펴보면, 원심의 이러한 판단 역시 옳은 것으로 수긍이 가고, 거기에 상고이유의 주장과 같은 총회 소집 취소행위의 성립요건, 효력발생요건에 관한 법리오해 등의 위법이 있다고 할 수 없다.

§ 3-42 총회 결의의 해석

❶ 대법원 2019. 6. 27. 선고 2017다244054 판결 [소유권말소등기]

사실관계

甲은 X 토지 일대를 사업부지로 하여 아파트와 부대시설 신축을 목적으로 설립인가를 받은 지역주택조합이다. 甲 조합은 2007. 4. 6. 제2차 조합원 총회를 개최하여, 조합원의 분담금액을 정하면서 시공사(OO건설 주식회사)와는 도급제 방식으로(1호 의안), 사업시행대행사 乙(O울)과는 사업비의 과부족에 대하여 조합원의 추가부담이 없는 지분제방식인 확정분양가로 계약을 체결하기로(2호 의안) 의결하였다. 그에 따라 甲 조합은 2007. 4. 10. 乙과 사업시행대행 용역계약을 체결하였고, 이때 작성한 지분제 시행대행 용역계약서에는 "甲은 乙에게 상가 분양(처분 포함)을 포함한 사업시행에 대한 일체의 권한을 위임한다. 사업비 부족이 있을 때와 조합원의 추가 분담금이 발생할 경우 그 일체를 乙이 부담하고, 조합 해산이나 청산 시 잉여금이 있으면 乙의 수익으로 한다."고 되어 있다. 이후 甲 조합은 2009. 12. 2. 신축된 아파트 단지의 Y 상가를 乙이 지정한 乙의 대표이사인 乙1에게 당시 시가의 절반에 미치지 못하는 가격인 4억 원에 매도하고, 乙1 앞으로 소유권이전등기를 마쳤다. 조합원들이 이러한 사실을 알게 된 후 甲은 조합원 총회 내지 임원회의 의결절차를 거치지 않은 채 Y 상가를 처분한 행위는 무효라고 주장하면서, 乙1을 상대로 Y 상가에 관한 소유권이전등기의 말소를 구하였다. 한편 甲 조합의 조합규약은 제45조 제2항에서 일반분양에 대하여 "잔여주택이 20세대 미만인 경우와 상가 등 복리시설에 대하여는 조합원 총회 또는 임원회의 의결에 따라 임의 분양할 수 있다."고 규정하고 있다.

판결이유

......

2. 원심판단
원심은 다음과 같은 이유로 이 사건 매매계약을 무효라고 판단하였다.
이 사건 상가(Y)는 조합원 전원의 총유물로서 원고(갑) 조합규약이 정한 대로 조합원 총회 또는 임원회의 의결을 거치지 않고 이를 처분한 행위는 무효이다. 이 사건 총회에서 O울(을)과 지분제 방식인 확정분양가로 용역계약을 하기로 의결하였을 뿐 상가의 처분에 관해서는 안건으로 다루지 않았다. 피고(을1)는 원고(갑)가 2009. 11. 19. 임원회의를 개최하여 상가 처분에 관하여 의결하였다고 주장하지만, 그에 관한 증거가 부족하다. 또한 지분제 시행대행 용역계약서와 조합원가입계약서의 내용은 상가의 처분에 관한 조합규약에 반하므로 이를 근거로 이 사건 매매계약이 유효라고 볼 수 없다. 원고가 조합규약이 정한 절차를 거치지 않고 상가를 처분한 것이므로 이 사건 매매계약은 무효이다.

3. 대법원판단
가. <*비법인사단이 총회에서 의결한 안건의 내용이나 범위가 명확하지 않은 경우, 총회 의결의 해석 방법* (민법 제31조, 제105조)> 비법인사단이 총회에서 의결한 안건의 내용이나 범위가 명확하지 않은 경우 그 의결이 가지는 법적 의미와 그에 따른

법률관계의 실체를 밝히는 것은 법적 판단의 영역에 속한다. 그것은 총회를 개최한 목적과 경위, 총회에 상정된 안건의 구체적 내용과 그에 관한 논의 과정, 의결에 따른 후속 조치가 있다면 그 조치의 내용과 경과 등을 종합적으로 고찰하여 논리와 경험칙에 따라 합리적으로 해석해야 한다.

나. 위 법리에 비추어 위에서 본 사실관계와 이 사건 기록을 살펴보면 다음과 같이 볼 여지가 있다.

<사안의 경우 *(민법 제105조)>* 이 사건 총회(조합원 총회)에서는 시공사와 시행대행사를 선정하는 것에 그치지 않고, 조합원 분담금의 액수를 정하고 시공사 및 시행대행사와 맺을 계약의 내용까지 정하여 의결하였다. 원고*(갑)*가 이때 정한 분담금 외에는 조합원의 추가 부담 없이 지분제 방식인 확정분양가로 O울*(을)*과 계약하기로 한 것은 조합원에게 공급할 아파트를 제외한 나머지 아파트와 상가에 관해서는 O울*(을)*에 실질적인 처분권한을 부여하는 것을 의미한다. 이후 작성된 '지분제 시행대행 용역계약서'와 조합원가입계약서는 총회 의결 사항을 확인하고 구체화한 것이다. 이와 같이 총회 의결에는 상가에 관한 처분권한을 O울*(을)*에 부여하는 결의도 포함된 것으로 보아야 하고, 원고*(갑)*는 위와 같이 처분권한을 부여받은 O울*(을)*이 지정한 피고(을1)에게 상가를 매도한 것이다.

다. 원심으로서는 총회에서 의결한 안건의 문언에만 한정하지 않고 총회에서 의결이 이루어진 과정과 의결사항의 구체적인 내용, 총회 의결에 따라 원고가 한 법률행위의 내용과 그에 따른 법률관계 등을 종합적으로 고찰하여 총회 의결의 법적 의미를 신중하게 살펴보았어야 한다.

그런데도 원심은 이러한 심리를 충분히 하지 않고 이 사건 매매계약을 무효라고 보았으므로, 원심판결에는 필요한 심리를 다하지 않은 채 총회 의결의 해석에 관한 법리를 오해하여 판결 결과에 영향을 미친 잘못이 있다.

IV. 법인의 주소·정관변경 및 소멸

1. 정관변경

§ 3-43 재단법인 정관변경
§ 3-43-1 허가의 법적 성질
❶ 대법원 1996. 5. 16. 선고 95누4810 전원합의체 판결 [법인정관변경허가처분무효확인]

사실관계

甲(원고)은 종교사업을 목적으로 하는 乙1 재단법인(피고보조참가인)의 이사회에서 행한 정관변경 결의는 흠이 있으므로 무효이고, 乙1 법인의 주무관청인 문화관광부 乙이 무효인 위 정관변경결의를 기초로 법인허가를 한 것도 무효라고 주장하면서 乙을 상대로 허가(인가)처분의 무효확인을 구하는 소를 제기하였다.

판결이유

1. 제1, 3점에 대하여

<민법 제45조, 제46조 소정의 재단법인의 정관변경 허가의 법적 성질 *(민법 제45조, 제46조)*> 민법 제45조는 제1항에서 재단법인의 정관은 그 변경방법을 정관에 정한 때에 한하여 변경할 수 있다. 제2항에서 재단법인의 목적달성 또는 그 재산의 보전을 위하여 적당한 때에는 전 항의 규정에 불구하고 명칭 또는 사무소의 소재지를 변경할 수 있다. 제3항에서 제42조 제2항(정관의 변경은 주무관청의 허가를 얻지 아니하면 그 효력이 없다)의 규정은 전 2항의 경우에 준용한다고 규정하고, 같은 법 제46조는 재단법인의 목적을 달성할 수 없는 때에는 설립자나 이사는 주무관청의 허가를 얻어 설립의 취지를 참작하여 그 목적 기타 정관의 규정을 변경할 수 있다고 규정하고 있는바, 여기서 말하는 재단법인의 정관변경 "허가"는 법률상의 표현이 허가로 되어 있기는 하나, 그 성질에 있어 법률행위의 효력을 보충해 주는 것이지 일반적 금지를 해제하는 것이 아니므로, 그 법적 성격은 인가라고 보아야 할 것이다.

이러한 견해와 저촉되는 종전의 대법원 1979. 12. 26. 선고 79누248 판결과 1985. 8. 20. 선고 84누509 판결 등은 이를 폐기하기로 한다.

한편 <재단법인의 정관변경 결의의 하자를 이유로 정관변경 인가처분의 취소·무효확인을 소구할 수 있는지 여부(소극) *(행정소송법 제12조; 민법 제45조, 제46조)*> 인가는 기본행위인 재단법인의 정관변경에 대한 법률상의 효력을 완성시키는 보충행위로서, 그 기본이 되는 정관변경 결의에 하자가 있을 때에는 그에 대한 인가가 있었다 하여도 기본행위인 정관변경 결의가 유효한 것으로 될 수 없으므로, 기본행위인 정관변경 결의가 적법 유효하고 보충행위인 인가처분 자체에만 하자가 있다면 그 인가처분의 무효나 취소를 주장할 수 있지만, 인가처분에 하자가 없다면 기본행위에 하자가 있다 하더라도 따로 그 기본행위의 하자를 다투는 것은 별론으로 하고 기본행위의 무효를 내세워 바로 그에 대한 행정청의 인가처분의 취소 또는 무효확인을 소구할 법률상의 이익이 없다 할 것인바(대법원 1993. 4. 23. 선고 92누15482 판결, 1994. 10. 14. 선고 93누22753 판결 등 참조), 피고*(을)*의 이 사건 정관변경 허가가 민법 제45조 제2항 및 제46조의 규정을 어긴 위법한 처분이라는 주장은 결국 그 기본행위인 정관변경 결의 자체의 하자를 주장하는 것에 다름 아니므로, 원심이 원고(갑)가 기본행위인 재단법인(을1) 이사회의 정관변경 결의의 무효를 내세워 피고(을)의 이 사건 허가(인가)처분의 무효확인을 구하는 이 사건 소는 소의 이익이 없다고 판시한 것은 위 법리에 비추어 정당하고 거기에 소론이 지적하는 법리오해 등의 위법이 있다고 할 수 없다. 논지는 이유 없다.

§ 3-43-2 기본재산의 변경
❶ 대법원 1991. 5. 28. 선고 90다8558 판결 [소유권이전등기]

사실관계

甲 교회는 1971.경 교인들의 헌금으로 X 토지를 매수하였고, X 토지(교회부지)는 교회목사 丙 명의로 등기가 이루어졌다. 甲 교회는 처음에는 침례회에 가입하지 아니하였으나 침례회 산하의 기금위원회인 丁으로부터 대출받기 위하여 침례회에 가입하여야 할 필요가 있어 X 토지 중에서 Y 토지인 100평을 분할하여, 甲 교회가 예배당으로 사용되고 있던 Z 건물과 함께 乙 재단법인(한국침례회 유지재단) 명의로 이전등기를 경료해주고 침례회에 가입하였으며, 丁으로부터 2백 5십만 원을 대출받았다가 그 원리금을 모두 변제하였다. 한편 乙은 甲으로부터 Y 토지 및 Z 건물에 관한 등기를 경료받은 뒤 이를 재단의 기본재산으로 편입하기는 하였으나, 甲이 이를 사용, 수익함에 대하여는 아무런 제한을 가하지 아니하여 甲 교회가 종전대로 Y 토지 및 Z 건물을 사용하여 왔다. 그런데 甲 교회는 침례회와 교리상의 차이 등으로 인한 갈등이 있어 1978. 10.경 교회사무처리회에서 침례회로부터 탈퇴할 것을 결의하고 이를 침례회에 통보하였다. 그리고 甲은 乙에 대하여 Y 토지 및 Z 건물에 관하여 명의신탁해지를 원인으로 소유권이전등기절차의 이행을 구하는 소를 제기하였다.

판결이유

……

다. …… <교회의 예배당 건물과 그 부지를 소속교단 명의로 등기한 것이 소속교단에 대한 신표 등의 취지로써 한 것으로서 일종의 명의신탁에 해당한다고 본 사례 (민법 제186조)> 원고(갑)가 교회의 예배당건물(Z)과 그 부지인 이 사건 부동산(Y)을 피고(을) 명의로 등기하는 것은 그 소유권을 종국적으로 취득하게 하겠다는 데에 있었다고 보기보다는 가입교회의 침례회에 대한 소속감을 강화하고 침례회의 결집성을 확보하기 위한 상징적 의미로서, 또는 침례회의 가입회원으로서의 권리와 의무를 성실히 이행하고 침례회의 설립목적에 어긋나는 행위를 하지 아니하겠다고 다짐하는 취지의 신표로서 한 것으로서 일종의 명의신탁에 해당한다고 본 원심의 판단은 정당하다고 보아야 할 것이다.

만일 그렇지 아니하면 원고교회*(갑)*는 침례회로부터 탈퇴는 하면서도 그 존립의 기초가 되는 예배장소(건물과 부지)는 반환받지 못하는 결과가 되어 부당하며, 원고교회*(갑)*가 한국침례회에 가입하면서 형식상 증여계약서(을 제4호증)를 작성하였다고 하여 이것만 가지고 위와 같은 사실인정이나 판단을 하는데 장애가 된다고 할 수는 없다.

라. 그러나 *<재단법인의 기본재산에 편입한 명의신탁부동산의 반환을 위한 이전등기를 함에 있어 주무장관의 허가를 요하는지 여부(적극)>* 재단법인의 기본재산에 관한 사항은 정관의 기재사항으로서 기본재산의 변경은 정관의 변경을 초래하기 때문에 주무장관의 허가를 받아야 하고, 따라서 기존의 기본재산을 처분하는 행위는 물론 새로이 기본재산으로 편입하는 행위도 주무장관의 허가가 있어야 유효한 것이다(당원 1978. 7. 25. 선고 78다783 판결, 1982. 9. 28. 선고 82다카499 판결 각 참조).

그러므로 *<사안의 경우>* 원심으로서는 이 사건 부동산이 주무장관의 허가를 얻어 기본재산에 편입되어 이것이 정관의 기재사항의 일부가 된 것인지, 주무장관의 허가를 얻어 기본재산에 편입한 것이라면 이를 원고*(갑)*나 소외 김○동*(병)*에게 이전(또는 반환)함에 관하여 주무장관의 허가가 있었는지 여부를 심리하여 이전등기청구의 당부를 판단하여야 할 것이며, 일단 주무장관의 허가를 얻어 기본재산에 편입하여 정관 기재사항의 일부가 된 경우에는 비록 그것이 명의신탁관계에 있었던 것이라 하더라도, 이것을 처분(반환)하는 것은 정관의 변경을 초래하는 점에 있어서는 다를 바 없으므로 주무장관의 허가 없이 이를 이전등기할 수는 없다고 보아야 할 것이다.

마. 따라서 원심판결에는 기본재산의 변경에 관한 법리를 오해하여 심리를 미진한 위법이 있다고 할 것이고, 논지는 이 범위 안에서 이유있다.

❷ 대법원 2018. 7. 20.자 2017마1565 결정 [부동산임의경매]

<재단법인의 기본재산에 대한 강제집행의 실시로 재단법인의 정관 기재사항을 변경하여야 하는 경우, 그에 관하여 주무관청의 허가를 얻어야 하는지 여부(적극)> 민법 제32조, 제40조 제4호, 제42조 제2항, 제43조, 제45조 제3항, 제1항에 의하면, 재단법인은 정관에 재단법인의 자산에 관한 규정을 두어야 하고, 재단법인의 설립과 정관의 변경에는 주무관청의 허가를 얻어야 한다. 따라서 주무관청의 허가를 얻은 정관에 기재된 기본재산의 처분행위로 인하여 재단법인의 정관 기재사항을 변경하여야 하는 경우에는, 그에 관하여 주무관청의 허가를 얻어야 한다(대법원 1991. 5. 28. 선고 90다8558 판결, 대법원 2014. 7. 10. 선고 2012다81630 판결 등 참조). *<주무관청의 허가는 경매개시요건이 아니라 경락인의 소유권취득에 관한*

요건인지 여부(적극)> 이는 재단법인의 기본재산에 대하여 강제집행을 실시하는 경우에도 동일하나, 주무관청의 허가는 반드시 사전에 얻어야 하는 것은 아니므로, 재단법인의 정관변경에 대한 주무관청의 허가는, 경매개시요건은 아니고, 경락인의 소유권취득에 관한 요건이다(대법원 1986. 1. 17.자 85마720 결정 등 참조). *<집행법원이 재단법인의 기본재산에 대한 경매절차를 진행하는 구체적 방법>* 그러므로 집행법원으로서는 그 허가를 얻어 제출할 것을 특별매각조건으로 경매절차를 진행하고, 매각허가결정 시까지 이를 제출하지 못하면 매각불허가결정을 하면 된다(대법원 2014. 10. 17.자 2014마1631 결정 등 참조). 한편 *<재단법인의 기본재산에 관하여 저당권을 설정하는 경우, 주무관청의 허가를 얻어야 하는지 여부(원칙적 소극)>* 민법상 재단법인의 기본재산에 관한 저당권 설정행위는 특별한 사정이 없는 한 정관의 기재사항을 변경하여야 하는 경우에 해당하지 않으므로, 그에 관하여는 주무관청의 허가를 얻을 필요가 없다(대법원 2014. 7. 10. 선고 2012다81630 판결 참조).

2. 법인의 소멸

§ 3-44 청산법인의 잔여재산귀속

❶ 대법원 2000. 12. 8. 선고 98두5279 판결 [양도소득세부과처분취소]

사실관계

甲은 ○○정씨 동족 전체를 대표하여 친목도모, 문중재산관리, 제반종사를 목적으로 하는 비법인사단으로 1950. 3. 20. 재단법인 丙 장학회를 설립하여 X 토지(33필지)를 출연하였다. 1975. 12. 23. 丙 장학회의 법인설립허가가 취소되자, 1976. 12. 17. "해산시 잔여재산은 원고에게 귀속한다"는 정관의 규정에 따라 X 토지를 甲 명의로 1975. 12. 23. 권리귀속을 원인으로 한 소유권이전등기(이하 제1차 소유권이전등기라고 함)를 마치고 1988. 4. 11. 청산종결등기를 경료하였다. 그런데 위 제1차 소유권이전등기에 따른 증여세가 甲에게 부과될 것을 우려하여 甲과 丙 장학회가 통모한 후, 1988. 11.경 丙 장학회는 甲을 상대로 제1차 소유권이전등기의 말소를 구하는 소송을 제기하여 甲은 1988. 11. 23. 위 소송에서 丙 장학회의 청구를 인낙하였다. 또한 1988. 12. 27. 위 인낙조서에 기하여 甲 명의의 위 제1차 소유권이전등기가 말소되었다. 그 후 위 제1차 소유권이전등기에 기한 증여와 관련하여 1990. 2. 1. 甲에게 증여세가 부과되었고, 증여세 부과처분의 취소소송을 제기하였으나, 1992. 4. 28. 甲 패소로 확정되었다. 그 후 X 토지는 丁 건설회사에게 매각되었다. 그런데 丙 장학회 명의로 매각하면 관할청의 허가를 받아야 하므로, 1990. 8. 29. 甲 앞으로 동전처럼 1975. 12. 23.자 권리귀속을 원인으로 소유권이전등기(이하 제2차 소유권이전등기라고 함)를 한 후, 甲이 1993. 2. 26.부터 1993. 12. 15.까지 사이에 X 토지를 포함한 53필지를 丁 건설회사 등에 양도하고 소유권이전등기를 경료해주었다. 1994. 5. 31. 이에 따른 양도소득세 확정신고를 하면서 위 제2차 소유권이전등기일을 X 토지의 취득시기로 하여 기준시가에 따라 산정한 양도소득세를 납부하였다. 이에 관할세무서장인 乙은 甲의 X 토지 취득시기를 제1차 소유권이전등기일이 1987. 12. 17.로 보아야 한다는 이유로 그에 따른 양도차액을 계산하여 1994. 12. 16. 기 납부세액을 차감하고 이 사건 양도소득세를 부과하였다. 이에 대해 甲은 乙을 상대로 이 사건 양도소득세부과처분의 취소를 구하는 소를 제기하였다.

판결이유

1. 제1점

민법 제81조는 해산한 법인은 청산의 목적범위 내에서만 권리가 있고 의무를 부담한다고 규정하고, 제87조는 청산사무로서 현존사무의 종결, 채권의 추심, 채무의 변제, 잔여재산의 인도와 위 사무를 행하기 위하여 필요한 행위 등을 규정하며, 제80조 제1항은 해산한 법인의 재산은 정관으로 지정한 자에게 귀속한다고 규정하고 있는바, 이러한 <해산한 법인의 잔여재산의 귀속 (민법 제58조, 제59조, 제80조 제1항, 제81조, 제87조, 제96조)> (민법 제80조 제1항, 제81조 및 제87조 등) 청산절차에 관한 규정은 모두 제3자의 이해관계에 중대한 영향을 미치는 것으로서 강행규정이므로, 해산한 법인이 잔여재산의 귀속자에 관한 정관 규정에 반하여 잔여재산을 달리 처분할 경우 그 처분행위는 청산법인의 목적범위 외의 행위로서 특단의 사정이 없는 한 무효이고(대법원 1980. 4. 8. 선고 79다2036 판결, 1995. 2. 10. 선고 94다13473 판결 등 참조), 한편 민법 제58조, 제59조, 제87조 및 제96조 등에 의하면 이사 또는 청산인은 법인의 사무에 관하여 정관에 규정한 취지에 위반할 수 없으므로, 가령 정관에 법인 재산의 처분에 관하여 이사회 또는 청산인회의 심의의결을 거치도록 규정되어 있는 경우에도, 해산한 법인이 잔여재산의 귀속자에 관한 민법 및 정관의 규정에 따라 구체적으로 확정된 잔여재산이전의무의 이행으로서 그 귀속권리자에게 잔여재산을 이전하는 것은, 위 이사회 또는 청산인회의 심의의결을 요하는 재산의 처분에 해당한다고 볼 수 없다.

같은 취지에서 원심이, 주무관청의 설립인가취소로 해산하여 청산절차에 들어간 소외 재단법인 OO장학회(병)가 해산시 잔여재산이 원고(갑)에게 귀속한다는 정관 규정에 따라 구체적으로 확정된 잔여재산이전의무의 이행으로서 잔여재산인 이 사건 토지를 그 귀속권리자인 원고(갑)에게 이전한 것은, OO장학회(병) 정관에서 이사회 또는 청산인회의 심의의결사항으로 규정한 재산의 처분 등에 해당하지 아니한다고 판단한 조치는 정당하고, 거기에 상고이유의 주장과 같은 법인 청산에 관한 법리오해, 판례위반 등의 위법이 있다고 할 수 없다.

2. 제2점

민법 제124조는 "대리인은 본인의 승낙이 없으면 본인을 위하여 자기와 법률행위를 하거나 동일한 법률행위에 관하여 당사자 쌍방을 대리하지 못한다. 그러나 채무의 이행은 할 수 있다."고 규정하고, 제59조 및 제96조는 법인의 대표에 관하여는 대리에 관한 규정을 준용한다고 규정하고 있다.

원심이, **<해산한 법인의 대표청산인이 정관 규정에 따라 잔여재산이전의무의 이행으로서 잔여재산을 그 대표청산인이 대표자를 겸하고 있던 귀속권리자에게 이전한 경우** (민법 제59조, 제96조, 제124조; 구 소득세법(1994. 12. 22. 법률 제4803호로 전문 개정되기 전의 것) 제23조 제4항 제1호(현행 제96조 제1항 참조), 제27조(현행 제98조 참조), 제45조 제1항 제1호(현행 제97조 제1항 제1호 참조); 구 소득세법시행령(1994. 12. 31. 대통령령 제14467호로 전문 개정되기 전의 것) 제53조 제1항(현행 제162조 제1항 참조))> 해산한 OO장학회(병)가 해산시 잔여재산이 원고(갑)에게 귀속한다는 정관 규정에 따라 구체적으로 확정된 잔여재산이전의무의 이행으로서 잔여재산인 이 사건 토지를 그 귀속권리자인 원고(갑)에게 이전하는 것은 채무의 이행에 불과하므로, 원고(갑)의 대표자를 겸하고 있던 OO장학회(병)의 대표청산인에 의하여 이 사건 토지에 관한 소유권이전등기가 원고(갑)에게 경료되었다고 하더라도 이는 쌍방대리금지 원칙에 반하지 않는다는 이유로, 이 사건 토지의 취득시기를 위 소유권이전등기일로 보아 양도차익을 계산한 것이 적법하다고 판단한 것은 정당하고, 거기에 상고이유의 주장과 같은 쌍방대리금지에 관한 법리오해 등의 위법이 있다고 할 수 없다.

V. 법인 아닌 사단과 재단

1. 의의
§ 3-45 비법인사단과 민법상 조합의 구별
❶ 대법원 1999. 4. 23. 선고 99다4504 판결 [매매대금]

1. **<민법상 조합과 비법인사단의 구별 기준 및 비법인사단으로서의 실체를 인정하기 위한 요건** (민법 제31조, 제703조)> 민법상의 조합과 법인격은 없으나 사단성이 인정되는 비법인사단을 구별함에 있어서는 일반적으로 그 단체성의 강약을 기준으로 판단하여야 하는바, 조합은 2인 이상이 상호간에 금전 기타 재산 또는 노무를 출자하여 공동사업을 경영할 것을 약정하는 계약관계에 의하여 성립하므로(민법 제703조), 어느 정도 단체성에서 오는 제약을 받게 되는 것이지만 구성원의 개인성이 강하게 드러나는 인적 결합체인 데 비하여, 비법인사단은 구성원의 개인성과는 별개로 권리·의무의 주체가 될 수 있는 독자적 존재로서의 단체적 조직을 가지는

특성이 있다 하겠는데, 어떤 단체가 고유의 목적을 가지고 사단적 성격을 가지는 규약을 만들어 이에 근거하여 의사결정기관 및 집행기관인 대표자를 두는 등의 조직을 갖추고 있고, 기관의 의결이나 업무집행방법이 다수결의 원칙에 의하여 행하여지며, 구성원의 가입, 탈퇴 등으로 인한 변경에 관계없이 단체 그 자체가 존속되고, 그 조직에 의하여 대표의 방법, 총회나 이사회 등의 운영, 자본의 구성, 재산의 관리 기타 단체로서의 주요사항이 확정되어 있는 경우에는 비법인사단으로서의 실체를 가진다고 할 것이다(대법원 1992. 7. 10. 선고 92다2431 판결 참조). 또한, *<민사소송법 제48조의 규정 취지 (민법 제31조; 민사소송법 제48조)>* 민사소송법 제48조가 비법인의 당사자능력을 인정하는 것은 법인이 아닌 사단이나 재단이라도 사단 또는 재단으로서의 실체를 갖추고 대표자 또는 관리인을 통하여 사회적 활동이나 거래를 하는 경우에는, 그로 인하여 발생하는 분쟁은 그 단체의 이름으로 당사자가 되어 소송을 통하여 해결하게 하고자 함에 있다 할 것이므로, 여기서 말하는 사단이라 함은 일정한 목적을 위하여 조직된 다수인의 결합체로서 대외적으로 사단을 대표할 기관에 관한 정함이 있는 단체를 말한다고 할 것이고(대법원 1991. 11. 26. 선고 91다30675 판결 참조), 종중 또는 문중과 같이 특별한 조직행위 없이도 자연적으로 성립하는 예외적인 사단이 아닌 한, 비법인사단이 성립하려면 사단으로서의 실체를 갖추는 조직행위가 있어야 하는바, 만일 어떤 단체가 외형상 목적, 명칭, 사무소 및 대표자를 정하고 있다고 할지라도 사단의 실체를 인정할 만한 조직, 그 재정적 기초, 총회의 운영, 재산의 관리 기타 단체로서의 활동에 관한 입증이 없는 이상 이를 법인이 아닌 사단으로 볼 수 없는 것이다(대법원 1997. 9. 12. 선고 97다20908 판결 참조). 그리고, 사단으로서의 실체를 갖추는 조직행위가 사단을 조직하여 그 구성원으로 되는 것을 목적으로 하는 구성원들의 의사의 합치에 기한 것이어야 함은 앞서 본 사단의 특성에 비추어 당연하다고 할 것이다.

2. 법률관계

§ 3-46 비법인사단의 재산귀속관계

❶ 대법원 2007. 4. 19. 선고 2004다60072,60089 전원합의체 판결 [공사대금·손해배상(기)]

......

3. 총유물 관리·처분과 관련한 상고이유에 대하여

민법 제275조, 제276조 제1항은 총유물의 관리 및 처분에 관하여는 정관이나 규약에 정한 바가 있으면 그에 의하되 정관이나 규약에서 정한 바가 없으면 사원총회의 결의에 의하도록 규정하고 있으므로, 이러한 절차를 거치지 아니한 총유물의 관리·처분행위는 무효라 할 것이고, 이 법리는 민법 제278조에 의하여 소유권 이외의 재산권에 대하여 준용되고 있다. *<비법인사단이 타인 간의 금전채무를 보증하*

는 행위를 총유물의 관리·처분행위로 볼 수 있는지 여부(소극)>** 그런데 위 법조(민법 제275조, 제276조 제1항)에서 말하는 총유물의 관리 및 처분이라 함은 총유물 그 자체에 관한 이용·개량행위나 법률적·사실적 처분행위를 의미하는 것이므로, *(비법인사단이)* 타인 간의 금전채무를 보증하는 행위는 총유물 그 자체의 관리·처분이 따르지 아니하는 단순한 채무부담행위에 불과하여 이를 총유물의 관리·처분행위라고 볼 수는 없다 할 것이다. 따라서 종전에 이와 견해를 달리하여 단순히 채무를 보증하는 경우에도 총유물 관리·처분의 법리가 적용된다고 판시한 대법원 2001. 12. 14. 선고 2001다56256 판결은 이를 변경하기로 한다.

원심이 적법하게 확정한 사실에 의하면 피고 조합장이 이 사건 보증을 함에 있어서 이 사건 규약에 따른 조합 임원회의 결의를 거치지 아니한 사실을 알 수 있으나, 이 사건 보증계약은 수급인인소외 회사와 하수급인인 원고 사이의 금전채무를 보증하는 것에 불과하여 총유물의 관리·처분행위에 해당하지 아니하므로 총유물 관리·처분에 관한 법리가 적용될 수 없고, 따라서 **<비법인사단인 재건축조합의 조합장이 채무보증계약을 체결하면서 조합규약에서 정한 조합 임원회의 결의 등 절차를 거치지 않은 경우, 그 보증계약의 효력(원칙적 유효)>** 이 사건 규약(*비법인사단인 재건축조합의 조합장이 채무보증계약을 체결하면서 조합규약*)에서 정한 조합 임원회의 결의를 거치지 아니하였다거나 조합원총회 결의를 거치지 않았다고 하더라도 그것만으로 바로 이 사건 보증계약이 무효라고 할 수는 없다 할 것이다. 다만, 이와 같은 경우에 조합 임원회의 결의를 거치도록 한 이 사건 규약은 그 조합장의 대표권을 제한하는 규정에 해당하는 것이므로, 거래 상대방이 그와 같은 대표권 제한 및 그 위반 사실을 알았거나 과실로 인하여 이를 알지 못한 때에는 그 거래행위가 무효로 된다고 봄이 상당하며, 이 경우 그 거래 상대방이 대표권 제한 및 그 위반 사실을 알았거나 알지 못한 데에 과실이 있다는 사정은 그 거래의 무효를 주장하는 측이 이를 주장·입증하여야 할 것이다(대법원 2003. 7. 22. 선고 2002다64780 판결 참조).

그런데 원심은 거래상대방인 원고가 이 사건 보증계약에 관한 피고 조합장의 대표권 제한 및 그 위반 사실을 알았거나 이를 알지 못한 데에 과실이 있는지 여부에 관하여 심리하지도 아니한 채, 이 사건 보증이 총유물 관리·처분에 해당된다는 전제 아래 피고 조합장이 임원회의 결의 없이 보증을 하였다는 이유만으로 바로 이 사건 보증계약을 무효라고 판단하고 말았으니, 이러한 원심의 조치에는 총유물의 관리·처분 및 비법인사단의 대표권 제한에 관한 법리를 오해하여 판결에 영향을 미친 위법이 있다 할 것이다.

❷ **대법원 2003. 7. 11. 선고 2001다73626 판결 [매매계약금등]**

1. 상고이유 제1점에 대하여

가. <**주택조합이 일반인에게 분양하는 아파트의 소유관계(=조합원 전원의 총유) 및 그 처분 방법** (민법 제275조, 제276조; 주택건설촉진법 제3조)> 무주택자들이 조합원이 되어 조합원들의 공동주택을 건립하기 위하여 설립한 주택조합이 공동주택 건설사업이라는 단체 고유의 목적을 가지고 활동하며 규약 및 단체로서의 조직을 갖추고, 집행기관인 대표자가 있고, 의결이나 업무집행 방법이 총회의 다수결의 원칙에 따라 행해지며, 구성원의 가입 탈퇴에 따른 변경에 관계없이 단체 그 자체가 존속하는 등 단체로서의 중요사항이 확정되어 있다면, 조합이라는 명칭에 불구하고 비법인사단에 해당하므로(대법원 2000. 7. 7. 선고 2000다18271 판결 참조), 주택조합이 주체가 되어 신축 완공한 건물로서 일반에게 분양되는 부분은 조합원 전원의 총유에 속하며, 총유물의 관리 및 처분에 관하여 주택조합의 정관이나 규약에 정한 바가 있으면 이에 따라야 하고, 그에 관한 정관이나 규약이 없으면 조합원 총회의 결의에 의하여야 할 것이며, 그와 같은 절차를 거치지 않은 행위는 무효라고 할 것이다(대법원 2001. 5. 29. 선고 2000다10246 판결, 2002. 9. 10. 선고 2000다96 판결 등 참조).

원심은, 그 채용 증거들을 종합하여 그 판시와 같은 사실을 인정한 다음, 주택건설촉진법에 의하여 설립된 주택조합인 피고 OOO우체국직장주택조합(이하 '피고 주택조합'이라 한다)은 일정한 조건을 갖춘 OOO우체국 및 소속국에 근무하는 무주택 세대주 공무원들을 조합원으로 하여 주택건설을 목적으로 결성된 단체로서 조합원의 가입탈퇴에 따른 변동에 관계 없이 주택건설사업이라는 단체 고유의 목적을 가지고 단체로서 존속하며, 그 임원 및 대표의 방법, 총회의 운영, 재산의 관리 등 주요한 사항이 규약에 의하여 확정되고 단체로서의 조직을 갖추고 있으므로 비록 조합이라는 명칭을 사용함에도 비법인사단에 해당한다고 할 것인바, 피고 주택조합의 규약은 제12조에서 조합장의 대표권을 정하고, 제14조에서 조합원총회의 승인사항을 규정함으로써 피고 주택조합의 대표자인 조합장의 대표권에 관한 제한을 두고 있을 뿐, 피고 주택조합의 조합원의 총유에 속하는 재산의 처분에 관하여는 아무런 정함이 없는데, 피고 주택조합의 조합장인 피고 18에게 피고 주택조합의 총유에 속하는 이 사건 건물의 처분 권한을 부여하는 것을 내용으로 하여 작성된 이 사건 결의서는, 실제로는 피고 18이 피고 주택조합의 총회 결의 없이 작성한 것에 불과하여 총회 결의가 있었다고 볼 수 없고, 따라서 피고 주택조합의 적법한 총회 결의를 거치지 않고 체결한 이 사건 분양계약은 무효라고 판단하였는바, 앞서 본 법리 및 기록에 비추어 살펴보면, 원심의 위와 같은 사실인정과 판단은 정당한 것으로 수긍이 되고, 거기에 상고이유에서 주장하는 바와 같이 채증법칙을 위반하여 사실을 잘못 인정하거나, 총유물의 처분행위의 효력에 관한 법리를 오해한 위법이 있다고 할 수 없다.

나. <**주택조합의 대표자가 조합원 총회의 결의를 거치지 아니하고 건물을 처분한 행위에 관하여 민법 제126조 표현대리에 관한 규정을 준용할 수 있는지 여부(소극)** (민법 제126조, 제275조, 제276조)> 비법인사단인 피고 주택조합의 대표자가 조합 총회의 결의를 거쳐야 하는 조합원 총유에 속하는 재산의 처분에 관하여는 조합원 총회의 결의를 거치지 아니하고는 이를 대리하여 결정할 권한이 없다 할 것이어서, 피고 주택조합의 대표자가 행한 총유물인 이 사건 건물의 처분행위에 관하여는 민법 제126조 의 표현대리에 관한 규정이 준용될 여지가 없다 할 것이다(대법원 2002. 2. 8. 선고 2001다57679 판결 참조).

같은 취지에서 원심이, 표현대리에 관한 원고의 주장을 배척한 것은 정당하고, 거기에 상고이유에서 주장하는 바와 같이 민법 제126조의 표현대리에 관한 법리를 오해한 위법이 있다고 할 수 없다.

§ 3-47 종중재산의 법률관계
§ 3-47-1 종중의 법적 성질 및 종중규약의 자율성
❶ 대법원 2022. 8. 25. 선고 2018다261605 판결 [손해배상(기)]

사실관계

종중인 甲은 주위적으로 乙 주식회사(OO종합건설)와 乙 회사 대표이사인 乙2 및 甲의 총무였던 乙3을 상대로 乙2와 乙3이 건설공사 도급계약서를 위조하여 건물 신축에 따른 정당한 부가가치세를 초과한 부분을 편취하거나 횡령하였다는 이유로 불법행위에 기한 손해배상을 구하고, 예비적으로 乙 회사를 상대로 위 금액 상당의 부당이득반환을 구하는 소를 제기하였다.

판결이유

......

2. 원심의 판단
원심은 직권으로 다음과 같이 판단하면서 제1심판결을 취소하고 이 사건 소를 각하하였다.
가. 사단에는 반드시 원칙적·최종적 의사결정기관으로 사원총회를 두고 연 1회 이상 통상총회를 소집하여야 하고, 정관으로 이사 등 임원에게 사무처리를 위임할 수는 있으나, 그 위임은 특정한 업무에 관하여 개별적으로 이루어져야 하며, 사원총회를 두지 않거나 이를 두더라도 사원총회 아닌 다른 회의체나 이사 등 임원에게 사단의 사무 전반에 관하여 포괄적으로 그 의사결정과 처리를 위임할 수는 없다. 만약 정관이 이에 위반한 경우 그 정관은 강행법규나 법인 제도의 본령에 어긋나

무효이다.

나. 갑 규약상 종중총회의 소집 등 종원 전원으로 구성되는 종중총회에 대하여 아무런 규정이 없고, 오히려 규약 제12조는 '정기 대의원회의가 총회를 갈음한다.'고 함으로써 종중총회의 역할과 권한을 포괄적으로 정기 대의원회의에 양도·위임하고 있는바, 이는 사단의 가장 중요한 기관인 총회를 배제하고 형해화하는 규정이므로 이 규정은 무효이다.

다. 비록 갑의 규약에서 재산관리에 관한 사항은 대의원회의에서 의결하도록 위임하였고, 이에 따라 위와 같이 2016. 11. 20. 자 대의원회의에서 이 사건 소 제기에 관한 사항 등이 의결되었다고 하더라도, 위와 같이 그 결의가 사원총회를 애당초 배제하고 모든 의사결정 권한을 포괄적·배타적으로 대의원회의에 위임함으로써 무효인 정관 규정에 의하여 이루어진 이상 그 결의 역시 효력이 없다.

라. 따라서 이 사건 소는 총유재산의 관리·처분에 관하여 적법한 사원총회의 결의 없이 이루어진 것이고, 이는 단시일 안에 보정될 수 없는 것으로서 부적법하다.

3. 대법원의 판단

그러나 원심의 위와 같은 판단은 다음과 같은 이유로 받아들이기 어렵다.

가. 1) **<법률상 사항에 관한 법원의 석명 또는 지적의무** *(민사소송법 제136조 제1항, 제4항)>* 민사소송법 제136조 제1항은 "재판장은 소송관계를 분명하게 하기 위하여 당사자에게 사실상 또는 법률상 사항에 대하여 질문할 수 있고, 증명을 하도록 촉구할 수 있다."라고 정하고, 제4항은 "법원은 당사자가 간과하였음이 분명하다고 인정되는 법률상 사항에 관하여 당사자에게 의견을 진술할 기회를 주어야 한다."라고 정하고 있다. 당사자가 부주의 또는 오해로 증명하지 않은 것이 분명하거나 쟁점으로 될 사항에 관하여 당사자 사이에 명시적인 다툼이 없는 경우에는 법원은 석명을 구하면서 증명을 촉구하여야 하고, 만일 당사자가 전혀 의식하지 못하거나 예상하지 못하였던 법률적 관점을 이유로 법원이 청구의 당부를 판단하려는 경우에는 그러한 관점에 대하여 당사자에게 의견진술의 기회를 주어야 한다. 그와 같이 하지 않고 예상외의 재판으로 당사자 일방에게 뜻밖의 판결을 내리는 것은 석명의무를 다하지 않아 심리를 제대로 하지 않은 잘못을 저지른 것이 된다(대법원 2006. 1. 26. 선고 2005다37185 판결, 대법원 2018. 11. 29. 선고 2018다251646 판결, 대법원 2022. 4. 14. 선고 2021다276973 판결 등 참조).

2) **<종중의 법적 성질** *(민법 제31조)>* 종중은 공동선조의 분묘수호와 제사, 그리고 종원 상호 사이의 친목도모 등을 목적으로 자연발생적으로 성립한 종족 집단체로서, 종중이 규약이나 관습에 따라 선출된 대표자 등에 의하여 대표되는 정도로 조직을 갖추고 지속적인 활동을 하고 있다면 비법인사단으로서 단체성이 인정된다(대법원 2006. 10. 26. 선고 2004다47024 판결 등 참조). **<종중규약의 자율성>** 이와 같은 종중의 성격과 법적 성질에 비추어 보면, 종중에 대하여는 가급적 그 독자성

과 자율성을 존중해 주는 것이 바람직하고, 따라서 원칙적으로 종중규약은 그것이 종원이 가지는 고유하고 기본적인 권리의 본질적인 내용을 침해하는 등 종중의 본질이나 설립 목적에 크게 위배되지 않는 한 그 유효성을 인정하여야 한다(대법원 2008. 10. 9. 선고 2005다30566 판결 참조).

나. 1) 그런데 기록을 살펴보면, *<사안의 경우 (민사소송법 제136조 제1항, 제4항; 민법 제31조)>* 이 사건 소송은 원심에 이르기까지 주위적으로 피고들이 불법행위에 기한 손해배상책임을 지는지 예비적으로 피고 회사가 부당이득반환 의무를 부담하는지에 관하여 다투어지고 심리가 이루어졌을 뿐, '정기 대의원회의가 총회를 갈음한다.'고 규정한 원고 규약 제12조가 무효인지, 따라서 이 사건 소는 총유재산의 관리·처분에 관하여 적법한 사원총회의 결의 없이 이루어진 것으로 부적법한 소인지 여부는 당사자 사이에 전혀 쟁점이 된 바가 없었고, 원심도 그에 대하여 원고에게 의견진술의 기회를 주거나 석명권을 행사하였던 사실은 없었던 것으로 보인다. 그럼에도 원심이 직권으로 판단한다고 하면서 그 판시와 같은 이유로 이 사건 소는 총유재산의 관리·처분에 관하여 적법한 사원총회의 결의 없이 이루어진 것이고, 이는 단시일 안에 보정될 수 없는 것으로서 부적법하다고 한 것은, 당사자가 전혀 예상하지 못한 법률적인 관점에 기한 뜻밖의 재판으로서 당사자에게 미처 생각하지 못한 불이익을 주었을 뿐 아니라 석명의무를 위반하여 필요한 심리를 다하지 아니함으로써 판결에 영향을 미친 잘못이 있다.

2) 원심은 그 판시와 같은 이유로 '정기 대의원회의가 총회를 갈음한다.'고 한 원고 규약 제12조가 무효이므로, 이 사건 소는 총유재산의 관리·처분에 관하여 적법한 사원총회의 결의 없이 이루어진 것이어서 부적법하다고 판단하였다.

그러나 원심판결 이유를 앞서 본 법리와 기록에 비추어 살펴보면, 원심이 들고 있는 사유만으로는 원고 규약 제12조가 종원이 가지는 고유하고 기본적인 권리의 본질적인 내용을 침해하는 등 원고 종중의 본질이나 설립 목적에 크게 위배된다고 보기 어렵다. 따라서 원심판단에는 필요한 심리를 다하지 아니하였거나 종중 및 종중규약에 관한 법리를 오해하여 판결에 영향을 미친 잘못이 있다.

§ 3-47-2 종중재산의 분배기준
❶ 대법원 2010. 9. 9. 선고 2007다42310,42327 판결 [보상금]

1. 상고이유 제1점에 관하여

가. *<종중재산의 분배에 관한 종중총회의 결의가 무효인 경우 및 그 결의 내용이 현저하게 불공정한 것인지 여부의 판단 기준 (민법 제31조, 제275조, 제276조)>* 비법인사단인 종중의 토지 매각대금은 종원의 총유에 속하고, 그 매각대금의 분배는 총유물의 처분에 해당하므로(대법원 1994. 4. 26. 선고 93다32446 판결 참조), 정관

기타 규약에 달리 정함이 없는 한 종중총회의 결의에 의하여 그 매각대금을 분배할 수 있고, 그 분배 비율, 방법, 내용 역시 결의에 의하여 자율적으로 결정할 수 있다. 그러나 종중은 공동선조의 분묘수호와 제사 및 종원 상호간의 친목 등을 목적으로 하여 구성되는 자연발생적인 종족집단으로 그 공동선조와 성과 본을 같이하는 후손은 그 의사와 관계없이 성년이 되면 당연히 그 구성원(종원)이 되는 종중의 성격에 비추어, 종중재산의 분배에 관한 종중총회의 결의 내용이 현저하게 불공정하거나 선량한 풍속 기타 사회질서에 반하는 경우 또는 종원의 고유하고 기본적인 권리의 본질적인 내용을 침해하는 경우 그 결의는 무효라고 할 것이다. 여기서 종중재산의 분배에 관한 종중총회의 결의 내용이 현저하게 불공정한 것인지 여부는 종중재산의 조성 경위, 종중재산의 유지·관리에 대한 기여도, 종중행사 참여도를 포함한 종중에 대한 기여도, 종중재산의 분배 경위, 전체 종원의 수와 구성, 분배 비율과 그 차등의 정도, 과거의 재산분배 선례 등 제반 사정을 고려하여 판단하여야 한다.

나. 원심판결 이유에 의하면, 원심은 그 채택 증거에 의하여 *<사안의 경우>* 피고 *(종중)*가 종토 매각대금을 종원에게 분배함에 있어 종토에 관한 토지조사부에 사정명의인으로 등재된 12인의 직계손에게 이를 분배하되 방계손에게는 지원금을 1/2 이하로 감축하거나 지급을 보류할 수 있고, 2004. 6. 6. 현재 해외 이민자는 지급대상에서 제외하기로 결의한 사실을 인정한 다음, 종토를 특정인에게 명의신탁하였다는 이유만으로 그 직계손에게 방계손보다 2배 이상 더 분배하는 것이나, 해외 이민자라는 이유만으로 종중재산의 분배대상에서 배제하는 것은 종원으로서의 권리의 본질적 부분을 부당하게 침해하는 것으로 합리적이라고 할 수 없어 그와 같은 분배결의는 무효라고 판단하였다.

다. 앞서 본 법리와 기록에 비추어 살펴보면, 원심의 위와 같은 판단은 정당한 것으로 수긍할 수 있고, 거기에 종중재산의 처분으로 인한 매각대금 분배 또는 종중총회의 결의에 관하여 상고이유의 주장과 같은 법리오해 등의 위법이 있다고 할 수 없다.

2. 상고이유 제2점 내지 제4점에 관하여

가. *<종중 토지 매각대금의 분배에 관한 종중총회의 결의가 무효인 경우, 새로운 종중총회의 결의 없이 종원이 곧바로 종중을 상대로 분배금의 지급을 구할 수 있는지 여부(소극) (민법 제31조, 제275조, 제276조)>* 비법인사단인 종중의 토지 매각대금은 종원의 총유에 속하고, 그 매각대금의 분배는 총유물의 처분에 해당하므로(대법원 1994. 4. 26. 선고 93다32446 판결 참조), 정관 기타 규약에 달리 정함이 없는 한 종중총회의 결의에 의하여 그 매각대금을 분배할 수 있고, 그 분배 비율, 방법, 내용 역시 결의에 의하여 자율적으로 결정할 수 있다. 그러나 종중은 공동선조의 분묘수호와 제사 및 종원 상호간의 친목 등을 목적으로 하여 구성되는 자연발

생적인 종족집단으로 그 공동선조와 성과 본을 같이하는 후손은 그 의사와 관계없이 성년이 되면 당연히 그 구성원(종원)이 되는 종중의 성격에 비추어, 종중재산의 분배에 관한 종중총회의 결의 내용이 현저하게 불공정하거나 선량한 풍속 기타 사회질서에 반하는 경우 또는 종원의 고유하고 기본적인 권리의 본질적인 내용을 침해하는 경우 그 결의는 무효라고 할 것이다. 여기서 종중재산의 분배에 관한 종중총회의 결의 내용이 현저하게 불공정한 것인지 여부는 종중재산의 조성 경위, 종중재산의 유지·관리에 대한 기여도, 종중행사 참여도를 포함한 종중에 대한 기여도, 종중재산의 분배 경위, 전체 종원의 수와 구성, 분배 비율과 그 차등의 정도, 과거의 재산분배 선례 등 제반 사정을 고려하여 판단하여야 한다.

나. 그럼에도 <사안의 경우> 원심은 종중 토지 매각대금의 분배에 관한 종중총회의 결의가 무효인 경우, 종원이 곧바로 종중에게 종중재산의 분배청구를 할 수 있음을 전제로 법원이 합리적이라고 판단되는 분배를 직접 명할 수 있다고 보고 원고들의 청구를 일부 인용하였으니, 원심판결에는 총유물의 처분에 관한 법리를 오해한 위법이 있고, 이는 판결 결과에 영향을 미쳤음이 분명하다. 따라서 이를 지적하는 상고이유의 주장은 이유 있다.

§ 3-48 교회분열과 재산귀속

❶ 대법원 2006. 4. 20. 선고 2004다37775 전원합의체 판결 [소유권말소등기]

사실관계

甲 교회는 기독교대한OO교회 소속의 지교회인데 A가 그 담임목사로 재직해 오던 중 당회 구성원인 장로들과 갈등을 빚자 임의로 기획위원회를 조직하여 교회를 운영하였고, 이로 인하여 소속 교단의 징계재판을 받을 지경에 이르자, A는 임의로 2001. 8. 26. 총회를 개최하여 지지 교인들을 모아 소속 교단을 탈퇴하고 독립교회를 설립하되 명칭은 기존교회와 동일한 명칭인 乙 교회라고 하기로 결의하였다. 한편 기독교대한OO교회 OO지방회는 2001. 10. 11. A에 대하여 면직판결을 하고 후임 목사를 파송하였다. 그 후 乙 교회는 2001. 11. 21. 甲 교회 명의로 등기되어 있던 교회 건물 및 대지 등에 관하여, 실제로는 이를 매수한 적이 없음에도 위 교회 당회의 결의서 등 관련 서류를 임의로 작성하여 乙 교회의 명의로 소유권이전등기를 마쳤다. 이에 甲 교회는 기독교대한OO교회 헌법에 정하여진 바에 따라 2001. 12. 2. 담임목사와 3명의 장로가 참석한 당회에서 소제기를 결의하고, 乙 교회를 상대로 교회건물 및 대지 등에 대한 소유권이전등기의 말소를 구하는 소를 제기하였다.

판결이유

1. 교회의 법률적 성질

<교회의 법률적 성질> 교회가 주무관청의 허가를 받아 설립등기를 마치면 민법상 비영리법인으로서 성립한다. 또한, 교회가 법인격을 취득하지 않은 경우에도 기독교 교리를 신봉하는 다수인이 공동의 종교활동을 목적으로 집합체를 형성하고 규약 기타 규범을 제정하여 의사결정기관과 대표자 등 집행기관을 구성하고 예배를 드리는 등 신앙단체로서 활동함과 함께 교회 재산의 관리 등 독립된 단체로서 사회경제적 기능을 수행함에 따라 법인 아닌 사단의 일반적인 요건을 갖추었다고 인정되는 경우에는, 그 교회는 법인 아닌 사단으로서 성립·존속하게 된다. 기독교 교리를 널리 전파하려는 의도에서 교회가 교인의 자격을 엄격히 심사하지 아니하고 예배에 참여를 허용하는 결과 교회의 가입·탈퇴가 자유롭고 특정 시점에서 교회 구성원이 정확히 파악되지 아니한다고 할지라도 법인 아닌 사단으로서의 실체를 인정함에는 아무런 지장이 없다.

한편, *<지교회의 법률적 성질>* 법인 아닌 사단으로서의 실체를 갖춘 개신교 교회(아래에서는 '교회'라 한다)가 특정 교단 소속 지교회로 편입되어 교단의 헌법에 따라 의사결정기구를 구성하고 교단이 파송하는 목사를 지교회의 대표자로 받아들이는 경우, 교단의 정체에 따라 차이는 존재하지만 원칙적으로 지교회는 소속 교단과 독립된 법인 아닌 사단이고, 교단은 종교적 내부관계에 있어서 지교회의 상급단체에 지나지 않는다. 다만, 지교회가 자체적으로 규약을 갖추지 아니한 경우나 규약을 갖춘 경우에도 교단이 정한 헌법을 교회 자신의 규약에 준하는 자치규범으로 받아들일 수 있지만, 지교회의 독립성이나 종교적 자유의 본질을 침해하지 않는 범위 내에서 교단 헌법에 구속된다. 종래 대법원판례는 특정 교단에 소속된 지교회가 독립된 법인 아닌 사단이라고 판시하여 왔는바(대법원 1960. 2. 25. 선고 4291민상467 판결, 1967. 12. 18. 선고 67다2202 판결 등 참조), 이는 위 법리에 기초한 것으로서 앞으로도 교회를 둘러싼 법률관계를 해석하는 기본 원리로서 유지되어야 할 것이다.

2. 법인 아닌 사단의 법률관계

가. 우리 민법은 법인 아닌 사단의 법률관계에 관하여 재산의 소유 형태 및 관리 등을 규정하는 제275조 내지 제277조를 두고 있을 뿐이므로, 사단의 실체·성립, 사원자격의 득실, 대표의 방법, 총회의 운영, 해산사유와 같은 그 밖의 법률관계에 관하여는 민법의 법인에 관한 규정 중 법인격을 전제로 하는 조항을 제외한 나머지 조항이 원칙적으로 유추 적용된다(대법원 1992. 10. 9. 선고 92다23087 판결 등 참조).

따라서 법인 아닌 사단은 사단으로서의 실체를 갖추었으나 설립등기를 하지 않은 것 뿐이므로 조직·구조에 있어서 구성원의 개인적인 활동으로부터 독립하여 독자적으로 존속하여 활동하고, 사단 구성원 지위의 취득과 상실은 그 사단의 규약에 정하여진 바에 따라 이루어지나(민법 제40조 제6호), 법인 아닌 사단은 구성원의 탈퇴나 가입에 의하여 동일성을 잃지 않고 그 실체를 유지하면서 존속한다. 그리고 위의 법리는 법인 아닌 사단의 구성원들이 집단적으로 탈퇴하는 경우에도 동일하게 적용되므로, 위 탈퇴한 자들은 집단적으로 구성원의 지위를 상실하는 반면, 나머지 구성원들로 구성된 단체는 여전히 법인 아닌 사단으로서의 실체를 유지하며 존속한다.

법인 아닌 사단의 재산은 그 구성원의 총유이며(민법 제275조 제1항), 법인 아닌 사단의 구성원은 사단 내부의 규약 등에 정하여진 바에 따라 사용·수익권을 가진다(민법 제276조 제2항). 이와 같이 법인 아닌 사단의 구성원으로서 사단의 총유인 재산의 관리처분에 관한 의결에 참가할 수 있는 지위나 사단의 재산에 대한 사용·수익권은 사단 구성원의 지위를 전제로 한 것이어서, 구성원은 법인 아닌 사단을 탈퇴하는 동시에 그 권리를 상실한다(민법 제277조).

한편, 법인 아닌 사단의 단체성으로 인하여 구성원은 사용·수익권을 가질 뿐 이를 넘어서서 사단 재산에 대한 지분권은 인정되지 아니하므로, 총유재산의 처분·관리는 물론 보존행위까지도 법인 아닌 사단의 명의로 하여야 하고(대법원 2005. 9. 15. 선고 2004다44971 전원합의체 판결 참조) 그 절차에 관하여 사단 규약에 특별한 정함이 없으면 의사결정기구인 총회 결의를 거쳐야 한다(민법 제276조 제1항). 총회 결의는 다른 규정이 없는 이상 구성원 과반수의 출석과 출석 구성원의 결의권의 과반수로써 하지만(민법 제75조 제1항), 사단에 따라서 재산 내역이 규약에 특정되어 있거나 그렇지 않더라도 재산의 존재가 규약에 정하여진 사단의 목적 수행 및 사단의 명칭·소재지와 직접 관련되어 있는 경우에는 그 재산의 처분은 규약의 변경을 수반하기 때문에 사단법인 정관변경에 관한 민법 제42조 제1항을 유추적용하여 총 구성원의 2/3 이상의 동의를 필요로 한다고 해석하여야 한다.

나. <*교인들이 집단적으로 교회를 탈퇴한 경우, 법인 아닌 사단인 교회가 2개로 분열되고 분열되기 전 교회의 재산이 분열된 각 교회의 구성원들에게 각각 총유적으로 귀속되는 형태의 '교회의 분열'을 인정할 것인지 여부(소극)*> *(민법 제31조, 제275조, 제276조, 제277조)*> 우리 민법이 사단법인에 있어서 구성원의 탈퇴나 해산은 인정하지만, 사단법인의 구성원들이 2개의 법인으로 나뉘어 각각 독립한 법인으로 존속하면서 종전 사단법인에게 귀속되었던 재산을 소유하는 방식의 사단법인의 분열은 인정하지 아니한다. 따라서 그 법리는 법인 아닌 사단에 대하여도 동일하게 적용되며, 법인 아닌 사단의 구성원들의 집단적 탈퇴로써 사단이 2개로 분열되고 분열되기 전 사단의 재산이 분열된 각 사단들의 구성원들에게 각각 총유적으로 귀속되는 결과를 초래하는 형태의 법인 아닌 사단의 분열은 허용되지 않는다.

한편, 법인 아닌 사단의 구성원들이 집단적으로 사단을 탈퇴한 다음 사단으로서의 성립요건을 갖추어 새로운 단체를 형성하는 행위는 사적자치의 원칙상 당연히 허용되나, 이 경우 신설 사단은 종전 사단과 별개의 주체로서, 그 구성원들은 앞서 본 바와 같이 종전 사단을 탈퇴한 때에 그 사단 구성원으로서의 지위와 함께 사단 재산에 대한 권리를 상실한다. 따라서 신설 사단의 구성원들이 종전 사단의 구성원들과 종전 사단 재산에 관하여 합의하는 등의 별도의 법률행위가 존재하지 않는 이상, 종전 사단을 집단적으로 탈퇴한 구성원들은 종전 사단 재산에 대한 일체의 권리를 잃게 되고, 이와 마찬가지로 탈퇴자들로 구성된 신설 사단이 종전 사단 재산을 종전 사단과 공유한다거나 신설 사단 구성원들이 그 공유지분권을 준총유한다는 관념 또한 인정될 수 없다.

3. 교회의 법률관계에 관한 종전 대법원판례의 내용과 문제점

가. 그동안 대법원판례는 각종의 법인 아닌 사단 중 오직 교회에 대하여서만 법인 아닌 사단에 원칙적으로 적용되는 법리와는 달리 교회의 분열을 허용하고 분열시의 재산관계는 분열 당시 교인들의 총유(또는 합유)라고 판시하여 왔다.

해방 후 교회, 특히 장로교회는 1950년대부터 1960년대까지 여러 차례 교단의 분열을 겪었으며 이에 따라 교단 소속 지교회의 교인들 내부에서도 신앙노선의 차이 등으로 지지교단을 달리하게 되어 자연적으로 지교회의 분열을 초래하게 되었는바, 대법원 1957. 12. 13. 선고 4289민상182 판결, 대법원 1958. 8. 14. 선고 4289민상569 판결 등에서 교단 분열에 따른 지교회의 분열을 인정하면서 그 재산관계는 분열 당시 교인들의 합유라고 판시하고, 대법원 1971. 2. 9. 선고 70다2478 판결에서 그 교회 재산은 분열 당시 교인들의 총유라고 판시한 이후 그 법리가 대법원의 확립된 판례로 굳어지기에 이르렀다.

그 당시에는 교인들이 소속 교회나 교단의 분열이라는 현상을 경험하기는커녕 예측조차 하지 못한 상태에서 연보·헌금을 통하여 교회 재산 형성에 기여하였는데 교단 분열로 신앙노선이 달라져서 도저히 하나의 신앙공동체를 유지할 수 없는 상황이 되었으니 교회의 분열을 허용하면서도 이들이 모두 종전 교회의 터전하에서 신앙생활을 할 수 있도록 배려하여야 할 필요성이 절실하였으며, 이에 더하여 당시의 인구나 사회·경제적 수준에 비추어 지교회들은 대부분 소규모로서 교회 재산의 시가 역시 높지 않았을 것이므로 분열된 양측 교회 구성원들에게 권리를 인정한다는 다소 추상적인 판결만으로도 당사자들 사이에서 자율적으로 분쟁이 해결될 여지를 기대할 수 있었다.

나. 종전 판례는 교회가 분열된 경우 종전 교회의 재산은 분열 당시의 교인들에게 총유적으로 귀속된다고 판시하였고, 한편 교회의 구성원이 계속 변경되어 가는 속성에 비추어 분열된 각 교회는 새로운 교인들을 받아들일 수 있으므로, 분열 당시의 교인들뿐 아니라 분열 후 새로 가입한 교인들도 종전 교회 재산에 대한 사용·수익권을 행사할 수 있다고 인정하였다(대법원 1993. 1. 19. 선고 91다1226 전원합의체 판결 등 참조).

법인 아닌 사단의 총유인 재산의 관리처분에 관한 의결에 참가할 수 있는 지위나 사단의 재산에 대한 사용·수익권은 법인 아닌 사단의 존재와 그 구성원 자격에 기초하여서만 인정된다. 그런데 종전 판례는, 종전 교회가 분열되어 종전 교회의 구성원 중 일부씩으로 구성된 잔존 교회와 신설 교회가 병존한다고 인정하면서도, 종전 교회의 재산에 관하여는 분열되기 전의 교회가 존속하는 것으로 보아 분열 전 교회 구성원의 총유를 인정하고 있으므로 그 자체로서 논리적으로 모순적인 구조를 가지고 있고, 종전 교회에서 탈퇴하여 신설 교회를 설립함으로써 종전 교회 구성원으로서의 지위를 상실한 교인들뿐 아니라, 분열 후 종전 교회에서 탈퇴한 채 잔존 교회나 신설 교회 어느 쪽에도 속하지 아니한 교인들에 대하여도 종전 교회 재산에 관한 권리를 인정하는 결과가 되어 법인 아닌 사단의 재산에 관한 기본적인 법리에 반한다. 뿐만 아니라, 종전 판례는 종전 교회의 구성원들인 교인들 외에 분열 후 새로 가입하여 분열 당시 교회의 구성원이 아니었던 교인들까지도 종전 교회 재산에 대한 사용·수익권을 행사할 수 있다고 인정함에 따라 총유재산에 대한 사용·수익권은 법인 아닌 사단 구성원의 지위에서만 인정된다는 민법의 대원칙도 부정하는 결과를 초래하였다.

또한, 종전 판례는, 위 법리의 논리적 귀결로서 종전 교회 재산의 관리·처분행위에 관한 소송은 분열 당시 교인들로 구성된 교인총회의 결의를 거쳐 종전 교회 자체가 당사자가 되어 제기하여야 한다고 판시함으로써(대법원 1995. 9. 5. 선고 95다21303 판결 등 참조), 과거의 분열시를 기준으로 한 종전 교회와 그 구성원들이 소 제기시에도 여전히 존재하는 것처럼 의제하여 교인 총회의 소집과 결의를 요구하였다. 그러나 현실사회에서 과거의 분열시를 기준으로 결의권 있는 교인을 확정하고 그들 전원의 생존 여부와 주소지를 파악한 다음 종전 교회의 대표권자로 하여금 그들에게 소집통지를 하여 총회를 개최하고 결의를 하는 일련의 절차를 거치게 할 것을 기대하기는 어렵고, 극단적으로는 오랜 시간이 지나 분열 당시 결의권을 가졌던 교인들이 행방불명되거나, 사망함으로써 총회 구성원이 존재하지 않게 되어 결의가 불가능할 수도 있다. 결국, 교회의 분열로 분쟁이 발생한 경우에 이를 해결하기 위하여 원고가 되어 소송을 제기하는 교회는 어느 쪽도 종전 교회에 의한 결의 요건이나 대표권을 갖출 수 없어 패소하게 되어 법률적인 분쟁 해결이 불가능하게 되었다. 더욱이 분열되어 나간 교회가 종전 교회 명의의 교회재산에 관하여 관련 서류를 위조하여 허위의 이전등기를 마치더라도 분열 후의 잔존 교회는 말소등기절차의 이행을 구할 수 없어 실체관계에 부합하지 않는 등기의 존재를 용인할 수밖에 없고, 분열된 교회들이 하나의 교회 건물을 서로 독점적으로 점유하기 위하여 물리력을 행사하더라도 이를 방치할 수밖에 없어 종국에는 다수파에 의한 점거가 사실상 정당한 것처럼 유지되는 결과에 이르렀다. 또한, 분열된 각 교회가 상대방의 사용·수익을 방해하지 않는 범위 내에서 종전 교회의 건물을 사용·수익한다고 하더라도, 교회 건물 외에 목사의 사택, 채권·채무 등 구체적인 재산의 사용·

수익이나 처분·변제를 어떠한 방법으로 할 것인가에 대한 해결책은 찾을 수 없는 상태로 남아 있다.

뿐만 아니라, 기독교 교단 및 지교회의 변화와 이를 둘러싼 사회·경제적 변화는 종전 판례의 문제점을 극대화시키는 양상을 빚었다. 기독교 교단은 1960년대 이후 현재까지 분열을 거듭하여 현재 수많은 교단이 존재하고 교리상 본질적·근본적인 차이 없이 방법론적인 차이에 불과한 경우도 많게 되었으므로, 특정 교단에 소속된 지교회의 교인들에게 있어서 교단의 탈퇴 내지 변경은 충분히 예견할 수 있게 되었고, 지교회의 분열과 교단변경으로 인한 분쟁으로 소송에 이른 사건들은 대부분 지교회의 목사가 교회운영이나 재산문제, 심지어 개인적 비리로 소속 교단과 마찰을 빚게 되면 신앙과 교리를 핑계 삼아 지지자를 이끌고 교단을 탈퇴한 다음 자신의 이해관계에 맞는 교단에 가입하고는 종전 교회 재산에 대한 권리를 주장하는 것이어서, 결국 교회재산을 둘러싼 분쟁에 불과하게 되었다. 게다가 인구증가와 도시화에 따라 상당수 교회들이 대규모화되고 부동산가격의 상승으로 교회재산이 상당한 재산적 가치를 지니게 되었을 뿐 아니라, 교인들의 권리의식이 향상되고 교인 수가 늘어나 다수인의 이해관계가 첨예하게 대립됨에 따라, 일단 교회 재산을 둘러싸고 소송이 제기된 이후에는 법원의 판단과 이에 기한 집행만이 분쟁을 종식시키는 유일한 수단이 되는 경우가 적지 않게 되었다.

위와 같이 수많은 교단의 분립과 지교회의 비대화, 교회 재산가치의 상승 및 다수인의 첨예한 이해관계 대립에도 불구하고, 대법원이 종전과 같이 분열되어 나온 양측의 교인들에게 모두 권리를 인정한다는 취지의 종래 판시를 고수한다면, 분쟁해결기능을 상실하게 될 뿐 아니라, 오히려 종전 교회를 박차고 나온 사람들에게 재산적 권리를 인정함으로써 교단 상호간 및 교인 상호간의 분쟁을 더욱 조장하는 결과를 초래할 수 있다.

4. 새로운 법리의 방향

가. *<교인들이 교회를 탈퇴하여 그 교회 교인으로서의 지위를 상실한 경우, 종전 교회 재산의 귀속관계(=잔존 교인들의 총유)>* 교회가 법인 아닌 사단으로서 존재하는 이상 그 법률관계를 둘러싼 분쟁을 소송적인 방법으로 해결함에 있어서는 법인 아닌 사단에 관한 민법의 일반 이론에 따라 교회의 실체를 파악하고 교회의 재산 귀속에 대하여 판단하여야 한다. 이에 따라 위에서 본 법인 아닌 사단의 재산관계와 그 재산에 대한 구성원의 권리 및 구성원 탈퇴, 특히 집단적인 탈퇴의 효과 등에 관한 법리는 교회에 대하여도 동일하게 적용되어야 한다.

따라서 교인들은 교회 재산을 총유의 형태로 소유하면서 사용·수익할 것인데, 일부 교인들이 교회를 탈퇴하여 그 교회 교인으로서의 지위를 상실하게 되면 탈퇴가 개별적인 것이든 집단적인 것이든 이와 더불어 종전 교회의 총유 재산의 관리처분에 관한 의결에 참가할 수 있는 지위나 그 재산에 대한 사용·수익권을 상실하고, 종전 교회는 잔존 교인들을 구성원으로 하여 실체의 동일성을 유지하면서 존속하며 종전 교회의 재산은 그 교회에 소속된 잔존 교인들의 총유로 귀속됨이 원칙이다.
그리고 교단에 소속되어 있던 지교회의 교인들의 일부가 소속 교단을 탈퇴하기로 결의한 다음 종전 교회를 나가 별도의 교회를 설립하여 별도의 대표자를 선정하고 나아가 다른 교단에 가입한 경우, 그 교회는 종전 교회에서 집단적으로 이탈한 교인들에 의하여 새로이 법인 아닌 사단의 요건을 갖추어 설립된 신설 교회라 할 것이어서, 그 교회 소속 교인들은 더 이상 종전 교회의 재산에 대한 권리를 보유할 수 없게 된다.

나. 앞서 본 바와 같이 *<교회의 소속 교단 탈퇴 내지 소속 교단 변경을 위한 결의요건(=의결권을 가진 교인 2/3 이상의 찬성)* (민법 제40조, 제42조, 제78조, 제275조)> 특정 교단에 가입한 지교회가 교단이 정한 헌법을 지교회 자신의 자치규범으로 받아들였다고 인정되는 경우에는 소속 교단의 변경은 실질적으로 지교회 자신의 규약에 해당하는 자치규범을 변경하는 결과를 초래하고, 만약 지교회 자신의 규약을 갖춘 경우에는 교단변경으로 인하여 지교회의 명칭이나 목적 등 지교회의 규약에 포함된 사항의 변경까지 수반하기 때문에, 소속 교단에서의 탈퇴 내지 소속 교단의 변경은 사단법인 정관변경에 준하여 의결권을 가진 교인 2/3 이상의 찬성에 의한 결의를 필요로 한다.

(1) 만약, 교단 탈퇴 및 변경에 관한 결의(아래에서는 '교단변경 결의'라 한다)를 하였으나 이에 찬성한 교인이 의결권을 가진 교인의 2/3에 이르지 못한다면 종전 교회의 동일성은 여전히 종전 교단에 소속되어 있는 상태로서 유지된다. 따라서 교단변경 결의에 찬성하고 나아가 종전 교회를 집단적으로 탈퇴하거나 다른 교단에 가입한 교인들은 교인으로서의 지위와 더불어 종전 교회 재산에 대한 권리를 상실하였다고 볼 수밖에 없다.

(2) *<위 결의요건을 갖추어 교회가 소속 교단을 탈퇴하거나 다른 교단으로 변경한 경우, 종전 교회 재산의 귀속관계(=탈퇴한 교회 소속 교인들의 총유)>* 위의 교단변경 결의요건을 갖추어 소속 교단에서 탈퇴하거나 다른 교단으로 변경한 경우에 종전 교회의 실체는 이와 같이 교단을 탈퇴한 교회로서 존속하고 종전 교회 재산은 위 탈퇴한 교회 소속 교인들의 총유로 귀속된다.
법인 아닌 사단의 재산에 관한 관리처분권은 사단에 속하고 그 관리처분권에 관한 의사결정은 총회 결의에 의하여 이루어지는 것인바, 위와 같이 교단변경 결의에 찬성하지 아니한 사람이 결과적으로 불리한 지위에 놓이게 된다고 하더라도 이는 다수의 구성원으로 이루어진 사단의 민주적인 의사결정에 의한 결과이므로 민법의 법인 아닌 사단에 관한 기본법리에 따라 승복하여야 한다.
교단변경 결의가 이루어졌다고 하더라도 종전 교회의 동일성이 유지되고 있으므로, 교단변경 결의에 반대한 교인들이라 하여도 특별한 사정이 없는 한 교인으로서의 지위는 여전히 유지되며, 그 교회 구성원인 교인으로서의 지위 상실은 그의 자유의사에 의하여 결정된다. 교단변경 결의에 의하여 교단에서 탈퇴한 교회라고 하더라도 다시 교단변경 결의를 거쳐 교단을 변경할 수 있다. 따라서 교단변경 결의에 반대한 교인들로서는 그 교회 소속의 다른 교인들과 협의를 하는 등의 방법을 통하여 자신들의 의견에 동의하는 다수의 교인들을 확보하여 2/3 이상의 교단변경 결의 요건을 갖춘 경우에는 종전 교단으로 복귀할 수도 있다.

이와 같이, 교단변경 결의에 관한 새로운 법리가 적용되는 영역은 교회의 운영 내지 재산에 관한 법률관계에 한정된다. 교인들은 자신이 신봉하는 교리에 좇아 자유로이 교회를 선택하거나 또는 선택하였던 교회를 탈퇴함으로써 종교적 자유를 향유할 수 있다. 뿐만 아니라, 만약 적법하게 교단변경 결의가 이루어진 경우에 이에 반대하는 교인들로서도 자신이 원하는 교단 소속 교회를 찾아감으로써 자신의 종교적 신념을 유지할 수 있다.

(3) 다만, 교단변경 결의에는 지교회의 종교적 자유와 함께 지교회의 존립목적 유지라는 양 측면에서의 내재적 한계가 존재한다. 따라서 소속 교단의 헌법에서 교단 탈퇴의 허부 및 요건에 관하여 위와 달리 정한 경우에도(민법 제42조 제1항 단서 참조) 그 규정이 지교회의 독립성과 종교적 자유의 본질을 해하는 경우에는 지교회에 대한 구속력을 인정할 수 없다. 다른 한편, 실질적으로 지교회의 해산 등 교회의 유지와 모순되는 결과를 수반하는 교단변경 결의, 나아가 기독교가 아닌 전혀 다른 종교를 신봉하는 단체로 변경하는 등 교회의 존립목적에 본질적으로 위배되는 교단변경 결의는 정관이나 규약 변경의 한계를 넘어서는 것이므로 허용될 수 없다.

다. 그러므로 교회의 분열을 인정하고 종전 교회의 재산은 분열 당시 교인들의 총유(또는 합유)에 속한다고 판시한 대법원 1993. 1. 19. 선고 91다1226 전원합의체 판결과 같은 취지의 판결들, 그리고 교회의 소속 교단 변경은 교인 전원의 의사에 의하여만 가능하다는 취지로 판시한 대법원 1978. 10. 10. 선고 78다716 판결과 같은 취지의 판결들은 이 판결의 견해에 배치되는 범위 내에서 변경하기로 한다.

위와 같이 대법원이 종전의 견해를 변경함에 따라, 교회의 신앙단체로서의 성격과 사단으로서의 성격을 모두 인정하면서도, 신앙단체로서의 특질에 대하여는 종교의 고유한 영역에 맡기고, 사단으로서의 특질에 대하여는 재산분쟁으로서의 실질을 직시하여 민법의 일반원리에 의하여 규율함으로써 사법질서의 통일성을 기할 수 있게 될 것이다. 나아가 앞으로 교회 내부에서 교단 탈퇴 및 변경을 둘러싸고 분쟁이 발생하는 경우 교단 탈퇴를 의도하는 교인들로서는 최소한 결의권자의 2/3에 이르는 교인들로부터 지지를 얻고 적법한 소집절차에 따른 결의를 거칠 것이 요구되고, 반대로 교단 탈퇴에 반대하는 교인들로서도 만약 위의 요건을 갖추어 결의가 이루어진 경우에는 여기에 승복할 것이 요구됨으로써, 민주주의 원칙과 민법의 법인 아닌 사단에 관한 일반 법리에 따른 교회 운영이 가능해지고 교회 분쟁에 대한 예방적 기능을 수행할 수 있게 된다.

5. 이 사건의 판단

원심이 인용한 제1심판결의 인정 사실을 종합하면, 기독교대한OO교회 갑 교회는 기독교대한OO교회 소속의 지교회이고, 소외인(A)은 그 담임목사로 재직해 오던 중 당회 구성원인 장로들과 갈등을 빚자 임의로 기획위원회를 조직하여 교회를 운영하였고, 이로 인하여 소속 교단의 징계재판을 받을 지경에 이르자, 2001. 8. 26. 지지 교인들을 모아 소속 교단을 탈퇴하여 독립교회를 설립하되 명칭을 피고(을) 교회로 하기로 결의하였으며(기독교대한OO교회 OO지방회는 2001. 10. 11. 소외인에 대하여 면직판결을 하고 후임 목사를 파송하였다.) 피고(을) 교회는 2001. 11. 21. 기독교대한OO교회 갑 교회 명의로 등기되어 있던 판시 교회 건물 및 대지 등에 관하여, 실제로는 피고(을) 교회가 이를 매수한 적이 없음에도 위 교회 당회의 결의서 등 관련 서류를 임의로 작성하여 자신의 명의로 소유권이전등기를 마쳤음을 인정할 수 있다.

그렇다면 종전 교회는 기독교대한OO교회 교단에 소속된 지교회인데, 소외인(A)이 지지 교인들 일부를 이끌고 소속 교단을 탈퇴하여 독립 교회를 설립하였다고 할지라도, 특별한 사정이 없는 한 이는 일부 교인들이 집단적으로 종전 교회를 이탈한 것에 불과하고, 위 교단 소속으로 잔류하기를 원하는 교인들로 구성되고 교단이 파송한 목사가 재직하고 있는 원고(갑) 교회가 종전 교회로서의 동일성을 유지하면서 존속하는 교회라고 할 것이다.

그리고 기록을 살펴보아도 교단 탈퇴를 결의한 2001. 8. 26.자 교인총회가 총회소집통지 등 소집절차에 있어서 소속 교단 헌법 등에 정하여진 요건을 준수하였다거나 결의권자의 2/3 이상이 동의하였다고 인정할 자료가 부족하다.

따라서 원심으로서는 위 2001. 8. 26.자 총회가 소정의 절차를 갖추어 소집되었는지 여부 및 교단탈퇴를 결의한 교인이 적법한 결의권자의 2/3에 이르는지 여부를 더 심리한 다음 위의 요건이 인정되지 아니하는 이상, 소속 기독교대한OO교회 헌법에 정하여진 바에 따라 2001. 12. 2. 담임목사와 3명의 장로가 참석한 당회에서 소제기를 결의한 이 사건에서 원고(갑)를 종전 교회로 인정하고 소제기에 관한 적법한 총회결의를 거친 것으로 보아야 함에도 불구하고, 변경 전 판례에 기초하여 종전 교회가 소외인(A)을 당회장으로 하는 피고(을) 교회와 잔류 교인들로 구성된 원고(갑) 교회로 분열되었다고 판단하고, 총유권자인 분열 당시 교인들의 총회 결의가 존재하지 않으므로 분열 후의 원고(갑) 교회가 종전 교회의 총회 재산에 대한 말소를 청구할 수 없다는 이유를 들어 위 등기의 효력에 관하여는 아무런 판단을 하지 아니한 채 이 사건 청구를 배척하였으니, 원심의 판단에는 교회 분열 개념의 허용 여부 및 교단변경의 요건, 등기의 효력에 관한 법리오해, 심리미진 등의 위법이 있다. 원고의 상고 이유 주장은 이유 있다.

제4장
권리의 객체

에듀컨텐츠·휴피아
CH Educontents·Huepia

I. 부동산과 동산

§ 4-1 건물의 독립성 인정요건
❶ 대법원 2003. 5. 30. 선고 2002다21592, 21608 판결 [지상권설정등기절차이행·임료등]

(대법원 2001. 1. 16. 선고 2000다51872 판결)

사실관계

丙(건설주식회사)은 1995. 2. 14.경 X 토지상에 지하 3층 지상 12층의 주상복합건물을 신축하기 위하여 丁(OO주식회사)과 공사도급계약을 체결하였다. 그 무렵 丁은 공사에 착수하여 1996. 7.경 부도로 공사가 중단될 때까지 지하 1층 내지 지하 3층에는 철근콘크리트 구조물이 설치하였고, 지상 1층부터 지상 4층까지는 에이치 빔(H-beam)으로 철골조인 Y 신축건물을 조립하였다. 그런데 丁의 부도로 1995. 11. 9.경 X 토지에 설정된 근저당권에 기한 임의경매절차에서 乙이 1997. 6. 28. X 토지를 낙찰받아 경락대금을 완납하여 소유권을 취득하였다. 한편 丙은 2000. 3. 30. Y 신축건물의 건축주 명의를 甲으로 변경한 후, 같은 해 4. 6. 甲에게 Y 신축건물을 인도하였다. 이에 甲은 乙을 상대로 丙을 대위하여 법정지상권 취득을 원인으로 한 지상권설정등기절차의 이행을 구하는 소를 제기하였다. 그런데 乙은 X 토지의 불법점유를 원인으로 한 임료상당의 손해배상을 구하는 반소청구를 하였다.

판결이유

1. 원심판결 이유에 의하면, 원심은 주식회사 OO건설(병)(이하 'OO건설'이라 한다)이 1995. 2. 14.경 그 소유의 구미시 OO동 대 2,426.4㎡(이하 '이 사건 토지'라고 한다) 지상에 지하 3층 지상 12층의 주상복합건물을 신축하기 위하여 주식회사 O익(정)과 공사도급계약을 체결하고 그 무렵 공사에 착수토록 하여 1996. 7.경 부도로 공사가 중단될 때까지 지하 1층 내지 지하 3층에는 철근콘크리트 구조물이 설치되었고, 지상 1층부터 지상 4층까지는 에이치 빔(H-beam)으로 철골조가 조립되었는데(이하 '신축 건물'이라 한다), 1995. 11. 9.경 설정된 근저당권에 기한 임의경매절차에서 피고(을)(반소원고, 선정당사자, 이하 '피고'라고만 한다), 선정자 정O웅 및 박O우 등이 1997. 6. 28. 이 사건 토지를 공동으로 낙찰받아 그 무렵 경락대금을 완납하여 소유권을 취득하였고, 한편 OO건설(병)은 2000. 3. 30. 신축 건물의 건축주 명의를 원고(갑)(반소피고, 이하 '원고'라고만 한다)로 변경한 후, 같은 해 4. 6. 원고(병)에게 신축 건물을 인도한 사실을 인정한 다음, 경매로 토지의 소유자가 변경될 때까지는 건축중의 건물이 사회관념상 토지와 별도의 소유권의 객

체로서 독립한 건물로 될 수 있을 정도로 공사가 진행되어야 그 건물에 대한 별도의 소유권이 성립되고 이를 위한 법정지상권도 발생하게 되는데, 이 사건의 경우 신축 건물의 지하 1층 가운데 일부만이 판매시설일 뿐 나머지 지하 1층과 지하 2, 3층은 그 용도가 모두 주차장 또는 기계실로서 완성된 건물을 위한 보조적·부수적 구조물에 불과하고, 나아가 지상 부분은 단순히 에이치 빔을 조립한 상태로서 벽체, 바닥 및 천장 등이 완성되지 아니하여 물리적으로도 건물로서의 구조와 형태를 갖추지 못하였으므로, 신축 건물은 사회관념상 독립한 거래의 객체로 보기는 부족하다는 이유로, OO건설*(병)*을 대위하여 법정지상권 취득을 원인으로 한 지상권설정등기절차의 이행을 구하는 원고*(갑)*의 본소청구를 배척하는 한편, 이 사건 토지의 불법점유를 원인으로 한 임료 상당의 손해배상을 구하는 피고*(을)*의 반소청구를 인용하였다.

2. 그러나 <**독립된 부동산으로서의 건물의 요건** *(민법 제99조 제1항)*> 독립된 부동산으로서의 건물이라고 하기 위하여는 최소한의 기둥과 지붕 그리고 주벽이 이루어지면 된다고 할 것이다(대법원 2001. 1. 16. 선고 2000다51872 판결 참조). 기록에 의하면, <**신축중인 건물의 지상층 부분이 골조공사만 진행되었을 뿐이라고 하더라도 지하층 부분만으로도 독립된 건물로서의 요건을 갖추었다고 본 사안** *(민법 제99조 제1항, 제366조)*> 신축 건물은 경락대금 납부 당시 이미 지하 1층부터 지하 3층까지 기둥, 주벽 및 천장 슬라브 공사가 완료된 상태이었을 뿐만 아니라 지하 1층의 일부 점포가 일반에 분양되기까지 한 사정을 엿볼 수 있는바, 비록 피고*(을)* 등이 경락을 원인으로 이 사건 토지의 소유권을 취득할 당시 신축 건물의 지상층 부분이 골조공사만 이루어진 채 벽이나 지붕 등이 설치된 바가 없다 하더라도, 지하층 부분만으로도 구분소유권의 대상이 될 수 있는 구조라는 점에서 신축 건물은 경락 당시 미완성 상태이기는 하지만 독립된 건물로서의 요건을 갖추었다고 봄이 상당하다.

§ 4-2 농작물, 수목

❶ 대법원 1979. 8. 28. 선고 79다784 판결 [가압류목적물에대한제3자이의]
……

2. 기록에 의하면 피고가 가압류 집행한 위 입도는 원판시와 같이 원고가 경작 재배한 농작물임을 수긍할 수 있고 이 점에 관하여는 피고도 다툼이 없으므로 피고가 경작권을 매수하여 1977 봄까지 경작한 여부는 위 인정에 아무런 장애가 될 수 없다. 그리고 <**경작권없이 경작한 입도의 소유권** *(민법 제256조)*> 적법한 경작권이 없이 타인의 토지를 경작하였더라도 그 경작한 입도가 성숙하여 독립한 물건으로서 존재를 갖추었으면, 입도의 소유권은 경작자에게 귀속한다는 것이 당원의 확립된 견해(당원 1963. 2. 21. 선고 62다913 판결, 1968. 3. 19. 선고 67다2729 판결,

1969. 2. 18. 선고 68다906 판결 각 참조)이므로, 이와 같은 취지에서 위 입도의 소유권이 경작자인 원고에게 있다고 한 원심 판결은 정당하다고 할 것이다.

그러므로 원고의 위 토지에 관한 경작권의 교환 취득이 공서양속에 위반되는 여부나 다른 소송사건의 귀결 여하는 위의 결론에 아무런 영향이 없다는 것이니 견해를 달리하여 원판시를 비난하는 소론의 논지 이유없어 상고를 기각하고 소송비용은 패소자의 부담으로 하기로 관여 법관의 의견이 일치되어 주문과 같이 판결한다.

❷ 대법원 1989. 7. 11. 선고 88다카9067 판결 [손해배상(기)]

<*권원없이 토지임차인의 승낙만 받고 그 지상에 식재한 수목의 소유권귀속*> 민법 제256조는 부동산의 소유자는 그 부동산에 부합한 물건의 소유권을 취득한다. 그러나 타인의 권원에 의하여 부속된 것은 그러하지 아니한다라고 규정하고 있는데, 위 규정단서에서 말하는 「권원」이라 함은 지상권, 전세권, 임차권 등과 같이 타인의 부동산에 자기의 동산을 부속시켜서 그 부동산을 이용할 수 있는 권리를 뜻한다 할 것이므로, 그와 같은 권원이 없는 자가 토지소유자의 승낙을 받음이 없이 그 임차인의 승낙만을 받아 그 부동산 위에 나무를 심었다면 특별한 사정이 없는 한 토지소유자에 대하여 그 나무의 소유권을 주장할 수 없다고 하여야 할 것이다. 그런데도 원심이 원고가 이 사건 토지의 전소유자로부터 승낙을 받음이 없이 그 토지를 임차한 소외인의 승낙만을 받아 그 위에 이 사건 사철나무 1그루를 심은 사실을 확정하고서도, 그 나무가 위 토지에서 분리되어 원고의 소유로 된 특별한 사정에 대하여는 심리판단함이 없이 그 나무가 위 토지의 소유권과는 독립하여 별개의 소유권의 대상이 된다는 이유만으로, 그 후 위 부동산을 취득하여 위 나무를 벌채한 피고에게 그로 인한 불법행위 책임이 있다고 판단한 것은 민법 제256조가 정하는 부동산에의 부합에 관한 법리를 오해하여 심리를 다하지 아니함으로써 판결결과에 영향을 미쳤다고 할 것이다.

그리고 원심이 든 증거에 의하더라도 달리 피고가 이 사건 토지를 전 소유자로부터 매수할 때나 위 나무를 베어낼 때 그것이 다른 사람의 소유임을 알았거나 알 수 있었다고도 보여지지 아니한다.

II. 주물과 종물

§ 4-3 종물요건으로서 소유자 동일성
❶ 대법원 2008. 5. 8. 선고 2007다36933, 36940 판결 [건물명도·부당이득금반환]

사실관계

X 건물의 소유자였던 A는 1993. 3. 18. B(○○렌탈주식회사)와 발전기설비, FLOOR DUCT설비, 소방설비, 패널공사, 전화설비, 변전실설비 등 렌탈목적물을 임차하되 렌탈료를 60회에 걸쳐 지급하고, 렌탈기간만료 후에는 이 렌탈목적물을 B에게 반환하거나 매수하기로 계약체결한 후, 당초부터 위와 같은 시설을 수용하는 구조로 건축되었던 X 건물에 이 렌탈목적물을 설치하였다. 이 렌탈목적물은 X 건물에 고착되어 냉난방, 위생, 전기, 소방, 승강기 등 각종 시설의 일부를 이루고 있어서 과다한 노력이나 비용 없이는 분리할 수 없고, 분리하더라도 그 경제적 가치를 현저히 손상하는 물건들이거나 또는 이 사건 건물의 경제적 효용에 직접 이바지하는 물건들이다. 乙은 1994. 12. 30. A로부터 X 건물을 매수하여 소유권을 이전한 후, 1996. 1. 10. B와 위 렌탈계약에 관하여 임차인 명의를 A에서 乙로 변경하고 렌탈료를 조정하는 변경계약을 체결하였다. 그 후 丙(○○생명보험주식회사)이 X 건물을 임의경매절차에서 낙찰받고 2001. 6. 21. 그 대금을 완납하여 소유권을 취득하였다. 乙의 아들인 乙1은 2001. 10. 29. 丙과 X 건물의 매매계약을 체결하였고, 2001. 12. 7. 소유권이전등기를 마쳤다. 그런데 丁 은행은 근저당권자로서 X 건물에 관하여 2004. 3. 31. 경매개시결정기입등기를 마쳤고, 甲은 이 경매에서 2005. 5. 24. X 건물에 관한 매각허가결정을 받고, 동년 6. 24. 매각대금을 완납하였다. 한편 乙은 2006. 4. 13. B와 이 렌탈목적물을 4천만 원에 매수한다는 내용의 매매계약을 체결하였다. 이에 甲은 乙을 상대로 X 건물에 대한 명도청구와 부당이득금반환을 청구하는 소를 제기하였다.

판결이유

……

2. 피고(반소원고)의 반소청구에 관한 상고이유를 판단한다.

가. **<타인의 권원에 의하여 부동산에 부합된 물건이 독립한 권리의 객체성을 상실하고 부동산의 구성부분이 된 경우의 소유권귀속관계** (민법 제256조)> 부동산에 부합된 물건이 사실상 분리복구가 불가능하여 거래상 독립한 권리의 객체성을 상실하고, 그 부동산과 일체를 이루는 부동산의 구성부분이 된 경우에는, 타인이 권원에 의하여 이를 부합시켰더라도 그 물건의 소유권은 부동산의 소유자에게 귀속된다(대법원 1985. 12. 24. 선고 84다카2428 판결 등 참조). 그리고 **<주물의 소유자가 아닌 사람 소유인 물건이 종물이 될 수 있는지 여부(소극)** (민법 제100조 제1항)> 저당권의 효력은 법률에 특별한 규정이 있거나 설정행위에 다른 약정이 있는 경우를 제외하고는 저당부동산에 부합된 물건과 종물에도 미치지만(민법 제358조), 종물은 물건의 소유자가 그 물건의 상용에 공하기 위하여 자기 소유인 다른 물건을 이에 부속하게 한 것을 말하므로(민법 제100조 제1항), 주물과 다른 사람의 소유에 속하는 물건은 종물이 될 수 없다.

한편, 동산의 선의취득은 양도인이 무권리자라고 하는 점을 제외하고는 아무런 흠이 없는 거래행위이어야 성립한다(대법원 1995. 6. 29. 선고 94다22071 판결 등 참조).

따라서 <저당부동산의 상용에 공하여진 물건이 부동산의 소유자 아닌 자의 소유에 속하는 경우, 저당부동산의 낙찰자가 그 소유권을 취득하는지 여부(소극) 및 이때 낙찰자의 선의취득을 인정하기 위한 요건> 저당권의 실행으로 부동산이 경매된 경우에 그 부동산에 부합된 물건은 그것이 부합될 당시에 누구의 소유이었는지를 가릴 것 없이 그 부동산을 낙찰받은 사람이 소유권을 취득하지만, 그 부동산의 상용에 공하여진 물건일지라도 그 물건이 부동산의 소유자가 아닌 다른 사람의 소유인 때에는 이를 종물이라고 할 수 없으므로, 부동산에 대한 저당권의 효력에 미칠 수 없어 부동산의 낙찰인이 당연히 그 소유권을 취득하는 것은 아니며, 나아가 부동산의 낙찰인이 그 물건을 선의취득하였다고 할 수 있으려면 그 물건이 경매의 목적물로 되었고, 낙찰인이 선의이며 과실 없이 그 물건을 점유하는 등으로 선의취득의 요건을 구비하여야 한다고 할 것이다.

나. ……

원심은 나아가, 이 사건 렌탈목적물 중 이 사건 건물에 부합된 물건은 원고(갑)(반소피고, 이하 '원고'라고만 한다)가 경매를 통하여 이 사건 건물의 소유권을 취득함으로써 그 부합된 물건의 소유권까지도 취득하였고, 이 사건 렌탈목적물 중 종물의 성격을 가지는 물건은 원고(갑)가 그 점유를 평온·공연하게 선의로 취득하였음이 추정되고 과실이 없었으므로 원고(갑)가 이를 선의취득하였다고 판단하였다.

앞서 본 법리에 비추어 볼 때, 이 사건 렌탈목적물 중 이 사건 건물에 부합된 물건에 대한 원심의 판단은 정당하다.

그러나 종물의 성격을 가지는 물건에 대한 원심의 판단은 다음과 같은 이유로 옳다고 할 수 없다. 선의취득은 동산 거래의 안전을 보호하기 위한 것이므로 거래행위가 존재하는 것을 당연한 전제로 하는 것인데, 이 사건 렌탈목적물 중 종물의 성격을 가지는 물건은 원심이 인정한 바와 같이 이 사건 건물과는 소유자가 다르다고 보는 한에 있어서는 종물이 아니므로 이 사건 건물에 관한 소유권이나 저당권의 효력이 거기에 미칠 수 없고, 따라서 이 사건 건물이 경매되었다고 하여 이 사건 렌탈목적물 중 종물의 성격을 가지는 물건까지도 경매된 것으로는 볼 수 없다고 할 것이고, 달리 원고(갑)가 그 물건들을 거래행위를 통하여 양수하였다는 주장이나 입증이 없는 이상 원고(갑)가 그 물건들을 현재 점유하고 있다는 것만으로는 선의취득의 요건을 구비한 것으로 볼 수는 없다.

❷ 대법원 1995. 6. 29. 선고 94다6345 판결 [배당이의]

1. 상고이유 제1점에 대하여

원심판결 이유에 의하면, 원심은 그 거시 증거에 의하여 소외 OO석유주식회사(이하 소외회사라 한다)가 주유소 영업을 위하여 이 사건 토지 위에 주유소 사무실 등으로 사용되는 이 사건 건물을 축조하는 이외에 이 사건 토지의 지하를 굴착하여 콘크리트 옹벽을 쳐 탱크박스를 만들고, 그 안에 이 사건 유류저장탱크를 설치한 후 콘크리트로 덮개를 타설하여 이를 매설하는 한편, 이 사건 건물과는 별개로 이 사건 토지상에 철파이프조 스라브지붕 단층 캐노피 144㎡를 축조한 후 그 밑에 콘크리트 받침대를 설치하고 거기에 볼트를 고정하는 방법으로 이 사건 주유기를 설치하여 위 유류저장탱크와의 사이에 지하로 관으로 연결한 후 이 사건 토지 및 건물과 함께 주유소 영업에 사용하고 있는 사실, 이 사건 유류저장탱크는 위와 같이 지하에 설치되어 있는 관계로 콘크리트 덮개 부분을 떼어낸 후 배관을 분해하면 그 해체 및 이관이 가능하나 거기에는 금 320만 원 상당의 비용이 소요되는 사실, 이 사건 건물에 관한 등기부 표제부에는 이 사건 건물의 용도가 "위험물 저장 및 처리시설(주유소)"라고 등재되어 있고 그 도면 또한 도면편철장에 편철되어 있는 사실을 인정한 다음, 위 인정사실에 의하면 <u>이 사건 유류저장탱크는 이 사건 토지의 지하에 설치되어 유류를 저장하는데 사용되는 것으로서 콘크리트 덮개를 훼손하지 아니하면 이를 분리할 수 없거나 분리에 과다한 비용을 요하게 되므로, 이는 이 사건 토지에 부합되었다</u>고 판단하였다.

원심의 위와 같은 사실인정은 기록에 비추어 정당한 것으로 보이고, 거기에 소론과 같은 경험칙 등의 채증법칙위반으로 인한 사실오인의 위법이 없으므로 논지는 이유 없다.

다만, 원심이 이 사건 유류저장탱크가 이 사건 토지에 부합되었다고 판단하면서 그 논거의 하나로 유류저장탱크를 매몰되어 있는 토지로부터 분리하려면 콘크리트 덮개를 훼손하지 아니하면 불가능하다는 점도 들고 있는바, 이 사건에서 부합의 대상물은 유류저장탱크이지 위 콘크리트 덮개가 아니어서 위 콘크리트 덮개를 훼손하여야만 유류저장탱크를 분리할 수 있다고 하여 부합의 대상물이 훼손없이 분리할 수 없는 경우에 해당하지는 아니하므로, <u>이를 유류저장탱크가 토지에 부합되었다고 판단한 논거의 하나로 삼은 것은 잘못이라고 할 것이지만</u>, 원심이 판시한 바와 같이, **<주유소의 지하 유류저장탱크가 토지에 부합되었다고 본 사안 (민법 제256조)>** 이 사건 유류저장탱크를 토지로부터 분리하는 데는 과다한 비용이 들고, 또한 사실관계가 위와 같다면 지하에 매설된 유류저장탱크를 분리하여 발굴할 경우 그 경제적 가치가 현저히 감소할 것임은 경험칙상 분명하므로, <u>이 사건 유류저장탱크는 이 사건 토지에 부합된 것이라고 할 것이다.</u>

따라서, 이 사건 유류저장탱크가 이 사건 토지에 부합되었다고 판단한 원심의 결론은 정당하여 원심의 위와 같은 이유설시에 있어서의 잘못은 판결의 결과에 영향이 없으므로, 결국 이유불비 또는 부합물에 관한 법리오해의 위법을 주장하는 논지는 모두 이유없음에 돌아간다.

2. 상고이유 제2점에 대하여

원심이 인정한 사실관계에 의하면, <**주유소의 주유기가 주유소 건물의 종물이라고 본 사안** (민법 제100조)> 이 사건 주유기는 비록 독립된 물건이기는 하나 유류저장탱크에 연결되어 유류를 수요자에게 공급하는 기구로서 주유소 영업을 위한 이 사건 건물이 있는 이 사건 토지의 지상에 설치되었고, 그것이 설치된 이 사건 건물은 당초부터 주유소 영업을 위한 건물로 건축되었다는 것인바, 이러한 점 등을 종합하여 보면, 이 사건 주유기는 계속해서 이 사건 주유소 건물 자체의 경제적 효용을 다하게 하는 작용을 하고 있으므로, 이 사건 건물의 상용에 공하기 위하여 부속시킨 종물이라고 보아야 할 것이다.

그러므로, 이와 같은 취지로 판시한 원심판단은 정당하고 거기에 소론과 같이 종물의 법리를 오해한 위법이 있다고 할 수 없다. 소론이 들고 있는 판례는 이 사건에 적절하지 아니하다. 논지는 이유 없다.

3. 상고이유 제3점에 대하여

일반적으로 <**공장의 건물이나 토지에 대하여 공장저당권이 아닌 민법상의 일반저당권이 설정된 경우, 그 저당권의 효력이 미치는 범위** (민법 제358조; 공장저당법 제7조)> 공장저당법에 의한 공장저당을 설정함에 있어 공장의 토지, 건물에 설치된 기계, 기구 등은 같은 법 제7조 소정의 기계, 기구 목록에 기재하여야만 공장저당의 효력이 생긴다고 함은 위 법조의 해석상 당연하고 당원의 판례(당원 1988. 2. 9. 선고 87다카1514, 1515 판결 참조)임은 소론과 같다.

그러나, 이와는 달리 공장건물이나 토지에 대하여 민법상의 일반저당권이 설정된 경우에는 민법 제358조에 의하여 공장건물이나 토지의 종물이거나 부합물에까지 당연히 그 저당권의 효력이 미치기 때문에 이 경우에는 공장저당법과는 상관이 없으므로 동법 제7조에 의한 목록의 작성이 없더라도 그 저당권의 효력이 공장건물이나 토지의 종물 또는 부합물에까지 미치게 되는 것이다.

그러므로, 앞에서 본 바와 같이 이 사건 주유기는 이 사건 주유소 건물의 종물이고, 유류저장탱크는 이 사건 토지에 부합되었으므로, 민법 제358조에 의하여 이 사건 토지 또는 건물에 설정된 원고의 저당권의 효력이 그 종물 또는 부합물인 이 사건 주유기 및 유류저장탱크에도 공장저당법 제7조의 목록 제출과 상관없이 당연히 미친다고 할 것이다.

§ 4-4 종물의 효과

❶ 대법원 2006. 10. 26. 선고 2006다29020 판결 [배당이의]

> **사실관계**

甲은 A(주식회사 은O양행)에 대한 대출금채권에 기하여 A가 신축한 미등기의 X 아파트에 관하여 1998. 12. 22. 가압류결정을 받은 다음, 위 가압류결정에 기하여 같은 달 23. A를 대위하여 X 아파트의 건물 부분에 대한 소유권보존등기를 마친 후, 같은 날 건물 부분에 관한 가압류 기입등기를 경료하였다. 그 후 1999. 1. 9. X 아파트에 관한 대지권등기가 마쳐졌다. 같은 날 A에서 B(소외인 2 유O환), C(소외인 3 김O권) 앞으로 각 1/2 지분에 관하여 소유권이전등기가 경료된 후, 근저당권자 D(주식회사 우O상호신용금고) 명의의 근저당권설정등기(채권최고액 1억 500만 원)가 마쳐졌으며, 위 근저당권과 피담보채권은 E(주식회사 한O름상호신용금고)를 거쳐 2000. 11. 28. 乙 회사, 2003. 10. 31. 丙(승계참가인)에게 순차로 양도되었다. 甲의 신청에 의하여 2000. 11. 6. 개시된 강제경매절차에서 X 아파트는 4,530만 원에 매각되었다. 경매법원은 2003. 11. 28. 배당절차에서 1순위로 F(연천군: 건물에 대한 당해세 교부권자)에 301,150원을, 2순위로 을1(확정일자 임차인)에게 3,000만 원을 배당한 후, 잔액 9,585,379원 중 건물 부분의 잔액 5,630,767원은 甲에게, 대지권 부분의 잔액 3,954,612원은 乙 회사(한O름제이차유동화전문 유한회사)에 각 배당하였다. 이에 甲이 배당이의의 소를 제기하였다.

> **판결이유**

······

2. 다음 피고 한O름제이차유동화전문 유한회사(이하 '피고 회사'라고 한다)에 대한 상고이유에 관하여 본다.

가. 원심의 조치

원심판결 및 그가 인용한 제1심판결 이유에 의하면, 원심은 ······ 가압류는 저당권과는 달리 그 효력범위에 관하여 민법 제358조 본문과 같은 특별규정을 두고 있지 아니하므로, 구분건물의 전유부분에 대하여만 가압류가 된 이상 그 효력이 종물 내지 종된 권리인 그 대지사용권에까지 미친다고 볼 근거가 없으므로, 이 사건 아파트에 관한 대지사용권의 매각대금 중 피고 1*(을1)*에게 배당한 부분을 공제한 잔액은 근저당권자인 피고*(을)* 회사가 배당받을 권리가 있다고 하여, 구분건물의 전유부분에 대한 가압류의 효력은 대지권에 대하여도 미치므로 대지권의 매각대금 3,954,612원에 대해서도 피고*(을)*보다 우선적으로 원고*(갑)*에게 배당하여야 한다는 원고*(갑)*의 청구를 배척하였다*(즉 민법 제358조 본문과 같은 특별한 규정이 없는 한 집합건물의 전유부분에 대한 가압류의 효력이 당연히 그 대지사용권까지 미친다고 할 수 없다.)*.

나. 대법원의 판단

그러나 위와 같은 원심의 판단은 다음과 같은 이유로 수긍할 수 없다.

<구분건물의 전유부분에 대한 소유권보존등기만 경료되고 대지지분에 대한 등기가

경료되기 전에 전유부분만에 대해 내려진 가압류결정의 효력이 그 대지권에 미치는지 여부(한정 적극) *(민법 제100조 제2항, 제358조; 집합건물의 소유 및 관리에 관한 법률 제20조; 민사집행법 제276조)>* 민법 제100조 제2항에서는 "종물은 주물의 처분에 따른다."고 하고 있는바, 위 종물과 주물의 관계에 관한 법리는 물건 상호간의 관계뿐 아니라, 권리 상호간에도 적용되고, 위 규정에서의 처분이란 처분행위에 의한 권리변동뿐 아니라 주물의 권리관계가 압류와 같은 공법상의 처분 등에 의하여 생긴 경우에도 적용되어야 한다는 점, 저당권의 효력이 종물에 대하여도 미친다는 민법 제358조 본문 규정은 민법 제100조 제2항과 그 이론적 기초를 같이한다는 점, 집합건물의 소유 및 관리에 관한 법률 제20조 제1항, 제2항에 의하면 구분건물의 대지사용권은 전유부분과 종속적 일체불가분성이 인정되는 점 등에 비추어 볼 때, 구분건물의 전유부분에 대한 소유권보존등기만 경료되고 대지지분에 대한 등기가 경료되기 전에 전유부분만에 대해 내려진 가압류결정의 효력은, 대지사용권의 분리처분이 가능하도록 규약으로 정하였다는 등의 특별한 사정이 없는 한, 종물 내지 종된 권리인 그 대지권에까지 미친다고 보아야 할 것이다.

따라서 이 사건에 있어서도, **<사안의 경우>** 위 아파트의 건물 부분에 대하여 가압류결정을 받은 원고*(갑)*가 채무자인 ○○○○*(A)*을 대위하여 그 건물 부분에 관한 소유권보존등기를 경료함으로써 위 건물 부분에 대해서만 가압류기입등기가 이루어졌으나, 그 가압류의 효력은 대지권에 대해서도 미친다고 할 것이므로, 경매법원으로서는 이 사건 아파트의 전유부분뿐 아니라 대지권에 대한 매각대금에 대해서도 가압류채권자인 원고*(갑)*에게 피고*(을)* 회사보다 우선 배당하였어야 할 것이다. 그럼에도 원심은, 구분건물의 전유부분에 대한 가압류의 효력은 그 대지사용권에는 미치지 않는다는 전제하에, 이 사건 아파트의 전유부분 만에 대해 가압류기입등기가 된 이상 원고*(갑)*로서는 이 사건 아파트의 대지권에 관한 매각대금에 대해서는 배당받을 권리가 없다고 잘못 판단하였으니, 원심판결에는 가압류의 효력범위와 민법 제100조 제2항에 관한 법리오해의 위법이 있어 파기를 면할 수 없다 할 것이다. 이 점을 지적하는 상고논지는 이유 있다.

❷ **대법원 2012. 1. 26. 선고 2009다76546 판결 [손해배상(기)]**

1. 제1점에 대하여
가. 이 사건 유류저장조가 이 사건 토지에 부합되었는지
부합이란 분리 훼손하지 아니하면 분리할 수 없거나 분리에 과다한 비용을 요하는 경우는 물론 분리하게 되면 경제적 가치를 심히 감손케 하는 경우도 포함하고, 부합의 원인은 인공적인 경우도 포함하나(대법원 1962. 1. 31. 선고 4294민상445 판결 참조), 부동산에 부합한 물건이 타인이 적법한 권원에 의하여 부속한 것인 때에

는 민법 제256조 단서에 따라 그 물건의 소유권은 그 타인의 소유에 귀속되는 것이다. 다만 부동산에 부합된 물건이 사실상 분리복구가 불가능하여 거래상 독립한 권리의 객체성을 상실하고 그 부동산과 일체를 이루는 부동산의 구성 부분이 된 경우에는 타인이 권원에 의하여 이를 부합시켰더라도 그 물건의 소유권은 부동산의 소유자에게 귀속된다(대법원 1985. 12. 24. 선고 84다카2428 판결, 대법원 2008. 5. 8. 선고 2007다36933, 36940 판결 등 참조).

원심판결 이유 및 기록에 의하면, 이 사건 유류저장조는 피고로부터 이 사건 토지를 임차하여 그곳에서 유류판매업을 영위하던 소외 1이 설치한 것인 사실, 소외 1은 이 사건 토지를 굴착하여 지하 4m 깊이에 탱크실을 만들고 그 안에 이 사건 유류저장조를 넣어 고정하는 방식으로 매설한 사실, 이 사건 유류저장조는 지하 주유배관들을 통하여 지상의 주유기 등과 연결되어 주유소 영업에 사용되어 온 사실을 알 수 있다.

위 인정 사실과 앞서 본 법리에 비추어 보면, <갑이 토지소유자 을에게서 토지를 임차한 후 주유소 영업을 위하여 지하에 유류저장조를 설치한 사안에서, 유류저장조는 민법 제256조 단서에 의하여 갑의 소유에 속한다고 한 사안> 이 사건 유류저장조는 위와 같은 매설 위치와 물리적 구조, 용도 등을 감안할 때 이를 토지로부터 분리하는 데에 과다한 비용을 요하거나 분리하게 되면 경제적 가치가 현저히 감소될 것으로 보여, 이 사건 토지에 부합된 것으로 볼 수 있으나, 더 나아가 사실상 분리복구가 불가능하여 거래상 독립한 권리의 객체성을 상실하고, 이 사건 토지와 일체를 이루는 구성 부분이 되었다고는 보기 어렵다. 또한 위 인정 사실에 의하면 이 사건 유류저장조는 토지 임차인인 소외 1*(갑)*이 그 임차권에 기초하여 매설한 것이라고 보아야 한다. 그렇다면 이 사건 유류저장조는 민법 제256조 단서에 의하여 그 설치자인 소외 1*(갑)*의 소유로 남게 되고, 이 사건 토지 소유자인 피고*(을)*에게 이 사건 유류저장조의 소유권이 귀속되었다고 할 수 없다.

나. 이 사건 유류저장조가 주유소 건물의 종물로서 피고에게 귀속되었는지

원심판결 이유 및 기록에 의하면, 이 사건 토지의 임차인인 소외 1은 그곳에서 유류판매업을 하기 위하여 이 사건 토지 위에 건물을 신축하여 1994. 10.경 완공한 다음 그 무렵부터 주유소 영업을 하여 오다가, 1998. 3. 23.경 기존 지하저장탱크 대신 위와 같이 이 사건 유류저장조를 새로 설치하여 위 건물 및 지상의 주유기 등 설비와 함께 주유소 영업에 사용해 온 사실, 위 건물에 관하여 1998. 4. 17. 피고 앞으로 소유권이전등기가 마쳐진 사실을 인정할 수 있는바, 이에 의하면 이 사건 유류저장조는 위 건물과는 별개의 독립된 물건이나, 위 건물의 소유자인 소외 1이 위 건물 자체의 경제적 효용을 다하게 하기 위하여 그에 인접한 지하에 설치한 것으로서 경제적으로 위 건물과 일체로서 이용되고 있다고 볼 수 있으므로, 이 사건 유류저장조는 위 건물의 상용에 공하기 위하여 부속시킨 종물에 해당한다.

그러나 <주물을 처분할 때에 특약으로 종물을 제외하거나 종물만을 별도로 처분할 수 있는지 여부(적극)> 종물은 주물의 처분에 수반된다는 민법 제100조 제2항은 임의규정이므로, 당사자는 주물을 처분할 때에 특약으로 종물을 제외할 수 있고, 종물만을 별도로 처분할 수도 있다고 보아야 하는바(대법원 2009. 9. 24. 선고 2009도6203 판결 참조), 기록에 의하면 소외 1은 1998. 4. 2. 위 건물을 제외하고 이 사건 유류저장조와 주유기 등만을 소외 2에게 매도한 후에, 위와 같이 피고 앞으로 위 건물에 관한 소유권이전등기를 마친 사실, 그 후 이 사건 유류저장조는 소외 3, 4, 제1심 공동피고에게 순차 매도된 사실을 인정할 수 있으므로, 피고가 위 건물 소유권을 취득하였다고 하여 종물인 이 사건 유류저장조의 소유권까지 취득하였다고 할 수 없다.

III. 원물과 과실

§ 4-5 양도담보제공자의 과실취득
❶ 대법원 1996. 9. 10. 선고 96다25463 판결 [제3자이의]

사실관계

丙은 1993. 7. 29. 甲에 대한 6천만 원의 대여금채무를 담보하기 위하여 자신의 돈사에 있던 자신 소유의 돼지(연령 1년 6개월 된 웅돈 10두, 1년 된 모돈 90두, 2개월 된 자돈 280두, 3개월 이상 된 육성돈 300두)의 소유권을 甲에게 양도하되, 위 돼지는 점유개정의 방법으로 자신이 계속하여 점유·관리·사육하기로 하는 양도담보계약을 체결하였다. 그런데 乙 조합은 1994. 7. 27. 丙을 상대로 한 물품대금 사건의 집행력 있는 판결정본에 기하여 위 돈사에 있던 丙 소유의 돼지(웅돈 5두, 모돈 60두, 자돈 250두, 육성돈 450두)에 대하여 압류집행을 하였다. 이에 甲은 乙의 압류목적물은 이미 丙으로부터 자신에게 양도담보로 제공되어 자신 소유물이라고 주장하고, 乙을 상대로 강제집행의 배제를 구하는 제3자이의의 소를 제기하였다. 한편 일반적으로 돼지 중, 웅돈(종모돈, 수퇘지종돈, 씨돈)은 생후 10개월부터 약 3년까지 그 역할을 하고, 모돈(새끼를 낳는 암퇘지)은 생후 8개월부터 약 2년 내지 2년 6개월까지 그 역할을 함에 따라 그 기간이 지나면 출하, 처분하고, 자돈(생후 2개월까지의 돼지) 및 육성돈은 생후 5개월 내지 6개월이 되면 생돈으로 출하, 처분함에 따라, 丙이 甲에게 양도담보한 위 돼지는 乙 조합이 위 압류집행을 할 당시 그 중 자돈 및 육성돈은 이미 성장하여 출하, 처분되고 웅돈 및 모돈은 새끼 돼지를 출산한 후 일부는 출하, 처분된 상태로서 乙 조합이 압류집행한 돼지는 甲에게 양도담보한 웅돈 및 모돈의 일부 및 위 모돈이 출산한 새끼 돼지가 성장한 자돈 및 육성돈에 해당한다.

판결이유

......

2. 상고이유 제1점을 본다.

(1) 원심은 원고(갑)는 1993. 7. 29. 위 송O남(병)과 사이에 위 송O남(병)이 원고(갑)에 대한 도합 금 60,000,000원의 대여금채무를 담보하기 위하여 경기 평택군 청북면 고잔리 OOO 소재 돈사에 있던 위 송O남(병) 소유의 돼지(연령 1년 6개월 된 웅돈 10두, 1년 된 모돈 90두, 2개월 된 자돈 280두, 3개월 이상 된 육성돈 300두)의 소유권을 원고(갑)에게 양도하되, 위 돼지는 점유개정의 방법으로 위 송O남(병)이 계속하여 점유, 관리, 사육하기로 하는 양도담보계약을 체결한 사실, 피고(을) 조합은 1994. 7. 27. 위 송O남(병)을 상대로 한 서울지방법원 동부지원 93가단39486호 물품대금 사건의 집행력 있는 판결정본에 기하여 위 돈사에 있던 위 송O남 소유의 돼지(웅돈 5두, 모돈 60두, 자돈 250두, 육성돈 450두)에 대하여 압류집행을 한 사실, 일반적으로 돼지 중, 웅돈(종모돈, 수퇘지종돈, 씨돈)은 생후 10개월부터 약 3년까지 그 역할을 하고, 모돈(새끼를 낳는 암퇘지)은 생후 8개월부터 약 2년 내지 2년 6개월까지 그 역할을 함에 따라 그 기간이 지나면 출하처분하고, 자돈(생후 2개월까지의 돼지) 및 육성돈은 생후 5개월 내지 6개월이 되면 생돈으로 출하 처분함에 따라, 위 송O남(병)이 원고(갑)에게 양도담보한 위 돼지는 피고(을) 조합이 위 압류집행을 할 당시 그 중 자돈 및 육성돈은 이미 성장하여 출하, 처분되고 웅돈 및 모돈은 새끼 돼지를 출산한 후 일부는 출하, 처분된 상태로서 피고(을) 조합이 압류집행한 돼지는 원고에게 양도담보한 웅돈 및 모돈의 일부 및 위 모돈이 출산한 새끼 돼지가 성장한 자돈 및 육성돈인 사실을 인정한 다음, 모돈이 출산한 새끼 돼지는 그 모돈의 천연과실로서 그 소유권은 특별한 사정이 없는 한 원물인 모돈의 소유자에게 귀속한다 할 것이므로, 달리 양도담보된 모돈으로부터 출산된 새끼 돼지의 소유권원에 대한 주장, 입증이 없는 이 사건에 있어서는 양도담보로 제공된 모돈으로부터 출산된 새끼 돼지가 성장한 자돈 및 육성돈에게도 양도담보의 효력은 미친다 할 것이고, 따라서 피고(을) 조합의 압류는 원고(갑)에게 이미 양도담보로 제공된 원고 소유 돼지에 대하여 한 것이 되므로, 원고(갑) 소유의 웅돈 5두, 모돈 60두, 자돈 250두, 육성돈 300두에 대하여 한 피고(을) 조합의 압류는 부당하다고 하여, 그 배제를 구하는 원고(갑)의 이 사건 청구를 인용하였다.

(2) 그러나, 일반적으로 물건을 양도담보의 목적으로 양도한 경우 특별한 사정이 없는 한 목적물에 대한 사용수익권은 양도담보설정자에게 있는 것이고(당원 1988. 11. 22. 선고 87다카2555 판결 참조), 더군다나 이 사건에 있어 갑 제3호증(양도담보부금전소비대차계약공정증서)의 기재에 의하면 채권자인 원고(갑)와 채무자인

위 송○남(병) 사이에 위 송○남(병)이 이 사건 양도담보목적물인 돼지를 점유하는 동안 이를 무상으로 사용·수익하기로 약정한 사실을 인정할 수 있는바, 그렇다면 **<양도담보 목적물인 돼지가 출산한 새끼 돼지에 대하여 양도담보의 효력이 미치지 않는다고 본 사안** (민법 제102조 제1항, 제372조)> (돼지를 양도담보의 목적물로 하여 소유권을 양도하되 점유개정의 방법으로 양도담보설정자가 계속하여 점유·관리하면서 무상으로 사용·수익하기로 약정한 경우,) 양도담보목적물로서 원물인 돼지가 출산한 새끼 돼지는 천연과실에 해당하고, 그 천연과실의 수취권은 원물인 돼지의 사용수익권을 가지는 양도담보설정자인 위 송○남(병)에게 귀속되는 것이므로, 달리 원·피고(갑·을) 사이에 특별한 약정이 없는 한 천연과실인 위 새끼 돼지에 대하여는 양도담보의 효력이 미치는 것이라고 할 수 없다.

그럼에도 불구하고 원심이 천연과실인 위 새끼 돼지에 대하여도 양도담보의 효력이 미친다고 판단한 것은 양도담보목적물의 사용수익 및 천연과실의 수취권에 대한 법리를 오해한 것이라고 아니할 수 없다.

제5장
권리변동

제1절 법률행위

제2절 의사표시

제3절 법률행위의 대리

제4절 무효와 취소

제5절 조건과 기한

에듀컨텐츠·휴피아
ECH Educontents·Huepia

제1절 법률행위

제1관 법률행위의 해석

I. 법률행위 해석의 목표

§ 5-1 법률행위 해석의 대상

❶ *(§ 5-6 ❶)* 대법원 1996. 10. 25. 선고 96다16049 판결 【약정금】
(대법원 1999. 11. 26. 선고 99다43486 판결; 대법원 2000. 11. 10. 선고 98다31493 판결; 대법원 2001. 3. 23. 선고 2000다40858 판결; 대법원 2002. 2. 26. 선고 2000다48265 판결; 대법원 2009. 5. 14. 선고 2008다90095, 90101 판결; 대법원 2009. 10. 29. 선고 2007다6024, 6031 판결)
······

2. 상고이유에 대한 판단

<당사자가 표시한 문언에 의하여 객관적 의미가 명확하게 드러나지 않는 경우의 법률행위 해석 방법 (민법 제105조)> 법률행위의 해석은 당사자가 그 표시행위에 부여한 객관적인 의미를 명백하게 확정하는 것으로서, 서면에 사용된 문구에 구애받는 것은 아니지만 어디까지나 당사자의 내심적 의사의 여하에 관계없이 그 서면의 기재내용에 의하여 당사자가 그 표시행위에 부여한 객관적 의미를 합리적으로 해석하여야 하는 것이고, 당사자가 표시한 문언에 의하여 그 객관적인 의미가 명확하게 드러나지 않는 경우에는 그 문언의 내용과 그 법률행위가 이루어진 동기 및 경위, 당사자가 그 법률행위에 의하여 달성하려는 목적과 진정한 의사, 거래의 관행 등을 종합적으로 고려하여 사회정의와 형평의 이념에 맞도록 논리와 경험의 법칙, 그리고 사회일반의 상식과 거래의 통념에 따라 합리적으로 해석하여야 한다(대법원 1992. 5. 26. 선고 91다35571 판결 참조).

그리고 *<어떠한 의무를 부담하는 내용의 문면에 기재된 "협조를 최대로 한다"라는 문구의 객관적 의미 (민법 제105조)>* 어떠한 의무를 부담하는 내용의 기재가 있는 문면에 "협조를 최대로 한다"라고 기재되어 있는 경우, 특별한 사정이 없는 한 당사자가 위와 같은 문구를 기재한 객관적인 의미는 문면 그 자체로 볼 때 그러한 의무를 법적으로 부담할 수 없지만 사정이 허락하는 한 그 이행을 사실상 하겠다는 취지로 해석함이 상당하다고 할 것이다(대법원 1994. 3. 25. 선고 93다32668 판결 참조). 왜냐하면 그러한 의무를 법률상 부담하겠다는 의사이었다면 굳이 "협조를 최대로 한다"라는 문구를 사용할 필요가 없는 것이므로, 위와 같은 문구를 사용하였다면 그 문구를 의미 없는 것으로 볼 수는 없는 것이고, 따라서 당사자가 그러한 표시행위에 의하여 나타내려고 한 객관적인 의사는 그 문구를 포함한 전체의 문언으로부터 해석함이 상당하기 때문이다.

기록에 의하면, 원고가 피고에게 근저당권을 설정해 주기로 한 위 삼진주택 제6동 101호, 102호, 202호가 모두 위 이O래의 소유로 등기되어 있어서 위 이O래의 협조 없이는 원고 단독으로 피고 앞으로 근저당권을 설정해 주거나 피고가 이를 담보로 금융기관으로부터 금 34,000,000원을 대출받는 것을 도와 줄 수 없기 때문에 "협조를 최대한 한다"는 문구를 삽입한 것으로 보여지고, 여기에 원고는 피고로부터 이 사건 매매잔대금 29,540,000원을 받고 위 201호를 넘겨주면 그만이고 굳이 피고에게 위 금 34,000,000원의 대출을 받을 수 있을 만한 담보물을 제공할 의무가 없는 점을 보태어 보면, 원고가 위 차용증서에 "협조를 최대한 한다"라고 기재한 표시행위에 의하여 부여한 객관적인 의사는 피고측이 제시한 위와 같은 의무는 법률적으로 부담할 수 없지만 사정이 허락하는 한 성의껏 이행하겠다는 취지로 봄이 상당하고, 원심이 인정한 바와 같이 원고가 피고에게 근저당권을 설정해 주기로 하였던 위 101호, 102호에 대하여는 피고 명의로 채권최고액 각 금 11,000,000원씩으로 된 근저당권을 설정해 주었고, 또 202호에 대하여도 근저당권을 설정해 주려고 하였으나 피고가 그 판시와 같은 이유로 거절한 이상, 원고로서는 그로써 사정이 허락하는 한 성의껏 위 약속을 이행한 것으로 봄이 상당하다.

그러함에도 원심이 원고는 피고가 금융기관으로부터 금 34,000,000원을 대출받을 수 있도록 담보가치가 있는 상태의 근저당권설정등기를 하여 줄 의무가 있는 것으로 보고, 원고가 위 약정에 따른 의무를 이행하지 아니하여 원고의 피고에 대한 위 약정금채권은 그 정지조건이 성취되지 아니하였다는 이유로 원고의 이 사건 청구를 배척한 것은 법률행위의 해석을 그르쳐 판결에 영향을 미친 위법을 저질렀다고 할 것이므로, 이를 지적하는 상고이유의 주장은 이유 있다.

II. 법률행위 해석의 방법

1. 자연적 해석

§ 5-2 무의식적 오표시(오표시 무해의 원칙)

❶ 대법원 1993. 10. 26. 선고 93다2629, 2636(병합) 판결 【건물퇴거】

> 사실관계
>
> 甲(김O연)은 실제로는 국유지인 부산시 동구 OO동 969의 39에 있는 X 토지를 점유하고 있었

다. 그런데 甲이 국유재산인 X 토지를 불하받으려고 하는 과정에서 자신이 점유하는 토지의 지번이 부산시 동구 OO동 969의 36인 것으로 착각하여 역시 국유지인 부산시 동구 OO동 969의 36에 소재한 Y 토지에 관하여 매수신청을 하여 국가로부터 Y 토지를 불하받은 후 소유권이전등기를 하였다. 그리고 Y 토지에 관하여 甲 명의로 소유권이전등기가 경료되었다가 그 후 순차 乙 등을 거쳐 丙 명의로 소유권이전등기가 경료되었으나, 그 점유는 계속 X 토지에 관하여만 승계되어 왔다. 한편 丁은 Y 토지상에 Y1 건물을 소유하면서 Y 토지를 계속 40년 이상 점유하여 왔는데, 최근 Y 토지를 불하받으려는 과정에서 Y 토지가 이미 甲 명의로 불하된 사실이 밝혀지게 되었고 丙도 그때에야 그 사실을 알게 되었다. 이에 丙은 丁을 상대로 Y1 건물의 철거 및 Y 토지의 인도를 구하였다.

판결이유

......

2. <매매계약의 당사자가 목적물의 지번에 관하여 착오를 일으켜 계약서상 목적물을 잘못 표시한 경우 매매계약의 목적물 (민법 제105조, 제563조)> 일반적으로 계약의 해석에 있어서는 형식적인 문구에만 얽매여서는 아니되고 쌍방당사자의 진정한 의사가 무엇인가를 탐구하여야 하는 것이므로, 부동산의 매매계약에 있어 쌍방당사자가 모두 특정의 갑(X) 토지를 계약의 목적물로 삼았으나 그 목적물의 지번 등에 관하여 착오를 일으켜 계약을 체결함에 있어서는, 계약서상 그 목적물을 갑(X) 토지와는 별개인 을(Y) 토지로 표시하였다 하여도 위 갑(X) 토지에 관하여 이를 매매의 목적물로 한다는 쌍방당사자의 의사합치가 있은 이상 위 매매계약은 갑(X) 토지에 관하여 성립한 것으로 보아야 할 것이고, 을(Y) 토지에 관하여 매매계약이 체결된 것으로 보아서는 안 될 것이며, 만일 을(Y) 토지에 관하여 위 매매계약을 원인으로 하여 매수인(병) 명의로 소유권이전등기가 경료되었다면 이는 원인이 없이 경료된 것으로써 무효라고 하지 않을 수 없다.

3. 그런데 이 사건에 있어서 피고의 주장은 반드시 명확하지는 않으나 <사안의 경우> 위 김O연(갑)이 착오를 일으켜 자기가 점유하고 있던 토지가 아닌 이 사건 토지(Y 토지)에 관하여 국가에 대하여 매수신청을 하여 이를 매수하였다는 주장 가운데에는 위 매매계약이 무효라는 것뿐만 아니라, 이 사건 토지(Y 토지)는 위 매매계약의 목적물이 아니어서 국가와 위 김O연(갑) 사이에는 이 사건 토지(Y 토지)에 관한 한 매매계약이 성립하지 아니한 것이고, 따라서 이 사건 토지(Y 토지)에 관한 위 김O연(갑) 명의의 등기는 원인무효라는 취지도 포함되어 있다고 볼 여지가 있고, 또 아래에서 보는 바와 같이 기록상 이러한 주장은 상당한 근거가 있다고 판단된다.

❷ 대법원 2018. 7. 26. 선고 2016다242334 판결 [사채금등]

사실관계

甲은 2009. 10. 29. 乙 주식회사 에듀언스로부터 신주인수권부사채를 인수하기로 하였다. 이 인수계약에 따라 乙이 甲에게 부담하는 채무를 담보하기 위하여, 丙 등(피고 1, 소외인)은 연대보증을 하고, 丁 등(주식회사 OO학원, 주식회사 OO제일학원, 乙의 김포지점)은 임차보증금반환채권(임대인: 소외인, 피고 2)에 대한 근질권을 설정해 주었다. 그런데 乙이 甲에게 위 인수계약에서 정한 사채원금 지급기한의 유예를 요청하였고, 그에 따라 甲과 乙은 2010. 10.경 기존의 변제기한을 유예하고 이율을 변경하는 내용의 합의서를 작성하였다. 위 합의서에는 회사채 丙 등은 근질권설정자로 丁 등은 연대보증인으로 기명날인하였다. 그 후 乙이 사채원금을 지급하지 않아, 甲은 丙 등과 丁 등을 상대로 이 사건 합의서에 따른 사채권원금 및 변경된 이율의 지급을 구하였다.

판결이유

1. 처분문서의 증명력 등에 관한 주장(피고 1의 상고이유와 피고 2의 상고이유 제1, 2점)

가. <계약당사자 쌍방이 모두 동일한 물건을 계약 목적물로 삼았으나 계약서에는 착오로 다른 물건을 목적물로 기재한 경우, 쌍방 당사자의 의사합치가 있는 물건에 관하여 계약이 성립한 것으로 보아야 하는지 여부(적극) *(민법 제105조)*> 일반적으로 계약을 해석할 때에는 형식적인 문구에만 얽매여서는 안 되고 쌍방당사자의 진정한 의사가 무엇인가를 탐구하여야 한다(대법원 1993. 10. 26. 선고 93다2629, 2636 판결 등 참조). 계약 내용이 명확하지 않은 경우 계약서의 문언이 계약 해석의 출발점이지만, 당사자들 사이에 계약서의 문언과 다른 내용으로 의사가 합치된 경우에는 그 의사에 따라 계약이 성립한 것으로 해석하여야 한다.
계약당사자 쌍방이 모두 동일한 물건을 계약 목적물로 삼았으나 계약서에는 착오로 다른 물건을 목적물로 기재한 경우 계약서에 기재된 물건이 아니라 쌍방 당사자의 의사합치가 있는 물건에 관하여 계약이 성립한 것으로 보아야 한다. <이러한 법리는 계약 당사자들이 오류를 인지하지 못한 채 당사자들의 합치된 의사와 달리 착오로 계약상 지위가 잘못 기재된 계약서에 그대로 기명날인이나 서명을 한 경우에도 동일하게 적용되는지 여부(적극) *(민법 제105조)*> 이러한 법리는 계약서를 작성하면서 계약상 지위에 관하여 당사자들의 합치된 의사와 달리 착오로 잘못 기재하였는데, 계약 당사자들이 오류를 인지하지 못한 채 계약상 지위가 잘못 기재된 계약서에 그대로 기명날인이나 서명을 한 경우에도 동일하게 적용될 수 있다.

나. ……

(2) 원심은 이 사건 합의서의 작성 경위, 주요 내용, 계약당사자의 기재 등을 종합하여 <사안의 경우> 피고 1(병 등)과 에듀언스김포(정 등)를 비롯한 이 사건 합의서에 기명날인한 당사자들은 모두 이 사건 인수계약 당시와 마찬가지로 원래의 연대보증인(피고 1) 또는 근질권설정자(에듀언스김포)의 지위를 유지하는 의사로 이 사건 합의서에 당사자로 기명날인한 것이고, 이 사건 합의서에 따른 합의는 그 작성 당사자 모두 이 사건 인수계약에서 정한 지위를 그대로 유지하면서 기존의 변제기한과 이율에 관한 사항만 변경하는 내용으로 유효하게 성립하였다고 판단하였다.

다. 원심판결 이유를 적법하게 채택한 증거에 비추어 보면, 원심의 판단은 위에서 본 법리에 따른 것으로 정당하다. 원심의 판단에 상고이유 주장과 같이 필요한 심리를 다하지 않은 채 논리와 경험의 법칙에 반하여 자유심증주의의 한계를 벗어나거나 처분문서의 증명력 등에 관한 법리를 오해한 잘못이 없다.

2. 규범적 해석

§ 5-3 표시행위에 따른 해석

❶ 대법원 2000. 10. 6. 선고 2000다27923 판결 【매매대금반환】

사실관계

乙1(정O진)은 전원주택지 개발사업을 위하여 A(이O훈)로부터 X 임야를 매수하여 1997. 10. 24. 乙2 명의로 그 소유권이전등기(명의신탁등기)를 마쳤다. 乙2는 乙1과의 위 개발사업을 동업한 것이 아니라 월급을 받으며 乙1에게 고용된 토목기술자에 불과한 사람이고, 위 산림훼손 허가를 쉽게 받기 위하여 X 임야가 소재하는 지역의 현지인인 乙2 명의로 소유권이전등기를 해두지만 乙1로부터 취득세 등 각종 공과금에 대한 책임을 지지 않도록 해준다는 다짐까지 받아둔 바 있다. 그 후 乙1은 X 임야를 甲에게 팔기로 하는 매매계약을 체결하였는데, 乙2는 乙1과 甲의 요구에 따라서 乙1이 매도인으로 되어 있는 매매계약서의 매도인란의 乙1 이름 옆에 자신의 이름을 나란히 쓰고 거기에 서명 날인하는 한편, 아울러 매매대금의 영수증에도 같은 방법으로 乙1과 함께 서명 날인하였다. 그런데 X 임야에 관한 산림훼손 허가가 나지 않자, 甲은 乙1과 乙2의 위 매매계약상의 소유권이전등기의무가 이행불능이 되었다고 하면서 매매계약을 해제하고, 乙1과 乙2에 대하여 지급했던 대금의 반환을 청구하는 소를 제기하였다.

판결이유

1. ‥‥‥

나. 원심은 위 사실관계를 기초로, 피고(을2)는 정O진(을1)과 전원주택 개발사업을

동업한 것이 아니라 월급을 받으며 정O진(을1)에게 고용된 토목기술자에 불과한 점, 산림훼손허가를 쉽게 받기 위하여 현지인인 피고(을2) 명의로 소유권이전등기를 해 두되 취득세 등 각종 공과금에 대한 책임을 지지 않도록 해 준다는 다짐까지 받아둔 점 등에 비추어 보면, 피고(을2)가 위 각 매매계약서 및 영수증에 서명 날인하여 준 것은 이 사건 임야에 관한 소유 명의가 피고(을2) 앞으로 되어 있으니 그 이전등기의무의 이행을 확보해 준다는 의미에서 그리한 것이지, 나아가 매매계약이 해제될 경우에 그 원상회복의무인 매매대금 또는 대여금의 반환채무까지 보증해 줄 의사로 그리한 것은 아니라고 판단하여, <u>원고(갑)의 다음과 같은 주장, 즉 피고(을2)가 이 사건 각 매매계약서 및 영수증에 서명 날인한 것은 계약상의 본래의 의무의 이행뿐만 아니라 계약해제시의 매매대금반환 등 원상회복의무까지 보증한 것이니, 피고(을2)는 계약 해제에 따른 원상회복으로 위 매매대금 200,000,000원을 반환할 의무가 있다는 주장을 배척하고 원고(갑)의 이 부분 청구를 기각하고 있다.</u>

2. **<의사표시의 해석 방법** *(민법 제105조)***>** 의사표시의 해석은 당사자가 그 표시행위에 부여한 객관적인 의미를 명백하게 확정하는 것으로서, 서면에 사용된 문구에 구애받는 것은 아니지만 어디까지나 당사자의 내심적 의사의 여하에 관계없이 그 서면의 기재 내용에 의하여 당사자가 그 표시행위에 부여한 객관적 의미를 합리적으로 해석하여야 한다고 할 것이다(대법원 1996. 10. 25. 선고 96다16049 판결 참조).
그런데 원심판결 이유와 기록에 의하면, 원고(갑)는 1998. 1. 19. 종전의 대여금에 대한 담보로 정O진(을1)으로부터 이 사건 임야 중 일부에 대한 매매계약서와 매매대금의 영수증을 작성·교부받으면서 이 사건 임야가 피고(을2)의 명의로 되어 있어 피고(을2)의 동의 없이는 그 매매계약의 이행이 어렵다고 판단하고 그 매매계약서와 영수증은 물론이고, 종전에 정O진(을1)으로부터 작성·교부받아 두었던 1997. 10. 10.자 매매계약서와 영수증에도 피고(을2)의 서명 날인을 같이 받아줄 것을 요구하였고, 이에 피고(을2)가 원고(갑) 및 정O진(을1)의 요구에 따라 그 각 매매계약서(갑제1호증의 1, 2)의 매도인란의 정O진(을1)의 이름 옆에 자신의 이름을 나란히 쓰고 거기에 날인하는 한편, 그 매매대금의 전부인 금 150,000,000원(갑 제2호증의 1) 또는 그 중 계약금인 금 50,000,000원(갑 제2호증의 2)을 원고로부터 각 지급받았다는 내용의 영수증에도 같은 방법으로 서명 날인해 준 사실을 알아볼 수 있는바, 이와 같이 **<부동산의 명의수탁자(을2)가 신탁자(을1)와 함께 매매계약서의 매도인란에 자신의 서명 날인을 하고 매매대금 영수증에도 서명 날인을 하여 준 경우, 명의수탁자(을2)의 의사는 신탁자(을1)의 매매계약상의 매도인으로서의 의무를 자신이 공동으로 부담하겠다는 의미로 해석하여야 한다고 한 사안** *(민법 제103조[명의신탁], 제105조)*> 피고(을2)가 정O진(을1)이 매도인으로 되어 있는 매매계약서의 매도인란에 추가로 자신의 서명 날인을 해주는 한편 그 매매대금의 영수증에까지 서명 날인을 해주었다면, 그와 같은 행위에 이른 피고(을2)의 의사는 정O진(을1)의 매매계약상의 매도인으로서의 의무를 자신이 정O진(을1)과 공동으로 부담하겠다는 뜻이라고 해석함이 상당하다고 할 것이고, 이러한 해석은 피고(을2)가 정O진(을1)에게 고용된 토목기술자로서 정O진(을1)으로부터 이 사건 임야의 소유권이전등기 명의를 수탁받은 단순한 명의수탁자에 불과하다고 하여 달라질 수 없다고 할 것이다.

그렇다면 피고(을2)는 이 사건 각 매매계약상의 소유권이전등기의무가 이행불능이 되므로써 정O진(을1)이 부담하게 되는 손해배상채무나 그 매매계약이 해제됨으로 인하여 정O진(을1)이 부담하게 되는 원상회복의무를 정O진(을1)과 공동으로 이행할 의무가 있다고 할 것임에도, 원심은 채무불이행으로 인한 손해배상 또는 계약해제로 인한 원상회복을 구하는 원고(갑)의 이 부분 청구(1998. 1. 19.자 매매계약은 단순한 담보계약에 불과하고 그에 기하여 원고(갑)가 이행한 것은 없으므로, 이에 관한 원고(갑)의 청구 부분은 단순히 원상회복을 구하는 것으로 볼 것이 아니라 담보계약 불이행으로 인한 손해배상책임을 묻는 취지로 이해하여야 할 것이다)를 그 판시와 같은 이유로 배척하고 말았으니, 원심판결에는 의사표시의 해석을 그르쳐 판결 결과에 영향을 미친 위법이 있다고 할 것이다.

❷ 대법원 2002. 5. 24. 선고 2000다72572 판결 【손해배상(기)】

1. 제1점에 대하여
……

나. **<처분문서상 문언의 객관적인 의미가 명확하게 드러나지 않는 경우, 계약내용의 해석방법** (민법 제105조)**>** 계약당사자 사이에 어떠한 계약내용을 처분문서인 서면으로 작성한 경우에 문언의 객관적인 의미가 명확하다면, 특별한 사정이 없는 한 문언대로의 의사표시의 존재와 내용을 인정하여야 하지만, 그 문언의 객관적인 의미가 명확하게 드러나지 않는 경우에는 그 문언의 내용과 계약이 이루어지게 된 동기 및 경위, 당사자가 계약에 의하여 달성하려고 하는 목적과 진정한 의사, 거래의 관행 등을 종합적으로 고찰하여 사회정의와 형평의 이념에 맞도록 논리와 경험의 법칙, 그리고 사회일반의 상식과 거래의 통념에 따라 계약내용을 합리적으로 해석하여야 하고, 특히 당사자 일방이 주장하는 계약의 내용이 상대방에게 중대한 책임을 부과하게 되는 경우에는 그 문언의 내용을 더욱 엄격하게 해석하여야 한다(대법원 1995. 5. 23. 선고 95다6465 판결, 2001. 1. 19. 선고 2000다33607 판결 등 참조).

이와 같은 처분문서의 해석에 관한 법리와 기록에 비추어 살펴보면, 원·피고 사이에 피고가 원고의 변상판정에 따른 변상금을 지급하고, 원고는 나머지 손해배상청구권을 포기하기로 합의한 것으로 볼 수 없다고 한 원심의 판단은 옳은 것으로 수긍이 가고, 거기에 처분문서의 증명력에 관한 법리를 오해하거나, 채증법칙을 위배하여 사실을 오인한 위법이 있다고 할 수 없다.

2. 제2점에 대하여

가. 원심은 또, 원고의 담보물 교체 담당직원이 그 판시 제2 근저당권설정등기를 경료하면서 담보물의 권리관계를 제대로 파악하지 아니함으로써 이 사건 손해의 발생에 기여한 과실이 있으니, 피고가 배상하여야 할 손해액을 정함에 이를 참작하여야 한다는 피고의 주장에 대하여도, 원고 직원에게 그와 같은 과실이 있음을 인정할 증거가 없을 뿐만 아니라, 증거에 의하면, 이 사건 약정은 담보물 교체로 인하여 원고가 입게 될 손해 전액을 피고와 주식회사 OO식품(이하 'OO식품'이라 한다)이 연대하여 배상하기로 하는 약정으로 보이므로, 과실상계가 적용될 여지가 없다고 판단하여 이를 배척하였다.

나. 우선 이 사건 약정은 그 문언과 당시 보증의 대상이 되는 주채무의 주체 및 채무의 내용이 특정되어 있지 않은 상태에서 주채무의 존재를 전제로 하지 않고, 담보물의 교체라는 금융거래상 이례적이고 위험부담을 수반하는 거래를 하면서 그로부터 발생하는 위험을 담보물 교체로 이익을 얻게 되는 피고 등에게 인수하게 하여 그로 인한 손해를 담보하게 한 것이므로, 일종의 손해담보계약으로 보아야 할 것인바, <u>＜손해담보계약상 담보의무자의 책임의 성질 및 과실상계 규정이 준용되거나 과실상계 법리를 유추적용하여 그 담보책임을 감경할 수 있는지 여부 *(민법 제396조, 제428조)*＞ 손해담보계약상 담보의무자의 책임은 손해배상책임이 아니라 이행의 책임이고, 따라서 담보계약상 담보권리자의 담보의무자에 대한 청구권의 성질은 손해배상청구권이 아니라 이행청구권이므로, 민법 제396조의 과실상계 규정이 준용될 수 없음은 물론 과실상계의 법리를 유추적용하여 그 담보책임을 감경할 수도 없는 것이 원칙이지만, 다만 담보권리자의 고의 또는 과실로 손해가 야기되는 등의 구체적인 사정에 비추어 담보권리자의 권리 행사가 신의칙 또는 형평의 원칙에 반하는 경우에는 그 권리 행사의 전부 또는 일부가 제한될 수는 있다.</u>

❸ 대법원 2017. 2. 15. 선고 2014다19776, 19783 판결 [약정금등·손해배상(기)]

사실관계

이동전화사업자인 甲과 유선전화사업자인 乙은 자신의 통신서비스에 가입한 이용자가 상대방의 통신서비스에 가입한 이용자에게 통화를 하는 경우, 다른 사업자의 통신망을 이용하는 사업자는 통신망을 제공하는 사업자에게 통신망의 이용대가인 접속통화료를 지급하여야 한다는 협정을 체결하였다. 접속통화료는 2003년 12월 26일 甲과 乙 사이에 체결된 '상호접속협정'과 구 전기통신사업법에 근거한 '전기통신설비의 상호접속기준'에서 정하고 있다. 甲은 위 협정에 따라 乙이 요청한 방식의 접속을 제공하여 자신의 접속설비를 최소한도로 이용할 수 있도록 할 의무가 있는데도 이를 거부하였고, 乙은 甲의 거부행위가 없었다면 요청한 방식의 접속을 제공받았을 시점 이후에도 계속 우회접속방식으로 접속하여 우회구간에 대한 추가적인 접속설비를 이용하였다. 그런데 甲이 乙을 상대로 2009년 9월 18일 이후의 접속분에 대하여 우회접속방식이 유지됨으로써 乙이 추가로 이용한 접속설비에 대한 접속통화료의 지급을 청구하였다.

판결이유

……

2. 본소에 관한 상고이유에 대한 판단
가. 2G MSC 우회접속방식으로 접속하는 경우 CGS 방식으로 접속하는 경우에 비하여 추가 접속통화료 지급의무가 발생하는지 여부
(1) *<처분문서에 나타난 당사자 의사의 해석 방법 (민법 제105조)>* 처분문서는 그 성립의 진정함이 인정되는 이상 법원은 그 기재 내용을 부인할 만한 분명하고도 수긍할 수 있는 반증이 없는 한 처분문서에 기재되어 있는 문언대로 의사표시의 존재와 내용을 인정하여야 한다. 당사자 사이에 계약의 해석을 둘러싸고 다툼이 있어 처분문서에 나타난 당사자의 의사해석이 문제 되는 경우에는 문언의 내용, 약정이 이루어진 동기와 경위, 약정으로 달성하려는 목적, 당사자의 진정한 의사 등을 종합적으로 고찰하여 논리와 경험칙에 따라 합리적으로 해석하여야 한다(대법원 2002. 6. 28. 선고 2002다23482 판결, 대법원 2016. 10. 27. 선고 2014다88543, 88550 판결 등 참조).
……

나. 2009. 9. 18. 이후의 접속으로 인한 추가 접속통화료 청구가 신의칙에 반하는 것인지 여부
(1) *<신의성실의 원칙의 의미 및 이 원칙에 반한다는 이유로 권리행사를 부정하기 위한 요건 (민법 제2조 제1항)>* 신의성실의 원칙은 법률관계의 당사자가 상대방의 이익을 배려하여 형평에 어긋나거나 신의를 저버리는 내용 또는 방법으로 권리를 행사하거나 의무를 이행해서는 안 된다는 추상적 규범이다. 신의성실의 원칙에 반한다는 이유로 권리의 행사를 부정하기 위해서는 상대방에게 신뢰를 제공하였다거나 객관적으로 보아 상대방이 신뢰를 하는 데 정당한 상태에 있어야 하고, 이러한 상대방의 신뢰에 반하여 권리를 행사하는 것이 정의관념에 비추어 용인될 수 없는 정도의 상태에 이르러야 한다(대법원 2003. 4. 22. 선고 2003다2390, 2406 판결, 대법원 2011. 2. 10. 선고 2009다68941 판결 등 참조).
(2) 아래 3.에서 인정하는 바와 같이 원고*(갑)*가 LM 3G호와 VM 3G호에 대하여

MSC 방식으로 접속을 하기 위한 피고(을)의 2008. 6. 2.자 정보제공요청에 응하지 않음으로써 위 각호에 대한 MSC 방식의 접속이 지연되었고, 원고(갑)는 위 지연과 관련하여 2009. 9. 18.부터는 피고(을)에 대하여 채무불이행 또는 불법행위에 기한 손해배상책임을 부담한다.

원고(갑)는 상호접속협정에 따라 2009. 9. 17.까지는 LM 3G호와 VM 3G호에 대하여 MSC 방식의 접속을 제공하여 원고(갑)의 접속설비를 최소한도로 이용할 수 있도록 할 의무가 있다. 그런데도 원고(갑)가 이를 거부하여 피고(을)로 하여금 위 일자 이후에도 계속하여 2G MSC 우회접속방식으로 접속하여 우회구간에 대하여 추가적인 접속설비를 이용하도록 하면서 그로 인한 추가 접속통화료를 청구하고 있다.

원고(갑)가 피고(을)를 상대로 LM 3G호와 VM 3G호에 관한 2009. 9. 18. 이후의 접속분에 대하여 2G MSC 우회접속방식이 유지됨으로써 피고(을)가 추가로 이용한 접속설비에 대한 접속통화료의 지급을 청구할 수 있다면, 원고(갑)에게 그 접속통화료를 지급한 피고(을)는 다시 원고(갑)에 대하여 원고(갑)가 LM 3G호와 VM 3G호에 관하여 MSC 방식의 접속을 거부한 것을 이유로 같은 금액 상당의 손해배상청구를 할 수 있을 것이다. 그러나 이것은 원·피고 사이의 순환소송을 인정하는 결과가 되어 소송경제에 반할 뿐만 아니라 원고(갑)는 결국 피고(을)에게 반환할 것을 청구하는 것이 되어 이를 허용하는 것은 신의성실의 원칙에 비추어 타당하지 않다(대법원 2002. 3. 21. 선고 2000다62322 전원합의체 판결, 대법원 2015. 7. 23. 선고 2014다42202 판결 등 참조). 따라서 2008. 9. 18.부터의 접속에 대한 추가 접속통화료의 청구는 상호접속협정에 의하여 형성된 피고(을)의 신뢰에 반하는 권리 행사로서 허용되지 않는다.

(3) 같은 취지의 원심의 판단은 정당하고, 원고(갑)의 상고이유 주장과 같이 신의칙에 관한 법리를 오해함으로써 필요한 심리를 다하지 않은 위법이 없다.
……

나. 피고(을)의 2007. 9. 21.자 공문이 MSC 방식의 접속을 위한 접속요청에 필요한 정보의 제공요청인지 여부

(1) <의사표시를 한 사람이 생각한 의미가 상대방이 생각한 의미와 다른 경우, 의사표시를 해석하는 방법 (민법 제105조)> 당사자들이 공통적으로 의사표시를 명확하게 인식하고 있다면, 그것이 당사자가 표시한 문언과 다르더라도 당사자들의 공통적인 인식에 따라 의사표시를 해석하여야 한다. 그러나 의사표시를 한 사람이 생각한 의미가 상대방이 생각한 의미와 다른 경우에는 의사표시를 수령한 상대방이 합리적인 사람이라면 표시된 내용을 어떻게 이해하였다고 볼 수 있는지를 고려하여 의사표시를 객관적·규범적으로 해석하여야 한다.

(2) 원심은 피고(을)의 2007. 9. 21.자 공문이 MSC 방식의 접속을 위한 접속요청에 필요한 정보의 제공요청이라고 보기 어렵다고 판단하였다. 그 이유로 위 공문에

는 접속에 관련된 정보의 제공을 요청하는 내용이 포함되어 있지만, 위 공문은 LM 3G호와 VM 3G호에 대한 추가 접속통화료 정산을 요구한 원고(갑)의 2007. 8. 14.자 공문에 대한 답신으로서, 호의 소통경로 확인을 위하여 위와 같은 정보가 필요하고 확인된 내용을 토대로 접속통화료의 추가 정산 여부를 결정하겠다는 취지라는 점을 들고 있다.

(3) 원심의 판단은 위에서 본 법리를 따른 것으로 정당하고, 피고(을)의 상고이유 주장과 같이 의사표시의 해석에 관한 법리를 오해한 위법이 없다.

3. 보충적 해석

§ 5-4 가정적 의사에 따른 해석

❶ (§ 6-33 ❶) 대법원 2006. 11. 23. 선고 2005다13288 판결【부당이득금】

사실관계

甲이 국유지인 X 대지 위에 건물을 신축하여 乙(국가)에게 기부채납하는 대신 X 대지 및 건물에 대한 사용수익권을 받기로 약정하였다. 이와 같은 약정에 따라 甲은 X 대지 위에 Y 건물을 신축하여 乙에게 소유권을 이전하고 사용·수익허가를 받았으며, 사용수익허가의 조건은 Y 건물의 감정평가액 802,559,990원을 기부채납금액으로 하고 X 대지 및 Y 건물의 연간사용료를 187,386,000원으로 하여 사용료 합계가 기부채납액에 달하기까지의 기간 동안 사용료를 면제한다는 것이었다. 위 계약체결과정에서 甲과 乙의 담당자는 위 기부채납이 부가가치세 부과대상인 줄을 몰랐거나 이를 고려하지 아니한 채 계약을 체결하고 조건을 결정하였었는데, 그 후 甲에게 위 기부채납에 대한 103,931,510원의 부가가치세가 부과되어 甲이 이를 납부하였다. 이에 甲은 乙에 대하여 착오를 이유로 납부한 세금액에 관하여 부당이득의 반환을 청구하였다.

판결이유

1. 원심의 인정과 판단

원심은 그 인정의 사실, 즉 원고가 국유지인 판시 대지 위에 건물을 신축하여 피고에 기부채납하는 대신 위 대지 및 건물에 대한 사용수익권을 받기로 약정한 사실(이하 위 약정을 '이 사건 계약'이라 한다), 이에 따라 원고가 건물을 신축하여 피고에게 소유권을 이전하고 사용·수익허가를 받은 사실, 사용수익허가의 조건은 건물의 감정평가액 802,559,990원을 기부채납금액으로 하고 대지 및 건물의 연간 사용료를 187,386,000원으로 하여 사용료 합계가 기부채납액에 달하기까지의 기간 동안 사용료를 면제한다는 것인바, 위 과정에서 원고와 피고 담당자는 위 기부채납이 부가가치세 부과대상인 줄을 몰랐거나 이를 고려하지 아니한 채 계약을 체결하고 조건을 결정한 사실, 그 후 원고에게 위 기부채납에 대한 103,931,510원{= 80,255,999원(본세) + 23,675,517원(가산세), 10원 미만 버림}의 부가가치세가 부과되어 원고가 이를 납부한 사실에 터잡아, 이 사건 계약에 기한 기부채납에 대하여 부가가치세가 부과된다는 점에 관하여 원고(갑)와 피고(을) 공통으로 착오에 빠져 있었고, 이러한 착오의 상황을 고려하여 계약체결에 대한 당사자의 진의를 추정하여 그와 같은 동기의 착오가 없었더라면 당사자가 약정하였을 내용대로 계약을 수정하는 것이 당사자의 이익을 위하여 타당하다고 할 것인데, 일반적인 거래의 경우 부가가치세가 부과될 것을 전제로 유상거래행위를 할 때에는 부가가치세를 누가 부담할 것인지를 따로 정하는 경우를 제외하고서는 재화나 용역을 공급하는 자가 공급가격에서 부가가치세를 공제한 나머지 가격에 해당하는 재화나 용역을 제공하는 것이 거래의 일반적인 경험칙이라고 할 것인바, 원고(갑)와 피고(을)가 위 건물의 기부채납이 부가가치세 부과대상이라는 점을 고려하여 이 사건 계약에 나아갔더라면 원고(갑)는 건물의 감정가액인 금 802,559,990원의 10%에 해당하는 금 80,255,999원을 피고(을)로부터 받아서 이를 국가에 납부하는 절차를 취하였을 것이고 피고(을) 역시 이를 거부할 이유가 없을 것으로 보이기 때문에, 원고(갑)와 피고(을)가 부가가치세 부과에 관한 착오 없이 이 사건 계약을 체결하였다면 피고가 부가가치세를 부담함을 전제로 계약 내용을 정하였을 것으로 보는 것이 당사자의 진정한 의사에 부합한다고 할 것이라는 이유를 들어, 피고에게 부가가치세 중 본세인 80,255,990원 및 그 지연손해금의 지급을 명하였다.

2. 대법원의 판단

가. *<계약당사자 쌍방이 계약의 전제나 기초가 되는 사항에 관하여 같은 내용으로 착오가 있는 경우, 계약의 해석 방법 (민법 제105조, 제109조)>* 계약당사자 쌍방이 계약의 전제나 기초가 되는 사항에 관하여 같은 내용으로 착오를 하고, 이로 인하여 그에 관한 구체적 약정을 하지 아니하였다면, 당사자가 그러한 착오가 없을 때에 약정하였을 것으로 보이는 내용으로 당사자의 의사를 보충하여 계약을 해석할 수도 있으나, 여기서 보충되는 당사자의 의사란 당사자의 실제 의사 내지 주관적 의사가 아니라 계약의 목적, 거래관행, 적용법규, 신의칙 등에 비추어 객관적으로 추인되는 정당한 이익조정 의사를 말한다고 할 것이다.

원심이 인정한 바와 같이 원고와 피고가 이 사건 계약을 체결하고 그 내용을 정함에 있어 기부채납이 부가가치세 부과대상인 줄을 몰랐다고 한다면, 계약의 전제가 되는 사항에 관하여 같은 내용의 착오에 빠져 있었다고 할 수 있으므로, 당사자의 진의를 추정하여 계약 내용을 수정 해석하는 것이 타당하다고 본 원심의 판시 자체는 수긍되는 면이 있다.

나. 그러나 나아가 원심이, 그와 같은 경우에 피고가 부가가치세를 부담하는 것으로 약정하였으리라고 단정한 것은 다음과 같은 이유로 이를 수긍할 수 없다.

부가가치세법 제15조가 사업자가 재화 또는 용역을 공급하는 때에는 부가가치세 상당액을 그 공급을 받는 자로부터 징수하여야 한다고 규정하고 있으나 공급자가 위 규정을 근거로 공급을 받는 자로부터 부가가치세 상당액을 징수할 권리가 없는 이상(대법원 2002. 11. 22. 선고 2002다38828 판결 등 참조), <국가와 기부채납자가 국유지인 대지 위에 건물을 신축하여 기부채납하고 위 대지 및 건물에 대한 사용수익권을 받기로 약정하면서 그 기부채납이 부가가치세 부과대상인 것을 모른 채 계약을 체결한 사안의 경우 (민법 제105조, 제109조; 부가가치세법 제15조; 구 국유재산법(2004. 12. 31. 법률 제7325호로 개정되기 전의 것) 제26조 제1항 제1호, 제27조 제1항; 구 국유재산법 시행령(2005. 6. 30. 대통령령 제18886호로 개정되기 전의 것) 제28조 제1항)> 부가가치세의 부담에 관한 별도의 약정이 없을 경우에 공급받는 자가 부가가치세를 부담한다는 일반적인 거래관행이 확립되어 있거나, 기부채납에 있어 부가가치세를 국가가 부담하는 관행이 있다고 단정할 수 없다.

이 사건에 적용될 구 국유재산법(2004. 12. 31. 법률 제7325호로 개정되기 전의 것) 제27조 제1항, 그 시행령(2005. 6. 30. 법률 제18886호로 개정되기 전의 것) 제28조 제1항 등의 규정에 의하면, 사용·수익허가기간을 '사용료의 총액이 기부를 채납한 재산의 가액에 달하는 기간 이내'로, '사용료의 면제는 사용료 총액이 기부채납 재산 가액에 달할 때까지'로 하도록 되어 있고, 기록에 의하면 피고(을)는 무상 사용·수익허가기간을 정함에 있어 '당해 재산의 가액'에 1천분의 50 이상을 곱한 금액으로 연간사용료를 산정하도록 하고 있는 위 시행령 제26조 제1항 제5호의 규정에 따라 이 사건 기부채납 재산 가액에다가 그 하한인 1천분의 50을 곱하여 연간사용료를 187,386,000원으로 정한 사실을 알 수 있는바, 기부채납 재산의 가액이란 공급가액을 말하므로 부가가치세액이 포함되지 아니한 금액이어야 하고, 피고(을)로서는 그와 다른 약정을 할 여지도 없을 것으로 보인다(위 법률 제9조 제2항 등 참조).

그럼에도 불구하고, 원심은 다른 특별한 사정없이 그 설시의 사정만으로, 착오가 없었더라면 피고(을)가 부가가치세를 부담함을 전제로 계약 내용을 정하였을 것으로 보는 것이 당사자의 진정한 의사에 부합한다고 단정하고야 말았으니, 원심판결에는 법률행위의 해석 내지 관계 규정의 해석·적용에 관한 법리를 오해하여 판결에 영향을 미친 위법이 있고, 이 점을 지적하는 상고이유는 이유가 있다.

❷ **대법원 1991. 4. 9. 선고 90다16078 판결 【손해배상(기)】**
(대법원 2001. 9. 14. 선고 99다42797 판결)
……

2. <불법행위로 인한 손해배상에 관하여 피해자가 일정한 금액을 지급받고 나머지 청구를 포기하기로 한 약정(합의)의 해석 (민법 제763조)> 불법행위로 인한 손해배

상에 관하여 가해자와 피해자사이에 피해자가 일정한 금액을 지급받고 그 나머지 청구를 포기하기로 합의가 이루어진 때에는 그 후 그 이상의 손해가 발생하였다 하여 다시 그 배상을 청구할 수 없는 것이나, 다만 그 합의가 손해발생의 원인인 사고 후 얼마 지나지 아니하여 손해의 범위를 정확히 확인하기 어려운 상황에서 이루어진 것이고, 후발손해가 합의당시의 사정으로 보아 예상이 불가능한 것으로서, 당사자가 후발손해를 예상하였더라면 사회통념상 그 합의금액으로는 화해하지 않았을 것이라고 보는 것이 상당할 만큼 그 손해가 중대한 것일 때에는, 당사자의 의사가 이러한 손해에 대해서까지 그 배상청구권을 포기한 것이라고 볼 수 없으므로 다시 그 배상을 청구할 수 있다고 보아야 할 것이다.

위에서 원심이 확정한 사실관계에 비추어보면 원고 1의 후유증으로 인한 손해는 소장유착에 의한 장폐쇄증상으로 유착박리수술을 받은 손해를 말하고 그밖에 소장유착에 의한 장폐쇄증상이 완치되지 아니하여 불구자가 되었다는 원고들 주장은 원심이 적법히 배척하고 있는바, 원심이 확정한 바와 같은 이 사건 합의에 이르게 된 경위와 합의당시 및 소장유착박리수술시행 후 원고 1의 증상에다가 이 사건 합의금액은 6,000,000원인데 같은 원고가 OO병원에서 농양 배농술을 받고 퇴원할 때까지의 기왕 치료비가 3,968,120원이고 위 소장유착박리수술의 치료비가 1,571,100원인 사실이 기록상 명백한 점 등을 합쳐 살펴보면, <*의료사고로 인한 손해배상에 관한 합의가 나머지 손해배상청구권의 포기로써 유효하다고 본 사례* (민법 제763조)> 위 소장유착박리수술로 인한 손해는 합의당시의 사정으로 보아 전혀 예상이 불가능한 손해로서 예상하였더라면 사회통념상 그 합의금액으로는 합의하지 않았을 것이라고 보는 것이 상당할 만큼 중대한 손해라고 보기 어려우므로, 원심이 그 설시내용에 미흡한 점은 있으나 같은 취지에서 원고들의 주장을 배척한 것은 정당하고, 거기에 소론이 지적하는 바와 같은 법리오해나 조리, 경험칙에 어긋난 사실인정의 잘못이 있다 할 수는 없다.

§ 5-5 보충적 해석의 한계
❶ 대법원 1995. 9. 26. 선고 95다18222 판결 【소유권이전등기】
......
(2) ......
(다) 원심은 나아가, 이와 같이 피고가 원고들에게 이 사건 임대주택을 분양하기로 하는 약정은 이미 1990. 3. 28.자로 성립하여 있음에도 불구하고, 위 분양약정에서 합의된 분양가격 결정기준으로서 예정되었던 국민주택기금의 융자를 받아 건축된 민간임대주택의 분양가격 결정기준 등 분양조건에 관한 건설부령이 위 약정일로부터 5년 가까이 경과한 지금까지 제정되지 아니하고, 또 앞으로 빠른 시일 내에 제정될 가능성을 예견하기도 어려우며, 또한 다른 기준도 뚜렷하게 정해지지 않는(사

안) 마당에, 위 분양약정 당시 임대주택의 분양가격 결정기준에 관한 건설부령이 곧 제정되리라고 예상하였던 당사자의 의사, 이해관계, 분쟁 및 위 약정에 이르른 경위, 기타 제반사정을 참작하여 보면 이 사건 임대주택의 분양가격은 위 약정 당시 시가에 따라 결정함이 상당하다고 판시하였다.

<아파트 분양약정상의 분양가격 결정기준에 의한 가격 결정이 불가능한 경우, 법원이 판결로써 분양가격을 결정할 수 있는지 여부 (민법 제105조)> 분양약정의 해석상 당사자 사이에 분양가격의 결정기준으로 합의하였던 기준들에 의하여 분양가격 결정이 불가능하게 되었다면, 당사자 사이에 새로운 분양가격에 관한 합의가 이루어지지 않는 한 위 분양약정에 기하여 당사자 일방이 바로 소유권이전등기절차의 이행을 청구할 수는 없는 것이고, 여기에 법원이 개입하여 당사자 사이에 체결된 계약의 해석의 범위를 넘어 판결로써 분양가격을 결정할 수는 없는 것이다.

그럼에도 원심이 위 분양약정상 분양가격의 결정기준으로 합의하였던 기준들에 의하여 분양가격을 결정할 수 없게 된 마당에 있어서는, 위 분양약정 당시 임대주택의 분양가격 결정기준에 관한 건설부령이 곧 제정되리라고 예상하였던 당사자의 의사, 이해관계, 분쟁 및 위 약정에 이르른 경위, 기타 제반사정을 참작하여 보면, 이 사건 임대주택의 분양가격은 위 약정 당시 시가에 따라 결정함이 상당하다고 판단한 조치에는 필경 계약의 해석을 잘못하고, 자유심증주의의 범위를 일탈한 위법이 있다고 할 것이고 위와 같은 위법은 판결에 영향을 미쳤음이 명백하다.

III. 법률행위 해석의 표준

1. 당사자가 기도한 목적

§ 5-6 당사자가 기도한 목적 및 진정한 의사

❶ *(§ 5-1 ❼)* 대법원 1996. 10. 25. 선고 96다16049 판결 【약정금】
……

2. 상고이유에 대한 판단

<당사자가 표시한 문언에 의하여 객관적 의미가 명확하게 드러나지 않는 경우의 법률행위 해석 방법 (민법 제105조)> 법률행위의 해석은 당사자가 그 표시행위에 부여한 객관적인 의미를 명백하게 확정하는 것으로서, 서면에 사용된 문구에 구애받는 것은 아니지만 어디까지나 당사자의 내심적 의사의 여하에 관계없이 그 서면의 기재내용에 의하여 당사자가 그 표시행위에 부여한 객관적 의미를 합리적으로 해석하여야 하는 것이고, 당사자가 표시한 문언에 의하여 그 객관적인 의미가 명확하게 드러나지 않는 경우에는 그 문언의 내용과 그 법률행위가 이루어진 동기 및 경

위, 당사자가 그 법률행위에 의하여 달성하려는 목적과 진정한 의사, 거래의 관행 등을 종합적으로 고려하여 사회정의와 형평의 이념에 맞도록 논리와 경험의 법칙, 그리고 사회일반의 상식과 거래의 통념에 따라 합리적으로 해석하여야 한다(대법원 1992. 5. 26. 선고 91다35571 판결 참조).

2. 거래관행
§ 5-7 관습법과 사실인 관습과의 관계
❶ *(§ 1-3 ❶)* 대법원 1983. 6. 14. 선고 80다3231 판결【분묘이장】

사실관계

아내가 호주인 남편 A보다 먼저 사망하자 그의 장남 乙이 甲의 토지에 그의 허락을 받지 않고 어머니의 분묘를 설치하고 그 분묘를 관리하고 있었다. 乙의 아버지인 A가 생존하여 호적상 A가 호주로 기재되어 있다. 토지소유자인 甲이 乙에게 분묘의 철거 및 묘역에 해당하는 임야부분의 인도를 청구하는 소를 제기하였다. 이 소송에서 乙은 어머니, 즉 A의 아내가 먼저 사망한 경우에는 그 부(夫)가 망실(亡室)의 제사를 통제하는 제주가 되는 것이 관습이라고 하면서 甲의 청구는 A에 대하여 하여야 한다고 주장하였다.

판결이유

······

3. 민법 제1조는 민사에 관하여 법률에 규정이 없으면 관습법에 의하고, 관습법이 없으면 조리에 의한다고 규정하여 관습법 및 조리의 법원으로서의 근거를 천명하고 있으며, 한편 같은 법 제106조는 법령 중의 선량한 풍속 기타 사회질서에 관계없는 규정과 다른 관습이 있는 경우에 당사자의 의사가 명확하지 아니한 때에는 그 관습에 의한다고 규정하여 사실인 관습의 효력을 정하고 있다.
<*관습법과 사실인 관습의 차이* *(민법 제1조, 제106조)*> 관습법이란 사회의 거듭된 관행으로 생성한 사회생활규범이 사회의 법적 확신과 인식에 의하여 법적 규범으로 승인 강행되기에 이르른 것을 말하고, 사실인 관습은 사회의 관행에 의하여 발생한 사회생활규범인 점에서는 관습법과 같으나, 다만 사실인 관습은 사회의 법적 확신이나 인식에 의하여 법적 규범으로서 승인될 정도에 이르지 않은 것을 말하여, 관습법은 바로 법원으로서 법령과 같은 효력을 갖는 관습으로서 법령에 저촉되지 않는 한 법칙으로서의 효력이 있는 것이며, 이에 반하여 사실인 관습은 법령으로서의 효력이 없는 단순한 관행으로서 법률행위의 당사자의 의사를 보충함에 그치는 것이다.

일반적으로 볼 때 <관습법과 사실인 관습의 주장입증책임 (민법 제1조, 제106조)> 법령과 같은 효력을 갖는 관습법은 당사자의 주장 입증을 기다림이 없이 법원이 직권으로 이를 확정하여야 하나, 이와 같은 효력이 없는 사실인 관습은 그 존재를 당사자가 주장 입증하여야 한다고 파악할 것이나, 그러나 사실상 관습의 존부 자체도 명확하지 않을 뿐만 아니라, 그 관습이 사회의 법적 확신이나 법적 인식에 의하여 법적 규범으로까지 승인된 것이냐 또는 그에 이르지 않은 것이냐를 가리기는 더욱 어려운 일이므로, 법원이 이를 알 수 없을 경우 결국은 당사자가 이를 주장 입증할 필요에 이르게 될 것이다.

한편 <사실인 관습의 효력범위 (민법 제1조, 제106조)> 민법 제1조의 관습법은 법원으로서의 보충적 효력을 인정하는데 반하여, 같은 법 제106조(사실인 관습)는 일반적으로 사법자치가 인정되는 분야에서의 관습의 법률행위의 해석기준이나 의사보충적 효력을 정한 것이라고 풀이할 것이므로, 사법자치가 인정되는 분야 즉 그 분야의 제정법이 주로 임의규정일 경우에는 위와 같은 법률행위의 해석 기준으로서 또는 의사를 보충하는 기능으로서 이를 재판의 자료로 할 수 있을 것이나, 이 이외의 즉 그 분야의 제정법이 주로 강행규정일 경우에는 그 강행규정 자체에 결함이 있거나 강행규정 스스로가 관습에 따르도록 위임한 경우 등 이외에는 이 관습에 법적 효력을 부여할 수 없다고 할 것인바, <가정의례준칙 제13조의 규정과 상치되는 관습법의 효력을 인정할 수 있는지 여부 (민법 제1조, 제106조; 가정의례준칙 제13조)> 가정의례에 관한 법률에 따라 제정된 가정의례준칙(1973. 5. 17 대통령령 제6680호) 제13조(현행 제15조)는 사망자의 배우자와 직계비속이 상제가 되고 주상은 장자가 되나 장자가 없는 경우에는 장손이 된다고 정하고 있으므로, 원심인정의 관습이 관습법이라는 취지라면(원심판시의 취지로 보아 관습법이라고 보여지나 반드시 명확하지는 않다) 관습법의 제정법에 대한 열후적, 보충적 성격에 비추어 그와 같은 관습법의 효력을 인정하는 것은 관습법의 법원으로서의 효력을 정한 위 민법 제1조의 취지에 어긋나는 것이라고 할 것이고 <가정의례준칙 제13조의 규정과 상치되는 사실인 관습의 효력인정 요건 (민법 제1조, 제106조; 가정의례준칙 제13조)> 이를 사실인 관습으로 보는 취지라면 우선 그와 같은 관습을 인정할 수 있는 당사자의 주장과 입증이 있어야 할 것일 뿐만 아니라, 사실인 관습의 성격과 효력에 비추어 이 관습이 사법자치가 인정되는 임의규정에 관한 것이어야만 비로소 이를 재판의 자료로 할 수 있을 따름이므로 이 점에 관하여도 아울러 심리 판단하였어야 할 것이므로, 따라서 원심인정과 같은 관습을 재판의 자료로 하려면 그 관습이 관습법인지 또는 사실인 관습인지를 먼저 가려 그에 따라 그의 적용여부를 밝혔어야 할 것이다.

3. 신의성실의 원칙 또는 조리

§ 5-8 보통거래약관의 해석

❶ 대법원 1991. 12. 24. 선고 90다카23899 전원합의체 판결 【보험금】

사실관계

甲은 자신이 경영하는 ○○공업사의 앞길에 소유하고 있는 트럭을 열쇠를 꽂아 둔 채 정차시켜 놓았는데, 위 공업사에서 종업원으로 일한 적이 있는 A가 이를 무단히 운전하다가 교통사고를 내어 B를 사망하게 하였다. 그리하여 B의 유족들이 甲을 상대로 손해배상청구의 소를 제기하여, 甲의 패소판결이 선고되었고, 위 판결은 항소기간의 경과로 확정되었다. 甲은 乙과의 사이에 위 트럭을 피보험차량으로 하는 자동차종합보험계약을 체결하고 있어서 乙에 대하여 보험금의 지급을 청구하였다. 그런데 乙은 甲과 乙 간의 위 자동차종합보험보통약관에 "자동차의 운전자가 무면허운전을 하였을 때에 생긴 사고로 인한 손해"에 대해서는 乙이 이를 보상하지 않는다는 면책 규정이 있었으며(자동차종합보험보통약관 제10조 제1항 제6호), A는 위 교통사고 당시 자동차운전면허 없이 술에 취한 상태로 운전하였음을 이유로 보험금의 지급을 거절하였다. 이에 甲은 乙을 상대로 보험금지급을 구하는 소를 제기하였다.

판결이유

......

2. 기록에 의하면 이 사건 자동차종합보험보통약관 제10조 제1항 제6호는 책임보험조항에서 피고가 보상하지 않는 손해의 하나로 "자동차의 운전자가 무면허운전을 하였을 때에 생긴 사고로 인한 손해"를 들고 있는바, 위 무면허운전면책조항을 문언 그대로 해석한다면 무면허자인 소외 인(A)이 무단운전중에 일으킨 사고로 인하여 원고(갑)가 그 배상책임을 부담함으로써 입은 손해는 위 무면허운전면책조항에 해당되어 피고(을)의 보상책임이 면제된다고 볼 수 밖에 없을 것이다.

그러나 자동차교통의 발달로 자동차의 사용이 생활의 필요수단으로 일반화되고 교통사고로 인한 피해가 늘어남에 따라 피해자 보호의 측면이 강조되기에 이르렀고, 이에 따라 자동차손해배상보장법의 적용에 있어서도 자동차보유자의 운행지배와 운행이익의 범위를 폭넓게 인정하여, 예컨대 무단운전이나 절취운전의 경우에도 자동차보유자에게 자동차관리상의 잘못이 있는 한 배상책임을 지게 하는 등 자동차보유자의 책임범위를 확장하는 추세에 있으며, 이와 같이 자동차보유자의 배상책임 범위가 확장됨에 따라 자동차보험에 의하여 자동차보유자의 경제적 수요를 충족받을 필요성은 더욱 커졌다고 할 수 있다. 그런데도 위 무면허운전면책조항에 의하여 일률적으로 무면허운전의 경우를 보험의 보상대상에서 제외한다면, 무단운전이나 절취운전의 경우와 같이 자동차보유자는 피해자에 대하여 손해배상책임을 부담하면서도 자기의 지배관리하에 있지 않은 운전자의 운전면허소지 여부에 따라 보험의 보호를 전혀 받지 못하는 경우가 생기게 되어 피보험자의 경제적 수요를 충족하기 위한 자동차보험제도의 기능과 효용은 크게 감쇄되고 결과적으로 피해자보호도 소홀이 되는 결과를 초래하게 된다.

원심은 위와 같은 무면허운전면책조항의 불합리성을 제거하기 위하여 상법 제659조 제1항 및 제663조의 규정을 근거로 수정해석을 시도한 것으로 보이나, 위 상법 제659조 제1항은 보험사고를 직접 유발한 자 즉 손해발생원인에 전적인 책임이 있는 자를 보험의 보호대상에서 제외하려는 것이므로, 보험약관에서 이러한 손해발생원인에 대한 책임조건을 경감하는 내용으로 면책사유를 규정하는 것은 상법 제663조의 불이익변경금지에 저촉되겠지만, 손해발생원인과는 관계없이 손해발생시의 상황이나 인적 관계 등 일정한 조건을 면책사유로 규정하는 것은 위 상법 제659조 제1항의 적용대상이라고 볼 수 없는 것인바, 위 책임보험조항의 무면허운전면책조항은 사고발생의 원인이 무면허운전에 있음을 이유로 한 것이 아니라, 사고발생시에 무면허운전중이었다는 법규위반상황을 중시하여 이를 보험자의 보상대상에서 제외하는 사유로 규정한 것이므로 위 상법 제659조 제1항의 적용대상이라고 보기 어렵다.

3. 그런데 **<보험약관에 있어 약관의 내용통제원리로 작용하는 신의성실의 원칙의 의미와 이에 반하는 약관조항의 해석방법(=수정해석)** *(민법 제2조, 제105조; 약관의규제에관한법률 제6조, 제7조)>* 약관의규제에관한법률(이하 약관규제법이라 한다)에 의하면 제6조 제1항은 신의성실의 원칙에 반하여 공정을 잃은 약관조항은 무효라고 규정하고, 제2항은 고객에게 부당하게 불리한 조항, 고객이 계약의 거래형태 등 제반 사정에 비추어 예상하기 어려운 조항 및 계약의 목적을 달성할 수 없을 정도로 계약에 따르는 본질적 권리를 침해하는 조항은 공정을 잃은 것으로 추정한다고 규정하고 있으며, 또 제7조 제2, 3호는 면책조항에 관하여 상당한 이유 없이 사업자의 손해배상범위를 제한하거나 사업자가 부담하여야 할 위험을 고객에게 이전시키는 조항, 상당한 이유 없이 사업자의 담보책임을 배제 또는 제한하거나 그 담보책임에 따르는 고객의 권리행사의 요건을 가중하는 조항은 무효로 한다고 규정하고 있다.

위와 같은 약관의 내용통제원리로 작용하는 신의성실의 원칙은 보험약관이 보험사업자에 의하여 일방적으로 작성되고 보험계약자로서는 그 구체적 조항내용을 검토하거나 확인할 충분한 기회가 없이 보험계약을 체결하게 되는 계약성립의 과정에 비추어, 약관작성자는 계약상대방의 정당한 이익과 합리적인 기대 즉 보험의 손해전보에 대한 합리적인 신뢰에 반하지 않고 형평에 맞게끔 약관조항을 작성하여야 한다는 행위원칙을 가리키는 것이며, 보통거래약관의 작성이 아무리 사적자치의 영역에 속하는 것이라고 하여도 위와 같은 행위원칙에 반하는 약관조항은 사적자치의 한계를 벗어나는 것으로서 법원에 의한 내용통제 즉 수정해석의 대상이 되는 것은 지극히 당연하다. 그리고 이러한 수정해석은 조항전체가 무효사유에 해당하는 경우 뿐만 아니라 조항일부가 무효사유에 해당하고 그 무효부분을 추출배제하여 잔존부분만으로 유효하게 존속시킬 수 있는 경우에도 가능한 것이다.

<무면허운전면책조항에 대하여 수정해석할 필요가 있는지 여부(적극)와 유효한 조항으로 유지될 수 있는 '무면허운전이 보험계약자나 피보험자의 지배 또는 관리가능한 상황에서 이루어진 경우'의 의미 (민법 제2조, 제105조; 약관의규제에관한법률 제6조, 제7조)> 이 사건 무면허운전면책조항(자동차종합보험보통약관 제10조 제1항 제6호 소정의 책임보험조항의 '자동차의 운전자가 무면허운전을 하였을 때에 생긴 사고로 인한 손해를 보상하지 아니한다'는 이른바 무면허운전면책조항)을 문언 그대로 무면허운전의 모든 경우를 아무런 제한없이 보험의 보상대상에서 제외한 것으로 해석하게 되면, 절취운전이나 무단운전의 경우와 같이 자동차보유자는 피해자에게 손해배상책임을 부담하면서도 자기의 지배관리가 미치지 못하는 무단운전자의 운전면허소지 여부에 따라 보험의 보호를 전혀 받지 못하는 불합리한 결과가 생기는바, 이러한 경우는 보험계약자의 정당한 이익과 합리적인 기대에 어긋나는 것으로서 고객에게 부당하게 불리하고, 보험자가 부담하여야 할 담보책임을 상당한 이유없이 배제하는 것이어서 현저하게 형평을 잃은 것이라고 하지 않을 수 없으며, 이는 보험단체의 공동이익과 보험의 등가성 등을 고려하더라도 마찬가지라고 할 것이다. 결국 위 무면허운전면책조항이 보험계약자나 피보험자의 지배또는 관리가능성이 없는 무면허운전의 경우에까지 적용된다고 보는 경우에는 그 조항은 신의성실의 원칙에 반하여 공정을 잃은 조항으로서 위 약관규제법의 각 규정에 비추어 무효라고 볼 수밖에 없다. 그러므로 위 무면허운전면책조항은 위와 같은 무효의 경우를 제외하고 무면허운전이 보험계약자나 피보험자의 지배 또는 관리가능한 상황에서 이루어진 경우에 한하여 적용되는 조항으로 수정해석을 할 필요가 있으며, 그와 같이 수정된 범위 내에서 유효한 조항으로 유지될 수 있는 바, 무면허운전이 보험계약자나 피보험자의 지배 또는 관리가능한 상황에서 이루어진 경우라고 함은 구체적으로는 무면허운전이 보험계약자나 피보험자 등의 명시적 또는 묵시적 승인 하에 이루어진 경우를 말한다고 할 것이다(대체로 보험계약자나 피보험자의 가족, 친지 또는 피용인으로서 당해 차량을 운전할 기회에 쉽게 접할 수 있는 자에 대하여는 묵시적인 승인이 있었다고 볼 수 있을 것이다).

4. 결론적으로 요약하면 자동차종합보험보통약관 제10조 제1항 제6호의 무면허면책조항은 무면허운전의 주체가 누구이든 묻지 않으나, 다만 무면허운전이 보험계약자나 피보험자 등의 명시적 또는 묵시적 승인하에 이루어진 경우에 한하여 면책을 정한 규정이라고 해석하여야 하며, 이와 같이 해석하는 한도 내에서 그 효력을 유

지할 수 있다고 보아야 한다. 위 견해와 달리 위 무면허운전면책조항에 대하여 직접적 내용통제로서의 수정해석을 배제한 당원 1990. 6. 26. 선고 89다카28287 판결의 견해는 이를 변경하기로 한다.

결국 원심판결의 이유설시는 부당하나, 원심의 확정사실 자체에 의하더라도 이 사건 사고를 일으킨 소외 인의 무면허운전에 대하여 보험계약자 겸 피보험자인 원고의 명시적 또는 묵시적 승인이 있었다고 보기 어려우므로, 원고의 이 사건 손해가 자동차종합보험보통약관 제10조 제1항 제6호 소정의 면책사유에 해당하지 않는다고 판단한 원심결론은 결국 정당하고 논지는 이유 없다.

§ 5-9 예문해석

❶ 대법원 1997. 5. 28. 선고 96다9508 판결 【근저당권설정등기말소】
……

2. 피고의 상고이유를 본다.

<**부동문자로 인쇄된 근저당권설정계약서의 문언과 달리 담보책임의 범위를 제한하여야 하는 경우** (약관의규제에관한법률 제5조; 민법 제2조, 제106조, 제357조)> 근저당설정계약서는 처분문서이므로 특별한 사정이 없는 한 그 계약 문언대로 해석하여야 함이 원칙이기는 하나, 다만 그 근저당권설정계약서가 금융기관 등에서 일률적으로 일반거래약관의 형태로 부동문자로 인쇄하여 두고 사용하는 계약서인 경우에, 그 계약 조항에서 피담보채무의 범위를 그 근저당권 설정으로 대출받은 당해 대출금채무 외에 기존의 채무나 장래에 부담하게 될 다른 원인에 의한 모든 채무도 포괄적으로 포함하는 것으로 기재하였다고 하더라도, 당해 대출금채무와 장래 채무의 각 성립 경위 등 근저당 설정계약 체결의 경위, 대출 관행, 각 채무액과 그 근저당권의 채권최고액과의 관계, 다른 채무액에 대한 별도의 담보확보 여부 등 여러 사정에 비추어 인쇄된 계약 문언대로 피담보채무의 범위를 해석하면 오히려 금융기관의 일반 대출 관례에 어긋난다고 보여지고, 당사자의 의사는 당해 대출금채무만을 그 근저당권의 피담보채무로 약정한 취지라고 해석하는 것이 합리적일 때에는 위 계약서의 피담보채무에 관한 포괄적 기재는 부동문자로 인쇄된 일반거래약관의 예문에 불과한 것으로 보아 그 구속력을 배제하는 것이 타당하다고 할 것이다(당원 1990. 7. 10. 선고 89다카12152 판결, 1992. 11. 27. 선고 92다40785 판결 참조). 원심은 원고와 피고 사이의 근저당권설정계약은 포괄근저당이므로 아시아개발은행 차관자금 대출금, 소외 조○록의 대출금, 소외 회사의 팩토링대출금이 변제되었다고 하더라도 국제부흥개발은행 차관자금 대출금이 잔존하고 있는 이상 앞서의 대출금과 관련된 근저당등기라 하여 말소하여 줄 수 없다는 피고의 주장에 대하여, 거시 증거를 종합하여 각 근저당권설정계약이 2-3년 또는 상당한 기간이 경과한 다음 이루어졌고, 각 추가 대출금에 대하여는 별도의 각 근저당권이 설정되었으며,

근저당 채권최고액이 각 대출금액에 일치하는 사실 등을 인정한 다음 의는 특정 채무를 담보하기 위한 것일 뿐이라 하여 이를 배척하였는바, 기록에 의하여 살펴보면 원심의 인정과 판단은 위에서 본 법리에 따른 것으로 그대로 수긍이 되고 거기에 소론과 같이 처분문서의 해석을 잘못한 위법이나 포괄근저당에 관한 법리를 오해한 위법 등이 있다고 할 수 없다.

제2관 법률행위의 목적

I. 법률행위 목적의 확정성

§ 5-10 계약목적의 확정성
❶ 대법원 1997. 1. 24. 선고 96다26176 판결【소유권이전등기】
(대법원 2009. 6. 25. 선고 2006다18174 판결; 대법원 2009. 3. 16. 선고 2008다1842 판결)

1. 제1점에 대하여
<매매계약의 성립요건으로서 목적물과 대금의 특정 정도 (민법 제563조)> 매매계약에 있어서 그 목적물과 대금은 반드시 계약체결 당시에 구체적으로 특정할 필요는 없고, 이를 사후에라도 구체적으로 특정할 수 있는 방법과 기준이 정해져 있으면 족하다고 할 것이다(대법원 1986. 2. 11. 선고 84다카2454 판결, 1993. 6. 8. 선고 92다49447 판결 참조).
그러나 원심이 적법하게 확정하고 있는 바와 같이 *<매매 목적물이 특정되지 않았음을 이유로 매매계약의 성립을 부인한 사안 (민법 제563조)>* 이 사건 매매계약의 목적물을 "진해시 OO동 747의 77, 754의 6, 781의 15 등 3필지 및 그 외에 같은 동 소재 소외 망 장O남 소유 부동산 전부"라고 표시하여 이 사건 매매계약의 목적물 중 특정된 3필지를 제외한 나머지 부동산이 토지인지 건물인지, 토지라면 그 필지, 지번, 지목, 면적, 건물이라면 그 소재지, 구조, 면적 등 어떠한 부동산인지를 알 수 있는 표시가 전혀 되어 있지 아니할 뿐 아니라, 계약당시 당사자들도 어떠한 부동산이 몇 개나 존재하고 있는지조차 알지 못한 상태에서 이루어진 것이고, 계약일로부터 17년 남짓 지난 후에야 그 소재가 파악될 정도라면, 그 목적물 중 특정된 3필지를 제외한 나머지 이 사건 부동산에 대한 매매는 그 목적물의 표시가 너무 추상적이어서 매매계약 이후에 이를 구체적으로 특정할 수 있는 방법과 기준이 정해져 있다고 볼 수 없어 매매계약이 성립되었다고 볼 수 없다. 같은 취지의 원심판결은 정당하고, 거기에 계약의 목적물의 특정에 관한 법리를 오해하였거나 이유모순의 위법이 없다.

❷ 대법원 2006. 11. 24. 선고 2005다39594 판결 [소유권이전등기]

1. *<계약의 성립을 위한 당사자 사이의 '의사의 합치'의 정도 (민법 제105조)>* 계약이 성립하기 위하여는 당사자 사이에 의사의 합치가 있을 것이 요구되고, 이러한

의사의 합치는 당해 계약의 내용을 이루는 모든 사항에 관하여 있어야 하는 것은 아니나, 그 본질적 사항이나 중요 사항에 관하여는 구체적으로 의사의 합치가 있거나 적어도 장래 구체적으로 특정할 수 있는 기준과 방법 등에 관한 합의는 있어야 한다(대법원 2001. 3. 23. 선고 2000다51650 판결 참조). 한편, 매매계약은 당사자 일방이 재산권을 상대방에게 이전할 것을 약정하고 상대방이 그 대금을 지급할 것을 약정하는 계약으로 매도인이 재산권을 이전하는 것과 매수인이 그 대가로서 금원을 지급하는 것에 관하여 쌍방 당사자의 합의가 이루어짐으로써 성립하는 것이다(대법원 1996. 4. 26. 선고 94다34432 판결 등 참조).

원심은 그 채용 증거들을 종합하여 그 판시와 같은 사실을 인정한 다음, 비록 <*사안의 경우 (민법 제105조, 제568조)*> 이 사건 가계약서에 잔금 지급시기가 기재되지 않았고, 후에 그 정식계약서가 작성되지 않았다 하더라도, 위 가계약서 작성 당시 매매계약의 중요 사항인 매매목적물과 매매대금 등이 특정되고, 중도금 지급방법에 관한 합의가 있었으므로, 원·피고 사이에 이 사건 부동산에 관한 매매계약은 성립되었다고 판단하였다.

앞서 본 법리와 기록에 의하여 살펴보면, 원심의 이러한 사실인정과 판단은 정당하고, 거기에 상고이유로서 주장하는 바와 같은 채증법칙 위배로 인한 사실오인이나 계약성립에 관한 법리오해, 처분문서의 효력에 관한 법리오해 등의 위법이 없다.

II. 법률행위 목적의 실현가능성

1. 원시적 불능

1) 원칙: 원시적 (객관적) 전부불능

§ 5-11 원시적 불능 여부

❶ 대법원 1978. 2. 14. 선고 77다2088 판결 【부당이득금반환】

사실관계

甲과 乙(서울시)은 1973. 1. 8 甲이 乙의 관리하천인 동량천에 X 공작물을 설치하여 피고 乙에게 기부체납하면, 乙은 그 공사비를 정산하여 그에 상당하는 금액만큼의 하천점용료를 면제하고 甲에게 위 하천에서의 토사채취를 허가토록 하여 주기로 약정하였다. 이에 따라 甲은 공사비 14,800,000원을 투입하여 乙의 요구대로 X 공작물들을 신축하여 이를 乙에게 기부체납하였다. 그런데 乙은 甲에게 하천점용료 2,970,000원에 상당한 토사채취를 허가토록 하여 주었을 뿐이고, 위 하천의 하상이 낮아지는 등의 사정 때문에 더 이상의 토사채취를 허가하여 주지 않았다. 그리하여 甲은 乙을 상대로 채무불이행으로 인한 손해배상을 청구하는 소를 제기하였다.

판결이유

원판결이유에 의하면 원심은 원고(갑)가 1973. 1. 8. 피고(을)의 관리하천인 중량천에 그 판시와 같은 공작물을 설치하여 피고(을)에게 기부채납하면 피고(을)는 그 공사비를 정산하여 그에 상당하는 금액만큼의 하천점용료를 면제하고 원고(갑)에게 위 하천에서의 토사채취를 허가토록 하여 주기로 약정한 사실과 이에 원고(갑)는 공사비 금 14,800,000원을 투입하여 피고(을)의 요구대로 위 공작물들의 신축공사를 완료하고 그 판시와 같이 이를 피고(을)에게 기부채납하였는데 그후 피고(을)는 원고(갑)에게 하천점용료 금 2,970,000원에 상당한 토사채취를 허가토록 하여 주었을 뿐 더이상의 토사채취를 허가하여 주지 아니하고 또 위 하천의 하상이 낮아지는 등의 사정 때문에 하천관리상 더이상 토사채취허가를 하여줄 수 없게된 사실 등을 인정한 다음, 원고(갑)의 위 공작물의 기부채납은 피고(을)가 원고(갑)에 대하여 그 공사비 상당의 토사채취의 허가를 받도록 하여줄 의무있는 일종의 상대부담 있는 증여라고 하고, 원고(갑)는 위와 같이 위 증여를 이행하였으나 피고(을)는 그 이행할 의무가 있는 부담중 위 금 2,970,000원에 상당하는 토사채취에 관한 허가를 받도록 해주었을 뿐, 그 나머지 금 11,830,000원 상당에 해당하는 토사의 채취허가를 더 받도록 해주지 않고 있으며, 이는 피고(을)에게 책임있는 사유로 그 이행이 불능하게 되었다고 할 것이므로, 피고(을)는 그로 인한 손해를 원고(갑)에게 배상할 의무가 있다고 판단하여 피고(을)의 부담불이행을 원인으로 한 원고의 손해배상청구를 인용하였다. 그러나 <서울시가 토사채취허가를 하상이 낮아지는 등 사정에 의한 하천관리상의 이유로 더 이상 못하게된 경우라면 이를 서울시의 귀책사유에 의한 후발적 이행불능이라고 단정할 수는 없다는 사안 (민법 제390조, 제535조; 민사소송법 제393조)> 위 원판시는 피고(을)가 그 부담인 토사채취의 허가를 더 이상 하여주도록 할 수 없게 된 것이 위 하천의 하상이 낮아지는 등의 사정에 의한 하천법에 따른 하천관리상의 이유 때문이라고 판단하고 있는 것으로 보이는바, 그렇다면 그 토사채취의 허가를 더 이상 받도록 하여 줄 수 없는 위와 같은 사정이 위 계약체결당시에 이미 존재하고 있었던 것인지 그 후에 비로소 발생한 것인지가 위 판시만으로는 분명하지 아니할 뿐만 아니라, 기록에 의하더라도 피고(을)의 위 부담에 관한 이행불능이 반드시 피고(을)의 귀책사유에 의한 후발적 이행불능이라고 단정하기도 어렵다고 할것이니, 만일 그 이행할 수 없는 부담부분이 본건 계약체결당시부터 원시적으로 불능한 상태에 있었고, 또 그 계약을 체결함에 있어서 피고(을)에게 어떤 계약체결상의 과실이 있다면, 원고(갑)로서는 그로인한 손해배상청구를 할 수 있음은 별문제로 하고, 피고(을)의 귀책사유로 인한 후발적 이행불능을 이유로 그 손해배상을 청구할 수는 없다고 할 것임에도 불구하고 원심이 위와 같은 사실에 관하여 심리를 더하지 아니하고, 본건에 있어서 위와 같이 피고(을)가 더 이상 토사채취를 허가토록 하여주지 아니하였다고 하여, 이를 곧 피고(을)의 귀책사유에 의한 후발적 이행불능이라고 단정하여 그에 관한 원고(갑)의 본건 청구를 인용하였음은 이행불능의 책임에 관한 법리를 오해하고 심리를 다하지 아니하여 판결에 영향을 미친 위법을 저질렀다고 할 것이므로 이점에 관한 논지는 이유 있어 원판결은 피고소송대리인의 나머지 상고이유에 관한 판단을 할 필요 없이 파기를 면치 못한다 할 것이다.

❷ **대법원 2008. 4. 24. 선고 2007다65665 판결 [소유권이전청구권가등기말소등]**

<농지를 취득할 수 없는 회사가 체결한 농지매매계약의 효력(무효)> 구 농지개혁법(1994. 12. 22. 법률 제4817호로 폐지된 것, 이하 같다)상 농지를 매수할 수 있는 자의 자격은 매매 당시 기성 농가이거나 매수 당시 농가가 아니더라도 농지를 자경 또는 자영할 목적이 있는 자, 다시 말하면 농가가 되려는 자임을 요하고, 동법에서 말하는 농가라 함은 자연인에 한하므로, 주식회사와 같은 법인이 농지매매계약을 체결하였다고 하더라도, 구 농지개혁법 시행규칙 제51조 제1항 단서에 해당한다는 등의 특별한 사정이 없는 한, 그 주식회사는 구 농지개혁법 또는 구 농지임대차관리법(1994. 12. 22. 법률 제4817호로 폐지된 것)상 농지매매증명을 발급받을 수가 없어 결과적으로 농지의 소유권을 취득할 수 없고, 이 경우 농지의 매도인이 그 매매계약에 따라 그 매수인에 대하여 부담하는 소유권이전등기의무는 원시적으로 이행불능이라고 할 것이고, 따라서 이러한 원시적 불능인 급부를 목적으로 하는 농지의 매매계약은 채권계약으로서도 무효라고 할 것이다(대법원 1961. 12. 21. 선고 4294민상213 판결, 대법원 1989. 2. 14. 선고 87다카1128 판결, 대법원 1994. 10. 25. 선고 94다18232 판결 등 참조).

기록에 의하면, 피고는 은행법이 정하고 있는 은행업에 관한 모든 업무를 영위함을 목적으로 하고 신탁업무를 겸영하는 주식회사이고, 이 사건 매매예약은 구 농지개혁법이 폐지되기 전에 체결된 것인 사실을 알 수 있으므로, 이 사건 매매예약은 위 법리에 따라 특별한 사정이 없는 한 원시적 불능인 급부를 목적으로 하는 것으로서 무효라고 할 것이고, 이는 현행 농지법의 규정에 의하여 피고가 이 사건 토지에 관하여 농지전용허가 및 이에 기한 농지취득자격증명을 발급받아 농지를 취득할 수 있는 가능성이 열려 있다고 하여 달리 볼 것은 아니다.

그럼에도 불구하고 원심은, 피고 또는 이 사건 매매가계약이 구 농지개혁법 시행규칙 제51조 제1항 단서의 규정에 해당하는 등의 특별한 사정이 있는지 여부를 따져보지도 아니한 채, 현행 농지법의 규정에 의하여 피고가 이 사건 토지에 관하여 농지전용허가 및 이에 기한 농지취득자격증명을 발급받아 농지를 취득할 수 있는 가능성이 열려 있다는 등의 사유만으로 이 사건 매매가계약 및 그에 기하여 경료된 이 사건 가등기가 유효하다고 단정하고 말았으니, 원심판결에는 구 농지개혁법의 적용을 받는 농지의 매매계약의 효력에 관한 법리를 오해하고 필요한 심리를 다하지 아니하여 판결에 영향을 미친 위법이 있다고 할 것이다. 이 점에 관한 상고이유의 주장은 이유 있다.

2) 원시적 (객관적) 일부불능
§ 5-12 원시적 일부불능: 예외
❶ 대법원 2002. 4. 9. 선고 99다47396 판결 【손해배상(기)】

원심은, 제1심판결을 인용하여, 원고 및 그 선정자들(이하 '원고 등'이라 줄인다)이 피고로부터 이 사건 아파트를 분양받기로 하는 계약을 체결하고 그 계약내용에 따라 아파트 및 그 공유대지 지분의 이전등기를 받았으나 이전등기 받은 공유대지 지분이 계약내용보다 부족한 사실을 그 거시 증거에 의하여 인정한 다음, 위 공유대지 지분이 부족하게 된 원인은 모두 계약 체결 전에 발생한 사유에 기한 것이어서 원시적 불능에 의한 것이라고 판단하고, 이어서 원고 등이 위와 같은 점을 이유로 위 부족분에 해당하는 부당이득을 청구한 데 대하여는, 피고가 원고 등의 손해에 상응하는 이득을 얻었다는 점에 부합하는 증거가 없다는 이유를 들어 원고 등의 청구를 배척하였다. 기록에 의하여 살펴보건대, 피고가 분양계약대로 공유대지의 지분이전등기를 다하여 주지 못한 원인이, 원심이 설시한 바와 같이 분양계약 전에 공고된 세대별 분양대지 면적의 산출방식이 나중에 세대별 이전등기를 하여 줄 당시에 적용된 대지지분 배분방식과 달라서 실제와 다르게 과다 산정되었었고 또 지적공부 정리작업을 시행하는 과정에서 기존 공부의 오류, 축척의 차이, 지형의 변화 등에 따른 총사업계획 면적의 자연감소 등 원시적으로 존재하는 사유에 있으며, 한편 원고 등이 피고에게 지급한 분양대금은 평당 단가(총대지가액과 건축비용 등 총공사비와 이윤을 합한 금액을 총건축평수로 나누어 산출한다)에 분양될 건물의 평수를 곱하여 산정된 것인 점에 비추어 보면, 원심의 위와 같은 판단은 수긍이 가고, 거기에 부당이득에 관한 법리를 오해하였거나 심리를 다하지 아니한 위법이 없다. 상고이유는 받아들일 수 없다.

한편, 원고 등이 부당이득으로서 반환을 구하는 대상이 '공유대지지분 부족분'의 시가가 아니라 이행불능된 공유대지지분 부족분에 관하여 피고에게 지급한 '대금'이라고 본다 하더라도, <*부동산매매계약에 있어서 실제면적이 계약면적에 미달하고 그 매매가 수량지정매매에 해당하는 경우, 대금감액청구권 행사와 별도로 부당이득반환청구 또는 계약체결상의 과실책임의 이행청구가 인정되는지 여부(소극)* (민법

제535조, 제572조, 제574조, 제741조)> 부동산매매계약에 있어서 실제면적이 계약면적에 미달하는 경우에는, 그 매매가 수량지정매매에 해당할 때에 한하여 민법 제574조, 제572조에 의한 대금감액청구권을 행사함은 별론으로 하고, 그 매매계약이 그 미달 부분만큼 일부 무효임을 들어 이와 별도로 일반 부당이득반환청구를 하거나, 그 부분의 원시적 불능을 이유로 민법 제535조가 규정하는 계약체결상의 과실에 따른 책임의 이행을 구할 수 없다고 할 것이므로, 상고이유의 주장은 이 점에서도 이유 없다.

III. 법률행위 목적의 적법성

1. 강행법규의 의의
§ 5-13 적법성과 사회적 타당성의 구분
❶ 대법원 2001. 5. 29. 선고 2001다1782 판결 【물품대금반환】

사실관계

甲은 담배 값이 인상되기 전에 담배 사재기를 하면 물품창고에 담배를 보관하여 줄 터이니 담배 값이 인상된 후 반출하여 가라는 한국담배인삼공사물품창고 직원 A의 권유를 받고서 담배 소매인이 구입하지 않은 담배를 마치 소매인들이 구입하는 것처럼 가장하거나 소매상이 실제 구입하는 담배량에 추가하여 주문하는 방법으로, 1996. 4. 17.부터 같은 해 6월 27일까지 사이에 합계 금 2억 9천만 원을 乙(한국담배인삼공사)에게 담배구입대금으로 입금하였다. 그런데 甲은 乙에게 위 담배구입대금을 입금함으로써 그 대금에 해당하는 담배매매계약이 성립되었다고 하면서, 담배를 인도받지 못한 부분에 대한 담배매매계약을 乙의 채무불이행을 이유로 해제하고 원상회복으로서 그 대금 1억 4천 6백만 원(2억 9천만 원-1억 4천 4백만 원)의 반환을 구하였다.

판결이유

……

2. 원고 2의 상고이유에 대한 판단
가. 원심의 판단
원심은, 원고 2(갑)가 피고(을) 공사에 금 287,955,000원을 담배구입대금으로 입금함으로써 그 대금에 해당하는 담배매매계약이 성립되었다고 하면서, 담배를 인도받지 못한 부분에 대한 담배매매계약을 피고(을)의 채무불이행을 이유로 해제하고 원상회복으로서 그 대금 143,955,000원(금 287,955,000원 - 금 144,000,000원)의 반환을 구한다는 주장에 대하여 담배사업법 제12조 제1항의 규정에 의하면, 피고(을) 공사는 등록된 도매업자 또는 지정된 소매인 외에는 담배를 판매하지 못하게 되어 있는데, 위 원고(갑)는 등록된 도매업자이거나 지정된 소매인이 아님에도 불구하고 지정된 소매인들의 명의를 도용하여 담배를 구입하였다는 것이어서, 피고(을) 공사와 사이에 담배의 매매에 관한 의사의 합치가 있었다고 볼 수 없을 뿐만 아니라, 설령 그 의사의 합치가 있었다고 하더라도 이는 자기계약에 해당하므로 무효라 하여 이 부분 청구를 배척하였다.

그리고 원심은, 같은 금액 상당의 부당이득금반환을 구한다는 원고 2(갑)의 주장에 대하여 위 원고(갑)는 피고(을) 공사의 직원일 뿐, 담배소매인이 아니므로, 담배의 구매 및 소매행위를 하여서는 아니되는 데도 소매인의 이름을 빌리는 등의 방법으로 피고(을) 공사로부터 담배를 구입키로 하고 그 대금을 피고(을) 공사에 납입하였을 뿐 아니라, 담배 사재기는 물가안정에관한법률에 의하여 금지되고 그 위반행위는 처벌되는 것인데도 위 원고(갑)가 담배 사재기를 시도하면서 그 대금을 피고(을) 공사에 납입하였던 것인 점 등에 비추어 보면, 위 원고(갑)가 담배구입대금 명목으로 피고(을) 공사에 입금한 돈은 불법원인급여에 해당하여 그 반환을 청구할 수 없다고 판단하였다.

나. 대법원의 판단

(1) <한국담배인삼공사가 제조한 담배는 소정의 도매업자 또는 소매인에게만 판매하도록 규정한 구 담배사업법 제12조 제1항에 위반한 행위의 효력(=무효) (구 담배사업법(1999. 12. 31. 법률 제6078호로 개정되기 전의 것) 제1조, 제12조 제1항)> 구 담배사업법(1999. 12. 31. 법률 제6078호로 개정되기 전의 것, 이하 같다) 제12조 제1항은, 공사가 제조한 담배는 공사가 위 법 소정의 도매업자 또는 소매인에게 이를 판매하여야 한다고 규정하고 있는바, 담배사업법 제1조가 규정하고 있듯이, 담배사업법은 "원료용 잎담배의 생산 및 수매와 제조담배의 제조 및 담배의 판매 등에 관한 사항을 정함으로써 담배산업의 건전한 발전을 도모하고 국민경제에 이바지하게 함을 목적"으로 제정된 것으로서, 그 입법 취지에 비추어 볼 때 위 제12조 제1항은 강행규정으로 보아야 할 것이고 이에 위반한 행위는 그 효력이 없다고 보아야 할 것이다. 따라서 원심의 이유 설시가 부적절하기는 하지만 위 원고와 피고 공사 사이에 담배매매계약이 유효하게 성립되지 아니하였다고 보아, 그러한 매매계약이 성립되었음을 전제로 하는 담배구입대금 반환청구를 배척한 조치는 정당하다고 할 것이다. 이 부분 상고이유는 받아들일 수 없다.

(2) 그러나 부당이득금반환청구에 관한 원심의 판단은 이를 수긍하기 어렵다.
<구 담배사업법 소정의 등록도매업자 또는 지정소매인이 아닌 자가 담배사재기를 위하여 한국담배인삼공사로부터 담배를 구입키로 하고 지급한 담배구입대금이 불법원인급여에 해당하는지 여부(소극) (민법 제746조; 구 담배사업법(1999. 12. 31. 법률

제6078호로 개정되기 전의 것) 제1조, 제12조 제1항; 물가안정에관한법률 제7조)> (부당이득의 반환청구가 금지되는 사유로) 민법 제746조가 규정하는 불법원인이라 함은 그 원인되는 행위가 선량한 풍속 기타 사회질서에 위반하는 경우를 말하는 것으로서, 법률의 금지에 위반하는 경우라 할지라도 그것이 선량한 풍속 기타 사회질서에 위반하지 않는 경우에는 이에 해당하지 않는다고 할 것이다(대법원 1981. 7. 28. 선고 81다145 판결, 1983. 11. 22. 선고 83다430 판결 등 참조).

앞서 본 것처럼, 담배사업법은 "담배산업의 건전한 발전을 도모하고 국민경제에 이바지하게 함을 목적"으로 제정된 것으로서, 원료용 잎담배의 생산 및 수매와 제조담배의 제조 및 판매 등에 관한 사항을 규정하고 있기는 하나, 원래 담배사업이 반드시 국가의 독점사업이 되어야 한다거나 담배의 판매를 특정한 자에게만 하여야 하는 것은 아니어서, 그 자체에 무슨 반윤리적 요소가 있는 것은 아니고, 또한 담배 사재기가 물가안정에관한법률에 의하여 금지되고 그 위반행위는 처벌되는 것이라고 하여도 이는 국민경제의 정책적 차원에서 일정한 제한을 가하고 위반행위를 처벌하는 것에 불과하므로, 이에 위반하는 행위가 무효라고 하더라도 이것을 선량한 풍속 기타 사회질서에 반하는 행위라고는 할 수 없다고 해석함이 상당하다.

그럼에도 불구하고 원심이 위 원고*(갑)*가 피고*(을)* 공사에 담배구입대금을 지급한 것이 선량한 풍속 기타 사회질서에 반하는 행위로서 민법 제746조의 불법원인급여에 해당한다고 보아 담배구입대금 상당의 부당이득금반환청구를 배척한 것은 불법원인급여에 있어 불법의 법리를 오해함으로써 판결에 영향을 미친 위법을 저질렀다고 할 것이다.

2. 강행법규와 단속법규와의 관계

§ 5-14 단속규정과 효력규정의 구별기준

❶ **대법원 2019. 1. 17. 선고 2015다227000 판결 [회생채권조사확정재판에대한이의]**
(대법원 2018. 7. 11. 선고 2017다274758 판결; 대법원 2018. 10. 12. 선고 2015다256794 판결)

……

2. 공정거래법 제10조의2 제1항, 제15조 위반행위의 사법상 효력

가. 공정거래법 제10조의2(계열회사에 대한 채무보증의 금지) 제1항 본문은 '채무보증제한기업집단에 속하는 회사는 국내계열회사에 대하여 채무보증을 하여서는 안 된다.'고 정하고, 제15조(탈법행위의 금지) 제1항은 '누구든지 제10조의2 제1항의 규정의 적용을 면탈하려는 행위를 하여서는 안 된다.'고 정하면서 그 제2항은 탈법행위의 유형과 기준을 대통령령에 위임하고 있다. 공정거래법 시행령 제21조의4 제1항 제2호는 공정거래법 제15조 제1항에 따라 금지되는 탈법행위로 공정거래법 제10조의2 제1항의 채무보증제한기업집단에 속하는 회사가 하는 '국내금융기

관에 대한 자기 계열회사의 기존의 채무를 면하게 함이 없이 동일한 내용의 채무를 부담하는 행위'[(가)목]와 '다른 회사로 하여금 자기의 계열회사에 대하여 채무보증을 하게 하는 대신 그 다른 회사 또는 그 계열회사에 대하여 채무보증을 하는 행위'[(나)목]를 열거하고 있다.

나. 다음과 같은 이유로 공정거래법 제10조의2 제1항, 제15조에서 금지하는 탈법행위가 사법상 당연 무효라고 볼 수는 없다.

<계약 등 법률행위의 당사자에게 일정한 의무를 부과하거나 일정한 행위를 금지하는 법규에서 이를 위반한 법률행위의 효력에 관하여 명확하게 정하지 않은 경우, 금지 규정 등을 위반한 법률행위의 효력을 판단하는 방법 *(민법 제105조)>* 계약 등 법률행위의 당사자에게 일정한 의무를 부과하거나 일정한 행위를 금지하는 법규에서 이를 위반한 법률행위의 효력을 명시적으로 정하고 있는 경우에는 그 규정에 따라 법률행위의 유·무효를 판단하면 된다. 법률에서 해당 규정을 위반한 법률행위를 무효라고 정하고 있거나 해당 규정이 효력규정이나 강행규정이라고 명시하고 있으면 그러한 규정을 위반한 법률행위는 무효이다. 이와 달리 금지 규정 등을 위반한 법률행위의 효력에 관하여 명확하게 정하지 않은 경우에는 그 규정의 입법 배경과 취지, 보호법익, 위반의 중대성, 당사자에게 법규정을 위반하려는 의도가 있었는지 여부, 규정 위반이 법률행위의 당사자나 제3자에게 미치는 영향, 위반 행위에 대한 사회적·경제적·윤리적 가치평가, 이와 유사하거나 밀접한 관련이 있는 행위에 대한 법의 태도 등 여러 사정을 종합적으로 고려해서 그 효력을 판단하여야 한다(대법원 2010. 12. 23. 선고 2008다75119 판결, 대법원 2018. 10. 12. 선고 2015다256794 판결 등 참조).

<구 독점규제 및 공정거래에 관한 법률 제10조의2 제1항, 제15조를 위반한 채무보증이나 탈법행위가 사법상 당연 무효인지 여부(소극) *(구 독점규제 및 공정거래에 관한 법률(2017. 4. 18. 법률 제14813호로 개정되기 전의 것) 제10조의2 제1항(현행 제10조의2 참조), 제15조, 제16조 제1항, 제2항, 제17조 제2항, 제19조 제4항, 제66조 제1항 제6호, 제8호: 구 독점규제 및 공정거래에 관한 법률 시행령(2017. 7. 17. 대통령령 제28197호로 개정되기 전의 것) 제17조의5, 제21조의4 제1항 제2호(현행 제21조의4 제1항 제2호의2 참조): 민법 제103조)>* 공정거래법은 제10조의2 제1항과 제15조를 위반한 경우 시정조치를 명하거나(제16조 제1항), 과징금(제17조 제2항) 또는 형벌(제66조 제1항 제6호, 제8호)을 부과할 수 있다고 정하면서도, 제10조의2 제1항과 제15조를 위반한 행위의 사법상 효력에 관해서 직접 명시하고 있지는 않다.

그러나 공정거래법은 그 문언상 제10조의2 제1항을 위반한 행위가 일단 사법상 효력을 가짐을 전제로 하는 비교적 명확한 규정을 두고 있다. 즉, 공정거래법은 제10조의2 제1항을 위반한 행위가 있는 때에는 공정거래위원회가 시정조치로서 채무보증의 취소를 명할 수 있다고 정하고 있다(제16조 제1항 제5호). 이는 공정거래법

제10조의2 제1항을 위반한 채무보증이 사법상 유효함을 전제로 한 것이고, 그 채무보증이 공정거래위원회의 재량에 따라 취소가 가능하다고 정한 것이다. 공정거래법이 위와 같은 채무보증을 사법상 무효라고 보았다면 굳이 시정조치로 그 취소를 명할 수 있다는 규정을 둘 이유가 없다. 따라서 공정거래법의 문언해석상 공정거래위원회의 시정명령으로 취소되기 전까지는 공정거래법 제10조의2 제1항을 위반한 채무보증은 일단 사법상 유효하다고 보아야 한다. 마찬가지로 공정거래법 제10조의2 제1항의 적용을 면탈하려는 제15조를 위반한 탈법행위도 사법상 유효하다고 볼 수 있다.

이러한 결론은 공정거래법이 다른 금지대상 행위에 대해서는 사법상 무효라거나 그 무효의 소를 제기할 수 있다는 명문의 규정을 두고 있는 것에 의해서도 뒷받침된다. 공정거래법 제19조 제4항은 '부당한 공동행위를 할 것을 약정하는 계약 등은 사업자 간에 있어 이를 무효로 한다.'고 정하고, 제16조 제2항은 '기업결합의 제한, 채무보증제한기업집단의 지주회사 설립제한 등을 위반한 회사의 합병 또는 설립이 있는 때에는 공정거래위원회가 회사의 합병 또는 설립무효의 소를 제기할 수 있다.'고 정하고 있다.

공정거래법 제10조의2 제1항, 제15조는 일정 규모 이상의 기업집단에 속하는 회사의 국내계열회사에 대한 채무보증이나 그 탈법행위를 금지하여 과도한 경제력 집중을 방지하고 공정하고 자유로운 경쟁을 촉진하여 국민경제의 균형 있는 발전을 도모하는 데 그 입법 취지가 있다. 이를 달성하기 위해서 반드시 위 채무보증이나 탈법행위의 효력을 부정해야 할 필요는 없다.

만일 공정거래법 제10조의2 제1항, 제15조를 위반한 채무보증이나 탈법행위의 사법상 효력을 무효로 본다면, 국내계열회사에 대하여 이러한 행위를 한 회사는 그로 인한 이득을 얻고도 아무런 대가 없이 보증채무 등 그 채무를 면한다. 반면 그 거래 상대방인 금융기관은 인적 담보를 상실하고 채권 미회수 위험이 증가하는 피해를 본다. 나아가 국제경쟁력 강화를 위해 필요한 경우와 같이 공정거래법 관련 규정에 따라 채무보증이 허용되는 경우에도 금융기관이 이를 받아들이지 않을 위험도 있다.

공정거래법 제10조의2 제1항 단서와 공정거래법 시행령 제17조의5는 계열회사에 대한 채무보증이 허용되는 예외사유를 비교적 넓게 정하고 있다. 이처럼 공정거래법이 계열회사에 대한 채무보증을 원칙적으로 금지하면서도 넓은 예외사유를 두고 있는 것을 보면, 공정거래법 제10조의2 제1항, 제15조를 위반한 채무보증이나 탈법행위가 그 자체로 사법상 효력을 부인하여야 할 만큼 현저히 반사회성이나 반도덕성을 지닌 것이라고 볼 수 없다.

❷ (§ 5-15 ❶) 대법원 2010. 12. 23. 선고 2008다75119 판결 [부동산중개료등]

1. **<사법상의 계약 기타 법률행위가 일정한 행위를 금지하는 구체적 법규정에 위반하여 행하여진 경우, 그 법률행위의 무효 기타 효력 제한 여부의 판단 기준** (민법 제105조)> 사법상(사법상)의 계약 기타 법률행위가 일정한 행위를 금지하는 구체적 법규정에 위반하여 행하여진 경우에, 그 법률행위가 무효인가 또는 법원이 법률행위 내용의 실현에 대한 조력을 거부하거나 기타 다른 내용으로 그 효력이 제한되는가의 여부는 당해 법규정이 가지는 넓은 의미에서의 법률효과에 관한 문제의 일환으로서, 다른 경우에서와 같이 여기서도 그 법규정의 해석 여하에 의하여 정하여진다. 따라서 그 점에 관한 명문의 정함이 있다면 당연히 이에 따라야 할 것이고, 그러한 정함이 없는 때에는 종국적으로 그 금지규정의 목적과 의미에 비추어 그에 반하는 법률행위의 무효 기타 효력 제한이 요구되는지를 검토하여 이를 정할 것이다. 특히 금지규정이 이른바 공법에 속하는 것인 경우에는, 법이 빈번하게 명문으로 규정하는 형벌이나 행정적 불이익 등 공법적 제재에 의하여 그러한 행위를 금압하는 것을 넘어서 그 금지규정이 그러한 입법자의 침묵 또는 법흠결에도 불구하고 사법의 영역에까지 그 효력을 미쳐서 당해 법률행위의 효과에도 영향이 있다고 할 것인지를 신중하게 판단하여야 한다.

그리고 그 판단에 있어서는, 당해 금지규정의 배경이 되는 사회경제적·윤리적 상황과 그 추이, 금지규정으로 보호되는 당사자 또는 이익, 그리고 반대로 그 규정에 의하여 활동이 제약되는 당사자 또는 이익이 전형적으로 어떠한 성질을 가지는지 또 그 이익 등이 일반적으로 어떠한 법적 평가를 받는지, 금지되는 행위 또는 그에 기한 재화나 경제적 이익의 변동 등이 어느 만큼 반사회적인지, 금지행위에 기하여 또는 그와 관련하여 일어나는 재화 또는 경제적 이익의 변동 등이 당사자 또는 제3자에게 가지는 의미 또는 그들에게 미치는 영향, 당해 금지행위와 유사하거나 밀접한 관련이 있는 행위에 대한 법의 태도 기타 관계 법상황 등이 종합적으로 고려되어야 한다.

§ 5-15 효력규정(강행규정)

❶ *(§ 5-14 ❷)* 대법원 2010. 12. 23. 선고 2008다75119 판결 [부동산중개료등]

……

2. 구 부동산중개업법(2005. 7. 29. 법률 제7638호 '공인중개사의 업무 및 부동산 거래신고에 관한 법률'로 전부 개정되기 전의 것. 이하 '부동산중개업법'이라고 한다) 및 같은 법 시행령(2005. 12. 30. 대통령령 제19248호 '공인중개사의 업무 및 부동산 거래신고에 관한 법률 시행령'으로 전부 개정되기 전의 것)은, 부동산중개업을 영위하고자 하는 자는 등록관청에 중개사무소의 개설등록을 하여야 하고(법 제4조 제1항), 공인중개사 또는 법인만이 중개사무소 개설등록을 할 수 있으며(법 제4조 제4항, 시행령 제5조), 중개사무소 개설등록을 하지 아니하고 중개업을 한

자는 3년 이하의 징역 또는 2천만 원 이하의 벌금에 처한다(법 제38조 제1항 제1호)고 정하고 있다. 또한 공인중개사가 되고자 하는 자는 특별시장 등이 시행하는 공인중개사 자격시험에 합격하여야 하고(법 제8조 제1항), 미성년자, 금치산자 또는 한정치산자 등 일정한 결격사유가 있으면 공인중개사가 될 수 없으며(법 제7조), 중개사무소의 개설등록을 한 중개업자는 중개행위로 인한 손해배상책임을 보장하기 위하여 일정한 보증보험 또는 공제에 가입하거나 공탁하여야 한다(법 제19조 제3항).

<공인중개사 자격이 없는 자가 중개사무소 개설등록을 하지 아니한 채 부동산중개업을 하면서 체결한 중개수수료 지급약정의 효력(무효)> 부동산중개업법은 부동산중개업을 건전하게 지도·육성하고 부동산중개업무를 적절히 규율함으로써 부동산중개업자의 공신력을 높이고 공정한 부동산거래질서를 확립하여 국민의 재산권 보호에 기여함을 입법목적으로 하고 있으므로(법 제1조), 공인중개사 자격이 없는 자가 중개사무소 개설등록을 하지 아니한 채 부동산중개업을 하면서 체결한 중개수수료 지급약정의 효력은 이와 같은 입법목적에 비추어 해석되어야 할 것이다. 그런데 공인중개사 자격이 없는 자가 부동산중개업 관련 법령을 위반하여 중개사무소 개설등록을 하지 아니한 채 부동산중개업을 하면서 체결한 중개수수료 지급약정에 따라 수수료를 받는 행위는 투기적·탈법적 거래를 조장하여 부동산거래질서의 공정성을 해할 우려가 있다. 또한 부동산중개업 관련 법령의 주된 규율대상인 부동산이 그 거래가격이 상대적으로 높은 점에 비추어 전문성을 갖춘 공인중개사가 부동산거래를 중개하는 것은 부동산거래사고를 사전에 예방하고, 만약의 경우 사고가 발생하더라도 보증보험 등에 의한 손해전보를 보장할 수 있는 등 국민 개개인의 재산적 이해관계 및 국민생활의 편의에 미치는 영향이 매우 커서 이에 대한 규제가 강하게 요청된다.

앞서 본 여러 사정을 종합적으로 고려하여 보면, 공인중개사 자격이 없어 중개사무소 개설등록을 하지 아니한 채 부동산중개업을 한 자에게 형사적 제재를 가하는 것만으로는 부족하고, 그가 체결한 중개수수료 지급약정에 의한 경제적 이익이 귀속되는 것을 방지하여야 할 필요가 있다고 할 것이고, 따라서 중개사무소 개설등록에 관한 위와 같은 규정들은 공인중개사 자격이 없는 자가 중개사무소 개설등록을 하지 아니한 채 부동산중개업을 하면서 체결한 중개수수료 지급약정의 효력을 제한하는 이른바 강행법규에 해당한다고 보아야 한다.

❷ **대법원 2007. 12. 20. 선고 2005다32159 전원합의체 판결 [약정금] 〈한도 초과 중개수수료 반환 판결〉**

1. 구 부동산중개업법(2005. 7. 29. 법률 제7638호 '공인중개사의 업무 및 부동산

거래신고에 관한 법률'로 전문 개정되기 전의 것, 이하 '부동산중개업법'이라고 함) 제2조 제1호, 제3조, 제20조 제1항, 제3항 및 같은 법 시행규칙 제23조의2 제1항은, 중개업자는 일정한 수수료를 받고 토지, 건물 등의 거래 알선을 업으로 하는 자로서 중개 업무에 관하여 중개의뢰인 쌍방으로부터 각각 수수료를 받을 수 있고, 일방으로부터 받을 수 있는 중개수수료의 한도는 매매·교환의 경우 거래가액에 따라 0.2%에서 0.9% 이내의 범위에서 특별시, 광역시 또는 도의 조례로 정하도록 규정하고 있다. 그리고 부동산중개업법 제15조 제2호는 중개업자가 위에서 정하여진 수수료의 한도를 초과하여 금품을 받거나 그 외에 사례 등 어떠한 명목으로라도 금품을 받는 행위를 할 수 없도록 금지하고, 같은 법 제22조 제2항 제3호는 위와 같은 금지행위를 한 경우 등록관청이 중개업등록을 취소할 수 있도록 규정하는 한편, 같은 법 제38조 제2항 제5호는 위와 같은 금지규정을 위반한 자를 1년 이하의 징역 또는 1천만 원 이하의 벌금에 처하도록 규정하고 있다.

<*구 부동산중개업법 및 같은 법 시행규칙 등 관련 법령에서 정한 한도를 초과하는 부동산 중개수수료 약정이 강행법규 위반으로 무효인지 여부(적극)*> *(구 부동산중개업법(2005. 7. 29. 법률 제7638호 공인중개사의 업무 및 부동산 거래신고에 관한 법률로 전문 개정되기 전의 것) 제15조 제2호(현행 공인중개사의 업무 및 부동산 거래신고에 관한 법률 제33조 제3호 참조), 제20조 제1항(현행 공인중개사의 업무 및 부동산 거래신고에 관한 법률 제32조 제1항 참조), 제3항(현행 공인중개사의 업무 및 부동산 거래신고에 관한 법률 제32조 제3항 참조;, 구 부동산중개업법 시행규칙(2005. 12. 30. 건설교통부령 제487호 공인중개사의 업무 및 부동산 거래신고에 관한 법률 시행규칙으로 전문 개정되기 전의 것) 제23조의2 제1항(현행 공인중개사의 업무 및 부동산 거래신고에 관한 법률 시행규칙 제20조 제1항 참조); 민법 제105조)>* 부동산중개업법은 부동산중개업을 건전하게 지도·육성하고 부동산중개 업무를 적절히 규율함으로써 부동산중개업자의 공신력을 높이고 공정한 부동산거래질서를 확립하여 국민의 재산권 보호에 기여함을 입법목적으로 하고 있으므로(제1조), 중개수수료의 한도를 정하는 한편 이를 초과하는 수수료를 받지 못하도록 한 부동산중개업법 및 같은 법 시행규칙 등 관련 법령(이하 '부동산중개업법 관련 법령'이라고 함) 또는 그 한도를 초과하여 받기로 한 중개수수료 약정의 효력은 이와 같은 입법목적에 맞추어 해석되어야 할 것이다. 뿐만 아니라, 중개업자가 부동산중개업법 관련 법령 소정의 한도를 초과하여 수수료를 받는 행위는 물론 위와 같은 금지규정 위반 행위에 의하여 얻은 중개수수료 상당의 이득을 그대로 보유하게 하는 것은 투기적·탈법적 거래를 조장하여 부동산거래질서의 공정성을 해할 우려가 있고, 또한 부동산중개업법 관련 법령의 주된 규율대상인 부동산의 거래가격이 높고 부동산중개업소의 활용도 또한 높은 실정에 비추어 부동산 중개수수료는 국민 개개인의 재산적 이해관계 및 국민생활의 편의에 미치는 영향이 매우 커 이에 대한 규제가 강하게 요청된다고 할 것이다. 그렇다면 앞서 본 입법목적을

달성하기 위해서는 고액의 수수료를 수령한 부동산 중개업자에게 행정적 제재나 형사적 처벌을 가하는 것만으로는 부족하고, 부동산중개업법 관련 법령 소정의 한도를 초과한 중개수수료 약정에 의한 경제적 이익이 귀속되는 것을 방지하여야 할 필요가 있다고 할 것이므로, 부동산 중개수수료에 관한 위와 같은 규정들은 중개수수료 약정 중 소정의 한도를 초과하는 부분에 대한 사법상의 효력을 제한하는 이른바 강행법규에 해당한다고 보아야 한다.
따라서 부동산중개업법 관련 법령에서 정한 한도를 초과하는 부동산 중개수수료 약정은 그 한도를 초과하는 범위 내에서 무효라고 할 것이다(대법원 2002. 9. 4. 선고 2000다54406, 54413 판결 등 참조).
<판례 변경> 이와는 달리, 위 금지규정은 단속규정에 불과하고 효력규정은 아니라고 봄으로써 그 한도를 초과한 수수료 약정의 사법상 효력이 부정되는 것이 아니라는 취지로 판시한 대법원 2001. 3. 23. 선고 2000다70972 판결은 이 판결의 견해에 배치되는 범위 내에서 이를 변경하기로 한다.

§ 5-16 단속규정
❶ 대법원 2017. 2. 3. 선고 2016다259677 판결 [계약금반환]

1. *<법률행위가 일정한 행위를 금지하는 구체적 법규정에 위반하여 행하여진 경우, 그 법률행위의 무효 또는 기타 효력 제한 여부를 판단하는 기준* (민법 제105조)*>* 사법상의 계약 기타 법률행위가 일정한 행위를 금지하는 구체적 법규정에 위반하여 행하여진 경우에, 그 법률행위가 무효인가 또는 법원이 법률행위 내용의 실현에 대한 조력을 거부하거나 기타 다른 내용으로 그 효력이 제한되는가의 여부는 당해 법규정이 가지는 넓은 의미에서의 법률효과에 관한 문제의 일환으로서, 다른 경우에서와 같이 여기서도 그 법규정의 해석 여하에 의하여 정하여진다. 따라서 그 점에 관한 명문의 정함이 있다면 당연히 이에 따라야 할 것이고, 그러한 정함이 없는 때에는 종국적으로 그 금지규정의 목적과 의미에 비추어 그에 반하는 법률행위의 무효 기타 효력 제한이 요구되는지를 검토하여 이를 정할 것이다(대법원 2010. 12. 23. 선고 2008다75119 판결 등 참조).
<개업공인중개사 등이 중개의뢰인과 직접 거래를 하는 행위를 금지하는 공인중개사법 제33조 제6호의 규정 취지 및 법적 성질(=단속규정) (공인중개사법 제33조 제6호)*>* 개업공인중개사 등이 중개의뢰인과 직접 거래를 하는 행위를 금지하는 공인중개사법 제33조 제6호의 규정 취지는 개업공인중개사 등이 거래상 알게 된 정보 등을 자신의 이익을 꾀하는데 이용하여 중개의뢰인의 이익을 해하는 경우가 있게 될 것이므로 이를 방지하여 중개의뢰인을 보호하고자 함에 있는바, 위 규정에 위반하여 한 거래행위 자체가 그 사법상의 효력까지도 부인하지 않으면 안 될 정도로 현

저히 반사회성, 반도덕성을 지닌 것이라고 할 수 없을 뿐만 아니라, 그 행위의 사법상의 효력을 부인하여야만 비로소 입법 목적을 달성할 수 있다고 볼 수 없고, 위 규정을 효력규정으로 보아 이에 위반한 거래행위를 일률적으로 무효라고 할 경우 중개의뢰인이 직접 거래임을 알면서도 자신의 이익을 위해 한 거래 등도 단지 직접 거래라는 이유로 그 효력이 부인되어 거래의 안전을 해칠 우려가 있으므로, 위 규정은 강행규정이 아니라 단속규정이라고 보아야 한다.

2. 그런데도 원심은 공인중개사법 제33조 제6호의 규정이 강행규정이라고 보아 이를 위반하여 중개의뢰인인 원고와 공인중개사인 피고 사이에 체결한 이 사건 매매계약이 무효라고 판단하였으니, 이러한 원심판단에는 공인중개사법 제33조 제6호의 효력, 강행규정 등에 관한 법리를 오해하여 판결에 영향을 미친 잘못이 있다. 이 점을 지적하는 상고이유 주장은 이유 있다.

IV. 법률행위 목적의 사회적 타당성

1. 사회질서 위반의 성립요건

§ 5-17 동기의 불법

❶ 대법원 1984. 12. 11. 선고 84다카1402 판결【부동산소유권이전등기말소】
(대법원 2005. 7. 28. 선고 2005다23858 판결; 대법원 2009. 9. 10, 2009다37251 판결)

사실관계

甲녀와 알고 지내던 A(소외 1)가 乙로부터 사기혐의로 고소를 당하여 구속되자 A의 아내인 B(소외 2)가 甲을 찾아와 A와 간통하였다고 하면서 甲의 머리채를 움켜잡고 내 남편을 빼내지 못하면 너도 간통으로 고소하여 징역을 살리겠다고 하는 등으로 폭행을 하였다. 그 후에도 B는 수시로 甲이 거주하는 곳에 와서 연탄집게, 부삽, 칼 등으로 가재를 손괴하면서 폭행, 협박을 하고 저녁에는 甲의 방에 들어 앉아 위와 같은 폭행, 협박을 계속하면서 甲을 밖에 나가지 못하게 하는 등으로 甲과 기거를 같이하며 위와 같은 행패를 계속하였다. B의 시달림에 지친 甲은 건넌방에 살고 있던 C(소외 임O수)에게 부탁하여 甲 소유의 X 부동산에 대한 甲 명의의 인감증명서와 농지매매증명을 발급받은 다음 이를 B에게 교부하였고, B는 위 인감증명서 등 서류를 乙에게 교부하여 A에 대한 피해변상조로 X 부동산에 대해 乙 앞으로 환매특약부의 소유권이전등기를 마치게 하였다. 그 후 B는 위와 같은 가해행위에 대하여 공갈죄로 기소되어 징역형을 선고받았다. 한편 甲은 乙과 아무런 법률적인 이해관계도 없는데도 B로부터 위와 같은 행패를 당하면서도 甲의 집에 세들어 사는 C, D(조O자)가 위의 문제에 개입하여 이를 말리려 하자 소문날 것을 두려워하며 사생활에 개입하지 말라고 거부하였다. 甲은 B가 공갈죄로 징역형이 선고된 후

X 부동산에 대한 소유권이전은 원인무효라고 주장하면서 乙을 상대로 소유권이전등기말소청구를 구하였다.

판결이유

1. 원심판결 이유에 의하면, 원심은 원고(갑)와 알고 지내던 소외 1(A)이 피고(을)로부터 사기혐의로 고소를 당하여 구속되자 소외 1(A)의 처인 소외 2(B)가 원고(갑)를 찾아와 원고(갑)가 소외 1(A)과 간통하였다고 하면서 원고(갑)의 머리채를 움켜잡고 너때문에 우리 남편이 구속되어 죽게 생겼으니 책임을 지라, 내 남편을 빼내지 못하면 너도 간통으로 고소하여 징역을 살리겠다고 하는 등으로 폭행을 하기 시작하여 그 후 수시로 원고(갑)가 거주하는 곳에 와서 연탄집게, 부삽, 칼 등으로 가재를 손괴하면서 폭행, 협박을 하고 저녁에는 원고(갑)의 방실에 들어 앉아 위와 같은 폭행, 협박을 계속하면서 원고(갑)를 밖에 나가지 못하게 하는 등으로 약 5일간에 걸쳐 원고(갑)와 기거를 같이 하며 위와 같은 행패를 계속하므로, 그 시달림에 지친 원고(갑)는 건넌방에 살고 있던 소외 임O수(C)에게 부탁하여 면사무소로부터 원고(갑) 소유의 이 사건 부동산에 대한 원고(갑) 명의의 인감증명서와 농지매매증명을 발급받은 다음 이를 소외 2(B)에게 교부하였고 소외 2(B)는 인감증명서 등 서류를 피고(을)에게 교부하여 소외 1(A)에 대한 피해변상조로 이 사건 부동산에 관하여 피고(을) 앞으로 환매특약부의 소유권이전등기를 마치게 한 사실과 그 후 소외 2(B)는 위와 같은 가해행위에 대하여 공갈죄로 기소되어 징역8월의 실형을 선고받기까지 한 사실을 인정한 다음, 원고(갑) 소유의 이 사건 부동산에 대하여 위 인정과 같은 경위로 원고(갑)와 아무런 법률적인 이해관계도 없던 피고(을) 앞으로 소유권이전등기가 이루어진 것이라면, 이 사건 부동산에 대한 원고(갑)의 등기원인 행위는 소외 2(B)의 원고(갑)에 대한 장기간의 폭행, 협박, 감금 등의 행위에 기인한 것으로, 원고(갑)의 자유로운 의사에 의한 것이라고 보기 어려워 그 의사표시에 하자가 있을 뿐 아니라 그 자체가 반사회질서 내지 공서양속에 위배된 것으로서 무효임을 면할 수 없다고 판단하여 원고의 이 사건 소유권이전등기말소 청구를 인용하고 있다.

2. 위 원심판시 내용을 정리해 보면 이 사건 부동산에 관한 원고(갑)의 등기원인 행위는 첫째로, 소외 2(B)의 폭행, 협박 및 감금행위로 말미암아 원고(갑)의 자유로운 의사가 박탈된 상태에서 이루어진 하자있는 의사표시이므로 무효이고, 둘째로 위 등기원인 행위는 민법 제103조에 규정된 선량한 풍속 기타 사회질서에 반하는 행위로서 무효라는 취지로 요약된다.

(1) 그러나 먼저 의사표시의 하자에 관하여 보건대, <*강박의 정도와 그에 의한 의사표시의 효력* (민법 제110조)> 상대방 또는 제3자의 강박에 의하여 의사결정의 자

유가 완전히 박탈된 상태에서 이루어진 의사표시는 효과의사에 대응하는 내심의 의사가 결여된 것이므로 무효라고 볼 수 밖에 없으나, 강박이 의사결정의 자유를 완전히 박탈하는 정도에 이르지 아니하고 이를 제한하는 정도에 그친 경우에는 그 의사표시는 취소할 수 있음에 그치고 무효라고까지 볼 수 없는 것이다.

기록에 의하여 살펴보면 원고(갑)가 소외 2(B)로부터 원심판시와 같이 폭행과 협박 및 감금 등을 당한 끝에 이 사건 부동산에 대하여 환매특약부 소유권이전등기절차를 밟아준 사실이 인정되기는 하나, 원심이 채용한 갑 제3호증의 15 및 21(각 진술조서)의 각 기재와 원심증인 임O수(C)의 증언에 의하면 원고(갑)는 소외 2(B)로부터 위와 같이 행패를 당하면서도 원고(갑) 집에 세들어 사는 소외 임O수(C), 조O자(D)가 개입하여 이를 말리려 하자 소문날 것을 두려워하며 사생활에 개입하지 말라고 거부한 사실이 인정되므로, 당시 원고(갑)가 소외 2(B)의 강박으로 완전히 의사결정의 자유를 박탈당한 상태에 놓여 있었다고 보기는 어려운 것으로서, 결국 소외 2(B)의 강박에 의한 의사표시의 하자는 취소사유에 불과할 뿐 무효사유라고는 볼 수 없다고 할 것이다.

(2) 다음에 반사회질서의 법률행위에 해당하는 여부에 관하여 보건대, **<민법 제103조에 의하여 무효로 되는 반사회질서 행위>** 민법 제103조에 의하여 무효로 되는 반사회질서 행위는 1) 법률행위의 목적인 권리의무 내용이 선량한 풍속 기타 사회질서에 위반되는 경우(예: 신체를 매도하기로 하는 계약, 매수인이 이중매매에 적극 가담한 경우) 뿐만 아니라 2) 그 내용자체는 반사회질서적인 것이 아니라고 하여도 ① 법률적으로 이를 강제하거나(예: 어떠한 일이 있어도 혼인 또는 이혼하지 않겠다고 약속하고, 위반시 위약금을 지급하기로 하는 경우) ② 그 법률행위에 반사회질서적인 조건(예: 살인할 것을 조건으로 한 증여계약 등) 또는 ③ 금전적 대가가 결부됨으로써 반사회질서적 성질을 띄게 되는 경우(예: 부첩계약이나 부첩관계를 청산하는 대가로 일정한 돈을 지급하기로 한 합의, 행정기관에 진정서를 제출하여 상대방을 궁지에 빠뜨린 다음 이를 취하하는 조건으로 거액의 급부를 제공받기로 약정한 경우) 및 ④ 표시되거나 상대방에게 알려진 법률행위의 동기가 반사회질서적인 경우(예: 도박장으로 사용하기 위해 주택을 빌리는 경우)를 포함한다.

그런데 위 원심판시 사실에 의하면, **<사안의 경우>** 이 사건 환매특약부 소유권이전등기에 관한 법률행위는 그 성립의 과정에서 강박이라는 불법적 방법이 사용되었다는 것뿐이고, 그 목적하는 권리의무의 내용이 사회질서에 위반되는 사항이라고 볼 수 없으며, 또 그 이전등기의무 이행을 법률적으로 강제하는 것 자체가 반사회질서적이라고 볼 수 없고, 반사회질서적인 조건이나 금전적 대가가 결부된 바도 없으며, 또 위 법률행위의 동기가 반사회질서적인 것이라고 볼 여지도 없으니, 위와 같은 강박에 의한 의사표시의 하자를 이유로 취소할 수 있음은 별론으로 하고 반사회질서의 법률행위로서 당연히 무효라고 할 수는 없다고 할 것이다.

❷ 대법원 2001. 2. 9. 선고 99다38613 판결 【해임처분취소】

사실관계

甲은 乙 법인의 A(총무원장)와 협의를 거쳐 그의 주지직 사전 내락을 받아둔 상태에서 乙 소속 사찰을 사실상 인수하기로 마음먹고, 위 사찰의 전 주지인 B(소외 1)와 사이에 B가 주지직에서 사임하고 甲이 후임 주지로 취임하는 대가로 3억 원을 지급하기로 약정하였다. 그 후 C사 주지인 D(소외 2)를 끌어들여 D가 자금을 투자하면 그를 위 사찰의 부주지로 임명하여 그 운영책임을 맡기고 위 사찰에 대한 지분을 50:50으로 소유하기로 약정하였다. 甲은 1995. 4. 24. D로부터 2억 2천만 원을 받아 그 중 1억 5천만 원을 B에게 지급하였고, 같은 날 B가 주지직에서 사임하고 甲은 乙 법인으로부터 위 사찰의 후임 주지로 임명받았다. 甲은 1996. 10. 19. 역시 D로부터 받은 돈으로 B에게 나머지 1억 5천만 원을 지급하였다. 이러한 사실을 알게 된 乙은 위 사찰 甲의 주지직을 해임하였다. 이에 甲은 乙을 상대로 위 해임처분에 대한 무효확인의 소를 제기하였다.

판결이유

1. 원심판결의 요지

원심판결 이유에 의하면, 원심은 피고(을) 법인이 원고(갑)를 징계해임하면서 종헌 종법이 규정하고 있는 징계절차를 거치지 아니하였으므로, 이 사건 징계처분은 무효로 보아야 할 것이라고 판단하고 나서, 다음과 같은 이유로 원고(갑)에 대한 주지임명이 선량한 풍속 기타 사회질서에 반하는 행위로서 무효이므로, 원고(갑)로서는 이 사건 징계처분의 무효확인을 구할 법률상의 이익이 없다는 피고의 주장을 받아들이었다.

즉 원심은, 원고(갑)는 피고(을) 법인의 총무원장(A)과 협의를 거쳐 그의 사전 내락을 받아둔 상태에서 피고(을) 법인 소속 사찰을 사실상 인수하기로 마음먹고, 위 사찰의 전 주지인 소외 1(B)와 사이에 소외 1(B)가 주지직에서 사임하고 원고(갑)가 후임 주지로 취임하는 대가로 3억 원을 지급하기로 약정한 후, 청량사 주지인 소외 2(D)를 끌어들여 소외 2(D)가 자금을 투자하면 그를 위 사찰의 부주지로 임명하여 그 운영책임을 맡기고 위 사찰에 대한 지분을 50:50으로 소유하기로 약정한 사실, 원고(갑)는 1995. 4. 24. 소외 2(D)로부터 2억 2,000만 원을 받아 그 중 1억 5,000만 원을 소외 1(B)에게 지급하자, 같은 날 소외 1(B)가 주지직에서 사임하고 원고(갑)는 피고(을) 법인의 총무원장(A)으로부터 위 사찰의 후임 주지로 임명받았으며, 원고(갑)는 1996. 10. 19. 역시 소외 2(D)로부터 받은 돈으로 소외 1(B)에게 나머지 1억 5,000만 원을 지급한 사실을 인정한 다음, 이는 원효대사가 창건한 이래 1300여 년이나 맥을 이어왔고 대웅전, 만세루 등 다수의 문화재를 보유하고 있는 전통사찰인 위 사찰의 주지직을 거액의 금품을 대가로 양도, 양수하려는 계약으로서 그 자체로 선량한 풍속 기타 사회질서에 반하는 행위로서 무효이고, 나아가 피고 법인(을)이 원고(갑)와 소외 1(B) 사이의 위와 같은 약정이 있음을 알고 이를 묵인하거나 혹은 방조한 상태에서 원고(갑)를 주지로 임명한 행위 역시 선량한 풍속 기타 사회질서에 반하는 행위로서 무효라고 하지 않을 수 없고, 따라서 원고(갑)에 대한 주지임명이 처음부터 무효인 이상, 원고(갑)로서는 이 사건 징계처분의 무효확인을 구할 법률상의 이익이 없다고 판단하였다.

2. 이 법원의 판단

가. 기록에 비추어 살펴보면, 원고(갑)가 위 사찰의 전 주지인 소외 1(B)에게 3억 원을 주지직 사임 대가로 지급하기로 하고 그를 주지직에서 사임하게 한 다음, 피고(을) 법인으로부터 위 사찰의 주지로 임명받은 사실을 인정한 원심의 조치는 수긍이 되고, 거기에 채증법칙에 위배하여 사실을 오인한 위법이 있다고 할 수 없다.

나. 그러나 원고에 대한 주지임명행위가 무효라고 본 원심의 판단은 다음과 같은 이유로 수긍하기 어렵다.

<갑과 B 사이의 약정의 반사회성 여부> 원고(갑)와 위 사찰의 전임 주지이던 소외 1(B)와 사이에 한 앞서 본 약정은 전통사찰보존법 소정의 전통사찰인 위 사찰의 주지직을 거액의 금품을 대가로 양도, 양수하는 계약으로서 그 내용이 선량한 풍속 기타 사회질서에 반하는 행위로서 무효라고 보아야 할 것이다. 한편 <민법 제103조 소정의 '반사회질서의 법률행위'의 의미> 민법 제103조에 의하여 무효가 되는 법률행위는 법률행위의 내용이 선량한 풍속 기타 사회질서에 위반되는 경우뿐만 아니라, 그 내용 자체는 반사회질서적인 것이 아니라고 하여도 법률적으로 이를 강제하거나, 법률행위에 반사회질서적인 조건, 또는 금전적 대가가 결부됨으로써 반사회질서적 성질을 띠게 되는 경우 및 표시되거나 상대방에게 알려진 법률행위의 동기가 반사회질서적인 경우도 당연히 포함한다(대법원 1992. 11. 27. 선고 92다7719 판결 참조).

그러나 <사안의 경우 (민법 제103조)> 이 사건에서 피고 법인(을)이 원고(갑)와 소외 1(B) 사이에 위와 같은 약정이 있음을 알고 이를 묵인하거나 혹은 방조한 상태에서 원고(갑)를 주지로 임명하였다고 하더라도, 그 임명행위 자체가 선량한 풍속 기타 사회질서에 반한다고 할 수는 없고, 법률적으로 이를 강제하거나, 법률행위에 반사회질서적인 조건이나, 금전적 대가가 결부됨으로써 반사회질서적 성질을 띠게 되는 경우, 또는 표시되거나 상대방에게 알려진 법률행위의 동기가 반사회질서적인 경우에도 해당한다고 보기도 어렵다.

❸ 대법원 1996. 4. 26. 선고 94다34432 판결 [주식인도]
……

나. 원심은 이러한 사실관계를 기초로 하여 다음과 같이 판단하고 있다.

법률행위는 법률행위의 당사자, 법률행위의 목적, 법률행위를 하는 의사표시가 갖추어지면 성립하는 것이라고 할 것이고, 일단 법률행위의 외형이 갖추어진 이상 그 법률행위를 함에 있어서 의사의 합치가 없었다거나 저항할 수 없는 협박에 의하여 서명날인이 강요된 것이라는 점은 법률행위의 유·무효, 법률행위의 하자의 문제로 될 수 있을지언정 그것으로 인하여 법률행위가 존재하지 아니하는 것이라고 할 수는 없을 것이다. <**주식 매매계약 체결 당시 가격을 확정하지 않았으나 그 확정 방법과 기준을 정한 경우, 그 계약의 성립 여부(적극)** (민법 제563조, 제568조)> 매매계약은 당사자 일방이 재산권을 상대방에게 이전할 것을 약정하고 상대방이 그 대금을 지급할 것을 약정하는 계약으로, 매도인이 재산권을 이전하는 것과 매수인이 그 대가로서 금원을 지급하는 것에 관하여 쌍방 당사자의 합의가 이루어짐으로써 성립하는 것이므로, 특별한 사정이 없는 한 '주식 및 경영권 양도 가계약서'와 '주식 매매계약서'에 피고의 대표이사인 소외 1이 각 서명날인한 행위는 주식 매수의 의사표시(청약)이고, 원고가 이들에 각 서명날인한 행위는 주식 매도의 의사표시(승낙)로서 두 개의 의사표시가 합치됨으로써 위 주식 매매계약은 성립하였다고 할 것이고, 이 경우 매매 목적물과 대금은 반드시 그 계약 체결 당시에 구체적으로 확정하여야 하는 것은 아니고, 이를 사후에라도 구체적으로 확정할 수 있는 방법과 기준이 정하여져 있으면 족하다고 할 것이다. 그런데 이 사건 주식 매매계약은 체결할 당시에 주식의 매매대금을 구체적으로 정하지는 않았으나, 위에서 본 바와 같이 주식 매매계약 전에 체결된 '주식 및 경영권 양도 가계약서'에서 이 사건 주식의 매매가격을 일응 1주(액면가 금 500원)당 1원으로 결정하되, 국제상사의 자산과 부채의 실사 결과에 따라 원고 등과 피고가 협의 조정하여 그 가격을 확정하기로 함으로써 이 사건 주식 매매계약을 체결할 당시 매매대금을 확정할 수 있는 방법과 기준을 정하였으므로 위 주식 매매계약은 유효하다고 할 것이고, 계약의 성립이나 효력발생 시기는 원칙적으로 그 계약에서 달리 정한 바 없다면 계약 당사자의 의사의 합치가 있으면 그때 성립하는 것으로 계약서상의 계약일자를 일방이 마음대로 정하였다 하여 그 계약의 성립을 부정할 수는 없다 할 것이다. 더욱이 계약의 성립에 이르기까지 일방 당사자나 제3자가 계약서의 문안이나 계약조건을 일응 정한 뒤 다른 당사자나 양쪽 당사자에게 검토하게 하여 계약을 체결하게 되는 것은 통상 있는 일이고, 앞에서 본 바와 같이 피고의 대표이사 서명날인이 있는 계약서를 원고가 검토하여 서명날인하였다면 그 계약서에 기재된 매매조건을 수락한 것이니 매매조건이 일방적으로 결정된 것이라 볼 수 없다.

다. 원심의 위와 같은 사실인정과 판단을 기록에 비추어 살펴보면, 모두 정당한 것으로 수긍이 가고, 거기에 상고이유에서 지적하는 바와 같은 심리미진 및 계약해석의 법리를 오해한 위법이나 이유불비의 위법이 있다고 할 수 없다. 그 밖에 단순한 사실오인의 점은 원심의 적법한 사실확정을 비난하는 것으로 적법한 상고이유가 되지 못한다. 이 점을 지적하는 상고이유는 모두 받아들일 수 없다.

2. 제1, 2점에 대하여

가. <**법률행위의 성립 과정에서 불법이 사용된 경우, 민법 제103조 해당 여부(소극)** *(민법 제103조, 제563조)*> 민법 제103조에 의하여 무효로 되는 반사회질서 행위는, 법률행위의 목적인 권리의무의 내용이 선량한 풍속 기타 사회질서에 위반되는 경우뿐 아니라, 그 내용 자체는 반사회질서적인 것이 아니라고 하여도 법률적으로 이를 강제하거나, 그 법률행위에 반사회질서적인 조건, 또는 금전적 대가가 결부됨으로써 반사회질서적 성격을 띠는 경우 및 표시되거나 상대방에게 알려진 법률행위의 동기가 반사회질서적인 경우를 포함하지만, 이상의 각 요건에 해당하지 아니하고 단지 법률행위의 성립 과정에서 불법적 방법이 사용된 데 불과한 때에는, 그 불법이 의사표시의 형성에 영향을 미친 경우에는 의사표시의 하자를 이유로 그 효력을 논의할 수는 있을지언정 반사회질서의 법률행위로서 무효라고 할 수는 없을 것이다(대법원 1992. 11. 27. 선고 92다7719 판결 참조).

이 사건에서 대통령의 지시를 받아 국제그룹의 해체 방침을 결정한 재무부장관이 주거래은행인 제일은행에 이를 통보하고 이를 언론에 보도되도록 한 후, 제일은행으로 하여금 이를 추진하게 하는 일련의 행위들이 통상의 행정지도의 한계를 넘어서는 권력적 사실행위로서 헌법상 법치국가의 원리, 헌법 제119조 제1항의 시장경제의 원리, 헌법 제126조의 경영권 불간섭의 원칙, 헌법 제11조의 평등권의 각 규정을 침해한 것으로 헌법에 위반됨은 헌법재판소 1993. 7. 29. 선고 89헌마31 결정에서 확인된 바이다. 그러나 주식의 매매를 목적으로 하는 이 사건 법률행위의 목적인 권리의무의 내용 자체가 선량한 풍속 기타 사회질서에 위반될 리가 없고 그 조건이나 대가관계로 인하여 반사회적 성격을 띨 리도 없으며, 이 사건에 있어서 표시된 법률행위의 동기는 부실화된 국제그룹의 정상화라고 할 것이므로 이것이 반사회질서적이라고 할 수도 없다. <**재무부장관의 주거래은행에 대한 행정지도가 위헌이더라도, 이를 받아들인 주거래은행의 권유에 따라 성립된 주식 매매계약 자체는 반사회질서 행위가 아니라고 한 사안** *(민법 제103조, 제563조)*> 국제그룹의 해체 지시라는 재무부장관의 제일은행에 대한 위와 같은 공권력 행사가 비록 위헌적 행정지도라고 하더라도, 당시 제일은행으로서도 막대한 자금을 부도 직전의 부실기업인 국제그룹에 대출하고 있던 주채권자로서 위 방안도 선택 가능한 방안이었으므로, 이를 받아들여 원고와 피고에게 이를 권유하였고, 원고와 피고가 이 제안을 받아들여 이 사건 주식 매매계약이 성립된 것인 이상, 위와 같은 위헌적인 공권력 행사가 이 사건 법률행위의 성립에 영향을 미쳤다고 보아 그 의사표시에 하자가 있다고 함은 몰라도(이 점에 관하여는 아래 4항에서 따로 판단한다), 이 사건 법률행위의 목적이나 표시된 동기가 불법이었다고 볼 수는 없다. 그러므로 이 사건 주식매매를 목적으로 하는 법률행위가 선량한 풍속이나 사회질서에 위반하였다고 볼 수 없는 것이므로, 같은 취지로 판시한 원심의 이 점에 관한 판단은 정당하고, 거기에 민법 제103조에 관한 법리를 오해한 위법이 있다고 할 수 없다.

나. <**당사자의 일방이 독점적·우월적 지위를 악용하여 부당한 이득을 취한 경우, 민법 제103조 해당 여부(적극)** (민법 제103조, 제563조)> 법률행위 목적의 불법의 한 경우로서 당사자의 일방이 그의 독점적 지위 내지 우월한 지위를 악용하여 자기는 부당한 이득을 얻고, 상대방에게는 과도한 반대급부 또는 기타의 부당한 부담을 과하는 법률행위는 반사회적인 것으로서 무효라고 할 것이다. 그러나 이 사건의 경우에 있어서와 같이 피고가 사전에 정부로부터 협의를 받아 이 사건 주식의 매수자로 선정되었다는 사정만으로 독점적, 우월한 지위에 있다고 단정할 수 없고, 매매계약 당시에 불공정한 이득을 얻었다고 할 수도 없다(이 점에 관하여는 아래 3항에서 다시 판단한다). 다만 제일은행이 우월적 지위에서 이 사건 계약을 주도한 것은 사실이지만, 제일은행은 계약의 당사자가 아니고 국제상사에 대한 채권자로서 국제상사의 도산을 방지하고 원만한 제3자 인수를 위하여 국제상사로부터 적법한 권한 위임을 받아 양 당사자 간의 매매계약을 성사시킨 것이기 때문에 이를 가리켜 계약의 일방 당사자가 독점적, 우월적 지위에 서는 경우와 같이 볼 수 없다.

그리고 재무부 당국이 국제상사의 인수 회사로 피고를 선정하고 제일은행이 원고와 피고 쌍방에 이를 알리고 매매계약의 조건을 제시하였지만, 정부의 사후적 지원보장이 없는 이상 이와 같은 부실기업을 인수할 희망자가 없을 것이기 때문에 실제로는 다른 인수자가 없었을 것이고, 원고로서도 국제상사의 부도와 도산 등의 결과를 회피하기 위하여 스스로 제일은행이 제시하는 매매조건을 수용할 만한 것으로 보아 받아들인 것이므로, 결국 제일은행이 이 사건 주식매매의 계약조건을 제시하고 원고와 피고가 각각 이를 받아들여 계약이 성립된 것에 불과하다고 할 것이니, 이를 가리켜 피고가 독점적, 우월적 지위에 있었다고 할 수도 없다. 이와 같은 취지로 판시한 원심판결에 이 점에 관하여 이유불비 또는 법리오해의 위법이 없다.

❹ 대법원 2017. 4. 7. 선고 2014다234827 판결 [계약무효확인등]

사실관계

보험회사 甲과 乙녀는 乙1를 피보험자로 하여 2008. 12. 31. 상해의료비, 질병입원비, 질병입원의료비, 질병통원의료비 등을 주요 담보내용으로 하는 보험계약을 체결하였다. 乙과 乙1은 위 보험계약 체결 무렵 사실상 혼인관계로서 경제적 공동체를 이루고 있었고, 2009. 10. 5. 혼인신고를 하였다. 乙과 乙1은 2005년경부터 2010년경까지 약 6년 사이에 각자 12건씩 유사한 보험을 중복적으로 가입하였다. 위 보험계약이 체결된 2008. 12. 31. 당시 乙과 乙1을 피보험자로 하여 가입된 보험의 월 보험료는 합계 122만 9740원이고 연간 납부할 보험료는 1천 475만 6,880원인 반면, 乙과 乙1의 2008년 수입금액은 합계 1천 635만 3155원이고 소득세 납부금액은 0원이다. 乙의 2005년부터 2010년까지 연평균 수입액수는 1천 128만 530원이고 乙과 乙1의 연평균 수입액수는 합계 1천 802만 1391원이며, 위 기간 동 乙의 연평균 소득세 납부금액은 5만 7005원, 乙과 乙1의 연평균 소득세 납부금액은 합계 약 8만 8477원이다. 또한 乙과 乙1은 2010년을 기준으로 한 보험료 부담이 연간 합계 2천 4만 6480원에 이르렀는데, 위 금액은 이들 부부의 2010년 수입액수 2천 636만 2262원의 약 76%에 해당한다. 乙과 乙1이 가입한 각 보험계약은 모두 입원일당 보험(입원한 일수에 따라 정해진 금액을 지급하는 보험) 또는 그와 유사한 내용을 담보하는 보험으로서 중복가입의 필요성이 적고, 乙의 경우 위 보험계약이 체결된 2008. 12. 31.경에는 특별히 상해의 위험이 높은 직업을 가지고 있지도 않았다. 乙은 2006. 6.경부터 약 6년 동안 각종 보험사고를 이유로 총 74회에 걸쳐 합계 5천 333만 5860원의 보험금을 수령하였다. 한편 乙1은 2013년 甲에 대하여 축구경기를 하다가 발목을 부딪쳐 외측측부 인대의 염좌 및 긴장 등의 상병이 발생하여 15일간 입원하였다는 이유로 상해입원일당, 질병입원일당 등으로 甲의 부담부분에 대한 보험금지급을 청구하였다.

> 판결이유

1. <보험계약자가 다수의 보험계약을 통하여 보험금을 부정취득할 목적으로 체결한 보험계약의 효력(무효) *(민법 제103조)*> 보험계약자가 다수의 보험계약을 통하여 보험금을 부정취득할 목적으로 보험계약을 체결한 경우, 보험계약은 민법 제103조의 선량한 풍속 기타 사회질서에 반하여 무효이다. 이러한 보험계약에 따라 보험금을 지급하게 하는 것은 보험계약을 악용하여 부정한 이득을 얻고자 하는 사행심을 조장함으로써 사회적 상당성을 일탈하게 될 뿐만 아니라, 합리적인 위험의 분산이라는 보험제도의 목적을 해치고 위험발생의 우발성을 파괴하며 다수의 선량한 보험가입자들의 희생을 초래하여 보험제도의 근간을 무너뜨리기 때문이다. <보험금을 부정취득할 목적으로 다수의 보험계약을 체결하였는지에 관하여 직접적인 증거 없이 보험계약자의 직업, 재산 상태 등 제반 사정에 기하여 그 목적을 추인할 수 있는지 여부(적극) *(민법 제103조)*> 그리고 보험계약자가 보험금을 부정취득할 목적으로 다수의 보험계약을 체결하였는지를 직접적으로 인정할 증거가 없더라도, 보험계약자의 직업과 재산상태, 다수 보험계약의 체결 시기와 경위, 보험계약의 규모와 성질, 보험계약 체결 후의 정황 등 제반 사정에 기하여 그와 같은 목적을 추인할 수 있다(대법원 2009. 5. 28. 선고 2009다12115 판결 등 참조).
<보험금 부정취득의 목적을 추인할 수 있는 유력한 자료가 되는 간접사실 *(민법 제103조)*> 특히 보험계약자가 자신의 수입 등 경제적 사정에 비추어 부담하기 어려울 정도로 고액인 보험료를 정기적으로 불입하여야 하는 과다한 보험계약을 체결하였

다는 사정, 단기간에 다수의 보험에 가입할 합리적인 이유가 없는데도 집중적으로 다수의 보험에 가입하였다는 사정, 보험모집인의 권유에 의한 가입 등 통상적인 보험계약 체결 경위와는 달리 적극적으로 자의에 의하여 과다한 보험계약을 체결하였다는 사정, 저축적 성격의 보험이 아닌 보장적 성격이 강한 보험에 다수 가입하여 수입의 많은 부분을 그 보험료로 납부하였다는 사정, 보험계약 시 동종의 다른 보험 가입사실의 존재와 자기의 직업·수입 등에 관하여 허위의 사실을 고지하였다는 사정 또는 다수의 보험계약 체결 후 얼마 지나지 아니한 시기에 보험사고 발생을 원인으로 집중적으로 보험금을 청구하여 수령하였다는 사정 등의 간접사실이 인정된다면, 이는 보험금 부정취득의 목적을 추인할 수 있는 유력한 자료가 된다(대법원 2014. 4. 30. 선고 2013다69170 판결, 대법원 2015. 2. 12. 선고 2014다73237 판결 등 참조).

한편 <*법률행위의 무효·취소사유, 해제·해지사유가 함께 충족하는 경우 선택적 주장여부* (민법 제103조, 제110조, 상법 제651조)> 보험계약을 체결하면서 중요한 사항에 관한 보험계약자의 고지의무 위반이 사기에 해당하는 경우에는, 보험자는 상법의 규정에 의하여 계약을 해지할 수 있음은 물론 보험계약에서 정한 취소권 규정이나 민법의 일반원칙에 따라 보험계약을 취소할 수 있다(대법원 1991. 12. 27. 선고 91다1165 판결 참조). 따라서 보험금을 부정취득할 목적으로 다수의 보험계약이 체결된 경우에 민법 제103조 위반으로 인한 보험계약의 무효와 고지의무 위반을 이유로 한 보험계약의 해지나 취소는 그 요건이나 효과가 다르지만, 개별적인 사안에서 각각의 요건을 모두 충족한다면 위와 같은 구제수단이 병존적으로 인정되고, 이 경우 보험자는 보험계약의 무효, 해지 또는 취소를 선택적으로 주장할 수 있다.

2. 원심은, 이 사건 보험계약이 아래와 같이 보험계약자의 직업과 재산상태, 다수 보험계약의 체결 경위, 보험계약의 규모, 보험계약 체결 후의 정황 등의 제반 사정에 비추어 보험금 부정취득의 목적에서 이루어진 것으로 충분히 추인할 수 있고, 합리적인 위험의 분산이라는 보험제도의 목적을 해치고 위험발생의 우발성을 파괴하며 다수의 선량한 보험가입자들의 희생을 초래하여 보험제도의 근간을 해치는 것으로서, 민법 제103조에서 정한 선량한 풍속 기타 사회질서에 반하여 무효라고 판단하였다.

§ 5-18 사회질서 위반여부의 판단시기

❶ 대법원 2001. 11. 9. 선고 2001다44987 판결 【소유권이전등기등】

사실관계

甲은 乙로부터 X 부동산을 매수하였는데, X 부동산에 대한 乙 명의의 소유권보존등기는 A의 매도증서 위조행위로 인하여 승소한 판결로 이루어진 것이었다. A는 위 범죄사실로 인하여 유죄의 확정판결을 받았다. 그러나 위 판결로 이루어진 乙 명의의 소유권보존등기에 대한 재심청구기간은 이미 도과하였고, 甲은 매매계약 체결 후에 비로소 A의 범죄 등 제반 사정을 알게 되었다. 이에 甲은 乙에 대하여 X 부동산에 대한 소유권이전등기를 청구하였다. 이 소송에서 乙은 X 부동산의 취득과정을 알고 있는 甲의 청구는 선량한 풍속 기타 사회질서에 반하는 것이어서 허용될 수 없다고 항변하고 있다.

판결이유

......

2. 이 법원의 판단

......

다. 그리고 <매매계약체결 후 그 목적물이 범죄행위로 취득된 것을 알게 된 경우에 그 계약의 이행을 구하는 것이 선량한 풍속 기타 사회질서에 반하는 것인지 여부(한정 소극) (민법 제103조)> 매매계약체결 당시에 정당한 대가를 지급하고 목적물을 매수하는 계약을 체결하였다면, 비록 그 후 목적물이 범죄행위로 취득된 것을 알게 되었다고 하더라도, 계약의 이행을 구하는 것 자체가 선량한 풍속 기타 사회질서에 위반하는 것으로 볼 만한 특별한 사정이 없는 한, 그러한 사유만으로 당초의 매매계약에 기하여 목적물에 대한 소유권이전등기를 구하는 것이 민법 제103조의 공서양속에 반하는 행위라고 단정할 수 없고, 나아가 <사안의 경우> 이 사건에서 원고들(갑)이 범죄행위에 가담한 일이 없을 뿐만 아니라, 매수 당시 범죄행위에 의하여 취득한 물건이라는 사실을 알지 못했던 점과 이 사건 토지들에 대하여는 확정판결로 인하여 원 소유자 앞으로의 회복이 불가능하게 되어 피고(을)의 소유권이 확정된 점 기타 매매계약 전후의 모든 사정을 감안하면, 상고이유에서 들고 있는 사정만으로는 원고들(갑)이 체결한 이 사건 매매계약이나 그 계약에 기하여 소유권이전등기를 청구하는 것이 공서양속에 반한다고 할 수는 없을 것으로 보이는 바, 같은 취지의 원심 판단은 정당하고, 거기에 상고이유의 주장과 같은 위법이 있다고 할 수 없다.

2. 사회질서 위반행위의 구체적 사례
1) 정의 관념에 반하는 행위
§ 5-19 정의 관념에 반하는 행위
❶ 대법원 2007. 2. 15. 선고 2004다50426 전원합의체 판결 【대여금반환】

1. 상고이유 제1점에 대하여

<채권자의 어떠한 행위 내지 의사표시의 해석에 의하여 채무의 면제를 인정할 수 있는지 여부(적극) 및 그 판단 방법 (민법 제105조, 제506조)> 채무의 면제는 반드시 명시적인 의사표시만에 의하여야 하는 것은 아니고, 채권자의 어떠한 행위 내지 의사표시의 해석에 의하여 그것이 채무의 면제라고 볼 수 있는 경우에도 이를 인정하여야 할 것이기는 하나, 이와 같이 인정하기 위하여는 당해 권리관계의 내용에 따라 이에 대한 채권자의 행위 내지 의사표시의 해석을 엄격히 하여 그 적용 여부를 결정하여야 한다(대법원 1987. 3. 24. 선고 86다카1907, 1908 판결 등 참조).

원심이, 2001. 3. 29. 원고가 피고들에 대한 대여금채권을 피보전권리로 하여 피고 1 소유 부동산에 가압류 집행을 하였다가 2001. 5. 14. 그 가압류를 해제한 사실, 2001. 6. 8. 피고 2가 국세청으로부터 "원고가 이사로 있는 주식회사 (명칭 생략)에 대한 채무내역을 밝혀달라."는 내용의 우편을 받은 사실만으로는 피고들 주장과 같이 피고들이 주식회사 (명칭 생략)을 국세청에 신고하지 않는 대가로 원고가 피고들의 채무를 모두 면제한 것으로 볼 수 없다고 판단한 것은 위 법리에 비추어 보면 정당하고, 거기에 채무 면제에 관한 법리를 오해하여 판결에 영향을 미친 위법은 없으며, 그에 관한 원심의 증거취사와 사실인정을 다투는 주장은 적법한 상고이유가 되지 못한다.

2. 상고이유 제2점에 대하여

가. *<금전 소비대차계약의 당사자 사이의 경제력 차이로 인하여 이율이 사회통념상 허용되는 한도를 초과하여 현저하게 고율로 정해진 경우, 그 부분 이자 약정의 효력(무효) (민법 제103조)>* 금전 소비대차계약과 함께 이자의 약정을 하는 경우, 양쪽 당사자 사이의 경제력의 차이로 인하여 그 이율이 당시의 경제적·사회적 여건에 비추어 사회통념상 허용되는 한도를 초과하여 현저하게 고율로 정하여졌다면, 그와 같이 허용할 수 있는 한도를 초과하는 부분의 이자 약정은 대주가 그의 우월한 지위를 이용하여 부당한 이득을 얻고 차주에게는 과도한 반대급부 또는 기타의 부당한 부담을 지우는 것이므로, 선량한 풍속 기타 사회질서에 위반한 사항을 내용으로 하는 법률행위로서 무효라 할 것이다.

이와 같이 *<선량한 풍속 기타 사회질서에 위반하여 무효인 부분의 이자 약정을 원인으로 차주가 대주에게 임의로 지급한 이자의 반환을 청구할 수 있는지 여부(적극) (민법 제103조, 제746조)>* 선량한 풍속 기타 사회질서에 위반하여 무효인 부분의 이자 약정을 원인으로 차주가 대주에게 임의로 이자를 지급하는 것은 통상 불법의 원인으로 인한 재산 급여라고 볼 수 있을 것이나, 불법원인급여에 있어서도 그 불법원인이 수익자에게만 있는 경우이거나, 수익자의 불법성이 급여자의 그것보다 현저히 커서 급여자의 반환청구를 허용하지 않는 것이 오히려 공평과 신의칙에 반하게 되는 경우에는 급여자의 반환청구가 허용된다고 해석되므로(대법원 1993. 12.

10. 선고 93다12947 판결 등 참조), <u>대주가 사회통념상 허용되는 한도를 초과하는 이율의 이자를 약정하여 지급받은 것은 그의 우월한 지위를 이용하여 부당한 이득을 얻고, 차주에게는 과도한 반대급부 또는 기타의 부당한 부담을 지우는 것으로서, 그 불법의 원인이 수익자인 대주에게만 있거나 또는 적어도 대주의 불법성이 차주의 불법성에 비하여 현저히 크다고 할 것이어서 차주는 그 이자의 반환을 청구할 수 있다고 봄이 상당하다.</u>

나. 그럼에도 불구하고, <u>원심이 1999. 9. 17.부터 2000. 10. 30.까지 사이에 원고로부터 차용한 돈에 대하여 지급한 이자 중 정당한 이율 범위를 초과하는 부분은 부당이득으로서 피고들에게 반환되어야 한다는 피고들의 상계항변을 판단함에 있어서, 위에서 본 법리와는 달리 당사자 사이에 약정된 이율의 일부가 사회질서에 반하는 것으로서 일부 무효가 된다 하더라도 채무자가 그 이율에 따라 이자를 임의로 지급한 경우에는 그 반환을 구할 수 없다고 보아, 상계항변을 배척한 데에는 사회질서에 반하여 고율로 약정된 이자의 지급으로 인한 부당이득 내지 불법원인급여 반환에 관한 법리를 오해한 결과 그 무효 사유를 판단하지 아니하여 판결에 영향을 미친 위법이 있다.</u> 이와 같은 점을 지적하는 취지의 상고이유는 이유 있으므로 이를 받아들이기로 한다.

❷ 대법원 2015. 7. 23. 선고 2015다200111 전원합의체 판결 [부당이득금]

1. 가. 형사사법은 국민의 기본적 인권의 보장과 국가형벌권의 공정한 실현을 그 이상으로 한다. 수사와 재판을 포함한 형사절차는 국민의 자유, 재산, 명예는 물론 사회의 안녕 및 질서 유지와 직결되어 법치주의의 근간을 이루기 때문에, 엄정하고 공정하게 운용되어야 할 뿐 아니라 그에 대한 국민의 신뢰를 확보하지 않으면 안 된다. 만약 국가형벌권의 행사를 둘러싸고 국민들 사이에 불신과 불만이 존재한다면 국민들의 준법의식과 정의 관념에 혼란을 가져오고 사법제도 전반에 대한 신뢰의 위기를 초래함으로써 국가기능에 중대한 장애를 초래할 수 있기 때문이다.

나. 공정한 형사절차가 실현되기 위해서는 범죄혐의를 받고 있는 피의자나 피고인에게 변명하고 자기방어를 할 수 있는 충분한 기회가 주어져야 한다. 우리 헌법은 신체의 자유를 제한하게 되는 체포·구속이나 처벌·보안처분에 관하여 적법절차와 영장주의 원칙에 따라 여러 절차적 권리를 보장하면서, 이를 실질적으로 구현하기 위한 중요한 수단으로서 변호인의 조력을 받을 권리를 명시하고 있다. 이처럼 그 조력을 받을 권리가 직접 헌법에 규정될 정도로 변호인은 형사절차에서 중요한 공익적 역할을 담당하고 있는데, 헌법과 형사소송법에 보장된 피의자·피고인의 방어권과 각종 절차적 권리를 실질적·효과적으로 행사할 수 있게 해 주는 법적 장치가 바로 변호사제도이다. 따라서 재판을 담당하는 법관이나 수사와 공소 제기 및 유지

를 담당하는 검사와 마찬가지로 변호사도 형사절차를 통한 정의의 실현이라는 중요한 공적 이익을 위하여 협력하고 노력할 의무를 부담한다. 그렇기 때문에 변호사는 개인적 이익이나 영리를 추구하는 단순한 직업인이 아니라, 우리 사회의 법치주의 실현의 한 축으로서 정의와 인권을 수호하여야 하는 공적인 지위에 있다.

다. 변호사법은 법률사무 전반을 변호사에게 독점시키는 한편, 변호사는 기본적 인권을 옹호하고 사회정의를 실현함을 그 사명으로 하고, 공공성을 지닌 법률 전문직으로서 독립하여 자유롭게 그 직무를 수행한다고 선언하면서(제1조, 제2조), 변호사의 자격과 등록을 엄격히 제한하고(제4조 내지 제20조), 변호사에게 품위유지의무, 비밀유지의무 등의 각종 의무를 부과하며(제24조 내지 제27조 등), 광고 제한, 변호인선임서 등의 지방변호사회 경유, 연고 관계 등의 선전금지, 수임 제한, 겸직 제한 등의 규제를 하는 등(제23조, 제29조 내지 제35조, 제38조 등) 변호사 직무에 관하여 고도의 공공성과 윤리성을 강조하고 있다. 특히 변호사법은 변호사가 판사·검사, 그 밖에 재판·수사기관의 공무원에게 제공하거나 그 공무원과 교제한다는 명목으로 금품이나 그 밖의 이익을 받거나 받기로 한 행위와 위와 같은 공무원에게 제공하거나 그 공무원과 교제한다는 명목의 비용을 변호사 선임료·성공사례금에 명시적으로 포함시키는 행위를 한 경우에는 실제 그와 같은 용도로 금품이 사용되었는지 여부를 묻지 않고 형사처벌하는 규정(제110조)까지 두고 있다. 국가가 지난 수십 년 동안 사법연수원제도를 통해 사법연수생을 국가공무원으로 임명하여 일정한 보수를 지급하는 등 변호사 양성비용을 부담한 것도 이러한 변호사의 공공성과 사회적 책임을 잘 보여 주는 사례이다.

라. 변호사가 위임사무의 처리에 대한 대가로 받는 보수는 수임인인 변호사와 위임인인 의뢰인 사이의 자유로운 합의에 의하여 결정되는 것이 원칙이다. 하지만 형사소송은 국가형벌권을 실현하는 절차로서 당사자의 생명, 신체의 자유, 명예 등과 밀접한 관련성을 가지고 있으므로 변호사 직무의 공공성과 윤리성이 다른 사건에서보다 더욱 절실히 요구된다. 따라서 형사사건에 관한 변호사의 보수는 단순히 사적 자치의 원칙에 입각한 변호사와 의뢰인 사이의 대가 수수관계로 맡겨둘 수만은 없다.

형사사건에 관한 변호사의 보수 중에서도 의뢰인이 위임사무의 처리결과에 따라 또는 사건해결의 성공 정도에 따라 변호사에게 특별한 보수를 지급하기로 약속하는 이른바 '성공보수약정'은 여러 가지 부작용과 문제점을 안고 있고, 형사절차나 법조 직역 전반에 대한 신뢰성이나 공정성의 문제와도 밀접하게 연관되어 있기 때문에 그 법적 효력에 관하여 면밀한 검토가 필요하다.

(1) 우리 민법 제103조는 선량한 풍속 기타 사회질서에 위반한 사항을 내용으로 하는 법률행위는 무효로 한다고 규정하고 있고, 이때 민법 제103조에 의하여 무효로 되는 반사회질서 행위는 법률행위의 목적인 권리의무의 내용이 선량한 풍속 기

타 사회질서에 위반되는 경우뿐만 아니라, 그 내용 자체는 반사회질서적인 것이 아니라고 하여도 법률적으로 이를 강제하거나 법률행위에 반사회질서적인 조건 또는 금전적인 대가가 결부됨으로써 반사회질서적 성질을 띠게 되는 경우 및 표시되거나 상대방에게 알려진 법률행위의 동기가 반사회질서적인 경우 등을 포함한다(대법원 2000. 2. 11. 선고 99다56833 판결 등 참조).

(2) 형사사건의 경우 성공보수약정에서 말하는 '성공'의 기준은 개별사건에서 변호사와 의뢰인 간의 합의에 따라 정해질 것이지만, 일반적으로 수사 단계에서는 불기소, 약식명령청구, 불구속 기소, 재판 단계에서는 구속영장청구의 기각 또는 구속된 피의자·피고인의 석방이나 무죄·벌금·집행유예 등과 같은 유리한 본안 판결인 경우가 거의 대부분이다. 그렇기 때문에 성공보수약정에서 정한 조건의 성취 여부는 형사절차의 요체이자 본질에 해당하는 인신구속이나 형벌의 문제와 밀접하게 관련된다. 만약 형사사건에서 특정한 수사방향이나 재판의 결과를 '성공'으로 정하여 그 대가로 금전을 주고받기로 한 변호사와 의뢰인 간의 합의가, 형사사법의 생명이라 할 수 있는 공정성·염결성이나 변호사에게 요구되는 공적 역할과 고도의 직업윤리를 기준으로 볼 때 우리 사회의 일반적인 도덕관념에 어긋나는 것이라면 국민들이 보편타당하다고 여기는 선량한 풍속 내지 건전한 사회질서에 위반되는 것으로 보아야 한다.

(3) 우선 성공보수의 개입으로 말미암아 변호사가 의뢰인에게 양질의 법률서비스를 제공하는 수준을 넘어 의뢰인과 전적으로 이해관계를 같이 하게 되면, 변호사 직무의 독립성이나 공공성이 훼손될 위험이 있고, 이는 국가형벌권의 적정한 실현에도 장애가 될 수 있다. 간과해서는 안 되는 것은 형사사건의 통상적인 성공보수약정에서 정한 '성공'에 해당하는 결과인 불기소, 불구속, 구속된 피의자·피고인의 석방, 무죄판결 등은 변호사의 노력만으로 항상 이루어낼 수 있는 성격의 것은 아니라는 점이다. 우리나라의 형사소송절차는 기소편의주의를 채택하고 있고, 공판절차에서 직권증거조사 등 직권주의적 요소가 적지 않으며, 형벌의 종류와 형량의 결정에서도 재량의 범위가 상대적으로 넓게 규정되어 있는 등 수사나 재판의 결과가 상당한 권한을 가진 법관이나 검사의 판단 영역에 속하여 있다. 이에 따라 변호사로서는 성공보수를 받을 수 있는 '성공'이란 결과를 얻어내기 위하여 수사나 재판의 담당자에게 직·간접적으로 영향을 행사하려는 유혹에 빠질 위험이 있고, 변호사의 노력만으로 '성공'이란 결과가 당연히 달성되는 것은 아니라는 점을 알고 있는 의뢰인으로서도 성공보수를 약정함으로써 변호사가 부적절한 방법을 사용하여서라도 사건의 처리결과를 바꿀 수 있을 것이라는 그릇된 기대를 할 가능성이 없지 않다. 이로 인하여 형사사법 업무에 종사하는 공직자들의 염결성을 의심받거나 심지어는 정당하고 자연스러운 수사·재판의 결과마저도 마치 부당한 영향력의 행사에 따른 왜곡된 성과인 것처럼 잘못 인식하게 만들어 형사사법체계 전반에 대한 신뢰가 실

추될 위험이 있다. 더구나 변호사가 구속적부심사청구, 보석신청 등을 하여 그에 대한 재판을 앞둔 상태에서 석방결정을 조건으로 의뢰인으로부터 미리 거액의 성공보수를 받는 경우라면 이러한 의혹과 불신은 더욱 증폭될 것이다. 이처럼 수사와 재판절차가 공정하고 투명한 과정을 통한 정의의 실현이 아니라 어떤 외부의 부당한 영향력이나 연고와 정실, 극단적으로는 '돈의 유혹이나 검은 거래'에 의해 좌우된다고 국민들이 의심한다면, 그러한 의심의 존재 자체만으로도 법치주의는 뿌리부터 흔들리게 되고, 형사절차의 공정성과 염결성은 치명적인 손상을 입게 된다. 어떤 행위가 이와 같은 사회적 폐단을 초래할 요인이 될 수 있다면 이는 형사사법에 관한 선량하고 건전한 사회질서에 어긋난다고 평가되어야 한다.

(4) 아울러 형사사건에서 일정한 수사·재판결과를 '성공'과 연결짓는 것 자체가 적절하지 않다. 국가형벌권의 공적 실현이라 할 수 있는 수사와 재판의 결과를 놓고 단지 의뢰인에게 유리한 결과라고 하여 이를 임의로 '성공'이라고 정하고 그에 대한 대가로 상당한 금액을 수수하는 것은 사회적 타당성을 갖추고 있다고 볼 수 없고, 이는 기본적 인권의 옹호와 사회정의의 실현을 그 사명으로 하는 변호사 직무의 공공성 및 윤리성과도 부합하지 않는다. 만약 '성공'에 해당하는 수사·재판결과가 부적절한 방법으로 마땅히 받아야 할 처벌을 모면한 것이라면 사법정의를 심각하게 훼손한 것이다. 반대로 그것이 당연한 결과라면 의뢰인은 형사절차 때문에 어쩔 수 없이 성공보수를 지급하게 되었다는 억울함과 원망의 마음을 갖게 될 것이다. 피해자·고소인을 대리하면서 피의자·피고인의 구속을 성공의 조건으로 내세운 약정의 경우에는 국가형벌권을 빌려 '남을 구속시켜 주는 대가'로 상당한 금액을 수수하는 것이어서 이러한 불합리함이 더더욱 드러나게 된다.

물론 변호사는 형사절차에서 의뢰인을 위하여 적절한 변명과 반박, 유리한 사실적·법률적 주장과 증거의 제출 등 성실한 변론활동을 함으로써 피의자·피고인의 기본적 인권과 이익을 옹호하여야 하고, 이를 통하여 형사사법의 목적인 실체적 진실발견에도 도움을 주어 결과적으로 의뢰인에게 유리한 수사·재판결과가 도출될 수 있다. 또한 변호사가 사건의 성질과 난이도나 변론활동에 들인 시간·노력·비용에 상응하여 합당한 보수를 지급받는 것은 너무나도 당연한 일이다. 하지만 성공보수약정이 따로 없더라도 변호사는 성실하게 의뢰인의 권리를 옹호하고 선량한 관리자의 주의로써 위임사무를 처리할 의무를 부담하는 것이다. 따라서 변호사가 형사절차에서 변호인으로서 마땅히 해야 할 변론활동을 놓고 특정한 결과와 연계시켜 성공보수를 요구하는 것은 그 타당성을 인정하기 어렵다.

(5) 또한 형사사건에서 성공보수약정의 한쪽 당사자인 의뢰인은 주로 인신구속이나 형벌이라는 매우 급박하고 중대한 불이익을 눈앞에 두고 있는 시기에 이와 같은 약정을 맺는 경우가 많다. 법률 지식이 부족하고 소송절차에 대한 경험과 정보도 없는 다수의 의뢰인은 당장 눈앞의 곤경을 면하기 위하여 자신의 처지에 비추어

과다한 성공보수를 약속할 수밖에 없는 상황에 처할 수 있다. 이런 사정들로 인하여 의뢰인들의 성공보수약정에 대한 불신과 불만이 누적됨으로써 변호사는 '인신구속이나 형벌을 수단으로 이용하여 쉽게 돈을 버는 사람들'이라는 부정적 인식이 우리 사회에 널리 퍼지게 된다면 변호사제도의 정당성 자체가 위협받게 되고, 이는 형사재판에 대한 신뢰와 승복을 가로막는 커다란 걸림돌이 될 것이다.

(6) 민사사건은 대립하는 당사자 사이의 사법상 권리 또는 법률관계에 관한 쟁송으로서 형사사건과 달리 그 결과가 승소와 패소 등으로 나누어지므로 사적 자치의 원칙이나 계약자유의 원칙에 비추어 보더라도 성공보수약정이 허용됨에 아무런 문제가 없고, 의뢰인이 승소하면 변호사보수를 지급할 수 있는 경제적 이익을 얻을 수 있으므로, 당장 가진 돈이 없어 변호사보수를 지급할 형편이 되지 않는 사람도 성공보수를 지급하는 조건으로 변호사의 조력을 받을 수 있게 된다는 점에서 제도의 존재 이유를 찾을 수 있다. 그러나 형사사건의 경우에는 재판결과에 따라 변호사와 나눌 수 있는 경제적 이익을 얻게 되는 것이 아닐 뿐 아니라 법원은 피고인이 빈곤 그 밖의 사유로 변호인을 선임할 수 없는 경우에는 국선변호인을 선정하여야 하므로(형사소송법 제33조), 형사사건에서의 성공보수약정을 민사사건의 경우와 같이 볼 수 없다.

마. 결국 *<형사사건에 관한 성공보수약정이 선량한 풍속 기타 사회질서에 위배되는 것으로 평가할 수 있는지 여부(적극) (민법 제103조, 제686조)>* 형사사건에 관하여 체결된 성공보수약정이 가져오는 이상과 같은 여러 가지 사회적 폐단과 부작용 등을 고려하면, 비록 구속영장청구 기각, 보석 석방, 집행유예나 무죄 판결 등과 같이 의뢰인에게 유리한 결과를 얻어내기 위한 변호사의 변론활동이나 직무수행 그 자체는 정당하다 하더라도, 형사사건에서의 성공보수약정은 수사·재판의 결과를 금전적인 대가와 결부시킴으로써, 기본적 인권의 옹호와 사회정의의 실현을 그 사명으로 하는 변호사 직무의 공공성을 저해하고, 의뢰인과 일반 국민의 사법제도에 대한 신뢰를 현저히 떨어뜨릴 위험이 있으므로, 선량한 풍속 기타 사회질서에 위반되는 것으로 평가할 수 있다.

<어느 법률행위가 선량한 풍속 기타 사회질서에 위반되어 무효인지 판단하는 기준시점(=법률행위가 이루어진 때)과 판단 기준 (민법 제103조)> 다만 선량한 풍속 기타 사회질서는 부단히 변천하는 가치관념으로서 어느 법률행위가 이에 위반되어 민법 제103조에 의하여 무효인지 여부는 그 법률행위가 이루어진 때를 기준으로 판단하여야 하고, 또한 그 법률행위가 유효로 인정될 경우의 부작용, 거래자유의 보장 및 규제의 필요성, 사회적 비난의 정도, 당사자 사이의 이익균형 등 제반 사정을 종합적으로 고려하여 사회통념에 따라 합리적으로 판단하여야 한다.

그런데 그동안 대법원은 수임한 사건의 종류나 그 특성에 관한 구별 없이 성공보수약정이 원칙적으로 유효하다는 입장을 취해 왔고, 대한변호사협회도 1983년에 제정한 '변호사보수기준에 관한 규칙'에서 형사사건의 수임료를 착수금과 성공보수금으로 나누어 규정하였으며, 위 규칙이 폐지된 후에 권고양식으로 만들어 제공한 형사사건의 수임약정서에도 성과보수에 관한 규정을 마련하여 놓고 있었다. 이에 따라 변호사나 의뢰인은 형사사건에서의 성공보수약정이 안고 있는 문제점 내지 그 문제점이 약정의 효력에 미칠 수 있는 영향을 제대로 인식하지 못한 것이 현실이고, 그 결과 당사자 사이에 당연히 지급되어야 할 정상적인 보수까지도 성공보수의 방식으로 약정하는 경우가 많았던 것으로 보인다.

<종래 이루어진 보수약정이 성공보수 명목으로 되어 있는 경우, 민법 제103조에 의하여 무효라고 단정할 수 있는지 여부(소극)> 이러한 사정들을 종합하여 보면, 종래 이루어진 보수약정의 경우에는 보수약정이 성공보수라는 명목으로 되어 있다는 이유만으로 민법 제103조에 의하여 무효라고 단정하기는 어렵다. <이 판결 선고 후 체결된 성공보수약정의 효력(무효)> 그러나 대법원이 이 판결을 통하여 형사사건에 관한 성공보수약정이 선량한 풍속 기타 사회질서에 위반되는 것으로 평가할 수 있음을 명확히 밝혔음에도 불구하고 향후에도 성공보수약정이 체결된다면 이는 민법 제103조에 의하여 무효로 보아야 한다.

이와 달리 종래 대법원은 형사사건에서의 성공보수약정이 선량한 풍속 기타 사회질서에 어긋나는지를 고려하지 아니한 채 위임사무를 완료한 변호사는 특별한 사정이 없는 한 약정된 보수액을 전부 청구할 수 있는 것이 원칙이고, 다만 약정된 보수액이 부당하게 과다하여 신의성실의 원칙이나 형평의 원칙에 반한다고 볼 만한 특별한 사정이 있는 경우에는 예외적으로 상당하다고 인정되는 범위 내의 보수액만을 청구할 수 있다고 판시하여 왔는바, 대법원 2009. 7. 9. 선고 2009다21249 판결을 비롯하여 그와 같은 취지의 판결들은 이 판결의 견해에 배치되는 범위 내에서 모두 변경하기로 한다.

2. 원심판결 이유와 기록에 의하면, ① 원고는 아버지인 소외인이 특정범죄 가중처벌 등에 관한 법률위반(절도) 사건으로 구속되자, 2009. 10. 12. 변호사인 피고를 소외인의 변호인으로 선임하면서 착수금으로 1,000만 원을 지급하고, 소외인이 석방되면 사례금을 지급하기로 약정한 사실, ② 피고는 2009. 12. 8. 소외인에 대한 보석허가신청을 하였고, 같은 달 11일 원고는 피고에게 1억 원을 지급하였으며, 같은 달 17일 소외인에 대하여 보석허가결정이 내려진 사실, ③ 소외인은 제1심에서 징역 3년에 집행유예 5년을 선고받았고, 항소심에서 일부 공소사실이 철회된 후 같은 형이 선고되어 그대로 확정된 사실, ④ 원고는 피고를 상대로 위 1억 원의 반환을 구하는 이 사건 소를 제기하여, 위 1억 원은 담당 판사 등에 대한 청탁활동비 명목으로 지급한 것으로 수익자인 피고의 불법성이 원고의 불법성보다 훨씬 큰 경우에 해당하고, 설령 성공보수금을 지급한 것이라고 하더라도 사건의 경중, 사건 처리의 경과 및 난이도, 노력의 정도 등을 고려하면 이는 지나치게 과다

하여 신의성실의 원칙에 반하여 무효라고 주장하였으며, 이에 대하여 피고는 위 1억 원이 석방에 대한 사례금을 먼저 받은 것이고, 부당하게 과다한 것도 아니어서 반환할 의무가 없다고 주장한 사실 등을 알 수 있다.

원심은 이러한 사실관계를 토대로 위 1억 원을 변호사 성공보수약정에 기하여 지급된 것으로 인정하면서 그중 6,000만 원을 초과하는 4,000만 원 부분은 신의성실의 원칙이나 형평의 원칙에 반하여 부당하게 과다하므로 무효라고 하여, 피고는 원고에게 위 4,000만 원을 반환할 의무가 있다고 판단하였다.

3. 위와 같은 사실관계를 앞서 본 법리에 비추어 보면, <u>원고와 피고 사이에 소외인의 석방을 조건으로 체결된 약정은 형사사건에 관한 성공보수약정으로서 선량한 풍속 기타 사회질서에 반한다고 평가할 수 있는 측면이 있다. 다만 위 성공보수약정은 앞서 본 대법원의 견해 표명 전에 이루어진 것으로서 그 약정사실만을 가지고 민법 제103조에 의하여 무효라고 단정할 수는 없으나, 원심이 1억 원의 성공보수약정 중 6,000만 원을 초과하는 4,000만 원 부분에 대하여 신의성실의 원칙이나 형평의 원칙에 반하여 부당하게 과다하므로 무효라고 판단한 것은 수긍할 수 있고,</u> 거기에 상고이유의 주장과 같이 보수금약정에 관한 법리를 오해한 잘못은 없다.

2) 부동산 이중매매
§ 5-20 부동산 이중매매가 반사회적 법률행위에 해당하는지 여부의 판단기준
❶ 대법원 1994. 3. 11. 선고 93다55289 판결【소유권이전등기말소】
(대법원 2013. 6. 27. 선고 2011다5813 판결)

사실관계

X 토지는 미등기로 토지대장상 A의 명의로 등재된 것인데, 그의 사망으로 X 토지에 관한 권리의무를 B(원래 공동상속인임)가 상속하였다. 한편 C는 1944. 3. 6.경 A로부터 X 토지를 매수하였고, 甲은 1986. 7. 3. 다시 C로부터 X 토지를 매수하여 계속 점유하였다. 그런데 乙은 X 토지가 이처럼 전전매도된 사실을 알고서 甲과 매매교섭을 하다가 결렬되자, X 토지의 소유자인 B에게 이중매도를 권유하여, B는 X 토지가 전전매도되었다는 사실을 알고서도 1987. 5. 23. 乙과 X 토지의 매매계약을 체결하였다. 그리고 B는 1987. 8. 31. X 토지에 관하여 자신의(선정자들) 명의로 소유권보존등기를 경료하였고, 그 후 乙 앞으로 소유권이전등기를 경료하여 주었다. 이에 甲은 乙을 상대로 X 토지에 대한 소유권이전등기말소를 청구하는 소를 제기하였다.

판결이유

……

5. 상고이유 제5점을 본다.

<부동산의 이중매매가 반사회적 법률행위로서 무효가 되는 경우 *(민법 제103조)>* 부동산의 이중매매가 반사회적 법률행위로서 무효가 되기 위하여는, 매도인의 배임행위와 매수인이 매도인의 배임행위에 적극 가담한 행위로 이루어진 매매로서, 그 적극가담하는 행위는 매수인이 다른 사람에게 매도된 것을 안다는 것만으로는 부족하고 적어도 그 매도사실을 알고도 매도를 요청하여 매매계약에 이르는 정도가 되어야 한다 할 것인 바(당원 1981. 12. 22. 선고 81다카197 판결 참조), 선정자들을 대리한 피고 박○근(B)이 망 박○선(A)의 매도사실을 알았는지 여부에 관하여는 피고 박○근(B)이 망 박○선(A)과 같이 생활하였고 타인이 이 사건 토지를 점유관리하였으므로 알았을 것이라는 원고(갑)의 추측(갑 제8호증의 15, 16) 이외에는 이를 인정할 자료가 없다.

또한 피고 김○룡(을)이 망 박○선(A)이 이 사건 토지를 매도한 사실을 알고도 선정자들을 대리한 피고 박○근(B)의 배임행위에 적극 가담하였는지에 관하여 원심이 드는 증거 중 원심 증인 허○영의 증언은 피고 김○룡(을)이 원고(갑)가 피고 박○근(B)을 고소한 이후인 1985.경 찾아와 그에게 망 박○선(A)과 허○수(C)사이의 매도증서(갑 제7호증)를 보여주었다는 것이나, 갑 제8호증의 15의 기재와 같이 원고(갑)가 1988. 6.에야 피고 박○근(B)을 고소한 사실과 명백히 모순되어 극히 의심스럽다고 하지 않을 수 없고, 제1심 증인 주○백의 증언 역시 그가 위 사실을 안 경위를 알 수 없다는 것이어서 신빙성이 없으며, 피고 김○룡(을)은 그가 이 사건 토지의 매수자라고 주장하는 원고로부터 매수하려다가 가격이 맞지 않아 이에 불응하고 피고 박○근(B)으로부터 원고(갑)에게 매도하지 아니한 것을 확인한 다음 이 사건 토지를 매수하였다는 것이고, 그밖의 서증이나 증언들은 이와 무관하거나 알지 못한다는 것에 불과하며, 원고(갑)의 진술이 기재된 갑 제8호증의 10, 15, 16의 각 기재에 의하여도 피고 김○룡(을)이 원고(갑)가 위 허○영(C) 등으로부터 이 사건 토지를 매수한 사실을 알고 원고(갑)에게 매도를 권유하다가 원고(갑)가 거절하자 피고 박○근(B)에게 매도를 요청하여 매수하였다는 취지에 불과하여 피고 박○근(B)이 배임행위를 하였다거나 피고 김○룡(을)이 위 망 박○선(A)의 매도사실을 알고도 피고 박○근(B)의 배임행위에 적극 가담한 것이라고 단정할 수 없음이 명백하다.

이같은 사정 아래서라면 피고 김○룡(을) 명의의 소유권이전등기가 반사회적 법률행위를 원인으로 하는 무효의 등기라고 볼 수 없다 할 것이고, 그 등기가 원인무효가 아닌 한 취득시효기간의 완성이후에 등기를 하지 아니한 원고(갑)로서는 유효한 소유권이전등기를 경료한 피고 김○룡(을)에 대하여 취득시효의 완성을 가지고 대항할 수 없다 할 것이다.

결국 피고 김○룡(을) 명의의 소유권이전등기가 반사회적 법률행위로 원인무효라고 판단하고 이를 전제로 시효취득을 원인으로 한 이전등기청구를 받아들인 원심판결은 채증법칙을 위배하였거나 심리를 다하지 아니하여 사실을 그릇 인정한 위법을 저질러 판결결과에 영향을 미쳤다고 할 것이어서 이 점을 지적하는 논지는 이유 있다.

❷ 대법원 2009. 9. 10. 선고 2009다23283 판결 【소유권말소등기】
(대법원 2013. 6. 27. 선고 2011다5813 판결)

1. 원심은 그 채용 증거들을 종합하여, 원심 공동피고 소외 1은 소외 2 재단법인 소유의 서울 동작구 상도동 (이하, 지번 1 생략) 대 117㎡ 위에 건물(이하 '이 사건 건물'이라 한다)을 소유하던 중 이 사건 건물의 지붕과 담장이 침범한 인접지 일부를 매수하고 이를 같은 동 (이하, 지번 2 생략) 대 17㎡(이하 '이 사건 토지'라고 한다)로 분할하여 1973. 10. 26. 소유권이전등기를 경료받은 사실, 원고는 1978. 3. 30. 소외 1로부터 이 사건 건물과 함께 이 사건 토지를 매수하고 이 사건 건물에 관하여는 바로 자신 앞으로 소유권보존등기를 마쳤으나 이 사건 토지에 관하여는 소유권이전등기를 마치지 못한 상태에서 등기권리증만을 교부받아 보관하고 있던 사실, 아파트 재건축조합인 피고는 재건축사업 부지에 포함된 이 사건 토지를 매수하기 위하여 등기부상 소유자인 소외 1에게 2004. 5. 13. 및 2005. 4. 22. 매수협의를 위한 공문을 발송하였으나 위 공문이 반송되어 매수협의를 하지 못하고 있었던 사실, 그러던 중 피고의 사무장인 소외 3은 소외 4로부터 "원고의 처 소외 5가 이 사건 토지가 그녀의 것이고 그녀가 이 사건 토지의 등기권리증도 소지하고 있다고 한다"는 말을 들은 사실, 한편 피고 조합은 소외 2 재단법인이 원고에게 이 사건 건물을 3,500만 원에 매도할 것을 제의하였다가 원고가 1억 원을 요구하여 협상이 결렬된 사실을 알고 있었고, 소외 3도 원고에게 이 사건 건물을 매도할 것을 제의하였다가 원고가 과다한 금액을 요구하여 그 매수를 포기한 사실, 소외 3은 그즈음 연락이 닿은 소외 1에게 이 사건 토지를 매도할 것을 제의하였고, 소외 1은 위 제의를 승낙하여 2005. 6. 4. 이 사건 토지를 3,600만 원에 피고 조합에 매도(이하 '이 사건 매매계약'이라 한다)하고 피고 조합 앞으로 소유권이전등기를 마쳐준 사실, 당시 소외 3은 소외 1로부터 이 사건 토지에 관한 등기권리증을 분실하였다는 말을 듣고 등기권리증의 교부를 요구하지 아니하였고, 소외 1이 이 사건 토지의 진정한 소유자인지 여부를 더 나아가 확인하지 아니한 사실, 소외 1은 위 이중매도로 인하여 배임죄로 기소되어 유죄판결이 확정된 사실을 인정한 다음, 이미 소외 1이 원고에게 이 사건 토지를 매도한 사실을 알고 있는 피고 조합이 상대적으로 비협조적인 원고와의 쉽지 않을 매수협상을 피하고 이 사건 토지의 매수를 조속히 진행하고자 등기명의자인 소외 1에게 접근하여 이 사건 토지의 이중매도를 권유하여 이루어진 이 사건 매매계약은, 피고 조합이 소외 1의

배임행위에 협력하여 적극 가담한 사회질서에 반하는 행위로서 무효라고 판단하였다.

2. 그러나 위와 같은 원심의 판단은 다음과 같은 이유로 수긍하기 어렵다.

<*부동산 이중매매의 제2양수인의 행위가 공서양속에 반하는지 여부의 판단 기준 (민법 제103조, 민법 제186조)*> 어떠한 부동산에 관하여 소유자가 양도의 원인이 되는 매매 기타의 계약을 하여 일단 소유권 양도의 의무를 짐에도 다시 제3자에게 매도하는 등으로 같은 부동산에 관하여 소유권 양도의 의무를 이중으로 부담하고, 나아가 그 의무의 이행으로, 그러나 제1의 양도채권자에 대한 양도의무에 반하여, 소유권의 이전에 관한 등기를 그 제3자 앞으로 경료함으로써 이를 처분한 경우에, 소유자의 그러한 제2의 소유권양도의무를 발생시키는 원인이 되는 매매 등의 계약이 소유자의 위와 같은 의무위반행위를 유발시키는 계기가 된다는 것만을 이유로 이를 공서양속에 반하여 무효라고 할 것이 아님은 물론이다. 그것이 공서양속에 반한다고 하려면, 다른 특별한 사정이 없는 한 상대방에게도 그러한 무효의 제재, 보다 실질적으로 말하면 나아가 그가 의도한 권리취득 자체의 좌절을 정당화할 만한 책임귀속사유가 있어야 한다. 제2의 양도채권자에게 그와 같은 사유가 있는지를 판단함에 있어서는, 그가 당해 계약의 성립과 내용에 어떠한 방식으로 관여하였는지(당원의 많은 재판례가 이 문제와 관련하여 제시한 "소유자의 배임행위에 적극 가담하였는지" 여부라는 기준은 대체로 이를 의미한다)를 일차적으로 고려할 것이고, 나아가 계약에 이른 경위, 약정된 대가 등 계약내용의 상당성 또는 특수성, 그와 소유자의 인적 관계 또는 종전의 거래상태, 부동산의 종류 및 용도, 제1양도채권자의 점유 여부 및 그 기간의 장단과 같은 이용현황, 관련 법규정의 취지·내용 등과 같이 법률행위가 공서양속에 반하는지 여부의 판단에서 일반적으로 참작되는 제반 사정을 여기서도 종합적으로 살펴보아야 할 것이다(대법원 1975. 11. 25. 선고 75다1131 판결; 대법원 1976. 4. 27. 선고 75다1783 판결; 대법원 1982. 2. 9. 선고 81다1134 판결 등도 참조). 그리고 법률행위로 인한 부동산물권변동에 등기를 요구하는 민법 제186조의 입법취지 등에 비추어 보면, 제2의 양도채권자가 소유자가 같은 부동산에 대하여 이미 다른 사람에 대하여 소유권양도의무를 지고 있음을 그 채권 발생의 원인이 되는 계약 당시에 알고 있었다는 것만으로 당연히 위와 같은 책임귀속이 정당화될 수는 없다.

원심판결 이유 및 기록에 의하면, 피고 조합은 재건축사업을 위한 도시계획심의신청 결과 이 사건 토지가 재건축부지에 포함되어 이를 매수할 필요가 생기자 2004. 5. 13. 및 2005. 4. 22. 등기부상 이 사건 토지의 소유자로 등재된 소외 1에게 매수협의를 요청하는 취지의 공문을 각 발송하였으나 소외 1이 등기부상 주소지에 거주하지 않아 위 공문이 각 반송된 사실, 이에 피고 조합의 사무장인 소외 3은 인터넷 전화번호 검색을 통하여 소외 1의 연락처를 알아내어 소외 1에게 연락을

하였고 결국 소외 1로부터 이 사건 토지를 매수하게 된 사실, 소외 1은 피고 조합에 대하여 이 사건 토지의 소유자로 행세하였고, 배임죄로 기소된 형사사건의 재판 과정은 물론 이 사건 원심 변론종결시까지도 일관하여 원고에게 이 사건 토지를 매도한 바가 없다는 취지로 다투고 있는 사실을 알 수 있다. 이와 같은 이 사건 매매계약 체결의 경위, 매도인인 소외 1과 제2매수인인 피고 조합의 관계, 소외 1의 태도 등을 종합하면, 피고 조합은 소외 1로부터 그가 원고에게 이 사건 토지를 이미 매도하였다는 사실을 고지받지 못한 것으로 보인다.

한편 이 사건 매매계약 전에 소외 2 재단법인이나 피고 조합이 원고에게 이 사건 토지가 아니라 이 사건 건물을 매도할 것을 제의한 사실이 있다거나, 피고 조합이 소외 4로부터 "원고 등이 이 사건 토지의 소유자임을 자처하면서 그 등기권리증을 소지하고 있다고 주장한다"는 사실을 전해 들었다고 하더라도, 그러한 사정 및 내용만으로는 바로 피고 조합이 원고가 이 사건 토지를 소외 1로부터 이미 매수한 사실까지 알았다고 보기는 어렵다고 할 것이다.

또한 앞서 본 법리에 비추어 보면, 설령 피고 조합이 이 사건 매매계약 체결 전에 원고가 이 사건 토지의 소유자라고 주장하고 있는 사실 또는 원고가 소외 1로부터 이 사건 토지를 매수한 사실을 알고 있었다고 하더라도, 이 사건 토지의 종류와 용도, 피고 조합이 이 사건 토지를 취득하는 목적, 이 사건 매매계약의 내용 등에 비추어보면 그러한 사정만으로는 피고 조합이 법률상 소유자로 추정되는 등기부상 명의인 소외 1로부터 이 사건 토지를 매수한 행위가 소외 1의 배임행위에 적극 가담함으로써 공서양속에 반하는 법률행위에 해당한다고 인정하기에는 부족하다고 할 것이다. 이는 이 사건 매매계약 체결 당시 피고 조합이 소외 1에게 등기권리증을 요구하지 않았다거나 소외 1이 원고로부터 이 사건 토지에 대한 임료 등을 지급받아 왔는지 여부를 조사하는 등의 방법으로 소외 1이 이 사건 토지의 진정한 소유자인지 여부를 확인하지 아니하였다고 하여 달리 볼 것이 아니다.

그럼에도 원심은 이 사건 매매계약을 피고 조합이 소외 1의 배임행위에 적극 가담하여 체결된 것으로 사회질서에 반하는 법률행위로 무효라고 판단하고, 피고 조합에 대하여 이 사건 토지에 관한 소유권이전등기의 말소 및 불법행위로 인한 손해배상을 명하였으니, 원심판결에는 이중매매에 있어서 반사회질서의 법률행위에 관한 법리 오해 등의 위법이 있고, 이는 판결에 영향을 미쳤음이 분명하다.

3) 인륜에 반하는 행위
§ 5-21 인륜에 반하는 행위
❶ 대법원 1980. 6. 24. 선고 80다458 판결 【약정금】

사실관계

乙은 해군의 고급장교로서 아내와 자녀가 있음에도 1974년경부터 甲과 부첩관계를 맺고 지내왔다. 그런데 군인생활에 지장이 있고 乙의 아내 A도 부첩관계의 단절을 요구하여 1975. 4. 11. A의 주선으로 甲에게 3백만 원을 지급하고 부첩관계를 단절하였다. 그러나 그 후 甲과 乙은 다시 결합하여 두 딸을 낳고 살다가, 乙은 1978. 4. 1 甲과의 사이에 부첩관계를 완전 청산하기로 합의하고, 그 대신 甲에게 금 1천만 원을 두 차례에 걸쳐 지급키로 하고 아울러 두 딸 B와 C의 양육비로 월 5만 원씩 지급하기로 약정하였다. 그 뒤에 부첩관계가 완전 청산되었으나 乙은 甲에게 위 약정한 금액과 양육비를 지급하지 않았다. 이에 甲은 乙에 대하여 위 1천만 원 및 B와 C의 양육비로 월 5만 원의 지급을 청구하는 소를 제기하였다.

판결이유

원심은 판결이유에서 거시증거를 종합하여 피고는 해군의 고급장교로서 처자가 있음에도 1974년경부터 원고와 부첩관계를 맺고 지내오다가 군인생활에 지장이 있고 그의 처도 부첩관계의 단절을 요구하여 1975. 4. 11 처의 주선으로 원고에게 3,000,000원을 지급하고 부첩관계를 단절하였다가 그 후 다시 결합하여 두 딸을 낳고 1978. 4. 1 원고와 사이에 부첩관계를 완전청산키로 합의하고 그 대신 원고에게 금 10,000,000원을 두 차례에 걸쳐 지급키로 하고 아울러 두 딸의 양육비로 월 50,000원씩 지급하기로 약정하였고 그 뒤에 부첩관계가 완전청산된 사실을 인정하고 이에 반대되는 증거들을 배척한 다음 <u>피고(을)가 원고(갑)에게 10,000,000원을 지급하기로 한 것은 부첩관계의 청산의 대가로 보여서 선량한 풍속 기타 사회질서에 반하는 무효인 약정이고,</u> <u>양육비 지급약정은 부첩관계 청산의 대가이거나 이를 그 조건으로 한것으로 볼 수 없다</u> 하여 유효한 약정으로 판단하였다.

그러나 기록을 검토하여 보면 피고의 처인 증인 이미자의 증언에 원고가 부첩관계를 끊는 대가를 요구했다는 막연한 진술이 있기는 하나 동녀는 상대방과 이해, 감정이 상반되는 위치에 있고, 또 한번 부첩관계가 단절된 일이 있었다는 사정도 아래에 보는 사정에 비추어 위 약정 금원이 그 청산대가라고 인정하기에는 미흡하고 그 외에 이를 인정할만한 증거는 찾아볼 수 없으며 오히려 원판시 각 증거와 변론의 전취지를 종합하면 원고는 미혼여성으로 미장원을 경영하면서 피고와 알게 되어 부첩관계를 맺고 지내오다가 원고가 임신중에 본처의 권유로 일시 그 관계가 단절되었다가 다시 결합되어 그 사이에 두 딸까지 낳게 되고 원고의 비용으로 원고의 집에서 피고와 같이 지내면서 두 딸을 키우고 피고를 위하여 상당한 재산상 출연을 하여 오다가 미장원도 경영할 수 없게 되어 생활이 어렵게 될 지음에 이르러 <*부첩관계를 해소하면서 한 금전지급약정이 공서양속에 반하지 아니한다고 한 사안 (민법 제103조)*> 원·피고(갑·을)간에 본처(A)의 동석하에 본건 금원의 지급약정이 이루어지고, 그 약정은 비교적 자유스럽게 서로 상의하여 자의에 의해서 이루어진 것임을 엿볼 수 있고, 여기에 피고(을)의 신분 등을 참작하면 피고(을)는 그 일신상의 이유와 본처(A)의 강권에 의하여 원고(갑)와 부첩관계를 해소하기로 하는 마당에 그 간에 원고(갑)가 피고(을)를 위하여 바친 노력과 비용 등 희생을 배상 내지 위자하고, 또 원고(갑)가 어려운 생활에서 홀로 두 딸(B, C)을 키우고 지내야 하는 장래의 생활대책을 마련해 준다고 하는 뜻에서 본건 금원을 지급하기로 약정한 것이라고 보여지고, 부첩관계를 해소하는 마당에 위와 같은 의미의 금전지급약정은 공서양속에 반하지 않는다고 보는 것이 상당하다.

4) 개인의 자유를 심하게 제한하는 행위
§ 5-22 개인의 자유를 심하게 제한하는 행위
❶ 대법원 2004. 9. 3. 선고 2004다27488, 27495 판결 【가불금·손해배상(기)】

1. <영리를 목적으로 윤락행위를 하도록 권유·유인·알선 또는 강요하거나 이에 협력하는 자가 영업상 관계 있는 윤락행위를 하는 자에 대하여 가지는 채권의 효력(=무효) (민법 제103조; 구 윤락행위등방지법(2004. 3. 22. 법률 제7196호 성매매알선등행위의처벌에관한법률 부칙 제2조로 폐지) 제20조)> 영리를 목적으로 윤락행위를 하도록 권유·유인·알선 또는 강요하거나 이에 협력하는 것은 선량한 풍속 기타 사회질서에 위반되므로, 그러한 행위를 하는 자가 영업상 관계 있는 윤락행위를 하는 자에 대하여 가지는 채권은 계약의 형식에 관계없이 무효라고 보아야 한다(민법 제103조, 윤락행위등방지법 제20조 참조).
한편, <불법원인급여의 요건으로서의 '불법원인'의 의미 및 윤락행위를 할 자를 고용·모집하거나 그 직업을 소개·알선한 자가 윤락행위를 할 자를 고용·모집함에 있어 성매매의 유인·강요의 수단으로 제공한 선불금 등이 불법원인급여에 해당하는지 여부(적극) (민법 제103조, 제746조)> 부당이득의 반환청구가 금지되는 사유로 민법 제746조가 규정하는 불법원인이라 함은 그 원인되는 행위가 선량한 풍속 기타 사회질서에 위반하는 경우를 말하는 것인바(대법원 2003. 11. 27. 선고 2003다41722 판결 참조), 윤락행위 및 그것을 유인·강요하는 행위는 선량한 풍속 기타 사회질서에 위반되므로, 윤락행위를 할 자를 고용·모집하거나 그 직업을 소개·알선한 자가 윤락행위를 할 자를 고용·모집함에 있어 성매매의 유인·강요의 수단으로 이용되는 선불금 등 명목으로 제공한 금품이나 그 밖의 재산상 이익 등은 불법원인급여에 해당하여 그 반환을 청구할 수 없다고 할 것이다.
원심은, 그 채용 증거들에 의하여, 원고(반소피고, 이하 '원고'라 한다)가 운영하는 OO수 식당은 윤락행위를 목적으로 술을 파는 이른바 '방석집'인 사실, 피고(반소원고, 이하 '피고'라 한다)는 2002. 1. 10. OO수 식당에 종업원으로 취직하면서 선불금 명목으로 1,600만 원을 받고, 월급은 140만 원으로 하되 월급의 합계가 선불금에 이를 때까지 OO수 식당에서 일하기로 한 사실, 피고는 2002. 2. 7.경 OO수 식당에서 12일 정도 일한 상태에서, 전에 있었던 공무집행방해죄로 지명수배되었다가 경찰에 의하여 검거되는 바람에 더 이상 일하지 못하게 된 사실, 처음에 원고는 피고에게 윤락행위를 뜻하는 '2차'를 나가면 화대비가 20만 원인데 그 중 10만 원은 원고에게 주어야 하나 '2차'를 나갈지 여부는 피고 스스로 결정할 수 있다고 말하였다가 막상 피고가 1,600만 원에 대한 가불증서(갑 제1호증)에 서명하자 원고는 피고에게 윤락행위를 강요하면서 피고가 이를 거부할 때는 월급에서 일정액을 삭감하여 온 사실, OO수 식당은 저녁 8시부터 다음날 새벽 6시까지만 문을 여는데 양주 한 병에 20만 원씩 받으면서 술이 추가될 때마다 피고를 비롯한 여종업원들이 옷을 벗는 등의 음란행위의 강도를 조절하였고, 매상이 100만 원을 넘게 되면 윤락행위를 할 것을 강요하였으며, 피고는 위와 같은 방식으로 일하면서 1일 평균 2, 3회 정도의 윤락행위를 하여 온 사실 등을 인정한 다음, <u>원고가 피고를 고용하여 윤락행위를 강요한 것은 선량한 풍속 기타 사회질서에 위반되는 것이고, 선불금은 피고의 윤락행위를 목적으로 교부된 것이므로 선불금 채권은 무효이어서 그 반환을 구할 수 없고, 이는 불법원인급여에 해당하므로 피고는 원고에게 선불금 상당액을 반환할 의무도 없다는 취지로 판단하였다.</u>

5) 사행적 행위
§ 5-23 사행적 행위
❶ 대법원 2000. 2. 11. 선고 99다49064 판결 【보험금】

<당초부터 오로지 보험사고를 가장하여 보험금을 취득할 목적으로 체결한 생명보험계약의 효력(무효) (민법 제103조: 상법 제659조 제1항)> 생명보험계약은 사람의 생명에 관한 우연한 사고에 대하여 금전을 지급하기로 약정하는 것이어서 금전을 취득할 목적으로 고의로 피보험자를 살해하는 등의 도덕적 위험의 우려가 있으므로, 그 계약 체결에 관하여 신의성실의 원칙에 기한 선의(이른바 선의계약성)가 강하게 요청되는바, 당초부터 오로지 보험사고를 가장하여 보험금을 취득할 목적으로 생명보험계약을 체결한 경우에는 사람의 생명을 수단으로 이득을 취하고자 하는 불법적인 행위를 유발할 위험성이 크고, 이러한 목적으로 체결된 생명보험계약에 의하여 보험금을 지급하게 하는 것은 보험계약을 악용하여 부정한 이득을 얻고자 하는 사행심을 조장함으로써 사회적 상당성을 일탈하게 되므로, 이와 같은 생명보험계약은 사회질서에 위배되는 법률행위로서 무효라고 하여야 할 것이다.
원심이 확정한 사실관계에 의하면, 소외 1은 자신의 경제사정이 악화되자, 자기 처인 소외 2를 피보험자로 하여 생명보험에 가입한 다음 소외 2를 살해하고서 보험

사고로 위장하여 보험금을 편취하기로 마음먹고, 1997년 6월 초순경 소외 3와 사이에 교통사고로 가장하여 소외 2를 살해하기로 공모하고 같은 해 7월 초순경 소외 3로부터 살인 청부업자로 소외 4를 소개받은 다음, 같은 해 7월 9일 피고들과 사이에 보험계약자 및 피보험자를 소외 2, 보험수익자를 상속인으로 하여 원심 판시 생명보험계약들을 소외 2 몰래 각각 체결하고서 같은 날 제1회 보험료를 납부하였는데, 같은 해 8월 초순경 소외 1은 소외 4에게 착수금으로 금 1천만 원을 지급하고 소외 4과 함께 소외 2를 살해하려고 수차 시도해 오던 중, 같은 해 9월 4일 02:10경 원심 판시 공사장에서 소외 4가 택시를 운전하여 소외 1이 그 곳에 데리고 나온 소외 2를 들이받아 그 자리에서 사망하게 하였고, 소외 2의 상속인으로는 남편인 소외 1 이외에 친정 어머니인 원고가 있다는 것인바, **<피보험자를 살해하여 보험금을 편취할 목적으로 피보험자의 공동상속인 중 1인이 상속인을 보험수익자로 하여 생명보험계약을 체결한 후 피보험자를 살해한 경우, 고의로 보험사고를 일으키지 않은 다른 공동상속인이 보험금을 청구할 수 있는지 여부(소극)** *(민법 제103조; 상법 제659조 제1항)>* <u>소외 1이 당초부터 피보험자인 소외 2를 살해하여 보험금을 편취할 목적으로 체결한 이 사건 생명보험계약들은 사회질서에 위배되는 행위로서 무효이고, 따라서 소외 2의 상속인으로서 보험수익자 중의 1인인 원고로서는 자신이 고의로 보험사고를 일으키지 않았다고 하더라도 보험자인 피고들에 대하여 보험금을 청구할 수 없다.</u>

❷ 대법원 1995. 7. 14. 선고 94다40147 판결 【소유권이전등기말소】

1. 원심판결 이유에 의하면, 원심은 거시 증거에 의하여, 소외 1*(도박채권자)* 등이 국민학교 2학년을 중퇴하고 지능이 다소 모자란 원고*(도박채무자)*를 사기도박에 끌어들여 돈을 잃게 하는 과정에서, 소외 1*(도박채권자)*이 도박자금 명목으로 원고*(도박채무자)*에게 빌려준 돈이 합계 금 295,000,000원에 이르게 된 사실, 소외 1*(도박채권자)*로부터 도박채무의 변제를 요구받은 원고*(도박채무자)*는 그에게 원고 소유인 이 사건 부동산의 처분을 위임하고 그 처분 대가로써 위 도박채무의 변제에 충당하기로 약정한 사실, 소외 1*(도박채권자)*은 원고를 대리하여 소외 최O성에게 이 사건 부동산을 매도한 다음 수령한 매도대금으로 위 도박채무의 변제에 충당하고, 위 최O성은 다시 이 사건 부동산을 피고 회사에 전매하였고 소유권이전등기는 위 최O성을 거치지 않고 바로 피고 회사 앞으로 중간생략등기가 경료된 사실을 각 인정한 다음, <u>원고*(도박채무자)*가 소외 1*(도박채권자)*에게 이 사건 부동산의 처분권한을 위임하고 그 처분대가로써 위 도박채무의 변제에 충당하기로 한 행위는 선량한 풍속 기타 사회질서에 위반한 사항을 내용으로 하는 행위로서 무효이고, 이에 터잡아 이루어진 소외 1*(도박채권자)*이 원고*(도박채무자)*를 대리하여 한 위</u>

최O성과 사이의 매매계약은 무권대리행위로서 무효이고, 무권리자인 위 최O성으로부터 위 부동산을 양수한 피고 회사 역시 그 소유권을 취득할 수 없다는 취지로 판단하였다.

기록에 비추어 살펴보면 원심의 위 사실인정은 모두 수긍이 되고, 거기에 소론과 같이 채증법칙을 위배하여 사실을 잘못 인정한 위법이 없으므로, 이 점을 지적하는 논지는 이유 없다.

그러나, 사실관계가 위와 같다면, 원고(도박채무자)와 소외 1(도박채권자) 사이의 위 <**도박채무의 변제를 위하여 부동산의 처분을 위임받은 채권자가 그 부동산을 제3자에게 매도한 경우, 그 처분행위가 무효로 되는 범위** (민법 제103조)> (도박채무의 변제를 위하여 채무자로부터 부동산의 처분을 위임받은 채권자가 그 부동산을 제3자에게 매도한 경우,) 도박채무 부담행위 및 그 변제약정이 민법 제103조의 선량한 풍속 기타 사회질서에 위반되어 무효라 하더라도, 그 무효는 위 변제약정의 이행행위에 해당하는 이 사건 부동산을 소외 최O성(제3자)에게 처분한 대금으로 도박채무의 변제에 충당한 부분에 한정된다 할 것이고, 위 변제약정의 이행행위에 직접 해당하지 아니하는 이 사건 부동산 처분에 관한 대리권을 소외 1(도박채권자)에게 수여한 행위 부분까지 무효라고 볼 수는 없으므로(대법원 1987. 4. 28. 선고 86다카1802 판결 참조), 위와 같은 사정을 알지 못하는 거래 상대방인 위 최O성(제3자)이 원고(도박채무자)로부터 그 대리인인 소외 1(도박채권자)을 통하여 위 부동산을 매수한 행위까지 무효가 된다고 할 수는 없을 것이다.

그러므로 이와는 달리 원고(도박채무자)를 대리한 소외 1(도박채권자)과 위 최O성(제3자) 사이의 이 사건 부동산에 대한 매매계약까지 무효라고 한 원심은 민법 제103조의 적용에 관한 법리오해 또는 이유불비의 위법을 저질러 판결 결과에 영향을 미쳤다 할 것이므로 이 점을 지적하는 취지의 논지는 이유 있다.

3. 사회질서 위반의 효과
1) 법률행위의 무효
§ 5-24 무효를 주장할 수 있는 자의 범위
❶ 대법원 2016. 3. 24. 선고 2015다11281 판결 [건물명도등]

1. <**거래 상대방이 배임행위를 유인·교사하거나 배임행위의 전 과정에 관여하는 등 배임행위에 적극 가담하는 경우, 실행행위자와 체결한 계약이 무효로 될 수 있는지 여부(적극)** (민법 제103조, 제213조, 제214조)> 거래 상대방이 배임행위를 유인·교사하거나 배임행위의 전 과정에 관여하는 등 배임행위에 적극 가담하는 경우에는 그 실행행위자와 체결한 계약이 반사회적 법률행위에 해당하여 무효로 될 수 있고(대

법원 2009. 3. 26. 선고 2006다47677 판결 참조), *<반사회질서 법률행위를 원인으로 부동산에 관한 소유권이전등기를 마친 등기명의자가 소유권에 기한 물권적 청구권을 행사하는 경우, 권리 행사의 상대방이 법률행위의 무효를 항변으로서 주장할 수 있는지 여부(적극) (민법 제103조, 제213조, 제214조)>* 선량한 풍속 기타 사회질서에 위반한 사항을 내용으로 하는 법률행위의 무효는 이를 주장할 이익이 있는 자는 누구든지 무효를 주장할 수 있다. 따라서 반사회질서 법률행위를 원인으로 하여 부동산에 관한 소유권이전등기를 마쳤다 하더라도 그 등기는 원인무효로서 말소될 운명에 있으므로, 등기명의자가 소유권에 기한 물권적 청구권을 행사하는 경우에, 그 권리 행사의 상대방은 위와 같은 법률행위의 무효를 항변으로서 주장할 수 있다고 할 것이다.

2. 원심판결 이유에 의하면, *<사안의 경우 (민법 제103조, 제213조, 제214조)>* 원심은 원고가 이 사건 점포를 저렴하게 매수하기 위하여 주식회사 생보부동산신탁의 공매 업무를 담당하던 소외인에게 사례금의 교부를 약속하면서 부정한 청탁을 하고, 위 소외인은 원고와의 공모에 따라 이 사건 점포의 공매 과정에서 업무상 임무에 위배하는 방법으로 공개 경쟁입찰을 제한한 후 수의계약을 통해 원고에게 저렴한 가격에 매도한 사실을 인정한 다음, 원고가 소외인의 배임행위를 스스로 조장하거나, 이에 적극 가담하여 생보부동산신탁으로부터 이 사건 부동산을 매수하였으므로, 원고의 매수행위는 반사회적 법률행위에 해당하여 무효라고 판단하였다. 이어서 원심은, 피고는 이 사건 점포의 무단 점유자에 불과하여 원고의 이 사건 점포 매수행위의 무효를 주장하는 것은 아무런 법적 근거가 없거나 정의관념 및 사회질서에 어긋나는 행위라는 원고의 주장에 대하여, 반사회질서 법률행위는 절대적으로 무효로서 누구든지 주장할 수 있다는 이유로 이를 배척하고, 원고의 이 사건 점포에 대한 소유권에 기한 인도청구 및 차임 상당 부당이득반환청구를 기각하였다.

앞서 본 법리 및 기록에 비추어 살펴보면, 원심의 위와 같은 판단은 정당하고, 거기에 상고이유 주장과 같이 반사회질서 무효 및 신의칙에 관한 법리를 오해하거나, 매매계약의 추인에 관한 판단의 누락 또는 석명권을 행사하지 아니한 위법이 없다.

2) 무효에 따른 법률관계
§ 5-25 불법원인급여와 물권적 청구권의 행사
❶ 대법원 1979. 11. 13. 선고 79다483 전원합의체 판결 【부당이득반환청구】

<불법원인급여와 물권적 청구권의 행사 (민법 제746조)> 민법 제746조는 불법의 원인으로 인하여 재산을 급여한 때에는, 그 이익의 반환을 청구하지 못한다고 규정하고 있는 바, 일반의 법리에 따른다면 불법의 원인에 의한 급여는 법률상의 원인이

없는 것이 되므로, 부당이득이 되어 그 이익의 반환을 청구할 수 있게 되는 것이나, 이러한 청구를 인정하는 것은, 법의 이념에 어긋나는 행위를 한 사람의 주장을 시인하고 이를 보호하는 것이 되어, 공평의 이념에 입각하고 있는 부당이득제도의 근본취지에 어긋날 뿐만 아니라, 법률 전체의 이념에도 어긋나게 되기 때문에, 이 규정은 선량한 풍속, 기타 사회질서에 위반한 사항을 내용으로 하는 법률행위를 무효로 하는 민법 제103조와 표리를 이루어, 사회적 타당성이 없는 행위를 한사람을 보호할 수 없다는 법의 이념을 실현하려고 하는 것이다.

이리하여 민법 제746조는 민법 제103조와 함께 사법의 기저를 이루는 하나의 큰 이상의 표현으로서 이것이 비록 민법 채권편 부당이득의 장에 규정되어 있기는 하나, 이는 일반적으로 사회적 타당성이 없는 행위의 복구가 부당이득의 반환청구라는 형식으로 주장되는 일이 많기 때문이고, 그 근본에 있어서는 단지 부당이득제도만을 제한하는 이론으로 그치는 것이 아니라, 보다 큰 사법의 기본 이념으로 군림하여, 결국 사회적 타당성이 없는 행위를 한 사람은 그 스스로 불법한 행위를 주장하여, 복구를 그 형식 여하에 불구하고 소구할 수 없다는 이상을 표현하고 있는 것이라고 할 것이다.

따라서 급여를 한 사람은 그 원인행위가 법률상 무효라 하여 상대방에게 부당이득을 원인으로 한 반환청구를 할 수 없음은 물론, 그 원인행위가 무효이기 때문에 급여한 물건의 소유권은 여전히 자기에게 있다고 하여, 소유권에 기한 반환청구도 할 수 없는 것이고, 그리하여 그 반사적 효과로서 급여한 물건의 소유권은 급여를 받은 상대방에게 귀속하게 되는 것이라고 해석함이 타당하다고 할 것이다.

이 사건에서 보건대 원심은 제1심 판결을 인용한 그 판결이유에서, 이 사건 임야는 원래 피고의 아버지 소외 인의 소유였는데, 그가 원고와 불륜의 내연관계를 맺고 그 대가로 원고에게 이를 증여하여, 소유권이전등기를 넘겨 주었다는 취지의 사실을 인정한 다음, 그렇다면 원고는 민법 제 746조에 의하여 그대로 그 소유권을 취득한다고 하여, 원고 앞으로 된 위 소유권이전등기가 불법원인급여를 원인으로 한 것이기 때문에 무효라는 취지의 피고의 주장을 배척하고 있는 바, 원심의 위와 같은 판단은 결과적으로 위의 설시와 같은 취지로 보여지므로 정당하고, 거기에 소론과 같은 불법원인급여의 법리를 오해한 위법이 있다고 할수 없으므로, 논지는 이유 없고, 이 법원이 종전의 다른 판결(대법원 1960. 9. 15 선고 4293민상57 판결; 1977. 6. 28 선고 77다728 판결 등)에서, 이와 다르게 판시한 의견은 모두 이 판결로써 변경하기로 한다.

……

대법원판사 양병호, 임항준 및 김윤행의 반대의견은 다음과 같다.

민법 746조는 부당이득의 장에 규정되어 있는 부당이득의 반환청구권에 관한 조문인 바, 채권적 청구권인 부당이득반환청구권을 제한하는 위 법조가 채권적청구권과는 전연 그 근거를 달리하는 물권적 청구권까지를 제한하는 효력이 있다 함은 논리의 비약을 넘어서 법의 규정을 떠난 해석이라고 아니할 수 없다.

원래 민법 746조의 규정을 둔 것은 자기가 불법행위를 하였다는 것을 이유로 하여 권리의 주장을 한다는 것은 우리의 정의감에 반하는 것이므로 동 규정을 두어 다만 청구자가 자기의 불법행위를 청구의 근거로 삼는 것만을 막아 보자는 것뿐이므로 동 조문이 있다 하여 법률상 이를 저지할 아무런 이유가 없는 다른 청구권까지를 모조리 봉쇄할 수 있다는 해석은 나올 도리가 없다 할 것이다.

즉 물상청구권을 행사함에 있어서는 자기의 소유권만을 주장하면 족하고, 불법행위가 있었다는 것은 법률상의 청구원인으로 할 필요가 없을 것이니 이와 같이 자기에게 불법원인이 있다는 주장은 전연 없이 다만 소유권에 기하여 하는 청구가 어떠한 근거로 당사자가 주장도 하지도 않는 불법원인으로 인한 급부라 하여 이를 저지할 수 있을 것인가.

다수의견은 소유권에 기한 청구권도 배척하여 수익자에게 권리가 귀속되게 하는 것이 사법의 기저를 이루는 이상의 표현이라고 설시하였으나 <u>불법원인으로 인한 급부가 이루어지는 경우에는 대개 수익자에게도 불법원인으로 수령하는 경우가 많고 경우에 따라서는 급부자의 불법행위보다도 수령자에게 더욱 중한 불법행위가 있는 경우도 있을 것인데, 이러한 경우에 동 행위는 민법 103조에 위배되어 수령자가 그 소유권을 취득할 수가 없는데, 급부자의 반환청구 불능이라는 반사적 효과로 법에 근거없이 수령자가 권리를 취득하는 결과가 된다는 것은 공평의 이념에 맞는다고도 할 수 없고, 법률의 이상의 표현이라고는 더욱 보기 어렵다 할 것이요, 차라리 급부자에게 원상회복시켜 양자가 다 법률상 근거없는 이득을 취할 수 없게 하는 편이 훨씬 공평의 이념에 부합하는 결과가 된다고 아니할 수 없다.</u>

3) 제103조에 위반되는 이중매매의 효력
§ 5-26 반사회적 이중매매에서 제1매수인이 소유권을 취득할 수 있는 방법
❶ 대법원 1983. 4. 26. 선고 83다카57 판결 [소유권이전등기말소]

사실관계

甲(안동농지개량조합)은 1959. 1. 11. X 토지를 당시 등기명의자이던 A로부터 매수하여 그 즉시 X 토지를 인도받아 지금까지 그 중 일부는 관개농지의 수원지로서 또 일부는 도로 또는 대지 등으로 타인에게 사용케 하는 등 점유관리를 계속해왔다. 그런데 甲은 1975. 5.경 편의상 등기원인을 1943. 3. 20. 토지수용이라고 하여 법원에 등기신청을 하여 등기필증까지 교부받았으나 등기공무원의 실수로 등기부상의 기재가 되지 아니하였다. 그 후에도 X 토지에 대한 이전등기가

이루어지지 못하여 결국 甲은 민법 부칙 제10조에 의하여 소유권을 상실하고 등기청구권만을 보유하게 되었다. 한편 A는 1970. 5. 17. 사망하여 X 토지를 B가 상속하고 1980. 8. 4. 재산 상속을 원인으로 한 상속등기를 마친 후, 1980. 11. 5 X 토지는 증여를 원인으로 乙(문중) 앞으로 소유권이전등기가 경료되었다. 그런데 乙 문중 명의의 위 소유권이전등기는 乙이 B의 배임행위에 적극 가담하여 이루어졌다. 이에 甲은 乙에 대하여 X 토지에 대한 소유권이전등기말소를 청구하는 소를 제기하였다.

판결이유

제2,3점에 대하여,
……

(3) 그러나 기록에 의하면 이건 청구원인은 "원고(갑)가 망 소외 2(A)로부터 1959. 1. 11. 이 사건 부동산을 매수하였음을 전제로 그 매수인의 지위에서 그 이후에 증여를 원인으로 하여 이루어진 피고(을) 문중 명의의 이건 등기는 피고(을) 문중이 원심 공동피고들의 원고(갑)에 대한 배임행위에 적극 가담하여 이루어진 것으로서 이는 민법 제103조에 의하여 무효" 라는 취지이어서 피고(을)는 그 등기를 말소하고, 원심 피고들(A, B)은 원고(갑)에게 위 매매에 인한 이전등기를 청구하는 것이니 (기록 132면, 137면, 각 참조) 원고(갑)의 위와 같은 주장에는 원고(갑)가 민법 부칙 제10조에 의하여 소유권이 없음이 명백한 본건에 있어서 원고(갑)가 원심 공동피고들(A, B)의 지위를 대위하여 피고(을)에게 그 등기의 말소를 구한다는 취지로 포함된 것이라고 새기지 못할바 아니고 그렇지 않다 하더라도 <매도인(A)의 배임행위에 가담하여 증여받은 자(을)가 경료한 소유권이전등기에 관하여 매수인(갑)의 직접말소청구의 가부 (민법 제186조, 제404조)> 원고(갑) 주장의 원심 공동피고들(A, B)에 대한 이 사건 부동산에 관한 등기청구권이 원고(갑) 주장과 같이 채무자인 원심 공동피고들(A, B)과 제3자인 피고 문중(을)의 반사회적 법률행위로 인하여 침해당하였다면, 원고(갑)로서는 피고 문중(을)에 대하여는 채무자인 원심 공동피고들(A, B)을 대위하여 위 등기의 말소등기절차 이행을 청구할 수는 있으나 직접 말소등기를 청구할 수 없다 할 것임은 우리나라의 형식주의하의 등기청구권의 성질에서 당연히 도출되는 이론이라 할 것이므로, 원고(갑)가 위 원심 피고들(A, B)을 대위하여 이건 등기의 말소를 구한다는 명백한 주장을 하지도 아니하고 그렇다고 직접 청구한다는 아무런 주장도 명확히 펴고 있지 아니한 이 사건에서 원심으로서는 석명권을 행사하여 원고(갑)의 이 사건 청구가 직접 청구하는 취지인지의 여부를 명백히 밝혔어야 할 것이다

(4) ……

그렇다면 원심이 위 판시사실의 인정을 위하여 든 증거는 믿을 수 없는 내용이거

나 그 증거들 만으로서는 망 소외 2 명의의 이건 등기가 피고 문종으로부터 명의신탁된 것이라고 단정하기에는 미흡하다 할 것이고 이렇게 볼 때에 원심이 판단하고 있는 바와 같이 <매도인(A)이 타에 매도한 부동산임을 알면서 증여받은 행위의 반사회성 (민법 제103조, 제186조)> 피고 문종(을) 명의로의 이 사건 소유권이전등기 과정에 피고 문종(을)이 원심공동피고들(A, B)의 원고(갑)에 대한 배임행위에 가담한 결과가 되었다면, 이는 반사회질서의 행위로서 무효라 할 것이며 또한 그 등기가 실체관계에 부합하는 유효한 등기가 될 리도 없는 것이다.

그럼에도 불구하고 원심이 원고(갑)의 피고(을) 문종에 대한 이 사건 청구권원을 명백히 밝혀 보지도 아니하고, 망 소외 2(A)가 피고(을) 문종의 명의수탁자에 불과하다는 전제아래 피고(을) 문종 앞으로 경료된 이건 등기가 유효하다고 판시하였음은, 원고(갑)의 주장사실에 대한 심리를 다하지 아니하고 채증법칙에 위배하여 사실을 그릇 인정한 위법을 범하여 판결결과에 영향을 미쳤다고 아니할 수 없으니 원심판결을 파기하지 아니하면 현저히 정의와 형평에 반한다고 인정되므로 논지는 이유있다.

§ 5-27 이중매매와 전득자의 소유권 취득여부
❶ 대법원 1996. 10. 25. 선고 96다29151 판결 【전득자의 보호문제】

사실관계

甲(전주시)은 소류지를 축조하는 사업의 일환으로 1943. 3. 15.경 X 토지(6,790㎡)를 소유자인 A로부터 매수하여 유지인 "증산2제"를 축조한 후 그 때부터 甲이 X 토지를 공공의 용수원으로 사용하면서 제방을 보수하는 등 소류지로서 유지, 관리하여 왔다. 그러나 甲은 소류지의 부지로 편입된 X 토지에 대하여 소유권이전등기를 경료하지 못한 상태에서 종전의 소유명의자인 A가 소유권을 주장하거나 제3자에게 다시 매도하는 등 분쟁이 발생하게 되자, 1977. 9. 19.경 A에게 소류지의 축조 당시 보상금이 지급되었으므로 그 소유권은 甲에게 있음을 주지시키는 공문을 발송하기도 하였다. 한편 乙1은 X토지의 소유자이던 A의 장남으로서 A가 1950. 9. 26. 사망하자 호주상속인 겸 재산상속인이 되어 1984. 8. 16. X 토지에 대하여 상속을 원인으로 하는 소유권이전등기를 마치고, 1987. 4. 18. 乙2에게 매매를 원인으로 하는 소유권이전등기를 넘겨주었다. 그런데 乙2는 X 토지가 유지로서 甲이 관리하는 증산2제에 편입된 토지임을 알고도 단기의 전매차익을 얻기 위하여 乙1에게 X 토지의 매도를 요청하여 결국 X 토지를 매수하였으며, 1987. 4. 27. X 토지를 乙3에게 매매를 원인으로 하여 소유권이전등기를 넘겨주었다. 甲은 乙2 명의의 소유권이전등기는 무효이며, 무효인 등기에 터잡아 경료된 乙3 명의의 소유권이전등기도 역시 무효라고 주장하면서 그 말소를 구하고, 乙1에 대하여는 1943. 3. 15. 매매를 원인으로 하는 소유권이전등기절차의 이행을 청구하는 소를 제기하였다.

판결이유

원심판결 이유에 의하면, 원심은 거시 증거에 의하여 판시와 같은 사실을 인정한 다음, 피고 1(을1)은 그의 선대인 소외 망인(A)이 생전에 이 사건 토지를 원고(갑)에게 매도하여 위 토지가 '증산2제'에 편입된 사실을 알면서도 피고 2(을2)에게 이중으로 매도하였으므로, 이는 특별한 사정이 없는 한 부동산의 이중매매로서 원고(갑)에 대한 관계에서 배임행위에 해당한다고 할 것이고, 피고 2(을2)는 이 사건 토지가 유지로서 원고(갑)가 관리하는 '증산2제'에 편입된 토지임을 알고도 단지 전매차익을 얻기 위해 피고 1(을1)에게 위 토지의 매도를 요청하여 이를 매수함으로써 매도인의 배임행위에 적극 가담하였다고 할 것이므로, 피고 1(을1)과 피고 2(을2) 사이의 위 매매계약은 반사회적인 행위로서 무효이고, 따라서 피고 2(을2) 명의의 소유권이전등기는 원인무효이며, 이에 터잡은 나머지 피고들(을1, 을2)의 소유권이전등기 및 근저당권설정등기 역시 무효라고 판단하였는바, 관계 증거를 기록과 대조·검토하여 보면, 원심의 위와 같은 인정 및 판단은 정당하고, 거기에 소론과 같은 위법이 있다고 할 수 없다. 논지는 이유 없다.

<부동산의 이중매매가 반사회적 법률행위에 해당하여 무효인 경우, 그에 터잡은 선의의 전득자 명의의 소유권이전등기의 효력(무효) (민법 제103조, 제186조)> 부동산의 제2매수인이 매도인의 배임행위에 적극 가담하여 제2매매계약이 반사회적 법률행위에 해당하는 경우에는 제2매매계약은 절대적으로 무효이므로, 당해 부동산을 제2매수인으로부터 다시 취득한 제3자는 설사 제2매수인이 당해 부동산의 소유권을 유효하게 취득한 것으로 믿었다고 하더라도 제2매매계약이 유효하다고 주장할 수 없는 것이다(당원 1979. 7. 24. 선고 79다942 판결, 1984. 6. 12. 선고 82다카672 판결, 1985. 11. 26. 선고 85다카1580 판결 등 참조).

V. 불공정한 법률행위

1. 적용범위

§ 5-28 일방적 급부행위와 제104조

❶ 대법원 2000. 2. 11. 선고 99다56833 판결 【대여금등】

사실관계

재단법인 A는 자신에 대하여 채권을 가지고 있는 甲을 고문으로 임명하여 甲이 고문의 자격으로 A재단의 운영에 관여하여 왔는데, 甲은 A재단이 시행하는 공원묘지 조성공사를 도급받아 시공하던 乙이 단종업체에 불과하다는 것을 알게 되자, 乙이 공사도급 한도액을 초과하여 공사를 수급하였으니 조치하여 달라는 취지의 진정서를 행정기관에 제출하였다. 이에 乙은 甲에게 위 공사가 중단될 경우 乙은 물론 A재단이나 이의 채권자들에게도 막대한 피해가 있을 것이니 진정을 취하하여 달라고 사정하였고, 그리하여 甲과 乙은 甲이 위 진정을 취하하고 그와 아울러 乙의 공사대금 추심에 협력하되 그 대가로 乙이 A재단으로부터 공사대금 1회분을 수령하는 즉시 甲에게 5천만 원을 지급하기로 합의하였으며, 이에 기해서 甲은 위 진정을 취하하였다. 그런데 乙이 위 약정한 돈을 지급하지 않자, 甲이 위 약정금지급을 청구하는 소를 제기였다.

판결이유

1. 원심판결 이유에 의하면 원심은, 소외 재단법인(A) 한국OO봉안회(이하 '소외 재단'이라 한다)에 대한 채권자인 원고(갑)가 고문의 자격으로 소외 재단(A)의 운영에 관여하여 오던 중, 소외 재단(A) 시행의 공원묘지 조성공사를 도급받아 시공하던 피고(을)가 단종업체에 불과하다는 것을 알게 되자 1991. 9. 27.경 피고(을)가 공사도급 한도액을 초과하여 공사를 수급하였으니 조치하여 달라는 취지의 진정서를 행정기관에 제출한 사실, 이에 피고(을)는 원고(갑)에게 이 사건 공사가 중단될 경우 피고(을)는 물론 소외 재단(A)이나 채권자들에게도 막대한 피해가 있을 것이니 진정을 취하하여 달라고 원고(갑)에게 사정하였고, 1991. 10. 7. 원고(갑)와 피고(을) 사이에서 원고(갑)가 위 진정을 취하함과 아울러 피고(을)의 공사대금 추심에 협력하기로 하되 그 대가로 피고(을)는 소외 재단(A)으로부터 공사대금 1회분을 수령하는 즉시 원고(갑)에게 금 50,000,000원을 지급하기로 하는 합의가 성립되었으며, 원고(갑)는 같은 날 피고(을)에 대한 진정을 취하한 사실, 그 당시 피고(을)는 원고(갑)의 진정으로 인하여 벌금이나 과징금을 부과받고 영업정지에 처해질 수도 있는 상황이었던 사실 등을 인정한 다음, 이러한 합의는 원고(갑)가 피고(을)의 궁박한 사정을 약점으로 이용하여 행정기관에 대한 진정 취하 및 소외 법인(A)에 대한 영향력 행사라는 조건의 이행을 대가로 거액의 금전적 이득을 추구한 것이므로, 원고(갑)가 피고(을)의 궁박한 상태를 이용하여 폭리를 취하고자 하였다는 점에서 민법 제104조 소정의 불공정한 법률행위에 해당한다는 이유로, 위 약정상의 금원의 지급을 구하는 원고의 이 사건 청구를 배척하였다.

2. 살피건대, <증여계약과 같은 일방적 급부행위가 민법 제104조 소정의 불공정한 법률행위에 해당될 수 있는지 여부(소극) (민법 제104조)> 민법 제104조가 규정하는 현저히 공정을 잃은 법률행위라 함은 자기의 급부에 비하여 현저하게 균형을 잃은 반대급부를 하게 하여 부당한 재산적 이익을 얻는 행위를 의미하는 것이므로, 증여계약과 같이 아무런 대가관계 없이 당사자 일방이 상대방에게 일방적인 급부를 하는 법률행위는 그 공정성 여부를 논의할 수 있는 성질의 법률행위가 아닌 것인바

(대법원 1993. 3. 23. 선고 92다52238 판결, 1993. 7. 16. 선고 92다41528, 92다41535 판결, 1993. 10. 26. 선고 93다6409 판결, 1997. 3. 11. 선고 96다49650 판결 등 참조). 원심이 인정한 사실관계 및 기록에 의하면, 원고*(갑)*가 피고*(을)*로부터 금 50,000,000원을 지급받기로 약정한 것은 어디까지나 원고*(갑)*의 진정을 취하하는 것을 조건으로 한 것이고, 원고*(갑)*가 공사대금의 추심에 협력한다는 것은 이에 부수하여 선언적으로 기재된 것에 불과함을 알 수 있는바, 위와 같은 진정이나 그 취하는 원고*(갑)*가 국민으로서 가지는 청원권의 행사 및 그 철회에 해당하여 성질상 대가적인 재산적 이익으로 평가될 수 있는 것이 아니므로, 원고*(갑)*와 피고*(을)* 사이에 이루어진 위 약정은 재산상의 대가관계 없이 피고*(을)*가 원고*(갑)*에게 일방적인 급부를 하는 무상행위로서 민법 제104조 소정의 공정성 여부를 논의할 수 있는 법률행위에 해당하지 아니하고, 따라서 이 점에 관한 원심의 판단은 잘못이라 아니할 수 없다.

3. 그러나 <*민법 제103조 소정의 '반사회질서의 법률행위'의 의미*> 민법 제103조에 의하여 무효로 되는 반사회질서 행위는 법률행위의 목적인 권리의무의 내용이 선량한 풍속 기타 사회질서에 위반되는 경우뿐만 아니라, 그 내용 자체는 반사회질서적인 것이 아니라고 하여도 법률적으로 이를 강제하거나, 법률행위에 반사회질서적인 조건, 또는 금전적인 대가가 결부됨으로써 반사회질서적 성질을 띠게 되는 경우 및 표시되거나 상대방에게 알려진 법률행위의 동기가 반사회질서적인 경우를 포함하는 것인바(대법원 1992. 11. 27. 선고 92다7719 판결, 1994. 3. 11. 선고 93다40522 판결 등 참조), <*사안의 경우*> 이 사건과 같이 청원권 행사의 일환으로 이루어진 진정을 이용하여 원고*(갑)*가 피고*(을)*를 궁지에 빠뜨린 다음 이를 취하하는 것을 조건으로 거액의 급부를 제공받기로 한 약정은 반사회질서적인 조건 또는 금전적 대가가 결부됨으로써 반사회질서적 성질을 띠게 되는 경우에 해당한다고 봄이 상당하다.

❷ **대법원 1980. 3. 21. 자 80마77 결정 [부동산경락허가결정에대한재항고]**

적법한 절차에 의하여 이루어진 경매에 있어서 경락가격이 경매부동산의 시가에 비하여 저렴하다는 사유는 경락허가결정에 대한 적법한 불복이유가 되지 못하는 것이고 <*경매에 민법 제104조, 제608조의 적용이 있는지 여부*> 경매에 있어서는 불공정한 법률행위 또는 채무자에게 불리한 약정에 관한 것으로서 효력이 없다는 민법 제104조, 608조는 적용될 여지가 없다.

2. 성립요건
1) 급부와 반대급부 사이의 현저한 불균형
§ 5-29 급부의 현저한 불균형

❶ *(§ 5-33* ❶*; § 8-3* ❶*)* 대법원 2010. 7. 15. 선고 2009다50308 판결 【부당이득금반환】

1. 본안전 항변에 관한 피고들의 상고이유에 대한 판단
가. 부제소합의 주장에 대하여
<매매계약 등 쌍무계약이 '불공정한 법률행위'에 해당하여 무효인 경우, 그 계약에 관한 부제소합의의 효력(무효) *(민법 제104조; 민사소송법 제248조)*> 매매계약과 같은 쌍무계약이 급부와 반대급부와의 불균형으로 말미암아 민법 제104조에서 정하는 '불공정한 법률행위'에 해당하여 무효라고 한다면, 그 계약으로 인하여 불이익을 입는 당사자로 하여금 위와 같은 불공정성을 소송 등 사법적 구제수단을 통하여 주장하지 못하도록 하는 부제소합의 역시 다른 특별한 사정이 없는 한 무효라고 할 것이다.
원심은, 원고와 피고들이 2005. 4. 22. 서울 강동구 암사동 (지번 생략) 임야 198㎡(이하 '이 사건 토지'라고 한다) 중 피고들의 7분의 3 지분을 18억 원에 매매하면서(이하 '이 사건 매매계약'이라고 한다) "이후 가격의 높고 낮음에 관한 일체의 민·형사상의 문제나 민·형사상의 소송은 양측이 제기하지 아니한다"는 부제소합의를 한 사실을 인정한 다음, 이 사건 매매계약이 불공정행위로 무효인 이상 그 폭리를 계속 유지하기 위하여 이 사건 매매계약에 포함시킨 위 부제소합의 역시 무효라고 판단하였다.
뒤에서 보는 바와 같이 이 사건 매매계약이 불공정한 법률행위임이 인정되는 이상, 원심의 위 판단은 앞서 본 법리에 따른 것으로 정당하다. 거기에 부제소합의에 관한 법리 오해의 위법이 없다.
……
2. 불공정 법률행위에 관한 피고들의 상고이유에 대한 판단
가. <민법 제104조에서 정하는 '불공정한 법률행위'의 성립요건 및 그 판단 기준>
민법 제104조의 불공정한 법률행위는 피해 당사자가 궁박, 경솔 또는 무경험의 상태에 있고, 상대방 당사자가 그와 같은 피해 당사자측의 사정을 알면서 이를 이용하려는 폭리행위의 악의를 가지고, 객관적으로 급부와 반대급부 사이에 현저한 불균형이 존재하는 법률행위를 한 경우에 성립한다(대법원 2002. 10. 22. 선고 2002다38927 판결 참조).
여기서 '궁박'이란 '급박한 곤궁'을 의미하고, 당사자가 궁박 상태에 있었는지 여부는 당사자의 신분과 상호관계, 피해 당사자가 처한 상황의 절박성의 정도, 계약의

체결을 둘러싼 협상과정 및 거래를 통한 피해 당사자의 이익, 피해 당사자가 그 거래를 통해 추구하고자 한 목적을 달성하기 위한 다른 적절한 대안의 존재 여부 등 여러 상황을 종합하여 구체적으로 판단하여야 한다(대법원 2009. 1. 15. 선고 2008도8577 판결 참조).

또한 <u>급부와 반대급부 사이의 '현저한 불균형'은 단순히 시가와의 차액 또는 시가와의 배율로 판단할 수 있는 것은 아니고 구체적·개별적 사안에 있어서 일반인의 사회통념에 따라 결정하여야 한다</u>(대법원 2006. 9. 8. 선고 2006도3366 판결 참조). <u>그 판단에 있어서는 피해 당사자의 궁박·경솔·무경험의 정도가 아울러 고려되어야 하고, 당사자의 주관적 가치가 아닌 거래상의 객관적 가치에 의하여야 한다.</u>

❷ 대법원 2015. 1. 15. 선고 2014다216072 판결 [보관료등]
·····

3. **<불공한 법률행위의 성립 요건>** 민법 제104조의 불공정한 법률행위는 급부와 반대급부 사이에 현저한 불균형이 존재하고, 그와 같이 균형을 잃은 거래가 피해 당사자의 궁박, 경솔 또는 무경험을 이용하여 이루어진 경우에 성립하는 것이고, 피해 당사자가 궁박한 상태에 있었다고 하더라도 그 상대방 당사자에게 그와 같은 피해 당사자 측의 사정을 알면서 이를 이용하려는 의사, 즉 폭리행위의 악의가 없었다거나, 또는 급부와 반대급부 사이에 현저한 불균형이 존재하지 아니한다면 민법 제104조의 불공정한 법률행위라고 할 수 없다. **<불공정한 법률행위에 해당하는지 판단하는 기준 시기(=법률행위시)>** 그리고 어떠한 법률행위가 불공정한 법률행위에 해당하는지는 법률행위 당시를 기준으로 판단하여야 하므로, **<계약이 체결 당시 기준으로 불공정하지 않은 경우 다음의 경우 불공정한 계약에 해당하는지 여부>** 계약 체결 당시를 기준으로 계약 내용에 따른 권리의무관계를 종합적으로 고려한 결과 불공정한 것이 아니라면, 사후에 외부적 환경의 급격한 변화에 따라 계약당사자 일방에게 큰 손실이 발생하고 상대방에게는 그에 상응하는 큰 이익이 발생할 수 있는 구조라고 하여 그 계약이 당연히 불공정한 계약에 해당한다고 말할 수 없다(대법원 2013. 9. 26. 선고 2011다53683 전원합의체 판결 등 참조).

원심은 그 판시와 같은 사정들을 종합하여, 피고가 이 사건 계약을 체결할 때 경솔 또는 무경험의 상태였다고 인정하기 어렵고, 당시 피고가 이 사건 물류센터 토지를 사용해야만 하는 상황이기는 했지만 그러한 사정만으로 피고가 궁박한 상태에 놓여 있었다고 단정할 수 없으며, 이 사건 계약에 따른 피고의 급부가 현저히 불공정하다고 보기 어렵다는 이유로, 이 사건 계약이 불공정한 법률행위에 해당하여 무효라는 피고의 주장을 배척하였다. 원심판결 이유를 앞서 본 법리와 기록에 비추어 살펴보면 이러한 원심의 판단은 정당하고, 거기에 상고이유에서 주장하는 바와 같이 불공정한 법률행위에 관한 법리를 오해하거나, 논리와 경험의 법칙을 위반하여 자유심증주의의 한계를 벗어난 위법이 없다.

2) 피해당사자의 궁박, 경솔 또는 무경험의 존재
§ 5-30 피해당사자의 궁박, 경솔 또는 무경험의 이용
❶ 대법원 2002. 10. 22. 선고 2002다38927 판결 【손해배상(자)】
······

2. <**불공정한 법률행위의 성립요건 및 '궁박'과 '무경험'의 의미** *(민법 제104조)*> 민법 제104조에 규정된 불공정한 법률행위는 객관적으로 급부와 반대급부 사이에 현저한 불균형이 존재하고, 주관적으로 그와 같이 균형을 잃은 거래가 피해 당사자의 궁박, 경솔 또는 무경험을 이용하여 이루어진 경우에 성립하는 것으로서, 약자적 지위에 있는 자의 궁박, 경솔 또는 무경험을 이용한 폭리행위를 규제하려는 데에 그 목적이 있고, 불공정한 법률행위가 성립하기 위한 요건인 궁박, 경솔, 무경험은 모두 구비되어야 하는 요건이 아니라 그 중 일부만 갖추어져도 충분한데, 여기에서 '궁박'이라 함은 '급박한 곤궁'을 의미하는 것으로서 경제적 원인에 기인할 수도 있고 정신적 또는 심리적 원인에 기인할 수도 있으며, '무경험'이라 함은 일반적인 생활체험의 부족을 의미하는 것으로서 어느 특정영역에 있어서의 경험부족이 아니라 거래일반에 대한 경험부족을 뜻하고, 당사자가 궁박 또는 무경험의 상태에 있었는지 여부는 그의 나이와 직업, 교육 및 사회경험의 정도, 재산 상태 및 그가 처한 상황의 절박성의 정도 등 제반 사정을 종합하여 구체적으로 판단하여야 하며, 한편 피해 당사자가 궁박, 경솔 또는 무경험의 상태에 있었다고 하더라도 그 상대방 당사자에게 그와 같은 피해 당사자측의 사정을 알면서 이를 이용하려는 의사, 즉 폭리행위의 악의가 없었다거나, 또는 객관적으로 급부와 반대급부 사이에 현저한 불균형이 존재하지 아니한다면 불공정 법률행위는 성립하지 않는다(대법원 1996. 11. 12. 선고 96다34061 판결, 1997. 7. 25. 선고 97다15371 판결 등 참조). 그리고 <**대리인에 의하여 이루어진 법률행위가 불공정한 법률행위에 해당하는지 여부의 판단 기준이 되는 사람(경솔·무경험=대리인, 궁박=본인)** *(민법 제104조)*> 대리인에 의하여 법률행위가 이루어진 경우 그 법률행위가 민법 제104조의 불공정한 법률행위에 해당하는지 여부를 판단함에 있어서 경솔과 무경험은 대리인을 기준으로 하여 판단하고, 궁박은 본인의 입장에서 판단하여야 한다(대법원 1972. 4. 25. 선고 71다2255 판결 등 참조).

그런데 원심이 확정한 사실관계 및 기록에 의하면, 위 소외 1은 1999. 9. 13. 피고의 책임보험에 가입한 승용차의 조수석에 처인 위 소외 2를 태우고 진행하다가 앞서 가던 트럭이 정지신호에 따라 정차하는 것을 뒤늦게 발견하고 위 트럭을 들이받는 바람에 위 소외 2로 하여금 현장에서 사망에 이르게 한 사실, 그 후 위 소외 1은 피고 보상과 직원의 연락을 받고 원고들의 위임을 받은 다음, 위 사고일로

부터 5개월 이상이 경과한 2000. 2. 23. 피고로부터 보험금 25,041,020원을 받는 대신 향후 민사상 일체의 소송을 제기하지 아니할 것을 특약하는 내용의 합의서를 직접 작성한 사실, 위 소외 1은 1947년생으로서 초등학교 졸업의 학력에 불과하지만 당시 운전 17년 및 농업 7년 정도의 경력을 가지고 있었고, 원고들도 모두 성년이었던 사실을 알 수 있는바, 위 소외 1의 위와 같은 사회경험의 정도에다가 이 사건 합의가 이루어진 경위에 비추어 보면, <u>이 사건 합의 당시 대리인인 위 소외 1이 무경험 상태에 있었다고 단정하기 어려울 뿐만 아니라, 이 사건 합의 당시 본인인 원고들이 경제적 또는 정신적으로 급박한 궁박의 상태에 있었다고 볼 만한 자료도 기록상 나타나지 아니한다</u>.

또한, 기록에 의하면, 피고는 이 사건 합의를 함에 있어서 이 사건 사고가 위 소외 1의 일방적인 과실로 인하여 발생한 데다가 피해자가 가해자의 처로서 사고 승용차에 동승하였고 안전운전을 촉구하지 아니한 잘못 등을 감안하여 가해자측의 책임비율을 40%로 제한하고 보험약관상의 기준을 적용하여 보험금 25,041,020원을 산정하여 제시하였는데, 위 소외 1이 위 금액에 자연스럽게 응하였던 것이며, 당시 피고가 지급할 책임보험금은 6,000만 원을 한도로 하는 것이었던 점, 원심은 제반 사정을 감안하여 가해자측의 책임을 70%로 제한함이 상당하다고 판단하였는데, 그에 따라 원심이 위 합의금 이외에 추가로 지급을 명한 액수도 합계 31,346,871원에 불과하였던 점, 위와 같은 책임제한의 비율은 일률적으로 정하기가 어려운 것인 점 등을 알 수 있는바, 사정이 이러하다면, **<자동차손해배상보장법상의 책임보험자가 피해자 유족의 대리인과 사이에 부제소합의가 포함된 손해배상의 합의를 한 것이 불공정한 법률행위에 해당한다고 판단한 원심판결을 파기한 사안** (민법 제104조)> <u>이 사건 합의 당시 원고측이 궁박 또는 무경험의 상태에 있었다고 하더라도 피고에게 이를 이용하려는 폭리행위의 악의가 있었다고 보기 어려울 뿐만 아니라, 위와 같은 정도의 금액 차이만으로 급부와 반대급부 사이에 현저한 불균형이 존재한다고 단정할 수도 없는 것이다.</u>

3) 피해당사자의 궁박, 경솔 또는 무경험의 이용
§ 5-31 폭리자의 악의

❶ 대법원 2002. 9. 4. 선고 2000다54406, 54413 판결 【소유권말소등기등·손해배상등】

(대법원 2002. 10. 22. 선고 2002다38927 판결; 대법원 2007. 12. 20. 선고 2005다32159 전원합의체판결; 대법원 2011. 1. 13. 선고 2009다21058 판결)

사실관계

부동산중개업자인 乙은 甲의 중개의뢰를 받아 8억 5천만 원 상당의 토지를 교환하는 계약을 성사서켜주고 甲으로부터 2천 18만 8천 원의 중개수수료를 받았다. 그 후에 甲은 부동산중개업자가 일정액 이상의 중개수수료를 받지 못하게 하는 관련법규정을 근거로 하여, 乙에게 중개수수료를 지급한 금원 가운데 인천광역시 조례가 정한 당시 법정 수수료율인 0.15%에 해당하는 1백 27만 5천 원을 초과하는 금액의 반환을 구하는 소를 제기하였다.

판결이유

1. 상고이유 제1점 및 제2점에 대하여
<폭리행위에 대한 악의의 존재가 불공정한 법률행위의 성립요건인지 여부(적극)> *(민법 제104조)>* 민법 제104조에 규정된 불공정한 법률행위는 객관적으로 급부와 반대급부 사이에 현저한 불균형이 존재하고, 주관적으로 그와 같이 균형을 잃은 거래가 피해 당사자의 궁박, 경솔 또는 무경험을 이용하여 이루어진 경우에 성립하는 것으로서, 약자적 지위에 있는 자의 궁박, 경솔 또는 무경험을 이용한 폭리행위를 규제하려는 데 그 목적이 있는바, 피해 당사자가 궁박, 경솔 또는 무경험의 상태에 있었다고 하더라도 그 상대방 당사자에게 위와 같은 피해 당사자측의 사정을 알면서 이를 이용하려는 의사, 즉 폭리행위의 악의가 없었다면 불공정 법률행위는 성립하지 않는다고 할 것이다(대법원 1999. 5. 28. 선고 98다58825 판결, 2000. 7. 7. 선고 2000다15784 판결 등 참조).

원심은, 이 사건 부동산 교환계약 체결 당시 이 사건 부동산의 감정가가 교환 대상인 판시 금곡리 임야의 그것보다 훨씬 비싼 점은 인정되나, 원고가 당시 궁박, 경솔 또는 무경험의 상태에서 이 사건 교환계약을 체결하였다고 볼 증거가 없을 뿐만 아니라, 오히려 그 내세운 증거들에 의하여 인정되는 판시 각 사실에 의하면, 위와 같은 가격 차이만으로 이 사건 교환계약이 불공정 법률행위에 해당한다고 할 수 없고, 나아가 이 사건 교환계약의 상대방인 피고들이 원고가 궁박, 경솔 또는 무경험의 상태에 있었다는 사실을 알면서도 이를 이용하려는 의도를 가졌다고 볼 만한 아무런 증거가 없다고 판단하여, 이 사건 교환계약이 불공정 법률행위로서 무효임을 전제로 하는 원고*(갑)*의 주위적 청구를 배척하였는바, 앞서 본 법리를 전제로 하여 기록에 의하여 살펴보면, 원심의 사실인정과 판단은 정당한 것으로 수긍되고, 거기에 채증법칙 위배로 인한 사실오인이나 불공정 법률행위의 성립요건에 관한 법리오해의 위법이 있다고 할 수 없다.

3. 증명책임

§ 5-32 불공정한 법률행위에 대한 입증책임 및 기타
❶ 대법원 1991. 5. 28. 선고 90다19770 판결 【입주권명의변경】
……

2. 상고이유 제1점에 대하여
<매도인측에서 매매계약이 불공정한 법률행위로 되기 위한 요건 및 주장입증책임 (민사소송법 제188조, 제261조)> 매도인측에서 매매계약이 불공정한 법률행위로서 무효라고 하려면 객관적으로 매매가격이 실제가격에 비하여 현저하게 헐값이고, 주관적으로 매도인이 궁박, 경솔, 무경험 등의 상태에 있었으며, 매수인측에서 위와 같은 사실을 인식하고 있었다는 점을 주장 입증하여야 할 것이다(당원 1964. 8. 31. 선고 63다681 판결; 1981. 12. 22. 선고 80다2012 판결; 1988. 9. 13. 선고 86다카563 판결 등 참조).

기록에 의하면 피고의 주장 자체에 의하더라도 피고가 이를 원고에게 매도한 1988.11.28. 당시에는 1988. 5. 당시의 금 3,500,000원 정도에서 가격이 올라 피고가 금 9,000,000원을 받을 수 있었다는 것이니(피고의 1990. 5. 24.자 준비서면), 소론과 같이, 피고가 불원간 다른 곳으로 이사해 가야만 하는 등의 어려움 때문에 당장의 이익에 현혹되었고 그 입주권이 향후 어떠한 가치를 가질지 예측할 만한 경험도 없었으며 가진 것이 없어 경솔하게 입주권을 양도한 것이고 매도인은 입주권발부시 가격이 상승하더라도 추가요구할 수 없도록 약정하였다 하더라도 그러한 사실만으로는 이 사건 피분양권매매계약이 불공정한 법률행위에 해당되어 무효로 된다고 할 수는 없다.

4. 효과
§ 5-33 무효행위의 전환법리의 적용여부
❶ (§ 5-29 ❶) 대법원 2010. 7. 15. 선고 2009다50308 판결 【부당이득금반환】
……
3. 이 사건 매매대금액에 관한 원고 및 피고 2의 각 상고이유에 대한 판단
<매매계약이 약정된 매매대금의 과다로 말미암아 '불공정한 법률행위'에 해당하여 무효인 경우에도 무효행위의 전환에 관한 민법 제138조가 적용될 수 있는지 여부 (적극) (민법 제104조, 제138조)> 매매계약이 약정된 매매대금의 과다로 말미암아 민법 제104조에서 정하는 '불공정한 법률행위'에 해당하여 무효인 경우에도 무효행위의 전환에 관한 민법 제138조가 적용될 수 있다. 따라서 당사자 쌍방이 위와 같은 무효를 알았더라면 대금을 다른 액으로 정하여 매매계약에 합의하였을 것이라고 예외적으로 인정되는 경우에는, 그 대금액을 내용으로 하는 매매계약이 유효하게 성립한다고 할 것이다. 이때 당사자의 의사는 매매계약이 무효임을 계약 당시에 알았다면 의욕하였을 가정적(가정적) 효과의사로서, 당사자 본인이 계약 체결시와 같은 구체적 사정 아래 있다고 상정하는 경우에 거래관행을 고려하여 신의성실의 원칙에 비추어 결단하였을 바를 의미한다. 이와 같이 여기서는 어디까지나 당해 사

건의 제반 사정 아래서 각각의 당사자가 결단하였을 바가 탐구되어야 하는 것이므로, 계약 당시의 시가와 같은 객관적 지표는 그러한 가정적 의사의 인정에 있어서 하나의 참고자료로 삼을 수는 있을지언정 그것이 일응의 기준이 된다고도 쉽사리 말할 수 없다. 이와 같이 가정적 의사에 기한 계약의 성립 여부 및 그 내용을 발굴·구성하여 제시하게 되는 법원으로서는 그 '가정적 의사'를 함부로 추단하여 당사자가 의욕하지 아니하는 법률효과를 그에게 또는 그들에게 계약의 이름으로 불합리하게 강요하는 것이 되지 아니하도록 신중을 기하여야 한다.

원심은, 원고는 재건축사업의 수행을 위하여 이 사건 토지 중 이 사건 각 지분을 매수하는 것이 반드시 필요하고 피고들 역시 이제 이 사건 각 지분의 자신들 앞으로의 환원을 원하지 아니하는 점, 피고들은 당초 원고 조합원에 대한 보상가격인 평당 2,200만 원을 매매대금으로 요구하였고, 선행 2차소송의 제1심법원이 이 사건 각 지분 중 재건축사업에 필요한 면적인 각 7분의 0.1169 지분(약 1평)을 5,001만 원에 매도하는 내용의 조정결정을 하였음에 대하여 피고 2는 "평당 5,000만 원 선으로 조정하여 준 것에는 감사하나 다만 위 결정에서 장차 도로로 편입될 부분이 제외되어 응할 수 없다"는 취지로 이의신청을 한 점, 이 사건 각 지분을 매수하는 과정에서의 어려움은 기본적으로 재건축사업을 추진하는 원고가 부담하여야 하는 점 등 그 판시와 같은 사정을 종합하여, **<재건축사업부지에 포함된 토지에 대하여 재건축사업조합과 토지의 소유자가 체결한 매매계약이 매매대금의 과다로 말미암아 불공정한 법률행위에 해당하지만, 그 매매대금을 적정한 금액으로 감액하여 매매계약의 유효성을 인정한 사안** (민법 제104조, 제138조)> 이 사건 각 지분에 관한 매매대금은 평당 5,000만 원으로 계산한 641,500,000원(5,000만 원 × 12.83평)이 정당하고, 원고 및 피고들은 이 사건 매매계약에서 정한 매매대금이 무효일 경우 위 금액을 매매대금으로 하여 이 사건 매매계약을 유지하였을 것이라고 인정된다고 판단하였다.

기록을 살펴보면, 원심의 위와 같은 사실인정과 판단은, 이 사건 매매계약 중 '정당한 매매대금'을 초과하는 부분만이 무효라고 하거나 '정당한 매매대금'(이 표현은 이른바 '정당한 가격(iustum pretium)'의 이론, 즉 매매대금 기타 계약상의 대가는 계약목적물의 객관적 가치에 상응하여야 하고, 그렇지 아니한 계약은 그 이유만으로 그 효력이 제한된다는 주장을 연상시킨다. 위의 이론은 교회법 등에서 논의되었으나, 우리 법이 원칙적으로 그러한 법리를 채택하지 아니하였음은 명백하다)을 새로운 계약내용의 지표로 제시하는 등 그 이유제시에 있어서 부적절한 점이 없지 아니하나, 대체로 앞서 본 법리에 좇은 것으로 이해될 수 있고 또 그 결과도 굳이 수긍할 수 없다고는 말하기 어렵다. 거기에 원고와 피고 2의 각 상고이유의 주장과 같이 당사자의 가정적 의사에 관한 채증법칙 위반 또는 입증책임에 관한 법리오해 등의 위법이 있다고 할 수 없다.

제2절 의사표시

제1관 의사표시의 의의와 본질

§ 6-1 효과의사의 내용
❶ 대법원 2002. 6. 28. 선고 2002다23482 판결 【건물명도】

사실관계

乙은 1994. 5. 31. 임대주택업 등을 사업목적으로 하는 甲과의 사이에 甲의 X 아파트에 관하여 임대차보증금 3,300만 원, 월차임 113,000원, 임대차기간 입주일로부터 2년으로 정하는 임대차계약을 체결하였다. 위 임대차계약은 乙이 1996. 4. 29. 입주한 이후 1998. 4. 29. 만료되었는데, 甲은 위 임대차계약기간 동인 1999. 7.경 乙에게 같은 해 8.분부터 위 임대차보증금 및 차임을 각 5%씩 인상하므로 이를 납부하도록 최고하면서 만약 이를 납부하지 아니하는 경우에는 위 임대차계약이 해지될 수 있음을 통지하였다. 乙은 위와 같은 임대차보증금 및 차임 인상이 부당하다는 이유로 이에 불응하다 그 연체로 인한 해지를 피하고자 2000. 1.경 甲에게 그 인상된 임대차보증금 및 차임을 납부한 후, 위 임대차보증금 및 차임 인상이 무효라는 이유로 위 납부금액의 반환을 구하는 부당이득반환 소송을 제기하여 2000. 11. 1. 승소판결을 받고, 위 판결은 그 무렵 확정되었다. 그런데 甲은 위 패소판결 이후에도 경제사정에 따라 적절하게 인상된 임대보증금 및 차임의 액수 및 그 납부를 乙에게 통지하지 않다가 2000. 11. 22. 乙에게 X 아파트를 명도하여 달라고 통지하였다. 그러나 이 후에도 乙이 차임 및 관리비를 甲에게 납부하면서 X 아파트를 명도하지 않자, 甲은 1999. 7.경의 위 통지 외에 2000. 1. 3. 乙에게 같은 내용의 통지를 하였으므로 위 임대차계약은 위 해지통지에 따라 해지되었고, 설사 그렇지 않다고 하더라도 이는 乙과의 위 임대차계약을 갱신하지 않겠다는 통지를 한 것이 되므로, 위 임대차계약은 2000. 4. 29. 기간만료로 종료되었다고 주장하면서 X 아파트에 관한 임대차계약을 해지하고 건물명도를 구하는 소를 제기하였다.

판결이유

1. 원심판결의 요지
원심판결 이유에 의하면, 원심은 기초사실로서, 피고(을)는 1994. 5. 31. 임대주택업 등을 사업목적으로 하는 원고(갑)와의 사이에, 원고(갑)가 국민주택관리기금 지원을 받아 건축한 그 소유의 고○시 덕○구 화○동 ○○마을 1110동 408호 아파트

(이하 '이 사건 아파트'라 한다)에 관하여 임대차보증금 3,300만 원, 월차임 113,000원, 임대차기간 입주일로부터 2년으로 정하는 임대차계약을 체결한 사실, 위 임대차계약은 피고(을)가 1996. 4. 29. 입주한 이후 1998. 4. 29. 묵시적으로 갱신된 사실, 그런데 원고(갑)는 위 임대차계약기간 중인 1999. 7.경 피고(을)에게 같은 해 8.분부터 위 임대차보증금 및 차임을 각 5%씩 인상하므로 이를 납부하도록 최고하면서 만약 이를 납부하지 아니하는 경우에는 위 임대차계약이 해지될 수 있음을 통지한 사실, 피고(을)는 위와 같은 임대차보증금 및 차임 인상이 부당하다는 이유로 이에 불응하다 그 연체로 인한 해지를 피하고자 2000. 1.경 원고(갑)에게 그 인상된 임대차보증금 및 차임을 납부한 다음, 위 임대차보증금 및 차임 인상이 무효라는 이유로 위 납부금액의 반환을 구하는 부당이득반환 소송을 제기하여 2000. 11. 1. 승소판결을 받고 위 판결은 그 무렵 확정된 사실을 인정한 다음, 원고(갑)가 1999. 7.경의 위 통지 외에 2000. 1. 3. 피고(을)에게 같은 내용의 통지를 하였으므로 위 임대차계약은 위 해지통지에 따라 해지되었고, 가사 그렇지 않다고 하더라도 이는 피고(을)와의 위 임대차계약을 갱신하지 않겠다는 통지를 한 셈이 되어 위 임대차계약은 2000. 4. 29. 기간만료로 종료되었다는 원고(갑)의 주장에 대하여 원고(갑)의 임대차보증금 및 차임 인상통지는 피고(을)가 이에 동의하지 않는 한 임차인에게 불리한 약정으로서 그 효력이 없다 할 것인바, 채택 증거들에 의하면, 그 당시 피고(을)는 원고(갑)의 임대차보증금 및 차임의 일방적인 인상에 동의하지 않은 사실, 원고(갑)와 피고 사이에 당초 약정된 임대차보증금 및 차임은 다른 장기임대주택과 비교해 볼 때 현저히 높은 수준이어서 위와 같은 인상은 부적정한 사실, 그런데 원고(갑)는 위 패소판결 이후에도 경제사정에 따라 적절하게 인상된 임대보증금 및 차임의 액수 및 그 납부를 피고(을)에게 통지하지 않다가 2000. 11. 22. 피고(을)에게 이 사건 아파트를 명도하여 달라고 통지한 사실, 피고(을)는 현재까지 차임 및 관리비를 모두 원고(갑)에게 납부한 사실이 인정되는바, 위 인정 사실에 의하면, 위와 같이 피고(을)가 원고(갑)의 일방적인 임대차보증금 및 임대료 인상에 따르지 아니하였다고 하여 이를 이유로 위 임대차계약을 해지할 수 없다 할 것이고, 또한 위와 같이 인상된 임대차보증금 및 차임을 납부하지 않으면 계약갱신을 거절하겠다는 원고(갑)의 일방적인 통지 또한, 그 효력이 없고, 달리 원고(갑)가 별도로 위 임대차계약상 정해진 기간 내에 피고(을)에게 위 계약갱신 거절의 통지를 하였음을 인정할 아무런 증거가 없으므로, 결국 위 임대차계약은 2000. 4. 29. 전 임대차계약과 동일한 조건으로 묵시적으로 갱신되어 2002. 4. 29.까지 존속한다고 판단하여 원고(갑)의 이 사건 청구를 배척하였다.

2. 대법원의 판단

<처분문서에 나타난 당사자 의사의 해석방법 (민법 제105조)**>** 처분문서는 그 성립의 진정함이 인정되는 이상 법원은 그 기재 내용을 부인할 만한 분명하고도 수긍할

수 있는 반증이 없는 한 그 처분문서에 기재되어 있는 문언대로의 의사표시의 존재 및 내용을 인정하여야 하고, 당사자 사이에 계약의 해석을 둘러싸고 이견이 있어 처분문서에 나타난 당사자의 의사해석이 문제되는 경우에는 문언의 내용, 그와 같은 약정이 이루어진 동기와 경위, 약정에 의하여 달성하려는 목적, 당사자의 진정한 의사 등을 종합적으로 고찰하여 논리와 경험칙에 따라 합리적으로 해석하여야 하고, <표의자의 진정한 의사를 알 수 없는 경우, 의사표시의 요소가 되는 효과의사(=표시상의 효과의사) (민법 제105조)> 의사표시 해석에 있어서 당사자의 진정한 의사를 알 수 없다면, 의사표시의 요소가 되는 것은 표시행위로부터 추단되는 효과의사 즉, 표시상의 효과의사이고 표의자가 가지고 있던 내심적 효과의사가 아니므로, 당사자의 내심의 의사보다는 외부로 표시된 행위에 의하여 추단된 의사를 가지고 해석함이 상당하다(대법원 2002. 2. 26. 선고 2000다48265 판결 참조).

그리고 임대주택법 제3조는 임대주택의 건설·공급 및 관리에 관하여 이 법에서 정하지 아니한 사항에 대하여는 주택건설촉진법 및 주택임대차보호법을 적용한다고 규정하고, 주택임대차보호법 제6조 제1항은 임대인이 임대차기간 만료 전 6월부터 1월까지에 임차인에 대하여 갱신거절의 통지 또는 조건을 변경하지 아니하면 갱신하지 아니한다는 뜻의 통지를 하지 아니한 경우에는 그 기간이 만료된 때에 전임대차와 동일한 조건으로 다시 임대차한 것으로 본다고 규정하고 있다.

원심이 확정한 사실관계 및 기록에 의하면, <임대인이 임차인에 대하여 임대차계약 갱신거절의 의사표시를 하였다고 본 사례 (주택임대차보호법 제6조 제1항)> 원고(갑, 임대인)는 피고(을, 임차인)가 위 1999. 7.경의 통지에 따른 인상된 임대차보증금과 차임을 납부하지 아니하자 2000. 1. 3. 피고(을)에게 같은 달 7.까지 인상된 임대차보증금 및 차임을 납부한 후 새로운 임대차계약을 체결하되 만약 이를 납부하지 아니하면 위 임대차계약을 해지하고 이 사건 아파트의 명도절차를 진행하겠다고 통지한 사실이 인정되는바, 위와 같은 통지의 문언 및 원고(갑)가 그와 같은 통지를 하게 된 동기와 경위, 위 통지에 의하여 달성하려는 목적, 그리고 이 사건 아파트 임대차계약의 해지 및 명도절차 착수는 피고(을)와의 위 아파트 임대차계약의 갱신을 하지 아니함을 전제로 한다는 점 등을 고려할 때, 위 통지는 기존의 임대차계약 기간 중의 계약해지를 의미하는 외에 장차 이 사건 아파트에 대한 기존의 임대차계약상의 임대차보증금과 차임을 인상하는 것으로 그 계약조건을 변경하지 않으면 계약을 갱신하지 않겠다는 의사표시까지 포함된 것으로 해석하여야 할 것이고, 한편, <임대차계약 종료 후 재계약을 하거나 임대차계약 종료 전 당사자의 합의로 차임 등이 증액된 경우 주택임대차보호법 제7조의 적용 여부(소극)> 주택임대차보호법 제7조에서 "약정한 차임 또는 보증금이 임차주택에 관한 조세·공과금 기타 부담의 증감이나 경제사정의 변동으로 인하여 상당하지 아니하게 된 때에는 당사자는 장래에 대하여 그 증감을 청구할 수 있다. 그러나 증액의 경우에는 대통령령이 정하는 기준에 따른 비율을 초과하지 못한다."고 정하고 있기는 하나, 위 규정은 임대차계약의 존속중 당사자 일방이 약정한 차임 등의 증감을 청구한 때에 한하여 적용되고, 임대차계약이 종료된 후 재계약을 하거나 또는 임대차계약 종료 전이라도 당사자의 합의로 차임 등이 증액된 경우에는 적용되지 않는다고 할 것이므로(대법원 1993. 12. 7. 선고 93다30532 판결 참조), 위 통지 당시 그 임대차보증금 및 차임 인상분의 적정 여부는 원고(갑)의 이 사건 임대차계약 갱신거절의 의사표시 효력과는 아무런 관계가 없다 할 것이다.

결국, 원고(갑)가 피고(을)에게 그와 같은 내용의 통지를 한 이상 원고(갑)와 피고(을) 사이에 주택임대차보호법 제6조 제1항에서 정한 임대차계약의 묵시적 갱신이 이루어질 여지는 없게 되었다 할 것임에도 불구하고, 원심은 채증법칙에 위배하여 사실을 오인하였거나 주택임대차계약의 묵시적 갱신에 관한 법리를 오해한 나머지 원고와 피고 사이에 이 사건 아파트에 관한 임대차계약이 묵시적으로 갱신되었다고 잘못 판단하였다 할 것이고, 이는 판결 결과에 영향을 미쳤다 할 것이다.

제2관 흠 있는 의사표시

I. 진의 아닌 의사표시

1. 요건
1) 의사표시의 존재
§ 6-2 의사표시의 존재
❶ 대법원 1999. 2. 12. 선고 98다45744 판결 【손해배상(기)】

> **사실관계**
>
> 甲은 K 증권회사 직원인 乙의 조언과 권유에 따라 1992. 6. 12.부터 주식매매거래를 하면서 약간씩의 이득을 보게 되었고, 그리하여 甲의 부부와 乙의 부부가 서로 알게 되어 가족끼리 10여회 이상 식사를 같이 할 정도로 친밀하게 되었다. 甲은 이전에는 B의 조언과 권유에 따라 주식매매거래를 하였으나 크게 손실을 입었었다. 甲의 남편인 A는 甲이 주식매매거래를 위하여 약 1억 5천만 원을 투자한 것으로 알고 있었다. 그런데 乙이 甲의 거래계좌를 관리한 이후에도 그 손실이 회복되지 아니하여, 甲은 A로부터 질책받을 것이 두려운 나머지 乙에게 A에게 보여 그를 안심시키는 데에만 사용하겠다고 하면서 乙 명의의 각서를 작성하여 달라고 요청하였다. 乙은 甲과의 친분 및 거래관계상 甲의 요청을 거절하기가 어려워, 1994. 6. 10. "1992년부터 K 증권 진해지점에 투자해 온 4개 구좌를 관리해 오던 중 손실 폭이 워낙 큰 사실에 인지하며 앞으로 1994년도 중 이 구좌 금액에 대한 원전 보전과 최소한 1억 5천만 원을 본인 각서인이 책임지겠음"이라는 내용의 각서(각서 1)를 작성하여 甲에게 교부하였다. 乙은 甲이 1995. 3.경 위 이와 같은 내용의 각서(각서 1)만으로는 A가 안심을 하지 않는다고 하면서 좀 더 믿음이 가는 내용의 각서를 작성하여 달라고 요구하자, 1995. 3. 20. "하기 본인은 1992년부터 당사 K 증권 진해지점 근무 중 거래를 해오던 중 막대한 손실을 입혀 1995. 12. 31.까지 2억이 되도록 노력할 것이며 만약 2억이 안될 경우 본인이 모든 책임을 지도록 할 것임"이라는 내용의 각서(각서 2)를 작성하여 甲에게 교부하게 되었다. 그 후 다시 乙은 甲과 甲의 남동생으로부터 같은 취지의 요청을 받고 1995. 4. 8.에 "1995. 4. 8.자 A의 4개 구좌에 86,000,000원이 보관되어 있으며 향후 어떠한 일이 있더라도 본 원금은 보관인 乙이 책임지겠음"이라는 내용의 보관증을 작성하여 甲측에 교부하였다. 그런데 甲이 주식매매거래에 의하여 종전의 손실을 회복할 정도의 이득을 얻지 못하자, 위 각서 1과 2 및 보관증의 내용을 토대로 乙에 대하여 손해배상을 청구하는 소를 제기하였다.

판결이유

......

2. 제2점에 대하여

가. 원심은 ····· 그 인정 사실에 비추어 위 각서들과 보관증의 의미를 해석하면, 피고 유O진(을)이 원고(갑)에게, 남O수를 통하여 주식매매거래를 하면서 입은 그 손실을 회복하여 주지 못하였거나 오히려 그 손실을 확대한 것에 대하여 사과하고 앞으로는 그 손실을 회복할 수 있도록 최선을 다하겠다는 의미로 볼 수 있을 뿐이고, 원고(갑)가 주식매매거래로 인하여 입은 손해 금 200,000,000원이나 금 150,000,000원 또는 금 86,000,000원을 배상하기로 약정하였다고 보기에 부족하고, 설사 피고 유O진(을)이 위와 같은 내용이 기재된 갑 제1호증의 1, 2, 갑 제13호증을 각 작성하여 원고(갑)에게 교부함으로써 유O진(을)지진이 관리하는 동안 입은 손실 액수에 비추어 그 손해배상의 의사표시는 진의 아닌 의사표시이고 상대방인 원고(갑)도 진의 아닌 의사표시라는 점을 알고 있어 무효라고 볼 수밖에 없다며 원고(갑)의 손해배상 약정의 주장을 배척하였다.

나. <처분문서에 나타난 의사표시의 해석 방법 (민법 제105조)> 법원이 진정성립이 인정되는 처분문서를 해석함에 있어서는 먼저 특별한 사정이 없는 한 그 처분문서에 기재되어 있는 문언에 따라 당사자의 의사표시가 있었던 것으로 객관적으로 해석하여야 하고, 다만 그 처분문서의 기재 내용과 다른 특별한 명시적, 묵시적 약정이 있는 사실이 인정될 경우에 그 기재 내용의 일부를 달리 인정하거나 작성자의 법률행위를 해석함에 있어서 경험칙과 논리법칙에 어긋나지 아니하는 범위 내에서 자유로운 심증으로 판단할 수 있을 뿐이다.

그런데 <증권회사 직원 을이 증권투자로 인한 고객 갑의 손해에 대하여 책임을 지겠다는 내용의 각서를 작성해 준 사안의 경우 (민법 제105조, 제107조 제1항)> 처분문서인 위 갑 제1호증의 1, 2와 갑 제13호증에 기재된 문언의 내용이나 원심이 적법하게 인정하고 있는 피고 유O진(을)이 원고(갑)에게 위 각서 등을 작성하여 준 동기 등을 종합적으로 고찰하여 보면, 위 각서 등에 나타나 있는 피고 유O진(을)의 의사표시가 원심 판시와 같이 원고(갑)에게, 소외 남O수를 통하여 주식매매거래를 하면서 입은 손실을 회복하여 주지 못하였거나 오히려 그 손실을 확대한 것에 사과하고, 앞으로는 그 손실을 회복할 수 있도록 최선을 다하겠다는 뜻이라고 해석하는 것은 각서 등의 객관적인 문언에 반할 뿐 아니라 경험칙과 논리법칙에 어긋나는 해석이라고 할 것이다. 오히려 위 각서 등에 기재되어 있는 문언에 따르면, 피고 유O진(을)은 원고에게 원고(갑)가 그동안 증권투자를 하면서 입은 손해에 대하여 자신이 책임을 지겠다는 의사만이 추단될 뿐이다. 사정이 이러함에도 원심이 위 각서 등의 의미를 해석함에 있어서 처분문서의 문언에 나와 있지도 아니하고 기록상 나타난 피고 유O진(을)이 위와 같은 각서 등을 작성하게 된 경위를 살펴보아도 그 의사가 추단되지도 아니하는 위와 같은 의미로 위 각서 등을 해석한 조치에는 처분문서를 해석함에 있어서 잘못을 저지른 위법이 있다고 하지 아니할 수 없다.

그러나 기록에 나타나 있는 피고 유O진(을)이 원고(갑) 등에게 위 각서 등을 작성하여 준 동기 등을 종합적으로 고찰하여 보면, 피고 유O진(을)은 원고(갑) 등으로부터 원고(갑)의 남편인 최O식(A)이 주식투자로 인하여 많은 손실을 본 것에 대하여 원고(갑)를 질책할 것을 두려워 한 나머지 최O식(A)에게 보여 그를 안심시키는 데에만 사용하겠다고 하면서 피고 유O진(을) 명의의 각서를 작성하여 달라는 부탁을 받고, 부득이 원고(갑)와의 친분 및 거래관계상 원고(갑)의 부탁을 거절하기가 어려운 입장에서 위와 같은 각서 등을 작성하게 된 것으로 보이는바, 그렇다면 피고 유지O진(을)의 이와 같은 의사표시는 진의 아닌 의사표시이고 상대방인 원고(갑)도 진의 아닌 의사표시라는 점을 알고 있어 무효라고 할 것이어서 원고의 이 부분에 관한 청구는 어차피 배척될 것이 분명한데, 원심이 그 가정적인 판단에서 위와 같은 취지로 원고의 청구를 배척한 이상 원심의 위와 같은 잘못은 판결 결과에 영향이 없다 할 것이다.

2) 진의와 표시의 불일치

§ 6-3 진의와 표시의 불일치

❶ **대법원 2005. 9. 9. 선고 2005다34407 판결 【해고무효확인】**
(대법원 2000. 4. 25. 선고 99다34475 판결; 대법원 1993. 7. 16. 선고 92다41528, 41535 (병합) 판결; 대법원 1991. 7. 12. 선고 90다11554 판결; 대법원 2001. 1. 19. 선고 2000다51919, 51926 판결)

사실관계

甲은 乙(한국마사회)의 직원으로 근무하였는데, 乙은 경영여건을 개선하고 정부의 지시에 부응하기 위하여 노동조합과 사전협의를 거쳐 희망퇴직자들에게 주택자금의 상환을 유예하고 퇴직위로금 재원을 조성하여 이를 지급하는 등 배려방안을 마련하고 희망퇴직제를 실시하기로 결정한 뒤 직원들에게 희망퇴직 여부를 물었다. 이 과정에서 乙은 노동조합과 협의하여 노사합의에 따른 고용조정기준 마련하였으며, 그 고용조정기준에 따라 3년간의 근무성적평정이 동일 직급 내에서 최하위인 甲을 희망퇴직 대상자로 선정하였다. 이에 甲은 퇴직대상자 선정에 관하여 乙 회사의 인사계장에게 항의하였으나 효과가 없자 장래 퇴직가산금 추가 지급사유가 발생할 경우 이를 지급받기로 하는 외에 달리 이의를 보류하거나 조건을 제시함이 없이 희망퇴직원을 제출하였고, 乙은 이를 수리하여 甲을 면직처분하였다. 또한 甲은 乙로부터 퇴직금과 희망퇴직가산금 및 창업재취업교육비를, 노동조합으로부터 퇴직위로금을 아무런 이의 없이 수령하였으며, 면직처분이 있은 뒤에도 즉시 노동위원회 등에 불복신청을 하지 않았다. 그런데 퇴직을 후회한 甲은 퇴직원을 제출한 것이 진정으로 바라지 않은 상태에서 이루어졌으므로 비진의표시에 해당한다고 주장하면서 해고무효확인의 소를 제기하였다.

판결이유

<사용자의 의원면직처분이 해고에 해당하는지 여부의 판단 기준 (민법 제107조 제1항; 근로기준법 제30조)> 사용자가 근로자로부터 사직서를 제출받고 이를 수리하는 의원면직의 형식을 취하여 근로계약관계를 종료시킨 경우, 사직의 의사 없는 근로자로 하여금 어쩔 수 없이 사직서를 작성·제출케 하였다면 실질적으로 사용자의 일방적인 의사에 의하여 근로계약관계를 종료시키는 것이어서 해고에 해당한다고 할 것이나, 그렇지 않은 경우에는 사용자가 사직서 제출에 따른 사직의 의사표시를 수락함으로써 사용자와 근로자의 근로계약관계는 합의해지에 의하여 종료되는 것이므로 사용자의 의원면직처분을 해고라고 볼 수 없고(대법원 2003. 4. 11. 선고 2002다60528 판결 참조), *<진의 아닌 의사표시에 있어서의 '진의'의 의미 및 표의자가 의사표시의 내용을 진정으로 바라지는 아니하였으나 그것을 최선이라고 판단하여 의사표시를 한 경우, 진의 아닌 의사표시에 해당하는지 여부(소극)* (민법 제107조 제1항)> 진의 아닌 의사표시에 있어서의 '진의'란 특정한 내용의 의사표시를 하고자 하는 표의자의 생각을 말하는 것이지, 표의자가 진정으로 마음속에서 바라는 사항을 뜻하는 것은 아니므로, 표의자가 의사표시의 내용을 진정으로 마음속에서 바라지는 아니하였다고 하더라도 당시의 상황에서는 그것이 최선이라고 판단하여 그 의사표시를 하였을 경우에는 이를 내심의 효과의사가 결여된 진의 아닌 의사표시라고 할 수 없다(대법원 2003. 4. 25. 선고 2002다11458 판결 참조).

원심은 그 판시와 같은 사실을 인정하고 나서, 피고*(을)*는 경영여건을 개선하고 정부의 지시에 부응하기 위하여 노동조합과 사전협의를 거쳐 희망퇴직자들에게 주택자금의 상환을 유예하고 퇴직위로금 재원을 조성하여 이를 지급하는 등 배려방안을 마련하고 희망퇴직제를 실시하기로 한 뒤 원고들*(갑)*에게 희망퇴직 의사를 물어 원고들*(갑)*의 명시적인 퇴직의사에 기하여 면직처분을 한 점, 그 과정에서 노동조합과 협의하여 마련한 고용조정기준에 따라 원고들*(갑)*을 희망퇴직 대상자로 선정한 점, 원고들*(갑)*은 3년간의 근무성적평정이 동일 직급 내에서 최하위여서 당시 1998. 11. 16.자 노사합의에 따른 고용조정기준에 부합하였던 점, 원고들*(갑)*은 퇴직대상자 선정에 관하여 피고*(을)* 인사계장에게 항의하였으나 효과가 없자 장래 퇴직가산금 추가 지급사유가 발생할 경우 이를 지급받기로 하는 외에 달리 이의를 보류하거나 조건을 제시함이 없이 희망퇴직원을 제출하고 피고*(을)*로부터 퇴직금과 희망퇴직가산금 및 창업재취업교육비를, 노동조합으로부터 퇴직위로금을 아무런 이의 없이 수령하였으며, 면직처분이 있은 뒤에도 즉시 노동위원회 등에 불복신청을 하지 아니하고 그때로부터 약 2년 10개월이 경과한 후에야 비로소 위 면직처분의 무효확인을 구하는 이 사건 소를 제기한 점 등 원고들(갑)에 대한 면직처분 전후의 사정에 비추어 보면, <사안의 경우 (민법 제107조 제1항)> 원고들(갑)이 당시 희망퇴직의 권고를 선뜻 받아들일 수는 없었다고 할지라도 그 당시의 국내 경제상황, 피고의 구조조정계획, 피고(을)가 제시하는 희망퇴직의 조건, 퇴직할 경우와 계속 근무할 경우에 있어서의 이해관계 등을 종합적으로 고려하여, 심사숙고한 결과 당시의 상황으로는 희망퇴직을 하는 것이 최선이라고 판단하여 본인의 의사에 기하여 희망퇴직신청원을 제출한 것이라고 봄이 상당하다 할 것이므로, 원고들(갑)의 희망퇴직신청이 피고(을)의 강요에 의하여 어쩔 수 없이 내심의 의사와 다르게 이루어진 것이라고 할 수는 없고, 따라서 원고들(갑)과 피고(을) 사이의 근로관계는 원고들이 피고의 권유에 따라 희망퇴직의 의사표시를 하고 피고가 이를 받아들임으로써 유효하게 합의해지 되었다고 판단하였다.

위에서 본 법리에다가 기록에 의하여 살펴보면, 원심의 위와 같은 사실 인정과 판단은 모두 수긍할 수 있고, 거기에 상고이유의 주장과 같은 채증법칙 위배, 법리오해 등의 위법이 없으며, 상고이유로 들고 있는 대법원판례들은 모두 쟁점과 사안이 다른 이 사건에서 원용하기 적절하지 아니하다.

❷ 대법원 2003. 4. 25. 선고 2002다11458 판결 【의원면직무효확인등】

사실관계

甲은 대학졸업 후 乙(농업협동조합중앙회)에 입사하여 근무하고 있는데, 乙은 외환위기로 인하여 인력구조조정의 일환으로 乙 소속의 '구조조정비상대책회의'가 명예퇴직제도와 순환명령휴직제도를 실시하기로 결정하고, 명예퇴직자의 처리방법 및 순환명령휴직 대상자의 선정기준을 정하여 직원들에게 통지하였다. 甲은 자신의 과거의 비위사실로 인하여 이러한 기준에 해당하여 자신이 순환명령휴직 대상자에 선정될 것을 예상하고 그와 같은 경우 휴직기간 경과 후 복직이 이루어지지 아니할 것을 우려한 나머지 乙에게 명예퇴직을 신청하는 내용의 사직원을 제출하였다. 그런데 甲은 자신의 비위사실에 관하여 대통령의 사면이 있었고, 이처럼 사면을 받은 자는 노사합의에 의하여 명예퇴직의 대상에서 제외하기로 결정되자 이미 제출한 사직원의 반환을 요청하였다. 그러나 乙은 이에 응하지 않고 甲의 사직원을 수리하여 퇴직처리가 이루어졌다. 이에 甲은 사직원을 제출한 것이 진정으로 명예퇴직을 바라지 않은 상태에서 이루어진 것이라고 주장하면서 명예퇴직무효확인의 소를 제기하였다.

판결이유

1. 상고이유를 판단한다.

가. 상고이유 제2점에 대하여

<진의 아닌 의사표시에 있어서의 '진의'의 의미 및 표의자가 의사표시의 내용을 진정으로 바라지는 아니하였으나 그것을 최선이라고 판단하여 의사표시를 한 경우, 진의 아닌 의사표시에 해당하는지 여부(소극) *(민법 제107조 제1항)*> 진의 아닌 의사표시에 있어서의 '진의'란 특정한 내용의 의사표시를 하고자 하는 표의자의 생각을 말하는 것이지, 표의자가 진정으로 마음 속에서 바라는 사항을 뜻하는 것은 아니므로, 표의자가 의사표시의 내용을 진정으로 마음 속에서 바라지는 아니하였다고 하더라도 당시의 상황에서는 그것이 최선이라고 판단하여 그 의사표시를 하였을 경우에는 이를 내심의 효과의사가 결여된 진의 아닌 의사표시라고 할 수 없다 할 것이다(대법원 2000. 4. 25. 선고 99다34475 판결, 2001. 1. 19. 선고 2000다51919, 51926 판결 등 참조).

원심은, 피고 소속의 '구조조정비상대책회의'가 1999. 1.경 인력구조조정의 일환으로 명예퇴직제도와 함께 순환명령휴직제도를 실시하기로 결정하면서 순환명령휴직 대상자를 선정하기 위하여 기준을 정하였는바, 위 기준에 해당하여 내부적으로 순환명령휴직 대상자로 선정된 원고(갑)가 위 명예퇴직제도 및 순환명령휴직제도의 실시에 즈음하여 1999. 1. 15. 명예퇴직을 신청한다는 내용의 이 사건 사직원을 제출한 것은, 진정으로 마음속에서 명예퇴직을 바란 것은 아니라 할지라도 그 당시 상황에서 명예퇴직을 하는 것이 최선이라고 판단하여 스스로의 의사에 기하여 이 사건 사직원을 제출한 것이라고 봄이 상당하다고 판단하였다.

원심판결의 이유를 위 법리 및 기록과 대조하여 살펴보면, 원심의 사실인정과 판단은 정당한 것으로 수긍이 가고, 거기에 상고이유에서 주장하는 바와 같은 진의 아닌 퇴직의 의사표시에 관한 법리를 오해한 위법이 있다고 할 수 없다.

나. 상고이유 제1점에 대하여

원심은, 위와 같이 원고(갑)가 1999. 1. 15. 피고(을)에게 명예퇴직을 신청하는 내용의 사직원을 제출한 다음 피고(을)가 원고(갑)를 의원해직한다는 인사발령을 통보하기 이전인 같은 해 1. 22. 위 명예퇴직 신청의 의사를 철회한 사실을 인정하면서도, 사직의 의사표시는 특별한 사정이 없는 한 당해 근로계약을 종료시키는 취지의 해약고지라는 전제 아래 변론에 나타난 이 사건 사직원의 기재 내용, 사직원 작성·제출의 동기 및 경위, 사직 의사표시 철회의 동기 기타 여러 사정을 참작하면 원고(갑)의 위 사직원 제출은 원칙적 형태로서의 근로계약의 해지를 통고한 것이라고 볼 것이지 근로계약의 합의해지를 청약한 것으로 볼 것은 아니며, 이와 같은 경우 사직의 의사표시가 피고(을)에게 도달한 이상 원고(갑)로서는 피고(을)의 동의 없이는 비록 민법 제660조 제3항 소정의 기간이 경과하기 전이라 하여도 사직의 의사표시를 철회할 수 없다는 취지로 판단하였다.

그러나 원심의 위와 같은 판단은 아래와 같은 이유로 수긍하기 어렵다.

기록에 의하면, 피고(을)가 구조조정의 일환으로 일정한 사유가 있는 자를 순환명령휴직 대상자로 선정하고 그 대상자가 명예퇴직을 신청하는 경우에는 이를 모두 받아들이기로 내부적인 결정이었다고 하더라도, 외부적으로는 일정한 경력이 있는 근로자 전원에 대하여 명예퇴직을 신청할 수 있고 그 명예퇴직신청자 가운데 결격 사유가 있는 자를 유보한 후 고등인사위원회의 의결을 거쳐 명예퇴직대상자를 정하기로 방침을 정하고 소속 근로자들에게 이를 고지한 후 이 사건 명예퇴직 신청을 받은 사실, 원고(갑)는 자신이 순환명령휴직 대상자에 선정될 것을 예상하고 그와 같은 경우 휴직기간 경과 후 복직이 이루어지지 아니할 것을 우려한 나머지 피고(을)에게 명예퇴직을 허락하여 달라는 내용이 기재된 이 사건 사직원을 작성하여 제출하였을 뿐 피고로부터 원고(갑)가 순환명령휴직 대상자로 선정되었다는 이유로 명예퇴직을 종용받아 위 사직원을 제출한 것은 아닌 사실, 이 사건 명예퇴직 신청이 마감된 후 피고(을)는 원래 순환명령휴직 대상에 해당되어 명예퇴직신청을 받은 자 가운데 대통령 사면을 받은 자 107명에 대하여 사면 전의 징계사유를 들어 순환명령휴직 대상자에 포함시키는 것은 대통령의 사면권에 대한 도전이라는 비판이 일자 노사합의에 의하여 위 107명을 명예퇴직의 대상에서 제외하기로 결정하여 해당 명예퇴직신청서를 반환하여 준 사실을 인정할 수 있는바, 위와 같이 변론에 나타난 이 사건 사직원의 기재 내용, 사직원 작성·제출의 동기 및 경위, 사직원 제출 이후의 사정 기타 여러 사정을 참작하면, <**명예퇴직신청의 법적 성질 및 명예퇴직 신청 후 사용자의 승낙이 있기 전에 근로자가 임의로 그 의사표시를 철회할 수 있는지 여부(적극)** (민법 제105조, 제527조, 제543조, 제660조)> 원고(갑)가 이 사건 사직원에 의하여 신청한 명예퇴직은 근로자가 명예퇴직의 신청(청약)을 하면 사용자가 요건을 심사한 후 이를 승인(승낙)함으로써 합의에 의하여 근로관계를 종료시키는 것으로, 명예퇴직의 신청은 근로계약에 대한 합의해지의 청약에 불과하여 이에 대한 사용자의 승낙이 있어 근로계약이 합의해지되기 전에는 근로자가 임의로 그 청약의 의사표시를 철회할 수 있다 할 것이다(대법원 2000. 7. 7. 선고 98다42172 판결, 2002. 8. 23. 선고 2000다60890, 60906 판결 등 참조).

그럼에도 불구하고, 원심은 원고(갑)가 이 사건 사직원에 의한 명예퇴직의 신청을 근로계약에 대한 합의해지의 청약이 아닌 해약고지로 보아 피고(을)에게 그 신청의 사가 도달한 이후에는 그 의사를 철회할 수 없다고 판단하였는바, 이러한 원심판결에는 명예퇴직 신청의사의 법적 성질과 그 의사의 철회에 관한 법리를 오해함으로써 판결 결과에 영향을 미친 위법이 있다고 하지 않을 수 없고, 이 점을 지적하는 상고이유의 주장은 정당하다.

2. 효과
§ 6-4 배임적 대리행위와 민법 제107조 제1항 단서의 유추적용

❶ 대법원 2006. 3. 24. 선고 2005다48253 판결 【보험금】
(대법원 2004. 2. 26. 선고 2003다59662 판결)

1. 상고이유 제1, 2점에 대하여
<**배임적 대리행위에 대한 민법 제107조 제1항 단서의 유추적용 여부(적극) 및 상대방의 악의·과실 여부의 판단 기준** (민법 제107조 1항, 제116조)> 진의 아닌 의사표시가 대리인에 의하여 이루어지고, 그 대리인의 진의가 본인의 이익이나 의사에 반하여 자기 또는 제3자의 이익을 위한 배임적인 것임을 그 상대방이 알았거나 알 수 있었을 경우에는, 민법 제107조 제1항 단서의 유추해석상 그 대리인의 행위에 대하여 본인은 아무런 책임을 지지 않는다고 보아야 하고, 그 상대방이 대리인의 표시의사가 진의 아님을 알았거나 알 수 있었는가의 여부는 표의자인 대리인과 상대방 사이에 있었던 의사표시 형성과정과 그 내용 및 그로 인하여 나타나는 효과 등을 객관적인 사정에 따라 합리적으로 판단하여야 한다(대법원 1999. 1. 15. 선고 98다39602 판결, 2004. 2. 26. 선고 2003다59662 판결 등 참조).
원심은, 그 채용 증거들에 의하여 피고회사의 직원이던 소외인이 피고회사를 대리하여 원고들과 보험계약을 체결할 의사가 없음에도 불구하고 보험계약 체결을 빙자하여 원고들로부터 보험료 명목으로 금원을 교부받아 이를 임의로 사용한 사실을 인정한 다음, 소외인의 원고들에 대한 보험계약 체결의 의사표시는 피고회사의 이익과 의사에 반하여 자신의 이익을 위하여 이루어진 진의 아닌 의사표시에 해당하고, 그 판시와 같은 사정들에 비추어 보면 원고들이 통상의 주의를 기울였다면, 소외인의 보험계약 체결의 의사표시가 진의가 아니라는 것을 알 수 있었다고 봄이 상당하다는 이유로, 원고들과 피고회사 사이에 이 사건 보험계약이 성립되었다고 볼 수 없다고 판단하였다.
앞서 본 법리와 기록에 비추어 살펴보면, 원심의 증거취사와 사실인정 및 판단은 수긍이 가고, 거기에 상고이유로 주장하는 바와 같은 채증법칙 위배나 비진의 의사표시에 관한 법리오해 등의 위법이 없다.

3. 적용범위
§ 6-5 비진의 의사표시 무효규정의 공법행위에의 적용
❶ 대법원 2000. 11. 선고 14. 선고 99두5481 판결 【예치금반환】

사실관계

甲은 1970. 8. 20. 부산광역시의 지방행정서기보로 임용된 후 1973. 5. 1. 병무청으로 전출되어 경북지방병무청에서 근무하던 1980. 8. 11. 병무청장에 의하여 의원면직되었다. 甲에 대한

위 의원면직은 1980. 6. 15. 경부터 국가보위비상대책위원회가 사회정화분과위원회를 통하여 입안한 이른바 '공직자 숙청계획'에 따라 甲이 근무하던 경북지방병무청에서도 같은 해 7.초경 공무원 전원의 일괄사표를 제출받은 후 그 중 일부를 선별 수리함으로써 이루어진 것이다. 한편 공직자 숙청을 주도한 전OO 등이 한 1979. 12. 12. 이후의 일련의 사태에 대하여는 내란죄 등의 유죄확정판결이 내려졌는데, 그 중 공무원숙청은 전OO 등이 범한 범죄 중 내란죄를 구성하는 폭동의 한 사실로서 인정되었다. 그 후 甲은 1989. 3. 29. 법률 제4101호로 공포된 1980년 해직공무원의 보상 등에 관한 특별조치법(이하 특별조치법) 제4조 규정에 의하여 1989. 12. 1. 병무청장에 의하여 특별 채용되었다. 그러나 甲은 특별조치법에 의하여 특별채용형식으로 복직되었다 하더라도 甲에 대한 위 면직처분은 위 전OO 등의 내란행위인 폭동과정에서 공무원숙청이라는 이름 아래 강제해직조치라는 강압에 의하여 제출된 사표에 기한 것으로서, 甲에게는 사직할 의사가 없었기 때문에 비진의 의사표시로서 당연무효임을 전제로 乙로서는 甲에게 면직을 전제로 하지 않은 호봉을 획정하여야 함에도 乙이 이에 이르지 않고 甲에게 8급 8봉만을 획정한 것은 그 하자가 중대하고 명백하여 당연무효라고 주장하면서 면직무효확인의 소를 제기하였다.

판결이유

1. 무효등확인소송에 준용되는 행정소송법 제13조 제1항은 "취소소송은 다른 법률에 특별한 규정이 없는 한 그 처분 등을 행한 행정청을 피고로 한다. 다만, 처분 등이 있은 뒤에 그 처분 등에 관계되는 권한이 다른 행정청에 승계된 때에는 이를 승계한 행정청을 피고로 한다."고 규정하고 있고, 여기서 '그 처분 등에 관계되는 권한이 다른 행정청에 승계된 때'라고 함은 처분 등이 있은 뒤에 행정기구의 개혁, 행정주체의 합병·분리 등에 의하여 처분청의 당해 권한이 타 행정청에 승계된 경우뿐만 아니라, 처분 등의 상대방인 사인의 지위나 주소의 변경 등에 의하여 변경 전의 처분 등에 관한 행정청의 관할이 이전된 경우 등을 말한다고 할 것이다.

원심은, 원고(갑)의 주위적 청구 중 이 사건 면직처분 및 1989. 12. 1.자 호봉획정처분, 1990. 7. 1.자, 1991. 7. 1.자, 1992. 7. 1.자, 1993. 7. 1.자, 1994. 7. 1.자, 1995. 7. 1.자, 1996. 1. 1.자 각 승급처분에 대한 무효확인을 구하는 부분은 위 각 처분들이 피고(을)가 아닌 병무청장이 행한 처분으로서 병무청장의 권한이 위 각 처분 이후 피고(을)에게 승계되었다고 볼 수 없으므로 피고(을)에게 피고적격이 없어 부적법하다는 이유로 이를 각 각하하였다.

이 사건 면직처분에 대하여는 그 성질상 원고(갑)에 대한 현재의 임용권자인 피고(을)에게 그 처분에 관한 권한이 승계될 수 없음이 분명하므로 같은 취지의 원심의 판단은 정당하다고 할 것이지만, 공무원보수규정에 의하면, 호봉획정 및 승급은 법령의 규정에 의한 임용권자(임용에 관한 권한이 법령의 규정에 의하여 위임 또는 위탁된 경우에는 위임 또는 위탁을 받은 자를 말한다) 또는 임용제청권자가 이를 시행하도록 되어 있고(위 규정 제7조), 호봉의 획정 또는 승급이 잘못된 때에는 당해 공무원의 현재의 호봉획정 및 승급시행권자가 그 잘못된 호봉발령일자로 소급하여 호봉을 정정하도록 규정하고 있으므로(위 규정 제18조 제1항, 제2항), 병무청장이 행한 위 호봉획정처분 및 각 승급처분에 대한 정정권한은 현재의 임용권자인 피고(을)에게 승계되었다고 보아야 할 것이니, 원심이 이와 달리 위 호봉획정처분 및 각 승급처분에 관한 병무청장의 권한이 피고에게 승계되었다고 볼 수 없다고 판단한 것은 공무원에 대한 임용권 승계에 관한 법리를 오해한 위법을 범하였다고 할 것이다.

그러나 원고(갑)가 피고(을)를 상대로 위 호봉획정처분 및 각 호봉승급처분의 정정을 구하지 아니하고 단지 과거의 법률관계인 위 각 처분의 무효확인을 구하는 것은 원고(갑)의 권리구제에 유효적절한 수단이 될 수 없으므로 소의 이익이 없어 부적법하다고 할 것이므로, 원심이 병무청장이 행한 위 각 처분의 무효확인을 구하는 부분의 소를 부적법한 것으로 보아 각하한 조치는 결론에 있어 정당하고, 이 점에 대한 상고이유의 주장은 받아들일 수 없다.

2. 원심판결 이유에 의하면, 원심은, 원고(갑)가 제출한 사직원은 그의 의사에 의한 것이 아니라 전OO 등의 내란행위인 폭동과정에서 공무원숙정이라는 이름 아래 강제해직을 위한 강압에 의하여 의사결정의 자유를 박탈당한 상태에서 이루어진 것이고, 원고는 그 당시 사직의 진정한 의사가 없었을 뿐만 아니라 수리기관도 원고에게 사직의 의사가 없음을 알면서 이를 수리한 것이므로 원고에 대한 이 사건 의원면직처분은 무효라는 주장에 대하여, **<사안에서 민법상 비진의 의사표시의 무효에 관한 규정의 적용범위** (국가공무원법 제68조: 민법 제107조: 행정소송법 제1조)> 이른바 1980년의 공직자숙정계획의 입안과 실행이 전두환 등이 한 내란행위를 구성하는 폭동의 일환에 해당한다는 점만으로 원고(갑)의 사직원 제출행위가 강압에 의하여 의사결정의 자유를 박탈당한 상태에서 이루어진 것이라고 할 수는 없고, 원고(갑)가 제출한 모든 증거에 의하여도 이를 인정하기에 부족하며, 원고(갑)가 그 주장과 같이 일괄사표를 제출하였다가 선별수리하는 형식으로 의원면직되었다고 하더라도 공무원들이 임용권자 앞으로 일괄사표를 제출한 경우 그 사직원의 제출은 제출 당시 임용권자에 의하여 수리 또는 반려 중 어느 하나의 방법으로 처리되리라는 예측이 가능한 상태에서 이루어 진 것으로서 그 사직원에 따른 의원면직은 그 의사에 반하지 아니하고, 비록 사직원제출자의 내심의 의사가 사직할 뜻이 아니었다 하더라도 그 의사가 외부에 객관적으로 표시된 이상 그 의사는 표시된 대로 효력을 발하는 것이며, 민법 제107조 제1항 단서의 비진의 의사표시의 무효에 관한 규정은 그 성질상 사인의 공법행위에 적용되지 아니하므로 원고(갑)의 사직원을 받아들여 원고(갑)를 의원면직처분한 것을 당연무효라고 할 수 없다고 판단하였다.

II. 허위표시

1. 의의

§ 6-6 허위표시의 의의
❶ 대법원 2002. 3. 12. 선고 2000다24184,24191 판결 【임대차보증금·건물명도】

> **사실관계**

甲1(서○숙)은 A(오○규)를 대리한 B(오○황)와 사이에 1997. 8. 14. A가 건축주로 되어 있는 미등기의 X 건물(다가구용 단독주택)의 3층을 임차보증금 1억 원, 임차기간을 1997. 8. 18.부터 12개월로 정하여 임차하기로 하는 임대차계약과, 甲2(황○자)의 승낙하에 甲의 명의로 X 건물 1층 4가구를 임차보증금 1억 8천만 원, 임차기간은 정함이 없이 임차하기로 하는 임대차계약을 각 체결하면서, 위 임차보증금 합계 금 2억 8천만 원은 甲1의 B에 대한 종래의 대여금 채권으로 대체하기로 약정하였다. 甲1과 甲2는 1997. 8. 16. X 건물로 그 주민등록 전입신고를 각 마치고, 甲1은 같은 달 18.경 B로부터 X 건물 3층과 1층 4가구의 열쇠를 건네받아 甲1이 X 건물의 3층을, 甲2가 그 1층을 각 점유하고 있었다. 한편 乙은 1997. 8.경 X 건물 및 그 대지를 A로부터 매수하여 같은 해 9. 5. 대지에 관한 소유권이전등기를 경료받고, 같은 달 9. 미완공인 X 건물에 대한 건축주 명의를 A로부터 乙 명의로 변경하는 절차를 마쳤다. 그런데 甲1과 B의 채권채무관계가 이미 존재하였고, 甲1이 위 임대차계약을 체결한 동기 및 경위, 당시의 정황, 乙이 X 건물을 매수할 당시의 상황 등에 비추어볼 때, 甲1과 甲2가 임대차계약을 체결하고 이를 인도받은 목적은 단지 주택임대차보호법에 따라 대항력을 취득하는 방법으로 甲1의 B에 대한 채권을 담보하기 위하여 외견상 주택임대차보호법에서 정한 임대차계약의 체결과 주택의 인도라는 형식만을 갖추기 위한 데 있을 뿐 실제로 주택의 사용·수익을 위한 것이 아니었다. 그럼에도 불구하고 甲1과 甲2는 위 임대차계약으로 주택임대차보호법 제3조 제2항에서 말하는 임대주택의 양수인인 乙에게 대항할 수 있다고 주장하고, 주택임대차보호법 소정의 대항력 있는 임차인임을 전제로 임차주택의 양수인인 乙에게 임차주택의 명도와 동시에 임차보증금의 반환을 청구하는 소를 제기하였다.

> **판결이유**

1. 본소청구에 관한 부분에 대하여
<가장 임대차의 주택임대차보호법상의 대항력 유무(소극) (민법 제108조, 제618조; 주택임대차보호법 제3조)> 임대차는 임차인으로 하여금 목적물을 사용·수익하게 하는 것이 계약의 기본 내용이므로(민법 제618조 참조), 채권자가 주택임대차보호법상의 대항력을 취득하는 방법으로 기존 채권을 우선변제 받을 목적으로 주택임대차계약

의 형식을 빌려 기존 채권을 임대차보증금으로 하기로 하고 주택의 인도와 주민등록을 마침으로써 주택임대차로서의 대항력을 취득한 것처럼 외관을 만들었을 뿐, 실제 주택을 주거용으로 사용·수익할 목적을 갖지 아니한 계약은 주택임대차계약으로서는 통정허위표시에 해당되어 무효라고 할 것이다.

원심은, 원고(반소피고, 이하 '원고'라고 한다)들이 주택임대차보호법 소정의 대항력 있는 임차인임을 전제로 임차주택의 양수인인 피고(반소원고, 이하 '피고'라고 한다)들에게 임차주택의 명도와 동시에 임차보증금의 반환을 구하는 이 사건 본소청구에 대하여 그 채용 증거에 의하여 원고 서○숙(갑1)은 소외 오○규(A)를 대리한 소외 오○환(B)과 사이에 1997. 8. 14. 위 오○규(A)가 건축주로 되어 있는 그 판시 미등기의 다가구용 단독주택(이하 '이 사건 건물'이라고 한다)의 3층 119.70㎡를 임차보증금 100,000,000원, 임차기간 1997. 8. 18.부터 12개월로 정하여 임차하기로 하는 임대차계약과, 원고 황○자(갑2)의 승낙하에 그녀의 명의로 건물 1층 4가구 합계 142.05㎡를 임차보증금 180,000,000원, 임차기간은 정함이 없이 임차하기로 하는 임대차계약을 각 체결하면서, 위 임차보증금 합계 금 280,000,000원은 원고 서○숙(갑1)의 위 오○환(B)에 대한 종래의 대여금 채권으로 대체하기로 약정한 사실, 원고들(갑1, 갑2)은 1997. 8. 16. 이 사건 건물로 그 주민등록 전입신고를 각 마치고, 원고 서○숙(갑1)은 같은 달 18.경 위 오○환(B)으로부터 이 사건 건물 3층과 1층 4가구의 열쇠를 건네받아 원고 서○숙(갑1)이 이 사건 건물의 3층을, 원고 황○자(갑2)가 그 1층을 각 점유하고 있는 사실, 피고들(을)은 1997. 8.경 이 사건 건물 및 그 대지를 위 오○규(A)로부터 매수하여 같은 해 9. 5. 대지에 관한 소유권이전등기를 경료받고, 같은 달 9. 미완공인 이 사건 건물에 대한 건축주 명의를 위 오○규(A)로부터 피고들(을) 공동 명의로 변경하는 절차를 마친 사실을 인정한 후, 원고들(갑1, 갑2)이 위 임대차계약으로 주택임대차보호법 제3조 제2항에서 말하는 임대주택의 양수인인 피고들에게 대항할 수 있는지 여부에 관하여 그 판시와 같은 원고 서○숙(갑1)과 오○환(B)의 채권채무관계, 위 원고(갑1)가 이 사건 임대차계약을 체결한 동기 및 경위, 당시 이 사건 건물의 공사현황 및 원고들(갑1, 갑2)의 점유 실태, 피고들이 이 사건 건물을 매수할 당시의 정황, 특히 원고 서○숙(갑1) 부부의 직업, 직장, 사회경제적 신분 등에 비추어볼 때, 원고들(갑1, 갑2)이 이 사건 임대차계약을 체결하고 이를 인도받은 목적은 단지 주택임대차보호법에 따라 대항력을 취득하는 방법으로 원고 서○숙(갑1)의 위 오○환(B)에 대한 채권을 담보하기 위하여 외견상 주택임대차보호법에서 정한 임대차계약의 체결과 주택의 인도라는 형식만을 갖추기 위한 데 있을뿐 실제로 주택의 사용·수익을 위한 것이 아니므로, 그러한 원고들(갑1, 갑2)에게 위 법 소정의 대항력을 부여하여 보호할 가치가 없다는 이유로 청구를 배척하였다.

관련 증거 및 기록에 비추어 살펴보면 원심의 위와 같은 인정은 정당하고, 원심

인정의 사실관계에 의하면 <사안의 경우> 이 사건 주택임대차계약은 주택을 주거용으로 사용·수익하기 위한 것이 아니라, 기존 채권을 우선변제 받을 목적으로 주택임대차계약의 형식을 빌려 기존 채권을 임대차보증금으로 하기로 하고 주택의 인도와 주민등록을 마침으로써 주택임대차보호법 소정의 대항력을 취득한 것처럼 외관을 만들기 위하여 체결된 것이라 할 것이므로, 이는 주택임대차계약으로서는 통정허위표시에 해당되어 무효라고 할 것이어서 이에 주택임대차보호법이 정하고 있는 대항력을 부여할 수는 없다고 할 것인바, 같은 취지의 원심의 판단은 정당하고, 원심판결에 채증법칙에 위반하여 사실을 오인하거나 대항력 있는 주택임차권의 범위 및 효력에 관한 법리를 오해하는 등의 위법이 있다고 할 수 없다. 이 부분 상고이유는 받아들일 수 없다.

2. 요건
1) 표의자의 진의(의사)와 표시의 불일치
§ 6-7 진의와 표시의 불일치
❶ **대법원 2003. 6. 24. 선고 2003다7357 판결 【대여금】**
(대법원 1998. 9. 4. 선고 98다17909 판결)
……
2. 원심은, 비록 피고가 직접 이 사건 금전소비대차약정서 등 대출관계서류의 주채무자란에 서명 날인하였다고 하여도, 위 금전소비대차약정의 실질적인 주채무자는 어디까지나 위 김O택이고, 그가 대출절차상의 편의를 위해서 실제 대출받고자 하는 채무액에 대하여 피고를 형식상의 주채무자로 내세우고, 원고를 대리하여 이 사건 대출을 실행한 위 김O화도 이를 양해하여 피고에 대하여는 채무자로서의 책임을 지우지 않을 의도하에 피고 명의로 대출관계서류를 작성받은 이상, 피고는 형식상의 명의만을 빌려준 자에 불과하고 그 대출약정의 실질적인 당사자는 원고와 김영택이라 할 것이므로, 피고 명의로 되어 있는 이 사건 금전소비대차약정은 원고의 양해하에 그에 따른 채무부담의 의사 없이 형식적으로 이루어진 것에 불과하여 통정허위표시에 해당하는 무효의 법률행위라고 판단하였다.
3. 그러나 이러한 원심의 판단은 다음과 같은 점에서 수긍하기 어렵다.
<금융기관이 대출규정의 제한을 회피하기 위하여 실질적 주채무자 아닌 제3자와 사이에 제3자를 주채무자로 하는 소비대차계약을 체결한 경우, 위 소비대차계약이 통정허위표시로서 무효인 법률행위인지 여부(소극) (민법 제108조)> 통정허위표시가 성립하기 위하여는 의사표시의 진의와 표시가 일치하지 아니하고, 그 불일치에 관하여 상대방과 사이에 합의가 있어야 하는바, 제3자가 금융기관을 직접 방문하여 금전소비대차약정서에 주채무자로서 서명 날인하였다면, 제3자는 자신이 당해 소비대차계약의 주채무자임을 금융기관에 대하여 표시한 셈이고, 제3자가 금융기관이

정한 대출규정의 제한을 회피하여 타인으로 하여금 제3자 명의로 대출을 받아 이를 사용하도록 할 의도가 있었다거나, 그 원리금을 타인의 부담으로 상환하기로 하였더라도, 특별한 사정이 없는 한 이는 소비대차계약에 따른 경제적 효과를 타인에게 귀속시키려는 의사에 불과할 뿐, 그 법률상의 효과까지도 타인에게 귀속시키려는 의사로 볼 수는 없으므로, 제3자의 진의와 표시에 불일치가 있다고 보기는 어렵다(대법원 1997. 7. 25. 선고 97다8403 판결, 1998. 9. 4. 선고 98다17909 판결, 2003. 4. 8. 선고 2002다38675 판결 등 참조).

그런데 앞서 본 이 사건 사실관계에 의하면, 피고는 직접 원고 조합을 방문하여 이 사건 금전소비대차약정서, 이 사건 부동산에 대한 근저당권설정계약서 및 그 밖에 대출금 수령에 필요한 예금청구서 등 관계서류에 서명 날인하거나 날인하였다는 것이므로, 이로써 피고는 자신이 이 사건 금전소비대차계약의 주채무자가 될 의사임을 원고에 대하여 표시하였다고 할 것이고, 한편 김O택이 기존 대출금채무가 연체되고 있어 추가 대출이 불가능하자 고O택을 통하여 피고에게 이 사건 부동산을 담보로 제공하게 되므로 주채무자 명의를 빌려 주더라도 피고가 책임질 일은 전혀 없을 것이라고 하여 피고가 이를 승낙하였다는 것이지만, 이와 같이 김O택의 원고에 대한 기존 대출금채무가 연체되어 있는 관계상 피고 명의로 대출을 받아 이를 사용하도록 할 의도가 있었다거나, 그 원리금을 김영택의 부담으로 상환하기로 하였더라도, 특별한 사정이 없는 한 이는 김O택이 물적 담보를 제공함과 아울러 김영택에게 대출금 상환의무가 있음을 명확히 하면서, 이 사건 금전소비대차계약에 따른 경제적 효과를 김O택에게 귀속시키려는 의사에 불과할 뿐, 그 법률상의 효과까지도 김O택에게만 귀속시키고 대출명의인인 피고에게 귀속시키지 아니할 의사였다고 볼 수는 없다.

2) 상대방과의 통정이 있을 것
§ 6-8 통정의 의미
❶ 대법원 2001. 5. 29. 선고 2001다11765 판결 【대여금】

사실관계

A는 자신 소유의 X 건물을 담보로 협동조합 甲으로부터 금원을 대출받으려 하였으나, 甲의 전 지소장이던 B는 A에게 조합의 내부규정상 동일인에 대한 대출한도로 인하여 A의 이름으로는 대출받을 수 없다고 하면서 그러한 제한을 회피하는 방법으로 타인 명의로 대출받을 것을 권유하였다. 그리하여 A는 乙에게 그의 이름으로 대출계약을 체결해 줄 것을 부탁하였다. 그 후 乙이 위 대출금의 반환을 지체하자, 甲이 乙에 대하여 이의 지급을 청구하는 소를 제기하였다. 이에 乙은 위 소비대차계약은 동일인에 대한 대출한도를 정한 甲의 내부규정을 회피하기 위하여 자신

이 대출금채무의 부담 의사 없이 A에게 형식적으로 주채무자로서의 명의만을 빌려준 것이고, 甲도 이 사건 소비대차계약상의 실질적인 주채무자가 A임을 알고 이를 양해하여 자신에 대하여는 채무자로서의 책임을 지우지 않을 의도하에 형식적으로 이루어진 것에 불과하므로 위 소비대차계약은 비진의 의사표시에 해당하거나 통정허위표시로서 무효라고 주장하였다.

판결이유

1. 원심판결 이유에 의하면 원심은, 이 사건 소비대차계약은 동일인에 대한 대출한도를 정한 원고 조합의 내부규정을 회피하기 위하여 피고가 대출금채무의 부담 의사 없이 소외 1(A)에게 형식적으로 주채무자로서의 명의만을 빌려준 것이고, 원고 조합도 이 사건 소비대차계약상의 실질적인 주채무자가 소외 1(A)임을 알고 이를 양해하여 피고에 대하여는 채무자로서의 책임을 지우지 않을 의도하에 형식적으로 이루어진 것에 불과하므로 이 사건 소비대차계약은 비진의 의사표시에 해당하거나 통정허위표시로서 무효라는 피고의 항변을 다음과 같은 이유로 배척하고 있다.

즉, 그 채용한 증거에 의하여 피고(을)가 원고(갑) 조합 직원인 소외 2(갑의 직원)를 만나 금전소비대차계약서에 주채무자로 직접 서명날인을 하였고, 원고(갑) 조합은 피고(을)와 이 사건 소비대차계약을 체결할 무렵 피고(을)로부터 융자상담및신청서를 교부받음과 아울러 피고(을)에 대한 여신거래명세서, 채무자조회표를 작성해 두었고, 그 외에 신용조사서를 작성함에 있어 피고(을)를 주채무자로 하여 그 주소, 직장, 자택, 전화번호 및 재산 상태 등에 대한 기재와 함께, 종합의견란에 '차주로서 적합함'이라고 기재한 사실, 또한 소외 2(갑의 직원)는 피고(을)로부터 위 금전소비대차계약서를 교부받을 무렵 위 대출금에 관하여 피고(을)에게도 그 변제책임이 발생할 가능성을 고지한 사실 등을 인정할 수 있는바, 피고(을)는 위 금전소비대차계약서에 서명·날인함으로써 원고(갑) 조합에게 자신이 이 사건 소비대차계약의 주채무자임을 표시한 것이고(비록 원고 조합의 여신한도 제한을 회피하기 위하여 소외 1로 하여금 피고 명의로 대출을 받아 이를 사용하도록 할 의도가 있었다거나 그 원리금을 소외 1의 부담으로 상환하기로 하였더라도 이는 특별한 사정이 없는 한 그 법률상 효과까지 소외 1의 부담으로 하려는 의사로 볼 수 없다), 원고(갑) 조합으로서도 소외 2(갑의 직원)가 피고(을)에 대하여 변제책임의 가능성을 고지하였고, 더 나아가 신용조사서 등까지 작성해 둠으로써 피고(을)를 이 사건 소비대차계약상 주채무자로 삼을 의사였다고 봄이 상당하다는 것이다.

2. 그러나 원심의 위 판단은 다음과 같은 이유에서 수긍하기 어렵다.

<동일인 대출한도를 회피하기 위하여 금융기관의 양해하에 형식상 제3자 명의를 빌려 체결된 대출약정의 효력(무효) (민법 제108조)> 동일인에 대한 대출액 한도를 제한한 법령이나 금융기관 내부규정의 적용을 회피하기 위하여 실질적인 주채무자

가 실제 대출받고자 하는 채무액에 대하여 제3자를 형식상의 주채무자로 내세우고, 금융기관도 이를 양해하여 제3자에 대하여는 채무자로서의 책임을 지우지 않을 의도하에 제3자 명의로 대출관계서류를 작성받은 경우, 제3자는 형식상의 명의만을 빌려 준 자에 불과하고 그 대출계약의 실질적인 당사자는 금융기관과 실질적 주채무자이므로, 제3자 명의로 되어 있는 대출약정은 그 금융기관의 양해하에 그에 따른 채무부담의 의사 없이 형식적으로 이루어진 것에 불과하여 통정허위표시에 해당하는 무효의 법률행위이다(대법원 1996. 8. 23. 선고 96다18076 판결, 1999. 3. 12. 선고 98다48989 판결, 2001. 2. 23. 선고 2000다65864 판결 등 참조).

먼저, 원심은 소외 2*(갑의 직원)*의 진술을 내용으로 한 을 제46호증의 9의 기재와 그의 제1심에서의 증언에 기하여 소외 2*(갑의 직원)*가 피고*(을)*에게 이 사건 대출금에 관한 변제책임이 발생할 가능성에 관하여 고지하였다고 인정하였으나, 소외 2*(갑의 직원)*의 위 각 진술은, 당시에는 담보여력이 충분하였기 때문에 명의대여자가 책임지는 일은 생각하지도 못했고 자신이 원고*(갑)* 조합 직원들에게 남의 이름으로 대출을 하면 어떻게 되느냐고 하였더니 그들도 아무런 관계가 없다며 자신들이 알아서 하겠다고 하였다고 소외 1*(A)*이 진술하고 있는데, 소외 2*(갑의 직원)*도 위 빌라의 세대당 분양가가 금 4,900만 원 내지 6,000만 원이어서 담보가치가 충분하므로 원고*(갑)* 축협에 손해를 끼칠 위험이 없다고 생각하였다고 진술한 점(기록 720, 750면), 기록에 의하면 원고*(갑)* 조합 전소지소장이던 소외 2*(갑의 직원)*가 원심 판시 삼성빌라를 담보로 금원을 대출받으려는 소외 1*(A)*에게 원고*(갑)* 조합의 내부규정상 동일인에 대한 대출한도의 제한을 회피하는 방법으로 이 사건과 같이 타인 명의로 대출받을 것을 먼저 권유하면서 대출시 대출금의 일정액을 사례금으로 요구한 사실, 소외 2*(갑의 직원)* 또는 위 지소 담당직원인 소외 3은 이후 소외 1*(A)*에게 20여 회에 걸쳐 합계 금 526,000,000원을 20여 명의 타인명의로 대출을 하여 주면서 매회 사례비로 대출금의 1.5~5%에 해당하는 금원을 받은 사실{이와 관련하여 소외 3은 특정경제범죄가중처벌등에관한법률위반(수재등)죄로, 소외 2*(갑의 직원)*는 축산업협동조합법위반죄로 기소되었다.}을 각 알아 볼 수 있는바, 대출 명의인이 위와 같은 내용을 고지받을 경우 대출금이 자신들이 아닌 소외 1*(A)*에게 지급되는 것에 이의를 제기하고 명의대여를 거부할 수도 있는 상황에서 타인명의의 대출을 먼저 권유하고 사례금을 요구하기까지 한 소외 2*(갑의 직원)*가 그 대출 추진에 장애가 될 이러한 언동을 하였다고는 기대하기 어려울 것이므로, 소외 1*(A)*의 진술을 배척할 만한 합리적 사유가 없는 한, 피고*(을)*의 이 사건 대출금에 관한 변제책임 여부에 중대한 이해관계가 있는 소외 2*(갑의 직원)*의 진술만을 쉽사리 신뢰할 수는 없을 것이다.

나아가 이 사건 대출 당시 피고에 대하여 작성된 신용조사서를 보면, 피고의 당시 직업 등에 관하여 10년 가량 건축업에 종사하여 월수입이 300만 원이고 자신 소유의 아파트 24평 시가 금 5,000만 원 상당에 거주하고 있는 것처럼 기재되어 있으나 실제로는 인천시의 지방조무원(검침 10등급)으로 근무하고 있었고, 거소인 인천 소재 광성아파트는 소외 모O식 소유로 등기되어 있는 등 사실과 다르게 작성되어 있는데, 그 작성자인 소외 3이 제1심 증인으로 출석하여 사실조사 없이 형식적으로 위 신용조사서를 작성하였음을 시인하고 있는 데다가, 원심이 들고 있는 나머지 서류들은 금융기관에서의 소비대차계약에서 당연히 작성되는 서류이므로, 이러한 서류가 작성되었다는 것만으로 피고(을)가 자신이 이 사건 소비대차계약의 주채무자가 될 의사를 표시하고, 원고(갑) 조합 역시 피고(을)를 주채무자로 삼을 의사이었다고 단정할 수는 없는 것이다.

한편, 원심이 배척하지 아니한 증거들에 의하면, 앞서 본 소외 2(갑의 직원)의 타인명의 대출의 권유 및 사례금 수수 외에도 다음과 같은 사실, 즉 당시 소외 2(갑의 직원)는 원고(갑) 조합의 상무로 등기되어 있었는데 원고(갑) 조합의 정관에 의하면 지소의 상무는 지소의 일상업무에 관하여 조합을 대표하도록 되어 있는 사실, 위 지소에서 정상적으로 대출할 경우 대출신청인이 지소에 나와 대출서류를 작성함에도 이 사건 대출서류들은 소외 2(갑의 직원) 또는 소외 3이 소외 1(A)로부터 연락을 받고 삼성빌라 분양사무실로 가서 이를 작성받았으며, 이때 소외 1(A)이 소외 송O환, 정O규에게 명의신탁하여 둔 207의 7 삼성빌라 OOO호를 이 사건 대출금에 대한 담보로 제공한 사실, 소외 3은 피고(을)로부터 이 사건 대출금의 수령권을 소외 1(A)에게 위임한다는 내용의 위임장 등은 받지 아니하였음에도 소외 1(A)이 실수령자라고 보아 이 사건 대출금을 그가 이전에 소외 정O식의 명의를 빌려 차용한 대출금의 변제에 바로 충당한 사실, 정상적인 대출의 경우 대출승인이 나면 대출신청인에게 지급사실을 통보하여 이를 찾아가도록 하나 이 사건 대출금 지급과정에서는 피고에게 이러한 통지도 하지 아니한 사실, 이 사건 대출금에 대하여 1995년 초 경부터 이자지급이 연체되었고 상환기일인 1995. 6. 16.에 변제되지 아니하였음에도 위 전소지소에서는 대출금이 소외 1(A)에게 지급되었고 그가 서산에 있는 아파트부지를 정리하여 변제하겠다고 하므로 이를 믿고 피고(을)에게 원리금 상환이나 기한의 연장 또는 재대출 등의 조치를 취하지 않은 채 소외 1(A)의 해결만을 기다린 사실, 위 지소에서는 1995. 12. 30. 관련 직원들이 갹출하여 위 대출금에 대한 1995. 1. 1.부터 1995. 12. 31.까지의 지연손해금을 대납하였고 이후 1996년 3월경 피고(을)에 대하여 독촉장 및 최고장을 발송하고서도 1996. 12. 31. 다시 위 지소 관련 직원들이 갹출하여 위 대출금에 대한 1996. 1. 1.부터 1996. 12. 31.까지의 지연손해금을 대납한 사실 등을 알아볼 수 있는바, 사정이 이와 같다면 <사안의 경우> 피고(을)가 위 소외 1(A)의 가족 또는 친족관계에 있지 아니하고 또 그와 이해관계가 합치되어 이 사건 대출명의대여에 이르렀다고 볼 수도 없는 이상, 실질적인 주채무자인 소외 1(A)이 원고(갑) 조합과 대출상담을 한 후 실제 대출받고자 하는 채무액 중 일부에 대하여 피고(을)를 형식적인 주채무자로 내세웠고, 원고(갑) 조합을 대표할 권한이 있는 지소장 소외 2(갑의 직원)도 이를 양해하면서 피고(을)에 대하여는 채무자로서의 책임을 지우지 않을 의도하에 피고(을) 명의로 대출관계서류를 작성받았다고 추단하는 것이 합당하다 할 것이다.

❷ 대법원 2015. 2. 12. 선고 2014다41223 판결 [대여금]
(대법원 1998. 9. 4. 선고 98다17909 판결; 대법원 2008. 6. 12. 선고 2008다7772, 7789 판결)

1. <금융기관의 여신제한 등의 규정을 회피하기 위하여 제3자가 금융기관과 자신을 주채무자 또는 연대보증인으로 하는 금전소비대차계약을 체결한 경우, 위 소비대차계약이 통정허위표시인지 여부(원칙적 소극) 및 위 소비대차계약을 통정허위표시로 보기 위한 요건 (민법 제108조)> 통정허위표시가 성립하기 위해서는 의사표시의 진의와 표시가 일치하지 아니하고, 그 불일치에 관하여 상대방과 사이에 합의가 있어야 하는데, 제3자가 금전소비대차약정서 등 대출관련 서류에 주채무자 또는 연대보증인으로서 직접 서명·날인하였다면 제3자는 자신이 그 소비대차계약의 채무자임을 금융기관에 대하여 표시한 셈이고, 제3자가 금융기관이 정한 여신제한 등의 규정을 회피하여 타인으로 하여금 제3자 명의로 대출을 받아 이를 사용하도록 할 의사가 있었다거나 그 원리금을 타인의 부담으로 상환하기로 하였더라도, 특별한 사정이 없는 한 이는 소비대차계약에 따른 경제적 효과를 타인에게 귀속시키려는 의사에 불과할 뿐, 그 법률상의 효과까지도 타인에게 귀속시키려는 의사로 볼 수는 없으므로 제3자의 진의와 표시에 불일치가 있다고 보기는 어렵다고 할 것인바, 구체적 사안에서 위와 같은 특별한 사정의 존재를 인정하기 위해서는, 금융기관이 명의대여자와 사이에 당해 대출에 따르는 법률상의 효과까지 실제 차주에게 귀속시키고 명의대여자에게는 그 채무부담을 지우지 않기로 약정 또는 양해하였음이 적극적으로 입증되어야 한다(대법원 2008. 6. 12. 선고 2008다7772, 7789 판결 등 참조).

3. 효과
1) 당사자 사이의 효과
§ 6-9 당사자 사이의 효과
❶ 대법원 2001. 5. 8. 선고 2000다9611 판결 【배당이의】
(대법원 2009. 6. 11. 선고 2007다68862 판결)

사실관계

甲은 1994. 7. 28. 주식회사 K 건설과 사이에 K 건설이 시행하는 여수시 G 재건축조합아파트의 현장조사, 지질조사 및 교통영향평가를 포함한 토목, 건축, 구조, 설비 등 신축공사설계전부에 대하여 설계비를 평당 29,000원으로 산정한 설계용역계약을 체결하였다. 그런데 甲이 위 계약에 따른 설계업무를 진행하던 중 1994. 11.경 K로부터 위 설계작업의 기성고에 따른 설계비를 지급할 것이니 작업을 중지하라는 요청을 받고 그 동안의 기성고 90 퍼센트에 해당하는 금원의 지급을 청구하였으나 K가 그 대금의 감액을 요구하므로, K와의 사이에 우선 위 설계용역비 일부만을 지급받기로 약정하였다. 한편 K는 대표이사인 A와 그의 처남인 B가 실질적으로 함께 운영하고 있었는데, 甲이 B 등에게 K에 대하여 가지고 있는 설계용역비 채권의 지급을 수차 독촉하면서 강제집행을 할 태도를 보이고, 또한 K 소유의 X 임야에 관한 근저당권자인 국민은행(채권최고액 1억 4백만 원)에 대한 피담보채무를 변제하지 못하여 근저당권 실행에 의한 경매를 당할 처지에 놓이게 되자, B는 X 임야에 관하여 아무런 채권채무관계도 없는 아버지인 C를 근저당권자로 하여 채권최고액 3억 원의 근저당권설정등기를 경료하였다. 그 후 甲이 K를 상대로 위 설계용역비 채권의 집행보전을 위하여 X 임야에 대하여 1996. 11. 2. 부동산가압류결정을 받아 위 설계용역비 및 이에 대한 지연손해금의 지급을 구하는 소송을 제기하여 1997. 7. 29. 원고 승소의 판결을 받아 확정되었다. 이에 B는 다시 K의 경리부장으로 재직하고 있던 乙과 통모하여 C를 대리하여 C와 乙과 사이에 아무런 채권채무관계가 없음에도 불구하고 위 근저당권에 관하여 乙 앞으로 채권양도를 원인으로 한 이전등기를 경료하였다. 국가는 1998. 8. 12. 토지수용법에 따라 K 소유의 X 임야를 수용하고 해당 법원에 손실보상금을 공탁하였는데, 甲은 1998. 8.경 위 확정판결에 기하여 위 공탁금에 대한 채권압류 및 추심명령을 받았고, 乙 또한 물상대위권 행사를 위한 대상물에 대한 채권압류 및 추심명령을 받는바, 위 법원은 후자로 배당절차를 개시하여 1998. 12. 21. 금액 모두를 물상대위권자인 乙에게 배당하였다. 이에 甲은 乙을 상대로 배당이의의 소를 제기하였다.

판결이유

1. 채증법칙 위배 및 사해행위에 관한 법리오해의 점에 대하여

원심판결 이유에 의하면 원심은, …… 이러한 사실관계를 기초로 하여 이 사건 토지(X 임야)에 관하여 위 소외 4 명의(C)로 설정된 근저당권과 피고(을) 명의로의 근저당권 이전은 소외 1 주식회사(K)가 채권자의 채권을 면탈할 목적으로 아무런 원인관계 없이 통정허위표시에 의하여 경료한 것이어서 무효라고 판단하였다.

관련 증거와 기록에 비추어 살펴보면, 원심의 위와 같은 인정과 판단은 정당하고, 거기에 채증법칙 위반으로 인한 사실오인이나 상고이유에서 주장하는 바와 같은 사해행위에 관한 법리오해의 위법이 있다고 할 수 없다. 이 부분 상고이유는 받아들일 수 없다.

3. 채권자취소의 소 및 배당이의의 소에 관한 법리오해의 점에 대하여

<허위의 근저당권에 대하여 배당이 이루어진 경우, 배당채권자는 채권자취소의 소에 의하지 않고 배당이의의 소로써 그 시정을 구할 수 있는지 여부(적극) (민법 제108조, 제406조; 민사소송법 제592조, 제595조, 제659조)> (허위의 근저당권에 대하여 배당이 이루어진 경우,) 통정한 허위의 의사표시는 당사자 사이에서는 물론 제3자에 대하여도 무효이고, 다만 선의의 제3자에 대하여만 이를 대항하지 못한다고 할 것이므로(민법 제108조), 채권자취소의 소로써 취소되지 않았다 하더라도 그 무효를 주장하여 그에 기한 채권의 존부, 범위, 순위에 관한 배당이의의 소를 제기할 수 있다고 할 것이다.

원심판결 이유에 의하면 원심은, 피고(을)가 이 사건 근저당권을 양수한 것이 가사 사해행위가 된다고 하더라도 그것이 사해행위로 취소되지 않는 한 배당이의의 소에 의하여 그 시정을 구할 수 없다는 피고(을)의 주장에 대하여 배당이의의 소와 사해행위취소의 소는 그 성질, 요건, 효과 등을 달리하므로, 제3자가 허위의 근저당권에 기하여 배당을 받은 경우에 배당채권자는 채권자취소의 소에 의하지 아니하고 당연히 배당이의의 소로써 그 시정을 구할 수 있다고 판단하고 있다.

앞서 본 법리에 비추어 살펴보면, 원심의 위와 같은 판단은 정당하고, 거기에 채권자취소의 소 및 배당이의의 소에 관한 법리오해의 위법이 있다고 할 수 없다.

§ 6-10 선의의 제3자의 손해배상의무

❶ 대법원 2003. 3. 28. 선고 2002다72125 판결 [손해배상(기)]

<통정한 허위표시의 효력 (민법 제108조)> 통정한 허위의 의사표시는 허위표시의 당사자와 포괄승계인 이외의 자로서, 그 허위표시에 의하여 외형상 형성된 법률관계를 토대로 실질적으로 새로운 법률상 이해관계를 맺은 선의의 제3자를 제외한 누구에 대하여서나 무효이고, 또한 누구든지 그 무효를 주장할 수 있는 것이다(대법원 2000. 7. 6. 선고 99다51258 판결 참조). 그리고 **<무효인 법률행위에 따른 법률효과를 침해하는 행위에 대한 손해배상청구 가부(소극)** (민법 제390조, 제750조)> 무효인 법률행위는 그 법률행위가 성립한 당초부터 당연히 효력이 발생하지 않는 것이므로, 무효인 법률행위에 따른 법률효과를 침해하는 것처럼 보이는 위법행위나 채무불이행이 있다고 하여도 법률효과의 침해에 따른 손해는 없는 것이므로 그 손해배상을 청구할 수는 없다고 보아야 한다.

원심은, 원고가 소외 1로부터 이 사건 각 토지를 매수한 후 그 소유권이전등기청구권을 보전하기 위하여 처분금지가처분신청사무를 법무사인 피고에게 위임하였으므로 피고는 이 사건 각 토지의 등기부상 지번과 토지대장상의 지번이 일치하는지

여부를 확인하고 그 지번이 일치하도록 신청서를 작성하여야 함에도 이를 제대로 확인하지 아니하고 토지대장상의 지번대로 이 사건 각 토지를 특정하여 처분금지가처분신청서를 작성·제출하여 신청대로 처분금지가처분결정이 발하여졌으나 등기부상 지번과 처분금지가처분결정상의 지번이 일치하지 않는다는 이유로 그 기입등기촉탁이 등기공무원에 의하여 각하되고, 이어 국가에 의하여 공매처분되어 소외 1이 이 사건 각 토지에 관한 소유권을 상실하게 되었고 그로 인하여 원고는 이 사건 각 토지를 취득하지 못하게 되는 손해를 입었으므로 피고는 원고에게 이 사건 각 토지의 시가 상당액을 배상할 책임이 있다는 원고의 주장에 대하여, <u>원고와 소외 1 사이의 이 사건 각 토지에 관한 매매계약은 판시와 같은 이유로 통정한 허위의 의사표시이므로, 원고가 소외 1과 사이에 유효한 매매계약을 체결하였음을 전제로 하는 원고의 주장은 더 나아가 살펴볼 필요 없이 이유 없다고 하여 원고의 청구를 배척하였다.</u>

이와 같은 원심의 판단은 그 설시가 다소 미흡하기는 하지만 위에서 본 법리에 부합하는 것으로서 정당하고, 거기에 상고이유로 주장하는 바와 같은 계약의 효력범위에 관한 법리를 오해하거나 매매계약 당사자의 의사해석을 그르치거나 신의칙에 관한 법리를 오해한 위법이 있다 할 수 없다.

2) 제3자에 대한 효과
(1) 제3자
가. 제3자의 의의
§ 6-11 허위표시와 제3자

❶ **대법원 2020. 1. 30. 선고 2019다280375 판결 [근저당권말소]** 〈통정한 허위의 의사표시에 기하여 허위 가등기가 설정된 후 그 원인이 된 통정허위표시가 철회되었으나 그 외관인 허위 가등기가 제거되지 않고 잔존하는 동안에 가등기명의인인 소외인이 임의로 소유권이전의 본등기를 마친 다음, 다시 위 본등기를 토대로 원고에게 소유권이전등기가 마쳐진 사안에서, 원고가 민법 제108조 제2항 소정의 '제3자'에 해당하는지가 문제된 사건〉

> **사실관계**

B(소외 2)는 1986. 12. 24. X 부동산에 관하여 매매를 원인으로 소유권이전등기를 마친 후, 乙에게 1998. 7. 22. 채권최고액 3,000만 원인 근저당권설정등기를 마쳐주었다. B는 1998. 7.경 미국으로 이민을 가면서 X 부동산의 관리를 위해 평소 친분이 있던 A(소외 1)에게 1999. 2. 22.자 매매예약을 등기원인으로 하는 소유권이전등기청구권 가등기를 같은 달 23일 마쳐주었다. 그런데 A는 B가 국내로 돌아오지 않는다는 것을 알고 B를 상대로 2007. 5. 14. X 부동

산에 관한 가등기에 기한 본등기의 이행을 구하는 소를 제기하였고, 위 소송은 공시송달로 진행된 결과 2007. 7. 25. A가 승소하는 내용의 판결이 선고되어 2007. 8. 15. 외형상 확정되었다. A는 2007. 8. 20.과 같은 달 30일 위 판결의 송달증명원 및 확정증명원을 각 발급받았다. 그 후 B가 위 판결의 선고 사실을 알게 되어 2008. 3. 5. 추완항소를 제기하여 2009. 3. 18. 위 가등기의 등기원인인 매매예약은 A와 B 사이의 통정한 허위의 의사표시에 의한 것으로 무효라는 이유로 위 판결이 취소되고, A의 청구는 기각되었고, 위 판결은 2009. 4. 9. 그대로 확정되었다. A는 위 추완항소 이전에 발급받았던 송달증명원 및 확정증명원을 가지고 2015. 1. 8. 자신의 명의로 2007. 8. 15.자 확정판결을 원인으로 지분소유권이전등기를 마쳤다. C(소외 3)는 A의 남편으로서 위와 같은 A의 행위 대부분을 대신 처리하여 이러한 사실을 모두 알고 있음에도 2015. 1. 8. X 부동산에 관하여 자신의 명의로 2014. 11. 18.자 재산분할을 원인으로 지분소유권이전등기를 마쳤다. 그 후 C는 D(소외 4)에게, D는 甲에게 각 X 부동산을 매도하였고, 甲은 2018. 2. 13. X 부동산에 관하여 2018. 2. 5.자 매매를 원인으로 한 지분소유권이전등기를 마쳤다. 甲은 乙을 상대로 乙의 B에 대한 근저당권의 피담보채권은 소멸시효완성으로 소멸하였다고 주장하면서 근저당권설정등기의 말소를 구하였다.

판결이유

1. 원고(甲)는 자신이 이 사건 부동산에 관하여 지분소유권이전등기를 적법하게 마친 자로서, 이 사건 근저당권의 피담보채무에 대하여 스스로 시효완성을 원용할 수 있는 지위에 있음을 전제로 피고(乙)에게 이 사건 공탁금출급청구권의 양도 및 그 통지를 구하였고, 이에 대하여 피고(乙)는 원고(甲) 명의의 지분소유권이전등기는 이 사건 부동산에 관하여 마쳐진 소외 1(A) 명의의 가등기 및 그에 기한 본등기에 기초한 것인데, 위 가등기는 소외 1(A)과 소외 2(B) 사이의 통정한 허위의 의사표시에 기한 것으로 원인무효이므로, 결과적으로 원고(甲)는 이 사건 부동산에 관하여 적법하게 지분소유권을 취득하거나 시효완성을 원용할 수 있는 지위에 있다고 볼 수 없다는 취지로 주장하였다.

원심은, 그 판시와 같은 사실을 종합하여 원고(甲)는 소외 1(A)과 소외 2(B) 사이의 통정한 허위의 의사표시에 따른 가등기에 의하여 외형상 형성된 법률관계를 토대로 새로운 법률상 이해관계를 맺은 자로서 선의의 제3자에 해당하므로, 피고(乙)는 원고(甲)에게 위 가등기의 원인이 된 의사표시가 무효임을 주장할 수 없다고 판단하면서, 피고(乙)의 위 주장을 배척하고 원고(甲)의 청구를 인용하였다.

2. 그러나 원심의 이러한 판단은 다음과 같은 이유로 그대로 수긍하기 어렵다.

가. <민법 제108조 제2항에서 상대방과 통정한 허위의 의사표시의 무효를 선의의 제3자에게 대항하지 못하게 한 취지 및 이때 '제3자'에 해당하는지 판단하는 기준> 상대방과 통정한 허위의 의사표시는 무효이고 누구든지 그 무효를 주장할 수

있는 것이 원칙이나, 허위표시의 당사자와 포괄승계인 이외의 자로서 허위표시에 의하여 외형상 형성된 법률관계를 토대로 실질적으로 새로운 법률상 이해관계를 맺은 선의의 제3자에 대하여는 허위표시의 당사자뿐만 아니라 그 누구도 허위표시의 무효를 대항하지 못하는 것인데, 허위표시를 선의의 제3자에게 대항하지 못하게 한 취지는 이를 기초로 하여 별개의 법률원인에 의하여 고유한 법률상의 이익을 갖는 법률관계에 들어간 자를 보호하기 위한 것이므로, 제3자의 범위는 권리관계에 기초하여 형식적으로만 파악할 것이 아니라, 허위표시행위를 기초로 하여 새로운 법률상 이해관계를 맺었는지 여부에 따라 실질적으로 파악하여야 한다(대법원 2000. 7. 6. 선고 99다51258 판결 등 참조).
……

다. 앞서 본 사실관계에 의하면, **<사안의 경우** *(민법 제108조)>* 이 사건 부동산에 관한 소외 1*(A)* 명의의 본등기는 소외 2*(B)*와 소외 1*(A)* 사이의 허위 가등기 설정이라는 통정한 허위의 의사표시 자체에 기한 것이 아니라, 이러한 통정한 허위의 의사표시가 철회된 이후에 소외 1*(A)*이 항소심판결에 의해 취소·확정되어 소급적으로 무효가 된 위 제1심판결에 기초하여 일방적으로 마친 원인무효의 등기라고 봄이 타당하다. 이에 따라 소외 1*(A)* 명의의 본등기를 비롯하여 그 후 원고*(갑)*에 이르기까지 순차적으로 마쳐진 각 지분소유권이전등기는 부동산등기에 관하여 공신력이 인정되지 아니하는 우리 법제하에서는 특별한 사정이 없는 한 무효임을 면할 수 없다.

나아가 소외 2*(B)*와 소외 1*(A)*이 통정한 허위의 의사표시에 기하여 마친 가등기와 소외 3*(C)* 명의의 지분소유권이전등기 사이에는 앞서 본 바와 같이 소외 1*(A)*이 일방적으로 마친 원인무효의 본등기가 중간에 개재되어 있으므로, 이를 기초로 마쳐진 소외 3*(C)* 명의의 지분소유권이전등기는 소외 1*(A)* 명의의 가등기와는 서로 단절된 것으로 평가된다. 그리고 가등기의 설정행위와 본등기의 설정행위는 엄연히 구분되는 것으로서 소외 3*(C)* 내지 그 후 지분소유권이전등기를 마친 자들에게 신뢰의 대상이 될 수 있는 '외관'은 소외 1*(A)* 명의의 가등기가 아니라, 단지 소외 1*(A)* 명의의 본등기일 뿐이라는 점에서도 이들은 소외 1*(A)* 명의의 허위 가등기 자체를 기초로 하여 새로운 법률상 이해관계를 맺은 제3자의 지위에 있다고 볼 수 없다. 이는 소외 *(B)*2의 추완항소를 계기로 소외 2*(B)*와 소외 1*(A)* 사이의 통정한 허위의 의사표시가 실체적으로는 철회되었음에도 불구하고 그 외관인 소외 1*(A)* 명의의 가등기가 미처 제거되지 않고 잔존하는 동안에 소외 1*(A)* 명의의 본등기가 마쳐졌다고 하여 달리 볼 수 없다.

라. 그런데도 원심은 판시와 같은 이유만으로 원고*(갑)*가 통정한 허위의 의사표시의 제3자에 해당한다고 보아, 원고*(갑)*가 이 사건 부동산에 관하여 적법하게 지분소유권을 취득하거나 시효완성을 원용할 수 있는 지위에 있지 않다는 피고*(을)*의

주장을 배척하였다. 이러한 원심의 판단에는 통정한 허위의 의사표시에서의 제3자에 관한 법리를 오해하여 필요한 심리를 다하지 아니함으로써 판결에 영향을 미친 잘못이 있다(갑은 A 명의의 허위 가등기 자체를 기초로 하여 새로운 법률상 이해관계를 맺은 제3자의 지위에 있다고 볼 수 없는데도, 갑이 통정한 허위의 의사표시의 제3자에 해당한다고 본 원심판단에 법리오해 등의 잘못이 있다). 이 점을 지적하는 상고이유 주장은 이유 있다.

나. 제3자에 해당하는 경우
§ 6-12 임대차보증금반환채권이 양도된 후 양수인의 채권자가 임대차보증금반환채권에 대하여 채권압류 및 추심명령을 받은 경우
❶ 대법원 2014. 4. 10. 선고 2013다59753 판결 [추심금]

사실관계

乙은 그의 소유인 X 건물을 2008. 2. 4. B(소외 2)에게 임대차보증금 6,500만 원, 임대차기간 2008. 3. 15.부터 2010. 3. 14.까지로 정하여 임대하였다. B는 언니인 A(소외 1)와의 사이에 실제로는 양도할 의사 없이 형식적으로 A에게 임대차보증금반환채권을 양도하는 계약을 체결하기로 하고, 2008. 12. 10. 乙에게 그 양도사실을 통지하였다. 그런데 甲은 2011. 1. 7. A에 대한 수임료 사건의 판결 정본에 기하여 A가 양도받은 임대차보증금반환채권에 관하여 채권압류 및 추심명령을 받고, 위 추심명령이 2011. 5. 18. 乙에게 송달되었다. 乙은 같은 날 B로부터 임대차보증금반환채권을 A에게 양도한다는 내용의 채권양도통지를 받을 당시, 아무런 이의를 유보하지 아니한 채 위 채권양도를 승낙하였다. 이에 甲은 乙에 대하여 위 추심금을 지급하라는 청구를 하였다.

판결이유

<임대차보증금반환채권이 양도된 후 양수인의 채권자가 임대차보증금반환채권에 대하여 채권압류 및 추심명령을 받았는데 임대차보증금반환채권 양도계약이 허위표시로서 무효인 경우, 채권자가 통정허위표시에 있어서 '제3자'에 해당하는지 여부(적극) (민법 제108조 제2항)> 상대방과 통정한 허위의 의사표시는 무효이고, 누구든지 그 무효를 주장할 수 있는 것이 원칙이나, 허위표시의 당사자와 포괄승계인 이외의 자로서 허위표시에 의하여 외형상 형성된 법률관계를 토대로 실질적으로 새로운 법률상 이해관계를 맺은 선의의 제3자에 대하여는 허위표시의 당사자뿐만 아니라 그 누구도 허위표시의 무효를 대항하지 못하는 것인데, 허위표시를 선의의 제3자에게 대항하지 못하게 한 취지는 이를 기초로 하여 별개의 법률원인에 의하여 고유한 법률상의 이익을 갖는 법률관계에 들어간 자를 보호하기 위한 것으로서,

제3자의 범위는 권리관계에 기초하여 형식적으로만 파악할 것이 아니라, 허위표시 행위를 기초로 하여 새로운 법률상 이해관계를 맺었는지 여부에 따라 실질적으로 파악하여야 할 것이다(대법원 2000. 7. 6. 선고 99다51258 판결 참조). 따라서 임대차보증금반환채권이 양도된 후 그 양수인의 채권자가 임대차보증금반환채권에 대하여 채권압류 및 추심명령을 받았는데 그 임대차보증금반환채권 양도계약이 허위표시로서 무효인 경우, 그 채권자는 그로 인해 외형상 형성된 법률관계를 기초로 실질적으로 새로운 법률상 이해관계를 맺은 제3자에 해당한다고 보아야 한다.

원심판결 이유에 의하면 원심은, 원고(갑)는 이 사건 임대차보증금반환채권의 가장 양수인인 소외 1(A)의 일반채권자로서 가장양수인으로부터 자신의 수임료 채권 추심을 위하여 이 사건 임대차보증금반환채권에 대한 채권압류 및 추심명령을 받아 추심권을 취득한 자에 불과하므로, 민법 제108조 제2항의 제3자에 해당하지 않는다고 판단하였다.

그러나 원심의 이와 같은 판단은 다음과 같은 이유로 수긍하기 어렵다.

원심판결 이유 및 기록에 의하면, <사안의 경우> 피고(을)는 2008. 2. 4. 소외 2(B)에게 이 사건 건물을 임대차보증금 6,500만 원 등으로 정하여 임대한 사실, 소외 2(B)는 소외 1(A)과 사이에 실제로는 양도할 의사 없이 형식적으로 소외 1(A)에게 이 사건 임대차보증금반환채권을 양도하는 계약을 체결하기로 하고, 2008. 12. 10. 피고(을)에게 그 양도사실을 통지한 사실, 원고(갑)는 2011. 1. 7. 소외 1(A)에 대한 수임료 사건의 판결 정본에 기하여 소외 1(A)이 양도받은 이 사건 임대차보증금반환채권에 관하여 채권압류 및 추심명령을 받았고, 그 명령이 2011. 5. 18. 피고에게 송달된 사실을 알 수 있다.

사실관계가 위와 같다면 위 법리에 비추어 볼 때, 원고(갑)는 통정허위표시에 의한 이 사건 임대차보증금반환채권 양도계약에 따라 외형상 형성된 법률관계를 기초로 실질적으로 새로운 법률상 이해관계를 가지게 되어, 민법 제108조 제2항의 제3자에 해당한다고 보아야 한다.

§ 6-13 허위의 주채무를 보증한 보증인의 제3자 해당여부

❶ 대법원 2000. 7. 6. 선고 99다51258 판결【지분부당이체금반환】

사실관계

전문건설공제조합 甲은 그 조합원인 주식회사 OOO엔지니어링 A가 B(정O호)에 대한 선급금반환채무(이는 공사도급계약서 수급인이 공사를 중단하거나 완성하지 못하는 경우 도급인이 이미 지급한 공사선급금에 대한 반환채무를 말한다)를 부담한다고 믿고 A에게 보증금액 6억 6천만 원의 지급보증서를 교부하였다. 한편 乙은 甲이 A에게 취득하게 될 구상금채권을 보증하였는데, A와

B 사이에는 공사도급계약의 외관만 있을 뿐, 실제로는 B가 A에게 투자한 자금을 확보하는 수단으로 위 지급보증서를 취득하고자 한 것이었다. 그런데 A가 甲에게 제출한 지급보증신청이나 거래관행에 비추어 甲이 A와 B 사이에 공사도급계약이 있다고 믿은 것에는 중대한 과실이 있었다. 구상금채무 보증인인 乙은 A와 B 사이의 도급계약이 가장행위로서 무효이므로 B에 대한 보증채무를 이행하지 말 것을 甲에게 수차례 통보하였으나 甲은 이를 무시하고 B에게 보증채무를 이행하였다. 그 후 甲은 구상금채무 보증인인 乙에게 보증채무이행을 청구하는 소를 제기하였다.

판결이유

1. 상고이유 제1점에 대하여 판단한다.

가. 원심은, 보증채무는 주채무의 존재를 전제로 하여 성립하는 것으로서 주채무가 발생하지 아니한 경우에는 보증채무도 성립할 수 없다고 전제한 다음, 피고(을) 조합이 소외 주식회사 OOO엔지니어링(A)(이하 'OOO엔지니어링'이라 한다)의 소외 정O호(B)에 대한 선급금반환채무를 보증하였고, 소외 주식회사 OO엔지니어링, OO공영 주식회사, 주식회사 OO플랜트(이하 '3개 회사'라 한다)가 피고(을) 조합의 보증채무 이행에 의하여 OOO엔지니어링(A)이 피고(을) 조합에 대하여 부담하게 될 구상금채무를 연대보증하였으나, 주채무인 OOO엔지니어링(A)의 정O호(B)에 대한 선급금반환채무가 통정허위표시로서 무효인 이상, 피고(을) 조합의 정O호(B)에 대한 보증채무 또한 성립하지 아니하는 것이므로, 피고(을) 조합이 정O호에게 금 660,000,000원을 지급하였다 하더라도 이는 보증채무 없이 지급한 것에 불과하여, OOO엔지니어링(A)이나 3개 회사는 피고(을) 조합에 대하여 위 금원 지급으로 인한 구상금채무를 부담하지 아니한다고 판단하였다.

나. 그러나 원심의 이와 같은 판단은 다음과 같은 이유로 수긍하기 어렵다.

(1) <민법 제108조 제2항 소정의 '제3자'에 해당하는지 여부에 대한 판단 기준 (민법 제108조 제2항)> 상대방과 통정한 허위의 의사표시는 무효이고 누구든지 그 무효를 주장할 수 있는 것이 원칙이나, 허위표시의 당사자와 포괄승계인 이외의 자로서 허위표시에 의하여 외형상 형성된 법률관계를 토대로 실질적으로 새로운 법률상 이해관계를 맺은 선의의 제3자에 대하여는 허위표시의 당사자뿐만 아니라, 그 누구도 허위표시의 무효를 대항하지 못하는 것인바(대법원 1996. 4. 26. 선고 94다12074 판결 참조), 허위표시를 선의의 제3자에게 대항하지 못하게 한 취지는 이를 기초로 하여 별개의 법률원인에 의하여 고유한 법률상의 이익을 갖는 법률관계에 들어간 자를 보호하기 위한 것이므로, 제3자의 범위는 권리관계에 기초하여 형식적으로만 파악할 것이 아니라 허위표시행위를 기초로 하여 새로운 법률상 이해관계를 맺었는지 여부에 따라 실질적으로 파악하여야 한다.

(2) 원심이 확정한 사실관계에 의하면, 피고(을) 조합은 OOO엔지니어링(A)의 기망

행위에 의하여 ○○○엔지니어링의 정○호(B)에 대한 선급금반환채무가 있는 것으로 믿고 ○○○엔지니어링(A)과 보증계약을 체결한 다음 그에 따라 보증채무자로서 그 채무까지 이행하였으므로 피고(을) 조합은 ○○○엔지니어링(A)에 대한 구상권 취득에 관하여 법률상의 이해관계를 가지게 되었다고 할 것이고, 이와 같은 구상권 취득에는 보증의 부종성으로 인하여 주채무에 해당하는 ○○○엔지니어링(A)의 정○호(B)에 대한 선급금반환채무가 유효하게 존재할 것을 필요로 하므로, <사안의 경우> 결국 피고(을) 조합은 ○○○엔지니어링(A)의 정○호(B)에 대한 선급금반환채무 부담행위라는 허위표시에 기초하여 구상권 취득에 관한 법률상 이해관계를 가지게 되었다고 할 것이어서, 피고(을) 조합은 민법 제108조 제2항의 제3자에 해당한다고 봄이 상당하다.

(3) 따라서 ○○○엔지니어링(A)의 피고(을) 조합에 대한 구상채무를 연대보증한 3개 회사가 위 선급금반환채무 부담행위가 무효라는 사유로써 제3자인 피고(을) 조합에 대항할 수 있는지 여부는 이 사건 보증금 지급 당시에 피고(을) 조합이 선의였느냐의 여부에 달려 있다고 할 것임에도 불구하고, 이 점에 대하여 심리 판단함이 없이 보증채무의 부종성에 의하여 당연히 구상권이 발생되지 않았다고 판단한 원심은 통정허위표시에 있어서의 제3자에 관한 법리를 오해하여 판결에 영향을 미친 위법이 있다고 할 것이므로, 이 점에서 원심판결은 더 이상 유지될 수 없다고 할 것이다.

❷ 대법원 2006. 3. 10. 선고 2002다1321 판결 【지분부당이체금반환】

1. 상고이유 제2점에 대하여 본다.
<통정허위표시에 대하여 제3자가 악의라는 사실에 관한 주장·증명책임의 귀속(=허위표시의 무효를 주장하는 자) (민법 제108조)> 민법 제108조 제1항에서 상대방과 통정한 허위의 의사표시를 무효로 규정하고, 제2항에서 그 의사표시의 무효는 선의의 제3자에게 대항하지 못한다고 규정하고 있는데, 여기에서 제3자는 특별한 사정이 없는 한 선의로 추정할 것이므로, 제3자가 악의라는 사실에 관한 주장·입증책임은 그 허위표시의 무효를 주장하는 자에게 있다(대법원 1970. 9. 29. 선고 70다466 판결, 1978. 12. 26. 선고 77다907 판결, 2003. 12. 26. 선고 2003다50078, 50085 판결 등 참조). 같은 취지의 원심의 판단은 옳고, 이와는 다른 견해에 서서 제3자가 자신의 선의에 대한 입증책임을 져야 한다는 상고이유는 받아들일 수 없다.

2. 상고이유 제1점 중 민법 제108조 제2항에서 정한 제3자의 선의 및 무과실에 관한 법리오해 주장 부분에 대하여 본다.
<민법 제108조 제2항의 선의의 제3자에 해당하기 위해서는 무과실이어야 하는지 여부(소극) (민법 제108조)> 민법 제108조 제2항에 규정된 통정허위표시에 있어서

의 제3자는 그 선의 여부가 문제이지 이에 관한 과실 유무를 따질 것이 아니므로 (대법원 2004. 5. 28. 선고 2003다70041 판결 참조), 같은 취지의 원심의 판단은 옳고, 이와는 다른 견해에 서서 선의 이외에도 무과실을 필요로 한다는 상고이유는 받아들이지 아니한다.

……

4. 상고이유 제1점 중 신의칙 위반에 관한 채증법칙 위반 및 법리오해의 주장 부분과 상고이유 제4점에 대하여 본다.

가. <*신의성실의 원칙의 의미와 그 위배를 이유로 권리행사를 부정하기 위한 요건* (*민법 제2조*)> 권리의 행사는 신의에 좇아 성실히 하여야 하며(민법 제2조), 법률관계의 당사자는 상대방의 이익을 배려하여 형평에 어긋나는 내용 또는 방법으로 권리를 행사하여서는 아니 되고, 권리행사가 정의관념에 비추어 용인할 수 없는 상태에 이른 경우에는 신의성실의 원칙에 의하여 그 권리행사를 부정할 수 있고(대법원 2002. 3. 15. 선고 2000다13856 판결 참조), <*보증인이 채권자에 대하여 보증채무를 부담하지 아니함을 주장할 수 있었는데도 그 주장을 하지 아니한 채 보증채무를 전부이행한 경우* (*민법 제2조*)> 보증인이 채권자에 대하여 보증채무를 부담하지 아니함을 주장할 수 있었는데도 그 주장을 하지 아니한 채 보증채무의 전부를 이행하였다면, 그 주장을 할 수 있는 범위 내에서는 신의칙상 그 보증채무의 이행으로 인한 구상금 채권에 대한 연대보증인들에 대하여도 그 구상금을 청구할 수 없다고 할 것이다(대법원 1995. 6. 29. 선고 94다20174 판결, 2002. 9. 24. 선고 2002다32820 판결 등 참조).

……

다. 위에서 인정된 사정을 종합하면, ① 이 사건 공사하도급계약은 허위이고 그 계약에 관한 선급금반환채무가 발생하지 아니하였으므로 피고가 위 사실을 주장하였다면 (명칭 생략)의료센타의 보증금 지급 청구를 거절할 수 있었고 따라서 보증 3사의 소외 1 주식회사의 구상채무에 관한 보증채무도 발생하지 아니하였다 할 것이며, ② 피고는 건설공사업을 하는 조합원들로 구성되어 조합원들이 도급받은 공사에 대하여 부담하는 계약보증금, 선급금지급보증금 등의 납부의무에 대한 이행보증을 그 사업목적으로 하여 설립된 특별법인이기 때문에 보증계약의 체결 내지 보증금의 지급과 관련된 업무에 관한 전문가라 할 수 있는데, 피고가 이 사건 보증서를 발급하기에 앞서 제출된 서류 등을 면밀히 검토하였더라면 이 사건 공사하도급계약의 내용 및 선급금지급의 진정성에 관하여 상당한 정도로 의심을 가질 수 있었다고 보이고, 뿐만 아니라 (명칭 생략)의료센타로부터 선급금지급보증 이행 청구를 받은 후 직원의 조사를 통하여 이 사건 공사의 진척도와 실제 이행 가능성 등을 파악하고 있었으며, 더욱이 보증 3사 중 소외 6 주식회사가 2차례에 걸쳐 구체적인 사실을 적시하여 피고에게 이의를 제기하였으므로, 보증금을 지급하기에 앞서 신중을 기하여 충분한 사실조사를 하였어야 함에도 이를 소홀히 한 잘못이 있고, ③ 피고 스스로도 위와 같은 사정으로 인하여 이 사건 공사하도급계약 및 선급금반환채무의 진정성에 관하여 의문을 가지고 있는 상태여서 보증 3사에 대한 구상권을 행사할 수 없는 결과에 이를 수 있다는 점을 인식하고 보증금의 지급을 미루어 왔는바, 비록 소외 6 주식회사와 소외 7 주식회사가 제기한 진정이 조사 결과 무혐의 처리되었고 또한 피고가 건설교통부장관으로부터 경고를 받고 나서 보증금을 지급하였지만, 위 경고에서도 연대보증사에 대한 차후의 구상문제에 관한 위험은 피고가 이를 감수하여야 한다는 내용이 포함되어 있을 뿐 아니라, 위 진정이 처리되고 건설교통부장관의 위 경고가 이루어지기에 앞서 1995. 11. 10. 소외 6 주식회사가 구체적인 사유를 들어 이의한 바 있고 피고가 보증금을 지급한 후 약 1달 뒤에 이루어진 감사원의 감사 결과에서는 위 이의 사유를 대부분 받아들여 위 보증금의 지급이 부당하다고 판단한 점에 비추어 보면, 위 진정 처리 결과나 건설교통부장관의 경고와 같은 사정만으로는 피고의 보증금 지급과정을 정당화할 사유로 삼기에는 부족하다고 보이므로, <u>결국 피고가 (명칭 생략)의료센타의 청구를 받아들여 이 사건 보증서에 관한 보증금을 지급한 데에는 중대한 과실이 있다고 보인다</u>.

<u>또한</u>, 비록 이 사건 보증서에 관한 선급금지급보증약관(기록 297쪽) 제8조 제1항 전단은 '조합이 보증금을 지급한 때에는 채무자에 대하여 구상권을 가지며'라고 정하고 있지만 민법 제441조 제1항에 의하면 변제한 수탁보증인에게 구상권이 발생하기 위해서는 과실 없이 변제하여야 하는 것이 원칙이라는 점과 아울러, 특히 앞서 본 바와 같이 피고가 지급보증계약의 체결 내지 보증금의 지급과 관련된 업무에 관하여 전문가로서 보증 3사에 비하여 이 사건 보증서에 관한 보증금 지급의무의 존부에 관하여 훨씬 더 정확히 판단할 수 있는 지위에 있을 뿐 아니라 이 사건 보증서 발급 과정에서 보증 3사로부터 보증서발급동의서를 받지도 아니하고 나아가 보증 3사 중 소외 6 주식회사나 소외 7 주식회사가 보증금 지급의무를 다투어 검찰청에 진정을 제기하고 2차례에 걸쳐 구체적인 사실을 적시하여 피고에게 이의를 제기하기까지 한 사정에 비추어 보면, <u>통정허위표시에 의하여 이루어진 이 사건 공사하도급계약 및 선급금반환채무에 기초한 이 사건 보증서의 발급 내지 보증금 지급 과정에 중대한 과실이 있는 피고를 민법 제108조 제2항에 의한 선의의 제3자에 해당한다고 보호하여 보증 3사에 대하여 구상권을 행사할 수 있도록 허용하는 것은 형평에 어긋난다</u>.

<u>따라서 지급보증인인 피고가 채권자인 (명칭 생략)의료센타에 대하여 지급보증채무 전부를 부담하지 아니함을 주장할 수 있었는데도 중과실로 그 주장을 하지 아니한 채 지급보증채무를 이행한 이 사건에 있어서, 그 주장을 할 수 있었던 범위 내에서는 신의칙상 그 지급보증금 지급으로 인한 구상금 채권에 대하여 연대보증인들</u>

인 보증 3사에게 구상금을 청구할 수 없고 그 구상금 청구채권이 존재한다고 원고에게 주장할 수 없다 할 것이다.

라. 그렇다면 이와 달리 피고가 이 사건 공사하도급계약이 진정하게 성립되지 아니한 사정을 알지 못한 데에 과실이 있다고 하더라도 보증 3사에 대하여 구상권을 행사하는 것이 신의칙에 반한다고 할 수 없다고 한 원심의 판단에는 채증법칙을 위반하여 사실을 오인하거나 신의칙에 관한 법리를 오해하여 판결 결과에 영향을 미친 위법이 있다.

§ 6-14 채권의 가압류채권자의 제3자 해당여부
❶ 대법원 2004. 5. 28. 선고 2003다70041 판결 【제3자이의】

사실관계

X 부동산의 소유자인 甲은 A와 통모하여 허위의 의사로 채권최고액 1억 원의 근저당권설정계약을 체결하고 이에 따른 근저당권을 경료하였다. 그런데 A는 乙에게 위 근저당권설정계약서를 제시하면서 금원을 빌려줄 것을 요청하여, 乙은 A에게 3천 2백만 원을 대여해 준 다음, 위 근저당권설정등기의 피담보채권 중 3천 2백만 원 부분에 대하여 근저당권부 채권가압류결정을 받아 그 기입등기가 경료되었다. 그 후 위 부동산에 대하여 경매가 실행되어 乙에게 배당금지급이 결정되자, 甲은 자신과 A 사이의 위 근저당권설정계약은 통정허위표시로서 무효이므로 이러한 계약상의 채권에 가압류한 乙의 권리 역시 무효라고 주장하면서 제3자 이의의 소를 제기하였다.

판결이유

1. 상고이유 제1점에 대하여
<통정허위표시에 의한 채권을 가압류한 자가 민법 제108조 제2항의 '제3자'에 해당하는지 여부(적극) 및 위 '제3자'에 무과실이 요건인지 여부(소극) *(민법 제108조 제2항; 민사집행법 제276조)* > 통정한 허위표시에 의하여 외형상 형성된 법률관계로 생긴 채권을 가압류한 경우, 그 가압류권자는 허위표시에 기초하여 새로운 법률상 이해관계를 가지게 되므로 민법 제108조 제2항의 제3자에 해당한다고 봄이 상당하고, 또한 민법 제108조 제2항의 제3자는 선의이면 족하고 무과실은 요건이 아니다. 따라서 원심이, 피고*(을)*가 원고*(갑)*와 이○순*(A)* 사이의 근저당권설정계약이 유효하다고 믿고 그 피담보채권에 대하여 가압류하였음을 전제로 민법 제108조 제2항의 선의의 제3자에 해당한다고 본 것은 정당하고, 거기에 주장과 같은 통정허위표시의 제3자에 대한 법리오해의 위법이 없다.

2. 상고이유 제2점에 대하여
<강제집행을 면할 목적으로 부동산에 허위의 근저당권설정등기를 경료하는 행위가

민법 제103조에 해당하는 반사회질서의 법률행위인지 여부(소극) (민법 제103조)> 강제집행을 면할 목적으로 부동산에 허위의 근저당권설정등기를 경료하는 행위는 민법 제103조의 선량한 풍속 기타 사회질서에 위반한 사항을 내용으로 하는 법률행위로 볼 수 없다(대법원 1994. 4. 15. 선고 93다61307 판결 참조).

원심판결의 이유 설시에 적절치 않은 점이 있기는 하지만, 이 사건 근저당권을 설정한 행위가 반사회질서의 법률행위에 해당하여 무효라는 원고(갑)의 주장을 배척한 결론에 있어서는 정당하고, 거기에 주장과 같은 반사회질서의 법률행위에 관한 법리오해의 위법이 없다.

3. 상고이유 제3점에 대하여

원심은 제1심판결을 인용하여, 원고(갑)가 이O순(A)과 통모하여 허위의 의사로 채권최고액 1억 원의 근저당권설정계약을 체결하고 이에 따른 근저당권을 경료하였는데, 이O순(A)이 피고(을)에게 위 근저당권설정계약서를 제시하면서 금원을 빌려줄 것을 요청하여, 피고(을)가 이O순(A)에게 3,200만 원을 대여해 준 다음, 근저당권설정등기의 피담보채권 중 3,200만 원 부분에 대하여 근저당권부 채권가압류결정을 받아 그 기입등기가 경료된 사실을 인정한 뒤, 피고(을)가 통정허위표시인 근저당권설정계약이 유효하다고 믿고 그 피담보채권에 대하여 가압류결정을 받은 선의의 제3자에 해당하는 한 원고(갑)가 피고(을)에 대하여 근저당권설정계약의 무효를 주장하거나, 피담보채권이 부존재한다거나 무효라고 볼 수도 없으므로, 피고(을)는 근저당권의 말소에 대한 승낙의 의사표시를 할 의무가 없다고 판단하였다.

그러나 원심의 위와 같은 판단을 그대로 수긍하기는 어렵다.

<근저당권이 유효하기 위하여 근저당권설정행위와 별도로 근저당권의 피담보채권을 성립시키는 법률행위가 필요한지 여부(적극) (민법 제357조 제1항)> 근저당권은 그 담보할 채무의 최고액만을 정하고, 채무의 확정을 장래에 보류하여 설정하는 저당권으로서(민법 제357조 제1항), 계속적인 거래관계로부터 발생하는 다수의 불특정채권을 장래의 결산기에서 일정한 한도까지 담보하기 위한 목적으로 설정되는 담보권이므로, 근저당권설정행위와는 별도로 근저당권의 피담보채권을 성립시키는 법률행위가 있어야 한다.

한편, *<근저당권의 피담보채권이 부존재하는 경우, 그 채권에 대한 가압류명령의 효력(무효) 및 가압류권자가 무효인 근저당권의 말소에 대하여 승낙의 의사표시를 하여야 할 의무를 부담하는지 여부(적극) (민사집행법 제276조; 부동산등기법 제171조)>* 근저당권이 있는 채권이 가압류되는 경우, 근저당권설정등기에 부기등기의 방법으로 그 피담보채권의 가압류사실을 기입등기하는 목적은 근저당권의 피담보채권이 가압류되면, 담보물권의 수반성에 의하여 종된 권리인 근저당권에도 가압류의 효력이 미치게 되어 피담보채권의 가압류를 공시하기 위한 것이므로, 만일 근저당권의 피담보채권이 존재하지 않는다면 그 가압류명령은 무효라고 할 것이고, 근저당권을 말소하는 경우에 가압류권자는 등기상 이해관계 있는 제3자로서 근저당권의 말소에 대한 승낙의 의사표시를 하여야 할 의무가 있다.

기록에 의하면, 원고(갑)와 이○순(A)은 근저당권설정계약만 체결하였을 뿐, 피담보채권을 성립시키는 의사표시가 있었다고 볼 만한 자료가 없으므로, 위 근저당권은 피담보채권이 존재하지 아니하여 무효라고 볼 여지가 있다고 할 것이다.

그렇다면 원심으로서는 원고(갑)와 이○순(A) 사이에 근저당권에 의하여 담보되는 채권을 성립시키는 법률행위가 있었는지 여부에 대하여 충분한 심리를 하였어야 할 것임에도 불구하고, 이에 대한 심리를 전혀 하지 아니한 채 원고(갑)의 청구를 배척하였으니, 원심판결에는 심리를 다하지 아니하였거나 근저당권이 있는 채권의 가압류에 관한 법리를 오해한 위법이 있다 할 것이다. 이 점을 지적하는 상고논지는 이유 있다.

§ 6-15 파산관재인의 제3자 여부

❶ 대법원 2003. 6. 24. 선고 2002다48214 판결 【채무부존재확인】
(대법원 2007. 10. 26. 선고 2005다42545 판결; 대법원 2010. 4. 29. 선고 2009다96083 판결)

사실관계

X 상호신용금고의 대주주인 제일동포 A는 1998. 9. 경 X 금고의 상무인 B에게 한달 내로 일본에서 자금이 들어오면 변제할 것이라고 하면서 예금유치 활동을 하는데 필요한 활동자금을 송금하여 줄 것을 부탁하였다. 이에 B는 대주주인 A의 부탁을 거절하기 어려워 A에게 대출하기로 하되, 상호신용법상 일정액 이상의 주식을 소유하고 있는 출자자에 대한 대출제한규정 때문에 A의 명의로는 대출이 불가능한 점을 감안하여 제3자를 형식적인 채무자로 하여 대출을 실행하기로 하였다. 이에 따라 B는 친구인 甲에게 이러한 경위 및 향후 甲이 X 금고에 대하여 대출금의 상환채무를 부담할 가능성이 없다는 취지 등을 설명하면서 대출명의를 빌려줄 것을 부탁하여 甲으로부터 대출서류에 서명을 받고 인감도장 및 인감증명서를 교부받은 후 이를 이용하여 1999. 9. 4. 甲 명의로 3억 4천만 원의 대출을 실행시켜 A에게 송금하였다. 그 후 A는 그의 대리인 C(X 금고의 이사)를 통해 대출금의 이자 등을 지급하였으나, 甲은 2000. 1. 14. X 금고가 금융감독원의 영업인가 취소처분에 의하여 해산되어 청산인이 선임되기까지 대출금에 대한 변제독촉을 받지 않았다. X 금고는 2000. 7. 28. 파산선고를 받았고, 乙이 파산관재인으로 선임되었다. 甲은 X 금고와의 사이에 지금까지 어떠한 금융거래도 한 사실이 없을 뿐 아니라, 甲 명의로 위 대출약정이 체결된 경위 및 그 대출금의 실제 사용처에 비추어 위 대출약정은 甲과는 무관하게 X 금고측의 로비자금 조성목적으로 체결된 것이고, 위 대출약정은 통정허위표시에 해당되어 무효이므로 위 대출약정에 기한 甲의 X 금고에 대한 채무는 존재하지 않는다고 주장하면서 채무부존재확인의 소를 제기하였다. (乙은 X 금고의 파산선고당시 위 대출약정이 통정허위표시라

는 사실을 알고 있었다). 이에 대해 乙은 소송에서 甲이 위 대출약정을 체결함에 있어 B에게 그 명의의 사용을 허락하였고, 나아가 직접 위 대출관계서류를 작성하였을 뿐 아니라 그 대출관계서류의 일부로서 그 명의의 인감증명까지 제출한 점에 비추어 위 대출약정은 적법하게 체결되어 유효한 것이고, 위 대출약정이 통정허위표시에 해당되어 무효라고 하더라도 파산관재인인 乙은 선의의 제3자이므로 위 무효로써 乙에게 대항하지 못한다고 주장하였다.

판결이유

<가장소비대차의 대주가 파산선고를 받은 경우, 그 파산관재인이 통정허위표시의 제3자에 해당하는지 여부(적극) (민법 제108조 제2항; 파산법 제6조, 제7조, 제154조 제1항)> 파산자가 파산선고시에 가진 모든 재산은 파산재단을 구성하고, 그 파산재단을 관리 및 처분할 권리는 파산관재인에게 속하므로, 파산관재인은 파산자의 포괄승계인과 같은 지위를 가지게 되지만, 파산이 선고되면 파산채권자는 파산절차에 의하지 아니하고는 파산채권을 행사할 수 없고, 파산관재인이 파산채권자 전체의 공동의 이익을 위하여 선량한 관리자의 주의로써 그 직무를 행하므로, 파산관재인은 파산선고에 따라 파산자와 독립하여 그 재산에 관하여 이해관계를 가지게 된 제3자로서의 지위도 가지게 된다. 따라서 파산자가 상대방과 통정한 허위의 의사표시를 통하여 가장채권을 보유하고 있다가 파산이 선고된 경우 그 가장채권도 일단 파산재단에 속하게 되고, 파산선고에 따라 파산자와는 독립한 지위에서 파산채권자 전체의 공동의 이익을 위하여 직무를 행하게 된 파산관재인은 그 허위표시에 따라 외형상 형성된 법률관계를 토대로 실질적으로 새로운 법률상 이해관계를 가지게 된 민법 제108조 제2항의 제3자에 해당한다.

원심이 같은 취지에서, <사안의 경우> 원고(갑)가 주식회사 열린상호신용금고(X 금고)와 맺은 이 사건 대출약정이 통정한 허위의 의사표시에 따른 것으로서 무효라고 하더라도, 이 사건 대출약정이 있은 뒤 주식회사 열린상호신용금고(X 금고)에 대하여 파산이 선고되었으므로, 원고(갑)는 이 사건 대출약정이 무효라는 사유를 들어 주식회사 열린상호신용금고(X 금고)의 파산관재인인 피고(을)에게 대항할 수 없다고 판단한 것은 옳고, 거기에 상고이유로 든 주장과 같은 잘못이 없다.

❷ 대법원 2006. 11. 10. 선고 2004다10299 판결 [채무부존재확인]

사실관계

주식회사 C(소외 3) 신용금고의 대주주인 D(소외 4)는 C에게 27억 원을 대출해 줄 것을 요구하였다. 그러나 D에 대한 대출은 2/100 이상의 주식을 가지는 주주에 대한 대출을 금지하는 구 상호신용금고법 제37조에 위배되는 출자자에 대한 불법대출에 해당되어, C는 임원회의에서 제3

의 명의를 차용하여 D에게 금원을 대출하기로 결정하였다. 그에 따라 D는 당시 C의 대출담당자였던 E(소외 6)를 통해 C의 오랜 거래처이며 C로부터 4억 원을 대출받게 될 甲에게, 甲에게는 전혀 피해가 없을 것이니 대출명의를 빌려달라고 부탁하여 甲으로부터 승낙을 얻은 후, 2000. 11. 9. 甲과 대출약정을 체결하였다. 같은 날 甲 명의의 C 신용금고 마이너스 통장에서 27억 원이 인출되어 甲 명의의 다른 통장에 입금된 후, 그 다음날 위 대출금은 D에게 전해졌다. 한편 C는 2000. 12. 12. 금융감독위원회로부터 부실금융기관으로 지정되어 C의 관리인으로 선임된 금융감독원의 직원인 A(소외 1)와 乙 예금보험공사의 직원인 B(소외 2)에 의해 경영관리조치를 받아 오던 중, 2001. 8. 27. 서울지방법원으로부터 파산선고를 받고 乙 예금보험공사가 그 파산관재인으로 선임되었다. 이에 甲은 乙을 상대로 위 대출금채무가 존재하지 않는다고 주장하면서 채무부존재확인의 소를 제기하였다.

판결이유

......

2. 상고이유 제3 내지 5점에 대하여
가. 원심은, 파산관재인 피고(乙)가 통정허위표시의 제3자에 해당한다고 하면서도, 그 채용 증거들에 의하여 인정되는 다음과 같은 파산선고 이전의 사정들, 즉 금융감독원이 2000. 12. 12. 해동금고에 대하여 경영관리조치(영업정지명령)를 취하면서 관리인으로 금융감독원의 선임 검사역인 소외 1(A)과 예금보험공사의 검사역인 소외 2(B)를 선임하였고, 2001. 1. 3. 소외 (A)1과 소외 2(B)의 실사를 통하여 이 사건 대출이 출자자대출임을 인지하고 해동금고의 대표이사인 소외 3(C) 등을 고발한 사실, 소외 2(B)는 2001. 1. 31. 소외 4(D)로부터 이 사건 대출금에 대한 담보로 소외 4(D)의 후순위채권을 양수받았고, 예금보험공사는 2001. 7. 19.부터 2001. 7. 31.까지 이 사건 대출약정이 명의차용에 의한 것이고 실제 차주는 소외 4(D)임을 확인하는 내용이 포함된 해동금고의 부실원인조사서를 작성한 사실 등에 의하면 피고(乙)는 이 사건 파산선고 당시 이 사건 대출약정이 통정허위표시라는 사실을 알았다고 봄이 상당하다는 이유에서 피고(乙)가 악의라는 원고(甲)의 재항변을 받아들여 원고(甲)의 이 사건 청구를 인용하였다.
나. 그러나 파산관재인은 선임되어 파산의 종결에 이르기까지 다양하게 설명되는 법적 지위에서 여러 가지 직무권한을 행사하는바, <*파산관재인이 민법 제108조 제2항 등에 있어서 제3자에 해당하는 이유 및 그 선의 여부의 판단 기준(=총파산채권자)*> 파산관재인이 민법 제108조 제2항의 경우 등에 있어 제3자에 해당된다고 한 것(대법원 2003. 6. 24. 선고 2002다48214 판결, 2005. 7. 22. 선고 2005다4383 판결 등 참조)은, 파산관재인은 파산채권자 전체의 공동의 이익을 위하여 선량한 관리자의 주의로써 그 직무를 행하여야 하는 지위에 있기 때문에 인정되는

것이므로, 그 선의·악의도 파산관재인 개인의 선의·악의를 기준으로 할 수는 없고, 총파산채권자를 기준으로 하여 파산채권자 모두가 악의로 되지 않는 한 파산관재인은 선의의 제3자라고 할 수밖에 없다.

이러한 법리에 비추어 살펴보면, 비록 파산관재인인 피고가 파산선고 이전에 위에서 본 바와 같은 까닭으로 *<사안의 경우>* 개인적인 사유로 이 사건 대출계약이 통정허위표시에 의한 것이라는 점을 알게 되었다고 하더라도 그러한 사정만 가지고 파산선고시 파산관재인이 악의자에 해당한다고 할 수는 없다. 그럼에도 불구하고, 이와 다른 입장에서 피고*(을)*가 악의의 제3자에 해당함을 전제로 한 원심의 판단에는 파산관재인의 선의성 판단에 관한 법리를 오해하여 판결 결과에 영향을 미친 위법이 있다. 이 점을 지적하는 취지인 상고이유의 주장은 이유 있다.

§ 6-16 전세권설정계약에 의하여 형성된 법률관계로 생긴 전세권부채권의 가압류권자

❶ 대법원 2010. 3. 25. 선고 2009다35743 판결 [전세권설정등기말소등기절차이행등]

사실관계

甲은 2001. 11. 26. 乙1과 X 부동산 중 일부에 관하여, 임대보증금 1억 원, 월 차임 800만 원, 계약기간 2001. 12. 30.부터 24개월로 정한 임대차계약을 체결하였다. 그런데 甲은 2001. 11. 26.경 A에게 전세금 3억 원, 존속기간 2001. 11. 26.부터 24개월로 기재되어 있는 대출용 전세계약서를 작성해 주고, 존속기간 2001. 11. 26.부터 2003. 12. 31.까지, 전세권자 乙1으로 정해진 전세권설정등기를 마쳐주었다. 그 후 甲과 乙1은 위 임대차계약의 존속기간이 만료될 무렵인 2003. 12. 30.경 임대차계약을 다시 체결하면서, 임대보증금을 7천만 원으로, 월차임을 350만 원으로 감액하였다가 2004. 3. 3.경 乙1의 요청으로 위 임대보증금을 전액 반환하는 대신 월차임을 420만 원으로 증액하는 내용으로 임대차계약이 변경되었다. 乙2는 乙1에 대하여 8천만 원의 채권이 있다고 주장하면서 2004. 11. 25. 전세권부채권가압류 결정을 받아 X 부동산에 관하여 2004. 12. 1. 전세권부채권가압류 등기를 마쳤다. 당시 乙1은 임차인으로서 X 부동산 중 일부를 점유·사용하고 있었다. 이에 甲은 乙1에 대하여 전세권설정등기의 말소를, 乙2에 대하여는 위 말소등기에 관하여 승낙의 의사표시를 구하는 소를 각 제기하였다.

판결이유

1. *<실제로는 전세권설정계약을 체결하지 아니하였으면서도 담보의 목적 등으로 당사자 사이의 합의에 따라 전세권설정등기를 마친 경우, 전세권부채권의 가압류권*

자가 선의의 제3자로서 보호받을 수 있는지 여부(적극) (민법 제108조 제2항)> 실제로는 전세권설정계약을 체결하지 아니하였으면서도 임대차계약에 기한 임차보증금반환채권을 담보할 목적 또는 금융기관으로부터 자금을 융통할 목적으로 임차인과 임대인 사이의 합의에 따라 임차인 명의로 전세권설정등기를 경료한 경우, 위 전세권설정계약이 통정허위표시에 해당하여 무효라 하더라도 위 전세권설정계약에 의하여 형성된 법률관계에 기초하여 새로이 법률상 이해관계를 갖게 된 제3자에 대하여는 그 제3자가 그와 같은 사정을 알고 있었던 경우에만 그 무효를 주장할 수 있다(대법원 2008. 3. 13. 선고 2006다58912 판결 등 참조). 그리고 통정한 허위표시에 의하여 외형상 형성된 법률관계로 생긴 채권을 가압류한 경우 그 가압류권자는 허위표시에 기초하여 새로이 법률상 이해관계를 가지게 된 제3자에 해당하므로, 그가 선의인 이상 위 통정허위표시의 무효를 그에 대하여 주장할 수 없다(민법 제108조 제2항).

한편, <*전세권이 법정갱신된 경우, 전세권자가 등기 없이도 전세권설정자나 그 목적물을 취득한 제3자에 대하여 갱신된 권리를 주장할 수 있는지 여부(적극)* (민법 제312조 제4항)> 전세권이 법정갱신(민법 제312조 제4항)된 경우 이는 법률의 규정에 의한 물권의 변동이므로, 전세권갱신에 관한 등기를 필요로 하지 아니하고, 전세권자는 등기 없이도 전세권설정자나 그 목적물을 취득한 제3자에 대하여 갱신된 권리를 주장할 수 있다(대법원 1989. 7. 11. 선고 88다카21029 판결 등 참조).

2. 가. 원심판결 이유에 의하면, 원심은 그 채용 증거를 종합하여 그 판시와 같은 사실들을 인정한 다음, 피고(을2)가 이 사건 전세권설정등기에 대하여 가압류등기를 마치기 전인 2003. 12. 31. 이 사건 전세권설정등기는 이미 등기상의 존속기간 및 그 기초가 되는 전세계약 또는 임대차계약상의 존속기간이 만료하고 임대차보증금 또한 전액 반환된 상태로 단지 등기만 말소되지 않고 남아 있었을 뿐이어서, 피고(을2)의 신뢰를 보호할 만한 외형상의 법률관계가 존재하였다고 보기 어렵다는 이유로 피고(을2)는 민법 제108조 제2항 소정의 제3자에 해당하지 않는다고 판단하였다.

나. 그러나 원심의 이러한 판단은 다음과 같은 이유에서 수긍하기 어렵다.

(1) 원심이 인용한 제1심판결 이유 및 기록에 의하면, 원고는 2001. 11. 26. 소외인(乙1)에게 이 사건 부동산 중 일부에 관하여 보증금 1억 원, 월차임 800만 원, 임대차기간 24개월로 정하여 임대하고서도, 소외인(乙1)의 요청에 따라 전세금 3억 원의 대출용 전세계약서를 작성해 주고 이 사건 전세권설정등기까지 마쳐 주었던 사실, 그 후 원고는 소외인(乙1)과 2003. 12. 30. 임대기간을 2년으로 하여 임대차계약을 다시 체결하면서 보증금을 7천만 원으로, 월차임을 350만 원으로 각 감액하였다가, 2004. 3. 3. 소외인(乙1)의 요청에 따라 위 보증금을 전액 반환하는 대신 월차임을 420만 원으로 증액하기로 임대차계약을 변경한 사실, 피고(乙2)는

2004. 11. 25. 수원지방법원 성남지원 2004카단8705호로 전세권부채권가압류 결정을 받아 같은 해 12. 1. 이 사건 부동산에 관하여 전세권부채권가압류 등기를 마쳤는바, 당시 소외인(乙1)은 임차인으로서 여전히 위 부동산 중 일부를 점유·사용하고 있었던 사실 등을 알 수 있다.

(2) 앞서 본 법리 및 위와 같은 사실관계에 전세권설정자의 전세금반환의무와 전세권자의 목적물 인도 및 전세권설정등기의 말소등기에 필요한 서류 교부의무가 동시이행 관계에 있는 사정 등을 더해 보면, <*乙2가 통정허위표시에 해당하여 무효인 전세권설정계약에 의하여 형성된 법률관계로 생긴 채권(전세권부채권)을 가압류한 사안의 경우*> 피고(을2)가 위 전세권부채권가압류 등기를 마칠 당시 이 사건 전세권설정등기가 말소되지 아니한 상태였고, 전세권 갱신에 관한 등기가 불필요한 전세권명의자인 소외인이 위 부동산 중 일부를 여전히 점유·사용하고 있었던 이상, 피고(을2)는 통정허위표시를 기초로 하여 새로이 법률상 이해관계를 가진 선의의 제3자에 해당한다고 봄이 상당하다.

(3) 그런데도 원심은 피고의 신뢰를 보호할 만한 외형상의 법률관계가 존재한다고 보기 어렵다는 이유로 피고가 민법 제108조 제2항의 제3자에 해당하지 않는다고 판단하였으니, 원심의 이러한 조치에는 통정허위표시의 제3자에 관한 법리를 오해하여 판결에 영향을 미친 잘못이 있다.

다. (선의의) 제3자에 해당되지 않는 경우
§ 6-17 채권의 가장양도에서의 채무자의 제3자 여부
❶ **대법원 1983. 1. 18. 선고 82다594 판결 [전부금]**

……

제3점에 대하여,
원심판결에 의하면, 원심은 소외 조O와 소외 정O희 사이의 이 사건 퇴직금채권양도계약은 그 판시와 같이 통정의 허위표시로서 무효라고 단정하고 소론 피고의 주장 즉, 위 채권양도계약이 통정의 허위표시로서 계약당사자인 위 소외인들 사이에는 무효라 하더라도 이로써 선의의 제3자인 피고에게는 대항할 수 없고 피고는 위 채권을 위 정O희에게 변제하여야 하므로, 원고의 이 사건 퇴직금 전부채권청구는 부당하다는 주장에 대하여 판시하기를 통정의 허위표시로서 선의의 제3자에게 대항할 수 없음은 법이 명시하고 있는 바이나, 그 법의는 피고가 위 계약이 무효임을 알지 못하고 위 채권을 그 양수자인 소외 정O희에게 변제하였을 경우 피고는 그 변제로서 위 채무를 면하게 된다는 뜻이지, 피고 주장과 같이 채무자가 채무를 변제치 아니하고 있는 중 진실한 채권자가 밝혀진 경우에도 그 변제를 곧이 가장양수인에게 변제하라는 뜻이 아니라 할 것이므로, 피고가 위 채무를 아직도 가장양수인인 위 정O희에게 변제하지 아니하고 있음을 피고 스스로 자인하는 본건에 있어서 피고가 선의의 제3자임을 내세워 원고의 이 사건 퇴직금 전부채권의 지급을 거절할 수 없는 이치이니 피고의 위 주장은 이유없다고 판시하고 있는바, 소론 당원판례는 전부명령이 제3채무자에게 송달된 때에 피전부채권이 이미 제3자에 대한 대항요건을 갖추어 적법히 양도되어 존재하지 아니한다면, 그 전부명령은 그 양도된 채권에는 그 효력이 미치지 아니하고, 따라서 그 후에 위 채권양도계약이 해제되어 그 채권이 원 채권자에게 복귀되었다 하더라도 그 채권은 전부 채권자에게 전부되지 아니한다는 것이어서 원심의 위 판시는 사안을 달리하여 위 당원판례에 상반된다고 할 수 없다.

소론은 독자적인 견해에서 위 원심판시가 당원판례에 위배된다고 하는 것이니 받아들일 수 없다. **<통정허위표시인 채권양도계약이 체결된 경우 채무자가 민법 제108조 제2항 소정의 제3자에 해당되는지 여부(소극)** (민법 제108조)> 민법 제108조 제2항에서 말하는 제3자는 허위표시의 당사자와 그의 포괄승계인 이외의 자 모두를 가리키는 것이 아니고, 그 가운데서 허위표시 행위를 기초로 하여 새로운 이해관계를 맺은 자를 한정해서 가리키는 것으로 새겨야 할 것이므로, 피고는 선의의 제3자임을 내세워 원고의 이 사건 퇴직금 전부채권의 지급을 거절하지 못한다는 원심의 판시도 정당하다(이 사건 퇴직금 채무자인 피고는 원채권자인 소외(갑)이 소외(을)에게 퇴직금채권을 양도했다고 하더라도 그 퇴직금을 양수인에게 지급하지 않고 있는 동안에 위 양도계약이 허위표시란 것이 밝혀진 이상 위 허위표시의 선의의 제3자임을 내세워 진정한 퇴직금전부채권자인 원고에게 그 지급을 거절할 수 없다). 결국 논지는 모두 이유없으므로 상고를 기각하고, 상고비용은 패소자의 부담으로 하여 관여법관의 일치된 의견으로 주문과 같이 판결한다.

(2) 제3자의 선의
§ 6-18 제3자의 신뢰보호 범위
❶ 대법원 2013. 2. 15. 선고 2012다49292 판결 [추심금]

> 사실관계

丙(소외 3)은 乙1(소외 4)의 임차보증금반환채권을 담보해 주기 위하여 乙1과 통정허위표시로 X 건물에 관하여 전세금 6억 원, 존속기간 2004. 8. 12.부터 2008. 8. 31.로 정한 전세권설정계약(이하 '전세권설정계약'이라 하고, 이로써 취득한 전세권을 '전세권', 전세권이 담보하는 전세금반환청구권을 '전세권부채권'이라 함)을 체결하고, 위 설정계약을 원인으로 전세권설정등기를 경료해 주었다. 丁(소외 2)은 2004. 8. 17. 이러한 사정을 잘 알면서도 乙1에 대한 채권을 담보하기 위하여 乙1로부터 전세권에 대하여 채권최고액 6억 원인 근저당권설정계약을 체결한 후 전세권근저당권설정등기를 경료받았다. 한편 乙2(주식회사 교육지존)는 2007. 1. 10. 乙1로부터 전세권을 양도받고, 이를 원인으로 하여 전세권이전등기를 경료하였고(전세권양도), X 건물은 2007. 7. 3. 乙3(소외 5)에게 양도되었고, 乙4(피고)는 乙3으로부터 X 건물을 매수한 후 2009. 6. 3. 소유권이전등기를 마쳤다. 이후 甲1(소외 1)은 丁을 상대로 제기한 대여금청구의 소에서 2009. 6. 23. 승소확정된 판결을 집행권원으로 2009. 4. 17. 丁(소외 2)의 乙1(소외 4)에 대한 위 전세권근저당권부 채권에 대하여 가압류결정을 받아 2009. 5. 17. 위 전세권근저당권설정등기에 부기등기의 방법으로 가압류등기가 기입되었다. 그 후 甲1은 2009. 8. 24. 채무자 丁, 제3채무자 乙1로 하여 위 전세권근저당권부 채권에 관하여 위 가압류를 본압류로 이전하는 전세권근저당권부채권 압류 및 추심명령을 받아(추심명령 1), 그 결정이 2009. 9. 17. 乙1에게 송달되었다(2009. 10. 8. 위 전세권근저당권설정등기에 부기등기의 방법으로 압류등기가 기입되었다). 이후 甲1은 다시 근저당권부채권의 추심채권자로서 채무자 乙2, 제3채무자 乙4로 하여 전세권부채권 압류 및 추심명령을 신청하여, 2009. 10. 18. 이를 인용하는 결정(추심명령 2)을 받았고, 위 결정은 2009. 10. 25. 乙4에게, 2009. 11. 3. 乙2에 각 송달되었다. 이에 甲1의 상속인인 甲2는 乙4에 대하여 위 추심금을 지급하라는 청구를 하였다.

판결이유

1. 통정허위표시 및 소외 2(정)의 악의 여부에 대하여
원심은 판시와 같은 사실을 인정한 다음, 소외 3(병)이 소외 4(을1)의 임차보증금반환채권을 담보해 주기 위하여 통정허위표시로 소외 4(을1)에게 이 사건 전세권을 설정해 주어 전세금 6억 원, 존속기간 2004. 8. 12.부터 2008. 8. 31.까지인 전세권설정등기를 경료해 주었고, 소외 2(정)는 이러한 사정을 잘 알면서도 자신의 채권을 담보하기 위하여 소외 4(을1)로부터 이 사건 전세권에 대하여 채권최고액 6억 원인 근저당권설정계약을 체결한 후 전세권근저당권설정등기를 경료한 것이라는 취지로 판단하였다.
원심판결 이유를 적법하게 채택된 증거들에 비추어 살펴보면, 위와 같은 원심의 판단에, 상고이유로 주장하는 바와 같이 논리와 경험의 법칙을 위배하고 자유심증주의의 한계를 벗어난 위법은 없다.

2. 소외 1의 민법 제108조 제2항의 제3자 해당 여부에 대하여
가. <실제로는 전세권설정계약을 체결하지 않았으면서도 임차보증금반환채권을 담보할 목적 등으로 임차인과 임대인의 합의에 따라 임차인 명의로 전세권설정등기를 마친 경우, 통정허위표시의 무효를 주장할 수 없는 '선의의 제3자'의 범위 (민법 제108조 제2항)> 실제로는 전세권설정계약을 체결하지 아니하였으면서도 임대차계약에 기한 임차보증금반환채권을 담보할 목적 또는 금융기관으로부터 자금을 융통할 목적으로 임차인과 임대인 사이의 합의에 따라 임차인 명의로 전세권설정등기를 경료한 경우에, 위 전세권설정계약이 통정허위표시에 해당하여 무효라 하더라

도, 위 전세권설정계약에 의하여 형성된 법률관계에 기초하여 새로이 법률상 이해관계를 가지게 된 제3자에 대하여는 그 제3자가 그와 같은 사정을 알고 있었던 경우에만 그 무효를 주장할 수 있다(대법원 2010. 3. 25. 선고 2009다35743 판결 등 참조). 그리고 여기에서 선의의 제3자가 보호될 수 있는 법률상 이해관계는 위 전세권설정계약의 당사자를 상대로 하여 직접 법률상 이해관계를 가지는 경우 외에도 그 법률상 이해관계를 바탕으로 하여 다시 위 전세권설정계약에 의하여 형성된 법률관계와 새로이 법률상 이해관계를 가지게 되는 경우도 포함된다.

나. 소외 3*(병)*이 소외 4*(을1)*의 임차보증금반환채권을 담보해 주기 위하여 통정허위표시로 소외 4*(을1)*에게 이 사건 전세권을 설정해 주어 전세금 6억 원, 존속기간 2004. 8. 12.부터 2008. 8. 31.까지인 전세권설정등기를 경료해 주었고, 소외 2*(정)*는 이러한 사정을 잘 알면서도 자신의 채권을 담보하기 위하여 소외 4*(을1)*로부터 이 사건 전세권에 대하여 채권최고액 6억 원인 근저당권설정계약을 체결한 후 전세권근저당권설정등기를 경료하였음은 앞서 본 바와 같다. 나아가 원심판결 이유와 적법하게 채택된 증거들에 의하면, 소외 1*(갑1)*은 2009. 4. 17. 소외 2*(정)*의 소외 4*(을1)*에 대한 위 전세권근저당권부 채권에 대하여 가압류결정을 받아 2009. 5. 17. 위 전세권근저당권설정등기에 부기등기의 방법으로 가압류등기가 기입된 사실, 소외 1은 2009. 8. 24. 채무자 소외 2*(정)*, 제3채무자 소외 4*(을1)*로 하여 위 전세권근저당권부 채권에 관하여 위 가압류를 본압류로 이전하는 압류명령을 받아, 그 결정이 2009. 9. 17. 소외 4*(을1)*에게 송달되었으며 2009. 10. 8. 위 전세권근저당권설정등기에 부기등기의 방법으로 압류등기가 기입된 사실을 알 수 있다.

위와 같은 사실관계를 앞에서 본 법리에 비추어 보면, <**丙이 乙1의 임차보증금반환채권을 담보하기 위하여 통정허위표시로 乙1에게 전세권설정등기를 마친 후 丁이 이러한 사정을 알면서도 乙1에 대한 채권을 담보하기 위하여 위 전세권에 대하여 전세권근저당권설정등기를 마쳤는데, 그 후 甲1이 丁의 전세권근저당권부 채권을 가압류하였다가 이를 본압류로 이전하는 압류명령을 받은 해당 사안의 경우** *(민법 제108조 제2항)*> 소외 2*(정)*의 위 전세권근저당권부 채권은 앞서 본 통정허위표시에 의하여 외형상 형성된 전세권을 목적물로 하는 위 전세권근저당권의 피담보채권으로서, 소외 1*(갑1)*은 이러한 소외 2*(정)*의 위 전세권근저당권부 채권을 가압류하고 나아가 압류명령을 얻음으로써 그 채권에 관한 담보권인 전세권근저당권의 목적물에 해당하는 전세권에 대하여 새로이 법률상 이해관계를 가지게 되었다 할 것이므로, 만약 그가 통정허위표시에 관하여 선의라면 비록 소외 2*(정)*가 악의라 하더라도 허위표시자는 그에 대하여 전세권이 통정허위표시에 의한 것이라는 이유로 대항할 수 없다고 할 것이다.

사정이 이러하다면, 원심으로서는 소외 2*(정)*가 악의의 제3자였던 것으로 판단되었다 하더라도, 원고들이 주장하는 바와 같이 소외 1*(갑1)*이 허위표시에 대하여 선의의 제3자인지 여부를 심리하여, 허위표시자의 지위를 승계하였다고 할 피고*(을4)*가 소외 1*(갑1)*의 상속인들*(갑2)*로서 이 사건 소송을 수계한 원고들*(갑2)*에게 대항할 수 있는지 여부를 판단하였어야 했다.

그런데도 이와 달리 원심은, 소외 1*(갑1)*이 허위표시에 대하여 선의의 제3자인지 여부에 관하여는 아무런 심리·판단을 하지 아니한 채, 소외 2*(정)*가 악의의 제3자라는 이유만으로 피고*(을4)*가 위 통정허위표시로써 원고들*(갑2)*에게 대항할 수 있다고 단정하였으므로, 이러한 원심의 판단에는 통정허위표시의 제3자에 대한 법리를 오해하여 판결에 영향을 미친 위법이 있다.

(3) 대항하지 못한다

§ 6-19 선의의 제3자에 대한 관계에서의 통정허위표시의 효력

❶ 대법원 1996. 4. 26. 선고 94다12074 판결 【소유권이전등기말소등】

사실관계

주식회사 태영공영 A는 아파트를 신축하여 소유권보존등기를 하였으며, 채권자들의 강제집행을 피할 목적으로 B와 통모하여 위 아파트 동 OOO호인 X 부동산에 관하여 매매예약을 원인으로 하여 1987. 2. 5. B(제1심 공동피고) 명의의 가등기가 경료되었다. 그런데 甲은 A로부터 위 부동산을 매수하고, 1987. 11. 12. 소유권이전등기를 경료하였다. 그 후 X 부동산에 관하여 1987. 11. 24. B 명의의 위 가등기에 기하여 본등기가 경료되었고, 이로 인하여 위 가등기 이후에 경료되어 있던 甲 명의의 위 소유권이전등기는 직권으로 말소되었다. 한편 乙은 A와 B 사이의 X 부동산 매매가 통정허위표시임을 알지 못하고 B로부터 X 부동산을 매수하고 소유권이전등기를 경료하였다. 자기 명의의 소유권이전등기가 직권말소된 사실을 발견한 甲은 X 부동산에 관하여 B 명의로 경료된 가등기 및 본등기는 통정허위표시에 의해 이루어진 것으로서 당연무효의 등기이고, 따라서 이를 기초로 하여 이루어진 乙 명의의 소유권이전등기도 당연무효의 등기라고 하면서, 乙 명의의 소유권이전등기의 말소를 구하는 소를 제기하였다.

판결이유

원심판결 이유에 의하면 원심은, …… 이 사건 각 부동산에 관하여 김O상*(B)*과 권O부*(B)* 명의로 경료된 위 각 가등기 및 그에 기한 각 본등기는 당사자 사이의 통정한 허위의 의사표시에 의하여 이루어진 것으로서 원인무효의 등기이고, 위 각 부동산에 관한 원고들*(갑)* 명의의 소유권이전등기는 김O상*(B)*이 무효인 가등기에 기하여 본등기를 경료함으로 인하여 잘못 말소되었다 할 것이어서 원고들*(갑)*은 여전히 위 각 부동산의 소유자라 할 것이며, 위 각 부동산에 관하여 이루어진 피고들*(을)*

명의의 소유권이전등기는 위와 같이 원인 무효인 김O상(B) 명의의 가등기 및 그에 기한 본등기에 터잡아 이루어진 것으로서 역시 원인무효라고 판시하였다. 그리고 한편 권O부로부터 선의로 이 사건 각 부동산을 양수한 제3자인 피고들(을)에게 통정 허위표시의 무효를 대항할 수 없다는 피고들(을)의 주장에 대하여는, 가사 피고들이 권O부로부터 위 각 부동산을 매수함에 있어서 김O상과 권O부 명의의 위 각 가등기 및 그에 기한 본등기가 당사자들 사이의 통정한 허위의 의사표시에 의한 것임을 알지 못하였다고 할지라도, 피고들이 그와 같은 사유를 들어 소외 회사 및 김O상, 권O부에 대한 관계에서 위 각 부동산에 관한 피고들 명의의 소유권이전등기가 유효함을 주장할 수 있음은 별론으로 하고, 이와 같은 사유만으로는 위 각 부동산의 소유권에 기하여 원인무효인 위 각 부동산에 관한 피고들(을) 명의의 소유권이전등기의 말소등기절차의 이행을 구하는 원고의 청구를 배척할 사유가 되지 못한다고 판단하였다.

살피건대 <**통정 허위표시의 선의의 제3자에 대한 효력** *(민법 제108조 제2항)*> 민법 제108조에 의하면, 상대방과 통정한 허위의 의사표시(다음부터 단순히 허위표시라고 한다)는 무효이고, 누구든지 그 무효를 주장할 수 있는 것이 원칙이나, 허위표시의 당사자 및 포괄승계인 이외의 자로서 허위표시에 의하여 외형상 형성된 법률관계를 토대로 실질적으로 새로운 법률상 이해관계를 맺은 선의의 제3자에 대하여는 허위표시의 당사자뿐만 아니라 그 누구도 허위표시의 무효를 대항하지 못한다 할 것이고, 따라서 위와 같은 선의의 제3자에 대한 관계에 있어서는 허위표시도 그 표시된 대로 효력이 있다고 할 것이므로, <**통정한 허위의 가등기 및 본등기로 인해 소유권이전등기를 말소당한 자가, 그 본등기에 터잡아 부동산을 양수한 선의의 제3자에 대하여 허위표시의 무효를 주장할 수 있다고 한 원심판결을 파기한 사안** *(민법 제108조 제2항)*> *(통정 허위표시를 원인으로 한 부동산에 관한 가등기 및 그 가등기에 기한 본등기로 인하여 갑의 소유권이전등기가 말소된 후 다시 그 본등기에 터잡아 을이 부동산을 양수하여 소유권이전등기를 마친 경우,)* 피고들(을)이 권O부(B)로부터 실질적으로 이 사건 각 부동산을 양수하고 또 이를 양수함에 있어 김O상(B)과 권O부(B) 명의의 각 가등기 및 이에 기한 본등기의 원인이 된 각 의사표시가 허위표시임을 알지 못하였다면, 원고들(갑)은 선의의 제3자인 피고들(을)에 대하여는 김O상(B) 및 권O부(B) 명의의 위 각 가등기 및 본등기의 원인이 된 각 허위표시가 무효임을 주장할 수 없고, 따라서 피고들(을)에 대한 관계에서는 위 각 허위표시가 유효한 것이 되므로 위 각 허위표시를 원인으로 한 김O상(B)과 권O부(B) 명의의 각 가등기 및 본등기와 이를 바탕으로 그 후에 이루어진 피고들(을) 명의의 소유권이전등기도 유효하다 할 것이다. 위와 같이 피고들(을)에 대한 관계에서 김O상(B) 명의의 위 가등기 및 본등기가 유효하다면, 원고들(갑) 명의의 소유권이전등기는 김O상(B) 명의의 위 가등기가 가지고 있는 본등기 순위 보전의 효력에 의하여 그 가등기에 기한 김O상(B) 명의의 본등기에 우선 당하여 효력을 상실하게 되고, 따라서 원고들(갑)은 피고들(을)에 대하여 이 사건 각 부동산의 소유권이 원고들(갑)에게 있음을 주장할 수 없게 된다 할 것이다.

그럼에도 불구하고 피고들(을)이 권O부(B)로부터 실질적으로 이 사건 각 부동산을 양수하였는지 여부와 이를 양수함에 있어 김O상(B)과 권O부(B) 명의의 각 가등기 및 이에 기한 본등기의 원인이 된 각 의사표시가 허위표시임을 알지 못하였는지 여부, 즉 선의였는지 여부에 관하여 심리하지 아니한 채, 피고들(을)이 선의라고 하더라도 피고들(을)에 대하여 원고들(갑)이 위 각 부동산의 소유권자임을 주장할 수 있고, 위 각 부동산에 관한 피고들(을) 명의의 소유권이전등기는 원인무효의 등기라는 취지로 판단한 원심판결에는, 선의의 제3자에 대한 허위표시의 효력에 관한 법리를 오해하고 심리를 미진하여 판결에 영향을 미친 위법이 있다고 할 것이고, 이를 지적하는 상고이유의 주장은 이유 있다.

III. 착오

1. 의의
§ 6-20 착오의 의의
❶ 대법원 1985. 4. 23. 선고 84다카890 판결 【양수금】

사실관계
A는 자신 소유 X 부동산을 乙(강릉시)에게 2억 7천 2백만 원에 매도하고 소유권이전등기를 경료하였다. 그런데 X 부동산의 시가는 1억 3천만 원 상당임에도 불구하고, 乙은 이를 매수하는 과정에서 내정가격을 2억 7천만 원으로 정하고, 감정평가기관에 감정평가를 의뢰함에 있어서 그러한 점을 알려주어 감정평가액을 유도하였다. A는 乙에 대한 위 매매대금채권 중 5천 1백만 원의 채권을 B에게 양도하고 乙에게 이를 통지하였으며, B는 위 양수받은 채권 중 일부를 甲에게 양도하고 이를 乙에게 통지하였다. 이후 甲이 乙에 대하여 양수금채권의 이행을 구하는 소를 제기하였다. 이에 대하여 乙은 위 매매계약을 시가보다 2배의 가격으로 매수한 것은 착오에 기한 것으로 취소한다고 주장하였다.

판결이유
1. 상고이유 제1점에 관하여,
<부동산의 매매대금이 시세에 비하여 비싸다는 것과 신의칙위반 (민법 제2조, 제109

조)> 민법 제2조가 천명한 신의성실의 원칙은 사법자치의 원칙이 지배하는 특정개인간의 거래관계에 있어서 그 권리의 행사와 의무의 이행에 관하여 사회공동체의 일원으로서 상호간 신뢰를 저버리지 않는 성실성을 요구하는 것으로, 이 사건 부동산의 매매계약을 체결함에 있어서 그 매매대금이 시세에 비하여 비싸다는 것을 들어 이 신의칙에 반하는 것이라고 할 수는 없는 법리이고, 한편 일건 기록상 소외 신O구나 그의 대리인이라고 하는 소외 권O형 및 이 사건 매매대금 중 금 51,000,000원을 양수하였다는 소외 한O섭이 매매계약체결당시 피고 강릉시의 시장이었던 소외 1의 배임행위에 적극 가담하였다고 인정할만한 자료를 가려낼 수 없으므로, 그 판문에 적절하지 못한 듯한 흠이 있기는 하나 같은 취지에서 피고의 이 점에 관한 항변을 배척한 원심조치는 정당하다 할 것이고, 소론 당원판례는 그 사안을 달리하여 이 사건에 적절한 것이 아니므로 상고 논지는 그 이유가 없다.

2. 상고이유 제2점에 관하여,

원심판결 이유기재에 의하면, 원심은 이 사건 부동산의 시가에 대하여 알지 못하는 피고를 기망하는 의사가 이 사건 매도인측인 소외 신O구나 그 대리인인 소외 권O형에게 있었고 그 기망행위에 의하여 이 사건 매매계약이 체결되었다고 볼 증거가 없다고 하여 피고(을)의 사기에 의한 의사표시 취소에 관한 항변을 기각하였는 바, 일건 기록상 이 사건 매매계약이 사기에 의한 의사표시로 이루어졌다고 인정함에 넉넉한 자료를 가려낼 수가 없으므로 원심조치는 정당하여 소론과 같은 위법이 있다고 할 수 없고 소론 논지는 원심의 전권에 속하는 사실의 확정을 비난하는데 불과하여 채용할 것이 되지 못한다.

<**토지매매에 있어서 시가에 관한 착오가 법률행위의 중요부분에 관한 착오에 해당하는지 여부(소극)** (민법 제2조, 제109조)> 의사표시의 착오가 법률행위의 내용의 중요부분에 착오가 있는 이른바 요소의 착오이냐의 여부는 그 각 행위에 관하여 주관적, 객관적 표준에 쫓아 구체적 사정에 따라 가려져야 할 것이고 추상적, 일률적으로 이를 가릴 수는 없다고 할 것이나, 착오라는 것은 의사표시의 내용과 내심의 의사가 일치하지 않는 것을 표시자가 모르는 것이므로, 단순히 내심적 효과의사의 형성과정에 조오(불일치)가 발생한 이른바 연유의 착오 또는 동기의 착오는 내심적 효과의사와 참뜻 사이에 조오(불일치)가 있음을 그치고 이 내심적 효과의사와 표시와의 사이에는 그 불일치가 없다고 할 것인즉, 민법 제109조가 정하는 의사표시의 착오에 관한 문제는 제기될 수 없다고 할 것인바 원심이 확정한 사실에 따르면 이 사건 매매계약은 피고시(을)의 시가감정의뢰에 따른 감정가격에 따라 그 매매가격이 정하여졌다는 것이므로, 피고시(을)의 내심적 효과의사와 그 표시와의 사이에 아무런 불일치가 있다고 할 수 없을 뿐만 아니라, 피고(을)의 주장자체에 의하더라도 이 사건 매매가 피고시(을)의 시장이었던 소외 1의 배임행위에 의하여 이루어졌다는 이 사건에 있어서 이 사건 매매계약은 법률행위의 내용의 중요부분에 착오가

있다고 할 수 없으므로, 원심이 토지매매에 있어서 시가에 관한 착오는 매수인인 피고(을)가 토지를 매수하려는 의사를 결정함에 있어 그 동기의 착오에 불과하다고 하여 피고(을)의 주장을 배척한 조치는 그 판시 이유에 의문의 여지가 있기는 하나 결과에 있어 정당하므로 이 점에 관한 상고논지 또한 그 이유가 없다고 하겠다.

2. 요건
1) 의사표시에서의 착오의 존재
§ 6-21 의사표시의 착오의 존재
❶ 대법원 2010. 5. 27. 선고 2009다94841 판결 【매매대금】
(대법원 2013. 11. 28. 선고 2013다202922 판결)

사실관계

甲은 2007. 5. 8. 공장을 설립할 목적으로 X 임야를 乙로부터 매수하고 2007. 7. 13.까지 계약금 및 중도금 중 일부로 합계 13억 원을 지급하였다. 위 매매 당시 X 임야는 구 '국토의 계획 및 이용에 관한 법률'(2007. 7. 27. 법률 제8564호로 개정되기 전의 것)에 의한 도시관리계획상 관리지역으로 지정되어 있을 뿐 세부용도지역으로 구분되어 있지는 않았고, 파주시장은 2005. 11. 4.부터 2006. 7. 3.까지 사이에 3회에 걸쳐 X 임야를 '계획관리지역'으로 지정함에 대한 주민 및 이해관계인의 의견청취를 구하는 내용이 포함된 도시관리계획(관리지역 세분화) 결정을 위한 공고를 하였다. 甲은 위 공고 내용에 따라 X 임야가 장차 계획관리지역으로 지정되어 공장설립이 가능할 것으로 믿고 위 매매계약을 체결하였다. 그런데 당초 예상과는 달리, 경기도지사가 2007. 7. 30. 결정·고시한 파주도시관리계획에는 X 임야가 '보전관리지역'으로 지정되어 공장을 설립할 수 없게 되었다. 이에 甲은 乙을 상대로 위 매매계약을 취소하고 매매대금의 반환을 청구하였다.

판결이유

<민법 제109조의 '착오'의 의미 및 미필적 인식에 기초한 단순한 기대가 이루어지지 않은 것을 착오로 볼 수 있는지 여부(소극) (민법 제109조)> 「민법」 제109조의 의사표시에 착오가 있다고 하려면, 법률행위를 할 당시에 실제로 없는 사실을 있는 사실로 잘못 깨닫거나, 아니면 실제로 있는 사실을 없는 것으로 잘못 생각하듯이 표의자의 인식과 그 대조사실이 어긋나는 경우라야 할 것이므로, 표의자가 행위를 할 당시에 장래에 있을 어떤 사항의 발생이 미필적임을 알아 그 발생을 예기한 데 지나지 않는 경우는, 표의자의 심리상태에 인식과 대조에 불일치가 있다고 할 수 없어 착오로 다룰 수는 없다 할 것이다(대법원 1972. 3. 28. 선고 71다2193 판결

참조).

원심이 인용한 제1심판결의 이유에 의하면, 제1심은 그 채택 증거를 종합하여, …… 원고(갑)는 이 사건 공고 내용에 따라 이 사건 임야가 장차 계획관리지역으로 지정되어 공장설립이 가능할 것으로 믿고 이 사건 매매계약을 체결한 사실, 그런데 당초 예상과는 달리, 경기도지사가 2007. 7. 30. 결정·고시한 파주도시관리계획에는 이 사건 임야가 '보전관리지역'으로 지정되어 공장을 설립할 수 없게 된 사실을 인정하였다.

원심은 위 인정 사실에 터잡아 원고(갑)가 이 사건 매매계약 체결 당시 이 사건 임야에 공장을 설립할 수 있을 것으로 믿은 것은 동기의 착오에 불과하나, 그 동기가 매매계약의 내용으로 표시되었고 일반인도 원고(갑)의 입장에서라면 공장 설립이 불가능하다는 것을 알았다면 위 매매계약을 체결하지 않았을 것이므로, 이 사건 매매계약 내용의 중요부분에 관한 착오가 있었다고 보아야 하고, 따라서 원고(갑)는 「민법」 제109조 제1항에 의하여 이 사건 매매계약을 취소할 수 있다고 판단하였다.

상고이유의 주장 중 원심이 원고가 공장을 설립할 목적으로 이 사건 임야를 매수한 것으로 인정한 것은 잘못이라는 취지의 주장은, 사실심인 원심의 전권사항에 속하는 증거의 취사선택이나 사실의 인정을 탓하는 취지의 것으로서, 원심판결에는 이에 관하여 상고이유에서 주장하는 바와 같이 증거법칙을 위반한 위법이 없으므로, 이 부분 상고이유의 주장은 적법한 상고이유가 될 수 없다.

그러나 나아가 원심이 위와 같이 적법하게 확정한 사실관계와 기록에 의하면, 이 사건 공고는 구「국토계획법」제28조에 따라 도시관리계획을 입안하기 위하여 주민의 의견을 청취하기 위하여 공람장소에 관계 도서를 비치하고 있다는 것이고, 위 공고 자체에도 그 공람 내용이 변경될 수도 있다는 것이 명시되어 있는 사실, 원고는 2007. 7. 6.경 파주시장에게 이 사건 임야에 공장을 설립하기 위한 공장설립 승인신청서 등 관계 서류를 제출하였으나, 2007. 7. 20. '이 사건 임야의 개발지 하단부에 주택가가 밀집되어 과다한 면적을 개발할 경우 토사유출 등 재해발생의 우려가 있다'는 등의 이유로 공장설립 불승인 처분을 받았고, 2007. 7. 30. 이 사건 임야가 보전관리지역으로 지정됨에 따라 관계 법령에 따라 공장설립이 불가능하게 된 사실 등을 알 수 있다.

위 인정 사실을 앞서 본 법리에 비추어 보면, 이 사건 매매계약 당시에는 이 사건 임야가 도시관리계획상 '관리지역'으로 지정되어 있었을 뿐 세부용도지역으로 구분되어 있지 않았고, 이 사건 공고는 위 임야를 '계획관리지역'으로 지정함에 대한 주민 및 이해관계인의 의견청취를 위한 공고에 불과하므로, 이 사건 매매계약 당시 객관적 상황에 대한 원고의 인식 자체에는 오류가 없는 것으로 보인다. 또한, <**공장을 설립할 목적으로 매수한 임야가 도시관리계획상 보전관리지역으로 지정됨에**

따라 공장설립이 불가능하게 된 해당 사안의 경우 (민법 제109조)> 원고(갑)가 이 사건 임야가 장차 계획관리지역으로 지정되어 공장설립이 가능할 것으로 생각하였다고 하더라도 이는 장래에 대한 단순한 기대에 지나지 않는 것이므로, 그 기대가 이루어지지 아니하였다고 하여 이를 법률행위의 내용의 중요부분에 착오가 있는 것으로는 볼 수 없다고 할 것이다.

그럼에도 원심이 원고가 이 사건 매매계약 체결 당시 이 사건 임야에 공장을 설립할 수 있을 것으로 믿은 것이 매매와 관련한 동기의 착오로서 매매계약 내용의 중요부분에 관한 착오에 해당한다고 단정한 것은, 법률행위의 내용의 중요부분의 착오에 관한 법리를 오해하여 판결에 영향을 미친 위법이 있다.

❷ 대법원 1972. 3. 28. 선고 71다2193 판결 【소유권이전등기말소】

원판결의 설시이유를 보면, 원설시 매매는 원고가 원설시 소송이 상고심에서도 하급심에서와 같이 그가 패소될 것으로 믿었(즉 착오에 빠졌고)을 뿐더러 그와 같이 믿고 있음을 피고에게 표시(연유의 표시)하고, 맺었으나 상고심판결에서 원고가 승소하였으니 계약은 중요부분에 착오가 있는 계약이 돼버렸다는 판단취지이다. 그러나, *<판결선고전에 단지 예상한데 지나지 않는 그 판결결과를 연유로 하여 법률행위를 하였는데, 선고된 판결결과가 그 예상을 뒤엎은 경우와 법률행위자체에의 요소에 착오 (민법 제109조)>* 민법 제109조의 의사표시에 착오가 있다고 하려면, 법률행위를 할 당시에 실제로 없는 사실을 있는 사실로 잘못 깨닫거나, 아니면 실제로 있는 사실을 없는 것으로 잘못 생각하듯이 표의자의 인식과 그 대조사실과가 어긋나는 경우라야 할터이므로, 표의자가 행위를 할 당시에 장래에 있을 어떤 사항의 발생이 미필적임을 알아 그 발생을 예기한데 지나지 않는 경우는, 표의자의 심리상태에 인식과 대조에 불일치가 있다고는 할 수 없어 착오로 다룰 수는 없다 하겠다. 따라서 이 사건에서 원심인정과 같은 상고심의 판결이 나기전에는 원고가 아무리 결과가 하급심의 결과와 같이 뻔하다고 생각하였다고 하여도, 이는 확실한 것이 못되고, 일종의 기대에 지나지 않을 것이므로, 상고심에서의 패소는 원고가 법률행위를 하는데 있어서의 연유에 지나지 않고, 상고심의 승소는 결국 연유가 결과와 빗나간 것뿐, 이를 가리켜 법률행위자체의 요소에 착오된 것으로 볼 수 없다*(즉 판결선고전에 이미 그 선고결과를 예상하고 법률행위를 하였으나 실제로 선고된 판결이 그 예상과 다르다 하더라도 이 표의자의 심리상태에 인식과 대조사실에 불일치가 있다고는 할 수 없어 착오로 다룰 수는 없다)*. 결국 원심의 위 판단은 착오에 관한 법리의 오해에서 낳은 위법을 남겼다고 하겠다. (하지만 만일 위 매매에 원고의 상고심에서의 패소라는 미확정사실을 해제조건으로 하여 이 불성취의 경우 즉, 승소의 결과가 되면 매매를 무효로 돌린다는 특약이 있으면, 이에 따라야함은 물론이다) 상고논지는 이유있어 원판결은 그대로를 유지할 수 없다.

2) 법률행위 내용의 중요부분에 관한 착오
(1) 법률행위 내용의 중요부분의 개념 및 판단기준
§ 6-22 법률행위 내용의 중요부분의 판단기준
❶ (§ 6-24 ❷) 대법원 1999. 4. 23. 선고 98다45546 판결 【계약금반환등】
……
라. 착오에 의한 계약취소의 점에 대하여
<동기의 착오를 이유로 의사표시를 취소하기 위한 요건 (민법 제109조 제1항)> 의사표시는 법률행위의 내용의 중요 부분에 착오가 있는 때에는 취소할 수 있고, 의사표시의 동기에 착오가 있는 경우에는 당사자 사이에 그 동기를 의사표시의 내용으로 삼았을 때에 한하여 의사표시의 내용의 착오가 되어 취소할 수 있는 것이며, <법률행위의 중요부분의 판단기준> 법률행위의 중요 부분의 착오라 함은 표의자가 그러한 착오가 없었더라면 그 의사표시를 하지 않으리라고 생각될 정도로 중요한 것이어야 하고, 보통 일반인도 표의자의 처지에 섰더라면 그러한 의사표시를 하지 않았으리라고 생각될 정도로 중요한 것이어야 한다(대법원 1996. 3. 26. 선고 93다55487 판결).
원심판결 이유를 기록에 비추어 살펴보면, 원심이 피고가 골프장 용지 매입에 적극 협조하겠다고 하는 바람에 착오를 일으켜 이 사건 계약을 체결하게 되었으니 동기의 착오를 이유로 이를 취소한다는 원고의 주장에 대하여, 그 주장의 동기가 계약 내용으로 되어 있지도 않았고, 그 착오가 법률행위의 중요 부분의 착오도 아니라고 판단하여 이를 배척한 조치는 수긍이 가고, 거기에 상고이유에서 지적하는 바와 같은 채증법칙 위반, 법인주식양수도계약의 법리오해 등 위법이 없다.

❷ 대법원 2006. 12. 7. 선고 2006다41457 판결 [청구이의등]

<착오로 인하여 표의자가 경제적 불이익을 입지 아니한 경우, 법률행위 내용의 중요 부분의 착오라고 볼 수 있는지 여부(소극) (민법 제109조)> 법률행위의 내용의 중요 부분에 착오가 있는 때에는 의사표시를 취소할 수 있는바, 착오가 법률행위 내용의 중요 부분에 있다고 하기 위하여는 표의자에 의하여 추구된 목적을 고려하여 합리적으로 판단하여 볼 때 표시와 의사의 불일치가 객관적으로 현저하여야 하고, 만일 그 착오로 인하여 표의자가 무슨 경제적인 불이익을 입은 것이 아니라고 한다면 이를 법률행위 내용의 중요 부분의 착오라고 할 수 없다(대법원 1999. 2. 23. 선고 98다47924 판결 등 참조).
원심은 그 채용 증거를 종합하여 판시와 같은 사실을 인정한 다음, 원고(연대보증

인)는 강O용*(주채무자)*이 피고*(채권자)*로부터 차용할 3,750만 원의 반환채무를 보증할 의사로 이 사건 공정증서에 연대보증인으로 서명·날인하였으나, 원고*(연대보증인)*의 의사와 달리 이 사건 공정증서는 강O용*(주채무자)*의 피고*(채권자)*에 대한 기존의 구상금채무 등에 관한 준소비대차계약 공정증서였으므로, 원고*(연대보증인)*의 서명·날인행위는 착오에 의한 것이고, 이와 같은 착오는 법률행위의 중요 부분에 관한 착오에 해당한다고 판단하였다.

그러나 <**주채무자의 차용금반환채무를 보증할 의사로 공정증서에 연대보증인으로 서명·날인하였으나 그 공정증서가 주채무자의 기존의 구상금채무 등에 관한 준소비대차계약의 공정증서이었던 경우, 보증인의 착오가 연대보증계약의 중요 부분의 착오인지 여부(소극)** (민법 제109조, 제428조, 제598조, 제605조)> 소비대차계약과 준소비대차계약의 법률효과는 동일한 것이어서, 비록 원고가 이 사건 준소비대차계약 공정증서를 읽지 않거나 올바르게 이해하지 못한 채 서명·날인을 하였다고 하더라도, 그 공정증서가 원고의 의사와 다른 법률효과를 발생시키는 내용의 서면이라고 할 수는 없으므로, 표시와 의사의 불일치가 객관적으로 현저한 경우에 해당하지 않을 뿐만 아니라, 원고*(연대보증인)*로서는 강O용*(주채무자)*이 피고*(채권자)*에게 부담하는 3,750만 원의 차용금반환채무를 연대보증할 의사를 가지고 있었던 이상, 그 차용금이 공정증서 작성 후에 비로소 강O용*(주채무자)*에게 교부되는 것이 아니라 강O용*(주채무자)*이 피고*(채권자)*에게 지급하여야 할 구상금 등을 소비대차의 목적으로 삼은 것이라는 점에 대하여 원고*(연대보증인)*가 착오를 일으켰다고 하더라도, 그로 인해 원고*(연대보증인)*가 무슨 경제적인 불이익을 입었거나 장차 불이익을 당할 염려가 있는 것은 아니므로, 위와 같은 착오는 이 사건 연대보증계약의 중요 부분에 관한 착오라고 할 수 없다(그러한 착오는 이른바 동기의 착오에 해당한다고 할 것인데, 설령 원고가 이 사건 연대보증계약에 이르게 된 동기가 상대방인 피고에게 표시되고 의사표시의 해석상 법률행위의 내용으로 되어 있음이 인정된다고 해도 그것이 연대보증계약의 중요 부분의 착오로 될 수 없음은 마찬가지이다).

(2) 중요 부분의 착오
가. 표시상의 착오
§ 6-23 서명날인의 착오

❶ *(§ 6-43* ❶*)* 대법원 2005. 5. 27. 선고 2004다43824 판결 【구상금등】

사실관계

코메트항공회사 乙(제1심 공동피고)은 운송회사 A와 체결한 운송계약상의 채무를 담보하기 위하여 甲과 사이에 이행보증보험계약을 체결하였는데, 甲에 대한 구상금채무를 담보하기 위하여 甲

에게 연대보증인을 세우기로 하였다. 乙의 대표이사 B(제1심 공동피고)와 이사 C는 연대보증서류(이행보증보험약정서)를 신원보증서류라고 속여 연대보증을 받아내기로 공모하고, C가 자신의 매형 D에게 D의 아들 K(김O민)를 위한 신원보증을 해 줄 사람을 소개시켜 달라고 하여 D가 丙(한O운)에게 신원보증을 부탁하였다. 그리하여 丙이 D의 말에 속아 위 이행보증보험약정서를 K를 위한 신원보증서류로 알고 이의 연대보증인란에 서명날인하였다(B와 C는 이로 인하여 사기죄로 기소되어 유죄판결이 확정되었다). 乙이 A에 대한 위 운송계약상의 채무를 이행하지 아니하여, 甲이 A의 청구에 응하여 A에게 보험금을 지급하였으며, 이에 기해서 甲이 乙과 丙에 대하여 구상금의 지급을 구하는 소를 제기하였다. 丙은 이에 대하여 자신은 신원보증서류에 서명날인하는 것으로 잘못 알고 위 이행보증보험약정서를 읽어보지 않은 채 서명날인한 것일 뿐 연대보증약정을 한 사실이 없다고 하면서 그 이행을 거절하였다.

판결이유

1. 피고 한O운의 상고에 대한 판단
원심은 …… 비록 피고 한O운(병)의 내심의 의사가 코메트항공(을)에 대하여 김O민(K)의 신원보증을 하고자 한 것이었다 하더라도, 위 이행보증보험약정서에 드러난 피고 한O운(병)의 의사표시는 원고(갑)에 대하여 코메트항공(을)의 위 이행보증보험계약상 채무를 연대보증하겠다는 것이라고 봄이 상당하고, 원고(갑)가 이를 받아들임으로써 원고(갑)와 피고 한O운(병) 사이에 연대보증약정이 성립된 이상, 피고 한O운(D)이 제1심 공동피고 1(B)과 소외 1(C)의 기망행위로 말미암아 착오를 일으켜 위 이행보증보험약정서에 서명날인하게 되었다는 앞서 본 사정은 피고 한O운(병)이 계약상대방 아닌 제3자의 사기에 의하여 하자 있는 의사표시를 하였다는 것에 불과하고, 원고가 이를 알았거나 알 수 있었다고 볼 만한 아무런 증거도 없으니, 결국 피고 한O운(병)으로서는 그러한 사정만으로 위 연대보증약정의 효력을 다툴 수 없다고 판단하여, 원고의 피고 한O운(병)에 대한 이 사건 청구를 인용하였다.
그러나 <사기에 의한 의사표시의 의의 및 제3자의 기망행위에 의하여 신원보증서류에 서명날인한다는 착각에 빠진 상태로 연대보증의 서면에 서명날인한 경우, 그와 같은 행위에 민법 제110조 제2항에 정한 사기에 의한 의사표시의 법리가 적용되는지 여부(소극) (민법 제109조, 제110조)> 사기에 의한 의사표시란 타인의 기망행위로 말미암아 착오에 빠지게 된 결과 어떠한 의사표시를 하게 되는 경우이므로, 거기에는 의사와 표시의 불일치가 있을 수 없고, 단지 의사의 형성과정 즉 의사표시의 동기에 착오가 있는 것에 불과하며, 이 점에서 고유한 의미의 착오에 의한 의사표시와 구분되는데, 이 사건의 경우 피고 한O운(병)은 신원보증서류에 서명날인한다는 착각에 빠진 상태로 연대보증의 서면에 서명날인한 것으로서, 결국 위와 같은 행위는 강학상 기명날인의 착오(또는 서명의 착오), 즉 어떤 사람이 자신의

의사와 다른 법률효과를 발생시키는 내용의 서면에, 그것을 읽지 않거나 올바르게 이해하지 못한 채 기명날인을 하는 이른바 표시상의 착오에 해당하므로, 비록 위와 같은 착오가 제3자의 기망행위에 의하여 일어난 것이라 하더라도, 그에 관하여는 사기에 의한 의사표시에 관한 법리, 특히 상대방이 그러한 제3자의 기망행위 사실을 알았거나 알 수 있었을 경우가 아닌 한 의사표시자가 취소권을 행사할 수 없다는 민법 제110조 제2항의 규정을 적용할 것이 아니라, 착오에 의한 의사표시에 관한 법리만을 적용하여 취소권 행사의 가부를 가려야 할 것이다.

한편, 이 사건에서, <*신원보증서류에 서명날인하는 것으로 잘못 알고 이행보증보험약정서를 읽어보지 않은 채 서명날인한 것일 뿐 연대보증약정을 한 사실이 없다는 주장은 위 연대보증약정을 착오를 이유로 취소한다는 취지로 볼 수 있다고 한 사안*> (민법 제109조) 피고 한O운(병)은 위 연대보증약정이 착오에 기한 의사표시임을 이유로 이를 취소한다는 주장을 한 바 없으나, 취소의 의사표시란 반드시 명시적이어야 하는 것은 아니고, 취소자가 그 착오를 이유로 자신의 법률행위의 효력을 처음부터 배제하려고 한다는 의사가 드러나면 족한 것이며, 취소원인의 진술 없이도 취소의 의사표시는 유효한 것이므로, 피고 한O운(병)의 주장, 즉, 신원보증서류에 서명날인하는 것으로 잘못 알고 위 이행보증보험약정서를 읽어보지 않은 채 서명날인한 것일 뿐 연대보증약정을 한 사실이 없다는 주장은 위 연대보증약정을 착오를 이유로 취소한다는 취지로 보지 못할 바 아니다(대법원 1966. 9. 20. 선고 66다1289 판결 참조). 그렇다면 원심으로서는 마땅히 이러한 점을 석명하도록 하여 피고 한상운의 주장을 정리시킨 후 의사표시의 착오에 관한 법리와 규정을 적용하여 심판하였어야 한다.

나. 동기의 착오

§ 6-24 동기착오에 의한 취소의 요건

❶ 대법원 2000. 5. 12. 선고 2000다12259 판결 【매매대금】

(대법원 1984. 10. 23. 선고 83다카1187 판결; 대법원 2009. 11. 12. 선고 2009다42635 판결; 대법원 1995. 11. 21. 선고 95다5516 판결)

사실관계

甲은 乙이 소유하고 있는 X 토지에 대한 매매계약 체결 당시에 X 토지 중 약 20~30평 정도 가량만 도로에 편입될 것이라는 중개인 A의 말을 믿고 주택을 신축하기 위하여 X 토지를 매수하였다. 이와 같은 사정은 모두 계약 체결 과정에서 현출되어 甲과 乙이 이를 알고 있었는데, 그 후 실제로는 X 토지의 전체 면적의 약 30%에 해당하는 197평이 X 토지에서 분할되어 고양시 소유로 편입된 사실이 밝혀졌다. 이에 甲은 실제로 편입된 면적을 제외한 남은 토지만으로는 매매계약을 체결한 목적을 달성할 수 없어 乙에 대하여 착오를 이유로 이 매매계약취소의 소를 제기하였다.

판결이유

1. 사실오인의 점에 대하여

원심판결 이유에 의하면, 원심은 이 사건 매매계약 체결 당시에 중개인들(A)이 이 사건 토지 중 약 20~30평 정도 가량만 도로에 편입될 것이라 하여 원고(갑)는 그렇게 알고 이 사건 토지에 주택을 신축하기 위하여 이 사건 토지를 매수하였고, 이러한 점 등은 모두 계약 체결 과정에서 현출되어 원·피고가 이를 알고 있었던 사정이라고 보여지는데, 그 후 실제로 이 사건 토지에서 분할되어 고양시 소유로 편입된 면적이 이 사건 토지의 전체 면적의 약 30%에 해당하는 197평이나 되어 남은 토지만으로는 원고(갑)가 매매계약을 체결한 목적을 달성할 수 없어 1997년 7월경 피고(을)에게 착오를 이유로 매매계약을 취소하였다고 인정하였는바, 기록에 비추어 살펴보면 원심의 위 사실인정은 정당하고, 거기에 상고이유에서 주장하는 바와 같은 채증법칙 위반으로 인한 사실오인의 위법이 있다고 할 수 없다.

2. 법리오해의 점에 대하여

가. **<동기의 착오를 이유로 법률행위를 취소하기 위한 요건** (민법 제109조 제1항)**>** 동기의 착오가 법률행위의 내용의 중요부분의 착오에 해당함을 이유로 표의자가 법률행위를 취소하려면, 그 동기를 당해 의사표시의 내용으로 삼을 것을 상대방에게 표시하고, 의사표시의 해석상 법률행위의 내용으로 되어 있다고 인정되면 충분하고, 당사자들 사이에 별도로 그 동기를 의사표시의 내용으로 삼기로 하는 합의까지 이루어질 필요는 없지만, 그 법률행위의 내용의 착오는 보통 일반인이 표의자의 입장에 섰더라면 그와 같은 의사표시를 하지 아니하였으리라고 여겨질 정도로 그 착오가 중요한 부분에 관한 것이어야 할 것이다(대법원 1997. 9. 30. 선고 97다26210 판결, 1998. 2. 10. 선고 97다44737 판결 등 참조).

원심 인정의 위 사실관계에 의하면, **<사안의 경우** (민법 제109조 제1항)**>** 원고(갑)가 이 사건 매매계약 체결 당시에 이 사건 토지 중 20~30평 정도의 토지 이상은 분할되어 도로로 편입되지 않을 것이라고 믿은 것은 이 사건 매매계약과 관련하여 동기의 착오라고 할 것이지만, 원·피고 사이에 매매계약의 내용으로 표시되었다고 볼 것이고, 나아가 기록에 의하면, 일반인이라도 원고(갑)의 입장에서라면 이 사건 토지 중 전체 면적의 약 30%가 분할되는 것을 알았다면 이 사건 토지를 매수하지 아니하였으리라는 사정이 엿보이므로, 결국 원고(갑)는 이 사건 매매계약을 체결함에 있어 그 내용의 중요부분에 관한 착오가 있었다고 보아야 할 것이다.

원심이 같은 취지에서 원고가 이 사건 매매계약이 착오에 의한 것임을 이유로 그 취소의 의사표시를 한 것이 적법하다고 본 것은 정당하고 거기에 상고이유에서 주장하는 바와 같은 착오에 있어서 중요한 부분에 관한 법리오해의 위법이 있다고 할 수 없다.

나. 피고는 또, 원고는 이 사건 매매계약 체결 당시 이 사건 토지 중 일부가 도로로 편입될 부분이 있다는 사실을 알고 있었고, 도로 편입 부분이 표시된 이 사건 토지를 직접 살펴보았으므로 조금만 주의를 기울였다면 그 편입 부분을 쉽게 알 수 있었음에도 이를 제대로 확인하지 아니한 것이어서, 이는 원고의 중대한 과실로 인한 착오이므로 이를 취소할 수 없는 것임에도 원고 주장을 인정한 원심판결에는 착오에 있어서 중대한 과실에 관한 법리오해의 위법이 있다고 주장하나, 이 주장은 원심에 이르기까지 제기된 바 없다가 당심에서야 비로소 제기된 것이어서 적법한 상고이유가 될 수 없을 뿐만 아니라 한편, <착오에 의한 의사표시를 취소할 수 없는 표의자의 '중대한 과실'의 의미 (민법 제109조 제1항)> 착오에 의한 의사표시에서 취소할 수 없는 표의자의 '중대한 과실'이라 함은 표의자의 직업, 행위의 종류, 목적 등에 비추어 보통 요구되는 주의를 현저히 결여하는 것을 의미한다고 할 것인바(위에서 인용한 각 판결 참조), 기록에 의하면, 원고는 당시 정육점을 운영하고 있었는데, <매매대상 토지 중 도로편입 부분에 대한 매수인의 착오가 중대한 과실에 기인한 것이라고 볼 수 없다고 한 사안 (민법 제109조 제1항)> 편입 부분에 관하여 피고(을)의 동생인 소외 송○구를 비롯한 중개인들(A)의 말만 믿고 착오에 빠지게 된 사실을 알 수 있는바, 원고의 직업, 그가 착오에 빠지게 된 경위 등 기록에 나타난 제반 사정에 비추어 보면, 원고(갑)가 이를 제대로 알아보지 못하였다는 점만으로는 위 착오가 원고(갑)의 중대한 과실에 기인한 것이라고 볼 수 없고 달리 이를 인정하기에 족한 증거가 없다.

❷ (§ 6-22 ❶) 대법원 1999. 4. 23. 선고 98다45546 판결 【계약금반환등】
……
라. 착오에 의한 계약취소의 점에 대하여
<동기의 착오를 이유로 의사표시를 취소하기 위한 요건 (민법 제109조 제1항)> 의사표시는 법률행위의 내용의 중요 부분에 착오가 있는 때에는 취소할 수 있고, 의사표시의 동기에 착오가 있는 경우에는 당사자 사이에 그 동기를 의사표시의 내용으로 삼았을 때에 한하여 의사표시의 내용의 착오가 되어 취소할 수 있는 것이며, <법률행위의 중요부분의 판단기준> 법률행위의 중요 부분의 착오라 함은 표의자가 그러한 착오가 없었더라면 그 의사표시를 하지 않으리라고 생각될 정도로 중요한 것이어야 하고, 보통 일반인도 표의자의 처지에 섰더라면 그러한 의사표시를 하지 않았으리라고 생각될 정도로 중요한 것이어야 한다(대법원 1996. 3. 26. 선고 93다55487 판결).

원심판결 이유를 기록에 비추어 살펴보면, 원심이 피고가 골프장 용지 매입에 적극

협조하겠다고 하는 바람에 착오를 일으켜 이 사건 계약을 체결하게 되었으니 동기의 착오를 이유로 이를 취소한다는 원고의 주장에 대하여, <u>그 주장의 동기가 계약 내용으로 되어 있지도 않았고, 그 착오가 법률행위의 중요 부분의 착오도 아니라고 판단하여</u> 이를 배척한 조치는 수긍이 가고, 거기에 상고이유에서 지적하는 바와 같은 채증법칙 위반, 법인주식양수도계약의 법리오해 등 위법이 없다.

§ 6-25 상대방에 의해 유발된 착오
❶ 대법원 1992. 2. 25. 선고 91다38419 판결 【보증채무금】
(대법원 1978. 7. 11. 선고 78다719 판결; 대법원 1990. 7. 10. 선고 90다카7460 판결; 대법원 1998. 7. 24. 선고 97다35276 판결; 대법원 1991. 3. 27. 선고 90다카27440 판결)

<u>신용보증기금법 제1조</u>는 피고 기금을 설립하여 담보능력이 미약한 기업이 부담하는 채무를 보증하게 함으로써 기업의 자금융통을 원활히 하여 균형 있는 국민경제의 발전에 기여할 것 등을 목적으로 한다고 규정하고, <u>같은 법 제6조</u>는 피고의 재산조성을 정부, 금융기관 및 기업의 출연으로 할 것을 규정하고, <u>같은 법 제2조 제2항</u>은 피고의 신용보증 대상채무를 기업이 금융기관에 부담하는 채무, 공개상장기업의 사채, 기타 대통령령으로 정하는 채무에 국한하면서 <u>같은 법 제27조, 제28조, 제31조의 2</u>는 피고가 사전에 기업의 금융거래상황 등을 조사하며 신용자료의 효율적 수집관리를 위하여 관계기관에 협조를 요청할 수 있고 그 요청을 받은 기관 등은 정당한 이유가 없는 한 이에 응하여야 한다는 취지로 규정하고 있음에 비추어 볼 때, <*금융기관(원고)이 신용보증기금(피고)에게 연체가 발생하여 신용보증 제한 대상이되는 기업에 대한 거래상황확인서를 발급함에 있어서 아무런 연체가 없는 것처럼 기재함으로써 위 기금이 신용보증을 하게 된 경우 신용보증행위의 중요부분에 관한 동기의 착오인지 여부(적극)*> (민법 제109조; 신용보증기금법 제24조, 제28조)> 피고 보증기금은 일반 금융기관과는 달리 신용보증 대상기업의 신용상태가 그 신용보증을 함에 있어 중요한 요인이 된다고 할 수 있는 것으로서, <u>신용보증기금법 제24조에 따라 피고*(신용보증기금)*가 작성하여 재무부장관의 승인을 얻어 시행하는 피고*(신용보증기금)*의 업무방법서 제10조 제1항 제2호 및 그 위임에 따라 제정 시행된 연체의 범위에 대한 규정에 정한 신용보증 제한 대상인 연체가 발생한 기업에 대하여 원고*(금융기관)*가 피고*(신용보증기금)*에게 보증 대상기업의 거래관계를 확인하는 거래 상황확인서를 발급함에 있어서 아무런 연체가 없는 것처럼 기재하여 피고*(신용보증기금)*가 그 거래상황확인서를 믿고 신용보증을 하게 되었다면, 피고*(신용보증기금)*의 신용보증에 있어 보증 대상기업의 신용유무는 피고*(신용보증기금)*의 보증에 관한 의사표시의 중요한 결정 동기를 이루는 것인 만큼, 피고*(신용보증기금)*가 보증 제한기업에 해당되는 기업을 원고*(금융기관)*의 잘못된 통보 내용에</u>

따라 보증 제한기업이 아닌 것으로 오신하고 신용보증을 한 것이고, 피고*(신용보증 기금)*의 그와 같은 동기에 관한 착오는 피고*(신용보증기금)*의 위 신용보증행위의 중요한 부분에 관한 것이라고 봄이 타당하다.

원심은 그 증거에 의하여 위 업무방법서 제10조 제1항 제2호에서 금융기관의 대출금을 빈번히 연체하고 있는 기업에 대하여는 신용보증을 제한하고 그 연체의 범위는 이사회에서 따로 정한다고 규정하고, 그에 따라 제정시행된 연체의 범위에 대한 규정(신용보증심사운영요령 제17조 제1항)에서 그 연체의 범위를 구체적으로 금융기관의 대출금 중 최근 징구한 금융거래확인서 기준일 현재 3개월 이내 1개월 이상 계속된 연체대출금을 보유한 사실이 있거나 3개월 이내 10일 이상 계속된 연체대출금을 4회 이상 보유한 사실이 있는 경우로 규정하고 있는 사실, 소외 주식회사 리더스밴드봉만실업(이하 소외 회사라 한다)은 이 사건 재정단기운영자금을 대출받기 이전에 원고로부터 대출받은 일반자금대출금 24,000,000원에 대한 1988. 9. 13.부터 같은 달 23.까지의 11일 간의 이자와 같은 해 10. 13.부터 같은 해 11. 16.까지의 35일간의 이자를 각 연체하여 원고에게 연체이율인 연 1할 9푼의 연체이자를 지급한 사실이 있는데도, 원고가 피고에게 보증 대상기업의 거래관계를 확인하는 거래상황확인서를 발급함에 있어 아무런 연체가 없는 것처럼 기재하여 피고가 그 거래상황확인서 기재를 믿고 신용보증을 하게 된 사실 등 그 판시사실을 인정하고, 피고*(신용보증기금)*의 그와 같은 착오는 피고*(신용보증기금)*가 위 보증행위를 함에 있어 중요한 결정동기에 착오를 일으킨 것이고, 이는 위 신용보증행위의 중요한 부분에 관한 것이라고 판단하였는바, 원심의 위 인정과 판단은 정당하여 이를 수긍할 수 있다. 또한 <*위 기금의 신용보증심사운용요령 등에 규정된 심사기준에 금융기관 연체대출금의 보유 여부가 거래신뢰도를 측정하기 위한 사항의 하나로서 전체 배점 중 불과 5%의 점수가 배정되어 있다 하더라도 신용보증을 함에 있어 그 동기에 관한 착오가 여전히 중요부분에 해당된다고 한 사례* (민법 제109조; 신용보증기금법 제24조)> 위 신용보증심사운용요령 등에서 신용보증 대상 여부에 대한 심사기준에 관하여 대상기업의 재무상태, 사업성, 거래신뢰도, 업력, 경영자능력 등으로 구분하여 놓고 각 그 요소마다 그 중요성에 따른 배점을 하여 둔 바에 의하면, 금융기관 연체대출금의 보유 여부는 위 요소 중 거래신뢰도를 측정하기 위한 사항의 하나로서 전체배점 중 5퍼센트의 점수가 배정되어 있다 하여도, 이러한 사정만으로는 피고*(신용보증기금)*가 위 신용보증을 함에 있어 그 동기에 관한 착오가 중요한 부분에 해당된다는 앞서의 인정을 뒤집기에는 부족하다 할 것이다. 원심판결에는 소론과 같이 신용보증기금법과 그에 관한 피고 기금의 제반규정의 해석을 그르쳐서 이 사건 보증의 동기가 보증행위의 중요 부분에 해당하는 것으로 잘못 판단한 위법이 있다 할 수 없다.

❷ **대법원 2018. 4. 12. 선고 2017다229536 판결 [계약무효에따른원상회복등]**

1. 피고의 상고이유에 대하여
가. 설명의무 위반 및 이로 인한 착오를 이유로 한 계약 취소 부분
(1) <**보험회사 또는 보험모집종사자가 고객과 보험계약을 체결하거나 모집하는 경우, 개별 보험상품의 특성과 위험성을 알 수 있는 보험계약의 중요사항을 고객에게 설명하여야 할 의무를 부담하는지 여부(적극) 및 이때 설명의무의 정도를 판단하는 방법과 기준** (민법 제2조; 구 보험업법(2010. 7. 23. 법률 제10394호로 개정되기 전의 것) 제95조 제1항, 제97조 제1항; 구 보험업법 시행령(2011. 1. 24. 대통령령 제22637호로 개정되기 전의 것) 제42조)> 보험회사 또는 보험모집종사자는 고객과 보험계약을 체결하거나 모집할 때 보험료의 납입, 보험금·해약환급금의 지급사유와 그 금액의 산출기준, 변액보험계약인 경우 그 투자형태 및 구조 등 개별 보험상품의 특성과 위험성을 알 수 있는 보험계약의 중요사항을 명확히 설명함으로써 고객이 그 정보를 바탕으로 보험계약 체결 여부를 합리적으로 판단할 수 있도록 고객을 보호하여야 할 의무가 있다. 여기서 보험회사 또는 보험모집종사자가 고객에게 보험계약의 중요사항에 관하여 어느 정도의 설명을 하여야 하는지는 보험상품의 특성 및 위험도 수준, 고객의 보험가입경험 및 이해능력 등을 종합하여 판단하여야 한다. 다만 구 보험업법(2010. 7. 23. 법률 제10394호로 개정되기 전의 것) 제97조 제1항, 제95조 제1항, 구 보험업법 시행령(2011. 1. 24. 대통령령 제22637호로 개정되기 전의 것) 제42조 등에서 규정하는 보험회사와 보험모집종사자의 의무 내용이 유력한 판단 기준이 된다. <**보험약관만으로 보험계약의 중요사항을 설명하기 어려운 경우, 상품설명서 등 추가자료를 활용하는 등의 방법으로 이를 설명하여야 하는지 여부(적극)**> 그리고 보험계약의 중요사항은 반드시 보험약관에 규정된 것에 한정된다고 할 수 없으므로, 보험약관만으로 보험계약의 중요사항을 설명하기 어려운 경우에는 보험회사 또는 보험모집종사자는 상품설명서 등 적절한 추가자료를 활용하는 등의 방법을 통하여 개별 보험상품의 특성과 위험성에 관한 보험계약의 중요사항을 고객이 이해할 수 있도록 설명하여야 한다(대법원 2013. 6. 13. 선고 2010다34159 판결 참조).
<**사안의 경우 착오를 이유로 보험계약을 취소할 수 있는지 여부(적극)** (민법 제109조 제1항)> 보험회사 또는 보험모집종사자가 이러한 설명의무를 위반하여 고객이 보험계약의 중요사항에 관하여 제대로 이해하지 못한 채 착오에 빠져 보험계약을 체결한 경우, 그러한 착오가 동기의 착오에 불과하다고 하더라도 그러한 착오를 일으키지 않았더라면 보험계약을 체결하지 않았거나, 아니면 적어도 동일한 내용으로 보험계약을 체결하지 않았을 것이 명백하다면, 위와 같은 착오는 보험계약의 내용의 중요부분에 관한 것에 해당하므로 이를 이유로 보험계약을 취소할 수 있다.

다. 내용의 착오
가) 사람에 관한 착오
§ 6-26 사람에 관한 착오
§ 6-26-1 동일성에 관한 착오
❶ 대법원 1995. 12. 22. 선고 95다37087 판결 【근저당권설정등기말소】

> 사실관계

A는 고향 선배인 甲의 X 부동산을 2억 7천만 원에 매수하기로 하는 매매계약을 체결하고, 계약금은 당일에 지급하고 중도금 등은 수차례에 걸쳐 지급하기로 하였다. A는 당시 乙 회사로부터 부동산을 담보로 제공하면 통신기기를 공급해 주겠다는 제안을 받았는데, 마침 甲이 위 X 부동산을 매각한다는 말을 듣고 이를 매수하여 이를 담보로 통신기기를 공급받아 판매하여 그 판매대금으로 X 부동산의 매매대금을 지급하면 되겠다고 생각하여 이를 매수한 것이었다. 그리하여 甲은 이러한 A의 편의를 제공하기로 약정하고, 乙 회사와의 사이에서 X 부동산에 관하여 A를 채무자로 하는 근저당권설정계약을 체결하기로 하였다. 이에 기해서 乙 회사 직원과 법무사사무소 직원은 A가 경영하는 사무실 옆에 있는 S 사무실에서 甲과 만나서 甲에게 채무자란이 백지로 된 근저당권설정계약서 및 연대보증계약서를 제시하면서 근저당권설정자란과 연대보증인란에 甲의 서명날인을 요구하였으며, 甲은 채무자가 A인 것으로 알고 서명날인하였다. 그런데 乙 회사는 근저당권설정계약서의 채무자란에 당시 乙 회사에 대하여 통신기기 외상대금채무에 대한 추가담보를 독촉받고 있던 B를 채무자로 임의로 기재한 후 이에 기하여 위 근저당설정등기를 경료하였다. 후에 이와 같은 사실을 알게 된 甲은, 자신은 위 근저당권설정계약체결 당시 B가 아닌 A를 채무자로 알고 착오로 위 근저당권설정의 의사표시를 한 것이므로 이를 취소한다고 하면서 X 부동산에 대한 근저당권설정등기의 말소를 구하는 소를 제기하였다.

> 판결이유

……

2. 사실관계가 원심이 확정한 바와 같다면, <근저당권설정계약상 채무자의 동일성에 관한 착오가 법률행위 내용의 중요 부분에 관한 착오인지 여부 (민법 제109조 제1항, 제357조)> (갑이 채무자란이 백지로 된 근저당권설정계약서를 제시받고 그 채무자가 A인 것으로 알고 근저당권설정자로 서명날인을 하였는데 그 후 채무자가 B로 되어 근저당권설정등기가 경료된 경우) 원고(갑)는 이 사건 부동산에 관하여 근저당권설정계약상의 채무자를 소외 서○철(B)이 아닌 위 김해성(A)으로 오인한 나머지 근저당설정의 의사표시를 한 것이고, 이와 같은 채무자의 동일성에 관한 착오는 법률행위 내용의 중요 부분에 관한 착오에 해당한다고 할 것인바, 같은 취지로 판단한 원심의 조처는 정당하고, 거기에 논지가 지적하는 바와 같은 법률행위의 중

요부분에 관한 착오에 관한 법리를 오해한 위법이 있다 할 수 없으며, 또한 위와 같은 착오가 원고의 중대한 과실에 기인한 것이라는 주장은 원심까지는 하지 아니하였고 상고심에 이르러 비로소 하는 새로운 주장이므로 받아들일 수 없고, 따라서 원심이 법률행위의 착오에 있어서 표의자의 중대한 과실에 관한 법리를 오해하거나 이에 관하여 판단유탈 내지 석명권 불행사의 위법이 있다는 논지는 결국 이유 없는 것에 귀착된다.

❷ 대법원 1993. 10. 22. 선고 93다14912 판결 【보증채무금】

원심은, (1) 피고는 1990.8.11. 소외 1이라고 자칭하는 소외 2(위 소외 1의 형이다)가 원고로부터 국민투자기금 시설자금 25,000,000원을 대출받음에 즈음하여 위 대출금 채무를 보증하고자 보증금액을 같은 금액으로 한 신용보증서를 소외 2에게 발급하였고, 원고는 8.17. 피고의 신용보증에 따라 소외 2에게 금 25,000,000원을 대출한 사실, 피고는 위 신용보증을 하면서 소외 2가 어음교환소로부터 거래정지처분을 받을 경우 위 보증채무의 이행을 하기로 약정하였는데, 그 후 소외 2는 소외 1 명의로 발행한 가계수표가 부도되었으므로 어음교환소로부터 거래정지처분을 받은 사실을 인정한 후, (2) 피고의 취소 항변 즉, "피고의 업무방법서에 금융불실거래자에게는 보증을 할 수 없도록 규정되어 있는바, 소외 2가 1987. 3.경 이미 금융불실거래자로 규제되어 있어서 자기 이름으로는 신용보증을 받을 수 없음을 알고, 동생인 소외 1의 이름으로 이 사건 보증을 신청하였기에, 피고는 소외 1을 보증 대상자로 오인하고 위 신용보증을 하였는바, 이는 법률행위 내용의 중요부분에 착오가 있는 경우에 해당하므로 이 사건 신용보증을 취소한다."는 데에 대하여, ① 신기술사업금융지원에관한법률 제1조, 제12조는 피고 기금을 설립하여 담보능력이 미약한 기업의 채무를 보증하게 함으로써 신기술기업에 대한 자금의 공급을 원활하게 하고 나아가 균형있는 국민경제의 발전에 기여함을 목적으로 한다고 규정하고, 이 목적의 수행을 위하여 그 제13조에서 피고 기금의 기금은 정부와 금융회사의 출연금으로 조성한다고 규정하는 한편, 그 제29조에 근거한 피고 기금의 업무방법서 제13조 제1항 제2호는 '금융기관의 불량거래처에 대한 정보교환 및 규제 규약'에 따른 금융불실거래자에 대한 보증을 금하는 규정을 두어 신용보증의 대상 기업을 신용 있는 기업으로 제한하고 있는바, 이러한 규정들의 취지에 비추어 보면, '기업의 신용 유무'는 피고가 하는 신용보증의 절대적인 전제사유로서 신용보증 의사표시의 중요부분을 구성한다고 새길 것이고, ② 그 설시 증거들을 종합하면, <*기술신용보증기금이 금융불실거래자인 A를 B로 오인하고 신용보증을 한 경우 법률행위의 중요부분에 착오가 있는 것으로 본 사안*> (민법 제109조 제1항; 신기술사업금융지원에관한법률 제1조, 제12조, 제13조, 제29조)> <u>소외 2(A)는 1987.</u>

8. 3. 국민은행 여의도지점에서 대출받은 금원을 변제하지 아니하여 '금융기관의 불량거래처에 대한 정보교환 및 규제 규약'에 따라 금융불실거래자로 규제되어 있었기 때문에 자기의 이름으로는 금융기관의 대출이나 피고의 신용보증을 받을 수 없게 되었음을 알고는, 동생인 소외 1(B) 명의로 기업을 경영하면서 동생의 주민등록증에 자기 사진을 붙이고 동생 명의의 인감도장과 인감증명서 및 사업자등록증을 소지하여 소외 1(B)로 행세하고, 나아가 이 사건 신용보증을 신청할 때에도 동생 명의로 신청하였으므로, 피고는 소외 1(B)을 보증대상기업의 경영주로 오인하고 그에 대한 신용조사를 한 다음 이 사건 신용보증을 한 사실을 인정할 수 있는 바, ③ 그렇다면 피고는 이 사건 신용보증의 신청인이 소외 2(A)라는 사실을 알았더라면 이 사건 신용보증을 체결하지 아니하였을 것이 명백하고, 피고는 소외 2(A)가 금융불실거래자가 아니라 신용 있는 자로 착각하여 이 사건 신용보증을 하게 된 것으로서, 이는 법률행위의 중요부분에 착오가 있는 경우에 해당한다고 판단하였는 바, 원심의 이러한 판단은 옳고(당원 1986. 8. 19. 선고 86다카448 판결 참조), 거기에 소론과 같은 위법은 없으므로, 이 부분 논지는 이유가 없다.

그리고, 위 착오가 피고의 중대한 과실로 인한 것이라는 주장은 당심에서야 내세운 것으로서 적법한 상고이유로 삼을 수 없다.

§ 6-26-2 성질에 관한 착오
❶ **대법원 1987. 7. 21. 선고 85다카2339 판결 (자력에 관한 착오)【보증채무금】**
(대법원 1992. 2. 25. 선고 91다38419 판결; 대법원 1987. 11. 10. 선고 87다카192 판결)

원심판결 이유에 의하면, 원심은 소외 박O진이 1982. 10. 29. 금융기관인 원고(원고중앙회 OO군지부)로부터 농업개발자금으로 금 19,800,000원을 판시와 같은 내용으로 대출받음에 있어 피고가 위 소외인을 위하여 판시와 같은 신용보증을 한 사실을 확정한 다음, 피고의 위 신용보증은 원고가 발행한 위 소외인에 대한 거래상황확인서(을 제5호증)가 그 신용조사의 근거가 된 것인데 거기에 허위내용의 기재가 있어 피고의 위 신용보증행위는 원고의 기망에 의하거나 혹은 요소의 착오가 있는 경우에 해당하므로 이를 취소한다는 취지의 피고의 항변에 대하여 판단하기를, 채무자인 소외 박O진은 이 사건 대출금 이외에도 1981. 12. 31. 원고로부터 농기업운전자금 20,000,000원을 연이율은 1할 8푼(연체시는 2할5푼), 변제기는 1982. 12. 31로 정하여 대출을 받고서 1982. 7. 1. 이후의 이자가 연체되어 있었는데도 원고가 위 소외인에 대한 거래상황확인서를 발급함에 있어 그 조사기준일인 1982. 10. 23. 당시 위 소외인이 원고에 대하여 최근 3개월 이내에 10일 이상 계속 연체된 원금 및 이자가 없다는 내용의 기재를 하여 이를 발급한 사실은 있으나 위 소외인이 위 대출금 20,000,000원에 대한 1982. 7. 1.부터의 이자가 연체되고 있었다 하여도 그것은 일부이자의 연체에 불과하고 그것마저 같은 해 12. 31. 에 그때까지 밀린 이자를 연체이율이 아닌 연 1할 8푼의 약정이율에 의하여 일괄하여 변제하였고, 위 박ㅇ진은 피고의 위 보증이전에도 위 대출금에 대한 1982. 1. 1.부터 같은 달 7.까지의 이자와 같은 해 2. 1.부터 같은 해 5. 31.까지의 이자의 지급을 일시 지체한 일이 있었으나 연체로 취급되지 아니하고 약정이율에도 미달되는 연 1할 7푼과 연1할 6푼 및 연1할 4푼의 이율을 각 적용받아 같은 해 1. 7. 과 같은 해 5. 31.에 변제하였으며, 위 대출금의 상환기일은 1982. 12. 31.일 뿐만 아니라 그 지급방법으로 지급기일 1982. 12. 31.로 된 약속어음 1매가 발행되어 있어 피고의 이 사건 보증당시 아직 그 지급기일이 도래하지 아니하였으며, 당시 금융기관에 적용되는 "연체대출금에 대한 해석 및 보고"에 따르면 당시 금융기관에서는 약정기일에 상환되지 아니한 대출금과 약정기일내라도 이자가 납입되지 아니하고 어음기일이 경과한 대출금을 연체대출금으로 취급하였고 (매월말 현재의 연체대출금은 다음달 20일까지 은행감독원장에게 보고하도록 되어있다), 피고의 업무방법서는 법령에 기한 것이기는 하나, 이는 피고의 대내관계를 규율하는 지침에 불과하고, 대외적인 구속력은 없을뿐 아니라 위 업무방법서 제10조 제2호에 의하더라도 연체대출금보유기업에 대하여 신용보증이 절대 불가능한 것이 아니고 이사회의 의결을 거치면 신규대출도 가능하다고 인정한 다음, 이러한 모든 사정을 종합하면, <u>원고가 소외 박ㅇ진에게 발급한 위 금융거래확인서는 그 내용에 있어서 실제는 연체대출원금은 없으나 연체대출이자는 있었음에도 연체대출원금과 이자가 모두 없다고 기재함으로써 다소 사실과 상위한 점은 있으나, 이로써 원고가 피고를 기망하였다거나 피고의 위 신용보증이 법률행위의 중요부분의 착오가 있는 행위라고 볼 수 없으므로 피고의 위 법률행위의 취소의 주장은 이유없다라고 판단하고 있다.</u> 살피건대, 신용보증기금법 제1조는 피고기금을 설립하여 담보능력이 미약한 기업이 부담하는 채무를 보증하게 함으로써 기업의 자금융통을 원활히 하여 건전한 신용질서를 확립하고 균형있는 국민경제의 발전에 기여함을 목적으로 한다라고 규정하고, 이러한 목적수행을 위하여 동법 제6조에서 피고기금의 재산조성을 정부, 금융기관 및 기업의 출연으로 할 것을 규정하고, 동법 제2조 제2항은 피고기금의 신용보증대상채무를 기업이 금융기관에게 부담하는 채무, 공개상장기업의 사채, 기타 대통령령으로 정하는 채무에 국한하면서 <u>동법 제27조, 제28조, 제31조의 2는 피고기금이 사전에 기업의……금융거래상황……등을 조사하며 신용자료의 효율적 수집 관리를 위해서 관계기관에 협조를 요청할 수 있고, 이 요청을 받은 기관은 정당한 이유가 없는 한 이에 응하여야 한다고 규정하고, 동법 제24조에 근거한 피고기금의 업무방법서 제10조는 금융기관 연체대출금 보유기업 등에 대한 보증을 금하는 규정을 두어 신용보증의 대상기업을 신용이 있는 기업으로 제한하고 있는 바,</u> *<신용보증기금의 신용보증에 있어 허위의 거래상황확인서를 믿고 보증한 것이 법률행*

위의 중요부분에 관한 착오인지 여부 *(민법 제109조; 신용보증기금법 제24조)>* 이러한 제규정취지*(신용보증기금법 제27조, 제28조, 제31조의 2와 동법 제24조에 근거한 신용보증기금의 업무방법서 제10조의 규정취지)*에 비추어 본다면 피고기금*(신용보증기금)*의 신용보증에 있어서 기업의 신용유무는 그 절대적 전제사유가 되며 피고의 보증의사표시의 중요부분을 구성한다고 새길 것인바, 원심이 배척하지 아니한 갑 제8호증의 기재와 한국은행총재의 사실조회회보에 의하면 원고는 위 소외인에게 대출한 1981. 12. 31.자 대출원금 20,000,000원에 대하여 1982. 1. 1.부터 1982. 6. 30.까지 6개월 동안 매월 이자를 그 당시에 약정이율인 연 17%, 연 16%, 연 14%에 의한 이자를 받다가 1982. 7월분 이후의 이자는 받지 못하고 같은 해 12. 31.에 가서 그간 연체된 6개월분의 이자에 대하여 그 당시 연체이율인 연 18%의 비율에 의한 연체이자를 받은 사실을 인정할 수 있고, 한편 이 사건에서 문제된 을 제5호증(거래상황확인서)의 기재를 살펴보면, 위 거래상황확인서는 피고기금 제출용으로 작성된 것이며, 그 이면의 작성상 유의사항에 원금과 이자의 구분 없이 연체여부를 명시하여 주도록 요망되어 있음에도 불구하고, 원고*(농협중앙회)*는 그 채무자인 소외인*(갑)*에게 조사기준일인 1982. 10. 23 현재 원금은 물론 이자에 관하여도 아무런 연체가 없는 것처럼 기재하여 발급한 것임을 엿볼 수 있는바, 이와 같은 사실관계에서 채무자인 위 소외인*(갑)*이 원고가 발급한 위 거래상황확인서를 피고에게 제출하여 피고가 이를 믿어 위 소외인*(갑)*이 금융기관대출에 있어 신용있는 중소기업인 것으로 착각하여 이 사건 신용보증을 하게 되었다면, 그 법률행위의 중요부분에 착오가 있는 경우에 해당한다 할 것이다.

그렇다면, 원심이 위와 같은 판단은 증거의 가치판단을 그릇하여 사실을 오인하거나 법률행위의 착오에 관한 법리를 오해하여 결국 판결에 영향을 미친 위법이 있다 할 것이고, 이는 소송촉진등에관한특례법 제12조 제2항의 파기사유에 해당한다고 할 것이니 이 점에 관한 상고논지는 이유 있다.

❷ 대법원 2003. 4. 11. 선고 2002다70884 판결 (자격에 관한 착오)【용역비】

사실관계

甲은 乙(재건축조합)과 재건축을 위한 설계용역계약을 체결하였는데, 甲은 건축사법에 의한 건축사자격을 취득한 바는 없고, 다만 건축디자인연구, 건축컨설팅 등을 주된 목적으로 하는 "OO건축연구소"를 운영하는 자이다. 그리하여 乙은 건축사자격이 없는 甲이 위 계약을 체결한 것은 건축사법 제4조, 제23조에 위배되어 재건축사업에 심각한 영향을 미칠 수 있으므로 이에 대한 소명과 함께 건축사 면허증과 건축사사무소 등록등 사본을 제시하라는 내용의 통지를 하였다. 甲이 이에 응하지 않자 乙은 착오를 이유로 위 계약을 취소한다고 하자, 甲은 乙에 대하여 용역비의 지급을 구하는 소를 제기하였다.

판결이유

……

2. 상고이유(기간경과 후의 보충상고이유는 보충의 범위 내에서)에 대한 판단

가. 원심은, 이 사건 계약은 재건축사업이 종료될 때까지 필요한 설계도면을 작성하고 또한 재건축사업에 필요한 건축행정에 관한 업무를 포함하는 계약인데, 재건축사업승인신청시나 그 후의 설계변경시에는 반드시 건축사가 설계하고 그 설계자를 표시한 설계도면을 첨부하여야 하므로, 만일 건축사가 설계한 것이 아니라거나 설계한 건축사를 표시할 수 없다면 재건축 추진은 곤란하게 될 것이고, 또한 건축사법상 건축사는 엄격한 시험을 거쳐 그 자격이 부여되며, 만일 건축사 아닌 자가 금지된 설계를 하면 이를 처벌하고, 더 나아가 그로 인하여 공중의 위험을 발생하게 하거나 사람을 사상에 이르게 한 경우에는 가중처벌하는 점에 비추어, 이 사건 재건축아파트와 같은 규모의 건축물의 설계에 있어서는 설계자인 원고(갑)의 설계능력뿐 아니라 이를 바탕으로 재건축사업을 효과적으로 추진할 수 있는 자격이 있는지가 이 사건 계약의 중요한 요소를 구성한다고 할 것인데, 원고(갑)는 이러한 자격을 갖추지 못하고 있고, 피고 조합은 이를 알지 못한 채 이 사건 계약을 체결하였으므로 이 사건 계약은 피고(을) 조합이 중요 부분에 관하여 착오를 일으켜 체결한 것이라고 판단하였다.

<재건축조합이 재건축아파트 설계용역계약을 체결함에 있어서 상대방의 건축사 자격 유무에 관한 착오가 법률행위의 중요 부분의 착오에 해당하는지 여부(적극) (민법 제109조; 건축법 제19조; 건축법시행령 제18조; 건축사법 제4조 제1항, 제23조, 제39조 제2호)> 법률행위 내용의 중요 부분에 착오가 있다고 하기 위하여는 표의자에 의하여 추구된 목적을 고려하여 합리적으로 판단하여 볼 때 표시와 의사의 불일치가 객관적으로 현저하여야 하는바, 원심이 판시한 바와 같이 이 사건 설계용역에서 건축사 자격이 가지는 중요성에 비추어 볼 때, 피고(을)가 원고(갑)에게 건축사 자격이 없다는 것을 알았더라면 피고(을)만이 아니라 객관적으로 볼 때 일반인으로서도 이 사건과 같은 설계용역계약을 체결하지 않았을 것으로 보이므로, 이 사건에서 피고(을)측의 착오는 중요 부분의 착오에 해당한다고 할 것이다.

같은 취지의 원심 판단은 정당한 것으로 수긍되고, 거기에 채증법칙 위배나 심리미진으로 인한 사실오인, 중요 부분의 착오에 관한 법리오해, 이유모순 등 상고이유에서 주장하는 위법이 없다.

나. (1) 원심은, 피고가 이 사건 용역사업을 시작하던 시점이나 이 사건 계약 체결 시점에 원고가 건축사가 아닌 사실을 알고 있었거나 충분히 예상할 수 있었을 것

이라는 원고의 주장에 대하여, 이를 인정할 만한 증거가 없다는 이유로 배척하였는바, 이는 피고의 착오에 중과실이 있다는 주장에 대한 판단으로 보이므로, 원심판결에 이 점에 관한 판단누락이나 심리미진이 있다는 상고이유 주장은 이유 없다.
(2) <*민법 제109조 제1항 단서 소정의 '중대한 과실'의 의미 (민법 제109조)*> 법률행위 내용의 중요 부분에 착오가 있는 때에는 그 의사표시를 취소할 수 있으나 그 착오가 표의자의 중대한 과실로 인한 때에는 취소하지 못하는 것인바, 여기서 '중대한 과실'이라 함은 표의자의 직업, 행위의 종류, 목적 등에 비추어 보통 요구되는 주의를 현저히 결여한 것을 의미한다(대법원 2000. 5. 12. 선고 99다64995 판결 등 참조).
원심 인정 사실과 기록에 의하여 인정되듯이 <*사안의 경우 (민법 제109조)*> 원고*(갑)*는 이 사건 계약 체결을 전후하여 건축사 자격이 없다는 것을 묵비한 채 자신이 미국에서 공부한 건축학교수이고 '(명칭 생략)건축연구소'라는 상호로 사업자등록까지 마치고 건축설계업을 하며 상당한 실적까지 올린 사람이라고 소개하였다면, 일반인의 입장에서는 원고에게 당연히 건축사 자격이 있는 것으로 믿을 수밖에 없었을 것이므로, 피고*(을)*측이 원고*(갑)*를 무자격자로 의심하여 건축사자격증의 제시를 요구한다거나 건축사단체에 자격 유무를 조회하여 이를 확인하여야 할 주의의무가 있다고 볼 수는 없고, 원고*(갑)*가 건축사의 자격을 기재함이 없이 '(명칭 생략)건축연구소 대표 원고'라고 계약당사자 표시를 하여 이 사건 계약서를 작성하고 건축사의 표시가 없는 '(명칭 생략)건축연구소'의 사업자등록을 피고*(을)*측에게 교부하였다고 하더라도, 이는 원고*(갑)*의 무자격을 알리기 위하여 한 행위가 아니므로, 상고이유에서 들고 있는 사정만으로 피고*(을)*측이 주의를 현저히 결여하여 원고*(갑)*의 무자격을 알지 못하였던 것으로 볼 수는 없고, 달리 기록을 살펴보아도 피고*(을)*가 중대한 과실로 인하여 착오에 이르게 되었음을 알아볼 만한 자료가 없다.

나) 법률행위의 객체에 관한 착오
§ 6-27 법률행위의 객체에 관한 착오
§ 6-27-1 동일성에 관한 착오
❶ 대법원 1997. 11. 28. 선고 97다32772, 32789 판결 【계약금등·매매대금】

사실관계

甲은 乙과 X 점포(시장의 통로 안쪽에 위치)를 매수하기로 하는 매매계약을 체결하였는데, 甲은 Y점포(시장 통로의 바깥쪽에 위치)를 X 점포로 잘못 알고 이를 매수한 것이었다. 이 매매계약의 체결과정을 보면 乙이 부동산중개인 A에게 X 점포를 가리키면서 이를 매도해 줄 것을 의뢰하였었는데, X 점포는 상가 복도 건너편에 있어서 당시 乙과 A가 서있던 위치에서는 Y 점포를 통해서 보였으며, 그리하여 A는 乙이 매도의뢰한 것이 Y 점포인 것으로 알고, 평소 Y 점포에 관심을 보였던 甲에게 이의 매수를 중개하였던 것이다. 甲은 A의 말을 듣고 매매목적물이 Y 점포인 것으로 알고 위 매매계약을 체결한 것이었다. 이에 甲은 착오를 이유로 위 매매계약을 취소한다고 하면서, 계약금의 반환을 청구하는 소를 제기하였다. 그런데 甲은 X 점포 인근에서 식당을 경영하고 있어서 점포배치도 등에 의하여 X 점포의 위치를 쉽게 확인할 수 있었으나 A의 말만 믿고 스스로 X 점포의 위치를 확인하지 않은 채 계약을 체결하였다.

판결이유

......

2. 제2점에 대하여
원고(갑)가 매매 목적물인 점포를 이 사건 점포(X)와 다른 점포인 창O상회(Y)로 오인한 것은 동기의 착오가 아니라, 내용의 착오 중 목적물의 동일성에 대한 착오로서 중요 부분의 착오에 해당한다고 할 것이다.
같은 취지의 원심 판단은 정당하고, 거기에 소론과 같은 착오에 관한 법리오해의 위법이 없다. 논지는 이유 없다.

3. 제3점에 대하여
민법 제109조 제1항 단서에서 규정하고 있는 '중대한 과실'이라 함은 표의자의 직업, 행위의 종류, 목적 등에 비추어 보통 요구되는 주의를 현저히 결여한 것을 말하는 것이다(당원 1997. 8. 22. 선고 96나26657 판결, 1996. 7. 26. 선고 94다25964 판결 등 참조).
원심판결 이유에 의하면, 원심은 그 판시와 같은 사실을 인정한 다음, 원고(갑)의 착오가 중대한 과실에 의한 것이라는 피고(을)의 항변에 대하여, 원고(갑)는 이 사건 점포 인근에서 식당을 경영하였으므로 위 시장의 내부를 잘 알고 있었을 것이고, 쉽게 이 사건 점포 및 창O상회의 현황을 직접 확인할 수 있었음에도 불구하고, 부동산중개업자인 손O호(A)의 말만 믿고 서둘러 이 사건 매매계약을 체결한 점과 점포배치도에 의하여 이 사건 점포의 위치를 쉽게 확인할 수 있었는데도 배치도가 손O호(A)의 사무실에 비치되어 있지 아니하자 이미 착오에 빠져 있는 손O호(A)의 말만 믿고 스스로 이 사건 점포의 위치를 확인하지 아니한 점에 비추어 볼 때, 원고(갑)가 위와 같은 착오에 빠진 것에 원고(갑) 자신의 과실이 없다 할 수는 없을 것이나, <부동산중개업자가 다른 점포를 매매 목적물로 잘못 소개하여 매수인이 매매 목적물에 관하여 착오를 일으킨 경우, 매수인에게 중대한 과실이 없다고 한 사안 (민법 제109조 제1항)> 거래 당사자 사이의 권리의 득실변경에 관한 행위의 알선을 업으로 삼고 있어 고도의 직업적인 주의의무를 부담하고 있는 부동산중개업자의 지위나 중개행위를 함에 있어 고의 또는 과실로 거래 당사자에게 재산상의 손해를 받게 할 때에는 그 손해를 배상하도록 한 부동산중개업법 제19조의 규정에 비추어 보면, 부동산중개업자에게 중개를 의뢰하여 매매 등의 계약을 체결하는 일반인으로서는 부동산중개업자가 전문적인 지식과 경험을 가진 것으로 신뢰하고 그의 개입에 의한 거래 조건의 지시, 설명에 과오가 없을 것이라고 믿고 거래하는 것이라는 점, 원고(매수인 갑)는 손O호(A)의 말을 믿어 착오에 빠지게 되었지만 손O호(A)가 착오에 빠지게 된 과정에 명확하게 이 사건 점포를 지적하지 아니하였던 피고(을)의 잘못도 개입되어 있는 점, 이 사건의 경우와 같이 중개인을 통하여 하는 부동산 매매 거래에 있어 언제나 매수인 측에서 매매 목적물을 현장에서 확인하여야 할 의무까지 있다고 할 수 없을 뿐만 아니라, 매매 당사자에게 중개업자가 매매 목적물을 혼동한 상태에 있는지의 여부까지 미리 확인하거나 주의를 촉구할 의무까지는 없다고 할 것인 점 등, 이 사건 매매 중개와 계약 체결의 경위 및 부동산 매매 중개업의 제반 성질에 비추어 볼 때 원고(갑)가 창O상회(Y)를 이 사건 매매계약의 목적물인 이 사건 점포(X)라고 오인한 과실이 중대한 과실이라고 단정하기는 어렵고, 원·피고 쌍방을 위하여 중개행위를 한 손O호(A) 스스로 이 사건 매매계약의 목적물(X)이 창O상회(Y)라고 오인한 채 원고(갑)에게 알려 준 과실을 바로 원고(갑) 자신의 중대한 과실이라고 평가할 수도 없다고 판단하였는바, 위에서 설시한 법리와 기록에 비추어 살펴보면, 원심의 위와 같은 판단은 정당한 것으로 수긍이 가고, 거기에 소론과 같은 민법 제109조 제1항 단서에서 말하는 중대한 과실에 관한 법리오해 등의 위법이 없다.

§ 6-27-2 성질에 관한 착오

❶ **대법원 1984. 4. 10. 선고 83다카1328(본소), 1329(반소) 판결 【위약금·매매잔대금】**

원심판결 이유에 의하면, 원심은 다툼없는 사실로서 원고가 1981.8.25 피고 정영자로부터 원판시 대지 및 건물을 대금 20,000,000원에 매수하고 그 대금 중 잔금 8,000,000원은 1981. 9. 30. 위 건물 및 대지지분에 관한 소유권이전등기절차에 필요한 서류와 상환으로 지급하기로 약정한 사실을 인정한 다음, 피고 정O자의 반소청구에 대하여 본건 매매계약이 해제 또는 취소됨이 없이 그대로 유효하므로, 원고는 피고 정O자에게 위 매매잔대금 8,000,000원 및 이에 대한 반소장부본송달 다음날임이 기록상 명백한 1982. 4. 30.부터 완제일까지 소송촉진등에 관한 특례법 제3조 소정의 이율인 연 2할 5푼의 비율에 의한 지연손해금을 지급할 의무있다고 판시하고 있다.

그러나 원고가 원심 2차 변론기일에서 진술한 준비서면(1983. 2. 25.자) 기재내용에 의하면, 원고가 피고 정O자의 반소청구에 대하여 **<동시이행의 항변에 대한 심**

리, 판단없이 무조건지급을 명한 조치의 적부(소극) (민법 제536조 제1항)> 원고의 잔대금지급의무는 피고 정O자의 원판시 대지 및 건물에 대한 소유권이전등기절차에 필요한 서류의 교부와 동시이행의 관계에 있다는 취지의 항변을 하였음이 기록상 명백하므로, 원심으로서는 피고 정O자가 그 채무이행을 제공하였는지 여부에 대하여 심리확정하여 원고 주장의 당부를 가렸어야 할 것임에도 불구하고, 그 판시와 같은 이유만으로 원고의 쌍무계약상의 잔대금 지급의무는 이행지체에 빠졌음을 전제로 원고에게 잔대금 및 그 지연손해금의 무조건 지급을 명하였음은 심리를 다하지 아니함으로써 쌍무계약에 있어 동시이행의 항변 내지는 이행지체책임에 대한 법리를 오해한 위법이 있다 할 것이므로 이 점을 지적하는 논지는 이유있다.

2. 원고 소송대리인의 본소청구에 대한 상고이유를 판단한다.

원심판결 이유에 의하면, 원심은 다툼없는 사실과 그 거시증거를 종합하여 원고가 1981. 8. 25. 피고 정O자로부터 대전시 중구 선화동 286의 1 소재 연와조 목조 도단즙 2계건 건물 1동 1층 건평 3평 1작, 2층 건평 3평 4홉과 그 부지인 대지 4평(지분소유)을 현 상태대로 대금 20,000,000원에 매수하기로 하는 매매계약을 체결한 사실, 원고가 매수한 본건 건물의 실제 부지면적은 3.6평인 사실, 피고 정O자의 지분은 대전시 중구 선화동 286의 1동 11필지 합계면적 3,539.1평방미터에 대한 지분으로서 그 소유지분에 해당하는 면적은 3,399평이고 이는 본건 건물이 점유하고 있는 부지부분에 특징되어 있는 사실을 인정한 다음, *<매매목적물에 관한 지분의 근소한 부족과 계약의 중요부분에 대한 착오* (민법 제109조, 제110조)> 본건 매매계약이 피고 정O자의 지분등기와 본건 건물 및 그 부지를 현상태대로 매매한 것이므로, 본건 부지에 관하여 0.211평(계산상 0.201평)에 해당하는 피고 정O자의 지분이 부족하다 하더라도, 이러한 근소한 차이만으로써는 매매계약의 중요부분에 착오가 있었다거나 기망행위가 있었다고는 보기 어렵다고 판시하고 있는바, 기록에 의하여 살피건대, 원심의 위와 같은 사실인정과 판단은 정당하고 거기에 소론과 같은 법리오해가 있다고 할 수 없으므로 논지는 이유없다.

❷ **대법원 1984. 4. 10. 선고 81다239 판결 【소유권이전등기말소등】**

······

제3점에 대하여,

(1) 원판시 매매계약체결 당시에 국가가 이 사건 부동산을 원소유자에게 환매하기로 결정하여 환매수속상신중에 있었다는 사실을 매수인인 소외 지O환이 어떠한 경위로 알고 있었다 하더라도 같은 소외인 이 그 사실을 매도인인 피고 천O지에게 고지하여 주었어야만 할 의무는 없었다 할 것이고, 소론과 같이 매수인인 소외 지O환이 100평의 토지에 대한 환매권의 양도인 것처럼 피고 천O지를 오신시켜 이 사건 토지 전부에 대한 환매권포기각서를 쓰게 한 것이라는 주장은 원심이 배척한

부분으로서 거기에 채증법칙위반으로 인한 사실오인의 위법이 있다고는 인정되지 않는다. 원심판결에 사기로 인한 법률행위의 취소에 관한 법리오해가 있다는 논지는 결국 소외 지O환에게 위와 같은 고지의무가 있었고 위와 같은 적극적인 기망행위가 있었다는 주장을 배척한 원심의 조치가 위법하다는 전제에 서서 원판결을 공격하는 것이므로 받아들일 수 없다.

(2) 소론과 같이 <*토지상황의 부지로 시가보다 저렴한 가격으로 매매계약을 체결한 경우와 동기의 착오 (제109조)*> 피고 천O지(*환매권자*)가 원판시 매매계약(*환매권의 양도계약체결*)을 체결함에 있어 이 사건 토지를 군용지로 사용하지 않고 있고, 국가가 원소유자에게 환매할 것이라는 사실을 몰랐기 때문에 싯가보다 저렴하게 평가한 가격으로 매매계약을 체결한 것이라 하더라도, 그것은 의사결정의 동기의 착오는 될 수 있을지언정 법률행위의 중요부분에 착오가 있은 경우로 볼 수 없다.

3) 착오자에게 중대한 과실이 없을 것
§ 6-28 착오자의 중대한 과실
❶ 대법원 1997. 8. 22. 선고 96다26657 판결 【구상금】

1. 원심판결 이유에 의하면, 원심은 그 거시 증거에 의하여 인정한 판시 사실을 토대로 하여 소외 손O경이 이 사건 도자기를 고려시대에 제작된 고려청자로 오신하고 금 43,000,000원이라는 거액에 매수하기로 하여 체결한 이 사건 매매계약은 그 중요 부분에 착오가 있는 경우에 해당한다고 판단하는 한편, 위 손O경은 골동품을 취급한 바 있는 소외 전O수를 오래 전부터 알고 지내면서 전O수의 소개로 도자기를 여러 차례 매수한 경험이 있고, 그 경우 위 전O수를 통하여 소외 전O수에게 감정을 받아 본 적이 있는 사실, 그런데 위 매매계약 당시 위 손O경은 서울에서 내려온 감정사로 행세하며 수십 년간 도자기를 만져보고 소장도 하고 있어 멀리 떨어져 있어도 진품을 식별할 줄 안다고 하면서, 이 사건 도자기의 소장자, 그 출처 등을 확인해 보지도 아니한 채 위 도자기의 표면과 안을 긁어 보거나 성냥불로 들여다 보고 물을 묻혀 그 흡수 정도를 살펴보며, 표면에 튀어나온 모래나 모래구멍에 주목하여 이는 인위적으로 할 수 없는 것이어서 진품이 틀림없다고 말하고, 소외 최O남과 그 자리에 함께 있는 소외 박O경에게 위 도자기들은 그 형태, 색깔로 보아 원심판결 별지목록의 괄호 기재와 같은 명칭{청자 철회광구병(청자머슴병), 청자 태화문매병(청자 매병), 회고려당초문장구통(회청자장구) 등}으로 부른다고 가르쳐 주었으며, 동양화가인 위 박O경이 사용하고 있는 벼루에 대하여도 감정하여 준 사실, 위 최O남, 박O경은 골동품 도자기에 대한 식별 능력이 없고, 위 최O남은 이 사건 도자기를 팔지 않으려는 소외 망 최O태에게 원고로부터 들은 서울에 있는 도자기를 잘 아는 사람이 매수인과 함께 왔다는 이야기를 전해 주고 위 최O태의

승낙을 얻어 위 도자기를 매매 장소에 가져왔으나, 그 출처를 물어보지도 않아 이 사건 도자기가 어떤 종류의 것인지 전혀 모르고 있었기 때문에 위 도자기가 진품 고려청자라고 말한 사실이 없으며, 오히려 먼저 위와 같이 도자기를 감정한 위 손O경에게 매수할 대금을 물었고, 이에 위 손O경이 금 40,000,000원으로 제안한 사실, 한편 위 손O경은 위와 같이 감정하였으나, 이 사건 도자기가 진품이라는 점에 대하여 확신할 수 없어 일행인 위 전O수로 하여금 위 도자기를 다시 살펴보게 하고, 나중에 감정하여 진품이 아니면 반품하면 되리라고 서로 의견을 나눈 사실을 인정한 다음, 위 인정 사실에 의하면 위 손O경은 여러 차례의 도자기 매수 경험을 통하여 골동품 도자기의 작품성이나 제작연대를 식별하는 것은 매우 어려울 뿐만 아니라 그 자신은 이에 관한 전문지식이 없어 매수시에는 감정인의 감정 등 전문가의 조력이 필요하다는 점을 잘 알고 있었으므로, 이 사건 도자기를 매수함에 있어서는 그 소장자나 출처 등을 확인하고 감정인으로 하여금 감정을 하게 하거나 그렇지 아니하면 고려청자가 아님이 밝혀진 경우 매매계약을 해제한다는 등의 조건을 붙여 위 도자기가 고려청자가 아닐 경우를 대비하여야 할 것임에도, 위 도자기가 고려청자가 아닐지도 모른다고 의심을 하면서도 매도인측과는 관계없이 소개인인 원고의 언동을 과신하여 스스로 고려청자라고 믿고 매수하였음을 알 수 있는바, <u>위와 같이 골동품 도자기 매수인으로서 취하여야 할 필요한 조치 내용을 이미 습득하고 있는 위 손O경*(매수인)*이 그 필요한 조치를 취하지 아니한 채 이 사건 도자기를 희소하고 거래가 드문 고려청자로 쉽게 믿은 것은 골동품 도자기의 매수시 보통 요구되는 주의를 현저히 결여한 중대한 과실로 인한 것이라고 할 것이므로, 위 손O경*(매수인)*은 위 착오가 있다 하더라도 위 매매계약을 취소할 수 없다고</u> 판단하였다.

2. 그러나 <*민법 제109조 제1항 단서 소정의 '중대한 과실'의 의미*> 민법 제109조 제1항 단서에서 규정하고 있는 '중대한 과실'이라 함은 표의자의 직업, 행위의 종류, 목적 등에 비추어 보통 요구되는 주의를 현저히 결여한 것을 말하는 것인바, 기록에 의하여 살펴보면 이 사건 도자기는 소장자인 위 최종태가 약 20년 전에 행상으로부터 구입한 것으로 밝혀졌는데, 위 손O경은 이 사건 도자기를 매수할 당시에 위 최O태 측의 소개인 최O남, 박O경, 자기 측의 소개인인 원고 등이 제대로 소장자와 출처를 알려주지 아니하여 이를 확인하지 못한 채 성전 농업협동조합의 부장 직위에 있고 목은 이색의 후손으로 대대로 물려 내려온 이색시집 8폭을 보관하고 있는 점으로 미루어 신분이 확실하고 믿을 수 있는 사람으로 보이는 원고가 이 사건 도자기는 많은 골동품을 소지하고 있는 강진의 유지가 갖고 있는 작품인데 소장자가 골동품을 파는 것을 누가 알게 되면 인격적인 손상이 생길 것을 염려하여 만나기를 꺼려한다고 말하므로 그 말을 믿는 한편, 같이 간 일행 중 골동품 판매상의 종업원으로 일한 적이 있는 위 전O수로 하여금 이 사건 도자기를 살펴보

게 하니 동인 역시 원고를 믿고서 매수하라고 하여 진품이 아니면 반품할 생각으로 이 사건 도자기를 매수하게 된 사실을 알 수 있는바, 이러한 사정과 위 손O경은 전문적인 골동품판매상이 아니라 집에 소장하기 위하여 이 사건 도자기를 매수한 점, 위 손O경은 전에도 도자기를 매수한 경험이 있었지만 골동품 도자기의 진품 여부나 제조연대를 식별할 수 있는 지식과 능력을 갖춘 전문가는 아닌 점, 감정인의 감정 등 전문가의 조력을 받는다고 하더라도 골동품인 도자기의 작품성과 제작연대를 확인하기가 쉽지 않은 점 등에 비추어 보면 원심이 판시한 바와 같이 <고려청자로 알고 매수한 도자기가 진품이 아닌 것으로 밝혀진 경우, 개인 소장자인 매수인이 그 출처의 조회나 전문적 감정인의 감정 없이 매수한 점만으로는 중과실이 인정되지 않으므로 착오를 이유로 계약을 취소할 수 있다고 본 사안> 위 손O경(매수인)이 이 사건 매매계약을 체결하면서 자신의 식별 능력과 매매를 소개한 원고를 과신한 나머지 이 사건 도자기가 고려청자 진품이라고 믿고 소장자를 만나 그 출처를 물어 보지 아니하고 전문적 감정인의 감정을 거치지 아니한 채 이 사건 도자기를 고가로 매수하고, 이 사건 도자기가 고려청자가 아닐 경우를 대비하여 필요한 조치를 강구하지 아니한 잘못이 있다고 하더라도, 그와 같은 사정만으로는 위 손O경(매수인)이 이 사건 매매계약 체결시 요구되는 통상의 주의의무를 현저하게 결여하였다고 보기는 어렵다(착오를 이유로 매매계약을 취소할 수 있다)고 할 것이다.

❷ 대법원 2014. 11. 27. 선고 2013다49794 판결 [부당이득금반환] 〈파생상품 착오주문 취소 사건〉

1. 상고이유 제1점에 대하여
<'자본시장과 금융투자업에 관한 법률'에 따라 거래소가 개설한 금융투자상품시장에서 이루어지는 증권이나 파생상품 거래에 민법 제109조가 적용되는지 여부(원칙적 적극)> 민법 제109조는 의사표시에 착오가 있는 경우 이를 취소할 수 있도록 하여 표의자를 보호하면서도, 그 착오가 법률행위의 내용의 중요 부분에 관한 것이 아니거나 표의자의 중대한 과실로 인한 경우에는 그 취소권 행사를 제한하는 한편, 표의자가 의사표시를 취소하는 경우에도 그 취소로 선의의 제3자에게 대항하지 못하도록 하여 거래의 안전과 상대방의 신뢰를 아울러 보호하고 있다.
이러한 민법 제109조의 법리는 그 적용을 배제하는 취지의 별도의 규정이 있거나, 당사자의 합의로 그 적용을 배제하는 등의 특별한 사정이 없는 한 원칙적으로 모든 사법(사법)상의 의사표시에 적용된다고 보아야 한다.
따라서 「자본시장과 금융투자업에 관한 법률」에 따라 거래소가 개설한 금융투자상품시장에서 이루어지는 증권이나 파생상품 거래의 경우 그 거래의 안전과 상대방

의 신뢰를 보호할 필요성이 크다고 하더라도, 거래소의 업무규정에서 민법 제109조의 적용을 배제하거나 제한하고 있는 등의 특별한 사정이 없는 한 그 거래에 대하여 민법 제109조가 적용되고, 거래의 안전과 상대방의 신뢰에 대한 보호도 민법 제109조의 적용을 통해 도모되어야 한다.

원심은, 한국거래소의 파생상품시스템을 통해 이루어진 원고 미래OO증권 주식회사(이하 '원고 미래OO증권'이라고만 한다)와 피고 사이의 2010년 2~3월 미국 달러 선물스프레드(이하 '이 사건 선물스프레드'라고 한다) 8,700계약의 거래(이하 '이 사건 거래'라고 한다)에 대하여는 민법 제109조의 적용이 배제되어야 한다는 피고의 주장에 대하여, 이 사건 거래에 관하여 민법 제109조의 적용을 배제하는 별도의 규정이 없고, 한국거래소의 파생상품시장 업무규정 및 그 시행세칙에도 그 적용을 배제하는 취지의 규정은 없으며, 위 업무규정 및 그 시행세칙의 호가한도 규정과 위탁매매와 관련한 착오거래 정정 규정이 이 사건 거래에 관하여 민법 제109조의 적용이 배제됨을 전제로 하고 있다고 볼 수도 없다는 이유로 이를 배척하였다. 앞서 본 법리와 기록에 비추어 살펴보면, 원심의 위와 같은 판단은 정당한 것으로 수긍이 가고, 거기에 상고이유 주장과 같이 민법 제109조의 적용 범위에 관한 법리를 오해한 위법이 없다.

2. 상고이유 제2점에 대하여

<의사표시의 착오가 표의자의 중대한 과실로 발생하였으나 상대방이 표의자의 착오를 알고 이용한 경우, 표의자가 의사표시를 취소할 수 있는지 여부(적극)> 민법 제109조 제1항 단서는 의사표시의 착오가 표의자의 중대한 과실로 인한 때에는 그 의사표시를 취소하지 못한다고 규정하고 있는바, 위 단서 규정은 표의자의 상대방의 이익을 보호하기 위한 것이므로, 상대방이 표의자의 착오를 알고 이를 이용한 경우에는 그 착오가 표의자의 중대한 과실로 인한 것이라고 하더라도 표의자는 그 의사표시를 취소할 수 있다고 할 것이다(대법원 1955. 11. 10. 선고 4288민상321 판결 참조).

원심은 그 채택 증거를 종합하여, 원고 미래OO증권의 직원 소외 1이 이 사건 거래 당일 개장 전인 08:50경 이 사건 선물스프레드 15,000계약의 매수주문을 입력하면서 주문가격란에 0.80원을 입력하여야 함에도 '.'을 찍지 않아 80원을 입력한 사실, 이 사건 거래는 복수가격에 의한 개별경쟁거래의 방법으로 이루어지는 것으로서 장중 매매거래 시 최우선매수호가부터 5개의 매수호가와 그 호가수량이 한국거래소 파생상품시스템에 실시간으로 공표되고, 이 사건 거래 당시에도 호가를 한 당사자는 공표되지 않았으나, 1계약당 80원에 이 사건 선물스프레드 15,000계약을 매수하겠다는 원고 미래에셋증권의 주문(이하 '이 사건 매수주문'이라고 한다) 내역은 거래참가자들 모두에게 공개된 사실, 이 사건 선물스프레드는 불과 1개월의 차이를 두고 있는 2개 통화선물 종목의 차액으로서 시장가격의 변동성이 적어 평소에는 전날 종가를 기준으로 0.1원 내지 0.3원의 변동이 있는데, 이 사건 거래 전날 이 사건 선물스프레드의 종가는 0.9원이었던 사실, 피고의 직원 소외 2는 이 사건 거래 당일 개장 전인 08:54경 1.1원에 이 사건 선물스프레드 332계약을 매도하겠다는 주문을 입력해두었다가 09:00:03:60 위 주문이 80원에 체결되자, 거래화면에 나온 매수호가 80원을 클릭하여 주문가격을 80원으로, 주문수량을 300계약으로 하여 09:00:08:46 매도주문을 하고, 이후 주문가격과 주문수량을 고정하여 09:00:11:88부터 09:00:15:73까지 불과 몇 초 만에 추가로 28회의 매도주문을 한 사실, 소외 2는 이 사건 거래가 있기 전까지 이 사건 선물스프레드에 대하여 하루 1,000계약 이상의 주문은 하지 않았으나, 이 사건 거래 당일에는 10,000계약의 주문을 하였던 사실 등을 인정한 다음, <u>피고로서는</u> 최초에 매매계약이 80원에 체결된 후에는 이 사건 매수주문의 주문가격이 80원인 사실을 확인함으로써 <u>그것이 주문자의 착오로 인한 것임을 충분히 알고 있었고, 이를 이용하여 다른 매도자들보다 먼저 매매계약을 체결하여 시가와의 차액을 얻을 목적으로 단시간 내에 여러 차례 매도주문을 냄으로써 이 사건 거래를 성립시켰으므로,</u> 원고 미래OO증권이 이 사건 매수주문을 함에 있어서 중대한 과실이 있었다고 하더라도 착오를 이유로 이를 취소할 수 있다고 판단하였다.

4) 취소배제사유가 없을 것
§ 6-29 착오취소와 매도인의 담보책임
❶ 대법원 2018. 9. 13. 선고 2015다78703 판결 [위약약정금]

사실관계

甲이 화랑소매업을 하는 乙로부터 수점의 서화를 1억 9천 4백만 원에 매수하는 계약을 체결하였다. 위 매매계약에는 위 각 서화의 전부 또는 일부가 위작인 경우에는 甲이 그 해당 서화 부분에 대한 계약을 해제하거나 착오로 취소할 수 있고, 乙은 그에 따라 그 서화를 반환받음과 동시에 甲에게 관련 대금을 반환할 의무를 부담하기로 하는 특약이 포함되어 있었다. 甲이 매매대금을 지급한 후 위 각 서화를 인도받아 감정평가를 받은 결과, 단원 산수화를 비롯한 일부 서화가 위작인 것으로 판명되었다. 이에 甲은 乙로부터 매수한 각 서화 중 일부 서화가 위작임에도 이를 진품으로 알고 매수한 것은 법률행위 내용의 중요 부분에 착오가 있는 경우에 해당하므로, 위 착오를 이유로 위 매매계약 중 위 각 서화 부분의 의사표시를 취소한다고 주장하였다.

판결이유

1. 상고이유 제1점에 대하여
(1) <매매계약 내용의 중요 부분에 착오가 있는 경우, 매수인이 매도인의 하자담보

책임이 성립하는지와 상관없이 착오를 이유로 매매계약을 취소할 수 있는지 여부 (적극) (민법 제109조 제1항, 제575조 제1항, 제580조 제1항)> 민법 제109조 제1항에 의하면 법률행위 내용의 중요 부분에 착오가 있는 경우 그 착오에 중대한 과실이 없는 표의자는 그 법률행위를 취소할 수 있고, 민법 제580조 제1항, 제575조 제1항에 의하면 매매의 목적물에 하자가 있는 경우 하자가 있는 사실을 과실 없이 알지 못한 매수인은 매도인에 대하여 하자담보책임을 물어 계약을 해제하거나 손해배상을 청구할 수 있다. 착오로 인한 취소 제도와 매도인의 하자담보책임 제도는 그 취지가 서로 다르고, 그 요건과 효과도 구별된다. 따라서 매매계약 내용의 중요 부분에 착오가 있는 경우 매수인은 매도인의 하자담보책임이 성립하는지와 상관없이 착오를 이유로 그 매매계약을 취소할 수 있다.

(2) 원심은, 원고*(갑)*가 피고*(을)*로부터 매수한 각 서화 중 원심판결 별지1 서화내역표 순번 1번, 3번 내지 6번 기재 각 서화가 위작(위작)이고, 원고*(갑)*가 위작인 위 각 서화를 진품으로 알고 매수한 것은 법률행위 내용의 중요 부분에 착오가 있는 경우에 해당하므로, 이 사건 매매계약 중 위 순번 1번, 3번 내지 6번 기재 각 서화 부분이 착오를 이유로 한 원고*(갑)*의 취소의 의사표시에 따라 적법하게 취소되었다고 판단한 후, '원고*(갑)*가 매매 목적물의 하자에 대해 피고*(을)*에게 하자담보책임을 물을 수 있었으므로 원고*(갑)*가 착오를 이유로 매매계약을 취소할 수는 없다'는 피고*(을)*의 주장을 배척하였다.

앞에서 본 법리에 따라 기록을 살펴보면, 원심의 위와 같은 판단은 정당하다. 거기에 착오와 하자담보책임에 관한 법리를 오해한 잘못이 없다.

§ 6-30 신의칙과 착오취소
❶ **대법원 1995. 3. 24. 선고 94다44620 판결 [토지소유권이전등기]**
……
2. 제2점에 대하여
……

양도소득세는 양도인에게 당연히 부과되는 것으로서, 부동산 매매계약 체결에 있어 당사자 사이에 양도소득세 부담에 관하여 특히 논의된 적이 없었다면 특별한 사정이 없는 한 양도소득세 부담에 관한 문제가 그 매매계약의 내용이 되는 것은 아니라 할 것이지만, 이 사건에 있어서는 피고들은 위 "외 1인"도 원고 2와 같은 개인일 것으로 생각하여 기준시가에 의한 양도소득세액만 부담하면 된다고 계산하고 이 사건 매매계약의 체결에 임하였던 것으로서, 피고들이 그와 같이 생각하게 된 것은 바로 원고측이 위 "외 1인"이 원고 회사임을 알리지 아니한 데에서 비롯되었던 점에 비추어 보면, 원·피고들은 기준시가에 의한 양도소득세액만을 원고들이 부담하는 것을 이 사건 매매계약의 한 내용으로 삼았던 것이라고 볼 여지도 없지 아니하고, 한편 이 사건 매매계약 체결 당시 시행되던 소득세법 및 같은 법 시행령과 조세감면규제법의 관계 규정에 의하면, 양도소득세액 산정에 있어서의 양도가액은 원칙적으로 양도 당시의 기준시가에 의하나, 법인과의 거래에 있어서 실지거래가액이 확인된 경우에는 실지거래가액에 의하도록 정하여져 있었고, 토지를 주택건설촉진법 제6조에 의하여 등록한 주택건설사업자에게 양도하는 경우에도 언제나 당연히 양도소득세가 면제되는 것이 아니라 그 매입자가 신청하는 경우에 한하여 면제되도록 규정되어 있었음을 알 수 있어, **<법률행위의 중요부분에 착오가 있음을 이유로 한 의사표시의 취소가 신의성실의 원칙에 비추어 허용될 수 없다고 본 사안>** (매매계약의 체결 경위 및 당시 시행되던 소득세법, 같은 법 시행령, 조세감면규제법, 주택건설촉진법 등 관계 규정에 의하면,) 그(토지) 매수인이 개인인지 법인인지, 법인이라도 주택건설사업자인지 및 주택건설사업자라도 그가 면제신청을 할 것인지 여부 등은 매도인이 부담하게 될 양도소득세액 산출에 중대한 영향을 미치게 되어, 이 점에 관한 착오가 있었다면 이는 법률행위의 내용의 중요부분에 관한 것이라고 할 수 있고, 원심이 들고 있는 이 사건 매매계약의 체결 경위를 참작한다 하더라도 이와 달리 볼 것이 아니라 할 것이므로, 원심이 그 판시와 같은 이유만으로 이 사건 매매계약 체결에 있어서 피고측에게 법률행위의 중요부분에 착오가 있었다고 볼 수 없다고 판단한 것은 적절하다고 할 수 없다.

그러나 한편 이 사건 매매계약 체결 이후 소득세법 및 같은 법 시행령의 관계 규정이 일부 개정되어 1989. 8. 1. 이후 양도한 것으로 보게 되는 거래에 대하여는 투기거래의 경우를 제외하고는 법인과의 거래에 있어서도 개인과의 거래와 마찬가지로 양도가액을 양도 당시의 기준시가에 의하도록 변경되었는 바, 기록에 의하면, 이 사건 매매계약의 잔금은, 원심 판시와 같이 원고들이 이 사건 부동산에 관한 담보권자 등에 대한 피고들의 채무 등을 대신 변제하고 취득한 구상금 채권 등으로 1991. 9. 4. 상계함으로써 청산되었음을 알 수 있어 이 때를 소득세법상의 양도시기로 보게 되는 관계로, 결국 피고들은 그들이 당초 예상한 바와 같이 기준시가에 의한 양도소득세액만 부담하면 족한 것으로 확정되었으므로, 설사 이 사건 매매계약의 체결에 있어 위와 같은 착오가 있었다 하더라도 그 불이익이 이미 소멸되었으므로, 피고들이 그 이후인 1992. 1. 30.자 준비서면의 송달로써 비로소 착오로 인한 취소 주장을 하는 것은 신의성실의 원칙에 비추어 보더라도 허용될 수 없다고 보아야 할 것이니, 위 착오 주장에 관한 원심의 판단부분은 그 이유 설시에 적절하지 못한 점이 있지만 그 주장을 배척한 결론은 결국 정당하다 할 것이다.

3. 착오의 효과
§ 6-31 일부착오
❶ 대법원 1998. 2. 10. 선고 97다44737 판결 [부당이득금반환]

사실관계

甲(인천광역시)은 1995. 3.경 건설교통부와 한국도로공사가 시행하는 인천신공항고속도로 건설사업에 편입될 토지의 용지보상업무를 위탁받아 시행함에 있어, X 토지가 그 도로 부지로 편입되게 되자, '공공용지의취득및손실보상에관한특례법'(이하 공특법)에 정한 절차에 따라 이를 취득하기 위하여 소유자인 乙에게 협의를 요청하였다. 甲은 위 협의에 앞서 1994. 12. 30.경 공특법이 정하는 바에 따라 대금액을 결정하기 위하여 A 감정평가법인 및 B 감정평가법인에게 토지가격에 대한 감정평가를 의뢰하여, 1995. 1. 26.경 ㎡당 A 감정평가법인은 76,000원으로, B 감정평가법인은 74,000원으로 평가한 감정서를 각 제출받은 후, 그 두 감정가격의 산술평균치인 75,000원을 乙에게 대금결정 기준액으로 제시하였다. 그 결과 1995. 3. 7.부터 4. 6.까지 甲과 乙 사이에 매매대금을 ㎡당 75,000원을 기초로 하여 산정한 금액으로 정하여 협의매수가 성립되어, 이에 따라 甲이 乙로부터 X 토지를 매수하는 계약을 체결하고, 그 무렵 乙에게 그 금액을 지급하였다. 그런데 X 토지의 용도는 자연녹지 개발제한구역으로 지정되어 있었으나 A 및 B 감정평가법인은 협의매수가 이루어진 이후인 1995. 4. 28.경에 이르러 X 토지에 대한 최초 평가시 용도지역 인정에 착오가 있어 자연녹지 개발제한구역을 생산녹지로 잘못 알고 평가하였음을 발견하고 ㎡당 A 감정평가법인은 41,000원으로, B 감정평가법인은 40,000원으로 다시 평가하여 작성한 정정서를 甲에게 통보하였다. 이에 甲은 그 무렵 乙에게 그러한 사정을 통지하면서 이미 지급한 매매대금 중 정정된 두 감정가격의 산술평균치인 40,500원을 기준으로 계산한 금액을 초과하는 금액인 ㎡당 34,500원을 부당이득으로 반환할 것을 청구하였다.

판결이유

1. 제1점에 관하여

가. <동기의 착오를 이유로 법률행위를 취소하기 위한 요건 (민법 제109조)> 동기의 착오가 법률행위의 내용의 중요 부분의 착오에 해당함을 이유로 표의자가 법률행위를 취소하려면 그 동기를 당해 의사표시의 내용으로 삼을 것을 상대방에게 표시하고 의사표시의 해석상 법률행위의 내용으로 되어 있다고 인정되면 충분하고 당사자들 사이에 별도로 그 동기를 의사표시의 내용으로 삼기로 하는 합의까지 이루어질 필요는 없지만(대법원 1989. 12. 26. 선고 88다카31507 판결, 1995. 11. 21. 선고 95다5516 판결 참조), 그 법률행위의 내용의 착오는 보통 일반인이 표의자의 입장에 섰더라면 그와 같은 의사표시를 하지 아니하였으리라고 여겨질 정도로 그

착오가 중요한 부분에 관한 것이어야 할 것이다(대법원 1989. 1. 17. 선고 87다카 1271 판결, 1996. 3. 26. 선고 93다55487 판결 참조). **<동기의 착오에 있어서 표의자의 '중대한 과실'의 의미** (민법 제109조)> 다만 그 착오가 표의자의 중대한 과실로 인한 때에는 취소하지 못한다고 할 것인데, 여기서 '중대한 과실'이라 함은 표의자의 직업, 행위의 종류, 목적 등에 비추어 보통 요구되는 주의를 현저히 결여하는 것을 의미한다고 할 것이다(대법원 1996. 7. 26. 선고 94다25964 판결 참조).

나. 원심이 인정한 사실관계는 다음과 같다.

(1) 원고(갑)는 1995. 3.경 건설교통부와 한국도로공사가 시행하는 인천신공항고속도로 건설사업에 편입될 토지의 용지보상 업무를 위탁받아 시행함에 있어, 이 사건 토지들이 그 도로 부지로 편입되게 되자, 공공용지의취득및손실보상에관한특례법(이하 공특법이라고 한다)에 정한 절차에 따라 이를 취득하기 위하여 소유자인 피고들(을)에게 협의를 요청하였다.

(2) 원고(갑)는 위 협의에 앞서 1994. 12. 30.경 공특법이 정하는 바에 따라 대금액을 결정하기 위하여 소외 OO감정평가법인(A) 및 OO감정평가법인(B)에게 토지가격에 대한 감정평가를 의뢰하여, 1995. 1. 26.경 m^2당 위 OO감정평가법인(A)은 금 76,000원으로, 위 OO감정평가법인(B)은 금 74,000원으로 평가한 감정서를 각 제출받은 후, 그 두 감정가격의 산술평균치인 금 75,000원을 피고들(을)에게 대금 결정 기준액으로 제시하였다.

(3) 그 결과 1995. 3. 7.부터 4. 6.까지 원고(갑)와 피고들(을) 사이에 매매대금을 m^2당 금 75,000원을 기초로 하여 산정한 금액으로 정하여 협의매수가 성립되어, 이에 따라 원고(갑)가 피고들(을)로부터 이 사건 토지들을 매수하는 계약을 체결하고, 그 무렵 피고들(을)에게 각 그 해당 금액을 지급하였다.

(4) 공특법시행규칙 제6조 제4항에 의하면 공법상 제한을 받는 토지는 그 공법상 제한이 당해 공공사업의 시행을 직접 목적으로 하여 가해진 경우를 제외하고는 제한받는 상태대로 평가하되, 제한의 정도를 감안하여 적정하게 감가하여 평가하도록 규정되어 있고, 이 사건 토지들의 용도는 자연녹지 개발제한구역으로 지정되어 있다. 그런데 위 두 감정평가법인(A, B)은 협의매수가 이루어진 이후인 1995. 4. 28.경에 이르러, 이 사건 토지들에 대한 최초 평가시 용도지역 인정에 착오가 있어 자연녹지 개발제한구역을 생산녹지로 잘못 알고 평가하였음을 발견하고 m^2당 OO감정평가법인(A)은 금 41,000원으로, OO감정평가법인(B)은 금 40,000원으로 다시 평가하여 작성한 정정서를 원고(갑)에게 통보하였고, 이에 원고(갑)는 그 무렵 피고들(을)에게 그러한 사정을 통지하면서, 이미 지급한 매매대금 중 정정된 두 감정가격의 산술평균치인 금 40,500원을 기준으로 계산한 금액을 초과하는 금액(m^2당 금 34,500원)을 반환할 것을 요청하였다.

(5) 한편 원고(갑)가 1995. 2. 21.경 피고들(을)에 대한 협의 요청시, 공특법이 정한 방법에 따라 두 개의 감정평가기관의 평가액을 산술평균한 금액을 기준으로 결정한다는 점 및 그에 따라 ㎡당 금 75,000원씩으로 산출한 금액을 서면으로 통지·제시하였고, 그 후 피고들(을)과 협의매수계약시 그러한 내용을 설명하였으며, 매매계약서 '물건의 표시'란에 그 대금 결정 내역에 관하여 단가와 면적을 기재함과 아울러, 대금결정 방법에 관하여도 매매계약서 제1조 제1항에 '가격은 공특법 제4조 및 동법시행령 제2조 관련 조항의 규정에 따라 산정된 단가를 쌍방 협의에 의하여 정하였음'을 명시하였다. 피고들(을)과 함께 과다 지급을 받았던 소외 전O근은 원고(갑)의 반환요청에 따라 과다 지급액 부분을 원고(갑)에게 반환하였고, 이 사건 토지들과 인접한 토지 소유자인 소외 황O자 등은 피고들(갑)과의 협의매수 이후 원고로부터 ㎡당 금 40,500원씩으로 산정한 대금액을 지급받은 사실을 인정하였다.

다. 원심은 위 사실관계를 기초로 하여 다음과 같이 판단하였다.

(1) 원고(갑)는 두 감정기관의 평가액을 근거로 ㎡당 시가의 산술평균액이 금 75,000원인 것으로 잘못 알고 착오에 빠져, 이를 기준으로 매수 가액을 제시하여 그 금액으로 협의매수계약을 체결하였는바, 이러한 착오는 목적물의 시가에 관한 착오로서 이른바 동기의 착오에 해당하는데, 원고(갑)는 피고들(을)에 대한 협의매수 요청시 서면으로 위와 같은 매수 가액 결정 방법에 관하여 통지하였고, 피고들(을)도 그러한 사정을 인식하고 그 대금 결정의 기준과 계산 내역 및 그 방법을 매매계약서에 명시함으로써, 그 동기를 의사표시의 내용으로 삼았다.

(2) 매매대금은 매매계약의 중요 부분인 목적물의 성질에 대응하는 것이기는 하나 분량적으로 가분적인 데다가 시장경제하에서 가격은 늘 변동하는 것이어서, 설사 매매대금액 결정에 있어서 착오로 인하여 다소간의 차이가 나더라도 보통은 중요 부분의 착오로 되지 않는다. 그러나 이 사건은 정당한 평가액을 기준으로 무려 85%나 과다하게 평가된 경우로서 그 가격 차이의 정도가 현저할 뿐만 아니라, 원고(갑)는 지방자치단체로서 법령의 규정에 따라 정당하게 평가된 금액을 기준으로 협의매수를 하고 또한 협의가 성립되지 않는 경우 수용 등의 절차를 거쳐 사업에 필요한 토지를 취득하도록 되어 있다. 이러한 사정들에 비추어 볼 때, 원고(갑) 시로서는 위와 같은 동기의 착오가 없었더라면 그처럼 과다하게 잘못 평가된 금액을 기준으로 협의매수계약을 체결하지 않았으리라는 점은 명백하다. 따라서 원고(갑)의 매수대금액 결정의 동기는 이 사건 협의매수계약 내용의 중요한 부분을 이루고 있다고 봄이 상당하다.

(3) 원고(갑) 시가 비록 관할 행정관청이기는 하나 이 사건 토지들 이외에도 같은 사업에 의하여 도로로 편입될 예정인 토지들이 수백 필지나 되어 그 토지들의 용도 및 현황 등을 일일이 대조·검토하기가 쉽지 않고, 또한 토지의 시가감정은 평가기관의 전문영역으로서 토지의 용도뿐만 아니라 공시지가, 지가변동률, 지역요인,

개별요인 등 여러 가지 요인들을 고려하여 평가하기 때문에 비전문가인 원고(갑) 시의 담당자들로서도 그 평가액의 적정 여부를 검토하여 착오를 발견하기는 매우 어려우며, 더욱이 이 사건과 같이 두 개의 감정평가기관이 동시에 착오에 빠져 둘 다 비슷한 평가액을 낸 경우에는 원고(갑) 시로서는 사실상 이를 신뢰할 수밖에 없으리라는 사정을 엿볼 수 있는데, 이러한 사정에 비추어 볼 때, <u>원고(갑)가 이 사건 토지들의 용도 및 감정평가서의 내용 등을 면밀히 검토하여 그 잘못된 점을 발견해 내지 못한 채 두 감정기관의 감정서 내용을 그대로 믿고 이를 기준으로 협의매수계약을 체결하였다는 사정만을 내세워, 원고(갑)에게 위 착오를 일으킨 데 대하여 중대한 과실이 있다고 보기는 어렵다.</u>

라. 원심의 판단은 앞서 본 법리에 따른 것으로 정당하고, 거기에 소론과 같은 법리오해 등의 위법이 있다고 할 수 없다. 논지는 이유 없다.

2. 제2점에 관하여

<**법률행위 일부 취소의 요건과 효력** (민법 제137조, 제141조)> <u>하나의 법률행위의 일부분에만 취소사유가 있다고 하더라도 그 법률행위가 가분적이거나 그 목적물의 일부가 특정될 수 있다면, 나머지 부분이라도 이를 유지하려는 당사자의 가정적 의사가 인정되는 경우 그 일부만의 취소도 가능하다고 할 것이고, 그 일부의 취소는 법률행위의 일부에 관하여 효력이 생긴다고 할 것이다</u>(대법원 1990. 7. 10. 선고 90다카7460 판결, 1992. 2. 14. 선고 91다36062 판결 참조).

원심이 판시와 같은 이유를 들어 원고(갑)와 피고들(을) 사이의 이 사건 협의매수계약은 원고(갑)의 위 착오를 이유로 한 의사표시의 일부 취소로 말미암아 각 그 해당 범위 내에서만 소급적으로 무효가 되었다고 판단한 것은 위 법리에 따른 것으로 정당하고 거기에 소론과 같은 법리오해, 심리미진 등의 위법이 있다고 할 수 없다. 논지는 이유 없다.

§ 6-32 일방의 동기착오로 인한 취소와 손해배상책임
❶ 대법원 1997. 8. 22. 선고 97다13023 판결 【이행보증금】

사실관계

甲(도시개발공사)이 아파트 신축공사 중 조립식 욕실의 제작, 설치공사에 관하여 실시한 경쟁입찰에서 건설회사 A(주식회사 OO화성)가 도급금액 10억 5천만 원에 낙찰받았으며, 甲과 A건설회사는 도급금액의 10%에 상당하는 계약이행보증금 1억 5백만 원 중 5백만 원은 현금으로 납입하고 나머지 1억 원은 乙(전문건설공제조합) 발행의 계약보증서를 교부하는 것으로 대체하기로 하였다. 1994. 6. 16. A 건설회사는 乙에게 도급금액이 10억 5천만 원임에도 불구하고 계약보증신청서에 도급금액을 5억 원으로 기재하였는데, 이는 A 건설회사의 도급한도액이 5억 원이므로 도급금액이 5억 원을 초과하는 건설공사에 대해서는 乙이 보증할 수 없기 때문이었다. 이에 乙은 A 건설회사가 수급할 공사의 도급금액이 5억 원인 것으로 잘못 알고서 A 건설회사에 도급금액을 5억 원으로 기재한 계약보증서를 발급하였으며, 이에 기해서 A 건설회사는 같은 달 17일 甲과 사이에 도급계약을 체결하면서 甲에게 그 계약보증서를 교부하였다. 그 후 甲은 A 건설회사로부터 도급계약상의 수급인의 지위를 포기한다는 통보를 받고 1995. 1. 4. 도급계약을 해지하였다. 그리고 甲은 乙에 대하여 주위적 청구로써 계약해지로 인한 계약(이행)보증금 1억 원의 지급을, 예비적 청구로써 불법행위를 이유로 이행보증금 상당액의 손해배상을 청구하였는데, 이에 대하여 乙은 착오를 이유로 甲과 乙 사이의 보증계약의 취소를 주장하였다.

판결이유

1. 원고의 상고이유를 본다.

가. 착오에 관한 주장에 대하여

원심판결 이유에 의하면, 원심은, 원고가 1994. 5. 30. 대구 수성구 소재 시지 4단지 아파트 신축공사 중 조립식 욕실의 제작, 설치공사에 관하여 실시한 경쟁입찰에서 건설업법에 의한 도급한도액이 금 500,000,000원인 소외 주식회사 OO화성이 도급금액 금 1,052,400,000원에 낙찰받았는바, 원고와 소외 회사는 도급금액의 10%에 상당하는 계약보증금 105,240,000원 중 금 5,240,000원은 현금으로 납입하되 나머지 금 100,000,000원은 피고 발행의 계약보증서를 교부하는 것으로 대체하기로 하여, 소외 회사가 1994. 6. 16. 피고에게 계약보증서의 발급을 신청하면서 도급금액이 금 1,052,400,000원임에도 계약보증신청서에 도급금액을 금 500,000,000원으로 기재함으로써 <전문건설공제조합이 도급금액이 허위로 기재된 계약보증신청서를 믿고서 조합원이 수급할 공사의 도급금액이 조합원의 도급한도액 내인 것으로 잘못 알고 계약보증서를 발급한 것이 법률행위의 중요 부분의 착오에 해당한다고 한 사안> 피고(을)는 소외 회사(A)가 수급할 공사의 도급금액이 금 500,000,000원인 것으로 잘못 알고서 소외 회사(A)에 도급금액을 금 500,000,000원으로 기재한 계약보증서를 발급하고, 소외 회사(A)는 같은 달 17일 원고와 사이에 도급계약을 체결하면서 원고(갑)에게 그 계약보증서를 교부하였는데, 그 후 원고(갑)는 소외 회사(A)로부터 도급계약상의 수급인의 지위를 포기한다는 통보를 받고 1995. 1. 4. 도급계약을 해지한 사실을 확정하고서, 건설업법 규정과 피고(을) 조합의 설립 목적에 비추어 볼 때 피고(을)는 소외 회사(A)가 수급할 공사의 실제 도급금액이 소외 회사(A)의 도급한도액을 초과한 금 1,052,400,000원이라는 점을 알았더라면, 소외 회사(A)에 계약보증서를 발급하지 않았을 것이므로 도급금액에 관한 피고(을)의 착오는 법률행위의 중요 부분의 착오에 해당하고, <전문건설공제조합이 계약보증서를 발급하기에 앞서 조합원이 수급하는 공사의 도급금액이 도급한도액 범위 내인지

여부를 확인하는 것을 게을리한 것이 중대한 과실에 해당하는지 여부(소극)> 피고 *(을)*가 계약보증서를 발급함에 앞서 소외 회사*(A)*로부터 입찰결과통보서 등을 제출받거나 원고*(갑)*에게 도급금액 등을 조회하여 도급금액이 소외 회사*(A)*의 도급한도액 범위 내인지 여부를 확인하는 것을 게을리하여 소외 회사*(A)*가 제출한 계약보증신청서만 믿고서 계약보증서를 발급한 것이 중대한 과실에 해당한다고는 할 수 없다고 보아 피고*(을)*의 착오로 인한 취소의 의사표시에 의하여 원·피고 사이의 보증계약은 적법하게 취소되었다고 판단하였는바, 기록과 관계 규정에 비추어 살펴보면 원심의 판단은 정당하고, 거기에 상고이유로서 주장하는 바와 같은 위법이 있다고 할 수 없다.

소외 회사가 수급할 공사의 실제 도급금액에 관한 피고의 착오는 동기의 착오에 속함은 원고의 주장과 같으나, 원심이 확정한 바와 같이 피고*(을)*가 계약보증서를 발급하면서 도급금액을 금 500,000,000원으로 명시하였다면, 피고*(을)*로서는 그 동기를 당해 의사표시의 내용으로 삼을 것을 상대방에게 표시함으로써 의사표시의 해석상 법률행위의 내용으로 되었다고 보아야 할 것이므로(대법원 1995. 11. 21. 선고 95다5516 판결 참조), 그 착오가 법률행위의 중요 부분의 착오에 해당하는 이상 취소할 수 있다 할 것이다.

……

2. 피고의 상고이유를 본다.

가. 원심의 주문 기재에 관한 주장에 대하여

<제1심에서 전부 패소한 원고가 항소심에서 예비적 청구를 추가로 병합하여 항소심이 주위적 청구에 관하여 제1심판결을 유지하는 경우, 주문의 표시 방법> 제1심에서 전부 패소한 원고가 항소심에서 예비적 청구를 추가적으로 병합하고, 항소심의 심리 결과 주위적 청구에 관하여 제1심판결을 그대로 유지할 경우에는 주문에서 '원고의 항소를 기각한다.'라고 선고할 것이고, 예비적 청구가 항소심에서 병합되었다는 이유만으로 제1심판결을 취소 또는 변경하여야 하는 것은 아니며, 원심이 주문에서 원고의 항소를 기각한 것은 주위적 청구인 계약보증금 청구가 이유 없어 제1심판결을 유지한다는 취지이지, 원심에서 추가된 예비적 청구까지도 이유 없다는 취지는 아니라 할 것이다. 이와 반대의 견해를 전제로 한 피고의 주장은 독자적인 견해에 지나지 아니하여 받아들일 수 없다.

나. 예비적 청구에 관한 주장에 대하여

원심판결 이유에 의하면, 원심은, 피고는 전문건설업자들을 조합원으로 하여 설립된 특수법인으로서 그 조합원이 건설공사 등을 수급할 경우 그 이행보증 등을 하는 것을 주된 업무로 하고 있는 사실, 피고의 조합원인 소외 회사는 도급한도액이 금 500,000,000원이므로 피고로서는 도급금액이 금 500,000,000원을 초과하는 건설공사에 대하여는 소외 회사를 위하여 보증을 할 수 없는 사실, 피고의 보증규정

제13조에 의하면, 피고는 조합원이 보증신청을 할 때 적격 여부를 심사하여야 하고 조합원은 보증신청에 대하여 피고가 적격 여부를 심사하는 데 필요한 계약문서 등을 제시하도록 되어 있는 사실, 원고는 소외 회사에 도급금액을 금 1,052,400,000원으로 기재한 입찰결과통보서를 교부하였음에도 피고는 계약보증서를 발급하면서 소외 회사가 도급금액을 금 500,000,000원으로 기재하여 제출한 계약보증신청서만 믿고 소외 회사로부터 입찰결과통보서를 제출받거나 원고에게 조회하여 도급금액을 확인하지 아니한 과실이 있다고 인정한 다음, 피고(을)의 이와 같은 과실로 인하여 원고(갑)는 소외 회사(A)와 도급계약을 체결하면서 피고(을)가 발행한 계약보증서만 믿은 나머지 계약보증금 전액을 현금으로 납부받거나 그 이상의 담보를 제공받지 아니하였다가 피고(을)의 계약 취소로 금 100,000,000원 상당의 계약보증금을 지급받지 못함으로써 그 금액 상당의 손해를 입게 되었으므로, 피고(을)는 불법행위로 인한 손해배상으로서 원고(갑)에게 그 손해를 배상할 책임이 있다고 판단하였다.

그러나 *<전문건설공제조합의 계약보증서 발급에 과실이 있는 경우, 과실로 착오에 빠져 보증계약서를 발급한 것이나 그 착오를 이유로 보증계약을 취소한 것이 불법행위를 구성하는지 여부(소극)>* 불법행위로 인한 손해배상책임이 성립하기 위하여는 가해자의 고의 또는 과실 이외에 행위의 위법성이 요구된다 할 것인바, 피고(을)가 계약보증서를 발급하면서 소외 회사(A)가 수급할 공사의 실제 도급금액을 확인하지 아니한 과실이 있다고 하더라도 민법 제109조에서 중과실이 없는 착오자의 착오를 이유로 한 의사표시의 취소를 허용하고 있는 이상, 피고(을)가 과실로 인하여 착오에 빠져 계약보증서를 발급한 것이나 그 착오를 이유로 보증계약을 취소한 것이 위법하다고 할 수는 없다.

§ 6-33 쌍방에 공통된 동기의 착오로 인한 취소와 손해배상책임

❶ *(§ 5-4 ❶)* 대법원 2006. 11. 23. 선고 2005다13288 판결 【부당이득금】

사실관계

甲이 국유지인 X 대지 위에 건물을 신축하여 乙(국가)에게 기부채납하는 대신 X 대지 및 건물에 대한 사용수익권을 받기로 약정하였다. 이와 같은 약정에 따라 甲은 X대지 위에 Y 건물을 신축하여 乙에게 소유권을 이전하고 사용·수익허가를 받았으며, 사용수익허가의 조건은 Y 건물의 감정평가액 802,559,990원을 기부채납금액으로 하고 X 대지 및 Y 건물의 연간사용료를 187,386,000원으로 하여 사용료 합계가 기부채납액에 달하기까지의 기간 동안 사용료를 면제한다는 것이었다. 위 계약체결과정에서 甲과 乙의 담당자는 위 기부채납이 부가가치세 부과대상인 줄을 몰랐거나 이를 고려하지 아니한 채 계약을 체결하고 조건을 결정하였었는데, 그 후 甲

에게 위 기부채납에 대한 103,931,510원의 부가가치세가 부과되어 甲이 이를 납부하였다. 이에 甲은 乙에 대하여 착오를 이유로 납부한 세금액에 관하여 부당이득의 반환을 청구하였다.

판결이유

......

2. 대법원의 판단

가. <계약당사자 쌍방이 계약의 전제나 기초가 되는 사항에 관하여 같은 내용으로 착오가 있는 경우, 계약의 해석 방법 (민법 제105조, 제109조)> 계약당사자 쌍방이 계약의 전제나 기초가 되는 사항에 관하여 같은 내용으로 착오를 하고, 이로 인하여 그에 관한 구체적 약정을 하지 아니하였다면, 당사자가 그러한 착오가 없을 때에 약정하였을 것으로 보이는 내용으로 당사자의 의사를 보충하여 계약을 해석할 수도 있으나, 여기서 보충되는 당사자의 의사란 당사자의 실제 의사 내지 주관적 의사가 아니라 계약의 목적, 거래관행, 적용법규, 신의칙 등에 비추어 객관적으로 추인되는 정당한 이익조정 의사를 말한다고 할 것이다.

원심이 인정한 바와 같이 원고(갑)와 피고(을)가 이 사건 계약을 체결하고 그 내용을 정함에 있어 기부채납이 부가가치세 부과대상인 줄을 몰랐다고 한다면, 계약의 전제가 되는 사항에 관하여 같은 내용의 착오에 빠져 있었다고 할 수 있으므로, 당사자의 진의를 추정하여 계약 내용을 수정 해석하는 것이 타당하다고 본 원심의 판시 자체는 수긍되는 면이 있다.

나. 그러나 나아가 원심이, 그와 같은 경우에 피고(을)가 부가가치세를 부담하는 것으로 약정하였으리라고 단정한 것은 다음과 같은 이유로 이를 수긍할 수 없다.

부가가치세법 제15조가 사업자가 재화 또는 용역을 공급하는 때에는 부가가치세 상당액을 그 공급을 받는 자로부터 징수하여야 한다고 규정하고 있으나 공급자가 위 규정을 근거로 공급을 받는 자로부터 부가가치세 상당액을 징수할 권리가 없는 이상(대법원 2002. 11. 22. 선고 2002다38828 판결 등 참조), <국가와 기부채납자가 국유지인 대지 위에 건물을 신축하여 기부채납하고 위 대지 및 건물에 대한 사용수익권을 받기로 약정하면서 그 기부채납이 부가가치세 부과대상인 것을 모른 채 계약을 체결한 사안의 경우 (민법 제105조, 제109조; 부가가치세법 제15조; 구 국유재산법(2004. 12. 31. 법률 제7325호로 개정되기 전의 것) 제26조 제1항 제1호, 제27조 제1항; 구 국유재산법 시행령(2005. 6. 30. 대통령령 제18886호로 개정되기 전의 것) 제28조 제1항)> 부가가치세의 부담에 관한 별도의 약정이 없을 경우에 공급받는 자가 부가가치세를 부담한다는 일반적인 거래관행이 확립되어 있거나, 기부채납에 있어 부가가치세를 국가가 부담하는 관행이 있다고 단정할 수 없다.

이 사건에 적용될 구 국유재산법(2004. 12. 31. 법률 제7325호로 개정되기 전의 것) 제27조 제1항, 그 시행령(2005. 6. 30. 법률 제18886호로 개정되기 전의 것) 제28조 제1항 등의 규정에 의하면, 사용·수익허가기간을 '사용료의 총액이 기부를 채납한 재산의 가액에 달하는 기간 이내'로, '사용료의 면제는 사용료 총액이 기부채납 재산 가액에 달할 때까지'로 하도록 되어 있고, 기록에 의하면 피고(을)는 무상 사용·수익허가기간을 정함에 있어 '당해 재산의 가액'에 1천분의 50 이상을 곱한 금액으로 연간사용료를 산정하도록 하고 있는 위 시행령 제26조 제1항 제5호의 규정에 따라 이 사건 기부채납 재산 가액에다가 그 하한인 1천분의 50을 곱하여 연간사용료를 187,386,000원으로 정한 사실을 알 수 있는바, 기부채납 재산의 가액이란 공급가액을 말하므로 부가가치세액이 포함되지 아니한 금액이어야 하고, 피고(을)로서는 그와 다른 약정을 할 여지도 없을 것으로 보인다(위 법률 제9조 제2항 등 참조).

그럼에도 불구하고, 원심은 다른 특별한 사정없이 그 설시의 사정만으로, 착오가 없었더라면 피고(을)가 부가가치세를 부담함을 전제로 계약 내용을 정하였을 것으로 보는 것이 당사자의 진정한 의사에 부합한다고 단정하고야 말았으니, 원심판결에는 법률행위의 해석 내지 관계 규정의 해석·적용에 관한 법리를 오해하여 판결에 영향을 미친 위법이 있고, 이 점을 지적하는 상고이유는 이유가 있다.

❷ 대법원 1994. 6. 10. 선고 93다24810 판결 【약정금】

사실관계

甲은 은행 乙이 은행의 신축부지를 마련하기 위하여 이 사건 자신(甲)의 X 토지를 매수하려고 수차에 걸쳐 제의하자, X 부동산을 매도하기로 하되 매매와 관련하여 甲이 부담하게 될 제세공과금을 乙이 부담하여야 하고 대지 평당 5백만 원을 매매대금으로 할 것을 요구하였다. 乙은 甲의 이러한 매매조건을 수락하기로 하면서 고문회계사인 C가 계산한 양도소득세 등 세액 합계 5억 3천만 원을 토대로 하여 매매대금을 평당 5백만 원으로 계산한 16억 원으로 정하기로 하고, 매매대금을 그와 같이 산정한 내역과 함께 양도소득세 등은 乙이 부담하기로 하고 그 세액에 변동이 있더라도 乙이 이를 책임지지 않는다는 특약문구를 삽입한 매매계약서 원안을 甲에게 발송하였다. 이에 甲은 위 계약서 원안에 따라 위 세액 외에 추가로 발생하는 세금에 대하여는 乙이 책임지지 않겠다는 문구에 대하여 혹시 세금이 더 나올 경우 乙이 이를 부담하지 않는다면 X 토지를 매도할 수 없다고 하면서 강력하게 이의를 제기하고 乙에 대하여 일체의 제세공과금을 부담하겠다는 취지로 위 계약서 문항을 변경해 줄 것을 요구하는 바람에 위 매매협상은 결렬될 위기에 처했었다. 그러자 乙은 위 세액이 전문가인 C가 계산하고 乙 은행 본점에서도 검토하였으므로 그 이상 세금이 더 나올 것이 없으니 믿어 달라고 하면서 만에 하나 계산에 착오가 있을 경우에 대비하여 관할세무서에 가서 세액 확인을 한 후에 계약을 체결하자고 하여 甲은 같은 해

12. 31. 자기가 경영하는 회사의 직원을 시켜 乙 및 소개인 D와 함께 관할 진주세무서에 가서 세무담당자 3명에게 문의하도록 한 결과 위 세액계산이 틀림없다고 구두확인을 받았다. 그리하여 甲은 더 이상 세금이 부과되지 않을 것으로 믿고 같은 날 즉 12. 31. 위 매매계약서 원안대로 매매계약을 乙과 체결하게 되었다. 乙은 위 매매계약에 따라 甲 명의로 양도소득세 및 방위세를 납부하고 위 X 토지를 인도받아, 지상의 건물을 철거하고 새로운 건물을 신축하여 점유·사용하고 있다. 그런데 그 후 C와 관할세무서는 위 세액 계산에 있어서 양도소득 특별공제액 3억 원을 공제하지 아니한 금액을 과세표준으로 하였어야 함에도 불구하고 이를 공제하고 산정하는 등 착오를 범하였음이 드러났고, 그리하여 세무서는 甲에 대하여 추가로 양도소득세 3억 원, 방위세 7천만 원 합계 3억 7천만 원을 부과고지하였다. 이에 甲이 乙을 상대로 주위적 청구로서 위 추가세액을 부담할 의무가 있다고 하면서 이의 지급을 청구하고, 예비적 청구로서 위 매매계약을 착오를 이유로 취소한다고 하였고, 이에 대하여 乙은 위 매매계약상에 기재된 자신이 부담하기로 약정한 양도소득세 5억 3천만 원 이외에 그 이상의 세액을 부담할 수 없다고 항변하였다.

판결이유

……

2. 상고이유 제3점에 대하여

위 원심인정 사실에 의하면 <매수인이 부담하기로 한 양도세액의 착오를 이유로 매도인이 매매계약을 취소할 수 있는지 여부 (민법 제109조)> 원고(갑, 매도인)의 대리인인 위 최○진이 원고(갑)가 납부하여야 할 양도소득세 등의 세액이 피고(을)가 부담하기로 한 금 532,399,720원뿐이므로, 원고(갑)의 부담은 없을 것이라는 착오를 일으키지 않았더라면 피고(을)와 이 사건 매매계약을 체결하지 않았거나 아니면 적어도 동일한 내용으로 계약을 체결하지는 않았을 것임이 명백하고, 나아가 원고(갑)가 그와 같이 착오를 일으키게 된 계기를 제공한 원인이 피고(을)측에 있을 뿐만 아니라, 피고(을)도 원고(갑)가 납부하여야 할 세액에 관하여 원고(갑)와 동일한 착오에 빠져 있었다는 사정을 고려하면 원고(갑)의 위와 같은 착오는 이 사건 매매계약의 내용의 중요부분에 관한 것에 해당한다고 할 것이고(당원 1978. 7. 11. 선고 78다719 판결; 1990. 7. 10. 선고 90다카7460 판결; 1991.8.27. 선고 91다11308 판결 등 참조), <부동산의 양도에 부과될 세액의 착오가 민법 제109조 소정의 착오에서 제외되는지 여부 (민법 제109조)> 따라서 원고(갑)로서는 다른 특별한 사정이 없는 한 위 착오를 이유로 위 매매계약을 취소할 수 있다고 보아야 할 것이며, 부동산의 양도가 있은 경우에 그에 대하여 부과될 양도소득세 등의 세액에 관한 착오가 미필적인 장래의 불확실한 사실에 관한 것이어서 민법 제109조 소정 착오에서 제외되는 것이라고도 말할 수 없다(당원 1981. 11. 10. 선고 80다2475 판결 참조).

다만 위 원심확정 사실에 의하면 위 계약상 피고*(을)*가 부담할 세액을 금 532,399,720원으로 한정한 것은 원고*(갑)*와 피고*(을)*가 다같이 원고*(갑)*가 이 사건 부동산의 양도로 인하여 납부의무를 지게 될 세금의 액수가 위 금액뿐인 것으로 잘못 안 데 기인한 것임이 명백하므로, <*추가로 세금이 부과되는 사실을 알았더라면 매수인이 그것까지 부담하기로 약정하였으리라고 인정되는 경우에 그 취소가 인정되는지 여부 (민법 제105조)*> 원고*(갑)*와 피고*(을)*가 원고*(갑)*가 부담하여야 할 세금의 액수가 위 금액을 초과한다는 사실을 알았더라면 피고*(을)*가 위 초과세액까지도 부담하기로 약정하였으리라는 특별한 사정이 인정될 수 있을 때에는, 원고*(갑)*로서는 피고*(을)*에게 위 초과세액 상당의 청구를 할 수 있다고 해석함이 당사자의 진정한 의사에 합치할 것이므로, 그와 같은 사정이 인정될 때에는 원고*(갑)*가 피고*(을)*에게 위 초과세액의 지급을 청구함은 별론으로 하고, 원고*(갑)*에게 위와 같은 세액에 관한 착오가 있었다는 이유만으로 위 매매계약을 취소하는 것은 허용되지 않는다고 보아야 할 것임은 소론과 같고, 또 피고의 지점장으로서 위 매수업무를 실제 담당하였던 위 정복윤은 제1심에서, 피고가 원고에게 추가로 세금이 부과될 것이라는 사정을 알았더라면 그 추가세액까지 부담하였으리라는 취지로 증언하고 있기는 하다.

그러나 이 사건의 경우에는 원고*(갑)*에게 추가로 부과된 세액이 피고*(을)*가 당초에 부담하기로 하였던 액수에 거의 육박하는 금 377,802,450원의 거액에 이를 뿐만 아니라, 기록에 의하면 위와 같이 원고*(갑)*에게 추가로 세금이 부과되자 원고*(갑)*가 위 계약상 피고*(을)*측이 위 추가로 부과된 세금도 부담할 의무가 있다고 주장하여 피고*(을)*측에게 그 납부를 촉구하였으나 피고*(을)*는 위 매매계약서에 기재된 금액 외에는 더 이상 세금을 부담할 의무가 없다고 다투어 원고*(갑)*가 이 사건 소송에 이르게 된 점(기록 제307장, 제340장 등 참조, 이 사건 제1심은 위 추가세액 상당의 지급을 구하는 원고의 주위적 청구에 대하여 위와 같은 피고의 주장을 받아들여 이를 기각하였으나 이 부분에 대하여는 원고가 항소하지 아니하였다) 등에 비추어 보면 원고*(갑)*가 부담하여야 할 세금의 액수가 위 금액을 초과한다는 사실을 피고가 알았다 하여도 그 액수를 불문하고 이를 부담하기로 약정하였을 것이라고 단정하기는 어렵다 할 것이어서, 결국 원심이 원고*(갑)*의 착오를 이유로 한 취소의 주장을 받아들인데 소론과 같이 민법 제109조 소정의 착오에 관한 법리를 오해한 위법이 있다고 할 수 없다. 논지는 이유 없다.

❸ 대법원 1993. 9. 28. 선고 93다31634, 93다31641(반소) 판결 [소유권이전등기·건물철거등]

……

2. 그러나 이 사건 교환계약에 중요부분에 대한 착오가 있었음을 인정하지 아니한

원심의 위와 같은 판단은 납득하기 어렵다.

이 사건에서와 같이, <**토지경계에 관한 착오를 법률행위의 중요부분에 관한 착오라고 본 사례** (민법 제109조 제1항)> 외형적인 경계(담장)를 기준으로 하여 원·피고 사이에 인접토지에 관한 교환계약이 이루어졌으나 그 경계가 실제의 경계와 일치하지 아니함으로써, 결국 피고가 그 소유대지와 교환으로 제공받은 원고의 대지 또한 그 대부분이 피고의 소유인 것으로 판명되었다면, 이는 토지의 경계(소유권의 귀속)에 관한 착오로서 특단의 사정이 없는 한 법률행위의 중요부분에 관한 착오라 봄이 상당할 것인 바(당원 1989. 7. 25. 선고 88다카9364 판결 참조), 설사 원심 판시와 같이 위 교환계약에 기하여 피고가 기대한 실질적인 목적을 달성하였다거나 또는 이 사건 대지인 위 (ㄱ)부분이 대지로서의 효용가치가 별로 없다는 등(이 사건 대지가 과연 효용가치가 별로 없는 것인지도 기록상 분명하지 아니하다.)의 사정이 있다 하더라도 그와 같은 사유만으로 위 교환계약이 소유관계를 무시한 채 그 점유현상에만 중점을 두고 이루어진 것이라거나, 나아가 피고가 위 교환계약당시 위와 같은 소유관계를 알았다 하더라도 이로써 교환계약의 성립에 영향을 미치지 않았다고 단정하기는 어렵다 할 것이다.

4. 적용범위

§ 6-34 적용범위

❶ **대법원 1984. 5. 29. 선고 82다카963 판결 【소유권이전등기말소등】**
(대법원 1997. 10. 10. 선고 96다35484 판결)
……

2. 제2점에 대하여,

<**상대방의 기망에 의하여 착오로 소송대리인이 한 소송행위의 효력** (민사소송법 제422조 제1항 제5호, 제422조 제2항; 민법 제109조, 제110조)> 소송대리인이 그 대리권의 범위내에서 한 소송행위는 본인이 한 소송행위로서의 효력을 가지는 것이므로, 비록 그 소송행위가 상대방의 기망에 의하여 착오로 이루어졌다 하더라도 이를 상대방이 한 소송행위와 동일시하여 본인이 한 소송행위로서의 효력을 부인할 수는 없다 할 것이고, <**타인의 범죄행위로 인한 소송행위의 효력의 부인방법** (민사소송법 제422조 제1항 제5호, 제422조 제2항; 민법 제109조, 제110조)> 소송행위에 대하여는 민법 제109조, 제110조의 규정이 적용될 여지가 없으므로 소송행위가 사기, 강박 등 형사상 처벌을 받을 타인의 행위로 인하여 이루어졌다 하더라도 이를 이유로 그 소송행위를 부인할 수 없고, 다만 그 형사상 처벌을 받을 타인의 행위에 대하여 유죄판결이 확정된 경우에는 민사소송법 제422조 제1항 제5호, 제2항의 규정취지를 유추해석하여 그로 인한 소송행위의 효력을 부인할 수 있다 하겠으나, 이 경

우에 있어서도 그 소송행위가 이에 부합되는 의사없이 외형적으로만 존재할 때에 한하여 그 효력을 부인할 수 있다고 해석함이 상당하므로, 타인의 범죄행위가 소송행위를 하는데 착오를 일으키게 한 정도에 불과할 뿐 소송행위에 부합되는 의사가 존재할 때에는 그 소송행위의 효력을 다툴 수 없다고 보아야 할 것이다(당원 1963. 11. 21. 선고 63다441 판결; 1967. 10. 31. 선고 67다204 판결 참조).

IV. 사기·강박에 의한 의사표시

1. 사기에 의한 의사표시

§ 6-35 부작위에 의한 기망

❶ 대법원 2007. 6. 1. 선고 2005다5812,5829,5836 판결【손해배상(기)·소유권이전등기등】

1. 분양계약의 내용에 관한 법리오해의 점에 관하여
<아파트 분양광고 내용의 일반적 법적 성질(=청약의 유인) 및 분양광고의 내용 중 분양자와 수분양자 사이에 이를 분양계약의 내용으로 하기로 하는 묵시적 합의가 있었다고 볼 수 있는 경우 (민법 제105조, 제527조)> 청약은 이에 대응하는 상대방의 승낙과 결합하여 일정한 내용의 계약을 성립시킬 것을 목적으로 하는 확정적인 의사표시인 반면, 청약의 유인은 이와 달리 합의를 구성하는 의사표시가 되지 못하므로, 피유인자가 그에 대응하여 의사표시를 하더라도 계약은 성립하지 않고 다시 유인한 자가 승낙의 의사표시를 함으로써 비로소 계약이 성립하는 것으로서 서로 구분되는 것이다. 그리고 위와 같은 구분기준에 따르자면, 상가나 아파트의 분양광고의 내용은 청약의 유인으로서의 성질을 갖는데 불과한 것이 일반적이라 할 수 있다. 그런데 선분양·후시공의 방식으로 분양되는 대규모 아파트단지의 거래사례에 있어서 분양계약서에는 동·호수·평형·입주예정일·대금지급방법과 시기 정도만이 기재되어 있고, 분양계약의 목적물인 아파트 및 그 부대시설(이하 아파트 및 그 부대시설을 포괄하여 '아파트'라고만 한다)의 외형·재질·구조 및 실내장식 등(이하 위 사항들을 포괄하여 '외형·재질 등'이라고만 한다)에 대하여 구체적인 내용이 기재되어 있지 아니한 경우가 있으나, 분양계약의 목적물인 아파트에 관한 외형·재질 등이 제대로 특정되지 아니한 상태에서 체결된 분양계약은 그 자체로서 완결된 것이라고 보기 어렵다 할 것이므로, 비록 분양광고의 내용, 모델하우스의 조건 또는 그 무렵 분양회사가 수분양자에게 행한 설명 등이 비록 청약의 유인에 불과하다 할지라도, 그러한 광고 내용이나 조건 또는 설명 중 구체적 거래조건, 즉 아파트의 외

형·재질 등에 관한 것으로서 사회통념에 비추어 수분양자가 분양자에게 계약 내용으로서 이행을 청구할 수 있다고 보여지는 사항에 관한 한 수분양자들은 이를 신뢰하고 분양계약을 체결하는 것이고 분양자들도 이를 알고 있었다고 보아야 할 것이므로, 분양계약시에 달리 이의를 유보하였다는 등의 특단의 사정이 없는 한, 분양자와 수분양자 사이에 이를 분양계약의 내용으로 하기로 하는 묵시적 합의가 있었다고 봄이 상당하다.

위 법리 및 기록에 비추어 살펴보면, 원심이 지적하는 바와 같이 원고들과 소외 주식회사(이하 ' 소외 회사'라고만 한다) 사이에 체결된 이 사건 분양계약서(갑 제2호증의 1 내지 622)에는 분양의 목적물이 건물과 대지의 면적 및 그 동과 호수를 표시한 아파트 1동과 이에 따른 전기, 도로, 상수도시설 기타 부대시설(공용)로 되어 있고, 기타사항(제17조)으로 견본주택 내에 시공된 제품은 특별한 사정 없이 타사 제품으로 변경될 수 없고 견본주택 및 각종 인쇄물과 모형도상의 구획선 및 시설물의 위치, 설계도면 등의 표시가 계약체결일 이후 사업계획 변경승인 및 신고 등에 따라 일부 변경된 경우에는 소외 회사가 수분양자들에게 이를 통보하기로 규정하고 있을 뿐이고, 원고들이 주장하는 온천, 바닥재(원목마루), 유실수단지, 테마공원, 서울대학교의 이전, 일산과 금촌을 연결하는 도로의 확장, 콘도이용권의 제공, 전철복선화와 관련하여 아무런 내용이나 조건이 기재되어 있지 아니한 것은 사실이다. 그러나 다른 한편, 위와 같은 내용 이외에는 아파트의 외형·재질에 대하여 별다른 내용이 없어 위 분양계약서는 그 자체로서 완결된 것으로 보기 어려우므로, **<아파트 분양광고의 내용 중 아파트의 외형·재질 등에 관한 것과 부대시설에 준하는 것으로서 분양자가 이행 가능한 것은 분양계약의 내용이 된다고 한 사안** (민법 제105조, 제527조)> 이 사건 분양계약은 목적물의 외형·재질 등이 견본주택(모델하우스) 및 각종 인쇄물에 의하여 구체화될 것을 전제로 하는 것으로 보아야 할 것이다. 나아가 구체적으로 살펴보면, 이 사건 광고 내용 중 도로확장 및 서울대 이전 광고, 전철복선화에 관한 광고는 이 사건 아파트의 외형·재질과 관계가 없을 뿐만 아니라, 사회통념에 비추어 보더라도 수분양자들 입장에서 분양자인 소외 회사가 그 광고 내용을 이행한다고 기대할 수 없는 것들이므로, 허위·과장 광고라는 점에서 그 광고로 인하여 불법행위가 성립됨은 별론으로 하고, 그 광고 내용이 그대로 분양계약의 내용을 이룬다고 보기는 어렵겠지만, 이와 달리 온천 광고, 바닥재(원목마루) 광고, 유실수단지 광고 및 테마공원 광고는 이 사건 아파트의 외형·재질 등에 관한 것으로서, 그리고 콘도회원권 광고는 아파트에 관한 것은 아니지만 부대시설에 준하는 것이고 또한 이행 가능하다는 점에서, 각 분양계약의 내용이 된다고 할 수 있을 것이다.

그럼에도 불구하고, 이 사건 분양광고의 내용을 구분하여 살피지 아니한 채 그 전부에 관하여 그와 같은 아파트만을 공급하기로 하는 합의가 존재하지 않는다고 판단한 원심판결에는, 분양계약에 있어서 당사자의 의사해석에 관한 법리를 오해한 나머지 판결에 영향을 미친 위법이 있다 할 것이다. 이 점을 지적하는 원고들의 상고이유의 주장은 이유 있다.

2. 기망행위의 존재 여부에 관하여

가. 공동묘지 존재사실에 대한 고지의무 위반 여부에 대하여

<부동산 거래에 있어 신의칙상 거래 상대방에 대한 고지의무를 부담하는 경우 및 거래 상대방이 고지의무의 대상이 되는 사실을 알 수 있었음에도 알지 못한 과실이 있다는 이유로 위 고지의무를 면하게 되는지 여부(소극) *(민법 제2조, 제110조)>*
부동산 거래에 있어 거래 상대방이 일정한 사정에 관한 고지를 받았더라면 그 거래를 하지 않았을 것임이 경험칙상 명백한 경우에는 신의성실의 원칙상 사전에 상대방에게 그와 같은 사정을 고지할 의무가 있으며, 그와 같은 고지의무의 대상이 되는 것은 직접적인 법령의 규정뿐 아니라 널리 계약상, 관습상 또는 조리상의 일반원칙에 의하여도 인정될 수 있고(대법원 2006. 10. 12. 선고 2004다48515 판결 등 참조), 일단 고지의무의 대상이 되는 사실이라고 판단되는 경우 이미 알고 있는 자에 대하여는 고지할 의무가 별도로 인정될 여지가 없지만, 상대방에게 스스로 확인할 의무가 인정되거나 거래관행상 상대방이 당연히 알고 있을 것으로 예상되는 예외적인 경우가 아닌 한, 실제 그 대상이 되는 사실을 알지 못하였던 상대방에 대하여는 비록 알 수 있었음에도 알지 못한 과실이 있다 하더라도 그 점을 들어 추후 책임을 일부 제한할 여지가 있음은 별론으로 하고 고지할 의무 자체를 면하게 된다고 할 수는 없다.

기록에 비추어 살펴보면, 이 사건 아파트단지 내 118동 및 116동의 북서쪽으로 아파트단지 바로 옆에 초등학교가 위치하여 있고 위 초등학교의 바로 뒤편 야산에는 재단법인 낙원공원이 관리·운영하는 분묘 기수가 4,300여 기에 이르는 대규모의 공동묘지가 조성되어 있는 사실, 소외 회사가 제작·배포한 이 사건 아파트에 대한 광고전단뿐만 아니라 분양안내책자 및 조감도 등에는 신설될 위 초등학교 부지만 표시되어 있고 위 공동묘지가 조성되어 있는 곳은 수목이 식재된 야산으로만 나타나 있을 뿐이고 공동묘지는 표시되어 있지 아니한 사실 등을 알아볼 수 있는바, 이처럼 일차적으로 수분양자들의 오해를 유발한 사정과 함께 아직까지의 **<아파트 분양자는 아파트단지 인근에 공동묘지가 조성되어 있는 사실을 수분양자에게 고지할 신의칙상의 의무를 부담한다고 한 사안** *(민법 제2조, 제110조)>* 우리 사회의 통념상으로는 공동묘지가 주거환경과 친한 시설이 아니어서 분양계약의 체결 여부 및 가격에 상당한 영향을 미치는 요인일 뿐만 아니라 대규모 공동묘지를 가까이에서 조망할 수 있는 곳에 아파트단지가 들어선다는 것은 통상 예상하기 어렵다는 점까지를 감안할 때, 위 공동묘지의 존재사실을 잘 알고 있었던 소외 회사로서는 이미 그 사실을 알고 있었던 수분양자들을 제외한 나머지 수분양자들에게 위와 같은 공

동묘지의 존재사실을 고지할 신의칙상의 의무가 있다고 할 것이다.

그럼에도 불구하고, 원심이 원고들 중 공동묘지의 존재사실을 알고 있었던 자와 알지 못하였던 자를 구분하지 아니한 채 그 판시와 같은 사실만을 인정한 다음, 그 인정 사실에 의하면, 이 사건 공동묘지는 그 규모와 위치에 비추어 현장을 방문하여 확인하거나 인근 주민들에게 탐문하는 방법으로 쉽게 그 존재를 알 수 있는 것으로 보여지고, 또 실제 현장을 방문한 원고들 중 상당수는 공동묘지의 존재를 알았을 것으로 추측된다는 점 및 위 공동묘지의 존재는 이로 인하여 장차 분양계약의 효력이나 이에 따른 채무의 이행에 장애를 가져와 수분양자가 분양목적물에 대한 권리를 확보하지 못할 위험이 생길 사정에 해당하지도 아니한다는 점을 들어, 원고들 모두에 대한 관계에서 고지의무의 존재를 부정함으로써 부작위에 의한 기망행위에 해당하지 아니한다고 판단한 데에는, 채증법칙 위반, 심리미진 내지는 고지의무의 위반으로 인한 기망행위에 관한 법리오해 등의 위법이 있다고 할 것이다.

❷ 대법원 2006. 10. 12. 선고 2004다48515 판결 【손해배상(기)】

1. 상고이유 제1점에 대하여
<부동산 거래에 있어 신의칙상 거래 상대방에 대한 고지의무를 부담하는 경우 *(민법 제2조, 제110조)>* 부동산 거래에 있어 거래 상대방이 일정한 사정에 관한 고지를 받았더라면 그 거래를 하지 않았을 것임이 경험칙상 명백한 경우에는 신의성실의 원칙상 사전에 상대방에게 그와 같은 사정을 고지할 의무가 있으며, 그와 같은 고지의무의 대상이 되는 것은 직접적인 법령의 규정뿐 아니라 널리 계약상, 관습상 또는 조리상의 일반원칙에 의하여도 인정될 수 있다.

같은 취지에서 원심이 그 판시와 같은 사정을 종합하여 **<아파트 분양자는 아파트 단지 인근에 쓰레기 매립장이 건설예정인 사실을 분양계약자에게 고지할 신의칙상 의무를 부담한다고 한 사례** *(민법 제2조, 제110조)>* 이 사건 아파트 단지 인근에 이 사건 쓰레기 매립장이 건설예정인 사실이 신의칙상 피고가 분양계약자들에게 고지하여야 할 대상이라고 본 것은 정당하고, 위 사실이 주택공급에 관한 규칙 제8조 제4항에서 규정하고 있는 모집공고시 고지하여야 할 사항에 포함되지 않으므로 고지의무가 없다는 피고의 이 부분 상고이유는 받아들일 수 없다.
……

5. 상고이유 제5점에 대하여
가. **<아파트 분양계약자가 아파트 분양자의 신의칙상 고지의무 위반을 이유로 분양계약의 취소 없이 손해배상만을 청구할 수 있는지 여부(적극)** *(민법 제2조, 제110조, 제750조)>* 고지의무 위반은 부작위에 의한 기망행위에 해당하므로 원고들로서는 기망을 이유로 분양계약을 취소하고 분양대금의 반환을 구할 수도 있고, 분양계약

의 취소를 원하지 않을 경우 그로 인한 손해배상만을 청구할 수도 있다. 이와 달리, 이러한 경우 원고들로서는 분양계약 자체를 취소할 수 있을 뿐 손해배상은 청구할 수 없다는 이 부분 상고이유 주장은 받아들일 수 없다.

나. **<아파트 분양자가 아파트 단지 인근에 쓰레기 매립장이 건설예정인 사실을 분양계약자에게 고지하지 않은 사안의 경우** *(민법 제110조, 제393조, 제763조)>* 손해액의 산정은 법원이 상당하다고 인정하는 방식에 의하여 산정하면 되므로, 원심이 원고들의 손해액을 쓰레기 매립장의 건설을 고려한 이 사건 아파트의 가치하락액 상당으로 보고 판시와 같은 감정 결과에 따라 손해액을 산정한 조치는 수긍이 가며, 그 후에 부동산 경기의 전반적인 상승에 따라 이 사건 아파트의 시가가 상승하여 분양가격을 상회하게 되었다고 하여 원고들에게 손해가 발생하지 않았다고 할 수 없다.

§ 6-36 기망행위의 위법성 등

❶ 대법원 2001. 5. 29. 선고 99다55601, 55618 판결 【손해배상(기)·매매대금】
(대법원 1993. 8. 13. 선고 92다52665 판결; 대법원 2009. 4. 23. 선고 2009다1313 판결; 대법원 2009. 3. 16. 선고 2008다1842 판결)

사실관계

甲 등은 ○○토건 주식회사 乙이 신축하는 X 상가에 관하여 분양계약을 체결하였다. 乙이 X 상가를 분양함에 있어서 분양광고서 X 상가에 첨단 오락타운을 조성·운영하고 전문경영인에 의한 위탁경영을 통하여 분양계약자들에게 월 1백만 원 이상의 수익을 보장한다는 광고를 하였고, 분양계약 체결시 이러한 광고내용을 甲 등에게 설명하였다. 다만 甲 등과 乙 사이에 체결된 분양계약서에는 이러한 내용이 기재되지 않았다. 또 乙은 X 상가의 분양광고서 X 상가의 개장 시기를 1997년 5월경으로 광고하였으나, 甲 등과 乙 사이에 체결된 분양계약서에는 이러한 내용이 기재되지 않았으며, 오히려 X 상가의 잔금기일은 입주지정일로부터 10일 이내로 정하고 입주지정일은 乙이 별도로 통보하도록 약정되어 있었다. 이러한 약정과 달리 상가로부터의 수익은 광고에 표시된 것에 크게 모자랄 뿐만 아니라, 상가의 개장시기도 분양광고에서 기재된 개장시기에 개장되지 않았다. 이 때문에 甲 등은 乙에 대하여 사기를 이유로 분양계취소의 소를 제기하자, 乙은 반소로서 甲 등이 미지급한 상가분양대금의 지급을 청구하였다.

판결이유

1. 관계 증거와 기록에 비추어 살펴보면, 원심이 <*분양광고의 내용이 계약의 내용으로 되지 않았다고 본 사안* (민법 제105조, 제527조)> 피고(을)(반소원고) ○○토건 주식회사(이하 '피고 ○○토건'이라고만 한다)가 분양광고시 이 사건 상가에 첨단 오

락타운을 조성·운영하고 전문경영인에 의한 위탁경영을 통하여 분양계약자들에게 월 금 100만 원 이상의 수익을 보장한다는 광고를 하고, 분양계약 체결시 이러한 광고내용을 원고(반소피고) 장O식, 김O형, 김O중 및 원고 박O자(이하 '반소피고인 원고들과 원고 박O자를 합하여 원고들'이라 한다) 등(갑 등)에게 설명한 사실은 인정되나, 원고들과 피고 OO토건 사이에 체결된 분양계약서에는 이러한 내용이 기재되지 않은 점, 그 후 이 사건 상가의 임대운영경위 등에 비추어 볼 때, 위와 같은 광고 및 분양계약 체결시의 설명은 청약의 유인에 불과할 뿐 원고들(갑 등)과 피고(을) OO토건 사이의 이 사건 상가 분양계약의 내용으로 되었다고 볼 수 없고, 따라서 피고(을) OO토건이 원고들(갑 등)에 대하여 이 사건 상가를 첨단 오락타운으로 조성·운영하거나 일정한 수익을 보장할 의무를 부담한다고 할 수 없다고 판단한 것은 정당하고, 원심판결에 사실오인, 심리미진 또는 계약의 내용, 청약 및 청약의 유인, 지분제 상가의 특성 또는 채무불이행에 관한 법리를 오해한 위법이 있다는 상고이유의 주장은 이유 없다.

2. 원심은, 피고 OO토건이 분양광고시 이 사건 상가의 개장 시기를 1997년 5월경으로 광고한 사실은 인정되나, 원고들과 피고 OO토건 사이에 체결된 분양계약서에는 이러한 내용이 기재된 바 없고, 오히려 이 사건 상가의 잔금기일은 입주지정일로부터 10일 이내로 정하고 입주지정일은 피고 OO토건이 별도로 통보하도록 약정되어 있는 점에 비추어 볼 때, 이러한 광고사실만으로 피고(을) OO토건이 1997년 5월경 이 사건 상가를 개장하여야 할 분양계약상의 의무를 부담한다고 할 수 없다고 판단하였는바, 관계 증거와 기록에 비추어 살펴보면 위와 같은 원심의 인정과 판단은 수긍할 수 있고, 원심판결에 상가개장의 이행기 및 이행지체에 관한 법리를 오해한 위법이 있다 할 수 없다. 이 점에 관한 상고이유도 이유 없다.

3. <상가를 분양하면서 그 운영방법 및 수익보장에 대하여 다소의 과장·허위 광고가 수반되었다 하더라도 기망행위에 해당하지 않는다고 본 사안 (민법 제109조, 제110조)> 상품의 선전 광고에 있어서 거래의 중요한 사항에 관하여 구체적 사실을 신의성실의 의무에 비추어 비난받을 정도의 방법으로 허위로 고지한 경우에는 기망행위에 해당한다고 할 것이나, 그 선전 광고에 다소의 과장 허위가 수반되는 것은 그것이 일반 상거래의 관행과 신의칙에 비추어 시인될 수 있는 한 기망성이 결여된다고 할 것이고, 또한 이 사건 상가와 같이 그 용도가 특정된 특수시설을 분양받을 경우 그 운영을 어떻게 하고, 그 수익은 얼마나 될 것인지와 같은 사항은 투자자들의 책임과 판단하에 결정될 성질의 것이라 할 것인바(대법원 1993. 8. 13. 선고 92다52665 판결, 1995. 9. 29. 선고 95다7031 판결 등 참조), 원심이 같은 취지에서, 피고(을) OO토건이 이 사건 상가에 첨단 오락타운을 조성하고 전문경영인에 의한 위탁경영을 통하여 일정 수익을 보장한다는 취지의 광고를 하였다고 하여, 이를 가리켜 피고(을) OO토건이 원고들을 기망하여 이 사건 분양계약을 체결

하게 하였다거나 원고들(갑 등)이 분양계약의 중요부분에 관하여 착오를 일으켜 이 사건 상가분양계약을 체결하게 된 것이라 볼 수 없다고 판단한 것은 정당하고, 원심판결에 기망 및 착오에 관한 법리를 오해하였다는 상고이유의 주장도 이유 없다.

❷ 대법원 1993. 8. 13. 선고 92다52665 판결 【손해배상(기)등】

……

2. 상고이유 제3점에 대하여

<상품의 허위, 과장광고가 기망행위가 되는 경우 (민법 제110조, 제751조)**>** 상품의 선전, 광고에 있어 다소의 과장이나 허위가 수반되는 것은 그것이 일반 상거래의 관행과 신의칙에 비추어 시인될 수 있는 한 기망성이 결여된다고 하겠으나, 거래에 있어서 중요한 사항에 관하여 구체적 사실을 신의성실의 의무에 비추어 비난받을 정도의 방법으로 허위로 고지한 경우에는 기망행위에 해당한다고 할 것이고, 한편 **<대형백화점의 이른바 변칙세일이 기망행위에 해당한다고 한 사안** (민법 제110조, 제751조)**>** 현대산업화 사회에 있어 소비자가 갖는 상품의 품질이나 가격등에 대한 정보는 대부분 생산자 및 유통업자의 광고에 의존할 수밖에 없는 것이므로, 이 사건 백화점들과 같은 대형유통업체의 매장에서 판매되는 상품의 품질과 가격에 대한 소비자들의 신뢰나 기대는 백화점들 스스로의 대대적인 광고에 의하여 창출된 것으로서 특히 크고 이는 보호되어야 할 것이다.

원심이 같은 취지에서, 위와 같은 변칙세일은 물품구매동기에 있어서 중요한 요소인 가격조건에 관하여 기망이 이루어진 것으로서 그 사술의 정도가 사회적으로 용인될 수 있는 상술의 정도를 넘은 것이어서 위법성이 있다고 판단하였음은 옳고, 거기에 소론과 같이 상거래의 본질 또는 허용될 수 있는 기망행위의 범위에 관한 법리오해의 위법이 있다고 할 수 없다.

§ 6-37 부작위에 의한 기망행위의 위법성

❶ 대법원 2014. 4. 10. 선고 2012다54997 판결 [손해배상]

……

2. 그러나 원심의 위와 같은 판단은 다음과 같은 이유로 수긍하기 어렵다.

가. **<매매거래에서 매수인이 목적물의 시가를 고지하지 아니하거나 시가보다 낮은 가액을 시가라고 고지한 경우, 불법행위가 성립하는지 여부(원칙적 소극)** (민법 제2조, 제563조, 제750조)**>** 일반적으로 매매거래에 있어서 매수인은 목적물을 염가로 구입할 것을 희망하고 매도인은 목적물을 고가로 처분하기를 희망하는 이해상반의 지위에 있으며, 각자가 자신의 지식과 경험을 이용하여 최대한으로 자신의 이익을 도모할 것으로 예상되기 때문에, 당사자 일방이 알고 있는 정보를 상대방에게 사실대로 고지하여야 할 신의칙상 의무가 인정된다고 볼만한 특별한 사정이 없는 한,

매수인이 목적물의 시가를 묵비하여 매도인에게 고지하지 아니하거나 혹은 시가보다 낮은 가액을 시가라고 고지하였다 하더라도, 상대방의 의사결정에 불법적인 간섭을 하였다고 볼 수 없으므로 불법행위가 성립한다고 볼 수 없다(대법원 2001. 7. 13. 선고 99다38583 판결 참조). <매수인이 목적물의 시가를 감정평가법인에 의뢰하여 감정평가법인이 산정한 평가액을 가격자료로 제출한 경우, 매수인에게 평가액이 시가 내지 적정가격에 상당하는 것인지를 살펴볼 신의칙상 의무가 있는지 여부(원칙적 소극)> *(구 공유재산 및 물품 관리법(2007. 8. 3. 법률 제8635호로 개정되기 전의 것) 제30조; 구 공유재산 및 물품 관리법 시행령(2008. 2. 29. 대통령령 제20741호로 개정되기 전의 것) 제27조 제1항)* 더구나 매수인이 목적물의 시가를 미리 알고 있었던 것이 아니라 목적물의 시가를 알기 위하여 감정평가법인에게 의뢰하여 그 감정평가법인이 산정한 평가액을 매도인에게 가격자료로 제출하는 경우라면, 특별한 사정이 없는 한 매수인에게 그 평가액이 시가 내지 적정가격에 상당하는 것인지를 살펴볼 신의칙상 의무가 있다고 할 수 없고, <공유재산의 매각에서도 같은 법리가 적용되는지 여부(적극)> 이러한 법리는 그 법적 성격이 사법상 매매인 공유재산의 매각에 있어서도 마찬가지라고 할 것이다.

한편, <공유재산을 매각하는 지방자치단체에 감정평가법인에 의뢰하여 평가한 감정평가액이 시가를 반영한 적정한 것인지 살펴볼 책임이 있는지 여부(적극)> 구 공유재산 및 물품 관리법(2007. 8. 3. 법률 제8635호로 개정되기 전의 것) 제30조는 "잡종재산의 처분에 있어서 그 가격은 대통령령이 정하는 바에 의하여 시가를 참작하여 결정한다."고 규정하고 있고, 같은 법 시행령(2008. 2. 29. 대통령령 제20741호로 개정되기 전의 것) 제27조 제1항은 '법 제30조에 따라 잡종재산을 매각 또는 교환하는 경우의 당해 재산의 예정가격은 지방자치단체의 장이 시가로 결정하고 이를 공개하여야 한다. 이 경우 시가는 「부동산 가격공시 및 감정평가에 관한 법률」에 의한 2 이상의 감정평가법인에 의뢰하여 평가한 감정평가액을 산술평균한 금액 이상으로 한다.'고 규정하고 있는데, 이러한 규정의 내용 및 취지에 비추어 보면, 공유재산을 매각하는 지방자치단체는 그 책임하에 감정평가법인에 의뢰하여 그 감정평가액을 기초로 매각 목적물의 예정가격을 결정한 후 이를 토대로 매매계약을 체결하여야 하므로, 그 감정평가액이 시가를 반영한 적정한 것인지를 살펴볼 책임은 매도인인 지방자치단체에게 있다고 보아야 한다.

❷ **대법원 2010. 4. 29. 선고 2009다91828 판결 [손해배상(기)]**

<불법행위로 인한 재산상 손해의 산정 방법 및 손해액 산정의 기준시점(불법행위시)> *(민법 제393조, 제763조)* 불법행위로 인한 재산상 손해는 위법한 가해행위로 인하여 발생한 재산상 불이익, 즉 그 위법행위가 없었더라면 존재하였을 재산상태와

그 위법행위가 가해진 현재의 재산상태의 차이를 말하는 것이며(대법원 1992. 6. 23. 선고 91다33070 전원합의체 판결, 대법원 2000. 11. 10. 선고 98다39633 판결 등 참조), 그 손해액은 원칙적으로 불법행위시를 기준으로 산정하여야 한다(대법원 1997. 10. 28. 선고 97다26043 판결, 대법원 2001. 4. 10. 선고 99다38705 판결, 대법원 2003. 1. 10. 선고 2000다34426 판결 등 참조).
……
원심은 '기망행위가 없었더라면 존재하였을 원고의 재산상태'를 원고가 이 사건 부동산을 매수하지 않고 매매대금 상당액을 그대로 보유하고 있는 상태라고 전제하였으나, 피고 등이 원고를 속여 얻고자 했던 것은 원고로 하여금 고가에 부동산을 매수하게끔 하려던 것이었던 데다가, 일반인의 통념 및 거래관행 등에 비추어 보더라도 피고 등의 기망행위가 없었더라면 원고는 이 사건 부동산을 제값을 치르고, 즉 시가 상당액으로 매수하였으리라고 봄이 상당하다.

원심은 '기망행위가 가해진 현재의 재산상태'를 원고가 원심 변론종결일 현재 이 사건 부동산 중 일부분에 대한 협의취득보상금 및 나머지 부분의 시가 상당액을 보유하고 있는 상태라고 전제하였으나, 여기에서 '현재'는 '기준으로 삼은 그 시점'이란 의미에서 '불법행위시'를 뜻하는 것이지 '지금의 시간'이란 의미로부터 '사실심 변론종결시'를 뜻하는 것은 아닙니다. 피고 등의 기망행위가 가해진 결과는 원고가 이 사건 부동산을 제값보다 비싸게 매수하게 된 것이라고 봄이 상당하다.

앞서 본 법리에 대한 올바른 해석과 위 사실관계에 비추어 보면, <매수인이 매도인의 기망행위로 인하여 부동산을 고가에 매수하게 됨으로써 입게 된 손해(부동산의 매수 당시 시가와 매수가격과의 차액) 및 그 후 부동산 시가가 상승하여 매수가격을 상회하게 되었다고 하여 매수인에게 손해가 발생하지 않았다고 할 수 있는지 여부(소극) (민법 제393조, 제763조)> 원고(매수인)가 피고(매도인) 등의 기망행위로 인하여 이 사건 부동산을 고가에 매수하게 됨으로써 입게 된 손해는 이 사건 부동산의 매수 당시 시가와 매수가격과의 차액이다(대법원 1980. 2. 26. 선고 79다1746 판결 등 참조). 그 후 원고가 이 사건 부동산 중 일부에 대하여 보상금을 수령하였다거나 부동산 시가가 상승하여 매수가격을 상회하게 되었다고 하여 원고에게 손해가 발생하지 않았다고 할 수 없다.

따라서 원고에게 재산적 손해가 발생하지 않았다고 판단한 원심판결에는 불법행위로 인한 손해액 산정 및 그 기준시점에 관한 법리를 오해하여 판결에 영향을 미친 위법이 있다.

2. 강박에 의한 의사표시
§ 6-38 강박의 개념 및 정도

❶ **대법원 1992. 12. 24. 선고 92다25120 판결 【소유권이전등기】**

원심판결 이유에 의하면, 원심은 증거에 의하여, 피고는 1988. 9. 5. 실질상 원고 종중의 소유인 이 사건 부동산 을 원고 종중의 동의 없이 소외 김O현에게 금 1,900만원에 매도한 사실, 당시 이 사건 부동산은 소외 이O섭 앞으로 등기부상 명의가 신탁되어 있었으나 위 이O섭은 이미 1986. 3. 3. 사망하였으므로 피고가 같은 해 1. 23. 위 이O섭으로부터 위 부동산을 매수한 양 매도증서를 만들고 위 이O섭의 상속인들의 협조를 얻어 그들을 상대로 소유권이전등기청구소송을 제기하여 의제자백에 의한 승소판결을 받은 후 1989. 5. 13. 위 상속인들을 거쳐 피고 앞으로 소유권이전등기를 하였는데, 그 사이 부동산 투기바람으로 인하여 가격이 폭등하여 위 부동산은 위 김O현으로부터 소외 김O수, 변O균을 거쳐 1989. 2. 22. 소외 최O식 등 4명에게 금 6,378만 원에 매도됨으로써 1989. 5. 22. 피고로부터 위 최O식 등 4명의 공유로 소유권이전등기가 마쳐진 사실, 1989. 6. 28. 피고의 위 매도사실을 알게 된 원고 종중의 대표자 이O섭은 같은 해 7. 5. 피고를 포함한 원고 종중원 17명이 모인 자리에서 피고의 매도사실을 확인시키고 이를 추궁하자, 피고는 위 매도사실을 인정하고 이 사건 부동산의 매도대금을 반환하기로 하여 위 매도대금과 예금이자인 금 1,946만 원을 피고, 위 이O섭 및 소외 이창O의 공동명의로 우체국에 예치시킨 사실, 그런데 위 이O섭이 위 김O현 등 부동산전매자를 투기, 탈세 등의 이유로 경찰에 진정함으로써 그 진정처리과정에서 피고가 사기 등의 피의자로 경찰에 입건되어 조사받았으나 1990. 4. 21. 안동지청으로부터 피고가 이 사건 부동산에 관하여 의제자백에 의한 판결을 받아 그 앞으로 소유권이전등기를 한 것은 일부 문중원들의 승낙하에 편의상 취한 절차에 불과하니 이는 법원을 기망한 것이 아니라는 이유로 사기, 공정증서원본불실기재 및 동행사의 점에 대하여 무혐의처분을 받은 사실, 그 후 위 이O섭이 1990. 6. 19. 다시 피고를 구미경찰서에 사문서위조, 동행사, 공정증서원본불실기재, 동행사죄로 고소함으로써 피고는 6. 25. 구미경찰서에서 피고가 이 사건 부동산 매도사실을 정당화시키기 위하여 뒤늦게 1989. 8.경 소외 이창O을 시켜 일부 문중원들로부터 매도사실을 동의한다는 내용의 동의서(을 제4호증)를 작성하여 사용한 사실이 그 작성명의를 모용한 것인지 여부에 관하여 2회에 걸쳐 집중적으로 피의자신문을 받고 1990. 6. 27.까지 이틀 동안 위 경찰서 보호실에 유치되었으며, 위 경찰서에 사문서위조 등의 혐의가 있다고 인정하여 피고에 대한 구속영장을 신청하려 하자, 피고는 위 이O섭이 고소를 취소하여 주지 아니하면 구속될 것으로 생각하고 겁이 난 나머지 6. 27. 피고를 면회온 위 이O섭과 사이에 고소를 취소하여 주는 조건으로 그의 요구에 따라 피고가 위 이O섭에게 같은 달 말일까지 이 사건 부동산의 피해보상조로 금 4,500만 원을 지급하기로 약정하고 그러한 내용의 지불증(갑 제20호증)을 작성한 사실, 이에 따라 위 이용섭이 고소를 취소하였고, 피고는 1990. 7. 31. 김천지청에서 공정증서원본등불실기재 및 동행사죄에 대하여는 이미 같은 내용으로 무혐의 처분을 받은 바 있다는 이유로, 사문서위조 및 동행사죄에 대하여는 피고가 일방적으로 동의서를 작성한 것은 사실이나 동의서 내용을 사전에 고지하고 위 이창O으로 하여금 사후에 서명날인을 받도록 한 것이라는 등의 이유로 무혐의 처분을 받은 사실을 각 인정한 다음, 위 인정사실에 의하면 피고가 위 이O섭의 진정에 의하여 여러 번 조사를 받고 사기 및 공정증서원본등불실기재죄에 대하여 무혐의처분을 받았으며, 나아가 위 이O섭의 요구에 의하여 위 매도대금을 그에게 반환하였음에도 불구하고 이를 보관하고 있는 위 이O섭이 다시 같은 사안에 대하여 죄명을 일부 달리 한 사문서위조 등 죄로 고소하여 피고가 다시 여러 차례에 거쳐 조사를 받고 급기야 구속영장이 신청될 단계에 이르자, 이에 겁을 먹고 우선 구속을 면하기 위하여 위 지불증을 작성하여 준 것으로 보여지므로, 이는 피고의 의사결정의 자유가 제한된 강박상태에서 이루어진 것으로 봄이 상당하고, 위 의사표시를 취소하는 피고의 준비서면 송달로 위 지불약정의 의사표시는 적법히 취소되었다고 판단하였다.

그러나 **<법률행위 취소의 원인이 될 강박의 성립요건** *(민법 제110조)>* 법률행위 취소의 원인이 될 강박이 있다고 하기 위하여서는 표의자로 하여금 외포심을 생기게 하고, 이로 인하여 법률행위 의사를 결정하게 할 고의로서 불법으로 장래의 해악을 통고할 경우라야 할 것이며(당원 1975.3.25. 선고 73다1048 판결 참조), **<부정행위에 대한 고소, 고발이 강박행위가 되는 경우** *(민법 제110조)>* 일반적으로 부정행위에 대한 고소, 고발은 그것이 부정한 이익을 목적으로 하는 것이 아닌 때에는 정당한 권리행사가 되어 위법하다고 할 수 없을 것이다. 물론 부정한 이익의 취득을 목적으로 하는 경우에는 위법한 강박행위가 되는 경우가 있을 것이며, 목적이 정당하다고 하더라도 그 행위나 수단 등이 부당한 때에는 위법성이 있는 경우가 있을 수 있다.

이 사건 부동산이 원고 종중 소유이고, 피고가 1988. 9. 5. 원고의 동의 없이 위 부동산을 금 1,900만 원에 매도하였으며, 1989. 2.경 위 부동산의 최종매수인이 이를 금 6,378만 원에 매수한 사실 등은 원심도 인정한 바이므로, 원고 종중 대표자 이O섭이 피고로부터 위 매도대금 1,900만 원을 반환 받은 후 피고에 대하여 진정, 고소를 반복하였고, 그 내심의 의도가 위 매도대금과 1989. 2.경의 시가 상당액의 차액 상당을 배상받기 위한 것이라고 할지라도 이를 부정한 이익의 취득을 목적으로 한 것으로 보기는 어려우며, 위 지불약정에 이르게 된 과정에 원고에게 특히 부당한 행위나 수단 등이 있었다고 보이지도 않는다. 더욱이 원심증인 이O열, 이천O의 각 증언에 의하면, 원고 종중원들은 1989. 7.경부터 1990. 5.경까지 수차에 걸쳐 피고에게 원고 종중이 입은 금 4,500만 원의 손해도 변상하라고 요구하였고, 피고는 자기의 잘못으로 종중재산에 막대한 손해를 발생시킨 점을 인정하고 위 돈을 원고 종중에 변상하겠다고 하였으나 실제로 위 돈을 지급하지 않고 있었다는 것이다.

이와 같이 비록 피고가 원고 대표자의 고소에 의한 수사절차에서 구속영장이 신청될 단계에 이르러 주관적으로 공포를 느꼈다고 할지라도, 원심판결 설시와 같은 사정만으로는 원고 대표자에게 고의에 의한 위법의 해악고지사실이 추정될 수는 없는 것이다. 그럼에도 불구하고 원심은 위 지불약정이 강박에 의한 의사표시라고 인정하였으니 채증법칙위배로 인한 사실오인이나 강박에 관한 법리오해의 위법이 있다는 지적을 면할 수 없다.

❷ **대법원 1998. 2. 27. 선고 97다38152 판결 【화해무효】**
(대법원 2003. 5. 13. 선고 2002다73708, 73715 판결; 대법원 2001. 12. 10. 선고 2002다56031 판결)

<민사소송법 제422조 제1항 제7호 소정의 재심사유인 '증인의 허위 진술이 판결의 증거가 된 때'의 의미> 민사소송법 제422조 제1항 제7호 소정의 재심사유인 '증인의 허위 진술이 판결의 증거로 된 때'라 함은 그 허위 진술이 판결 주문에 영향을 미치는 사실인정의 직접적 또는 간접적인 자료로 제공되어 그 허위 진술이 없었더라면 판결의 주문이 달라질 수도 있었을 것이라는 일응의 개연성이 있는 경우를 말하므로, 그 허위 진술이 판결 주문에 아무런 영향도 미치지 아니하는 경우에는 그 허위 진술에 대해 위증죄로 유죄의 확정판결을 받았다 하더라도 위 재심사유에 해당하지 아니하며(당원 1993. 11. 9. 선고 92다33695 판결 참조), <강박에 의한 의사표시가 무효로 되기 위한 요건 (민법 제110조)> 강박에 의한 법률행위가 하자 있는 의사표시로서 취소되는 것에 그치지 않고 나아가 무효로 되기 위하여는, 강박의 정도가 단순한 불법적 해악의 고지로 상대방으로 하여금 공포를 느끼도록 하는 정도가 아니고, 의사표시자로 하여금 의사결정을 스스로 할 수 있는 여지를 완전히 박탈한 상태에서 의사표시가 이루어져 단지 법률행위의 외형만이 만들어진 것에 불과한 정도이어야 한다(당원 1997. 3. 11. 선고 96다49353 판결 참조).

§ 6-39 강박행위의 위법성
❶ **대법원 2000. 3. 23. 선고 99다64049 판결 【미수이자금】**
(대법원 2010. 2. 11. 선고 2009다72643 판결; 대법원 2010. 2. 11. 선고 2009다72643 판결)
……
2. <강박에 의한 의사표시의 성립 요건 (민법 제110조 제1항)> 강박에 의한 의사표시라고 하려면 상대방이 불법으로 어떤 해악을 고지함으로 말미암아 공포를 느끼

고 의사표시를 한 것이어야 하는바(대법원 1979. 1. 16. 선고 78다1968 판결, 1996. 4. 26. 선고 94다34432 판결 참조), 여기서 어떤 해악을 고지하는 강박행위가 위법하다고 하기 위하여는, 강박행위 당시의 거래관념과 제반 사정에 비추어 해악의 고지로써 추구하는 이익이 정당하지 아니하거나, 강박의 수단으로 상대방에게 고지하는 해악의 내용이 법질서에 위배된 경우 또는 어떤 해악의 고지가 거래관념상 그 해악의 고지로써 추구하는 이익의 달성을 위한 수단으로 부적당한 경우 등에 해당하여야 할 것이다.

가. 그런데 기록에 의하면, 원고 회사와 원산업의 어음거래약정 체결 당시인 1992년 12월 무렵 원산업의 주주명부상으로 원산업의 총주식을 장O완이 5,000주, 김O봉이 2,000주, 장O일이 1,500주, 김O자가 1,500주를 보유하고 있었으나, 실제로는 장O완이 40%, 피고의 사돈인 박O헌이 10%, 피고의 처인 조O윤이 30%, 김O선이 20%의 비율로 소유하고 있었음을 엿볼 수 있고(기록 168면), 원심 공동피고 김O수는 원래 피고가 경영하는 주식회사 청O의 직원이었는데 피고의 지시에 의하여 원산업의 직원으로 근무하면서 원산업과 원고 회사 사이의 업무에 종사하였음을 알 수 있다(기록 306면).

사정이 이와 같다면 비록 원산업이 청O그룹의 계열회사는 아니었다 하더라도, 피고가 원산업의 주식을 실질적으로 소유하고 있으면서 원고 회사의 원산업에 대한 대출과정에 개입하였다고 볼 수 있고, 신용관리기금이 피고에게 이 사건 연대보증을 요구한 것은 신용관리기금이 원고 회사를 관리하는 과정에서 원고 회사의 원산업에 대한 부실채권의 대출이 원고 회사의 최대주주였던 피고의 부정한 청탁에 의하여 이루어진 것이어서 피고에게 그 책임이 있다고 판단하고 원산업에 대한 대출금을 회수하고자 하는 데에 있었으므로, <*을이 자신이 최대주주이던 갑 금융회사로 하여금 실질상 자신 소유인 B 회사에 부실대출을 하도록 개입하였다고 판단한 갑 금융회사의 새로운 경영진이 을에게 위 대출금채무를 연대보증하지 않으면 을 소유의 C 회사에 대한 어음대출금을 회수하여 부도를 내겠다고 위협하여 을이 법적 책임 없는 위 대출금채무를 연대보증한 사안의 경우*> (민법 제110조 제1항) 설사 피고(*을*)가 원산업의 대출금채무에 대하여 법적 책임을 부담하지는 않고 있었다 하더라도, 그 대출과정에 개입하여 부실대출금채권의 발생에 책임이 있는 것으로 보이는 피고(*을*)에게 그 대출금의 회수를 위하여 물적 담보를 요구하고 이 사건 연대보증을 요구하는 것이 사회통념상 정당한 이익이 없는 경우라고 단정할 수 없다(*강박에 의한 의사표시에 해당하지 않는다*).

나. 다음으로, 원심은 제1심 증인 장O봉, 원심 증인 정O필, 전O호의 각 증언을 거의 그대로 채용하여 이 사건 연대보증의 경위에 관한 그 판시와 같은 사실을 인정하고 있으나, 기록에 의하면 장O봉은 피고가 원고 회사의 대주주로서 원고 회사를 실질적으로 지배하고 있을 때에 원고 회사의 대표이사로 선임된 사람이고, 정O필

역시 피고가 원고 회사를 지배하고 있을 때에 그 직원으로 근무하던 사람이며, 전 O호는 피고의 아들임을 알 수 있는바, 위 증인들과 피고의 특수관계에 비추어 동인들의 진술은 선뜻 믿기 어렵다고 하지 않을 수 없을 뿐만 아니라, 원심이 확정한 사실관계와 같이 청방그룹 계열회사들은 원고 회사에서 약속어음을 할인하여 금원을 대출받고 그 어음의 지급기일에 가서는 새로운 약속어음을 발행·교부하고 기일이 도래한 어음을 회수하는 방법으로 원고 회사로부터 자금을 대출받거나 그 상환일의 연장을 받아 왔다 하더라도, 원고 회사가 기발행 어음의 지급기일이 도래한 때에 위와 같은 방법으로 어음대출금의 지급기일을 연장해 주어야 할 법적 의무를 부담한다고 할 수 없고 계약상 그와 같은 의무를 부담한다고 인정할 자료가 없으며, 또 청O그룹 계열회사가 기존에 발행한 어음의 지급기일에 원고 회사에서 새로운 어음을 할인하여 기존의 어음을 회수하는 방법으로 어음할인 대출금에 대한 지급기일을 연장하지 아니하고 지급기일이 도래한 어음을 그대로 교환에 돌리는 경우 그 어음이 부도될 사정이 있었다 하더라도, <u>이와 같은 사정은 오로지 어음의 발행인인 청O그룹 계열회사(C 회사) 또는 피고(을)의 자금 부족에 기인한 것이어서 어음의 교환으로 부도가 발생하게 되는 것이 원고 회사(갑) 또는 제3자의 의사에 기한 해악이라고 할 수도 없으므로, 원고 회사(갑)가 지급기일이 도래한 어음을 교환에 돌리는 것이 법질서에 위반되는 피고에 대한 불법적인 해악의 고지라고 할 수도 없다고 할 것이다.</u>

다. 더욱이 <u>피고(을)는 청방그룹 계열회사들(C)의 부도를 막기 위하여 원고 은행(갑)으로부터 계속적인 금융지원을 받을 필요가 있었기 때문에 이 사건 연대보증으로 인한 이해득실을 따져 이 사건 연대보증을 한 것이므로, 그 과정에서 원고 회사 또는 신용관리기금의 원고 회사(갑) 관리단 직원에 의하여 피고의 의사결정의 자유가 제한되었다고 볼 수도 없다.</u>

3. 사기·강박에 의한 의사표시의 효과
1) 당사자 사이의 효과
§ 6-40 공권력에 의한 강박
❶ 대법원 1996. 12. 23. 선고 95다40038 판결 [재산권반환]

1. 상고이유를 본다.
가. 원심판결의 요지
원심은, 소외 1은 1972. 11. 7. 자신의 재산을 출연하여 장학사업 등을 목적으로 하는 원고 재단을 설립하고 그 대표자인 이사장에 취임한 사실, 그런데 1979. 10. 26. 고 박OO 대통령의 시해사건이 발생하여 비상계엄이 선포되고 그 후 1980. 5.

17. 비상계엄이 전국적으로 확대되면서 계엄사령부가 구정치인들의 권력형 부정축재를 조사하여 그들의 재산을 국고에 환수한다는 방침을 세움에 따라, 위 소외 1은 같은 날 21:00경 계엄사령부 예하의 합동수사본부에 강제로 연행되어 합동수사본부 수사단장인 소외 2의 지휘 아래 그 수사관들로부터 재산을 국가에 헌납할 것과 원고 재단의 이사장직에서 사임할 것을 요구받고 처음에는 그 요구를 거절하였으나, 불법적인 구금이 장기간 계속되면서 자기 아들이자 당시 동부그룹의 경영자인 소외 3의 재산까지 몰수하겠다는 위협을 받게 되자 자신은 물론 가족들의 신변이나 재산에 어떤 위해를 당할지도 모른다는 외포심을 느낀 나머지, 마침내 자기의 재산을 대한민국에 증여한 데 이어 같은 해 6. 20.에는 원고 재단의 이사장직에서 사임한다는 내용의 사퇴서를 작성하여 합동수사본부 수사관들을 통하여 원고 재단에 제출한 후 같은 해 7. 2. 석방된 사실, 그 후 원고 재단의 이사회는 같은 해 8. 6. 서울특별시 교육위원회 교육감과 서울OO대학장을 당연직 이사로, 공립중학교장, 사립중고등학교장, 서울특별시 교육위원회 고문변호사, 언론계인사 중의 각 1인을 선출직 이사로 하되, 그 중에서 서울특별시 교육위원회 교육감은 당연직 이사장이 되는 것으로 정관을 변경함과 동시에 위 변경된 정관에 따라 선출직 이사를 선임하는 결의를 한 사실, 새로 구성된 이사회는 같은 달 18. 원고 재단의 명칭을 변경하는 결의를 하였고, 1982. 2. 22.에는 원고 재단의 전 재산을 피고 재단법인 한국OOO육성재단에 증여하기로 결의를 한 데 이어, 같은 해 5. 7. 목적사업 달성 불능을 이유로 원고 재단을 해산하기로 하는 결의를 하고 청산인으로 소외 최O률을 임명하여 그로 하여금 청산사무를 수행하게 한 후 같은 해 11. 4. 청산종결등기를 경료한 사실 등을 인정한 후, 소외 1의 이사장직 사임의 의사표시가 무효라는 원고 재단의 주장을 원심판시와 같은 이유로 배척하고, 그렇다면 소외 1은 원고 재단의 이사장으로서의 지위를 상실하였다고 할 것이므로 이 사건 소는 대표권이 없는 자에 의하여 제기된 소로서 부적법하다고 판단하였다.

나. 소송대리인 이O준의 상고이유에 대한 판단

(1) 제1점에 대하여

<국가공무원이 강박으로 재단법인의 대표자 이사를 그 직에서 사임하게 한 것이 수용에 유사한 행정처분으로 볼 수 있는지 여부(소극) (행정소송법 제2조)> 어떤 법률관계가 불평등한 것이어서 민법의 규정이 배제되는 공법적 법률관계라고 하기 위하여는 그 불평등이 법률에 근거한 것이라야 할 것이고, 당사자 간의 불평등이 공무원의 위법한 강박행위에 기인한 것일 때에는 이러한 불평등은 사실상의 문제에 불과하여 이러한 점만을 이유로 당사자 사이의 관계가 민법의 규정이 배제되는 공법적 법률관계라고 할 수 없는 것이므로, 원고 재단의 이사장직에서 사임한다는 소외 1의 의사표시의 성립과정에 국가공무원인 합동수사본부 수사관들의 불법적인 강박행위가 개재되어 있었다 하더라도 사임의 의사표시를 하도록 강박하고, 그 의

사표시를 원고 법인에 전달한 국가공무원의 행위를 가리켜 국민의 재산권을 수용하는 수용에 유사한 행정처분이라고 볼 수 없고(당원 1993. 10. 26. 선고 93다6409 판결 참조), 또 **<기본권을 침해하는 국가기관의 위헌적 공권력 행사에 외포되어 강박에 의한 의사표시를 한 경우, 그 의사표시가 당연 무효로 되는지 여부(소극)** (민법 제103조, 제110조)> 국가기관이 헌법상 보장된 국민의 기본권을 침해하는 위헌적인 공권력을 행사한 결과 국민이 그 공권력의 행사에 외포되어 자유롭지 못한 의사표시를 하였다고 하더라도 그 의사표시의 효력은 의사표시의 하자에 관한 민법의 일반원리에 의하여 판단되어야 할 것이고, 그 강박행위의 주체가 국가 공권력이고 그 공권력 행사의 내용이 기본권을 침해하는 것이라고 하여 그 강박에 의한 의사표시가 항상 반사회성을 띠게 되어 당연히 무효로 된다고는 볼 수 없다 할 것이다(당원 1984. 12. 11. 선고 84다카1402 판결, 1992. 11. 27. 선고 92다7719 판결, 1993. 3. 23. 선고 92다52238 판결, 1996. 4. 26. 선고 94다34432 판결 등 참조). 그러므로, 같은 취지로 판단한 원심판결은 정당하고 이와 반대되는 취지의 논지는 이유가 없다.
……

(3) 제3점에 대하여
원심은, 강박에 의한 법률행위가 무효로 되기 위하여는 강박의 정도가 극심하여 의사표시자의 의사결정의 자유가 완전히 박탈된 상태에서 이루어져야만 할 것인데(당원 1974. 2. 26. 선고 73다1143 판결, 1984. 12. 11. 선고 84다카1402 판결, 1992. 11. 27. 선고 92다7719 판결 등 참조), 관련 증거들에 의하면 소외 1이 의사결정의 자유를 완전히 박탈당할 정도의 극심한 강박상태에서 사임의 의사표시를 하였다고 보기 어려우므로, 위 사임의 의사표시가 취소할 수 있는 법률행위에 해당함은 별론으로 하고 이를 무효라고 볼 수는 없다고 판단하였는바, 기록에 의하면 원심의 위와 같은 인정과 판단은 정당하고 원심판결에 논하는 바와 같이 심리미진, 강박의 정도에 관한 법리오해 등의 위법이 있다고 볼 수 없으므로, 논지도 이유가 없다.

다. 소송대리인 김○우의 상고이유에 대한 판단

(1) 제4, 5점에 대하여
<의사표시가 강박에 의한 것이어서 당연 무효라는 주장 속에 강박에 의한 의사표시이므로 취소한다는 주장이 포함된 것으로 볼 수 있는지 여부(소극) (민사소송법 제188조)> 의사표시가 강박에 의한 것이어서 당연무효라는 주장 속에, 강박에 의한 의사표시이므로 취소한다는 주장이 당연히 포함되어 있다고는 볼 수 없고, 기록에 의하면 소외 1이 합동수사본부 수사관들에게 사임의 의사표시를 한 것이 아니라 위 수사관들을 통하여 원고 재단에 사임의 의사표시를 전달하게 하였음이 명백하므로, 이와 반대되는 논지는 모두 이유가 없다.

(2) 제1, 2점에 대하여

논지는, 위 1980. 8. 6.자 이사회결의는 정당한 소집권자가 아닌 자에 의하여 소집되고 적법한 소집절차 없이 개최되어 그 효력이 없고, 따라서 그 후에 이루어진 일련의 이사회결의도 당연무효이므로, 소외 1이 이사장직을 사임하였다고 하더라도 후임 이사장이 적법하게 선출될 때까지는 여전히 이사장으로서 직무를 수행할 권한을 갖는다 할 것이며, 무효인 이사회결의에 의하여 선임된 청산인 최O률이 원고 재단을 대표하여 이 사건 소를 제기하는 것을 거부하고 있는 이상 소외 1 외에는 원고를 대표하여 이 사건 소를 제기할 적격자가 없다는 것이다.

살피건대, <임기만료 또는 사임 이사의 후임 이사 선임시까지의 업무수행권 인정 여부(한정 적극) (민법 제58조)> 민법상의 법인에 있어 이사의 전원 또는 일부의 임기가 만료되었거나 사임하였음에도 불구하고 그의 후임 이사의 선임이 없는 경우에는 그 임기만료되거나 사임한 구이사로 하여금 법인의 업무를 수행케 함이 부적당하다고 인정될 만한 특별한 사정이 없는 한 구이사는 신임 이사가 선임될 때까지 그의 종전의 직무를 수행할 수 있다 할 것이지만, 임기가 만료되거나 사임한 이사의 위와 같은 업무수행권은 그 이사가 아니고서는 법인이 정상적인 활동을 중단할 수밖에 없는 급박한 사정이 있는 경우에 한정되는 것이므로, 아직 임기가 만료되지 않거나 사임하지 않은 다른 이사들로서 정상적인 법인의 활동을 할 수 있는 경우에는 구태여 임기가 만료되거나 사임한 이사로 하여금 이사로서의 직무를 계속 행사케 할 필요는 없고, 따라서 그와 같은 경우에는 그 이사는 임기만료나 사임으로 당연히 퇴임한다고 할 것이다(당원 1968. 9. 30. 선고 68다515 판결, 1982. 3. 9. 선고 81다614 판결, 1983. 9. 27. 선고 83다카938 판결, 1988. 3. 22. 선고 85누884 판결 등 참조).

§ 6-41 제3자의 범위
❶ 대법원 1998. 1. 23. 선고 96다41496 판결 【근저당권설정등기말소】

사실관계

A는 1994. 5. 2. B(조O래)로부터 甲 회사의 주식 전부(甲 회사는 주식 전부를 B가 소유하고 있는 1인 회사임)를 5억 5천만 원에 양수하되, 그 중 계약금 5천만 원은 계약 당일 현금으로 지급하고, 중도금 3억 원은 甲 회사 소유의 X 부동산을 A가 정하는 상호신용금고에 담보로 제공한 후 대출을 받아 그 현금으로, 잔금 2억 원은 발행일이 계약일로부터 90일 이내인 선일자 당좌수표로 각 지급하기로 약정하였다. 그러나 계약 당시 A는 M 회사를 운영하다가 1994. 3.경 부도로 약 40억 원의 채무가 있어 甲 회사를 인수할 능력이 없었고, 다만 甲 회사 소유의 X 부동산을 담보로 乙 회사에서 금원을 대출받아 이를 편취할 의사였음에도 불구하고, 甲에게 X 부동산을 금융기관에 담보로 제공하는 데 협조하여 주면 대출을 받아 중도금으로 3억 원을 현금

으로 지급하겠다고 속여 위와 같은 주식 양도·양수계약을 체결하였다. 한편 乙 회사의 기획감사실 과장으로 근무하고 있던 C(소외인 3)는 A로부터 대출 등과 관련하여 향응을 제공받거나 금품을 교부받아 왔을 뿐 아니라, A의 甲에 대한 기망행위에 적극 가담하였다. 그 후 A가 X 부동산을 담보로 하여 乙로부터 4억 5천만 원을 대출받기 위한 절차를 진행하려 하자, B는 그 대출금 중 중도금으로 약속한 3억 원을 확실히 지급받는다는 보장이 없이는 X 부동산을 담보로 제공할 수 없다고 고집하였는데, 이에 C는 같은 해 5. 9. B에게 X 부동산을 담보로 乙 회사에서 대출이 되면 그 대출금 중 3억 원을 같은 달 25일까지 甲에게 지급할 것을 보증한다는 취지의 지급보증서를 작성하여 교부하였다. 이에 B는 이 지급보증서를 믿고 1994. 5. 9. 乙과의 사이에 X 부동산에 관하여 근저당권설정계약을 체결하고, 그에 따라 같은 달 10일 X 부동산에 관하여 乙 명의의 근저당권설정등기가 경료됨과 아울러 A가 경영하던 M 회사의 상무인 E는 乙로부터 4억 5천만 원의 대출금을 받았다. 그런데 B는 근저당권설정등기가 경료된 후 수차에 걸쳐 C에게 대출사실을 확인하였으나, 그 때마다 C는 이미 대출이 이루어졌음에도 대출이 안 된 것처럼 B를 속이고, 거짓말을 하여 그 사이에 A가 대출금을 타에 유용하도록 하였다. 한편 乙 회사는 사장, 상무, 감사 및 이사 2인을 포함하여 직원 총수가 50명에 못 미치는 작은 규모의 금융기관으로서, C는 대출 당시 기획감사실 과장으로 재직하면서 대출 업무를 포함한 乙회사의 업무 전반에 관하여 일일감사를 할 권한을 갖고 있었던 자로서 기획감사실 과장이 되기 전에는 여신업무를 담당한 적도 있으며, 사무실 내의 그의 자리는 여신담당 직원인 F의 바로 뒷자리였다. 이에 甲은 乙과 체결한 위 근저당권설정계약은 乙의 직원인 C의 사기에 의하여 체결된 것으로서, C의 위와 같은 사기행위는 위 근저당권설정계약의 당사자인 乙의 기망행위에 준하는 것으로 보아야 할 것이므로 위 근저당권설정계약을 취소한다고 주장하면서 근저당권설정등기의 말소를 구하는 소를 제기하였다. 이에 대하여 乙은, C는 위 근정당권설정계약에 있어서 어디까지나 제3자에 불과하고, 乙로서는 C의 위와 같은 기망행위를 과실 없이 알지 못하였으므로(위와 같은 사기행위를 하였는지를 알지 못하였을 뿐만 아니라 알 수도 없었으므로) 위 근저당권설정계약은 유효하다고 주장하였다.

<blockquote>판결이유</blockquote>

……

2. 제2, 3점에 대하여
……

나. 원심의 판단
<u>본래 의사표시의 상대방 이외의 자가 한 사기에 의하여 의사표시가 이루어진 경우에는 상대방이 그 사실을 알았거나 알 수 있었을 경우에 한하여 그 의사표시를 취소할 수 있으나, 기망행위를 한 자와 상대방 사이의 관계가 상대방이 그 기망행위에 대하여 자신의 행위와 마찬가지로 책임을 져야 할 정도로 밀접한 경우에는 기</u>

망행위를 한 자를 민법 제110조 제2항에서 정한 제3자로는 볼 수 없고, 이와 같은 경우에는 상대방이 사기 사실을 과실 없이 알지 못하였다고 하더라도 표의자는 그 의사표시를 취소할 수 있다고 보아야 할 것인바, 앞서 인정한 사실에 의하면, 이 사건 근저당권설정계약은 피고(을) 회사의 기획감사실 과장으로 근무하던 소외 3(C)이 소외 1(A) 등과 공모하여 원고(갑)를 적극적으로 기망함으로써 체결된 것이고, 더구나 소외 3(C)은 여신 담당 직원인 한O호(D)에게 그 대출을 부탁하였을 뿐만 아니라 피고(을) 회사의 대출 업무 전반에 관한 감사권한을 가진 자로서, 또한 한O호(D)의 상급자로서 대출 업무에 관하여 상당한 영향을 미칠 수 있는 지위에 있었던 점을 종합하여 볼 때, 소외 3(C)의 원고(갑)에 대한 기망행위를 피고(을)와의 관계에서 제3자의 기망행위로 볼 수 없다 할 것이고, 또한 피고(을)는 소외 3(C)을 피고 회사의 기획감사실 과장으로서 대출 업무를 포함한 피고(을) 회사의 업무 전반에 관한 감사 업무에 종사하게 하여 그의 업무로 인하여 이익을 얻고 있을 뿐만 아니라 소외 3(C)의 업무 집행을 감독하여야 할 의무를 부담하고 있다고 할 것이므로, 피고(을)로서는 신의칙상으로도 소외 3(C)의 위와 같은 기망행위가 피고(을)에 대한 관계에서 제3자의 기망행위로서 그 기망행위를 과실 없이 알지 못하였다고 주장할 수 없다고 봄이 상당하므로, 원고(갑)로서는 이 사건 부동산에 관하여 피고(을)와 1994. 5. 9. 체결한 근저당권설정계약을 취소할 수 있다.

다. 이 법원의 판단

(1) 원심은 소외 3(C)이 소외 1(A) 등과 공모하여 원고(갑)를 기망하여 원고(갑)로 하여금 피고(을)와 근저당권설정계약을 체결하도록 하는 데 적극 가담하였다는 근거 사실로서, 한O호(D)에게 소외 4를 자신의 친척이라고 속여 대출을 미리 부탁한 사실, 대출금 중 금 300,000,000원의 지급 보장을 요구하며 담보 제공을 주저하는 조O래(B)에게 직접 자신의 명의로 지급보증서를 작성·교부한 사실 및 대출이 이루어진 후에는 그에게 대출이 안 된 것처럼 기망한 사실을 들면서, 그 중에서 원고(갑)의 담보 제공 의사표시의 직접적인 원인이 된 기망행위는 지급보증서를 작성·교부하여 준 행위라는 취지로 사실인정을 한 다음, 이를 바탕으로 원고(갑)와 피고(을) 사이의 근저당권설정계약 취소에 관하여 소외 3(C)이 제3자에 해당되는지 여부를 판단하고 있다고 할 것인바, 기록에 비추어 살펴보면, 원심의 위와 같은 사실 인정과 이를 그 판단의 전제로 삼은 것 자체는 정당하고, 거기에 상고이유에서 지적하는 바와 같은 민법 제110조 제2항에 관한 법리오해, 이유불비, 인과관계 오해 등의 위법이나 증거 없이 사실을 인정하여 증거재판주의에 위배한 위법이 있다고 할 수 없다.

(2) <기망행위를 한 자가 상대방의 피용자인 경우에도 민법 제110조 제2항 소정의 제3자에 의한 기망행위로 볼 수 있는지 여부(적극)> 의사표시의 상대방이 아닌 자로서 기망행위를 하였으나 민법 제110조 제2항에서 정한 제3자에 해당되지 아니한

다고 볼 수 있는 자란 그 의사표시에 관한 상대방의 대리인 등 상대방과 동일시할 수 있는 자만을 의미하고, 단순히 상대방의 피용자이거나 상대방이 사용자책임을 져야 할 관계에 있는 피용자에 지나지 않는 자는 상대방과 동일시할 수는 없어 이 규정에서 말하는 제3자에 해당한다고 보아야 할 것이다.

그런데 원심이 확정한 사실관계에 의하더라도, 소외 3*(C)*은 원고*(갑)*와 피고*(을)* 사이의 근저당권설정계약과 관련하여서 피고*(을)*의 대리인이라고는 할 수 없고 단순한 피고*(을)*의 피용자의 지위에 있을 뿐이어서 피고*(을)*와 동일시할 수 있는 자라고 보기는 어렵고, 따라서 민법 제110조 제2항에서 말하는 제3자로 볼 수밖에 없으므로, 이와 달리 원심이 소외 3*(C)*을 이 규정에서 정한 제3자에 해당하지 않는다고 본 것은 잘못이라 할 것이다.

그러나 한편 원심이 확정한 바와 같이, 이 사건에서 소외 3*(C)*은 대출금 일부를 조O래*(B)*에게 지급할 것을 직접 보증한다고 하면서 근저당권설정계약을 체결하도록 원고*(갑)*를 기망하는 데 적극 가담하였고, 그 기망의 목적을 달성하기 위하여 여신담당 직원인 한O호*(D)*에게 이 사건 대출을 부탁하기까지 하였으며, 또한 피고*(을)* 회사의 기획감사실 과장으로서 대출 업무를 포함한 회사 업무 전반에 관하여 일일 감사를 할 권한을 갖고 있었던 자인데, 피고*(을)* 회사는 사장, 상무, 감사 및 이사를 포함하여 직원 총수가 50명에 못 미치는 작은 규모의 금융기관이라는 것인바, 위와 같은 소외 3*(C)*의 기망행위의 태양, 그의 피고*(을)* 회사에서의 지위나 영향력, 피고*(을)* 회사의 규모 등에 비추어 보면, 피고*(을)*로서는 자신의 영역 내에서 일어난 소외 3*(C)*의 위와 같은 기망행위에 관하여 그 감독에 상당한 주의를 다하지 아니한 사용자로서의 책임을 져야 할 지위에 있을 뿐만 아니라, 나아가 그러한 사정을 이용한 소외 3*(C)* 등의 사기 사실을 알지 못한 데에 과실이 있었다고 봄이 상당하고, 따라서 원고*(갑)*로서는 이처럼 과실로 위와 같은 사기 사실을 알지 못한 피고*(을)*에 대하여 소외 3*(C)* 등의 기망으로 인하여 이루어진 이 사건 근저당권설정계약을 취소할 수 있다고 보아야 할 것이다. 결국 소외 3*(C)*을 민법 제110조 제2항에서 말하는 제3자에 속하지 않는다고 한 원심의 잘못은 판결 결과에 영향이 있다고 할 수 없다.

2) 취소의 제3자에 대한 효과

§ 6-42 취소의 제3자에 대한 효과

❶ 대법원 1975. 12. 23. 선고 75다533 판결【소유권이전등기말소】

사실관계

X 토지는 甲(국가) 소유의 잡종재산인데, 乙(황O자)은 X 토지를 전혀 점유한 일이 없으면서도

이를 점유·사용하고 있는 것처럼 허위의 증명서류를 관할 세무서에 제출하여 甲으로부터 X 토지를 매수한 것처럼 하여 이전등기까지 마쳤다. 관할세무서가 그러한 사실을 발견하고 국유재산법 제27조 제1항 내지 위 매매계약 제8조에 의하여 X 토지에 대한 매매계약을 취소(해제)하였다. 그런데 乙은 그 이후 X 토지를 丙에게 매각하여 丙 명의로 이전등기를 경료해주었다. 이에 甲은 乙과 丙을 상대로 X 토지에 대한 소유권이전등기말소를 구하는 소를 제기하였다. 이에 대하여 丙은 甲의 乙과의 매매계약의 취소가 유효하다 하더라도 자신은 乙로부터 취득한 선의의 제3자이므로 위의 취소를 가지고 자신에게는 대항하지 못한다고 항변하였다.

판결이유

원판결 이유에 의하면 원심은 원고(갑)의 피고 황O자(을)에 대한 그 판시 이건 계쟁토지부분에 한하여 한 매매계약의 취소가 유효하다 하더라도 황O자(을)로부터 취득한 선의의 제3자이므로 위의 취소로써 피고 김O용(병)에게는 대항하지 못한다고 하는 피고소송대리인의 주장에 대하여 위 매매행위의 취소의 효력을 대항하지 못하는 상대인 선의의 제3자란 그 사기에 의한 의사표시가 취소당한 당시에 있어서 그 취소를 부인함에 법률상의 이익을 가지는 자, 즉 취소의 소급효로 인하여 영향을 받을 제3자로서 취소전부터 이미 그 행위의 효력에 관하여 이해관계를 가졌던 제3자에 한하며, 취소이후에 비로소 이해관계를 가지게 된 제3자는 비록 그 이해관계 발생 당시에 취소의 사실을 몰랐다고 하더라도 의사표시의 취소는 선의의 제3자에게 대항하지 못한다는 민법 규정의 보호를 받을 수 없다고 할 것이라는 전제아래, 피고 김O용(병)은 원고(갑)와 피고 황O자(을)와의 이건 매매계약이 취소된 이후에 피고 황O자로(을)부터 이건 토지를 다시 매수취득한 사실이 인정됨에 따라 그 매수당시 원판시 사기에 의한 의사표시의 취소사실을 몰랐다고 하더라도 위 매매계약취소의 효력을 대항하지 못하는 선의의 제3자로서 보호를 받을 수 없는 자라는 취지로 설시함으로써 이건 계쟁토지부분에 대한 피고 김O용(병) 명의의 소유권이전등기마저 원인을 결한 무효의 등기라고 판시하였다.

그러나 *<사기에 의한 의사표시를 취소한 이후에 비로소 이해관계를 가지게 된 제3자가 민법 110조 3항 소정의 제3자에 해당하는지 여부>* 사기에 의한 법률행위의 의사표시를 취소하면 취소의 소급효로 인하여 그 행위의 시초부터 무효인 것으로 되는 것이요 취소한 때에 비로소 무효로 되는 것은 아니므로, 취소를 주장하는 자와 양립되지 아니하는 법률관계를 가졌든 것이 취소 이전에 있었던가 이후에 있었던가는 가릴 필요없이 대저 사기에 의한 의사표시 및 그 취소사실을 몰랐던 모든 제3자에 대하여는 그 의사표시의 취소를 대항하지 못한다고 보아야 할 것이고, 이는 거래안전의 보호를 목적으로 하는 민법 제110조 제3항의 취지에도 합당한 해석이 된다 할 것인 바, 이렇다면 원심이 원고(갑)의 피고 황O자(을)에 대한 이건 매매계약의 취소이후에 동 피고(을)로부터 다시 이건 토지를 매수취득한 피고 김O용 (병)은 위 취소사실을 몰랐던 선의의 제3자 일지라도 악의자와 구별없이 그에게 대항하지 못한다는 보호를 받을 수 없어 결국 무효한 소유권이전등기를 가진자로 볼 것이라고 하였음은 사기에 의한 의사표시의 취소와 선의의 제3자에 관한 법리를 오해함에 비롯된 것이고 이와 같은 잘못은 원판결에 영향을 미친다 할 것이므로 논지는 이유있다.

§ 6-43 사기와 착오취소의 경합

❶ (§ 6-23 ❶) 대법원 2005. 5. 27. 선고 2004다43824 판결 【구상금등】

사실관계

코메트항공회사 乙(제1심 공동피고)은 운송회사 A와 체결한 운송계약상의 채무를 담보하기 위하여 甲과 사이에 이행보증보험계약을 체결하였는데, 甲에 대한 구상금채무를 담보하기 위하여 甲에게 연대보증인을 세우기로 하였다. 乙의 대표이사 B(제1심 공동피고)와 이사 C는 연대보증서류(이행보증보험약정서)를 신원보증서류라고 속여 연대보증을 받아내기로 공모하고, C가 자신의 매형 D에게 D의 아들 K(김O민)를 위한 신원보증을 해 줄 사람을 소개시켜 달라고 하여 D가 丙(한O운)에게 신원보증을 부탁하였다. 그리하여 丙이 D의 말에 속아 위 이행보증보험약정서를 K를 위한 신원보증서류로 알고 이의 연대보증인란에 서명날인하였다(B와 C는 이로 인하여 사기죄로 기소되어 유죄판결이 확정되었다). 乙이 A에 대한 위 운송계약상의 채무를 이행하지 아니하여, 甲이 A의 청구에 응하여 A에게 보험금을 지급하였으며, 이에 기해서 甲이 乙과 丙에 대하여 구상금의 지급을 구하는 소를 제기하였다. 이에 대하여 丙은 자신은 신원보증서류에 서명날인하는 것으로 잘못 알고 위 이행보증보험약정서를 읽어보지 않은 채 서명날인한 것일 뿐 연대보증약정을 한 사실이 없다고 주장하면서 그 이행을 거절하였다.

판결이유

1. 피고 한상운의 상고에 대한 판단
......

그러나 <사기에 의한 의사표시의 의의 및 제3자의 기망행위에 의하여 신원보증서류에 서명날인한다는 착각에 빠진 상태로 연대보증의 서면에 서명날인한 경우, 그와 같은 행위에 민법 제110조 제2항에 정한 사기에 의한 의사표시의 법리가 적용되는지 여부(소극)> 사기에 의한 의사표시란 타인의 기망행위로 말미암아 착오에 빠지게 된 결과 어떠한 의사표시를 하게 되는 경우이므로, 거기에는 의사와 표시의 불일치가 있을 수 없고, 단지 의사의 형성과정 즉 의사표시의 동기에 착오가 있는 것에 불과하며, 이 점에서 고유한 의미의 착오에 의한 의사표시와 구분되는데, 이 사건의 경우 피고 한○운(병)은 신원보증서류에 서명날인한다는 착각에 빠진 상태로 연대보증의 서면에 서명날인한 것으로서, 결국 위와 같은 행위는 강학상 기명날인의 착오(또는 서명의 착오), 즉 어떤 사람이 자신의 의사와 다른 법률효과를 발생시키는 내용의 서면에, 그것을 읽지 않거나 올바르게 이해하지 못한 채 기명날인을 하는 이른바 표시상의 착오에 해당하므로, 비록 위와 같은 착오가 제3자의 기망행위에 의하여 일어난 것이라 하더라도 그에 관하여는 사기에 의한 의사표시에 관한 법리, 특히 상대방이 그러한 제3자의 기망행위 사실을 알았거나 알 수 있었을 경우가 아닌 한 의사표시자가 취소권을 행사할 수 없다는 민법 제110조 제2항의 규정을 적용할 것이 아니라, 착오에 의한 의사표시에 관한 법리만을 적용하여 취소권 행사의 가부를 가려야 할 것이다.

V. 의사표시의 효력발생

§ 6-44 의사표시의 효력발생시기
❶ 대법원 1997. 11. 25. 선고 97다31281 판결 [채권양도금]
……

살피건대 <*채권양도의 통지가 채무자에게 도달되었다고 보기 위해서는 채무자가 이를 현실적으로 수령하였거나 그 내용을 알았을 것까지 요하는지 여부(소극)*> *(민법 제111조 제1항, 제450조)* 채권양도의 통지는 채무자에게 도달됨으로써 효력을 발생하는 것이고, 여기서 도달이라 함은 사회관념상 채무자가 통지의 내용을 알 수 있는 객관적 상태에 놓여졌다고 인정되는 상태를 지칭한다고 해석되므로, 채무자가 이를 현실적으로 수령하였다거나 그 통지의 내용을 알았을 것까지는 필요로 하지 않는다 할 것이나(대법원 1983. 8. 23. 선고 82다카439 판결 참조), 이 사건의 경우는 다음과 같은 점에서 그와 같은 상태에 이르렀다고 도저히 보기 어렵다.

먼저 피고와 위 소외 3 사이에 위 동선동 소재 ○○아트빌리지에 관한 동업관계가 남아 있고, 위 소외 3이 그에 관련된 사무를 처리한다고 하더라도 위 소외 3이 위 동업관계와 별개로 건축하는 공사 현장의 현장 및 분양사무소인 위 ○○빌라사무소를 피고의 영업소 또는 사무소라고 할 수는 없으며, 나아가 위 사무소에서 근무하는 직원을 피고의 사무원이라고는 도저히 볼 수 없고, 더구나 기록을 살펴보아도 위 사무소에서 이 사건 우편물을 받았다는 위 소외 2가 실제로 위 사무소에서 근무하던 직원이었다고 인정할 증거도 없을 뿐 아니라, 심지어 누구인지도 알 수 없다.

한편 <*우편법의 규정에 따라 우편물이 배달되었다고 하여 의사표시의 통지가 상대방에게 도달된 것으로 볼 수 있는지 여부(소극)*> *(민법 제111조 제1항; 우편법 제31조,*

제34조; 우편법시행령 제42조)> 우편법 소정의 규정에 따라 우편물이 배달되었다고 하여 언제나 상대방 있는 의사표시의 통지가 상대방에게 도달하였다고 볼 수는 없다 할 것이므로(대법원 1993. 11. 26. 선고 93누17478 판결 참조), 오히려 위와 같은 우편집배원의 진술이나 우편법 등의 규정을 들어 우편물의 수령인을 본인의 사무원 또는 고용인으로 추정할 수는 없다고 할 것이다.

그렇다면 이 사건 **<채권양도통지서가 채무자의 동업자의 사무소에서 그 신원이 분명치 않은 자에게 송달된 경우, 채권양도의 통지가 채무자에게 도달된 것으로 볼 수 있는지 여부(소극)** *(민법 제111조 제1항, 제450조)>* 우편물이 피고의 주소나 사무소가 아닌 동업자의 사무소에서 그 신원이 분명치 않은 자에게 송달되었다는 사정만으로는 사회관념상 피고가 통지의 내용을 알 수 있는 객관적 상태에 놓여졌다고 인정할 수 없으므로, 이와 달리 판단한 원심판결에는 의사표시의 도달에 관한 법리를 오해하여 판결에 영향을 미친 위법이 있다고 할 것이고, 따라서 이 점을 지적하는 상고이유는 옳다.

❷ **대법원 2008. 6. 12. 선고 2008다19973 판결 [위약금]**

<의사표시에 대한 상대방의 수령거절과 의사표시의 도달 여부> 계약의 해제와 같은 상대방 있는 의사표시는 그 통지가 상대방에게 도달한 때 효력이 생기는 것이고(민법 제111조 제1항), 여기서 도달이라 함은 사회통념상 상대방이 통지의 내용을 알 수 있는 객관적 상태에 놓여 있는 경우를 가리키는 것으로서, 상대방이 통지를 현실적으로 수령하거나 통지의 내용을 알 것까지는 필요로 하지 않는 것이므로(대법원 1983. 8. 23. 선고 82다카439 판결 등 참조: 전세권자가 전세금반환채권을 양도하고, 양수인이 양도사실을 전세권설정자에게 통지하였으나 전세권자가 이를 바로 회수한 경우 전세권설정자의 통지에 대한 요지가능상태를 부정한 사안. 즉 이 경우 채권발생원인사실이나 채권양도사실은 존재하나 제450조의 통지나 승낙사실은 존재하지 않아 전세권설정자에 대한 양수인의 양수금청구를 부정한 사안), 상대방이 정당한 사유 없이 통지의 수령을 거절한 경우에는 상대방이 그 통지의 내용을 알 수 있는 객관적 상태에 놓여 있는 때에 의사표시의 효력이 생기는 것으로 보아야 한다.

원심판결 이유에 의하면, 원심은 피고가 원고에게 그 판시와 같이 이 사건 매매계약을 이행할 것과 이행하지 아니할 경우에는 이 사건 매매계약을 해제하겠다는 내용이 담긴 내용증명우편을 보내어 원고에게 도착하였으나, 원고가 그 우편물의 수취를 거절하고 매매계약을 이행하지 아니한 사실을 인정한 다음, 그 판시와 같은 사정에 비추어 보면 이 사건 매매계약은 원고의 잔금지급 거절을 원인으로 한 피고의 계약해제 의사표시에 의하여 적법하게 해제되었다고 판단하였다.

제3절 법률행위의 대리

I. 대리권

1. 대리권의 발생원인
§ 7-1 수권행위의 법적 성질
❶ 대법원 1997. 12. 12. 선고 95다20775 판결 【손해배상(기)】
……
2. 피고의 상고이유에 대하여 본다.
가. 기록에 비추어 살펴보면, 원심은 갑 제3호증의 2(소송위임장)의 기재와 원고 강○철 본인신문 결과 등을 채용하고 증인 이○재(피고 법률사무소의 사무장이다)의 증언을 배척하여 '원고들이 피고에게 이 사건 이전등기소송에 관한 일체의 소송행위와 반소의 제기 및 응소, 복대리인의 선임, 집행보전을 위한 가압류 및 가처분신청 등에 필요한 모든 권한을 위임한 사실'을 인정하고, 이 사건 이전등기소송의 수행을 위임할 당시 이 사건 토지에 대한 처분금지가처분신청도 위임 사무의 범위에 포함되었음을 전제로 하여 피고에게 선량한 관리자의 주의의무 위반으로 인한 손해배상책임이 있다고 판단한 것으로 여겨지는바, 원심이 증인 이○재의 증언을 배척한 조치는 수긍할 수 있으나, 이 사건 이전등기소송의 수행에 관한 위임계약 범위에 이 사건 토지에 대한 가처분신청도 포함되어 있었다고 하여 그 위임계약상의 의무 위반으로 인한 손해배상책임이 있다고 인정·판단한 조치는 그대로 수긍하기 어렵다.

<*변호사의 소송대리권의 범위와 처리의무 있는 위임 사무의 범위와의 관계* (민법 제680조, 민사소송법 제82조)> 통상 소송위임장이라는 것은 민사소송법 제81조 제1항에 따른 소송대리인의 권한을 증명하는 전형적인 서면이라고 할 것인데, 여기에서의 소송위임(수권행위)은 소송대리권의 발생이라는 소송법상의 효과를 목적으로 하는 단독 소송행위로서 그 기초관계인 의뢰인과 변호사 사이의 사법상의 위임계약과는 성격을 달리하는 것이고, 의뢰인과 변호사 사이의 권리의무는 수권행위가 아닌 위임계약에 의하여 발생하는 것이다. 민사소송법 제82조 제1항이 "소송대리인은 위임받은 사건에 관하여 반소, 참가, 강제집행, 가압류, 가처분에 관한 소송행위와 변제의 영수를 할 수 있다."고 규정하고, 제3항이 "변호사의 소송대리권은 제한하지 못한다."고 규정하고 있으나, <*본안소송을 수임한 변호사가 강제집행이나 보전처분에 관한 소송행위를 할 수 있는 소송대리권을 갖는다고 하여 의뢰인에 대해*

당연히 그 권한에 상응한 위임계약상의 의무도 부담하는지 여부(소극) (민법 제680조, 민사소송법 제82조)> 위 각 규정(민사소송법 제82조의 규정)은 소송절차의 원활·확실을 도모하기 위하여 소송법상 소송대리권을 정형적·포괄적으로 법정한 것에 불과하고 변호사와 의뢰인 사이의 사법상의 위임계약의 내용까지 법정한 것은 아니므로, 본안소송을 수임한 변호사가 그 소송을 수행함에 있어 강제집행이나 보전처분에 관한 소송행위를 할 수 있는 소송대리권을 가진다고 하여 의뢰인에 대한 관계에서 당연히 그 권한에 상응한 위임계약상의 의무를 부담한다고 할 수는 없고, 변호사가 처리의무를 부담하는 사무의 범위는 변호사와 의뢰인 사이의 위임계약의 내용에 의하여 정하여진다고 할 것이다.

§ 7-2 수권행위의 독자성
❶ 대법원 1962. 5. 24. 선고 4294민상251, 252 판결 【광업권이전등록말소】
……

논지 제9점에 대하여 구민법 제655조는 위임종료는 이를 상대방에 통지하거나 또는 상대방이 이를 안 때가 아니면 이로써 상대방에게 대항하지 못한다고 규정하고 있는바 <*위임과 대리권의 관계* (민사소송법 제72조, 제394조 제1항 제2호)> 법률상 위임과 대리권수여는 별개의 독립한 행위로서, 위임은 위임자와 수임자간의 내부적인 채권채무관계를 말하고, 대리권은 대리인의 행위의 효과가 본인에게 미치는 대외적 자격을 말하는 것이므로, 위임계약에 대리권 수여가 수반되는 일은 있으나, 위임계약만으로서는 그 효력은 위임자와 수임자 이외에는 미치는 것은 아니므로, 구 민법 제655조(현 제692조)의 취지는 위임종료의 사유는 이를 상대방에 통지하거나 상대방이 이를 알 때가 아니면 위임자와 수임자 간에는 위임계약에 의한 권리의무 관계가 존속한다는 취지에 불과하고 대리권관계와는 아무런 관계가 없는 것이다. 그렇다면 논지와 같이 피고들이 원심에서 한 주장은 피고들에게 유리하게 해석하여 결국 표현대리에 관한 주장으로 밖에는 볼 수 없고 따라서 원심이 그 주장을 표현대리에 관한 주장으로 보고 판시와 같은 이유로 배척한 것은 그 표현에 있어서 법률상 명확성을 결한 감은 있으나 그 취지는 피고 윤O은이 소외 장O수로 부터 판시와 같은 대리권을 받은 바 없다는 이유임을 판독할 수 있으므로 논지와 같은 이유로 원판결은 비의하는 논지도 이유가 없다.

§ 7-3 수권행위의 방식
❶ 대법원 2016. 5. 26. 선고 2016다203315 판결 [위약배상금]

1. 매매계약은 당사자 일방이 재산권을 상대방에게 이전할 것을 약정하고 상대방이 그 대금을 지급할 것을 약정하는 계약으로 매도인이 재산권을 이전하는 것과

매수인이 그 대가로서 금원을 지급하는 것에 관하여 쌍방 당사자의 합의가 이루어짐으로써 성립하는 것이다(대법원 2006. 11. 24. 선고 2005다39594 판결 등 참조).
한편 <**어떤 사람이 대리인의 외양을 가지고 행위하는 것을 본인이 알면서도 이의를 하지 아니하고 방임하는 등 사실상의 용태에 의하여 대리권의 수여가 추단될 수 있는지 여부(적극)** *(민법 제114조)*> 대리권을 수여하는 수권행위는 불요식의 행위로서 명시적인 의사표시에 의함이 없이 묵시적인 의사표시에 의하여 할 수도 있으며, 어떤 사람이 대리인의 외양을 가지고 행위하는 것을 본인이 알면서도 이의를 하지 아니하고 방임하는 등 사실상의 용태에 의하여 대리권의 수여가 추단되는 경우도 있다.

2. 원심은 다음과 같은 사정에 비추어 보면, 피고가 소외인에게 이 사건 매매계약 체결에 관한 대리권을 수여하였다고 인정하기 어렵다고 판단하였다.

① 이 사건 매매계약 체결 당시 소외인은 위임장, 인감도장, 인감증명서 등을 갖추고 있지 않았는데, 원고는 피고의 의사를 직접 확인하는 절차 없이 거액의 매매계약을 체결하였다. 한편 피고도 거액의 매매계약을 체결하면서 그 전에 한 번도 만나본 적 없는 소외인에게 전화통화만으로 대리권을 수여하였다는 것은 매우 이례적이다.

② 소외인은 원고와 피고 사이에서 매매대금을 절충하는 등 중개인의 역할을 한 것으로 보인다.

③ 원고와 피고 사이에 매매대금 등에 관하여 대략적인 의사의 접근이 있었다고 하더라도 이는 추가적인 협의를 통하여 세부적인 사항을 결정하고 매매계약을 완성할 것을 예정한 상태에 있었다고 봄이 상당하다.

④ 위와 같은 단계에서 피고가 소외인에게 자신의 계좌번호를 알려주었다는 사실만으로 이 사건 매매계약서와 같은 내용의 계약을 체결할 권한을 위임하였다고 단정하기 어렵다. 오히려 피고로서는 원고가 이 사건 매매계약을 체결할 의사가 확실하다는 것을 보여주기 위한 증거금을 송금한다면 받아두어도 무방하다는 정도로 생각하였을 가능성도 충분하다.

3. 그러나 원심의 판단은 다음과 같은 이유로 수긍하기 어렵다.

가. 원심판결 이유와 원심이 적법하게 채택한 증거들에 의하면, 다음과 같은 사실을 알 수 있다.

① 서울에 거주하는 피고는 서귀포시에 소재한 이 사건 토지를 33억 원에 매도하려고 몇 년간 매수인을 찾던 중 제주에 거주하는 소외인을 알게 되었고, 피고의 부탁으로 소외인 역시 이 사건 토지의 매수인을 찾다가 매수의사가 있는 원고를 만나게 되었다.

② 소외인은 2014. 8. 6. 마침 프랑스를 방문 중이던 피고와 세 차례 통화하여 원

고의 매수의사를 알렸고, 피고는 계약금 수령을 위해 자신의 계좌번호를 문자메시지로 알려주었다. 또한 피고는 소외인에게 매매대금에서 1,000만 원까지는 깎아줄 수 있다는 의사도 밝혔다.
③ 소외인은 2014. 8. 7. 자신을 피고의 대리인으로 하여 원고와 사이에 매매대금을 32억 9,000만 원으로 하는 이 사건 매매계약서를 작성하였고, 원고는 계약금 3억 3,000만 원을 피고가 알려준 위 계좌로 송금하였다. 한편 이 사건 매매계약서에는 특약사항 중 하나로 '중도금 및 잔금 일정은 매도인과 협의하에 차후 다시 정하기로 한다'고 기재되어 있다.
④ 소외인은 같은 날 피고에게 '계약금 3억 3,000만 원이 입금되었고, 한국에 귀국하면 계약서를 다시 작성하기로 했다'는 취지의 문자메시지를 보냈고, 이후 피고와 약 7분 26초간 통화하기도 하였다.
⑤ 피고는 귀국한 다음 날인 2014. 8. 11. 소외인을 만나 이 사건 매매계약서를 교부받았는데, 당시 매매대금의 액수나 이 사건 매매계약서에 소외인이 대리인으로 기재되어 있는 것에 대해서 별다른 이의제기를 하지 않았고, 오히려 매매계약서에 기재된 매매목적물에 착오로 기재된 토지가 있어 이를 제외하여야 함을 지적하고, 중도금 액수 및 그 지급시기를 조율하기만 하였던 것으로 보인다.
⑥ 피고는 2014. 8. 12. 소외인을 통해 원고에게 계약해제 의사를 전달하였고, 원고로부터 계약금의 배액 상환을 요구받자 자신은 소외인에게 이 사건 매매계약에 관한 대리권을 수여한 사실이 없다고 주장하기 시작하였다.

나. 위 사실관계를 앞서 본 법리에 비추어 살펴보면, 비록 <사안의 경우> 피고(본인)가 소외인(대리인)에게 대리권을 수여한다는 명시적인 의사표시를 하거나, 매매계약의 세부적인 사항까지 구체적으로 지시한 바가 없다고 하더라도, 이 사건 토지를 32억 9,000만 원에 매도하는 계약을 체결할 수 있는 대리권을 수여하였다고 볼 여지가 크다.

2. 대리권의 범위 및 제한

1) 대리권의 범위

§ 7-4 계약해제권

❶ 대법원 1997. 9. 30. 선고 97다23372 판결 【보증채무금】

사실관계

乙은 1993. 12. 4. A(오오우)에게 乙 소유의 X 아파트를 임대차보증금 2천 6백만 원, 임대차기간 1994. 12. 4.까지로 정하여 임대하였다. A는 1994. 2. 4. 정우개발이라는 상호로 사채중개업을 하는 B(이O국)를 통하여 甲으로부터 1천 5백만 원을 차용하면서, B의 담보제공 요구에 따라 위 임대차보증금 중 2천 2백 5십만 원의 반환채권을 甲에게 양도하였고, 乙은 A의 위와 같은 채권양도를 승낙하였다. A는 B를 통하여 甲에게 이자와 연체이자를 지급하고 위 차용원금 중 5백만 원을 변제하였다. A는 1994. 10. 5.경 乙로부터 X 아파트를 매수하였으며, 당시 乙과 A는 그 매매대금에서 위 임대보증금 전액을 공제하기로 하였다. 그런데 A는 위 매매계약을 체결하기에 앞서 같은 해 9.경 B에게 X 아파트의 매매에 따른 乙의 면책과 향후 차용금 상환방안을 문의하였는데, B는 甲과 상의도 없이 A에게 乙의 지급보증책임을 면제하여 주는 대신 X 아파트 소유권이 A 앞으로 이전되는 같은 해 11.부터 월 5%의 비율로 상향된 이자를 지급하라는 제의를 하였으며, 이에 A는 그 제의를 받아들여 같은 해 11.부터는 잔존 원금 1천만 원에 대하여 월 5%의 비율에 의한 이자를 지급하였다. 그러나 甲은 A와 乙 사이의 위와 같은 약정 사실을 알지 못했을 뿐만 아니라, 인상된 이율에 의한 이자를 수령한 사실도 없다. A가 甲에게 차용금 중 일부를 반환하지 않자, 甲이 乙에 대하여 임대보증금반환채무에 대한 보증책임을 물어 미납된 차용금의 반환을 청구하는 소를 제기하였다. 이에 대하여 乙은 X 아파트를 A에게 매도할 당시 甲이 위 차용금에 대한 乙의 책임을 면제하여 주었으므로 甲의 청구는 이유 없다고 항변하였다.

판결이유

1. 원심의 판단
......

원심은 피고(을)가 1994. 2. 4.자 지급보증에 의하여 원고(갑)에 대하여 차용금을 변제할 책임을 부담하게 되었음을 전제로 하고, 더 나아가 피고(을)가 이 사건 아파트를 오ㅇ우(A)에게 매도할 당시 원고(갑)가 이 사건 차용금에 대한 피고(을)의 책임을 면제하여 주었으므로, 원고(갑)의 청구는 이유 없다는 피고(을)의 항변에 대하여 다음과 같이 판단하여 이를 받아들였다.

① 이 사건 차용금에 대하여 피고(을)가 원고(갑)에게 부담하는 책임은 피고(을)가 이 사건 아파트의 소유자 겸 임대인의 지위에서 종국적으로 이 사건 아파트 자체에 의하여 담보되는 임차보증금 반환채권의 범위 안에서 원고(갑)에 대하여 위 차용금 상당액의 지급을 보증한 것으로서 그 실질은 사실상 물적 담보의 성질을 지닌다(원심판결 이유에 의하면, 원심은 원고가 양수한 일부 보증금 반환채권의 범위 안에서 이 사건 아파트에 대하여 대항력 있는 담보권을 가진다고 본 듯하다).

② 피고(을)는 사채중개업자인 이ㅇ국(B)의 양해하에 이 사건 아파트의 소유권을 주채무자인 오ㅇ우(A)에게 양도하였으며 그 과정에서 오ㅇ우(A)가 사전에 이ㅇ국(B)으로부터 피고(을)의 면책 사실을 확인하였다(피고를 면책시킨다는 의사표시를 수령하였다는 뜻으로 보인다).

③ 피고(을)를 면책시키는 대가로 오ㅇ우(A)는 잔여 차용금에 대한 이율을 월 5%로

상향 조정하였고 실제로 그 후 2개월간에 걸쳐 인상된 이자가 수수되었다.
④ 이러한 사정들을 종합하여 보면 이○국(B)이 이 사건 아파트의 매도에 즈음하여 이 사건 차용금에 대한 피고(을)의 책임을 면책시켜 준 것이 반드시 본인인 원고(갑)의 이익에 현저히 반하는 것이라고 보기 어렵고, 오히려 원고(갑)는 피고(을)가 이 사건 아파트에 관한 소유권을 상실함에 따라 피고(을)에 대하여 면책권을 행사할 권한을 이○국(B)에게 부여하였다고 봄이 상당하다.

2. 당원의 판단

가. 채증법칙 위반 여부

원심이 채택한 증거들을 기록과 대조하여 검토하여 보면, 오○우(A)가 피고(을)로부터 이 사건 아파트를 매수할 즈음에 이○국(B)이 오○우(A)에 대하여 피고(을)의 원고(갑)에 대한 책임을 면책시키겠다는 의사표시를 하였다고 본 원심의 사실인정은 수긍할 수 있고, 여기에 논하는 바와 같이 채증법칙을 위반하여 사실을 오인한 위법이 있다고 볼 수 없다. 이 점에 관한 논지는 이유가 없다.

나. 이○국(B)에게 피고(을)를 면책시켜 줄 대리권이 있는지 여부

원심은 앞에 적은 바와 같은 사유들을 종합하여 이○국(B)이 피고(을)를 면책시킬 대리권이 있다고 보았다. 그러나 <금전소비대차 내지 담보권설정계약을 체결할 권한을 수여받은 대리인에게 계약관계를 해제할 대리권이 있는지 여부(소극) (민법 제114조, 제118조)> 임의대리권은 그것을 수여하는 본인의 행위, 즉 수권행위에 의하여 발생하는 것이므로, 어느 행위가 대리권 범위 내의 행위인지 여부는 개별적인 수권행위의 내용이나 그 해석에 의하여 판단하여야 할 것이다(당원 1994. 2. 8. 선고 93다39379 판결 참조). 그런데 통상 사채알선업자(B)가 전주(錢主, 갑)를 위하여 금전소비대차계약과 그 담보를 위한 담보권설정계약을 체결할 대리권을 수여받은 것으로 인정되는 경우라 하더라도, 특별한 사정이 없는 한 일단 금전소비대차계약과 그 담보를 위한 담보권설정계약이 체결된 후에 이를 해제할 권한까지 당연히 가지고 있다고 볼 수는 없다(당원 1993. 1. 15. 선고 92다39365 판결 참조).

그러므로 원심이 내세운 사정들이 원고(갑)가 이○국(B)에게 피고(을)를 면책시킬 수 있는 대리권을 수여하였음을 추단하게 할 수 있는 특별한 사정이 되는가에 관하여 본다.

우선 원심이 인정한 사실에 의하면 오○우(A)는 원고(갑)에 대한 차용금 채무를 담보할 목적으로 피고(을)에 대한 임차보증금 반환채권을 양도하고, 피고(을)는 그에 대하여 그 지급을 보증하였다는 것인바, 여기에 보태어 위 약정에 관한 처분문서인 갑 제1호증(을 제1호증과 같다)의 기재 내용을 검토하여 보면, <사안의 경우> 피고(을)가 원고(갑)에 대하여 한 의사표시는 일반적인 보증채무를 부담하겠다는 것이 아니고 오○우(A)의 위와 같은 채권양도를 승낙한다는 것으로 보인다. 이는 오○우(A)가 위 임대차보증금 반환채권에 대하여 질권을 설정하기 위하여 원고(갑)에게

양도하는 것을 승낙한다는 것에 다름 아니라고 보인다. 그러므로 원고(갑)와 피고(을)는 위 임대차보증금 반환청구채권에 대한 질권자와 채권양도를 승낙한 제3채무자의 관계에 있는 것이라고 생각된다. 여기서 원고(갑)의 오ㅇ우(A)에 대한 대여금채권을 담보하는 것은 위와 같이 양도된 임대차보증금 반환채권 자체로서 이 사건 아파트는 그 채권에 대한 일반 책임재산을 구성하는 것일 뿐이고, 원고(갑)가 이 사건 아파트 자체에 대하여 어떤 담보권을 가지는 것은 아니다. 이 점에서 원심이 마치 원고(갑)가 이 사건 아파트 자체에 대하여 어떠한 물적 담보권을 취득한 것인 양 설시한 것은 적절하지 못하다. 따라서 원심이 그 담보물인 이 사건 아파트가 주채무자인 오ㅇ우(A)에게 이전되어도 원고(갑)는 위 일부 보증금 반환채권의 범위 안에서 이 사건 아파트에 대한 대항력 있는 담보권(그 의미가 무엇인지 명확하지 않다.)을 가진다고 보는 것도 수긍할 수 없다.

결국 이ㅇ국(B)이 피고(을)를 면책시킨 것에 그대로 효력을 인정한다면, 원고(갑)는 담보로 취득하였던 채권질권을 상실하고, 오ㅇ우(A) 소유로 된 이 사건 아파트에 대하여는 일반 채권자로서의 권리만을 가지게 된다. 그렇다면 비록 피고(을)를 면책시킨 이후에 대여금에 대한 약정이자의 이율이 상향 조정되었다 하더라도 피고(을)를 면책시키는 것이 원고(갑)의 이익에 현저히 반하지 않는다고 볼 수는 없을 것이다.

다만 원심은 그 이후 오ㅇ우(A)가 인상된 이율에 따른 약정이자를 지급한 사실을 인정하고 있는바, 만약 원고(갑)가 이를 수령하였다면 원고(갑)가 이ㅇ국(B)에게 피고(을)를 면책시킬 대리권을 수여하였다고 추단할 수 있거나, 혹은 이ㅇ국(B)의 무권대리행위를 추인하였다고 볼 자료가 될 수 있을 것이지만, 원고(갑)는 이ㅇ국(B)을 통하여서라도 인상된 이율에 의한 약정이자를 수령한 사실을 부인하고 있으며, 기록상 원고(갑)가 인상된 이율에 따른 약정이자를 수령하였다고 볼 자료도 보이지 않는다.

결국 원심이 그 판시와 같은 사정만으로 이ㅇ국(B)이 원고를 대리하여 피고(을)의 책임을 면책시켜 줄 권한을 가지고 있었다고 단정한 것은, 대리권의 범위에 관한 법리를 오해한 나머지 심리를 다하지 아니하거나, 채증법칙에 위반하여 증거 없이 사실을 인정한 위법이 있고, 이는 판결 결과에 영향을 미친 것임이 명백하다. 이 점을 지적하는 논지는 이유가 있다.

§ 7-5 담보제공 등의 처분행위

❶ **대법원 2002. 6. 14. 선고 2000다38992 판결 【예금】**
(대법원 2008. 6. 12. 선고 2008다11276 판결)

사실관계

甲은 학교에 재직중인 교직원을 구성으로 하여 설립된 조합인데, 甲 조합내에서 업무부장으로서 평소 乙(상호신용금고)과의 사이에 통장을 개설하고 입출금업무를 담당한 A(천O태)가 乙로부터 甲을 대리하여 甲의 정기예금 3억 원을 예금통장의 제시없이 담보제공증서 등의 작성만으로 2억 6천만 원을 대출받아 개인용도로 사용하였다. 乙은 대출원리금 채무의 변제를 위하여 위 정기예금을 해지하고 예금과 대출금 채무를 상계처리하였다. 그런데 A는 위 정기예금의 담보대출을 하는 과정에서 위 정기예금통장을 甲에게 보관시켜 놓은 채 甲 조합 이사장의 직인만을 乙에게 제시하여 대출을 신청하였고, 乙이 이에 응하여 대출금을 지급하였다. 이에 甲은 乙에게 이 사건 정기예금의 반환을 구하는 소를 제기하였다.

판결이유

1. 원심판결 이유를 기록에 비추어 살펴보면, 원심이 "원고(갑)가 원고 조합의 포괄적인 업무집행권을 가지고 있는 소외 천O태(A)에게 이 사건 예금거래에 관한 권한을 포괄적으로 위임하여 그에 기하여 이 사건 예금거래가 이루어졌으므로 천O태(A)가 한 이 사건 예금계약의 해지 및 예금 인출행위는 원고(갑)에 대하여 그 효력이 있다."는 피고(을)의 주장을 그 판시와 같은 이유로 배척한 것은 정당한 것으로 수긍이 되고, 거기에 상고이유로 주장하는 바와 같은 채증법칙 위배 또는 심리미진으로 인한 사실오인의 위법이 있다고 할 수 없다.

2. <예금계약의 체결을 위임받은 자의 대리권에 그 예금을 담보로 하여 대출을 받거나 이를 처분할 수 있는 대리권이 포함되는지 여부(소극) (민법 제118조)> 예금계약의 체결을 위임받은 자가 가지는 대리권에 당연히 그 예금을 담보로 대출을 받거나 이를 처분할 수 있는 대리권이 포함되어 있는 것은 아니라 할 것인바(대법원 1992. 6. 23. 선고 91다14987 판결; 1995. 8. 22. 선고 94다59042 판결 등 참조), 기록에 비추어 살펴보면, 같은 취지에서 원심이 천O태(A)에게 원고(갑)를 대리하여 판시 정기예금 3억 원을 담보로 금 265,000,000원을 대출받고 그 대출원리금 채무의 변제를 위하여 위 정기예금계약을 해지하고 예금과 대출금 채무를 상계처리할 권한이 있다는 취지의 피고(을)의 주장을 배척한 것은 정당한 것으로 수긍이 되고, 거기에 상고이유로 주장하는 바와 같은 채증법칙 위배로 인한 사실오인이나 대출 및 상계처리에 관한 법리오해의 위법이 있다고 할 수 없다.

3. <금융실명제 이후 예금명의자가 아니고 예금통장도 소지하지 않은 예금행위자는 예금채권의 준점유자에 해당하는지 여부(소극) (민법 제470조, 제702조; 구 금융실명거래및비밀보장에관한긴급재정경제명령(1993. 8. 13. 대통령긴급재정경제명령 제16호, 폐지) 제3조 제1항)> 구 금융실명거래및비밀보장에관한긴급재정경제명령 제3조 제1항은 "금융기관은 거래자의 실지명의에 의한 금융거래를 하여야 한다."고 규정하고

있으므로, 금융기관에 예금을 하고자 하는 자는 원칙적으로 직접 주민등록증과 인감을 지참하고 금융기관에 나가 자기 이름으로 예금을 하여야 하나, 대리인이 본인의 주민등록증과 인감을 가지고 가서 본인의 이름으로 예금하는 것이 허용된다고 하더라도, 이 경우 금융기관으로서는 자기가 주민등록증을 통하여 실명확인을 한 예금명의자를 위 재정명령 제3조에서 규정한 거래자로 보아 그와 예금계약을 체결할 의도를 가지고 있었다고 보아야 하므로, 예금명의자가 아니고 예금통장도 소지하지 않은 예금행위자에 불과한 자는 금융실명제가 시행된 후에는 극히 예외적인 특별한 사정이 인정되지 않는 한 예금채권을 준점유하는 자에 해당될 수가 없고(대법원 1996. 4. 23. 선고 95다55986 판결 참조), <상호신용금고 수신거래기본약관 중 "금고는 지급청구서상의 인감과 비밀번호를 신고한 것과 대조하여 틀림없다고 인정하고 지급한 경우에는 어떤 경우에도 면책된다."는 특약의 취지 (민법 제470조)> 상호신용금고수신거래기본약관의 "금고는 지급청구서, 수표, 어음, 제신고서에 찍힌 인영(또는 서명)을 신고한 인감(또는 서명감)과 육안에 의하여 상당한 주의로써 대조하여 틀림없다고 인정하고 지급청구서 등에 기재된 비밀번호가 신고한 비밀번호와 일치함을 인정하여 지급, 기타의 처리를 한 경우에는 지급청구서 등과 도장에 관한 위조, 변조, 도용 그 밖의 어떠한 사고로 말미암아 거래처에게 손해가 생겨도 책임을 지지 아니한다."는 면책특약의 취지는, 통상의 주의를 하였더라면 정당한 예금청구인인가 아닌가를 식별할 수 있는 것을 고의 또는 과실로 이를 알지 못하고 권한 없는 자에게 지급되었을 때까지 무조건 그 지급이 유효하다는 것은 아니라고 해석된다 할 것이다(대법원 1975. 5. 27. 선고 74다2083 판결, 1992. 6. 23. 선고 91다14987 판결 등 참조).

2) 대리권의 제한
§ 7-6 쌍방대리의 금지
❶ 대법원 2003. 5. 30. 선고 2003다15556 판결 【채무부존재확인】

사실관계

乙은 자신 소유의 X 건물, 그 내부 집기 및 시설에 대하여 2000. 1. 19. 甲(보험회사)의 보험모집사원과 자신의 아내 A(손O숙) 명의로 화재보험계약을 체결하였다. 위 보험기간 동 X 건물 내부에서 정확한 원인을 알 수 없는 화재가 발생하여 위 화재보험계약의 목적물인 X 건물이 전소되었다. 乙은 甲으로부터 위 화재에 대한 손해사정 권한을 위임받은 손해사정인 A에게 위 화재로 인한 손해액을 3억 6천 8백만 원이라고 주장하면서 그 근거로 금액을 과대 기재하는 등 허위 내용이 담긴 거래내역서 등을 첨부하여 제출하였다. 그러나 손해사정회사의 조사에 의하면, 위 화재로 인한 乙의 피해액은 161,818,159원인데, 乙이 청구한 보험금은 이 금액보다 두 배

이상이나 더 많았다. 乙은 甲에게 이 사건 화재로 인한 보험금을 허위로 과다 청구한 사실로 인하여 사기미수죄로 징역 1년, 집행유예 2년을 선고받아 그 판결이 확정되었다. 그런데 乙이 이 보험사기미수죄로 수사기관에 구속될 무렵 형사변호인으로 이 사건의 제1심 甲 소송대리인과 같은 B 법무법인(업무담당변호사 C, D)을 선임한 바 있었고 그 이후 같은 죄명으로 기소되어 진행된 제1심 형사사건의 공판과정에서 업무담당변호사 D로 하여금 그 제1심판결이 선고될 때인 2000. 11. 29.까지 위 乙을 위한 변론을 하는 등 직무를 수행하도록 하였다. 甲은 乙이 관련 증빙을 조작하여 과다한 보험금을 청구하려고 한 행위는 관련 보험약관 제30조 소정의 면책사유에 해당된다고 주장하면서, 甲은 2001. 9. 14. 이 사건 채무부존재확인의 소를 제기하였다. 甲은 그 소송대리인으로 B 법무법인을 선임하여 업무담당변호사 C로 하여금 소송행위를 대리하게 하였으며, 위 법무법인이 해산된 이후에는 위 업무담당변호사 C 개인을 소송대리인으로 선임하여 위 변호사로 하여금 甲을 위한 소송행위를 하게 하였다.

판결이유

1. 상고이유 제1점에 관한 판단

원심판결 이유에 의하면, 원심은 …… 위 인정 사실과 이 사건 보험계약의 체결 및 보험금청구 경위, 허위로 기재한 금액이 총 청구금액에서 차지하고 있는 비율 등 이 사건에 나타난 모든 사정을 종합하면, 피고 1(을)의 위와 같은 일련의 행위는 위 보험금청구권 상실조항에서 규정하고 있는 경우에 해당하여 피고 1(을)은 이 사건 화재로 인한 보험금청구권을 상실하였다는 이유로 원고(갑)의 면책 주장 인용하였다.

원심판결을 기록에 비추어 살펴보면, 원심의 위와 같은 사실인정과 판단은 수긍이 가고, 거기에 주장과 같은 채증법칙 위배로 인한 사실오인의 위법이 없다.
……

3. 상고이유 제3점에 관한 판단

<형사사건에서 피고인의 변호인으로 선임된 법무법인의 업무담당변호사가 그 법무법인이 해산된 이후 변호사 개인의 지위에서 위 형사사건의 피해자에 해당하는 상대방 당사자를 위하여 실질적으로 동일한 쟁점을 포함하고 있는 민사사건의 소송대리를 하는 것이 변호사법 제31조 제1호의 수임제한 사유에 해당하는지 여부(적극) (변호사법 제31조 제1호, 제57조)> 변호사법 제31조 제1호에서는 변호사는 당사자 일방으로부터 상의를 받아 그 수임을 승낙한 사건의 상대방이 위임하는 사건에 관하여는 그 직무를 행할 수 없다고 규정하고 있고, 위 규정의 입법 취지 등에 비추어 볼 때 동일한 변호사가 형사사건에서 피고인을 위한 변호인으로 선임되어 변호활동을 하는 등 직무를 수행하였다가 나중에 실질적으로 동일한 쟁점을 포함하고 있는 민사사건에서 위 형사사건의 피해자에 해당하는 상대방 당사자를 위한 소송

대리인으로서 소송행위를 하는 등 직무를 수행하는 것 역시 마찬가지로 금지되는 것으로 볼 것이며(대법원 1962. 12. 27. 자 62두12 결정, 1968. 8. 1. 자 68두8 결정 등 참조), 이러한 규정은 같은 법 제57조의 규정에 의하여 법무법인에 관하여도 준용된다고 할 것이므로, 법무법인의 구성원 변호사가 형사사건의 변호인으로 선임된 그 법무법인의 업무담당변호사로 지정되어 그 직무를 수행한 바 있었음에도, 그 이후 제기된 같은 쟁점의 민사사건에서 이번에는 위 형사사건의 피해자측에 해당하는 상대방 당사자를 위한 소송대리인으로서 직무를 수행하는 것도 금지되는 것임은 물론이고, 위 법무법인이 해산된 이후라도 변호사 개인의 지위에서 그와 같은 민사사건을 수임하는 것 역시 마찬가지로 금지되는 것이라고 풀이할 것이며, 비록 민사사건에서 직접적으로 업무를 담당한 변호사가 먼저 진행된 형사사건에서 피고인을 위한 직접적인 변론에 관여를 한 바 없었다고 하더라도 달리 볼 것은 아니라고 할 것이니, 이러한 행위들은 모두 변호사법 제31조 제1호의 수임제한규정을 위반한 것이라고 할 것이다.

그리고 <*변호사법 제31조 제1호의 수임제한에 위반한 변호사의 소송행위의 효력과 이를 다툴 수 있는 시적 제한* (민법 제124조; 민사소송법 제151조; 변호사법 제31조 제1호)> 이 규정에 위반한 변호사의 소송행위에 대하여는 상대방 당사자가 법원에 대하여 이의를 제기하는 경우 그 소송행위는 무효이고, 그러한 이의를 받은 법원으로서는 그러한 변호사의 소송관여를 더 이상 허용하여서는 아니 될 것이지만, 다만 상대방 당사자가 그와 같은 사실을 알았거나 알 수 있었음에도 불구하고 사실심 변론종결시까지 아무런 이의를 제기하지 아니하였다면 그 소송행위는 소송법상 완전한 효력이 생긴다고 보아야 할 것이다(대법원 1964. 4. 28. 선고 63다635 판결; 1969. 12. 30. 선고 69다1899 판결; 1973. 10. 23. 선고 73다437 판결; 1975. 5. 13. 선고 72다1183 전원합의체 판결; 1990. 11. 23. 선고 90다4037, 4044 판결; 1995. 7. 28. 선고 94다44903 판결; 2000. 12. 22. 선고 2000재다490 판결 등 참조).

3. 대리권의 남용

§ 7-7 대리권남용

❶ 대법원 1987. 7. 7. 선고 86다카1004 판결 【정기예금】
(대법원 2001. 1. 19. 선고 2000다20694 판결)

사실관계

乙 은행의 혜화동지점 당좌예금 담당대리인 A는 B회사의 대표이사 K의 부탁을 받고, L, P등 사채중개인과 공모하여 전주(錢主)들에게 은행이자와 사채이자의 차액을 사례금조로 지급해주는

조건으로 예금주들을 모집하여 이들이 예금 형식으로 맡긴 돈을 예금주들 몰래 인출하여 K에게 제공하여 그의 사업에 필요한 자금을 조달해 왔다. 그리고 많은 예금주들이 위 사채중개인들로부터 乙 은행 혜화동지점에 정기예금을 하면 은행의 정기예금이자 외에 은행이자와 사채이자의 차액을 별도로 지급받을 수 있다는 말을 듣고 A에게 위와 같은 방식으로 예금을 하였다. 그런데 이들은 모두 예금을 함에 있어서, L, P 등의 지시에 따라 위 은행 혜화동지점 창구직원에게 "3개월 만기의 통장식 정기예금을 하러 왔다"고 말하고, 예금거래신청서에 주소·성명만을 기재하고 예금액 란은 공란으로 하여 도장과 함께 교부하였으며, 예금액은 보통 5천만 원 또는 1억 단위로 하였기 때문에, A와 위 은행창구 여직원들(A로부터 평소 지시를 받아 이러한 예금주들의 예금을 특별히 취급할 줄 알고 있는 직원들)은 창구에 제공되는 돈의 규모와 예금의사 표현방법에 비추어 예금주들이 사채중개인들의 권유를 받은 예금주들임을 알아차릴 수 있다. A는 이렇게 창구에 제공되는 돈을 확인하여 이를 수납한 후 그 예금을 쉽게 부정인출하기 위하여 예금상황을 컴퓨터에 입력시키지 않고 볼펜을 사용하여 손으로 예금액을 기입한 이른바 수기식통장을 작성하여 이를 예금주들에게 교부하였다. 그리고 예금주들은 이와 같이 교부받은 수기식통장을 사채중개인에게 제시하고 그로부터 이미 약속된 사례금을 지급받았다. 甲 등(예금주들) 역시 위와 같은 방법으로 乙은행에 수기식통장을 통하여 예금을 하였으며, 수차례에 걸쳐 이를 연장하여 왔다. 그런데 K가 사업에 실패하여 A는 甲 등에게 이자뿐만 아니라 원금도 반환하지 못하게 되자, 甲 등은 乙에 대하여 예금계약이 성립되었음을 전제로 만기 예금액 및 약정이자의 반환을 구하는 소를 제기하였다.

판결이유

<u>원심판결은</u> 그 이유에서 원고(갑)가 그 대리인을 통하여 예금의 의사를 표시하면서 피고은행(을) 혜화동지점 창구에 판시금전을 제공하고 위 지점이 그 의사에 따라 그 금전을 수령하여 확인함으로써 원고(갑)와 피고은행(을) 사이에 이 사건 예금계약이 적법하게 성립되었다고 판단하고 나서, 원고(갑)와 위 지점사이에 금전을 주고받은 것이 외형상으로는 예금계약의 형식을 띤 것이지만 그것은 위 지점의 지점장대리인 소외 김O겸(A)이 OO그룹 회장인 소외 김O호(K)의 사업자금을 마련하기 위하여 사채자금을 끌어 모아 횡령함에 있어서 원고(갑)와 통정한 것이 아니면 적어도 원고(갑)가 위 김O겸(A)의 예금계약의사표시를 진의가 아닌 것으로 알거나 알 수 있었으므로, <u>위 예금계약은 아무런 효력이 없는 것이라는 피고은행(을)의 주장을 다음과 같은 이유로 배척하고 있다.</u>

즉 이 사건 예금계약은 통상의 그것과는 달리 은행의 정규예금금리의 약3배에 달하는 사채이율에 따른 이자가 지급되고, 그 가운데 사채이자와 은행의 정규예금이자와의 차액이 사채중개인을 통하여 정기적으로 지급될 뿐만 아니라, 피고은행(을)의 여러지점 중에서도 오로지 혜화동지점에서만 이러한 예금이 가능하고 예금을

할 때도 반드시 사채중개인 등이 알려준 암호대로 위 지점창구 직원에게 "3개월만 기의 통장식정기예금을 하러왔다"고 말하여야 하며 예금거래신청서의 금액란도 빈칸으로 하여 제출하여야 하는 한편 예금통장도 통상적인 방법인 컴퓨터에 의한 기계식통장으로 하지 아니하고 수기식통장으로 만들어 교부되는 등 비정상적인 방법으로 이루어진 것은 사실이지만, 다른 한편으로는 이 사건 예금이 위 지점의 정상적인 거래시간과 장소에서 이루어지고 교부된 통장이 피고은행(을)의 정규양식에 따른 것이며, 각 그 만기때마다 정규예금 이자에서 세금을 공제한 금액이 그 지점창구에서 지급될 뿐만 아니라 은행이 예금유치를 위하여 예금주에게 사례비를 지급하거나 대출수요자의 부담으로 사채금리와 은행금리와의 차액을 지급하면서 예금을 조성하는 실례가 없지 아니하였던 사실들이 인정되므로, 이와 같은 사정에 비추어 이 사건 예금거래에 있어서 앞에 든 비정상적인 방법이 쓰여졌다 하여 이를 가지고 이 사건 예금계약이 그 주장과 같이 통정에 의한 의사표시라거나 원고(갑)가 위 김O겸(A)의 의사가 진의가 아님을 알거나 알 수 있었다고 할 수는 없다는 것이다.

위와 같은 사실들을 바탕으로 기록을 살펴보아도 이 사건 예금계약이 원고(갑)와 위 김O겸(A)이 통정하여 허위로 맺어진 것이라고 볼 수 없어 같은 취지에서 피고은행(을)의 이에 관한 주장을 배척한 원심의 조치는 옳게 수긍이 가므로 나아가 피고은행(을)이 진의 아닌 의사표시라고 내세우는 주장을 중심으로 이 사건 예금계약이 유효하게 성립되었는지의 여부를 보기로 한다.

생각건대, **<민법 제107조 제1항의 취지>** 민법 제107조 제1항은 진의 아닌 의사표시에 관하여 "의사표시는 표의자가 진의아님을 알고한 것이라도 효력이 있다. 그러나 상대방이 표의자의 진의아님을 알거나 이를 알 수 있었을 경우에는 무효로 한다"고 규정하고 있는데, 이 규정의 뜻은 표의자의 내심의 의사와 표시된 의사가 일치하지 아니한 경우에는 표의자의 진의가 어떠한 것이든 표시된 대로의 효력을 생기게 하여 거짓의 표의자를 보호하지 아니하는 반면에, 만약 그 표의자의 상대방의 표의자의 진의아님에 대하여 악의 또는 과실이 있는 경우라면, 이때에는 그 상대방을 보호할 필요가 없이 표의자의 진의를 존중하여 그 진의 아닌 의사표시를 무효로 돌려버리려는데 있는 것이고, **<대리인이 본인의 의사나 이익에 반하여 자가 또는 제3자의 이익을 위하여 비진의 의사표시를 한 경우의 효과 및 상대방의 악의, 과실여부의 판단기준** (민법 제107조 제1항, 제116조)**>** 나아가 진의 아닌 의사표시가 대리인에 의하여 이루어지고, 그 대리인의 진의가 본인의 이익이나 의사에 반하여 자기 또는 제3자의 이익을 위한 배임적인 것임을 그 상대방이 알거나 알 수 있었을 경우에는, 위 법 제107조 제1항단서의 유추해석상 그 대리인의 행위는 본인의 대리행위로 성립할 수 없다 하겠으므로, 본인은 대리인의 행위에 대하여 아무런 책임이 없다 할 것이며, 이때 그 상대방이 대리인의 표시의사가 진의 아님을 알거나 알 수 있었는가의 여부는 표의자인 대리인과 상대방사이에 있었던 의사표시의 형성과정과 그 내용 및 그로 인하여 나타나는 효과 등을 객관적인 사정에 따라 합리적으로 판단하여야 할 것이다.

그러므로 우선 <**표현대리가 성립할 경우에도 대리권남용이 문제될 수 있는지(적극)**> 이 사건 예금계약이 위 지점장 대리인 위 김O겸(B)과 원고(갑) 사이에 이루어졌고, 또 위 김O겸(B)이 당좌담당대리여서 예금업무에 관하여는 피고(을) 은행을 대리할 권한이 없다고 하더라도, 상대방인 원고(갑)로서는 위 김O겸(B)에게 그와 같은 권한이 있는 것으로 믿는데에 정당한 이유가 있다고 보여지므로, 위 예금계약은 일응 피고(을) 은행에게 그 효력이 있는 것으로 보여지겠지만, 위 김O겸(B)이가 한 대리행위가 본인인 피고(을) 은행의 의사나 이익에 반하여 예금의 형식을 빌어 사채를 끌어 모아 위 김O호(K)의 사업자금을 마련함으로써 자기와 위 김O호(K)의 이익을 도모하려한 것이고, 원고(갑)가 위 김O겸(B)의 예금계약의사가 진의 아님을 알았거나 이를 알 수 있었다면 위 김O겸(B)이 가 한 이 사건 예금계약은 피고(을) 은행의 대리행위로 성립할 수 없으므로, 피고(을) 은행은 이에 대하여 아무런 책임이 없게 된다 할 것이다.

그런데 원심이 피고(을) 은행의 진의 아닌 의사표시에 관한 주장을 배척하기 위하여 인정한 사실 가운데 이 사건 예금계약이 위 지점의 정상적인 거래시간과 장소에서 이루어졌다거나, 은행의 정규예금금리에 따른 이자가 위 지점창구에서 지급되었다거나, 비록 그 통장이 수기식이기는 하지만 피고(을) 은행의 정규양식에 따른 것이라는 사실들은 이 사건 예금계약이 이루어지게 된 사연이 원심이 지적한 대로 비정상적인 바에 야 그것만을 들어 피고의 위 주장을 배척하기 위한 근거로 삼기 어렵고, 더구나 은행이 예금유치를 위하여 예금주에게 사례비를 지급하거나 대출수요자의 부담으로 사채이자와 은행이자와의 차액을 지급하고 예금을 조성하는 실례가 없지 않았다는 사실은 기록에 의하여도 그와 같은 변칙적인 사례가 있었다고 인정할 만한 자료가 없는 터에 저축증대와 근로자재산형성지원에 관한 법률 제38조, 제39조, 제46조에 의하면 저축을 하는 자, 중개하는 자, 저축기관의 임직원은 저축에 관련하여 은행의 정규금리 등 이외에는 어떠한 명목으로라도 부당한 이익의 요구, 약속, 수수 등을 할 수 없고 이를 위반한 때에는 처벌하도록 규정하고 있으므로, 이 사건에 있어서와 같은 은행의 정규예금이자와 사채이자의 차액을 지급함을 내용으로 하는 계약은 적어도 그 차액에 관한 한 강행법규에 위반되어 무효라고 하지 않을 수 없는데도 법원이 막연하게 이와 같은 강행법규에 위반되는 사례가 있는 것으로 보고 이를 피고(을) 은행의 주장을 배척하기 위한 근거로 삼는다는 것은 위법한 방법으로 금융질서를 어지럽히는 일을 묵인하는 결과가 되어 결코 바람직스럽지 못하다고 하지 않으면 안된다.

피고(을) 은행의 주장을 배척하기 위한 근거가 위와 같다면 <**이른바 '김O겸(B)' 사**

건에서 예금자가 동인을 통하여 체결한 예금계약을 비진의 의사표시에 관한 민법 제107조 제1항 단서에 해당한다고 하여 예금계약의 성립을 부정한 사례> 이 사건 예금계약의 비정상적인 방법이라고 원심이 인정한 사실, 즉 이 사건 예금계약이 은행의 정규예금금리보다 훨씬 높은 이자가 정기적으로 지급되고, 피고(을) 은행의 많은 지점 가운데서도 오로지 피고(을) 은행의 혜화동지점에서만 이러한 예금이 가능할 뿐더러 예금을 할 때 암호가 사용되어야 하며, 예금거래신청서의 금액란도 빈 칸으로 한 채 통상의 방법이 아닌 수기식통장이 교부되는 사정이라면, 적어도 예금자인 원고*(갑)*로서는 위 김O겸*(B)*의 표시의사가 진의가 아닌 것을 알았거나 중대한 과실로 이를 알 수 없었다고는 할 수 없을지라도, 적어도 통상의 주의만 기울였던들 이를 알 수 있었을 것이라고 인정하기에 어렵지 않다고 보는 것이 이사건 예금계약의 형성과정과 내용 및 그로 인하여 나타나는 효과 등에 비추어 합리적이라고 보아야 할 것이다.

이렇게 볼 때 이 사건 예금계약에 관한 위 김O겸*(B)*의 의사는 피고(을) 은행의 의사나 이익에 반하여 자기 또는 위 김O호*(K)*의 이익을 위하여 배임적인 의도로 한 것이고, 원고*(갑)*가 위 김O겸*(B)*의 예금계약의사가 진의가 아님을 통상의 과실로 알지 못한 채 이 사건 예금계약을 체결한 것이므로 어차피 원고*(갑)*와 피고(을) 은행과의 관계에 있어서는 이 사건 예금계약자체가 성립되지 아니하였다 하겠고, 따라서 원고*(갑)*로서는 피고(을) 은행에 대하여 위 김O겸*(B)*의 사용자임을 이유로 그의 불법행위를 원인으로 한 책임을 묻는 것은 별문제로 하고 정당한 예금계약이 성립되었음을 전제로 하는 예금반환청구는 할 수 없는 것이라 하겠다.

그리고 이와 같은 결론에 이르게 된 것은 원고*(갑)*가 통상의 주의를 기울였던들 위 김O겸*(B)*의 예금계약의사가 진의가 아님을 알수 있었는데도 위 김O겸*(B)*이 피고(을) 은행의 피용자라는 사실만으로 그로 인한 책임을 전적으로 피고(을) 은행에게 지운다거나, 그렇게 알 수 있었던 원고*(갑)*가 금융기관을 통한 금융질서를 어지럽히면서까지 높은 금리만을 탐내어 비정상적이고도 위법한 방법으로 금융기관의 잘못을 이용하려 했는데도 그에게 아무런 책임이 없다고 보아 그 이익을 원고*(갑)*에게 전적으로 누리게 하는 것이 이 사건 예금계약으로 인한 손해의 공평한 분담이라는 측면에서도 합당하지 않다고 하는데 있음을 덧붙여 두고자 한다.

그런데도 원심이 원고*(갑)*와 피고(을) 은행 사이에 이 사건 예금계약이 유효하게 성립되었음을 전제로 피고(을) 은행에게 이 사건 예금의 지급을 명한 것은 마침내 예금계약의 성립에 따른 진의아닌 의사표시의 해석과 대리행위의 효력에 관한 법리를 오해하여 한 것이 아니면 이유불비의 위법이 있어 판결결과에 영향을 미쳤다 하겠고, 원심의 위와 같은 위법은 원심판결을 파기하지 아니하면 현저히 정의나 형평에 반한다고 인정된다.

II. 대리행위

1. 현명주의
§ 7-8 현명의 방식: 원칙
❶ 대법원 1984. 4. 10. 선고 83다카316 판결 【약속어음금】

> 사실관계

丙은 A에게 이 사건 약속어음 2매를 발행하여 수취인란에 단지 A라고 기재하여 교부하였다. A는 위 어음을 B에게 배서 교부함에 있어서 배서인의 주소, 성명란에 "乙(OO화재해상보험주식회사)의 대구영업소장 A"라고 기재하였다. B는 이를 甲에게 배서 교부하였으며, 甲이 위 어음의 지급기일에 乙에게 지급제시하였으나 지급거절되었다. 이에 甲은 乙에 대하여 A가 위 어음에 乙을 대리하여 배서하였으며, A가 乙을 대리하여 배서할 권한이 없다고 하더라도 A의 위 배서행위는 표현대리행위에 해당하여 乙은 위 어음금의 상환의무를 부담할 의무가 있다고 주장하면서 위 어음금의 상환을 구하는 소를 제기하였다.

> 판결이유

원심판결의 이유에 의하면, 제1심 공동피고 백O출(丙)이 1980. 10. 27 및 1981. 1. 29 소외 박O자(A)에게 액면 각 금 1,500,000원, 지급기일 각 1981. 3. 25. 지급장소 각 대구은행서 지점으로 기재한 약속어음 2매를 발행하였는데 위 박O자(A)는 1981. 1. 30. 위 각 어음을 소외 고O자(B)에게 배서하면서 배서인의 주소, 성명란에 "OO화재해상보험주식회사 대구영업소장 박O자(A)"라고 기재하고 위 고O자(B)는 이를 원고에게 배서하여 원고가 위 지급기일에 각 지급제시하였으나 지급거절된 사실을 인정한 후 위 각 어음의 수취인은 위 박O자(A) 개인이고, 제1배서인 주소, 성명란에 "OO화재해상보험주식회사 대구영업소장 박O자(A)"라고 기재한 것은 위 박O자(A) 개인자격으로 배서함에 있어서 그 이름위에 단순히 "OO화재해상보험주식회사 대구영업소장"이라는 문귀를 부기한 것에 불과하고, 피고(을) 회사를 대리하여 배서한 것으로 볼 수 없다고 하여 위 박O자(A)가 위 각 어음에 피고(을) 회사를 대리하여 배서하였으며, 위 박O자(A)가 피고(을) 회사를 대리하여 배서할 권한이 없다고 하더라도, 위 박O자(A)의 위 배서행위는 표현대리행위에 해당하여 피고(을)는 위 어음금의 상환의무를 부담한다는 원고(갑)의 주장을 이유없다고 하여 배척하고 있다.

그러나 이 사건 기록을 정사하여 보면, <"OO화재해상보험주식회사 대구영업소장 박O자"란 기재가 회사를 대리한 배서로서 유효한지 여부 (어음법 제12조, 제75조; 민

법 제115조, 제126조)> 위 어음은 그 수취인란에 "박O자"라고만 기재되어 있으나 위 박O자(A)는 위 어음을 교부받고 배서할 당시에 피고(을)회사 대구영업소장이었으며, 위 어음의 발행인인 위 백O출(병)과 원고(갑)에게 위 어음을 배서한 고O자(B)의 각 증언에 의하면, 본건 어음은 위 백O출(병)이 피고(을) 회사에 납입할 보험료조로 피고(을)회사 대구영업소장인 위 박O자(A)에게 발행하고, 위 고O자(B)가 원고(갑)를 찾아와서 위 박O자(A)가 위 어음을 현금으로 바꾸어 오라고 한다고 하면서 피고(을)회사 대구영업소장 박O자(A)라고 기재된 위 어음의 할인을 요청하자 원고(갑)는 위 어음을 현금으로 할인하여 주고 그로부터 배서양도 받았다는 것이고, 또 위 박O자(A)가 위 어음을 위 고O자(B)에게 배서할 때 위 박O자(A) 개인의 이름으로 배서한 것이 아니라, 피고(을)회사 대구영업소장 박O자(A)라고 기재하여 배서한 이상, 위 박O자(A)의 내심의 의사야 여하튼 원고(갑)에 대한 관계에서는 피고(을)회사 대구영업소장의 자격으로 배서한 것으로 봄이 약속어음의 문언증권으로서의 성질에 비추어 타당하다고 할 것이고, 어음행위의 대리에 있어서는 그 어음상으로 보아 대리인 자신을 위한 어음행위가 아니고 본인을 위하여 어음행위를 한다는 취지를 인식할 수 있을 정도의 표시가 있으면 대리관계의 표시로 보아야 할 것인바(당원 1973. 12. 26. 선고 73다 1436 판결 참조) 본건에 있어서 "OO화재해상보험주식회사 대구영업소장 박O자(A)"이라는 표시는 동 회사의 대리관계의 표시로써 적법한 표시로 인정하여야 할 것이므로, 원심은 마땅히 위 박O자(A)에게 피고(을) 회사를 대리하여 위 어음에 배서할 권한이 있는지의 여부를 밝히어 그와 같은 권한이 없을 때에는 위 박O자(A)의 위 배서행위가 표현대리에 해당되는 여부를 심리판단하였어야 함에도 불구하고, 이와 반대의 견해에서 위와 같이 위 박O자(A)가 피고(을) 회사를 대리하여 위 어음에 배서한 것으로 볼 수 없다고 하여 원고(갑)의 위 주장을 배척하였음은, 필경 어음행위의 대리의 방식과 표현대리에 관한 법리를 오해하고 심리미진, 채증법칙위배의 위법을 저질러서 판결의 결과에 영향을 미쳤다고 할 것이므로 이러한 취지를 포함하는 상고논지는 이유있다.

❷ 대법원 2006. 12. 21. 선고 2006다69141 판결 [보험금]

사실관계

보험계약자인 甲(B의 며느리)과 정보통신부 인천 OO우체국의 보험모집원인 A(소외 1)는 2002. 10. 24. 피보험자인 B(소외 2)가 참석한 자리에서 B의 사망시 보험수익자는 甲, 보험기간은 2022. 10. 24.까지, 보험금은 휴일(토요일 또는 관공서의 공휴일에 관한 규정에 정한 공휴일) 발생한 재해로 사망시에 5천만 원 그리고 평일 발생한 재해로 사망시에 3천만 원의 지급을 내용으로 하는 재해안심보험계약을 체결하였다. 그 당시 B가 A로부터 위 보험계약의 내용에 대해 설명을 듣고 이에 명시적으로 동의한 이후 자신은 글을 잘 모른다고 하면서 甲에게 보험청약서의 피보험자 자필서명란에 자신을 대행하여 서명하도록 요청하였고, 이에 따라 甲이 그 자리에서 B를 대행하여 보험청약서의 피보험자 자필서명란에 B의 이름을 기재하였다. 한편 B는 2004. 9. 4.(토) 오전경 주거지인 인천 계양구 OO아파트 인근에서 운동 겸 산책을 하던 중 넘어져 다치는 사고를 당하였다. B는 같은 날 10:27경 연세 OO정형외과로 후송되어 우측 상완골 골절 등으로 입원 치료를 받았으나 2004. 9. 6. 08:00경 어지럼증을 호소하고, 혈압이 낮아짐에 따라 같은 날 한림병원으로 전원되어 입원 치료 중 2004. 9. 21. 07:47경 사망하였다. 이에 甲은 乙(국가)을 상대로 휴일 재해사망보험금 5천만 원의 지급을 구하는 소를 제기하였다.

> **판결이유**

1. 상고이유 제1점에 관하여

<타인의 사망을 보험사고로 하는 생명보험계약의 효력요건인 타인의 서면동의의 방식 및 타인으로부터 특정한 보험계약에 관하여 서면동의를 할 권한을 구체적·개별적으로 수여받은 사람이 타인을 대리 또는 대행하여 서면동의를 한 경우, 그 서면동의의 효력(유효)> 타인의 사망을 보험사고로 하는 보험계약에 있어서, 피보험자인 타인의 동의는 각 보험계약에 대하여 개별적으로 서면에 의하여 이루어져야 하고 포괄적인 동의 또는 묵시적이거나 추정적 동의만으로는 부족하나(대법원 2006. 9. 22. 선고 2004다56677 판결 참조), 여기서 말하는 피보험자인 타인의 서면동의가 그 타인이 보험청약서에 자필 서명하는 것만을 의미하는 것은 아니므로, 피보험자인 타인이 참석한 자리에서 보험계약을 체결하면서 보험계약자나 보험모집인이 그 타인에게 보험계약의 내용을 설명한 후 그 타인으로부터 명시적으로 권한을 수여받아 보험청약서에 그 타인의 서명을 대행하는 경우와 같이, 그 타인으로부터 특정한 보험계약에 대하여 서면동의를 할 권한을 구체적·개별적으로 수여받았음이 분명한 자가 그 권한 범위 내에서 그 타인을 대리 또는 대행하여 서면동의를 한 경우에도, 그 타인의 서면동의는 적법한 대리인에 의하여 유효하게 이루어진 것으로 보아야 할 것이다.

원심이 확정한 사실관계와 기록에 의하면, 보험계약자인 원고(갑)와 보험모집원인 소외 1(A)이 피보험자인 소외 2(B)가 참석한 자리에서 이 사건 보험계약을 체결한 사실, 그 당시 소외 2(B)가 소외 1(A)로부터 이 사건 보험계약의 내용을 설명받고 이에 명시적으로 동의한 이후 자신은 글을 잘 모른다고 하면서 보험계약자인 원고(갑)에게 보험청약서의 피보험자 자필서명란에 자신을 대행하여 서명하도록 요청한 사실, 이에 따라 원고(갑)가 그 자리에서 소외 2(B)를 대행하여 보험청약서의 피보험자 자필서명란에 소외 2(B)의 이름을 기재해 넣은 사실을 알 수 있는바, 사정이 이와 같다면 위 법리에 비추어 볼 때, 피보험자인 소외 2(B)의 서면동의는 소외

2(B)로부터 서면동의를 대행할 권한을 구체적・개별적으로 수여받은 원고(갑)에 의하여 유효하게 이루어졌다고 할 것이므로, 같은 취지에서 이 사건 보험계약이 소외 2(B)의 적법한 서면동의를 받아서 유효하게 체결되었다고 인정한 원심의 판단은 정당하고, 거기에 상고이유의 주장과 같은 채증법칙 위배로 인한 사실오인, 심리미진, 상법 제731조의 서면동의에 관한 법리오해 등의 위법이 없다.

2. 상고이유 제2점에 관하여

원심판결 이유를 기록에 비추어 살펴보면, 원심이 그 채용 증거들을 종합하여 그 판시와 같은 사실을 인정한 다음, 소외 2(B)는 이 사건 사고 당시에 발생한 안면부 심부열상으로 인하여 패혈증의 원인균에 감염되어 그 패혈증이 직접적 원인이 되어 사망하게 된 것이므로, 이는 이 사건 보험계약에서 정한 보험사고인 "재해로 인한 사망"에 해당한다고 판단한 것은 정당하고, 거기에 상고이유의 주장과 같은 채증법칙 위배로 인한 사실오인, 심리미진, 보험사고인 재해에 관한 법리오해 등의 위법이 없다.

§ 7-9 문제가 되는 경우
§ 7-9-1 본인의 이름을 유보한 경우

❶ **대법원 1982. 5. 25. 선고 81다1349,81다카1209 판결 [소유권이전등기]**

……

2.

(1) 원심판결 이유에 의하면 원심은 원고가 피고대리인의 소외 1, 소외 2로부터 이 사건 부동산의 피고 지분을 매수하였다는 원고 주장을 증거없다 하여 배척하고, 오히려 그 채용증거에 의하여 위 소외인들은 피고의 대리인으로서가 아니라 자신들이 매도인으로서 타인물인 피고 소유의 이 사건 지분을 원고에게 매도한 것이라고 인정하여 원고의 피고에 대한 이 사건 청구를 기각하였다.

(2) 그러나 기록에 의하면 원고는 위 소외인들이 피고의 대리인으로 매매행위를 하였다는 주장에 대한 증거로서 갑 제 7 호증을 제출하고 있는바, 갑 제7 호증은 피고가 위 소외인들에게 이 사건 부동산의 매매에 관한 일체의 행위를 위임한다는 내용의 위임장임이 명백하다(기록 364, 495정에 보면 위 위임장 원본은 피고 수중에 있음이 분명하므로 원고가 제출한 위 갑 제 7 호증은 원본이 아닌 사본임이 틀림없으나 피고도 그 원본의 존재는 인정하고 있다).

<위임장을 제시하였으나 대리관계의 표시없이 매매계약을 체결한 경우에 타인물의 매매로 되는지 여부(소극) (민법 제130조, 제569조, 민사소송법 제328조)> 그런데 일반적으로 매매계약에서 매도인으로 나온 사람이 위와 같은 소유권자로부터 매매에 관한 권한을 위임받은 내용의 위임장을 제시하고 매매계약을 체결하였다면 특단의 사정이 없는 한 그는 소유권자를 대리하여 매매행위를 한 것으로 보아야 할 것이

고, 매매계약서의 매도인란에 대리관계의 표시가 없이 그 자신의 이름을 기재하였다고 하여도 이것만으로 그 자신이 매도인으로서 타인물의 매매를 한 것이라고 볼 수는 없는 것이다.

그러므로 위 갑 제 7 호증의 원본이 원고와 위 소외인들 사이의 매매계약 체결시에 원고 주장과 같이 제시된 일이 있었는지의 여부는 위 소외인들이 피고의 대리인으로서 위 매매계약을 체결한 것인지 아닌 지를 판가름 하는 주요한 자료가 되는 것이며, 만일 위 위임장의 진정성립까지 인정된다면 이는 매매의 효력에 관한 처분문서로서 납득할 만한 이유설명이 없이는 그 증명력을 부인할 수 없을 것이고, 이와 반대로 위임장의 진정성립이 인정되지 않을 경우에도 최소한 위 매매계약은 위 소외인들의 무권대리에 의한 매매계약임에도 틀림없으니 원심으로서는 나아가 원고 주장과 같이 위 매매후 피고가 이를 추인한 사실이 있는지의 여부를 판단하여야 할 것이다.

(3) 그럼에도 불구하고 원심은 위 갑 제 7 호증의 원본이 위 매매계약 체결시에 위 소외인들에 의하여 제시된 일이 있는지 또 그것이 진정하게 성립된 문서인지의 여부에 관하여 심리판단하지 아니하고, 위 갑 제 7 호증에 관하여 전혀 언급조차 함이없이 위와 같이 판단하고 있으니, 이는 판결결과에 영향이 있는 주요한 증거에 관한 심리미진과 판단유탈의 위법을 저질은 것이라고 하겠다.

§ 7-9-2 서명대리
❶ 대법원 1987. 6. 23. 선고 86다카1411 판결【근저당권설정등기말소】

원심판결 이유에 의하면, 원심은 그 증거에 의하여 원고는 소외 최O준, 조O현과 함께 소외 부영철강주식회사에 식품류의 납품을 동업하기로 하면서 위 조O현이 위와 같이 식품류의 납품을 하기위해서는 식품을 주로 구입할 피고에게 담보를 제공하고 그 서류를 미리 위 회사에 제출해야 한다고 하자 이에 응하여 그에 관한 담보로 이 사건 부동산을 제공하기로 하였고, 그때 이 사건 부동산을 피고에게 담보로 제공하기 위하여는 부득이 피고와 거래관계가 있고 사업자등록도 되어있는 위 조O현을 채무자로 할 수 밖에 없어서 원고가 위 최O준에게 채무자를 위 조O현으로 하는 근저당권설정계약을 체결하도록 그에 필요한 등기부등본과 인감증명서등 모든 서류와 원고의 처를 통하여 도장까지 교부한 사실을 확정하고 있는 바, 기록에 비추어 원심의 사실인정은 정당하고 거기에 주장하는 바와 같은 채증법칙을 어긴 위법이 없고 원고가 위와 같이 <대리인이 본인의 이름으로 한 의사표시의 효력 (민법 제114조)> (원고 갑이) 이 사건 부동산을 피고(농업협동조합중앙회)에게 담보로 제공함에 있어서 위 최O준(을. 갑의 동업자)에게 그에 관한 대리권을 준 이상, 위 최O준(을)이 피고(농업협동조합중앙회)와의 사이에 그 부동산에 관하여 근저당권설정계약을 체결할 때 그 피담보채무를 동업관계의 채무로 특정하지 아니하고, 또 대리관계를 표시함이 없이 마치 원고(갑) 본인인 양 행세하였더라도, 위 근저당권설정계약은 대리인인 위 최O준(을)이 그의 권한범위안에서 한 것인 이상 그 효력은 본인 원고(갑)에게 미친다 할 것이므로(당원 1963. 5. 9. 선고 63다67 판결; 1968. 6. 20 선고 67다2761 판결 참조) 원심이 같은 취지에서 위 최O준(을)에 의하여 한 근저당권설정계약의 효력이 원고(갑)에게 미친다고 본 조치에도 주장하는 바와 같은 대리권의 범위에 관한 법리오해의 위법이 없다.

또 위 계약의 효력이 원고(갑)에게 미치는 바에야 그에 기한 등기가 주장하는 바와 같이 허위보증서에 의하여 이루어졌다 하더라도 그것은 실체관계에 부합하는 유효한 등기라 할 것이므로 이를 탓하여 등기의 효력을 부인할 수도 없다 하겠다.

§ 7-9-3 타인명의로 법률행위를 한 경우
❶ 대법원 1995. 9. 29. 선고 94다4912 판결 【부당이득금반환】
(대법원 2001. 5. 29. 선고 2000다3897판결; 대법원 2003. 12. 12. 선고 2003다44059 판결)

사실관계

자신의 명의로 사업자등록을 할 수 없는 사정이 있던 A는 평소 친분이 있던 B 모르게 그의 명의로 케논판매본부라는 상호 하에 문구류 판매업을 시작하면서, 1989. 12. 2. 乙과의 사이에 乙이 공급하는 사무기기 및 용품을 실수요자에게 판매하기로 하는 내용의 대리점계약을 체결하고, 위 대리점계약상의 영업보증금의 지급담보를 위하여 B의 승낙 없이 마치 자신이 B인 것처럼 임의로 B의 명의를 사용하여 甲과의 사이에 피보험자를 乙로 하는 보증보험계약을 체결하였다. 그 후 A가 위 영업보증금의 지급을 지체하자 乙이 위 대리점계약을 해지하고 甲에게 보험금의 지급을 청구하여, 甲이 乙에게 보험금을 지급하였다. 甲은 그 후 위와 같은 사정을 알고는 乙을 상대로, 위 보험계약은 A가 B의 명의를 모용하여 체결한 것으로서 그 법률상 효력이 없으며, 따라서 乙이 법률상 원인 없이 위 보험금을 수령함으로써 이익을 얻고 이로 인하여 자신에게 손해를 가한 것이므로, 乙은 자신에게 이를 반환할 의무가 있다고 하면서 부당이득금반환의 소를 제기하였다.

판결이유

1. 원심판결 이유에 의하면 원심은, ······ 이 사건 보험계약은 위 심O호(A)가 위 권O형(B)의 명의를 모용하여 체결한 것으로서 그 법률상 효력이 없다 할 것인데, 피고(을)가 법률상 원인 없이 위 보험금을 수령함으로써 같은 금액 상당의 이익을 얻고 이로 인하여 원고(갑)에게 같은 금액 상당의 손해를 가하였다 할 것이므로, 피고(을)는 원고(갑)에게 이를 반환할 의무가 있다는 원고(갑)의 주장에 대하여, 위에

서 인정한 바와 같이 위 심O호(A)가 위 권O형(B)의 명의를 모용하여 이 사건 보험계약을 체결한 이상 이는 위 권O형(B)에 대한 관계에 있어서는 무효라 할 것이나, 그러한 사실만으로는 나아가 위 보험계약이 위 심O호(A)에 대한 관계에 있어서도 무효라고는 할 수 없는 것이고, 오히려 위 인정사실에 비추어 볼 때 이 사건 보험계약의 당사자는 원고(갑)와 위 심O호(A)이며, 이 사건 보험계약이 담보하는 보험사고도 위 심O호(A)가 피고(을)와의 사이에 체결한 위 대리점계약상의 영업보증금의 지급불이행이라고 보아야 할 것이므로, 피고(을)는 원고(갑)와 위 심O호(A) 사이에 유효하게 체결된 보험계약에 따라 위 보험금을 지급받았다고 보아야 할 것이고, 따라서 이 사건 보험계약이 위 심O호(A)에 대한 관계에 있어서도 무효임을 전제로 하는 원고(갑)의 이 사건 청구는 이유 없다고 판단하였다.

2. 그러나 이 사건과 같이 **<계약 당사자 중 일방이 타인 명의를 도용하여 계약을 체결한 경우, 계약 당사자의 특정 방법** (민법 제108조, 제109조 제1항)> 타인의 이름을 임의로 사용하여 계약을 체결한 경우에는 누가 그 계약의 당사자인가를 먼저 확정하여야 할 것으로서, 행위자 또는 명의인 가운데 누구를 당사자로 할 것인지에 관하여 행위자와 상대방의 의사가 일치한 경우에는 그 일치하는 의사대로 행위자의 행위 또는 명의인의 행위로서 확정하여야 할 것이지만, 그러한 일치하는 의사를 확정할 수 없을 경우에는 계약의 성질, 내용, 목적, 체결경위 및 계약체결을 전후한 구체적인 제반사정을 토대로 상대방이 합리적인 인간이라면 행위자와 명의자 중 누구를 계약당사자로 이해할 것인가에 의하여 당사자를 결정하고, 이에 터잡아 계약의 성립 여부와 효력을 판단함이 상당할 것이다.

이 사건의 경우 원심의 위 판시는 요컨대 위 심O호(A)를 이 사건 보험계약의 당사자로 보아야 한다는 것이나, 원심이 확정한 사실에 의하면 이 사건에 있어서는 심O호(A)가 마치 자신이 권O형(B)인 것처럼 행세하여 원고(갑)와 계약을 체결하였다는 것이므로, 원고(갑)는 심O호(A)가 권O형(B)인줄로만 알고 이 사건 보험계약을 체결하기에 이른 것이라 할 것이어서, 원고(갑)와 심O호(A) 사이에 심O호(A)를 이 사건 보험계약의 당사자로 하기로 하는 의사의 일치가 있었다고 볼 여지는 없어 보인다.

또한 기록에 의하면 이 사건 보험계약은 보험계약자가 피고(을)에 대하여 계속적 거래관계에서 부담하게 될 물품대금 채무의 이행을 담보하기 위한 영업보증금의 지급을 보증하는 계약임을 알 수 있으므로, 이는 채무자인 보험계약자의 신용상태가 그 계약체결의 여부 및 조건을 결정하는 데에 중요한 요소로 작용하였다고 보아야 할 것인데, 위 심O호(A)는 자신의 명의로 사업자등록조차 할 수 없는 처지였음에도 불구하고 이러한 사정을 숨긴 채 보험가입에 아무런 지장이 없는 권O형(B)인 것처럼 행세하여 그의 명의로 이 사건 보험계약을 청약하였고, 이에 원고(갑)는 실제로 계약을 체결한 심O호(A)가 서류상에 보험청약자로 되어 있는 권O형(B)인줄로만 알고 그 계약이 아무런 하자 없는 당사자에 대한 것이라는 판단하에 이 사건 보험계약을 체결하였다고 여겨지므로(원심이 들고 있는 을 제3호증의 26에 의하면 원고는 이 사건 문제가 생긴 뒤에 비로소 심O호*(A)*에 대한 전산조회를 하여 보고 그가 증권교부 부적격자임을 알았다는 것이므로 이 사건 계약체결 당시 심O호*(A)*를 당사자로 생각하였더라면 원고는 계약을 체결하지 아니하였을 것으로 보인다.) 이에 비추어보면 객관적으로 볼 때 원고*(갑)*는 심O호*(A)*가 제출한 청약서상에 보험계약자로 되어 있는 권O형*(B)*을 보험계약의 상대 당사자인 주채무자로 인식하여 그와 이 사건 계약을 체결하는 것으로 알았으리라고 인정된다.

그렇다면 <*갑(A)이 계속적 거래로 인한 병(을)에 대한 채무를 담보하기 위하여 을(B)의 명의를 도용하여 보험계약을 체결한 후 그 거래대금을 체불함으로써 보험자(갑)가 병(을)에게 보험금을 지급한 경우, 그 보험계약을 무효로 보아 보험자의 부당이득 반환청구를 인용한 사례* (민법 제108조, 제109조 제1항, 제741조)> 원고*(갑)*와 이 사건 보험계약을 체결한 당사자는 위 심O호*(A)*가 아니라 위 권O형*(B)*이라고 보아야 할 것인데, 실제는 위 심O호*(A)*가 권O형*(B)*으로부터 아무런 권한도 부여받음이 없이 임의로 권O형*(B)*의 이름을 사용하여 계약을 체결한 것이므로, 이 사건 보험계약은 특별한 사정이 없는 한 그 계약 내용대로 효력을 발생할 수는 없는 것이라고 할 것이다. 따라서 위 심O호*(A)*가 대리점계약상의 채무를 이행하지 아니한 것을 이유로 피고*(을)*가 원고*(갑)*로부터 이 사건 보험금을 지급받은 것은 결국 아무런 효력이 없는 보험계약에 기한 보험금의 수령이라 할 것이므로, 더 나아가 위 심O호*(A)*의 피고*(을)*에 대한 채무불이행이 이 사건 보험계약상의 보험사고인지 여부를 따질 필요도 없이 피고*(을)*는 법률상 아무런 원인 없이 이득을 취하고 원고*(갑)*에게 같은 금액 상당의 손해를 입힌 것이라고 보아야 할 것이다.

그럼에도 불구하고 원심이 그 판시와 같은 이유만으로 위 심O호*(A)*가 이 사건 보험계약상의 당사자라고 판단하여 원고*(갑)*의 청구를 배척한 것은 법률행위의 해석에 관한 법리를 오해하여 심리를 다하지 아니하였거나 이유를 제대로 갖추지 아니한 위법을 저지른 것이므로 이 점을 지적하는 논지는 이유 있다.

§ 7-10 현명하지 않은 행위
❶ 대법원 2004. 2. 13. 선고 2003다43490 판결 【양수금】

사실관계

A(한O순)는 2000. 5. 12. 乙에게 금전을 대여하여 주었다. 甲은 2001. 8. 25. A로부터 乙에 대한 위 대여금채권을 양도받으면서 이 채권양도통지권한을 위임받았다. 이에 따라 甲은 8. 30. 乙에게 자신의 이름으로 된 채권양도통지서를 내용증명으로 보냈으며, 위 채권양도통지

서에 A와 자신 간에 체결된 채권양도계약서를 첨부하였다. 그 후 甲은 乙에 대하여 A로부터 양수받은 채권액의 지급을 구하는 소를 제기하였다. 이에 대하여 乙은 채권의 양수인이 양도인의 대리인으로서 채권양도통지를 하는 경우에는 '양도인의 대리인 양수인'과 같은 형식으로 그 대리인의 자격을 명시하여 통지해야 하는데, 甲은 그와 같은 방식을 갖추지 않고 단지 자신의 명의로 채권양도통지를 하였으므로 그 통지는 효력이 없다고 주장하였다.

판결이유

......

2. 상고이유 제1점에 대하여

<*민법 제450조에 의한 채권양도통지의 방법* (민법 제450조)> 민법 제450조에 의한 채권양도통지는 양도인이 직접하지 아니하고 사자를 통하여 하거나 대리인으로 하여금 하게 하여도 무방하고, 채권의 양수인도 양도인으로부터 채권양도통지 권한을 위임받아 대리인으로서 그 통지를 할 수 있다(대법원 1994. 12. 27. 선고 94다19242 판결; 1997. 6. 27. 선고 95다40977, 40984 판결 등 참조).

그리고 <*채권양도통지의 권한을 위임받은 양수인이 무현명으로 한 채권양도통지의 효력* (민법 제114조 제1항, 제450조)> 채권양도통지 권한을 위임받은 양수인이 양도인을 대리하여 채권양도통지를 함에 있어서는 민법 제114조 제1항의 규정에 따라 양도인 본인과 대리인을 표시하여야 하는 것이므로, 양수인이 서면으로 채권양도통지를 함에 있어 대리관계의 현명을 하지 아니한 채 양수인 명의로 된 채권양도통지서를 채무자에게 발송하여 도달되었다 하더라도 이는 효력이 없다고 할 것이다.

다만, <*무현명의 양수인에 의한 채권양도통지가 민법 제115조 단서의 규정에 의하여 유효한 통지로 될 수 있는지 여부(적극)* (민법 제114조 제1항, 제450조)> 대리에 있어 본인을 위한 것임을 표시하는 이른바 현명은 반드시 명시적으로만 할 필요는 없고, 묵시적으로도 할 수 있는 것이고, 나아가 채권양도통지를 함에 있어 현명을 하지 아니한 경우라도 채권양도통지를 둘러싼 여러 사정에 비추어, 양수인이 대리인으로서 통지한 것임을 상대방이 알았거나 알 수 있었을 때에는 민법 제115조 단서의 규정에 의하여 유효하다고 보아야 할 것이다.

기록에 의하면, 양도인 한O순(A)으로부터 채권양도통지 권한을 위임받은 양수인인 원고가 피고에게 내용증명우편으로 발송한 채권양도통지서는 양도인 한O순(A)을 위한 것임이 표시되어 있지 아니한 채 통지대리인인 원고 명의로 되어 있으며, 묵시적 현명을 인정할 만한 아무런 사정도 찾아볼 수 없으나, 채권양도통지는 원래 채권의 양도인이 하여야 하는 것이므로 채권양도통지 권한을 위임받은 양수인이 한 채권양도통지는 특별한 사정이 없는 한 양도인에게 그 효과를 귀속시키려는 대리의사가 있다고 보는 것이 상당하고, <*사안의 경우* (민법 제114조 제1항, 제450조)>

이 사건 채권양도통지서 자체에 양수받은 채권의 내용이 밝혀져 있는 외에, 한O순(양도인 A)과 원고(양수인 갑) 사이의 '채권양도양수계약서'가 위 통지서에 별도의 문서로 첨부되어 있으며, 피고(채무자 을)로서는 양도인인 한O순(양도인 A)에게 채권양도통지 권한을 원고(양수인 갑)에게 위임하였는지 여부를 비교적 용이하게 확인할 수 있는 상태였다고 보이는 점 등 그 통지와 관련된 여러 사정을 종합하면, 이 사건 채권양도통지의 상대방인 피고(채무자 을)로서는 원고(양수인 갑)가 본인인 한O순(양도인 A)을 위하여 이 사건 채권양도통지를 한 것임을 알 수 있었다고 봄이 상당하므로 민법 제115조 단서에 따라 위 채권양도통지는 유효하다고 할 것이다.

❷ **대법원 2008. 2. 14. 선고 2007다77569 판결 [공사대금등]**

<무현명의 양수인이 한 채권양도통지가 민법 제115조 단서의 규정에 의하여 유효하게 될 수 있는지 여부(적극) (민법 제115조, 제450조)> 채권의 양수인이 양도인으로부터 채권양도통지 권한을 위임받아 대리인으로서 그 통지를 함에 있어서 그 통지가 본인인 채권의 양도인을 위한 것임을 표시하지 아니한 경우라도, 채권양도통지를 둘러싼 여러 사정에 비추어 양수인이 대리인으로서 통지한 것임을 상대방이 알았거나 알 수 있었을 때에는 민법 제115조 단서의 규정에 의하여 유효하게 되나(대법원 2004. 2. 13. 선고 2003다43490 판결 참조), 이는 채권의 양수인이 양도인으로부터 채권양도통지 권한을 위임받아 그에 대한 대리권을 가지고 있음을 전제로 하는 것이다.

원심은 그 채용증거들을 종합하여 소외 1이 2003. 11. 27. 원고에 대한 하도급 공사대금의 지급을 위하여 원고에게 그의 피고에 대한 이 사건 공사대금채권 중 20,231,700원 상당을 양도하였고, 원고가 2004. 2. 3. 피고에게 내용증명우편으로 위와 같은 채권양도의 통지를 한 사실을 인정한 후, 나아가 소외 1이 원고에게 이 사건 채권양도통지 권한을 위임하였음을 인정하고 있다고 하면서, 이 사건 공사대금채권의 양수인인 원고가 양도인인 소외 1(양도인)의 대리인의 자격에서 이 사건 채권양도통지를 한 것임을 전제로 하여 앞서 본 법리에 따라 이 사건 채권양도통지는 유효하다고 판단하였다.

그러나 기록에 의하면 *<채권의 양도인이 양수인에게 채권양도통지 권한을 위임하지 않은 경우, 양수인에 의한 채권양도통지는 민법 제115조 단서에 의해 유효하게 될 수 없다고 한 사안 (민법 제115조, 제450조)>* 소외 1(양도인)은 제1심 공동피고로서 답변서 및 준비서면을 통하여 원고(양수인)에 대한 하도급 공사대금채무액에 대하여 다투면서 원고(양수인)의 요구에 의하여 이 사건 채권양도증서를 작성하여 준 사실이 있다고 주장하였을 뿐이고, 나아가 그 채권양도통지 권한을 원고(양수인)에게 위임하였다고까지 인정한 사실은 없음을 알 수 있고, 달리 원심이 채용한 증거들을 살펴보아도 그와 같은 권한의 위임 사실을 인정할 만한 내용을 전혀 찾아볼 수 없다.

그럼에도 불구하고, 원심은 구체적인 소외 1(양도인)의 진술이나 증거를 제시하지도 않은 채 막연하게 소외 1(양도인)이 채권양도통지 권한을 위임한 사실을 인정하고 있다고 하면서 이를 전제로 하여 그 판시와 같은 이유로 원고(양수인)에 대한 이 사건 채권양도가 원심 판시 전부명령이나 소외 1(양도인)의 김O원에 대한 채권양도에 우선하는 것으로 보아 원고의 이 사건 공사대금 청구를 그대로 인용하고 말았으니, 이러한 원심판결에는 심리를 다하지 아니하거나 증거에 의하지 아니한 채 사실을 명백히 잘못 인정함으로써 판결 결과에 영향을 미친 위법이 있다.

2. 대리행위의 하자

§ 7-11 대리행위의 하자

❶ 대법원 1996. 2. 13. 선고 95다41406 판결 【계약금반환등】

> **사실관계**
>
> 乙과 A, B 등 3인이 공동 명의로 1991. 3. 18. C(순천시)로부터 토지를 789,600,000원에 분양받기로 하는 매매계약을 체결하고 계약금은 같은 날 지급하고, 중도금 및 잔대금의 지급일자를 정한 후 중도금이나 잔대금의 지급을 지체하는 때에는 그 지체금액에 대하여 그 다음날부터 당시의 금융기관 일반대출 연체금리에 해당하는 연 19%의 비율에 의한 지연손해금을 지급하기로 약정하였다. 乙 등은 내부적으로 위 매수택지를 乙 및 B가 1/4지분씩, A가 2/4지분을 매수하기로 약정하였는데, 이들은 위 대금 중 잔금 일부인 134,410,130원을 지급하지 못하고 있었다. 이러한 상태에서 甲은 1994. 5. 25. A(A가 乙의 대리인인지 甲의 대리인인지는 다툼이 있음)를 통하여 위 택지 중 乙의 1/4의 매수지분을 매수하기로 하는 계약을 체결하였으며, 대금은 乙이 C에 당시까지 지불한 금액인 1억 4천만 원으로 하고, 그 외에 취득세 등 각종 공과금은 甲·乙이 각 1/2씩 공동부담하기로 약정하였다. 甲이 乙과의 위 매매계약에서 정한 잔대금 지급기일에 이르러 A에게 자신이 부담하게 되는 공과금 내역을 알려달라고 요청하였는데, A는 공과금에 대한 1/2에 해당하는 금액 외에도 C에 대한 잔대금 지급연체로 인한 지연손해금 중 乙의 부담분을 甲이 부담하여야 한다고 하였다. 그리하여 甲은 잔대금 지급을 유보하고 C에 문의한 결과, 乙 등의 지연손해금 총액이 114,191,610원에 달하고 내부 약정에 따른 乙 부담의 지연손해금만도 28,547,902원에 달한다는 것을 알게 되었다. 그리하여 甲은 乙이 위 지연손해금에 관한 사항을 알려 주지 아니하여 기망당하였다는 이유로 乙과의 위 매매계약을 취소한다고 하면서, 이미 지급했던 계약금의 반환을 청구하였다.

판결이유

1. 원심판결의 이유
.....

나. 원심은 위 인정 사실에 의하면, 이 사건 택지를 공동 분양받은 피고(매도인, 을) 등 상호간에 내부적으로 매수대금 분담비율이 정하여져 있었다고 하더라도 소외 시(분양자, C)에게는 지연손해금 총액을 지급하지 아니하고는 소유권이전등기를 마칠 수가 없었던 것이고, 피고(을) 부담부분만의 지연손해금도 위와 같이 많은 액수이었다면 나중에 원·피고 사이에 위 피고(을) 부담의 지연손해금을 누구의 부담으로 할 것인가에 관하여 분쟁이 생길 여지가 있게 될 것이므로, 위와 같은 지연손해금의 존재와 그 액수에 관한 사항은 원·피고 사이의 매매계약 이행 자체를 불안하게 하는 것이 되어 원고(매수인, 갑)에게는 당초부터 계약 체결 여부를 결정짓는 중요한 사항이 된다 할 것이고, 또 그 대금을 결정짓는 중요한 요소도 되는 것이므로 위 매매계약을 체결하기에 앞서 피고(을)로서는 대리인인 위 정O석(대리인, A)을 통하여 원고(갑)에게 위 지연손해금의 존재와 그 액수에 관하여 미리 밝혀주었어야 할 신의칙상의 의무가 있었다고 볼 것인데, 그 사실을 숨기고 고지하지 아니함으로써 그 사실을 모르는 원고(갑)가 착오에 빠져 위 매매계약을 체결하게 된 것이므로 원고(갑)가 이를 이유로 위 매매계약을 취소한 것은 적법하다고 판단하였다.

2. 당원의 판단
.....

나. 또 원심은 위 정O석(대리인, A)이 피고의 대리인으로서 원고(갑)와의 사이에 위 매매계약을 체결하였다고 인정하였는바, 기록을 살펴보면, 위 정O석(A)이 피고의 대리인이라고 인정할 만한 증거는 찾아볼 수 없고, 오히려 원고(갑) 자신도 그 본인신문에서 "원고(갑)가 계약서 인쇄분을 작성하여 정O석(A)에게 주면서 여수에 가서 피고(을)와 계약하고 오라고 심부름을 시켰다."고 진술하여 위 정O석(A)이 원고(갑)의 대리인인 듯이 진술하고 있을 뿐만 아니라(기록 206면), 제1심 증인 정O석(A)(기록 73면), 박O환(기록 141면)의 진술에 의하더라도 위 정O석(A)이 원고(갑)의 대리인으로서 피고(을)와의 사이에 위 매매계약을 체결하였다고 진술하고 있으므로, 이 점에 관한 원심의 위 사실인정은 채증법칙에 위배한 것이라고 할 것이다.

그런데, <**매수인(갑)이 대리인(A)을 통하여 분양택지 매수지분의 매매계약을 체결한 사안의 경우**> 위 정O석(A)이 피고(을)의 대리인이 아닌 원고(갑)의 대리인이라면, 대리행위의 하자의 유무는 대리인을 표준으로 판단하여야 하고(민법 제116조), 위 정O석(A)은 피고(을) 등과 소외 시(분양자, C)와의 사이의 매매계약에 있어서 매수인의 1인으로서 그 계약 내용, 잔금의 지급기일, 그 지급 여부 및 연체 지연손해금 액수에 관하여 잘 알고 있었다고 볼 수밖에 없으므로, 가사 원고(갑)가 연체

지연손해금 여부 및 그 액수에 관하여 모른 채로 위 정O석(A)에게 대리권을 수여하여 피고(을)와의 사이에 위 매매계약을 체결하였다고 하더라도, 원고(갑)로서는 그 자신의 착오를 이유로 피고(을)와의 위 매매계약을 취소할 수는 없게 되었다고 볼 여지가 있다. 따라서 원심으로서는 이 점에 관하여도 더 심리하여 볼 필요가 있다고 할 것이다.

III. 대리의 효과

§ 7-12 대리의 효과
❶ 대법원 2011. 8. 18. 선고 2011다30871 판결 [부당이득금반환]

사실관계

丙은 2007. 7. 5.경 乙 주택조합(원고보조참가인 OO위브지역주택조합)과의 사이에 X 토지 일대 지역주택조합사업의 시행에 관한 업무대행계약을 체결하고, 乙로부터 위 사업의 토지매입에 따른 업무, 사업관련 인허가업무, 분담금 관리업무, 조합원 모집(원주민 및 일반분양) 등의 업무에 관한 권한을 위임받았다. 丙은 2007. 9. 3. 戊(교회)와의 사이에 위 사업지구 내 부동산으로서 戊의 소유인 토지 및 건물에 관한 매매계약을 체결하였고, 또한 戊가 乙 주택조합의 조합원 자격이 되지 않아 조합원 자격을 취득하는 방법으로는 아파트 분양권을 취득할 수 없게 되자, 丙은 매매대금과는 별도로 자신이 보유하고 있는 아파트 분양권 1매를 戊에게 공급하기로 약정하였다. 戊는 다시 丙으로부터 받기로 한 위 아파트 분양권을 甲에게 4,300만 원에 양도하기로 하고, 위 금액을 수령하였다. 그 후 甲은 2008. 3. 24. 乙 주택조합을 대리한 丙과의 사이에 조합원분담금을 5억 6천만 원으로 하는 조합가입계약을 체결하고, 丙에게 조합원분담금 중 일부인 7천만 원을 송금하였다. 그런데 乙이 2010. 4. 21. 丙에 대하여 위 업무대행계약을 해지하였고, 이에 따라 丙은 자신이 보유하는 위 아파트 분양권을 戊에게 양도할 수 없게 되었고, 따라서 戊도 甲에 대하여 위 아파트 분양권을 양도할 수 없게 되었다. 이에 甲은 위 아파트 분양권의 양수를 전제로 하여 체결된 乙과의 위 조합가입계약도 丙의 책임 있는 사유로 이행불능으로 되었다고 주장하면서 丙을 상대로 이미 지급한 조합원분담금의 반환을 청구하였다.

판결이유

원심은, 원고(갑)가 2008. 3. 24. 원고보조참가인 상도동OO위브지역주택조합(이하 '참가인'이라고 한다)을 대리한 피고(병)와 사이에 조합원분담금을 561,240,000원으로 하는 조합가입계약(이하 '이 사건 조합가입계약'이라고 한다)을 체결하고, 피고(병)에게 조합원분담금 중 일부인 69,624,000원을 송금한 사실을 인정한 다음, 이 사건 조합가입계약이 그 계약상 채무의 이행불능을 이유로 원고(갑)에 의하여 적법하게 해제되었으므로, 피고(병)는 원고(갑)로부터 받은 위 분담금 69,624,000원을 반환할 의무가 있다고 판단하였다.

그러나 원심의 그러한 판단은 수긍하기 어렵다.

<계약이 적법한 대리인에 의하여 체결되었는데 상대방 당사자가 계약상 채무불이행을 이유로 계약을 해제한 경우, 본인이 해제로 인한 원상회복의무를 부담하는지 여부(적극) (민법 제114조, 제118조, 제548조)> 계약이 적법한 대리인에 의하여 체결된 경우에 대리인은 다른 특별한 사정이 없는 한 본인을 위하여 그 계약상 급부를 변제로서 수령할 권한도 가진다고 할 것이다(대법원 1991. 1. 29. 선고 90다9247 판결 등 참조). 그리고 대리인이 그 권한에 기하여 계약상 급부를 수령한 경우에, 그 법률효과는 계약 자체에서와 마찬가지로 직접 본인에게 귀속되고 대리인에게 돌아가지 아니한다. 따라서 계약상 채무의 불이행을 이유로 계약이 상대방 당사자에 의하여 유효하게 해제되었다면, 그 해제로 인한 원상회복의무는 대리인이 아니라 계약의 당사자인 본인이 부담한다(대법원 1990. 5. 22. 선고 89다카1121 판결 등도 참조). <대리인이 수령한 계약상 급부를 현실적으로 인도받지 못하였다거나 계약상 채무불이행에 관하여 대리인에게 책임 있는 사유가 있는 경우에도 마찬가지인지 여부(원칙적 적극) (민법 제114조, 제118조, 제548조)> 이는 본인이 대리인으로부터 그 수령한 급부를 현실적으로 인도받지 못하였다거나, 해제의 원인이 된 계약상 채무의 불이행에 관하여 대리인에게 책임 있는 사유가 있다고 하여도 다른 특별한 사정이 없는 한 마찬가지라고 할 것이다.

그렇다면 <사안의 경우 (민법 제114조, 제118조, 제548조)> 원심이 인정하는 대로 피고(병)가 원고보조참가인(을)을 대리하여 이 사건 조합가입계약을 적법하게 체결하였고, 나아가 그가 계약상 급부를 원고보조참가인(을)을 위하여 수령할 권한이 없다고 할 특별한 사정을 찾아볼 수 없는 이 사건에서, 원심이 원고(갑)가 계약상 채무의 이행불능을 이유로 이 사건 조합가입계약을 유효하게 해제하였다고 인정하면서도 피고(병)가 그 해제로 인한 원상회복의무를 부담한다고 판단한 것에는, 대리권 내지 변제수령권한 또는 계약해제로 인한 원상회복의무에 관한 법리를 오해하여 판결에 영향을 미친 위법이 있다고 할 것이다.

IV. 복대리

1. 대리인의 복임권과 그 책임

§ 7-13 임의대리인의 복임권
❶ 대법원 1996. 1. 26. 선고 94다30690 판결 【분양대금반환】
(대판 1993. 8. 27. 93다21156; 대판 2009. 4. 23, 2005다22701, 22718)

1. 제1점에 대하여
원심판결 이유에 의하면 원심은, 판시 증거를 종합하여 피고와 소외 신ㅇ철은 피고가 건축하는 강동구 길동 소재 로자리아 오피스텔 빌딩의 분양위임계약을 체결하였는데 그 분양용역계약서의 기재에 의하면, 비록 그 제10조에서는 분양계약서 발급은 피고의 명의로 한다고 규정하고 있기는 하나, 제5조에서는 피고가 위 오피스텔의 분양 및 임대에 관한 일체의 권한을 분양용역계약 체결과 동시에 위 신ㅇ철에게 위임한다고 규정하고 있고, 나아가 위 제5조 후단에서는 만약 분양 신청자가 피고에게 직접 분양을 요청할 때에는 위 신ㅇ철이 분양계약서를 작성하도록 인계할 것을 규정하여 위 신ㅇ철이 피고의 명의로 직접 분양계약을 체결할 것을 명백히 하고 있음에 비추어 볼 때, 피고는 위 약정에 의하여 위 오피스텔의 분양에 관한 일체의 대리권을 위 신ㅇ철에게 수여하였다고 보아야 할 것이고, 피고의 대리인인 소외 장ㅇ호가 분양 현장에 나와 피고의 인장을 찍은 일이 있다고 하더라도 이는 위 신ㅇ철의 대리권 행사의 적정 여부를 감독한다는 의미에 불과할 뿐 그에 대한 대리권 수여를 부정할 근거는 될 수 없다고 판시하였다.
기록에 의하여 살펴보면, 원심의 위와 같은 인정 판단은 모두 정당한 것으로 수긍이 간다. 그리고 원심은 피고와 소외 신ㅇ철 사이의 분양용역계약의 해석을 통하여 위 신ㅇ철에게 대리권이 수여되었다고 인정한 것이지 위 분양용역계약의 성질이 위임이기 때문에 당연히 대리권이 수반된 것이라고 본 것이 아님은 원심판결 이유에 의하여 명백하다. 원심판결에 소론과 같은 심리미진이나 의사표시의 해석을 그르치고 대리권 수여에 관한 법리를 오해한 위법이 없다. 논지는 이유 없다.

2. 제2점에 대하여
원심판결 이유에 의하면 원심은, 소외 신ㅇ철이 복대리인을 선임할 권한이 없으므로 위 신ㅇ철로부터 대리권을 수여받은 소외 한ㅇ수는 피고의 적법한 복대리인이 아니라는 피고의 주장에 대하여, 임의대리인은 본인의 승낙이 있거나 부득이한 사유가 있을 때가 아니면 복대리인을 선임하지 못하는 것이 민법상의 원칙이고, 이 사건의 경우 재위임에 관하여 피고의 승낙이나 부득이한 사유가 없었던 점은 인정되나, 대리의 목적이 되는 사무의 성질상 그를 처리하는 주체가 별로 중요하지 아니한 경우에는 복대리인의 선임에 관하여 묵시적인 승낙이 있었다고 봄이 타당하고, 이 사건 대리의 목적이 되는 분양업무는 오피스텔을 미리 정해진 일정한 가격으로 분양하는 것이고 그 수수료도 분양 실적에 따라 일정액을 수령하는 것으로서 성질상 사무처리의 주체가 별로 중요하지 아니한 경우에 해당하여 복대리인의 선임에 관한 묵시적 승낙이 있는 경우라고 볼 것이므로 위 한충수는 피고의 적법한 복대리인이라고 판시하였다.

***<임의대리인의 복대리인의 선임에 관하여 본인의 묵시적 승낙이 있다고 보아야 할 경우** (민법 제105조, 제120조)>* 대리의 목적인 법률행위의 성질상 대리인 자신에 의한 처리가 필요하지 아니한 경우에는 본인이 복대리 금지의 의사를 명시하지 아니하는 한 복대리인의 선임에 관하여 묵시적인 승낙이 있는 것으로 보는 것이 타당함은 원심이 판시한 바와 같다. ***<오피스텔 분양업무는 성질상 대리인 자신에 의한 처리가 필요한 경우에 해당된다고 한 사례** (민법 제105조, 제120조)>* 그러나 이 사건 대리의 목적이 된 오피스텔의 분양업무는 분양을 위임받은 자가 광고를 내거나 그 직원 또는 주변의 부동산중개인을 동원하여 분양사실을 널리 알리고, 분양사무실을 찾아온 사람들에게 오피스텔의 분양가격, 교통 등 입지조건, 오피스텔의 용도, 관리방법 등 분양에 필요한 제반사항을 설명하고 청약을 유인함으로써 분양계약을 성사시키는 것으로서 분양업자의 능력에 따라 건축주인 피고의 분양사업의 성공 여부가 결정되는 것이므로 사무처리의 주체가 별로 중요하지 아니한 경우에 해당한다고 보기 어렵다.

그렇다면 이 사건 분양 위임에 복대리인의 선임에 관한 묵시적인 승낙이 있다고 한 원심판결에는 임의대리인의 복대리인 선임권에 관한 법리를 오해한 잘못이 있다 할 것이나, 다음에서 보는 바와 같이 피고가 소외 신O철의 복대리인 선임을 사후에 추인하였음이 인정되므로, 원심의 이러한 잘못은 판결 결과에 영향이 없어 판결의 파기이유가 되는 위법이라고 할 수 없는 것이므로 논지 또한 채용할 수 없다.

3. 제3점에 대하여

원심판결 이유에 의하면 원심은, 판시 증거를 종합하여 위 신O철이 피고의 대리인인 소외 장O호에게 위 한O수가 원고 임대순과 분양계약을 체결하고 계약금을 수령한 사실을 알려주었음에도 위 장O호는 아무런 이의를 제기함이 없이 오히려 그 입금증까지 작성하여 준 사실을 인정한 다음, 이를 기초로 하여 피고의 대리인인 위 장O호가 위 신O철이 오피스텔의 분양업무를 제3자에게 재위임한 사실을 추인하였다고 판단하였는바, 기록에 의하여 살펴보면 원심의 위와 같은 사실인정은 정당하고, 거기에 소론과 같은 증거 없이 사실을 인정한 위법이 없다. 논지는 이유 없다.

❷ 대법원 1993. 8. 27. 선고 93다21156 판결 【근저당권설정등기말소】

1. 상고이유 제1점에 대하여

원심이 확정한 사실은, ***<채권자를 특정하지 아니한 채 부동산을 담보로 제공하여 금원을 차용해 줄 것을 위임한 자의 의사에 '복대리인 선임에 관한 승낙'이 포함되***

어 있다고 본 사안 (민법 제105조, 제120조)> 원고(갑)가 채권자를 특정하지 아니한 채 이 사건 제 1,2 부동산을 담보로 제공하여 금원을 차용해 줄 것을 소외 손O원(을)에게 위임하였고, 위 소외인(을)은 이를 다시 소외 이O훈(병)에게 위임하였으며, 위 이O훈(병)은 피고(정)에게 위 부동산을 담보로 제공하고 이 사건 금원을 차용하여 위 손O원(을)에게 교부하였다는 것이므로, 소외 손O원(을)에게 이 사건 사무를 위임한 원고(갑)의 의사에는 '복대리인 선임에 관한 승낙'이 포함되어 있다고 봄이 타당하다 할 것이어서, 논지는 이유가 없다.

V. 무권대리

1. 표현대리
1) 서설
§ 7-14 표현대리의 본질
❶ 대법원 1983. 12. 13. 선고 83다카1489 전원합의체 판결 【매매대금반환】

사실관계

甲은 乙의 대리인 A로부터 X 건물을 매수하고 A에게 그 대금을 전액 지불하였는데, 그 후 甲은 위 매매계약을 해제하였다고 하면서, 乙에 대하여 매매대금의 반환을 청구하였다. 그런데 乙은 甲이 X 건물을 매수하기 전에 이미 A에 대하여 매매에 관한 대리권 위임을 해지하였다. 그러나 甲은 소송에서 자신과 A 사이의 위 매매계약은 대리권에 기한 것으로서 유효하다고만 주장하였고, A의 매도행위가 표현대리에 해당한다거나 A의 대리행위가 대리권이 소멸한 후의 대리행위라고 주장한 바가 없다.

판결이유

1. 원고 소송대리인의 상고이유 제1점을 본다.
기록에 의하면 이 소에서의 원고주장 사실은 원고는 피고의 대리인인 소위 김O한(A)으로부터 이 사건 건물을 매수하고 동인에게 그 대금을 완급하였는데 그후 위 매매계약을 해제하였으므로 피고는 위 매매대금을 원고에게 반환할 의무가 있다는 것이고 위 김O한(A)의 매도행위가 표현대리에 해당한다는 주장은 한바없음이 명백한 바, 원심판결은 원고(갑)가 이 사건 건물을 매수하기전에 이미 피고(을)는 위 김O한(A)에 대하여 이 사건 건물의 매매에 관한 대리권 위임을 해지하였으므로 위 김O한(A)의 매도행위는 대리권 소멸후의 무권대리 행위라고 판단하고, 나아가 원고(갑)가 소외 김O한(A)에게 대리권이 있는 것으로 믿은 것이 무과실이라고 볼 증거도 없다고 판단하여 원고의 청구를 배척하였다.

논지는 소외 김O한(A)이 피고의 대리인이라는 원고주장 가운데에는 표현대리에 관한 주장도 포함되어 있다는 전제아래 원심의 위와 같은 후단 판단부분은 표현대리에 관한 입증책임을 전도한 위법이 있다는 것이다.

그러나 <*심판의 대상이 되는 주요사실의 의미* (민사소송법 제188조)> 변론에서 당사자가 주장한 주요사실만이 심판의 대상이 되는 것으로서 여기에서 주요사실이라 함은 법률효과를 발생시키는 실체법상의 구성요건 해당사실을 말하는 것인바, 대리권에 기한 대리의 경우나 표현대리의 경우나 모두 제3자가 행한 대리행위의 효과가 본인에게 귀속된다는 점에서는 차이가 없으나, <*유권대리에 관한 주장 가운데 표현대리의 주장이 포함되는지 여부(소극)* (민법 제114조, 제129조)> 유권대리에 있어서는 본인이 대리인에게 수여한 대리권의 효력에 의하여 위와 같은 법률효과가 발생하는 반면, 표현대리에 있어서는 대리권이 없음에도 불구하고 법률이 특히 거래상대방 보호와 거래안전 유지를 위하여 본래 무효인 무권대리행위의 효과를 본인에게 미치게 한 것으로서, 표현대리가 성립된다고 하여 무권대리의 성질이 유권대리로 전환되는 것은 아니므로, 양자의 구성요건 해당사실 즉 주요사실은 서로 다르다고 볼 수 밖에 없다.

그러므로 유권대리에 관한 주장 가운데 무권대리에 속하는 표현대리의 주장이 포함되어 있다고 볼수 없으며, 따로이 표현대리에 관한 주장이 없는 한 법원은 나아가 표현대리의 성립여부를 심리판단할 필요가 없다고 할 것이다. 이와 다른 당원 1964. 11. 30. 선고 64다1082 판결의 견해는 이를 폐기하기로 한다.

그렇다면 이 사건에서 원고(갑)는 원심변론 종결시까지 표현대리에 관한 주장을 한 바 없으므로 원심으로서는 소외 김O한(A)이 무권대리인이라고 판단한 이상 더 나아가 표현대리의 성립여부까지 판단할 필요가 없었던 것이다. 필경 표현대리에 관한 원심판단부분은 불필요한 부분으로서 이 부분에 소론과 같이 입증책임을 전도한 허물이 있다고 하여도 판결 결론에는 영향이 없다고 하겠으니 위 논지는 이유 없다.

2) 대리권수여의 표시에 의한 표현대리
(1) 요건
§ 7-15 대리권수여의 표시에 의한 표현대리
❶ 대법원 1998. 6. 12. 선고 97다53762 판결 【부당이득금반환】

사실관계

호텔과 골프장을 운영하는 乙(○○주식회사)이 일본국 법인인 A에게, 일본국 내에 주소를 둔 자를 대상으로 乙이 운영하는 호텔 등의 시설이용에 우대를 받을 수 있는 회원의 모집을 위임하는 계약(다만 A가 자신의 이름으로 회원을 모집하기로 하는 위탁매매계약)을 체결하였으며, 그 계약의 효력은 乙이 대한민국 외환관리법령에 따라 재무부장관이 정하는 외환관리상의 허가·승인 또는 인증을 얻는 날 발생한다는 특약을 두었다. A는 乙이 외환관리허가를 얻지 못하고 있는 가운데, 자신을 '판매원' 혹은 乙의 '일본 연락사무소 및 총대리점' 등으로 기재한 회원안내 책자를 발간하고, 1989. 3. 27. 乙의 총대리점인 A가 乙이 운영하는 호텔 등의 시설에 대한 우대회원을 모집한다는 광고를 게재하는 한편, 甲(주식회사 ○○월드)의 사무실에서 그에 대한 설명회를 개최하였으며, 회원가입을 희망하는 10여 명의 시찰단으로 하여금 乙이 운영하는 호텔 등의 시설을 이용하도록 알선하였다. 이에 甲은 법인회원으로 A와 입회계약을 체결하고 입회금 등을 A가 지정하는 은행구좌에 입금하였다. 그런데 A가 부도를 내고 도산하였고, 甲은 乙이 외환관리허가를 받지 못하였다는 이유로 乙로부터 우대회원의 대우를 받지 못하고 있다. 이에 대해 甲은 乙이 자신에게 우대회원 대우를 하여 주지 아니하므로 이를 이유로 입회계약을 해제하고, 甲이 납부한 입회금 등의 반환을 구하는 소를 제기하였다. 甲은 소송에서 A측과 위 입회계약을 체결할 당시 외환관리허가라는 정지조건이 성취되지 아니하여 A측에 체약대리권이 발생하지 아니하였다고 하더라도, 乙은 A가 알선하여 甲의 상무이사 등이 참가한 시찰단에게 우대회원 대우를 제공하는 등으로 A측에 乙의 이름으로 입회계약을 체결할 대리권이 있다는 표시를 한 바 있으므로, 甲이 A측과 맺은 입회계약의 효력은 표현대리의 법리에 따라 乙에게도 효력이 있다고 주장하였다.

판결이유

1. ……

나아가 <u>원심</u>은 이와 같은 사실관계를 바탕으로 하여, 이 사건 계약에 기한 에오루(A)측의 우대회원 모집은 피고들(乙)을 위한 체약대리로 이루어지는 것이므로, 원고(갑)가 에오루(A)측과 입회계약을 체결할 당시 외환관리허가라는 정지조건이 성취되지 아니하여 에오루(A)측에 체약대리권이 발생하지 아니하였다고 하더라도, 피고들(乙)은 에오루(A)가 알선하여 원고(갑)의 상무이사 등이 참가한 시찰단에게 우대회원 대우를 제공하는 등으로 에오루(A)측에 피고들(乙)의 이름으로 입회계약을 체결할 대리권이 있다는 표시를 한 바 있으므로, <u>원고(갑)가 에오루(A)측과 맺은 입회계약의 효력은 표현대리의 법리에 따라 피고들(乙)에게도 효력이 있는데도, 피고들(乙)이 원고(갑)에게 우대회원 대우를 하여 주지 아니하므로 이를 이유로 입회계약을 해제하고 원고(갑)가 납부한 보증금 및 입회금의 반환을 구한다는 원고(갑)의 주장</u>에 대하여 다음과 같이 판단하고 있다. 갑 제1호증의 6의 기재, 원심 증인 옥○상의 증언 및 변론의 전취지를 종합하면, <u>에오루(A)의 알선에 의한 시찰단이 피고</u>

들(을)로부터 단체관광 할인혜택을 받은 사실을 인정할 수 있으나, 나아가 원고(갑)의 상무이사 등의 시찰단이 피고들(을)로부터 우대회원의 대우를 제공받거나 체약대리권을 확인받았다는 점에 관하여는, 이에 부합하는 제1심 증인 오O토우 에O조우, 사O우 마O도의 각 일부 증언만으로는 이를 인정하기에 부족하고, 달리 이를 인정할 증거가 없을 뿐만 아니라, 이 사건 계약 등에 있어서의 그 판시와 같은 내용에 비추어 보면 에O루(A)측이 원고(갑)와 체결한 입회계약의 법적 성질은 에O루(A)측의 명의로 피고들(을)의 계산으로 이루어지는 준위탁매매에 해당하여 그 법률적인 효과는 전적으로 에O루(A)측에만 미치는 것이어서, 이 사건 계약에 의하여 에O루(A)측이 피고들(을)로부터 입회계약에 관한 체약대리권을 수여받은 것은 아니라는 이유로 원고(갑)의 표현대리 주장을 배척하고 있다.

2. 그러나 <**민법 제125조 소정의 대리권 수여의 표시에 의한 표현대리의 성립 요건** (민법 제125조, 제680조; 상법 제101조)> 민법 제125조가 규정하는 대리권 수여의 표시에 의한 표현대리는 본인과 대리행위를 한 자 사이의 기본적인 법률관계의 성질이나 그 효력의 유무와는 직접적인 관계가 없이 어떤 자가 본인을 대리하여 제3자와 법률행위를 함에 있어 본인이 그 자에게 대리권을 수여하였다는 표시를 제3자에게 한 경우에는 성립될 수가 있고, 또 본인에 의한 대리권 수여의 표시는 반드시 대리권 또는 대리인이라는 말을 사용하여야 하는 것이 아니라 사회통념상 대리권을 추단할 수 있는 직함이나 명칭 등의 사용을 승낙 또는 묵인한 경우에도 대리권 수여의 표시가 있는 것으로 볼 수가 있다.

그런데 기록에 의하면, 에O루(A)측이 원고(갑) 등과 입회계약을 체결함에 있어, 에O루 및 에O루 골프를 판매원과 총대리점 및 일본연락사무소로 표시한 회원안내책자(갑 제18호증, 기록 532면), 회원증서는 피고들(을)이 발행하여 우송한다는 내용을 담은 회원안내책자(기록 51, 55면) 및 입회 후 절차에 관한 안내문(기록 68면), 그리고 예탁금의 반환은 피고들(을) 책임이라는 내용을 담은 회칙(기록 67면) 등을 사용하여 회원모집에 대한 안내를 하는 한편, 우대회원 모집에 관한 광고를 '총대리점'이라고 표시하여 하였고(기록 71면), 또 입회계약의 체결은 피고들 이름이 기재된 입회신청서 서식(기록 172면)을 사용하였으며, 입회계약을 체결한 자에게는 피고 주식회사 경주OO호텔이 운영하는 'OO호텔 앤드 컨트리클럽'의 이름으로 개설한 구좌로 예탁금 등을 납입할 것을 청구하고(기록 166, 167면), 그 납입자에게는 피고들(을) 명의의 회원카드(기록 36, 411면)와 보증금 및 입회금의 영수증(기록 50면) 및 예탁증서(기록 171, 178면)와 피고들(을) 명의의 입회승인통지서(기록 410면)를 사용하였음을 알 수 있다.

따라서 기록에 나타난 <*호텔 등의 시설이용 우대회원 모집계약을 체결하면서 자신의 판매점, 총대리점 또는 연락사무소 등의 명칭을 사용하여 회원모집 안내를 하거나 입회계약을 체결하는 것을 승낙 또는 묵인한 경우, 민법 제125조의 표현대리의*

성립 여부(적극) *(민법 제125조, 제680조; 상법 제101조)>* 에O루측*(A)*이 회원모집안내 등의 각종 서식 등에서 사용한 위와 같은 명칭 등에 비추어 보면, 에O루측*(A)*이 원고 등*(갑)*과 입회계약을 체결한 것은 피고들*(을)*을 대리하여 한 것이라고 볼 수 있을 것이므로, 만일 에O루측*(A)*이 위와 같은 명칭 등을 사용하여 회원모집안내를 하거나 입회계약을 체결하는 것을 피고들*(을)*이 승낙 또는 묵인한 바 있다면, 그에 의하여 민법 제125조의 표현대리가 성립될 수가 있다 할 것이다. 그런데 기록에 의하여 살펴보면, 에O루를 '판매원'으로, 에O루 골프를 '총대리점 및 일본 연락사무소'로 표시한 위 회원안내책자(갑 제18호증, 기록 532면 이하)에는 회원가입과 피고들*(을)*이 운영하는 호텔 등을 방문할 것을 권유하는 피고들*(을)* 대표이사의 인사말이 그 사진과 함께 게재되어 있음을 알 수 있을 뿐만 아니라(기록 518, 526면), 피고들*(을)*측 증인 김O근도 그 증언에서, 원고*(갑)*가 에O루측과 입회계약을 체결하기 직전인 1989. 4. 27.부터 같은 달 30.까지 사이에 에O루측의 알선으로 이루어진 시찰여행에서 피고*(을)* 주식회사 경주OO호텔측이 원고*(갑)*의 상무이사가 포함된 시찰여행단에 대하여 상품소개차 우대회원이 받는 대우의 하나인 골프모자와 골프공의 무료제공을 하여 주었다고 증언한 바 있고(기록 254면), 또 역시 피고들*(을)*측 증인인 옥O상도 그 증언에서, 에O루*(A)*측이 같은 시기에 회원모집 선전용으로 피고 해운대개발 주식회사가 운영하는 호텔에 몇 사람을 데리고 왔다는 취지의 증언을 하였음(기록 597면)을 알 수 있으므로, 위 회원안내책자의 작성·사용이 피고들*(을)*의 승낙 또는 묵인하에 이루어진 것이고, 또 그러한 상태에서 피고들*(을)*이 상품소개 혹은 선전을 위하여 시찰여행단에 대하여 우대회원의 대우를 한 것이라면, 피고들*(을)*이 그로써 에O루측*(A)*에 대한 대리권 수여의 의사를 대외적으로 널리 표시한 것으로 볼 여지가 있다 할 것이다.

그렇다면 원심으로서는 위 회원안내책자(갑 제18호증)의 작성경위나 그 실제 사용 여부 및 피고들*(을)*측의 시찰여행단에 대한 우대회원 대우의 취지를 좀더 심리하여 피고들이 대리권 수여의 표시를 하였는지 여부를 가려보아야 할 것임에도 불구하고 이에 이르지 아니한 채, 피고들*(을)*이 에O루*(A)*와 체결한 이 사건 계약의 내용 등이 준위탁매매를 위임하는 것이라고 보고 그 입회계약이 준위탁매매라고 단정하여 표현대리의 성립을 부정한 것은, 결국 민법 제125조가 규정하는 표현대리의 성립에 관한 법리를 오해하고 심리를 다하지 아니함으로써 판결 결과에 영향을 미친 위법을 저지른 것이라고 할 것이다.

❷ 대법원 2000. 5. 30. 선고 2000다2566 판결 【보증채무금】

사실관계

乙은 같은 마을에 살면서 평소 친하게 지내던 A로부터 연대보증 부탁을 받아 이를 승낙한 후 1997. 5. 4. A의 집에서 甲 등이 참석한 가운데 보증의사를 표명하였다. 乙은 1997. 5. 6. 공주시 정안면장으로부터 사용목적란이 보증용으로 기재된 지방세목별과세증명서를 발급받아 자신의 인장을 지참하여 A의 집으로 갔지만, A에게 주채무의 내용을 구체적으로 문의한 결과 보증할 주채무액이 1억 원을 넘는다는 말을 듣고 A에게 보증의사를 철회했다. 그리고 A와 乙은 서로 서운한 마음을 달래기 위하여 A의 집에서 술을 마시다가 술에 취한 乙이 과세증명서 및 인장이 담긴 봉투를 빠뜨리고 가자, A는 이를 가지고 있다가 다음 날 甲에게 찾아가 乙을 대리하여 연대보증계약을 체결하였다. 그 후 A가 채무를 이행하지 않자 甲이 乙에 대하여 보증채무의 이행을 구하는 소를 제기하였다.

판결이유

......

2. 그러나 원심이 피고(을)가 임O성(A)의 원고(갑)에 대한 차용금채무에 관하여 연대보증계약 체결 교섭과정에서 보증할 의사를 밝힌 것을 가지고 곧바로 피고(을)가 임O성(A)에게 대리권 수여를 표시한 것이라고 단정하고, 원고(갑)에게 임O성(A)의 대리권이 없는 것을 알지 못한 데 과실이 없다고 판단한 것은 다음과 같은 이유로 수긍하기 어렵다.

<보증인의 보증의사 존부에 관한 판단 기준 (민법 제105조, 제428조)> 보증인의 보증의사의 존부는 당사자가 거래에 관여하게 된 동기와 경위, 그 관여 형식 및 내용, 당사자가 그 거래행위에 의하여 달성하려는 목적, 거래의 관행 등을 종합적으로 고찰하여 판단하여야 할 당사자의 의사해석 및 사실인정의 문제이지만, 보증은 이를 부담할 특별한 사정이 있을 경우 이루어지는 것이므로 보증의사의 존재는 이를 엄격하게 제한하여 인정하여야 한다(대법원 1998. 12. 8. 선고 98다39923 판결 참조).

기록에 의하면, <을이 주채무액을 알지 못한 상태에서 주채무자 A의 부탁으로 채권자인 갑과 보증계약 체결 여부를 교섭하는 과정에서 갑에게 보증의사를 표시한 후 주채무가 거액인 사실을 알고서 보증계약 체결을 단념하였으나, 을의 도장과 보증용 과세증명서를 소지하게 된 A가 임의로 을을 대위하여 채권자와 사이에 보증계약을 체결한 경우, 을이 채권자에 대하여 A에게 보증계약 체결의 대리권을 수여하는 표시를 한 것이라 단정할 수 없고, 대리권 수여의 표시를 한 것으로 본다 하더라도 채권자에게는 A의 대리권 없음을 알지 못한 데 과실이 있다고 보아 민법 제125조 소정의 표현대리의 성립을 부정한 사안 (민법 제105조, 제125조, 제428조)> 임O성(A)은 1996년 12월 하순경 수표부도를 낸 후, 원고(갑)가 1997년 4월 무렵 소지하던 액면금 1억 5,000만 원권 당좌수표를 지급제시하여 그 당좌수표도 부도

처리된 상태에 있었는데(기록 168면), 임O성(A)이 원고(갑)로부터 위 부도수표를 회수하려는 과정에서 원고(갑)가 보증인을 세울 것을 요청받고 임O성(A)이 이를 거절하자 원고(갑)가 다른 사람의 재산세증명서를 제출하라고 요구하였던 사실(기록 185면), 그 후 피고(을)가 임O성(A)의 부탁으로 원고(갑)와 보증계약의 체결 여부를 교섭하는 과정에서 임O성(A)의 구체적인 주채무액을 알지 못한 상태에서 보증할 의사가 있음을 표시하고, 보증계약 체결을 위하여 지방세세목별과세증명서를 발급받았다가 임O성(A)으로부터 주채무가 금 1억 5,000만 원이라는 이야기를 듣고 보증계약 체결을 단념하였던 사정을 알 수 있다.

사정이 그러하다면 피고(을)가 원고(갑)와 만난 자리에서 피고(을)가 임O성(A)을 위한 보증계약 체결 교섭과정에서 피고(을)가 보증계약을 체결할 의사를 밝힌 것만으로는 아직 원고(갑)에 대하여 보증의사를 확정적으로 표시한 것으로 보기는 어렵고, 따라서 위와 같은 언동을 가지고 피고(을)가 원고(갑)에 대하여 임O성(A)에게 보증계약 체결의 대리권을 수여하는 표시를 한 것이라고 단정할 수도 없다 할 것이다.

뿐만 아니라, 원심과 같이 피고(을)와 원고(갑)와 사이의 보증계약 체결을 위한 교섭과정에서 피고(을)의 위와 같은 언동만을 가지고 피고(을)가 임O성(A)에게 대리권 수여를 표시한 것으로 볼 여지가 있다 하더라도, 그것이 민법 제125조의 표현대리에 해당하기 위해서는 상대방은 선의·무과실이어야 하고 상대방에게 과실이 있다면 대리권 수여 표시에 의한 표현대리를 주장할 수 없다고 할 것이다(대법원 1984. 11. 13. 선고 84다카1024 판결 참조).

이 사건에서 보건대, 원심이 확정한 사실과 기록에 의하면 위 보증계약 체결 당시에 임O성(A)이 피고(을)의 인감도장도 아닌 도장과 용도가 보증용으로 기재된 지방세세목별과세증명서만을 소지하고 있었을 뿐이고, 대리인으로서 통상 제시될 것이 기대되는 위임장이나 일반적인 거래에서 피고(을)의 보증의사를 확인할 수 있는 인감증명서도 소지하지 않았으며, 또한 위 보증계약에 의하여 이익을 얻는 것은 전적으로 대리인이라고 자칭하는 임O성(A)이고, 보증인인 피고(을)는 아무런 이익을 받지 않는 입장에 있으므로, 이러한 경우에는 대리인인 임O성(A)이 자신의 이익을 위하여 피고(을)의 대리권이 있는 것으로 가장할 위험성이 있으며, 또한 위 연대보증의 내용도 임O성(A)이 원고(갑)에 대하여 부담하는 기존의 1억 원 이상의 채무금을 분할하여 변제하는 것으로 그 부담이 적지 아니하고, 이미 부도가 난 상태에서 형사처벌을 받을 수도 있는 임O성(A)에 대하여 부도수표의 반환에 갈음하여 연대보증을 요구하는 원고(갑)로서는 임O성(A)이 무리를 해서라도 원고(갑)의 요구에 응하여 형사처벌을 면하려고 할 경향을 보일 것이므로 원고(갑)로서는 담보의 확실성에 관하여 한층 주의를 하여야 할 것이고, 이러한 사정이 있는 경우에는 비록 금융기관이 아니라고 하더라도, 원고(갑)는 적어도 피고 본인이 직접 발급받은 연대보증용 인감증명서를 제출받거나, 아니면 피고(을)를 직접 만나거나 전화 등 가능한 수단을 이용하여 피고(을)의 보증의사를 확인할 조사의무가 있다고 할 것인데도 피고(을)의 인감증명서를 받지도 아니하였을 뿐 아니라, 피고(을)의 보증의사를 직접 확인하지도 않았던 사실 등을 알 수 있다.

사정이 이러하다면 **<갑의 과실>** 피고(을)와 보증계약을 체결하려는 원고(갑)로서는 피고로부터 보증의사를 확인할 수 있는 인감증명서를 제출받거나, 피고(을)에게 전화 등의 방법으로 임O성(A)의 대리권 유무를 확인하여 보았더라면 그가 피고(을)를 대리하여 보증계약을 체결할 대리권이 없다는 점을 쉽게 알 수 있었을 것인데도 이를 게을리한 과실이 있다고 할 것이니, 이 점에서도 민법 제125조의 표현대리가 성립할 수는 없다고 할 것이다.

❸ 대법원 2009. 5. 28. 선고 2008다56392 판결 [소유권이전등기]

1. 원심 및 원심이 인용한 제1심 판결 이유에 의하면, 원심은 그 채택증거에 의하여, 피고가 2002. 4. 15. 소외 1에게 이 사건 공장부지에 관한 부동산처분위임장 및 인감증명서를 교부한 사실, 원고는 자신이 경영하던 공장의 이전을 위하여 공인중개사를 통하여 피고의 대리인이라 자칭하는 소외 1과 사이에 2006. 4. 6. 이 사건 공장부지에 관한 매매계약을 체결하게 된 사실, 이 사건 공장부지 중 제1심 판결문 별지 목록 기재 부동산(이하 '이 사건 부동산'이라 한다)을 제외한 나머지 토지인 울산 울주군 (상세 주소 생략) 답 911㎡ 중 572분의 137 지분(이하 '사건 외 토지'라 한다)은 이 사건 부동산에의 진입로로 사용되는 인접 토지로서 2004. 9. 14. 소외 1 명의로 소유권이전등기가 행하여진 사실, 소외 1은 2002. 11. 12. 울산광역시 ○○군수로부터 그 명의로 이 사건 공장부지에 관하여 공장설립승인을 받은 사실, 위와 같이 매매계약이 체결된 후 이 사건 공장부지에 적치되어 있던 폐자재의 수거 및 공장 설립을 위한 토목공사 등을 모두 소외 1이 시행한 사실, 원고는 이 사건 부동산에 공장을 신축할 목적으로 매매계약을 체결하였고 그와 같은 이유로 공장설립허가의 명의변경이 원고 앞으로 된 이후에 중도금을 지급하기로 특약하였으나, 소외 1이 위 부동산에 있는 폐기물을 수거하여야만 공장설립승인의 명의변경이 가능하다고 하는 바람에 폐기물 처리비용 및 명의변경을 위한 소외 1의 체납세금 등 101,662,550원을 지급한 사실 등을 인정하였다. 나아가 원심은, 이러한 인정사실에 비추어 보면, <u>원고는 이 사건 매매계약 당시 소외 1에게 이 사건 부동산의 처분과 관련하여 피고를 대리할 권한이 없음을 알았거나 알지 못한 데에 과실이 있었다고 할 수 없으므로, 피고는 민법 제125조에서 정한 대리권 수여의 표시에 의한 표현대리책임을 부담하여야 한다고 판단하였다.</u>

2. 그러나 원심의 위와 같은 판단은 그대로 수긍하기 어렵다.

<민법 제125조, 제126조, 제129조의 표현대리에 해당하기 위하여 상대방은 선의·무과실이어야 하는지 여부(적극)> 민법 제125조의 표현대리에 해당하여 본인에게 대리행위의 직접의 효과가 귀속하기 위하여는 대리행위의 상대방이 대리인으로 행위한 사람에게 실제로는 대리권이 없다는 점에 대하여 선의일 뿐만 아니라 무과실이어야 함은 같은 조 단서에서 명백하고, 이는 민법 제126조 또는 제129조에서 정하는 표현대리에 있어서도 다를 바 없다.

기록 및 원심 판결 이유에 의하면, 앞서 본 대로 2006. 4. 6.에 행하여진 이 사건 매매계약 당시 소외 1은 피고의 이 사건 공장부지에 관한 2002. 4. 15.자 부동산처분위임장 및 2002년 초에 발급된 피고의 인감증명서만 소지하였을 뿐이고, 대리인으로서 의당 소지하고 있을 것이 통상적으로 기대되는 피고의 인감도장 및 이 사건 부동산에 대한 등기필증을 소지하지 아니한 사실, 위 부동산처분위임장에는 대리인으로 소외 1뿐만 아니라 소외 2도 기재되어 있었고, 처분을 위임한 부동산은 이 사건 부동산뿐만 아니라 사건 외 토지도 그 대상이라 할 것인데, 이 사건 매매계약 당시 사건 외 토지에 관하여는 피고 명의로 소유권이전등기가 경료되어 있었으며 그 토지에 관하여 대리인 중 1인인 위 소외 2 명의로 처분금지가처분등기가 경료되어 있었던 사실, 이 사건 매매계약은 원고가 이 사건 공장부지 위에 공장을 설립하기 위하여 체결된 것으로서 그 계약상으로도 원고 앞으로의 공장설립허가명의의 변경이 허가된 후에야 중도금을 지급하기로 약정되어 있었는데, 이 사건 공장부지에 관하여 소외 1 명의의 공장설립승인을 받았다 하더라도 그것은 2002. 11. 12.경으로서 그로부터 3년이 훨씬 경과하여 이 사건 매매체결이 체결되었고, 실제 위 매매계약이 체결되기 전인 2005. 9. 30.경 위 공장설립승인이 취소되었던 사실, 이 사건 매매계약의 특약사항으로 계약의 효력은 매수인이 매도인, 즉 피고의 은행계좌로 계약금을 입금함과 동시에 발생한다고 규정하였음에도 원고는 매도인이 아니라 그 대리인이라 자칭하는 소외 1에게 계약금을 지급한 사실 등을 알 수 있다.

이러한 사실관계에다가, 이 사건 매매계약 당시 피고가 소외 1에게 이 사건 부동산의 처분을 위임한 지 무려 4년 경과하였다면 그 대리권의 변동 여부에 관하여 본인에게 확인할 필요가 있다고 할 것인 점(원심이 인정한 바에 의하더라도, 실제로 피고는 2002년 12월 초순경소외 1에게 이 사건 부동산의 처분 등에 관한 수권의 의사표시를 철회하였다), 위 부동산처분위임장과 이 사건 부동산 및 사건 외 토지의 등기관계에 의하면 피고 또는 소외 2에게 소외 2 명의의 가처분등기의 경위 등에 관하여 알아보았어야 할 것으로 보이는 점, 소외 1 명의로 이 사건 공장부지에 관하여 관할 관청으로부터 공장설립승인을 받았다고 하여 소외 1에게 반드시 이 사건 공장부지에 관한 처분권까지 인정된다고 볼 수 없는 점, 또한 소외 1 명의로 공장설립승인을 받은 때로부터 2년 또는 3년이 훨씬 경과하였으므로 원고는 관할 관청에 그 공장설립승인의 효력 여부에 관하여 확인할 필요가 있었다고 할 것인 점[이 사건 매매계약 당시 시행되던 '구 산업집적활성화 및 공장설립에 관한 법률'(2005. 8. 4. 법률 제7678호로 개정되기 전의 것) 제13조의5, 같은 법 시행령 제19조의4 제1호는 같은 법에 의하여 공장설립의 승인을 얻은 날로부터 3년 또는 일정한 경우에는 2년 내에 정당한 사유 없이 공장의 착공이 없으면 시장 등은 공장설립승인을 취소할 수 있다고 규정하고 있으며, 실제로 울산광역시 OO군수는 위 규정들을 들어 앞서 본 바와 같이 2005. 9. 30.경 위 공장설립승인을 취소하였다], 이 사건 매매계약 당시 본인인 피고 또는 소외 2에게 연락하여 대리권의 존부에 관하여 확인하는 것에 특별히 어려운 사정이 있다고 보이지 아니하는 점 등을 종합하여 보면, **<부동산 매매계약을 체결하면서 본인에게 대리권의 존부를 확인하는 등의 주의를 다하지 못한 상대방의 과실을 이유로 표현대리의 성립을 부정한 사안** *(민법 제125조, 제126조, 제129조)>* 원고로서는 이 사건 매매계약에 있어서 의당 소외 1의 대리권에 대하여 의심을 가지고 직접 피고 본인 또는 소외 2에게 소외 1의 대리권의 존부를 확인하는 등으로 적절한 조사를 하여 보았어야 할 것임에도 불구하고, 이에 나아가지 아니하고 막연히 소외 1 또는 공인중개사의 말이나 소외 1 앞으로의 공장설립승인만을 믿고 이 사건 매매계약을 체결하였다 할 것이므로, 원고는 대리인을 상대로 이 사건 매매계약을 체결함에 있어 마땅히 하여야 할 주의를 다하지 못한 과실이 있다고 할 것이다.

그렇다면 앞에서 본 바와 같은 사정만으로 원고가 소외 1에게 이 사건 부동산에 관하여 매매계약을 체결할 대리권이 있다고 믿음에 있어 과실이 없다고 판단한 원심판결에는 표현대리에 관한 법리를 오해하였거나 채증법칙을 위반한 위법이 있다.

(2) 적용범위
§ 7-16 복대리와 제125조의 표현대리
❶ 대법원 1979. 11. 27. 선고 79다1193 판결 【근저당말소】

원판결 판단은 피고가 원고에 대하여 아무런 채권을 가지고 있지 아니한 점에 다툼이 없으며, 원고가 피고에 대하여 설시와 같이 계약해지를 하였다는 이유로 청구를 인용하였다.
그러나 1심판결이 인정한 바와같이 일건기록에 의하여 **<복대리에 있어서의 표현대리를 인정한 사안** *(민법 제123조)>* 원고*(A)*는 이 사건 토지를 소외 박O범*(B)*에게 매도(계약금도 받아)후 박O범*(B)*이가 조O섭*(을)*과 같이 와서 원고*(A)* 대리인 진O홍*(갑)*에게 그에 대한 소유권이전등기를 할 수 있는 서류를 해주면 딴데(OO물산회사)서 융통하여서 잔대금을 갚겠다고 청함에, 진O홍*(갑)*이가 그들에게 그에 대한 등기권리증, 원고*(A)*의 인감증명, 주민등록표, 각 해당란에 기재가 되어 있지않은 인쇄된 근저당권설정계약서, 위임장, 담보물동의서 각 1통에 원고(A)의 도장을 찍어 주었더니 그 조O섭(을)이가 그것을 가지고 본건 근저당권설정등기를 해버린 사실이 인정될 수 있고, 변론의 전취지에 의하여 피고 소송대리인이 일관하여 피고(C)가 원고(갑)에게 직접 금전을 대여한 바는 없으나 위 조O섭(을)이가 이 사건 토지에 대한 근저당권설정등기에 필요한 모든 서류를 가지고 와 보이면서, 저당설정을 하여 주겠다기에 믿고 그에게 돈 500만원을 꿔주고 근저당권설정등기 하였으니, 위와 같은 서류들을 교부하여 준 원고(갑)에게는 위 조O섭의(을) 행위에 대하여 표현대리로서의 책임이 있다고 시종 주장하여 온 사실을 숨길수 없다 하리니 위 항변 사실이 인정된다면 피고(C)가 조O섭(을)을 원고(갑)의 대리권이 있다고 믿은데에 정당한 사유가 있다고 할 수 있는 법리(당원 '62. 10. 18 선고 62다 508판결 참조)에 비추어 조O섭(을)의 채무는 원고(A)에게 돌아갈 채무라고 인정될 수 있어, 위 표현대리의 주장에 눈감고 심리치 않은 채 서둘러 내린 원판결 결론은 심리미진이 아니면 이유불비의 위법을 남겼다고 아니할 수 없다. 그러므로 논지는 이유있고 원심 판결은 파기를 못한다.

3) 권한을 넘은 표현대리
(1) 대리인에게 일정한 대리권이 있을 것
§ 7-17 기본대리권의 존재
§ 7-17-1 사실행위와 기본대리권
❶ 대법원 1992. 5. 26. 선고 91다32190 판결 【예탁금반환】

사실관계

증권회사 乙의 직원도 아니고 등록 투자상담사도 아닌 B는 乙의 장안지점장인 A의 묵인아래 위 지점에서 투자상담실 부장으로 근무하면서 위 지점에 고객을 유치하고 고객들을 상대로 투자상담을 하는 등 사실상 투자상담사로서의 직무를 수행하였다. B는 이러한 직무수행과정에서 고객인 甲의 주식매수 예탁금을 수령하여 이를 횡령하였다. 이에 甲은 B가 乙을 대리하여 주식매수를 위한 예탁금을 수령할 권한이 있다고 주장하면서 위 예탁금의 반환을 구하는 소를 제기하였다.

판결이유

1. 원고소송대리인의 상고이유를 본다.
(1) 제1점에 대하여
……
소론은 투자상담사를 고객의 대리인이라고 인정할 수 있는 특별한 사정이 없는 한 투자상담사는 증권회사를 대리하여 고객으로부터 예탁금을 수령할 권한이 있는 것으로 보아야 한다고 주장하나, 기록에 의하여 살펴보아도 위 강O복(B)의 경우와 같이 <**증권회사의 직원이 아닌 투자상담사가 증권회사를 대리하여 고객으로부터 예탁금을 수령할 권한이 있는지 여부(소극)** (민법 제114조; 증권거래법 제65조)> 피고 (을) 회사의 직원이 아니면서도 사실상 투자상담사의 역할을 하는 자(B)에게 유가증권 매매의 위탁 권유 등과 관련하여 증권회사를 대리하여 예탁금을 수령하거나 위탁매매계약을 체결할 권한이 있고 또 그것이 증권업계의 일반적인 관행이라고 볼 수 있는 자료가 없고, 소론이 들고 있는 증권종업원에관한규칙이나 투자상담사에 관한규칙도 소론과 같이 볼 수 있는 근거가 되지 못하므로 소론은 받아들일 수 없다. 소론이 들고 있는 당원의 판례는 이 사건에 원용하기에 적절한 것이 아니다. 결국 원심판결에 투자상담사의 권한과 직무범위에 관한 법리오해의 위법이 있다는 논지는 이유 없다.

(2) 제2점에 대하여

<**증권회사의 고객의 유치, 투자상담 및 권유 등 사실행위의 위임을 기본대리권으로 하여 권한초과의 표현대리가 성립할 수 있는지 여부(소극)** (민법 제126조)> 민법 제126조의 표현대리가 성립하기 위하여는 무권대리인에게 법률행위에 관한 기본대리권이 있어야 하는바, 이 사건에서 소외 강O복(B)이 피고(을) 회사로부터 위임받은 고객의 유치, 투자상담 및 권유, 위탁매매약정실적의 제고 등의 업무는 사실행위에 불과하다고 할 것이므로, 이와 같은 취지에서 원심이 위 강O복(B)에게 기본적 대리권이 없음을 이유로 권한초과의 표현대리 성립을 부인하였음은 정당하고 소론과 같은 위법이 없다. 이와 반대의 견해에서 원심판결을 비난하는 논지는 모두 이유 없다.

§ 7-17-2 표현대리 규정의 중복적용
❶ 대법원 2008. 1. 31. 선고 2007다74713 판결 【계약금반환등】
(대법원 1970. 2. 10. 선고 69다2149 판결; 대법원 1979. 3. 27. 선고 79다234 판결)

1. 대리권에 관한 상고이유의 판단

<**계약 체결에 관한 권한을 수여받은 대리인에게 그 계약의 해제 등 처분권과 상대방의 의사를 수령할 권한이 당연히 있는지 여부(소극)** (민법 제114조, 제118조, 제128조)> 어떠한 계약의 체결에 관한 대리권을 수여(수여)받은 대리인이 수권된 법률행위를 하게 되면 그것으로 대리권의 원인된 법률관계(기초적 내부관계)는 원칙적으로 목적을 달성하여 종료되는 것이고, 법률행위에 의하여 수여(수여)된 대리권은 그 원인된 법률관계의 종료에 의하여 소멸하는 것이므로(민법 제128조), 그 계약을 대리하여 체결하였다 하여 곧바로 그 사람이 체결된 계약의 해제 등 일체의 처분권과 상대방의 의사를 수령할 권한까지 가지고 있다고 볼 수는 없다(대법원 1957.

10. 21. 선고 4290민상461, 462 판결, 대법원 1987. 4. 28. 선고 85다카971 판결 등 참조).
······

2. 표현대리에 관한 상고이유의 판단

<법률행위시에 기본대리권이 존재하지 않는 경우에도 민법 제126조에 의한 표현대리가 성립하는지 여부(소극) (민법 제126조)> 민법 제126조에서 말하는 권한을 넘은 표현대리는 현재에 대리권을 가진 자가 그 권한을 넘은 경우에 성립하는 것이지, 현재에 아무런 대리권도 가지지 아니한 자가 본인을 위하여 한 어떤 대리행위가 과거에 이미 가졌던 대리권을 넘은 경우에까지 성립하는 것은 아니라고 할 것이고 (대법원 1973. 7. 30. 선고 72다1631 판결, 대법원 1979. 3. 27. 선고 79다234 판결 등 참조), 한편 <민법 제129조에 의한 표현대리가 인정되는 경우, 민법 제126조에 의한 표현대리가 성립할 수 있는지 여부(적극) (민법 제126조, 제129조)> 과거에 가졌던 대리권이 소멸되어 민법 제129조에 의하여 표현대리로 인정되는 경우에 그 표현대리의 권한을 넘는 대리행위가 있을 때에는 민법 제126조에 의한 표현대리가 성립할 수 있다(대법원 1970. 2. 10. 선고 69다2149 판결 참조). 또한, <표현대리의 상대방이 대리권이 있다고 믿은 데 정당한 이유가 있는지 여부의 판단기준 (민법 제126조)> 표현대리의 효과를 주장하려면 상대방이 자칭 대리인에게 대리권이 있다고 믿고 그와 같이 믿는 데 정당한 이유가 있을 것을 요건으로 하는 것인바, 여기의 정당한 이유의 존부는 자칭 대리인의 대리행위가 행하여 질 때에 존재하는 제반 사정을 객관적으로 관찰하여 판단하여야 한다(대법원 1987. 7. 7. 선고 86다카2475 판결 참조).

원심판결 이유에 의하면, 원심은 피고가 이 사건 계약금액에 대한 반환 명목으로 금원을 지급할 당시 소외인에게는 원고로부터 위임받은 권한이 전혀 없었으므로 기본대리권이 존재한다고 볼 수 없을 뿐 아니라, 소외인이 이 사건 계약 및 계약금액 2억 원의 고철수거계약의 성립과 그 해소 과정에서 그 판시와 같이 관여한 사정만으로는 피고가 소외인에게 원고를 대리하여 이 사건 계약금액을 반환받을 권한이 있다고 믿을 만한 정당한 이유가 있다고 보기는 어렵다는 이유로 피고의 표현대리에 관한 항변을 배척하였는바, 위 법리 및 기록에 비추어 원심의 위와 같은 판단은 수긍할 수 있고, 거기에 상고이유에서 주장하는 채증법칙 위배로 인한 사실오인, 민법 제126조의 표현대리에 있어서 '정당한 이유'에 관한 법리오해 등의 위법이 있다고 할 수 없다.

§ 7-18 기본대리권의 적격성 문제
§ 7-18-1 복대리권
❶ 대법원 1998. 3. 27. 선고 97다48982 판결 【구상금】

사실관계

乙(장ㅇ희)은 丙을 통해 A은행으로부터 대출을 받아달라는 부탁을 하면서 은행대출에 필요한 서류로 인감증명서와 인감도장, 주민등록증 등을 교부하였다. 丙은 이 서류를 이용하여 대출을 받으려고 하던 중, 평소 알고 지내던 화물운송업자인 乙1(어ㅇ정)로부터 "덤프트럭을 할부구입하려고 하니 연대보증인 1명 소개하여 달라"는 부탁을 받고 임의로 乙1에게 乙의 인감증명서 발급신청 위임장을 위조하여 용도가 '보증보험 연대보증용(원심 공동피고 중기 2대 구입)'으로 기재된 인감증명서를 발급받은 후 위 연대보증계약 체결에 사용하라면서 인감도장과 함께 위 인감증명서를 교부하였다. 이에 乙1은 乙의 대리인으로서 乙의 이름으로 甲은행과 丁의 채무에 대해 보증계약을 체결하였는데, 이후 丁이 대출금 및 이자를 변제하지 못하자, 甲은 乙에게 보증채무의 이행을 구하는 소를 제기하였다.

판결이유

......

3. 표현대리에 관한 법리오해의 점에 대하여

원심이 인정한 사실관계에 의하면, 위 소외 1(병)과 소외 2(병)는 비록 무권대리인이기는 하지만 피고들(을)로부터 대출신청에 관한 기본대리권을 수여받은 자들로서 위 원심 공동피고(을1) 또는 소외 3에게 원고(갑)와 사이에서 피고들(병) 명의의 연대보증계약을 체결하는 데에 사용하라면서 피고들(병)의 각 인감도장을 교부하였고, 위 원심 공동피고(을1), 소외 3, 최ㅇ혁 등은 결국 위 소외 1(병)과 소외 2(병)의 의사에 따라 피고들(병) 명의의 이 사건 연대보증계약서의 작성에 관여한 것이므로, <**대리인이 사자 내지 임의로 선임한 복대리인을 통하여 권한 외의 법률행위를 한 경우, 민법 제126조의 적용에 있어 기본대리권의 흠결이 되는지 여부(소극)**>*(민법 제126조)* 이들(을1)은 무권대리인인 위 소외 1(병)과 소외 2(병)가 결정한 의사를 서명 대행의 방식으로 원고(갑)에게 표시하여 그 의사를 완성한 사자(사자) 내지는 위 소외 1(병)과 소외 2(병)에 의하여 선임된 피고(을)의 복대리인에 해당한다고 할 것이고, 이러한 경우 상대방인 원고(갑)가 위 원심 공동피고 등(을1)이 대리권을 가진 대리인으로 믿었고 또한 그렇게 믿는 데에 정당한 이유가 있는 때에는, 복대리인 선임권이 없는 대리인(병)에 의하여 선임된 복대리인의 권한도 기본대리권이 될 수 있을 뿐만 아니라(대법원 1967. 11. 21. 선고 66다2197 판결 등 참조), 위 원심 공동피고 등(을1)이 사자라고 하더라도 이 사건 대리행위의 주체가 되는 대리인인 위 소외 1(병)과 소외 2(병)가 별도로 있고 그들에게 본인인 피고들(을)로부터 기본대리권이 수여된 이상, 민법 제126조를 적용함에 있어서 기본대리권의 흠결 문제는 생기지 않는다고 할 것인바, 원심이 이와 달리 위 원심 공동피고에게 피고들을 위하여 어떠한 법률행위를 할 수 있는 기본대리권이 없었다는 이유로 피고들에 대하여 민법 제126조의 표현대리책임을 물을 수 없다고 판단한 데에는 표현대리에 관한 법리오해의 위법이 있다고 할 것이고, 이 점을 지적한 논지는 이유 있다.

그러나, 기록에 의하면, 이 사건 할부보증보험계약을 체결할 당시 원고 회사에 제출된 할부판매보증보험 약정서에는 보험계약자 및 피고들을 포함한 대부분의 연대보증인들의 주소 및 이름이 동일한 필체에 의하여 기재되어 있고, 특히 피고 장O희(을)의 이름 옆에 찍혀진 인영 바로 옆에 ×로 말소된 인영이 있었던 점, 또한 위 약정서와 함께 제출된 피고들(을)의 각 인감증명서는 모두 대리발급의 인감증명서이었던 점을 엿볼 수 있는바, 사실관계가 이와 같다면 <월권대리에 의하여 체결된 연대보증계약에 대하여 약정서의 형식이나 내용이 이례적이고 대리 발급의 인감증명서가 첨부된 사실 등을 고려하여 민법 제126조에 의한 표현대리 주장을 배척한 사안 (민법 제126조)> 원고(갑)가 이 사건 거래 당시 제출받은 이 사건 계약서류는 객관적인 거래관념에 비추어 볼 때 통상의 경우와는 달리 그 형식이나 내용에서 다소 이례적이라고 할 것이고, 이와 아울러 이 사건 보증보험금액이 다액이어서 피고들(을)이 부담할 채무의 내용이 무거운 반면 보험계약자가 보증인의 기명날인을 위조 또는 도용하거나 다른 목적을 위하여 교부받은 인장을 함부로 보증의 기명날인에 유용할 가능성이 있는 점을 감안할 때, 비록 원고(갑) 회사 내에는 위와 같은 보증보험계약을 체결할 경우 통상 그 보험계약자에게 보험약정서 등의 서류를 교부하여 그로 하여금 연대보증인의 서명날인과 함께 그 인감증명서를 받아 오도록 하고 있을 뿐 그 보증인에 대하여 직접 보증의사를 확인하고 서명날인을 받도록 하는 회사 내의 지침이나 실무상의 관행이 정립되어 있지 아니한다고 할지라도, 이 사건 할부보증보험계약을 체결함에 있어서 원고로서는 적어도 보증인인 피고 장O희(을)에게 그 보증의사 또는 대리권 수여의 유무 등을 확인할 필요가 있었다고 할 것이고, 그 확인 과정에서 문서위조의 점이 발견되면 다른 보증인들에 대하여도 마찬가지로 그 보증의사 등을 확인하였어야 함이 상당하다고 볼 것이다.

§ 7-18-2 일상가사대리권

❶ 대법원 1981. 6. 23. 선고 80다609 판결 【가옥명도】

사실관계

乙의 아내인 A(소외 1)는 B(황O봉)로부터 금원을 차용하면서 乙 몰래 乙의 인감과 인감증명서 등을 소지하고, 乙의 대리인인 것처럼 행세하여 위 차용금의 담보로 B 앞으로 乙 소유였던 X 부동산에 관하여 소유권이전청구권보전을 위한 가등기를 경료하여 주었다. 당시 B는 A의 인척인 C(유O상)로부터 乙 집안이 경제적으로 여유있을 뿐 아니라 완고하고 보수적인 가풍이며, A 역서 검소하고 알뜰하여 乙과의 사이도 원만하다는 소문이 나있고 乙 집안에 일시적으로 돈 쓸 일이 생겨서 乙이 A를 통하여 돈을 빌리고자 한다는 말을 듣고 있던 중, A가 乙의 인감도장, 인감증명서, 주민등록표등본 등을 가지고 와서 乙로부터 위 가등기경료에 관한 대리권을 수여 받았다고 말할 뿐 아니라, 그 인감증명서의 뒷면이 백지로 되어 있어 현행 인감증명 발급절차에 비추어 이를 乙 본인이 직접 발급받은 것이라고 믿었다. 이 후 X 부동산에 대해서는 위 가등기에 터잡아 B 및 甲 명의의 각 소유권이전등기가 순차적으로 이루어졌고, 甲은 乙을 상대로 X 부동산에 대한 명도를 구하였다.

판결이유

원심판결 이유에 의하면, 원심은 피고(을)의 처인 소외 1(A)이 소외 황O봉(B)으로부터 판시 금원을 차용함에 있어 피고(B) 몰래 피고(B)의 인감과 인감증명서 등을 소지하고, 피고(B)의 대리인인 양 행세하여 위 차용금의 담보로 위 황O봉(B) 앞으로 피고(B) 소유였던 이 건 부동산에 관하여 소유권이전청구권 보전의 가등기를 경료하여 주었으나, 소외 1(A)의 가등기경료행위는 피고(B)의 승낙 없이 이루어진 무권대리행위로서 무효이고, 그에 터잡아 순차 이루어진 위 황O봉(B) 및 원고(갑) 명의의 각 소유권이전등기 역시 무효라고 판단한 다음, 나아가 소외 1(A)의 행위가 권한을 넘는 표현대리에 해당한다는 원고(갑)의 주장에 대하여, 먼저 **<처가 남편 명의로 금원을 차용하고 그 담보로 남편 소유의 부동산에 가등기를 설정하여 준 행위를 일상가사대리권을 넘은 표현대리행위라고 인정한 사안** (민법 제126조, 제827조)> 소외 1(A)은 일상가사에 관하여 남편인 피고(을)를 대리할 기본대리권이 있는 것이라고 전제하고 나서, 그 거시의 여러 증거를 종합하여, 위 황O봉(B)으로서는 소외 1(A)의 인척인 소외 유O상(C)으로부터 피고 집안이 경제적으로 여유있을 뿐 아니라, 완고하고 보수적인 가풍이며, 소외 1(A) 역시 검소하고 알뜰하여 남편인 피고(을)와의 사이도 원만하다는 소문이 나 있는 데다가 피고(을) 집안에 일시적으로 돈 쓸 일이 생겨서 피고(을)가 그 처(A)를 통하여 돈을 빌리고자 한다는 말을 듣고 있던 중, 소외 1(A)이 피고(을)의 인감도장, 인감증명서, 주민등록표등본 등을 가지고 와서 남편인 피고(을)로부터 위 가등기경료에 관한 대리권을 수여 받았다고 말할 뿐 아니라, 그 인감증명서의 뒷쪽이 백지로 되어 있어 현행 인감증명 발급절차에 비추어 이를 피고 본인이 직접 발급받은 것이라고 믿은 사실을 인정하고, 위와 같은 사정 등에 비추어 보면, 위 황O봉(B)으로서는 소외 1(A)이 이 건 가등기경료에 관하여 피고(을)를 대리할 권한이 있다고 믿음에 정당한 사유가 있다고 할 것이므로, 원고의 위 주장은 이유있다고 판단하고 있는바, 이를 기록에 의하여 살펴보면 원심의 위 사실인정과 판단은 정당(일상가사에 관하여 남편인 을을 대리할 권한이 있는 A가 을 몰래 남편의 인감도장, 인감증명서 등을 소지하고 그 대리인인 양 행세하여

금원을 차용하고 그 담보로 을 소유의 부동산에 가등기를 경료하여 준 경우에 그 상대방 B가 위 A에게 그 을을 대리할 권한이 있다고 믿음에 정당한 사유가 있다고 인정한 사안)하고, 거기에 소론과 같은 채증법칙 위배 또는 처의 일상가사대리권을 유월한 경우의 표현대리에 관한 법리오해 등의 잘못이 있다 할 수 없다.

(2) 대리인이 권한 밖의 법률행위를 하였을 것
§ 7-19 대리인의 대리행위
❶ 대법원 2002. 6. 28. 선고 2001다49814 판결 [대여금등]

사실관계

甲(주식회사 상호신용금고)은 1995. 6. 15. 乙에게 6억 3천만 원을 1997. 6. 15.에 상환하기로 약정하여 대출(제1대출)하였다. 또한 甲은 1995. 9. 6. 乙과 사이에 여신한도는 1억 원, 여신기간은 1997. 9. 5.로 하여 甲이 乙에게 어음할인 등을 하여 주고, 할인어음의 지급이 거절된 때에는 乙은 즉시 기한의 이익을 상실하여 지연손해금을 지급하기로 하는 내용의 어음거래약정을 체결하였으며, 같은 날 乙에게 ① A 주식회사 발행의 액면 금 3천만 원의 약속어음 1장과, ② B 주식회사 발행의 액면 금 5천 5백만 원의 약속어음 1장을 각 할인하여 주고 금 8천 5백만 원을 대출(제2대출)하여 주었다. 그 후 甲이 위 각 약속어음의 지급기일에 각 지급장소에서 지급제시하였으나 무거래로 지급거절되었다. 그런데 제1 및 제2대출이 이루어진 경위는, 乙의 아내였던 丙(그 후 1995. 12. 1. 乙과 협의이혼하였음)이 당시 남편이었던 乙 몰래 乙 소유의 X 부동산을 담보로 제공하고 甲으로부터 금원을 대출받기로 마음먹고, 丁(윤○○)과 공모하여, 乙 주민등록증의 사진을 떼어내고 그 자리에 丁의 사진을 붙인 다음 그 주민등록증사본을 甲의 담당직원에 제출하여 丁이 乙인 것처럼 가장하여 이 사건 각 차용금증서 및 어음거래약정서 등에 乙의 인장을 날인함으로써 이를 위조하여 작성한 것이다. 이에 甲은 주위적으로 甲이 乙에게 제1, 제2대출을 한 것이라고 주장하고, 예비적으로 乙은 제1 및 제2대출에 대하여 민법 제126조의 표현대리책임이 있다고 주장하면서 乙에 대하여 제1 및 제2대출금의 반환을 구하는 소를 제기하였다.

판결이유

.....

2. 제2점에 대하여
<대리행위의 표시를 하지 아니하고 본인인 것처럼 기망하여 본인 명의로 직접 법률행위를 한 경우, 민법 제126조의 표현대리의 성립 여부(소극)> 민법 제126조의 표현대리는 대리인이 본인을 위한다는 의사를 명시 혹은 묵시적으로 표시하거나 대리의사를 가지고 권한 외의 행위를 하는 경우에 성립하고, 사술을 써서 위와 같

은 대리행위의 표시를 하지 아니하고, 단지 본인의 성명을 모용하여 자기가 마치 본인인 것처럼 기망하여 본인 명의로 직접 법률행위를 한 경우에는 특별한 사정이 없는 한 위 법조 소정의 표현대리는 성립될 수 없는 것이다.

원심판결 이유에 의하면 원심은, 그 판시의 증거들을 종합하여 피고(을)의 처였던 소외 1(병)이 당시 남편이었던 피고(을) 몰래 피고(을) 소유의 이 사건 부동산을 담보로 제공하고 원고(갑)로부터 금원을 대출받기로 마음먹고, 소외 2(정)와 공모하여 피고(을)의 주민등록증의 피고(을) 사진을 떼어내고 그 자리에 소외 2(정)의 사진을 붙인 다음 그 주민등록증 사본을 원고(갑)의 담당직원에 제출하는 방법으로 소외 2(정)가 피고(을)인 것처럼 가장하여 이 사건 각 차용금증서 및 어음거래약정서 등에 피고(을)의 인장을 날인함으로써 이를 각 위조한 사실을 인정한 다음, "소외 1(병)은 이 사건 각 대출 이전에 피고(을)로부터 일정한 기본대리권을 수여받았거나 피고(을)의 처로서 일상가사대리권이 있었는데, 다만, 자신이 직접 피고(을)의 대리인으로서 원고(갑)로부터 위 각 대출을 받은 것이 아니라, 소외 2(정)로 하여금 피고(을) 본인인 것처럼 행세하도록 하여 원고(갑)를 속이고 위 각 대출을 받았는바, 원고(갑)로서는 소외 2(정)가 피고(을) 본인인 것으로 믿었고 그 믿은 데에 정당한 이유가 있으므로, 피고(을)는 이 사건 각 대출에 대하여 민법 제126조 소정의 표현대리책임이 있다."는 원고의 주장에 대하여 <**처가 제3자(정)를 남편으로 가장시켜 관련 서류를 위조하여 남편 소유의 부동산을 담보로 금원을 대출받은 경우, 남편에 대한 민법 제126조 소정의 표현대리책임을 부정한 사안**> 사술을 써서 대리행위의 표시를 하지 아니하고 단지 본인의 성명을 모용하여 자기가 마치 본인인 것처럼 상대방을 기망하여 본인 명의로 직접 법률행위를 하는 경우에는 특별한 사정이 있는 경우에 한하여 민법 제126조 소정의 표현대리의 법리를 유추적용할 수 있다고 할 것인데, 여기서 특별한 사정이란 본인을 모용한 사람에게 본인을 대리할 기본대리권이 있었고, 상대방으로서는 위 모용자가 본인 자신으로서 본인의 권한을 행사하는 것으로 믿은 데 정당한 사유가 있었던 사정을 의미한다고 할 것이라고 전제하고 나서, 피고를 모용한 소외 2(정)가 피고(을)를 대리할 어떠한 기본대리권이 있다는 점에 관하여 아무런 주장·입증이 없다고 판단하여 원고(갑)의 위 주장을 배척하고 있는바, 앞서 본 법리와 기록에 비추어 살펴보면, 원심의 위와 같은 사실인정과 판단은 옳다고 수긍이 되고, 원심판결에 상고이유로 주장하는 바와 같이 민법 제126조 소정의 표현대리의 유추적용에 관한 법리를 오해한 위법이 있다고 할 수 없다.

❷ 대법원 1993. 2. 23. 선고 92다52436 판결 [소유권이전청구권양도확인]

원심판결 이유에 의하면, 원심은 그 채택증거에 의하여 피고가 그의 형인 소외 정

O출에게 피고의 인장을 맡기면서 이 사건 아파트에 관한 임대 등 일체의 관리를 위임한 사실을 인정하였는바, 기록에 비추어 보면 원심의 위와 같은 사실인정은 옳고, 그 사실인정 과정에 채증법칙위배의 위법이 있다 할 수 없다.

<대리행위의 표시를 하지 아니하고 자기가 본인인 것처럼 기망하여 본인 명의로 직접 법률행위를 한 경우 민법 제126조의 표현대리의 성부(한정소극)> 민법 제126조의 표현대리는 대리인이 본인을 위한다는 의사를 명시 혹은 묵시적으로 표시하거나 대리의사를 가지고 권한 외의 행위를 하는 경우에 성립하고, 사술을 써서 위와 같은 대리행위의 표시를 하지 아니하고, 단지 본인의 성명을 모용하여 자기가 마치 본인인 것처럼 기망하여 본인 명의로 직접 법률행위를 한 경우에는 특별한 사정이 없는 한 위 법조 소정의 표현대리는 성립할 수 없음은 소론 주장과 같으나, 이 사건에서와 같이 *<사안의 경우>* 본인으로부터 아파트에 관한 임대 등 일체의 관리권한을 위임받아 자신을 본인으로 가장하여 아파트를 임대한 바 있는 대리인이 다시 자신을 본인으로 가장하여 임차인에게 아파트를 매도하는 법률행위를 한 경우에는 권한을 넘은 표현대리의 법리를 유추적용하여 본인에 대하여 그 행위의 효력이 미친다고 볼 수 있는 것이고(당원 1988. 2. 9. 선고 87다카273 판결; 1978. 3. 28. 선고 77다1669 판결; 1976. 5. 25. 선고 75다1803 판결 등 참조), 또 원심이 확정한 바와 같이 피고가 소외 부산직할시로부터 이 사건 아파트를 분양받아 사실상 소유하고 있다가 서울로 이사를 가면서 그의 형인 소외 정O출에게 피고의 인장을 맡기고 위 아파트에 관한 임대 등 일체의 관리를 위임하였고, 원고는 피고 본인으로 행세하는 위 정O출로부터 위 아파트를 임차하여 임차기간을 갱신하면서 위 아파트에서 1년 이상 거주하여 오다가, 역시 피고 본인으로 행세하는 위 정O출로부터 위 아파트를 매수하였는데, 위 정O출은 임대차계약 당시뿐만 아니라 매매계약 당시에도 피고의 인장을 지참하여 피고의 이름으로 계약을 체결하고, 그 대금 등도 피고의 이름으로 수령하였다면, 원고는 위 매매계약 당시 위 정O출에게 위 아파트를 처분할 권한이 있다고 믿을 만한 정당한 사유가 있었다고 할 것이다.

(3) 상대방이 대리인에게 대리권이 있다고 믿을 만한 정당한 이유가 있을 것
§ 7-20 정당한 이유
❶ 대법원 2018. 7. 24. 선고 2017다2472 판결 [소유권이전등기]

1. *<민법 제126조에서 정한 표현대리의 성립요건으로 상대방이 대리권이 있다고 믿을 만한 '정당한 이유'가 있는지 판단하는 기준>* 민법 제126조의 표현대리의 효과를 주장하려면 상대방이 자칭 대리인에게 대리권이 있다고 믿고 그와 같이 믿는 데 정당한 이유가 있을 것을 요건으로 하는 것인데, 여기의 정당한 이유의 존부는 자칭 대리인의 대리행위가 행하여질 때에 존재하는 제반 사정을 객관적으로 관찰

하여 판단하여야 한다(대법원 2013. 4. 26. 선고 2012다99617 판결 참조). *<무권대리인이 매매계약 후 이행단계에서 본인의 인감증명과 위임장을 상대방에게 교부한 사정만으로 상대방이 무권대리인에게 권한이 있다고 믿을 만한 정당한 이유가 있었다고 단정할 수 있는지 여부(소극)>* 민법 제126조의 표현대리에 있어서 무권대리인에게 그 권한이 있다고 믿을 만한 정당한 이유가 있는가의 여부는 대리행위인 매매계약 당시를 기준으로 결정하여야 하고, 매매계약 성립 이후의 사정은 고려할 것이 아니므로, 무권대리인이 매매계약 후 그 이행단계에서야 비로소 본인의 인감증명과 위임장을 상대방에게 교부한 사정만으로는 상대방이 무권대리인에게 그 권한이 있다고 믿을 만한 정당한 이유가 있었다고 단정할 수 없다(대법원 1981. 12. 8. 선고 81다322 판결 참조).

4) 대리권 소멸 후의 표현대리
§ 7-21 제129조의 표현대리와 복대리
❶ 대법원 1998. 5. 29. 선고 97다55317 판결 【소유권이전등기】

사실관계

1980. 9. 27. 국가보위입법회의는 기업체질강화 대책의 일환으로, 금융기관으로부터 일정 규모 이상의 여신을 받은 기업체로 하여금 기업체와 기업주소유의 비업무용 부동산을 자진 매각하여 그 처분대금으로 대출금을 상환하거나 증자를 통하여 기업자금화하도록 하고, 이를 이행하지 아니하는 기업에 대하여는 일체의 금융지원을 중단하기로 하는 내용의 소위 9. 27. 특별조치를 발표하였다. 이에 따라 乙의 피상속인으로서 B회사의 회장으로 있던 A는 1981. 12. 26. 자기 소유인 이 사건 부동산의 처분권한을 B회사에 수여하고, B회사의 주거래 은행인 C은행(A의 대리인)에 "이 사건 부동산을 토지개발공사에 매입의뢰, 처분함에 동의한다"는 내용의 동의서를 제출하였다. C은행은 1984. 7. 25. D(성업공사, 현재는 한국자산관리공사)에 위 부동산의 처분을 재위임하여 D(복대리인)는 1989. 9. 11. 甲과 사이에 위 부동산에 관한 매매계약을 체결하였다. 그런데 A는 C은행이 D에 위 부동산의 처분을 재위임하기 이전인 1983. 10. 26. 사망하였다. 한편 甲이 A의 상속인 乙에게 위 부동산에 대한 소유권이전등기를 요구하자, 乙은 A가 B회사에 수여한 부동산의 처분에 관한 대리권은 A가 사망함으로써 소멸하였고, 따라서 A의 복대리인인 D와 甲과 사이에 체결된 매매계약은 A의 상속인들인 자신들에 대하여는 아무런 효력이 없다고 하면서 위 부동산의 이전등기를 거절하였다. 이에 대하여 甲은 자신이 D로부터 위 부동산을 매수할 당시 D의 대리권이 소멸되었다는 사실을 과실 없이 알지 못하였으므로 대리권 소멸 후의 표현대리 법리에 따라 D와의 매매계약은 여전히 유효하다고 주장하면서, 乙을 상대로 위 부동산에 대한 소유권이전등기를 구하는 소를 제기하였다.

판결이유

1. 원심판결 이유에 의하면, 원심은, …… 문O광(A)이 소외 회사(B)에 수여한 이 사건 부동산의 처분에 관한 대리권은 본인인 문O광(A)이 사망함으로써 소멸하였고, 따라서 문O광(A)의 복대리인 성업공사(D)와 원고(갑)와 사이에 체결된 매매계약은 문O광(A)의 상속인들인 피고들(을)에 대하여는 아무런 효력이 없다고 판시한 다음, 원고의 다음과 같은 주장, 즉 원고(갑)가 성업공사(D)로부터 이 사건 부동산을 매수할 당시 원고(갑)는 성업공사(D)의 대리권이 소멸되었다는 사실을 과실 없이 알지 못하였으므로, 대리권 소멸 후의 표현대리 법리에 따라 성업공사(D)와 원고(갑) 사이의 매매계약은 여전히 유효하다는 주장에 대하여, 대리권 소멸 후의 표현대리가 성립하기 위하여는 처음에는 유효한 대리권이 존재하였을 것이 필요한데, 성업공사(D)가 소외 은행(C)으로부터 이 사건 부동산의 처분을 재위임받았을 때는 이미 문O광(A)이 사망하여 소외 회사(B)와 소외 은행(C)의 대리권이 모두 소멸한 후였으므로, 소외 은행(C)이 성업공사(D)에 이 사건 부동산의 처분을 위임한 것 자체가 권한 없는 자에 의한 것이어서 무효이고, 따라서 성업공사(D)에 적법한 대리권이 존재하였음을 전제로 한 표현대리의 주장은 더 나아가 살펴볼 필요 없이 이유 없다고 판단하였다.

2. <***대리인이 대리권 소멸 후 선임한 복대리인과 상대방 사이의 법률행위에도 민법 제129조의 표현대리가 성립하는지 여부(적극)*** (민법 제120조, 제129조)> 표현대리의 법리는 거래의 안전을 위하여 어떠한 외관적 사실을 야기한 데 원인을 준 자는 그 외관적 사실을 믿음에 정당한 사유가 있다고 인정되는 자에 대하여는 책임이 있다는 일반적인 권리외관 이론에 그 기초를 두고 있는 것인 점(대법원 1962. 2. 8. 선고 4294민상192 판결 참조)에 비추어 볼 때, 대리인이 대리권 소멸 후 직접 상대방과 사이에 대리행위를 하는 경우는 물론, 대리인이 대리권 소멸 후 복대리인을 선임하여 복대리인으로 하여금 상대방과 사이에 대리행위를 하도록 한 경우에도, 상대방이 대리권 소멸 사실을 알지 못하여 복대리인에게 적법한 대리권이 있는 것으로 믿었고, 그와 같이 믿은 데 과실이 없다면 민법 제129조에 의한 표현대리가 성립할 수 있다.

따라서 원심이 확정한 바와 같이, <***사안의 경우***> 소외 회사(B)나 소외 은행(C)은 당초 적법한 대리권을 가지고 있었으나, 본인인 문O광(A)의 사망으로 대리권이 소멸함으로써 복대리인으로 선임된 성업공사(D)에는 처음부터 적법한 대리권이 없었다고 하더라도, 소외 회사(B)와 소외 은행(C)의 대리권 소멸 후 소외 은행(C)이 성업공사(D)를 복대리인으로 선임하여 성업공사(D)가 문O광(A)의 대리인으로서 이 사건 부동산에 관한 매매계약을 체결한 것은 대리권 소멸 후의 대리행위로서 민법 제129조에 의한 표현대리가 성립할 수 있는 경우에 해당한다.

그리고 기록을 살펴보면, 원고(갑)의 표현대리 주장이 원심이 판시한 바와 같이 반드시 성업공사(D)에 적법한 대리권이 존재하였다가 소멸하였음을 전제로 한 것으로 보기도 어렵다.

원심으로서는 원고(갑)가 성업공사(D)의 대리권에 관하여 선의·무과실인지 여부에 나아가 살펴보고서 민법 제129조에 의한 표현대리가 성립하는지 여부를 판단하였어야 함에도 불구하고, 앞에서 본 바와 같은 이유를 들어 원고(갑)의 주장을 가볍게 배척하고 말았으니, 원심판결에는 민법 제129조에 의한 표현대리에 관한 법리를 오해하여 판결에 영향을 미친 위법이 있고, 상고이유 중 이 점을 지적하는 부분은 이유 있다.

2. 협의의 무권대리

1) 본인과 상대방 사이의 효과
(1) 본인에 대한 효과
가. 본인의 추인권
§ 7-22 추인의 상대방

❶ 대법원 1981. 4. 14. 선고 80다2314 판결 【소유권이전등기말소】

사실관계

甲의 아들 A가 甲의 인장을 위조하여 X 토지를 B에 매도하고, B는 C에게, C는 乙에게 순차 매도하여 그 소유권등기는 甲으로부터 C를 거쳐 乙에게 순차 이전되었다. 乙이 X 토지를 매수한 후 甲을 방문하여 매수사실을 말하고 그 토지 위치를 가르쳐 달라고 하자, 甲은 이에 응하여 그 소재 위치를 가르쳐 주었다. 또 乙이 2차에 걸쳐 甲이 거주하는 마을사람 3, 4명을 고용하여 X 토지에 식목하고 매년 여름 제초작업을 하여온 8년간 X 토지 인근에 거주하는 甲은 아무 이의가 없었다. 그리고 甲은 A가 약 10여 년 전부터 X 토지뿐 아니라 甲 소유의 다른 전답을 매각 처분하는 것을 짐작하고 있었음에도 아무런 조치를 아니하였을 뿐 아니라, X 토지는 그 당시 별로 값이 나가지 아니하여 甲은 A의 처분행위를 문제시하지 않았다. 그러다가 甲이 乙에 대하여 이전등기말소를 청구하였다.

판결이유

1. <무권대리행위의 추인의 방식 및 그 상대방 *(민법 제130조, 제132조)*> 무권대리행위의 추인에 특별한 방식이 요구되는 것이 아니므로, 명시적인 방법만 아니라 묵시적인 방법으로도 할 수 있고(당원 1967. 12. 26. 선고 67다2448, 2449 판결 참조), 또 그 추인은 무권대리인이나 무권대리행위의 상대방 어느 편에 대하여도 할

수 있으며(당원 1969. 10. 23. 선고 69다1175 판결 참조), 여기 상대방이라 함은 무권대리행위의 직접 상대 당사자 뿐만이 아니라 그 무권대리행위로 인한 권리 또는 법률관계의 승계인도 포함된다고 해석된다.

원심판결에 의하면, 원고(갑)의 아들 소외 석O철(A)이 원고의 인장을 위조하여 본건 토지를 소외 김O운(B)에 매도하고, 김O운(B)은 소외 김O수(C)에게, 김O수(C)는 피고(을)에게 순차 매도하여 그 소유권등기는 원고(갑)로부터 위 김O수(C)를 거쳐 피고(을)에게 순차 이전된 본건에 있어 피고(을)가 본건 토지를 매수 후 원고(갑)를 심방하여 매수사실을 말하고 그 토지 위치를 가르쳐 달라고 하자 원고(갑)는 이에 응하여 그 소재 위치를 가르쳐준 사실, 피고(을)가 2차에 걸쳐 원고(갑)거주 동리사람 3,4명을 고용하여 식목하고 매년 여름 제초작업을 하여온 8년간에 본건 토지 인근에 거주하는 원고(갑)는 아무 이의가 없었던 사실, 위 석O철(A)이 약 10여 년 전부터 본건 임야뿐 아니라 원고(갑) 소유 다른 전답을 매각 처분하는 것을 짐작하고 있는 원고(갑)는 아무런 조치를 아니하였을 뿐 아니라, 본건 임야는 그 당시 별로 값이 나가지 아니하여 원고(갑)는 위 소외인(A)의 처분행위를 문제시 아니한 사실 등을 인정한 다음 이를 위 석O철(A)의 무권대리행위의 묵시적인 추인이라고 단정하였는 바 기록에 대조하건대 원심의 그 조치에 수긍이 간다.

원심의 위 설시에 따르면, <u>위 묵시적인 추인은 피고(을)에게 대하여 할 것이며 또 위 무권대리인 석O철(A)에 대하여 한 것이라고도 못 볼 바 아니어서 어느 모로도 유효한 추인이라고 할 것이며</u>, <민법 제132조의 규정취지> 민법 제132조의 규정은 추인을 상대방에게 아니하고 무권대리인에게 한 경우에 상대방이 추인있음을 알지 못한 동안에는 본인은 상대방에게 추인의 효과를 주장하지 못한다는 취지이며, 따라서 상대방은 그때까지 동 법 제134조에 의한 철회를 할 수 있으되, 그렇지 아니하고 무권대리인에의 추인이 있었음을 주장함도 무방하다 할 것이다.

<u>그러므로 본건의 경우 원심이 본인인 원고(갑)의 추인이 있었다 하고, 또 그것이 유효하다고 한 판단은 정당하고</u>, 거기에 소론과 같은 법리오해가 있다고 할 수 없다.

§ 7-23 추인의 방법

❶ 대법원 2002. 10. 11. 선고 2001다59217 판결 【손해배상(기)】

(대법원 2003. 12. 26. 선고 2003다49542 판결; 대법원 2001. 11. 9. 선고 2001다44291 판결; 대법원 2009. 9. 24. 선고 2009다37831 판결; 대법원 2014. 2. 13. 선고 2012다112299 판결)

사실관계

甲은 가정부주로서 1998. 11. 27. 증권회사 乙(피고)의 도봉지점 과장인 丙(피고)의 안내 주식위탁매매거래계좌를 개설하고, 그 계좌에 4,620만원을 예탁하였다. 甲은 과거에 OO은행 주식을 매수한 적이 있기는 하지만 주식투자 경험이 많지 않아 丙의 조언을 받아 주식거래를 시작하였는데, 丙은 그 계좌관리를 위해 甲의 비밀번호를 알게 된 것을 계기로 12.15 甲의 사전위임을 받지 아니한 채 그 당시 甲 계좌에 남아 있던 예탁금 6,290만원으로 ○○은행 주식 10,000주를 1주당 6,290원에 매수하였다(이 사건 임의매수). 그 후 ○○은행 주식이 3일 연속 하한가를 기록하자, 丙은 甲의 매도 동용을 받고 1998. 12. 22부터 12. 24까지 사이에 ○○은행 주식 전부를 합계 27,823,000원에 처분하였다. 그런데 丙의 이 사건 임의매수를 전후한 사정을 보면, 甲은 계좌개설일부터 임의매수 이전까지 丙의 조언을 받아 M, N 등의 주식을 매매하여 25,411,158원 상당의 수익을 올리고 있는데, 그 상황에서 1998. 12. 16 乙 회사 도봉지점 객장에 나와서 그 전날 행해진 위 임의매수 사실 및 ○○은행 주식이 하한가까지 하락한 사실 (같은 날 기준으로 940만 원 가량의 손실이 발생)을 직접 확인하고 다소 실망하여, 丙에게 "과거에 ○○은행 주식을 샀다가 은행퇴출로 상장폐지되는 바람에 크게 손실을 본 경험이 있어 은행주는 절대로 사지 않는다고 했는데, 왜 서울은행 주식을 샀느냐"면서 불만을 터뜨렸다. 그렇지만 甲은 丙에게 "가능한 한 빨리 서울은행 주식을 팔고 건설주를 사 달라, 앞으로도 잘 부탁한다"고 말하였고, 이에 丙은 같은 날 남아 있는 예탁금을 이용하여 신용으로 ○○건설 주식 8,000주를 5,820만원에 매수하였다. 그런데 ○○은행 주식이 12. 17.하한가까지 내려가고, ○○건설 주식도 계속하여 하락하였는데, 甲은 이러한 상황에서도 ○○건설 주식의 매수로 발생한 미수금 52,281,372원을 변제하기 위하여 12. 18. 570만원, 12. 19. 2,490만원 합계 3,060만원을 그 계좌에 입금하였고, 그 나머지 미수금은 12. 21 甲 회사에 의한 성원건설 주식 중 4,810주의 반대매매로써 변제·충당되었다. 甲은 丙의 위 임의매수 이후에도 계좌를 해지함이 없이 1999.5.26.까지 S, H, I, 등의 주식매매를 하였고, 5.28. 丙이 乙회사 동소문지점으로 전출되자, 그를 따라 도봉지점의 계좌를 동소문지점으로 이관한 후 1997. 7. 3.까지 丙을 통하여 종전보다 더욱 빈번하게 주식거래를 하였다. 그러나 丙이 수익에 집착하는 甲을 다소 부담스럽게 여기면서 응대를 잘 해주지 아니하자, 甲은 1999. 7. 5. 다시 동소문지점의 계좌를 도봉지점으로 이관한 후, 그 다음 날 乙회사 감사실에 丙을 상대로 이 사건 임의매매 및 ○○건설 주식의 임의매매를 정식으로 문제삼는 민원을 제기하였다. 그리고 甲은 乙회사 및 그 직원 丙을 상대로 하여 손해배상청구소송을 제기하였다. 이에 대하여 乙회사와 丙은 甲이 이 사건 임의매수를 묵시적으로 추인하였다고 항변하였다.

판결이유

......

2. 이 법원의 판단
그러나 위와 같은 원심의 판단은 수긍하기 어렵다.
가. *<증권회사의 고객이 그 직원의 임의매매를 묵시적으로 추인하였는지 여부의 판단 방법 (민법 제130조, 제132조; 증권거래법 제52조의3)>* 무권대리행위는 그 효력이

불확정 상태에 있다가 본인의 추인 유무에 따라 본인에 대한 효력발생 여부가 결정되는 것으로서, 추인은 무권대리행위가 있음을 알고, 그 행위의 효과를 자기에게 귀속시키도록 하는 단독행위인바(대법원 1995. 11. 14. 선고 95다28090 판결, 2000. 9. 8. 선고 99다58471 판결 등 참조), 증권회사의 고객이 그 직원의 임의매매를 묵시적으로 추인하였다고 하기 위하여는 자신이 처한 법적 지위를 충분히 이해하고, 진의에 기하여 당해 매매의 손실이 자기에게 귀속된다는 것을 승인하는 것으로 볼 만한 사정이 있어야 할 것이다.

나아가, 임의매매를 사후에 추인한 것으로 보게 되면 그 법률효과는 모두 고객에게 귀속되고 그 임의매매행위가 불법행위를 구성하지 않게 되어 임의매매로 인한 손해배상청구도 할 수 없게 되므로, 임의매매의 추인, 특히 묵시적 추인을 인정하려면, 고객이 임의매매 사실을 알고도 이의를 제기하지 않고 방치하였는지 여부, 임의매수에 대해 항의하면서 곧바로 매도를 요구하였는지 아니면 직원의 설득을 받아들이는 등으로 주가가 상승하기를 기다렸는지, 임의매도로 계좌에 입금된 그 증권의 매도대금(예탁금)을 인출하였는지 또는 신용으로 임의매수한 경우 그에 따른 그 미수금을 이의 없이 변제하거나, 미수금 변제독촉에 이의를 제기하지 않았는지 여부 등의 여러 사정을 종합적으로 검토하여 신중하게 판단하여야 할 것이다(대법원 2001. 4. 13. 선고 2001다635 판결 등 참조).

§ 7-24 추인의 효과
❶ 대법원 1991. 11. 8. 선고 91다25383 판결 [토지소유권말소회복등기]

상고이유 제1점을 본다.
<**종중의 규약상 종원명부에 등록된 자만이 종원이 될 수 있다고 규정되어 있는 경우 종원명부에 미등재된 자는 종원자격이 부정되는지 여부(소극)** (민법 제31조)> 원래 종중은 공동선조의 분묘수호와 봉제사 및 종원 상호간의 친목도모를 목적으로 하는 자연적 종족집단으로서 그 후손 중 성년 이상의 남자는 당연히 그 종원이 되고(§ 1-1 ❷ 판례 참조), 별도의 결의나 약정에 의하여 일부 종원의 자격을 제한하거나 박탈할 수는 없다 할 것이므로(당원 1981. 11. 24. 선고 81다678, 81다카30 판결 참조), 비록 종중의 규약상 종원명부에 등록된 자만이 종원이 될 수 있다고 규정되어 있다 하더라도 이를 근거로 삼아 종원명부에 미등재된 자의 종원자격을 부정할 수는 없는 것이고, 따라서 종원명부에 미등재된 종원들 일부가 종중총회에 참석하였다고 하여 곧바로 당해 총회결의절차에 무슨 위법이 있다고 단정할 수도 없다 할 것이다.

또 <**종중총회의 결의방법에 있어서 위임장 제출방식에 의한 결의권의 행사가 허용되는지 여부** (민법 제73조 제2항)> 종중총회의 결의방법에 있어 종중규약에 다른 규

정이 없는 이상 종원은 서면이나 대리인으로 결의권을 행사할 수 있다 할 것이므로, 일부 종원이 총회에 직접 출석하지 아니하고 다른 출석종원에 대한 위임장 제출방식에 의하여 종중의 대표자선임 등에 관한 결의권을 행사하는 것도 허용된다고 볼 것이다.

원심이 이와 같은 취지에서 원고종중의 1991. 5. 11.자 임시총회에 당시 종원명부에 등재되지 아니한 자를 포함하여 종원 51명이 출석하고 다른 종원 131명이 위임장을 제출하여 만장일치로 소외 박○연을 종중 대표자로 선임하고 동인이 이 사건 재심소송과 관련하여 수행한 모든 소송행위를 추인하는 내용의 결의를 한 사실을 인정하고 이에 터잡아 위 박○연이 원고종중의 적법한 대표자의 자격을 갖추고 있다고 판단한 조치는 정당한 것으로 수긍이 가고, 거기에 소론이 지적하는 바와 같은 위법이 있다고 볼 수 없다. 논지는 이유없다.

상고이유 제2점을 본다.

<종중을 대표할 권한이 없는 자가 한 소송행위의 추인에 민법 제133조 단서가 적용될 여지가 있는지 여부(소극) (민법 제133조 단서; 민사소송법 제56조)**>** 종중을 대표할 권한 없는 자가 종중을 대표하여 한 소송행위는 그 효력이 없으나, 나중에 종중이 그 총회결의에 따라 위 소송행위를 추인하면 그 행위시에 소급하여 유효하게 되는 것임은 물론이다.

소론은, 원고종중이 그 총회결의에 의하여 위 박○연이 원고종중의 대표자자격으로 이 사건 재심사건에서 한 종전의 모든 소송행위를 추인하고, 또 소외 망 박○풍이 같은 자격으로 이 사건 재심대상사건에서 한 소송행위에 관하여 그 소송능력의 흠결을 추인하였다고 하더라도 민법 제133조 단서의 규정에 의하여 선의의 제3자인 피고에 대하여는 그 추인의 효력이 미칠수 없는 것이라는 취지의 주장을 펴고 있으나, 위 민법 규정은 무권대리행위에 대한 추인의 경우에 있어 배타적 효력을 갖는 권리를 취득한 제3자에 대하여 그 추인의 소급효를 제한하고 있는 것으로서, 위와 같은 하자있는 소송행위에 대한 추인의 경우에는 적용될 여지가 없는 것이다. 논지는 아무런 근거 없이 독자적인 견해에서 원심을 비난하는 데에 불과하여 받아들일 수 없다.

❷ **대법원 2017. 6. 8. 선고 2017다3499 판결 [근저당권말소등기등] <무권리자가 문서를 위조해서 근저당권설정등기와 대출을 하였는데, 권리자가 무권리자의 처분을 추인하였는지가 문제된 사건>**

1. 상고이유 제1, 2점

가. **<무권리자가 타인의 권리를 처분한 경우, 권리자가 무권리자의 처분을 추인할 수 있는지 여부(적극) 및 이 경우 추인의 요건과 방법>** 법률행위에 따라 권리가 이

전되려면 권리자 또는 처분권한이 있는 자의 처분행위가 있어야 한다. 무권리자가 타인의 권리를 처분한 경우에는 특별한 사정이 없는 한 권리가 이전되지 않는다. 그러나 이러한 경우에 권리자가 무권리자의 처분을 추인하는 것도 자신의 법률관계를 스스로의 의사에 따라 형성할 수 있다는 사적 자치의 원칙에 따라 허용된다. 이러한 추인은 무권리자의 처분이 있음을 알고 해야 하고, 명시적으로 또는 묵시적으로 할 수 있으며, 그 의사표시는 무권리자나 그 상대방 어느 쪽에 해도 무방하다(대법원 1964. 6. 2. 선고 63다880 판결, 대법원 2001. 11. 9. 선고 2001다44291 판결 등 참조).

<무권대리의 추인에 관한 민법 제130조, 제133조 등을 무권리자의 추인에 유추 적용할 수 있는지 여부(적극) 및 무권리자의 처분이 계약으로 이루어진 경우, 권리자가 추인하면 계약의 효과가 계약을 체결한 때로 소급하여 권리자에 귀속되는지 여부(원칙적 적극)> 권리자가 무권리자의 처분을 추인하면 무권대리에 대해 본인이 추인을 한 경우와 당사자들 사이의 이익상황이 유사하므로, 무권대리의 추인에 관한 민법 제130조, 제133조 등을 무권리자의 추인에 유추 적용할 수 있다. 따라서 무권리자의 처분이 계약으로 이루어진 경우에 권리자가 이를 추인하면 원칙적으로 그 계약의 효과가 계약을 체결했을 때에 소급하여 권리자에게 귀속된다고 보아야 한다.

나. 본인의 추인거절권
§ 7-25 무권대리인이 본인을 상속한 경우 추인거절권
❶ 대법원 1994. 9. 27. 선고 94다20617 판결 【소유권이전등기말소】

사실관계

甲은 농지개혁법에 의하여 X 부동산을 분배받아 그 대금을 상환하여 오던 아들 乙(박O서)이 한국전쟁 당시 의용군으로 참전하여 그 생사가 분명하지 않게 되자, 1958. 11. 20. 乙을 대신하여 그 대금의 상환을 완료하고 1963. 6. 18. 乙의 명의로 소유권이전등기를 경료하였다. 甲은 인천지방법원에 乙에 대한 실종선고를 청구하였고, 1977. 12. 20. 실종선고를 받음으로써 乙의 단독 재산상속인이 되었다. 그런데 甲은 위 실종기간만료 전인 1964. 9. 12.에 가정형편이 어렵자 乙의 대리인인 것처럼 乙의 인장을 사용하여 이 사건 부동산을 丙(문O만)에게 매도하였으며, 丁(박O기)은 丙으로부터 이를 매수하여 소유권이전등기까지 경료하였다. 그런데 甲이 丁에 대하여 자신의 丙에게의 처분행위는 무권대리로서 무효라고 하면서 위 이전등기의 말소 및 부동산의 점유로 인한 임료 상당의 부당이득금의 반환을 구하는 소를 제기하였다.

판결이유

1. 원심은, …… 원고*(갑)*와 위 소외 문○만*(병1)*, 문○해*(병2)* 사이의 위 각 매매계약이 위 박○서*(을)*로부터 처분권한을 부여받지 못한 원고*(갑)*의 무권대리행위에 기한 것이어서 무효이고, 그 무효인 매매계약에 터잡아 경료된 피고들*(정)* 명의의 위 각 소유권이전등기 역시 원인무효의 등기라고 하더라도, 위 박○서*(을)*의 무권대리인으로서 위 각 부동산에 대한 매매계약을 체결한 당사자인 원고*(갑)*가 위 박○서*(을)*의 단독 재산상속인이 된 지금에 와서 위 매매계약의 효력을 부인하고, 그 매매계약에 터잡아 위 각 부동산에 관하여 소유권이전등기를 경료하고 이를 점유하는 피고들*(정)*에게 위 각 소유권이전등기의 말소와 위 각 부동산의 점유로 인한 임료 상당의 부당이득금의 반환을 구하는 것은 금반언의 원칙이나 신의칙에 반하여 허용될 수 없다고 판단하였다.
……

3. 사실관계가 원심이 적법하게 확정한 바와 같다면, **<대리권한 없이 타인의 부동산을 매도한 자가 그 부동산을 상속한 후 소유자의 지위에서 자신의 대리행위가 무권대리로 무효임을 주장하여 등기말소 등을 구하는 것이 금반언원칙이나 신의칙상 허용될 수 없는지 여부**(민법 제2조, 제135조 제1항)> (甲이 대리권 없이 乙 소유 부동산을 丙에게 매도하여 부동산소유권이전등기등에관한특별조치법에 의하여 소유권이전등기를 마쳐주었다면 그 매매계약은 무효이고 이에 터잡은 이전등기 역시 무효가 되나,) 원고*(갑)*는 위 박○서*(을)*의 무권대리인으로서 민법 제135조 제1항의 규정에 의하여 매수인인 위 소외 문○만*(병1)*, 문○해*(병2)*에게 위 각 부동산에 대한 소유권이전등기를 이행할 의무가 있다고 할 것이므로, 그러한 지위에 있는 원고*(갑)*가 위 박○서*(을)*로부터 위 각 부동산을 상속받아 그 소유자가 되어 위 소유권이전등기이행의무를 이행하는 것이 가능하게 된 시점에서, 자신이 소유자라고 하여 자신으로부터 위 각 부동산을 전전매수한 피고들*(정1, 정2)*에게 원래 자신의 매매행위가 무권대리행위여서 무효였다는 이유로 피고들*(정1, 정2)* 앞으로 경료된 위 각 소유권이전등기가 무효의 등기라고 주장하여 그 등기의 말소를 청구하거나 위 각 부동산의 점유로 인한 부당이득금의 반환을 구하는 것은 금반언의 원칙이나 신의성실의 원칙에 반하여 허용될 수 없다고 할 것이므로, 같은 취지로 판단한 원심판결은 정당하고, 원심판결에 소론과 같이 금반언의 원칙과 신의칙, 부동산소유권이전등기등에관한특별조치법, 부동산등기의 추정력 등에 관한 법리오해의 위법이 있다고 볼 수 없다.

❷ **대법원 1992. 4. 28. 선고 91다30941 판결 【소유권이전등기말소】**

사실관계

A는 1987. 6. 2. 사망하였는데, 그의 장남인 甲(안O수)은 A 소유의 X 부동산에 관하여 동병으로 앓고 있던 A의 생전에 자신의 단독명의로 소유권이전등기를 마칠 의도로 그 등기 방법을 乙(박O규)과 상의하였고 乙로부터 일단 자기 앞으로 소유권이전등기를 마쳤다가 다시 甲 앞으로 이전등기를 넘겨가라는 권유를 받았다. 甲은 1986. 1. 乙의 권유에 따라 A 몰래 그의 인감도장을 가지고 나와 이를 이용하여 A 명의로부터 乙의 명의로 소유권이전등기를 마쳤는데, 乙이 이를 계기로 다시 丙(김O천)의 명의로 소유권이전등기를 경료하였다. 그 후 A의 사망으로 상속인이 된 甲은 乙 및 乙로부터의 양수인 丙 명의의 등기를 모두 원인무효라고 주장하면서 乙 및 丙을 상대로 X 부동산에 대한 소유권이전등기말소청구의 소를 제기하였다.

판결이유

……

2. 같은 상고이유 제2점에 대한 판단.

소론은 요컨대, 피고 박O규(을) 명의의 위 소유권이전등기는 위 망인(A)의 무권대리행위자인 원고 안O수(갑)와 피고 박O규(을) 사이의 명의신탁계약에 의한 것이라고 할 것이므로, 피고들(을, 병) 명의의 위 등기들이 위 망인(A)에 대한 관계에서는 무효라고 하더라도, 위 망인(A)이 사망하여 원고들이 이 사건 부동산을 상속한 이상, 원고 안O수(갑)가 자신의 상속분에 관하여서까지 명의수탁자인 피고 박O규(을)로부터 이 사건 부동산을 매수하여 소유권이전등기를 경료한 피고 김O천(병)에게 그 등기의 말소를 청구하는 것은 금반언(금반언)의 법칙 또는 신의성실의 원칙에 어긋난다는 것이다.

그러나 <부 소유의 부동산을 부 몰래 제3자 앞으로 명의신탁하였다가 부의 사망으로 공동상속인이 된 자가 그 명의수탁자로부터 소유권이전등기를 넘겨 받은 자에 대하여 그 등기의 말소를 청구하는 것이 금반언이나 신의성실의 원칙에 어긋나는 것이 아니라고 한 사안 (민법 제2조, 제135조, 제186조)> 원고 안O수(갑)가 피고 박O규(을)에게 이 사건 부동산에 관한 소유권이전등기를 하여 준 행위가, 소론과 같이 명의신탁계약의 무권대리행위로 법률상 평가될 수 있다고 하더라도, 그와 같은 행위를 하게 된 경위에 관한 원심의 판단내용에 비추어 볼 때, 피고 박O규(을)가 그 대리권 없음을 알았다고 보여 위 명의신탁계약은 위 망인에 대한 관계에서 뿐만 아니라 원고 안O수(갑)에 대한 관계에서도 아무런 효력을 발생할 수 없는 것임이 명백하므로, 원고 안O수(갑)가 그 후 위 망인의 권리의무를 상속받았다고 하여 피고 박O규(을) 명의의 위 소유권이전등기가 원고 안O수(갑)의 상속분의 범위 내에서 실체적 권리관계에 부합하는 유효한 등기로 전환되는 것은 아니라고 할 것이다. 물론 원인이 무효인 피고 박O규(을) 명의의 소유권이전등기가 경료된 데 대하여 원고 안O수(갑)에게도 책임이 있음은 부정할 수 없다고 하겠지만, 사실관계가 원심이 확정한 바와 같은 이상, 원고 안O수(갑)가 원인이 무효인 그 등기를 기초로 하여 경료된 피고 김O천(병) 명의의 소유권이전등기의 말소를 청구하는 것이 곧바로 금반언의 법칙이나 신의성실의 원칙에 어긋나는 것이라고 단정할 수는 없다고 할 것이다(기록에 의하면, 피고 김O천(병)은 원심의 변론이 종결될 때까지 원고 안O수(갑)가 무권대리인으로서 피고 박O규(을)와 사이에 명의신탁계약을 체결한 것이라거나, 그렇기 때문에 원고 안O수(갑)의 이 사건 청구가 금반언의 법칙이나 신의성실의 원칙에 어긋나는 것이라는 취지의 주장을 한 바 없음이 분명하다).

§ 7-26 본인이 무권대리인을 상속한 경우 추인거절권
❶ 대법원 1994. 8. 26. 선고 93다20191 판결 [주권인도]

사실관계

丙(원고) 은행은 甲(박O석)이 경영주로 있던 OO주식회사의 주거래은행으로서 해운경기의 불황에 따라 경영난을 겪고 있던 위 회사에 1984. 5. 12.경과 1985. 11. 15.경 두차례에 걸쳐 금융지원을 하게 되었다. 丙의 금융지원을 받으면서 甲은 자신과 가족들 소유 명의로 된 위 회사주식을 丙에게 담보로 제공하기로 약정하고, 우선 그 주권을 丙에게 인도하여 이를 보관시키되 丙이 필요하다고 인정할 경우에는 관련주주의 동의를 얻어 이를 처분할 수 있도록 위임하기로 하였다. 이에 따라 甲은 자신 소유의 위 회사 주식을 丙에게 담보로 제공하기로 약정하면서 아들인 乙1과 아내인 乙2 명의의 주식에 대해서도 처분권한 없이 丙과 담보설정계약을 체결하였다. 그 결과 위 회사는 丙으로부터 금융지원을 받게되어 정상화되었다. 그 후 甲이 사망하여 乙1과 乙2가 甲을 상속하였으며, 乙1과 乙2는 자신들 소유의 주식을 담보로 제공한 것에 대해 상당기간 동안 아무런 이의를 제기하지 않았다. 이에 丙은 乙1과 乙2를 상대로 위 담보제공된 甲, 乙1 및 乙2의 주권을 인도하라는 청구의 소를 제기하였다.

판결이유

……

2. 제2점에 대하여

<타인의 권리를 처분한 자의 지위를 그 타인이 상속한 경우 처분계약에 따른 무조건적인 이행의무를 부담하는지 여부 (민법 제375조, 제569조, 제2조)> 소외 망 박O석(갑)이 피고 박O주(을1), 이O신(을2) 명의의 위 주식에 관하여 처분권한없이 원고(병)와 담보설정계약을 체결하였다 하더라도, 이는 일종의 타인의 권리의 처분행위로서 유효하다 할 것이므로, 위 망 박O석(갑)은 위 피고들(을1, 을2)로부터 위 주식(주권)을 취득하여 이를 원고(병)에게 인도하여야 할 의무를 부담한다 할 것인데, 이는 위 망 박O석(갑)의 사망으로 인하여 피고들에게 상속되었으나 피고 박O주(을

1), 이○신(을2)은 원래 위 주식의 주주로서 타인의 권리에 대한 담보설정계약을 체결한 원고(병)에 대하여 그 이행에 관한 아무런 의무가 없고 이행을 거절할 수 있는 자유가 있었던 것이므로, 위 피고들(을1, 을2)은 신의칙에 반하는 것으로 인정할 특별한 사정이 없는 한 원칙적으로는 위 계약에 따른 의무의 이행을 거절할 수 있다 할 것이다.

그런데 피고 박○주(을1), 이○신(을2)은 위 망 박○석(갑)의 지위를 승계함으로써 원고은행(병)과의 사이에 있었던 위 계약의 당사자로서의 지위도 겸하게 되었고, 아울러 위 회사의 대주주로서 원고은행(병)이 위 회사에 대하여 한 금융지원의 혜택을 향유하고 있는 관계에 있었으므로, 위 피고들(을1, 을2)은 원고은행(병)과 망 박○석간(갑)의 위 계약에 전혀 무관한 제3자의 지위에 있다고는 할 수 없고, 나아가 주권의 점유자는 이를 적법하게 점유하는 것으로 추정되는 것인데(상법 제336조 제2항), 위 피고들(을1, 을2)은 위 주식 취득 이래 그 주식을 표창하는 주권을 위 망 박○석(갑)에게 보관시키고 그 주주권의 행사를 그에게 위임한 채 이를 행사하거나 회사의 운영에 관여한 바 없고, 오로지 위 망 박○석(갑)이 자기 명의의 주권과 위 피고들(을1, 을2)의 주권을 함께 자택에 보관하면서 실질적으로 위 주식 전부에 대한 주주로서의 권리를 행사하였다는 것이므로, 원고은행(병)으로서는 위 망 박○석(갑)이 그 주식의 실질적인 소유자이거나 그 처분권을 가지고 있는 것으로 믿을 수밖에 없었다 할 것이고, 또한 *<위 의무불이행이 신의칙에 위배된다고 본 사례 (민법 제375조, 제569조, 제2조)>* 그 당시는 위 회사의 경영이 어려워 대주주들이 스스로 자신들의 주식을 담보로 제공하고 원고(병)은행 등에게 금융지원을 호소하던 실정이어서 위 회사의 경영주인 위 망 박○석(갑)과 가족관계에 있던 위 피고들(을1, 을2) 역시 자신들의 주식을 담보로 제공하는데 아무런 이의를 제기할 여지가 없었으며, 그 결과 원고(병)은행으로부터 거액의 금융지원을 받게 되어 위 회사가 정상화되는데에 상당한 도움을 받았고, 나아가 위 피고들(을1, 을2)은 자신들의 주식이 담보로 제공된 것을 알고 있었을 것으로 보이는데도 불구하고 위 망 박○석(갑)의 사망이후 상당기간 동안 아무런 이의를 제기하지 아니함으로써 원고(병)은행으로 하여금 위 계약이 그대로 이행될 것이라고 신뢰하게 하였던 사정이 있었던 점 등에 비추어 보면, 위 피고들(을1, 을2)이 이제 와서 원고(병)은행의 위와 같은 신뢰에 반하여 자신들 명의의 주식은 물론 당연히 위 계약내용에 따라 인도해 주어야 할 위 망인 명의의 주식까지도 인도를 거절하고 있는 것은 신의칙에 어긋난다고 봄이 상당하다 할 것이다.

❷ 대법원 2001. 9. 25. 선고 99다19698 판결 【소유권이전등기말소】
……
나. 제3점에 대하여

부동산의 경매절차에서 경매목적 부동산을 경락받은 경락인이 실질적인 권리자가 아니라 단순히 타인을 위하여 그 명의만을 빌려준 것에 불과하더라도 경매목적 부동산의 소유권은 경락대금을 실질적으로 부담한 자가 누구인가에 상관없이 그 명의인이 적법하게 취득한다고 할 것이다(대법원 2000. 4. 7. 선고 99다15863, 15870 판결, 2001. 2. 23. 선고 2000다47651 판결 등 참조).

원심은, 이ㅇ엽(갑)이 경매절차에서 아들인 피고들(을)의 명의로 이 사건 부동산을 경락받은 것이라고 판시함으로써 이ㅇ엽(갑)이 이 사건 부동산의 실질적인 소유권을 취득하였거나 소유명의를 피고들(을)에게 신탁한 것으로 보고 있는 듯 하나, 이 사건 부동산의 소유권은 경락으로 인하여 대내외적으로 피고들(을)에게 귀속된 것으로 보아야 할 것이다.

한편, 위에서 본 사실관계와 이 사건 부동산에 관한 소유권의 귀속관계에 비추어 본다면, **<갑이 을 소유의 부동산을 병에게 처분한 후 사망하고 을이 갑의 지위를 상속한 경우, 을은 병에게 위 처분계약에 따른 이행의무를 부담하는지 여부(소극)** *(민법 제569조)>* 이 사건 부동산에 관하여 이ㅇ엽(갑)이 원고(병)에게 위 부동산강제경매로 인한 피고들(을) 명의의 이전등기를 말소하는 내용으로 합의한 것은 일종의 타인의 권리의 처분행위에 해당한다고 할 것인데, 비록 원고(병)와 이ㅇ엽(갑) 사이에서 위 합의는 유효하고, 이ㅇ엽(갑)은 피고들(을)로부터 이 사건 부동산을 취득하여 원고(병)에게 그 소유권이전등기를 마쳐주어야 할 의무를 부담하며, 이때 이ㅇ엽(갑)의 사망으로 인하여 피고들(을)이 상속지분에 따라 그 의무를 상속하게 되었다고 하더라도, 피고들(을)은 원래 이 사건 부동산의 소유자로서 타인의 권리에 대한 계약을 체결한 원고(병)에 대하여 그 이행에 관한 아무런 의무가 없고 이행을 거절할 수 있는 자유가 있었던 것이므로, 피고들(을)은 신의칙에 반하는 것으로 인정할 만한 특별한 사정이 없는 한 원칙적으로 위 계약에 따른 의무의 이행을 거절할 수 있다고 할 것이다(대법원 1994. 8. 26. 선고 93다20191 판결 참조).

그렇다면 원고(병)가 이ㅇ엽(갑)과 사이에 체결된 위 합의에 터잡아 피고들(을)에게 이 사건 부동산에 대한 소유권이전등기를 구하는 이 사건에 있어서, 피고들(을)이 위 합의에 따른 이행을 할 의사가 없음을 분명히 밝히고 있음에도, 그러한 이행의 거절이 신의칙에 반하는 것으로 인정될 만한 특별한 사정이 있는지 여부에 대한 아무런 심리 없이 만연히 원고(병)의 이 사건 청구 중 피고들(을)의 각 상속지분에 관하여 소유권이전등기절차를 이행할 의무가 있다고 판단한 원심에는, 필경 무권리자의 처분행위와 상속 등에 관한 법리를 오해하고 심리를 다하지 아니한 위법이 있다고 아니할 수 없다.

(2) 상대방에 대한 효과
§ 7-27 상대방의 철회권

❶ 대법원 2017. 6. 29. 선고 2017다213838 판결 [손해배상(기)]

사실관계

乙1(남편), 乙2(아내) 부부는 2015. 2. 1. B, C, D 앞으로 소유권이전등기가 마쳐져 있는 X 토지를 소유하고 있는 F 종중과 사이에, 乙1과 乙2가 F 종중으로부터 X 토지를 10억 3,000만 원[계약금 1억 1,000만 원, 잔금 9억 2,000만 원(지급일 2015. 3. 9.)]에 매수하기로 하는 계약(1차계약)을 체결하고, 같은 날 F 종중에 계약금 1억 1,000만 원을 지급하였다. 그런데 乙1은 1차계약 체결 직후인 2015. 2. 15.경 뇌출혈로 쓰러져 의식불명상태가 되었고, 성년후견이 개시되어 아들인 A(소외 1)를 그 성년후견인으로 선임하였다. 乙1이 의식불명 상태가 되어 1차계약을 이행하기 어렵게 되자, 乙2는 2015. 3.경 1차계약을 중개한 E(소외 6)와 함께 乙1과 乙2 대신 X 토지를 매수할 사람을 찾기 시작하여, 甲에게 1차계약의 매수인 지위를 양도하기로 하였다. 甲은 2015. 3. 17. 乙1(아들인 A 대리) 및 乙2와 사이에, 甲이 乙1 등으로부터 1차계약의 매수인 지위를 양도받기로 하는 내용의 계약을 체결하고, 乙2에게 계약금 1억 1,000만 원을 지급하였다. 2차계약은 甲이 지급해야 할 매매대금 10억 3,000만 원 중 계약금 1억 1,000만 원(지급일 2015. 3. 17.)은 乙1 등에게 지급하고, 중도금 5억 원(지급일 2015. 3. 17.)과 잔금 4억 2,000만 원(지급일 2015. 4. 17.)은 F 종중에게 지급하되, 양도인 乙1 등이 계약을 위반한 경우에는 양수인 甲에게 계약금의 배액을 지급하고, 양수인 甲이 계약을 위반할 경우에는 양도인 乙1 등에게 지급한 계약금을 포기한다고 정해져 있다. 한편 甲은 2015. 4. 6. 乙1 등에게, "2차계약 체결서에 토지소유자를 직접 만나 F 종중 대표자 및 등기명의 관계를 확인한 뒤 중도금을 지급하려고 5억 원을 준비하여 갔으나 토지소유자가 나타나지 않아 중도금을 지급하지 못하였을 뿐만 아니라, 중개인에게 요청한 토지소유자의 인적사항과 토지등기부 등본을 받지도 못하였으므로, 乙1 등의 귀책사유로 인해 2차계약을 해제한다"는 취지의 내용증명우편을 보냈다. F 종중은 2015. 4. 16. 위 등기명의자인 B, C, D의 명의로 甲에게, "1차계약 후 매수인의 사정에 의하여 2차계약이 체결되었는데, F 종중의 계좌로 입금하도록 요청한 중도금 5억 원의 지급이 지체되고 있으니 즉시 위 중도금을 지급하라"는 취지의 내용증명우편을 보냈다. 이에 대하여 甲은 2015. 4. 20. B 등에게, "2차계약 체결서에 토지소유자가 나타나지 않아 계약이 잘못된 것으로 판단하고 乙 등을 상대로 2차계약의 해제를 주장하고 있으니, 甲과 F 종중 사이에는 아무런 법률관계가 없어 중도금을 지급할 수 없다"는 취지의 내용증명우편을 보내고, 같은 날 乙1과 乙2를 상대로 2차계약의 해제와 계약금 배액의 지급을 구하는 소를 제기하였다.

판결이유

1. 상고이유 제1점 및 제3점에 관하여
<민법 제134조에서 상대방의 철회권을 규정한 취지 및 상대방이 유효한 철회를 한

경우, 후에 본인이 무권대리행위를 추인할 수 있는지 여부(소극) / 상대방이 대리인에게 대리권이 없음을 알았다는 점에 대한 주장·입증책임의 소재(=철회의 효과를 다투는 본인)* (민법 제134조)> 민법 제134조는 "대리권 없는 자가 한 계약은 본인의 추인이 있을 때까지 상대방은 본인이나 그 대리인에 대하여 이를 철회할 수 있다. 그러나 계약 당시에 상대방이 대리권 없음을 안 때에는 그러하지 아니하다."고 규정하고 있다. 민법 제134조에서 정한 상대방의 철회권은, 무권대리행위가 본인의 추인여부에 따라 그 효력이 좌우되어 상대방이 불안정한 지위에 놓이게 됨을 고려하여 대리권이 없었음을 알지 못한 상대방을 보호하기 위하여 상대방에게 부여된 권리로서, 상대방이 유효한 철회를 하면 무권대리행위는 확정적으로 무효가 되어 그 후에는 본인이 무권대리행위를 추인할 수 없다. 한편 상대방이 대리인에게 대리권이 없음을 알았다는 점에 대한 주장·입증책임은 철회의 효과를 다투는 본인에게 있다.

원심은, 무권대리행위에 대한 추인이 있기 전에 원고들(갑)이 무권대리행위에 의한 2차계약을 철회하였고, 원고들(갑)이 2차계약 당시 피고 1(을1)의 의사무능력과 피고 2(을2) 등의 무권대리행위를 알고 있었다고 인정하기 부족한 만큼, 2차계약 중 피고 1(을1)에 대한 부분은 확정적으로 무효이고, 당사자들이 위 무효 부분이 없더라도 2차계약을 하였을 것으로 보기 어려우므로, 2차계약은 전부 무효라고 판단하였다.

원심판결 이유를 위 법리와 기록에 비추어 살펴보면, 원심의 위와 같은 판단은 정당하고, 거기에 상고이유 주장과 같이 논리와 경험의 법칙을 위반하여 자유심증주의의 한계를 벗어나거나 무권대리행위의 철회 또는 추인에 관한 법리오해, 심리미진, 석명권 불행사 등의 위법이 없다.

2. 상고이유 제2점에 관하여

<계약상 채무의 이행으로 당사자가 상대방에게 급부를 행하였는데 계약이 무효이거나 취소되는 등으로 효력을 가지지 못하는 경우, 당사자들은 각기 상대방에 대하여 계약이 없었던 상태의 회복으로 급부의 반환을 청구할 수 있는지 여부(적극) / 부당이득제도의 의미 및 이득자에게 실질적으로 이득이 귀속되지 않은 경우, 반환의무를 부담시킬 수 있는지 여부(소극) (민법 제741조)> 계약상 채무의 이행으로 당사자가 상대방에게 급부를 행하였는데 그 계약이 무효이거나 취소되는 등으로 효력을 가지지 못하는 경우에 당사자들은 각기 상대방에 대하여 계약이 없었던 상태의 회복으로 자신이 행한 급부의 반환을 청구할 수 있는데, 이러한 경우의 원상회복의무를 법적으로 뒷받침하는 것이 민법 제741조 이하에서 정하는 부당이득법이 수행하는 핵심적인 기능의 하나이다(대법원 2010. 3. 11. 선고 2009다98706 판결 참조). 이러한 부당이득제도는 이득자의 재산상 이득이 법률상 원인을 갖지 못한 경우에 공평·정의의 이념에 근거하여 이득자에게 그 반환의무를 부담시키는 것이므

로, 이득자에게 실질적으로 이득이 귀속된 바 없다면 그 반환의무를 부담시킬 수 없다(대법원 2011. 9. 8. 선고 2010다37325, 37332 판결, 대법원 2016. 12. 29. 선고 2016다242273 판결 등 참조).

기록에 의하면, 피고 1*(을1)*은 1차계약 체결 직후인 2015. 2. 15. 뇌출혈로 쓰러져 의식불명 상태가 되었고 이에 따라 피고 2*(을2)*와 아들인 소외인이 피고 1*(을1)*을 대신하여 2차계약을 체결한 사실, 원고들*(갑)*은 2차계약이 체결된 당일 계약금 110,000,000원을 피고 2*(을2)*에게 지급하였고, 위 피고는 위 계약금을 수령하였다는 취지의 영수증을 작성하여 원고들*(갑)*에게 교부한 사실을 알 수 있다.

위와 같은 사실관계를 앞서 본 법리에 비추어 살펴보면, 원고들*(갑)*이 2차계약 당시 교부한 110,000,000원은 피고 2*(을2)*에게 지급된 것일 뿐 위 돈이 피고 1*(을1)*에게 지급되었다고 볼 수 없고, 달리 의사무능력 상태에 있던 피고 1*(을1)*에게 위 돈이 실질적으로 귀속되었다고 보기도 어렵다.

그럼에도 원심은 이와 달리 피고 1*(을1)*이 위 돈을 이득하였음을 전제로 피고 1*(을1)*에 대한 부당이득반환청구를 인용하였으니, 이러한 원심의 판단에는 부당이득에 관한 법리를 오해하여 판결에 영향을 미친 위법이 있다.

2) 무권대리인과 상대방 사이의 효과
§ 7-28 무권대리인의 상대방에 대한 책임
❶ 대법원 2014. 2. 27. 선고 2013다213038 판결 [손해배상]

<무권대리인의 상대방에 대한 책임의 성질 및 무권대리행위가 제3자의 위법행위로 야기된 경우 책임이 부정되는지 여부(소극)> 민법 제135조 제1항은 "타인의 대리인으로 계약을 한 자가 그 대리권을 증명하지 못하고 또 본인의 추인을 얻지 못한 때에는 상대방의 선택에 좇아 계약의 이행 또는 손해배상의 책임이 있다."고 규정하고 있다. 위 규정에 따른 무권대리인의 상대방에 대한 책임은 무과실책임으로서(대법원 1962. 4. 12. 선고 4294민상1021 판결 등 참조) 대리권의 흠결에 관하여 대리인에게 과실 등의 귀책사유가 있어야만 인정되는 것이 아니고, 무권대리행위가 제3자의 기망이나 문서위조 등 위법행위로 야기되었다고 하더라도 그 책임은 부정되지 아니한다.

원심은, 피고가 이 사건 토지의 소유자인 소외인의 대리인 자격으로 원고와 사이에 이 사건 근저당권설정계약을 체결하고 원고에게 이 사건 토지에 관한 근저당권설정등기를 마쳐주었으나, 소외인을 자칭하는 사람으로부터 대리권을 수여받았을 뿐 실제 소유자인 소외인 본인으로부터 대리권을 수여받은 바 없는 사실, 소외인은 이 사건 토지에 관한 원고 명의의 근저당권설정등기가 무효라고 주장하면서 원고를 상대로 그 말소등기절차의 이행을 구하는 소를 제기하여 승소확정판결을 받은 사실 등을 인정한 다음, 이 사건 토지에 관한 원고 명의의 근저당권설정등기가 원인무효로 된 것은 피고의 대리행위 없이 소외인을 자칭한 사람이 본인으로 나서 직접 원고와 근저당권설정계약을 체결하였더라도 그 결과가 마찬가지라는 점에서 소외인을 자칭하는 사람의 위법행위 때문이지 피고의 무권대리행위에서 비롯된 것이 아니므로, 피고에게 민법 제135조에서 규정한 무권대리책임이 있다고는 볼 수 없다고 판단하였다.

그러나 원심이 인정한 위 사실관계를 앞서 본 법리에 비추어 보면, 피고가 소외인의 대리인으로 이 사건 근저당권설정계약을 체결하였지만 소외인으로부터 대리권을 수여받은 사실이 없고 소외인으로부터 추인을 얻지도 못하였으므로, 그러한 대리권의 흠결에 대하여 피고에게 귀책사유가 있는지 여부를 묻지 아니하고, 피고는 상대방인 원고에게 민법 제135조 제1항에 따른 책임을 져야 한다. 피고의 무권대리행위로 인하여 이 사건 근저당권설정계약이 체결된 이상 그 무권대리행위가 소외인을 자칭한 사람의 위법행위로 야기되었다거나 그 사람이 직접 원고와 이 사건 근저당권설정계약을 체결하였더라도 동일한 결과가 야기되었을 것이라는 사정만으로 위와 같은 책임이 부정될 수는 없다.

§ 7-29 무권대리인 책임의 내용과 범위
❶ 대법원 2018. 6. 28. 선고 2018다210775 판결 [부당이득금]

1. 민법 제135조 제1항에 따른 무권대리인 책임의 내용과 범위

가. *<다른 자의 대리인으로서 계약을 맺은 자가 대리권을 증명하지 못하고 또 본인의 추인을 받지 못하였는데, 상대방이 계약의 이행을 선택한 경우, 무권대리인이 이행할 책임의 범위 / 무권대리인이 계약에서 정한 채무를 이행하지 않은 경우, 상대방에게 채무불이행에 따른 손해를 배상할 책임을 지는지 여부(적극) (민법 제135조 제1항)>* 다른 자의 대리인으로서 계약을 맺은 자가 그 대리권을 증명하지 못하고 또 본인의 추인을 받지 못한 경우에는 그는 상대방의 선택에 따라 계약을 이행할 책임 또는 손해를 배상할 책임이 있다(민법 제135조 제1항). 이때 상대방이 계약의 이행을 선택한 경우 무권대리인은 그 계약이 본인에게 효력이 발생하였더라면 본인이 상대방에게 부담하였을 것과 같은 내용의 채무를 이행할 책임이 있다. 무권대리인은 마치 자신이 계약의 당사자가 된 것처럼 계약에서 정한 채무를 이행할 책임을 지는 것이다.

<이때 채무불이행에 대비하여 손해배상액의 예정에 관한 조항을 둔 경우, 무권대리인은 조항에서 정한 바에 따라 산정한 손해액을 지급하여야 하는지 여부(원칙적 적극) / 이 경우에도 손해배상액의 예정에 관한 민법 제398조가 적용되는지 여부(적극) (민법 제398조)> 무권대리인이 계약에서 정한 채무를 이행하지 않으면 상대방

에게 채무불이행에 따른 손해를 배상할 책임을 진다. 위 계약에서 채무불이행에 대비하여 손해배상액의 예정에 관한 조항을 둔 때에는 특별한 사정이 없는 한 무권대리인은 그 조항에서 정한 바에 따라 산정한 손해액을 지급하여야 한다. 이 경우에도 손해배상액의 예정에 관한 민법 제398조가 적용됨은 물론이다.
……

2. 상대방이 대리권 없음을 알았거나 알 수 있었는지 여부

가. <*무권대리인의 상대방이 대리권이 없음을 알았다는 사실 또는 알 수 있었는데도 알지 못하였다는 사실에 관한 주장·증명책임의 소재(=무권대리인)*> *(민법 제135조 제2항; 민사소송법 제288조)* 민법 제135조 제2항은 '대리인으로서 계약을 맺은 자에게 대리권이 없다는 사실을 상대방이 알았거나 알 수 있었을 때에는 제1항을 적용하지 아니한다.'고 정하고 있다. 이는 무권대리인의 무과실책임에 관한 원칙 규정인 제1항에 대한 예외 규정이므로 상대방이 대리권이 없음을 알았다는 사실 또는 알 수 있었는데도 알지 못하였다는 사실에 관한 주장·증명책임은 무권대리인에게 있다(대법원 1962. 4. 12. 선고 4294민상1021 판결 등 참조).

나. 원심은, 매매계약 체결 경위 등에 비추어 원고가 제출한 증거만으로는 피고가 이 사건 매매계약 체결 당시 원고에게 대리권이 없음을 알았거나 이를 알 수 있었다고 볼 수 없고, 달리 이를 인정할 증거가 없다고 판단하였다.

원심판결 이유를 기록에 비추어 살펴보면, 원심의 판단은 위 법리에 따른 것으로 원심의 판단에 상고이유 주장과 같이 논리와 경험의 법칙에 반하여 자유심증주의의 한계를 벗어나거나 증명책임에 관한 법리를 오해한 잘못이 없다.

제4절 무효와 취소

I. 무효

1. 무효의 유형
§ 8-1 유동적 무효
❶ 대법원 1991. 12. 24. 선고 90다12243 전원합의체 판결 【토지소유권이전등기】

> **사실관계**
>
> 甲은 1989. 3. 16. 乙 및 A의 공유로 등기되어 있던 X 토지 중 乙의 소유 부분 Y 토지를 매수하기로 하는 매매계약을 체결하고, 당일에 계약금을 지급하였으며, 1989. 3. 31.에 중도금을, 1989. 4. 17.에 잔금을 지급하기로 하고, 乙은 1989. 5.초순경까지 위 X 토지의 분할등기절차를 마쳐 甲에게 Y 토지에 관한 소유권이전등기서류를 교부하기를 약정하였다(즉 甲의 잔금지급의무를 乙의 분할등기절차 및 이전등기서류제공의무에 앞서 먼저 이행하기로 약정). 그리고 매매계약서에 乙이 위 계약을 위반하였을 때에는 계약금의 배액을 甲에게 배상하고, 甲이 이를 위반하였을 경우에는 이 계약을 무효로 하며 계약금반환청구를 할 수 없다고 약정하였다. 한편 X 토지는 위 매매계약체결 당시 국토이용관리법상 도지사의 허가를 받아야 하는 규제지역 내에 위치하고 있었는데, 甲과 乙은 허가를 받지 않고 위 계약을 체결하였다. 甲은 약정한 날짜에 중도금을 지급하였으나, 잔금지급기일에 잔금을 지급하지 않았으며, 乙이 甲에게 수차례에 걸쳐 잔금지급을 요청하였으나 甲이 이에 응하지 않았다. 그리하여 乙은 1989. 5. 15.에 이르러, 5. 17.까지 잔금을 지급하지 않으면 위 매매계약은 별도의 의사표시 없이 해제된 것으로 간주된다고 통지하였다. 그럼에도 甲은 위 날짜가 경과하도록 잔금을 지급하지 않다가, 1989. 5. 26. 잔금액을 변제공탁하고 乙에 대하여 Y 토지에 관하여 소유권이전등기절차의 이행을 청구하였다. 이에 대하여 乙은 위 매매계약은 이미 해제되었다고 항변하였다. 甲과 乙은 아직 국토이용관리법상 도지사의 허가를 받지 않은 상태이다.

> **판결이유**

1. 원고소송대리인의 상고이유 제1점과 피고소송대리인의 상고이유 제1점을 함께 본다.
(1) 원심판결 이유에 의하면 원심은 1989. 3. 16. 원고(갑)가 피고(을)로부터 분할 전 순천시 ○○동 732의 1 전 1,869평방미터 중 특정부분 300평(이하 이 사건 토

지라 한다)을 대금 56,000,000원으로 매수하기로 하는 매매계약이 체결된 사실 및 위 토지는 국토이용관리법상 토지등의 거래계약에 대하여 허가를 받아야 하는 규제지역에 속하여 있으나 원·피고는 아직 위 허가를 받지 아니하고 있는 사실을 확정한 다음, 국토이용관리법 제21조의3 제7항의 규정 즉, 관할관청의 허가없이 체결한 매매계약은 그 효력을 발생하지 않는다는 규정의 의미는 매매계약 체결 당시 토지거래허가가 없다 하여 채권계약인 당사자 간의 매매계약 자체까지도 무효로 돌아가는 것은 아니고, 매매계약에 따른 당사자 간의 권리의무는 위 법 목적에 배치되지 않는 한 계약내용대로 발생하되 다만 위 법 목적의 달성에 장애가 되는 매도인의 소유권등기이전의무는 관할 관청의 토지거래허가가 있기까지는 발생하지 않는다는 취지로 새겨야 할 것이므로, 위 토지거래허가를 받지 않은 채 위 매매계약에 기하여 이 사건 부동산에 대한 소유권이전등기절차이행을 구하는 원고의 주위적 청구는 이유없다고 판단하여 이를 배척하고 나서, 한편 국토이용관리법상 규제지역에 위치한 이 사건 토지를 매도한 피고(을)는 위 매매계약의 효력으로서 매수인인 원고(갑)에게 관할 관청인 전라남도지사에 대한 토지거래허가신청절차에 협력할 의무, 즉 토지거래허가신청을 원고와 공동으로 할 의무가 있고 관할 관청의 허가가 있으면 소유권이전등기절차를 이행할 의무가 있다고 판단하여 위 협력의무와 조건부 소유권이전등기절차의 이행을 구하는 원고의 예비적 청구를 인용하였다.
(2) 국토이용관리법 제21조의2 제1항은 건설부장관은 토지의 투기적인 거래가 성행하거나 성행할 우려가 있고 지가가 급격히 상승하거나 상승할 우려가 있는 지역을 5년 내의 기간을 정하여 규제지역으로 지정할 수 있다고 규정하고, 같은 법 제21조의3 제1항은 규제지역 내에 있는 토지에 관한 소유권 또는 지상권 기타 사용수익을 목적으로 하는 권리로서 대통령령이 정하는 권리를 이전 또는 설정(대가를 받고 이전 또는 설정하는 경우에 한한다)하는 계약(예약을 포함한다)을 체결하고자 하는 당사자는 공동으로 대통령령이 정하는 바에 의하여 관할 도지사의 허가를 받아야 한다. 허가받은 사항을 변경(계약예정 금액을 감액하는 경우를 제외한다)하고자 할 때에도 또한 같다고 규정하며, 같은 조 제7항은 제1항의 규정에 의한 허가를 받지 않고 체결한 토지 등의 거래계약은 그 효력을 발생하지 아니한다고 규정하고 있고, 같은 법 제21조의2는 허가의 중요기준으로서 토지거래의 대금액과 그 이용계획을 규정하고 있으며, 이러한 법률의 규정을 받아 같은 법 시행령 제24조는 규제지역 내에서 토지거래계약을 체결하고자 하는 당사자는 공동으로 계약예정 금액과 토지의 이용에 관한 계획 등을 기재한 허가신청서를 제출하여 허가신청을 하여야만 하도록 규정하고 있고, 한편 같은 법 제31조의2는 제21조의3 제1항의 규정에 위반하여 허가없이 토지 등의 거래계약을 체결하거나 사위 기타 부정한 방법으로 토지 등의 거래허가를 받은 자에 대하여 징역 또는 벌금에 처하는 벌칙을 규정하고 있다.

위 각 규정의 내용을 살펴보면 위 각 규정은 사립학교법, 농지개혁법 또는 외국인 토지법 등 다른 토지거래규제법들이 특정한 목적의 토지보전을 위하여 그 권리의 이전을 규제함에 그치는 것과는 달리 투기의 목적으로 하는 토지 등의 거래계약 자체를 규제하기 위하여 규제지역 내에서의 개인 간 토지거래에 관할 관청이 직접 개입하여 그 거래내용이 위 법의 투기거래방지목적에 저촉되는지의 여부를 검토한 후 허가를 하게 함으로써 이러한 허가없이는 당사자를 구속하는 계약의 효력이 발생하는 것을 금지하려는 데에 그 입법취지가 있다고 해석된다.

위와 같은 *<국토이용관리법상(부동산 거래신고 등에 관한 법률: 부동산거래신고법)의 규제구역 내의 토지에 대하여 허가받을 것을 전제로 체결한 거래계약의 효력(유동적 무효)과 이 경우 허가 후에 새로이 거래계약을 체결할 필요가 있는지 여부(소극) (국토이용관리법 제1조)>* 각 규정*(국토이용관리법상의 규제구역 내의 '토지등의 거래계약' 허가에 관한 관계규정)*의 내용과 그 입법취지에 비추어 볼 때, 토지의 소유권 등 권리를 이전 또는 설정하는 내용의 거래계약은 관할 관청의 허가를 받아야만 그 효력이 발생하고 허가를 받기 전에는 물권적 효력은 물론 채권적 효력도 발생하지 아니하여 무효라고 보아야 할 것이다. 다만 허가를 받기 전의 거래계약이 처음부터 허가를 배제하거나 잠탈하는 내용의 계약일 경우에는 확정적으로 무효로서 유효화될 여지가 없으나, 이와 달리 허가받을 것을 전제로 한 거래계약(허가를 배제하거나 잠탈하는 내용의 계약이 아닌 계약은 여기에 해당하는 것으로 본다)일 경우에는 허가를 받을 때까지는 법률상 미완성의 법률행위로서 소유권 등 권리의 이전 또는 설정에 관한 거래의 효력이 전혀 발생하지 않음은 위의 확정적 무효의 경우와 다를 바 없지만, 일단 허가를 받으면 그 계약은 소급하여 유효한 계약이 되고 이와 달리 불허가가 된 때에는 무효로 확정되므로 허가를 받기까지는 유동적 무효의 상태에 있다고 보는 것이 타당하다.

그러므로 허가받을 것을 전제로 한 거래계약은 허가받기 전의 상태에서는 거래계약의 채권적 효력도 전혀 발생하지 않으므로, 권리의 이전 또는 설정에 관한 어떠한 내용의 이행청구도 할 수 없으나, 일단 허가를 받으면 그 계약은 소급해서 유효화되므로 허가 후에 새로이 거래계약을 체결할 필요가 없는 것이다.

<국토이용관리법 제31조의2 소정의 벌칙적용대상인 "허가없이 '토지등의 거래계약'을 체결하는 행위"의 의미 (국토이용관리법 제21조의3, 31조의2)> 국토이용관리법 제31조의2 소정의 벌칙적용대상인 "허가없이 토지 등의 거래계약을 체결하는 행위"라 함은 위에서 본 처음부터 허가를 배제하거나 잠탈하는 내용의 계약을 체결하는 행위를 가리키고 허가받을 것을 전제로 한 거래계약을 체결하는 것은 여기에 해당하지 않는다고 할 것이다.

(3) 위와 같이 보는 이유는 다음과 같다.

앞에서 본 바와 같이 국토이용관리법상 토지거래허가제도의 입법취지는 토지의 투기적 거래를 방지하여 정상적 거래를 조장하려는 데에 있으므로, 투기적 거래의 방지에 필요한 범위 내에서 규정의 효력을 인정하면 족한 것이고 그 범위를 넘어서까지 사유 재산권의 보장과 사적 자치의 원칙에 대한 제한의 폭을 넓혀 나가는 것은 오히려 그 입법취지에 반하는 것이다. 그런데 허가 전의 거래계약에 대하여 채권적 효력을 인정하게 되면 당사자 사이에 채권적 권리관계의 이행청구나 그 이행확보를 위한 가등기설정 등이 가능해져서 매매계약상 매수인의 지위양도가 손쉽게 이루어지고 이에 따라 거래시마다 가격이 오르게 되어 투기적 거래의 기회와 여건을 형성하게 되므로, 투기적 거래방지를 위하여는 거래계약의 채권적 효력도 부인하여 허가를 받기 전에 어떠한 내용의 이행청구나 채권적 지위의 양도도 할 수 없게끔 할 필요가 있으나, 일단 허가를 받은 때에는 당초의 거래계약을 유효화하더라도 투기방지의 목적에 장애가 되지 않는다. 이러한 관점에서 본다면, *<국토이용관리법 제21조의3 제1항 소정의 "허가"의 법적 성질>* <u>위 법 제21조의3 제1항 소정의 허가가 규제지역 내의 모든 국민에게 전반적으로 토지거래의 자유를 금지하고 일정한 요건을 갖춘 경우에만 금지를 해제하여 계약체결의 자유를 회복시켜 주는 성질의 것이라고 보는 것은 위 법의 입법취지를 넘어선 지나친 해석이라고 할 것이고, 규제지역 내에서도 토지거래의 자유가 인정되나 다만 위 허가를 허가 전의 유동적 무효상태에 있는 법률행위의 효력을 완성시켜 주는 인가적 성질을 띈 것이라고 보는 것이 타당하다.</u>

위와 달리 허가를 전제로 한 계약까지도 절대무효이고 당사자는 어느 경우에나 허가를 받은 후에 매매계약을 체결하여야 한다고 해석하는 것은 거래의 현실에 비추어 보아도 매우 불합리하여 받아들이기 어렵다. 매매와 같은 토지거래는 공급과 수요의 일치점에서 거래가 형성되는 시장원리에 따라 매도인과 매수인 사이에 매매의 의사가 합치됨으로써 성립하는 것이고 이러한 매매의사의 합치가 있은 후에야 관할 관청의 허가신청을 할 수 있게 되며, 이러한 매매의 의사의 합치가 있기도 전에 허가부터 받고 매매의 의사가 합치될 상대방을 물색하라고 요구하는 것은 현실적으로 불가능한 일을 강요하는 것밖에 되지 않는다. 국토이용관리법 제21조의3 제1항, 제21조의4 제1항 제1호, 같은 법 시행령 제24조의 각 규정에 의하더라도 양도인과 양수인 쌍방이 공동으로 대상토지와 거래예정가액을 표시하여 허가신청을 하도록 규정하고 있어서 허가신청 전에 이미 당사자 사이에 거래내용인 대상토지와 거래가액에 관한 의사합치가 있을 것을 전제로 하고 있음을 알 수 있다. 그런데 허가 전의 거래계약이 절대무효라고 주장하는 견지에서는 위와 같은 당사자 사이의 의사합치는 단지 계약체결을 위한 준비단계에서의 사전협의에 불과하고 허가 후에 새로이 거래계약을 체결하여야 한다고 보게 되나, 거래대상토지와 그 거래가액에 관한 당사자 사이의 의사합치는 바로 거래계약의 실질적 내용에 다름아니므로 허가 전의 거래계약체결은 인정하되 다만 그 계약의 효력을 허가받을 때까지는 발생하지 않게 함으로써 능히 투기적 거래방지의 목적을 이룰 수 있는 것이라면 구태여 위와 같은 매매의사합치를 계약체결을 위한 준비단계에서의 사전협의에 불과하고 허가 후에 다시 계약을 체결하라고 요구하는 것은 국민에게 쓸데없이 복잡하게 2중의 절차를 밟게 하는 것일 뿐 아니라, 당사자 일방이 허가 후에 계약체결을 거절하더라도 당초의 합의의 이행을 구할 길이 없어 거래질서와 신뢰관계를 저해하는 역기능을 가져올 수 있다는 점도 무시할 수 없다.

(4) 국토이용관리법의 토지거래허가의 성질과 그 허가를 전제로 한 거래계약의 효력이 위에서 설명한 바와 같다면, <**허가신청절차에의 협력의무** (국토이용관리법 제21조의3; 민사소송법 제226조)> 이러한 계약을 체결한 당사자 사이에 있어서는 그 계약이 효력있는 것으로 완성될 수 있도록 서로 협력할 의무가 있음이 당연하므로, 규제지역 내의 토지에 대하여 거래계약이 체결된 경우에 계약의 쌍방 당사자는 공동으로 관할 관청의 허가를 신청할 의무가 있고, 이러한 의무에 위배하여 허가신청절차에 협력하지 않는 당사자에 대하여 상대방은 협력의무의 이행을 소송으로써 구할 이익이 있다고 할 것이다.

(5) 결국 토지거래규제지역 내에서 체결된 토지거래계약은 관할 관청의 허가를 받기 전에는 아무런 효력이 발생하지 않으므로 이러한 허가를 받기도 전에 이 사건 토지의 매매계약이 유효함을 전제로 소유권이전등기절차의 이행을 구하는 원고의 주위적 청구를 배척한 원심판단은 정당하고 원고의 상고논지가 주장하는 것과 같은 위법이 없으며, 소송에 의한 소유권이전등기의 경우에는 허가를 받을 필요가 없다는 소론은 독자적인 견해에 불과하여 이유 없다.

그리고 기록에 의하면 원고와 피고 사이에 체결된 <**허가 받기 전의 소유권이전등기청구** (국토이용관리법 제21조의3; 민법 제544조, 제568조)> 이 사건(규제지역 내에 있는) 토지의 매매계약은 처음부터 허가를 배제하거나 잠탈하는 내용의 계약이 아니라 허가를 전제로 한 계약이라고 보여지므로 계약의 쌍방 당사자는 공동허가신청절차에 협력할 의무가 있고, 따라서 원고(매수인 갑)의 예비적 청구 중 피고(매도인 을)에 대하여 토지거래허가신청절차의 이행을 구하는 부분을 인용한 원심판결은 정당하여 피고의 상고논지가 주장하는 것과 같은 위법이 없으므로 이 점에 관한 피고의 소론 논지는 이유 없다.

그러나 원고의 예비적 청구 중 허가가 있을 것을 조건으로 하여 소유권이전등기절차의 이행을 구하는 부분에 관하여 보건대, 앞에서 설명한 바와 같이 비록 이 사건 토지의 매매계약이 허가받을 것을 전제로 한 계약이라고 할지라도 허가받기 전의 상태에서는 아무런 효력이 없어 권리의 이전 또는 설정에 관한 어떠한 이행청구도 할 수 없다고 보아야 함에도 불구하고, 이와 달리 원심이 원고(매수인 갑)의 청구를 인용한 것은 국토이용관리법상의 토지거래허가와 거래계약의 효력에 관한 법리를 오해하여 판결에 영향을 미친 위법을 저지른 것이므로 이 점에 관한 피고의 논지는 이유 있다.

2. 피고의 상고이유 제2점을 본다.

위에서 본 바와 같이 <허가 받기 전의 매매대금지급의무와 매매계약의 해제 (국토이용관리법 제21조의3)> 이 사건(규제지역 내에 있는 토지) 매매계약은 관할 관청으로부터 토지거래허가를 아직 받지 못하였으므로 그 계약내용대로의 효력이 있을 수 없는 것이어서 원고(매수인 갑)로서도 아직 그 계약내용에 따른 대금지급의무가 있다고 할 수 없다. 그러므로 설사 소론주장과 같이 계약상 원고(매수인 갑)의 대금지급의무가 피고(매도인 을)의 소유권이전등기의무에 선행하여 이행하기로 약정되어 있었다고 하더라도, 국토이용관리법상의 허가를 받기까지는 원고(매수인 갑)에게 그 대금지급의무가 없음은 마찬가지여서 피고(매도인 을)로서는 그 대금지급이 없었음을 이유로 계약을 해제할 수는 없는 것이고 따라서 원고의 대금지급의무 이행의 지체로 위 계약이 해제되었다는 피고의 항변은 이유없음이 명백하다고 할 것이다. 원심판결은 이 계약이 채권적으로는 효력이 있음을 전제로 이 점에 관한 판단을 하고 있어서 부적절하기는 하나 위 항변을 배척한 결론에서는 정당하므로 이 점을 비난하는 논지도 이유 없다.

3. 결국 원심판결 중 원고(갑)의 주위적 청구를 배척하고 예비적 청구 중 허가신청절차의 이행을 구한 부분을 인용한 부분은 정당하고 그 부분에 대한 원고(갑)의 상고와 피고(을)의 상고는 모두 이유없으므로, 이 부분에 대한 상고는 각 기각하고, 원고(갑)의 예비적 청구 중 조건부소유권이전등기절차의 이행을 명한 부분은 부당하므로, 원고(갑)의 상고이유 제2점에 대하여는 판단할 필요도 없이 이 부분의 원심판결을 파기하여 이 부분 사건을 원심으로 환송하기로 하여 주문과 같이 판결하는 것이다.

❷ 대법원 2010. 7. 22. 선고 2010다1456 판결 【토지거래계약허가신청절차이행】

사실관계

甲은 2007. 10. 19. 乙과 토지거래허가구역 내에 위치한 甲 소유의 X 토지와 그 지상 건물 Y를 매도하기로 하는 계약을 체결하고, 乙이 甲에게 계약금을 지급하였으나, X 토지에 관하여 거래허가를 받지 못한 상태에 있었다. 乙이 약정한 잔금지급기일에 잔금을 지급하지 못하게 되자, 甲과 乙은 위 매매계약에 있어서 乙의 귀책사유로 잔금일이 지연되었음을 확인하는 각서를 작성하고, 다시 잔금지급일을 2008. 2. 1.까지 연기하되, 그때까지는 반드시 계약을 이행할 것이며 만약 잔금을 지급하지 못할 경우 위 매매계약은 해제된 것으로 처리하고 이미 지급된 계약금의 반환청구권은 포기하기로 합의를 하였다. 그러나 乙은 연장된 잔금지급기일에도 잔금을 지급하지 못하였다. 이에 甲은 위 매매계약은 자동 해제되었으며 약정에 따른 계약금은 반환할 필요가 없다고 주장하였다. 이에 대해 乙은 위 매매계약이 토지거래허가를 받지 못하여 유동적 무효인 상태에 있으므로 잔금을 지급하지 못하였다고 하여 위 매매계약이 자동 해제되는 것은 아니며, 설사 그 합의가 효력이 있더라도 이는 잔대금지급의무가 있는 것으로 착오를 하고 합의한 것이므로 그 합의를 착오를 이유로 취소한다고 하면서, 그 합의가 취소되었으므로 다시 본래대로 위 매매계약은 유동적 무효상태로 존속하므로 토지거래허가 신청절차 협력의무가 있다고 하면서 甲에게 그 협력의무의 이행을 청구하였다.

판결이유

1. 상고이유 제1점 및 제2점에 대하여

<국토의 계획 및 이용에 관한 법률상 토지거래허가를 받지 않아 유동적 무효상태인 매매계약에서 별개의 약정으로 매매 잔금이 지급기일에 지급되지 않는 경우 매매계약을 자동해제하기로 정할 수 있는지 여부(적극) *(국토의 계획 및 이용에 관한 법률 제118조 제6항; 민법 제544조)>* 국토의 계획 및 이용에 관한 법률상의 토지거래허가를 받지 않아 유동적 무효상태인 매매계약에 있어서는 그 계약 내용대로의 효력이 있을 수 없는 것이어서 매수인으로서는 아직 그 계약 내용에 따른 대금지급의무가 있다고 할 수 없어 매도인이 매수인의 대금지급의무 불이행을 이유로 매매계약을 해제할 수 없으나(대법원 1991. 12. 24. 선고 90다12243 전원합의체 판결 등 참조), 당사자 사이에 별개의 약정으로 매매 잔금이 그 지급기일에 지급되지 아니하는 경우 매매계약을 자동적으로 해제하기로 약정하는 것은 가능하다(대법원 2008. 3. 13. 선고 2007다74393, 74409 판결 참조). 한편, **<부동산 매매계약에서 매수인이 잔대금 지급기일까지 그 대금을 지급하지 못하면 그 계약이 자동해제된다는 취지의 약정을 한 경우, 그 약정기일의 도과 사실만으로 매매계약이 자동해제되는지 여부(원칙적 소극) 및 그 약정기일의 도과 사실만으로 매매계약이 자동해제되는 것으로 볼 수 있는 경우** *(민법 제544조)>* 부동산 매매계약에 있어서 매수인이 잔대금 지급기일까지 그 대금을 지급하지 못하면 그 계약이 자동적으로 해제된다는 취지의 약정이 있더라도 매도인이 이행의 제공을 하여 매수인을 이행지체에 빠뜨리지 않는 한 그 약정기일의 도과 사실만으로는 매매계약이 자동해제된 것으로 볼 수 없으나, 매수인이 수회에 걸친 채무불이행에 대하여 책임을 느끼고 잔금 지급기일의 연기를 요청하면서 새로운 약정기일까지는 반드시 계약을 이행할 것을 확약하고 불이행시에는 매매계약이 자동적으로 해제되는 것을 감수하겠다는 내용의 약정을 한 특별한 사정이 있다면, 매수인이 잔금 지급기일까지 잔금을 지급하지 아니함으로써 그 매매계약은 자동적으로 실효된다(대법원 1994. 9. 9. 선고 94다8600 판결, 대법원 2007. 12. 27. 선고 2007도5030 판결 등 참조).

원심은 그 채택 증거에 의하여, 원고(을)가 2007. 10. 19. 피고(갑)와 사이에 토지거래허가구역 내에 위치한 토지 2필지(이하 '이 사건 토지'라 한다)와 지상 건물을 매수하기로 하는 계약(이하 '이 사건 매매계약'이라 한다)을 체결한 후 잔금지급기일에 잔금을 지급하지 못하게 되자 피고(갑)와 사이에 잔금지급일을 2008. 2. 1. 16:00까지로 연기하되, 그 때까지도 잔금을 지급하지 못할 경우 이 사건 매매계약은 해제된 것으로 처리하고 기지급된 계약금의 반환청구권은 포기하기로 합의(이하 '이 사건 합의'라고 한다)한 사실을 인정한 다음, <u>이 사건 매매계약이 이 사건 토지에 대한 토지거래허가를 받지 않아 유동적 무효인 상태에서도 이 사건 합의는 유효하고, 그 합의에 따라 원고(을)가 연장된 잔금지급기일까지 잔금을 지급하지 아니하는 경우 이 사건 매매계약은 자동적으로 해제된다는 취지로 판단하였다.</u>

위 법리와 기록에 비추어 살펴보면, 이러한 원심 판단은 정당하고, 거기에 토지거래허가구역 내 토지에 대한 매매계약의 효력이나 계약해제 등에 관한 법리오해 등의 위법이 없다.

2. 상고이유 제3점에 대하여

원심은, 원고(을)가 이 사건 매매계약이 유동적 무효상태에 있어서 잔금지급의무가 없다는 것을 모르고 피고(갑)와 이 사건 합의를 한 착오가 있었더라도 이는 동기의 착오에 해당하는데 이 사건 합의 과정에서 원고(을)가 그 동기를 상대방에게 표시하여 그 동기가 이 사건 합의의 내용으로 되었다고 볼 아무런 증거가 없다고 보아 착오를 이유로 이 사건 합의를 취소한다는 원고의 주장을 배척하였다.

그러나 원심 판단은 다음과 같은 이유에서 그대로 수긍하기 어렵다.

<***동기의 착오가 법률행위의 중요부분의 착오에 해당하기 위한 요건*** *(민법 제109조 제1항)*> <u>동기의 착오가 법률행위의 내용의 중요 부분의 착오에 해당함을 이유로 표의자가 법률행위를 취소하려면 그 동기를 당해 의사표시의 내용으로 삼을 것을 상대방에게 표시하고 의사표시의 해석상 법률행위의 내용으로 되어 있다고 인정되면 충분하고 당사자들 사이에 별도로 그 동기를 의사표시의 내용으로 삼기로 하는 합의까지 이루어질 필요는 없다</u>(대법원 1989. 12. 26. 선고 88다카31507 판결, 대법원 2000. 5. 12. 선고 2000다12259 판결 등 참조). 한편, 일반적으로 계약의 해석에 있어서는 형식적인 문구에만 얽매여서는 안 되고 쌍방 당사자의 진정한 의사가 무엇인가를 탐구해야 하며(대법원 1993. 10. 26. 선고 93다2629 판결 등 참조), 당사자 사이에 계약의 해석을 둘러싸고 이견이 있어 처분문서에 나타난 당사자의 의사해석이 문제되는 경우에는 문언의 내용, 그와 같은 약정이 이루어진 동기와 경위, 약정에 의하여 달성하려는 목적, 당사자의 진정한 의사 등을 종합적으로 고찰하여 논리와 경험칙에 따라 합리적으로 해석해야 한다(대법원 2007. 12. 27. 선고 2005다73914 판결, 대법원 2009. 6. 11. 선고 2007다88880 판결 등 참조).

원심이 인정한 사실과 기록에 의하면, 이 사건 합의는 원고(을)가 이 사건 매매계약에 따른 잔금지급기일에 피고(갑)에게 잔금을 지급하지 못하게 되자 그로 인한

불이익을 면하고자 잔금지급기일을 연장하면서 체결한 것이고, 피고(갑)도 그 사실을 잘 알고 있었으며, 이 사건 합의서에도 "이 사건 매매계약에 있어 2008. 1. 31.로 지정된 잔금일을 원고(을)의 귀책사유로 지연함을 확인하며"라고 기재되어 있음을 알 수 있다.

이러한 사정을 위 법리에 비추어 살펴보면, <사안의 경우 (민법 제109조 제1항)> 원고(매수인 을)가 이 사건 합의에 이르게 된 동기는 이 사건 매매계약이 유동적 무효 상태이어서 자신에게 잔금지급의무가 없다는 사실을 알지 못하여 잔금지급의무를 지체하고 있다고 생각했기 때문이라고 할 것이고, 그러한 동기는 이 사건 합의 과정에서 위 합의서 문언을 통해 의사표시의 내용으로 삼을 것이 피고에게 표시됨으로써 의사표시의 내용으로 되었다고 봄이 상당하다.

그럼에도 원심은 이와 달리 원고(을)의 위 동기가 이 사건 합의 과정에서 상대방에게 표시되어 이 사건 합의의 내용으로 되었다고 볼 수 없다고 판단하였는바, 이러한 원심 판단에는 채증법칙을 위배하거나 처분문서의 해석 또는 동기의 착오에 관한 법리를 오해하여 판결에 영향을 미친 위법이 있다.

§ 8-2 법률행위의 일부무효
❶ 대법원 1992. 10. 13. 선고 92다16836 판결【소유권이전등기】

사실관계

甲은 1989. 3. 30. 乙을 대리한 乙의 아내 A와 乙 소유 토지인 X와 그 지상건물인 Y를 매매1억 4천 7백만 원에 매수하기로 매매계약을 체결하였다. 이에 甲은 乙에게 매매계약 체결시 계약금 1천 5백만 원, 그 후 1989. 4. 20. 중도금 5천만 원을 지급하고, 잔금 8천 2백만 원을 1989. 5. 30. 까지 지급하기로 하되, 乙이 건물부분을 임대하고 받은 월세보증금 및 전세금 합계 3천 5백 5십만 원의 반환채무를 甲이 인수하고 이 금액을 잔금에서 공제하기로 하였다. 그런데 X 토지는 국토이용관리법상 토지 등의 거래계약에 대하여 허가를 받아야 하는 규제지역에 속하여 있었다. 그러나 甲과 乙은 계약 체결 당시 그 허가를 받지 아니한 상태였다. 甲은 乙에게 토지에 관하여 토지거래허가 신청절차의 이행과 그 허가처분이 있으면 잔금 4천 6백 5십만 원을 지급한다는 조건으로 매매를 원인으로 한 소유권이전등기청구의 소를 제기하였다.

판결이유

……

제3점에 대하여

1. 기록을 살펴보면, 이 사건 매매계약이 처음부터 국토이용관리법에 의한 허가를 배제하거나 잠탈하는 내용이 계약이라고 인정하지 아니하고, 피고(을)의 계약해제

항변을 배척하여, 피고(을)에게 이 사건 토지에 대하여 토지거래허가신청절차에 협력할 의무 있음을 인정한 원심의 조처도 정당하고, 거기에 채증법칙을 어기거나 심리미진의 위법이 있다고 할 수 없다.

2. 그런데 원심은 그 인정사실에 터잡아 피고(을)에게 이 사건 토지에 대한 토지거래허가신청절차의 이행을 명하는 외에 이 사건 건물에 대하여 위의 매매를 원인으로 한 소유권이전등기를 명하였는바, 원심의 이와 같은 조처는 수긍할 수 없다. 원심이 인정한 사실에 의하면, 이 사건 매매계약은 토지(X)와 건물(Y)을 일괄하여 거래의 목적으로 한 것이 분명하고, 원고도(갑) 원심의 1991. 10. 22.자 청구취지 변경 및 준비서면에서 "이 사건 토지와 건물을 뭉뚱그려서 대금 147,000,000원에 매수하였다"고 주장하였는바, <허가를 받지 아니한 국토이용관리법상 규제구역 내의 토지매매계약의 효력 유무(소극) (국토이용관리법 제21조의3)> 국토이용관리법상의 규제구역 내의 토지매매계약은 관할관청의 허가를 받아야만 그 효력이 발생하고 그 허가를 받기 전에는 채권적 효력도 발생하지 아니하여 무효인 것이므로(당원 1991. 12. 24. 선고 90다12243 판결 참조), 이와 같은 경우 토지(X)부분의 매매계약이 유효한 것으로 확정되지 아니한 상태에서 건물(Y)부분의 매매계약만 유효한 것으로 보아 소유권이전등기를 명하는 것은 옳다고 할 수 없다.

3. <국토이용관리법상 규제구역 내의 토지와 지상건물을 일괄하여 매매한 경우 토지에 대한 매매거래허가가 있기 전에 건물만의 소유권이전등기를 명할 수 있는지 여부 (국토이용관리법 제21조의3; 민법 제137조)> 민법 제137조는 법률행위의 일부분이 무효인 때에는 그 전부를 무효로 하되, 그 무효부분이 없더라도 법률행위를 하였을 것이라고 인정될 때에는 나머지 부분은 무효가 되지 아니한다고 규정하고 있는바, 일반적으로 토지와 그 지상의 건물은 법률적인 운명을 같이 하는 것이 거래의 관행이고, 당사자의 의사나 경제의 관념에도 합치되는 것이므로, 원심으로서는 이 사건 토지(X)에 관한 당국의 거래허가가 없으면 건물(Y)만이라도 매매하였을 것이라고 볼 수 있는 특별한 사정이 인정되는 경우에 한하여 토지(X)에 대한 매매거래허가가 있기 전에 건물(Y)만의 소유권이전등기를 명할 수 있다고 보아야 할 것이고, 그렇지 않은 경우에는 토지(X)에 대한 거래허가가 있어 그 매매계약의 전부가 유효한 것으로 확정된 후에 토지(X)와 함께 이전등기를 명하는 것이 옳을 것이다.

4. 그렇다면 원심이 이 사건 건물의 매매는 국토이용관리법상의 허가대상이 아니라는 이유만을 들어 피고(을)의 이 부분 무효주장을 배척하고 원고의 청구를 인용한 것은, 법률행위의 무효에 관한 법리를 오해하였거나 심리를 미진한 위법이 있다고 아니할 수 없고, 논지는 이 범위 안에서 이유 있다.

❷ 대법원 2010. 3. 25. 선고 2009다41465 판결 [소유권이전등기]
(대법원 2019. 1. 31. 선고 2017다228618 판결)

1. 토지거래허가구역이 아니라는 상고이유에 관하여
국토이용관리법 소정의 토지거래허가 규제지역 내에 있는 토지에 관한 매매계약 체결일이 같은 법상의 규제지역으로 지정고시되기 전인 때에는 그 매매계약에 관하여 관할 관청의 허가를 받을 필요가 없고(대법원 1996. 4. 12. 선고 96다6431 판결 등 참조), 한편 *<토지거래허가구역 지정기간 중에 허가구역 안의 토지에 대하여 토지거래허가를 받지 않고 토지거래계약을 체결한 후 허가구역 지정이 해제되거나 허가구역 지정기간이 만료되었음에도 재지정을 하지 않은 경우, 여전히 그 계약이 유동적 무효상태에 있다고 볼 것인지 여부(소극)>* 토지거래허가구역 지정기간 중에 허가구역 안의 토지에 대하여 토지거래허가를 받지 아니하고 토지거래계약을 체결한 후, 허가구역 지정이 해제되거나 허가구역 지정기간이 만료되었음에도 재지정을 하지 아니한 때에는, 그 토지거래계약이 허가구역 지정이 해제되기 전에 확정적으로 무효로 된 경우를 제외하고는, 더 이상 관할 행정청으로부터 토지거래허가를 받을 필요가 없이 확정적으로 유효로 되어, 거래 당사자는 그 계약에 기하여 바로 토지의 소유권 등 권리의 이전 또는 설정에 관한 이행청구를 할 수 있고, 상대방도 반대급부의 청구를 할 수 있다고 보아야 할 것이지, 여전히 그 계약이 유동적 무효상태에 있다고 볼 것은 아니다(대법원 1999. 6. 17. 선고 98다40459 전원합의체 판결 등 참조).
……

2. 이 사건 합의가 무효라는 상고이유에 관하여
<복수 당사자 사이의 합의 중 일부 당사자의 의사표시가 무효인 경우, 나머지 당사자 사이의 합의가 유효한지 여부의 판단 기준 (민법 제137조)> 복수의 당사자 사이에 어떠한 합의를 한 경우 그 합의는 전체로서 일체성을 가지는 것이므로, 그 중 한 당사자의 의사표시가 무효인 것으로 판명된 경우 나머지 당사자 사이의 합의가 유효한지의 여부는 민법 제137조에 정한 바에 따라 당사자가 그 무효 부분이 없더라도 법률행위를 하였을 것이라고 인정되는지의 여부에 의하여 판정되어야 하고, 그 당사자의 의사는 실재하는 의사가 아니라 법률행위의 일부분이 무효임을 법률행위 당시에 알았다면 당사자 쌍방이 이에 대비하여 의욕하였을 가정적 의사를 말하는 것이지만(대법원 1996. 2. 27. 선고 95다38875 판결 참조), 한편 그와 같은 경우에 있어서 나머지 당사자들이 처음부터 한 당사자의 의사표시가 무효가 되더라도 자신들은 약정내용대로 이행하기로 하였다면 무효가 되는 부분을 제외한 나머지 부분만을 유효로 하겠다는 것이 당사자의 의사라고 보아야 할 것이므로, 그 당사자들 사이에서는 가정적 의사가 무엇인지 가릴 것 없이 무효 부분을 제외한 나머지 부분은 그대로 유효하다고 할 것이다.

2. 무효행위의 전환

§ 8-3 무효행위의 전환

❶ *(§ 5-29 ❶)* 대법원 2010. 7. 15. 선고 2009다50308 판결 【부당이득금반환】
……

3. 이 사건 매매대금액에 관한 원고 및 피고 2의 각 상고이유에 대한 판단
<매매계약이 약정된 매매대금의 과다로 말미암아 '불공정한 법률행위'에 해당하여 무효인 경우에도 무효행위의 전환에 관한 민법 제138조가 적용될 수 있는지 여부 (적극) (민법 제104조, 제138조)> 매매계약이 약정된 매매대금의 과다로 말미암아 민법 제104조에서 정하는 '불공정한 법률행위'에 해당하여 무효인 경우에도 무효행위의 전환에 관한 민법 제138조가 적용될 수 있다. 따라서 당사자 쌍방이 위와 같은 무효를 알았더라면 대금을 다른 액으로 정하여 매매계약에 합의하였을 것이라고 예외적으로 인정되는 경우에는, 그 대금액을 내용으로 하는 매매계약이 유효하게 성립한다고 할 것이다. 이때 당사자의 의사는 매매계약이 무효임을 계약 당시에 알았다면 의욕하였을 가정적(가정적) 효과의사로서, 당사자 본인이 계약 체결시와 같은 구체적 사정 아래 있다고 상정하는 경우에 거래관행을 고려하여 신의성실의 원칙에 비추어 결단하였을 바를 의미한다. 이와 같이 여기서는 어디까지나 당해 사건의 제반 사정 아래서 각각의 당사자가 결단하였을 바가 탐구되어야 하는 것이므로, 계약 당시의 시가와 같은 객관적 지표는 그러한 가정적 의사의 인정에 있어서 하나의 참고자료로 삼을 수는 있을지언정 그것이 일응의 기준이 된다고도 쉽사리 말할 수 없다. 이와 같이 가정적 의사에 기한 계약의 성립 여부 및 그 내용을 발굴·구성하여 제시하게 되는 법원으로서는 그 '가정적 의사'를 함부로 추단하여 당사자가 의욕하지 아니하는 법률효과를 그에게 또는 그들에게 계약의 이름으로 불합리하게 강요하는 것이 되지 아니하도록 신중을 기하여야 한다.

원심은, 원고는 재건축사업의 수행을 위하여 이 사건 토지 중 이 사건 각 지분을 매수하는 것이 반드시 필요하고 피고들 역시 이제 이 사건 각 지분의 자신들 앞으로의 환원을 원하지 아니하는 점, 피고들은 당초 원고 조합원에 대한 보상가격인 평당 2,200만 원을 매매대금으로 요구하였고, 선행 2차소송의 제1심법원이 이 사건 각 지분 중 재건축사업에 필요한 면적인 각 7분의 0.1169 지분(약 1평)을 5,001만 원에 매도하는 내용의 조정결정을 하였음에 대하여 피고 2는 "평당 5,000만 원 선으로 조정하여 준 것에는 감사하나 다만 위 결정에서 장차 도로로 편입될 부분이 제외되어 응할 수 없다"는 취지로 이의신청을 한 점, 이 사건 각 지분을 매수하는 과정에서의 어려움은 기본적으로 재건축사업을 추진하는 원고가 부담하여야 하는 점 등 그 판시와 같은 사정을 종합하여, *<재건축사업부지에 포함된 토지에 대하여 재건축사업조합과 토지의 소유자가 체결한 매매계약이 매매대금의 과다로 말미암아 불공정한 법률행위에 해당하지만, 그 매매대금을 적정한 금액으로*

감액하여 매매계약의 유효성을 인정한 사안 *(민법 제104조, 제138조)>* 이 사건 각 지분에 관한 매매대금은 평당 5,000만 원으로 계산한 641,500,000원(5,000만 원 × 12.83평)이 정당하고, 원고 및 피고들은 이 사건 매매계약에서 정한 매매대금이 무효일 경우 위 금액을 매매대금으로 하여 이 사건 매매계약을 유지하였을 것이라고 인정된다고 판단하였다.

❷ 대법원 2012. 3. 29. 선고 2011다101308 판결 [임금등]

<임금 지급에 갈음하여 사용자가 제3자에 대한 채권을 근로자에게 양도하는 약정의 효력(=원칙적 무효) 및 위 약정이 '임금 지급을 위한 것'으로서 효력을 갖기 위한 요건 (근로기준법 제43조 제1항; 민법 제138조)> 임금은 법령 또는 단체협약에 특별한 규정이 있는 경우를 제외하고는 통화로 직접 근로자에게 그 전액을 지급하여야 한다(근로기준법 제43조 제1항). 따라서 사용자가 근로자의 임금 지급에 갈음하여 사용자가 제3자에 대하여 가지는 채권을 근로자에게 양도하기로 하는 약정은 그 전부가 무효임이 원칙이다. 다만 당사자 쌍방이 위와 같은 무효를 알았더라면 임금의 지급에 갈음하는 것이 아니라 그 지급을 위하여 채권을 양도하는 것을 의욕하였으리라고 인정될 때에는 무효행위 전환의 법리(민법 제138조)에 따라 그 채권양도 약정은 임금의 지급을 위하여 한 것으로서 효력을 가질 수 있다.

……

이러한 사실관계를 앞서 본 법리에 비추어 살펴보면, ***<갑이 을 주식회사와 퇴사 당시 지급받지 못한 임금 및 퇴직금의 지급에 갈음하여 을 회사의 제3자에 대한 채권을 양도받기로 합의한 다음 양도받은 채권 일부를 추심하여 미수령 임금 및 퇴직금 일부에 충당하였는데, 그 후 다시 을 회사를 상대로 미수령 임금 및 퇴직금 중 아직 변제받지 못한 부분의 지급을 구한 사안*** *(근로기준법 제43조 제1항; 민법 제138조)>* 이 사건 채권양도합의는 법령 또는 단체협약의 규정에 따른 것이라는 점이 밝혀지지 않는 한 그 전부가 무효임이 원칙이고, 다만 무효행위의 전환의 법리에 따라 이 사건 채권양도가 원고의 임금 및 퇴직금의 지급을 위한 것으로서 인정될 수 있을 뿐이다. 원고 등 근로자가 이 사건 채권양도합의에 따라 양도받은 채권의 일부를 추심하여 미수령 임금 및 퇴직금의 일부에 충당한 사실이 있다고 하여 달리 볼 것은 아니며, 그와 같이 충당된 부분의 임금 및 퇴직금은 변제로 소멸될 뿐이다. 그렇다면 원고로서는 이 사건 채권양도합의가 전부 무효라면 당연히, 무효행위의 전환 법리에 따라 임금 및 퇴직금의 지급에 갈음하는 것이 아니라 그 지급을 위한 것이라고 보게 되는 경우에는 그 법리에 따라 원래의 미수령 임금 및 퇴직금 중 아직 변제받지 못한 부분을 피고 회사에 대하여 청구할 수 있다고 보아야 할 것이다(위 채권양도 합의가 전부 무효라면 당연히, 그리고 무효행위 전환의 법리에 따라 임금 및 퇴직금의 지급을 위한 것으로 보는 경우에는 그 법리에 따라, 갑은 원래의 미수령 임금 및 퇴직금 중 아직 변제받지 못한 부분의 지급을 을 회사에 청구할 수 있다고 보아야 하는데도, 위 채권양도 합의가 유효하다고 단정한 나머지 갑의 을 회사에 대한 임금 및 퇴직금청구 채권이 소멸되었다고 본 원심판결에 임금 직접 지급의 원칙에 관한 법리오해의 위법이 있다고 한 사례).

3. 무효행위의 추인
§ 8-4 무효인 법률행위에 대한 묵시적 추인의 요건
❶ 대법원 2014. 3. 27. 선고 2012다106607 판결 [소유권이전등기말소등기등]

1. <*무효인 법률행위에 대한 묵시적 추인을 인정하기 위한 요건 (민법 제139조)*> 무효인 법률행위를 추인에 의하여 새로운 법률행위로 보기 위하여서는 당사자가 이전의 법률행위가 무효임을 알고 그 행위에 대하여 추인하여야 한다(대법원 1998. 12. 22. 선고 97다15715 판결 참조). 한편 추인은 묵시적으로도 가능하나, 묵시적 추인을 인정하기 위해서는 본인이 그 행위로 처하게 된 법적 지위를 충분히 이해하고 그럼에도 진의에 기하여 그 행위의 결과가 자기에게 귀속된다는 것을 승인한 것으로 볼만한 사정이 있어야 할 것이므로, 이를 판단함에 있어서는 관계되는 여러 사정을 종합적으로 검토하여 신중하게 하여야 할 것이다(대법원 2009. 9. 24. 선고 2009다37831 판결 참조). 위와 같은 법리를 고려하면, 당사자가 이전의 법률행위가 존재함을 알고 그 유효함을 전제로 하여 이에 터 잡은 후속행위를 하였다고 해서 그것만으로 이전의 법률행위를 묵시적으로 추인하였다고 단정할 수는 없고, 묵시적 추인을 인정하기 위해서는 이전의 법률행위가 무효임을 알거나 적어도 무효임을 의심하면서도 그 행위의 효과를 자기에게 귀속시키도록 하는 의사로 후속행위를 하였음이 인정되어야 할 것이다.
......
3. 그러나 묵시적 추인에 관한 원심의 이러한 판단은 앞서 본 법리에 비추어 그대로 수긍하기 어렵다.
원심은, <*당사자가 법률행위의 존재를 알고 그 유효함을 전제로 하여 이에 근거한 후속행위를 한 것만으로 법률행위를 묵시적으로 추인하였다고 볼 수 있는지 여부 (소극) (민법 제139조)*> 원고 조합원들이 이 사건 처분행위가 있음을 알고도 그 처분행위가 유효함을 전제로 위 2006. 12. 27.자 총회 결의와 2007. 10. 13.자 총회 결의를 하고, 역시 그 처분행위가 있음을 알고 그 처분행위가 유효함을 전제로 일부 조합원들 및 원고 이사회, 원고 조합장 등이 후속행위를 한 사정 등을 들어 이 사건 처분행위에 대한 원고의 묵시적 추인이 있다고 판단하였으나, 원고가 이 사건 처분행위가 무효임을 알고도 혹은 그 무효임을 의심하면서도 위와 같은 행위에 나아갔음이 인정되지 않는 한, 원고나 원고 조합원들이 이 사건 처분행위가 있었음을 알면서 그 유효함을 전제로 위 각 행위를 하였다는 것만으로는 묵시적 추인의 효과를 인정할 수 없다 할 것이다.

그런데 원심이 묵시적 추인의 근거로 든 사정들을 종합해 보아도 원고나 원고 조합원들이 위와 같이 이 사건 처분행위가 유효함을 전제로 위 2006. 12. 27.자 또는 2007. 10. 13.자 총회 결의 당시에나 후속행위를 할 당시 원고가 이 사건 처분행위가 무효임을 알았다거나 적어도 무효임을 의심하였다는 점을 뒷받침하는 것은 되지 못하고, 기록을 살펴보아도 당시 원고가 이 사건 처분행위가 무효임을 알았다거나 적어도 무효임을 의심하였음을 인정할 만한 증거를 찾아보기 어렵다.

그럼에도 원심은 이와 달리 그 판시 각 총회 결의나 후속행위 당시 원고가 이 사건 처분행위가 무효임을 알았거나 적어도 무효임을 의심하였는지 여부에 관하여 심리하지 않은 채 그 판시 사정만을 들어 원고가 이 사건 처분행위를 묵시적으로 추인하였다고 판단하고 말았으니, 이러한 원심의 판단에는 묵시적 추인에 관한 법리를 오해하고 필요한 심리를 다하지 아니하여 판결에 영향을 미친 위법이 있다.

§ 8-5 무효행위의 추인과 소급효
❶ 대법원 1992. 5. 12. 선고 91다26546 판결 【가등기말소】

사실관계

A 주택건설(주식회사)이 X 주택을 신축하였는데, A의 대표이사 B 등이 구속되자 A의 업무집행권을 위임받은 C가 A의 현장관리소장이던 乙과 공모하여 회사 채권자들로부터 회사재산을 보호한다는 구실 아래 아무런 원인관계 없이 X 주택에 관하여 가등기를 경료해 두었다. 그 후 A로부터 X 주택을 분양받았던 甲이 1989. 10. 26. 소유권이전등기를 경료하였다. 그런데 1990. 2. 14. B가 위 가등기를 乙의 A에 대한 임금채권을 담보하는 것으로 추인하였으며, 위 가등기에 기해 乙 명의로 소유권이전의 본등기를 경료하여 두기로 약정하였다. 이에 甲이 乙에 대하여 가등기의 말소를 청구하였다.

판결이유

원심판결 이유에 의하면 원심은, ····· <무효인 가등기를 유효한 등기로 전용키로 한 약정에 의하여 그 가등기가 소급하여 유효한 등기로 전환되는지 여부(소극) (민법 제139조; 부동산등기법 제3조)> 무효인 법률행위는 당사자가 무효임을 알고 추인할 경우 새로운 법률행위를 한 것으로 간주할 뿐이고 소급효가 없는 것이므로, 무효인 위 가등기를 유효한 등기로 전용키로 한 위 약정은 그때부터 유효하고, 이로써 위 가등기가 소급하여 유효한 등기로 전환될 수 없다고 할 것인데 그전에 이미 위 주택에 관하여 원고 명의의 소유권이전등기가 경료된 것이므로 피고들은 위 추인으로써 원고에게 대항할 수 없다고 판단하였는 바, 기록에 대조하여 살펴볼 때 위 사실인정과 판단은 정당한 것으로 수긍이 되고, 위 회사*(A)*의 대표이사 조O윤*(B)*이 원고*(갑)*에게 이 사건 주택을 분양하기로 한 1988. 4. 2.에는 위 조O윤*(B)*에게 위 회사*(A)*를 대표할 권한이 없었으며, 원고*(갑)*도 당시에 그러한 사실을 알고 있었으므로, 위 분양계약은 무효라는 취지의 소론 주장은 원심변론종결에 이르기까지 전혀 내세운 바가 없는 새로운 사실에 관한 주장으로서 적법한 상고이유가 될 수 없고 달리 위 사실인정에 어떠한 잘못이 있다고 할 수 없으며 위 사실을 기초로 한 원심의 판단 또한 정당하다.

4. 무권리자의 처분행위에 대한 추인
§ 8-6 무권리자가 한 처분행위의 추인
❶ 대법원 2001. 11. 9. 선고 2001다44291 판결【소유권말소등기】

사실관계

A(부산광역시 동래구)시에 X 임야를 소유하고 있던 B는 2014. 5. 12. 아들 乙(정O복)과 딸 甲 등을 남기고 사망하였는데, 乙은 X 임야에 관하여 상속을 원인으로 하여 자신의 단독 명의로 소유권이전등기를 경료하였다. A는 X 임야를 乙로부터 '공공용지의 취득 및 손실보상에 관한 특례법'에 의한 협의취득을 하면서 X 임야에 대한 손실보상금으로 乙에게 5억 원을 지급하였다. 그런데 乙명의의 소유권이전등기에는 甲의 법정상속분(6/25)이 포함되어 있었다. 이에 진정한 소유자인 甲은 원인무효인 등기명의자인 乙을 상대로 자기의 지분에 해당하는 1억 2천만 원을 부당이득으로 반환할 것을 청구하였다. 그러나 乙은 X 임야에 대한 乙명의의 소유권이전등기 중 6/25지분이 원인무효라면, A가 협의취득을 원인으로 하여 위 지분에 관하여 경료한 소유권이전등기 역시 원인무효인 등기가 되기 때문에(결국 甲은 위 지분에 관한 소유권을 상실하였다고 볼 수 없다) 甲에게 손실이 발생하였음을 전제로 한 부당이득반환청구는 이유 없다고 주장한다.

판결이유

……
2. ……
나. 상고이유 제1점에 대하여
원심이 인정한 사실에 따르면, 부산광역시 동래구*(A)*가 무권리자인 피고*(을)*로부터 원고*(갑)*의 지분에 해당하는 이 사건 임야 중 6/25지분을 협의취득하였다고 하더라도 이는 원인무효가 되어 원고(갑)가 그 지분에 대한 소유권을 상실하지 아니함은 상고이유의 주장과 같다(기록에 의하면, 부산광역시 동래구(A)가 피고로부터 1997. 2. 11. 이 사건 임야를 협의취득한 것은 공공용지의취득및손실보상에관한특례법에 의한 것으로 보이고, 이러한 협의취득은 토지수용법상의 수용과 달리 사법상의 매매에 해당하고, 그 효력은 당사자에게만 미치게 되기 때문이다(대법원 1994. 12. 13. 선고 94다25209 판결, 1999. 11. 26. 선고 98다47245 판결 등 참조).

그런데 *무권리자의 처분행위에 대한 권리자의 추인의 효과와 그 방법 (민법 제130조, 제133조)>* 무권리자가 타인의 권리를 자기의 이름으로 또는 자기의 권리로 처분한 경우에, 권리자는 후일 이를 추인함으로써 그 처분행위를 인정할 수 있고, 이러한 경우 특별한 사정이 없는 한 권리자 본인에게 위 처분행위의 효력이 발생함은 사적 자치의 원칙에 비추어 당연하다 할 것이고(대법원 1981. 1. 13. 선고 79다2151 판결, 1988. 10. 11. 선고 87다카2238 판결 등 참조), 이 경우 추인은 명시적으로뿐만 아니라 묵시적인 방법으로도 가능하며 그 의사표시는 무권대리인이나 그 상대방 어느 쪽에 하여도 무방하다 할 것이다.

기록에 의하면, *<사안의 경우>* 원고(갑)는 이 사건에서 이 사건 임야 중 원고(갑)의 지분에 대한 부산광역시 동래구의 협의취득이 유효함을 전제로 피고(을)가 수령한 이 사건 임야에 대한 손실보상금 중 원고(갑)의 지분에 상당한 금원의 반환을 구하고 있음이 분명한바, 이는 원고(갑)가 무권리자인 피고(을)의 위 처분행위를 묵시적으로 추인한 것이라고 봄이 상당하고, 그렇다면 부산광역시 동래구(A)는 이 사건 임야 중 원고(갑)의 지분에 대하여도 소유권을 적법하게 취득하게 되었다 할 것이다. 그리고 이와 같이 무권리자에 의한 처분행위를 권리자가 추인한 경우에 권리자는 무권리자에 대하여 무권리자가 그 처분행위로 인하여 얻은 이득의 반환을 구할 수 있다고 봄이 상당하므로, 피고(을)는 원고(갑)에게 위 협의취득으로 수령한 손실보상금 중 원고(갑) 지분 상당액을 부당이득으로서 반환할 의무가 있다고 할 것이다.

따라서 소유권자인 원고(갑)에게 부산광역시 동래구로부터 그 지분의 회복을 구할 수 있는 여지가 법률적으로 남아 있다는 취지로 판단한 원심에는 무권리자의 처분행위의 추인과 부당이득의 법리 등에 대한 법리를 오해한 잘못이 있다고 할 것이나, 원고(갑)의 피고(을)에 대한 이 사건 부당이득의 반환청구를 받아들인 원심의 결론은 정당하고, 거기에 상고이유의 주장과 같이 부당이득에 관한 법리를 오해한 위법이 있다고 할 수 없다. 한편, 상고이유에서 들고 있는 판례들은 그 사안을 달리하거나 공공용지의취득및손실보상에관한특례법에 의하여 협의취득한 이 사건에 적용될 수 없는 토지수용법상의 수용을 전제로 한 것이어서 모두 적절한 것이라고 할 수 없다.

❷ 대법원 2017. 6. 8. 선고 2017다3499 판결 [근저당권말소등기등] <무권리자가

문서를 위조해서 근저당권설정등기와 대출을 하였는데, 권리자가 무권리자의 처분을 추인하였는지가 문제된 사건〉

1. 상고이유 제1, 2점
가. <*무권리자가 타인의 권리를 처분한 경우, 권리자가 무권리자의 처분을 추인할 수 있는지 여부(적극) 및 이 경우 추인의 요건과 방법* (민법 제130조, 제133조)> 법률행위에 따라 권리가 이전되려면 권리자 또는 처분권한이 있는 자의 처분행위가 있어야 한다. 무권리자가 타인의 권리를 처분한 경우에는 특별한 사정이 없는 한 권리가 이전되지 않는다. 그러나 이러한 경우에 권리자가 무권리자의 처분을 추인하는 것도 자신의 법률관계를 스스로의 의사에 따라 형성할 수 있다는 사적 자치의 원칙에 따라 허용된다. 이러한 추인은 무권리자의 처분이 있음을 알고 해야 하고, 명시적으로 또는 묵시적으로 할 수 있으며, 그 의사표시는 무권리자나 그 상대방 어느 쪽에 해도 무방하다(대법원 1964. 6. 2. 선고 63다880 판결, 대법원 2001. 11. 9. 선고 2001다44291 판결 등 참조).

<*무권대리의 추인에 관한 민법 제130조, 제133조 등을 무권리자의 추인에 유추 적용할 수 있는지 여부(적극) 및 무권리자의 처분이 계약으로 이루어진 경우, 권리자가 추인하면 계약의 효과가 계약을 체결한 때로 소급하여 권리자에 귀속되는지 여부(원칙적 적극)* (민법 제130조, 제133조)> 권리자가 무권리자의 처분을 추인하면 무권대리에 대해 본인이 추인을 한 경우와 당사자들 사이의 이익상황이 유사하므로, 무권대리의 추인에 관한 민법 제130조, 제133조 등을 무권리자의 추인에 유추 적용할 수 있다. 따라서 무권리자의 처분이 계약으로 이루어진 경우에 권리자가 이를 추인하면 원칙적으로 그 계약의 효과가 계약을 체결했을 때에 소급하여 권리자에게 귀속된다고 보아야 한다.

II. 취소

1. 취소권
§ 8-7 취소의 의사표시 방법
❶ 대법원 1993. 9. 14. 선고 93다13162 판결 【소유권이전등기】

1. <*법률행위를 취소하는 의사표시의 방법* (민법 제142조)> 법률행위의 취소는 상대방에 대한 의사표시로 하여야 하나(민법 제142조), 그 취소의 의사표시는 특별히 재판상 행하여짐이 요구되는 경우 이외에는 특정한 방식이 요구되는 것이 아니고,

취소의 의사가 상대방에 의하여 인식될 수 있다면 어떠한 방법에 의하더라도 무방하다고 할 것이고, 법률행위의 취소를 당연한 전제로 한 소송상의 이행청구나 이를 전제로 한 이행거절 가운데는 취소의 의사표시가 포함되어 있다고 볼 수 있을 것이다.

그런데 기록에 의하면, 원심의 피고 소송대리인은 1993. 1. 8.자 준비서면(같은 날 제9회 변론기일에 진술)에서 소외 고O희가 피고의 법정후견인이 된다고 하더라도, 위 소외인이 이 사건 부동산을 매도함에 있어 민법 제950조 소정의 친족회의 동의를 얻은 바 없으므로, 원고의 주장은 이유가 없다고 항변하고 있는 바, 위 항변에는 피고의 취소의 의사가 포함되어 있다고 볼 여지는 있다.

2. 그러나 원심판결 이유를 기록에 비추어 보면, <*사안의 경우* (민법 제142조)> 피고가 성년이 된 후인 1990년 추석 무렵 원고에게 이 사건 부동산 중 자신의 상속지분에 대하여 소유권이전등기절차를 이행해 주겠다고 하여 매매계약을 추인하였다는 원심의 설시이유는 정당한 것으로 수긍할 수 있고, 거기에 채증법칙위배, 심리미진 등의 위법사유가 있다고 할 수 없으므로, 원심이 피고가 위 매매계약을 취소하였다는 점에 관한 아무런 주장 입증이 없다고 본 데에는 잘못이 있다고 하더라도 이는 이 사건 결과에 영향이 없다고 할 것이다. 따라서 논지는 이유 없음에 돌아간다.

§ 8-8 법률행위의 일부취소

❶ 대법원 1998. 2. 10. 선고 97다44737 판결 [부당이득금반환]
(대법원 1999. 3. 26. 선고 98다56607 판결)

사실관계

甲(인천광역시)은 1995. 3.경 건설교통부와 한국도로공사가 시행하는 인천신공항고속도로 건설사업에 편입될 토지의 용지보상 업무를 위탁받아 시행함에 있어, X 토지가 그 도로 부지로 편입되게 되자, 공공용지의 취득 및 손실보상에 관한 특례법(이하 공공용지특례법)에 정한 절차에 따라 이를 취득하기 위하여 소유자인 乙에게 협의를 요청하였다. 그리고 甲은 위 협의에 앞서 1994. 12. 30.경 공공용지특례법이 정하는 바에 따라 대금액을 결정하기 위하여 A감정평가법인 및 B감정평가법인에게 토지가격에 대한 감정평가를 의뢰하여, 1995. 1. 26.경 ㎡당 A감정평가법인은 76,000원으로, B중앙감정평가법인은 74,000원으로 평가한 감정서를 각 제출받은 후, 그 두 감정가격의 산술평균치인 75,000원을 乙에게 대금결정기준액으로 제시하였다. 그 결과 1995. 3. 7.부터 4. 6.까지 甲과 乙 사이에 매매대금을 ㎡당 75,000원을 기초로 하여 산정한 금액으로 정하여 협의매수가 성립되어, 이에 따라 甲이 乙로부터 X 토지를 매수하는 계약을 체결하고, 그 무렵 乙에게 각 그 해당 금액을 지급하였다. 한편 甲이 1995. 2. 21.경 乙에 대한 협의 요청서에 공공용지특례법이 정한 방법에 따라 두 개의 감정평가기관의 평가액을 산술평균한 금액을 기준으로 결정한다는 점 및 그에 따라 ㎡당 75,000원씩으로 산출한 금액을 서면으로 통지·제시하였고, 그 후 乙과 협의매수계약시 그러한 내용을 설명하였으며, 매매계약서 "물건의 표시"란에 그 대금 결정 내역에 관하여 단가와 X 토지의 면적을 기재함과 아울러, 대금결정 방법에 관하여도 매매계약서 제1조 제1항에 "가격은 공공용지특례법 제4조 및 동법시행령 제2조 관련 조항의 규정에 따라 산정된 단가를 쌍방 협의에 의하여 정하였음"을 명시하였다. 그런데 공공용지특례법에 의하면 공법상 제한을 받는 토지는 그 공법상 제한이 당해 공공사업의 시행을 직접 목적으로 하여 가해진 경우를 제외하고는 제한받는 상태대로 평가하되, 제한의 정도를 감안하여 적정하게 감가하여 평가하도록 규정되어 있는데, X 토지의 용도는 자연녹지 개발제한구역으로 지정되어 있다. 그런데 위 두 감정평가법인은 협의매수가 이루어진 이후인 1995. 4. 28.경 X 토지에 대한 최초 평가시 용도지역 인정에 착오가 있어 자연녹지 개발제한구역을 생산녹지로 잘못 알고 평가하였음을 발견하고 ㎡당 A감정평가법인은 41,000원으로, B감정평가법인은 40,000원으로 다시 평가하여 작성한 정정서를 甲에게 통보하였다. 이에 甲은 그 무렵 乙에게 그러한 사정을 통지하면서, 이미 지급한 매매대금 중 정정된 두 감정가격의 산술평균치인 40,500원을 기준으로 계산한 금액을 초과하는 금액(㎡당 34,500원)의 반환을 청구하였다.

판결이유

1. 제1점에 관하여

가. <동기의 착오를 이유로 법률행위를 취소하기 위한 요건 (민법 제109조)> 동기의 착오가 법률행위의 내용의 중요 부분의 착오에 해당함을 이유로 표의자가 법률행위를 취소하려면 그 동기를 당해 의사표시의 내용으로 삼을 것을 상대방에게 표시하고, 의사표시의 해석상 법률행위의 내용으로 되어 있다고 인정되면 충분하고, 당사자들 사이에 별도로 그 동기를 의사표시의 내용으로 삼기로 하는 합의까지 이루어질 필요는 없지만(대법원 1989. 12. 26. 선고 88다카31507 판결, 1995. 11. 21. 선고 95다5516 판결 참조), 그 법률행위의 내용의 착오는 보통 일반인이 표의자의 입장에 섰더라면 그와 같은 의사표시를 하지 아니하였으리라고 여겨질 정도로 그 착오가 중요한 부분에 관한 것이어야 할 것이다(대법원 1989. 1. 17. 선고 87다카1271 판결, 1996. 3. 26. 선고 93다55487 판결 참조). <동기의 착오에 있어서 표의자의 '중대한 과실'의 의미 (민법 제109조)> 다만 그 착오가 표의자의 중대한 과실로 인한 때에는 취소하지 못한다고 할 것인데, 여기서 '중대한 과실'이라 함은 표의자의 직업, 행위의 종류, 목적 등에 비추어 보통 요구되는 주의를 현저히 결여하는 것을 의미한다고 할 것이다(대법원 1996. 7. 26. 선고 94다25964 판결 참조).
……

2. 제2점에 관하여

<법률행위 일부 취소의 요건과 효력 (민법 제137조, 제141조)> 하나의 법률행위의 일부분에만 취소사유가 있다고 하더라도 그 법률행위가 가분적이거나 그 목적물의 일부가 특정될 수 있다면, 나머지 부분이라도 이를 유지하려는 당사자의 가정적 의사가 인정되는 경우 그 일부만의 취소도 가능하다고 할 것이고, 그 일부의 취소는 법률행위의 일부에 관하여 효력이 생긴다고 할 것이다(대법원 1990. 7. 10. 선고 90다카7460 판결, 1992. 2. 14. 선고 91다36062 판결 참조).

원심이 판시와 같은 이유를 들어 원고(갑)와 피고들(을) 사이의 이 사건 협의매수계약은 원고(갑)의 위 착오를 이유로 한 의사표시의 일부 취소로 말미암아 각 그 해당 범위 내에서만 소급적으로 무효가 되었다고 판단한 것은 위 법리에 따른 것으로 정당하고 거기에 소론과 같은 법리오해, 심리미진 등의 위법이 있다고 할 수 없다.

❷ 대법원 2013. 5. 9. 선고 2012다115120 판결 [권리양도금]
……

2. <영업용 건물의 임대차에 수반하여 지급되는 권리금의 법적 성질 및 권리금계약이 임대차계약 등과는 별개의 계약인지 여부(적극) (민법 제105조, 제618조, 제629조)> 영업용 건물의 임대차에 수반되어 행하여지는 권리금의 지급은 임대차계약의 내용을 이루는 것은 아니고, 권리금 자체는 거기의 영업시설·비품 등 유형물이나 거래처, 신용, 영업상의 노하우(know-how) 혹은 점포 위치에 따른 영업상의 이점 등 무형의 재산적 가치의 양도 또는 일정 기간 동안의 이용대가라고 볼 것인바(대법원 2002. 7. 26. 선고 2002다25013 판결, 대법원 2011. 1. 27. 선고 2010다85164 판결 등 참조), 권리금계약은 임대차계약이나 임차권양도계약 등에 수반되어 체결되지만 임대차계약 등과는 별개의 계약이라고 할 것이다.

한편 <여러 개의 계약이 체결된 경우, 그 계약 전부가 불가분의 관계에 있는지 판단하는 기준 및 하나의 계약에 대한 기망 취소의 의사표시가 전체 계약에 대한 취소의 효력이 있는 경우 (민법 제105조, 제110조, 제137조)> 여러 개의 계약이 체결된 경우에 그 계약 전부가 하나의 계약인 것과 같은 불가분의 관계에 있는 것인지 여부는 계약체결의 경위와 목적 및 당사자의 의사 등을 종합적으로 고려하여 판단하여야 할 것이고(대법원 2003. 5. 16. 선고 2000다54659 판결, 대법원 2006. 7. 28. 선고 2004다54633 판결 등 참조), 각 계약이 전체적으로 경제적, 사실적으로 일체로서 행하여진 것으로 그 하나가 다른 하나의 조건이 되어 어느 하나의 존재 없이는 당사자가 다른 하나를 의욕하지 않았을 것으로 보이는 경우 등에는, 하나의 계약에 대한 기망 취소의 의사표시는 법률행위의 일부무효이론과 궤를 같이하는 법률행위 일부취소의 법리에 따라 전체 계약에 대한 취소의 효력이 있다고 할 것의다(대법원 1994. 9. 9. 선고 93다31191 판결 참조).

위 법리에 비추어 기록을 살펴보면, <*임차권의 양수인 갑이 양도인 을의 기망행위를 이유로 을과 체결한 임차권양도계약 및 권리금계약을 각 취소 또는 해제한다고 주장한 사안에서, 임차권양도계약과 분리하여 권리금계약만이 취소되었다고 본 원심판결에 법리오해 등 위법이 있다고 한 사례* (민법 제105조, 제110조, 제137조, 제618조, 제629조)> 이 사건 임차권양도계약과 권리금계약의 체결 경위, 계약 내용 등 제반 사정을 참작할 때, 이 사건 권리금계약은 임차권양도계약과 결합하여 그 전체가 경제적, 사실적으로 일체로서 행하여진 것으로 보아야 할 것이고, 어느 하나의 존재 없이는 당사자가 다른 하나를 의욕하지 않았을 것으로 보이므로, 권리금계약 부분만 따로 떼어 이를 취소할 수는 없다고 할 것이고, 따라서 원심으로서는 권리금계약에 취소사유가 있다고 판단한 경우라면 마땅히 임차권양도계약까지도 취소하였어야 한다.

2. 취소할 수 있는 법률행위의 추인

§ 8-9 취소한 법률행위의 추인

❶ 대법원 1997. 12. 12. 선고 95다38240 판결 【소유권이전등기말소】

1. 원심판결 이유에 의하면, 원심이 인정하고 있는 사실관계와 판단은 다음과 같다.
소외 김O규, 원고(김O규의 처), 소외 김항O(김O규의 동생) 3인은 그들의 공동 명의로 이 사건 각 토지(원심 판시 별지 제1목록 기재 토지 17필지 및 별지 제2목록 제1 내지 11번 기재 토지 11필지 합계 28필지. 별지 제2목록 제12 내지 24번 기재 토지 13필지에 대하여는 원고가 상고를 취하하였다.)를 포함한 김O규 일가의 재산을 피고 대한민국에게 증여한다는 의사표시가 담긴 기부서(을 제3호증의 2, 3)를 1979. 11.경 작성하게 되었는데, 그 기부서는 수사 과정에서 김O규와 원고 모두 구금되어 수사관들로부터 고문을 당하는 등 강박의 상태 아래서 작성되었다.
그러나 김O규는 위 증여의 의사표시 후인 1980. 1. 28. 내란목적살인 등 사건의 형사재판절차에서 피고 대한민국 산하 계엄사령부 소속 고등군법회의에 제1차 항소이유보충서(갑 제3호증의 12)를 제출하면서 위 군법회의를 통하여 피고 대한민국에 대하여 이 사건 각 토지 중 그 소유의 재산(상속재산)에 관한 증여를 강박에 의한 의사표시로서 취소하였다가, 다시 같은 달 31. 위 형사재판절차에서 위 군법회의에 제2차 항소이유보충서(을 제1호증의 1)를 제출하면서 위 군법회의를 통하여 피고 대한민국에 대하여 위 취소의 의사표시를 철회하고 당초의 증여의 의사표시를 추인하였다.
위와 같은 사실관계를 바탕으로 하여 원심은 이 사건 기부서에 담긴 김O규와 원고의 증여의 의사표시는 피고 대한민국 산하 보안사령부 소속 수사관들의 강박에 의한 의사표시로서 취소의 대상이 된다고 할 것이나, 그 후 김O규는 이 증여의 의사표시를 추인하여 확정적으로 유효한 것으로 되었다고 하면서, 다시 김O규의 증여의 의사표시가 위와 같이 확정적으로 유효하게 되어 버린 이상 원고로서는 비록 망 김O규의 상속인(김O규는 1980. 5. 24. 사형 집행으로 사망하였다.)이라고 하더라도 김O규의 증여의 의사표시에 관한 취소권을 더 이상 행사할 수 없을 뿐만 아니라, 취소권은 추인할 수 있는 날(즉 취소의 원인이 종료한 날)로부터 3년 내에 행사하여야 하는 것인데, 위 수사관들의 강박에 의하여 의사표시를 한 자에 대한 강박의 상태가 종료한 날은 그 당시 실시되었던 비상계엄이 해제된 1981. 1. 21.이라고 할 것이므로, 원고가 위 비상계엄 해제일로부터 3년이 지난 1990. 3. 5.에 이 사건 소를 제기하였음이 기록상 명백한 이 사건에 있어서, 이 사건 소장 부본의 송달로써 피고 대한민국에 대하여 이 사건 각 토지 중 자신의 고유재산(피고 대한민국 명의로 소유권이전등기가 경료되기 직전에 원고 명의로 소유권 등기가 마쳐져 있었던 별지 제2목록 제1 내지 7번 및 제11번 기재 토지)에 관한 증여의 의사표시도 취소할 수 없게 되었다고 판단하고 있다.

그 밖에 이 사건 기부서가 의사결정의 자유가 완전히 박탈된 상태에서 작성되었거나 이를 전혀 작성한 일이 없음에도 불구하고 피고 대한민국 산하 공무원들이 이 사건 각 토지에 관한 김O규 및 원고 명의의 등기촉탁승낙서 등 등기신청서류를 위조하여 피고 대한민국 명의로 소유권이전등기를 경료하였으니 그 등기가 무효라는 원고의 주장에 대하여는, 이에 부합하는 증거들을 모두 배척하고, 설사 그 등기신청이 위조서류에 의하여 되었다고 하더라도 김O규 및 원고의 이 사건 각 토지에 관한 당초의 증여의 의사표시가 위와 같은 추인 또는 취소권의 소멸에 따라 유효하게 확정된 이상 피고 대한민국 명의의 소유권이전등기는 실체관계에 부합하는 유효한 등기라고 판단하고 있다.

나아가서 이 사건 각 토지 중 피고 대한민국 명의로 소유권이전등기가 경료되기 직전에 양O도·김항O 명의로 소유권이전등기가 마쳐져 있던 토지들에 관하여는 원고와 각 해당 등기명의인들과 사이에 명의신탁관계가 계속 존속하여 오고 있는 사실을 인정하고, 이러한 경우 원고는 위 각 토지에 관하여는 명의수탁자인 양O도·김항O를 대위하여서만 피고들에 대하여 그 각 해당 소유권이전등기의 말소와 인도를 구할 수 있을 뿐이고, 공유자의 보존행위나 소유권을 내세워 직접 그 이행을 구할 수는 없으므로, 원고의 위 각 토지에 관한 청구 부분은 그 주장 자체로서 이유 없다는 판단을 덧붙여, 이 사건 각 토지에 관한 피고 대한민국 명의의 소유권이전등기 및 이에 터잡아 순차로 경료된 다른 피고들의 소유권이전등기가 무효라는 원고의 주장을 배척하고, 피고들에 대한 이 사건 청구를 모두 기각한 제1심판결을 유지하고 있다.

2. 채증법칙 위반의 점에 관한 상고이유에 대하여

상대방이 문서의 진정성립을 적극적으로 다투거나 서증의 진정성립 여부가 쟁점이 된 때, 또한 서증이 당해 사건의 쟁점이 되는 주요사실을 인정하는 자료로 쓰여지는데 상대방이 그 증거능력을 다툴 때에는 문서가 어떠한 이유로 증거능력이 있는 것인지에 관하여 설시하는 것이 옳을 것이고, 사문서의 경우 그것이 어떠한 증거에 의하여 진정성립이 인정된 것인지 잘 알아보기 어려운 경우에도 그 근거를 분명히 밝혀서 설시하여야 할 것이나(대법원 1993. 5. 11. 선고 92다50973 판결, 1993. 12. 7. 선고 93다41914 판결 등), 문서의 진정성립은 필적 또는 인영·무인의 대조에 의하여서도 증명할 수 있고 그 필적 또는 인영·무인의 대조는 사실심의 자유심증에 속하는 사항으로서, 문서 작성자의 필적 또는 인영·무인과 증명의 대상인 문서의 필적 또는 인영·무인이 동일하다고 인정될 때에는 특별한 사정이 없는 한 문서의 진정성립을 인정할 수 있으며, 이 경우 법원은 반드시 감정으로써 필적, 인영 등의 동일 여부를 판단할 필요가 없이 육안에 의한 대조로도 이를 판단할 수 있다고 할 것이다(대법원 1991. 10. 11. 선고 91다12707판결 등 참조).

그런데 기록에 의하면, 원고가 위 기부서(을 제3호증의 2)에 대하여는 부인으로, 기부재산목록(을 제3호증의 3)에 대하여는 부지로써 그 진정성립을 다투었음에도 불구하고, 원심이 그 판결이유에서 위 기부서 등이 어떠한 이유에서 진정성립이 인정되는 것인지 그 근거를 밝히지 않은 것은 잘못이라 하겠으나, 기록에 비추어 살펴보면, 원심도 결국 필적·무인 등을 육안에 의하여 대조하는 등의 적법한 증거조사를 통하여 김O규·원고·김항O 공동 명의의 처분문서인 위 기부서 및 기부재산목록(을 제3호증의 2, 3)의 진정성립을 인정한 다음, 그 기재 내용대로의 법률행위의 존재 즉 김O규·원고·김항O 등이 이 사건 토지를 포함한 그들 소유 명의의 재산을 피고 대한민국에게 증여한 사실을 인정하고, 다만 그 증여의 일시가 위 기부서에 기재된 것과는 달리 1979. 11.경이라는 사실을 인정하고 있으므로, 거기에 채증법칙을 위배하여 사실을 인정한 잘못이 있다고 할 수 없고, 그 밖에 이 사건 등기신청을 하면서 작성한 서류가 위조되었다는 상고이유 부분은, 이 사건 증여가 유효한 것으로 취급되기만 한다면, 그 등기신청서류의 위조 여부와 상관없이 결국 피고 대한민국 명의로 된 소유권이전등기는 실체관계에 부합하는 유효한 등기로 취급하여야 할 것이므로 이 점만을 가지고 원심판결의 결론이 잘못되었다고 탓할 수는 없다고 할 것이다. 이 점을 지적하는 상고이유는 모두 받아들일 수 없다.

3. 의사표시 취소에 관한 법리오해의 점 등에 관한 상고이유에 대하여

<취소할 수 있는 의사표시를 취소한 후 다시 추인한 경우, 그 추인의 성질과 추인할 수 있는 조건 (민법 제139조, 제141조, 제144조 제1항)> 취소한 법률행위는 처음부터 무효인 것으로 간주되므로, 취소할 수 있는 법률행위가 일단 취소된 이상 그 후에는 취소할 수 있는 법률행위의 추인에 의하여 이미 취소되어 무효인 것으로

간주된 당초의 의사표시를 다시 확정적으로 유효하게 할 수는 없고, 다만 무효인 법률행위의 추인의 요건과 효력으로서 추인할 수는 있으나, 무효행위의 추인은 그 무효 원인이 소멸한 후에 하여야 그 효력이 있는 것이다. 따라서 이 사건에 있어서와 같이 강박에 의한 의사표시임을 이유로 일단 유효하게 취소되어 당초의 증여의 의사표시가 무효로 된 후에 추인한 경우 그 추인이 효력을 가지기 위하여는 그 무효 원인이 소멸한 후일 것을 요한다고 할 것인데, 그 무효 원인이란 바로 위 증여의 의사표시의 취소사유라고 할 것이므로, 결국 무효 원인이 소멸한 후란 것은 당초의 증여의 의사표시의 성립 과정에 존재하였던 취소의 원인이 종료된 후, 즉 강박 상태에서 벗어난 후라고 보아야 할 것이다.

그럼에도 불구하고 원심은 김O규가 피고 대한민국 산하 계엄사령부 소속 고등군법회의에 위 제1차 항소이유보충서를 제출함으로써 피고 대한민국에 대하여 그 소유 재산에 관한 증여의 의사표시를 유효하게 취소하였다고 한 다음, 김O규가 위 제2차 항소이유보충서를 작성할 당시 강박 상태에서 벗어나 있었는지 여부를 심리·판단하지 아니한 채, 김O규가 제2차 항소이유보충서를 제출함으로써 피고 대한민국에 대하여 위 취소의 의사표시를 철회하고 당초의 증여의 의사표시를 추인하였으므로 김O규의 증여의 의사표시가 추인에 의하여 확정적으로 유효한 것으로 되었다고만 판단하고 있다.

그런데 원심이 배척하지 아니한 증거와 기록에 의하여 살펴보면, 김O규는 위 제2차 항소이유보충서를 작성할 당시에 피고 대한민국에 대하여 증여의 의사표시를 할 때와 마찬가지로 구금된 상태에 있었고, 자신에 대한 형사재판이 계속중에 있었으며, 보안사령부 소속 수사관이 육군교도소에 수감중인 김O규를 찾아와 미리 문안이 타자된 서면을 제시하고 위 교도소에 근무하는 장교로 하여금 그 내용을 낭독하게 하고 김O규로부터 이를 확인하는 취지의 서명 무인을 받아 위 제2차 항소이유보충서가 작성된 사실을 알아볼 수 있고, 한편 *<사안의 경우 (민법 제110조 제1항, 제144조 제1항)>* 1980. 5. 실시된 비상계엄하의 합동수사단 수사관 등의 강박에 의하여 국가에 대하여 재산 양도의 의사표시를 한 자에 대한 강박의 상태가 종료한 시점은 전국적으로 실시되고 있었던 비상계엄이 해제되어 헌정질서가 회복된 1981. 1. 21. 이후라고 할 것이므로(대법원 1992. 11. 27. 선고 92다8521 판결, 1996. 10. 11. 선고 95다1460 판결 등 참조), 김O규가 위 제2차 항소이유보충서 작성 당시 강박 상태에서 벗어나 있었다고 단정하기는 어렵다고 할 것이고, 따라서 원심의 판단만으로써는 김O규의 이 사건 증여의 의사표시에 대한 추인이 적법하게 이루어졌다고 보기 어렵다고 할 것이다. 그리고 기록에 의하면, 이 사건 비상계엄 선포와 동시에 계엄사령관은 계엄지역 내의 모든 행정 사무와 사법 사무를 관장하고 특히 당시에는 계엄사령부 산하에 기부재산처리위원회가 설치되어 소위 부정축재자의 헌납 재산 처리 업무까지 직접 관장하고 있었음을 알아볼 수 있으며, 한편

이 사건 기부서 자체가 계엄사령부 예하 수사관들의 재산 헌납 요구에 의하여 작성되었고, 이 사건 기부행위 취소 의사표시의 철회 의사표시를 담은 위 제2차 항소이유보충서 역시 수사관들에 의하여 작성되었음이 분명한 이상, 김O규의 이 사건 재산 기부행위의 취소에 관련된 의사표시는 이 사건 제1차 항소이유보충서가 계엄사령부 소속 고등군법회의에 제출됨으로써 그 의사표시의 상대방인 국가에 적법하게 도달되었다고 보아야 할 것이므로, 김O규의 증여 의사표시는 위 제1차 항소이유보충서가 제출됨으로써 적법하게 취소되어 그 상태에 있다고 보아야 할 것이다. 그럼에도 불구하고 이와 달리 김O규의 증여 의사표시가 확정적으로 유효하게 되었다고 판단한 원심판결에는 취소로 인하여 무효로 간주된 법률행위의 추인에 관한 법리를 오해하였거나 심리를 다하지 아니하여 판결에 영향을 미친 위법이 있다고 하지 않을 수 없다. 이 점을 지적하는 취지의 상고이유는 일단 이유 있다고 할 것이다.

제5절 조건과 기한

I. 조건

1. 조건의 의의
§ 9-1 조건의 의의와 성립요건
❶ 대법원 2000. 10. 27. 선고 2000다30349 판결 [지분소유권말소등기]

사실관계

甲은 1996. 2. 10. 자신의 소유인 X 토지를 9억 9천만 원에 매도하면서, 乙이 X 토지상에 Y 연립주택을 신축하여 분양한 뒤 그 분양대금으로 위 매매대금을 지급하기로 하는 내용의 매매계약을 체결하였다. 甲과 乙은 위 매매대금의 지급을 담보하기 위하여 Y 연립주택의 건축주를 甲 명의로 하기로 약정하였고, 이에 따라 乙은 1996. 4. 10. 甲 명의로 건축허가를 받고 공사를 시작하여 1997년 9월 초순경 Y 연립주택을 완공하였으며, 같은 해 11월 26일 Y 연립주택의 17세대 전부에 관하여 甲 명의로 소유권보존등기가 경료되었다. 한편 乙은 Y 연립주택의 신축공사를 시행하면서 동시에 분양업무도 진행하여 위 17세대 중 101호를 제외한 11세대를 분양하고 5세대를 임대하였으며, 이에 甲은 위와 같이 甲 명의로 소유권보존등기를 마침과 동시에 같은 날 위 11세대의 수분양자들에게 지분소유권이전등기를 마쳐주었다. 그런데 Y 연립주택이 완공되고 16세대가 분양 또는 임대되었음에도 위 매매대금이 모두 지급되지 못하자, 乙은 甲에게 101호에 관하여 자신 앞으로 소유권이전등기를 마쳐주면 이를 담보로 丙 보험회사로부터 대출을 받아 위 매매대금을 지급하겠다고 제의하였고, 이에 甲은 1997. 11. 25. 乙과의 사이에 101호에 관하여 그 대금을 2억 2천만 원으로 하는 내용의 매매계약을 맺고, 그 다음날 乙 앞으로 소유권이전등기를 마쳐주었다. 그러나 乙은 丙으로부터 대출을 받을 수 없게 되었고, 오히려 101호에 관하여 丁과 戊에게 각 근저당권을 설정하여 주었다. 이에 甲은 101호에 대한 소유권이전의 합의는 乙이 이를 담보로 대출을 받아 토지대금을 지급하는 것을 정지조건으로 한 것인데 그 조건이 불성취되었음을 이유로 乙에 대하여 101호에 관한 소유권이전등기의 말소를 청구하였다.

판결이유

……

2. 나아가 원심은, 위와 같은 인정 사실에 기하여, 원고들(甲)은 이 사건 연립주택에 관하여 소유권보존등기를 마침으로써 이른바 약한 의미의 양도담보권을 취득하

였다고 할 것이고, 위 매매대금의 상당 부분을 변제받지 못하고 있던 원고들(갑)이 이 사건 연립주택 중에서 제3자에 분양되거나 임대되지 아니한 유일한 세대인 이 사건 101호에 관하여 피고(을) 앞으로 소유권이전등기를 마쳐준 것은 오로지 피고로 하여금 이를 담보로 융자를 받도록 하여 토지대금을 변제받기 위한 것이므로, 위 소유권이전의 합의는 피고(을)가 이 사건 101호를 담보로 대출을 받아 토지대금을 지급하는 것을 정지조건으로 한 것인데, 그 후 피고(을)가 소외 동양생명보험(병) 주식회사로부터 대출을 받을 수 없게 되고, 오히려 이 사건 101호에 관하여 소외 이O호(정), 박O홍(무)에게 판시의 각 근저당권을 설정하여 줌으로써 위 정지조건의 불성취가 확정되었으므로, 이 사건 101호에 관하여 마쳐진 피고 명의의 위 소유권이전등기는 결국 무효인 위 1997. 11. 25.자 계약에 터잡은 원인무효의 등기로서 말소를 면치 못한다고 판단하였다.

그러나, <법률행위의 부관으로서 조건의 의의 및 성질 (민법 제147조)> 조건은 법률행위의 효력의 발생 또는 소멸을 장래의 불확실한 사실의 성부에 의존케 하는 법률행위의 부관으로서, 법률행위에 있어서의 효과의사와 일체적인 내용을 이루는 의사표시 그 자체이고, 따라서 조건의사가 법률행위의 내용으로 외부에 표시되어야 할 것인바, 원심이 인정한 사실관계에 의하면, 원고들(갑)은 이 사건 101호에 관하여 피고(을) 앞으로 소유권이전등기를 마쳐주면 이를 담보로 대출을 받아 토지대금을 지급하겠다는 피고(을)의 제의를 받아들여 피고(을)에게 위 소유권이전등기를 마쳐주었다는 것일 뿐이므로, 이러한 원고들(갑)과 피고(을) 사이의 법률행위에 있어서 피고(을)가 이 사건 101호를 담보로 대출을 받아 토지대금을 지급하겠다는 것은 원고들(갑)이 이 사건 101호에 관하여 피고(을)에게 소유권이전등기를 넘겨주는 데에 대한 대가로서 피고(을)가 나중에 부담하게 되는 반대채무에 해당할 뿐이지, 위 소유권이전의 합의가 원래 효력이 없는 것으로서 피고(을)의 토지대금 지급에 따라 비로소 그 효력을 발생한다는 취지라고 보기는 어려우며, 달리 위 소유권이전의 합의가 정지조건부 법률행위에 해당한다는 의사표시가 있었다고 볼 만한 자료를 기록상 찾아볼 수 없다(오히려 원고들은 주위적 주장으로서 원고들과 피고 사이에 체결된 이 사건 101호에 관한 계약이 유효한 것이라는 전제 아래 피고의 기망을 이유로 이를 취소한다는 점을 내세웠고, 이에 대하여 원심은 피고의 기망사실이 인정되지 아니한다는 이유만으로 위 주장을 배척한 바 있다). 따라서 <토지 매도인(갑)이 토지대금의 지급을 담보하기 위하여 토지 매수인(을)이 그 토지상에 신축한 연립주택에 관하여 소유권보존등기를 마친 후 그 일부 세대에 대하여 토지 매수인 명의로 소유권이전등기를 마쳐주면 이를 담보로 대출을 받아 토지대금을 지급하겠다는 토지 매수인의 제의에 따라 소유권이전등기를 마쳐준 사안의 경우 (민법 제105조, 제147조 제1항)> 원고들(갑)과 피고(을) 사이에 이루어진 이 사건 101호에 관한 위 법률행위는 원고들(갑)이 소유권이전등기를 마쳐주는 선이행 채무를 부담하고, 이에 대하여 피고(을)가 토지대금을 지급하는 반대채무를 부담하는 것을 내용으로 하는 무조건의 쌍무계약이 체결된 것으로 봄이 상당하므로, 이 경우 피고(을)의 채무불이행에 따라 원고(갑)가 위 계약을 해제할 수 있음은 별론으로 하고, 원심의 판단과 같이 위 소유권이전의 합의가 그 효력의 발생 자체를 장래의 불확실한 사실의 성부에 의존케 하는 정지조건부 법률행위에 해당한다고 볼 수는 없다고 할 것이다.

그럼에도 불구하고 원심은 앞서 본 바와 같은 이유만으로 이 사건 101호에 관하여 마쳐진 피고(을) 명의의 위 소유권이전등기가 원인무효의 등기라고 단정하고 말았는바, 이러한 원심판결에는 정지조건부 법률행위에 관한 법리를 오해하고 심리를 다하지 아니하여 판결에 영향을 미친 위법이 있다고 할 것이므로, 이 점을 지적하는 취지의 상고이유의 주장은 이유 있다.

❷ 대법원 2003. 5. 13. 선고 2003다10797 판결 [부당이득금]

……

2. 그러나 원심의 위와 같은 판단은 다음과 같은 이유에서 수긍할 수 없다.

(1) **<법률행위의 부관으로서 조건의 의미 및 성립 요건** (민법 제147조)**>** 조건은 법률행위의 효력의 발생 또는 소멸을 장래의 불확실한 사실의 성부에 의존케 하는 법률행위의 부관으로서 당해 법률행위를 구성하는 의사표시의 일체적인 내용을 이루는 것이므로, 의사표시의 일반원칙에 따라 조건을 붙이고자 하는 의사 즉 조건의사와 그 표시가 필요하며, 조건의사가 있더라도 그것이 외부에 표시되지 않으면 법률행위의 동기에 불과할 뿐이고, 그것만으로는 법률행위의 부관으로서의 조건이 되는 것은 아니다.

……

(3) 사정이 이러하다면, **<"횡령금 중 일부를 변제하고 선처받기로 한다."는 각서문구가 조건에 해당하지 않는다고 본 사례** (민법 제147조)**>** 피고가 원고에게 7,000만 원을 지급하기로 한 이 사건 약정은, 피고가 제1심 공동피고의 오빠로서 제1심 공동피고가 원고에 대하여 부담하는 부당이득반환 또는 손해배상 채무 중 일부를 대신 변제한다는 취지이고, 그러한 약정을 하는 피고의 내심에는 제1심 공동피고가 처벌받지 않기를 바라는 동기 이외에 제1심 공동피고가 실제로 처벌을 받는 경우에는 이 사건 약정 자체가 무효라는 조건의사까지 있었을지도 모르지만, 그것만으로 원심의 판단과 같은 조건부 약정이 이루어졌다고 단정할 수 없고, 앞서 본 각서의 기재 내용과 그 작성 당시의 상황 및 상대방인 원고의 의사 등 제반 사정에 비추어 보면, 이 사건 약정 자체의 효력이 원고의 정식 고소나 제1심 공동피고의 처벌이라는 사실의 발생만으로 당연히 소멸된다는 의미의 조건이 쌍방의 합의에 따라 이 사건 약정에 붙어 있다고는 볼 수 없으며, 오히려 위 각서 중 "변제하고

선처를 받기로 한다."라는 문구는 피고와 제1심 공동피고가 이 사건 약정을 예정대로 이행하면 제1심 공동피고가 선처를 받을 수 있도록 원고가 협조한다는 취지에 불과한 것으로 보일 뿐이다. 또한 원고가 이 사건 약정에 따라 제1심 공동피고의 선처를 위하여 나름대로의 조치를 취할 사실상의 의무가 있다고 하더라도, 그것은 어디까지나 이 사건 약정이 정상적으로 이행됨을 전제로 하는 것인데, 피고나 제1심 공동피고는 이 사건 약정을 이행함으로써 원고가 입은 피해의 일부나마 배상하기는 커녕 이 사건 약정 직후 일방적으로 그 효력을 부정하고, 나아가 횡령 범행 자체를 부인할 뿐만 아니라 심지어는 피해자인 원고를 고소하기까지 하였으므로, 그 결과 제1심 공동피고가 형사처벌을 받은 것은 당연한 일이고, 그 과정에서 원고가 제1심 공동피고를 정식으로 고소하였다고 하여 이 사건 약정의 효력에 무슨 변동이 생길 수도 없는 것이다.

2. 조건을 붙일 수 없는 법률행위

§ 9-2 불법적 조건과 그 효과

❶ 대법원 2005. 11. 8. 자 2005마541 결정 [감사지위확인가처분]
......
2. 기록에 의하면, 채무자 대표이사는 채권자에 대하여 이사인 주주들을 상대로 대여금청구소송을 제기할 것과 주주 간 경영권 분쟁과 관련하여 특정 주주의 이익만을 위하여 감사의 지위를 악용하지 않을 것 등을 확약하는 내용의 서면을 제출할 것을 정지조건으로 하여 감사임용계약의 청약을 한 사실이 인정되므로, 채무자의 의사표시를 조건부 의사표시로 본 원심의 판단은 옳고, 거기에 법률행위의 해석에 관한 법리를 오해한 위법이 있다고 할 수 없다.
3. <조건부 법률행위에 있어 조건의 내용 자체가 무효이거나 조건을 붙이는 것이 허용되지 아니하는 경우, 그 법률행위 전부가 무효인지 여부(적극) *(민법 제137조, 제151조 제1항)*> 조건부 법률행위에 있어 조건의 내용 자체가 불법적인 것이어서 무효일 경우 또는 조건을 붙이는 것이 허용되지 아니하는 법률행위에 조건을 붙인 경우, 그 조건만을 분리하여 무효로 할 수는 없고, 그 법률행위 전부가 무효로 된다고 보아야 한다.
원심은, 채권자가 주장하는 바와 같이 <사안의 경우 *(상법 제382조 제2항, 제409조 제1항, 제415조; 민법 제137조, 제151조 제1항, 제680조)*> *(주주총회에서 감사로 선임된 자에게)* 채무자*(회사)*의 대표이사가 채권자에게 *(감사임용계약의)* 청약의 의사표시를 하면서 부가한 조건의 내용 자체가 무효이거나 조건을 부가하여 청약의 의사표시를 하는 것이 무효라면, 그 조건뿐만 아니라 청약의 의사표시 전체가 무효로 되는 것이므로, 이에 대하여 채권자*(피선임자)*가 승낙의 의사표시를 하였다 하더라도 감사임용계약이 성립된 것으로 볼 수 없다고 판단하였는바, 원심의 판단은 위와 같은 법리에 따른 것으로서 옳고 거기에 조건부 법률행위의 효력에 관한 법리를 오해한 위법이 있다고 할 수 없다.

3. 조건의 성취와 불성취
§ 9-3 조건의 성취와 불성취
§ 9-3-1 조건의 성취
❶ *(§ 2-1 ❼)* 대법원 2021. 1. 14. 선고 2018다223054 판결 [매매대금등지급청구의소]

사실관계

A 사모투자전문회사 등이 B 외국법인(DICC)의 지분 전부를 보유하고 있던 乙 주식회사(OO인프라코어) 등으로부터 B 법인의 지분 일부를 매수하는 계약을 체결함과 동시에 乙 회사와 '3년 내에 B 법인의 기업공개가 이루어지지 않으면 일방 당사자가 주식을 매도할 수 있다. 주식을 매도하고자 하는 일방 당사자(매도주주)는 원칙적으로 입찰절차를 진행하여야 하며, 그 결과 매수예정자가 결정되면 정식계약을 체결하기 전 상대방 당사자에게 매도결정통지를 해야 한다. 매도주주는 상대방 당사자에게 보유 주식 전부에 대한 동반매도요구를 할 수 있고, 이 경우 상대방 당사자는 매도주주의 동반매도요구에 동의하거나(x), 매도결정통지에 기재된 가격 또는 사전에 약정한 가격 중 상대방이 선택한 가격으로 매도주주의 주식 전부를 매수하거나(y), 매도주주가 보유한 주식 전부를 보다 유리한 조건으로 새로운 제3자에게 매도할 것을 제안할 수 있다(z).'는 등의 내용으로 주주 간 계약을 체결하였다. 그 후 甲 유한회사(O딘2)가 A 회사 등으로부터 위 지분매수계약 및 주주 간 계약상 지위를 승계하였는데, 3년이 지난 후에도 B 법인의 기업공개가 이루어지지 않자, 甲 회사가 동반매도요구권 행사를 전제로 B 법인 지분의 매각절차를 진행하다가 乙 회사가 자료제공 등에 협조하지 않는다는 등의 이유로 매각절차를 중단한 다음, 乙 회사를 상대로 乙 회사의 신의성실에 반하는 조건 성취의 방해로 민법 제150조 제1항에 따라 甲 회사와 乙 회사 사이에 매매계약 체결이 의제되었다며 매매대금의 지급을 구하였다.

판결이유

1. 피고 OO인프라코어 주식회사*(을)*의 상고이유에 관한 판단
가. 사실관계
......
(4) 원고 O딘2*(갑)*의 소 제기와 소송 경과
(가) 원고 O딘2*(갑)*는 2015. 11. 19. 다음과 같이 주장하며 이 사건 소를 제기하였다.

주위적으로, 매수예정자 결정이 이 사건 동반매도요구권 행사의 조건인데, 피고 OO인프라코어(을)가 신의성실에 반하여 조건의 성취를 방해하였으므로, 민법 제150조 제1항에 따라 DICC(B) 지분에 관한 매매계약 체결이 의제되고 피고 OO인프라코어(을)는 매매대금을 지급할 의무가 있다. 예비적으로, 피고 OO인프라코어(을)의 기망 또는 원고 O딘2(갑)의 착오를 이유로 DICC(B) 지분매매계약을 취소하였으므로, 피고 OO인프라코어(을)는 부당이득을 반환할 의무가 있다.

(나) 제1심법원은 다음과 같은 이유로 원고 O딘2(갑)의 주위적 청구와 예비적 청구를 모두 기각하였다.

매수예정자의 결정이 이 사건 동반매도요구권의 효력을 발생시키는 조건이라고 보기 어렵고, 피고 OO인프라코어(을)의 조건 성취 방해행위가 있었다고 보기도 어렵다. 뿐만 아니라 원고 O딘2(갑)가 DICC(B) 지분매매계약과 DICC(B) 주주 간 계약을 체결하면서 중요부분에 관한 착오가 있었다거나 피고 OO인프라코어(을)의 기망으로 인해 위 각 계약을 체결하였다고 인정하기도 어렵다.

(다) 원고 O딘2(갑)가 항소하였는데, 원심은 다음과 같은 이유로 원고 O딘2(갑)의 주위적 청구를 받아들였다.

매수예정자와 매각금액 결정은 동반매도요구권 행사의 조건이고, 피고 OO인프라코어(을)가 신의성실에 반하여 조건의 성취를 방해하였으므로, 민법 제150조 제1항에 따라 조건의 성취가 의제되어야 한다. 그런데 동반매도요구권 행사에 따른 위 (x), (y), (z) 가운데 (y)만이 유일하게 이행이 가능하므로, 이에 따라 원고 O딘2(갑)와 피고 OO인프라코어(을) 사이에 원고 오딘2(갑) 소유의 DICC(B) 지분에 관한 매매계약 체결이 의제된다. 따라서 피고 OO인프라코어(을)는 원고 O딘2(갑)에 그 매매대금을 지급할 의무가 있다.

나. 피고 OO인프라코어(을)가 이 사건 매각절차에 협조할 의무를 부담하는지 여부 (피고 OO인프라코어의 상고이유 제2점)

(1) <당사자가 표시한 문언으로 그 의미가 명확하게 드러나지 않는 경우, 법률행위를 해석하는 방법 *(민법 제105조)*> 법률행위의 해석은 당사자가 그 표시행위에 부여한 의미를 명확하게 확정하는 것이다. 당사자가 서면에 사용한 문구를 그대로 따라야 하는 것은 아니지만, 처분문서의 진정 성립이 인정되는 경우 법원은 그 기재 내용을 부인할 만한 분명하고도 수긍할 수 있는 반증이 없으면 처분문서에 기재된 문언대로 의사표시의 존재와 내용을 인정하여야 한다. 다만 당사자가 표시한 문언으로 그 의미가 명확하게 드러나지 않아 처분문서에 나타난 법률행위의 해석이 문제 되는 경우 그 문언의 형식과 내용, 법률행위가 이루어진 동기와 경위, 당사자가 법률행위를 통하여 달성하려는 목적과 진정한 의사, 거래와 관행 등을 종합적으로 고려하여 논리와 경험의 법칙, 그리고 사회일반의 상식과 거래의 통념에 따라 합리적으로 해석하여야 한다(대법원 1994. 3. 25. 선고 93다32668 판결, 대법원 2017.

2. 15. 선고 2014다19776, 19783 판결 참조).
(2) 위 법리에 비추어 피고 ○○인프라코어(을)가 이 사건 매각절차에 협조할 의무를 부담하는지 본다.
DICC(B) 주주 간 계약에 따르면, 원고 O딘2(갑)와 피고 ○○인프라코어(을)는 DICC(B)의 기업공개 전까지는 특별한 사정이 없는 한 DICC(B) 지분을 유지하도록 하고(제3.1조), 이러한 처분제한 기간이 지난 다음 주주 일방이 그 소유의 DICC(B) 지분을 매도하고자 할 경우에는 입찰절차를 진행하는 것을 원칙으로 하되 상대방 당사자에게 서면으로 주식매도결정의 통지를 하면서[제3.4조 (a)항] 동반매도요구권을 행사할 수 있다[제3.4조 (b)항 (i)호]. 이처럼 매도주주가 동반매도요구권을 행사하면 결국 그 매각대상은 매도주주의 DICC(B) 지분에 한정되지 않고 매도주주와 상대방 당사자가 보유한 DICC(B) 지분 100%가 된다. 따라서 매도주주가 동반매도요구권을 행사할 것을 전제로 매각절차를 진행하겠다는 의사를 밝혔다면, 상대방 당사자는 DICC(B) 주주 간 계약의 당사자로서 매각절차에 협조하여야 할 신의칙상의 의무를 부담한다고 보아야 한다.
특히 원고 O딘2(갑)로서는 위 조항에 따라 자신 소유의 DICC(B) 지분을 매도할 때 피고 ○○인프라코어(을)를 상대로 동반매도요구권을 행사함으로써 피고 ○○인프라코어(을)의 지분까지 함께 매도하여 경영권 프리미엄을 포함한 보다 높은 매도가격으로 원활하게 투자금을 회수할 수 있게 된다. 즉, 원고 O딘2(갑)의 동반매도요구권 행사는 DICC(B)의 경영권이 이전되는 기업인수의 효과를 가져올 수도 있다. 그렇다면, 원고 O딘2(갑)가 매각주체로서 동반매도요구권을 행사할 것을 전제로 DICC(B) 지분 100%의 매각절차를 진행하는 경우 DICC(B)의 경영권을 행사하고 있는 대주주인 피고 ○○인프라코어(을)의 협조가 있어야만 적합한 매수희망자를 물색할 수 있는 정보를 수집하고 DICC(B)의 정당한 기업가치를 평가하여 매도가격의 기준을 산정하며 투자소개서 등을 작성하는 방법으로 일반적인 매각절차 준비과정을 진행할 수 있다.
이러한 사정을 종합하면, 피고 ○○인프라코어(을)는 원고 O딘2(갑)가 진행하는 매각절차의 상황과 진행단계에 따라 DICC(B) 지분의 원활한 매각을 위해서 적기에 DICC(B)에 관한 자료를 제공하고 DICC(B)를 실사할 기회를 부여하는 등의 방법으로 협조할 의무가 있다. 이와 더불어 원고 O딘2(갑) 역시 동반매도요구권을 행사할 것을 전제로 매각절차를 진행하는 매도주주로서, 상대방 당사자인 피고 ○○인프라코어(을)의 요청이 있는 경우 매수예정자가 진정으로 매수할 의향이 있는지, 인수 목적이나 의도에 별다른 문제가 없는지 등을 확인하는 데 필요한 정보를 적절한 시기에 제공하는 등 협조할 의무가 있다.
(3) 원심은 같은 취지에서 피고 ○○인프라코어(을)가 원고 오딘2(갑)에 이 사건 매각절차에 협조할 의무가 있는데도 원고 O딘2(갑)의 정당한 자료제공 요청에 합리

적인 이유 없이 응하지 않고 불충분한 자료만을 제공함으로써 협조의무를 위반하였다고 판단하였다. 원심판결 이유 중 원고 O단2(갑)가 하였던 모든 자료제공 요청이 정당하다고 본 부분은 부적절하지만, 원심이 피고 OO인프라코어(을)의 협조의무 위반을 인정한 결론에는 상고이유 주장과 같이 협조의무 위반 등에 관한 법리를 오해하거나 필요한 심리를 다하지 않은 잘못이 없다.

다. 피고 OO인프라코어(을)의 조건 성취 방해로 매매계약 체결이 의제되는지 여부

(1) <어떠한 사실이 특정 법률행위에 관한 조건인지와 해당 조건의 성취 또는 불성취로 법률행위의 효력이 발생하거나 소멸하는지가 법률행위 해석의 문제인지 여부(적극) (민법 제147조)> 조건은 법률행위 효력의 발생이나 소멸을 장래의 불확실한 사실의 성립 여부에 의존하게 하는 법률행위의 부관으로서 법률행위 내용의 일부를 구성한다(대법원 2000. 10. 27. 선고 2000다30349 판결 등 참조). 특정 법률행위에 관하여 어떠한 사실이 그 효과의사의 내용을 이루는 조건이 되는지와 해당 조건의 성취 또는 불성취로 말미암아 법률행위의 효력이 발생하거나 소멸하는지는 모두 법률행위 해석의 문제이다.

<계약 성립을 위한 당사자 사이의 '의사의 합치'의 정도 및 당사자가 의사의 합치가 이루어져야 한다고 표시한 사항에 대하여 합의가 이루어지지 않은 경우, 계약이 성립하는지 여부(소극) / 매매계약이 성립하려면 적어도 매도인과 매수인은 구체적으로 특정되어 있어야 하는지 여부(적극) (민법 제105조)> 계약이 성립하기 위해서는 당사자 사이에 의사의 합치가 있어야 한다. 이러한 의사의 합치는 계약의 내용을 이루는 모든 사항에 관하여 있어야 하는 것은 아니지만, 그 본질적 사항이나 중요 사항에 관해서는 구체적으로 의사의 합치가 있거나 적어도 장래 구체적으로 특정할 수 있는 기준과 방법 등에 관한 합의는 있어야 한다. 한편 당사자가 의사의 합치가 이루어져야 한다고 표시한 사항에 대하여 합의가 이루어지지 않은 경우에는 특별한 사정이 없는 한 계약은 성립하지 않는다(대법원 2001. 3. 23. 선고 2000다51650 판결 참조). 매매계약은 매도인이 재산권을 이전하는 것과 매수인이 대금을 지급하는 것에 관하여 쌍방 당사자가 합의함으로써 성립하므로 매매계약 체결 당시에 반드시 매매목적물과 대금을 구체적으로 특정할 필요는 없지만(대법원 2020. 4. 9. 선고 2017다20371 판결 등 참조), 적어도 매매계약의 당사자인 매도인과 매수인이 누구인지는 구체적으로 특정되어 있어야만 매매계약이 성립할 수 있다.

<민법 제150조 제1항의 규정 취지 및 신의성실에 반하여 조건의 성취를 방해한 것으로 볼 수 있는 경우 (민법 제2조, 제150조 제1항)> 민법 제150조 제1항은 조건의 성취로 인하여 불이익을 받을 당사자가 신의성실에 반하여 조건의 성취를 방해한 때에는 상대방은 그 조건이 성취한 것으로 주장할 수 있다고 정함으로써, 조건이 성취되었더라면 원래 존재했어야 하는 상태를 일방 당사자의 부당한 개입으로부터

보호하기 위한 규정을 두고 있다. 이 조항은 권리의 행사와 의무의 이행은 신의에 좇아 성실히 하여야 한다는 법질서의 기본원리가 발현된 것으로서(대법원 2015. 5. 14. 선고 2013다2757 판결 참조), 누구도 신의성실에 반하는 행태를 통해 이익을 얻어서는 안 된다는 사상을 포함하고 있다. 당사자들이 조건을 약정할 당시에 미처 예견하지 못했던 우발적인 상황에서 상대방의 이익에 대해 적절히 배려하지 않거나 상대방이 합리적으로 신뢰한 선행 행위와 모순된 태도를 취함으로써 형평에 어긋나거나 정의관념에 비추어 용인될 수 없는 결과를 초래하는 경우 신의성실에 반한다고 볼 수 있다.

<민법 제150조 제1항은 계약 당사자 사이에서 정당하게 기대되는 협력을 신의성실에 반하여 거부함으로써 계약에서 정한 사항을 이행할 수 없게 된 경우에 유추적용할 수 있는지 여부(적극) 및 위와 같이 유추적용하는 경우, 조건 성취 의제와 직접적인 관련이 없는 사실관계를 의제하거나 계약에서 정하지 않은 법률효과를 인정할 수 있는지 여부(소극) (민법 제150조 제1항)> 민법 제150조 제1항은 계약 당사자 사이에서 정당하게 기대되는 협력을 신의성실에 반하여 거부함으로써 계약에서 정한 사항을 이행할 수 없게 된 경우에 유추적용될 수 있다. 그러나 민법 제150조 제1항이 방해행위로 조건이 성취되지 않을 것을 요구하는 것과 마찬가지로, 위와 같이 유추적용되는 경우에도 단순한 협력 거부만으로는 부족하고 이 조항에서 정한 방해행위에 준할 정도로 신의성실에 반하여 협력을 거부함으로써 계약에서 정한 사항을 이행할 수 없는 상태가 되어야 한다. 또한 민법 제150조는 사실관계의 진행이 달라졌더라면 발생하리라고 희망했던 결과를 의제하는 것은 아니므로, 이 조항을 유추적용할 때에도 조건 성취 의제와 직접적인 관련이 없는 사실관계를 의제하거나 계약에서 정하지 않은 법률효과를 인정해서는 안 된다.

(2) 원심은 다음과 같이 판단하였다.

원고 O딘2*(갑)*가 일반적인 기업인수합병(M&A) 절차를 거쳐 가장 유리한 매각금액과 거래조건을 제시한 매수예정자를 결정하는 것은 장래의 불확실한 사실에 해당하므로, 원고 O딘2*(갑)*의 동반매도요구권은 매수예정자와 매각금액이 결정되는 것을 정지조건으로 한 것으로 볼 수 있다. 피고 OO인프라코어*(을)*는 원고 O딘2*(갑)*가 진행하는 이 사건 매각절차에 협조할 의무가 있는데도 이러한 의무를 위반하여 원고 O딘2*(갑)*의 동반매도요구권 행사의 정지조건이 되는 매수예정자와 매각대금 결정의 성취를 방해하였다. 그러므로 원고 O딘2*(갑)*로서는 민법 제150조 제1항에 따라 피고 OO인프라코어*(을)*에 대하여 매수예정자와 매각금액이 결정된 것으로 주장할 수 있고, 위 피고*(을)*의 방해행위가 없었더라면 조건이 성취되었으리라고 추산되는 시점인 이 사건 소 제기일 무렵에는 위 피고*(을)*에게 동반매도요구권의 의사가 명시된 매도결정통지를 할 수 있었다고 볼 수 있다. 그런데 동반매도요구권 행사에 따라 위 DICC*(B)* 주주 간 계약 제3.4조 (b)항 (iii)호의 (x), (y), (z) 가운데

(y)만이 유일하게 이행이 가능하므로, 이에 따라 원고 O딘2*(갑)*와 피고 OO인프라코어*(을)* 사이에 원고 O딘2*(갑)* 소유의 DICC*(B)* 지분에 관한 매매계약 체결이 의제된다.

(3) 그러나 위에서 본 법리에 비추어 살펴보면, 피고 OO인프라코어*(을)*가 신의성실에 반하여 조건의 성취를 방해하였다고 보아 민법 제150조 제1항에 따라 원고 O딘2*(갑)*와 피고 OO인프라코어*(을)* 사이에 원고 O딘2*(갑)* 소유의 DICC*(B)* 지분에 관한 매매계약 체결이 의제된다는 원심판단은 받아들이기 어렵다. 그 이유는 다음과 같다.

(가) DICC*(B)* 주주 간 계약에 따르면, 지분매매거래 종결일부터 3년 내에 DICC*(B)*의 기업공개가 실행되지 않을 경우 일방 당사자는 그 지분을 매도할 수 있다. 이때 매도주주가 동반매도요구권을 행사하기 위해서는 반드시 사전에 가장 유리한 매각금액과 거래조건을 제시한 매수예정자가 결정되어 있어야 하고, 매수예정자가 결정된 다음 매수예정자와 정식계약을 체결하기 전에 상대방 당사자에게 서면으로 매수예정자와 매도가격 등 거래조건이 기재된 매매계약서 양식이 첨부된 매도결정통지를 하여야 한다. 그런데 위 계약에서는 매도주주가 DICC*(B)* 주식을 매도할 경우에 원칙적으로 복수의 매수희망자를 대상으로 하는 입찰절차를 실시하도록 하면서도 상대방 당사자가 협조하지 않는 등으로 입찰절차가 원활하게 진행되지 않아 매수예정자와 매각금액이 결정되지 않으면 어떠한 법률효과가 발생하는지에 관해서는 어떠한 내용도 정하고 있지 않다. 따라서 설령 신의칙에 반하는 협력의무 위반이 있어서 조건 성취를 의제하려고 하더라도 매도주주의 동반매도요구권 행사만으로는 실제 원고 오딘2*(갑)*와 피고 OO인프라코어*(을)*가 그 소유의 DICC*(B)* 주식을 매도하는 상대방이 누구인지, 매각금액이 얼마인지가 구체적으로 특정되지 않고 매수예정자와 매각금액을 의제할 수도 없다.

(나) DICC*(B)* 주주 간 계약에 따르면, 동반매도요구권 행사의 통지를 받게 되는 상대방 당사자로서는 매수예정자와 매각금액이 결정되어 있어야만 매도주주의 동반매도요구에 응할 것인지[(x)], 아니면 자신의 선택에 따라 매도주주가 보유한 주식을 자신이 매수하거나[(y)] 매도결정통지에 기재된 내용보다 유리한 조건으로 새로운 제3자에게 매도하도록 제안할 것인지[(z)]를 결정할 수 있다. 그 결정에 따라서 DICC*(B)* 주식에 관해서 매수예정자를 매수인으로 하고 매도주주(원고 O딘2)와 피고 OO인프라코어*(을)*를 매도인으로 하는 매매계약의 체결이 의제될 수도 있고[(x)의 경우], 매도주주(원고 O딘2)와 피고 OO인프라코어*(을)* 사이에 매매계약의 체결이 의제될 수도 있는[(y)의 경우] 등 전혀 다른 매매계약의 당사자와 내용으로 매매계약이 체결되는 법적 효력이 발생한다. 이와 같이 매수예정자와 매각금액을 특정할 수 없는 이상, 조건 성취 방해에 따른 조건 성취를 의제하더라도 그것만으로는 곧바로 매도주주와 상대방 당사자 사이에 어떠한 법적 효과가 발생하는지를 정

할 수 없다.
(다) 원심은, 이 사건 동반매도요구권이 그 행사 결과 원고 O딘2*(갑)*의 매도결정통지로부터 14일 이내에 DICC*(B)* 주주 간 계약 제3.4조 (b)항 (iii)호 (x), (y), (z) 가운데 상대방인 피고 OO인프라코어*(을)*의 선택에 좇아 위 피고*(을)*가 부담하는 급부의 내용이 확정되는 선택채권의 성격을 가진다고 판단하였다. 그러나 다음과 같은 이유로 이러한 판단은 타당하지 않다.
이 사건 동반매도요구권은 매도주주가 가지는 권리로서 매도주주의 동반매도요구권을 행사한다는 의사표시가 있고, 이에 대한 상대방 당사자의 동의가 있거나 동의가 간주됨에 따라 상대방 당사자와 매도주주를 매도인으로, 매수예정자를 매수인으로, 상대방 당사자와 매도주주 소유의 DICC*(B)* 지분을 매매목적물로 하는 매매계약 체결이 의제되는 법률효과가 발생함이 원칙이다[제3.4조 (b)항 (iii)호 (x)].
이와 달리 상대방 당사자가 자신의 지분을 매수예정자에게 매도하기를 원하지 않는다면, 매도주주 소유의 DICC*(B)* 지분을 자신이 직접 매수하거나[제3.4조 (b)항 (iii)호 (y)], 매수예정자의 조건보다 더 유리한 조건을 가진 제3의 매수인을 찾아서 매도주주에게 제3의 매수인에게 DICC*(B)* 주식을 매도할 것을 제안할 수 있다[제3.4조 (b)항 (iii)호 (z)].
동반매도요구권 행사에 따른 효과를 규정한 위 조항들의 내용을 종합하면, 상대방 당사자인 피고 OO인프라코어*(을)*가 어떠한 경우에도 DICC*(B)* 경영권 유지 등의 목적으로 자신의 지분을 매각할 수 없고 반드시 보유해야만 하는 등 특별한 상황이 아니라면 (y)와 (z)는 매도주주로부터 동반매도요구권 행사의 통지를 받은 상대방 당사자가 그 행사 여부를 선택할 수 있는 권리라고 할 수 있고, 상대방 당사자가 선택해야만 하는 의무로 보기는 어렵다.
원심판결 이유에 원고 O딘2*(갑)*의 동반매도요구권 행사에 대하여 피고 OO인프라코어*(을)*가 반드시 DICC*(B)*의 경영권을 유지하기 위해서 우선매수권을 행사해야만 하는 사정은 나타나 있지 않다. 따라서 (x)와 (y), (z)는 기본 원칙과 그 원칙을 변경할 수 있는 추가적 권리를 정한 것으로 볼 수 있을 뿐이고, 원심이 전제하고 있는 것처럼 이들이 서로 대등한 병렬적인 선택채권의 관계에 있다고 보기는 어렵다. 피고 OO인프라코어*(을)*의 선택이 있어야만 (x), (y), (z)에 따라서 매매계약의 당사자, 매매대상, 매매금액 등이 전혀 다른 별개의 매매계약의 체결이 의제되는 법적 효력이 발생한다. 매수예정자와 매각금액이 특정되었다고 볼 수 없는 상태에서 조건 성취 방해에 따른 조건 성취를 의제하더라도 그것만으로 곧바로 매도주주와 상대방 당사자 사이에 어떠한 법적 효과가 발생하는지를 정할 수 없으므로, 이에 따라 원고 O딘2*(갑)*가 갖는 구체적인 권리와 의무의 내용을 정할 수 없다.
(라) 기업인수계약은 일반적으로 매도인이 회사에 관한 투자소개서와 입찰서류를 배포하여 그에 응한 사람들 가운데 입찰적격자를 선정한 다음 구속력 있는 입찰제

안을 받아서 우선협상대상자를 선정하고, 우선협상대상자와 양해각서를 체결한 다음 대상회사에 대한 정밀실사를 거쳐 인수대금을 조정하며, 대금 지급 시기와 경영권 이전 시기 등을 조율하는 등의 절차를 거친 다음에 비로소 본계약을 체결하게 된다. 그런데 이 사건 매각절차는 원고 O딘2(갑)가 윌버 로스와 플래티넘으로부터 법적 구속력이 없는 인수의향서만을 제출받은 상황에서 투자소개서 작성을 준비하고 있던 초기 단계에서 중단되었다. 동반매도요구권이 행사되어 DICC(B)의 지분 100%가 매도될 수 있음을 전제로 진행되었던 이 사건 매각절차가 기업의 지배권을 이전하기 위해 주식을 양도하는 기업인수절차와 같고, 기업인수계약과 마찬가지로 본계약 체결에 이르기까지 절차가 매우 복잡하며 여러 가지 변수에 따른 불확실성을 가진다는 점에 비추어 보더라도, 피고 OO인프라코어(을)가 원고 O딘2(갑)의 자료제공 요청에 응하지 않았다는 사정만으로 신의성실에 반하여 조건의 성취를 방해하였다고 단정하기는 어렵다.

(마) 위와 같은 여러 사정을 종합적으로 고려하면, 피고 OO인프라코어(을)가 원고 O딘2(갑)에 입찰절차 진행에 필요한 투자소개서 작성을 위한 자료를 제대로 제공하지 않은 행위만을 이유로 신의성실에 반하여 조건의 성취를 방해한 것으로 보기 어려울 뿐 아니라, 그 조건 성취로 인한 법률 효과를 정할 수 없다는 점에서도 민법 제150조 제1항에 따라 원고 오딘2와 피고 OO인프라코어(을) 사이에 원고 O딘2(갑) 소유의 DICC(B) 지분에 관한 매매계약 체결이 의제된다고 할 수 없다.

(바) 그런데도 원심은 이 사건 매수예정자와 매각금액의 결정이 동반매도요구권 행사의 조건이고, 동반매도요구권의 행사 결과 원고 O딘2(갑)가 갖는 권리가 선택채권의 성격을 가진다고 보아 민법 제150조 제1항에 따라 원고 O딘2(갑)와 피고 OO인프라코어(을) 사이에서 원고 O딘2(갑) 소유의 DICC(B) 지분에 관한 매매계약이 체결된 것으로 의제된다고 판단하였다.

원심의 이러한 판단에는 조건부 법률행위에서 조건, 민법 제150조 제1항에서 정한 조건 성취 방해행위와 그 유추적용, 선택채권에 관한 법리를 오해하여 판결에 영향을 미친 잘못이 있다. 이를 지적하는 피고 두산인프라코어(을)의 상고이유 주장은 정당하다.

❷ 대법원 1998. 12. 22. 선고 98다42356 판결 [공사대금]

사실관계

丙은 乙로부터 乙이 건축하는 X 건물의 신축공사를 수급하고, 1995. 9. 26. 그 중 승강기, 카리프트, 주차기 등 설치공사 부분을 甲에게 하도급 주었다. 甲이 그 공사시행 중 丙으로부터 공사대금의 일부로 발행·교부받은 약속어음이 지급거절되고 또한 위 공사현장에 공급되는 전력이 카리프트설치공사 등을 하기에 부족하여 공사를 계속할 수 없게 되자 위 공사를 중단하였다. 甲과 乙 및 丙은 1996. 9. 8. 甲이 위 공사를 같은 해 10. 10.까지 완성하여 그 준공필증을 乙에게 제출하고, 丙은 甲이 위와 같이 공사를 완성하여 준공필증을 제출하는 조건으로 X 건물 준공일로부터 3개월 후에 甲에게 공사대금 1억 2천 3백만 원을 현금으로 지급하거나 이에 갈음하여 위 신축건물의 일부를 양도하고 乙이 그 이행을 보증하되, 丙과 乙은 甲이 위 공사를 계속할 수 있는 전력을 같은 해 9. 30.까지 위 현장에 공급해주기로 하는 내용의 약정을 체결하였다. 그런데 乙과 丙이 약정대로 전력을 공급하여 주지 아니하였을 뿐만 아니라 1996. 11. 27.경에는 그 동안 위 현장에 공급되던 전기마저 전기사용료의 미납으로 중단되었고, 더구나 乙이 위 약정 이후 위 신축건물의 문을 모두 잠궈두는 바람에 甲이 공사현장에 출입할 수 없게 되었다. 이에 甲은 위 약정대로 위 공사를 완성하지 못하였음을 이유로 乙에 대하여 기성고의 범위 내에서 공사대금 5천 5백만 원의 지급을 구하는 소를 제기하였다.

판결이유

......

그러나, 원심이 인정한 사실관계에 의하더라도, 피고(을)가 보증한 위 강O(병)의 원고(갑)에 대한 이 사건 공사대금채무는 **<조건의 불성취로 의무를 면하게 될 자가 신의성실에 반하여 조건의 성취를 방해한 경우에 해당한다고 보아 상대방이 조건의 성취를 주장할 수 있다고 인정한 사안** (민법 제150조 제1항)**>** 원고(갑)가 하도급받은 위 공사 부분을 1996. 10. 10.까지 완성하여 그에 대한 준공필증을 제출할 것을 정지조건으로 하는 것으로 볼 수 있고, 피고(을) 및 위 강O(병)(공사대금채무를 부담하거나 위 채무를 보증한 사람)은 이러한 조건의 성취로 인하여 불이익을 받을 당사자의 지위에 있다고 할 것이며, 한편 원고(갑)가 하도급받은 승강기·카리프트·주차기 등의 설치공사는 동 공사의 중단사유를 통하여 알 수 있듯이 공사현장에 들어오는 전기용량을 증강시켜주지 아니하고서는 그 시공이 불가능할 뿐만 아니라, 건물 내부에서 이루어지는 공사로서 시공자에게 그 출입이 보장되어야만 이를 완성시킬 수 있는 것이므로, 위 강O(병) 및 피고(을)로서는 위 1996. 9. 8.자 약정의 취지에 따라 사전에 전기용량을 증강시키는 인입공사를 시행하여 줌은 물론 공사기간 중 원고(갑)측이 공사현장에 출입할 수 있도록 협조하여야 할 의무를 부담한다고 할 것인바, 피고(을) 및 위 강식(병)은 이러한 의무에 위반하여 전기용량을 증강시키는 공사를 실시하지 아니한데다가 위 신축건물의 출입문을 잠궈 원고(갑)측의 출입을 방해함으로써 원고(갑)로 하여금 나머지 공사를 수행할 수 없게 하였다면, 그것이 고의에 의한 경우만이 아니라 과실에 의한 경우에도 위 강식(병) 및 피고(을)가 신의성실에 반하여 조건의 성취를 방해한 때에 해당한다고 할 것이므로, 그 상대방인 원고(갑)로서는 민법 제150조 제1항의 규정에 의하여 위 강식 및 피고에 대하여 그 조건이 성취한 것으로 주장할 수 있다고 할 것이고, <조건의 성취로 인하여 불이익을 받을 당사자가 신의성실에 반하여 조건의 성취를 방해한 경우, 조건이 성취된 것으로 의제되는 시점 (민법 제150조 제1항)> 이 때 조건이 성취된 것으로 의제되는 시점은 이러한 신의성실에 반하는 행위가 없었더라면 조건이 성취되었으리라고 추산되는 시점이라고 할 것인데, 이 사건의 경우 원고(갑)측에 달리 공사수행을 지체시킬 만한 사유가 엿보이지 아니하는 이상, 원고(갑)가 위 조건을 성취한 것으로 의제되는 시기는 당초에 예정한 준공시점인 1996. 10. 10.이라고 할 것이고, 이 사건 소제기시에 이미 그로부터 3개월이 경과하였으므로 피고로서는 기한미도래를 이유로 이 사건 보증채무의 이행을 거절할 수 없다고 할 것이고, 이와 다른 견해를 취한 원심 판단에는 신의칙 내지 그에 반하여 조건의 성취를 방해한 경우의 법률효과에 관한 법리오인의 위법이 있다고 할 것이고, 이 점을 지적한 논지는 이유 있다.

❸ 대법원 2022. 12. 29.선고 2022다266645 판결 【약정금】

사실관계

乙은 2006. 2. 7. 설립되어 전자제품 입력장치에 관련된 특허를 활용한 휴대용 인터넷 단말기, 초소형 인터넷 단말기 등 전자제품을 개발하여 판매하는 사업을 추진하였던 법인이다. 甲은 2007. 1. 30. 乙 회사에 1000만 원을 투자하면서, 乙 회사가 지적재산권 관련 매출이 발생하면(조건) 투자금의 5배에 해당하는 배당금을 상환받기로 하는 투자약정을 체결하였다. 한편 乙 회사의 대표이사 A는 "전자제품을 실제 개발해 판매할 의사나 능력이 없음에도 다수 유통 대리점주들에게 시제품 등을 보여주면서 제품 선급금 명목으로 돈을 편취하였다."라는 특정경제범죄 가중처벌 등에 관한 법률 위반(사기) 등으로 기소되어 유죄판결이 확정됐다. 이후 甲은 乙 회사를 상대로 약정된 5배의 약정금지급을 구하는 소를 제기하였다.

판결이유

......

2. 원심은 판시와 같은 이유로, 피고(을) 회사가 처음부터 전자제품 등을 양산·판매하여 이 사건 조건인 '피고(을) 회사가 보유한 지적재산권을 통한 매출 발생'이라는 투자상환금 지급 조건(이하 '이 사건 조건'이라 한다)을 달성할 의사가 없었음에도 투자금을 지급받기 위해 원고(갑)를 기망하여 이 사건 투자협정을 체결하였으므로 민법 제150조 제1항 에 따라 이 사건 조건의 성취가 의제된다고 보아, 원고(갑)의 약정금 청구 중 일부를 인용하였다.
3. 그러나 원심의 판단은 아래와 같은 이유로 수긍하기 어렵다.

가. **<민법 제150조 제1항에서 정한 '조건의 성취를 방해한 때'의 의미 및 방해행위가 없었더라도 조건의 성취가능성이 현저히 낮은 경우가 이에 포함되는지 여부(소극)** *(민법 제2조, 제150조 제1항)>* 민법 제150조 제1항은 조건의 성취로 인하여 불이익을 받을 당사자가 신의성실에 반하여 조건의 성취를 방해한 때에는 상대방은 그 조건이 성취한 것으로 주장할 수 있다고 정함으로써, 조건이 성취되었더라면 원래 존재했어야 하는 상태를 일방 당사자의 부당한 개입으로부터 보호하기 위한 규정을 두고 있다. 이 조항은 권리의 행사와 의무의 이행은 신의에 좇아 성실히 하여야 한다는 법질서의 기본원리가 발현된 것으로서(대법원 2015. 5. 14. 선고 2013다2757 판결 참조), 누구도 신의성실에 반하는 행태를 통해 이익을 얻어서는 안 된다는 사상을 포함하고 있다(대법원 2021. 1. 14. 선고 2018다223054 판결 참조).

다만 일방 당사자의 신의성실에 반하는 방해행위 등이 있었다는 사정만으로 곧바로 민법 제150조 제1항에 의해 그 상대방이 발생할 것으로 희망했던 결과까지 의제된다고 볼 수는 없으므로, 여기서 말하는 '조건의 성취를 방해한 때'란 사회통념상 일방 당사자의 방해행위가 없었더라면 조건이 성취되었을 것으로 볼 수 있음에도 방해행위로 인하여 조건이 성취되지 못한 정도에 이르러야 하고, 방해행위가 없었더라도 조건의 성취가능성이 현저히 낮은 경우까지 포함되는 것은 아니다. 만일 위와 같은 경우까지 조건의 성취를 의제한다면 단지 일방 당사자의 부당한 개입이 있었다는 사정만으로 곧바로 조건 성취로 인한 법적 효과를 인정하는 것이 되고 이는 상대방으로 하여금 공평·타당한 결과를 초과하여 부당한 이득을 얻게 하는 결과를 초래할 수 있기 때문이다.

<일방 당사자가 신의성실에 반하여 조건의 성취를 방해하였는지 판단하는 기준> 한편 일방 당사자가 신의성실에 반하여 조건의 성취를 방해하였는지 여부는 당사자들이 조건부 법률행위 등을 하게 된 경위나 의사, 조건부 법률행위의 목적과 내용, 방해행위의 태양, 해당 조건의 성취가능성 및 방해행위가 조건의 성취에 미친 영향, 조건의 성취에 영향을 미치는 다른 요인의 존재 여부 등 여러 사정을 고려하여 개별적·구체적으로 판단하여야 한다.

나. 앞서 본 사실관계 및 기록에 의하여 알 수 있는 다음과 같은 사정을 위 법리에 비추어 보면, 피고*(을)* 회사가 이 사건 투자협정에서 정한 '지적재산권 관련 매출의 발생'이라는 이 사건 조건의 성취를 방해한 경우로 보기 어렵다.

(1) 원심 판시와 같이, **<사안의 경우** *(민법 제150조 제1항)>* 피고*(을)* 회사가 관련 전자제품을 실제 양산·판매하여 매출을 발생시키려는 의사나 능력 없이 원고*(갑)*로부터 투자금을 지급받기만 하였다면, 이는 이 사건 투자협정의 상대방인 원고*(갑)*에 대한 관계에서 신의성실에 반하는 행위라고 평가할 여지는 있다.

(2) 다만 이 사건 투자협정은 피고*(을)* 회사가 보유한 지적재산권을 활용하여 관련

전자제품을 개발·판매하려는 사업의 준비 단계나 초기 과정에서 체결된 것인데, 당시로서는 피고(을) 회사가 제품을 개발 및 양산할 수 있을지, 나아가 해당 제품이 구매자 등에게 실제로 판매될 수 있을지 여부를 알 수 없는 등 해당 사업의 성공 가능성을 예측하기 어려웠던 것으로 보인다.

(3) 원고(갑)도 피고(을) 회사의 사업 실패 등 상당한 위험이 존재함에도 불구하고 투자를 진행하면서, 그 대가로 매출의 규모 등을 불문하고 단지 매출이 발생하기만 하면 투자금의 5배에 이르는 상환금을 지급받기로 약정하였다. 이러한 투자협정 내용에 비추어 보면, 원고(갑)로서도 위와 같은 매출 발생이라는 이 사건 조건이 성취되는 것이 쉬운 일이 아니라는 점을 인식하였던 것으로 보이고, 거기에 앞서 본 바와 같이 피고(을) 회사의 대표이사 소외인 이 해당 제품을 개발·양산하여 매출을 창출할 만한 능력이 없었음에도 다수 유통점주들로부터 제품 선급금 등을 편취하였다는 혐의로 형사처벌을 받은 점을 더하여 보면, 피고(을) 회사의 방해행위가 없었더라도 이 사건 조건의 성취가능성은 현저히 낮았던 것으로 볼 여지가 있다.

(4) 따라서 원고(갑)가 당시 피고(을) 회사의 전자제품 개발·판매 사업이 성공할 것으로 신뢰하였거나 이를 기대하여 투자를 하였더라도, 피고(을) 회사가 개발하려는 전자제품 판매로 인한 매출 발생 가능성 자체가 현저히 낮았다면, 피고(을) 회사가 위 사업 진행을 위해 진지한 노력을 기울이지 않았다거나 처음부터 그러한 의사가 없었다는 사정 등만으로 피고(을) 회사가 매출 발생이라는 조건 성취를 방해한 경우라고 평가하기 부족하다.

다. 그럼에도 이와 달리 본 원심의 판단에는 정지조건의 성취 방해에 관한 법리를 오해하여 필요한 심리를 다하지 않아 판결에 영향을 미친 잘못이 있다.

§ 9-3-2 조건의 불성취

❶ 대법원 2021. 3. 11. 선고 2020다253430 판결 [주식양도청구의소]

사실관계

A 주식회사의 대표이사인 甲과 사내이사인 乙 등은 2014. 6. 27.경 회사를 공동운영하기로 하는 동업계약을 체결하였다. 그중 근속의무를 정한 근속조항에서 "동업자 중 한 명이 근속의무 종료 시점 이전에 자의적으로 회사를 퇴직할 경우, 보유 주식 전부를 대표이사에게 액면가로 양도한다. 자의적인 퇴사가 아닌 퇴사를 하게 될 경우, 보유 주식 중 일정 비율을 대표이사에게 액면가에 매각한다."라고 정하였다. 그 후 A 회사가 2014. 9. 17. 주주총회를 개최하여 乙 등의 이사직 해임을 결의하였다. 이에 甲은 乙을 상대로 회사 보유주식의 양도를 구하는 소를 제기하였다.

판결이유

1. 사실관계

원심판결 이유와 원심이 적법하게 채택한 증거에 따르면 다음 사실을 알 수 있다.

가. 이 사건 회사(A)는 2011. 9. 21. 설립되어 영화, 방송 그 밖의 멀티미디어 및 공연 관련 서비스업 등을 영위하고 있다. 원고(갑)는 이 사건 회사의 대표이사이고, 피고들(을)은 사내이사였다.

나. 2013. 12. 31. 기준으로 이 사건 회사 주식의 액면가는 500원이고, 총발행주식 수는 170,113주인데, 그중 피고 1은 17,767주, 피고 2, 피고 3은 각각 10,720주를 소유하고 있다.

다. 원고, 피고들, 소외 1, 소외 2, 소외 3, 소외 4는 2014. 6. 27.경 이 사건 회사를 공동운영하기로 하는 동업계약(이하 '이 사건 동업계약'이라 한다)을 체결하였다. 그중 근속의무를 정한 제6조(이하 '이 사건 근속조항'이라 한다)의 주요 내용은 아래와 같다.

(1) 동업자는 회사가 'M&A 또는 IPO가 된 시점 1년 후'까지 회사에 근속하도록 한다. 동업자 중 한 명이 근속의무 종료 시점 이전에 자의적으로 회사를 퇴직할 경우, 보유하고 있는 회사 주식 전부를 대표이사에게 액면가로 양도한다(가.항).

(2) 동업자 중 한 명이 근속의무 종료 시점 이전에 자의적인 퇴사가 아닌 퇴사를 하게 될 경우, 이 사건 회사 설립일(2011. 9. 21.)부터 퇴사일까지의 기간에 따라 퇴사자 본인이 보유한 주식 중 일정 비율(1년 미만은 100%, 1년 이상 2년 미만은 75%, 2년 이상 3년 미만은 50%, 3년 이상 4년 미만은 25%, 4년 이상은 0%)을 대표이사에게 액면가에 매각한다(다.항).

(3) 대표이사가 위와 같이 취득하게 되는 주식은 인재영입 등을 목적으로 구주 지분을 부여하기 위해서 임시적으로 맡겨 두려는(parking) 목적이며, 주총과 같은 의사 결정 과정에서 이 지분율에 대해서는 의결권에 제한이 있을 수 있다.

라. 이 사건 회사는 2014. 9. 17. 주주총회를 개최하여 피고들의 이사직 해임을 결의하였다.

2. 피고들이 귀책사유 없이 해임된 경우에도 이 사건 근속조항의 다.항이 적용되는지 여부(상고이유 제1점)

가. <당사자 사이에 법률행위의 해석을 둘러싸고 다툼이 있어 처분문서에 나타난 당사자의 의사해석이 문제 되는 경우, 처분문서를 해석하는 방법 *(민법 제105조)*>
처분문서는 그 성립의 진정함이 인정되는 이상 법원은 그 기재 내용을 부인할 만한 분명하고도 수긍할 수 있는 반증이 없으면 처분문서에 기재된 문언대로 의사표시의 존재와 내용을 인정하여야 한다. 당사자 사이에 법률행위의 해석을 둘러싸고 다툼이 있어 처분문서에 나타난 당사자의 의사해석이 문제 되는 경우에는 문언의 내용, 법률행위가 이루어진 동기와 경위, 법률행위로써 달성하려는 목적, 당사자의 진정한 의사 등을 종합적으로 고찰하여 논리와 경험칙에 따라 합리적으로 해석하여야 한다(대법원 2002. 6. 28. 선고 2002다23482 판결, 대법원 2017. 2. 15. 선고 2014다19776, 19783 판결 등 참조).

나. 원심은 다음과 같은 이유로 이 사건 근속조항의 다.항은 피고들이 귀책사유 없이 해임된 경우에도 적용된다고 판단하였다.

<사안의 경우> 이 사건 근속조항은 가.항에서는 동업자의 '자의적인 퇴사'를, 다.항에서는 동업자의 '자의적인 퇴사가 아닌 퇴사'를 규정하여 동업자의 퇴사를 2가지로 구분하고 있고 각 항목은 서로 배타적으로 구성되어 있다. 이 사건 근속조항과 달리 이 사건 동업계약 제7조 나.항은 동업자의 의무 위반과 귀책사유의 존재를 동업계약 해지와 권리 포기의 조건으로 명시하고 있으므로, 그 반대해석상 이 사건 근속조항 다.항에서 정한 '자의적인 퇴사가 아닌 퇴사'는 피고들이 귀책사유 없이 퇴사한 경우에도 적용된다고 보아야 한다.

다. 원심판결 이유를 위에서 본 법리에 비추어 살펴보면, 원심판결은 정당하고, 상고이유 주장과 같이 계약의 해석에 관한 법리를 오해하거나 논리와 경험의 법칙에 반하여 자유심증주의의 한계를 벗어나 판결에 영향을 미친 잘못이 없다.

3. 원고가 신의성실에 반하여 피고들의 해임을 주도하여 조건 성취를 주장할 수 없는지 여부(상고이유 제2점)

가. <민법 제150조 제2항의 규정 취지 및 신의성실에 반하여 조건을 성취시킨 것으로 볼 수 있는 경우 (민법 제2조 제1항, 제150조 제2항)> 민법 제150조 제2항은 "조건의 성취로 인하여 이익을 받을 당사자가 신의성실에 반하여 조건을 성취시킨 때에는 상대방은 그 조건이 성취하지 아니한 것으로 주장할 수 있다."라고 정한다. 이 조항은 권리의 행사와 의무의 이행은 신의에 좇아 성실히 하여야 한다는 법질서의 기본원리가 발현된 것으로서(대법원 2015. 5. 14. 선고 2013다2757 판결 참조), 누구도 신의성실에 반하는 행태를 통해 이익을 얻어서는 안 된다는 사상을 포함하고 있다. 당사자들이 조건을 약정할 당시에 미처 예견하지 못했던 우발적인 상황에서 상대방의 이익에 대해 적절히 배려하지 않거나 상대방이 합리적으로 신뢰한 선행 행위와 모순된 태도를 취함으로써 형평에 어긋나거나 정의관념에 비추어 용인될 수 없는 결과를 초래하는 경우 신의성실에 반한다고 볼 수 있다(대법원 2021. 1. 14. 선고 2018다223054 판결 참조).

나. 원심은, <사안의 경우 (민법 제2조 제1항, 제105조, 제150조 제2항)> 피고들이 이 사건 회사가 'M&A 또는 IPO가 된 시점 1년 후'까지 회사에 근속할 의무가 있는데 근속의무 종료 이전에 해임되어 이 사건 근속조항 다.항에 따라 이 사건 회사의 보유 주식 중 50%를 대표이사인 원고에게 액면가로 매각할 의무가 있다고 판단하였다. 그 이유는 다음과 같다.

피고들은 원고가 조건 성취를 통해 직접 이익을 받는 당사자로서 신의성실에 반하여 피고들의 부당 해임을 주도하였다고 주장한다. 그러나 원고(갑)가 피고들(을)로부터 양도받게 될 주식을 임의로 처분할 수 없고 의결권 행사에도 제한이 있어 피고들(을)의 해임이라는 조건 성취로 원고(갑)가 이익을 얻는다고 단정할 수 없다. 피고들(을)의 해임은 주주총회에서 이루어졌는데, 이는 기관투자자를 비롯한 주주들이 자신들의 이익을 위해 최선의 선택을 한 결과로 보이고, 원고(갑)가 독단적으로 피고들(을)을 해임한 것이라고 할 수 없다. 제출된 증거만으로는 원고(갑)가 신의성실에 반하여 피고들(을)의 해임을 주도하였다고 인정하기 부족하고 달리 이를 인정할 증거가 없다.

다. 원심판결 이유를 위에서 본 법리에 비추어 살펴보면, 원심판결은 정당하고, 상고이유 주장과 같이 민법 제150조 제2항에서 정한 신의성실의 원칙에 반하는 조건 성취에 관한 법리를 오해하거나 논리와 경험의 법칙에 반하여 자유심증주의의 한계를 벗어나 사실을 오인하는 등으로 판결에 영향을 미친 잘못이 없다.

4. 조건부 법률행위의 효력
§ 9-4 조건부 권리의 침해금지
❶ 대법원 1992. 5. 22. 선고 92다5584 판결 [근저당권설정등기말소]

1. 원고의 상고이유에 대하여
<해제조건부증여로 인한 소유권이전등기를 마친 경우 조건성취의 효과 및 조건성취 전에 수증자가 한 처분행위의 효력 (민법 제147조 제2항, 제148조)> 해제조건부증여로 인한 부동산소유권이전등기를 마쳤다 하더라도 그 해제조건이 성취되면 그 소유권은 증여자에게 복귀한다고 할 것이고, 이 경우 당사자간에 별단의 의사표시가 없는 한 그 조건성취의 효과는 소급하지 아니하나, 조건성취 전에 수증자가 한 처분행위는 조건성취의 효과를 제한하는 한도 내에서는 무효라고 할 것이고, 다만 그 조건이 등기되어 있지 않는 한 그 처분행위로 인하여 권리를 취득한 제3자에게 위 무효를 대항할 수 없다고 할 것이다.

원심판결 이유에 의하면 원심은 서울 동작구 (주소 생략) 임야 908평방미터(이 사건 제1토지)를 원고가 소외 1에게, 서울특별시에서 그 부분에 대한 도로개설공사를 시행할 때 위 소외인측에서 이를 서울특별시에 무상증여하지 아니할 것을 해제조건으로 하여 1980. 5. 7. 증여하였고, 위 소외인은 위 부동산에 관하여 1981. 7. 10. 피고(피상고인) 명의로 판시와 같은 소유권이전청구권보전의 가등기를 경료해 주었던바, 그 후 위 소외인측에서 위 토지에 도로개설공사를 시행한 서울특별시에게 위 부동산을 무상증여하지 아니함으로써 적어도 1987. 4. 30.에는 위 해제조건이 성취되었다고 판시하면서, <사안의 경우> 위 가등기는 위 해제조건의 성취로 무효가 되었다는 원고의 주장에 대하여는 해제조건 있는 법률행위는 특별한 사정이 없는 한 그 조건이 성취된 때로부터 그 효력을 잃는 것이므로, 당사자 사이에서 위 해제조건성취의 효력을 그 성취 전인 위 가등기경료 이전으로 소급하기로 약정하였다거나, 그 약정으로써 제3자인 위 피고에게 대항할 수 있는 요건을 갖추었다는 점에 대한 원고의 주장·입증이 없으므로, 위 해제조건의 성취로 제3자인 위 피고에게 대항할 수 없다고 판시하여 이를 배척하였다.

원심의 위와 같은 판단은 해제조건부증여에 있어서 그 조건성취 전의 수증자의 처분행위의 효력에 관한 법리를 오해한 잘못을 범하였다 할 것이나, 이 사건 증여에 있어서 그 해제조건이 등기되었다는 점을 인정할 아무런 증거가 없으므로(갑 제1호증 참조), 원고로서는 위 해제조건의 성취로써 가등기권자인 위 피고에게 대항할 수 없는 것이어서 원심의 판단은 결과에 있어서 정당하다 할 것이고, 따라서 원심의 위와 같은 잘못은 판결에 영향을 미치는 것이 아니다.

❷ 대법원 2002. 11. 8. 선고 2002다35867 판결 [상여금]
......
2. 대법원의 판단
<근로자들이 미지급 상여금을 포기한다는 동의서에 서명하면서 고용승계를 보장받는 것을 목적으로 특정 회사(OO제당)에 회사(피고 회사)가 매각되는 것을 조건으로 한 경우 (민법 제147조 제1항)> 원심이 근로자의 임금포기에 관한 약정은 문언의 기재 내용대로 엄격하게 해석하는 것이 원칙이라 할 것이나, 그 임금포기를 한 경위나 목적 등 여러 사정에 따라 합목적적으로 해석하는 것이 오히려 근로자들의 의사나 이해에 합치되는 경우도 있는데, 위 판시와 같은 이 사건 상여금포기합의가 이루어진 제반 사정에 비추어 보면, 이 사건의 경우 'OO제당'이 피고 회사를 인수하는 것을 포기한 이후에 피고 회사가 이 사건 상여금포기합의가 계속 유효하다는 것을 전제로 하여 후속 인수희망업체들과 협상을 하는 것에 대하여 피고 회사 근로자들이 이의를 제기한 바가 전혀 없는 이상, 이 사건 상여금포기합의가 그 이면약정의 문언상 나타난 'OO제당'이 인수할 때에만 유효하다기보다는, 고용승계를 보장하는 업체가 인수하는 경우에도 유효하다고 합목적적으로 해석하여야 한다고 본 것은 일응 수긍할 수 있다고 보인다.
......
사정이 이러하다면, OO 콘소시엄에 의하여 고용승계가 이루어진 다른 근로자들과는 달리 원고들은, 위 이면약정에서 정한 'OO제당'이 아니라 다른 후속 인수업체와 사이에 협상을 하면서 피고 회사가 이 사건 상여금포기합의가 유효한 것으로 당연히 전제하는 것을 받아들이지 아니하고 이의를 제기한 것으로 못볼 바 아니라

할 것이고, 가사 그렇게까지 볼 수는 없다 할지라도 최소한 위 이면약정에서 정한 'OO제당'이 아닌 다른 업체에 의한 고용승계에는 동의하지 아니한 것으로 보아야 할 것인바, 그렇다면 다른 특별한 사정이 없는 한, 후속 인수희망업체들과 협상을 함에 대하여 이의를 제기하지 아니하였다는 이유만을 가지고, 다른 근로자들과 달리 'OO제당'이 아닌 다른 회사에 의한 인수를 포기하고 피고 회사를 퇴직한 원고들의 상여금포기 역시 그 이면약정의 문언상 나타난 'OO제당'이 아니어도 고용승계를 보장하는 업체가 피고 회사를 인수한 이상 유효하다고 해석할 수 있다고 할 수는 없다 할 것이고, 앞서 본 원칙에 따라 위 이면약정의 문언 그대로 피고 회사가 '제일제당'이라는 회사에 매각되는 경우에 한하여 효력이 있다고 보는 것이 더 타당하다(근로자들이 미지급 상여금을 포기한다는 동의서에 서명하면서 고용승계를 보장받는 것을 목적으로 특정 회사에 회사가 매각되는 것을 조건으로 한 경우, 그 후 특정 회사에의 회사 매각은 결렬되었으나 다른 회사가 동일한 조건으로 고용승계를 보장하여 회사를 인수한 이상 합목적적으로 해석하여 그 조건이 성취된 것으로 볼 수 있으나, 특정 회사에의 회사 매각이 결렬된 후 다른 회사로 회사가 매각되기 전에 퇴직한 근로자들에게는 그 조건이 성취된 것으로 보아서는 아니되고 그 조건의 문언대로 엄격하게 해석하여야 한다) 할 것이다.

그럼에도 불구하고, 원심이 원고들에 대한 관계에 있어서도 위 이면약정의 의미를 그 문언상 나타난 'OO제당'이 아니어도 고용승계를 보장하는 업체가 인수하기만 하면 조건이 성취되었다고 보는 것이 합목적적 해석이라고 단정하여 다른 특별한 사정에 관하여 더 살펴보지 아니한 채, 이 사건 상여금포기합의의 조건을 문언 그대로 'OO제당'이라는 특정업체가 피고 회사를 인수하는 것으로 보아야 한다는 원고들의 주장을 배척하고 피고의 이 사건 상여금 채권 포기 항변 일부를 받아들인 것은, 임금채권 포기약정의 해석에 관한 법리를 오해한 나머지 심리를 미진하여 판결 결과에 영향을 미친 위법을 저지른 것이라 할 것이다.

§ 9-5 조건부 법률행위와 증명책임
❶ 대법원 2006. 11. 24. 선고 2006다35766 판결 [제3자이의]
……
2. 그러나 원심의 판단은 그대로 수긍하기 어렵다.
가. <자유심증주의의 한계 (민사소송법 제202조)> 민사소송법 제202조가 선언하고 있는 자유심증주의는 형식적, 법률적인 증거규칙으로부터의 해방을 뜻할 뿐 법관의 자의적인 판단을 용인한다는 것이 아니므로, 적법한 증거조사절차를 거쳐 증거능력 있는 적법한 증거에 의하여 사회정의와 형평의 이념에 입각하여 논리와 경험의 법칙에 따라 사실주장의 진실 여부를 판단하여야 할 것이며, 비록 사실의 인정이 사실심의 전권에 속한다고 하더라도 이와 같은 제약에서 벗어날 수 없고(대법원

1982. 8. 24. 선고 82다카317 판결 등 참조), **<법률행위에 조건이 붙어 있는지 여부에 대한 법적 판단의 성질(=사실인정) 및 그 증명책임자(=조건의 존재를 주장하는 자)** (민법 제147조; 민사소송법 제202조)> 조건은 법률행위의 당사자가 그 의사표시에 의하여 그 법률행위와 동시에 그 법률행위의 내용으로서 부가시켜 그 법률행위의 효력을 제한하는 법률행위의 부관이므로, 구체적인 사실관계가 어느 법률행위에 붙은 조건의 성취에 해당하는지 여부는 의사표시의 해석에 속하는 경우도 있다고 할 수 있지만, 어느 법률행위에 어떤 조건이 붙어 있었는지 아닌지는 사실인정의 문제로서 그 조건의 존재를 주장하는 자가 이를 입증하여야 한다고 할 것이다.

나. 그런데 **<법률행위에 정지조건이 붙어 있는지 여부를 사실인정을 통하지 아니하고 의사표시의 해석 내지 법률적 평가를 통하여 인정한 원심판결을 파기한 사례** (민법 제147조; 민사소송법 제202조)> 원심은 이 사건 각서에 기재된 법률행위에 그 판시와 같은 정지조건이 있었는지 여부를 사실인정을 통하여 확정하지 아니한 채 의사표시의 해석 내지 법률적 평가를 통하여 정지조건이 있었던 것으로 인정하였으니, 원심판결에는 정지조건에 관한 법리를 오해하여 증거 없이 사실을 인정한 위법이 있다고 할 것이다.

II. 기한

1. 불확정기한과 정지조건의 구별
§ 9-6 불확정기한과 조건의 구별 및 판단기준
❶ 대법원 2018. 6. 28. 선고 2018다201702 판결 [물품대금]

사실관계

甲은 2014. 1.부터 2015. 8. 31.까지 乙에게 배관자재를 제작·납품하였다. 甲은 2015. 10. 22. 乙을 상대로 배관자재 물품대금으로 126,904,891원을 받지 못하였다고 주장하면서 그 물품대금의 지급을 구하는 소를 제기하였고, 乙은 2015. 11. 6. 甲을 상대로 채무부존재확인 등을 구하는 소를 제기하였다. 그런데 위 소송이 계속 중이던 2016. 8.경 甲은 乙과 乙 회사의 채무자인 丙 회사 등으로부터 미지급 물품대금의 액수에 해당하는 금액을 지급받고 乙 회사에 대한 나머지 청구를 포기하며, 이후 어떠한 이의도 제기하지 않기로 하는 등의 합의를 하면서 "모든 합의사항의 이행은 甲이 丙 등으로부터 위 금액을 모두 지급받은 후 효력이 발생한다"(이하 부관)라고 정하였다. 乙 회사는 2016. 8. 31.경 甲을 상대로 제기한 채무부부존재확인의 소를 취하하였다.

판결이유

1. <조건과 기한의 구별 *(민법 제147조, 제152조)*> 조건은 법률행위 효력의 발생 또는 소멸을 장래의 불확실한 사실의 성부에 의존하게 하는 법률행위의 부관이다. 반면 장래의 사실이더라도 그것이 장래 반드시 실현되는 사실이면 실현되는 시기가 비록 확정되지 않더라도 이는 기한으로 보아야 한다.

<법률행위에 붙은 부관이 정지조건인지 불확정기한인지 판단하는 기준 및 이러한 부관이 화해계약의 일부를 이루고 있는 경우에도 마찬가지인지 여부(적극)> *(민법 제105조, 제147조, 제152조, 제731조)*> 법률행위에 붙은 부관이 조건인지 기한인지가 명확하지 않은 경우 법률행위의 해석을 통해서 이를 결정해야 한다. 부관에 표시된 사실이 발생하지 않으면 채무를 이행하지 않아도 된다고 보는 것이 합리적인 경우에는 조건으로 보아야 한다. 그러나 부관에 표시된 사실이 발생한 때에는 물론이고 반대로 발생하지 않는 것이 확정된 때에도 그 채무를 이행하여야 한다고 보는 것이 합리적인 경우에는 표시된 사실의 발생 여부가 확정되는 것을 불확정기한으로 정한 것으로 보아야 한다(대법원 2013. 8. 22. 선고 2013다27800 판결 등 참조). 이러한 부관이 화해계약의 일부를 이루고 있는 경우에도 마찬가지이다(대법원 1956. 1. 12. 선고 4288민상281 판결 참조).

……

3. 위와 같은 사실관계를 앞에서 본 법리에 비추어 살펴보면, 이 사건 합의서 제10항의 문언은 '위 모든 합의사항의 이행은 원고*(갑)*가 ○○티앤에스와 ○○제이에스티*(병)*로부터 126,904,891원을 모두 지급받은 후에 그 효력이 발생한다.'는 것이다. 따라서 <사안의 경우 *(민법 제105조, 제147조, 제152조, 제731조)*> '원고*(갑)*가 ○○티앤에스와 ○○제이에스티*(병)*로부터 126,904,891원을 모두 지급받는다'는 사실이 발생해야 이 사건 합의서 제2항부터 제9항까지 정한 이행의무(나머지 청구 포기와 부제소 특약이 포함되어 있다)가 성립한다고 볼 수 있는데, 원고*(갑)*가 위 돈을 지급받는다는 것은 장래 발생 여부가 불확실한 사실로서 조건으로 볼 여지가 있다. 원고*(갑)*가 피고*(을)* 등으로부터 미지급 물품대금 액수에 해당하는 금액을 변제받을 것이 확실시되었다는 등의 특별한 사정이 없는 상태에서 피고에 대한 물품대금 채권을 포기할 아무런 이유가 없다. 이 점에서도 이 사건 합의는 정지조건부 합의로 볼 여지가 크다. 이 사건 합의가 화해계약의 성격을 가진다고 하여 달리 볼 이유가 없다.

원고*(갑)*는 항소이유서 등을 통해서 피고*(을)*로부터 채권추심의 권한을 위임받아 ○○티앤에스와 ○○제이에스티*(병)*에 채권 지급을 요구하였으나 이들이 채무부존재 또는 상계 등을 주장하면서 그 요구에 응하지 않았다고 하고 있다. 기록상 원고*(갑)*가 ○○티앤에스와 ○○제이에스티*(병)*로부터 이 사건 합의에서 정한 금원을 지급받았다고 볼 만한 사정이 없으므로, 이 사건 합의에서 정한 조건은 성취되지 않았다고 볼 여지가 있다.

4. 그런데도 원심은 이 사건 합의서 제10항을 원고(갑)에게 부과된 이행의무의 기한을 정한 것으로 보는 것이 타당하다는 등의 이유로 이 사건 청구는 이 사건 합의의 효력에 반하여 허용될 수 없다고 판단하였다.

이러한 원심의 판단에는 상고이유 주장과 같이 조건부 합의 또는 계약에 붙은 부관의 해석에 관한 법리를 오해하여 판결에 영향을 미친 잘못이 있다. 이를 지적하는 원고의 상고이유 주장은 정당하다.

❷ 대법원 2003. 8. 19. 선고 2003다24215 판결 [퇴직금등]

사실관계

회사정리를 하게 된 乙 회사(○○건설)는 자구노력의 일환으로 모든 관리직 직원을 상대로 희망퇴직을 실시하면서 2000. 11. 20.부터 2000. 11. 24.까지 사이에 희망퇴직을 신청하는 직원에게는 회사정리계획인가결정일로부터 1개월 이내에 평균임금 3개월분의 퇴직위로금을 지급하기로 약정하였다. 한편 이미 위 희망퇴직 실시 이전에 乙 회사와 그 노동조합 사이에 맺어진 단체협약에 의하면 경영상 또는 불가항력적 사유로 조합원을 감축하고자 할 때에는 조합원에게 30일 이전에 통보하고, 해고수당으로 평균임금 3개월분을 지급한다고 규정되어 있었다. 그리고 특별단체협약에 의하면 乙 회사는 자구노력의 일환으로 인원을 감축하되, 그 방법은 희망퇴직의 형식으로 실시하고, 감원대상자에게는 희망퇴직수당으로 평균임금 5개월분을 지급하기로 규정되어 있었다. 그러나 2000. 11. 20.부터 2000. 11. 24.까지 희망퇴직을 신청한 직원이 449명에 불과하여 추가적인 인력구조조정을 시행하는 과정에서 甲을 구조조정대상자로 선정하여 통보하면서 甲이 2000. 12. 4.부터 2000. 12. 8.까지 희망퇴직을 신청하는 경우에는 종전과 동일하게 회사정리계획인가결정일로부터 1개월 이내에 평균임금 3개월분의 퇴직위로금을 지급한다고 약정하였다. 甲은 乙 회사가 정한 기간 내에 희망퇴직을 신청하였고, 乙 회사가 승낙하여 2000. 12. 31.자로 甲은 乙 회사에서 퇴직하게 되었다. 그런데 乙 회사는 회사정리계획인가결정을 받지 못하여 회사정리절차가 폐지되고, 2001. 5. 11. 파산선고를 받았고, 乙1이 파산관재인으로 선임되었다. 이에 甲은 乙1에 대하여 평균임금 3개월분의 퇴직위로금의 지급을 구하는 소를 제기하였다.

판결이유

<부관이 붙은 법률행위에 있어서 부관이 정지조건인지 불확정기한인지를 판단하는 기준 (민법 제147조, 제152조)> 부관이 붙은 법률행위에 있어서 부관에 표시된 사실이 발생하지 아니하면 채무를 이행하지 아니하여도 된다고 보는 것이 상당한 경우

에는 조건으로 보아야 하고, 표시된 사실이 발생한 때에는 물론이고 반대로 발생하지 아니하는 것이 확정된 때에도 그 채무를 이행하여야 한다고 보는 것이 상당한 경우에는 표시된 사실의 발생 여부가 확정되는 것을 불확정기한으로 정한 것으로 보아야 한다. 따라서 <*이미 부담하고 있는 채무의 변제에 관하여 일정한 사실이 부관으로 붙여진 경우 그 부관의 법적 성질(=불확정기한)*> *(민법 제152조)>* 이미 부담하고 있는 채무의 변제에 관하여 일정한 사실이 부관으로 붙여진 경우에는 특별한 사정이 없는 한 그것은 변제기를 유예한 것으로서 그 사실이 발생한 때 또는 발생하지 아니하는 것으로 확정된 때에 기한이 도래한다.

같은 취지에서 원심이, <*사안의 경우*> 정리회사 동아건설 주식회사의 관리인 김○윤이 원고*(갑)*에 대하여 2000. 12. 4.부터 2000. 12. 8.까지 희망퇴직신청을 하는 경우에는 회사정리계획 인가결정일로부터 1개월 이내에 평균임금 3개월분의 퇴직위로금을 지급하겠다는 의사표시는 회사정리계획인가를 조건으로 정한 것이 아니라 불확정한 사실의 도래를 변제기로 정한 것이고, 따라서 회사정리절차가 폐지되어 정리계획인가를 받을 수 없는 것으로 확정되었으므로 그 때에 기한이 도래하였다고 판단한 것은 옳고, 거기에 상고이유로 든 주장과 같은 잘못이 없다.

2. 기한의 이익

§ 9-7 기한의 이익 상실

❶ *(§ 10-7 ❷)* 대법원 2002. 9. 4. 선고 2002다28340 판결 [채무부존재확인]
……

2. <*기한이익 상실의 특약은 형성권적 기한이익 상실의 특약으로 추정되는지 여부(적극)*> *(민법 제387조, 제388조)>* 기한이익 상실의 특약은 그 내용에 의하여 일정한 사유가 발생하면 채권자의 청구 등을 요함이 없이 당연히 기한의 이익이 상실되어 이행기가 도래하는 것으로 하는 정지조건부 기한이익 상실의 특약과 일정한 사유가 발생한 후 채권자의 통지나 청구 등 채권자의 의사행위를 기다려 비로소 이행기가 도래하는 것으로 하는 형성권적 기한이익 상실의 특약의 두 가지로 대별할 수 있고, 기한이익 상실의 특약이 위의 양자 중 어느 것에 해당하느냐는 당사자의 의사해석의 문제이지만 일반적으로 기한이익 상실의 특약이 채권자를 위하여 둔 것인 점에 비추어 명백히 정지조건부 기한이익 상실의 특약이라고 볼 만한 특별한 사정이 없는 이상 형성권적 기한이익 상실의 특약으로 추정하는 것이 타당하다.

돌이켜 이 사건 기한이익 상실약정을 보면, 원심이 확정한 바와 같이 원고가 약정한 이행의무를 한 번이라도 지체하였을 때 기한의 이익을 잃고 즉시 채무금 전액을 완제하여야 한다고 되어 있으나, 위 약정의 내용은 당사자 사이에 기한이익 상실의 특약을 한 것일 뿐 나아가 피고의 의사표시가 없이도 당연히 기한이익이 상실된다는 약정이라고 할 수는 없으므로 위와 같은 약정의 문언만으로 이 사건 기한이익 상실약정을 정지조건부 기한이익 상실의 특약이라고 볼 수는 없고, 달리 기록상 그와 같이 볼만한 뚜렷한 자료도 없는 이상 이 사건 기한이익 상실약정은 형성권적 기한이익 상실의 특약이라고 보아야 한다.

그리고 이른바 <*형성권적 기한이익 상실의 특약이 있는 할부채무에 있어서 소멸시효의 기산점* (민법 제166조 제1항, 제387조, 제388조)> 형성권적 기한이익 상실의 특약이 있는 경우에는 그 특약은 채권자의 이익을 위한 것으로서, 기한이익의 상실 사유가 발생하였다고 하더라도 채권자가 나머지 전액을 일시에 청구할 것인가 또는 종래대로 할부변제를 청구할 것인가를 자유로이 선택할 수 있으므로, 이와 같은 기한이익 상실의 특약이 있는 할부채무에 있어서는 1회의 불이행이 있더라도 각 할부금에 대해 그 각 변제기의 도래시마다 그 때부터 순차로 소멸시효가 진행하고, 채권자가 특히 잔존 채무 전액의 변제를 구하는 취지의 의사를 표시한 경우에 한하여 전액에 대하여 그때부터 소멸시효가 진행하는 것이므로(대법원 1997. 8. 29. 선고 97다12990 판결 참조), 형성권적 기한이익 상실의 특약이 있는 이 사건에서 원고가 1984. 12. 5.경 약정한 채무를 불이행하였다고 하더라도 피고의 의사표시가 없는 이상 그때부터 잔존 채무 전액에 관하여 소멸시효가 진행한다고 볼 수는 없다.

그럼에도 불구하고, <*약정한 이행의무를 한 번이라도 지체하였을 때 기한의 이익을 잃고 즉시 채무금 전액을 완제하여야 한다고 되어 있는 기한이익 상실약정을 정지조건부 기한이익 상실특약으로 보아 할부금 채무의 1회 불이행시부터 전체 채무에 관하여 소멸시효가 진행된다고 판단한 원심판결을 파기한 사안*> 이 사건 기한이익 상실약정을 정지조건부 기한이익 상실특약으로 보아 할부금 채무의 1회 불이행시부터 전체 채무에 관하여 소멸시효가 진행된다고 판단한 것은 기한이익 상실약정의 해석에 관한 법리를 오해한 나머지 판결에 영향을 미친 위법을 저질렀다고 할 것이고, 따라서 이 점을 지적하는 상고이유 주장은 정당하다.

제6장

소멸시효

에듀컨텐츠·휴피아
Educontents·Huepia

I. 소멸시효 일반

1. 제척기간을 둔 권리의 행사방법
§ 10-1 형성권에서의 권리행사방법
❶ 대법원 1992. 10. 13. 선고 92다4666 판결 [소유권이전등기]

<징발재산정리에관한특별조치법 제20조 소정의 환매권의 법적 성질과 환매권행사로 발생한 소유권이전등기청구권의 소멸시효기간 *(징발재산정리에관한특별조치법 제20조; 민법 제162조)*> 징발재산정리에관한특별조치법 제20조 소정의 환매권은 일종의 형성권으로서 위 환매권은 재판상이든 재판외이든 그 제척기간 내에 이를 일단 행사하면 그 형성적 효력으로 매매의 효력이 생기는 것이고, 그 후 다시 환매의 의사표시를 하였다고 하더라도 이미 발생한 환매의 효력에는 어떠한 영향을 미치는 것이 아니고, 또한 위 환매권의 행사로 발생한 소유권이전등기청구권은 환매권을 행사한 때로부터 일반채권과 같이 민법 제162조 제1항 소정의 10년의 소멸시효기간이 진행된다고 할 것인바(당원 1991. 2. 22. 선고 90다13420 판결 및 1992. 4. 24. 선고 92다4673 판결 각 참조), 원심이 위와 같은 취지에서 원고들이 1975.경 이 사건 토지에 대하여 위 특별조치법 제20조 소정의 환매권을 취득한 다음, 1979. 3. 6.에 이르러 최초의 환매권 행사를 하여 위 토지에 대한 소유권이전등기청구권을 취득하기는 하였으나, 그로부터 역수상 10년이 경과되었음이 분명한 1990. 7. 26.에 이르러서야 이 사건 소를 제기하였으므로 위 환매권행사로 발생한 원고들의 소유권이전등기청구권은 시효로 소멸하였다고 판단하였음은 정당하고 거기에 소론과 같은 판단유탈, 사실오인 및 소멸시효에 관한 법리오해의 위법이 없다.

§ 10-2 점유보호청구권의 권리행사방법
❶ 대법원 2002. 4. 26. 선고 2001다8097, 8103 판결 [토지인도등]
……
(2) ……
그리고 <민법 제204조 제3항과 제205조 제2항 소정의 점유보호청구권의 행사기간이 출소기간인지 여부(적극)> 민법 제204조 제3항과 제205조 제2항에 의하면 점유를 침탈 당하거나 방해를 받은 자의 침탈자 또는 방해자에 대한 청구권은 그 점유를 침탈 당한 날 또는 점유의 방해행위가 종료된 날로부터 1년 내에 행사하여야 하는 것으로 규정되어 있는데, 여기에서 제척기간의 대상이 되는 권리는 형성권이 아니라 통상의 청구권인 점과 점유의 침탈 또는 방해의 상태가 일정한 기간을 지나게 되면 그대로 사회의 평온한 상태가 되고 이를 복구하는 것이 오히려 평화질서의 교란으로 볼 수 있게 되므로, 일정한 기간을 지난 후에는 원상회복을 허용하지 않는 것이 점유제도의 이상에 맞고 여기에 점유의 회수 또는 방해제거 등 청구권에 단기의 제척기간을 두는 이유가 있는 점 등에 비추어 볼 때, 위의 제척기간은 재판외에서 권리행사하는 것으로 족한 기간이 아니라 반드시 그 기간 내에 소를 제기하여야 하는 이른바 출소기간으로 해석함이 상당하다 할 것인바, 원심이 이 사건 15토지에 대하여 그 점유침탈 내지 점유방해 행위가 종료된 지 1년이 지나서 소가 제기된 것으로 부적법하다고 하여 그 부분 소를 각하한 조치는 위의 법리에 따른 것으로서 정당한 것으로 수긍할 수 있고, 거기에 상고이유의 주장과 같은 제척기간에 대한 법리오해의 위법이 있다고 할 수 없다.

§ 10-3 채권양도의 통지와 제척기간 준수 여부
❶ 대법원 2012. 3. 22. 선고 2010다28840 전원합의체판결 [손해배상(기)]

> **사실관계**

X 아파트 입주자대표회의 甲은 X 아파트 분양자인 乙을 상대로 X 아파트의 하자로 인한 손해배상청구의 소를 제기하였다. 甲은 이 소송 계속 중 X 아파트의 구분소유자들인 A로부터 각 하자보수에 갈음하는 손해배상청구권을 양도받았다. 甲은 A의 위임을 받아 X 아파트 사용검사일인 1997. 5. 16.로부터 10년이 경과하기 전인 2007. 3. 14. 乙에게 채권양도통지를 한 후, 2008. 4. 25. 제1심법원에 위 양도받은 손해배상청구권을 새로운 청구원인으로 하는 청구취지 및 원인 변경신청서를 제출하였다. 이에 乙은 甲의 하자보수에 갈음하는 손해배상청구권은 시효의 완성으로 소멸되었다고 주장하였다.

> **판결이유**

1. 구 집합건물의 소유 및 관리에 관한 법률(2003. 7. 18. 법률 제6925호로 개정되기 전의 것, 이하 '구 집합건물법'이라 한다) 제9조에 의하여 준용되는 민법 제667조 내지 제671조에 규정된 하자담보책임기간은 재판상 또는 재판외의 권리행사기간인 제척기간이므로 그 기간의 도과로 하자담보추급권은 당연히 소멸한다(대법원 2004. 1. 27. 선고 2001다24891 판결, 대법원 2009. 5. 28. 선고 2008다86232 판결 등 참조).
한편 <*채권양도 통지만으로 제척기간 준수에 필요한 '권리의 재판외 행사'가 이루어졌다고 볼 수 있는지 여부(소극)*> (구 집합건물의 소유 및 관리에 관한 법률(2003. 7. 18. 법률 제6925호로 개정되기 전의 것) 제9조; 민법 제162조 제1항, 제450조, 제667조)>
채권양도의 통지는 그 양도인이 채권이 양도되었다는 사실을 채무자에게 알리는 것에 그치는 행위이므로, 그것만으로 제척기간의 준수에 필요한 권리의 재판외 행사에 해당한다고 할 수 없다(반대의견, 판결이유 4. 넷째단락 참조).
따라서 집합건물인 아파트의 입주자대표회의(갑)가 스스로 하자담보추급권에 의한 손해배상청구권을 가짐을 전제로 하여 직접 아파트의 분양자(을)를 상대로 손해배상청구 소송을 제기하였다가, 그 소송 계속 중에 정당한 권리자인 구분소유자들(A)로부터 그 손해배상채권을 양도받고 분양자에게 그 통지가 마쳐진 후 그에 따라 소를 변경한 경우에는, <이 경우 손해배상청구권이 소를 변경한 시점에 행사된 것으로 보아야 하는지 여부(원칙적 적극)> (구 집합건물의 소유 및 관리에 관한 법률(2003. 7. 18. 법률 제6925호로 개정되기 전의 것) 제9조; 민법 제162조 제1항, 제450조, 제667조)> 그 채권양도통지에 채권양도의 사실을 알리는 것 외에 그 이행을 청구하는 뜻이 별도로 덧붙여지거나 그 밖에 구분소유자들(A)이 재판외에서 그 권리를 행사하였다는 등의 특별한 사정이 없는 한, 위 손해배상청구권은 입주자대표회의(갑)가 위와 같이 소를 변경한 시점에 비로소 행사된 것으로 보아야 할 것이다(대법원 2008. 12. 11. 선고 2008다12439 판결 등 참조)(반대의견, 판결이유 4. 마지막 단락 참조).

2. 원심은 그 채택 증거에 의하여, 원고(갑) 입주자대표회의가 구 집합건물법 제9조에 의한 하자담보추급권에 기하여 손해배상을 직접 청구할 수 있다고 주장하여 피고(을)를 상대로 이 사건 아파트의 하자로 인한 손해배상청구의 소를 제기하였다가, 그 소송 계속 중 위 아파트의 구분소유자들 1,240세대 가운데 2007. 11.경 1차로 1,002세대로부터, 2008. 3.경 2차로 29세대로부터 각 하자보수에 갈음하는 손해배상청구권을 양도받았고, 그 채권양도통지는 원고(갑) 입주자대표회의가 구분소유자들의 위임을 받아 1차 채권양도의 경우 2007. 11. 9.에, 2차 채권양도의 경우 2008. 3. 11.에 이루어진 사실, 위 1차 채권양도 세대들 중 967세대는 1997. 11. 10. 이후 아파트를 인도받았고, 8세대는 그 인도일이 1997. 11. 10. 이후일 가능성이 크나 이를 구체적으로 알 수 있는 자료가 없으며, 2차 채권양도 세대들 가운데 8세대는 1998. 3. 12.(원심판결의 2008. 3. 12.은 오기임이 명백하다) 이후 아파트를 인도받은 사실, 원고(갑)는 2008. 4. 25. 제1심법원에 위 채권양수를 청구원인으로 하는 청구취지 및 청구원인 변경신청서를 제출한 사실 등을 인정한 다음, 구분소유자들(A)의 위와 같은 채권양도통지는 피고(을)에게 하자담보책임에 따른 의무이행을 최고한 것으로서 각 하자 부분에 대한 자신들의 권리인 하자보수에 갈음하는 손해배상청구권을 재판외에서 행사한 것이고, 위 1차 채권양도 세대 중 967세대와 2차 채권양도 세대 중 8세대는 그 권리행사가 아파트를 인도받은 날부터 10년의 제척기간 내에 이루어졌으므로, 위 각 세대의 하자보수에 갈음하는 손해배상청구권은 제척기간 만료로 소멸하였다고 보기 어려우며, 1차 채권양도 세대 중 위 8세대의 경우 그 권리행사가 제척기간 도과 후에 이루어졌다고 인정할 증거가 없다고 보아 피고의 제척기간 도과 주장을 배척하였다.

그러나 이러한 원심의 판단은 옳지 않다.
앞서 본 법리에 비추어 살펴보면, <사안의 경우> 특별한 사정이 없는 한 이 사건 아파트의 구분소유자들(A)이 이 사건 아파트에 관한 하자담보추급에 의한 손해배상채권을 단순히 원고(갑)에게 양도하고, 이를 피고(을)에게 통지하였다는 것만으로는 그 채권을 행사하였다고 볼 수 없다. 원심으로서는 위 각 채권양도통지에 이행청구의 뜻이 포함되어 있었는지 여부, 구분소유자 또는 원고(갑)가 별도로 재판외에서 권리를 행사하였는지 여부 및 그 시점 등을 심리·확정하여 제척기간 준수 여부를 판단하였어야 한다. 원심판결에는 구 집합건물법상의 하자담보추급권의 행사기간에 관한 법리를 오해하여 판결에 영향을 미친 위법이 있다고 할 것이다. 이 점에 관한 상고이유의 주장은 이유 있다.
……

4. 대법관 박일환, 대법관 박병대, 대법관 김용덕의 반대의견

채권의 권능은 채무자에 대한 이행청구권이 기본이지만, 현실적으로 채권을 행사·실현하는 방법에는 최고와 같은 채무자에 대한 직접적인 이행 청구 외에 변제의 수령, 상계, 소송상의 청구 및 항변, 압류·가압류·가처분의 신청, 채권자대위권의 행사, 채무자 및 수익자에 대한 채권자취소권의 행사 등 채권이 가지는 다른 여러 가지 권능을 행사하는 것도 포함된다. 한편 제척기간 제도는 권리자가 권리를 주장하거나 실행함이 없이 일정 기간이 경과하면 그 권리가 소멸되도록 함으로써 현 상태로 법률관계를 안정시키고자 하는 데 근본취지가 있다고 할 것이므로, 권리자가 권리실현을 하고자 하는 외부적 징표가 분명하게 표시되면 제척기간에 의한 권리소멸의 효과는 발생하지 않는다고 할 것이다. 따라서 제척기간의 대상인 권리가 채권인 경우에는 상대방에 대하여 직접 이행청구를 하는 경우뿐 아니라 위에서 예로 든 것과 같은 채권의 다른 권능을 행사하는 등으로 그 채권 내지 청구권을 행사·실현하려는 행위를 하거나 이에 준하는 것으로 평가될 수 있는 객관적 행위 태양이 존재하면 제척기간을 준수한 것으로 보는 것이 제도의 취지에 맞다.
따라서 소멸시효 중단 사유의 하나인 '청구'(민법 제168조 제1호)를 한 경우 외에도 다른 시효중단 사유인 압류 또는 가압류·가처분(민법 제168조 제2호)이나 채무자의 승인(민법 제168조 제3호)이 있었던 경우에도 제척기간에 의한 권리소멸의 효력은 차단될 수 있고, '최고'(민법 제174조)의 경우에도 소멸시효에서처럼 그로부터 6개월 내에 재판상의 청구나 압류 등 추가조치를 하지 아니하더라도 제척기간 준수의 효과는 확정적으로 부여된다고 보아야 한다.
한편 대법원판례는 소멸시효의 중단과 관련하여, 토지소유자가 그 토지의 일부를 점유하고 있는 자에게 경계의 재측량을 요구하고 그 재측량 결과에 따른 경계선 위에 돌담을 쌓아올리는 것을 점유자가 제지한 것이 시비가 되어 토지소유자의 아버지가 점유자를 상대로 재물손괴죄 등으로 고소를 제기하였다면 이는 민법 제174

조 소정의 최고로 못 볼 바 아니라고 하였고(대법원 1989. 11. 28. 선고 87다273, 274, 87다카1772, 1773 판결), 또한 채권자가 확정판결에 기한 채권의 실현을 위하여 재산명시신청을 하고 그 결정이 채무자에게 송달이 되었다면 거기에 소멸시효 중단사유인 최고로서의 효력이 인정된다고 하였으며(대법원 1992. 2. 11. 선고 91다41118 판결), 채권자가 연대채무자 중 1인 소유의 부동산에 대하여 경매신청을 한 경우에도 최고로서의 효력을 가진다고 한 바가 있다(대법원 2001. 8. 21. 선고 2001다22840 판결). 그런데 본래 의미의 최고는 권리행사의 상대방에 대한 의사의 통지로써 하는 것인 반면 형사고소나 재산명시신청, 경매신청 등은 수사기관이나 집행법원에 대한 신청행위일 뿐 채무자에 대한 의무이행의 요구는 아니다. 또한 재산명시신청이나 경매신청은 민법 제168조의 시효중단 사유 중에서는 그 성질상 오히려 압류나 가압류·가처분에 가깝다고도 볼 수 있다. 그럼에도 판례는 그에 대해 모두 '최고'로서의 효력을 인정하고 있고, 나아가 시효중단 제도는 그 제도의 취지에 비추어 볼 때 원권리자를 위하여 너그럽게 해석하는 것이 상당하다는 것을 명시적으로 밝히고 있기도 하다(대법원 2006. 6. 16. 선고 2005다25632 판결).

이처럼 대법원판례에서 시효중단 사유로서의 '최고'조차도 이론적 개념의 틀을 완화하여 해석함으로써 권리자와 의무자 사이의 이익균형 등 구체적 타당성을 도모한 것은 매우 타당하고 합리적인 해석이라고 보인다. 그리고 이러한 취지는 제척기간의 준수 여부에 관한 행위 태양을 이해하는 데 있어서도 분명한 해석의 방향을 제시해 주는 것이라고 할 수 있다.

이러한 관점에서 볼 때, 채권의 양도는 채권자가 가지는 권리를 제3자에게 이전하는 행위로서 그 권리가 가지는 가치나 이익을 실현하는 처분행위이므로, 채권자에게는 채무자에 대한 직접적 이행청구를 통한 권리의 실현에 못지않은 법적·경제적 의미가 있다. 따라서 채권의 양도는 그 자체로 채권자의 권리실행 행위에 준하는 것으로 볼 여지가 있고, 더구나 채권자가 그 양도에 관하여 채무자에게 승낙을 구하거나 양도통지를 하는 경우에는 자신의 처분행위에 대한 대항력의 취득이라는 법적 효과를 획득하기 위하여 채무자를 상대로 채권 자체가 가지는 권능을 행사하는 것에 해당한다고 볼 수 있다. 특히 채권양도의 통지는 양도인이 채무자에 대하여 당해 채권을 양도하였다는 사실을 알리는 것으로서 이론적으로는 이른바 관념의 통지에 불과하지만, 양도인으로서는 이를 통하여 자신이 채무자에 대하여 채권을 보유하고 있었던 사실과 이를 양도하여 그 귀속주체가 변경된 사실, 그리고 그에 따라 채무자는 이제 그 채무를 채권양수인에게 이행해야 할 의무를 부담한다는 사실을 함께 고지하는 것이므로, 이는 채무자에 대하여 권리의 존재와 그 권리를 행사하고자 하는 의사를 분명하게 표명하는 행위를 한 것으로 평가하기에 충분하다. 따라서 비록 그것이 이행청구나 최고와 같이 시효중단의 효력이 인정될 정도의 사유는 아니라고 하더라도 제척기간 준수의 효과가 부여될 수 있는 권리행사의 객관적 행위 태양이라고 인정하는 데에는 부족함이 없다.

다수의견은 채권양도의 통지는 이행청구와는 법적 성질을 달리하는 것이므로 그 채권양도통지에 이행청구를 하는 뜻이 덧붙여져 있다는 등의 특별한 사정이 있을 경우에 한하여 제척기간이 준수된 것으로 볼 수 있다는 취지이다. 그러나 채권양도통지에 이행청구의 취지가 포함되어 있다면 이는 그 자체로 전형적인 권리행사가 되는 것이니 그로써 제척기간에 의한 권리소멸의 효과가 차단되는 것은 더 말할 필요가 없다. 채권양도 후 대항요건이 구비되기 전의 양도인은 채무자에 대한 관계에서는 여전히 채권자의 지위에 있으므로 양도 이후에도 채무자를 상대로 그 권리행사를 함으로써 제척기간을 준수할 수 있기 때문이다(대법원 2009. 2. 12. 선고 2008두20109 판결 참조). 다만 위와 같은 다수의견에 의하면 채권양도통지가 어떤 표현으로 되어 있는지를 일일이 따진 다음 그 문구가 채권양도 사실의 단순통지로만 되어 있으면 제척기간에 의한 권리소멸의 효과를 막을 수 없고, 그 밖에 양수인에게 채무를 이행하라는 것으로 이해될 수 있는 취지의 문구가 덧붙여져 있으면 제척기간의 적용은 확정적으로 배제되는 결과가 된다. 말하자면 통지문의 문구와 표현이 권리소멸 여부를 결정하는 관건이 되는 셈이다. 하지만 제척기간의 준수사유가 되는 행위의 태양은 그 성질상 소멸시효의 중단사유보다는 넓게 새겨야 하고, 채권양도통지 등 당사자가 취한 행위의 법적 의미는 통지문의 문구도 중요하지만 전체적인 맥락을 이해하는 것이 더 중요하다고 본다. 그런 점에서 설사 채권양도통지문에 이행청구의 취지로 이해되는 문구가 직접적으로 표현되어 있지 않다고 하더라도 이는 제척기간 준수사유로서의 권리행사에는 해당한다고 보는 것이 제도의 취지에 부합한다는 생각이다.

그리고 도급계약에 근거한 하자담보청구권의 행사는 일반적인 채무불이행에 의한 손해배상채권의 경우와는 다른 특성이 있다는 점도 고려할 필요가 있다. 도급계약의 수급인은 완성된 목적물 또는 성취된 부분을 인도한 후 일정한 기간 내에 발생한 하자에 대해서 담보책임을 진다(민법 제667조). 그러나 인도받은 목적물에 하자의 원인이 잠복되어 있다고 하더라도 기간 내에 하자가 표면화하여 드러나지 않으면 구체적인 하자보수청구권이나 그에 갈음한 손해배상청구권은 발생하지 않는 것이므로, 위 하자담보책임에서의 제척기간은 권리존속기간이기도 하지만 하자발생기간의 의미를 가진다. 따라서 도급인이 제척기간 내에 하자가 발생하였음을 전제로 하여 하자보수청구권을 양도하였다고 하면서 수급인에게 그 사실을 알리는 것은 그 자체로 구체적 권리의 취득을 주장하는 것이고 그것이 채권양도통지의 방법으로 이루어졌다고 하여 달리 볼 것도 아니므로, 이는 담보책임의 이행을 구하는 권리의 행사 내지 실현 방법의 실질을 가지는 것으로 볼 수 있다.

더욱이 이 사건에서는 집합건물인 아파트의 입주자대표회의인 원고가 스스로 하자보수에 갈음한 손해배상청구권을 가지는 권리자임을 전제로 하여 아파트 분양자인 피고를 상대로 직접 손해배상을 청구하는 소송을 제기하였다가, 그 소송 계속 중에 그 손해배상청구권은 구분소유자들에게 귀속된다는 법리가 밝혀지자 구분소유자들로부터 손해배상청구권을 양도받은 다음 그 양도통지도 구분소유자들의 위임을 받아 양수인인 원고 입주자대표회의가 직접 한 것으로 보인다. 이러한 권리행사의 경위 등에 비추어 볼 때, 원고 입주자대표회의가 한 위 채권양도통지의 표현 자체만으로 보면 채권양도 사실의 통지일 뿐이고 이행청구의 뜻은 포함되어 있지 않다고 하더라도(기록에 의하면 위 채권양도통지서에는 '위 아파트에 대한 하자보수청구권 및 이에 갈음하는 손해배상청구권을 입주자대표회의에 양도하였는바, 동 양도사실을 위 아파트 사업주체인 귀사에 대하여 통지합니다'라고만 되어 있다), 이를 단지 양도인인 구분소유자들을 대신하여 채권양도가 있었다는 사실만을 통지하는 취지에 그치는 것이라고 이해할 것은 아니라고 할 것이다. 이는 오히려 원고가 위 손해배상청구권의 양수인으로서 채무자에 대한 대항력을 취득하고 나아가 그 권리를 행사하겠다는 취지를 함께 담고 있는 것으로 볼 수 있고, 또한 그동안 정당한 권리가 있는지를 다투어 온 채무자에 대하여 진정한 권리자로서 소송상의 권리를 행사하겠다는 취지까지 포함하여 고지한 것으로서, 상대방인 채무자 또한 이를 충분히 인식하고 있었다고 보는 것이 경험칙이나 보편적인 관념에 부합한다고 할 것이다.

<u>따라서 위 채권양도통지가 이 사건 하자보수에 갈음한 손해배상청구권에 대한 제척기간 경과 이전에 이루어졌다면, 양수인이 양수금 청구로 소를 변경하는 신청서를 제척기간 경과 후에 제출하였더라도 그 권리가 제척기간에 의하여 소멸되었다고 볼 것은 아니다.</u> 같은 취지의 원심판단은 옳다. 이에 다수의견에 반대하는 의견을 밝힌다.

2. 제척기간을 정하지 않은 권리의 행사방법

§ 10-4 매매예약완결권의 행사기간

❶ 대법원 1995. 11. 10. 선고 94다22682, 22699(반소) 판결 【토지소유권이전등기】
(대법원 2000. 10. 13. 선고 99다18725 판결)

사실관계

甲은 1977. 1.부터 1979. 11.까지 사이에 3차례에 걸쳐 乙에게 900만 원을 대여하였다. 乙이 이를 변제하지 아니하자, 甲과 乙은 1980. 5. 1. 대여원금과 그 간의 이자를 1천만 원으로 정하고 乙 소유의 X 토지에 대하여 매매의 예약을 체결하였으며, 같은 달 13. 甲 앞으로 위 매매예약을 원인으로 한 소유권이전청구권 보전의 가등기를 경료하였다. 다만 甲과 乙은 1980. 8. 19. 위 예약완결권을 1985. 3. 26.부터 행사하기로 합의하였다. 甲은 乙에 대하여 1992. 8. 6. 위 매매예약의 완결을 원인으로 하여 위 가등기에 기한 본등기절차의 이행을 구하는 소를 제기하였다. 이에 대하여 乙은 반소로써 甲의 X 토지에 관한 매매예약완결권이 위 예약일인 1980. 5. 1.부터 10년이 되는 1990. 5. 1.이 도과함으로써 그 제척기간이 경과되어 소멸하였으므로 위 가등기는 원인이 소멸되었다고 하여 가등기의 말소를 청구하였다. 이에 대하여 甲은 위 예약완결권을 1985. 3. 26.부터 행사하기로 합의하였기 때문에 기간은 그때로부터 진행하므로 아직 그 기간이 만료되지 않았다고 항변하였다.

판결이유

1. 원심판결 이유에 의하면, 원심은 원고(반소피고; 이하 원고라 한다)가 1980. 5. 1. 피고(반소원고; 이하 피고라 한다)와의 사이에 피고 소유의 판시 이 사건 토지에 관하여 대금 1,000만원에 매매의 예약을 체결하고 그 달 13. 원고 앞으로 위 매매예약을 원인으로 한 소유권이전청구권 보전의 가등기를 경료한 사실을 인정한 후, 원고(갑)가 피고(을)에 대하여 1992. 8. 6. 이 사건 소장 부본의 송달에 의하여 그 완결권을 행사한 위 매매예약의 완결을 원인으로 하여 구하는 원고(갑)의 주위적 청구인 이 사건 위 가등기에 기한 본등기절차이행청구에 대하여, 원고(갑)의 이 사건 토지에 관한 매매예약 완결권은 위 예약일인 1980. 5. 1.부터 10년이 되는 1990. 5. 1.이 도과함으로써 그 제척기간이 경과되어 소멸하였다는 피고(을)의 항변을 받아들여, 원고(갑)의 이 사건 매매예약완결권의 행사는 그 효력이 없다고 보아 이를 배척하고, 이와 같이 위 매매예약완결권의 제척기간이 도과된 이상 위 가등기는 그 원인을 결하게 된 것이라고 보아 위 가등기의 말소등기 절차의 이행을 구하는 피고(을)의 원고(갑)에 대한 이 사건 반소청구를 이유 있다고 인용하였다.

2. 상고이유의 요지는 원·피고 사이에 1980. 8. 19. 위 예약 완결권을 1985. 3. 26.부터 행사하기로 하는 합의가 있었으므로 위 예약완결권의 제척기간은 그 때로부터 진행하여 10년이 되는 1995. 3. 25.에야 만료되는 것으로 보아야 한다는 취지이다.

그러나 <**매매예약 완결권의 법적 성질 및 그 행사기간** (민법 제162조, 제564조)> 매매의 일방예약에서 예약자의 상대방이 매매예약 완결의 의사표시를 하여 매매의 효력을 생기게 하는 권리, 즉 매매예약의 완결권은 일종의 형성권으로서 당사자 사이에 그 행사기간을 약정한 때에는 그 기간 내에, 그러한 약정이 없는 때에는 그 예약이 성립한 때로부터 10년 내에 이를 행사하여야 하고 그 기간을 지난 때에는 예약완결권은 제척기간의 경과로 인하여 소멸하는 것이다(대법원 1992. 7. 28.선고 91다44766, 44773 판결 참조). <**매매예약 완결권의 행사시기에 관한 약정이 있는 경우, 그 제척기간의 기산점** (민법 제162조, 제564조)> 제척기간은 권리자로 하여금 당해 권리를 신속하게 행사하도록 함으로써 법률관계를 조속히 확정시키려는 데 그 제도의 취지가 있는 것으로서, 소멸시효가 일정한 기간의 경과와 권리의 불행사라는 사정에 의하여 권리소멸의 효과를 가져오는 것과는 달리 그 기간의 경과 자체만으로 곧 권리소멸의 효과를 가져오게 하는 것이므로 그 기간 진행의 기산점은 특별한 사정이 없는 한 원칙적으로 권리가 발생한 때이고, 당사자 사이에 위와 같이 위 매매예약 완결권을 행사할 수 있는 시기를 특별히 약정한 경우에도 그 제척기간은 당초 권리의 발생일로부터 10년간의 기간이 경과되면 만료되는 것이지 그 기간을 넘어서 위 약정에 따라 권리를 행사할 수 있는 때로부터 10년이 되는 날까지로 연장된다고 볼 수 없다. 따라서 원·피고 사이에 위와 같은 매매예약 완결권의 행사시기에 관한 합의가 있었다 하여, 그 제척기간이 그 약정 시기인 1985. 3. 26.부터 10년이 경과되어야 만료된다고 할 수 없으므로, 이 사건 매매예약 완결권은 매매예약 성립일인 1980. 5. 1.로부터 10년이 경과함으로써 소멸되었다고 본 원심의 판단은 정당하고, 이와 반대의 견해를 펴는 상고이유는 받아들일 수 없다.

II. 소멸시효의 요건

1. 소멸시효의 대상

§ 10-5 등기청구권과 소멸시효 대상적격

❶ 대법원 1999. 3. 18. 선고 98다32175 전원합의체 판결 【토지소유권이전등기】

사실관계

乙은 1970. 3. 11. 자신 소유의 X 임야를 A에게 매도하였고, A는 1971. 12. 29. 다시 甲에게 X 임야를 미등기 상태로 인도하였다. 그 후 A는 1984. 1. 25. 사망하였고, A의 공동상속인 9인은 X 임야에 대하여 각각의 지분에 따라 공동상속을 하였다. 甲은 1996. 4. 17. A의 공동상속인들에 대하여는 1971. 12. 29.의 매매를 원인으로 하여 자신 명의로 소유권이전등기절차의 이행을 청구하고, 乙에 대해서는 공동상속인들의 채권자로서 그들을 대위하여 1970. 3. 11. 乙과 A 사이의 매매계약을 원인으로 한 공동상속인들 앞으로의 소유권이전등기절차의 이행을 청구하였다. 이에 乙은 "A는 乙로부터 X 임야를 1970. 3. 11. 매수하여 그 때부터 점유, 사용하여 오다가 甲에게 1971. 12. 29. 매도하고 인도함으로써 점유를 상실하였으므로, 1971. 12. 29.부터 현재까지 10년이 경과하였음은 명백하므로 甲의 乙에 대한 소유권이전등기청구권은 시효소멸하였다"고 주장하고 있다.

판결이유

1. 원심판결 이유에 의하면, 원심은, 피고(을)가 1970. 3. 11. 소외 망 김O진(A)에

게 원심판결 청구취지 기재 임야들의 각 17분의 1 지분(이하 이 사건 임야라고 한다)을 매도 및 인도하였고 위 망인(A)이 1971. 12. 29. 원고(갑)에게 이 사건 임야를 매도 및 인도한 사실을 인정하고, 따라서 이 사건 임야에 관하여 피고(을)는 위 망인(A)의 상속인들인 제1심 공동피고 한O옥 등 9인에게 위 1970. 3. 11. 매매를 원인으로 한 소유권이전등기절차를, 위 한O옥 등 9인은 원고(갑)에게 위 1971. 12. 29. 매매를 원인으로 한 소유권이전등기절차를 각 이행할 의무가 있다고 일단 판시한 후, 위 망인(A)의 피고(을)에 대한 소유권이전등기청구권이 시효소멸되었다는 피고(을) 소송대리인의 항변에 대하여, 부동산 매수인이 매매목적물을 인도받아 사용·수익하고 있는 경우에는 그의 이전등기청구권은 소멸시효에 걸리지 아니하지만 매수인이 그 목적물의 점유를 상실하여 더 이상 사용·수익하고 있는 상태가 아니라면 그 점유 상실 시점으로부터 매수인의 이전등기청구권에 관한 소멸시효는 진행한다고 보아, 위 망인(A)이 원고(갑)에게 이 사건 임야를 인도하여 점유를 상실한 1971. 12. 29.경부터 10년이 경과하였으므로, 위 망인(A)의 피고(을)에 대한 소유권이전등기청구권은 시효소멸하였다고 판단하여 원고(갑)의 이 사건 소유권이전등기청구를 배척하였다.

2. 그러나 <*부동산 매수인이 부동산을 인도받아 스스로 계속 점유하는 경우, 소유권이전등기청구권의 소멸시효 진행 여부(소극)*> (*민법 제162조 제1항, 제568조*)> 시효제도는 일정 기간 계속된 사회질서를 유지하고, 시간의 경과로 인하여 곤란해지는 증거보전으로부터의 구제를 꾀하며, 자기 권리를 행사하지 않고 소위 권리 위에 잠자는 자는 법적 보호에서 이를 제외하기 위하여 규정된 제도라 할 것인바, 부동산에 관하여 인도, 등기 등의 어느 한 쪽만에 대하여서라도 권리를 행사하는 자는 전체적으로 보아 그 부동산에 관하여 권리 위에 잠자는 자라고 할 수 없다 할 것이고, 매수인이 목적 부동산을 인도받아 계속 점유하는 경우에는 그 소유권이전등기청구권의 소멸시효가 진행하지 않는다는 것이 당원의 확립된 판례인바(당원 1976. 11. 6. 선고 76다148 전원합의체 판결, 1988. 9. 13. 선고 86다카2908 판결, 1990. 12. 7. 선고 90다카25208 판결 등 참조), <*부동산 매수인이 부동산을 인도받아 사용·수익하다가 제3자에게 그 부동산을 처분하고 점유를 승계하여 준 경우, 소유권이전등기청구권의 소멸시효 진행 여부(소극)*> (*민법 제162조 제1항, 제568조*)> 부동산의 매수인이 그 부동산을 인도받은 이상 이를 사용·수익하다가 그 부동산에 대한 보다 적극적인 권리 행사의 일환으로 다른 사람에게 그 부동산을 처분하고 그 점유를 승계하여 준 경우에도, 그 이전등기청구권의 행사 여부에 관하여 그가 그 부동산을 스스로 계속 사용·수익만 하고 있는 경우와 특별히 다를 바 없으므로, 위 두 어느 경우에나 이전등기청구권의 소멸시효는 마찬가지로 진행되지 않는다고 보아야 할 것이다(당원 1976. 11. 23. 선고 76다546 판결, 1977. 3. 8. 선고 76다1736 판결, 1988. 9. 27. 선고 86다카2634 판결 참조). 이와 다른 취지

의 당원 1996. 9. 20. 선고 96다68 판결, 1997. 7. 8. 선고 96다53826 판결, 1997. 7. 22. 선고 95다17298 판결의 견해는 이를 변경하기로 한다.

3. <사안의 경우> 결국 위 망인(A)이 이 사건 임야를 인도받아 사용·수익하다가 원고(갑)에게 이 사건 임야를 처분하고 그 점유를 승계하여 준 사실을 인정하면서도, 위 망인(A)의 피고(을)에 대한 소유권이전등기청구권이 시효소멸하였다고 판단하여 원고(갑)의 이 사건 청구를 배척한 원심의 조치에는 소멸시효에 관한 법리오해로 인하여 판결의 결과에 영향을 미친 위법이 있다 할 것이고, 이 점을 지적하는 상고이유의 주장은 이유 있다.

대법관 이돈희, 김형선, 신성택, 송진훈, 조무제의 **반대의견**은 다음과 같다.

1. 다수의견은, 부동산의 매수인이, 그 부동산을 인도받은 이상, 이를 사용·수익하다가 그 부동산에 대한 보다 적극적인 권리 행사의 일환으로 다른 사람에게 그 부동산을 처분하고 그 점유를 승계하여 준 경우에도 그 이전등기청구권의 행사 여부에 관하여 그가 그 부동산을 스스로 계속 사용·수익만 하고 있는 경우와 특별히 다를 바 없으므로, 위 두 어느 경우에나 이전등기청구권의 소멸시효는 마찬가지로 진행되지 않는다고 보면서, 이러한 견해에 어긋나는 당원 1996. 9. 20. 선고 96다68 판결, 1997. 7. 8. 선고 96다53826 판결, 1997. 7. 22. 선고 95다17298 판결은 변경되어야 한다고 하고 있다.

그러나 다수의견의 이러한 견해는 법률행위를 원인으로 한 소유권이전등기청구권과 그 소멸시효에 관한 법리를 오해한 데에서 비롯된 것으로 볼 수밖에 없어 찬성할 수 없으므로, 다음과 같은 반대의견을 표시하는 것이다.

즉, 부동산의 매수인이 매매목적물을 인도받아 이를 사용·수익하고 있는 동안에는 그 소유권이전등기청구권의 소멸시효가 진행하지 않는다고 보아야 할 것이나, 매수인이 목적물의 점유를 상실하여 더 이상 사용·수익하고 있는 상태가 아니라면 점유의 상실원인이 무엇이든지 간에 점유 상실 시점으로부터 그 이전등기청구권에 관한 소멸시효가 진행한다고 봄이 상당하다.

2. 그 논거는 다음과 같다.

가. 의사주의를 취하던 의용민법하에서 부동산의 매수인은 매매계약만으로도 부동산의 소유권을 취득하고 그 이전등기는 대항요건에 불과하므로, 매수인은, 인도받은 부동산의 점유를 상실한 경우에도, 그 소유권에 기한 등기청구권을 갖는다고 해석할 수 있었다. 그러나 형식주의를 취하는 현행 민법하에서 등기는 법률행위로 인한 부동산 물권변동의 효력발생요건으로서, 부동산의 매수인은 그 이전등기를 경료하여야만 소유권을 취득할 수 있으므로, 그 등기청구권은, 부동산의 인도 여부를 불문하고, 매매계약에 기한 채권적 청구권으로 볼 수밖에 없으며, 이는 민법 부칙 제10조 제1항의 규정에 비추어 보더라도 의문의 여지가 없다.

따라서 부동산 매수인의 등기청구권은 일반 채권과 마찬가지로 소멸시효에 걸린다

할 것이지만, 부동산의 매수인이 매매목적물을 인도받아 이를 사용·수익하고 있는 경우에는, 시효제도의 존재이유가 영속된 사실상태를 존중하고 권리 위에 잠자는 자를 보호하지 않는다는 데에 있고, 특히 소멸시효에 있어서는 후자의 의미가 강할 뿐만 아니라, 매수인의 매매목적물에 대한 사용·수익이 매도인의 매매계약상 의무의 이행에 터잡은 것임에 비추어, 그러한 매수인을, 매매계약의 상대방인 매도인에 대한 관계에서는, 권리 위에 잠자는 것이라고 볼 수는 없으므로, 매수인의 부동산에 대한 점유·사용이 계속되는 동안에는 그 이전등기청구권의 소멸시효가 진행하지 않는다고 해석할 여지가 있다 할 것이다.

그러나, 매수인이 목적물의 점유를 상실하여 더 이상 사용·수익하고 있는 상태가 아니라면, 매도인에 대한 관계에서 권리의 주장 내지 행사가 계속되고 있다고 볼 만한 사정이 없고, 비록 매수인이 그 부동산을 다른 사람에게 처분하고 인도하여 준 경우라고 하더라도, 그 처분은 타인의 권리를 전매한 것에 불과할 뿐이고 그 소유권을 처분 내지 행사하였다고 볼 수는 없으며, 그 인도 또한, 매수인이 새로운 매매계약에 따른 자신의 의무를 이행한 것에 지나지 아니할 뿐만 아니라, 오히려 그 점유를 이전함으로써 목적물에 대한 사용·수익의 상태에서 벗어나게 된 것이므로 위 처분 내지 인도를 가리켜 매도인에 대한 관계에서 권리 행사라고 볼 수도 없는 것이므로, 점유의 상실원인이 무엇이든지 간에 점유 상실 시점으로부터 그 이전등기청구권의 소멸시효가 진행한다고 봄이 상당하다.

나. 다수의견에 의하면, 소멸시효제도 및 등기제도의 근본취지와 상충되는 다음과 같은 문제점이 따르게 된다.

(1) 다수의견은 그와 같이 해석하는 이유로서, 부동산에 관하여 등기, 인도 등의 어느 한 쪽만에 대하여서라도 권리를 행사하는 자는 전체적으로 보아 그 부동산에 관하여 권리 위에 잠자는 것이라고 할 수 없고, 매수인이 인도받아 사용·수익하던 부동산을 보다 적극적인 권리 행사의 일환으로 다른 사람에게 처분하고 그 점유를 승계하여 준 경우에도 그 이전등기청구권의 행사 여부에 관하여 그가 그 부동산을 스스로 계속 사용·수익만 하고 있는 경우와 특별히 다를 바 없다고 한다.

그러나 소멸시효는 객관적으로 권리가 발생하여 그 권리를 행사할 수 있는 때로부터 진행하고 그 권리를 행사할 수 없는 동안만 진행하지 아니하며, 권리자가 재판상 그 권리를 행사하는 등 권리 위에 잠자는 것이 아님을 표명한 때에는 시효중단 사유가 되고, 그러한 사유가 종료한 때로부터 새로이 소멸시효가 진행되는 점에 비추어 볼 때, 시효의 진행을 방해하거나 시효의 대상으로 삼을 수 없는 정도의 권리의 행사가 있다고 하려면, 적어도 시효소멸의 대상이 된 권리를 그 채무자에 대한 관계에서 행사하고 있는 상태가 계속되고 있다고 볼 수 있어야 할 것이다. 그런데, 매수인이 인도받은 부동산을 제3자에게 처분하고 그 점유를 이전하여 준 것은, 제3자와의 매매계약에 따른 의무의 이행일 뿐이고, 그 계약과 무관한 매도인에 대하여 권리를 행사하였다고는 도저히 볼 수 없으며, 다수의견은 채권관계와 물권관계의 구별을 간과하거나 외면하려는 것이 아닌지 의아스럽다. 가사 백보를 양보하여 위 처분을 매도인에 대한 권리의 행사로 본다고 하더라도, 그 권리의 행사가 위 처분 이후로도 계속되고 있다고 볼 수 없음은 명백하다.

(2) 또한 다수의견이, 부동산이 전매된 경우, 위와 같이 이론적으로 근거가 박약함에도 불구하고, 매수인이 부동산을 계속하여 사용·수익하고 있는 경우와 마찬가지로 그 이전등기청구권의 소멸시효가 진행하지 않는다고 해석하는 데에는, 매도인보다는 최종 매수인을 두텁게 보호하여야 할 현실적 필요성이 강하게 요청됨을 전제로 하는 것으로 여겨진다.

생각건대, 현행 민법의 시행 초기에는, 의사주의를 취하던 의용민법의 영향이 잔존하여 매수인이 매도인으로부터 등기권리증과 부동산의 인도를 받으면 소유권을 취득한 것으로 관념하여 그 이전등기를 게을리하는 경향이 있었으므로, 부동산을 인도받은 매수인의 등기청구권을 다른 채권과 달리 보아 소멸시효의 대상에서 제외할 필요성이 강하게 대두되었고, 당원은 위 전원합의체 판결 등을 통하여, 부동산의 매수인이 매매목적물을 인도받아 사용·수익하는 동안에는 그 이전등기청구권은 소멸시효에 걸리지 아니한다고 해석함으로써 위와 같은 현실적 요청과 소멸시효제도의 존재이유라는 상충하는 두 이념의 조화를 꾀하였다. 그런데, 오늘날의 부동산거래에서는 형식주의를 취하는 현행 민법이 정착되어 부동산을 전매한 때로부터 10년의 시효기간이 경과하도록 이전등기를 경료하지 아니하는 경우는 매우 드물게 되었고, 그 동안 간이한 방법으로 실체적 권리관계에 부합하는 등기를 할 수 있도록 하는 각종 특별법이 시행되었으며, 최근에는 이를 강제하는 부동산실명제가 실시되기에 이른 점에 비추어, 미등기인 채로 부동산을 전전 매수한 자를 특별히 보호하여야 할 필요성도 그만큼 줄어들었다 할 것이다.

또한, 현행 민법이 형식주의를 채택하여 실체관계에 부합하는 부동산등기를 장려하고 있고, 나아가 법률의 규정에 의하여 부동산물권을 취득함에는 등기를 요하지 아니하나, 등기를 하지 아니하면 이를 처분하지 못하도록 하여, 부동산등기가 물권변동의 과정을 정확히 반영하도록 함으로써 거래의 안전을 도모하고 있음에 비추어 볼 때, 부동산 매수인이 그 이전등기를 경료하지 아니하여 소유권을 취득한 바가 없는 상태에서 이를 처분하였음에도 불구하고 그 등기청구권이 여전히 소멸시효에 걸리지 않는다고 보는 것은 등기의 공시기능을 현저하게 약화시키는 결과를 초래하여 형식주의를 취하는 현행 민법의 체계 및 부동산등기제도의 이념과도 맞지 아니한다 할 것이다.

다. 다수의견이, 부동산에 대한 점유를 상실한 시효취득자의 이전등기청구권이 소멸시효에 걸리는지에 관한 당원의 종래 입장과 조화될 수 있는 것인지에 대하여도 우려하지 않을 수 없다.

당원은, 부동산에 대한 취득시효기간이 만료되면 그 당시의 점유자가 소유자에 대하여 소유권이전등기청구권을 취득하고, 취득시효 완성 당시의 점유자로부터 점유를 승계한 현 점유자는 전 점유자의 소유자에 대한 소유권이전등기청구권을 대위행사할 수 있을 뿐, 직접 자기에게 취득시효 완성을 원인으로 한 소유권이전등기를 청구할 권원이 없으며(당원 1995. 3. 28. 선고 93다47745 전원합의체 판결 참조), 부동산의 시효취득자가 부동산을 양도하여 점유의 승계가 이루어진 사안에서, 부동산에 대한 점유취득시효 완성을 원인으로 하는 소유권이전등기청구권도 채권적 청구권으로서, 취득시효가 완성된 점유자가 그 부동산에 대한 점유를 계속하는 한 소멸시효가 진행하지 아니하나, 그 점유를 상실한 때로부터 10년간 이를 행사하지 아니하면 소멸시효가 완성한다(당원 1995. 12. 5. 선고 95다24241 판결, 1996. 3. 8. 선고 95다34866, 34873 판결 등 참조)고 본다.

그런데, 다수의견과 같이, 부동산의 처분과 그에 따른 점유의 승계를 부동산에 대한 점유·사용보다 적극적인 권리 행사의 일환으로 파악하여 이와 같은 경우에도 그 이전등기청구권의 소멸시효가 진행하지 아니한다고 본다면, 위와 같이 취득시효 완성 당시의 점유자가 부동산을 처분하고 그 점유를 이전하여 준 경우에 그의 소유자에 대한 이전등기청구권도 소멸시효에 걸리지 아니한다고 보아야 할 것이다. 따라서 위 판례들은, 이를 변경하는 것이 아닌 한, 다수의견과 실질적으로 저촉될 뿐만 아니라 형평에도 맞지 아니하므로, 다수의견은 이러한 불합리한 결과를 신중히 고려하였어야 할 것이다.

3. 이상의 이유로 다수의견에는 찬동할 수 없고, 다수의견이 변경하여야 한다는 당원 1996. 9. 20. 선고 96다68 판결, 1997. 7. 8. 선고 96다53826 판결, 1997. 7. 22. 선고 95다17298 판결들은, 위에서 본 바와 같이 부동산 물권변동에 관한 우리 민법의 체계가 의사주의에서 형식주의로 바뀌고, 그로부터 상당 기간이 경과하여 부동산등기의 실태와 그에 관한 법의식이 변화한 최근의 현실상황을 반영한 것으로서 그대로 유지함이 옳으며, 오히려 다수의견과 견해를 같이하는 당원 1976. 11. 23. 선고 76다546 판결, 1977. 3. 8. 선고 76다1736 판결, 1988. 9. 27. 선고 86다카2634 판결은, 의사주의를 취하던 의용민법의 영향이 잔존하던 시기의 이론과 현실에 터잡은 것으로서 이들을 폐기하여야 할 것이다. 이와 정반대의 견해를 취하는 다수의견은 현행 민법의 이론적 체계와도 맞지 아니할 뿐만 아니라, 시대의 조류에도 역행하는 것으로서 부당하다고 하지 않을 수 없다.

❷ **대법원 1976. 11. 6. 선고 76다148 전원합의체 판결 【소유권이전등기】**
(대법원 2008. 9. 18. 선고 2007두2173 판결)

사실관계

甲은 X 토지를 1962. 12. 29. 乙(서울시)의 전소유자이던 A(김포군)로부터 매수하고 이를 인도받아 등기하지 않은 채 사용·수익하였다. 그 후 X 토지 소재지가 乙에 편입됨으로써 乙이 이를 승계취득하여 乙 명의로 소유권이전등기가 경료되었다. 甲이 1975. 2. 26. 乙에 대하여 X 토지에 대한 乙 명의의 소유권이전등기의 말소와 자신으로의 이전등기의 이행을 구하는 소를 제기하였다. 이에 乙은 甲의 소유권이전등기청구권은 이미 시효기간의 만료로 소멸하였다고 항변하였다.

판결이유

원심판결 이유에 의하면 원심은 그 적시한 증거에 의하여 원고(갑)는 이건 토지를 피고(을)의 전소유자이던 김포군(A)으로부터 매수하였고, 위 토지 소재지가 피고시(을)에 편입되므로써 동 토지를 승계취득하여 피고시(을) 명의로 소유권이전등기를 경료한 사실을 인정한 후 따라서 피고시(을)는 원고(갑)에게 위 매매를 원인으로 한 소유권이전등기 절차를 이행할 의무가 있다고 전제한 후 피고(을) 소송대리인의 이건 등기청구권이 시효소멸되었다는 취지의 항변에 대하여 민법상 매수인의 등기청구권은 채권적 권리로써 그 권리를 행사할 수 있는 날로부터 10년이 경과되면 시효로 인하여 소멸하는 것이므로, 원고(갑)는 이건 토지를 1962. 12. 29. 매수하였음에도 불구하고 10년이 도과된 이후인 1975. 2. 26. 이 사건 제소를 하였으므로 원고(갑)의 이 사건 등기청구권은 시효기간의 만료로 소멸되었다는 취지로 판단하여 원고(갑)의 이건 등기이전청구를 배척하였다.

그러나 시효제도는 일정기간 계속된 사회질서를 유지하고 시간의 경과로 인하여 곤난하게 되는 증거·보전으로부터의 구제 내지는 자기권리를 행사하지 않고 소위 권리위에 잠자는 자는 법적 보호에서 이를 제외하기 위하여 규정된 제도라 할 것인 바, 토지나 건물등 부동산을 매수한 자가 아직 자기명의로 그 소유권이전등기를 경료하지 못하였으나, 그 매매 목적물의 인도(명도)를 받아 이를 사용수익 하고 있는 경우에는 물권변동에 있어서 형식주의를 취하는 우리의 법제상으로 보아 매수인에게 법률상의 소유권은 이전된 것이 아니므로 매수인의 등기청구권은 채권적 청구권에 불과하여 소멸시효 제도의 일반 원칙에 따르면 매매목적물을 인도받은 매수인의 등기청구권도 소멸시효에 걸린다고 할 것이지만, 부동산 매매에 있어서 거래 당사자의 채권채무의 내용은 다른 경우와 달라서 목적물의 인도와 등기이전이라는 두가지 형태로 나누어져 있어서 비록 부동산거래의 공시방법을 여행시킬 목적으로 규정된 법률상으로는 등기이전이 물권변동의 요건일 뿐 목적물의 인도는 그 요건이 아니라 할 것이니 매매의 목적물은 부동산 자체이고 등기는 다만 부동산의 거래상황을 공시하기 위한 등기법상의 절차에 불과하므로 부동산의 매수인으로서, <부동산을 매수한 자가 그 목적물을 인도받은 경우에 매수인의 등기청구권이 소멸시효에 걸리는지 여부> 그 목적물을 인도받아서 이를 사용수익하고 있는 경우에는 위 시효제도의 존재이유에 비추어 보아 그 매수인을 권리위에 잠자는 것으로 볼 수도 없고, 또 매도인의 명의로 등기가 남아있는 상태와 매수인이 인도받아 이를 사용수익하고 있는 상태를 비교하면 매도인 명의로 잔존하고 있는 등기를 보호하기 보다는 매수인의 사용수익 상태를 더욱 보호하여야 할 것이며, 만일 이러한 경우의 등기청구권도 다른 일반채권과 동일하게 소멸시효에 걸린다면 매도인의 등기이전의무가 소멸되는데 그치는 것이 아니고 더 나아가 매도하여 기히 매수인에게 인도까지 완료한 매매목적물이 매도인에게 환원되어야 하는 결과가 되어 비록 그 책임이 매수인의 등기 청구권행사의 태만에 있다고는 할지라도 우리나라 부동산 거래의 현실정에 비추어 심히 불합리하다고 아니할 수 없다. 따라서 부동산을 매수한 자가 그 목적물을 인도받은 경우에는 그 매수인의 등기청구권은 다른 채권과는 달리 소멸시효에 걸리지 않는다고 해석함이 타당하다. 그런데 원심판결에 의하면 원고가 이건 매매목적물을 인도받았는지 그 여부에 대하여 심리판단하지 않고 있는바, 원고가 이건 토지를 인도받았다면 위 설시와 같은 이유로 이건 등기청구권은 소멸시효에 걸리지 아니한다고 할 것임에도 불구하고 원심이 위와 같이 판단한 조치는 등기청구권의 소멸시효에 관한 법리를 오해한 위법이 있다할 것이니 논지는 결국 이유있어 관여법관의 일치된 의견으로 원판결을 파기 환송하기로 하였으나 대법원판사 이영섭, 주재황, 양병호,안병수, 라길조, 김용철 및 대법원판사 홍순엽, 김윤행의 각 별항과 같은 별개의견이 있으므로 이를 첨부하여 주문과 같이 판결한다.

2. 권리의 불행사
1) 소멸시효의 기산점
§ 10-6 권리불행사의 기산점
§ 10-6-1 원칙
❶ 대법원 1992. 3. 31. 선고 91다32053 전원합의체 판결 [부당이득금]
......
3. 다음에 이 사건 부당이득반환청구권의 소멸시효기산일에 관하여 본다.
<과세처분이 부존재하거나 당연무효인 경우 이 과세처분에 의한 오납금이 국가의 부당이득에 해당하는지 여부(적극) 및 이 경우 오납금에 대한 부당이득반환청구권의 발생시기(=오납시)> (민법 제741조, 국세기본법 제51조)> 과세처분이 부존재하거나 당연무효인 경우에 이 과세처분에 의하여 납세의무자가 납부하거나 징수당한 오납금은 국가가 법률상 원인 없이 취득한 부당이득에 해당하고, 이러한 오납금에 대한

납세의무자의 부당이득반환청구권은 처음부터 법률상 원인이 없이 납부 또는 징수된 것이므로, 납부 또는 징수시에 발생하여 확정된다(당원 1989. 6. 15. 선고 88누6436 판결 참조).

한편 <소멸시효가 진행하지 않는 '권리를 행사할 수 없는' 경우의 의미 (민법 제166조)> 소멸시효는 객관적으로 권리가 발생하여 그 권리를 행사할 수 있는 때로부터 진행하고 그 권리를 행사할 수 없는 동안만은 진행하지 않는바, 권리를 행사할 수 없다고 함은 그 권리행사에 법률상의 장애사유, 예컨대 기간의 미도래나 조건불성취 등이 있는 경우를 말하는 것이고, 사실상 권리의 존재나 권리행사 가능성을 알지 못하였고 알지 못함에 과실이 없다고 하여도 이러한 사유는 법률상 장애사유에 해당하지 않는다는 것이 당원의 견해이다(당원 1984. 12. 26. 선고 84누572 판결 참조).

그러므로 이 사건에서 무효인 위 각 과세처분에 의하여 원고 회사가 납부한 오납금에 대한 원고들의 부당이득반환청구권은 납부시에 이미 발생하여 확정된 것이므로 이 때부터 그 권리의 소멸시효가 진행하고, 위 각 <과세처분이 당연무효에 해당하는지 여부를 현실적으로 판단하기 어렵다거나 당사자에게 처음부터 과세처분의 취소소송과 부당이득반환청구소송을 동시에 제기할 것을 기대할 수 없다는 사유가 권리행사의 법률상 장애사유인지 여부(소극) (민법 제166조)> 과세처분의 하자가 중대하고 명백하여 당연무효에 해당하는 여부를 당사자로서는 현실적으로 판단하기 어렵다거나, 당사자에게 처음부터 취소소송과 부당이득반환청구소송을 동시에 제기할 것을 기대할 수 없다고 하여도, 이러한 사유는 법률상 장애사유가 아니라 사실상의 장애사유에 지나지 않는다.

또 이 사건과 같이 <과세처분의 취소를 구하였으나 재판과정에서 그 과세처분이 무효로 밝혀진 경우 오납금반환청구권의 소멸시효의 기산점(=오납시) (민법 제166조)> 과세처분의 취소를 구하였으나 재판과정에서 그 과세처분이 무효로 밝혀졌다고 하여도, 그 과세처분은 처음부터 무효이고 무효선언으로서의 취소판결이 확정됨으로써 비로소 무효로 되는 것은 아니므로, 오납시부터 소멸시효가 진행함에는 차이가 없다.

결국 원심이 위 각 과세처분에 대하여 무효선언으로서의 취소를 명한 판결이 확정된 때로부터 이 사건 부당이득반환청구권의 소멸시효가 진행한다고 판단하였음은 오납으로 인한 부당이득반환청구권의 소멸시효기산일에 관한 법리를 오해한 것으로서 이 점을 지적하는 논지도 일응 이유 있다.

4. 그러나 <시효중단사유로서의 재판상 청구에 권리가 발생한 기본적 법률관계에 관한 확인청구가 포함되는지 여부(적극) (민법 제168조 제1호)> 시효제도의 존재이유는 영속된 사실상태를 존중하고, 권리 위에 잠자는 자를 보호하지 않는다는 데에 있고, 특히 소멸시효에 있어서는 후자의 의미가 강하므로, 권리자가 재판상 그 권

리를 주장하여 권리 위에 잠자는 것이 아님을 표명한 때에는 시효중단사유가 되는 바, 이러한 시효중단사유로서의 재판상의 청구에는 그 권리 자체의 이행청구나 확인청구를 하는 경우만이 아니라, 그 권리가 발생한 기본적 법률관계에 관한 확인청구를 하는 경우에도 그 법률관계의 확인청구가 이로부터 발생한 권리의 실현수단이 될 수 있어 권리 위에 잠자는 것이 아님을 표명한 것으로 볼 수 있을 때에는 그 기본적 법률관계에 관한 확인청구도 이에 포함된다고 보는 것이 타당하다.

이 사건에서 원심이 확정한 사실관계에 의하면, 이 사건 각 과세처분은 당연무효의 처분이어서 원고 회사가 납부한 세금은 법률상 원인 없는 오납금이 되어 원고 회사에게 환급청구권, 즉 부당이득반환청구권이 발생한 것인데, 원고들은 이러한 부당이득반환청구권을 실행하기 위하여 먼저 그 권리의 기본적 법률관계인 위 각 과세처분에 대한 취소소송(무효선언으로서의 취소소송)을 제기하였음이 명백한바, 이러한 과세처분의 취소 또는 무효확인을 구하는 행정소송은 그 과세처분으로 오납한 조세에 대한 부당이득반환청구권을 실현하기 위한 수단으로서 권리 위에 잠자는 것이 아님을 표명한 것으로 볼 수 있으므로, 위 부당이득반환청구권의 소멸시효를 중단시키는 재판상 청구에 해당하는 것이고 이로서 그 소멸시효는 중단되었다고 보아야 할 것이다.

<과세처분의 취소 또는 무효확인청구의 소가 조세환급을 구하는 부당이득반환청구권의 소멸시효중단사유인 재판상 청구에 해당하는지 여부(적극) (민법 제168조 제1호; 국세기본법 제54조)> 일반적으로 위법한 행정처분의 취소, 변경을 구하는 행정소송은 사권을 행사하는 것으로 볼 수 없으므로 사권에 대한 시효중단사유가 되지 못하는 것이나, 다만 이 사건과 같은 과세처분의 취소 또는 무효확인의 소는 그 소송물이 객관적인 조세채무의 존부확인으로서 실질적으로 민사소송인 채무부존재확인의 소와 유사할 뿐아니라, 과세처분의 유효 여부는 그 과세처분으로 납부한 조세에 대한 환급청구권의 존부와 표리관계에 있어 실질적으로 동일당사자인 조세부과권자와 납세의무자 사이의 양면적 법률관계라고 볼 수 있으므로, 위와 같은 경우에는 과세처분의 취소 또는 무효확인청구의 소가 비록 행정소송이라고 할지라도 조세환급을 구하는 부당이득반환청구권의 소멸시효중단사유인 재판상 청구에 해당한다고 볼 수 있다.

당원의 판례 중 위에서 설시한 견해와 달리 무효의 과세처분으로 오납한 조세에 대한 부당이득반환청구권의 소멸시효는 오납이 있는 때로부터 진행하고 그 과세처분에 대한 행정쟁송절차나 판결은 그 소멸시효중단사유가 되지 못한다는 취지의 판례(1987. 7. 7. 선고 87다카54 판결)는 이를 폐기하기로 하고, 또 위법한 행정처분의 취소, 변경이나 무효확인을 구하는 행정소송은 사권에 대한 소멸시효중단사유인 재판상 청구라고 볼 수 없다는 취지의 판례(1979. 2. 13. 선고 78다1500, 1501 판결)는 위와 같이 과세처분의 취소, 변경 또는 무효확인을 구하는 행정소송과 그

과세처분으로 인한 오납금에 대한 부당이득반환청구권과의 관계에 있어서는 적용되지 않는 것으로 그 견해를 변경하기로 한다.

§ 10-6-2 예외
❶ **대법원 1993. 7. 13. 선고 92다39822 판결 [보험금]**
……
2. 같은 상고이유 제2점에 대한 판단
……

우리 상법은 보험금액의 청구권은 2년간 행사하지 아니하면 소멸시효가 완성한다는 취지를 규정하고 있을 뿐(제662조), 보험금액청구권의 소멸시효의 기산점에 관하여는 아무것도 규정하지 않고 있으므로, "소멸시효는 권리를 행사할 수 있는 때로부터 진행한다"고 소멸시효의 기산점에 관하여 규정한 민법 제166조 제1항에 따를 수밖에 없는바, 보험금액청구권은 보험사고가 발생하기 전에는 추상적인 권리에 지나지 아니할 뿐, 보험사고의 발생으로 인하여 구체적인 권리로 확정되어 그 때부터 그 권리를 행사할 수 있게 되는 것이므로, <*보험사고 발생 여부가 객관적으로 분명하지 아니한 경우에 있어서 보험금액청구권의 소멸시효의 기산점*> (상법 제662조; 민법 제166조 제1항)> 특별한 다른 사정이 없는 한 원칙적으로 보험금액청구권의 소멸시효는 보험사고가 발생한 때로부터 진행한다고 해석하는 것이 상당하다. 그렇지만 보험사고가 발생한 것인지의 여부가 객관적으로 분명하지 아니하여 보험금액청구권자가 과실없이 보험사고의 발생을 알 수 없었던 경우에도 보험사고가 발생한 때로부터 보험금액청구권의 소멸시효가 진행한다고 해석하는 것은, 보험금액청구권자에게 너무 가혹하여 사회정의와 형평의 이념에 반할 뿐만 아니라, 소멸시효제도의 존재이유에 부합된다고 볼 수도 없으므로, 이와 같이 객관적으로 보아 보험사고가 발생한 사실을 확인할 수 없는 사정이 있는 경우에는, 보험금액청구권자가 보험사고의 발생을 알았거나 알 수 있었던 때로부터 보험금액청구권의 소멸시효가 진행한다고 해석하는 것이 타당하다.

이 사건의 경우 사실관계가 원심이 확정한 바와 같다면, <*사안의 경우*> 이 사건 장기운전자복지보험계약상의 보험사고는 1988. 3. 11.에 발생하였다고 볼 수밖에 없지만, 소외 2가 자동차를 운전하다가 교통사고를 일으킨 것으로 공소가 제기되어 1990. 7. 4. 제1심법원에서 무죄의 판결을 선고받을 때까지는, 망 소외 1이 자동차를 운전하다가 교통사고를 일으켜 사망하는 이 사건 보험사고가 발생한 사실이 객관적으로 확인되지 않고 있다가, 1990. 7. 4.에야 보험사고의 발생이 객관적으로 확인될 수 있게 되었고 보험금액청구권자인 원고들도 그때에야 보험사고의 발생을 알 수 있게 되었다고 보아야 할 것이므로, 원고들의 피고에 대한 보험금액청구권의 소멸시효는 그 때부터 진행한다고 할 것인바, 기록에 의하면 이 사건 소는 1990. 7. 4.부터 소멸시효기간인 2년이 경과하기 전인 1990. 11. 23.에 제기되었음을 알 수 있으므로, 이 사건 보험금액청구권에 대한 소멸시효가 완성되지 아니하였다고 할 것이다.
원심이 이 사건 소장의 부본이 피고에게 송달된 날로부터 10일이 지난 1990. 12. 14.부터 이 사건 보험금액청구권의 소멸시효가 진행한다고 판단한 것은 잘못이지만, 피고의 소멸시효완성의 항변을 배척한 결론은 정당하므로, 원심이 저지른 위와 같은 잘못은 판결에 영향을 미친 것이 아니다.

❷ 대법원 2003. 4. 8. 선고 2002다64957, 64964 판결 [채무부존재확인·부당이득금]

1. 상고이유 제2점에 대하여
원심판결 이유에 의하면 원심은, 원고(반소피고, 이하 '원고'라고만 한다)의 대표이사를 선임하는 내용의 이사회결의가 부존재하다는 확인을 구하는 소가 확정되어 아무런 권한 없는 대표이사에 의하여 체결된 이 사건 제1 내지 3 계약이 모두 무효임이 밝혀졌는데, 이러한 경우 매매계약인 이 사건 제3 계약의 무효로 인한 피고(반소원고, 이하 '피고'라고만 한다)의 부당이득반환청구권에 대하여는 위 이사회결의부존재확인의 소가 확정된 때로부터 소멸시효기간이 진행된다고 판단하였다.
<법인의 내부적인 법률관계가 개입되어 있어 제3자인 청구권자가 권리의 발생 여부를 객관적으로 알기 어려운 상황에 있고 과실 없이 이를 알지 못한 경우, 청구권의 소멸시효의 기산점(=객관적으로 청구권의 발생을 알 수 있게 된 때) (민법 제166조)> 소멸시효의 진행은 당해 청구권이 성립한 때로부터 발생하고 원칙적으로 권리의 존재나 발생을 알지 못하였다고 하더라도 소멸시효의 진행에 장애가 되지 않는다고 할 것이지만(대법원 1992. 3. 31. 선고 91다32053 전원합의체 판결 등 참조), 이 사건과 같이 법인의 이사회결의가 부존재함에 따라 발생하는 제3자의 부당이득반환청구권처럼 법인이나 회사의 내부적인 법률관계가 개입되어 있어 청구권자가 권리의 발생 여부를 객관적으로 알기 어려운 상황에 있고, 청구권자가 과실 없이 이를 알지 못한 경우에도, 청구권이 성립한 때부터 바로 소멸시효가 진행한다고 보는 것은 정의와 형평에 맞지 않을 뿐만 아니라, 소멸시효제도의 존재이유에도 부합한다고 볼 수 없으므로, 이러한 경우에는 이사회결의부존재확인판결의 확정과 같이 객관적으로 청구권의 발생을 알 수 있게 된 때로부터 소멸시효가 진행된다고 보는 것이 타당하다{대법원 2003. 2. 11. 선고 99다66427(본소), 99다73371(반소) 판결 참조}.
따라서 같은 취지의 원심 판단은 정당하고, 거기에 상고이유의 주장과 같은 소멸시효의 기산점에 대한 법리오해, 판례위반, 이유모순 등의 위법이 있다고 볼 수 없다. 이 부분에 대한 상고이유의 주장은 받아들일 수 없다.

2. 상고이유 제3점에 대하여

상행위로부터 생긴 채권 뿐 아니라 이에 준하는 채권에도 상법 제64조가 적용되거나 유추적용되어야 할 것이지만, <***상행위에 해당하는 부동산 매매계약의 무효를 이유로 이미 지급한 매매대금 상당액을 부당이득으로서 반환을 구하는 경우, 그 청구권의 소멸시효기간(=10년)*** *(민법 제162조, 제741조; 상법 제64조)>* 이 사건 부당이득반환청구권은, 주식회사인 피고*(부동산 매수인)*가 의료법인인 원고*(매도인)*와의 부동산매매계약의 이행으로서 그 매매대금을 원고*(매도인)*에게 지급하였으나, 원고*(매도인)* 법인을 대표하여 위 매매계약을 체결한 대표자의 선임에 관한 원고*(매도인)* 법인 이사회의 결의가 부존재하는 것으로 확정됨에 따라 위 매매계약이 무효로 되었음을 이유로 피고*(부동산 매수인)*가 민법의 규정에 따라 원고*(매도인)*에게 이미 지급하였던 위 매매대금 상당액의 반환을 구하는 것이고*(사안)*, 거기에 상거래 관계와 같은 정도로 신속하게 해결할 필요성이 있다고 볼 만한 합리적인 근거도 없으므로 이 사건 부당이득반환청구권에는 상법 제64조가 적용되지 아니하고, 그 소멸시효기간은 민법 제162조 제1항에 따라 10년이라고 봄이 상당하다.

원심이, 피고의 이 사건 부당이득반환청구권은 상사소멸시효기간의 경과로 소멸되었다는 원고의 주장을 배척한 것은 위의 법리에 따른 것으로서 정당하고, 거기에 상고이유의 주장과 같은 상사시효에 관한 법리오해의 위법이 있다고 할 수 없다.

2) 각종 권리에서 소멸시효의 기산점
§ 10-7 기한이익 상실특약이 있는 경우
❶ 대법원 1997. 8. 29. 선고 97다12990 판결 【근저당권설정등기말소】

사실관계

甲은 乙과 사이에 그의 막내 동생 A가 乙에 대하여 부담하고 있거나 장래 부담하게 될 모든 채무(단독 혹은 연대채무나 보증인으로서 기명날인한 차용금증서·각서·지급증서상의 채무와 어음·수표상의 채무, 기타 상거래로 인하여 생긴 모든 채무)를 담보하기 위하여 자신의 소유인 X 부동산에 관하여 채권최고액 1,500만 원으로 하는 근저당권설정계약을 체결하고, 1982. 5. 28. 근저당권설정등기를 경료하였다. A는 1989. 4.경 乙에게 B가 1979. 12.경부터 1985. 2.경까지 동준상회 또는 제일상회라는 상호로 乙과 거래하면서 乙에 대하여 부담하고 있던 물품대금채무 등 3천 4백만 원을 연대하여 지급하겠다고 약정하였다. 그리고 그 변제방법으로 1989. 4. 1.부터 1991. 12. 30.까지는 대체로 3개월마다 2백만 원 또는 3백만원 씩 분할하여 변제하고 1992. 1.부터 같은 해 4. 30.까지는 매월 말에 2백 5십만 원씩 분할하여 변제하기로 하되, A가 약정한 분할변제기한을 1회라도 지체하였을 때에는 기한의 이익을 잃는 것으로 한다는 특약을 하였다. 그리고 A는 위 연대변제약정과 동시에 乙에게 그 채무액과 동일한 금액을 최고한도로 하여 어음금액을 백지로 하고 그 지급기일을 1992. 4. 30.(위 연대변제약정상의 최종 분할 변제기일)로 하는 약속어음을 발행 교부하였다. 그런데 A가 위 분할변제약정을 이행하지 아니하자, 乙이 위 근저당권에 기하여 위 부동산에 대하여 임의경매신청을 하여 1995. 1. 27.자 경매개시결정의 기입등기가 같은 해 2. 2. 경료되었다. 그러자 甲이 A의 채무는 3년의 단기시효로 소멸되었다고 하면서, 乙에 대하여 위 근저당권설정등기의 말소를 구하는 소를 제기하였다.

판결이유

1. 원심판결 이유에 의하면 원심은, 원고는 1982. 4. 30. 피고와 사이에 원고의 막내동생인 소외 이O희가 피고에 대하여 부담하고 있거나 장래 부담하게 될 단독 혹은 연대채무나 보증인으로서 기명날인한 차용금증서·각서·지급증서상의 채무와 어음·수표상의 채무, 기타 상거래로 인하여 생긴 모든 채무를 담보하기 위하여 원고의 소유인 부산 부산진구 OO동 850의 134 대 13평 7홉(45.3㎡)에 관하여 채권최고액 금 1,500만 원으로 하는 근저당권설정계약을 체결하고 같은 해 5. 28. 채무자를 이O희, 근저당권자를 피고로 한 이 사건 근저당권설정등기를 마친 사실, 이O희는 그의 셋째 형인 소외 이원O와 연대하여 1989. 4.경 피고에게 이O희의 다섯째 형인 소외 이OO가 1979. 12.경부터 1985. 2.경까지 동준상회 또는 제일상회라는 상호로 피고와 거래하면서 피고에 대하여 부담하고 있던 물품대금채무 중 금 34,179,920원을 지급하겠다고 약정한 사실을 인정한 다음, 이O희(A)가 위 연대변제약정에 의하여 부담하는 물품대금채무는 민법 제163조 제6호 소정의 상인이 판매한 대가에 해당하여 그 채권은 3년의 단기소멸시효에 걸리는 채권이라고 할 것인데, 위 연대변제약정을 한 시점은 1989. 4.경으로서 그 때로부터 3년이 경과하였음은 역수상 명백하고, 또 근저당권의 확정된 피담보채무가 시효로 소멸한 때에는 원고(갑)와 같이 물상보증인의 지위에 있는 자도 이를 원용하여 근저당권설정계약을 해지하고 그 설정등기의 말소를 청구할 수 있다하여 이 사건 근저당권의 말소등기절차의 이행을 구하는 원고의 이 사건 청구를 인용하였다.

그런데 이 사건 기록에 의하면, 피고는 원심의 각 변론기일에, 이O희가 1986. 5. 31. 그의 피고에 대한 외상 잔고가 금 34,464,720원임을 확인하였다는 주장(1997. 1. 13.자 준비서면, 기록 제373면)을 하고, 이O희가 위 연대변제약정과 아울러 동일한 금액에 대하여 지급기일이 1992. 4. 30.인 약속어음을 발행하였다는 주장(1996. 10. 23.자 준비서면, 기록 제230면)도 하였으며, 또한 피고 자신은 1993. 12.경 저당목적물에 대한 경매신청을 하였다는 주장(1997. 1. 13.자 준비서면, 기록 제374면)을 하였는바, 외상 잔고 확인의 주장은 채무승인(이는 시효완성 전의 채무에 대하여는 시효중단의 효력이 생기고 시효완성 후의 채무에 대하여는 시효이익을 포기한 것으로 추정된다고 할 것이다. 당원 1967. 2. 7. 선고 66다2173 판결 참조)의 주장이라고 볼 수 있고, 어음 발행의 주장은 변제기에 관한 약정이 있었음을 주장하여 소멸시효의 기산점을 다투는 취지라고 볼 수 있으며, 경매신청의 주장은 압류에 의한 시효중단을 주장한 것으로 볼 수 있을 것인데, 원심이 채택한 을 제2호증(변제각서)의 기재에 의하면, 이O희는 위 연대변제약정에 의하여 피고에 대하여 부담하는 채무를 1989. 4. 1.부터 1991. 12. 30.까지는 대체로 3개월마다 금 200만 원 또는 금 300만 원씩 분할하여 변제하고 1992. 1.부터 같은 해 4. 30.까지는 매월 말에 금 250만 원씩 분할하여 변제하기로 하되 위 분할변제기한을 1회라도 지체하였을 때는 기한의 이익을 잃는 것으로 특약한 사실이 인정되고, 을 제3호증(백지어음보충권부여증)의 기재에 의하면, 이O희가 위 연대변제약정과 동시에 피고에게 그 채무액과 동일한 금액을 최고한도로 하여 어음금액을 백지로 하고 그 지급기일을 위 연대변제약정상의 최종 분할변제기일에 맞춘 1992. 4. 30.로 한 약속어음을 발행한 사실을 인정할 수 있으며, 갑 제1호증(등기부등본)의 기재에 의하면, 채권자인 피고는 이O희가 위 분할변제약정을 이행하지 아니하자 이 사건 근저당권에 기하여 그 목적물인 원고 소유의 위 부동산에 대하여 임의경매신청을 하여 이에 따라 부산지방법원 1995. 1. 27.자 경매개시결정의 기입등기가 같은 해 2. 2. 경료된 사실을 알 수 있다.

2. <**형성권적 기한이익 상실의 특약이 있는 할부변제채무에 대한 소멸시효의 기산점** (민법 제166조 제1항, 제387조, 제388조)> 기한이익 상실의 특약은 그 내용에 의하여 일정한 사유가 발생하면 채권자의 청구 등을 요함이 없이 당연히 기한의 이익이 상실되어 이행기가 도래하는 것으로 하는 것(정지조건부 기한이익 상실의 특약)과 일정한 사유가 발생한 후 채권자의 통지나 청구 등 채권자의 의사행위를 기다려 비로소 이행기가 도래하는 것으로 하는 것(형성권적 기한이익 상실의 특약)의 두 가지로 대별할 수 있고, 이른바 형성권적 기한이익 상실의 특약이 있는 경우에는 그 특약은 채권자의 이익을 위한 것으로서 기한이익의 상실 사유가 발생하였다고 하더라도 채권자가 나머지 전액을 일시에 청구할 것인가 또는 종래대로 할부변제를 청구할 것인가를 자유로이 선택할 수 있다고 하여야 할 것이므로, 이와 같은 기한이익 상실의 특약이 있는 할부채무에 있어서는 1회의 불이행이 있더라도 각 할부금에 대해 그 각 변제기의 도래시마다 그 때부터 순차로 소멸시효가 진행하고 채권자가 특히 잔존 채무 전액의 변제를 구하는 취지의 의사를 표시한 경우에 한하여 전액에 대하여 그 때부터 소멸시효가 진행한다고 하여야 할 것이다.

한편 <**채권자가 물상보증인에 대해 경매를 신청하여 그 경매개시결정이 채무자에게 송달된 경우, 채무자에 대한 소멸시효 중단 효과의 발생 여부(적극)** (민법 제169조, 제176조)> 채권자가 물상보증인에 대하여 그 피담보채권의 실행으로서 임의경매를 신청하여 경매법원이 경매개시결정을 하고, 경매절차의 이해관계인으로서의 채무자에게 그 결정이 송달되거나 또는 경매기일이 통지된 경우에는 시효의 이익을 받는 채무자는 민법 제176조에 의하여 당해 피담보채권의 소멸시효 중단의 효과를 받는다고 할 것이다(당원 1990. 6. 26. 선고 89다카32606 판결 참조).
이 사건 기한이익 상실의 특약은 그 문언에 채권자의 독촉·최고 등을 요함이 없이 당연히 기한의 이익이 상실되어 이행기가 도래하는 것으로 한다는 등의 명시적인 표시가 없고, 그 밖에 기록에 나타난 당사자 사이의 거래관계 및 위 연대변제약정을 하게 된 경위 등에 비추어 이른바 형성권적 기한이익 상실의 특약으로서의 성질을 가지는 것이라고 해석하여야 할 것이고, 더구나 이 사건에 있어서는 앞서 본 바와 같이 이O희(A)가 위 연대변제약정과 동시에 피고(을)에게 그 채무액과 동일한 금액을 최고한도로 하여 어음금액을 백지로 하고 그 지급기일을 위 연대변제약정상의 최종 분할변제기일에 맞춘 1992. 4. 30.로 한 약속어음을 발행한 사정에 비추어 보면 피고(을)가 1992. 4. 30. 당시의 잔존 채무액 전부를 행사하겠다는 의사를 유보하였다고 볼 여지도 있으므로, 채무자인 이O희(A)가 위 분할변제를 게을리 한 경우 채권자인 피고(을)로서는 위 기한이익 상실의 특약에 의하여 일시에 잔존 채무 전액을 청구하거나 또는 위 유보된 변제기인 1992. 4. 30. 이후까지 기다려 잔존 채무 전액을 청구하거나를 선택할 수 있는 지위에 있다고 볼 수 있다 할 것이다.
따라서 이 사건의 경우 이O희(A)가 위 연대변제약정에 의한 할부채무를 처음의 분할변제기부터 이행하지 아니하였다고 하더라도 그 때로부터 잔존 채무 전액에 대하여 소멸시효가 진행한다고 볼 수는 없는 것이다.
그런데도 원심은 위 연대변제약정에 의한 이O희(A)의 피고(을)에 대한 할부채무 전액에 대하여 그 약정시인 1989. 4.경부터 소멸시효가 진행한다고 오해한 나머지 소멸시효 중단 사유에 관한 주장의 의미가 있는 피고(을)의 경매신청 주장의 취지를 석명하여 채무자인 이O희(A)에게 위 경매개시결정 등이 언제 송달되어 위 할부변제채권의 소멸시효의 진행이 중단되었는지 여부를 따져 보지도 아니한 채 이 사건 근저당권의 피담보채무인 위 연대변제약정에 의한 할부채무 전액이 이미 시효로 인하여 소멸하였다고 판단하고 말았으니, 원심판결에는 소멸시효의 기산점에 관한 법리를 오해하고 심리를 다하지 아니하여 판결 결과에 영향을 미친 위법이 있다 할 것이고 이를 지적하는 논지는 이유가 있다.

❷ *(§ 9-7 ❶)* 대법원 2002. 9. 4. 선고 2002다28340 판결 [채무부존재확인]
……

2. *<기한이익 상실의 특약은 형성권적 기한이익 상실의 특약으로 추정되는지 여부 (적극) (민법 제387조, 제388조)>* 기한이익 상실의 특약은 그 내용에 의하여 일정한 사유가 발생하면 채권자의 청구 등을 요함이 없이 당연히 기한의 이익이 상실되어 이행기가 도래하는 것으로 하는 정지조건부 기한이익 상실의 특약과 일정한 사유

가 발생한 후 채권자의 통지나 청구 등 채권자의 의사행위를 기다려 비로소 이행기가 도래하는 것으로 하는 형성권적 기한이익 상실의 특약의 두 가지로 대별할 수 있고, 기한이익 상실의 특약이 위의 양자 중 어느 것에 해당하느냐는 당사자의 의사해석의 문제이지만, 일반적으로 기한이익 상실의 특약이 채권자를 위하여 둔 것인 점에 비추어 명백히 정지조건부 기한이익 상실의 특약이라고 볼 만한 특별한 사정이 없는 이상 형성권적 기한이익 상실의 특약으로 추정하는 것이 타당하다.

돌이켜 이 사건 기한이익 상실약정을 보면, 원심이 확정한 바와 같이 원고가 약정한 이행의무를 한번이라도 지체하였을 때 기한의 이익을 잃고 즉시 채무금 전액을 완제하여야 한다고 되어 있으나, 위 약정의 내용은 당사자 사이에 기한이익 상실의 특약을 한 것일 뿐 나아가 피고의 의사표시가 없이도 당연히 기한이익이 상실된다는 약정이라고 할 수는 없으므로 위와 같은 약정의 문언만으로 이 사건 기한이익 상실약정을 정지조건부 기한이익 상실의 특약이라고 볼 수는 없고, 달리 기록상 그와 같이 볼만한 뚜렷한 자료도 없는 이상 이 사건 기한이익 상실약정은 형성권적 기한이익 상실의 특약이라고 보아야 한다.

그리고 이른바 <*형성권적 기한이익 상실의 특약이 있는 할부채무에 있어서 소멸시효의 기산점* (민법 제166조 제1항, 제387조, 제388조)> 형성권적 기한이익 상실의 특약이 있는 경우에는 그 특약은 채권자의 이익을 위한 것으로서 기한이익의 상실사유가 발생하였다고 하더라도 채권자가 나머지 전액을 일시에 청구할 것인가 또는 종래대로 할부변제를 청구할 것인가를 자유로이 선택할 수 있으므로, 이와 같은 기한이익 상실의 특약이 있는 할부채무에 있어서는 1회의 불이행이 있더라도 각 할부금에 대해 그 각 변제기의 도래시마다 그 때부터 순차로 소멸시효가 진행하고 채권자가 특히 잔존 채무 전액의 변제를 구하는 취지의 의사를 표시한 경우에 한하여 전액에 대하여 그 때부터 소멸시효가 진행하는 것이므로(대법원 1997. 8. 29. 선고 97다12990 판결 참조), 형성권적 기한이익 상실의 특약이 있는 이 사건에서 원고가 1984. 12. 5.경 약정한 채무를 불이행하였다고 하더라도 피고의 의사표시가 없는 이상 그 때부터 잔존 채무 전액에 관하여 소멸시효가 진행한다고 볼 수는 없다.

그럼에도 불구하고, <*약정한 이행의무를 한번이라도 지체하였을 때 기한의 이익을 잃고 즉시 채무금 전액을 완제하여야 한다고 되어 있는 기한이익 상실약정을 정지조건부 기한이익 상실특약으로 보아 할부금 채무의 1회 불이행시부터 전체 채무에 관하여 소멸시효가 진행된다고 판단한 원심판결을 파기한 사안*> 이 사건 기한이익 상실약정을 정지조건부 기한이익 상실특약으로 보아 할부금 채무의 1회 불이행시부터 전체 채무에 관하여 소멸시효가 진행된다고 판단한 것은 기한이익 상실약정의 해석에 관한 법리를 오해한 나머지 판결에 영향을 미친 위법을 저질렀다고 할 것이고, 따라서 이 점을 지적하는 상고이유 주장은 정당하다.

§ 10-8 채무불이행으로 인한 손해배상청구권의 기산점

❶ 대법원 1990. 11. 9. 선고 90다카22513 판결 【손해배상(기)】

(대법원 1995. 6. 30. 선고 94다54269 판결; 대법원 2005. 1. 14. 선고 2002다57119 판결)

사실관계

甲은 1976. 5. 4. 乙로부터 그 소유의 X 토지를 매수하고 乙에게 계약체결과 동시에 계약금을 지급하였고, 같은 달 25. 잔대금을 지급한 다음 乙로부터 매수한 X 토지를 인도까지 받았으나 소유권이전등기는 경료하지 않고 있었다. 그러던 중 乙이 X 토지를 1978. 12. 26. A에게 이중으로 매도하고, 그해 12. 30. 소유권이전등기를 넘겨주었다. 甲은 1988. 12. 9. 乙을 상대로 채무불이행을 이유로 손해배상을 청구하는 소를 제기하였다. 이에 乙은 甲의 손해배상채권은 그 계약체결일인 1976. 5. 4.로부터 10년이 경과함으로써 시효로 소멸되었다는 항변을 하였다.

판결이유

......

상고이유 제(2)점을 본다.

<매매로 인한 부동산소유권이전채무의 이행불능으로 인한 손해배상채권의 소멸시효의 기산점 *(민법 제166조, 제390조)*> 매매로 인한 부동산소유권 이전채무가 이행불능됨으로써 매수인*(갑)*이 매도인*(을)*에 대하여 갖게 되는 손해배상채권은 그 부동산소유권의 이전채무가 이행불능된 때에 발생하는 것이고 그 계약체결일에 생기는 것은 아니므로, 같은 취지에서 원심이 원고*(갑)*의 이 사건 손해배상채권은 그 계약체결일인 1976. 5. 4.로부터 10년이 경과함으로써 시효로 소멸되었다는 피고*(을)*의 항변을 배척한 조처에 소론과 같은 소멸시효에 관한 법리오해, 이유모순 등의 위법이 있다 할 수 없다. 논지는 이유없다.

❷ 대법원 2005. 1. 14. 선고 2002다57119 판결 [현상광고보수]

1. 손해배상청구권의 소멸시효 기간에 관하여

<우수현상광고의 광고자로서 당선자와 일정한 계약을 체결할 의무가 있는 자가 이를 이행하지 아니한 경우, 당선자가 취득하는 손해배상청구권의 소멸시효기간 *(민법 제163조 제3호, 제390조)*> 우수현상광고의 광고자로서 당선자에게 일정한 계약을 체결할 의무가 있는 자가 그 의무를 위반함으로써 계약의 종국적인 체결에 이르지 않게 되어 상대방이 그러한 계약체결의무의 채무불이행을 원인으로 하는 손해배상을 청구한 경우, 그 손해배상청구권은 계약이 체결되었을 경우에 취득하게 될 계약상의 이행청구권과 실질적이고 경제적으로 밀접한 관계가 형성되어 있기 때문에,

그 손해배상청구권의 소멸시효기간은 계약이 체결되었을 때 취득하게 될 이행청구권에 적용되는 소멸시효기간에 따른다.

기록에 의하면, 우수현상광고의 당선자인 원고가 광고주인 피고에 대하여 가지고 있는 본래의 채권인 '기본 및 실시설계권'이란 당선자인 피고에 대하여 우수작으로 판정된 계획설계에 기초하여 기본 및 실시설계계약의 체결을 청구할 수 있는 권리라고 할 것이고, **<우수현상광고의 당선자가 광고주에 대하여 우수작으로 판정된 계획설계에 기초하여 기본 및 실시설계계약의 체결을 청구할 수 있는 권리를 가지고 있는 경우, 위 계약의 체결의무의 불이행으로 인한 손해배상청구권의 소멸시효는 3년의 단기소멸시효가 적용된다고 한 사안** (민법 제163조 제3호, 제390조)> 이러한 청구권에 기하여 계약이 체결되었을 경우에 취득하게 될 계약상의 이행청구권은 "설계에 종사하는 자의 공사에 관한 채권"으로서 이에 관하여는 민법 제163조 제3호 소정의 3년의 단기소멸시효가 적용되므로, 위의 기본 및 실시설계계약의 체결의무의 불이행으로 인한 손해배상청구권의 소멸시효 역시 3년의 단기소멸시효가 적용된다 할 것이다.

같은 취지에서 원심이 이 사건 손해배상청구권의 소멸시효기간이 3년이라고 판단한 것은 정당한 것으로 수긍이 되고, 거기에 상고이유에서 주장하는 바와 같이 단기소멸시효에 관한 법리를 오해한 위법이 있다고 할 수 없다.

2. 소멸시효의 기산일에 대하여

<채무불이행으로 인한 손해배상청구권의 소멸시효의 기산점 (민법 제166조, 제390조)> 채무불이행으로 인한 손해배상청구권의 소멸시효는 채무불이행시로부터 진행한다 할 것이다(대법원 1973. 10. 10. 선고 72다2600 판결, 1990. 11. 9. 선고 90다카22513 판결, 1995. 6. 30. 선고 94다54269 판결 등 참조).

원심판결 이유에 의하면, 원심은 그 채용 증거들에 의하여 피고 산하의 OO교회는 원고와 설계비에 관하여 협의하면서, 피고가 1993. 11. 11. 제시한 8,000만 원의 설계보수에 관하여 원고가 같은 달 15. 위 제의를 수용할 수 없다는 의사를 표시하였는데도 불구하고, 다시 같은 달 17. 원고에게 같은 달 20.까지 교회의 안을 수용하지 아니하면, 원고가 이 사건 공사에 관한 설계계약을 체결할 의사가 없는 것으로 간주한다는 뜻을 일방적으로 통보하였고, 그 후 원고와의 사이에는 공사를 계속함을 전제로 한 구체적인 협의조차 없었던 사실을 인정한 다음, 그렇다면 이미 원고가 수용거절의 의사를 표시한 바 있는 피고 제시안에 관하여, 3일 안에 수용의사를 표시하라고 통고하고, 원고가 이를 수용하지 아니하면 이 사건 공사에 관한 설계계약을 체결할 의사가 없는 것으로 간주한다는 뜻을 통보한 것은 피고로서 채무이행의 의사가 없음을 명백히 한 것이라고 볼 수 있고, 따라서 그 이행거절의 의사를 표시한 다음날부터 또는 그 통보에서 정한 원고의 회신 시한 다음날인 1993. 11. 21.부터 진행한다고 보아야 한다고 판단하였다.

관계 증거들을 위의 법리와 기록에 비추어 살펴보면, 원심의 위와 같은 사실인정과 판단은 정당하다고 수긍이 되고, 거기에 상고이유에서 주장하는 바와 같이 증거판단을 잘못하여 사실을 오인한 위법이 있다고 할 수 없다.

❸ 대법원 2018. 2. 28. 선고 2016다45779 판결 [저작권료등]

> 사실관계

甲은 乙에게 2007. 1. 1.부터 5년간(2011. 12. 31.까지) 우리나라를 제외한 해외를 대상으로 甲이 작곡한 곡에 대한 저작권 관리를 위임하고, 乙은 甲에게 甲의 곡에 대한 저작권 사용료를 지급하는 것을 내용으로 하는 음악권리출판계약을 체결하였다. 위 계약에서 乙은 매년 6월 말, 12월 말을 본계약에 관한 회계계산 마감일로 정하고 당일까지 해외로부터 지급받은 저작권 사용료를 甲 65%, 乙 35%의 비율로 분배·정산한 후, 100일 이내에 甲에게 지급하기로 약정하였다. 甲은 乙이 A(소외 회사)로부터 지급받은 2008년 하반기 저작권료 수입을 누락하거나 비용을 부당하게 과다 공제하는 등의 방법으로 甲에게 147,705,060원을 미지급하였음을 전제로 2013. 7. 15. 저작권료 등의 지급을 구하는 소를 제기하였다. 甲은 그 청구원인으로 ① 위 계약에 기한 미지급 저작권료의 정산 및 분배, ② 위 계약에서 정한 정산 및 분배의무 불이행을 원인으로 한 손해배상, ③ 미지급 저작권료 상당의 부당이득의 반환을 주장하였다.

> 판결이유

1. <민법 제163조 제1호에 규정한 '1년 이내의 기간으로 정한 채권'의 의미 (민법 제163조 제1호)> 민법 제163조 제1호는 이자, 부양료, 급료, 사용료 기타 1년 이내의 기간으로 정한 금전 또는 물건의 지급을 목적으로 한 채권은 3년간 행사하지 아니하면 소멸시효가 완성한다고 규정하고 있다. 이는 기본 권리인 정기금채권에 기하여 발생하는 지분적 채권의 소멸시효를 정한 것으로서(대법원 1993. 9. 10. 선고 93다21705 판결, 대법원 2001. 6. 12. 선고 99다1949 판결 등 참조), 여기서 '1년 이내의 기간으로 정한 채권'이란 1년 이내의 정기로 지급되는 채권을 말한다 (대법원 1996. 9. 20. 선고 96다25302 판결, 대법원 2013. 7. 12. 선고 2013다20571 판결 등 참조).

<채무불이행으로 인한 손해배상채권이 본래의 채권과 동일성을 가지는지 여부(적극) 및 본래의 채권이 시효로 소멸한 경우, 손해배상채권도 함께 소멸하는지 여부(적극) (민법 제163조 제1호, 제390조)> 그리고 채무불이행으로 인한 손해배상채권은 본래의 채권이 확장된 것이거나 본래의 채권의 내용이 변경된 것이므로 본래의 채권과 동일성을 가진다. 따라서 본래의 채권이 시효로 소멸한 때에는 손해배상채권도 함께 소멸한다.

<*채무자가 채무를 이행하지 않고 있는 경우, 법률상 원인 없이 이득을 얻었다고 할 수 있는지 여부(원칙적 소극) 및 이때 채권이 시효로 소멸하게 되었다고 하여 달리 볼 수 있는지 여부(소극)* (민법 제163조 제1호, 제390조, 제741조)>* 한편 어떠한 계약상의 채무를 채무자가 이행하지 않았다고 하더라도 채권자는 여전히 해당 계약에서 정한 채권을 보유하고 있으므로, 특별한 사정이 없는 한 채무자가 그 채무를 이행하지 않고 있다고 하여 채무자가 법률상 원인 없이 이득을 얻었다고 할 수는 없고, 설령 그 채권이 시효로 소멸하게 되었다 하더라도 달리 볼 수 없다(대법원 1992. 5. 12. 선고 91다28979 판결, 대법원 2005. 4. 28. 선고 2005다3113 판결 등 참조).
……
3. 위와 같은 사실관계 및 소송의 경과를 앞서 본 법리에 비추어 살펴보면 다음과 같이 판단된다.

가. <*채무불이행으로 인한 손해배상청구권의 소멸시효기간*> 이 사건 계약에 기하여 원고*(갑)*가 피고*(을)*에 대하여 가지는 권리는, 피고*(을)*가 저작권 사용자가 아니라는 점에서 저작권 사용료 청구권이라기보다는 저작권 사용료 분배청구권이라고 할 것인데, 피고*(을)*는 해외로부터 지급받은 저작권 사용료를 6개월마다 정산하여 원고*(갑)*에게 지급하기로 약정하였으므로, 원고*(갑)*는 1년 이내의 기간인 6개월마다 저작권 사용료 분배청구권의 지분적 청구권을 가지게 되었다고 할 것이고, 이러한 청구권은 민법 제163조 제1호에서 정한 바와 같이 3년의 단기소멸시효가 적용된다.

나. <*기산점*> 이 사건에서 원고*(갑)*가 구하는 2008년 하반기 저작권 사용료 분배청구권은 늦어도 피고*(을)*가 2008년 하반기 저작권 사용료를 지급한 2009. 4. 13.부터 소멸시효가 진행하는데, 이 사건 소는 그로부터 3년이 경과한 2013. 7. 15. 제기되었으므로, 2008년 하반기 저작권 사용료 분배청구권은 소멸시효 완성으로 소멸하였고, 본래의 채권인 2008년 하반기 저작권 사용료 분배청구권이 소멸시효 완성으로 소멸한 이상, 그 불이행으로 인한 지연배상 등의 손해배상청구권 역시 소멸하였다.

다. <*부당이득의 성립여부*> 피고*(을)*가 위와 같이 저작권 사용료 분배의무를 이행하지 않았다고 하더라도 원고*(갑)*는 여전히 이 사건 계약에서 정한 저작권 사용료 분배청구권을 가지고 있으므로, 피고*(을)*가 저작권 사용료 분배의무를 이행하지 않고 있다고 하여 그로 인하여 피고*(을)*가 법률상 원인 없이 이득을 얻었다고 할 수는 없고, 이는 2008년 하반기 저작권 사용료 분배청구권이 시효로 소멸하게 되었다고 하더라도 달리 볼 수 없다.

4. 원심이 이 사건 계약으로 인하여 원고*(갑)*가 가지는 권리가 저작권 사용료 청구권이고, 이 사건 청구원인이 저작권 사용료 청구에 한정되는 것이라고 단정한 나머지

지 이와 관련한 소멸시효 주장에 대하여만 판단한 것은 적절하지 아니하나, 앞서 본 이유로 원고(갑)의 청구를 기각한 결론은 정당하다. 따라서 원심의 판단에 상고 이유 주장과 같이 논리와 경험의 법칙을 위반하여 자유심증주의의 한계를 벗어나거나 민법 제163조 제1호 소정의 단기소멸시효의 적용 범위에 관한 법리를 오해하여 판결에 영향을 미치는 등의 잘못이 없다.

§ 10-9 불법행위로 인한 손해배상청구권의 기산점
❶ 대법원 2011. 3. 10. 선고 2010다13282 판결 [손해배상(기)]
……
2. 위장폐업에 의한 부당해고에 대한 위자료청구에 관하여
<위장폐업에 의한 부당해고가 불법행위를 구성하는 경우, 사용자는 근로자들이 입은 정신적 고통에 대한 위자료를 배상할 책임이 있는지 여부(적극)> (민법 제750조, 제751조) 위장폐업에 의한 부당해고는 앞서 본 바와 같은 이유로 사회통념이나 사회상규상 용인될 수 없는 것이어서 불법행위를 구성하므로, 피고는 그로 인하여 근로자들이 입게 된 정신적 고통에 대한 위자료를 배상할 책임이 있다.

원심판결 이유에 의하면, 원심은 피고가 원고들에게 위장폐업에 따른 부당해고로 입게 된 정신적 고통을 위자할 책임이 있다고 전제한 다음, 신설회사인 소외 2 주식회사가 설립된 2004. 1. 2.경에는 원고들이 적어도 피고의 위법행위로 인한 위자료 상당의 손해 및 가해자를 알았다고 봄이 상당하다는 이유로, 그로부터 민법 제766조 제1항 소정의 단기소멸시효기간인 3년이 경과한 2009. 10. 12.에서야 원고들이 원심에 위자료청구를 추가한 이상 원고들의 이 사건 위자료청구권은 시효로 소멸하였다고 판단하였다.

<민법 제766조 제1항에서 정한 '손해 및 가해자를 안 날'의 의미> 민법 제766조 제1항에서 규정한 '손해 및 가해자를 안 날'이란 피해자나 그 법정대리인이 손해 및 가해자를 현실적이고도 구체적으로 인식하는 것을 의미하는 것으로서 손해발생의 추정이나 의문만으로는 충분하지 않고, 손해의 발생사실뿐만 아니라 그 가해행위가 불법행위를 구성한다는 사실, 즉 불법행위의 요건사실에 대한 인식으로서 위법한 가해행위의 존재, 손해의 발생 및 가해행위와 손해의 인과관계 등이 있다는 사실까지 안 날을 뜻한다(대법원 1989. 9. 12. 89다카2285 판결, 대법원 1989. 9. 26. 선고 88다카32371 판결 등 참조).

그런데 위장폐업의 경우 구회사와 신설회사는 형식적으로는 법인격을 전혀 달리하므로, 신설회사의 설립만으로 근로자들이 위 두 회사가 실질적으로 동일한 회사로서 구회사의 폐업과 신설회사의 설립 등 일련의 행위가 위장폐업으로서 불법행위를 구성한다는 사실을 알 수 있다고는 단정하기 어렵다.

즉, 구회사와 신설회사가 동일성을 유지하는지 여부는 신설회사와 구회사의 소재지

및 업종, 자본 성격 그리고 설립자·출자자·임원·종업원 등 신설회사 구성원과 구회사와의 관련성, 영업목적 등 신설회사와 구회사의 소유 및 경영관계, 운영상황 등을 종합적으로 판단하여야 알 수 있는데, 기업 외부에 있는 근로자들에게 신설회사의 설립 시점에 위와 같은 사정들을 모두 파악하여 위장폐업이 이루어졌고, 그것이 불법행위를 구성한다는 사실을 현실적이고도 구체적으로 인식하는 것을 기대할 수는 없다.

뿐만 아니라 이 사건은 구회사 내지 신설회사의 대표이사가 아닌 실질적 사주 개인에 대하여 위장폐업에 따른 불법행위책임을 묻는 것이므로 신설회사의 설립 시점에 근로자들이 이 사건 불법행위의 가해자가 피고임을 알았다고 볼 수 있는 사정도 인정되어야 한다.

한편 기록에 의하면, 원고 1 및 소외 3은 2007. 3. 21. 부산노동지방청에 피고가 소외 1 주식회사의 실질적 사주로서 노동조합 조합원을 해고할 목적으로 소외 1 주식회사를 위장폐업하고, 그와 다를 바 없는 회사인 소외 2 주식회사를 설립하는 등 부당노동행위를 하였다는 이유로 피고 등을 고발한 사실, 피고는 수사과정에서 조합원들이 부산 시내를 돌아다니며 집회 등을 심하게 하는 바람에 매출이 90% 이상 줄어들고 회사 이미지가 크게 실추되어 부득이 소외 1 주식회사를 폐업하게 된 것이고, 소외 2 주식회사는 소외 1 주식회사와 전혀 관계없는 회사라고 진술하는 등 위장폐업 사실을 부인한 사실, 피고에 대하여는 소외 1 주식회사를 위장폐업하고 정당한 이유 없이 이 사건 근로자들을 포함한 소외 1 주식회사의 근로자들을 해고하여 구 근로기준법 제30조(2005. 1. 27. 법률 제7379호로 개정되기 전의 것)를 위반하였다는 이유로 약식명령이 청구된 사실, 피고는 이에 불복하여 부산지방법원 2007고정5304호로 정식재판을 청구하였으나 2008. 2. 14. 벌금 300만 원의 유죄판결을 선고받았으며, 위 판결은 2008. 2. 22. 확정된 사실 등을 알 수 있다.

따라서 <구회사를 실질적으로 운영하는 사주가 구회사를 폐업하고 신설회사를 설립하는 위장폐업의 방법으로 근로자들을 부당해고하자 근로자들이 그로 인한 정신적 고통을 이유로 위자료를 청구한 사안 (민법 제751조, 제766조 제1항)> 원심으로서는 신설회사인 소외 2 주식회사가 설립되었다는 사실만으로 원고들이 손해 및 가해자를 알았다고 단정할 것이 아니라, 앞서 본 법리 및 기록에 나타난 위와 같은 여러 사정들도 함께 고려하여 피고가 소외 1 주식회사를 위장폐업하였고, 그것이 불법행위에 해당한다는 사실을 원고들이 현실적·구체적으로 인식할 수 있었던 시점이 언제인지를 더 심리한 후 피고의 소멸시효 항변의 당부에 관하여 판단하였어야 할 것이다(신설회사가 설립된 시점에 근로자들이 위 사주의 위법행위로 인한 위자료 상당의 손해 및 가해자를 알았다고 단정하여 위자료청구권이 민법 제766조 제1항에서 3년으로 정한 단기소멸시효기간의 경과로 소멸하였다고 본 원심판단을 파기한 사안).

❷ **대법원 1996. 7. 12. 선고 94다52195 판결 [임금등]**

1. 원고 15를 제외한 나머지 원고들의 상고이유를 본다.
가. 제1점에 대하여
(1) 원심은, 원고 15를 제외한 나머지 원고들이 주위적으로 1989. 12. 18. 헌법재판소에 의하여 위헌으로 결정된국가보위입법회의법(1980. 10. 28. 법률 제3260호, 실효) 부칙 제4항 후단에 기한 이 사건 면직처분이 불법행위임을 원인으로 손해배상을 구함에 대하여, 민법 제766조 제2항에 의한 소멸시효의 기산점인 '불법행위를 한 날'이란 면직처분의 근거법률 규정이 위헌으로 결정되어 위헌결정일에 비로소 면직처분이 불법행위임이 드러났다고 하더라도 위헌결정일이라고 볼 수 없고 면직처분일인 1980. 11. 16. 또는 같은 해 11. 30.이라고 볼 것이라고 하여 그로부터 10년이 경과한 후인 1993. 8. 13.에서야 이 사건 소를 제기한 원고들의 각 손해배상청구권은 모두 시효로 인하여 소멸하였다고 판단하여 위 원고들의 주위적 청구를 모두 기각하였다.
(2) <면직처분의 근거법률이 위헌 결정되고 그 처분이 불법행위에 해당되는 경우, 그 손해배상청구권의 소멸시효의 기산점(위헌결정일)> 헌법재판소에 의하여 면직처분의 근거가 된 법률 규정이 위헌으로 결정되어 위헌결정의 소급효로 인하여 면직처분이 당연무효가 되고 그 면직처분이 불법행위에 해당되는 경우라도, 그 손해배상청구권은 위헌결정이 있기 전까지는 법률 규정의 존재라는 법률상 장애로 인하여 행사할 수 없었다고 보아야 할 것이므로, 소멸시효의 기산점은 위헌결정일로부터 진행된다 할 것이고, 이러한 법리는 그 법률이 위헌결정 당시에는 실효되었다 할지라도 그 법률 규정으로 인한 면직처분의 효력이 그대로 지속되는 경우에도 마찬가지라 할 것이다.
따라서, 원고들이 주위적으로 구하는 불법행위를 원인으로 한 손해배상청구권은 헌법재판소에 의하여 면직처분의 근거가 된 국가보위입법회의법 부칙 제4항 후단이 위헌이라고 결정된 1989. 12. 18.부터 10년의 장기 소멸시효가 진행된다고 할 것이다.

❸ **대법원 2012. 8. 30. 선고 2010다54566 판결 [손해배상(기)]**

> **사실관계**
>
> 乙 은행 등이 수출계약서 등 근거서류를 확인하지 않은 채 丙 회사 등에 구매승인서를 발급해 주었고, 丁 회사 등이 위 구매승인서에 의하여 丙 회사 등에 물품을 공급하였다. 관할 세무서장이 구매승인서에 하자가 있다는 등의 이유로 丁 회사 등에 물품거래에 관한 부가가치세 부과처분

을 하였으나 그에 대한 취소판결이 확정되었다. 이에 甲(국가)이 乙 은행 등을 상대로 부가가치세를 부과·징수할 수 없게 된 것에 대한 손해배상을 구하였다.

판결이유

……

나. 그러나 위와 같은 원심의 판단은 수긍하기 어렵다.
<가해행위와 그로 인한 현실적인 손해 발생 사이에 시간적 간격이 있는 불법행위에 기한 손해배상채권의 경우, 소멸시효 기산점이 되는 '불법행위를 한 날'의 의미 *(민법 제766조 제2항)>* 가해행위와 그로 인한 현실적인 손해의 발생 사이에 시간적 간격이 있는 불법행위에 기한 손해배상채권의 경우, 소멸시효의 기산점이 되는 '불법행위를 한 날'의 의미는 단지 관념적이고 부동적인 상태에서 잠재적으로만 존재하고 있는 손해가 그 후 현실화되었다고 볼 수 있는 때, 다시 말하자면 손해의 결과 발생이 현실적인 것으로 되었다고 할 수 있는 때로 보아야 한다(대법원 2007. 11. 16. 선고 2005다55312 판결 참조).

위 법리와 기록에 비추어 살펴보면, <국가 갑의 을 은행 등에 대한 손해배상청구권의 소멸시효 기산점은 부가가치세 부과처분 취소소송에서 패소한 판결이 확정된 때로 보아야 하는데도, 이와 달리 소멸시효 기산점을 물품 공급 시로 본 원심판결에 법리오해의 위법이 있다고 한 사안> 피고(을) ○○은행 또는 ○○은행이 수출계약서 등 근거서류를 확인하지 않은 채 ○○○통상 또는 ○○○퍼레이션(병)에게 원심판결 구매승인서 내역 순번 1, 4 기재 구매승인서를 발급해 준 것 때문에 원고(갑)가 입은 손해는 원고(갑)가 ○○○통상 또는 ○○○퍼레이션(병)에게 물품을 공급한 모○○ 또는 ○도(정)로부터 부가가치세를 부과 징수할 수 없게 됨으로 인하여 발생한 것이다. 그런데 원고(갑)가 위 부가가치세를 부과 징수할 수 없는지 여부는 ○○코 및 ○도(정)가 ○○○통상 또는 ○○○퍼레이션(병)이 구매승인서의 내용대로 금지금 또는 폴리에스터 원사를 수출하지 않고 불법으로 내수로 유통시킨다는 것을 알았거나 중대한 과실로 알지 못하였는지 여부에 달려 있는 것이고(대법원 2011. 1. 20. 선고 2009두13474 전원합의체 판결 참조), 이는 ○○코 및 ○도(정)에 대하여 부가가치세 부과처분이 된 후 그 처분에 대한 취소소송에서 패소 여부가 확정된 후에야 비로소 가려지는 것이므로, 부가가치세를 부과 징수할 수 없게 되는 손해의 결과 발생이 현실화된 시점은 각 부과처분을 한 세무서장이 그 각 취소소송에서 패소한 판결이 확정된 때라고 봄이 상당하다.

그렇다면 원고(갑)가 ○○코 및 ○도(정)로부터 부가가치세를 부과 징수할 수 없다는 손해의 결과 발생이 현실화된 시점은 ○○코의 경우에는 2004. 8. 30., ○도(정)의 경우에는 2005. 2. 18.이라고 할 것이므로, 원고(갑)의 피고(을) ○○은행 및 피고

(을) OO은행에 대한 각 손해배상청구권의 소멸시효의 기산점 역시 위 각 판결 확정일이라고 보아야 한다.

이와 달리 그 소멸시효의 기산점을 OO코 또는 O도*(정)*가 OOO통상 또는 OOO퍼레이션*(병)*에게 물품을 공급한 때로 본 원심판결에는 민법 제766조 제2항의 소멸시효의 기산점에 관한 법리 등을 오해하여 판결에 영향을 미친 위법이 있다. 이를 지적하는 상고이유 주장은 이유 있다.

3) 소멸시효기간의 기산점과 변론주의
§ 10-10 소멸시효기간과 변론주의
❶ 대법원 2017. 3. 22. 선고 2016다258124 판결 [부동산잔대금등청구의소]

1. 소멸시효기간과 변론주의
이 부분 상고이유 주장은, 피고들이 민법에 따른 10년의 소멸시효기간을 주장하였는데 원심이 상법에 따른 5년의 소멸시효기간을 적용하여 변론주의를 위반하였다는 것이다.
<소멸시효 항변은 당사자의 주장이 있어야만 법원의 판단대상이 되는지 여부(적극) *(민사소송법 제203조; 민법 제162조)>* 민사소송절차에서 변론주의 원칙은 권리의 발생·변경·소멸이라는 법률효과 판단의 요건이 되는 주요사실에 관한 주장·증명에 적용된다. 따라서 권리를 소멸시키는 소멸시효 항변은 변론주의 원칙에 따라 당사자의 주장이 있어야만 법원의 판단대상이 된다.
<이때 어떤 시효기간이 적용되는지에 관한 주장에 변론주의가 적용되는지 여부(소극) *(민사소송법 제203조; 민법 제162조)>* 그러나 이 경우 어떤 시효기간이 적용되는지에 관한 주장은 권리의 소멸이라는 법률효과를 발생시키는 요건을 구성하는 사실에 관한 주장이 아니라 단순히 법률의 해석이나 적용에 관한 의견을 표명한 것이다. 이러한 주장에는 변론주의가 적용되지 않으므로 법원이 당사자의 주장에 구속되지 않고 직권으로 판단할 수 있다(대법원 2008. 3. 27. 선고 2006다70929, 70936 판결 등 참조). **<당사자가 민법에 따른 소멸시효기간을 주장한 경우, 법원이 직권으로 상법에 따른 소멸시효기간을 적용할 수 있는지 여부(적극)** *(민사소송법 제203조; 민법 제162조; 상법 제64조)>* 당사자가 민법에 따른 소멸시효기간을 주장한 경우에도 법원은 직권으로 상법에 따른 소멸시효기간을 적용할 수 있다. 따라서 원고의 위 주장은 받아들이지 않는다.

3. 권리불행사의 상태가 일정기간 계속될 것
1) 채권의 소멸시효기간

§ 10-11 단기소멸시효에 걸리는 채권
§ 10-11-1 3년의 단기소멸시효에 걸리는 채권
❶ 대법원 2001. 11. 9. 선고 2001다52568 판결 [용역비]

1. 원고의 상고이유에 대한 판단
가. 상고이유 제1점에 대하여
소멸시효는 객관적으로 권리가 발생하고 그 권리를 행사할 수 있는 때부터 진행한다고 할 것이며 따라서 권리를 행사할 수 없는 동안은 소멸시효는 진행할 수 없다고 할 것이지만, 이 때 '권리를 행사할 수 없는 때'라 함은 그 권리행사에 법률상의 장애사유, 예를 들면 기간의 미도래나 조건 불성취 등이 있는 경우를 말하는 것이므로 권리자의 개인적 사정이나 법률지식의 부족 등으로 인하여 사실상 그 권리의 존재나 권리행사 가능성을 알지 못하였다거나 그와 같이 알지 못함에 있어서 과실 유무 등은 시효의 진행에 영향을 미치지 아니한다(대법원 1965. 6. 22. 선고 65다775 판결, 1982. 1. 19. 선고 80다2626 판결, 1984. 12. 26. 선고 84누572 판결 등 참조).
그리고 <의사의 치료비 채권의 소멸시효 기산점(=개개 진료행위의 종료시) (민법 제163조 제2호, 제166조 제1항)> 민법 제163조 제2호 소정의 '의사의 치료에 관한 채권'에 있어서는, 특약이 없는 한 그 개개의 진료가 종료될 때마다 각각의 당해 진료에 필요한 비용의 이행기가 도래하여 그에 대한 소멸시효가 진행된다고 해석함이 상당하고(대법원 1998. 2. 13. 선고 97다47675 판결 참조), 장기간 입원 치료를 받는 경우라 하더라도 다른 특약이 없는 한 입원 치료 중에 환자에 대하여 치료비를 청구함에 아무런 장애가 없으므로 퇴원시부터 소멸시효가 진행된다고 볼 수는 없다 할 것이다.
원심판결 이유에 의하면, 원심은 피고 1이 1990. 3. 29. 척추전후유압술 및 장골이식술을 받은 후 하반신 완전마비의 후유증이 남게 되었으며 그로부터 1998. 12. 5. 퇴원하기까지 약 8년여 동안 원고 병원에서 입원 치료를 받아왔으며, <환자가 수술 후 후유증으로 장기간 입원 치료를 받으면서 병원을 상대로 의료과오를 원인으로 한 손해배상청구 소송을 제기하였던 사정만으로 치료비 채권의 소멸시효가 퇴원시나 위 소송이 종결된 날로부터 진행한다고 볼 수는 없다고 한 사례 (민법 제163조 제2호, 제166조 제1항)> 피고들이 원고 병원을 상대로 의료과오를 원인으로 한 손해배상청구 소송을 제기하여 그 소송이 1999. 12. 21.에 이르러서야 종결되었으나, 그러한 사정만으로는 원고 병원이 피고들을 상대로 치료비를 청구하는 데 법률상으로 아무런 장애가 되지 아니하므로 이 사건 치료비 채권의 소멸시효가 피고 피고 1의 퇴원시부터 진행한다거나 위 손해배상청구 소송이 종결된 날로부터 진행한다고 볼 수 없으며, 따라서 이 사건 소제기일로부터 역산하여 민법 제163조 소정의 단기소멸시효기간 3년이 넘는 기간 동안에 발생한 치료비 채권은 시효로 인하여 소멸되었다고 판단하였는바, 이는 위 법리에 따른 것으로서 옳다고 수긍이 되고 원심판결에 치료비 채권의 소멸시효의 기산점에 관한 법리를 오해한 위법이 있다고 볼 수 없다.

나. 상고이유 제2점에 대하여

<소멸시효의 진행이 개시되기 전에 소멸시효의 중단사유로서의 승인을 할 수 있는지 여부(소극) *(민법 제168조 제3호)>* 소멸시효의 중단사유로서의 승인은 시효이익을 받을 당사자인 채무자가 그 권리의 존재를 인식하고 있다는 뜻을 표시함으로써 성립하는 것이므로, 이는 소멸시효의 진행이 개시된 이후에만 가능하고 그 이전에 승인을 하더라도 시효가 중단되지는 않는다고 할 것이고, 또한 현존하지 아니하는 장래의 채권을 미리 승인하는 것은 채무자가 그 권리의 존재를 인식하고서 한 것이라고 볼 수 없어 허용되지 않는다고 할 것이다.

원심판결 이유에 의하면, 원심은 **<소멸시효의 중단사유로서의 승인** *(민법 제168조 제3호)>* 피고들이 원고 병원과 진료계약을 체결하면서 "입원료 기타 제요금이 체납될 시는 원고 병원의 법적 조치에 대하여 아무런 이의를 하지 않겠다."고 약정하였다 하더라도, 이로써 그 당시 아직 발생하지도 않은 이 사건 치료비 채무의 존재를 미리 승인하였다고 볼 수는 없다고 판단하였는바, 이는 위 법리에 따른 것으로서 옳다고 수긍이 되고 원심판결에 소멸시효의 중단사유로서의 승인에 관한 법리를 오해한 위법이 있다거나, 심리를 제대로 하지 아니한 채 채증법칙을 위반하여 사실을 잘못 인정한 위법이 있다고 볼 수 없다.

다. 상고이유 제3점에 대하여

원심판결 이유에 의하면, 원심은 피고 1이 입원 치료를 받고 있는 상태에서 치료비채무가 시효로 소멸하였다고 주장하더라도 신의칙에 반한다고 볼 수는 없다고 판단하였는바, 이와 같은 원심의 판단은 옳다고 수긍이 되고 원심판결에 신의칙에 관한 법리를 오해하여 판결에 영향을 미친 위법이 있다고 볼 수 없다.

2. 피고의 상고이유에 대한 판단

<의사의 진료 결과 질병이 치료되어야만 치료비를 청구할 수 있는지 여부(소극) *(민법 제681조, 제686조)>* 의사가 환자에게 부담하는 진료채무는 질병의 치료와 같은 결과를 반드시 달성해야 할 결과채무가 아니라 환자의 치유를 위하여 선량한 관리자의 주의의무를 가지고 현재의 의학수준에 비추어 필요하고 적절한 진료조치를 다해야 할 채무 즉, 수단채무라고 보아야 할 것이므로, 위와 같은 주의의무를 다하였는데도 그 진료 결과 질병이 치료되지 아니하였다 하더라도 그 치료비는 청구할 수 있다 할 것이다(대법원 1993. 7. 27. 선고 92다15031 판결 참조).

원심이 적법하게 확정한 사실에 의하면, 피고들은 원고 병원을 상대로 손해배상 청구소송을 제기한 결과, 원고 병원측에 치료상의 과실은 인정되지 아니하나, 다만 원고 병원측이 피고들에게 치료방법의 내용, 필요성, 발생이 예상되는 위험 등에 관하여 충분한 설명을 하지 못하여 피고들이 위 수술을 할 것인지에 대한 선택의 기회를 잃고 자기결정권을 행사할 수 없었다는 점이 인정되어 피고들에게 위자료로 금 8,000만 원을 지급하라는 판결이 선고, 확정되었다는 것인바, 그렇다면 <*수술 결과 환자의 질병이 치료되지 아니하고 후유증이 남게 되었다 하더라도 의사는 수술에 따른 치료비와, 후유증이 나타난 이후에 증세의 회복 내지 악화 예방을 위하여 이루어진 진료에 관한 비용을 청구할 수 있다고 한 사안*> (*민법 제681조, 제686조*)> 원고 병원이 피고 1의 치유를 위하여 선량한 관리자의 주의의무를 가지고 현재의 의학수준에 비추어 필요하고 적절한 진료조치를 다한 이상 원고 병원측의 치료는 진료채무의 본지에 따른 것이며, 설사 그 수술 결과 피고 1의 질병이 치료되지 아니하고 오히려 후유증이 남게 되었다 하더라도 그 수술에 따른 치료비를 청구할 수 있다 할 것이고, 그 후유증이 원고 병원측의 치료상의 과실로 인한 것이라고 볼 수 없는 이상 원고 병원측에 그로 인한 손해전보의 책임이 있다고 볼 수 없으므로, 후유증이 나타난 이후에 증세의 회복 내지 악화 예방을 위하여 이루어진 진료에 관한 비용도 청구할 수 있다고 할 것이다.

그러므로 같은 취지로 판단한 원심판결은 옳다고 수긍이 되고, <*의사의 설명의무 위반을 인정하면서도 동시에 치료비 청구를 인정한 것이 이유모순에 해당하는지 여부(소극)* (*민사소송법 제394조 제1항 제6호*)> 의사의 설명의무 위반을 인정하면서도 치료비 청구와 관련하여서는 의사가 진료채무의 본지에 따른 선량한 관리자로서의 주의의무를 다했다고 판단하였다 하더라도 서로 모순되는 사실을 인정한 것이라고 볼 수 없으므로 원심판결에는 상고이유로 주장하는 바와 같이 의사의 주의의무에 관한 법리를 오해한 위법이 있다거나, 이유모순, 이유불비의 위법 또는 채증법칙을 위반하여 사실을 잘못 인정한 위법이 있다고 볼 수 없다.

§ 10-11-2 1년의 단기소멸시효에 걸리는 채권
❶ 대법원 2013. 11. 14. 선고 2013다65178 판결 [손해배상(기)]

1. <*민법 제164조 각 호에서 개별적으로 정하여진 채권의 채권자가 그 채권의 발생원인이 된 계약에 기하여 상대방에 대하여 부담하는 반대채무가 1년의 단기소멸시효기간의 적용을 받는지 여부(소극)* (*민법 제162조 제1항, 제164조*)> 일정한 채권의 소멸시효기간에 관하여 이를 특별히 1년의 단기로 정하는 민법 제164조는 그 각 호에서 개별적으로 정하여진 채권의 채권자가 그 채권의 발생원인이 된 계약에 기하여 상대방에 대하여 부담하는 반대채무에 대하여는 적용되지 아니한다. 따라서 그 채권의 상대방이 그 계약에 기하여 가지는 반대채권은 원칙으로 돌아가, 다른 특별한 사정이 없는 한 민법 제162조 제1항에서 정하는 10년의 일반소멸시효기간

의 적용을 받는다.

2. 원심은 우선 피고 1(간병인)이 원고(환자)와 사이에 체결한 간병인계약상의 의무를 위반함으로써 원고(환자)가 병실 바닥에 쓰러져 좌측 비구 복합골절 등의 상해를 입는 이 사건 사고가 발생하였으므로, 피고들은 이 사건 사고로 원고(환자)가 입은 손해를 배상할 책임이 있다고 판단하였다.

나아가 원심은 피고들의 항변, 즉 <사안의 경우> 피고 1(간병인)의 간병료 채권은 노역인의 임금 채권에 해당하여 민법 제164조 제3호에 따라 1년의 단기소멸시효에 걸리므로, 원고(환자)의 피고 1(간병인)에 대한 간병서비스 이행청구권, 나아가 그 권리의 확장 내지 내용 변경에 불과한 원고(환자) 주장의 손해배상청구권의 소멸시효기간도 1년이라는 취지의 항변을 '위 단기소멸시효의 대상이 되는 채권은 노역인의 임금 채권 등에 대하여만 적용될 뿐이지, 채무불이행으로 인한 손해배상청구권에는 그 적용이 없다'는 이유로 배척하였다.

3. 앞서 본 법리에 비추어 살펴보면, 원심이 피고 1(간병인)이 원고(환자)와 사이에 체결한 간병인계약에 기하여 부담하는 채무를 불이행함으로 말미암아 발생한 손해배상청구권에 대하여 위 법규정상의 단기소멸시효가 적용되지 아니한다고 판단한 것은 그 결과에 있어서 정당하다.

피고들이 상고이유에서 드는 대법원판결들은 사실관계를 달리하여 이 사건에 원용하기에 적합하지 아니하다. 결국 상고이유의 주장은 받아들이지 아니한다.

2) 판결 등에 의하여 확정된 채권의 소멸시효기간
§ 10-12 주채무에 대한 확정판결과 보증채무의 소멸시효기간
❶ 대법원 2006. 8. 24. 선고 2004다26287, 26294 판결 【채무부존재확인등·구상금】

사실관계

보증보험회사 乙은 주식회사 A 물산과 1991. 6. 13. 피보험자를 C 주식회사로 하는 지급보증보험계약을 체결하였다. 그리고 A 물산의 대표이사 甲 등과 B(甲의 아버지)는 1991. 6. 13. 乙에 대하여 위 보증보험계약에 기한 A 물산의 구상금채무를 연대보증하였고, B는 아울러 위 채무의 담보로서 X 토지에 乙 명의의 근저당권설정등기를 마쳐두었다. 그 후 A 물산이 부도나자 乙은 1991. 11. 14. 위 보증보험계약에 따라 피보험자들에게 보험금을 지급한 후, 1991. 12. 16. X 토지에 대한 임의경매를 신청하여 경매법원으로부터 1992. 11. 12. 일부의 배당을 받았다. 그 후 B가 1993. 9. 13. 사망하였으며(단 사망신고는 2001. 6. 29.경 이루어짐), 그의 상속인으로는 甲 등이 있으며, 상속재산 중 적극재산으로는 Y 토지와 Z 임야가 있다. 乙은 1996. 6. 25. A 물산과 甲 그리고 B를 상대로 하여 구상금채권 중 위 임의경매를 통하여 변제받지 못한 나머지 부분의 지급을 구하는 소를 제기하여(구상금소송), 같은 해 10. 16. 전부승

소판결을 받고, 위 판결은 같은 해 11. 14. 확정되었다. 또한 乙은 2000. 7. 1. B에 대한 구상금채권을 청구채권으로 하여 법원에 B의 적극재산에 대한 가압류신청을 하였고, 2000. 7. 18. 가압류결정을 받아, 같은 달 21. 가압류등기를 마쳤다. 그 후 甲 등은 자신들이 상속받은 위 연대보증계약에 기한 B의 구상금채무는 시효의 완성으로 소멸하였으므로 자신들의 채무가 부존재한다는 확인청구소송을 제기하였다. 이에 대하여 乙은 2002. 7. 16. 반소로서, 乙이 1996. 6. 25. B를 상대로 제기한 위 구상금소송과 2000. 7.경 B의 적극재산에 대하여 한 가압류결정으로 甲 등의 구상금채무는 소멸시효가 중단되었으므로 구상금의 지급채무가 여전히 존재한다고 하면서, 이의 이행을 구하는 소를 제기하였다.

판결이유

1. 이 사건 각 계약의 효력에 관한 주장에 대한 판단

원심이 그 판결에서 채택하고 있는 증거들을 종합하여, 원고들(갑 등)의 망부(망부) 이O성(B)과 피고(을) 사이의 1991. 6. 13.자 연대보증 및 근저당권설정계약, 1991. 10. 4.자 연대보증계약이 모두 적법·유효하게 체결되었음을 인정하고, 위 각 계약 체결 당시 이O성(B)이 의사무능력 상태에 있었다거나 1991. 10. 4.자 연대보증계약 체결 대리권을 박현수에게 수여한 바 없다는 원고들(갑 등)의 주장을 배척한 것은 정당하고, 거기에 채증법칙을 위반하여 사실을 오인하는 등의 위법은 없다. 이 부분 원고들(갑 등)의 상고이유는 모두 받아들이지 않는다.

2. 소멸시효 주장에 대한 판단

가. 민법 제440조가 "주채무자에 대한 시효의 중단은 보증인에 대하여 그 효력이 있다."고 정한 것은 민법 제169조에서 "시효의 중단은 당사자 및 그 승계인 간에만 효력이 있다."고 정한 것에 대한 예외를 인정한 것으로, 이는 보증채무의 부종성에 기인한 당연한 법리를 선언한 것이라기보다 채권자보호 내지 채권담보의 확보를 위하여 마련한 특별 조항인바, 위 조항은 상충하는 채권자와 보증채무자의 이해관계를 조절하는 조항이라는 점을 고려하면 이를 해석함에 있어서는 가급적 문언에 충실함이 바람직하다 할 것인데, 위 조항의 문언상 의미는 주채무자에 대한 시효중단의 사유가 발생하였을 때는 그 보증인에 대한 별도의 중단조치가 이루어지지 아니하여도 동시에 시효중단의 효력이 생기도록 한 것에 불과하고 중단된 이후의 시효기간까지 당연히 보증인에게도 그 효력이 미친다고 하는 취지는 아니다. 한편, 민법 제165조 제1항이 "판결에 의하여 확정된 채권은 단기의 소멸시효에 해당한 것이라도 그 소멸시효는 10년으로 한다."고 정한 것은 단기소멸시효가 적용되는 채권이라도 판결에 의하여 채권의 존재가 확정되면 그 성립이나 소멸에 관한 증거자료의 일실 등으로 인한 다툼의 여지가 없어지고, 법률관계를 조속히 확정할 필요성도 소멸하며, 채권자로 하여금 단기소멸시효 중단을 위해 여러 차례 중단절

차를 밟도록 하는 것은 바람직하지 않기 때문이다. 그런데 보증채무가 주채무에 부종한다 할지라도 원래 보증채무는 주채무와는 별개의 독립된 채무이어서 채권자와 주채무자 사이에서 주채무가 판결에 의하여 확정되었다고 하더라도, 이로 인하여 보증채무 자체의 성립 및 소멸에 관한 분쟁까지 당연히 해결되어 보증채무의 존재가 명확하게 되는 것은 아니므로, 채권자가 보증채무에 대하여 뒤늦게 권리행사에 나선 경우 보증채무 자체의 성립과 소멸에 관한 분쟁에 대하여 단기소멸시효를 적용하여야 할 필요성은 여전히 남는다.

위와 같은 <확정판결로 주채무의 소멸시효기간이 10년으로 연장된 경우, 보증채무의 소멸시효기간도 10년으로 연장되는지 여부(소극)> (민법 제165조 제1항, 제440조)> 민법 제440조와 제165조의 규정 내용 및 입법 취지 등을 종합하면, 채권자와 주채무자 사이의 확정판결에 의하여 주채무가 확정되어 그 소멸시효기간이 10년으로 연장되었다 할지라도, 이로 인해 그 보증채무까지 당연히 단기소멸시효의 적용이 배제되어 10년의 소멸시효기간이 적용되는 것은 아니고, 채권자와 연대보증인 사이에 있어서 연대보증채무의 소멸시효기간은 여전히 종전의 소멸시효기간에 따른다고 보아야 할 것이다(대법원 1986. 11. 25. 선고 86다카1569 판결 참조).

원심이 이와 달리, 상사채무인 주식회사 오수물산(A)의 주채무가 1996. 11. 14. 확정판결에 의하여 그 소멸시효기간이 10년으로 연장된 이상, 이O성(B)의 연대보증채무의 소멸시효기간 역시 당연히 10년으로 연장되었다고 보아 연대보증채무의 소멸시효기간은 여전히 5년이라는 원고들(갑 등)의 주장을 배척한 것은, 주채무가 판결에 의하여 확정된 경우의 보증채무의 소멸시효기간에 관한 법리를 오해하여 판결에 영향을 미치는 위법을 저지른 것이니, 이를 지적하는 원고들의 상고이유는 받아들이기로 한다.

나. <사망자를 채무자로 한 가압류결정의 효력(무효) 및 당연 무효의 가압류가 민법 제168조 제2호에 정한 소멸시효의 중단사유에 해당하는지 여부(소극)> (민법 제168조, 제175조; 민사소송법 제280조)> 이미 사망한 자를 피신청인으로 한 가압류신청은 부적법하고 그 신청에 따른 가압류결정이 있었다고 하여도 그 결정은 당연 무효로서 그 효력이 상속인에게 미치지 않으며(대법원 2002. 4. 26. 선고 2000다30578 판결), 이러한 당연 무효의 가압류는 민법 제168조가 정한 소멸시효의 중단사유인 가압류에 해당하지 않는다고 볼 것이다.

이는 민법 제175조가 법률의 규정에 따르지 아니함으로 인하여 취소된 가압류에 대하여는 시효중단의 효력을 인정하지 않고 있는 점에 비추어 보아도 분명하고, 또 가압류에 의한 소멸시효 중단의 효력이 그 집행보전의 효력이 존속하는 동안 지속된다는 점에서 판결의 확정으로 중단되었던 소멸시효가 다시 진행하는 재판상 청구보다도 훨씬 강력하다는 사정을 고려하면 당연 무효인 가압류를 소멸시효 중단 사유로 취급하는 것은 적절하다고 볼 수도 없다.

원심이 이와 달리, 피고(을)가 이O성(B)이 1993. 9. 13. 사망한 이후 그를 피신청인으로 하여 가압류신청을 한 이상, 그 신청에 기한 2000. 7. 18.자 가압류결정은 당연 무효에 해당한다고 하면서도 이를 통하여 피고(을)의 권리행사 의사가 확인된 이상 적법한 가압류와 같은 소멸시효 중단사유에 해당한다고 보아, 이 사건 상속채무는 주채무에 대한 1996. 11. 14. 확정판결 이후 5년이 경과함으로써 소멸시효가 완성되었다는 원고들의 주장을 배척한 것은, 소멸시효 중단사유에 관한 법리를 오해하여 판결에 영향을 미치는 위법을 저지른 것이니, 이를 지적하는 원고들의 상고이유 역시 받아들이기로 한다.

다. 채무자의 소멸시효에 기한 항변권의 행사도 우리 민법의 대원칙인 신의성실의 원칙과 권리남용금지의 원칙의 지배를 받는 것이어서, 채무자가 시효완성 전에 채권자의 권리행사나 시효중단을 불가능 또는 현저히 곤란하게 하였거나, 그러한 조치가 불필요하다고 믿게 하는 행동을 하였거나, 객관적으로 채권자가 권리를 행사할 수 없는 장애사유가 있었거나, 또는 일단 시효완성 후에 채무자가 시효를 원용하지 아니할 것 같은 태도를 보여 권리자로 하여금 그와 같이 신뢰하게 하였거나, 채권자보호의 필요성이 크고, 같은 조건의 다른 채권자가 채무의 변제를 수령하는 등의 사정이 있어 채무이행의 거절을 인정함이 현저히 부당하거나 불공평하게 되는 등의 특별한 사정이 있는 경우에는, 채무자가 소멸시효의 완성을 주장하는 것이 신의성실의 원칙에 반하여 권리남용으로서 허용될 수 없다(대법원 2005. 5. 13. 선고 2004다71881 판결 참조). 그러나 **<상속인(갑)이 피상속인(B)의 사망신고와 상속등기를 게을리 하고 채권자(을)가 피상속인(B)을 피신청인으로 하여 한 가압류에 대하여 이의하지 않는 등 소극적으로 행동한 경우, 상속인의 소멸시효 완성 주장을 권리남용이라고 할 수 있는지 여부(소극)** (민법 제2조, 제162조)> 상속채무를 부담하게 된 상속인의 행위가 단순히 피상속인에 대한 사망신고 및 상속부동산에 대한 상속등기를 게을리 함으로써 채권자로 하여금 사망한 피상속인을 피신청인으로 하여 상속부동산에 대하여 당연 무효의 가압류를 하도록 방치하고 그 가압류에 대하여 이의를 제기하거나 피상속인의 사망 사실을 채권자에게 알리지 않은 정도에 그치고, 그 외 달리 채권자의 권리 행사를 저지·방해할 만한 행위에 나아간 바 없다면, 위와 같은 소극적인 행위만을 문제 삼아 상속인의 소멸시효 완성 주장이 신의성실의 원칙에 반하여 권리남용으로서 허용될 수 없다고 볼 것은 아니다.

원심이 이와 달리, 원고들(갑 등)이 망부 이O성(B)의 사망신고 및 상속부동산에 대한 상속등기를 게을리 함으로써 피고(을)로 하여금 이O성(B)을 피신청인으로 한 당연 무효의 가압류를 하도록 방치하고 그 후에도 피고(을)에게 이O성(B)의 사망 사실을 알리거나 가압류에 대한 이의를 하지 않았다는 이유만으로, 그 외 달리 채권자인 피고(을)의 권리 행사를 저지·방해할 만한 행위를 하였는지에 대하여 살펴보지도 않은 채 바로 소멸시효가 완성되었다거나, 당연 무효인 가압류는 소멸시효 중단의 효력이 없다는 원고들(갑 등)의 주장을 신의성실의 원칙에 반한다고 판단한 것은, 신의성실의 원칙에 관한 법리를 오해하여 판결에 영향을 미치는 위법을 저지른 것이다.

❷ 대법원 2014. 6. 12. 선고 2011다76105 판결 [보증채무금]

1. <주채무자에 대한 확정판결에 의하여 단기소멸시효에 해당하는 주채무의 소멸시효기간이 10년으로 연장된 상태에서 주채무를 보증한 경우, 보증채무의 소멸시효기간 (민법 제162조 제1항, 제163조; 상법 제64조)> 보증채무는 주채무와는 별개의 독립한 채무이므로 보증채무와 주채무의 소멸시효기간은 그 채무의 성질에 따라 각각 별개로 정해진다(대법원 2010. 9. 9. 선고 2010다28031 판결 등 참조). 그리고 주채무자에 대한 확정판결에 의하여 민법 제163조 각 호의 단기소멸시효에 해당하는 주채무의 소멸시효기간이 10년으로 연장된 상태에서 그 주채무를 보증한 경우, 특별한 사정이 없는 한 그 보증채무에 대하여는 민법 제163조 각 호의 단기소멸시효가 적용될 여지가 없고, 그 성질에 따라 보증인에 대한 채권이 민사채권인 경우에는 10년, 상사채권인 경우에는 5년의 소멸시효기간이 적용된다.
한편 당사자 쌍방에 대하여 모두 상행위가 되는 행위로 인한 채권뿐만 아니라 당사자 일방에 대하여만 상행위에 해당하는 행위로 인한 채권도 상법 제64조에서 정한 5년의 소멸시효기간이 적용되는 상사채권에 해당하고, 여기에서 말하는 상행위에는 상인이 영업을 위하여 하는 상법 제47조의 보조적 상행위도 포함된다(대법원 2005. 5. 27. 선고 2005다7863 판결 등 참조).
2. 가. 원심판결 이유에 의하면, 원심은 제1심판결을 인용하여, ① 건설자재 등 판매업을 하는 원고가 2005. 12.경부터 2006. 3.경까지 OO토건 주식회사(이하 'OO토건'이라 한다)에게 5,100만 원 상당의 건설자재를 공급하여 그중 190만 원을 변제받고 4,910만 원의 물품대금채권을 가지고 있던 사실, ② 원고는 OO토건을 상대로 울산지방법원 2006가단27368호로 물품대금 청구소송을 제기하여 2006. 9. 28. "OO토건은 원고에게 4,910만 원 및 이에 대한 2006. 7. 13.부터 다 갚는 날까지 연 20%의 비율로 계산한 돈을 지급하라"는 판결을 선고받고, 위 판결이 2006. 10. 25. 확정된 사실, ③ OO토건은 위 판결 확정 후인 2006. 12. 26. 원고에게 "미지급한 물품대금 49,200,935원을 조속히 지급할 것을 확인한다"는 내용의 지불각서를 작성해 주었고, 피고는 당시 OO토건의 위 물품대금채무를 연대보증한 사실을 인정하였다.
나아가 원심은 위와 같은 사실관계를 기초로, 위 확정판결에 의하여 원고의 OO토건에 대한 물품대금채권의 소멸시효기간이 10년으로 연장되었고 피고는 위와 같이 시효가 연장된 병영토건의 채무를 연대보증하였으므로 피고의 보증채무의 소멸시효기간도 10년이라고 할 것인데, 원고가 2010. 7. 23. 피고를 상대로 지급명령을 신청하였으므로 원고의 피고에 대한 보증채권은 소멸시효가 완성되지 아니하였다고 판단하여, 피고의 소멸시효항변을 배척하였다.

나. 원심이 인정한 사실관계를 앞서 본 법리에 비추어 보면, 주채무자에 대한 판결에 의하여 확정된 물품대금채무를 연대보증한 피고의 보증채무의 소멸시효기간은, 원고의 피고에 대한 보증채권이 민사채권인 경우에는 10년, 상사채권인 경우에는 5년이라고 보아야 한다.

그런데 상법 제47조 제1항, 제2항에 의하면 상인이 영업을 위하여 하는 행위는 상행위로 보고, 상인의 행위는 영업을 위하여 하는 것으로 추정되는 것이므로, <**건설자재 등 판매업을 하는 갑이 을 주식회사를 상대로 제기한 물품대금 청구소송에서 갑 승소판결이 확정된 후 병이 을 회사의 물품대금채무를 연대보증한 사안에서, 갑의 병에 대한 보증채권의 소멸시효기간이 5년이라고 한 사례** (민법 제162조 제1항, 제163조; 상법 제3조, 제46조, 제47조, 제64조)> 상인인 원고(갑)가 상품을 판매한 대금채권에 대하여 피고(병)로부터 연대보증을 받은 행위는 반증이 없는 한 상행위에 해당하고, 따라서 원고(갑)의 피고(병)에 대한 보증채권은 특별한 사정이 없는 한 상사채권으로서 그 소멸시효기간은 5년이라고 보아야 할 것이다.

그럼에도 원심이 그 판시와 같은 이유로 원고의 피고에 대한 보증채권의 소멸시효기간이 10년이라고 본 것은 잘못이라고 할 것이나, 원고가 위 보증채권에 대한 5년의 소멸시효가 완성되기 전인 2010. 7. 23. 피고를 상대로 이 사건 지급명령을 신청하였음이 기록상 명백하므로 피고의 소멸시효항변을 배척한 원심의 조치는 결론에 있어 정당하고, 거기에 보증채무의 소멸시효기간에 관한 법리를 오해하여 판결 결과에 영향을 미친 위법이 없다.

III. 소멸시효의 중단과 정지

1. 소멸시효의 중단
1) 소멸시효의 중단사유
(1) 청구
가. 재판상 청구
§ 10-13 재판상 청구의 의의 및 근거
§ 10-13-1 확정된 승소판결 후 시효중단을 위한 소제기의 허용 여부
❶ 대법원 2018. 7. 19. 선고 2018다22008 전원합의체 판결 [구상금] 〈시효 중단을 위한 재소 사건〉

사실관계

甲은 1995. 12.경 A(소외인)와 사이에 "피보험자는 OO자동차 주식회사(B), 보험가입금액은 9,504,000원, 보험기간은 1995. 12. 27.부터 1997. 12. 26.까지, 보증내용은 쏘나타 자동차 할부금 납입채무 지급보증"으로 하는 할부판매보증보험계약을 체결하였고, 乙은 A가 위 보증보험계약에 따라 甲에게 부담하는 모든 채무를 연대보증하였다. B는 A가 할부금 납입채무를 3회 이행하지 아니하자 위 보증보험계약에 따라 甲에게 보험금을 청구하였고, 甲은 1996. 7. 23. B에게 보험금으로 7,600,951원을 지급하였다. 甲은 A와 乙을 상대로 구상금 청구소송을 제기하여 1997. 4. 8. 승소판결을 받아 그 무렵 확정되었으며, 그 후 甲은 2,337,933원을 지급받았다. 甲은 시효연장을 위해 구상금 청구소송을 제기하여 2007. 2. 1. 甲 승소의 이행권고결정을 받았고, 2007. 2. 23. 그대로 확정되었다. 이 후에도 乙이 채무를 이행하지 않자 甲은 2016. 8. 19. 乙을 상대로 구상금 청구의 소를 제기하였다.

판결이유

1. <u><확정판결에 의한 채권의 소멸시효기간인 10년의 경과가 임박한 경우, 시효중단을 위한 재소(재소)에 소의 이익이 있는지 여부(적극) 및 이때 후소 법원이 그 확정된 권리를 주장할 수 있는 모든 요건이 구비되어 있는지에 관하여 다시 심리할 수 있는지 여부(소극)</u> (민법 제162조 제1항, 제163조, 제164조, 제165조 제1항, 제168조, 제170조 제1항, 제174조, 제178조, 제184조 제2항, 제766조; 민사소송법 제216조, 제218조, 제248조)> <u>확정된 승소판결에는 기판력이 있으므로, 승소 확정판결을 받은 당사자가 그 상대방을 상대로 다시 승소 확정판결의 전소(전소)와 동일한 청구의 소를 제기하는 경우 그 후소(후소)는 권리보호의 이익이 없어 부적법하다. 하지만 예외적으로 확정판결에 의한 채권의 소멸시효기간인 10년의 경과가 임박한 경우에는 그 시효중단을 위한 소는 소의 이익이 있다</u>(대법원 1987. 11. 10. 선고 87다카1761 판결, 대법원 2006. 4. 14. 선고 2005다74764 판결 등 참조).
<u>나아가 이러한 경우에 후소의 판결이 전소의 승소 확정판결의 내용에 저촉되어서는 아니 되므로, 후소 법원으로서는 그 확정된 권리를 주장할 수 있는 모든 요건이 구비되어 있는지 여부에 관하여 다시 심리할 수 없다</u>(대법원 2010. 10. 28. 선고 2010다61557 판결 등 참조).

2. 원심은 그 채택 증거를 종합하여 아래와 같은 사실을 인정하였다.
……

이러한 사실관계를 기초로 원심은, 피고(을)는 소외인과 연대하여 원고(갑)에게 구상금 18,767,816원과 그중 원금 5,263,018원에 대하여 2006. 6. 30.부터 원고(갑)가 구하는 바에 따라 2015. 9. 30.까지는 약정이율인 연 18%, 그 다음 날부터 다 갚는 날까지는 소송촉진 등에 관한 특례법이 정한 연 15%의 각 비율로 계산한 지연손해금을 지급할 의무가 있다고 판단하였다.

나아가 '피고(을)는 소외인(A)을 알지 못하며 원고(갑)와 연대보증약정을 체결한 사실이 없으므로, 이 사건 보증보험계약에 따른 채무를 부담하지 않는다.'는 취지의 피고(을)의 주장에 대하여는, 원고(갑)가 피고(을)를 상대로 제기한 서울지방법원 96가소439231호 구상금청구 소송에서 위와 같은 구상금 채권의 존재가 확정된 이상, 소멸시효 중단을 위해 제기한 이 사건 소송에서 피고(을)가 주장하는 사유는 위 확정판결의 기판력에 저촉되는 것이어서 심리할 수 없다고 판단하였다.

원심의 위와 같은 판단은 앞서 본 법리에 따른 것으로서, 상고이유 주장과 같은 법리오해 등의 잘못이 없다.

3. 한편 앞서 본 것처럼, <u>대법원은 종래 확정판결에 의한 채권의 소멸시효기간인 10년의 경과가 임박한 경우에는 그 시효중단을 위한 재소(재소)는 소의 이익이 있다는 법리를 유지하여 왔다. 이러한 법리는 현재에도 여전히 타당하다. 다른 시효중단사유인 압류·가압류나 승인 등의 경우 이를 1회로 제한하고 있지 않음에도 유독 재판상 청구의 경우만 1회로 제한되어야 한다고 보아야 할 합리적인 근거가 없다. 또한 확정판결에 의한 채무라 하더라도 채무자가 파산이나 회생제도를 통해 이로부터 전부 또는 일부 벗어날 수 있는 이상, 채권자에게는 시효중단을 위한 재소를 허용하는 것이 균형에 맞다.</u>

기록에 따라 살펴보면, <u>시효중단을 위한 재소인 이 사건 소는 원고(갑)가 피고(을)를 상대로 제기하였던 전소(서울중앙지방법원 2007가소1135651호)에서 원고(갑) 승소의 이행권고결정이 확정된 때인 2007. 2. 23.부터 10년의 경과가 임박한 2016. 8. 19. 제기된 것으로서 소의 이익이 있다.</u>

❷ 대법원 2018. 10. 18. 선고 2015다232316 전원합의체 판결 [[소멸시효연장을위한] 대여금반환청구의소] 〈소멸시효 중단을 위한 후소의 형태에 관한 사건〉

1. 상고이유를 판단한다.

가. 원심판결 이유와 기록에 의하면 다음과 같은 사실을 알 수 있다. ① 원고는 수원지방법원 2003가합15269호로 피고를 상대로 원고가 피고에게 1997. 2. 말경 6,000만 원, 1997. 4. 초경 1억 원을 각 대여하였다고 주장하며 대여금 1억 6,000만 원 및 이에 대한 지연손해금 청구를 하여, 2004. 11. 11. 원고 전부승소 판결을 선고받고 2004. 12. 7. 그 판결이 확정되었다. ② 원고는 2014. 11. 4. 위 대여금 채권의 시효중단을 위한 후소로서 피고를 상대로 1억 6,000만 원 및 그 지연손해금의 지급을 구하는 이 사건 이행의 소를 제기하였다.

......

2. 직권으로 소멸시효 중단을 위한 후소의 형태에 관하여 본다.

……

2) 이처럼 <시효중단을 위한 후소로서 이행소송 외에 전소 판결로 확정된 채권의 시효를 중단시키기 위한 재판상의 청구가 있다는 점에 대하여만 확인을 구하는 형태의 '새로운 방식의 확인소송'이 허용되는지 여부(적극)>(민법 제165조 제1항, 제168조 제1호, 제170조, 제178조, 제473조; 민사소송법 제98조, 제216조, 제218조, 제248조, 제250조, 민사집행법 제35조, 제44조, 제53조)> 종래 대법원은 시효중단사유로서 재판상의 청구에 관하여 반드시 권리 자체의 이행청구나 확인청구로 제한하지 않을 뿐만 아니라, 권리자가 재판상 그 권리를 주장하여 권리 위에 잠자는 것이 아님을 표명한 것으로 볼 수 있는 때에는 널리 시효중단사유로서 재판상의 청구에 해당하는 것으로 해석하여 왔다. 이와 같은 법리는 이미 승소 확정판결을 받은 채권자가 그 판결상 채권의 시효중단을 위해 후소를 제기하는 경우에도 동일하게 적용되므로, 채권자가 전소로 이행청구를 하여 승소 확정판결을 받은 후 그 채권의 시효중단을 위한 후소를 제기하는 경우, 그 후소의 형태로서 항상 전소와 동일한 이행청구만이 시효중단사유인 '재판상의 청구'에 해당한다고 볼 수는 없다. 오히려 시효중단을 위한 후소로 전소와 동일한 이행소송을 제기하는 것은 아래에서 보는 바와 같은 많은 법리적 문제점을 내포하고 있을 뿐만 아니라 현실적으로도 여러 문제를 야기한다.

따라서 아래에서 보는 '새로운 방식의 확인소송' 역시 판결이 확정된 채권의 채권자가 그 채권을 재판상 주장하여 권리 위에 잠자는 것이 아님을 표명하는 것으로서, 재판상의 청구인 시효중단을 위한 후소의 한 형태로 허용되고, 채권자는 자신의 상황과 필요에 따라 시효중단을 위한 후소로서 전소와 동일한 이행소송 또는 새로운 방식의 확인소송을 선택하여 제기할 수 있다고 봄이 타당하다. 이하에서 새로운 방식의 확인소송의 필요성과 내용에 대하여 본다.

……

마. 시효중단을 위한 재판상의 청구의 형태에 관하여 새로운 접근이 필요하다.

1) 이상에서 본 바와 같이 시효중단을 위한 이행소송은 다양한 문제를 야기한다. 그와 같은 문제들의 근본적인 원인은 시효중단을 위한 후소의 형태로 전소와 소송물이 동일한 이행소송이 제기되면서 채권자가 실제로 의도하지도 않은 청구권의 존부에 관한 실체 심리를 진행하는 데에 있다. 채무자는 그와 같은 후소에서 전소 판결에 대한 청구이의사유를 조기에 제출하도록 강요되고 법원은 불필요한 심리를 해야 한다. 채무자는 이중집행의 위험에 노출되고, 실질적인 채권의 관리·보전비용을 추가로 부담하게 되며 그 금액도 매우 많은 편이다. 채권자 또한 자신이 제기한 후소의 적법성이 10년의 경과가 임박하였는지 여부라는 불명확한 기준에 의해 좌우되는 불안정한 지위에 놓이게 된다.

이처럼 시효중단을 위한 이행소송은 이를 제기한 채권자의 의사에도 부합하지 않을 뿐만 아니라 채권자와 채무자의 법률적 지위마저 불안정하게 한다. 그럼에도 시효중단을 위한 후소로서 이행소송만이 제기되어 온 것은 종래 '재판상의 청구'의 가장 전형적인 형태가 이행소송이라고 하는 고정 관념에 따라 확정판결의 기판력과 집행력에 관한 깊이 있는 고찰 없이 단지 기판력 저촉을 우회하는 수단으로서 시효완성이 임박했다는 모호한 기준에 기초하여 이를 규율해 오면서도, 보다 적정하고 효율적인 절차적 도구를 고안함으로써 위와 같은 불합리를 시정하려는 노력을 기울이지 않은 데 그 원인이 있다.

2) 위와 같은 종래 실무의 문제점을 해결하기 위해서, 시효중단을 위한 후소로서 이행소송 외에 전소 판결로 확정된 채권의 시효를 중단시키기 위한 조치, 즉 '재판상의 청구'가 있다는 점에 대하여만 확인을 구하는 형태의 '새로운 방식의 확인소송'이 허용되고, 채권자는 두 가지 형태의 소송 중 자신의 상황과 필요에 보다 적합한 것을 선택하여 제기할 수 있다고 보아야 한다.

가) 이러한 새로운 방식의 확인소송은 그 소송물이 전소의 소송물과 다르다는 것이 핵심이다. 즉 전소의 소송물이 실체법상 구체적 청구권의 존부임에 반하여, 새로운 방식의 확인소송의 소송물은 청구권의 실체적 존부 및 범위는 배제된 채 판결이 확정된 구체적 청구권에 관하여 시효중단을 위한 재판상의 청구를 통한 시효중단의 법률관계에 한정된다.

……

나) 새로운 방식의 확인소송에 의할 경우 시효중단을 위한 후소로 이행소송을 제기하는 데서 오는 불합리를 해결할 수 있다.

우선 전소 판결과 후소 판결의 소송물이 달라 이행판결(전소 판결)의 기판력의 표준시가 그대로 유지되므로, 후소에서 전소 판결의 변론종결 후에 발생한 청구이의 사유에 대하여 심리할 필요가 없다. 이는 단지 판결이 확정된 청구권의 시효중단만을 의도한 채권자의 의사에 가장 부합하며, 채무자는 그 소송절차에서 청구이의사유를 제출하고 증명하도록 강요되지도 않는다. 법원도 많은 경우에 무익하고 불필요한 심리를 위한 노력을 들일 필요가 없게 된다.

전소와 소송물이 달라 동일한 청구권에 대해 집행권원이 추가로 발생하지 않으므로, 이중집행의 위험도 없다. 또한 소를 제기할 수 있는 시기적 제한이 없으므로, 소의 적법 여부가 소멸시효기간 경과의 '임박'이라는 불명확한 기준에 따라 달라지는 문제도 발생하지 않는다. 통상 채권자는 판결이 확정된 후 10년의 경과가 임박한 시점에 소를 제기하게 되겠지만, 예컨대 장기간 해외체류 후 귀국할 예정인 채권자는 그보다 앞서 새로운 방식의 확인소송을 제기해 둘 수도 있을 것이다.

채권자가 자신의 채권 보전을 위하여 소를 제기한 것이므로 그 소송비용은 원칙적으로 채권자가 부담하도록 실무를 운용함으로써 채무자가 상당한 정도의 액수에 달하는 채권자의 채권관리·보전 비용을 부담하는 문제를 해결할 수 있다. 다만 채무자(피고)의 무익한 주장·증명과 불복이 있는 경우에는 채무자로 하여금 그에 해당하는 비용을 부담시킬 여지는 얼마든지 있을 것이다. 새로운 방식의 확인소송은 단지 시효중단을 위한 재판상의 청구가 있었다는 확인을 구하는 극히 단순한 형태의 소송으로서, 별다른 다툼의 여지가 없다고 하는 소송의 실질을 감안하면, 이와 같은 형태의 소송에 대해 소송목적의 값을 특히 낮게 책정함으로써 그 비용을 최소화할 필요도 있다.

§ 10-13-2 근거
❶ 대법원 2011. 7. 14. 선고 2011다19737 판결 [소유권이전등기]

1. *<시효중단 사유로서 재판상 청구에 소멸시효 대상인 권리가 발생한 기본적 법률관계를 기초로 하여 소의 형식으로 주장하는 경우가 포함되는지 여부(한정 적극)* (민법 제168조 제1호)> 시효제도의 존재이유는 영속된 사실 상태를 존중하고 권리 위에 잠자는 자를 보호하지 않는다는 데에 있고, 특히 소멸시효에 있어서는 후자의 의미가 강하므로, 권리자가 재판상 그 권리를 주장하여 권리 위에 잠자는 것이 아님을 표명한 때에는 시효중단 사유가 되는바, 이러한 시효중단 사유로서의 재판상의 청구에는 소멸시효 대상인 그 권리 자체의 이행청구나 확인청구를 하는 경우만이 아니라, 그 권리가 발생한 기본적 법률관계를 기초로 하여 소의 형식으로 주장하는 경우에도 권리 위에 잠자는 것이 아님을 표명한 것으로 볼 수 있을 때에는 이에 포함된다고 보는 것이 타당하고, 시효중단 사유인 재판상 청구를 기판력이 미치는 범위와 일치하여 고찰할 필요가 없다(대법원 1979. 7. 10. 선고 79다569 판결, 대법원 1992. 3. 31. 선고 91다32053 전원합의체 판결 등 참조).

2. 원심판결 이유 및 기록에 의하면 다음 사실을 알 수 있다.
원고가 1995. 11. 15. 피고 주식회사 OO건설(이하 '피고 회사'라 한다)과 원심판결 별지 목록 기재 각 건물(이하 '이 사건 각 건물'이라 한다)에 관하여 체결된 매매계약(이하 '이 사건 매매계약'이라 한다)에 근거하여 피고 회사에 대하여 이 사건 각 건물에 관한 소유권이전등기절차의 이행을 구하고, 피고 1, 피고 2에 대하여는 피고 회사에 대한 이 사건 매매를 원인으로 한 소유권이전등기청구권을 피보전권리로 하여 피고 회사를 대위하여 피고 회사가 이 사건 각 건물에 관하여 피고 1, 피고 2와 1996. 1. 22.경 체결한 명의신탁계약을 해지함에 따른 소유권이전등기절차의 이행을 구하는 이 사건 청구에 대하여, 원심은 이 사건 소유권이전등기청구권은 이 사건 매매계약이 체결된 1995. 11. 15.경부터 소멸시효가 진행된다고 보아야 하는데, 이 사건 소는 그로부터 10년이 경과된 후인 2007. 11. 15. 제기되었으므로 이 사건 각 건물에 관한 원고의 소유권이전등기청구권은 이 사건 소제기 전에 이미 시효로 소멸하였다고 판단하였다.

원고는 소멸시효기간 만료 전에 피고 회사를 상대로 이 사건 매매계약을 원인으로 이 사건 각 건물에 관하여 건축주명의변경을 구하는 소를 제기하였기 때문에 위 소멸시효가 중단되었다고 주장하였으나, 원심은 원고가 1998. 4. 16. 피고 회사를 상대로 춘천지방법원 강릉지원 98가합1280호로 이 사건 매매를 원인으로 이 사건 각 건물에 관한 건축주명의변경 이행청구의 소를 제기하였다가 패소하였으나, 이에 항소하여 1999. 6. 3. 서울고등법원 98나57077호로 승소판결을 선고받고 위 판결이 1999. 6. 26. 확정된 사실은 인정되나, 매매를 원인으로 한 건축주명의변경이행청구의 소를 제기하여 그 명의변경절차를 이행하라는 내용의 판결이 확정된 경우에는 기판력은 그 소송물이었던 건축주명의변경청구권의 존부에만 미치고 소송물이 되어 있지 않은 소유권이전등기청구권에까지 미치는 것은 아닌 점, 건축허가서상의 건축주명의는 허가된 건물에 관한 실체적 권리의 득실변경의 공시방법이 아니며, 건축주명의변경청구를 소유권이전등기청구권의 행사라거나 소유권이전등기청구권이 발생한 기본적 권리관계에 관한 이행청구나 확인청구라고 볼 수도 없는 점 등에 비추어 보면, 이 사건 각 건물에 관한 소유권이전등기청구권을 재판상 행사하였다고 인정하기에 부족하다는 이유로 원고의 위 시효중단 주장을 배척하였다(다만 원심은 이 사건 각 건물 중 별지 목록 5. 기재 건물인 301호에 관하여는 원고가 이 사건 매매계약에 따라 소유권이전등기를 경료하지는 않았으나 소외인을 통하여 위 301호를 간접점유하고 있었고, 원고가 그로부터 10년이 경과되기 전인 2007. 11. 15. 이 사건 소를 제기한 이상 원고의 소유권이전등기청구권은 위 301호에 관하여는 시효소멸하지 아니하였다고 보아 이 부분에 관하여는 제1심판결을 취소하고 피고 회사에 대하여 이 사건 매매계약을 원인으로 한 소유권이전등기절차의 이행을 명하는 한편 위 301호에 관한 피고 1, 피고 2에 대한 청구에 관하여는, 피고 1, 피고 2 앞으로의 명의신탁사실이 인정되지 않고, 명의신탁사실이 인정된다 하더라도 부동산 실권리자명의등기에 관한 법률에 따라 무효인 명의신탁약정을 근거로 명의신탁해지를 원인으로 한 소유권이전등기청구는 주장 자체로 이유 없다는 이유로 기각하였다).

3. 그러나 앞에서 본 법리에 비추어 살펴보면, *<소유권이전등기청구권이 발생한 기본적 법률관계에 해당하는 매매계약을 기초로 하여 건축주명의변경을 구하는 소가 소유권이전등기청구권의 소멸시효를 중단시키는 재판상 청구에 포함된다고 한 사례* (민법 제168조 제1호)> <u>이 사건 매매계약에 기한 소유권이전등기청구권의 시효중단 사유인 재판상 청구는 권리자가 소송이라는 형식을 통하여 그 권리를 주장하면 족하고 반드시 그 권리가 소송물이 되어 기판력이 발생할 것을 요하지 않으므로, 이 사건 소송물인 소유권이전등기청구권이 발생한 기본적 법률관계에 해당하는 이 사건 매매계약을 기초로 하여 건축주명의변경을 구하는 소도 소멸시효를 중단시키는 재판상 청구에 포함되는 것으로 보아야 한다.</u>

그런데도 원심은 이와 다른 견해에서 원고의 시효중단 주장을 배척하고 말았으니, 이러한 원심의 판단에는 시효중단 사유인 재판상 청구에 관한 법리를 오해한 위법이 있다 할 것이고, 이 점을 지적하는 취지의 상고이유 부분은 이유 있다.

나) 재판상 청구의 유형
§ 10-14 행정소송의 제기와 시효중단
❶ 대법원 1992. 3. 31. 선고 91다32053 전원합의체 판결 [부당이득금]
……
2. 먼저 이 사건 각 과세처분이 당연무효인지의 여부에 관하여 본다.
……

위 인정사실에 의하면, <과세관청 내지 그 상급관청이나 수사기관의 강요로 합리적이고 타당한 근거도 없이 작성된 과세자료에 터잡은 과세처분의 하자가 중대하고 명백한 것인지 여부 (행정소송법 제1조)> 이 사건 각 과세처분의 근거가 된 확인서, 명세서, 자술서, 각서 등은 과세관청 내지 그 상급관청이나 수사기관의 일방적이고 억압적인 강요로 작성자의 자유로운 의사에 반하여 별다른 합리적이고 타당한 근거도 없이 작성된 것으로서 이러한 자료들은 그 작성경위에 비추어 내용이 진정한 과세자료라고 볼 수 없으므로, 이러한 과세자료에 터잡은 이 사건 각 과세처분의 하자는 중대한 하자임은 물론 위와 같은 과세자료의 성립과정에 직접 관여하여 그 경위를 잘 아는 과세관청에 대한 관계에 있어서 객관적으로 명백한 하자라고 할 것이다(당원 1985. 11. 12. 선고 84누250 판결 참조).
그럼에도 불구하고 원심이 이 사건 각 과세처분이 무효임을 인정할 증거가없다고 판단하고 말았음은 증거가치의 판단을 그르치고 행정처분의 무효원인에 관한 법리를 오해한 위법을 저지른 것으로서 이 점에 관한 논지는 일응 이유 있다.
3. 다음에 이 사건 부당이득반환청구권의 소멸시효기산일에 관하여 본다.
<과세처분이 부존재하거나 당연무효인 경우 이 과세처분에 의한 오납금이 국가의 부당이득에 해당하는지 여부(적극) 및 이 경우 오납금에 대한 부당이득반환청구권의 발생시기(=오납시) (민법 제741조, 국세기본법 제51조)> 과세처분이 부존재하거나 당연무효인 경우에 이 과세처분에 의하여 납세의무자가 납부하거나 징수당한 오납금은 국가가 법률상 원인 없이 취득한 부당이득에 해당하고, 이러한 오납금에 대한 납세의무자의 부당이득반환청구권은 처음부터 법률상 원인이 없이 납부 또는 징수된 것이므로 납부 또는 징수시에 발생하여 확정된다(당원 1989. 6. 15. 선고 88누6436 판결 참조).
한편 <소멸시효가 진행하지 않는 '권리를 행사할 수 없는' 경우의 의미 (민법 제166조)> 소멸시효는 객관적으로 권리가 발생하여 그 권리를 행사할 수 있는 때로부터 진행하고 그 권리를 행사할 수 없는 동안만은 진행하지 않는바, 권리를 행사할 수

없다고 함은 그 권리행사에 법률상의 장애사유, 예컨대 기간의 미도래나 조건불성취 등이 있는 경우를 말하는 것이고, 사실상 권리의 존재나 권리행사 가능성을 알지 못하였고 알지 못함에 과실이 없다고 하여도 이러한 사유는 법률상 장애사유에 해당하지 않는다는 것이 당원의 견해이다(당원 1984. 12. 26. 선고 84누572 판결 참조).

그러므로 <권리행사의 법률상 장애사유인지 여부 (민법 제166조; 국세기본법 제54조)> 이 사건에서 무효인 위 각 과세처분에 의하여 원고 회사가 납부한 오납금에 대한 원고들의 부당이득반환청구권은 납부시에 이미 발생하여 확정된 것이므로 이 때부터 그 권리의 소멸시효가 진행하고, 위 각 과세처분의 하자가 중대하고 명백하여 당연무효에 해당하는 여부를 당사자로서는 현실적으로 판단하기 어렵다거나, 당사자에게 처음부터 취소소송과 부당이득반환청구소송을 동시에 제기할 것을 기대할 수 없다고 하여도 이러한 사유는 법률상 장애사유가 아니라 사실상의 장애사유에 지나지 않는다.

<과세처분의 취소를 구하였으나 재판과정에서 그 과세처분이 무효로 밝혀진 경우 오납금반환청구권의 소멸시효의 기산점(=오납시) (민법 제166조; 국세기본법 제54조)> 또 이 사건과 같이 과세처분의 취소를 구하였으나 재판과정에서 그 과세처분이 무효로 밝혀졌다고 하여도, 그 과세처분은 처음부터 무효이고 무효선언으로서의 취소판결이 확정됨으로써 비로소 무효로 되는 것은 아니므로 오납시부터 소멸시효가 진행함에는 차이가 없다.

결국 원심이 위 각 과세처분에 대하여 무효선언으로서의 취소를 명한 판결이 확정된 때로부터 이 사건 부당이득반환청구권의 소멸시효가 진행한다고 판단하였음은 오납으로 인한 부당이득반환청구권의 소멸시효기산일에 관한 법리를 오해한 것으로서 이 점을 지적하는 논지도 일응 이유 있다.

4. 그러나 <시효중단사유로서의 재판상 청구에 권리가 발생한 기본적 법률관계에 관한 확인청구가 포함되는지 여부(적극) (민법 제168조 제1호)> 시효제도의 존재이유는 영속된 사실상태를 존중하고 권리 위에 잠자는 자를 보호하지 않는다는 데에 있고 특히 소멸시효에 있어서는 후자의 의미가 강하므로, 권리자가 재판상 그 권리를 주장하여 권리 위에 잠자는 것이 아님을 표명한 때에는 시효중단사유가 되는바, 이러한 시효중단사유로서의 재판상의 청구에는 그 권리 자체의 이행청구나 확인청구를 하는 경우만이 아니라, 그 권리가 발생한 기본적 법률관계에 관한 확인청구를 하는 경우에도 그 법률관계의 확인청구가 이로부터 발생한 권리의 실현수단이 될 수 있어 권리 위에 잠자는 것이 아님을 표명한 것으로 볼 수 있을 때에는 그 기본적 법률관계에 관한 확인청구도 이에 포함된다고 보는 것이 타당하다.

이 사건에서 원심이 확정한 사실관계에 의하면, 이 사건 각 과세처분은 당연무효의 처분이어서 원고 회사가 납부한 세금은 법률상 원인 없는 오납금이 되어 원고 회사에게 환급청구권, 즉 부당이득반환청구권이 발생한 것인데, 원고들은 이러한 부당이득반환청구권을 실행하기 위하여 먼저 그 권리의 기본적 법률관계인 위 각 과세처분에 대한 취소소송(무효선언으로서의 취소소송)을 제기하였음이 명백한바, 이러한 과세처분의 취소 또는 무효확인을 구하는 행정소송은 그 과세처분으로 오납한 조세에 대한 부당이득반환청구권을 실현하기 위한 수단으로서 권리 위에 잠자는 것이 아님을 표명한 것으로 볼 수 있으므로, 위 부당이득반환청구권의 소멸시효를 중단시키는 재판상 청구에 해당하는 것이고 이로서 그 소멸시효는 중단되었다고 보아야 할 것이다.

<과세처분의 취소 또는 무효확인청구의 소가 조세환급을 구하는 부당이득반환청구권의 소멸시효중단사유인 재판상 청구에 해당하는지 여부(적극)*(민법 제168조 제1호: 국세기본법 제54조)>* 일반적으로 위법한 행정처분의 취소, 변경을 구하는 행정소송은 사권을 행사하는 것으로 볼 수 없으므로 사권에 대한 시효중단사유가 되지 못하는 것이나, 다만 이 사건과 같은 과세처분의 취소 또는 무효확인의 소는 그 소송물이 객관적인 조세채무의 존부확인으로서 실질적으로 민사소송인 채무부존재확인의 소와 유사할 뿐아니라, 과세처분의 유효 여부는 그 과세처분으로 납부한 조세에 대한 환급청구권의 존부와 표리관계에 있어 실질적으로 동일당사자인 조세부과권자와 납세의무자 사이의 양면적 법률관계라고 볼 수 있으므로, 위와 같은 경우에는 과세처분의 취소 또는 무효확인청구의 소가 비록 행정소송이라고 할지라도 조세환급을 구하는 부당이득반환청구권의 소멸시효중단사유인 재판상 청구에 해당한다고 볼 수 있다.

당원의 판례 중 위에서 설시한 견해와 달리 무효의 과세처분으로 오납한 조세에 대한 부당이득반환청구권의 소멸시효는 오납이 있는 때로부터 진행하고 그 과세처분에 대한 행정쟁송절차나 판결은 그 소멸시효중단사유가 되지 못한다는 취지의 판례(1987. 7. 7. 선고 87다카54 판결)는 이를 폐기하기로 하고, 또 위법한 행정처분의 취소, 변경이나 무효확인을 구하는 행정소송은 사권에 대한 소멸시효중단사유인 재판상 청구라고 볼 수 없다는 취지의 판례(1979. 2. 13. 선고 78다1500, 1501 판결)는 위와 같이 과세처분의 취소, 변경 또는 무효확인을 구하는 행정소송과 그 과세처분으로 인한 오납금에 대한 부당이득반환청구권과의 관계에 있어서는 적용되지 않는 것으로 그 견해를 변경하기로 한다.

❷ 대법원 2012. 2. 9. 선고 2011다20034 판결 [임금]

……

2. 피고의 부대상고이유에 대한 판단

시효제도의 존재 이유는 영속된 사실상태를 존중하고 권리 위에 잠자는 자를 보호하지 않는다는 데에 있고, 특히 소멸시효에 있어서는 후자의 의미가 강하므로, 권리자가 재판상 그 권리를 주장하여 권리 위에 잠자는 것이 아님을 표명한 때에는 시효중단사유가 되고(대법원 1992. 3. 31. 선고 91다32053 전원합의체 판결, 대법원 1995. 6. 30. 선고 94다13435 판결 등 참조), 비록 행정소송이라고 할지라도 관련된 사권의 소멸시효 중단사유인 재판상 청구에 해당한다(대법원 1994. 5. 10. 선고 93다21606 판결, 대법원 2010. 9. 30. 선고 2010다49540 판결 등 참조).

그런데 <사용자의 부당노동행위로 해고를 당한 근로자가 구 근로기준법 제33조 등 관계 법령에 따른 구제신청을 한 후 이에 관한 행정소송에서 권리관계를 다투는 것이 소멸시효 중단사유인 '재판상 청구'에 해당하는지 여부(적극) (민법 제168조 제1호, 제170조)> 근로자가 사용자의 부당노동행위로 인하여 해고를 당한 경우, 근로자로서는 민사소송으로 해고의 무효확인 및 임금의 지급을 청구할 수 있으나 부당노동행위에 대한 신속한 권리구제를 위하여 마련된 구 근로기준법(2007. 4. 11. 법률 제8372호로 전부 개정되기 전의 것) 제33조와 노동조합 및 노동관계조정법 제82조 내지 제86조(제85조 제5항 제외)의 행정상 구제절차를 이용하여 노동위원회에 구제신청을 한 후 노동위원회의 구제명령 또는 기각결정에 대하여 행정소송에서 다투는 방법으로 임금청구권 등 부당노동행위로 침해된 권리의 회복을 구할 수도 있으므로, 근로자가 위 관계 법령에 따른 구제신청을 한 후 이에 관한 행정소송에서 그 권리관계를 다투는 것 역시 권리자가 재판상 그 권리를 주장하여 권리 위에 잠자는 것이 아님을 표명한 것으로서 소멸시효 중단사유로서의 재판상 청구에 해당한다고 보아야 한다.

원심은, <갑 주식회사의 근로자 을 등이 부당해고기간 중 지급받지 못한 임금의 지급을 구한 사안의 경우 (민법 제168조 제1호, 제170조, 구 근로기준법(2007. 4. 11. 법률 제8372호로 전부 개정되기 전의 것) 제33조(현행 제28조 참조), 노동조합 및 노동관계조정법 제82조, 제83조, 제84조, 제85조, 제86조)> 원고들(을 등)이 피고(갑) 회사로부터 해고된 후 부당노동행위 구제신청을 하여 2003. 3. 31. 서울지방노동위원회로부터 '피고 회사는 원고들을 각 원직에 복직시키고 해고기간 중 정상적으로 근무하였더라면 받을 수 있었던 임금 상당액을 지급하라'는 내용의 구제명령을 받은 사실, 피고(갑)는 위 구제명령에 불복하여 중앙노동위원회에 재심신청을 하였다가 기각당하자 위 재심판정의 취소를 구하는 행정소송을 제기하였고, 원고들(을 등)은 위 행정소송에서 중앙노동위원회위원장을 위하여 보조참가하는 방식으로 피고(갑) 회사의 주장을 다툰 사실, 피고(갑) 회사는 위 행정소송의 제1심에서 청구기각 판결을 선고받았으며, 그 판결은 항소심과 상고심을 거쳐 확정된 사실 등을 인정한 다음, 원고들(을 등)이 위와 같이 제기된 행정소송에서 중앙노동위원회위원장을 위하여 보조참가하여 피고(갑)의 주장을 적극적으로 다투면서 자신의 권리를 주장한 것은 재판상 권리를 행사한 것으로 볼 수 있으므로, 원고들(을 등)의 부당해고기간 동안의 임금지급청구권의 소멸시효는 위 행정소송과 관련한 재판상의 청구로써 중단되었다고 판단하였다.
위 법리와 기록에 비추어 살펴보면, 원심의 판단은 정당하고, 거기에 상고이유로 주장하는 바와 같은 소멸시효 중단에 관한 법리오해의 위법이 없다.

§ 10-15 응소행위와 소멸시효 중단

❶ 대법원 1993. 12. 21. 선고 92다47861 전원합의체 판결 【채무부존재확인】
(대법원 2006. 6. 16. 선고 2005다25632 판결)

사실관계

甲은 乙로부터 1976. 3. 12. 4백 7십만 원을 차용하면서 변제기를 같은 해 12. 11.로 정하여 위 채무를 담보하기 위하여 X 부동산(건물과 대지) 중 甲 소유지분에 관하여 채권최고액을 4백 7십만 원으로 하는 근저당권설정등기를 경료하였다. 그 후 甲은 1981. 8. 20. 乙을 상대로 위 피담보채권인 위 대여금채권이 존재하지 않음을 이유로 위 근저당권설정등기의 말소청구소송을 제기하여 위 근저당권설정등기가 원인무효의 등기라고 주장하였고, 이에 대하여 乙은 1981. 9. 24. 위 법원 제1차 변론기일에서 원고청구기각의 판결을 구하며, 위 대여금채권이 적법하게 성립된 것이어서 이를 피담보채권으로 하는 근저당권설정등기는 유효한 것이라는 내용의 답변서를 제출·진술하였다. 또한 乙은 1981. 10. 8. 제2차 변론기일, 같은 해 10. 22. 제3차 변론기일, 같은 해 12. 3. 제6차 변론기일에서 동일한 내용의 답변서를 각 제출·진술하면서 적극적으로 응소하였다. 그리고 1981. 12. 17. 제1심 법원은 乙의 위 주장을 인용하여 원고 패소판결을 선고하였으며, 이에 甲이 항소하였으나 항소기각판결이 선고되었으며, 다시 甲이 대법원에 상고하였으나 1982. 12. 14. 상고허가신청이 기각되어 甲 패소의 판결이 확정되었다. 그런데 그 후 1991. 11. 21. 乙이 위 근저당권을 실행하기 위하여 X 부동산에 대하여 임의경매를 신청하자, 甲은 乙을 상대로 같은 해 12. 24. 위 근저당권의 피담보채권이 그 변제기 다음날인 1976. 12. 12.부터 기산하여 위 소제기 당시 이미 10년이 도과함으로써 시효 소멸하였고, 위 근저당권 또한 담보물권의 부종성에 의하여 적법한 원인을 결하게 되었음을 이유로 위 대여금채무의 부존재 확인의 소와 이를 전제로 한 근저당권설정등기의 말소등기절차의 이행을 구하는 소를 제기하였다. 이에 대하여 乙은 1981. 8. 20. 甲이 제기한 소송에 적극적으로 응소하여 원고패소판결이 선고되고 대법원에서 위 판결이 확정되었으므로, 위 대여금채권은 乙의 응소로 소멸시효가 중단되었다가 이 재판이 확정된 1982. 12. 14.부터 새로이 시효가 진행되어 10년이 경과된 때에 비로소 소멸하기 때문에 1991년에 제기한 소송 당시에는 대여금채권이 그대로 존속하고 있다는 시효중단의 항변을 하였다.

판결이유

1. <채권자가 피고로서 응소하여 적극적으로 권리를 주장하고 그것이 받아들여진

경우 시효중단사유인 재판상의 청구에 해당하는지 여부 *(민법 제168조 제1호, 제170조)>* 민법 제168조 제1호, 제170조 제1항에서 시효중단사유의 하나로 규정하고 있는 재판상의 청구라 함은, 통상적으로는 권리자가 원고로서 시효를 주장하는 자를 피고로 하여 소송물인 권리를 소의 형식으로 주장하는 경우를 가리키지만, 이와 반대로 시효를 주장하는 자가 원고가 되어 소를 제기한 데 대하여 피고로서 응소하여 그 소송에서 적극적으로 권리를 주장하고 그것이 받아들여진 경우도 마찬가지로 이에 포함되는 것으로 해석함이 타당하다.

원래 시효는 법률이 권리 위에 잠자는 자의 보호를 거부하고 사회생활상 영속되는 사실상태를 존중하여 여기에 일정한 법적효과를 부여하기 위하여 마련한 제도이므로, 위와 같은 사실상의 상태가 계속되던 중에 그 사실상태와 상용할 수 없는 다른 사정이 발생한 때에는 더 이상 그 사실상태를 존중할 이유가 없게 된다는 점을 고려하여, 이미 진행한 시효기간의 효력을 아예 상실케 하려는 데에 곧 시효중단을 인정하는 취지가 있는 것인바(당원 1979. 7. 10. 선고 79다569 판결 참조), 권리자가 시효를 주장하는 자로부터 제소당하여 직접 응소행위로서 상대방의 청구를 적극적으로 다투면서 자신의 권리를 주장하는 것은 자신이 권리위에 잠자는 자가 아님을 표명한 것에 다름 아닐 뿐만 아니라, 계속된 사실상태와 상용할 수 없는 다른 사정이 발생한 때로 보아야 할 것이므로, 이를 민법이 시효중단사유로서 규정한 재판상의 청구에 준하는 것으로 보더라도 전혀 시효제도의 본지에 반한다고 말할 수는 없다 할 것이다.

당원은 종전에 권리자가 피고*(을)*가 되어 응소행위로서 한 권리의 주장은 소멸시효 내지 소유권의 취득시효에 준용되는 시효중단사유인 위 같은 법조 소정의 재판상의 청구에 해당하지 않는다는 취지로 여러차례 판시한 바 있으나(당원 1971. 3. 23. 선고 71다37 판결; 1974. 11. 12. 선고 74다416,417 판결; 1978. 4. 11. 선고 76다2476 판결; 1979. 6.1 2. 선고 79다573 판결 등 참조), 이러한 판례들의 견해는 모두 이 사건 판결에 저촉되므로 이를 폐기하기로 한다.

2. 이 사건에서 원심이 적법하게 확정한 바에 따르면, 원고*(갑)*는 1976. 3. 12. 피고*(을)*로부터 금 4,700,000원을, 변제기는 그 해 12. 11.로 정하여 차용하면서 그 담보를 위하여 이 사건 부동산에 관하여 피고*(을)* 앞으로 채권최고액을 위 금 4,700,000원으로 한 근저당권설정등기를 마쳐 주었으나, 그 후 원고가 1981. 8. 20. 피고*(을)*를 상대로 위 피담보채권인 대여금채권이 부존재함을 이유로 위 근저당권설정등기의 말소청구소송을 제기함에 따라 피고*(을)*가 이에 적극적으로 응소하여 원고*(갑)* 청구기각의 판결을 구하고 위 대여금채권이 유효하게 성립된 것이어서 이를 피담보채권으로 하는 위 근저당권설정등기는 유효하다는 내용의 답변내용을 제출한 결과, 그 소송의 제1심 법원에서 1981. 12. 17. 피고*(을)*의 위 주장을 받아들여 원고*(갑)* 패소판결을 선고하고, 그 후 원고*(갑)*의 항소기각판결을 거쳐 1982.

12. 14. 대법원에서 원고(갑)의 상고허가신청기각결정에 의하여 위 판결이 그대로 확정되기에 이르렀다는 것인바, 사실관계가 그러하다면 <사안의 경우> 피고(을)가 위 전소송에서 응소하여 한 위 담보목적의 대여금채권의 존재에 관한 주장은 소멸시효의 중단사유가 되는 재판상의 청구에 준하는 것이므로, 위 채권에 대하여는 피고(을)의 위 응소행위에 의하여 일단 소멸시효의 진행이 중단되었다가 위 재판이 확정된 1982. 12. 14.부터 새로이 그 시효가 진행된다고 봄이 옳다 할 것이다.
결국 원심이 이와 같은 취지에서 위 대여금채권이 시효소멸한 것임을 전제로 하여 대여금채무의 부존재확인 내지 근저당권설정등기의 말소등기 절차이행을 구하는 원고(갑)의 이 사건 청구를 모두 배척한 조치는 정당한 것으로 수긍이 되고, 거기에 소론과 같은 법리오해 등의 위법이 있음을 찾아 볼 수 없다.

❷ 대법원 2007. 1. 11. 선고 2006다33364 판결 [가등기말소]

1. <채권자가 피고로서 응소하여 적극적으로 권리를 주장하고 그것이 받아들여진 경우, 시효중단사유인 재판상의 청구에 해당하는지 여부(적극)> (민법 제168조 제1호, 제170조)> 민법 제168조 제1호, 제170조 제1항에서 시효중단사유의 하나로 규정하고 있는 재판상의 청구라 함은, 권리자가 시효를 주장하는 자를 상대로 소로써 권리를 주장하는 경우뿐 아니라, 시효를 주장하는 자가 원고가 되어 소를 제기한 데 대하여 피고로서 응소하여 그 소송에서 적극적으로 권리를 주장하고 그것이 받아들여진 경우도 포함되는 것으로 해석되고 있으나(대법원 1993. 12. 21. 선고 92다47861 전원합의체 판결 참조), <응소행위에 있어서 소제기자의 허용범위> (민법 제168조 제1호, 제170조)> 시효를 주장하는 자의 소 제기에 대한 응소행위가 민법상 시효중단사유로서의 재판상 청구에 준하는 행위로 인정되려면 의무 있는 자가 제기한 소송에서 권리자가 의무 있는 자를 상대로 응소하여야 할 것이므로, 담보가등기가 설정된 후에 그 목적 부동산의 소유권을 취득한 제3취득자나 물상보증인 등 시효를 원용할 수 있는 지위에 있으나 직접 의무를 부담하지 아니하는 자가 제기한 소송에서의 응소행위는 권리자의 의무자에 대한 재판상 청구에 준하는 행위에 해당한다고 볼 수 없다(대법원 2004. 1. 16. 선고 2003다30890 판결 참조).
기록에 의하면, 원고는 피고 명의의 담보가등기가 경료된 목적 부동산을 취득한 후 피고를 상대로 그 가등기가 허위의 서류나 허위의 매매계약에 기하여 마쳐진 것이라는 등의 주장을 하면서 두 차례에 걸쳐 가등기의 말소를 구하는 소송을 제기하였고 피고가 이에 응소하여 소외인에 대한 대여금채권의 존재를 주장하여 모두 승소한 사실을 인정할 수 있는바, 이러한 사실관계를 앞서 본 법리에 비추어 살펴보면, 원고는 담보가등기가 설정된 부동산의 제3취득자로서 시효를 원용할 수는 있지만 직접 채무를 부담하지 아니하는 자에 불과하므로, 원고가 제기한 소송에서 피고가 소외인에 대한 채권의 존재를 주장하며 위와 같이 응소하였다 하더라도 이는 시효중단의 효력 있는 응소행위라고 볼 수는 없다.

❸ *(§ 10-22 ❶)* 대법원 2010. 8. 26. 선고 2008다42416, 42423 판결 [대여금]

1. 반소피고(이하 '피고'라고 한다)들에게 공통되는 상고이유에 관하여
……
바. 소멸시효의 중단 여부에 관하여
<채권자가 피고로서 응소하여 적극적으로 권리를 주장하고 그것이 받아들여진 경우 시효중단사유인 '재판상의 청구'에 해당하는지 여부(적극)> 민법 제168조 제1호, 제170조 제1항에서 시효중단사유의 하나로 규정하고 있는 재판상의 청구라 함은, 통상적으로는 권리자가 원고로서 시효를 주장하는 자를 피고로 하여 소송물인 권리를 소의 형식으로 주장하는 경우를 가리키지만, 이와 반대로 시효를 주장하는 자가 원고가 되어 소를 제기한 데 대하여 피고로서 응소하여 그 소송에서 적극적으로 권리를 주장하고 그것이 받아들여진 경우도 이에 포함되고(대법원 1993. 12. 21. 선고 92다47861 전원합의체 판결 등 참조), *<시효중단의 효력발생시점>* 위와 같은 응소행위로 인한 시효중단의 효력은 피고가 현실적으로 권리를 행사하여 응소한 때에 발생한다(대법원 2005. 12. 23. 선고 2005다59383, 59390 판결 참조). 한편, *<채권자가 응소하여 권리를 주장하였으나 그 소가 각하되거나 취하되는 등의 사유로 본안 판단 없이 소송이 종료된 경우 민법 제170조 제2항을 유추적용할 수 있는지 여부(적극)>* 권리자인 피고가 응소하여 권리를 주장하였으나 그 소가 각하되거나 취하되는 등의 사유로 본안에서 그 권리주장에 관한 판단 없이 소송이 종료된 경우에도, 민법 제170조 제2항을 유추적용하여 그때부터 6월 이내에 재판상의 청구 등 다른 시효중단조치를 취하면 응소시에 소급하여 시효중단의 효력이 있는 것으로 봄이 상당하다.
……

2. 피고 1에 대한 대출금채권의 소멸시효를 다투는 상고이유에 관하여
먼저, 소외 3이 피고 1의 이 사건 대출금채무에 대한 물상보증인이 아니라는 주장은 사실심의 전권사항인 증거취사와 사실인정을 탓하는 것에 불과하고, 원심이 이 부분 사실을 인정함에 있어서 논리와 경험칙에 어긋나거나 자유심증주의의 한계를 벗어났다고 볼 수 없으므로, 이는 적법한 상고이유가 될 수 없다.
그리고 *<채권자의 응소행위에 대한 소멸시효중단의 효력은 채무자가 소멸시효완성을 원인으로 한 소송을 제기하거나 당해 소송이 아닌 전 소송 또는 다른 소송에서 그와 같은 권리주장을 한 경우에 인정되는지 여부(소극)> (민법 제168조 제1호, 제170조; 민사소송법 제203조)>* (채권자의) 응소행위에 대하여 소멸시효중단의 효력을 인

정하는 것은 그것이 권리 위에 잠자는 것이 아님을 표명한 것에 다름 아닐 뿐만 아니라, 계속된 사실상태와 상용할 수 없는 다른 사정이 발생한 때로 보아야 한다는 것에 기인한 것이므로(앞의 대법원 92다47861 전원합의체 판결 등 참조), 채무자가 반드시 소멸시효완성을 원인으로 한 소송을 제기한 경우이거나 당해 소송이 아닌 전 소송 또는 다른 소송에서 그와 같은 권리주장을 한 경우이어야 할 필요는 없고, 나아가 <*응소행위로 인한 시효중단의 주장을 할 수 있는 시기(=사실심 변론종결 전)*> 변론주의 원칙상 피고가 응소행위를 하였다고 하여 바로 시효중단의 효과가 발생하는 것은 아니고 시효중단의 주장을 하여야 그 효력이 생기는 것이지만, 시효중단의 주장은 반드시 응소시에 할 필요는 없고 소멸시효기간이 만료된 후라도 사실심 변론종결 전에는 언제든지 할 수 있는 것이다(대법원 2003. 6. 13. 선고 2003다17927, 17934 판결 참조).

❹ 대법원 2019. 3. 14. 선고 2018두56435 판결 [채무부존재확인]

사실관계

甲은 2008. 4. 18. 乙(기술진흥원)과 생산설비정보화지원사업 협약을 체결하고 그에 따라 乙로부터 정부지원금을 지급받았다. 위 협약에 의하면, 甲의 귀책사유로 인하여 위 협약이 해지된 경우 甲은 지원금액을 해지일로부터 즉시 반환하도록 되어 있다. 乙은 2010. 8. 25. 甲에 대하여 위 협약이 甲의 책임으로 인한 사업실패로 해지되었으니, 위 협약에 따라 이미 지급받은 정부지원금을 반환하여 줄 것을 통보하였다. 甲은 2013. 12. 10. 乙을 상대로 정보화지원사업 참여제한처분 무효확인의 소를 제기하면서, 위 정부지원금 반환요구가 처분임을 전제로 그 무효확인을 청구하였고(제1 선행소송), 乙은 2014. 1. 21. 답변서를 제출하여 응소하였다. 그런데 대법원은 2015. 8. 27. '위 지원금 반환요구는 공법상 계약에 따라 행정청이 대등한 당사자의 지위에서 하는 의사표시로 봄이 타당하고, 이를 행정청이 우월한 지위에서 행하는 공권력의 행사로서 행정처분에 해당한다고 볼 수는 없다'고 판단하고 위 지원금 반환 요구가 처분임을 전제로 본안에 나아가 판단한 원심판결 파기하고 그 소를 각하하였다. 그 후 甲은 2015. 11. 23. 乙을 상대로 위 정부지원금 반환요구에 따른 정부지원금 반환채무의 부존재확인을 구하는 소를 제기하였는데(제2 선행소송), 乙은 2016. 1. 15. 답변서를 제출하여 응소하였다. 제1심에서 패소한 甲이 항소를 제기하였는데, 항소심은 2016. 11. 18. '이 사건 지원금 반환 요구로 인한 채무의 존부를 다투는 이 사건은 행정소송법 제3조 제2호 소정의 당사자소송의 대상'이라고 판단하여 제1심판결을 취소하고 사건을 대전지방법원 행정부로 이송하였다. 이를 이송받은 대전지방법원 행정부는 2017. 8. 10. '기술진흥원은 중소기업청장으로부터 위탁받은 국가사무를 처리한 것에 불과하고, 이 사건 지원금의 귀속 주체, 즉 원고가 이 사건 지원금 반환채무를 부담하는 상대방은 대한민국'이라고 판단하여 그 소를 각하하였다. 이에 甲은 2017. 8. 28. 乙1(국가)을 상대로 위 정부지원금 반환채무의 부존재확인을 구하는 당사자소송인 소를 제기하였고, 乙1은 2017. 9. 27. 답변서를 제출하여 응소하였다.

판결이유

1. 상고이유 제1점에 대하여

원심은, 원고(갑)가 제기한 선행 소송들에서 중소기업기술정보진흥원(이하 '기술진흥원'이라고 한다)이나 그 장(장)이 한 응소를 피고(을1)의 응소행위로 볼 수 있다고 판단하였다.

관련 법리와 기록에 비추어 살펴보면, 원심의 이러한 판단에 소멸시효 중단 사유인 재판상 청구의 주체에 관한 법리를 오해하는 등의 잘못이 없다.

2. 상고이유 제2점에 대하여

가. <시효를 주장하는 자가 원고가 되어 소를 제기한 데 대하여 권리자가 피고로서 응소하여 그 소송에서 적극적으로 권리를 주장하고 그것이 받아들여진 경우, 시효중단 사유인 재판상의 청구에 해당하는지 여부(적극) (민법 제168조 제1호, 제170조)> 민법 제168조 제1호, 제170조 제1항에서 시효중단 사유의 하나로 규정하고 있는 재판상의 청구는, 권리자가 시효를 주장하는 자를 상대로 소로써 권리를 주장하는 경우뿐 아니라, 시효를 주장하는 자가 원고가 되어 소를 제기한 데 대하여 피고로서 응소하여 그 소송에서 적극적으로 권리를 주장하고 그것이 받아들여진 경우도 포함한다(대법원 1993. 12. 21. 선고 92다47861 전원합의체 판결 등 참조). <사안의 경우 시효중단의 효력 (민법 제168조 제1호, 제170조)> 권리자인 피고가 응소하여 권리를 주장하였으나 그 소가 각하되거나 취하되는 등의 사유로 본안에서 그 권리 주장에 관한 판단 없이 소송이 종료된 경우에도, 민법 제170조 제2항을 유추적용하여 그때부터 6월 이내에 재판상의 청구 등 다른 시효중단 조치를 취하면 응소 시에 소급하여 시효중단의 효력이 인정된다(대법원 2010. 8. 26. 선고 2008다42416, 42423 판결 참조).

한편 <최고를 여러 번 거듭하다가 재판상 청구 등을 한 경우, 시효중단의 효력이 발생하는 기준 시점 / 소를 제기한 후 소송이 취하된 경우, 재판상의 청구가 시효중단의 효력이 있는지 여부(원칙적 소극) 및 이러한 법리는 소가 각하된 경우에도 마찬가지로 적용되는지 여부(적극) (민법 제170조, 제174조)> 민법 제174조가 시효중단 사유로 규정하고 있는 최고를 여러 번 거듭하다가 재판상 청구 등을 한 경우에 시효중단의 효력은 항상 최초의 최고 시에 발생하는 것이 아니라, 재판상 청구 등을 한 시점을 기준으로 하여 이로부터 소급하여 6월 이내에 한 최고 시에 발생하고(대법원 1983. 7. 12. 선고 83다카437 판결 등 참조), 민법 제170조의 해석상 재판상의 청구는 그 소송이 취하된 경우에는 그로부터 6월 내에 다시 재판상의 청구를 하지 않는 한 시효중단의 효력이 없고, 다만 재판 외의 최고의 효력만을 갖게 된다(대법원 1987. 12. 22. 선고 87다카2337 판결 참조). 이러한 법리는 그 소가 각하된 경우에도 마찬가지로 적용된다.
……

다. 원심은, 기술진흥원장이 제1 선행소송에서 2014. 1. 21. 응소하여 권리를 주장한 것과 기술진흥원이 제2 선행소송에서 2016. 1. 15. 응소하여 권리를 주장한 것은 모두 소멸시효 중단사유인 재판상 청구에 해당하므로, 민법 제170조의 유추적용에 따라 이 사건 지원금 반환채권의 소멸시효는 그 완성 전인 2014. 1. 21.에 중단되었다고 판단하고 원고의 청구를 기각한 제1심을 그대로 유지하였다.

라. 그러나 원심의 위와 같은 판단은 다음과 같은 이유에서 수긍하기 어렵다.

(1) 기술진흥원*(을)*이 2010. 8. 25. 원고의 귀책사유를 이유로 이 사건 협약을 해지함에 따라, 피고*(을1)*의 이 사건 지원금에 대한 반환채권은 2010. 8. 25. 발생하여 즉시 이행기가 도래하였다. 따라서 피고*(을1)*의 지원금 반환채권의 소멸시효는 그로부터 5년이 지난 2015. 8. 25. 완성된다.

(2) 기술진흥원장은 2014. 1. 21. 응소하여 적극적으로 권리를 주장하였으나, 그 권리 주장에 관한 판단 없이 제1 선행소송이 2015. 8. 27. 각하되었으므로 위 응소에는 재판 외 최고의 효력만 인정된다. 비록 제1 선행소송이 각하된 때로부터 6월 내인 2016. 1. 15. 기술진흥원*(을)*이 제2 선행소송에 응소하였으나, 제2 선행소송마저 2017. 8. 10. 각하되었으므로 위 응소에도 재판 외 최고의 효력만 인정될 뿐이다. 즉, 위 두 차례의 응소에는 민법 제168조 제1호에 따른 시효중단의 효력이 인정되지 않고, 단지 민법 제170조 제2항의 유추적용에 따른 재판 외 최고의 효력만 인정된다.

(3) 한편 피고*(을1)*는 2017. 9. 27. 이 사건 소에 응소하여 적극적으로 권리를 주장하고 있으므로 피고*(을1)*의 응소가 재판상 청구에 해당한다고 볼 수 있으나 이미 소멸시효가 완성된 이후이다. 그리고 피고*(을1)*가 응소한 2017. 9. 27.부터 소급하여 6월 내에 최고나 그 밖의 시효중단의 조치 등이 이루어졌는지 여부를 살펴볼 필요는 없다. 2017. 9. 27.부터 6월을 소급하더라도 이미 소멸시효가 완성된 이후이기 때문이다.

(4) 그러므로 피고*(을1)*의 이 사건 지원금 반환채권은 2015. 8. 25. 소멸시효 완성으로 소멸하였다고 봄이 타당하다.

§ 10-16 채권양도와 재판상 청구
❶ **대법원 2005. 11. 10. 선고 2005다41818 판결 【손해배상(기)】**
……

2. 이 법원의 판단

<채권의 양수인이 채권양도의 대항요건을 갖추지 못한 상태에서 채무자를 상대로 재판상의 청구를 한 경우, 소멸시효 중단사유인 재판상의 청구에 해당하는지 여부 (적극) (민법 제168조, 제450조)> 채권양도는 구 채권자인 양도인과 신 채권자인 양수인 사이에 채권을 그 동일성을 유지하면서 전자로부터 후자에게로 이전시킬 것을 목적으로 하는 계약을 말한다 할 것이고, 채권양도에 의하여 채권은 그 동일성을 잃지 않고 양도인으로부터 양수인에게 이전되며(대법원 2002. 4. 26. 선고 2001다59033 판결 참조) 이러한 법리는 채권양도의 대항요건을 갖추지 못하였다고 하더라도 마찬가지인 점, 민법 제149조의 "조건의 성취가 미정한 권리의무는 일반규정에 의하여 처분, 상속, 보존 또는 담보로 할 수 있다."는 규정은 대항요건을 갖추지 못하여 채무자에게 대항하지 못한다고 하더라도 채권양도에 의하여 채권을 이전받은 양수인의 경우에도 그대로 준용될 수 있는 점, 채무자를 상대로 재판상의 청구를 한 채권의 양수인을 '권리 위에 잠자는 자'라고 할 수 없는 점 등에 비추어 보면, 비록 대항요건을 갖추지 못하여 채무자에게 대항하지 못한다고 하더라도 채권의 양수인이 채무자를 상대로 재판상의 청구를 하였다면 이는 소멸시효 중단사유인 재판상의 청구에 해당한다고 보아야 할 것이다(대법원 2004. 4. 28. 선고 2004다3673, 3680 판결 참조).

이와 다른 견해에 서서 채무자에게 대항하지 못하는 채권 양수인이 채무자를 상대로 소를 제기하였다고 하더라도 소멸시효가 중단되지 아니한다는 원심의 판단은 채권양도의 효력 내지 소멸시효의 중단사유 등에 관한 법리를 오해한 위법이 있다고 할 것이고, 이러한 잘못은 판결 결과에 영향을 미쳤음이 분명하다.

§ 10-17 기존 채권의 소멸시효 중단
❶ 대법원 2016. 10. 27. 선고 2016다25140 판결 [약정금]

1. 상고이유 제1점에 대하여
<증인으로 출석하여 증언하는 것과 연계하여 급부를 하기로 약정하였는데 급부의 내용에 기존 채무의 변제를 위한 부분이 포함되어 있는 경우, 약정의 효력 (민법 제103조)> 소송사건에 증인으로 출석하여 증언하는 것과 연계하여 어떤 급부를 하기로 약정한 경우, 그 급부의 내용에 기존 채무의 변제를 위한 부분이 포함되어 있다고 하더라도, 전체적으로 통상 용인될 수 있는 수준을 넘는 급부를 하기로 한 것이라면, 그 약정은 민법 제103조가 규정한 반사회질서행위에 해당하여 전부가 무효라고 보아야 한다.

원심은 이 사건 합의약정에 따른 약정금 중 일부의 지급을 구하는 원고의 주위적 청구에 대하여, 당사자들의 관계, 원고와 소외인의 피고에 대한 기존 채권액, 이 사건 부동산의 시가 변동 내역, 이 사건 부동산에 관한 소유권이전등기 말소등기청구소송(대구지방법원 2003가합7368호)의 진행 경과, 이 사건 합의약정의 체결경위 및 내용 등을 종합하면, 이 사건 합의약정에는 증언의 대가가 포함되어 있고, 그 대가는 통상적으로 용인될 수 있는 수준을 훨씬 넘어서는 것이라고 봄이 타당하며, 따라서 이 사건 합의약정은 반사회적 법률행위에 해당하여 무효라는 이유로 원고의 주위적 청구를 배척한 제1심의 결론을 그대로 유지하였다.

원심판결 이유를 앞서 본 법리와 기록에 비추어 살펴보면, 위와 같은 원심의 판단은 정당한 것으로 수긍할 수 있고, 거기에 상고이유 주장과 같이 논리와 경험칙에 위반하여 자유심증주의의 한계를 벗어나거나 반사회적 법률행위의 요건과 효과, 처분문서의 증명력, 당사자신문의 증명력에 관한 법리오해 또는 채증법칙 위반, 이유모순 등의 잘못이 없다.

2. 상고이유 제2점에 대하여

가. <소멸 대상인 권리가 발생한 기본적 법률관계 또는 후속 법률관계에 관한 청구로써 권리 실행의 의사를 표명한 경우, 시효중단 사유인 재판상의 청구에 포함되는지 여부(적극)> (민법 제168조 제1호, 제170조)> 소멸시효의 중단과 관련하여 소멸 대상인 권리 그 자체의 이행청구나 확인청구를 하는 경우뿐 아니라, 그 권리가 발생한 기본적 법률관계에 관한 청구를 하는 경우 또는 그 권리를 기초로 하거나 그것을 포함하여 형성된 후속 법률관계에 관한 청구를 하는 경우에도 그로써 권리 실행의 의사를 표명한 것으로 볼 수 있을 때에는 시효중단 사유인 재판상의 청구에 포함된다고 보는 것이 타당하다(대법원 1992. 3. 31. 선고 91다32053 전원합의체 판결, 대법원 2004. 2. 13. 선고 2002다7213 판결 등 참조). 따라서 기존 채권의 존재를 전제로 하여 이를 포함하는 새로운 약정을 하고, 그에 따른 권리를 재판상 청구의 방법으로 행사한 경우에는 기존 채권을 실현하고자 하는 뜻까지 포함하여 객관적으로 표명한 것이므로, 새로운 약정이 무효로 되는 등의 사정으로 그에 근거한 권리행사가 저지됨에 따라 다시 기존 채권을 행사하게 되었다면, 기존 채권의 소멸시효는 새로운 약정에 의한 권리를 행사한 때에 중단되었다고 보아야 한다.

나. 원심판결 이유와 기록에 의하면, ① 피고는 2001. 4. 16. 원고에게 기존 채무액 15억 원의 존재를 확인하는 내용의 이 사건 각서를 작성하여 주었고, 이를 포함하여 원고와 소외인이 피고에 대하여 가지는 채권에 관하여 원고와 피고가 2004. 6. 7. 이 사건 합의약정을 체결한 사실, ② 원고는 2013. 12. 19. 대구지법 2013차10028호로 이 사건 합의약정에 따른 약정금의 지급을 구하는 지급명령신청을 하였으나, 2014. 1. 14. 피고의 이의신청으로 이 사건 소송으로 이행된 사실, ③ 원고는 제1심에서 이 사건 합의약정의 효력이 부인되자 원심에 이르러 2014. 10. 28. 이 사건 각서에 의한 채권을 예비적으로 주장하기에 이른 사실을 알 수 있다.

다. 원심은 위와 같은 사실관계에 기초하여 그 판시와 같은 이유로 이 사건 각서에 의한 채권의 지급을 구하는 원고의 예비적 청구에 대하여, 이 사건 각서에 의한 채권은 그 성립일인 2001. 4. 16. 또는 채무승인일(이 사건 합의약정일)인 2004. 6. 7.부터 각 10년을 도과한 2014. 6. 8. 시효의 완성으로 소멸하였다고 보아, 원고의 시효중단 주장 등을 배척하고 예비적 청구를 기각하였다.

라. 그러나 앞서 본 법리에 비추어 살펴보면, <사안의 경우> 이 사건 합의약정은 이 사건 각서에 의한 채권의 존재를 전제로 하여 이를 포함한 기존 채권의 지급을 확보하기 위한 방편으로 체결된 것으로서 이 사건 각서를 대체하는 것이었으므로, 이 사건 합의약정에 따른 약정금의 지급을 구하면서 동시에 이 사건 각서에 의한 채무의 이행을 따로 청구한다는 것은 기대하기 어려운 데다가, 원고가 이 사건 합의약정에 따른 약정금의 지급을 구하는 지급명령신청을 한 이상, 이 사건 각서에 의한 채권을 실현하고자 하는 의도 또한 객관적으로 표명한 것으로 봄이 상당하다. 따라서 이 사건 각서에 의한 채권의 소멸시효는 이 사건 합의약정에 따른 채무승인일인 2004. 6. 7.부터 10년이 경과하기 전인 2013. 12. 19. 이 사건 합의약정에 의한 채무이행을 구하는 지급명령의 신청으로 중단되었다고 보아야 한다. 그럼에도 원심은 이와 결론을 달리하였으니, 거기에는 시효중단 사유인 재판상 청구에 관한 법리를 오해한 잘못이 있다. 이를 지적하는 취지의 상고이유 주장은 이유 있다.

다) 시효중단의 범위
§ 10-18 기본적 법률관계에 관한 청구와 그에 포함되는 권리
❶ 대법원 2004. 2. 13. 선고 2002다7213 판결 [근저당권설정등기]

사실관계

비디오테이프 도매업을 하는 乙은 그 사업자금의 조달을 위하여 1999. 1. 1. 친구 甲으로부터 금 1억 원을 이자 월 1%, 변제기 1999. 12. 31.로 정하여 차용하고, 같은 날 甲에게 乙 소유의 부동산에 대하여 채권최고액 1억 5천만 원, 채무자 乙로 하는 근저당권을 설정해 주기로 하는 근저당권설정계약을 체결하였다. 그 후 乙은 2002. 1. 1. 위 차용금 1억 원에 대한 2001. 12. 31. 까지의 이자 및 지연손해금 2,400만 원과 위 차용원금 중 일부로 4천만 원을 변제하였다. 乙이 위 일부변제 후 2006. 1. 1.에 이르기까지 남은 차용원리금을 전혀 변제하지 않자, 甲은 같은 날 우선변제권리라도 먼저 확보하기 위해서 乙을 상대로 1999. 1. 1. 근저당권설정계약 원인으로 하는 근저당권설정등기절차의 이행을 구하는 소를 제기하였다. 위 소송이 계속 중이던 2007. 2. 1. 甲은 위 일부변제 후 남은 대여원금 6천만 원 및 그에 대한 지연이자를 지급하라는 청구를 추가적으로 병합하여 제기하였다.

판결이유

1. 원고의 상고이유에 대한 판단
원심판결 이유에 의하면, 원심은 그 채용 증거들을 종합하여 그 판시와 같은 사실들을 인정한 다음, 상인인 피고(을)가 사업자금의 조달을 위하여 차용한 금원을 담보하기 위하여 원고(갑)와의 사이에 한 근저당권설정약정은 보조적 상행위에 해당하므로 이 사건 근저당권설정등기청구권은 상법 소정의 5년의 소멸시효기간이 경과하여 소멸하였다고 판단하고, '위 근저당권설정약정의 피담보채권인 대여금채권에 관하여 소멸시효가 완성되지 아니한 이상 이 사건 근저당권설정등기청구권도 소멸하지 않는다.'는 원고의 주장에 대하여는, <u>이 사건 등기청구권은 위 대여금채권과는 별개의 청구권으로서 시효기간 또한 독자적으로 진행된다</u>고 할 것이라고 판단하여 원고(갑)의 위 주장을 배척하였는바, 원심의 위와 같은 인정 및 판단은 정당하고, 거기에 채증법칙을 위배하여 사실을 오인하거나, 등기청구권의 소멸시효 및 보조적 상행위에 관한 법리를 오해한 위법이 있다고 볼 수 없다.
원고(갑)가 상고이유에서 들고 있는 대법원판례는 사안과 취지를 달리하는 것으로 이 사건에 원용하기에 적절하지 아니하다.
2. 피고의 상고이유에 대한 판단
가. 소멸시효에 관한 법리오해의 주장에 대하여
<근저당권설정등기청구의 소 제기가 그 피담보채권이 될 채권에 대한 소멸시효 중단사유로 되는지 여부(적극) *(민법 제168조 제1호, 제170조)*> 원고의 근저당권설정등기청구권의 행사는 그 피담보채권이 될 이 사건 금전채권의 실현을 목적으로 하는 것으로서, 근저당권설정등기청구의 소에는 그 피담보채권이 될 채권의 존재에 관한 주장이 당연히 포함되어 있는 것이고, 피고로서도 원고가 원심에 이르러 금전지급을 구하는 청구를 추가하기 전부터 피담보채권이 될 금전채권의 소멸을 항변으로 주장하여 그 채권의 존부에 관한 실질적 심리가 이루어져 그 존부가 확인된 이상, <u>그 피담보채권이 될 채권으로 주장되고 심리된 채권에 관하여는 근저당권설정등기청구의 소의 제기에 의하여 피담보채권이 될 채권에 관한 권리의 행사가 있은 것으로 볼 수 있으므로, 근저당권설정등기청구의 소의 제기는 그 피담보채권의 재판상의 청구에 준하는 것으로서 피담보채권에 대한 소멸시효 중단의 효력을 생기게 한다고 봄이 상당하다.</u>
같은 취지에서 원심이, <u>원고(갑)가 이 사건 근저당권설정등기청구의 소를 제기함으로써 원고(갑)가 원심에 이르러 지급을 구한 이 사건 대여금채권 전부에 대한 소멸시효가 중단되었고, 비록 근저당권설정등기청구가 근저당권설정등기청구권의 시효소멸로 인하여 받아들여지지 않았다고 하더라도 달리 볼 것은 아니라고 하여 피고(을)의</u> 소멸시효항변을 배척한 것은 정당하고, 거기에 상고이유에서의 주장과 같은 소멸시효에 관한 법리를 오해한 위법이 있다고 볼 수 없다.

§ 10-19 어음금청구 및 근저당권설정등기 청구와 시효중단
❶ *(§ 10-28 ❷)* 대법원 2002. 2. 26. 선고 2000다25484 판결 [대여금]

<원인채권의 지급을 확보하기 위하여 어음이 수수된 경우, 어음채권에 관한 집행력 있는 채무명의 정본에 기한 배당요구가 원인채권의 소멸시효를 중단시키는 효력이 있는지 여부(적극)* (민법 제168조 제2호; 어음법 제7조, 제17조; 민사소송법 제605조, 제728조)> 원인채권의 지급을 확보하기 위하여 어음이 수수된 당사자 사이에서 채권자가 어음채권을 피보전권리로 하여 채무자의 재산을 가압류함으로써 그 권리를 행사한 경우에는 그 원인채권의 소멸시효를 중단시키는 효력이 있고(대법원 1999. 6. 11. 선고 99다16378 판결 참조), 이러한 법리는 채권자가 어음채권을 청구채권으로 하여 채무자의 재산을 압류함으로써 그 권리를 행사한 경우에도 마찬가지이며, 한편 집행력 있는 채무명의 정본을 가진 채권자는 이에 기하여 강제경매를 신청할 수 있으며, 다른 채권자의 신청에 의하여 개시된 경매절차를 이용하여 배당요구를 신청하는 행위도 채무명의에 기하여 능동적으로 그 권리를 실현하려고 하는 점에서는 강제경매의 신청과 동일하다고 할 수 있으므로, 부동산경매절차에서 집행력 있는 채무명의 정본을 가진 채권자가 하는 배당요구는 민법 제168조 제2호의 압류에 준하는 것으로서 배당요구에 관련된 채권에 관하여 소멸시효를 중단하는 효력이 생긴다고 할 것이고, 따라서 원인채권의 지급을 확보하기 위하여 어음이 수수된 당사자 사이에 채권자가 어음채권에 관한 집행력 있는 채무명의 정본에 기하여 한 배당요구는 그 원인채권의 소멸시효를 중단시키는 효력이 있다.

또한, <소멸시효가 완성된 어음채권에 관한 집행력 있는 채무명의 정본을 가진 채권자의 배당요구에 의하여 경락대금이 배당되어 채무의 일부 변제에 충당될 때까지 채무자가 아무런 이의를 제기하지 않은 경우, 어음채권에 대한 소멸시효의 이익을 포기한 것으로 볼 수 있는지 여부(한정 적극) 및 그 때 원인채권의 소멸시효기간도 다시 진행하는지 여부(적극)* (민법 제184조; 민사소송법 제605조, 제728조)> 다른 채권자가 신청한 부동산경매절차에서 이미 소멸시효가 완성된 어음채권을 원인으로 하여 집행력 있는 채무명의를 가진 채권자가 배당요구를 신청하고, 그 경매절차에서 부동산의 경락대금이 배당요구채권자에게 배당되어 그 채무의 일부변제에 충당될 때까지 채무자가 아무런 이의를 진술하지 아니하였다면, 경매절차의 진행을 채무자가 알지 못하였다는 등 다른 특별한 사정이 없는 한 채무자는 어음채권에 대한 소멸시효 이익을 포기한 것으로 볼 수 있고(대법원 2001. 6. 12. 선고 2001다3580 판결 참조), 그 때부터 그 원인채권의 소멸시효기간도 다시 진행한다고 봄이 상당하다.

원심판결 이유와 기록에 의하면, 원고가 1983. 6. 30. 소외 1에게 금 6,500만 원을 토지대금으로 보관시켰다가 1984. 9. 15. 이를 되돌려 받기로 약정한 사실, 소

외 1은 1985. 8. 30. 위 금원의 지급을 담보하기 위하여 원고에게 액면금 6,500만 원, 만기 1985. 9. 5., 지급지 및 지급장소 마산시, 수취인 원고로 된 약속어음 1매를 발행하고, 원고가 본인 겸 소외 1의 대리인으로서 같은 날 마산지방검찰청 소속 공증인 소외 2에게 약속어음 공정증서의 작성을 촉탁하면서 소외 1이 위 어음금의 지급을 지체하는 경우에는 즉시 강제집행을 받더라도 이의가 없다는 내용의 1985년 제5574호 약속어음 공정증서를 작성하도록 한 사실, 원고는 위 공정증서에 기하여 소외 1 소유의 부동산에 대한 마산지방법원 85타(사건번호 1 생략)호로 부동산강제경매를 신청하여 선행된 같은 법원 85타(사건번호 2 생략)호 부동산강제경매사건에 기록첨부되어 그 경매절차가 진행된 결과 1986. 1. 24. 배당기일에서 원리금의 일부로 금 6,708,266원(어음금 5,151,946원)을 배당금으로 수령한 사실, 소외 1은 1991. 12. 12. 사망하였고, 망인의 유족으로는 그의 처인 피고 1, 자녀들인 소외 3, 소외 4, 피고 2가 있는 사실, 그 후 소외 5의 신청으로 소외 1의 위 상속인들에 대하여 개시된 창원지방법원 92타경(사건번호 3 생략)호 부동산강제경매사건에서 원고가 위 약속어음 공정증서에 기하여 배당요구신청을 하였고, 그 강제경매절차가 진행된 결과 1992. 12. 15. 배당기일에서 원고가 배당요구채권자로서 배당금 3,468,620원을 수령한 사실을 인정할 수 있는바, 사실관계가 이러하다면 <u>원고가 창원지방법원 92타경(사건번호 3 생략)호 부동산강제경매사건에서 배당요구를 할 당시에 이미 그 어음채권의 소멸시효가 완성되었다고 하더라도, 그 경매절차에서 그 경락대금이 배당요구채권자인 원고에게 배당되어 채무의 일부 변제에 충당될 때까지 그 채무자가 아무런 이의를 진술하지 아니하였으므로, 피고들은 어음채권에 대한 소멸시효의 이익을 포기한 것으로 되어 더 이상 그 소멸시효의 이익을 주장할 수 없고,</u> 이에 따라 그 원인채권의 소멸시효도 그 때부터 다시 진행한다고 할 것이다.

원심이 위 배당요구로 인하여 그에 관련된 어음채권의 원인채권인 대여금채권의 소멸시효가 중단되었다고 판시한 것을 앞서 본 법리에 비추어 잘못된 것이라고 할 것이지만, 피고들의 소멸시효의 항변을 배척한 것은 그 결론에서 정당하고, 거기에 약속어음 공정증서에 기한 배당요구와 그 원인채권의 소멸시효에 관한 법리오해의 위법은 없다.

❷ 대법원 2007. 9. 20. 선고 2006다68902 판결 [대여금]

사실관계

乙1은 1991. 5. 28. A 상호신용금고와 사이에 어음할인에 의한 대출한도액을 2억 원, 변제기는 1991. 8. 6.로 각 정하여 어음할인거래약정을 체결한 뒤 2억 원을 대출받았고, 乙2는 위

약정에 기한 대출금채무에 대하여 연대보증을 하였다. 乙1은 위 약정 당시 A 회사에게 발행인 乙2, 액면금 2억 원, 지급기일 1991. 8. 6., 발행일 1991. 5. 28.로 된 약속어음 1장을 배서하여 교부하였다. A 회사는 1991. 9. 6. 위 약속어음을 소지하고 지급장소에서 지급제시하였으나 무거래를 이유로 그 지급이 거절되었는데, 乙1 및 乙2로부터 1991. 8. 26.까지의 약정이자 및 연체이자를 지급받았다. 한편 A 회사는 1996. 6. 21. 청구채권을 1991. 5. 28.자 약속어음금 중 일부금 5,000만 원으로 하여 자동차가압류 결정을 받아 乙1 소유의 무쏘승용차를 가압류하였다. 그 후 A 회사는 1999. 6. 29. 파산선고결정을 받았고, 甲이 그 파산관재인이 되었다. 이에 甲이 2005. 4. 6. 피고 乙2에게 乙1과 연대하여 2억 원 및 이에 대한 이자의 지급을 청구하는 소를 제기하였다. 이에 대해 乙2는 그의 보증채무는 乙1의 대출금채무와 함께 위 변제기로부터 5년의 상사시효가 경과하여 소멸하였다고 항변하였고, 甲은 소멸시효기간 만료 전에 위 약속어음금을 청구채권으로 하여 주채무자인 위 乙1 소유의 승용차를 가압류하였기 때문에 위 대출금채권의 소멸시효가 중단되었다고 재항변하였다.

판결이유

1. 상고이유 제1점에 대하여

원심판결의 이유를 기록에 비추어 살펴보면, 원심이 그 채용 증거들에 의하여 소외인(을1)이 OO상호신용금고(A)로부터 어음할인거래약정을 체결한 뒤 금 2억 원을 대출받았고 피고(을2)가 OO상호신용금고(A)와 사이에 그 대출금채무에 대하여 연대보증계약을 체결하였다고 인정한 것은 정당하고, 거기에 상고이유에서 주장하는 바와 같은 판단 누락, 이유불비 등의 위법이 없다.

2. 상고이유 제2점에 대하여

<이미 시효로 소멸한 어음채권을 피보전권리로 한 가압류 결정에 의하여 그 원인채권의 소멸시효가 중단되는지 여부(소극) (민법 제168조; 어음법 제7조, 제17조)> 원인채권의 지급을 확보하기 위하여 어음이 수수된 당사자 사이에서 채권자가 어음채권을 피보전권리로 하여 채무자의 재산을 가압류함으로써 그 권리를 행사한 경우에는 그 원인채권의 소멸시효를 중단시키는 효력을 인정하고 있는데, 원래 위 두 채권이 독립된 것임에도 불구하고 이와 같은 효력을 인정하는 이유는 이러한 어음은 경제적으로 동일한 급부를 위하여 원인채권의 지급수단으로 수수된 것으로서 그 어음채권의 행사는 원인채권을 실현하기 위한 것일 뿐만 아니라, 어음수수 당사자 사이에서 원인채권의 시효소멸은 어음금 청구에 대하여 어음채무자가 대항할 수 있는 인적항변 사유에 해당하므로, 채권자가 어음채권의 소멸시효를 중단하여 두어도 원인채권의 시효소멸로 인한 인적항변에 따라 그 권리를 실현할 수 없게 되는 불합리한 결과가 발생하게 되기 때문이다(대법원 1999. 6. 11. 선고 99다16378 판결 참조). 그러나 이미 소멸시효가 완성된 후에는 그 채권이 소멸되고 시

효 중단을 인정할 여지가 없으므로, 이미 시효로 소멸된 어음채권을 피보전권리로 하여 가압류 결정을 받는다고 하더라도 이를 어음채권 내지는 원인채권을 실현하기 위한 적법한 권리행사로 볼 수 없을 뿐 아니라, 더 이상 원인채권에 관한 시효 중단 여부가 어음채권의 권리 실현에 영향을 주지 못하여 어떠한 불합리한 결과가 발생하지 아니한다는 점을 함께 참작하여 보면, 가압류 결정 이전에 이미 피보전권리인 어음채권의 시효가 완성되어 소멸된 경우에는 그 가압류 결정에 의하여 그 원인채권의 소멸시효를 중단시키는 효력을 인정할 수 없다고 할 것이다.

위 법리에 비추어 살펴보면, 원심이 인정한 바와 같이 <사안의 경우> 이 사건 약속어음의 지급기일 이후인 1991. 9. 6. 적법한 지급제시가 있었고, 그에 따라 배서인 소외인(을1)에 대한 소구권이 보존되었다 할지라도, 소외인(을1) 소유의 자동차에 대한 판시 가압류 결정이 내려진 시점은 이미 그 소구권의 소멸시효기간인 1년이 도과한 때임이 역수상 명백한 이상 약속어음금채권을 피보전권리로 하는 판시 가압류 결정이 내려졌다고 하더라도 그 원인채권인 대출금채권의 소멸시효를 중단시키는 효력을 인정할 수는 없고, 따라서 나아가 대출금채권의 주채무자인 소외인(을1)에 대한 시효의 중단이 있음을 전제로 보증인인 피고(을2)에 그 시효 중단의 효력이 미친다고 볼 여지는 없다.

그럼에도 불구하고, 원심은 주채무자인 소외인(을1)에 대한 원고(갑)의 대출금채권의 시효 진행이 그에 대한 약속어음금채권을 피보전권리로 하는 판시 가압류 결정으로써 중단되었다고 보고, 나아가 가압류의 집행보전의 효력이 존속하는 동안 시효중단의 효력 역시 계속되며, 이러한 주채무자에 대한 소멸시효 중단의 효력은 보증인인 피고(을2)에까지 미친다고 판단하여 피고(을2)의 소멸시효 항변을 배척하고 말았으니, 이러한 원심의 조치에는 어음채권을 피보전권리로 하는 가압류에 기한 소멸시효 중단의 효과에 대한 법리를 오해한 위법이 있다 할 것이고, 이 점을 지적하는 취지의 상고이유 부분은 이유 있다.

§ 10-20 일부청구와 소멸시효 중단
❶ 대법원 2020. 2. 6. 선고 2019다223723 판결 [부당이득금]
(대법원 2022. 5. 26. 선고 2020다206625 판결)

사실관계

甲은 乙이 시행한 공익사업으로 인해 주거용 건축물을 제공함에 따라 이주대책의 일환으로 아파트를 분양받게 되었고, 2008. 10. 31.까지 분양대금을 완납하였다. 甲은 아파트 분양대금에 생활기본시설 설치비용이 포함되어 있어 사업시행자인 乙이 부당이득금을 반환할 의무가 있다고 주장하면서 2013. 7. 30. 乙을 상대로 선행소송을 제기하였다. 甲은 선행소송의 소장에 '일부

청구'라는 제목하에 "원고는 부당이득금반환청구권이 있다고 할 것이나 정확한 금액은 추후 피고로부터 생활기본시설 관련 자료를 받아 계산하도록 하고 우선 이 중 일부인 2,000,000원에 대하여만 청구하게 되었습니다."라고 기재하여 일부청구를 하였다. 甲은 선행소송이 종료될 때까지 청구금액을 확장하지 아니하였고, 법원은 2016. 10. 12. "피고는 원고에게 2,000,000원 및 이에 대한 지연손해금을 지급하라"는 판결을 선고하였고, 위 판결은 2016. 11. 8. 확정되었다. 甲은 2017. 5. 18. 위 선행소송에서 인정된 금액을 제외한 나머지 금액 18,808,243원 및 이에 대한 지연손해금을 청구하는 소를 제기하였다.

판결이유

1. 가. *<하나의 채권 중 일부만을 청구하는 소송을 제기한 경우, 소멸시효중단의 효력발생범위 (민법 제168조, 제170조)>* 하나의 채권 중 일부에 관하여만 판결을 구한다는 취지를 명백히 하여 소송을 제기한 경우에는 소제기에 의한 소멸시효중단의 효력이 그 일부에 관하여만 발생하고, 나머지 부분에는 발생하지 아니하나(대법원 1975. 2. 25. 선고 74다1557 판결 등 참조), 소장에서 청구의 대상으로 삼은 채권 중 일부만을 청구하면서 소송의 진행경과에 따라 장차 청구금액을 확장할 뜻을 표시하고, 당해 소송이 종료될 때까지 실제로 청구금액을 확장한 경우에는 소제기 당시부터 채권 전부에 관하여 판결을 구한 것으로 해석되므로, 이러한 경우에는 소제기 당시부터 채권 전부에 관하여 재판상 청구로 인한 시효중단의 효력이 발생한다(대법원 1992. 4. 10. 선고 91다43695 판결 등 참조).

나. *<나머지 부분에 대하여 재판상 청구로 인한 시효중단의 효력이 발생하는지 여부(소극) (민법 제168조, 제170조, 제174조; 민사소송법 제84조)>* 소장에서 청구의 대상으로 삼은 채권 중 일부만을 청구하면서 소송의 진행경과에 따라 장차 청구금액을 확장할 뜻을 표시하였으나, 당해 소송이 종료될 때까지 실제로 청구금액을 확장하지 않은 경우에는 소송의 경과에 비추어 볼 때 채권 전부에 관하여 판결을 구한 것으로 볼 수 없으므로, 나머지 부분에 대하여는 재판상 청구로 인한 시효중단의 효력이 발생하지 아니한다.

<이와 같은 경우 채권자가 당해 소송이 종료된 때부터 6월 내에 민법 제174조에서 정한 조치를 취함으로써 나머지 부분에 대한 소멸시효를 중단시킬 수 있는지 여부(적극)> 그러나 이와 같은 경우에도 소를 제기하면서 장차 청구금액을 확장할 뜻을 표시한 채권자로서는 장래에 나머지 부분을 청구할 의사를 가지고 있는 것이 일반적이라고 할 것이므로, 다른 특별한 사정이 없는 한 당해 소송이 계속 중인 동안에는 나머지 부분에 대하여 권리를 행사하겠다는 의사가 표명되어 최고에 의해 권리를 행사하고 있는 상태가 지속되고 있는 것으로 보아야 하고, 채권자는 당해 소송이 종료된 때부터 6월 내에 민법 제174조에서 정한 조치를 취함으로써 나머지

부분에 대한 소멸시효를 중단시킬 수 있다.

한편 대법원은, 보통의 최고와는 달리 법원의 행위를 통해 이루어지는 소송고지로 인한 최고에 대하여는 당해 소송이 계속 중인 동안 최고에 의해 권리를 행사하고 있는 상태가 지속되는 것으로 보아 당해 소송이 종료된 때부터 6월 내에 민법 제174조에 정한 조치를 취함으로써 소멸시효를 중단시킬 수 있다는 점을 밝혀 왔다(대법원 2009. 7. 9. 선고 2009다14340 판결 등 참조).

......

3. 위와 같은 사실관계를 앞서 본 법리에 비추어 살펴보면, <사안의 경우> 원고(갑)가 소장 등에서 장차 청구금액을 확장할 뜻을 표시하였지만 이 사건 선행소송이 종료될 때까지 청구금액을 확장하지 아니한 이상, 원고(갑)는 이 사건 선행소송에서 2,000,000원 및 이에 대한 지연손해금에 관하여만 판결을 구하였다고 봄이 상당하므로, 이 사건 선행소송의 제기에 의한 소멸시효중단의 효력은 위 2,000,000원 및 이에 대한 지연손해금에 관하여만 발생하고, 나머지 부분에 대하여는 이 사건 선행소송이 계속 중인 동안에는 최고에 의해 권리를 행사하고 있는 상태가 지속되고 있었다고 할 것이나, 원고(갑)가 이 사건 선행소송이 종료된 때부터 6월 내에 이 사건 소송을 제기하는 등 민법 제174조에서 정한 조치를 취하지 아니한 이상 시효중단의 효력이 없어 소멸시효가 완성되었다.

❷ 대법원 2001. 9. 28. 선고 99다72521 판결 【손해배상(기)】

> 사실관계

甲(선정당사자) 및 선정자들(130인)은 경기 화성군 서신면 송교리 일대 어장에서 각 세대 구성원들과 함께 종래부터 관행에 의하여 별다른 시설물 없이 자연산 어패류 등 수산동식물을 채포하여 시중에 판매하여 오던 세대주 또는 세대대표자들이고, 乙(한국수자원공사)은 그 전신인 산업기지개발공사의 재산과 권리·의무를 1988. 2. 4. 시행된 한국수자원공사법 부칙 제5조에 따라 포괄승계한 자이다. 한편 산업기지개발공사는 구 산업기지개발촉진법 제9조에 의하여 위 방조제 등의 시설공사를 농업진흥공사에 위탁하여 시행토록 하고, 사업용지 매수 및 손실보상과 주민의 이주대책업무는 경기도지사에게 위탁하여 시행토록 하였다. 이에 따라 농업진흥공사는 1981.경 산업기지개발촉진법에 따라 국토확장사업의 일환으로 시화지구개발사업을 수립하였으며, 乙의 전신인 산업기지개발공사는 1987. 6. 8. 건설부장관으로부터 시화지구개발사업계획을 승인받아 방조제 12.7km 등 외곽시설과 그 부대시설을 설치하여 매립하는 사업을 담당하였다. 농업진흥공사는 1987. 6. 8. 공유수면 매립허가를 받은 후 위 개발사업 중 방조제 시설공사에 관하여 1987. 10. 12. 탄도방조제 공사의 착공을 시작으로, 1988. 2. 5. 불도방조제 공사를, 1988. 5. 20. 대선방조제 공사를, 1988. 4. 5. 시화 1호 방조제 공사를, 1991. 6. 14. 시화 제2호 방조제

공사를 각 착공하여 1994. 1. 24. 서화 제2호 방조제의 물막이 공사 완성을 마지막으로 전체 방조제 공사를 마쳤다. 그런데 甲이 위와 같이 관행에 의한 어업을 영위하던 위 어장에 직접적으로 영향을 미치는 탄도방조제 공사가 시작되면서부터 위 어장 일대에 토사 확산과 해류 변화로 인한 지형 변화, 퇴적물 이동 등으로 인하여 바닷물의 유통이 정상적으로 되지 아니하고 부니(浮泥)의 침적으로 매몰현상이 나타나는 등 생태계 변화가 초래되어 어패류가 폐사하기 시작함으로써 위 어장이 점차적으로 그 기능을 상실하여 가다가 서화 제2호 방조제가 완성된 1994. 1. 경에 이르러서는 자연산 어패류의 부존량이 미미한 상태가 되어 어장으로서의 기능 및 경제적인 가치를 상실하였다. 보상업무를 위탁받은 경기도지사는 면허받은 양식어업권자나 공동어업권자에 대해서는 수산업법이 정하는 바에 따라 보상을 하였지만, 관행어업권자들에 대해서는 이를 무허가 어업자로 보아 손실보상을 하지 않은 채 공유수면매립공사에 착수하여 이를 진행하였다. 이에 甲은 1994. 1. 21. 이 사건 소를 제기하면서 그 자신 및 선정자들을 위하여 1억 원 및 이에 대한 1987. 6. 10. 부터의 법정 지연손해금을 청구하였다가, 1997. 5. 8. 에 청구금액을 확장하는 청구취지 및 원인 변경신청서를 제출하였다.

판결이유

......

2. .....

다. 제4, 5, 6주장에 관하여

<u>민법 제766조 제1항에서 말하는 '손해'란 위법한 행위로 인한 손해 발생의 사실을, '손해를 안 날'이란 불법행위의 요건 사실에 대한 인식으로서 위법한 가해행위의 존재, 가해행위와 손해의 발생과 사이에 상당인과관계 등이 있다는 사실까지 피해자가 알았을 때를 각 의미하고(대법원 1997. 12. 26. 선고 97다28780 판결 참조), 권리를 가진 자에 대하여 손실보상을 할 의무가 있는 사업시행자가 손실보상의무를 이행하지 아니한 채 공유수면매립공사를 시행하였다 하더라도 그로 인한 불법행위는 그 사업착수만으로 바로 성립하지 않고, 그 사업으로 인하여 실질적이고 현실적인 침해가 발생하였을 때에 비로소 성립한다고 할 것이므로(대법원 1999. 9. 17. 선고 98다52858 판결, 1999. 11. 23. 선고 98다11529 판결, 2000. 5. 26. 선고 99다37382 판결 등 참조), 공유수면매립으로 인하여 어업에 관한 권리가 소멸되었음을 이유로 한 손해배상청구권에 관한 민법 제766조 제1항의 소멸시효는 피해자가 장차 그러한 피해가 예상되는 매립사업이 사전보상 없이 착수되었음을 알았다고 하여 바로 진행된다고 할 수 없고, 사업의 진행에 따라 그 권리가 소멸되었다고 인정될 수 있는 시점 이후 이러한 사실을 인식하였을 때부터 비로소 진행한다고 볼 것이다.</u>

<u>원심은</u>, 이 사건 관행어장은 1987. 10. 12. 탄도 방조제의 공사가 시작되면서부터

어장 일대에 토사 확산과 해류변화로 인한 지형 변화, 퇴적물 이동 등으로 인하여 바닷물의 유통이 정상적으로 되지 아니하고 부니(부니)의 침적으로 매몰현상이 나타나는 등 생태계가 변화하여 어패류가 패사하기 시작함으로써 점차적으로 기능을 상실하여 가다가 시화 제2호 방조제가 완성된 1994년 1월경에 이르러서는 자연산 어패류의 부존량이 미미한 상태가 되어 어장으로서의 기능 및 경제적 가치를 상실하였다고 인정한 다음, 이 사건 관행어업권을 상실한 원고 등의 이 사건 손해배상청구권은 위 1994년 1월경 이전에는 그 소멸시효가 진행할 수 없다고 판단하여 피고의 소멸시효항변을 배척하였다.

기록 중의 증거들과 대조하면서 위의 법리에 비추어 보니, 원심의 위와 같은 사실인정과 판단은 정당하고 거기에 이 사건 관행어장의 기능상실 시기에 관한 사실오인 또는 이 사건 손해의 종류와 이를 안 날에 관한 각 법리오해 등의 위법이 없으며, 상고이유에서 적시하고 있는 대법원판결에 저촉된 것으로 볼 수도 없다.

……

사. 제10주장에 관하여

***<청구대상 채권 중 일부만을 청구한 경우 시효중단의 효력발생범위* (민법 제168조)>**
청구의 대상으로 삼은 채권 중 일부만을 청구한 경우에도 그 취지로 보아 채권 전부에 관하여 판결을 구하는 것으로 해석되는 경우에는 그 동일성의 범위 내에서 그 전부에 관하여 시효중단의 효력이 발생하고(대법원 1992. 4. 10. 선고 91다43695 판결, 1992. 12. 8. 선고 92다29924 판결들 참조), 이러한 법리는 특정 불법행위로 인한 손해배상채권에 대한 지연손해금청구의 경우에도 마찬가지로 적용된다고 할 것이다.

<사안의 경우> 원고(갑)는 이 사건 손해배상채권에 대한 소멸시효기간이 경과하기 전에 이 사건 소를 제기하면서 그 자신 및 선정자들을 위하여 금 1억 원 및 이에 대한 1987. 6. 10.부터의 법정 지연손해금만을 청구하였다가, 1997. 5. 8.에 비로소 청구금액을 확장하는 청구취지 및 원인 변경신청서를 제출하였으나, 소장을 제출하면서 앞으로 시행될 법원의 손해액 감정결과에 따라 청구금액을 확장할 뜻을 명백히 표시한 사실이 소장 기재 자체로 보아 명백한바, 그런 상황에서 원고(갑)로서는 소장 제출 당시부터 이 사건 손해배상채권 전부 및 이에 대한 1987. 6. 10.부터의 법정 지연손해금 전부에 대하여도 판결을 구하였던 것으로 볼 것이므로, 이 사건 소장 제출에 의한 시효중단의 효력도 소장에 기재된 금 1억 원에 대한 지연손해금청구권뿐만 아니라, 이 사건 손해배상채권 전부에 대한 지연손해금청구권 전부에 대하여 발생한 것으로 볼 것이다.

따라서 원심이 소장에 기재한 금 1억 원을 초과한 손해배상청구액 중 원심 인용금액에 대한 위의 청구취지 및 원인 변경신청서가 제출된 1997. 5. 8.로부터 3년 이전의 기간에 대한 지연손해금청구권에 대하여도 피고(을)에게 배상의무가 있다고 판단한 것은 앞서 본 법리에 따른 것으로 정당하고, 거기에 지연손해금의 소멸시효기간 및 시효중단의 효력범위 등에 관한 각 법리를 오해한 위법이 없다.

§ 10-21 채권자대위청구
❶ 대법원 2011. 10. 13. 선고 2010다80930 판결 [소유권이전등기절차이행]

사실관계

채권자 甲이 채무자 乙을 대위하여 丙을 상대로 X 부동산에 관하여 부당이득반환을 원인으로 한 소유권이전등기절차 이행을 구하는 소를 제기하였으나 피보전권리가 인정되지 않는다는 이유로 소각하판결을 선고받아 확정되었다. 그로부터 3개월 남짓 경과한 후에 다른 채권자 丁이 乙을 대위하여 丙을 상대로 같은 내용의 소를 제기하였다가 乙과 사이에 피보전권리가 존재하지 않는다는 취지의 조정이 성립되었다. 이에 또 다른 채권자인 戊는 2009. 12. 17. 乙을 대위하여 丙을 상대로 같은 내용의 소를 다시 제기하였다.

판결이유

1. 상고이유 제1점에 대하여

재판상의 청구는 소송이 각하, 기각 또는 취하된 경우에는 시효중단의 효력이 없으나, 그 경우에도 6월 내에 재판상의 청구, 파산절차참가, 압류 또는 가압류, 가처분을 한 때에는 시효는 최초의 재판상 청구로 인하여 중단된 것으로 본다(민법 제170조).

한편 <채권자대위소송의 제기로 인한 소멸시효 중단의 효력이 채무자에게 미치는지 여부(적극) (민법 제169조, 제170조, 제404조)> 채권자대위권 행사의 효과는 채무자에게 귀속되는 것이므로 채권자대위소송의 제기로 인한 소멸시효 중단의 효과 역시 채무자에게 생긴다.

원심이 인정한 사실에 의하면, 망 소외 1(채권자 갑)은 2005. 2. 25. 소외 2(채무자 을)를 대위하여 피고(병)를 상대로 원심판결 별지목록 기재 각 부동산(이하 '이 사건 각 부동산'이라 한다)에 관하여 부당이득반환을 원인으로 한 소유권이전등기절차의 이행을 구하는 소를 제기하였다가 2008. 5. 14. 그 항소심(서울고등법원 2008나20500호)에서 피보전권리가 인정되지 않는다는 이유로 소각하판결을 선고받아 그 판결이 2008. 6. 5. 확정된 사실, 소외 3(다른 채권자 정)은 그로부터 3개월 남짓 경과한 2008. 9. 19. 소외 2(을)를 대위하여 피고(병)를 상대로 위 각 부동산에 관하여 같은 내용의 소유권이전등기청구소송을 제기하였으나 2009. 12. 4. 그 항소심(서울고등법원 2009나66268호)에서 소외 2(을)와 사이에 그 피보전권리가 존재하지 않는다는 취지의 조정(이하 '이 사건 관련 조정'이라 한다)이 성립된 사실, 이에 원고(다른 채권자 무)는 2009. 12. 17. 소외 2(을)를 대위하여 피고(병)를 상대로 위 각 부동산에 관하여 같은 내용의 소유권이전등기청구소송을 다시 제기한 사실 등을 알 수 있다.

이를 위 법리에 비추어 살펴보면, <사안의 경우> 소외 2(을)의 피고(병)에 대한 이 사건 각 부동산에 관한 부당이득반환을 원인으로 한 소유권이전등기청구권의 소멸시효는 망 소외 1(갑), 3(정)과 원고(무)의 순차적인 채권자대위소송에 따라 최초의 재판상 청구인 망소외 1(갑)의 채권자대위소송의 제기로 중단되었다고 보아야 한다. 같은 취지의 원심판결은 정당하고, 거기에 상고이유로 주장하는 바와 같은 소멸시효 중단에 관한 법리오해 등의 위법이 없다.

2. 상고이유 제2점에 대하여

원심은, 이 사건 관련 조정의 조정조항 및 그 청구원인 등에 비추어 위 관련 조정에서 이루어진 법률관계의 존부에 관한 판단은 당해 채권자대위소송에서 피보전권리로 주장된 소외 3(정)과 소외 2(을) 사이의 동업자금 채권이 소멸하여 존재하지 않는다는 것에 한정되었고, 이 사건 각 부동산과 관련된 소외 2(을)의 피고(병)에 대한 부당이득반환을 원인으로 한 소유권이전등기청구권의 존부에 대하여는 판단이 이루어지지 않았으므로, 원고(무)가 소외 2(을)를 대위하여 피고(병)를 상대로 이 사건 각 부동산에 관하여 부당이득반환을 원인으로 한 소유권이전등기절차의 이행을 구하는 이 사건 소송은 위 관련 조정의 기판력에 저촉되지 않는다고 판단하였다. 관련 법리와 기록에 비추어 살펴보면, 이러한 원심의 판단은 정당하고, 거기에 상고이유로 주장하는 바와 같은 기판력의 범위에 관한 법리오해 등의 위법이 없다.

❷ 대법원 2014. 5. 16. 선고 2012다20604 판결 [근저당권말소]

1. <채무의 일부 변제에 따른 시효중단의 효력 범위 및 피담보채권의 소멸시효가 중단되는지 여부 (민법 제168조 제3호, 제446조)> 채무의 일부를 변제하는 경우에는 채무 전부에 관하여 시효중단의 효력이 발생한다(대법원 1980. 5. 13. 선고 78다1790 판결 등 참조). 그리고 채무자가 채권자에게 부동산에 관한 근저당권을 설정하고 그 부동산을 인도하여 준 다음 피담보채권에 대한 이자 또는 지연손해금의 지급에 갈음하여 채권자로 하여금 그 부동산을 사용수익할 수 있도록 한 경우라면, 채권자가 그 부동산을 사용수익하는 동안에는 채무자가 계속하여 이자 또는 지연손해금을 채권자에게 변제하고 있는 것으로 볼 수 있으므로, 피담보채권의 소멸시효가 중단된다고 보아야 한다(대법원 2009. 11. 12. 선고 2009다51028 판결 참조).

한편 <채무자가 소멸시효의 이익을 받을 수 있는 권리를 이미 처분한 경우, 채무자의 일반채권자가 채권자대위에 의해 시효이익을 원용할 수 있는지 여부(소극) (민

법 제184조 제1항, 제404조)> 소멸시효가 완성된 경우에, 채무자에 대한 일반 채권자는 자기의 채권을 보전하기 위하여 필요한 한도 내에서 채무자를 대위하여 소멸시효 주장을 할 수 있을 뿐, 채권자의 지위에서 독자적으로 소멸시효의 주장을 할 수 없으므로(대법원 1979. 6. 26. 선고 79다407 판결, 대법원 2012. 5. 10. 선고 2011다109500 판결 등 참조), 채무자가 소멸시효의 이익을 받을 수 있는 권리를 이미 처분하여 대위권행사의 대상이 존재하지 않는 경우에는 채권자는 채권자대위에 의하여 시효이익을 원용할 수 없다(위 대법원 79다407 판결 참조).

라) 재판상 청구에 의한 시효중단의 효과
§ 10-22 재판상 청구에 의한 시효중단의 효과
❶ *(§ 10-15 ❸)* 대법원 2010. 8. 26. 선고 2008다42416, 42423 판결 [대여금]
(대법원 2012. 1. 12. 선고 2011다78606 판결)
……

바. 소멸시효의 중단 여부에 관하여
<채권자가 피고로서 응소하여 적극적으로 권리를 주장하고 그것이 받아들여진 경우 시효중단사유인 '재판상의 청구'에 해당하는지 여부(적극)> 민법 제168조 제1호, 제170조 제1항에서 시효중단사유의 하나로 규정하고 있는 재판상의 청구라 함은, 통상적으로는 권리자가 원고로서 시효를 주장하는 자를 피고로 하여 소송물인 권리를 소의 형식으로 주장하는 경우를 가리키지만, 이와 반대로 시효를 주장하는 자가 원고가 되어 소를 제기한 데 대하여 피고로서 응소하여 그 소송에서 적극적으로 권리를 주장하고 그것이 받아들여진 경우도 이에 포함되고(대법원 1993. 12. 21. 선고 92다47861 전원합의체 판결 등 참조), *<시효중단의 효력발생시점>* 위와 같은 응소행위로 인한 시효중단의 효력은 피고가 현실적으로 권리를 행사하여 응소한 때에 발생한다(대법원 2005. 12. 23. 선고 2005다59383, 59390 판결 참조). 한편, *<채권자가 응소하여 권리를 주장하였으나 그 소가 각하되거나 취하되는 등의 사유로 본안 판단 없이 소송이 종료된 경우 민법 제170조 제2항을 유추적용할 수 있는지 여부(적극)>* 권리자인 피고가 응소하여 권리를 주장하였으나 그 소가 각하되거나 취하되는 등의 사유로 본안에서 그 권리주장에 관한 판단 없이 소송이 종료된 경우에도 민법 제170조 제2항을 유추적용하여 그때부터 6월 이내에 재판상의 청구 등 다른 시효중단조치를 취하면 응소시에 소급하여 시효중단의 효력이 있는 것으로 봄이 상당하다.

❷ 대법원 2019. 7. 25. 선고 2019다212945 판결 [추심금]

사실관계

A 회사는 2014. 2. 26. 乙을 상대로 임대료지급 청구의 소를 제기하여 일부승소 판결을 선고받았다. 甲은 위 사건 소송계속 중 A회사를 채무자, 乙을 제3채무자로 하여 위 임대료채권(변제기: 2014. 1. 31.)에 관해 압류 및 추심명령을 받았고, 위 사건 항소심에서는 A 회사에게 당사자적격이 없음을 확인하는 화해권고결정이 내려져 2017. 5. 16. 확정되었다. 그 후 甲은 2017. 8. 11. 위 추심명령을 근거로 제3채무자인 乙을 상대로 추심의 소를 제기하였다. 乙은 소멸시효가 완성되었다고 항변하였고, 甲은 선행사건 화해권고결정 확정시로부터 6개월 이내에 소를 제기하여 민법 제170조에 따라 선행사건 소 제기 시부터 소멸시효가 중단되었다는 등으로 재항변하였다.

판결이유

1. 채무자의 재판상 청구로 인한 시효중단의 효력이 추심채권자에게 미치는지 여부
가. <채무자가 제3채무자를 상대로 금전채권의 이행을 구하는 소를 제기한 후 채권자가 위 금전채권에 대하여 압류 및 추심명령을 받아 제3채무자를 상대로 추심의 소를 제기한 경우, 채무자가 권리주체의 지위에서 한 시효중단의 효력이 추심채권자에게 미치는지 여부(적극) (민법 제169조)> 채무자의 제3채무자에 대한 금전채권에 대하여 압류 및 추심명령이 있더라도, 이는 추심채권자에게 피압류채권을 추심할 권능만을 부여하는 것이고, 이로 인하여 채무자가 제3채무자에게 가지는 채권이 추심채권자에게 이전되거나 귀속되는 것은 아니다. 따라서 채무자가 제3채무자를 상대로 금전채권의 이행을 구하는 소를 제기한 후 채권자가 위 금전채권에 대하여 압류 및 추심명령을 받아 제3채무자를 상대로 추심의 소를 제기한 경우, 채무자가 권리주체의 지위에서 한 시효중단의 효력은 집행법원의 수권에 따라 피압류채권에 대한 추심권능을 부여받아 일종의 추심기관으로서 그 채권을 추심하는 추심채권자에게도 미친다.
한편 <채무자의 재판상 청구에 따른 시효중단의 효력이 추심채권자의 추심소송에서 그대로 유지되는지 여부(적극) (민법 제169조, 제170조)> 재판상의 청구는 소송의 각하, 기각 또는 취하의 경우에는 시효중단의 효력이 없지만, 그 경우 6개월 내에 재판상의 청구, 파산절차참가, 압류 또는 가압류, 가처분을 한 때에는 시효는 최초의 재판상 청구로 인하여 중단된 것으로 본다(민법 제170조). 그러므로 채무자가 제3채무자를 상대로 제기한 금전채권의 이행소송이 압류 및 추심명령으로 인한 당사자적격의 상실로 각하되더라도, 위 이행소송의 계속 중에 피압류채권에 대하여 채무자에 갈음하여 당사자적격을 취득한 추심채권자가 위 각하판결이 확정된 날로부터 6개월 내에 제3채무자를 상대로 추심의 소를 제기하였다면, 채무자가 제기한 재판상 청구로 인하여 발생한 시효중단의 효력은 추심채권자의 추심소송에서도 그

대로 유지된다고 보는 것이 타당하다.
......

다. 위와 같은 사실관계에 기초하여 원심은 아래와 같은 이유로 '원고(갑)의 이 사건 추심의 소는 이 사건 임대료 채권의 변제기인 2014. 1. 31.부터 민법 제163조의 소멸시효 기간인 3년이 지난 후에 제기되었으므로, 이 사건 임대료 채권은 이 사건 추심의 소가 제기되기 이전에 시효완성으로 소멸하였다'는 취지의 피고(을)의 주장을 배척하고 원고(갑)의 청구를 인용하였다.
1) 이 사건 임대료 채권은 이○개발(A)의 소 제기로 시효가 중단되었다가 항소심에서 당사자적격이 없음을 확인한다는 취지의 이 사건 화해권고결정이 확정됨으로써 사실상 소가 각하된 것과 동일한 효력이 발생하였다.
2) 원고(갑)는 이○개발(A)의 소 제기로 인하여 시효중단의 효력이 발생한 이후에 이 사건 임대료 채권에 대하여 이 사건 추심명령을 받은 추심채권자로서 이○개발(A)로부터 그 권리를 승계하였다.
3) 이○개발(A)의 승계인인 원고(갑)가 이 사건 화해권고결정이 확정된 때로부터 6월 내에 이 사건 소를 제기한 이상 이 사건 임대료 채권의 소멸시효는 이○개발(A)이 피고(을)를 상대로 최초의 재판상 청구를 한 2014. 2. 26. 중단되었다.
라. 원심판결 이유를 앞서 본 법리에 비추어 살펴보면, 원심의 이유설시에 적절하지 않은 부분이 있지만, 이○개발(A)의 재판상 청구로 인한 시효중단의 효력이 그 추심권능을 부여받은 원고(갑)에게도 미친다는 전제에서 피고(을)의 소멸시효 항변을 배척한 결론은 정당하고 이로 인하여 판결 결과에 영향을 미친 잘못은 없다. 따라서 상고이유 주장은 받아들일 수 없다.

❸ **대법원 2009. 2. 12. 선고 2008두20109 판결 [손실보상금]**
......
2. 제2점에 대하여
<채권양도의 대항요건을 갖추기 전에 양도인이 채무자를 상대로 제기한 재판상 청구가 소송 중에 채무자가 채권양도의 효력을 인정하는 등의 사정으로 기각되고, 그 후 6월 내에 양수인이 재판상 청구 등을 한 경우, 양도인의 최초의 재판상 청구로 인하여 시효가 중단되는지 여부(적극) (민법 제169조, 제170조 제2항)> 채권양도 후 대항요건이 구비되기 전의 양도인은 채무자에 대한 관계에서는 여전히 채권자의 지위에 있으므로 채무자를 상대로 시효중단의 효력이 있는 재판상의 청구를 할 수 있고, 이 경우 양도인이 제기한 소송 중에 채무자가 채권양도의 효력을 인정하는 등의 사정으로 인하여 양도인의 청구가 기각됨으로써 민법 제170조 제1항에 의하여 시효중단의 효과가 소멸된다고 하더라도, 양도인의 청구가 당초부터 무권리자에 의한 청구로 되는 것은 아니므로, 양수인이 그로부터 6월 내에 채무자를 상대로

재판상의 청구 등을 하였다면, 민법 제169조 및 제170조 제2항에 의하여 양도인의 최초의 재판상의 청구로 인하여 시효가 중단된다.

원심이 확정한 사실관계 및 기록에 의하면, 원고 1 내지 23, 26 및 원고 27-1 내지 3의 피상속인 소외인은 각각 구 소유자들 명의로 이 사건 손실보상채권의 소멸시효기간이 만료되는 2003. 12. 31. 이전인 같은 해 3. 14. 및 12. 22. 피고를 상대로 손실보상금 청구의 소를 제기하였다가, 2006. 4. 7. 그 소송에 승계참가신청을 한 사실, 그 소송에서 서울행정법원은 2007. 6. 22. 위 원고들이 위 각 소제기 이전에 채권을 양수한 이상 소제기 후에 대항요건을 갖추었다고 하더라도 승계참가의 요건을 갖추지 못하였다는 이유로 위 원고들의 승계참가신청을 모두 각하하고, 위 원고들의 피승계인들의 청구에 대하여는, 그들이 손실보상채권을 위 원고들에게 양도하였다는 이유로 이를 모두 기각한 사실, 이에 위 원고들은 위 판결에 대하여 불복하지 아니한 채 이 사건 나머지 원고들과 함께 2007. 8. 14. 이 사건 소를 제기한 사실을 알 수 있는 한편, 기록상 위 각 소제기 이전에 위 손실보상채권 양도에 대한 대항요건이 구비되었음을 명확히 알 수 있는 자료를 찾기 어렵고 위와 같은 점이 뚜렷하게 심리된 바도 없는 것으로 보인다.

이와 같은 사정 및 앞서 본 법리에 비추어 보면, 구 소유자들의 위 청구는 채권양도 후 대항요건이 구비되기 전의 청구라고 볼 여지도 있으므로, <하천구역으로 편입되어 국유로 된 제외지의 구 소유자가 서울시를 상대로 제기한 손실보상금 청구가 채권양도 후 대항요건을 갖추기 전의 청구라는 이유로 기각되어 시효중단의 효력이 소멸하였다고 하더라도 그로부터 6월 내에 구 소유자의 승계인이 손실보상금을 청구한 이상, 구 소유자의 소제기로 인하여 시효가 중단되었다고 본 사례> (민법 제168조, 제169조, 제170조 제2항)> (하천구역으로 편입되어 국유로 된 제외지의 구 소유자가 서울시를 상대로 제기한 손실보상금 청구를 채권양도 후 대항요건이 구비되기 전의 청구로 보아), 그 청구가 기각됨으로써 시효중단의 효력이 소멸하였다고 하더라도, 그로부터 6월 내에 구 소유자들의 승계인인 위 원고들(위 토지에 관한 권리의 매수인)이 이 사건 소를 제기(손실보상금을 청구)한 이상, 구 소유자들의 소제기로 인하여 시효가 중단되었다고 볼 여지가 있다.

그럼에도 원심이 위 원고들(위 토지에 관한 권리의 매수인)이 구 소유자들의 소제기 이전에 구 소유자들로부터 이 사건 토지들에 관한 권리를 매수하였다는 점만을 이유로, 이 사건 손실보상채권의 양도에 대한 대항요건이 구비된 시점이 언제인지를 따져보지 아니한 채, 위 원고들(위 토지에 관한 권리의 매수인)이 구 소유자들의 소제기에 따른 시효중단의 효력을 받는 승계인에 해당하지 않는다고 판단하여 위 원고들(위 토지에 관한 권리의 매수인)의 소멸시효 중단의 재항변을 배척하고만 것은, 민법 제169조가 정하는 승계인의 범위 및 민법 제170조에 관한 법리를 오해하고 석명권을 불행사하거나 필요한 심리를 다하지 아니함으로써 판결에 영향을 미친 잘못을 저지른 것이다.

나. 파산절차의 참가
§ 10-23 파산절차참가와 시효중단
❶ 대법원 2006. 4. 14. 선고 2004다70253 판결 [파산채권확정]
……

살피건대, <**특정한 채무의 이행을 청구할 수 있는 기간을 제한하고 그 기간을 도과할 경우 채무가 소멸하도록 하는 약정의 효력(유효)** (민법 제184조 제2항)> 특정한 채무의 이행을 청구할 수 있는 기간을 제한하고 그 기간을 도과할 경우 채무가 소멸하도록 하는 약정은 민법 또는 상법에 의한 소멸시효기간을 단축하는 약정으로서 특별한 사정이 없는 한 민법 제184조 제2항에 의하여 유효하다 할 것이고, 한편 <**파산자의 채권자가 파산자에 대한 채권의 이행청구기간의 도과 혹은 소멸시효의 완성을 저지할 수 있는 방법** (민법 제168조 제1호; 구 파산법(2005. 3. 31. 법률 제7428호 채무자 회생 및 파산에 관한 법률 부칙 제2조로 폐지) 제15조(현행 채무자 회생 및 파산에 관한 법률 제424조 참조), 제201조(현행 채무자 회생 및 파산에 관한 법률 제447조 참조)> 채무자가 파산할 경우 채권자의 그 파산자에 대한 채권의 이행청구 등 권리행사는 파산법이 정하는 바에 따라 파산법원에 대한 파산채권신고 등의 방법으로 제한 및 변경되는 것이므로, 채권자는 파산법원에 대한 파산채권신고라는 변경된 형태로 그 권리를 행사함으로써 위와 같은 약정에 의한 이행청구기간의 도과 혹은 소멸시효의 완성을 저지할 수 있는 것이며(즉, 이 경우 채권자는 파산한 채무자에게 이행청구를 하여야만 자신의 채권을 보전할 수 있는 것은 아니다.), 또한 <**구 파산법 제209조, 제207조 제2항의 규정이 파산채권의 신고기간에 아무런 제한을 두고 있지 아니한 취지**> (구) 파산법 제209조, 제207조 제2항의 규정이 파산채권의 신고기간에 아무런 제한을 두고 있지 아니한 것은 그 신고시점까지 유효하게 채권을 보유하고 있는 자로 하여금 신고를 통하여 채권을 행사할 수 있도록 하는 것이지, 그 신고시점 이전에 이미 소멸시효 완성 등으로 채권을 상실한 자에게까지 뒤늦게 파산채권 신고를 통하여 소멸한 채권을 부활시켜 주고자 하는 것은 아니라 할 것이다.

❷ 대법원 2005. 10. 28. 선고 2005다28273 판결 [파산채권확정]
……

2. <**채권조사기일에서 파산관재인이 신고채권에 대하여 이의를 제기하거나 채권자가 법정기간 내에 파산채권 확정의 소를 제기하지 아니하여 배당에서 제척된 경우, 파산절차참가로 인한 시효중단의 효력이 소멸하는지 여부(소극)** (민법 제171조; 파산법 제233조)> 민법 제171조는 파산절차참가는 채권자가 이를 취소하거나 그 청구가

각하된 때에는 시효중단의 효력이 없다고 규정하고 있는바, 채권조사기일에서 파산관재인이 신고채권에 대하여 이의를 제기하거나 채권자가 법정기간 내에 파산채권 확정의 소를 제기하지 아니하여 배당에서 제척되었다고 하더라도 그것이 위 규정에서 말하는 '그 청구가 각하된 때'에 해당한다고 볼 수는 없다 할 것이고, 따라서 파산절차참가로 인한 시효중단의 효력은 파산절차가 종결될 때까지 계속 존속한다고 할 것이다.

다. 지급명령
§ 10-24 지급명령과 시효중단
❶ **대법원 2015. 2. 12. 선고 2014다228440 판결 [부당이득금반환]**
……
2. 원고의 상고이유에 관하여
<*지급명령 사건이 채무자의 이의신청으로 소송으로 이행되는 경우, 지급명령에 의한 시효중단 효과의 발생시기(=지급명령을 신청한 때)*> *(민사소송법 제472조 제2항; 민법 제168조 제1호, 제170조)>* 민사소송법 제472조 제2항은 "채무자가 지급명령에 대하여 적법한 이의신청을 한 경우에는 지급명령을 신청한 때에 이의신청된 청구목적의 값에 관하여 소가 제기된 것으로 본다."라고 규정하고 있는바, 지급명령 사건이 채무자의 이의신청으로 소송으로 이행되는 경우에 그 지급명령에 의한 시효중단의 효과는 소송으로 이행된 때가 아니라 지급명령을 신청한 때에 발생한다.
기록에 의하면, <*사안의 경우*> 원고가 2013. 2. 28. 피고를 상대로 이 사건 지급명령을 신청하였고, 피고가 이의함에 따라 2013. 4. 23. 이 사건 제1심 소송으로 이행된 사실을 알 수 있으므로, 이 사건 부당이득반환청구권의 소멸시효는 위 지급명령 신청일인 2013. 2. 28.에 중단되었다고 보아야 함에도 원심이 이와 달리 위 제1심 소송으로 이행된 날인 2013. 4. 23.에 시효가 중단된 것으로 보고 그로부터 역산하여 5년이 경과한 날 이전에 발생한 부분의 소멸시효가 완성되었다고 판단한 것은 지급명령에 의한 시효중단의 기산일에 관한 법리를 오해하거나 심리를 다하지 아니하여 판단을 그르친 것이다.

❷ **대법원 2011. 11. 10. 선고 2011다54686 판결 [손해배상(기)]**
……
2. 피고의 상고이유에 대한 판단
가. 단기소멸시효의 기산점에 관하여
<*민법 제766조 제1항에서 정한 '손해 및 가해자를 안 날'의 의미와 판단 기준* *(민법 제766조 제1항)*> 불법행위로 인한 손해배상청구권의 단기소멸시효의 기산점이 되는 민법 제766조 제1항 소정의 '손해 및 가해자를 안 날'이라 함은 손해의 발생,

위법한 가해행위의 존재, 가해행위와 손해의 발생과의 사이에 상당인과관계가 있다는 사실 등 불법행위의 요건사실에 대하여 현실적이고도 구체적으로 인식하였을 때를 의미한다고 할 것이고, 피해자 등이 언제 불법행위의 요건사실을 현실적이고도 구체적으로 인식한 것으로 볼 것인지는 개별적 사건에 있어서의 여러 객관적 사정을 참작하고 손해배상청구가 사실상 가능하게 된 상황을 고려하여 합리적으로 인정하여야 한다(대법원 2002. 6. 28. 선고 2000다22249 판결 등 참조).
원심판결 이유에 의하면, 원심은 그 채용 증거에 의하여, 원고가 피고를 2000. 2. 21.자 강간 등의 혐의로 고소하였으나 검사는 피고에 대하여 혐의 없음의 처분을 하고, 오히려 2001. 3. 6. 원고를 무고 및 간통 혐의로 기소하였으며, 원고는 2001. 8. 9. 제1심법원에서 전부 유죄의 판결을 선고받았다가, 2002. 10. 10. 항소심법원에서 2000. 2. 21.자 간통의 점과 이에 기한 무고의 점에 대하여 무죄판결을 받았고, 그 판결은 2004. 9. 24. 대법원의 상고기각판결로 확정된 사실을 인정한 다음, 검사나 피고의 주장대로 원고가 2000. 2. 21.자 강간 고소 부분에 대하여 간통죄나 무고죄가 유죄로 인정되는 경우에는 원고가 피고에 대하여 손해배상청구를 한다고 하더라도 손해배상을 받기 어렵고 오히려 피고에게 무고로 인하여 손해를 배상해 주어야 할 입장에 놓일 수도 있게 되므로, 이와 같은 상황 아래서 원고가 2000. 2. 21.자 강간으로 인한 손해배상청구를 한다는 것은 사실상 불가능하다고 보이고, 따라서 원고의 이 사건 손해배상청구는 간통과 무고죄에 대한 무죄판결이 확정된 때에야 비로소 사실상 가능하게 되었다고 보아야 하며, 그 결과 원고의 2000. 2. 21.자 강간으로 인한 손해배상청구권은 무죄판결이 확정된 2004. 9. 24.부터 소멸시효가 진행된다고 판단하였다.
앞서 본 법리 및 기록에 비추어 살펴보면 원심의 위와 같은 판단은 정당한 것으로 수긍이 가고, 거기에 단기소멸시효의 기산점에 관한 법리오해 등의 위법이 없다.
나. 소멸시효 중단 주장에 관하여
민법 제170조는 제1항에서 "재판상의 청구는 소송의 각하, 기각 또는 취하의 경우에는 시효중단의 효력이 없다."고, 제2항에서 "전항의 경우에 6월 내에 재판상의 청구, 파산절차참가, 압류 또는 가압류, 가처분을 한 때에는 시효는 최초의 재판상 청구로 인하여 중단된 것으로 본다."고 규정하고 있는데, 위 규정에서 말하는 재판상 청구에 지급명령의 신청이 포함되는지에 관하여 본다.
<민법 제170조 제1항에서 정한 '재판상의 청구'에 지급명령 신청도 포함되는지 여부(적극) (민법 제168조, 제170조; 민사소송법 제462조)> 지급명령이란 금전 그 밖에 대체물이나 유가증권의 일정한 수량의 지급을 목적으로 하는 청구에 대하여 법원이 보통의 소송절차에 의함이 없이 채권자의 신청에 의하여 간이, 신속하게 발하는 이행에 관한 명령으로, 지급명령에 관한 절차는 종국판결을 받기 위한 소의 제기는 아니지만, 채권자로 하여금 간이, 신속하게 집행권원을 취득하도록 하기 위하여 이

행의 소를 대신하여 법이 마련한 특별소송절차로 볼 수 있다.

그런데 재판상 청구에 시효중단의 효력을 인정하는 근거는 권리자가 재판상 그 권리를 주장하여 권리 위에 잠자는 것이 아님을 표명하고 이로써 시효제도의 기초인 영속되는 사실상태와 상용할 수 없는 다른 사정이 발생하였다는 점에 기인하는 것인데, 그와 같은 점에서 보면 지급명령의 신청은 권리자가 권리의 존재를 주장하면서 재판상 그 실현을 요구하는 것이므로 본질적으로 소의 제기와 다르지 않다.

따라서 민법 제170조 제1항에서 규정하고 있는 '재판상의 청구'라 함은 종국판결을 받기 위한 '소의 제기'에 한정되지 않고, 권리자가 이행의 소를 대신하여 재판기관의 공권적인 법률판단을 구하는 지급명령의 신청도 포함된다고 봄이 상당하다. <지급명령 신청이 각하된 후 6개월 내 다시 소를 제기한 경우 지급명령 신청이 있었던 때 시효가 중단된 것으로 보아야 하는지 여부(적극)> 그리고 민법 제170조의 재판상 청구에 지급명령의 신청이 포함되는 것으로 보는 이상 특별한 사정이 없는 한, 지급명령의 신청이 각하된 경우라도 6개월 이내 다시 소를 제기한 경우라면 민법 제170조 제2항에 의하여 그 시효는 당초 지급명령의 신청이 있었던 때에 중단되었다고 보아야 할 것이다.

원심판결 이유에 의하면, 원심은 **<갑이 을을 강간 등 혐의로 고소하였으나 검사가 혐의 없음 처분을 하고, 오히려 갑을 무고 및 간통 혐의로 기소하여 제1심에서 유죄판결을 받았다가, 항소심과 상고심에서 무죄판결이 선고되어 확정되었고, 그 후 갑이 을을 상대로 강간 등 불법행위에 따른 손해배상금의 지급을 구하는 지급명령을 신청하였다가 각하되자 그로부터 6개월 내에 손해배상청구의 소를 제기한 사안의 경우** (민법 제168조, 제170조, 제766조 제1항; 민사소송법 제462조)> (갑의 강간 고소 부분에 대하여 간통죄나 무고죄가 유죄로 인정되는 경우에는 갑이 을에 대하여 손해배상청구를 하더라도 손해배상을 받기 어렵고 오히려 을에게 무고로 인하여 손해를 배상해 주어야 할 입장에 놓일 수도 있게 되므로, 이와 같은 상황 아래서 갑이 강간으로 인한 손해배상청구를 한다는 것은 사실상 불가능하다고 보이고, 따라서 갑의 손해배상청구는 간통과 무고죄에 대한 무죄판결이 확정된 때에야 비로소 사실상 가능하게 되었다고 보아야 하며, 그 결과 갑의 손해배상청구권은 무죄판결이 확정된 때로부터 소멸시효가 진행하는데,) 원고(갑)가 2007. 9. 21. 서울서부지방법원 2007차13455호로 이 사건 손해배상금의 지급을 구하는 지급명령을 신청하였으나, 그 지급명령 정본은 피고에게 송달되지 아니하고 그 주소보정명령에도 원고가 불응하여 지급명령신청서가 2007. 11. 13. 각하되었으나 원고(갑)가 그로부터 6개월이 지나기 전인 2008. 3. 18. 이 사건 소를 제기하였으므로, 민법 제170조 제2항에 의하여 2000. 2. 21.자 강간 부분에 대한 시효는 최초로 지급명령을 신청한 2007. 9. 21. 중단된 것으로 보아야 한다고 판단하여 피고(을)의 소멸시효 완성의 항변을 배척하였다.

앞서 본 법리 및 기록에 비추어 살펴보면 원심의 위와 같은 판단은 정당하고, 거기에 소멸시효 중단사유에 관한 법리오해 등의 위법이 없다.

라. 최고
§ 10-25 압류 및 추심명령에 의한 최고
❶ 대법원 2003. 5. 13. 선고 2003다16238 판결 [추심금]

사실관계

甲은 A(소외인)에 대한 구상금채권에 기하여 1994. 9. 28. A가 乙 회사로부터 매월 지급받는 급료 중 제세공과금을 공제한 실수령액의 2분의 1 및 A가 퇴직할 경우 퇴직금 중 2분의 1에 해당하는 금액이 청구금액에 이를 때까지의 금액에 관하여 채권가압류결정을 받았고, 위 결정은 1994. 9. 29. 乙 회사에 송달되었다. 甲은 1995. 4. 26. A에 대한 구상금을 청구하여 승소판결을 선고받았고, 이 판결은 1995. 6. 6. 확정되었다. 그 후 甲은 위 판결에 기하여 2001. 7. 4. 채권가압류결정에 의한 임금 및 퇴직금 채권 중 340,258,798원에 대한 가압류를 본압류로 전이하는 채권압류 및 추심명령을 받았고, 위 명령은 2001. 7. 7. 乙 회사에 송달되었다. 甲은 2001. 8. 27. 乙을 상대로 추심청구의 소를 제기하였다. 한편 A는 1994. 1. 1. 乙 회사에 입사하여 감리지원팀 전무이사로 근무하다가 1998. 7. 31. 퇴직하였다.

판결이유

1. 원심의 판단

원심판결 이유에 의하면, 원심은, 원고(갑)가 소외인(A)에 대한 구상금채권에 기하여 1994. 9. 28. 대구지방법원 경주지원에서 위 소외인(A)이 피고 회사로부터 매월 지급받는 급료 중 제세공과금을 공제한 실수령액의 2분의 1 및 소외인(A)이 퇴직할 경우 퇴직금 중 2분의 1에 해당하는 돈이 청구금액(165,105,920원 및 그 중 147,591,658원에 대하여 1994. 6. 30.부터 갚는 날까지 연 17%의 비율로 계산한 돈)에 이를 때까지의 금액에 관하여 채권가압류결정(94카합728, 이하 '이 사건 가압류'라 한다)을 받았고, 위 결정은 1994. 9. 29. 피고(을) 회사에 송달된 사실, 원고(갑)는 1995. 4. 26. 대구지방법원 경주지원 95가단1098호 구상금청구사건에서 '소외인(A)은 원고(갑)에게 235,813,822원 및 그 중 221,395,424원에 대하여 1994. 2. 21.부터 갚는 날까지 연 17%의 비율로 계산한 돈을 지급하라.'는 승소판결을 선고받았고, 동 판결은 1995. 6. 6. 확정된 사실, 그 후 원고(갑)는 위 판결에 기하여 2001. 7. 4. 서울지방법원 북부지원으로부터 '94카합728호의 채권가압류결정에 의한 임금 및 퇴직금 채권 중 340,258,798원에 대한 가압류를 본압류로 전이하고, 임금 및 퇴직금 채권 중 95가단1098호 판결 정본에 기한 나머지 171,613,250원을 압류한다. 피고(을) 회사는 소외인(A)에게 위 채권에 관한 지급을 하여서는 아니되고, 소외인(A)은 위 채권의 처분과 영수를 하여서는 아니되며, 위 압류된 채권은 원고(갑)가 이를 추심할 수 있다.'는 내용의 가압류를 본압류로 전이하는 채권압류 및 추심명령(2001타기3168)을 받았고, 위 명령은 2001. 7. 7. 피고 회사에 송달되었으며 같은 해 8. 27. 이 사건 추심청구의 소가 제기된 사실, 한편, 위 소외인(A)은 1994. 1. 1. 피고(을) 회사에 입사하여 감리지원팀 전무이사로 근무하다가 1998. 7. 31. 퇴직한 사실을 인정한 다음, 채권자가 채무자의 제3채무자에 대한 채권을 가압류한 경우 채권자의 채무자에 대한 채권(피보전채권)의 소멸시효는 그 진행이 중단되나, 채무자의 제3채무자에 대한 채권(피압류채권)에 관하여는 시효중단의 효력을 인정할 수 없고, 압류 및 추심명령의 송달을 채권자가 채무자에 대하여 채무의 이행을 청구하는 의사의 통지인 최고와 동일시할 수 없으므로, 위 가압류를 본압류로 전이하는 압류 및 추심명령의 송달로써 피고(을) 회사에 대한 이행 최고가 있었다고 볼 수 없다고 판단한 후 소외인(A)의 임금 및 퇴직금채권이 시효로 소멸하였다는 피고(을)의 항변을 받아들여 원고(갑)의 청구를 기각한 제1심판결을 그대로 유지하였다.

2. 상고이유 제1점에 대하여

<채권의 압류 또는 가압류와 시효중단의 효력 (민법 제168조 제2호)> 채권자가 채무자의 제3채무자에 대한 채권을 압류 또는 가압류한 경우에 채무자에 대한 채권자의 채권에 관하여 시효중단의 효력이 생긴다고 할 것이나, 압류 또는 가압류된 채무자의 제3채무자에 대한 채권에 대하여는 민법 제168조 제2호 소정의 소멸시효 중단사유에 준하는 확정적인 시효중단의 효력이 생긴다고 할 수 없다.

원심이 채용한 증거들을 기록에 비추어 살펴보면, 원심이 이 사건 가압류에 의하여 소외인(A)의 피고(을) 회사에 대한 임금 및 퇴직금채권에 대한 시효중단의 효력이 발생하였다고 볼 수 없다고 판단한 것은 위와 같은 법리에 따른 것으로 정당하고, 거기에 상고이유의 주장과 같은 소멸시효의 기산점 및 중단사유에 관한 법리오해 등의 위법이 있다고 할 수 없다. 이 점에 관한 상고이유의 주장은 받아들일 수 없다.

3. 상고이유 제2점에 대하여

그러나 원심이 위 채권압류 및 추심명령의 송달에 대하여 최고로서의 효력을 인정할 수 없다고 한 판단은 이를 수긍할 수 없다.

<채권압류 및 추심명령의 송달이 피압류채권의 제3채무자에 대하여 최고로서의 효력이 있는지 여부(적극) (민법 제174조)> 소멸시효 중단사유의 하나로서 민법 제174조가 규정하고 있는 최고는 채무자에 대하여 채무 이행을 구한다는 채권자의 의사통지(준법률행위)로서, 이에는 특별한 형식이 요구되지 아니할 뿐 아니라 행위 당시 당사자가 시효중단의 효과를 발생시킨다는 점을 알거나 의욕하지 않았다 하더

라도 이로써 권리 행사의 주장을 하는 취지임이 명백하다면 최고에 해당하는 것으로 보아야 할 것이므로(대법원 1992. 2. 11. 선고 91다41118 판결 참조), 채권자가 확정판결에 기한 채권의 실현을 위하여 채무자의 제3채무자에 대한 채권에 관하여 압류 및 추심명령을 받아 그 결정이 제3채무자에게 송달이 되었다면 거기에 소멸시효 중단사유인 최고로서의 효력을 인정하여야 한다.

원심이 적법하게 확정한 사실관계에 의하면, <사안의 경우> 원고(갑)는 소외인(A)의 임금 및 퇴직금채권 전부가 시효소멸하기 전에 위 압류 및 추심명령을 받아 집행법원을 통하여 제3채무자인 피고(을) 회사에 송달하였고, 그로부터 6개월이 경과하기 전에 이 사건 추심의 소를 제기하였다고 할 것이므로, 위 압류 및 추심명령이 피고(을) 회사에 송달되기 전에 이미 소멸시효가 완성된 임금채권을 제외한 소외인(A)의 임금 및 퇴직금채권에 대한 소멸시효의 진행은 적법하게 중단되었다고 할 것이다.

그럼에도 불구하고, 원심이 위 압류 및 추심명령의 송달로써 피고(을) 회사에 대한 최고가 있었다고 볼 수 없다고 판단한 후 소외인(A)의 임금 및 퇴직금채권의 이행기를 구체적으로 심리하여 소멸시효의 진행이 중단된 채권의 범위를 확정하지도 아니한 채 원고(갑)의 청구를 모두 배척한 것은 상고이유의 주장과 같은 심리미진이나 소멸시효의 중단사유인 최고에 관한 법리오해의 위법을 범하였다고 할 것이다.

§ 10-26 소송고지에 의한 최고
❶ 대법원 2015. 5. 14. 선고 2014다16494 판결 [손해배상(자)]
······
2. 상고이유 제2점에 관하여

가. *<소송고지의 요건이 갖추어진 소송고지서에 고지자가 피고지자에 대하여 채무의 이행을 청구하는 의사가 표명되어 있는 경우, 민법 제174조에 정한 시효중단사유로서의 최고의 효력이 인정되는지 여부(적극) 및 소송고지에 의한 최고의 경우, 시효중단 효력의 발생 시기(=소송고지서를 법원에 제출한 때)* (민사소송법 제84조, 제265조: 민법 제174조)> 소송고지의 요건이 갖추어진 경우에 그 소송고지서에 고지자가 피고지자에 대하여 채무의 이행을 청구하는 의사가 표명되어 있으면 민법 제174조에 정한 시효중단사유로서의 최고의 효력이 인정된다(대법원 2009. 7. 9. 선고 2009다14340 판결 등 참조). 나아가 시효중단제도는 제도의 취지에 비추어 볼 때 그 기산점이나 만료점을 원권리자를 위하여 너그럽게 해석하는 것이 바람직하고, 소송고지에 의한 최고는 보통의 최고와는 달리 법원의 행위를 통하여 이루어지는 것이므로 만일 법원이 소송고지서의 송달사무를 우연한 사정으로 지체하는 바람에 소송고지서의 송달 전에 시효가 완성된다면 고지자가 예상치 못한 불이익을

입게 된다는 점 등을 고려하면, 소송고지에 의한 최고의 경우에는 민사소송법 제265조를 유추 적용하여 당사자가 소송고지서를 법원에 제출한 때에 시효중단의 효력이 발생한다고 봄이 상당하다.

❷ 대법원 2009. 7. 9. 선고 2009다14340 판결 [보험금]
……
2. 소멸시효이익의 포기의 효력에 관한 법리오해의 주장에 대한 판단
<u><**소멸시효이익의 포기의 효력** (민법 제166조 제1항, 제168조 제3호, 제184조 제1항)></u>
<u>채무자가 소멸시효 완성 후에 채권자에 대하여 채무를 승인함으로써 그 시효의 이익을 포기한 경우에는 그때부터 새로이 소멸시효가 진행한다고 할 것이다.</u>
원심이 인용한 제1심판결에서는, 피고가 2005. 1. 11.경 원고에게 이 사건 보험금 중 치료비 일부를 지급하여 보험금지급채무를 승인함으로써 소멸시효의 이익을 포기한 것으로도 보이나, 그 소멸시효의 이익을 포기한 경우에는 이후 다시 소멸시효가 진행한다고 판시하였다.
이러한 원심의 판단은 앞서 본 법리에 따른 것으로서 정당하다.
원심판결에는 상고이유로 주장하는 바와 같은 소멸시효이익의 포기의 효력에 관한 법리오해의 위법이 없다.
3. 소송고지로 인한 소멸시효의 중단에 관한 법리오해 주장에 대한 판단
<u>원심이</u> 인용한 제1심판결에서는 소송고지로 인하여 이 사건 보험금청구권의 소멸시효가 중단되었다는 취지의 원고의 주장에 대하여, 원고가 이 사건 화물차의 책임보험자인 소외 주식회사 등을 상대로 제기한 부산지방법원 2005가단10469호 손해배상청구의 소에서 소송 계속중이던 2006. 6. 1.경 피고에게 '이 사건 사고로 입은 원고의 손해 중 책임보험금의 한도액을 초과하는 손해에 대하여는 피고를 상대로 이 사건 보험금을 청구할 권리가 있다고 할 것인바, 그 보험금지급책임의 범위는 결국 소외 주식회사가 부담하여야 할 책임보험금의 한도액에 따라 정해지는 것이므로 위 소송결과에 이해관계가 있는 피고에게 이 사건 소송을 고지한다.'라는 내용의 소송고지를 한 사실은 인정되나, <u>소송고지는 원칙적으로 시효중단의 효력이 없을 뿐만 아니라, 설령 소송고지가 최고로서의 효력을 가진다고 하더라도 그로부터 6월 내에 재판상의 청구 등을 하지 아니하면 시효중단의 효력이 없는데, 이 사건 소가 소송고지일인 2006. 6. 1.경부터 6월이 경과된 후인 2007. 1. 16. 제기되었다고 하여 원고의 위 주장을 배척하였다.</u>
그러나 <**요건을 갖춘 소송고지에 피고지자에 대한 채무이행 청구의 의사가 표명되어 있는 경우 민법 제174조에 정한 시효중단사유로서의 최고의 효력이 인정되는지 여부(적극) 및 이 때 위 규정에 정한 6월의 기간의 기산점(=당해 소송 종료시)** (민사소송법 제84조, 제86조; 민법 제174조)> <u>소송고지의 요건이 갖추어진 경우에 그 소</u>

송고지서에 고지자가 피고지자에 대하여 채무의 이행을 청구하는 의사가 표명되어 있으면 민법 제174조 소정의 시효중단사유로서의 최고의 효력이 인정된다 할 것이고(대법원 1970. 9. 17. 선고 70다593 판결 참조), 시효중단제도는 그 제도의 취지에 비추어 볼 때 이에 관한 기산점이나 만료점은 원권리자를 위하여 너그럽게 해석하는 것이 상당하다 할 것인데(대법원 2006. 6. 16. 선고 2005다25632 판결 참조), 소송고지로 인한 최고의 경우 보통의 최고와는 달리 법원의 행위를 통하여 이루어지는 것으로서, 그 소송에 참가할 수 있는 제3자를 상대로 소송고지를 한 경우에 그 피고지자는 그가 실제로 그 소송에 참가하였는지 여부와 관계없이 후일 고지자와의 소송에서 전소 확정판결에서의 결론의 기초가 된 사실상·법률상의 판단에 반하는 것을 주장할 수 없어(대법원 1991. 6. 25. 선고 88다카6358 판결 등 참조) 그 소송의 결과에 따라서는 피고지자에 대한 참가적 효력이라는 일정한 소송법상의 효력까지 발생함에 비추어 볼 때, 고지자로서는 소송고지를 통하여 당해 소송의 결과에 따라 피고지자에게 권리를 행사하겠다는 취지의 의사를 표명한 것으로 볼 것이므로, 당해 소송이 계속중인 동안은 최고에 의하여 권리를 행사하고 있는 상태가 지속되는 것으로 보아 민법 제174조에 규정된 6월의 기간은 당해 소송이 종료된 때로부터 기산되는 것으로 해석하여야 할 것이다.

§ 10-27 재산관계명시결정과 최고

❶ 대법원 2001. 5. 29. 선고 2000다32161 판결 [손해배상(자)]

채권자가 확정판결에 의한 채권의 실현을 위하여 채무자를 상대로 민사소송법 소정의 재산관계명시신청을 하고 그 재산목록의 제출을 명하는 결정이 채무자에게 송달되었다면 소멸시효 중단사유인 최고로서의 효력이 인정된다고 할 것이다(대법원 1992. 2. 11. 선고 91다41118 판결 참조). 그런데 **<재산관계명시결정에 민법 제168조 제2호 소정의 소멸시효 중단사유인 압류 또는 가압류, 가처분에 준하는 효력이 인정되는지 여부(소극)** (민법 제168조 제2호, 제174조; 민사소송법 제524조의2, 제524조의3)> 재산관계명시절차는, 비록 그 신청에 있어서 집행력 있는 정본과 강제집행의 개시에 필요한 문서를 첨부하여야 하고 명시기일에 채무자의 출석의무가 부과되는 등 엄격한 절차가 요구되고, 그 내용에 있어서도 채무자의 책임재산을 탐지하여 강제집행을 용이하게 하고 재산 상태의 공개를 꺼리는 채무자에 대하여는 채무의 자진이행을 하도록 하는 간접강제적 효과가 있다고 하더라도, 특정 목적물에 대한 구체적 집행행위 또는 보전처분의 실행을 내용으로 하는 압류 또는 가압류, 가처분과 달리 어디까지나 집행 목적물을 탐지하여 강제집행을 용이하게 하기 위한 강제집행의 보조절차 내지 부수절차 또는 강제집행의 준비행위와 강제집행 사이의 중간적 단계의 절차에 불과하다고 볼 수밖에 없으므로, 민법 제168조 제2

호 소정의 소멸시효 중단사유인 압류 또는 가압류, 가처분에 준하는 효력까지 인정될 수는 없다. 따라서 재산관계명시결정에 의한 소멸시효 중단의 효력은 그로부터 6월 내에 다시 소를 제기하거나 압류 또는 가압류, 가처분을 하는 등 민법 제174조에 규정된 절차를 속행하지 아니하는 한 상실되는 것으로 보는 것이 옳다(제174조에서 정하는 최고로서의 효력은 인정할 수 있다).

(2) 압류·가압류·가처분
가. 의의
§ 10-28 채권신고 및 배당요구와 시효중단
❶ 대법원 2010. 9. 9. 선고 2010다28031 판결 [근저당권설정등기말소등기청구]
……
3. 상고이유 제3점에 관하여
<첫 경매개시결정등기 전에 등기되었고 매각으로 소멸하는 저당권을 가진 채권자가 다른 채권자의 신청에 의하여 개시된 경매절차에서 채권신고를 한 경우 그 채권신고에 소멸시효 중단의 효력이 있는지 여부(적극) 및 경매신청이 취하되면 위 채권신고로 인한 소멸시효 중단의 효력이 소멸하는지 여부(적극)* (민법 제168조 제2호, 제175조; 민사집행법 제84조 제4항, 제93조 제1항, 제148조 제4호, 제268조)>* 저당권으로서 첫 경매개시결정등기 전에 등기되었고, 매각으로 소멸하는 것을 가진 채권자는 담보권을 실행하기 위한 경매신청을 할 수 있을뿐더러, 다른 채권자의 신청에 의하여 개시된 경매절차에서 배당요구를 하지 않아도 당연히 배당에 참가할 수 있는바, 이러한 채권자가 채권의 유무, 그 원인 및 액수를 법원에 신고하여 권리를 행사하였다면 그 채권신고는 민법 제168조 제2호의 압류에 준하는 것으로서 신고된 채권에 관하여 소멸시효를 중단하는 효력이 생긴다고 할 것이다(대법원 2002. 2. 26. 선고 2000다25484 판결, 대법원 2009. 3. 26. 선고 2008다89880 판결 참조). 그러나 민법 제175조에 "압류, 가압류 및 가처분은 권리자의 청구에 의하여 또는 법률의 규정에 따르지 아니함으로 인하여 취소된 때에는 시효중단의 효력이 없다"라고 규정하고, 민사집행법 제93조 제1항에 "경매신청이 취하되면 압류의 효력은 소멸된다"라고 규정하고 있으므로, 경매신청이 취하되면 특별한 사정이 없는 한 압류로 인한 소멸시효 중단의 효력이 소멸하는 것과 마찬가지로 위와 같이 첫 경매개시결정등기 전에 등기되었고 매각으로 소멸하는 저당권을 가진 채권자의 채권신고로 인한 소멸시효 중단의 효력도 소멸한다고 봄이 상당하다.
한편, <첫 경매개시결정등기 전에 등기되었고 매각으로 소멸하는 저당권을 가진 채권자가 다른 채권자의 신청에 의하여 개시된 경매절차에서 채권신고를 한 경우 그 채권신고에 소멸시효 중단 사유인 '최고'의 효력이 인정되는지 여부(소극) 및 그 경매신청 취하 후 6월내에 위 채권자가 재판상 청구를 하면 민법 제170조 제2항에

의하여 소멸시효 중단의 효력이 유지되는지 여부(소극) *(민법 제168조 제1호, 제170조 제2항, 제174조; 민사집행법 제84조 제4항, 제93조 제1항, 제148조 제4호, 제268조)>* (저당권으로서 첫 경매개시결정등기 전에 등기되었고 매각으로 소멸하는 것을 가진 채권자가 다른 채권자의 신청에 의하여 개시된 경매절차에서 채권신고를 하였다고 하더라도) 이러한 채권신고에 채무자에 대하여 채무의 이행을 청구하는 의사가 직접적으로 표명되어 있다고 보기 어렵고, 채무자에 대한 통지 절차도 구비되어 있지 않으므로 별도의 소멸시효 중단 사유인 최고의 효력은 인정되지 않는다고 할 것이므로, 경매신청이 취하된 후 6월 내에 위와 같은 채권신고를 한 채권자가 소제기 등의 재판상의 청구를 하였다고 하더라도 민법 제170조 제2항에 의하여 소멸시효 중단의 효력이 유지된다고 할 수 없다.

원심판결 이유에 의하면 원심은, 거평건설에 대하여 진행된 서울지방법원 2002타경20606호 부동산임의경매 사건에서 소멸시효기간 경과 전인 2003. 1. 16.자로 피고가 채권계산서를 제출하여 소멸시효가 중단되었다는 피고의 항변에 대하여, 부동산경매절차에서 채권계산서를 제출하는 행위만으로는 소멸시효 중단의 효력이 인정되지 않는다고 판단하였는바, 이러한 원심의 판단은 위 법리에 비추어 잘못이다. 그러나 기록에 의하면 위 서울지방법원 2002타경20606호 부동산임의경매 사건이 2007. 12. 28. 취하되어 2008. 1. 2. 임의경매개시결정등기가 말소되었음을 알 수 있는바, 이로써 채권신고로 인한 소멸시효 중단의 효력은 소멸되었다고 할 것이고, 위와 같이 그 채권신고에 최고로서의 효력을 인정할 수 없는 이상, 피고가 위 취하시점으로부터 6월 내에 소를 제기하였다고 하더라도 마찬가지라 할 것이므로, 원심의 판단은 그 결론에 있어서 잘못이 없다.

❷ *(§ 10-19* ❶*)* 대법원 2002. 2. 26. 선고 2000다25484 판결 [대여금]

<원인채권의 지급을 확보하기 위하여 어음이 수수된 경우, 어음채권에 관한 집행력 있는 채무명의 정본에 기한 배당요구가 원인채권의 소멸시효를 중단시키는 효력이 있는지 여부(적극) *(민법 제168조 제2호; 어음법 제7조, 제17조; 민사소송법 제605조, 제728조)>* 원인채권의 지급을 확보하기 위하여 어음이 수수된 당사자 사이에서 채권자가 어음채권을 피보전권리로 하여 채무자의 재산을 가압류함으로써 그 권리를 행사한 경우에는 그 원인채권의 소멸시효를 중단시키는 효력이 있고(대법원 1999. 6. 11. 선고 99다16378 판결 참조), 이러한 법리는 채권자가 어음채권을 청구채권으로 하여 채무자의 재산을 압류함으로써 그 권리를 행사한 경우에도 마찬가지이며, 한편 집행력 있는 채무명의 정본을 가진 채권자는 이에 기하여 강제경매를 신청할 수 있으며, 다른 채권자의 신청에 의하여 개시된 경매절차를 이용하여 배당요구를 신청하는 행위도 채무명의에 기하여 능동적으로 그 권리를 실현하려고

하는 점에서는 강제경매의 신청과 동일하다고 할 수 있으므로, 부동산경매절차에서 집행력 있는 채무명의 정본을 가진 채권자가 하는 배당요구는 민법 제168조 제2호의 압류에 준하는 것으로서 배당요구에 관련된 채권에 관하여 소멸시효를 중단하는 효력이 생긴다고 할 것이고, 따라서 원인채권의 지급을 확보하기 위하여 어음이 수수된 당사자 사이에 채권자가 어음채권에 관한 집행력 있는 채무명의 정본에 기하여 한 배당요구는 그 원인채권의 소멸시효를 중단시키는 효력이 있다.

또한, <소멸시효가 완성된 어음채권에 관한 집행력 있는 채무명의 정본을 가진 채권자의 배당요구에 의하여 경락대금이 배당되어 채무의 일부 변제에 충당될 때까지 채무자가 아무런 이의를 제기하지 않은 경우, 어음채권에 대한 소멸시효의 이익을 포기한 것으로 볼 수 있는지 여부(한정 적극) 및 그 때 원인채권의 소멸시효기간도 다시 진행하는지 여부(적극) (민법 제184조; 민사소송법 제605조, 제728조)> 다른 채권자가 신청한 부동산경매절차에서 이미 소멸시효가 완성된 어음채권을 원인으로 하여 집행력 있는 채무명의를 가진 채권자가 배당요구를 신청하고, 그 경매절차에서 부동산의 경락대금이 배당요구채권자에게 배당되어 그 채무의 일부변제에 충당될 때까지 채무자가 아무런 이의를 진술하지 아니하였다면, 경매절차의 진행을 채무자가 알지 못하였다는 등 다른 특별한 사정이 없는 한 채무자는 어음채권에 대한 소멸시효 이익을 포기한 것으로 볼 수 있고(대법원 2001. 6. 12. 선고 2001다3580 판결 참조) 그 때부터 그 원인채권의 소멸시효기간도 다시 진행한다고 봄이 상당하다.

나. 요건
§ 10-29 가압류 집행절차에 착수하지 않은 경우 시효중단
❶ 대법원 2011. 5. 13. 선고 2011다10044 판결 [전세금반환]

<유체동산에 대한 가압류 집행절차에 착수하지 않은 경우에도 가압류에 의한 시효중단 효력이 있는지 여부(소극) (민법 제168조)> 민법 제168조에서 가압류를 시효중단사유로 정하고 있는 것은 가압류에 의하여 채권자가 권리를 행사하였다고 할 수 있기 때문인데, 가압류에 의한 집행보전의 효력이 존속하는 동안은 가압류채권자에 의한 권리행사가 계속되고 있다고 보아야 할 것이므로, 가압류에 의한 시효중단의 효력은 가압류의 집행보전의 효력이 존속하는 동안은 계속된다(대법원 2000. 4. 25. 선고 2000다11102 판결, 대법원 2006. 7. 27. 선고 2006다32781 판결 등 참조). 따라서 유체동산에 대한 가압류결정을 집행한 경우 가압류에 의한 시효중단의 효력은 가압류의 집행보전의 효력이 존속하는 동안 계속된다. 그러나 유체동산에 대한 가압류의 집행절차에 착수하지 않은 경우에는 시효중단의 효력이 없고, 그 집행절차를 개시하였으나 가압류할 동산이 없기 때문에 집행불능이 된 경우에는 집

행절차가 종료된 때로부터 시효가 새로이 진행된다.

원심판결의 사실관계와 원심이 적법하게 채택한 증거에 의하면, 이 사건 임대차계약기간이 1996. 1. 10. 만료되고, 원고는 이후에도 이 사건 건물에 거주하다가 1996. 9. 14. 다른 곳으로 이사를 간 사실, 피고 1은 이 사건 임대차계약의 임대인이고, 피고 2는 이 사건 건물의 실질적 소유자로서 피고 1과 연대하여 원고에 대한 임대차보증금반환채무를 부담하기로 하였는데, 원고는 2009. 3. 12. 피고들을 상대로 임대차보증금반환을 구하는 이 사건 소를 제기한 사실, 한편 원고는 1996. 8. 17. 서울지방법원 남부지원 96카단15877호로 피고들에 대하여 임대차보증금반환채권을 피보전권리로 하여 피고들의 소유의 유체동산에 대한 가압류결정을 받은 사실을 알 수 있다.

위 사실관계를 앞서 본 법리에 비추어 보면, <*임차인 갑이 임대인 을에 대하여 임대차계약기간 만료일로부터 10년이 경과한 시점에 임대차보증금반환을 구하는 소를 제기한 사안의 경우* (민법 제168조)> 원고(*갑*)가 피고들(*을*)에 대하여 임대차보증금반환을 청구할 수 있었던 때인 이 사건 임대차계약기간의 만료일로부터 10년이 경과하였음이 역수상 명백한 2009. 3. 12. 이 사건 소를 제기하였으므로 피고들(*을*)의 원고(*갑*)에 대한 임대차보증금반환채무는 시효로 소멸하였다고 할 것이고, 원고(*갑*)가 위와 같이 유체동산에 대한 가압류결정을 받은 사실만으로는 그 시효가 중단된다고 할 수 없다.

그럼에도 원심은 유체동산에 대한 가압류결정이 있으면 당연히 시효중단의 효력이 발생하고 그 결정이 취소되었다는 등의 사정이 없는 한 시효중단의 효력이 계속된다는 전제하에 위 가압류결정으로 소멸시효가 중단되었다고 보아 원고의 청구를 인용하였으니, 원심판결에는 가압류로 인한 소멸시효 중단의 법리를 오해하여 판결 결과에 영향을 미친 위법이 있다.

§ 10-30 시효중단의 실효사유

❶ 대법원 2014. 11. 13. 선고 2010다63591 판결 [청구이의]

1. <*민법 제175조에서 정한 '압류, 가압류 및 가처분이 권리자의 청구에 의하여 취소된 때'와 '시효중단의 효력이 없다'의 의미* (민법 제175조)> 민법 제168조 제2호에 '압류 또는 가압류, 가처분'을 소멸시효의 중단사유로 규정하고 있고, 민법 제175조에 "압류, 가압류 및 가처분은 권리자의 청구에 의하여 또는 법률의 규정에 따르지 아니함으로 인하여 취소된 때에는 시효중단의 효력이 없다"라고 규정하고 있다. 여기서 '권리자의 청구에 의하여 취소된 때'라고 함은 권리자가 압류, 가압류 및 가처분의 신청을 취하한 경우를 말하고, '시효중단의 효력이 없다'라고 함은 소멸시효 중단의 효력이 소급적으로 상실된다는 것을 말한다.

한편 <*금전채권에 대한 압류명령과 추심명령의 적부 및 신청 취하를 각각 판단하여야 하는지 여부(적극)* (민사집행법 제240조 제1항; 민법 제175조)> 금전채권에 대한 압류명령과 그 현금화 방법인 추심명령을 동시에 신청하더라도 압류명령과 추심명령은 별개로서 그 적부는 각각 판단하여야 하고, 그 신청의 취하 역시 별도로 판단하여야 한다. <*추심권의 포기만으로 압류로 인한 소멸시효 중단의 효력이 상실되는지 여부(소극)*> 채권자는 추심명령에 따라 얻은 권리를 포기할 수 있지만(민사집행법 제240조 제1항) 추심권의 포기는 압류의 효력에는 영향을 미치지 아니하므로, 추심권의 포기만으로는 압류로 인한 소멸시효 중단의 효력은 상실되지 아니하고 압류명령의 신청을 취하하면 비로소 소멸시효 중단의 효력이 소급하여 상실된다.

원심은, 소외 1이 2000. 5. 16. 소외 2와 원고에 대한 이 사건 지급명령에 기하여 소외 2와 원고의 제3채무자 소외 3에 대한 임대차보증금반환채권에 대하여 채권압류 및 추심명령을 받은 사실, 소외 1은 2008. 7. 17. 집행법원에 위 채권압류 및 추심명령을 해제하는 의사표시가 기재된 '추심포기서, 정본환부신청'을 제출한 사실을 인정한 다음, 결국 위 채권압류 및 추심명령은 권리자의 청구에 의하여 취소된 것으로 봄이 상당하다고 판단하였다. 원심판결 이유를 기록에 비추어 살펴보면 원심의 이러한 사실인정과 판단은 정당한 것으로 수긍할 수 있다.

그리고 앞서 본 법리에 의하면, 소외 1이 '추심포기서, 정본환부신청'을 제출하여 압류명령 신청을 취하함으로써 압류로 인한 소멸시효 중단의 효력은 소급하여 상실되었다고 할 것이다.

같은 취지의 원심의 판단은 정당하고, 이를 다투는 상고이유는 받아들일 수 없다.

2. <*채권압류 및 추심명령 이후 그 집행권원상의 채권을 양수한 양수인이 승계집행문을 부여받지 않은 경우, 양도인이 집행채권자의 지위에서 압류채권을 추심하거나 압류명령 신청을 취하할 수 있는지 여부(적극)* (민사집행법 제31조 제1항, 제57조, 민사집행규칙 제23조)> 강제집행절차에서는 권리관계의 공권적인 확정 및 그 신속·확실한 실현을 도모하기 위하여 절차의 명확·안정을 중시하여야 하므로, 집행권원을 가진 채권자의 지위를 승계한 자라고 하더라도 기존 집행권원에 기하여 강제집행을 신청하려면 민사집행법 제31조 제1항(같은 법 제57조의 규정에 따라 준용되는 경우를 포함한다)에 의하여 승계집행문을 부여받아야 하고, 집행권원에 의한 강제집행이 개시된 후 신청채권자의 지위를 승계한 경우라도 승계인이 자기를 위하여 강제집행 속행을 신청하기 위하여는 민사집행규칙 제23조가 정한 바와 같이 승계집행문이 붙은 집행권원의 정본을 제출하여야 하며 그 경우 법원사무관등 또는 집행관은 그 취지를 채무자에게 통지하도록 하고 있다. 따라서 채권자가 집행권원에 기하여 채권압류 및 추심명령을 받은 후 그 집행권원상의 채권을 양도하였다고 하더라도 양수인은 승계집행문을 부여받음으로써 비로소 집행채권자로 확정되는 것

이므로, 양수인이 기존 집행권원에 대하여 승계집행문을 부여받지 않았다면, 양도인이 여전히 집행채권자의 지위에서 압류채권을 추심하거나 압류명령 신청을 취하할 수 있다고 할 것이다(대법원 2008. 2. 1. 선고 2005다23889 판결, 대법원 2008. 8. 11. 선고 2008다32310 판결 참조).

원심판결 이유에 의하면, 소외 1은 2008. 7. 15. 이 사건 지급명령에 기한 채권을 피고에게 양도하였으나, 피고는 2008. 7. 21. 이 사건 지급명령에 대하여 승계집행문을 부여받은 사실을 알 수 있다.

앞서 본 법리와 사실관계에 의하면, 피고가 이 사건 지급명령에 대하여 승계집행문을 부여받기 전에는 소외 1이 여전히 집행채권자의 지위에서 압류채권을 추심하거나 압류명령 신청을 취하할 수 있다고 할 것이다. 따라서 소외 1이 2008. 7. 17. 채권압류 및 추심명령을 해제하는 의사표시가 기재된 '추심포기서, 정본환부신청'을 제출함으로써 위 채권압류 및 추심명령은 권리자의 청구에 의하여 적법하게 취소되었다는 원심의 판단은 정당하다.

❷ **대법원 2010. 10. 14. 선고 2010다53273 판결 [물품대금]**

<금전채권의 보전을 위하여 채무자의 금전채권에 대하여 가압류가 행하여진 후 채권자의 신청에 의하여 그 집행이 취소된 경우, 가압류에 의한 소멸시효 중단의 효과가 소급적으로 소멸되는지 여부(적극) (민법 제175조)> 금전채권의 보전을 위하여 채무자의 금전채권에 대하여 가압류가 행하여진 경우에 그 후 채권자의 신청에 의하여 그 집행이 취소되었다면, 다른 특별한 사정이 없는 한 가압류에 의한 소멸시효 중단의 효과는 소급적으로 소멸된다고 할 것이다. 민법 제175조는 가압류가 "권리자의 청구에 의하여 취소된 때에는" 소멸시효 중단의 효력이 없다고 정한다. 가압류의 집행 후에 행하여진 채권자의 집행취소 또는 집행해제의 신청은 실질적으로 집행신청의 취하에 해당하고, 이는 다른 특별한 사정이 없는 한 가압류 자체의 신청을 취하하는 것과 마찬가지로 그에게 권리행사의 의사가 없음을 객관적으로 표명하는 행위로서 위 법규정에 의하여 시효중단의 효력이 소멸한다고 봄이 상당하다. 이러한 점은 위와 같은 집행취소의 경우 그 취소의 효력이 단지 장래에 대하여만 발생한다는 것에 의하여 달라지지 아니한다.

원심은, *<사안의 경우>* 원고가 이 사건 채권에 기하여 피고의 제3채무자에 대한 예금채권에 대하여 가압류를 신청하여 2007. 5. 23.자의 가압류결정이 그 무렵 제3채무자에게 송달되었으나, 그 후 원고가 가압류집행의 해제를 신청하여 같은 해 7. 4. 그 가압류집행해제통지서가 피고에게 송달되었으므로, 위 가압류로 인한 소멸시효 중단의 효력은 소급적으로 소멸하였다고 판단하여, 결국 피고의 소멸시효 완성 주장을 받아들였다.

앞서 본 법리에 의하면 원심의 그러한 판단은 정당하고, 거기에 상고이유의 주장과 같이 소멸시효중단사유 또는 가압류의 집행해제에 관한 법리를 오해한 위법이 있다고 할 수 없다.

다. 시효중단의 효력
§ 10-31 가압류에 의한 시효중단 효력의 발생시기
❶ 대법원 2017. 4. 7. 선고 2016다35451 판결 [공사대금]
‥‥‥
2. 상고이유 제2점에 관하여
가. <*가압류에 의한 시효중단 효력의 발생시기(=가압류를 신청한 때)*> (민법 제168조 제2호; 민사소송법 제265조; 민사집행법 제279조)> 민법 제168조 제2호에서 가압류를 시효중단사유로 정하고 있지만, 가압류로 인한 시효중단의 효력이 언제 발생하는지에 관해서는 명시적으로 규정되어 있지 않다.
민사소송법 제265조에 의하면, 시효중단사유 중 하나인 '재판상의 청구'(민법 제168조 제1호, 제170조)는 소를 제기한 때 시효중단의 효력이 발생한다. 이는 소장 송달 등으로 채무자가 소 제기 사실을 알기 전에 시효중단의 효력을 인정한 것이다. 가압류에 관해서도 위 민사소송법 규정을 유추적용하여 '재판상의 청구'와 유사하게 가압류를 신청한 때 시효중단의 효력이 생긴다고 보아야 한다. '가압류'는 법원의 가압류명령을 얻기 위한 재판절차와 가압류명령의 집행절차를 포함하는데, 가압류도 재판상의 청구와 마찬가지로 법원에 신청을 함으로써 이루어지고(민사집행법 제279조), 가압류명령에 따른 집행이나 가압류명령의 송달을 통해서 채무자에게 고지가 이루어지기 때문이다.
가압류를 시효중단사유로 규정한 이유는 가압류에 의하여 채권자가 권리를 행사하였다고 할 수 있기 때문이다. 가압류채권자의 권리행사는 가압류를 신청한 때에 시작되므로, 이 점에서도 가압류에 의한 시효중단의 효력은 가압류신청을 한 때에 소급한다고 볼 수 있다.
건설공제조합의 조합원에게 발행된 출자증권은 위 조합에 대한 출자지분을 표창하는 유가증권으로서(대법원 1987. 1. 20. 선고 86다카1456 판결 참조), 위 출자증권에 대한 가압류는 민사집행법 제233조에 따른 지시채권 가압류의 방법으로 하고, 법원의 가압류명령으로 집행관이 출자증권을 점유하여야 한다(건설산업기본법 제59조 제4항).
한편 위 출자증권을 채무자가 아닌 제3자가 점유하고 있는 경우에는 채권자는 채무자가 제3자에 대하여 가지는 유체동산인 출자증권의 인도청구권을 가압류하는 방법으로 가압류집행을 할 수 있다(민사집행법 제242조, 제243조). 이 경우 유체동산에 관한 인도청구권의 가압류는 원칙적으로 금전채권의 가압류에 준해서 집행법원의 가압류명령과 그 송달로써 하는 것이므로(민사집행법 제223조, 제227조, 제242조, 제243조, 제291조), 가압류명령이 제3채무자에게 송달됨으로써 유체동산에 관한 인도청구권 자체에 대한 가압류집행은 끝나고 그 효력이 생긴다(대법원 1994. 3. 25. 선고 93다42757 판결 참조).
따라서 채무자가 건설공제조합에 대하여 갖는 출자증권의 인도청구권을 가압류한 경우에는 법원의 가압류명령이 제3채무자인 건설공제조합에 송달되면 가압류의 효력이 생기고, 이 경우 가압류로 인한 소멸시효 중단의 효력은 가압류 신청 시에 소급하여 생긴다.

§ 10-32 시효중단효력의 존속기간
❶ **대법원 2013. 11. 14. 선고 2013다18622, 18639 판결 [채무부존재확인·공사대금]**
(대법원 2000. 4. 25. 선고 2000다11102 판결)

1. *<가압류의 집행보전의 효력이 존속하는 동안 가압류에 의한 시효중단의 효력이 계속되는지 여부(적극) (민법 제168조 제2호; 민사집행법제276조, 제277조)>* 민법 제168조에서 가압류를 소멸시효의 중단사유로 정하고 있는 것은 가압류에 의하여 채권자가 권리를 행사하였다고 할 수 있기 때문이고, 가압류에 의한 집행보전의 효력이 존속하는 동안은 가압류채권자에 의한 권리행사가 계속되고 있다고 보아야 할 것이므로 가압류에 의한 시효중단의 효력은 가압류의 집행보전의 효력이 존속하는 동안 계속된다고 보아야 한다(대법원 2000. 4. 25. 선고 2000다11102 판결 등 참조).
한편 부동산에 대한 경매절차에서 경매개시결정등기 전에 등기된 가압류채권자는 매각대금으로부터 배당을 받고(민사집행법 제148조 제3호), 가압류채권자의 채권에 대한 배당액은 공탁을 하여야 하며(같은 법 제160조 제1항 제2호), 그 가압류채권자의 가압류등기는 매수인이 인수하지 아니한 부동산의 부담으로서 매각대금이 납부되면 집행법원의 법원사무관등이 말소등기의 촉탁을 하여야 한다(같은 법 제144조 제1항 제2호).
이와 같이 *<경매절차에서 부동산이 매각되어 가압류등기가 말소된 경우, 가압류에 의한 시효중단사유가 종료하여 그때부터 새로 소멸시효가 진행하는지 여부(원칙적 적극) 및 매각대금 납부 후의 배당절차에서 가압류채권자의 채권에 대한 배당이 이루어지고 배당액이 공탁된 경우, 가압류에 의한 시효중단의 효력이 계속되는지 여부(소극) (민법 제168조 제2호; 민사집행법 제144조 제1항 제2호, 제145조 제1항, 제148조 제3호, 제160조 제2호, 제178조 제1항, 제276조, 제277조)>* 가압류는 강제집행을 보전하기 위한 것으로서 경매절차에서 부동산이 매각되면 그 부동산에 대한 집행보전의 목적을 다하여 효력을 잃고 말소되며, 가압류채권자에게는 집행법원이 그 지위에 상응하는 배당을 하고 배당액을 공탁함으로써 가압류채권자가 장차 채무자에 대하여 권리행사를 하여 집행권원을 얻었을 때 배당액을 지급받을 수 있도록 하면 족한 것이다. 따라서 이러한 경우 가압류에 의한 시효중단은 경매절차에서 부동산이 매각되어 가압류등기가 말소되기 전에 배당절차가 진행되어 가압류채권자에 대한 배당표가 확정되는 등의 특별한 사정이 없는 한, 채권자가 가압류집행에 의하여 권리행사를 계속하고 있다고 볼 수 있는 가압류등기가 말소된 때 그 중단사유가 종료되어, 그때부터 새로 소멸시효가 진행한다고 봄이 상당하다(매각대금 납부 후의 배당절차에서 가압류채권자의 채권에 대하여 배당이 이루어지고 배당액이 공탁되었다고 하여 가압류채권자가 그 공탁금에 대하여 채권자로서 권리행사를 계속하고 있다고 볼 수는 없으므로, 그로 인하여 가압류에 의한 시효중단의 효력이 계속된다고 할 수 없다).

2. 가. 원심이 인용한 제1심판결 이유와 기록에 의하면, 다음과 같은 사실을 알 수 있다.

(1) 피고(반소원고, 이하 '피고'라고만 한다)는 원고(반소피고, 이하 '원고'라고만 한다)로부터 원고 소유의 충북 진천군 진천읍 (이하 생략) 토지 등 지상에 공장 건물을 신축하는 공사를 수급하여 2003. 10. 공사를 완료하고, 원고에 대한 6억 2,000만 원의 공사대금채권(이하 '이 사건 공사대금채권'이라고 한다)을 피보전채권으로 하여 2004. 5. 8. 청주지방법원 2004카합170호로 원고 소유의 위 (이하 생략) 토지 등과 위 공장 건물(이하 이를 합쳐 '이 사건 부동산'이라고 한다)을 가압류하는 가압류결정을 받았고, 2004. 5. 12. 이 사건 부동산에 그 취지의 가압류기입등기가 경료되었다(이하 '이 사건 가압류'라고 한다).

(2) 이 사건 부동산에 관한 선순위 근저당권자인 OO신용협동조합의 신청에 따라 청주지방법원 2004타경18951호로 개시된 부동산임의경매절차에서 이 사건 부동산이 매각되어 2005. 9. 30. 매각대금이 납부되었고, 피고의 이 사건 가압류등기는 2005. 11. 4. 위 임의경매로 인한 매각을 원인으로 말소되었다. 그 후 배당절차에서 피고가 가압류채권자로서 96,726,031원을 배당받는 것으로 배당표가 작성되었고, 그 배당액은 공탁되었다.

(3) 원고는 2012. 1. 5. 피고를 상대로 이 사건 공사대금에 관한 채무부존재확인의 소를 제기하였고, 이에 대하여 피고는 2012. 2. 20. 이 사건 공사대금채권의 존재를 주장하는 답변서를 제출하고 2012. 4. 13. 이 사건 공사대금채권 중 일부로서 2억 원 및 이에 대한 지연손해금의 지급을 구하는 반소를 제기하였다.

나. 원심은 위와 같은 사실관계를 기초로, 피고의 이 사건 공사대금채권은 민법 제163조 제3호의 수급인의 공사에 관한 채권에 해당하여 그 소멸시효기간은 3년이고, 이 사건 공사대금채권은 공사가 완료된 2003. 10. 변제기가 도래하였고, 그 후 피고가 이 사건 공사대금채권을 피보전채권으로 하여 이 사건 부동산을 가압류하였으므로 소멸시효가 중단되었다가 이 사건 가압류등기가 말소된 다음날인 2005.

11. 5.부터 소멸시효가 새로 진행하는데, 피고가 이 사건 공사대금채권의 존재를 주장하는 답변서를 제출하고 이 사건 반소를 제기한 것은 그로부터 3년이 경과한 후임이 명백하므로, 피고의 이 사건 공사대금채권은 소멸시효가 완성되었다고 판단하였다.

다. 원심판결의 이유설시에 다소 미흡한 점은 있으나, 원심의 판단은 앞서 본 법리에 따른 것으로서 정당하고, 거기에 가압류에 의한 시효중단의 효력 또는 시효중단사유의 종료에 관한 법리를 오해한 잘못이 없다.

❷ 대법원 2000. 4. 25. 선고 2000다11102 판결 [가압류결정취소]

<가압류의 집행보전의 효력이 존속하는 동안 가압류에 의한 시효중단의 효력이 계속되는지 여부(적극) (민법 제168조 제2호, 제176조, 제178조 제1항)> 민법 제168조에서 가압류를 시효중단사유로 정하고 있는 것은 가압류에 의하여 채권자가 권리를 행사하였다고 할 수 있기 때문인데 가압류에 의한 집행보전의 효력이 존속하는 동안은 가압류채권자에 의한 권리행사가 계속되고 있다고 보아야 할 것이므로, 가압류에 의한 시효중단의 효력은 가압류의 집행보전의 효력이 존속하는 동안은 계속된다고 하여야 할 것이다.

또한 *<가압류의 피보전채권에 관하여 본안의 승소판결이 확정된 경우, 가압류에 의한 시효중단의 효력이 소멸되는지 여부(소극)* (민법 제168조 제2호, 제176조, 제178조 제1항)> 민법 제168조에서 가압류와 재판상의 청구를 별도의 시효중단사유로 규정하고 있는데 비추어 보면, 가압류의 피보전채권에 관하여 본안의 승소판결이 확정되었다고 하더라도 가압류에 의한 시효중단의 효력이 이에 흡수되어 소멸된다고 할 수도 없다.

이 사건에서 보건대, 원심이 적법하게 확정한 사실관계에 의하면 이 사건 부동산에 관한 이 사건 가압류의 집행보전의 효력이 현재까지 존속하고 있으므로 이 사건 가압류의 피보전채권에 관한 시효는 중단되어 있다고 할 것이고, 거기에 상고이유와 같은 가압류에 의한 시효중단의 종기에 관한 법리를 오해한 위법은 없다.

§ 10-33 시효중단의 효력범위
§ 10-33-1 시효중단의 물적 범위
❶ 대법원 2016. 3. 24. 선고 2014다13280, 13297 판결 [추심금·추심금]

1. 채권자평등의 원칙에 관한 법리오해 주장에 대하여
가. *<채권자가 1개의 채권 중 일부에 대하여 가압류·압류를 하였는데 채권의 일부만 소멸시효가 중단되고 나머지 부분은 이미 시효로 소멸한 경우, 가압류·압류의

효력이 시효로 소멸하지 않고 잔존하는 채권 부분에 계속 미치는지 여부(적극) *(민사집행법 제223조, 제276조; 민법 제162조)>* 채권자가 1개의 채권 중 일부에 대하여 가압류·압류를 하는 취지는 1개의 채권 중 어느 특정 부분을 지정하여 가압류·압류하는 등의 특별한 사정이 없는 한 가압류·압류 대상 채권 중 유효한 부분을 가압류·압류함으로써 향후 청구금액만큼 만족을 얻겠다는 것이므로, 1개의 채권의 일부에 대한 가압류·압류는 유효한 채권 부분을 대상으로 한 것이고, 유효한 채권 부분이 남아 있는 한 거기에 가압류·압류의 효력이 계속 미친다고 봄이 타당하다. 따라서 1개의 채권 중 일부에 대하여 가압류·압류를 하였는데, 위 채권의 일부에 대하여만 소멸시효가 중단되고 나머지 부분은 이미 시효로 소멸한 경우, 가압류·압류의 효력은 시효로 소멸되지 않고 잔존하는 채권 부분에 계속 미친다고 보아야 한다.

나. 원심은 적법하게 채택한 증거들에 의하여 그 판시와 같은 사실을 인정한 다음, 원고(탈퇴) 파산자 신한종합금융 주식회사의 파산관재인 예금보험공사[이하 '원고(탈퇴)'라 한다]가 세경진흥 주식회사(이하 '세경'이라 한다)의 피고들에 대한 매매대금반환채권에 대한 전부명령을 신청하기 전에 세경의 채권자들이 합계 21,985,651,635원 상당의 압류·가압류조치 등을 먼저 취하였는데 당시 세경이 피고들에 대하여 부동산가압류 및 소 제기로써 시효중단 조치를 취한 원금 618억 원의 매매대금반환채권이 유효하게 존재하고 있었으므로, 세경의 채권자들이 한 위 압류·가압류조치는 시효로 소멸되지 않고 잔존하는 채권에 대한 것으로 볼 수 있고, 원고(탈퇴)는 압류 및 전부명령을 신청하면서 스스로 위 21,985,651,635원 상당의 매매대금반환채권을 압류 및 전부명령의 대상에서 제외시켰으므로, 이에 따라 발령된 이 사건 전부명령은 위 21,985,651,635원을 제외한 나머지 시효중단 조치된 부분에 대하여만 효력이 있는 것이라고 봄이 상당하다는 이유로, 승계참가인의 시효중단 주장을 받아들여 피고들의 소멸시효 주장을 배척하였다.

§ 10-33-2 시효중단의 인적 범위
❶ 대법원 1990. 6. 26. 선고 89다카32606 판결 [근저당권설정등기말소등]

원심은, 그 설시와 같은 이유로 피고의 설시 소멸시효완성의 항변을 배척하고 있으나 <기존채무의 지급과 관련하여 만기백지의 약속어음이 발행된 경우의 기존 채무의 변제기 *(민법 제387조, 제460조)>* 기존채무의 담보를 위하여 약속어음이 발행된 경우에는 어음채권은 원인채권과는 법률상 별개의 채권으로서 병존하고 변제기도 다를 수가 있겠으나, 양자는 경제적으로 동일한 급여를 목적으로 하고 특히 어음채권은 원인채권의 수단관계에 있는 것이므로, 이 사건과 같이 기존채무의 지급과 관련하여 만기를 백지로 하여 약속어음이 발행된 경우에는 특별한 사정이 없는 한 기존채무의 변제기는 그보다 뒤의 날짜로 보충된 위 백지어음의 만기인 1985. 12.

20. 로 유예한 것으로 풀이함이 상당하다.

그리고 <*채권자가 물상보증인이나 저당부동산의 제3취득자에 대하여 피담보채권의 실행으로서 임의경매신청을 하여 경매개시결정이 채무자에게 송달된 경우 소멸시효가 중단되는지 여부(적극) (민법 제176조)*> 채권자가 물상보증인이나, 원고와 같이 실질적으로 저당부동산의 제3취득자의 지위에 있는 자에 대하여 그 피담보채권의 실행으로서 임의경매를 신청하여 경매법원이 경매개시결정을 하고, 경매절차의 이해관계인인 채무자에게 그 결정이 송달된 경우에는 시효의 이익을 받은 채무자는 민법 제176조에 의하여 당해 피담보채권의 소멸시효중단의 효과를 받는다고 보아야 하는 것인바, 저당채권자인 피고가 1985. 12. 20.부터 기산하여 설시 공병외상대금채권에 관한 3년의 소멸시효가 완성되기 전인 1987. 9. 15. 위 근저당권의 실행을 위하여 이 사건 부동산에 관한 임의경매를 신청하여 경매절차가 진행된 사실이 있음은 원심도 인정하고 있는 터이고, 1987. 9. 16. 경매법원으로부터 그 경매개시결정이 내려지고 같은 달 18. 경매신청의 등기까지 되었음은 기록상 뚜렷하므로 원심으로서는 모름지기 채무자인 설시 소외 회사에게 위 경매개시결정이 송달되어 위 공병대금채권의 소멸시효가 중단되었는지 여부를 따져 보았어야 함에도 불구하고 이에 이르지 아니한 채 위 채권의 소멸시효가 이미 완성되었다고 단정한 것은, 약속어음이 발행된 경우의 소멸시효 기산점으로서의 기존채무의 변제기에 관한 당사자의 의사해석을 그르침으로써 판결에 영향을 미친 심리미진의 위법을 저지른 것이고, 이는 소송촉진등에관한특례법 소정의 파기사유에 해당한다 할 것이므로, 이 점을 지적하는 논지는 이유있다.

(3) 승인

§ 10-34 채무승인과 소멸시효 중단

❶ 대법원 2005. 2. 17. 선고 2004다59959 판결 【물품대금】
(대법원 2018. 4. 24. 선고 2017다205127 판결)

사실관계

甲은 1995. 9. 2. 乙과의 사이에 유기물 발효장치 등을 공급하고 乙은 이를 대전과 충남 지역에서 판매하기로 하는 대리점계약을 체결한 후 위 물품을 1996. 10. 21.까지 13회에 걸쳐 乙에게 공급하였으며, 乙은 1996. 9. 5.까지 11회에 걸쳐 그 대금 중 일부는 변제하였으나 나머지를 변제하지 않고 있다. 甲은 1999. 9. 10.경 乙에게 잔대금의 지급을 최고한 후, 1999. 9. 16. 지급명령을 신청하였다. 그런데 乙이 지급명령에 대하여 이의신청을 제기하였다. 이 소송에서 乙이 주장한 시효의 항변에 대하여, 甲은 1996. 10. 21. 乙이 자신에게 상품을 주문함으로써 기왕에 공급된 물품대금채무를 승인하였기에 소멸시효의 진행이 중단되었다고 주장하였다.

판결이유

1. **<시효중단사유로서의 채무승인의 방법** (민법 제168조 제3호, 제177조)**>** 소멸시효 중단사유로서의 채무의 승인은 시효이익을 받을 당사자인 채무자가 소멸시효의 완성으로 권리를 상실하게 될 자에 대하여 그 권리가 존재함을 인식하고 있다는 뜻을 표시함으로써 성립한다고 할 것이며, 그 표시의 방법은 아무런 형식을 요구하지 아니하고, 또 그 표시가 반드시 명시적일 것을 요하지 않고 묵시적인 방법으로도 가능한 것이기는 하지만(대법원 2000. 4. 25. 선고 98다63193 판결 참조), 그 묵시적인 승인의 표시는 적어도 채무자가 그 채무의 존재 및 액수에 대하여 인식하고 있음을 전제로 하여 그 표시를 대하는 상대방으로 하여금 채무자가 그 채무를 인식하고 있음을 그 표시를 통해 추단하게 할 수 있는 방법으로 행해져야 할 것이다.

원심판결 이유에 의하면, 원심은 그 채용 증거들을 종합하여, 원고(갑)는 1995. 9. 2.경 피고(을)와 사이에 원고(갑)가 피고(을)에게 유기물 발효장치 등을 공급하고, 피고(을)는 이를 대전과 충남 전지역에서 판매하는 내용으로 대리점계약을 체결한 후 위 물품을 1996. 10. 21.까지 13회에 걸쳐 피고(을)에게 공급하였고, 피고(을)는 1996. 9. 5.까지 11회에 걸쳐 그 대금 중 일부 금원을 변제하였으나 나머지 30,599,005원을 변제하지 않고 있는 사실, 원고(갑)는 1999. 9. 10.경 피고(을)에게 잔대금 지급을 최고한 후 1999. 9. 16. 이 사건 지급명령을 신청한 사실을 각 인정한 다음, 위 1996. 10. 21. 피고(을)가 원고(갑)에게 상품을 주문함으로써 기왕에 공급된 물품대금채무를 승인하였으니 소멸시효의 진행이 중단되었다는 원고(갑)의 주장에 대하여, 그와 같은 상품의 주문만으로는 피고(을)가 원고(갑)에 대한 그 이전의 모든 채무에 대하여 승인하였다고 볼 수 없다 하여 이를 배척하였는바, **<당사자 간의 계속적 거래관계에서 물품을 추가로 주문하고 공급받은 행위가 기왕의 채무의 존부 및 액수에 대한 인식을 묵시적으로 표시하였다고 볼 수 있는지 여부(소극)** (민법 제168조 제3호, 제177조)**>** 당사자 간에 계속적 거래관계가 있다고 하더라도 물품 등을 주문하고 공급하는 과정에서 기왕의 미변제 채무에 대하여 서로 확인하거나 확인된 채무의 일부를 변제하는 등의 절차가 없었다면 기왕의 채무의 존부 및 액수에 대한 당사자 간의 인식이 다를 수도 있는 점에 비추어 볼 때, 피고(을)가 단순히 기왕에 공급받던 것과 동종의 물품을 추가로 주문하고 공급받았다는 사실만으로는 기왕의 채무의 존부 및 액수에 대한 인식을 묵시적으로 표시하였다고 보기 어려우므로, 원심의 위와 같은 판단은 정당한 것으로 수긍이 가고 거기에 상고이유에서 주장하는 바와 같이 채무의 승인에 관한 법리를 오해하거나 채증법칙을 위반하여 사실을 잘못 인정한 위법이 있다고 할 수 없다.

2. **<시효중단사유로서 채무승인의 증명책임의 귀속(=채권자)** (민법 제168조 제3호)**>** 소멸시효의 중단사유로서 채무자에 의한 채무승인이 있었다는 사실은 이를 주장하

는 채권자측에서 입증하여야 하는 것이고(대법원 2002. 5. 17. 선고 2002다14624 판결 참조), 또 <법원의 석명권 행사의 내용 및 그 한계 *(민사소송법 제136조)*> 법원의 석명권행사는 당사자의 주장에 모순된 점이 있거나 불완전·불명료한 점이 있을 때에 이를 지적하여 정정·보충할 수 있는 기회를 주고 계쟁 사실에 대한 증거의 제출을 촉구하는 것을 그 내용으로 하는 것으로서, 당사자가 주장하지도 아니한 법률효과에 관한 요건사실이나 독립된 공격방어 방법을 시사하여 그 제출을 권유함과 같은 행위를 하는 것은 변론주의의 원칙에 위배되는 것으로 석명권행사의 한계를 일탈하는 것인바(대법원 2004. 10. 27. 선고 2004다31845 판결 참조), 원고는, 자신과 계속적 거래관계를 맺고 있는 피고가 1996. 10. 21. 물품을 공급받은 행위 자체가 종전 거래행위로 인한 채무를 포괄적·묵시적으로 승인한 것에 해당한다는 주장만을 하였을 뿐, 위와 같은 추가주문 당시 미지급 기존채무에 관하여 원고의 변제촉구 및 피고의 변제약속 등 채무의 승인이라고 볼 구체적인 정황이 있었다는 점에 대하여 원고가 아무런 주장을 한 바가 없는 이 사건에서, 원심이 그와 같은 점에 대하여 주장·입증을 권유 혹은 촉구하지 아니하거나 혹은 나아가 심리하지 아니한 것이 석명권의 불행사나 심리미진으로 인한 사실오인의 잘못을 저지른 것이라고 할 수 없다.

❷ 대법원 2012. 10. 25. 선고 2012다45566 판결 [소유권이전등기]
……

2. 그러나 피고가 이 사건 각 부동산에 관한 소유권이전등기채무를 승인한 것으로 볼 수 없다는 원심의 판단은 다음과 같은 이유에서 수긍할 수 없다.

가. <소멸시효중단사유로서의 채무승인을 인정하기 위하여 채무자가 권리 등의 법적 성질까지 알고 있거나 권리 등의 발생원인을 특정하여야 하는지 여부(소극) *(민법 제105조, 제168조 제3호)*> 소멸시효중단사유로서의 채무승인은 시효이익을 받는 당사자인 채무자가 소멸시효의 완성으로 채권을 상실하게 될 이 또는 그 대리인에 대하여 상대방의 권리 또는 자신의 채무가 있음을 알고 있다는 뜻을 표시함으로써 성립하며, 그 표시의 방법은 아무런 형식을 요구하지 아니하고 묵시적이건 명시적이건 묻지 아니한다. 또한 승인은 시효의 이익을 받는 이가 상대방의 권리 등의 존재를 인정하는 일방적 행위로서, 그 권리의 원인·내용이나 범위 등에 관한 구체적 사항을 확인하여야 하는 것은 아니고(대법원 2001. 2. 23. 선고 2000다65864 판결 등 참조), 그에 있어서 채무자가 권리 등의 법적 성질까지 알고 있거나 권리 등의 발생원인을 특정하여야 할 필요는 없다고 할 것이다.
<승인이 있는지 판단하는 기준 *(민법 제105조, 제168조 제3호)*> 그리고 그와 같은 승인이 있는지 여부는 문제가 되는 표현행위의 내용·동기 및 경위, 당사자가 그 행위 등에 의하여 달성하려고 하는 목적과 진정한 의도 등을 종합적으로 고찰하여 사회

정의와 형평의 이념에 맞도록 논리와 경험의 법칙, 그리고 사회일반의 상식에 따라 객관적이고 합리적으로 이루어져야 한다(대법원 2008. 7. 24. 선고 2008다25299 판결 등 참조).

나. 원심이 인정한 사실관계 및 기록에 의하면, ① 피고는 2004년까지 이 사건 각 부동산에 관한 재산세(토지분) 납부고지서를 송달받고 원고가 이를 납부하도록 자진해서 원고에게 건네주었고, 이에 따라 원고가 이 사건 각 토지에 관한 재산세를 계속 납부하여 온 사실, ② 피고는 이 사건 각 부동산을 대외적으로 보유함으로 말미암아 종합토지세를 추가로 납부하게 되자 원고에게 스스로 그 정산을 요청하여, 1997년까지는 원고로부터 종합토지세 증가분 상당액을 지급받고 자필로 영수증을 작성하여 원고에게 교부하였고, 1998년부터 2004년까지는 원고에게 알려 준 피고의 은행계좌로 이를 송금받은 사실, ③ 의료보험료에 관하여도 2001년부터 2004년까지 역시 이 사건 각 부동산을 보유함으로써 추가로 부담하게 된 부분의 정산을 구하여 원고로부터 이를 지급받은 사실, ④ 이 사건 각 부동산 중 원심 판시 별지 목록 기재 2번 및 3번 토지는 원고가 주도한 절차에 의하여 2004. 7. 1. 분할 전의 이천시 (이하 생략) 임야 68,596㎡가 분할된 것으로서, 피고는 이러한 사실을 알고서도 아무런 이의를 제기하지 아니한 사실(다만 이천시장의 촉탁에 따라 토지 분할에 따른 표시변경등기가 이루어진 후 그에 관한 등기필증은 등기명의자인 피고에게 송달되어 피고가 이를 소지하게 되었다), ⑤ 한편 원고는 2004년경부터 피고에게 이 사건 각 부동산에 관한 소유권이전등기를 넘겨줄 것을 여러 차례 요청하였으나 피고가 이에 불응하면서 2005년경부터 재산세 납부고지서를 원고에게 전해주지 아니하자 과세관청으로부터 직접 납세고지서를 발급받아 2005년도분부터 2009년도분 재산세를 납부한 사실, ⑥ 반면 피고는 이 사건 소가 제기된 후인 2009. 9. 28. 이 사건 각 부동산에 관한 2009년도분 재산세를 처음으로 자신의 돈으로 납부한 사실(이로써 2009년도분 재산세는 원고와 피고에 의하여 이중으로 납부되었다) 등을 알 수 있다.

앞서 본 법리에 비추어 위의 사실관계를 살펴보면, <**갑이 을과의 명의신탁약정에 기하여 을의 명의로 부동산을 매수하고 등기명의를 신탁하였으나 부동산 실권리자명의 등기에 관한 법률 제11조에서 정한 유예기간이 경과할 때까지 실명등기를 하지 않았는데, 그로부터 10년이 경과한 후에 위 부동산의 회복을 위하여 을에 대하여 가지는 부당이득반환청구권을 근거로 위 부동산에 관한 소유권이전등기절차 이행을 구하는 소를 제기한 사안**> (민법 제105조, 제162조 제1항, 제168조 제3호; 부동산 실권리자명의 등기에 관한 법률 제11조)> 피고<u>(을)</u>는 2004년까지 이 사건 각 부동산이 <u>원고(갑)</u>와의 관계에서는 자신의 소유가 아니라 <u>원고(갑)</u>의 소유임을 스스로 인정하는 것을 전제로 하여서만 취하였을 행태로서 관련 세금의 부담과 같은 재산적 지출을 <u>원고(갑)</u>에게 적극적으로 요청하는 등에 나아갔다고 할 것이고, 이와 같이 피고(을)가 명의신탁받은 이 사건 각 부동산에 관하여 권리를 가지지 아니하고 원고(갑)의 대내적 소유권을 인정한 것에는 달리 특별한 사정이 없는 한 원고(갑)에 대하여 소유권등기를 이전·회복하여 줄 의무를 부담함을 알고 있다는 것이 묵시적으로 포함되어 표현되었다고 봄이 상당하다.

따라서 피고(을)는 원고(갑)의 반환요구를 거부하기 시작한 2004년경까지는 이 사건 각 부동산에 관한 소유권이전등기의무를 승인하였다고 할 것이어서 그 무렵까지 원고(갑)의 이 사건 각 부동산에 관한 소유권이전등기청구권의 소멸시효는 중단되었고, 이 사건 소가 그로부터 10년이 경과하지 아니한 2009. 4. 30.에 제기되었음이 기록상 분명한 이상 결국 피고(을)의 소멸시효 항변은 받아들일 수 없다고 할 것이다.

이와 달리 원심이 앞서 본 바와 같은 이유로 피고가 이 사건 각 부동산에 관한 소유권이전등기의무를 승인한 것으로 볼 수 없다고 보아 소멸시효의 중단에 관한 원고의 주장을 배척한 것은 채무의 승인으로 인한 소멸시효의 중단에 관한 법리를 오해하여 판결에 영향을 미친 위법이 있다.

§ 10-35 채무승인과 당사자
❶ 대법원 2016. 10. 27. 선고 2015다239744 판결 [대여금]
……

2. 그러나 원심의 위와 같은 판단은 다음의 이유로 수긍하기 어렵다.

가. <*이행인수인이 채권자에 대한 관계에서 직접 이행의무를 부담하는지 여부(소극)*> *(민법 제168조, 제454조)* 이행인수는 채무자와 인수인 사이의 계약에 의하여 인수인이 채권자에 대한 채무를 변제하기로 약정하는 것을 말한다. 이 경우 인수인은 채무자의 채무를 변제하는 등으로 면책시킬 의무를 부담하지만 채권자에 대한 관계에서 직접 이행의무를 부담하게 되는 것은 아니다. 한편 <*이행인수인이 채권자에 대하여 채무자의 채무를 승인한 경우, 시효중단 사유가 되는 채무승인의 효력이 발생하는지 여부(원칙적 소극)*> *(민법 제168조, 제454조)* 소멸시효 중단사유인 채무의 승인은 시효이익을 받을 당사자나 그 대리인만이 할 수 있는 것이므로, 이행인수인이 채권자에 대하여 채무자의 채무를 승인하더라도 다른 특별한 사정이 없는 한 시효중단 사유가 되는 채무승인의 효력은 발생하지 않는다.

2. 소멸시효중단의 효력
1) 기본적 효력
§ 10-36 압류 자체가 실효된 경우 시효중단사유의 종료 여부

❶ 대법원 2017. 4. 28. 선고 2016다239840 판결 [채무부존재확인]

1. <압류에 의한 시효중단의 종료 시점(=압류가 해제되거나 집행절차가 종료될 때)
(국세기본법 제28조 제2항 제4호; 민법 제175조, 제178조 제1항)> 시효가 중단된 때에는 중단까지에 경과한 시효기간은 이를 산입하지 아니하고 중단사유가 종료한 때로부터 새로이 진행하는데(국세기본법 제28조 제2항, 민법 제178조 제1항), 소멸시효의 중단사유 중 '압류'에 의한 시효중단의 효력은 압류가 해제되거나 집행절차가 종료될 때 그 중단사유가 종료한 것으로 볼 수 있다(대법원 2015. 11. 26. 선고 2014다45317 판결 참조).
한편 <보험계약자의 보험금 채권에 대한 압류 후 채무자나 제3채무자가 보험계약 자체를 해지할 수 있는지 여부(적극) 및 이때 보험금 채권에 대한 압류명령이 실효되는지 여부(적극) (민사집행법 제223조, 제227조, 상법 제649조 제1항, 민법 제543조)> 보험계약자의 보험금 채권에 대한 압류가 행하여지더라도 채무자나 제3채무자는 기본적 계약관계인 보험계약 자체를 해지할 수 있고, 보험계약이 해지되면 그 계약에 의하여 발생한 보험금 채권은 소멸하게 되므로 이를 대상으로 한 압류명령은 실효된다(대법원 2013. 7. 12. 선고 2012다105161 판결 참조).
<압류 자체가 실효된 경우 시효중단사유의 종료(적극) (국세기본법 제28조 제2항 제4호; 민법 제175조, 제178조 제1항, 제543조; 민사집행법 제223조, 제227조)> 체납처분에 의한 채권압류로 인하여 채권자의 채무자에 대한 채권의 시효가 중단된 경우에, 그 압류에 의한 체납처분 절차가 채권추심 등으로 종료된 때뿐만 아니라, 피압류채권이 그 기본계약관계의 해지·실효 또는 소멸시효 완성 등으로 인하여 소멸함으로써 압류의 대상이 존재하지 않게 되어 압류 자체가 실효된 경우에도, 체납처분 절차는 더 이상 진행될 수 없으므로 시효중단사유가 종료한 것으로 보아야 하고, 그때부터 시효가 새로이 진행한다고 할 것이다.

2) 시효중단의 인적범위
(1) 원칙
§ 10-37 최고에 의한 시효중단의 인적 범위
❶ 대법원 2001. 8. 21. 선고 2001다22840 판결 【양수금】
(대법원 1983. 7. 12. 선고 83다카437 판결)
······

2. 원심은 위와 같은 사실을 인정한 다음, ① 서울지방법원 동부지원 88가합28571 판결이 확정된 후 10년이 지난 1999. 10. 25. 이 사건 소가 제기되었으므로 원고(채권자)의 피고(다른 연대채무자)에 대한 채권은 시효로 소멸하였고, ② 원고(채권자)가 1988년경 피고(다른 연대채무자)와 연대채무자 관계에 있는 ○○목재공업 주

식회사(연대채무자 1인) 소유 부동산에 대한 임의경매 및 강제경매를 신청하여 그 개시결정에 따라 부동산이 압류되었다고 하더라도 이를 피고(다른 연대채무자)에게 통지하였거나 ○○목재공업 주식회사(연대채무자 1인)에게 이행의 청구를 하였다고 볼 만한 자료가 없으므로, 그 압류에 의한 시효중단의 효력이 피고(다른 연대채무자)에게 미칠 수 없다고 판단하였다.

이 사건에서 보면, <연대채무자 1인의 소유 부동산에 대한 경매개시결정에 따른 시효중단의 효력이 다른 연대채무자에게 미치는지 여부(소극)> (민법 제168조 제2호, 제423조)> ① 원고(채권자)의 신청에 의한 경매개시결정에 따라 ○○목재공업 주식회사(연대채무자 1인)의 부동산이 압류됨으로써 원고(채권자)의 위 회사(연대채무자 1인)에 대한 채권의 소멸시효는 중단되었지만, 압류에 의한 시효중단의 효력은 다른 연대채무자에게 미치지 아니하므로, 경매개시결정에 의한 시효중단의 효력을 피고(다른 연대채무자)에 대하여 주장할 수 없고, <채권자가 연대채무자 1인의 소유 부동산에 대하여 경매신청을 하고 6월 내에 다른 연대채무자를 상대로 재판상 청구를 한 경우, 그 다른 연대채무자에 대하여 시효중단의 효력이 발생하는지 여부(적극) 및 중단된 시효가 새로 진행되는 시점(=재판확정시)> (민법 제168조 제1호, 제174조, 제178조 제2항, 제416조)> ② 원고(채권자)의 경매신청이 최고로서의 효력을 가지고 있고, 연대채무자에 대한 이행청구는 다른 연대채무자에게도 효력이 있으며, 원고(채권자)가 경매신청 후 6월 내에 피고(다른 연대채무자)를 상대로 서울지방법원 동부지원 88가합28571호로 재판상의 청구를 하였지만, 재판상의 청구로 인하여 중단된 시효는 재판이 확정된 때로부터 새로 진행되고, 이 사건 소는 그 재판이 확정되고 10년이 지나 소멸시효가 완성된 후 제기되었다.

❷ 대법원 2010. 6. 24. 선고 2010다17284 판결 [금원지급청구등]

……

한편, 채권자는 그 채권의 기한이 도래하기 전에는 법원의 허가 없이 채권자대위권을 행사할 수 없으나 보존행위는 할 수 있으므로(민법 제404조 제2항 참조), 채권자인 원고로서는 위와 같은 약정상의 권리를 피보전채권으로 하여 소외 3, 2를 대위하여 이 사건 계약금반환채권의 소멸시효 중단을 위한 보존행위로서 피고에게 이 사건 계약금반환에 관한 최고 및 재판상 청구를 할 수 있다.

또한 <원고가 채권자대위권에 기해 청구를 하다가 당해 피대위채권 자체를 양수하여 양수금청구로 소를 변경한 사안에서, 당초의 채권자대위소송으로 인한 시효중단의 효력이 소멸하지 않는다고 본 사안(민법 제168조, 제169조, 제170조, 제404조; 민사소송법 제80조, 제82조 제3항, 제262조, 제265조)> 원고는 2009. 1. 28.자 준비서면을 통하여 기존의 채권자대위권에 기한 청구를 채권양수에 기한 양수금청구로 변경하였고, 이는 청구원인의 교환적 변경으로서 채권자대위권에 기한 구 청구는 취하된 것으로 보아야 하나, 그 채권자대위소송의 소송물은 채무자인 소외 3, 2의 피고*(제3채무자)*에 대한 이 사건 계약금반환청구권인데 이 사건 양수금청구는 원고가 이 사건 계약금반환청구권 자체를 양수하였다는 것이어서, 양 청구는 동일한 소송물에 관한 권리의무의 특정승계가 있을 뿐 그 소송물은 동일한 점, 시효중단의 효력은 특정승계인에게도 미치는 점(민법 제169조), 계속 중인 소송에 소송목적인 권리 또는 의무의 전부나 일부를 승계한 특정승계인이 소송참가하거나 소송인수한 경우에는 소송이 법원에 처음 계속된 때에 소급하여 시효중단의 효력이 생기는 점(민사소송법 제80조, 제82조 제3항), 원고는 이 사건 계약금반환채권을 채권자대위권에 기해 행사하다 다시 이를 양수받아 직접 행사한 것이어서 이 사건 계약금반환채권과 관련하여 원고를 '권리 위에 잠자는 자'로 볼 수 없는 점 등에 비추어 볼 때, 비록 원고가 채권자대위권에 기해 청구를 하다가 당해 피대위채권 자체를 양수하여 양수금청구로 소를 변경하였다고 하더라도 당초의 채권자대위소송으로 인한 시효중단의 효력은 소멸하지 않는다고 봄이 상당하다.

따라서 원심으로서는 원고가 소외 4로부터 양도받았다고 주장하는 소외 3 등의 피고에 대한 이 사건 계약금반환채권이 존재하는지 여부, 즉 이 사건 각 매매계약에 위약금 약정이 있는지, 손해배상액의 예정이 부당하게 과다한 경우로서 감액할 수 있는지 등과 원고가 주장하는 양수금채권이 채권양도의 대항요건을 갖추었는지 등에 관하여 심리·판단하여 결론을 도출하여야 할 것이지 피고의 소멸시효 항변만으로 원고의 이 사건 청구를 배척할 것은 아니다.

❸ 대법원 2015. 5. 28. 선고 2014다81474 판결 [관리비]

1. 원고의 상고이유를 판단한다.
원심은, 집합건물 구분소유권의 특별승계인은 특별한 사정이 없는 한 전 구분소유자와 부진정연대관계에 있고, 부진정연대채무에 있어서는 채무자 1인에 대한 이행청구 또는 채무자 1인이 행한 채무의 승인 등 소멸시효의 중단사유나 시효이익의 포기가 다른 채무자에 대하여 효력이 미치지 아니하므로, 원고가 이 사건 건물의 전 구분소유자인 소외인에 대하여 이행청구를 하여 확정판결 등을 얻었다고 하더라도 그로 인한 소멸시효 중단의 효력이 소외인의 특별승계인인 피고에게 미치지 아니하고, 이러한 의미에서 민법 제169조에서 시효중단의 효력을 받는 승계인에는 채무자와 부진정연대채무의 관계에 있는 중첩적 채무인수인이 포함되지 아니한다고 판단하여, 원고의 소멸시효 중단 주장을 배척하였다.
그러나 원심의 판단은 다음과 같은 이유로 수긍하기 어렵다.
<시효중단의 인적범위> 민법 제169조는 시효중단의 효력이 당사자 및 그 승계인 간에 미친다고 규정하고 있다. 여기서 당사자라 함은 중단행위에 관여한 당사자를

가리키고, 시효의 대상인 권리 또는 청구권의 당사자는 아니며, 승계인이라 함은 시효중단에 관여한 당사자로부터 중단의 효과를 받는 권리 또는 의무를 그 중단 효과 발생 이후에 승계한 자를 뜻하고, 포괄승계인은 물론 특정승계인도 이에 포함된다(대법원 1997. 4. 25. 선고 96다46484 판결 등 참조).

원심판결 이유 및 기록에 의하면, 원심이 시효로 소멸하였다고 판단한 2010. 7. 4. 이전의 관리비채권에 대하여는 피고가 이 사건 건물의 구분소유권을 취득하기 이전에 원고가 전 구분소유자인 소외인을 상대로 관리비의 지급을 구하는 소를 제기하여 승소판결을 받았음을 알 수 있으므로, 앞서 본 법리에 비추어 보면, <*집합건물의 관리를 위임받은 갑 주식회사가 구분소유자 을을 상대로 관리비 지급을 구하는 소를 제기하여 승소판결을 받음으로써 을의 체납관리비 납부의무의 소멸시효가 중단되었는데, 그 후 병이 임의경매절차에서 위 구분소유권을 취득한 사안* (민법 제169조; 집합건물의 소유 및 관리에 관한 법률 제18조)> 피고*(병)*는 소외인*(을)*으로부터 시효중단의 효과를 받는 체납관리비 납부의무를 그 중단 효과 발생 이후에 승계한 자에 해당하여 시효중단의 효력이 피고*(병)*에게도 미친다.

그럼에도 이와 달리 판단한 원심판결에는 민법 제169조의 승계인에 관한 법리를 오해하여 판결에 영향을 미친 위법이 있다.

IV. 소멸시효의 효과

1. 소멸시효 완성의 효과

1) 소멸시효 완성의 효과에 관한 이론구성

§ 10-38 소멸시효완성의 효과

❶ 대법원 1979. 2. 13. 선고 78다2157 판결 [소유권이전등기말소]

사실관계

X 임야는 원래 A와 B(원심 공동피고)의 공유였는데, B로부터 C가 X 임야 중 1/2지분을 매수하고 1943. 10. 14. 그 명의로 지분권이전등기를 경료하였고, D는 1951. 11. 19. C로부터 이를 매수하여 그 지분권이전등기를 경료하지 아니한 채 1957. 7. 20. E에게 매도하였고, E도 지분권이전등기를 경료함이 없이 같은 해 8. 13. 甲에게 이를 매도하였다. 乙은 1969년 경 A의 외동딸인 A1으로부터 X 임야를 매수한 후 임야소유권이전등기에 관한 특별조치법에 따라 X 임야 전부에 관한 소유권이전등기를 경료하였다. 그러자 甲은 1977. 11. 10.에 이르러 X 임야 중 1/2지분에 관하여 C명의로 지분권이전등기가 경료된 후 乙이 A1으로부터 X 임야 전부를 매수

하고 이에 관한 소유권이전등기를 경료하였다 하더라도 X 임야 중 1/2지분에 관한 乙 명의의 소유권이전등기는 원인무효로서 말소되어야 할 것이라고 하면서, X 임야 중 1/2지분에 관한 E에 대한 이전등기청구권을 보전하기 위하여 C 및 D를 대위하여 乙의 위 소유권이전등기의 말소를 구하는 소를 제기하였다. 이에 대하여 乙은 X 임야 중 1/2지분에 관한 甲의 D에 대한 이전등기청구권이 시효로 소멸되어 甲의 대위권 행사는 채권자대위권 행사의 요건을 갖추지 못한 것이라고 항변하였다. 甲은 X 임야를 인도받아 점유하고 있지 않다.

판결이유

신민법 부칙 제10조 제1항에 의하면 신민법 시행 이전에 부동산을 매수하여 소유권을 취득하였던 자라 할지라도 1965. 12. 31까지 등기를 하지 아니하면 소유권을 상실하며, 그 원인관계로 인한 매수인의 소유권이전등기청구권은 상실되지 아니하나 이는 특별한 사정이 없는 한 1966. 1. 1부터 소멸시효의 대상이 되는 것이며 또 <소멸시효 이익의 원용 여부 (민법 제162조)> 신민법상은 당사자의 원용이 없어도 시효완성의 사실로서 채무는 당연히 소멸되는 것이고(대법원 1966. 1. 31 선고 65다2445 판결 참조), 다만 변론주의의 원칙상 소멸시효의 이익을 받을 자가 그것을 포기하지 않고 실제 소송에 있어서 권리를 주장하는 자에 대항하여 시효소멸의 이익을 받겠다는 뜻을 항변을 하지 않는 이상 그 의사에 반하여 재판할 수 없을 뿐이고 본건에서 피고는 소멸시효완성으로 직접 의무를 면하게 되는 당사자로서 그 소멸시효의 이익을 받겠다는 뜻을 항변할 수 있는 자라 할 것이므로 같은 취지에서 한 원심판단은 정당하고 이와 상반된 견해로서 원판결을 비난 공격하는 논지는 채용할 수 없다.

❷ 대법원 1991. 7. 26. 선고 91다5631 판결 【소유권보존등기말소등】

사실관계

A(박○용)는 1944. 9. 26.경 자신이 소유하고 있는 X 임야를 B(오○두)에게 매도하였고, B는 1958. 12.경 X 임야를 차남인 C(오○모)에게, C는 甲에게 각 증여하였다. 그런데 X 임야의 지적공부가 6.25사변을 거치면서 모두 멸실되어 1970. 3. 4.경 지적공부를 복구하는 과정에서 정부기록보존소에 X 임야에 관한 지적을 창설할 당시의 측량원도가 보존되어 있지 아니한 관계로 새로이 지번 및 경계를 설정하면서 X 임야에 관한 현재의 임야도와 임야대장이 작성되게 되었다. 그럼에도 불구하고 E(이○석)는 아무런 근거 없이 임야도와 임야대장이 작성되기 전인 1957. 6. 29.부터 X 임야를 점유하는 한편, 그 명의의 소유권보존등기의 회복등기를 경료하였다. 그 후 E가 사망하자 그 상속인인 乙이 자신의 명의로 X 임야에 관하여 상속을 원인으로 한 소유권이전등기를 마쳤다. 이에 甲은 B, C, A의 상속인인 D를 순차 대위하여 乙에 대하여 원인무효인

1957. 6. 29. 마친 회복등기에 의한 소유권보존등기와 상속을 원인으로 한 소유권이전등기의 말소를 구하는 소송을 제기하였다. 乙은 소송에서 B의 A에 대한, 또 C의 B에 대한 각 소유권이전등기청구권이 시효소멸하였다는 항변을 하였다. 甲은 X 임야를 인도받아 점유하고 있지 않다.

판결이유

상고이유 제(1), (2)점을 함께 본다.

원심판결 이유에 의하면, 원심은 이 사건 임야는 강원 양양군 도처면 대포리 산 25의3, 임야 2,790평의 일부이고, 위 25의3 임야는 소외 박○용(A)의 소유였는데 그가 1944. 음력 9. 26. 위 25의 3 임야 중 이 사건 임야부분을 포함한 2,590평을 소외 오○두(B)에게 매도하였고, 위 오○두(B)는 1958. 12.경 그의 차남인 소외 오○모(C)에게, 동 오○모(C)는 원고(갑)에게 각 증여한 사실, 한편 이 사건 임야 일대의 지적공부가 6·25사변을 거치면서 모두 멸실되어 1970. 3. 4.경 이를 복구하는 과정에서 정부기록보존소에 그 일대의 임야에 관한 지적창설 당시의 측량원도가 보존되어 있지 아니한 관계로 새로이 지번 및 경계를 설정하면서 이 사건 임야에 관한 현재의 임야도와 임야대장이 작성된 사실, 그럼에도 불구하고 피고들(을)의 피상속인 소외 이○석(E)은 아무런 근거도 없이(위 박○용으로부터 매수하였다는 피고들 주장사실이 원심에서 배척됨) 위 임야도와 임야대장이 작성되기 전인 1957. 6. 29. 이 사건 임야에 대하여 그 명의의 소유권보존등기의 회복등기를 경료하였고, 그가 사망함으로써 그의 상속인들인 피고들(을) 및 소외 윤○성, 이○남이 재산상속을 원인으로 한 소유권이전등기를 마쳤으며 그 후 위 윤○성과 이○남이 사망하여 피고들(을)이 그들의 공동재산 상속인이 된 사실을 인정한 후 <u>위 소외 망 이○석(E) 명의의 소유권보존의 회복등기나 위 재산상속을 원인으로 한 소유권이전등기는 모두 원인무효의 등기라고 판시하였다.</u>

기록에 의하여 살펴본바, 원심의 위와 같은 인정과 판단은 정당한 것으로 수긍이 되고 거기에 소론과 같은 채증법칙위반, 심리미진으로 인한 사실오인이나 등기의 추정력에 관한 법리를 오해한 위법은 없다. 논지는 이유 없다.

상고이유 제(3), (4)점을 함께 본다.

<**소멸시효의 주장과 그 주장을 할 수 있는 자** (민법 제162조; 민사소송법 제188조)>
<u>소멸시효에 있어서 그 시효기간이 만료되면 권리는 당연히 소멸하는 것이지만 그 시효의 이익을 받는 자가 소송에서 소멸시효의 주장을 하지 아니하면 그 의사에 반하여 재판할 수 없는 것이고, 그 시효이익을 받는 자는 시효기간 만료로 인하여 소멸하는 권리의 의무자를 말한다고 할 것이다</u>(당원 1979. 6. 26. 선고 79다407 판결, 1980. 1. 29. 선고 79다1863 판결, 1991. 3. 27.선고 90다17552 판결 참조).

원심이 같은 취지에서 <**사안의 경우** (민법 제162조)> <u>원고가 위 소외 오○두(B), 오</u>

○모(C), 위 박○용(A)의 상속인들(D)을 순차 대위하여 피고들에게 원인무효인 이 사건 소유권보존등기와 소유권이전등기의 말소등기를 구하는 이 사건에서, 피고들은 위 오○두(B)의 위 박○용(A)에 대한, 또 위 오○모(C)의 위 오○두(B)에 대한 각 소유권이전등기청구권이 시효로 소멸하였다는 항변을 할 수 없다고 하여 피고(을)의 소멸시효항변을 배척한 원심의 조치는 정당하고, 또 소외 오○두(B)나 오○모(C)가 민법 시행일로부터 6년 이내에 그 소유권이전등기를 경료하지 아니하였으므로, 민법 부칙 제10조 제1항에 의하여 그 소유권을 상실하였음은 소론과 같으나, 원심 또한 그들에게 소유권이 있지 아니함을 전제로 판시하고 있으므로 이 점에 대한 판단을 명시하지 않았다고 하여 판단유탈의 위법이 있다고 할 수 없다.

2) 소멸시효의 원용권자
(1) 직접수익자에 해당하는 경우
§ 10-39 가등기담보가 설정된 부동산의 제3취득자
❶ 대법원 1995. 7. 11. 선고 95다12446 판결 [건물명도]
(대법원 1991. 7. 26. 선고 91다5631 판결; 대법원 2012. 7. 12. 선고 2010다51192 판결)

(1) 제1점에 관하여,
<담보가등기가 경료된 부동산을 양수한 자가 그 피담보채권의 소멸시효를 원용할 수 있는 근거 및 그 소멸시효 원용권의 성질 (민법 제162조)> 소멸시효를 원용할 수 있는 자는 권리의 소멸에 의하여 직접 이익을 받는 자에 한정된다고 할 것인데, 채권담보의 목적으로 매매예약의 형식을 빌어 소유권이전청구권 보전을 위한 가등기가 경료된 부동산을 양수하여 소유권이전등기를 마친 제3자는 당해 가등기담보권의 피담보채권의 소멸에 의하여 직접이익을 받는 자라 할 것이므로, 위 부동산의 가등기담보권에 의하여 담보된 채권의 채무자가 아니라도 그 피담보채권에 관하여 소멸시효가 완성된 경우 이를 원용할 수 있다고 보아야 할 것이고, 이러한 직접수익자의 소멸시효 원용권은 채무자의 소멸시효 원용권에 기초한 것이 아닌 독자적인 것으로서 채무자를 대위하여서만 시효이익을 원용할 수 있음에 지나지 아니하는 것은 아니다(당원 1991. 3. 12. 선고 90다카27570 판결 참조).
그렇다면 채권담보의 목적으로 가등기가 경료된 후 이 사건 부동산을 취득한 제3자에 해당하는 원고들로서는 가등기담보권의 피담보채권에 대한 소멸시효가 완성된 이상 그 피담보채권의 시효소멸을 원용할 수 있고, 비록 시효원용 이전에 이미 피담보채권이 시효소멸된 담보가등기에 기하여 위 부동산에 관하여 채권자들 앞으로 본등기가 경료되었다고 하더라도 달리 볼 것은 아니며, 가사 위 가등기에 기한 본등기 경료를 채무자의 채권자들에 대한 시효이익의 포기로 볼 수 있다고 하더라도 그 시효이익의 포기는 상대적 효과가 있음에 지나지 아니하여 채무자 이외의

이해관계자에 해당하는 원고들로서는 여전히 독자적으로 시효를 원용할 수 있다고 할 것이다.

§ 10-40 사해행위취소소송의 상대방이 된 사해행위의 수익자
❶ 대법원 2007. 11. 29. 선고 2007다54849 판결 [사해행위취소등]

1. 원심은, 그 채용 증거들을 종합하여 그 판시와 같은 사실을 인정한 후, 소외 회사의 원고에 대한 채무를 연대보증한 망인이 소외 회사가 부도가 나고 자신도 채무초과인 상태에서 처남인 피고에게 전 재산인 이 사건 부동산에 관한 근저당권을 설정하여 준 행위는 특별한 사정이 없는 한 일반 채권자들을 해할 수 있다는 사실을 인식하고 한 사해행위에 해당하는 것으로 보아야 한다고 판단한 후, 나아가 수익자인 피고의 악의는 추정되고 피고가 제출한 그 판시와 같은 증거들만으로는 피고가 선의로 이 사건 근저당권설정계약을 체결하였다고 인정하기 어렵다고 판단하였는바, 피고와 망인의 관계, 이 사건 근저당권설정계약의 체결시기 등 원심이 인정한 사실과 기록에 비추어 살펴보면, 원심의 위와 같은 사실인정과 판단은 정당한 것으로 수긍할 수 있다. 원심판결에는 상고이유로 주장하는 바와 같은 채증법칙 위배 내지 심리미진의 위법이 없다.

한편, 원심이 인정한 사실에 의하면 망인은 이 사건 근저당권설정계약 체결 당시 원고의 채권을 제외하더라도 채무초과 상태였던 점에 비추어 당시 소외 회사의 원고에 대한 채무의 소멸시효 기간이 경과하였다는 사정만으로 이 사건 근저당권설정계약이 사해행위에 해당하지 아니하거나 망인에게 사해의사가 없었던 것으로 보기는 어렵다. 이에 관한 상고이유의 주장은 더 나아가 살펴 볼 필요 없이 이유 없다.

2. <u>**<사해행위취소소송에서 수익자가 취소채권자의 채권에 대하여 시효소멸을 주장할 수 있는지 여부(적극)*** (민법 제162조, 제406조)>* 소멸시효를 원용할 수 있는 사람은 권리의 소멸에 의하여 직접 이익을 받는 자에 한정되는데(대법원 1979. 6. 26. 선고 79다407 판결, 대법원 1992. 11. 10. 선고 92다35899 판결, 대법원 1995. 7. 11. 선고 95다12446 판결 등 참조), 사해행위취소소송의 상대방이 된 사해행위의 수익자는 사해행위가 취소되면 사해행위에 의하여 얻은 이익을 상실하게 되나, 사해행위취소권을 행사하는 채권자의 채권이 소멸되면 그와 같은 이익의 상실을 면할 수 있는 지위에 있으므로, 그 채권의 소멸에 의하여 직접 이익을 받는 자에 해당하는 것으로 보아야 한다.</u> 따라서 원심이 사해행위의 수익자인 피고를 망인에 대한 일반 채권자와 동일하게 보아 피고가 독자적으로 망인의 보증채무가 소멸시효 완성으로 소멸되었다는 주장을 할 수 없다는 취지로 판단한 것은 잘못이라고 할 것이다.

그러나 이 사건 근저당권설정계약 당시 원고의 채권을 제외하더라도 망인이 채무

초과 상태였으므로 원고의 망인에 대한 채권의 존재 여부는 사실상 피보전채권의 존부에만 영향을 미칠 수 있는 것으로 보아야 할 것인데, 원심이 인정한 바와 같이 채권자인 원고가 채무자인 망인의 상속인들을 상대로 이 사건 연대보증약정에 기한 이행청구의 소를 제기하여 승소판결을 선고받아 2005. 6. 25. 그 판결이 확정된 이상, 수익자인 피고가 더 이상 소멸시효의 주장 등으로 원고의 망인에 대한 채권의 존재를 다툴 수는 없다고 할 것이다.

결국 원심의 이유 설시에 일부 미흡한 부분이 있기는 하나, 피고가 이 사건 연대보증채무가 소멸시효의 완성으로 소멸되었다는 주장을 할 수 없다고 판단한 결론은 정당하다. 원심판결에는 상고이유로 주장하는 바와 같은 기판력에 대한 법리오해 등으로 인하여 판결 결과에 영향을 미친 위법이 없다.

3. <처분행위 당시에는 무자력 상태였던 채무자가 사실심 변론종결시 자력을 회복한 경우, 채권자취소권이 소멸하는지 여부(적극) 및 그 점에 대한 증명책임의 소재(=채권자취소소송의 상대방) (민법 제406조; 민사소송법 제288조)> 처분행위 당시에는 채권자를 해하는 것이었다고 하더라도 그 후 채무자가 자력을 회복하여 사해행위취소권을 행사하는 사실심의 변론종결시에는 채권자를 해하지 않게 된 경우에는 책임재산 보전의 필요성이 없어지게 되어 채권자취소권이 소멸하는 것으로 보아야 할 것이나, 그러한 사정변경이 있다는 사실은 채권자취소소송의 상대방이 입증하여야 한다. 이와 같은 법리에 비추어, 피고가 원심까지 망인의 상속인들의 재산 상태에 관한 주장을 하거나 그에 관한 입증자료를 제출하지 않은 이 사건에서 원심이 이에 관한 심리를 하지 아니한 것을 심리미진으로 볼 수는 없다. 이에 관한 상고이유의 주장은 이유 없다.

§ 10-41 유치권이 성립된 부동산의 매수인
❶ 대법원 2009. 9. 24. 선고 2009다39530 판결 [유치권부존재]

사실관계

乙은 X 건물의 신축공사를 도급받아 이를 완성하여 도급인 A에 대해 3억 원의 공사대금채권을 갖게 되었는데, 그 변제기는 2003. 3. 31.이었다. 그런데 그 소멸시효기간이 경과하기 전에 乙이 A를 상대로 지급명령을 신청하여 2004. 9. 25. 확정되었다. 한편 乙은 X 건물을 점유하고 있다. 그 후 A는 X 건물을 농협 B 앞으로 근저당권을 설정하고, B의 경매신청에 따라 임의경매절차가 개시되어 甲이 2005. 7. 19. 소유권을 취득하였다. 乙의 공사대금채권의 변제기가 3년이 지난 시점에서, 乙의 공사대금채권이 시효로 소멸하였으므로 이를 담보로 하는 유치권도 소멸하였다고 주장하면서 甲은 乙을 상대로 X 건물에 대한 乙의 유치권 부존재확인의 소를 제기하였다.

판결이유

1. 변호사 김O수의 상고이유 제3점 및 변호사 김O선의 상고이유에 대하여

<물건에 대한 점유의 의미와 판단 기준 (민법 제192조, 제204조)> 점유라고 함은 물건이 사회통념상 그 사람의 사실적 지배에 속한다고 보여지는 객관적 관계에 있는 것을 말하고, 사실상의 지배가 있다고 하기 위하여는 반드시 물건을 물리적, 현실적으로 지배하는 것만을 의미하는 것이 아니고, 물건과 사람과의 시간적, 공간적 관계와 본권관계, 타인지배의 배제가능성 등을 고려하여 사회관념에 따라 합목적적으로 판단하여야 한다(대법원 1996. 8. 23. 선고 95다8713 판결 참조).

원심은, 그 채택한 증거에 의하여 피고들(을)이 2003. 8. 29. 현장사무실에서 이 사건 건물을 점유하면서 유치권을 행사하기로 결의한 다음 건물경비업체를 통하여 이 사건 건물의 방범활동을 하도록 하고, 피고들(을)의 직원들이 현장사무실에 상주하도록 하면서 주차장 외벽 등에 현수막을 걸고 건물임차인들의 영업과 서로 배치되지 아니하는 방법으로 이 사건 건물을 점유·관리하였다고 보아, 피고들(을)이 이 사건 경매절차 개시 전에 이 사건 건물을 점유하기 시작하였다고 판단하였는바, 앞서 본 법리 및 기록에 비추어 살펴보면 원심의 위와 같은 인정 및 판단은 정당한 것으로 수긍이 가고, 거기에 상고이유로 주장하는 바와 같은 점유의 개시 및 적법성추정에 관한 법리오해, 심리미진, 채증법칙 위반의 위법이 없다.

2. 변호사 김O수의 상고이유 제2점에 대하여

<지급명령에서 확정된 채권의 소멸시효기간(=10년) (민사소송법 제474조; 민법 제165조 제2항)> 민사소송법 제474조, 민법 제165조 제2항에 의하면, 지급명령에서 확정된 채권은 단기의 소멸시효에 해당하는 것이라도 그 소멸시효기간이 10년으로 연장된다고 할 것이다.

같은 취지에서 원심이 피고 1의 소외 주식회사(A)에 대한 공사대금채권의 변제기는 2003. 3. 31. 무렵이고 소멸시효기간은 변제기로부터 3년인데, 위 소멸시효기간이 경과하기 전에 피고 1이 지급명령을 신청하여 2004. 9. 25. 확정됨으로써 위 채권의 소멸시효기간이 10년으로 연장되었다고 판단한 것은 위 법리에 따른 것으로 정당하고, 거기에 상고이유로 주장하는 바와 같은 확정된 지급명령과 그 소멸시효기간 연장에 관한 법리오해의 위법이 없다.

3. 변호사 김O수의 상고이유 제1점에 대하여

<유치권의 피담보채권의 소멸시효기간이 확정판결 등에 의하여 10년으로 연장된 경우, 유치권이 성립된 부동산의 매수인이 종전의 단기소멸시효를 원용할 수 있는지 여부(소극) (민법 제165조)> 유치권이 성립된 부동산의 매수인은 피담보채권의 소멸시효가 완성되면 시효로 인하여 채무가 소멸되는 결과 직접적인 이익을 받는 자에 해당하므로 소멸시효의 완성을 원용할 수 있는 지위에 있다고 할 것이나, 매

수인은 유치권자에게 채무자의 채무와는 별개의 독립된 채무를 부담하는 것이 아니라 단지 채무자의 채무를 변제할 책임을 부담하는 점 등에 비추어 보면, 유치권의 피담보채권의 소멸시효기간이 확정판결 등에 의하여 10년으로 연장된 경우 매수인은 그 채권의 소멸시효기간이 연장된 효과를 부정하고 종전의 단기소멸시효기간을 원용할 수는 없다 할 것이다.

같은 취지에서 원심이, 담보권 실행을 위한 경매절차에서 유치권의 목적물을 매수한 원고(갑)는 그 피담보채권인 공사대금채권이 소멸되는 결과 직접적인 이익을 받은 자에 해당하여 소멸시효의 완성을 원용할 수 있는 지위에 있으므로, 피고들(을)과 소외 주식회사(A) 사이의 확정된 지급명령이나 민사조정법에 의한 조정성립에 따른 소멸시효기간 연장의 효과를 부정하고 종전의 단기소멸시효기간인 3년을 주장할 수는 없다고 판단한 것은 위 법리에 따른 것으로 정당하고, 거기에 상고이유로 주장하는 바와 같은 피담보채권의 소멸시효기간 연장의 효과가 미치는 인적범위에 관한 법리오해의 위법이 없다.

(2) 직접수익자에 해당하지 않는 경우
§ 10-42 채무자에 대한 일반채권자
❶ 대법원 1997. 12. 26. 선고 97다22676 판결 [배당이의]
……
2. 피고들 및 피고 보조참가인들의 원고 2, 원고 3에 대한 상고이유를 본다.
가. 제1점에 대하여
<소멸시효 주장을 원용할 수 있는 자의 범위 *(민법 제162조, 제404조)*> 소멸시효가 완성된 경우 이를 주장할 수 있는 사람은 시효로 인하여 채무가 소멸되는 결과 직접적인 이익을 받는 사람에 한정되므로, 채무자에 대한 일반 채권자는 자기의 채권을 보전하기 위하여 필요한 한도 내에서 채무자를 대위하여 소멸시효 주장을 할 수 있을 뿐 채권자의 지위에서 독자적으로 소멸시효의 주장을 할 수 없음은 논지가 지적하는 바와 같다(대법원 1979. 6. 26. 선고 79다407 판결, 1991. 3. 27. 선고 90다17552 판결, 1995. 7. 11. 선고 95다12446 판결 등 참조).
원심판결 이유에 의하면 원심은, 소외인 소유의 판시 부동산에 대한 경매절차에서 가등기담보권자인 피고들에게 부당하게 많은 금액을 배당한 반면 후순위 채권자인 원고들에게 부당하게 적은 금액을 배당하는 것으로 배당표가 잘못 작성되었음을 이유로 원고들이 피고들을 상대로 제기한 배당이의 사건인 이 사건 소송에서 피고 1 및 ○○지업 주식회사의 위 소외인에 대한 채권은 시효로 인하여 소멸하였다는 원고들의 주장을 받아들여 원고 2 및 원고 3의 청구를 일부 인용하였는바, 기록에 의하면 채무자인 위 소외인은 판시 부동산에 대한 경매절차가 개시된 이래 무자력의 상태에 빠져 있음을 알 수 있으므로 위 소외인의 채권자인 원고들로서는 위 소

외인에 대한 채권을 보전하기 위하여 채무자인 위 소외인을 대위하여 위 소외인의 피고들에 대한 채무가 시효로 소멸하였다는 주장을 할 수 있다 할 것이다.

원심도 원고들의 소멸시효 주장을 원고들이 무자력 상태에 놓인 위 소외인을 대위하여 위 소외인의 피고 1 및 OO지업 주식회사에 대한 채무가 시효로 소멸하였다고 주장하는 취지로 보아 이를 받아들인 것으로 보이므로 원심판결에 소론과 같은 소멸시효 및 변론주의에 관한 법리오해, 심리미진, 채증법칙 위배 등의 위법이 있다고 볼 수 없다.

❷ 대법원 1979. 6. 26. 선고 79다407 판결 [경매·매득금우선변제]

(1) 원고의 상고이유에 관하여.

<채권자대위에 의한 소멸시효이익의 원용을 할 수 없는 경우 (민법 제162조 제1항, 제404조)> 소멸시효를 원용할 수 있는 당사자는 권리의 시효소멸에 의하여 직접 이익을 받는 채무자 뿐 아니라, 그 채무자에 대한 일반 채권자 또한 자기의 채권을 보전하기 위하여 필요한 한도에서 채무자에 대위해서 채무자가 다른 채권자에 대하여 가지는 소멸시효의 이익을 원용할 수 있는 것이라고 봄이 상당하다 할 것인바, 원판결과 이 사건의 기록에 의하면 문제된 원고의 상법 861조 1항 5호에 의한 선박 우선특권있는 채권의 시효소멸로 인하여 직접 이익을 받는 자는 그 채무자인 소외 동성선박주식회사이고 피고는 같은 소외 회사에 대한 채권자의 위치에 있는 것이므로 직접 소멸시효의 원용권자가 되지 않는다 하더라도 앞서 판시한 바에 따라 소외 회사를 대위해서 같은 소외 회사가 원고에 대하여 가지는 소멸시효의 이익을 원용할 수 있는 것이다. 원판결의 시효부분에 관한 설시에 미흡한 점이 없지 않으나 피고를 이 사건에서 문제된 선박 우선특권있는 채권의 소멸시효를 원용할 수 있는 자로 본 결론은 정당하므로 이를 탓하는 논지는 이유없다.

그러나 이 사건 피고는 위 시효의 직접 당사자는 아니므로 소외 회사에 대한 이른바 채권자대위권에 의하여서만 소외 회사의 원고에 대한 소멸시효의 원용이 가능한 것이라면, 채권자대위권의 성질상 피대위자인 채무자가 이미 권리를 처분하여 대위권행사의 대상이 존재하지 않는다면 대위권에 의한 채무자의 권리행사는 불가능한 것이라 할 것이다.

§ 10-43 채권자대위소송에서 제3채무자
❶ 대법원 1998. 12. 8. 선고 97다31472 판결 [위약금]
(대법원 1992. 11. 10. 선고 92다35899 판결, 1993. 3. 26. 선고 92다25472 판결; 대법원 1997. 7. 22. 선고 97다5749 판결; 대법원 2004. 2. 12. 선고 2001다10151 판결)
……

2. <채권자대위소송의 제3채무자가 채무자의 채권자에 대한 소멸시효 완성의 항변을 원용할 수 있는지 여부(소극) *(민법 제162조, 제404조)*> 채권자가 채권자대위권을 행사하여 제3자에 대하여 하는 청구에 있어서, 제3채무자는 채무자가 채권자에 대하여 가지는 항변으로 대항할 수 없고, 채권의 소멸시효가 완성된 경우 이를 원용할 수 있는 자는 원칙적으로는 시효이익을 직접 받는 자 뿐이고, 채권자대위소송의 제3채무자는 이를 행사할 수 없다(대법원 1997. 7. 22. 선고 97다5749 판결 참조).

따라서 원고의 소외 1에 대한 손해배상채권의 소멸시효가 완성되었다 하더라도 제3채무자인 피고로서는 이를 원용할 수 없다 할 것이므로, 이 부분 상고이유의 주장은 받아들일 수 없다.

❷ 대법원 2008. 1. 31. 선고 2007다64471 판결 [부동산소유권이전등기절차이행]

사실관계

A는 B와의 사이에 주유소를 신설하여 공동운영하는 동업계약을 체결하는 등 상호 금전거래를 하여 오다가 4회에 걸쳐 동업관계 및 채권채무관계의 정산을 위하여 합의를 하였고, 그 결과 A는 B에 대하여 5억 원의 채권을 가지게 되었다. B는 장모인 乙에게 X 부동산을 명의신탁하였다. 甲은 A로부터 그의 B에 대한 채권 중 2억 2천 5백만 원 부분을 양수하였다. 甲은 B에 대한 양수금채권의 보전을 위하여 X 부동산에 관하여 B의 乙에 대한 부당이득반환을 원인으로 한 소유권이전등기절차의 이행을 구하는 채권자대위소송을 제기함과 아울러 B를 상대로 2억 2천 5백만 원의 양수금의 지급을 구하는 별소를 제기하였다. B는 양수금청구 소송절차에서 甲의 양수금채권은 10년의 소멸시효기간이 도과함으로써 소멸하였다는 항변을 하였다.

판결이유

……

2. 상고이유 제2점에 대하여

원심은, 피고의 소멸시효항변에 대하여, 채권자대위소송에서 제3채무자인 피고는 채무자의 소멸시효항변을 원용할 수 없다는 이유로 피고의 주장을 배척하고 있다.

<채권자대위소송의 제3채무자가 채무자의 채권자에 대한 소멸시효 항변을 원용할 수 있는지 여부 *(민법 제162조, 제404조; 민사소송법 제52조)*> 채권자가 채권자대위권을 행사하여 제3자에 대하여 하는 청구에 있어서, 제3채무자는 채무자가 채권자에 대하여 가지는 항변으로 대항할 수 없고, 채권의 소멸시효가 완성된 경우 이를 원용할 수 있는 자는 원칙적으로는 시효이익을 직접 받는 자뿐이고, 채권자대위소송의 제3채무자는 이를 행사할 수 없다고 할 것이나(대법원 2004. 2. 12. 선고 2001

다10151 판결 등 참조), 채권자가 채무자에 대한 채권을 보전하기 위하여 제3채무자를 상대로 채무자의 제3채무자에 대한 채권에 기한 이행청구의 소를 제기하는 한편, 채무자를 상대로 피보전채권에 기한 이행청구의 소를 제기한 경우, 채무자가 그 소송절차에서 소멸시효를 원용하는 항변을 하였고, 그러한 사유가 현출된 채권자대위소송에서 심리를 한 결과, 실제로 피보전채권의 소멸시효가 적법하게 완성된 것으로 판단되면, 채권자는 더 이상 채무자를 대위할 권한이 없게 된다고 할 것이다(대법원 2000. 5. 26. 선고 98다40695 판결 참조).

이와 같은 법리에 비추어 기록을 살펴보면, <사안의 경우> 원고(갑)는 채무자인 소외 2(B)에 대한 양수금채권의 보전을 위하여 채무자인 소외 2(B)의 제3채무자인 피고(을)에 대한 부당이득반환청구권의 이행을 구하는 이 사건 채권자대위소송을 제기함과 아울러 채무자인 소외 2(B)를 상대로 양수금청구의 별소를 제기하였는데, 채무자인 소외 2(B)가 양수금청구 소송절차에서 원고(갑)의 양수금채권은 10년의 소멸시효기간이 도과함으로써 소멸하였다는 항변을 원용한 사실을 알 수 있는바, 원고(갑)의 양수금채권이 시효의 완성으로 소멸된 것이라면, 원고(갑)는 더 이상 채무자인 소외 2(B)의 제3채무자인 피고(을)에 대한 권리를 행사할 당사자적격이 없게 되고, 원고(갑)의 채권자대위소송은 부적법하여 각하할 수밖에 없으므로, 원심으로서는 우선 양수금채권의 소멸시효가 적법하게 완성되었는지에 대하여 심리·판단하였어야 할 것이다.

그럼에도 불구하고, 원심은 피고(을)의 주장을 단순한 소멸시효의 원용으로만 보고 시효완성 여부를 판단하지 아니한 채 이를 배척하였으니, 원심판결에는 채권자대위소송에서 제3채무자의 지위에 관한 법리를 오해한 나머지 심리를 다하지 아니한 위법이 있고, 이는 판결에 영향을 미쳤음이 분명하다.

3) 시효의 남용
§ 10-44 소멸시효의 남용의 요건
❶ 대법원 2002. 10. 25. 선고 2002다32332 판결 [임금]
……
2. 상고이유 제2점에 대한 판단
그러나 원심이 위와 같이 피고의 소멸시효 원용이 신의칙에 반한다는 원고들의 주장을 배척한 것은 다음과 같은 이유로 수긍할 수 없다.
<채무자의 소멸시효 완성의 주장이 신의칙에 반하여 허용되지 않는 경우 (민법 제2조, 제162조)> 채무자의 소멸시효에 기한 항변권의 행사도 우리 민법의 대원칙인 신의성실의 원칙과 권리남용금지의 원칙의 지배를 받는 것이어서, 채무자가 시효완성 전에 채권자의 권리행사나 시효중단을 불가능 또는 현저히 곤란하게 하였거나, 그러한 조치가 불필요하다고 믿게 하는 행동을 하였거나, 객관적으로 채권자가 권리

를 행사할 수 없는 장애사유가 있었거나, 또는 일단 시효완성 후에 채무자가 시효를 원용하지 아니할 것 같은 태도를 보여 권리자로 하여금 그와 같이 신뢰하게 하였거나, 채권자보호의 필요성이 크고, 같은 조건의 다른 채권자가 채무의 변제를 수령하는 등의 사정이 있어 채무이행의 거절을 인정함이 현저히 부당하거나 불공평하게 되는 등의 특별한 사정이 있는 경우에는 채무자가 소멸시효의 완성을 주장하는 것이 신의성실의 원칙에 반하여 권리남용으로서 허용될 수 없다고 할 것이다 (대법원 1999. 12. 7. 선고 98다42929 판결 등 참조).

그런데 원심이 인정한 사실관계에 의하더라도, 피고가 기존 근로자들에게 불리하게 퇴직금규정을 개정하면서 그들의 기득이익을 보호하기 위하여 부칙의 경과규정을 두면서도, 그 적용 범위에 관하여 그들에게 유리한 경우에만 적용한다는 명시적인 규정을 두지 아니하였고, 또한 부칙을 적용하면 오히려 기존 근로자들에게 불리한 결과가 된 것은 위 부칙을 규정한 때로부터 13년여의 세월이 흐른 다음부터여서, 부칙을 적용하여 자신들에 대한 퇴직금을 산정하면 아니된다는 점을 원고들이 알기 어려웠다고 보여지고, 피고 역시 부칙을 기존 근로자들에게 유리한 경우에만 제한적으로 적용하여야 한다는 사실을 전혀 알지 못하고 계속하여 적용하여 온 것으로 보여지는 바, 그렇다면 원고들이 이 사건 추가 퇴직금을 구하는 권리행사를 하지 아니한 것은 앞서 본 김O현 등이 제기한 소송의 대법원판결이 선고될 때까지는 법규범적 성격을 가지고 있는 취업규칙의 부칙이 정당하다고 신뢰한 때문이라고 보아야 할 것이고, 부칙이 제한적으로 적용되어야 한다는 점을 피고의 고문 변호사나 노무사, 그리고 심지어 김O현 등이 제기한 위 소송의 제1심법원조차 알지 못하였다면, 원고들이 위와 같이 신뢰한 것에 어떠한 과실이 있다고도 보기 어렵다 할 것이어서, 이러한 원고들에게 부칙의 적용 범위에 관한 의심을 가지고 소송을 제기하여 추가 퇴직금 청구권을 행사할 것을 기대하기는 어렵다 할 것이다.

그렇다면 위에서 본 법리에 비추어 보건대, 위와 같은 상황하에서는 **<근로자가 추가 퇴직금 청구권을 행사하는 것이 객관적으로 불가능한 사실상의 장애사유가 있었다고 보아 사용자의 소멸시효 항변이 신의칙에 반하여 허용될 수 없다고 한 사안** (민법 제2조; 근로기준법 제48조)> 원고들(근로자들)에게는 객관적으로 이 사건 추가 퇴직금 청구권을 행사할 수 없는 사실상의 장애사유가 있었다고 봄이 상당하다 할 것이고, 따라서 이러한 경우에까지 이 사건 피고가 주장하는 소멸시효 항변을 받아들이는 것은 이 사건 원고들에게 너무 가혹한 결과가 되어, 신의성실의 원칙에 반하여 허용될 수 없다고 봄이 타당하다 할 것이다.

§ 10-45 소멸시효의 남용의 효과
❶ 대법원 2013. 5. 16. 선고 2012다202819 전원합의체판결 [손해배상(기)] 〈진도군 민간인 희생 국가배상청구 사건〉

(대법원 2013. 8. 22. 선고 2013다200568 판결; 대법원 2014. 1. 16. 선고 2013다205341 판결: 대법원 2014. 2. 27. 선고 2013다209831 판결; 대법원 2014. 10. 27. 선고 2013다217962 판결)

……

2. 상고이유 제2점에 관하여

가. 불법행위를 원인으로 한 손해배상청구권은 손해 및 가해자를 안 날로부터 3년간 행사하지 아니하면 시효로 인하여 소멸하지만(민법 제766조 제1항), 정리위원회로부터 진실규명결정을 받은 피해자 등은 특별한 사정이 없는 한 진실규명결정이 있었던 때에 손해 및 가해자를 알았다고 봄이 상당하므로(대법원 2012. 4. 26. 선고 2012다4091 판결 참조), 그때부터 3년이 경과하여야 위 단기소멸시효가 완성된다 할 것이다. 다른 한편 불법행위를 원인으로 한 국가에 대한 손해배상청구권은 불법행위일로부터 5년 동안 이를 행사하지 아니하면 시효로 소멸하고(1921. 4. 7. 조선총독부법률 제42호로 제정되고, 1951. 9. 24. 법률 제217호로 제정된 구 재정법 제82조에 의하여 폐지되기 전의 구 회계법 제32조), 이는 위 3년의 단기소멸시효 기간과 달리 불법행위일로부터 바로 진행이 되므로 과거사정리법에 의하여 한국전쟁 전후 희생사건에 대하여 희생자임을 확인하는 진실규명결정이 있었던 경우에도 그 손해배상청구권의 소멸시효는 희생자에게 피해가 생긴 날로부터 5년이 경과한 때에 이미 완성되었다고 할 것이다. 다만 <***채무자가 소멸시효 완성 후 시효를 원용하지 아니할 것 같은 태도를 보여 권리자로 하여금 이를 신뢰하게 하였고 채무자가 그로부터 권리행사를 기대할 수 있는 상당한 기간 내에 권리자가 자신의 권리를 행사한 경우, 채무자가 소멸시효 완성을 주장하는 것이 허용되는지 여부(소극)*** (민법 제2조, 제162조)>** 소멸시효를 이유로 한 항변권의 행사도 민법의 대원칙인 신의성실의 원칙과 권리남용금지의 원칙의 지배를 받는 것이어서 채무자가 소멸시효 완성 후 시효를 원용하지 아니할 것 같은 태도를 보여 권리자로 하여금 이를 신뢰하게 하였고, 채무자가 그로부터 권리행사를 기대할 수 있는 상당한 기간 내에 자신의 권리를 행사하였다면, 채무자가 소멸시효 완성을 주장하는 것은 신의성실 원칙에 반하는 권리남용으로 허용될 수 없다__(대법원 2011. 9. 8. 선고 2009다66969 판결 등 참조).

기록에 의하면, 피고는 한국전쟁 전후 희생사건 등에 대하여 위와 같이 5년의 소멸시효기간이 경과된 때로부터 약 50년이 지난 2005. 5. 31. 법률 제7542호로 과거사정리법을 제정하고, 그에 따라 산하에 정리위원회를 구성한 후 피해자들의 신청을 받거나 직권으로 진실규명 활동을 해 왔고, 과거사정리법을 통하여 피고 스스로 진실규명사건 피해자의 피해 및 명예의 회복을 위하여 노력할 것이고, 국민 화해와 통합을 위하여 필요한 조치를 할 것이며, 규명된 진실에 따라 희생자, 피해자 및 유가족의 피해 및 명예를 회복시키기 위한 적절한 조치를 취할 것임을 천명하였다.

이처럼 과거사정리법은 한국전쟁 전후 희생사건을 포함하여 그 적용대상 사건 전체에 대하여 단순히 역사적 사실의 진상을 규명함으로써 왜곡되거나 오해가 있는 부분을 바로잡고 희생자들의 명예회복을 도모하는 데 그치는 것이 아니라 개별 피해자를 특정하여 피해 경위 등을 밝히고 그에 대한 피해회복까지를 목적으로 하여 제정된 법률임을 명시하여 밝히고 있다. 과거사와 관련하여 종전에 국회가 제정한 법률은 단순히 역사적 사실관계를 규명하고 희생자의 명예회복을 추구하는 데 주된 목적이 있는 경우와 개별 피해자에 대한 배상·보상이나 위로금을 지급해 줄 수 있는 근거를 마련하는 것까지도 목적으로 하고 있는 경우가 있는데, 「제주 4·3사건 진상규명 및 희생자 명예회복에 관한 특별법」, 「노근리사건 희생자 심사 및 명예회복에 관한 특별법」, 「거창사건 등 관련자의 명예회복에 관한 특별조치법」이 전자에 속하는 것이라면 「민주화운동 관련자 명예회복 및 보상 등에 관한 법률」이나 「5·18 민주화운동 관련자 보상 등에 관한 법률」, 「대일항쟁기 강제동원 피해조사 및 국외강제동원 희생자 등 지원에 관한 특별법」등은 후자의 대표적인 예라고 할 수 있다. 과거사정리법은 그 법률 자체에서 보상금 등 지급 기준 등을 규정하고 있지는 않지만 전체적인 구성과 법문의 내용 등에 비추어 보면 후자의 범주에 속하는 것임이 분명하다.

이와 같이 법률에서 과거의 특정 역사적 사건으로 인한 개별 피해자에 대하여 금전지급의 방법에 의한 피해회복을 선언한 경우에는 정부나 국회가 후속 입법 등을 통하여 그 지급대상이나 기준을 정하는 등 구체적 방안을 마련하는 것이 바람직하다 할 것이다. 그 경우 금전지급에 의한 피해회복은 오로지 입법 조치 등을 통하여 일괄 해결하는 것만을 의미하는 것이고 개별 피해자가 사법절차를 통한 손해배상청구를 하는 것은 배제된다고 하려면 법률에서 그러한 취지의 규정을 두어 밝힌 경우에 한한다 할 것이다. 결국 국가가 과거사정리법의 제정을 통하여 수십 년 전의 역사적 사실관계를 다시 규명하고 피해자 및 유족에 대한 피해회복을 위한 조치를 취하겠다고 선언하면서도 그 실행방법에 대해서는 아무런 제한을 두지 아니한 이상, 이는 특별한 사정이 없는 한 그 피해자 등이 국가배상청구의 방법으로 손해배상을 구하는 사법적 구제방법을 취하는 것도 궁극적으로는 수용하겠다는 취지를 담아 선언한 것이라고 볼 수밖에 없고, 거기에서 파생된 법적 의미에는 구체적인 소송사건에서 새삼 소멸시효를 주장함으로써 배상을 거부하지는 않겠다는 의사를 표명한 취지가 내포되어 있다고 할 것이다.

다만 앞서 본 것처럼 종전에도 다수의 과거사 관련 개별 법률들이 제정되었으나 그 적용대상이 특정사건에 국한되어 있는 등의 한계가 있었던 점 등을 고려하여 포괄적인 과거사 정리의 근거를 마련하고, 이를 통하여 왜곡되거나 은폐된 진실을 밝혀냄으로써 민족의 정통성을 확립하고 과거와의 화해를 통해 미래로 나아가는 국민통합에 기여할 것을 목적으로 과거사정리법이 제정되었고, 그에 따라 진실규명 대상 사건도 일제강점기 이전 항일독립운동에서부터 일제강점기와 한국전쟁 전후 시기 및 해방 이후 권위주의적 통치시까지의 모든 반민족적, 반민주적 또는 반인권적 공권력의 행사 등이 전부 포함되도록 하였고(과거사정리법 제1조 및 제2조 참조), 법의 명칭을 과거사정리 '기본법'으로 한 것도 그러한 취지가 반영된 것으로 이해된다. 따라서 과거사정리법의 적용대상이 되는데도 불구하고 그에 근거한 진실규명신청조차 없었던 경우에는 국가가 소멸시효를 주장하더라도 이는 특별한 사정이 없는 한 권리남용에 해당하지 않는다 할 것이다.

그런데 원심판결 이유에 의하면 이 사건에서 망인들에 대하여는 과거사정리법에 의한 진실규명신청이 있었고, 피고 산하 정리위원회도 망인들을 희생자로 확인 또는 추정하는 진실규명결정을 한 사실을 알 수 있다. 그러므로 위 망인들의 유족인 원고들로서는 그 결정에 기초하여 상당한 기간 내에 권리를 행사할 경우 피고가 적어도 소멸시효의 완성을 들어 권리소멸을 주장하지는 않을 것이라는 데 대한 신뢰를 가질 만한 특별한 사정이 있다고 봄이 상당하다. 그럼에도 불구하고 피고가 원고들에 대하여 소멸시효의 완성을 주장하는 것은 신의성실 원칙에 반하는 권리남용에 해당한다 할 것이어서 이는 허용될 수 없다.

나. 한편 위와 같이 <*채무자가 소멸시효 이익을 원용하지 않을 것 같은 신뢰를 부여한 때로부터 '상당한 기간' 내에 채권자의 권리행사가 있었는지 판단하는 기준* (민법 제2조, 제766조 제1항)> 채무자가 소멸시효의 이익을 원용하지 않을 것 같은 신뢰를 부여한 경우에도 채권자는 그러한 사정이 있은 때로부터 상당한 기간 내에 권리를 행사하여야만 채무자의 소멸시효의 항변을 저지할 수 있다 할 것인데, 여기에서 '상당한 기간' 내에 권리행사가 있었는지 여부는 채권자와 채무자 사이의 관계, 신뢰를 부여하게 된 채무자의 행위 등의 내용과 동기 및 경위, 채무자가 그 행위 등에 의하여 달성하려고 한 목적과 진정한 의도, 채권자의 권리행사가 지연될 수밖에 없었던 특별한 사정이 있었는지 여부 등을 종합적으로 고려하여 판단할 것이다.

<불법행위로 인한 손해배상청구의 경우 '상당한 기간'의 범위> 다만 위와 같이 신의성실의 원칙을 들어 시효 완성의 효력을 부정하는 것은 법적 안정성의 달성, 입증곤란의 구제, 권리행사의 태만에 대한 제재를 그 이념으로 삼고 있는 소멸시효 제도에 대한 대단히 예외적인 제한에 그쳐야 할 것이므로, 위 권리행사의 '상당한 기간'은 특별한 사정이 없는 한 민법상 시효정지의 경우에 준하여 단기간으로 제한되어야 한다. 그러므로 개별 사건에서 매우 특수한 사정이 있어 그 기간을 연장하여 인정하는 것이 부득이한 경우에도 불법행위로 인한 손해배상청구의 경우 그 기간은 아무리 길어도 민법 제766조 제1항이 규정한 단기소멸시효기간인 3년을 넘을 수는 없다고 보아야 한다.

그런데 이 사건의 경우에는, 과거사정리법이 시행된 후 2009. 4. 6.(원심이 인용한 제1심판결에는 '2009. 8. 25.'이라고 되어 있기도 하나 이는 오기로 보인다) 망인들에 대한 정리위원회의 진실규명결정이 이루어졌지만, 다른 한편 정리위원회는 2009. 8. 21. 국회와 대통령에게 한국전쟁 전후 희생사건에 대한 배·보상 특별법 제정을 건의한 후 2010. 6. 30. 활동을 종료한 다음 과거사정리법 제32조에 따라 2010. 12. 국회와 대통령에게 보고한 종합보고서를 통해서도 같은 내용의 건의의견을 제시하였다. 국회에서도 2011. 11. 17.「한국전쟁전후 민간인 희생자 명예회복 및 보상 등에 관한 법률안」(의안번호 1813885호)이 발의되었으나, 그 후 당해 국회의 임기만료로 폐기된 바도 있다. 즉 이 사건에는 과거사정리법에 의한 진실규명결정을 받은 원고들이 과거사정리법의 규정과 정리위원회의 건의 등에 따라 피고가 그 명예회복과 피해 보상 등을 위한 적절한 조치를 취할 것을 기대하였으나 피고가 아무런 적극적 조치를 취하지 아니하자 비로소 피고를 상대로 개별적으로 손해배상청구 소송을 제기하기에 이른 것으로 보이는 특수한 사정이 있다.

따라서 이 사건 소가 정리위원회의 결정을 토대로 위자료를 청구하는 비교적 단순한 사건인데도 불구하고 이 사건 진실규명결정일로부터 2년 10개월이 경과한 2012. 2. 14.에 제기되기는 하였지만, 위에서 본 것처럼 진실규명결정 이후 단기소멸시효의 기간 경과 직전까지 피고의 입법적 조치를 기다린 것이 상당하다고 볼 만한 매우 특수한 사정이 있었다 할 것이고, 이를 감안하면 원고들은 피고의 소멸시효 항변을 배제할 만한 상당한 기간 내에 권리행사를 한 것으로 봄이 상당하다.

다. 원심은, ① 전시 중에 경찰이나 군인이 저지른 위법행위는 객관적으로 외부에서 거의 알기 어려워 원고들로서는 사법기관의 판단을 거치지 않고서는 손해배상청구권의 존부를 확정하기 곤란하고, 이러한 상황에서 피고의 어떤 조치가 있기 전까지 피고 등을 상대로 적시에 손해배상을 청구하는 것은 좀처럼 기대하기 어려운 점, ② 전쟁이나 내란 등 국가비상시기에 경찰이나 군인 등 국가권력에 의해 조직적·집단적으로 자행된, 또는 국가권력의 비호나 묵인하에 조직적으로 자행된 기본권 침해에 대한 구제는 통상의 법절차에 의해서는 사실상 달성하기 어려운 점, ③ 국민이 가지는 불가침의 기본적 인권을 확인하고 이를 보장할 의무가 있는 피고가 오히려 적법한 절차를 거치지 않은 채 국민의 생명을 박탈한 후 이에 대하여 진상파악 및 피해 보상을 위한 별다른 조치를 취하지 않다가 이제 와서 뒤늦게 원고들이 위 집단학살의 전모를 어림잡아 미리 소를 제기하지 못한 것을 탓하는 취지로 소멸시효 완성을 주장하면서 그 채무이행을 거절하는 것은 그 불법의 중대성에 비추어 현저히 불공평하여 허용될 수 없는 점을 들어, 원고들로서는 망인들의 사망에 대한 정리위원회의 진실규명결정이 있었던 때까지는 객관적으로 피고를 상대로 권리를 행사할 수 없는 장애사유가 있었고, 피해를 당한 원고들을 보호할 필요성은 매우 큰 반면 피고가 소멸시효의 완성을 주장하며 그 채무이행을 거절하는 것은 현저히 부당하고 신의성실의 원칙에 반하여 허용될 수 없다고 판단하였다.

그러나 채권자에게 객관적으로 자신의 권리를 행사할 수 없는 장애사유가 있었다는 사정을 들어 소멸시효 완성의 항변이 신의성실의 원칙에 반하여 허용되지 아니한다고 평가하는 것은, 소멸시효의 기산점에 관하여 변함없이 적용되어 왔던 법률상 장애와 사실상 장애의 기초적인 구분 기준을 일반조항인 신의칙을 통하여 아예 무너뜨릴 위험이 있으므로 매우 신중하여야 한다. 또한 국가에게 국민을 보호할 의무가 있다는 사유만으로 국가가 소멸시효의 완성을 주장하는 것 자체가 신의성실의 원칙에 반하여 권리남용에 해당한다고 할 수는 없는 것이므로 이 역시 국가가 아닌 일반 채무자의 소멸시효 완성에서와 같은 특별한 사정이 인정될 때만 가능하다 할 것이다(대법원 2010. 9. 9. 선고 2008다15865 판결, 대법원 2011. 7. 28. 선고 2009다92784 판결 참조).

기록을 살펴보아도 원심판결에서 인용하고 있는 것처럼 망인들이 전쟁기간 중에 경찰 등에 의하여 자행된 기본권 침해행위에 의하여 희생되었다고 하더라도, 그러한 사유만으로 원고들이 한국전쟁 종료 후 50년 이상이 지난 다음 과거사정리법이 제정되고 정리위원회의 진실규명결정이 있을 때까지 피고를 상대로 손해배상청구를 하는 것이 불가능한 객관적 장애사유가 있었다고 쉽게 단정할 수는 없다고 할 것이다. 또한 원심은 이 사건이 종래 대법원에서 소멸시효 항변이 권리남용에 해당한다고 본 사유 중 '채권자 보호의 필요성이 크고, 같은 조건의 다른 채권자가 채무의 변제를 수령하는 등의 사정이 있어 채무이행의 거절을 인정함이 현저히 부당하거나 불공평하게 되는 등의 특별한 사정이 있어 피고의 소멸시효 완성 항변이 신의성실의 원칙에 반하는 경우'(대법원 2002. 10. 25. 선고 2002다32332 판결 등 참조)에 해당한다고 본 듯하다. 그러나 위 사유는 채권자보호의 필요성이 큰 상태에서 채무자가 동일하게 시효가 완성된 다른 채권자에게는 임의로 변제를 하면서 당해 채권자에 대해서만 소멸시효 완성을 들어 채무이행을 거절하는 것과 같은 정도의 특별한 사정이 있어 시효 완성을 인정하면 현저히 부당하거나 불공평한 결과가 발생할 수밖에 없는 등의 경우를 의미한다 할 것인데, 원심이 든 사유만으로는 이 사건에 그러한 정도의 특별한 사정이 있다고 볼 수 없다.

그러므로 원심이 피고의 소멸시효 항변을 배척한 사유로서 이 사건 진실규명결정이 있기까지는 객관적으로 원고들이 권리를 행사할 수 없는 장애사유가 있었다거나, 이 사건에서 피고의 채무이행의 거절을 인정함이 현저히 부당하다고 보아야 할 특별한 사정이 있다고 본 것은 잘못이라고 할 것이지만, 앞에서 본 것처럼 피고는 소멸시효 완성 후 시효를 원용하지 아니할 것 같은 태도를 보여 원고들로 하여금 이를 신뢰하게 한 점이 인정되므로 소멸시효 항변이 권리남용에 해당한다고 하여 배척한 결론에 있어서는 정당하다. 따라서 소멸시효에 관한 상고이유의 주장은 이유 없다.

2. 소멸시효이익의 포기
1) 시효 완성 후의 포기
§ 10-46 소멸시효이익의 포기
❶ 대법원 2001. 6. 12. 선고 2001다3580 판결 【대여금등】

사실관계

甲(상호신용금고)은 1986. 11. 27. A(김O열)에게 1억 원을 대여하면서 1986. 12. 27.부터 1987. 4. 27.까지 5개월 동안 분할변제받기로 약정하였다. 그리고 乙은 A(乙의 처형)의 위 대여금반환채무에 대하여 연대보증을 함과 동시에 자신의 X 부동산에 관하여 채권최고액 1억 6천만 원의 근저당권설정등기를 마쳐 주었다. A는 1992. 10. 21.까지 위 채무의 일부를 변제하였으나, 그 이후에는 이를 변제하지 않았다. 그리하여 甲은 A의 채무불이행을 이유로 위 근저당권을 실행하여 X 부동산에 대한 임의경매를 신청하였고, 1996. 3. 7. 임의경매개시결정에 따라 경매절차가 진행되어 1999. 5. 17. 그 경락대금에서 위 대여금채권의 일부가 甲에게 배당되었다. 甲은 1999. 5. 31. 乙을 상대로 아직 변제받지 못한 대여금지급을 청구하는 소를 제기하였다. 乙이 소멸시효의 항변을 제출한데 대하여 甲은 X 부동산에 대한 근저당권이 실행되어 임의경매절차가 진행되었음에도 乙이 이의를 제기하지 않은 점에서 乙은 시효이익을 포기한 것이라고 주장하였다.

판결이유

......

2. 원심은, 위와 같이 소멸시효가 완성된 후 원고(갑)가 이 사건 부동산에 대한 근저당권을 실행하여 임의경매절차가 진행되었고 피고(을)가 이에 대하여 이의를 제기하지 아니하였다 하더라도 시효의 이익을 포기한 것으로 단정할 수 없다 하여 피고(을)가 시효이익을 포기하였다는 원고의 주장을 그 주장 자체에 이유 없는 것으로 보고 배척하였다.

그러나 <소멸시효가 완성된 채무를 피담보채무로 하는 근저당권의 실행시 채무자가 아무런 이의를 제기하지 않은 것을 시효이익의 포기로 볼 수 있는지 여부(적극)> *(민법 제184조 제1항)>* 채무자가 소멸시효 완성 후 채무를 일부 변제한 때에는 그 액수에 관하여 다툼이 없는 한 그 채무 전체를 묵시적으로 승인한 것으로 보아야 하고(대법원 1993. 10. 26. 선고 93다14936 판결, 1996. 1. 23. 선고 95다39854 판결 등 참조), 이 경우 시효완성의 사실을 알고 그 이익을 포기한 것으로 추정되므로(대법원 1992. 5. 22. 선고 92다4796 판결 참조), 소멸시효가 완성된 채무를 피담보채무로 하는 근저당권이 실행되어 채무자 소유의 부동산이 경락되고 그 대금이 배당되어 채무의 일부 변제에 충당될 때까지 채무자가 아무런 이의를 제기하지 아니하였다면, 경매절차의 진행을 채무자가 알지 못하였다는 등 다른 특별한 사정이 없는 한, 채무자는 시효완성의 사실을 알고 그 채무를 묵시적으로 승인하여 시효의 이익을 포기한 것으로 보아야 한다.

이 사건에서 보면 <사안의 경우> 원고의 신청으로 이 사건 부동산에 관하여 1996. 3. 7. 임의경매절차가 개시되어 1999. 5. 17. 배당기일에서 원고가 그 경락대금 중 147,664,070원을 배당받아 김ㅇ열에 대한 채권의 변제에 충당하였음이 인정되므로, 피고가 경매절차의 진행사실을 알고도 아무런 이의를 제기하지 아니하였다면, 그 채무를 묵시적으로 승인하여 시효의 이익을 포기한 것으로 된다.

그런데도 원심이 임의경매절차에서 피고(을)가 이의를 제기하지 아니한 것만으로는 시효이익을 포기한 것으로 볼 수 없다 하여 원고(갑)의 시효이익 포기 주장을 더 나아가 살피지 아니하고 배척하였으니, 거기에는 시효 완성 후 채무의 승인과 시효이익의 포기에 관한 법리를 오해하여 심리를 다하지 아니함으로써 판결에 영향을 미친 잘못이 있고, 이 점을 지적한 상고이유는 이유가 있다.

❷ 대법원 2013. 5. 23. 선고 2013다12464 판결 [대여금]

사실관계

채소상인인 乙은 甲에게 4천만 원의 채소거래에 따른 외상대금 채무를 부담하고 있던 중, 甲으로부터 추가로 4천만 원을 차용하면서 1995. 6. 20. 甲에게 이자 월 1.5%, 변제기 2002. 6. 20.로 된 8천만 원의 차용금증서를 작성해 주었다. 그 후 乙은 2007. 3. 27. 甲에게 2천 5백만 원을 변제하였다. 乙이 나머지 차용금을 변제하지 않자, 甲은 2011. 4. 28. 乙에 대하여 대여금지급을 구하는 소를 제기하였다.

판결이유

1. 변론주의를 위반하여 준소비대차계약을 인정하였다는 주장에 관하여

원심은 채택 증거에 의하여, 피고(을)는 1995. 6. 20. 원고(갑)에게 차용금 80,000,000원으로 한 차용금증서(이하 '이 사건 차용금증서'라고 한다)를 작성해 준 사실, 이 사건 차용금증서 상의 80,000,000원 중 40,000,000원은 대여금 채권이고, 나머지 40,000,000원은 위 차용금증서를 작성하기 전에 이루어진 원·피고 사이의 채소거래에 따른 외상대금 채권인 사실을 인정한 다음, 원고(갑)와 피고(을) 사이에 이 사건 차용금증서를 작성함으로써 민법 제605조의 준소비대차계약이 성립되어 소비대차의 효력이 생겼다고 판단하였다.

이러한 원심의 판단은 증거에 의한 사실인정을 한 다음 법적 판단을 한 것이어서 상고이유 주장과 같이 변론주의를 위반한 위법이 없다.

2. 소멸시효이익의 포기 및 변제충당에 관한 법리오해 주장에 관하여

<원금채무는 소멸시효가 완성되지 않았으나 이자채무의 소멸시효가 완성된 상태에서 채무자가 채무를 일부 변제한 경우, 원금채무를 승인하고 이자채무의 시효이익을 포기한 것으로 추정되는지 여부(원칙적 적극) (민법 제477조, 제479조)> 원금채무에 관하여는 소멸시효가 완성되지 아니하였으나, 이자채무에 관하여는 소멸시효가 완성된 상태에서 채무자가 채무를 일부 변제한 때에는, 그 액수에 관하여 다툼이 없는 한 그 원금채무에 관하여 묵시적으로 승인하는 한편 그 이자채무에 관하여 시효완성의 사실을 알고 그 이익을 포기한 것으로 추정되며, <이 경우 변제충당의 방법> 채무자의 변제가 채무 전체를 소멸시키지 못하고 당사자가 변제에 충당할 채무를 지정하지 아니한 때에는 민법 제479조, 제477조에 따른 법정변제충당의 순서에 따라 충당되어야 할 것이다.

원심판결 이유를 위 법리와 기록에 비추어 살펴보면 원심이, 피고(을)가 2007. 3. 27. 원고(갑)에게 25,000,000원을 변제함으로써 이 사건 차용금증서에 기한 원금채무를 승인하는 한편 소멸시효가 완성된 이자채무에 관한 소멸시효이익을 포기하였다고 판단한 다음 위 변제금 25,000,000원을 이 사건 차용금증서에 기한 1995. 6. 20.부터 1997. 3. 19.까지의 이자채무 변제에 충당한 조치는 정당하고, 거기에 상고이유 주장과 같이 소멸시효이익의 포기 및 변제충당에 관한 법리오해의 위법이 없다.

3. 이자채권의 소멸시효에 관한 법리오해 주장에 관하여

가. 1995. 6. 20.부터 2002. 6. 20.까지의 이자채권에 관하여

<채무자가 소멸시효 완성 후 채무 일부를 변제함으로써 시효이익을 포기한 경우, 그때부터 새로이 소멸시효가 진행하는지 여부(적극) (민법 제166조 제1항, 제168조 제3호, 제184조 제1항)> 채무자가 소멸시효 완성 후에 채권자에 대하여 채무 일부를 변제함으로써 그 시효의 이익을 포기한 경우에는 그때부터 새로이 소멸시효가 진행한다고 할 것이다(대법원 2009. 7. 9. 선고 2009다14340 판결 참조).

원심이 확정한 사실과 원심이 채택한 증거에 의하여 인정되는 사실에 의하면, 피고(을)는 1995. 6. 20. 원고(갑)에게 이자 월 1.5%, 변제기 2002. 6. 20.로 된 이 사건 차용금증서를 작성해 준 사실, 피고(을)는 2007. 3. 27. 원고에게 25,000,000원을 변제한 사실, 이 사건 소가 2011. 4. 28. 제기된 사실을 알 수 있다.

앞서 본 법리와 위 사실관계에 비추어 보면, 피고(을)가 2007. 3. 27. 원고(갑)에게 이 사건 차용금증서에 기한 채무 일부를 지급하여 그 차용금증서에 기한 원금채무를 승인하는 한편 이자채무에 관한 소멸시효의 이익을 포기한 것으로 볼 수 있으나, 2007. 3. 27.부터 잔존한 이자채권에 관하여 다시 소멸시효가 진행하여 민법 제163조 제1항에 따른 3년의 소멸시효기간이 이 사건 소 제기 전에 경과함으로써 시효가 재차 완성되었다고 할 것이다.

그런데도 원심은, 위 변제금 25,000,000원을 이 사건 차용금증서에 기한 1995. 6. 20.부터 1997. 3. 20.까지의 이자채무 변제에 충당한 다음, 잔존 이자채무에 관하여도 그 지급을 구하는 이 사건 소가 위 변제일인 2007. 3. 27.로부터 5년이 경과하기 전에 제기되었다는 이유로 소멸시효 항변을 배척하였다.
위와 같은 원심의 판단에는 이자채무에 관하여 소멸시효 이익을 포기한 후에 다시 진행하는 소멸시효 기간에 관한 법리를 오해함으로써 판결에 영향을 미친 위법이 있으므로 이 점을 지적하는 상고이유 주장은 이유 있다.
나. 2002. 6. 21.부터의 지연손해금채권에 관하여
금전채무의 이행지체로 인하여 발생하는 지연손해금은 그 성질이 손해배상금이지 이자가 아니고, 원본채권이 상행위로 인한 채권일 경우 마찬가지로 그 지연손해금도 상행위로 인한 채권으로서 5년의 소멸시효를 규정한 상법 제64조가 적용된다(대법원 2007. 4. 12. 선고 2006다14691 판결, 대법원 2008. 3. 14. 선고 2006다2940 판결 참조).
원심판결 이유를 위 법리와 기록에 비추어 살펴보면 원심이, 피고(을)가 2007. 3. 27. 원고(갑)에게 25,000,000원을 변제함으로써 이 사건 차용금증서에 기한 채무를 승인하여 아직 소멸시효가 완성되지 아니한 2002. 6. 21.부터 발생한 지연손해금채권에 대한 시효중단의 효력이 있고, 이 사건 소는 위 변제일로부터 5년이 경과하기 전에 제기되었다는 이유로 지연손해금채권에 관한 소멸시효 항변을 배척한 것은 정당하고, 거기에 상고이유 주장과 같은 소멸시효 법리에 관한 위법이 없다.
4. 결론
그렇다면 원심판결 중 80,000,000원에 대한 1997. 3. 21.부터 2002. 6. 20.까지의 이자 부분은 파기되어야 하는 데, 이 부분은 이 법원이 직접 재판하기에 충분하므로 민사소송법 제437조 제1호에 의하여 자판하기로 한다.
앞서 판단한 바와 같이 원심이 적법하게 확정한 사실관계 등에 의하면, 피고(을)는 원고(갑)에게 80,000,000원 및 이에 대하여 지연손해금이 발생하기 시작한 2002. 6. 21.부터 피고(을)가 그 이행의무의 범위에 관하여 항쟁함이 상당하다고 인정되는 원심판결 선고일인 2012. 12. 28.까지는 이 사건 차용금증서에 정한 연 18%, 그 다음날부터 다 갚는 날까지는 소송촉진 등에 관한 특례법에 정한 연 20%의 각 비율로 계산한 지연손해금을 지급할 의무가 있다고 할 것이다.

❸ 대법원 1993. 10. 26. 선고 93다14936 판결 【대여금】

사실관계

원고인 甲 은행은 부산 남구 소재 X 부동산을 소유하고 있는 乙에 대하여 1981. 12. 31.자

10억 원의 대여금채권과 1982. 11. 15.자 8억 8천만 원의 약속어음금채권을 가지고 있었다. 乙이 위 대여금을 변제하지 아니하여 甲은 대여금채권에 대한 소를 제기하여 승소하였고, 그 후 위 대여금채권을 보전하기 위해 X 부동산에 대해 1988. 11. 16. 청구금액을 3천 5백만 원으로 한 가압류신청을 하여 그 결정이 내려졌다. 또한 약속어음금채권에 대해서도 X 부동산에 대해 1990. 2. 17. 청구금액을 3억 원으로 하여 가압류신청을 하여 그 결정을 얻었다. 한편 乙은 1991. 7.경 甲에게 "본인이 귀행에 변제하여야 할 채무금 중 1천 4백만 원(위 X 부동산에 대한 한국감정원의 평가금액)을 변제하고자 하며, 변제 이후 이의제기 등은 하지 않겠아오니 변제와 동시 부동산에 대한 가압류는 해지하여 주시기 바랍니다"라는 내용의 채무금일부변제요청 및 부동산가압류해제요청서를 자신의 인감증명서와 함께 제출하였고, 이에 甲은 이를 승낙하고, 같은 해 8. 9. 乙로부터 1천 4백만 원을 받은 다음 같은 달 16. 위 X 부동산에 대한 가압류를 해지하여 주었다. 그런데 乙이 1천 4백만 원을 변제할 당시 승소판결이 난 대여금채권과는 달리 약속어음금채권은 상사소멸시효기간인 5년이 이미 경과된 상태이었다. 甲은 乙이 소멸시효완성의 사실을 알면서 채무를 승인하고 1천 4백만 원의 변제를 한 것은 소멸시효의 이익을 포기한 것으로 보아야 한다고 하면서 위 대여금채권과 약속어음금채권에 대한 이행청구를 하였다. 이에 乙은 1천 4백만 원을 변제하였다는 사실만으로 甲에 대한 이 사건 대여금채무와 약속어음금채무 전부를 승인한 것이라고 볼 수는 없다고 주장하였다.

> 판결이유

……

제2, 4점에 대하여
1. 소멸시효가 완성된 후에 채무의 전부나 일부를 변제하는 것은 특별한 사정이 없는 한 시효의 이익을 포기한 것으로 볼 수 있을 것이고, 가분채권의 일부변제에 의한 시효이익의 포기는 의사표시 해석의 문제이기는 하나 전체 채무의 일부로서 변제하는 것인 경우에는 그 채권전부를 승인하고 이에 대한 시효이익을 포기하는 것으로 볼 수 있을 것이다.
그리고 <소멸시효의 완성 후 채무의 일부 변제로 인한 시효이익 포기의 효력이 미치는 범위 *(민법 제184조)*> 동일당사자간에 계속적인 거래로 인하여 같은 종류를 목적으로 하는 수개의 채권관계가 성립되어 있는 경우에 채무자가 특정채무를 지정하지 아니하고 그 일부의 변제를 한 때에도 다른 특별한 사정이 없다면 잔존채무에 대하여도 승인을 한 것으로 보아 시효중단이나 포기의 효력을 인정할 수 있을 것이나(당원 1980. 5. 13. 선고 78다1790 판결 참조), 그 채무가 별개로 성립되어 독립성을 갖고 있는 경우에는 일률적으로 그렇게만 해석할 수는 없을 것이고, 채무자가 가압류 목적물에 대한 가압류를 해제받을 목적으로 피보전채권을 변제하는 경우에는 특별한 사정이 없는 한 피보전채권으로 적시되지 아니한 별개의 채무에 대하여서까지 소멸시효의 이익을 포기한 것이라고 볼 수는 없을 것이다.

❹ 대법원 2014. 1. 23. 선고 2013다64793 판결 [채무부존재확인등]

1. 피고 주식회사 OO팩토링금융(이하 '피고 OO팩토링'이라 한다)의 상고이유를 판단한다.
.....
나. 채무의 승인 또는 소멸시효 이익의 포기가 있었다는 상고이유에 대하여
1) <소멸시효 중단사유로서 채무승인이 성립하기 위한 요건 및 시효완성 이익 포기의 의사표시를 할 수 있는 자 (민법 제168조, 제184조)> 소멸시효 중단사유로서의 채무승인은 시효이익을 받는 당사자인 채무자가 소멸시효의 완성으로 채권을 상실하게 될 자 또는 그 대리인에 대하여 상대방의 권리 또는 자신의 채무가 있음을 알고 있다는 뜻을 표시함으로써 성립한다(대법원 2012. 10. 25. 선고 2012다45566 판결 참조). 또한 시효완성의 이익 포기의 의사표시를 할 수 있는 자는 시효완성의 이익을 받을 당사자 또는 그 대리인에 한정된다고 할 것이고, 그 밖의 제3자가 시효완성의 이익 포기의 의사표시를 하였다 하더라도 이는 시효완성의 이익을 받을 자에 대한 관계에서 아무 효력이 없다(대법원 1998. 2. 27. 선고 97다53366 판결 참조).
원심은, 과거에 원고 1이 피고 2를 상대로 제기하였던 소송에서 피고 OO팩토링에 대한 대출금 채무가 모두 변제로 소멸하였다고 주장하는 과정에서 대출금 채무 일부에 대하여 성립을 인정하였다는 등의 사정만으로는, 원고들이 피고 OO팩토링에 대한 대출금 채무를 승인하거나 소멸시효의 이익을 포기하였다고 보기 어렵다고 판단하였다.
원심판결 이유를 앞서 본 법리와 기록에 비추어 보면, 원심의 위와 같은 판단은 정당한 것으로 수긍할 수 있고, 거기에 채무의 승인 또는 소멸시효 이익의 포기에 관한 법리를 오해한 위법이 없다.
2) 피고 OO팩토링은 상고이유에서, 원고 1이 이 사건 소송에서 2003. 4. 25.자 대출금 채무를 변제하였다고 주장한 것은 피고 OO팩토링에 대한 대출금 채무의 일부 변제를 주장한 것으로 해석될 여지가 있으므로, 그로써 채무의 승인 또는 소멸시효 이익의 포기 효과가 발생한 것으로도 볼 수 있다고 주장한다.
그러나 이러한 주장은 상고심에 이르러 처음 제기하는 것으로서 적법한 상고이유가 될 수 없을 뿐만 아니라, 그 주장의 당부에 관하여 판단하더라도 다음과 같은 이유로 받아들이기 어렵다.
<동일 당사자 간에 같은 종류를 목적으로 하는 수개의 채권관계가 성립되어 있는데 채무자가 근저당권설정등기를 말소하기 위하여 피담보채무를 변제하는 경우, 피

담보채무가 아닌 별개의 채무에 대한 승인 또는 소멸시효 이익의 포기로 볼 수 있는지 여부(원칙적 소극) *(민법 제168조, 제184조)>* 동일 당사자 간에 계속적인 거래로 인하여 같은 종류를 목적으로 하는 수개의 채권관계가 성립되어 있는 경우에 채무자가 특정채무를 지정하지 아니하고 그 일부의 변제를 한 때에도 다른 특별한 사정이 없다면 잔존 채무에 대하여도 승인을 한 것으로 보아 시효중단이나 포기의 효력을 인정할 수 있을 것이나, 그 채무가 별개로 성립되어 독립성을 갖고 있는 경우에는 일률적으로 그렇게만 해석할 수는 없을 것이고, 특히 채무자가 근저당권설정등기를 말소하기 위하여 피담보채무를 변제하는 경우에는 특별한 사정이 없는 한 피담보채무가 아닌 별개의 채무에 대하여서까지 채무를 승인하거나 소멸시효의 이익을 포기한 것이라고 볼 수는 없다(대법원 1993. 10. 26. 선고 93다14936 판결 참조).

기록에 의하면, 원고 1은 2003. 4. 25. 피고 OO팩토링으로부터 3,000만 원을 대출받으면서 그 대출금 채무를 담보하기 위하여 같은 달 29. 피고 OO팩토링에 원고 1 소유의 아파트에 관하여 채권최고액 5,000만 원의 근저당권을 설정하여 준 사실, 피고 OO팩토링의 신청에 따라 2006. 11. 17. 위 아파트에 관한 경매절차가 개시되었으나, 피고 OO팩토링은 2007. 6. 12. 원고 1로부터 위 대출금 채무를 변제받고 같은 날 위 근저당권설정등기를 말소하였고, 그에 따라 위 경매절차가 취소된 사실을 알 수 있다.

위 사실관계를 앞서 본 법리에 비추어 보면, 원고 1이 2003. 4. 25.자 대출금 채무를 변제한 것은 이를 담보하는 근저당권설정등기를 말소하기 위한 것으로 볼 수 있으므로, 그 변제에 의하여 피담보채무가 아닌 별개의 채무에 대한 승인 또는 소멸시효 이익의 포기가 있었다고 할 수 없다.

§ 10-47 채무승인과 시효이익의 포기
❶ 대법원 2008. 7. 24. 선고 2008다25299 판결 [대여금]
……

그러나 <*소멸시효 이익의 포기사유인 채무승인의 성립요건*> *(민법 제105조, 제168조 제3호, 제184조)>* 소멸시효 이익의 포기사유로서의 채무의 승인은 그 표시의 방법에 아무런 제한이 없어 묵시적인 방법으로도 가능하기는 하지만, 적어도 채무자가 채권자에 대하여 부담하는 채무의 존재에 대한 인식의 의사를 표시함으로써 성립하게 되고, 그러한 취지의 의사표시가 존재하는지 여부의 해석은 그 표시된 행위 내지 의사표시의 내용과 동기 및 경위, 당사자가 그 의사표시 등에 의하여 달성하려고 하는 목적과 진정한 의도 등을 종합적으로 고찰하여 사회정의와 형평의 이념에 맞도록 논리와 경험의 법칙, 그리고 사회일반의 상식에 따라 객관적이고 합리적으로 이루어져야 할 것이다.

❷ **대법원 2013. 2. 28. 선고 2011다21556 판결 [대여금]**
(대법원 2013. 7. 25. 선고 2011다56187, 56194 판결)

1. *<시효이익 포기의 의사표시가 존재하는지 판단하는 방법 (민법 제184조)>* 시효이익을 받을 채무자는 소멸시효가 완성된 후 시효이익을 포기할 수 있고, 이것은 시효의 완성으로 인한 법적인 이익을 받지 않겠다고 하는 의사표시이다. 그리고 그러한 시효이익 포기의 의사표시가 존재하는지 여부의 판단은 그 표시된 행위 내지 의사표시의 내용과 동기 및 경위, 당사자가 그 의사표시 등에 의하여 달성하려고 하는 목적과 진정한 의도 등을 종합적으로 고찰하여 사회정의와 형평의 이념에 맞도록 논리와 경험의 법칙, 그리고 사회일반의 상식에 따라 객관적이고 합리적으로 이루어져야 한다.

2. 원심판결 이유에 의하면, 원심은 원고가 피고에게 2003. 8. 29. 1억 5,000만 원, 2003. 9. 29. 1억 5,000만 원을 변제기의 정함이 없이 대여한 사실을 인정한 다음, 원고가 위 각 대여일로부터 5년이 경과한 후인 2009. 11. 23. 이 사건 지급명령을 신청하였음이 기록상 명백하므로 원고의 피고에 대한 이 사건 대여금채권은 상사채권으로 5년의 소멸시효가 완성되었으나, 한편 피고가 이 사건 제1심 소송 계속 중 2010. 1. 7.자 답변서를 통하여 수색 제3구역 주택재개발사업의 업무추진과 관련된 원고의 이 사건 대여금채권의 존재를 입증하는 서증(갑 제1호증의 1, 2, 갑 제2호증의 1, 2)에 대하여 그 진정성립을 인정한 후 수색제4구역조합의 이 사건 사업과 관련된 피고의 원고에 대한 반대채권이 존재한다고 하면서 상계항변을 하였으므로, 피고는 소멸시효 완성 후 채무를 승인하여 시효이익을 포기하였다고 판단하였다.

3. 그러나 앞서 본 법리 및 기록에 비추어 볼 때 다음과 같은 점에서 원심의 판단은 그대로 수긍하기 어렵다.
<시효완성 후 소멸시효 중단사유에 해당하는 채무의 승인이 있는 경우, 곧바로 소멸시효 이익 포기의 의사표시가 있었다고 할 수 있는지 여부(소극) (민법 제168조, 제184조)> 소멸시효 중단사유로서의 채무승인은 시효이익을 받는 당사자인 채무자가 소멸시효의 완성으로 채권을 상실하게 될 자에 대하여 상대방의 권리 또는 자신의 채무가 있음을 알고 있다는 뜻을 표시함으로써 성립하는 이른바 관념의 통지로 여기에 어떠한 효과의사가 필요하지 않다. 이에 반하여 시효완성 후 시효이익의 포기가 인정되려면 시효이익을 받는 채무자가 시효의 완성으로 인한 법적인 이익을 받지 않겠다는 효과의사가 필요하기 때문에 시효완성 후 소멸시효 중단사유에 해당하는 채무의 승인이 있었다 하더라도 그것만으로는 곧바로 소멸시효 이익의 포기라는 의사표시가 있었다고 단정할 수 없다.

기록에 의하면, 원고는 피고를 상대로 지급명령을 신청하였는데, 피고는 이에 응하지 아니하고 이의를 제기한 후 응소하여 원고의 이 사건 대여금청구를 기각하여 달라는 판결을 구하였다는 점에서 기본적으로 피고는 원고가 주장하는 대여금채권의 존부에 관하여 다툴 의사가 있었던 것으로 보아야 한다.

그리고 소송에서의 *<상계항변이 먼저 이루어지고 그 후 대여금채권의 소멸을 주장하는 소멸시효항변이 있는 경우, 상계항변 당시 채무자에게 수동채권인 대여금채권의 시효이익 포기의 효과의사가 있었다고 할 수 있는지 여부(소극) 및 제1심에서 상계항변이 먼저 이루어지고 항소심에서 소멸시효항변이 이루어진 경우에도 마찬가지인지 여부(적극) (민법 제184조)>* 상계항변은 일반적으로 소송상의 공격방어방법으로 피고의 금전지급의무가 인정되는 경우 자동채권으로 상계를 한다는 예비적 항변의 성격을 갖는다. 따라서 이 사건과 같이 상계항변이 먼저 이루어지고 그 후 대여금채권의 소멸을 주장하는 소멸시효항변이 있었던 경우에, 상계항변 당시 채무자인 피고에게 수동채권인 대여금채권의 시효이익을 포기하려는 효과의사가 있었다고 단정할 수 없다. 그리고 항소심 재판이 속심적 구조인 점을 고려하면 제1심에서 공격방어방법으로 상계항변이 먼저 이루어지고 그 후 항소심에서 소멸시효항변이 이루어진 경우를 달리 볼 것은 아니다.

결론적으로 피고가 원심에서 소멸시효항변을 하기에 앞서 제1심에서 상계항변을 하였다는 사정만으로 피고에게 이 사건 대여금채권의 시효완성으로 인한 법적인 이익을 받지 않겠다고 하는 의사표시가 있었다고 단정할 수 없다.

한편 이 사건 대여금채권의 소멸시효가 완성된 후 피고가 상계항변을 하였다는 점을 들어 원고로 하여금 피고가 더 이상 시효를 원용하지 않을 것이라는 합리적인 기대 내지 신뢰를 가지게 하였다고 볼 수 없으므로, 상계항변을 한 후 소멸시효의 항변을 한 것이 신의칙에 반한다고 볼 수도 없다.

2) 효과
§ 10-48 소멸시효 이익 포기의 상대적 효력
❶ 대법원 2015. 6. 11. 선고 2015다200227 판결 [근저당권말소등] <시효의 이익 포기 사건>

<blockquote>사실관계</blockquote>

丙은 1992년 乙로부터 5천만 원을 차용하면서 그 담보로 丙 소유 부동산에 대해 乙 앞으로 제1근저당권을 설정해 주었다. 그 후 (이 채권의 소멸시효기간 10년이 지난 때인) 2004년에 丙은 위 차용금채무의 이자를 3천만 원으로 확정하고, 이를 담보하기 위해 위 부동산에 대해 乙 앞으로 제2근저당권을 설정해 주었다. 2013년에 甲은 丙으로부터 위 부동산을 매수하여 소유권

을 취득한 후, 乙을 상대로 근저당권의 피담보채권이 소멸시효로 인해 소멸하였다는 것을 이유로 제1, 제2근저당권의 말소를 청구하였다.

판결이유

1. 원심의 판단
이 사건은 소외인(병)으로부터 저당부동산의 소유권을 취득한 원고(갑)가 근저당권자인 피고(을)를 상대로 피담보채권의 소멸시효 완성을 주장하며 근저당권설정등기의 말소를 구하는 사안이다. 원고(갑)는 '저당부동산의 소유권을 취득할 당시 피담보채무인 이 사건 차용금채무의 소멸시효가 완성된 상태이었고, 비록 소외인(병)이 소멸시효 이익을 포기한 바 있으나, 그 포기의 효과는 원고(갑)에게 미치지 아니하므로 원고(갑)는 이 사건 차용금채무의 소멸시효 완성을 원용할 수 있다'고 주장한다. 이에 대하여 원심은 원고(갑)는 소외인(병)이 한 시효이익 포기의 효력을 부정할 수 없다고 보고 원고(갑)의 주장을 배척하여 그 청구를 기각하였다.

2. 상고이유
원고는 '소외인이 한 시효이익 포기의 효력은 당사자인 소외인(병)과 피고(을)에게만 미칠 뿐 제3자인 원고(갑)에게는 미치지 않는데도 이와 달리 본 원심판결에는 시효이익 포기의 효력 범위에 관한 법리오해의 위법이 있다'고 주장하며 상고를 제기하였다.

3. 대법원의 판단
가. *<시효이익을 이미 포기한 자와의 법률관계를 통하여 비로소 시효이익을 원용할 이해관계를 형성한 자가 이미 이루어진 시효이익 포기의 효력을 부정할 수 있는지 여부(소극)* (민법 제184조 제1항)> 소멸시효 이익의 포기는 상대적 효과가 있을 뿐이어서 다른 사람에게는 영향을 미치지 아니함이 원칙이나, 소멸시효 이익의 포기 당시에는 그 권리의 소멸에 의하여 직접 이익을 받을 수 있는 이해관계를 맺은 적이 없다가 나중에 시효이익을 이미 포기한 자와의 법률관계를 통하여 비로소 시효이익을 원용할 이해관계를 형성한 자는 이미 이루어진 시효이익 포기의 효력을 부정할 수 없다. 왜냐하면, 시효이익의 포기에 대하여 상대적인 효과만을 부여하는 이유는 그 포기 당시에 시효이익을 원용할 다수의 이해관계인이 존재하는 경우 그들의 의사와는 무관하게 채무자 등 어느 일방의 포기 의사만으로 시효이익을 원용할 권리를 박탈당하게 되는 부당한 결과의 발생을 막으려는 데 있는 것이지, 시효이익을 이미 포기한 자와의 법률관계를 통하여 비로소 시효이익을 원용할 이해관계를 형성한 자에게 이미 이루어진 시효이익 포기의 효력을 부정할 수 있게 하여 시효완성을 둘러싼 법률관계를 사후에 불안정하게 만들자는 데 있는 것은 아니기 때문이다.

나. 원심판결 이유에 의하면 다음의 사실을 알 수 있다.
……

다. 위 인정 사실을 앞서 본 법리에 비추어 살펴보면, **<사안의 경우>** <u>소외인(병)이 소멸시효 완성의 이익을 포기한 후에 그로부터 이 사건 부동산을 매수한 원고(갑)는 소외인(병)이 한 시효이익 포기의 효력을 전제로 하여 근저당권의 제한을 받는 소유권을 취득한 것이어서 소외인(병)이 한 시효이익 포기의 효력을 부정할 수 없다.</u>

같은 취지에서 원고(갑)가 이 사건 차용금채무의 소멸시효 완성의 이익을 원용할 수 없다고 보아 원고(갑)의 청구를 기각한 원심의 판단은 앞서 본 법리에 따른 것으로, 거기에 상고이유의 주장과 같이 소멸시효 이익의 포기에 관한 법리를 오해한 잘못이 없다.

판례색인

대법원 1971. 12. 14. 선고 71다2045 판결	144
대법원 1974. 11. 26. 선고 74다310 판결	174
대법원 1984. 4. 10. 선고 83다카316 판결	462
대법원 1987. 5. 12. 선고 86다카2788 판결	79
대법원 1991. 5. 28. 선고 90다8558 판결	215
대법원 1993. 4. 27. 선고 93다4663 판결	114
대법원 1993. 8. 27. 선고 93다21156 판결	477
대법원 1997. 11. 25. 선고 97다31281 판결	445
대법원 1997. 12. 26. 선고 97다22676 판결	682
대법원 2000. 11. 선고 14. 선고 99두5481 판결	345
대법원 2001. 5. 8. 선고 2000다9611 판결	355
대법원 2004. 9. 3. 선고 2004다27488, 27495 판결	315
대법원 2006. 1. 26. 선고 2003다36225 판결	205
대법원 2006. 4. 20. 선고 2004다37775 전원합의체 판결	227
대법원 2011. 11. 10. 선고 2011다54686 판결	648
대법원 2011. 5. 13. 선고 2011다10044 판결	658
대법원 2013. 5. 9. 선고 2012다115120 판결	535
대법원 2014. 2. 27. 선고 2013다213038 판결	512
대법원 2015. 7. 23. 선고 2015다200111 전원합의체 판결	303
대법원 2016. 3. 24. 선고 2014다13280, 13297 판결	665
대법원 2017. 3. 22. 선고 2016다258124 판결	605
대법원 2018. 6. 28. 선고 2018다210775 판결	513
대법원 2018. 9. 13. 선고 2015다78703 판결	408
대법원 1962. 5. 24. 선고 4294민상251, 252 판결	448
대법원 1971. 3. 23. 선고 71다189 판결	151
대법원 1971. 6. 22. 선고 71다940 판결	143
대법원 1972. 3. 28. 선고 71다2193 판결	384
대법원 1972. 7. 11. 선고 72므5 판결	133
대법원 1975. 12. 23. 선고 75다533 판결	442
대법원 1975. 6. 10. 선고 73다2023 판결	157
대법원 1976. 11. 6. 선고 76다148 전원합의체 판결	582

대법원 1976. 12. 21. 자 75마551 결정	146
대법원 1976. 9. 14. 선고 76다1365 판결	113
대법원 1977. 3. 22. 선고 76다1437 판결	145
대법원 1978. 2. 14. 선고 77다2088 판결	278
대법원 1979. 11. 13. 선고 79다483 전원합의체 판결	319
대법원 1979. 11. 27. 선고 79다1193 판결	487
대법원 1979. 12. 11. 선고 78다481, 482 전원합의체 판결	165
대법원 1979. 6. 26. 선고 79다407 판결	683
대법원 1979. 8. 28. 선고 79다784 판결	240
대법원 1980. 3. 21. 자 80마77 결정	326
대법원 1980. 6. 24. 선고 80다458 판결	313
대법원 1981. 4. 14. 선고 80다2314 판결	499
대법원 1981. 6. 23. 선고 80다609 판결	492
대법원 1982. 12. 14. 선고 80다1872,1873 판결	148
대법원 1982. 2. 9. 선고 81다534 판결	115
대법원 1982. 5. 11. 선고 80다916 판결	29
대법원 1982. 5. 25. 선고 81다1349,81다카1209 판결	465
대법원 1982. 9. 14. 선고 80다3063 판결	149
대법원 1983. 1. 18. 선고 82다594 판결	374
대법원 1983. 12. 13. 선고 83다카1489 전원합의체 판결	478
대법원 1983. 4. 26. 선고 83다카57 판결	321
대법원 1983. 6. 14. 선고 80다3231 판결	14, 270
대법원 1984. 10. 10. 선고 84다카453 판결	61
대법원 1984. 12. 11. 선고 84다카1402 판결	291
대법원 1984. 4. 10. 선고 81다239 판결	403
대법원 1984. 4. 10. 선고 83다카1328(본소), 1329(반소) 판결	402
대법원 1984. 5. 29. 선고 82다카963 판결	422
대법원 1985. 4. 23. 선고 84다카890 판결	380
대법원 1986. 10. 10. 자 86스20 결정	155
대법원 1987. 3. 24. 선고 85다카1151 판결	152
대법원 1987. 4. 28. 선고 86다카2534 판결	170
대법원 1987. 6. 23. 선고 86다카1411 판결	466
대법원 1987. 7. 21. 선고 85다카2339 판결	396
대법원 1987. 7. 7. 선고 86다카1004 판결	457
대법원 1989. 7. 11. 선고 88다카9067 판결	241
대법원 1990. 11. 9. 선고 90다카22513 판결	594

대법원 1990. 2. 27. 선고 89다카1381 판결	52
대법원 1990. 6. 26. 선고 89다카32606 판결	666
대법원 1990. 7. 24. 선고 89누8224 판결	80
대법원 1990. 8. 28. 선고 90다카9619 판결	92
대법원 1991. 11. 26. 선고 91다11810 판결	156
대법원 1991. 11. 8. 선고 91다25383 판결	502
대법원 1991. 12. 10. 선고 91다3802 판결	77
대법원 1991. 12. 24. 선고 90다12243 전원합의체 판결	512
대법원 1991. 12. 24. 선고 90다카23899 전원합의체 판결	62, 272
대법원 1991. 4. 9. 선고 90다16078 판결	267
대법원 1991. 5. 28. 선고 90다19770 판결	331
대법원 1991. 7. 26. 선고 91다5631 판결	676
대법원 1991. 9. 24. 선고 91다9756, 9763(반소) 판결	84
대법원 1992. 1. 21. 선고 91다30118 판결	95
대법원 1992. 10. 13. 선고 92다16836 판결	523
대법원 1992. 10. 13. 선고 92다4666 판결	569
대법원 1992. 10. 13. 선고 92다6433 판결	143
대법원 1992. 12. 24. 선고 92다25120 판결	432
대법원 1992. 2. 14. 선고 91다24564 판결	194
대법원 1992. 2. 25. 선고 91다38419 판결	391
대법원 1992. 3. 31. 선고 91다32053 전원합의체 판결	584, 618
대법원 1992. 4. 28. 선고 91다30941 판결	505
대법원 1992. 5. 12. 선고 91다26546 판결	529
대법원 1992. 5. 22. 선고 92다5584 판결	559
대법원 1992. 5. 26. 선고 91다32190 판결	488
대법원 1993. 10. 22. 선고 93다14912 판결	395
대법원 1993. 10. 26. 선고 93다14936 판결	695
대법원 1993. 10. 26. 선고 93다2629, 2636(병합) 판결	256
대법원 1993. 12. 21. 선고 92다47861 전원합의체 판결	622
대법원 1993. 12. 24. 선고 93다42603 판결	82
대법원 1993. 2. 23. 선고 92다52436 판결	495
대법원 1993. 5. 14. 선고 93다4366 판결	70
대법원 1993. 7. 13. 선고 92다39822 판결	587
대법원 1993. 8. 13. 선고 92다52665 판결	429
대법원 1993. 9. 14. 선고 93다13162 판결	532
대법원 1993. 9. 14. 선고 93다28799 판결	193

대법원 1993. 9. 14. 선고 93다8054 판결 168
대법원 1993. 9. 28. 선고 93다31634, 93다31641(반소) 판결 421
대법원 1994. 3. 11. 선고 93다55289 판결 309
대법원 1994. 6. 10. 선고 93다24810 판결 419
대법원 1994. 8. 26. 선고 93다20191 판결 507
대법원 1994. 9. 27. 선고 94다20617 판결 504
대법원 1994. 9. 27. 선고 94다21542 판결 155
대법원 1995. 11. 10. 선고 94다22682, 22699(반소) 판결 575
대법원 1995. 12. 22. 선고 95다37087 판결 394
대법원 1995. 3. 24. 선고 94다44620 판결 409
대법원 1995. 6. 29. 선고 94다6345 판결 243
대법원 1995. 7. 11. 선고 95다12446 판결 678
대법원 1995. 7. 14. 선고 94다40147 판결 317
대법원 1995. 9. 26. 선고 95다18222 판결 268
대법원 1995. 9. 29. 선고 94다4912 판결 467
대법원 1996. 1. 26. 선고 94다30690 판결 476
대법원 1996. 10. 25. 선고 96다16049 판결 255, 269
대법원 1996. 10. 25. 선고 96다29151 판결 323
대법원 1996. 11. 12. 선고 96다34061 판결 62
대법원 1996. 12. 23. 선고 95다40038 판결 436
대법원 1996. 2. 13. 선고 95다41406 판결 472
대법원 1996. 2. 9. 선고 95다27431 판결 59
대법원 1996. 3. 22. 선고 95다24302 판결 27
대법원 1996. 4. 12. 선고 94다37714, 37721 판결 116
대법원 1996. 4. 26. 선고 94다12074 판결 378
대법원 1996. 4. 26. 선고 94다34432 판결 295
대법원 1996. 5. 16. 선고 95누4810 전원합의체 판결 213
대법원 1996. 7. 12. 선고 94다52195 판결 600
대법원 1996. 7. 30. 선고 94다51840 판결 100
대법원 1996. 9. 10. 선고 95누18437 판결 162
대법원 1996. 9. 10. 선고 96다25463 판결 249
대법원 1997. 1. 24. 선고 96다26176 판결 277
대법원 1997. 11. 27. 자 97스4 결정 153
대법원 1997. 11. 28. 선고 97다32772, 32789 판결 400
대법원 1997. 12. 12. 선고 95다20775 판결 447
대법원 1997. 12. 12. 선고 95다38240 판결 536

대법원 1997. 5. 28. 선고 96다9508 판결	275
대법원 1997. 8. 22. 선고 96다26657 판결	404
대법원 1997. 8. 22. 선고 97다13023 판결	414
대법원 1997. 8. 29. 선고 97다12990 판결	589
대법원 1997. 8. 29. 선고 97다18059 판결	177
대법원 1997. 9. 30. 선고 97다23372 판결	450
대법원 1998. 1. 23. 선고 96다41496 판결	439
대법원 1998. 12. 22. 선고 98다42356 판결	552
대법원 1998. 12. 8. 선고 97다31472 판결	683
대법원 1998. 2. 10. 선고 97다44737 판결	411, 533
대법원 1998. 2. 27. 선고 97다38152 판결	434
대법원 1998. 3. 27. 선고 97다48982 판결	490
대법원 1998. 5. 22. 선고 96다24101 판결	86
대법원 1998. 5. 29. 선고 97다55317 판결	497
대법원 1998. 6. 12. 선고 97다53762 판결	479
대법원 1998. 8. 21. 선고 98다8974 판결	158
대법원 1999. 2. 12. 선고 98다45744 판결	338
대법원 1999. 3. 18. 선고 98다32175 전원합의체 판결	577
대법원 1999. 4. 23. 선고 98다45546 판결	385, 390
대법원 1999. 4. 23. 선고 99다4504 판결	219
대법원 1999. 6. 25. 선고 99다10363 판결	207
대법원 1999. 9. 7. 선고 99다27613 판결	69
대법원 2000. 1. 28. 선고 98다26187 판결	198
대법원 2000. 10. 27. 선고 2000다30349 판결	541
대법원 2000. 10. 6. 선고 2000다27923 판결	259
대법원 2000. 11. 24. 선고 99다12437 판결	162
대법원 2000. 12. 8. 선고 98두5279 판결	217
대법원 2000. 2. 11. 선고 99다49064 판결	316
대법원 2000. 2. 11. 선고 99다56833 판결	324
대법원 2000. 3. 23. 선고 99다64049 판결	434
대법원 2000. 4. 11. 선고 2000다3095 판결	133
대법원 2000. 4. 25. 선고 2000다11102 판결	665
대법원 2000. 5. 12. 선고 2000다12259 판결	388
대법원 2000. 5. 30. 선고 2000다2566 판결	482
대법원 2000. 6. 9. 선고 99다70860 판결	87
대법원 2000. 7. 6. 선고 99다51258 판결	362

대법원 2001. 1. 19. 선고 97다21604 판결	174
대법원 2001. 11. 27. 선고 2001므1353 판결	103
대법원 2001. 11. 9. 선고 2001다44291 판결	530
대법원 2001. 11. 9. 선고 2001다44987 판결	300
대법원 2001. 11. 9. 선고 2001다52568 판결	603
대법원 2001. 2. 9. 선고 99다38613 판결	294
대법원 2001. 3. 9. 선고 99다13157 판결	158
대법원 2001. 5. 29. 선고 2000다32161 판결	655
대법원 2001. 5. 29. 선고 2001다11765 판결	351
대법원 2001. 5. 29. 선고 2001다1782 판결	282
대법원 2001. 5. 29. 선고 99다55601, 55618 판결	427
대법원 2001. 6. 12. 선고 2001다3580 판결	692
대법원 2001. 8. 21. 선고 2001다22840 판결	672
대법원 2001. 9. 25. 선고 2000다24078 판결	83
대법원 2001. 9. 25. 선고 99다19698 판결	508
대법원 2001. 9. 28. 선고 99다72521 판결	638
대법원 2002. 1. 11. 선고 2001다41971 판결	150
대법원 2002. 1. 11. 선고 2001다65960 판결	138
대법원 2002. 10. 11. 선고 2001다59217 판결	500
대법원 2002. 10. 22. 선고 2002다38927 판결	329
대법원 2002. 10. 25. 선고 2002다32332 판결	685
대법원 2002. 11. 8. 선고 2002다35867 판결	560
대법원 2002. 2. 26. 선고 2000다25484 판결	633, 667
대법원 2002. 3. 12. 선고 2000다24184, 24191 판결	348
대법원 2002. 4. 26. 선고 2001다8097, 8103 판결	569
대법원 2002. 4. 9. 선고 99다47396 판결	281
대법원 2002. 5. 24. 선고 2000다72572 판결	261
대법원 2002. 5. 31. 선고 2002다1673 판결	56
대법원 2002. 6. 14. 선고 2000다38992 판결	453
대법원 2002. 6. 28. 선고 2001다49814 판결	494
대법원 2002. 6. 28. 선고 2002다23482 판결	334
대법원 2002. 9. 4. 선고 2000다54406, 54413 판결	330
대법원 2002. 9. 4. 선고 2002다28340 판결	565, 592
대법원 2003. 11. 27. 선고 2003다40422 판결	72
대법원 2003. 3. 14. 선고 2001다7599 판결	190
대법원 2003. 3. 28. 선고 2002다72125 판결	357

대법원 2003. 4. 11. 선고 2002다59481 판결	73
대법원 2003. 4. 11. 선고 2002다70884 판결	398
대법원 2003. 4. 25. 선고 2002다11 458 판결	342
대법원 2003. 4. 8. 선고 2002다64957, 64964 판결	588
대법원 2003. 5. 13. 선고 2003다10797 판결	543
대법원 2003. 5. 13. 선고 2003다16238 판결	651
대법원 2003. 5. 27. 선고 2002다69211 판결	195
대법원 2003. 5. 30. 선고 2002다21592, 21608 판결	239
대법원 2003. 5. 30. 선고 2003다15556 판결	455
대법원 2003. 6. 24. 선고 2002다48214 판결	369
대법원 2003. 6. 24. 선고 2003다7357 판결	350
대법원 2003. 7. 11. 선고 2001다73626 판결	221
대법원 2003. 7. 24. 선고 2001다48781 전원합의체 판결	5
대법원 2003. 7. 25. 선고 2002다27088 판결	183
대법원 2003. 7. 8. 선고 2002다74817 판결	188
대법원 2003. 8. 19. 선고 2003다24215 판결	564
대법원 2004. 1. 27. 선고 2003다45410 판결	61
대법원 2004. 2. 13. 선고 2002다7213 판결	631
대법원 2004. 2. 13. 선고 2003다43490 판결	469
대법원 2004. 2. 27. 선고 2003다15280 판결	182
대법원 2004. 5. 28. 선고 2003다70041 판결	367
대법원 2005. 1. 14. 선고 2002다57119 판결	594
대법원 2005. 10. 28. 선고 2005다28273 판결	647
대법원 2005. 10. 28. 선고 2005다45827 판결	90
대법원 2005. 11. 10. 선고 2005다41818 판결	628
대법원 2005. 11. 8. 자 2005마541 결정	544
대법원 2005. 12. 23. 선고 2003다30159 판결	179
대법원 2005. 2. 17. 선고 2004다59959 판결	667
대법원 2005. 3. 25. 선고 2004다65336 판결	186
대법원 2005. 4. 15. 선고 2003다60297, 60303, 60310, 60327 판결	137
대법원 2005. 5. 27. 선고 2004다43824 판결	386, 444
대법원 2005. 7. 21. 선고 2002다1178 전원합의체 판결	7, 16
대법원 2005. 9. 9. 선고 2005다34407 판결	340
대법원 2006. 10. 12. 선고 2004다48515 판결	426
대법원 2006. 10. 26. 선고 2006다29020 판결	245
대법원 2006. 10. 27. 선고 2004다63408 판결	198

대법원 2006. 11. 10. 선고 2004다10299 판결	370
대법원 2006. 11. 23. 선고 2004다44285 판결	65
대법원 2006. 11. 23. 선고 2005다13288 판결	265, 417
대법원 2006. 11. 24. 선고 2005다39594 판결	277
대법원 2006. 11. 24. 선고 2006다35766 판결	561
대법원 2006. 12. 21. 선고 2006다69141 판결	463
대법원 2006. 12. 7. 선고 2006다41457 판결	385
대법원 2006. 3. 10. 선고 2002다1321 판결	364
대법원 2006. 3. 24. 선고 2005다48253 판결	345
대법원 2006. 4. 14. 선고 2004다70253 판결	647
대법원 2006. 6. 15. 선고 2004다10909 판결	193
대법원 2006. 7. 4. 선고 2004다30675 판결	60
대법원 2006. 8. 24. 선고 2004다26287, 26294 판결	606
대법원 2006. 9. 22. 선고 2004다51627 판결	128
대법원 2007. 1. 11. 선고 2006다33364 판결	624
대법원 2007. 1. 25. 선고 2005다67223 판결	74
대법원 2007. 11. 16. 선고 2005다71659, 71666, 71673 판결	135
대법원 2007. 11. 29. 선고 2007다54849 판결	679
대법원 2007. 12. 20. 선고 2005다32159 전원합의체 판결	288
대법원 2007. 2. 15. 선고 2004다50426 전원합의체 판결	301
대법원 2007. 3. 29. 선고 2004다31302 판결	43
대법원 2007. 4. 12. 선고 2006다77593 판결	209
대법원 2007. 4. 19. 선고 2004다60072, 60089 전원합의체 판결	220
대법원 2007. 6. 1. 선고 2005다5812, 5829, 5836 판결	423
대법원 2007. 9. 20. 선고 2006다68902 판결	634
대법원 2008. 1. 31. 선고 2007다64471 판결	684
대법원 2008. 1. 31. 선고 2007다74713 판결	489
대법원 2008. 10. 23. 선고 2006다66272 판결	23
대법원 2008. 2. 14. 선고 2007다33224 판결	36
대법원 2008. 2. 14. 선고 2007다77569 판결	471
대법원 2008. 4. 24. 선고 2007다65665 판결	280
대법원 2008. 5. 8. 선고 2007다36933, 36940 판결	241
대법원 2008. 6. 12. 선고 2008다19973 판결	446
대법원 2008. 7. 24. 선고 2008다25299 판결	698
대법원 2009. 1. 15. 선고 2008다58367 판결	123, 131
대법원 2009. 11. 19. 자 2008마699 전원합의체 결정	200

대법원 2009. 12. 10. 선고 2009다63236 판결	172
대법원 2009. 2. 12. 선고 2008두20109 판결	645
대법원 2009. 4. 23. 선고 2006다81035 판결	23
대법원 2009. 5. 21. 선고 2009다17417 전원합의체	118
대법원 2009. 5. 28. 선고 2008다56392 판결	485
대법원 2009. 5. 28. 자 2007카기134 결정	13
대법원 2009. 7. 23. 선고 2009재다516 판결	21
대법원 2009. 7. 9. 선고 2009다14340 판결	654
대법원 2009. 9. 10. 선고 2009다23283 판결	311
대법원 2009. 9. 24. 선고 2009다39530 판결	680
대법원 2010. 10. 14. 선고 2010다53273 판결	661
대법원 2010. 12. 23. 선고 2008다75119 판결	286, 287
대법원 2010. 3. 25. 선고 2009다35743 판결	372
대법원 2010. 3. 25. 선고 2009다41465 판결	524
대법원 2010. 4. 29. 선고 2009다91828 판결	430
대법원 2010. 5. 27. 선고 2009다94841 판결	382
대법원 2010. 6. 24. 선고 2010다17284 판결	673
대법원 2010. 7. 15. 선고 2009다50308 판결	327, 332, 526
대법원 2010. 7. 22. 선고 2010다1456 판결	520
대법원 2010. 8. 26. 선고 2008다42416, 42423 판결	625, 643
대법원 2010. 9. 9. 선고 2007다42310, 42327 판결	225
대법원 2010. 9. 9. 선고 2010다28031 판결	656
대법원 2011. 10. 13. 선고 2010다80930 판결	641
대법원 2011. 3. 10. 선고 2010다13282 판결	598
대법원 2011. 4. 28. 선고 2008다15438 판결	181, 196
대법원 2011. 7. 14. 선고 2011다19737 판결	616
대법원 2011. 8. 18. 선고 2011다30871 판결	474
대법원 2012. 1. 26. 선고 2009다76546 판결	247
대법원 2012. 10. 25. 선고 2012다45566 판결	669
대법원 2012. 2. 9. 선고 2011다20034 판결	620
대법원 2012. 3. 22. 선고 2010다28840 전원합의체판결	570
대법원 2012. 3. 29. 선고 2011다101308 판결	527
대법원 2012. 8. 30. 선고 2010다54566 판결	600
대법원 2013. 11. 14. 선고 2013다18622, 18639 판결	663
대법원 2013. 11. 14. 선고 2013다65178 판결	605
대법원 2013. 11. 28. 선고 2011다41741 판결	192

대법원 2013. 12. 18. 선고 2012다89399 전원합의체 판결	32
대법원 2013. 2. 15. 선고 2012다49292 판결	375
대법원 2013. 2. 28. 선고 2011다21556 판결	699
대법원 2013. 4. 25. 선고 2012다118594 판결	109
대법원 2013. 5. 16. 선고 2012다202819 전원합의체판결	686
대법원 2013. 5. 23. 선고 2013다12464 판결	693
대법원 2014. 1. 17.자 2013마1801 결정	191
대법원 2014. 1. 23. 선고 2013다64793 판결	697
대법원 2014. 11. 13. 선고 2010다63591 판결	659
대법원 2014. 11. 27. 선고 2013다49794 판결	406
대법원 2014. 3. 27. 선고 2012다106607 판결	528
대법원 2014. 4. 10. 선고 2012다54997 판결	429
대법원 2014. 4. 10. 선고 2013다59753 판결	361
대법원 2014. 5. 16. 선고 2012다20604 판결	642
대법원 2014. 5. 29. 선고 2012다44518 판결	31
대법원 2014. 6. 12. 선고 2011다76105 판결	610
대법원 2015. 1. 15. 선고 2014다216072 판결	328
대법원 2015. 2. 12. 선고 2014다228440 판결	648
대법원 2015. 2. 12. 선고 2014다41223 판결	355
대법원 2015. 5. 14. 선고 2014다16494 판결	653
대법원 2015. 5. 28. 선고 2014다81474 판결	674
대법원 2015. 6. 11. 선고 2015다200227 판결	700
대법원 2016. 10. 27. 선고 2015다239744 판결	671
대법원 2016. 10. 27. 선고 2016다25140 판결	629
대법원 2016. 3. 24. 선고 2015다11281 판결	318
대법원 2016. 5. 26. 선고 2016다203315 판결	448
대법원 2016. 8. 24. 선고 2016다222453 판결	178
대법원 2017. 12. 1.자 2017그661 결정	206
대법원 2017. 2. 15. 선고 2014다19776, 19783 판결	262
대법원 2017. 2. 3. 선고 2016다259677 판결	290
대법원 2017. 4. 28. 선고 2016다239840 판결	672
대법원 2017. 4. 7. 선고 2014다234827 판결	298
대법원 2017. 4. 7. 선고 2016다35451 판결	662
대법원 2017. 6. 29. 선고 2017다213838 판결	510
대법원 2017. 6. 8. 선고 2016다249557 판결	45
대법원 2017. 6. 8. 선고 2017다3499 판결	503, 531

대법원 2018. 10. 18. 선고 2015다232316 전원합의체 판결	613
대법원 2018. 2. 28. 선고 2016다45779 판결	596
대법원 2018. 3. 27. 선고 2015다12130 판결	54
대법원 2018. 4. 12. 선고 2017다229536 판결	393
대법원 2018. 4. 26. 선고 2017다288757 판결	42
대법원 2018. 5. 17. 선고 2016다35833 판결	38
대법원 2018. 6. 28. 선고 2018다201702 판결	562
대법원 2018. 7. 19. 선고 2018다22008 전원합의체 판결	611
대법원 2018. 7. 20.자 2017마1565 결정	216
대법원 2018. 7. 24. 선고 2017다2472 판결	496
대법원 2018. 7. 26. 선고 2016다242334 판결	258
대법원 2019. 1. 17. 선고 2015다227000 판결	284
대법원 2019. 3. 14. 선고 2018두56435 판결	626
대법원 2019. 6. 27. 선고 2017다244054 판결	211
대법원 2019. 7. 25. 선고 2019다212945 판결	643
대법원 2020. 1. 30. 선고 2019다280375 판결	358
대법원 2020. 2. 6. 선고 2019다223723 판결	636
대법원 2020. 4. 29. 선고 2019다226135 판결	24
대법원 2021. 1. 14. 선고 2018다223054 판결	27, 545
대법원 2021. 3. 11. 선고 2020다253430 판결	556
대법원 2021. 6. 10.자 2020스596 결정	140
대법원 2021. 6. 30. 선고 2019다276338 판결	49
대법원 2022. 12. 29.선고 2022다266645 판결	554
대법원 2022. 5. 26. 선고 2019다213344 판결	125
대법원 2022. 8. 25. 선고 2018다261605 판결	223

이 준 영
- 전북대학교 법학전문대학원 교수
- 독일 예나(Jena) 대학교 법학박사(민법)

민법판례 – 총칙편 –

2022년 12월 25일 초판 1쇄 인쇄
2022년 12월 30일 초판 1쇄 발행

저 자	이 준 영 · 著
발 행 처	도서출판 에듀컨텐츠휴피아
발 행 인	李 相 烈
등록번호	제2017-000042호 (2002년 1월 9일 신고등록)
주 소	서울 광진구 자양로 28길 98, 동양빌딩
전 화	(02) 443-6366
팩 스	(02) 443-6376
e-mail	iknowledge@naver.com
web	http://cafe.naver.com/eduhuepia
만든사람들	기획·김수아 / 책임편집·이진훈 김예빈 최은성 하지수 디자인·유충현 / 영업·이순우

ISBN 978-89-6356-432-6 (93360)
정 가 43,000원

ⓒ 2022, 이준영, 도서출판 에듀컨텐츠휴피아

이 책은 저작권법에 따라 보호받는 저작물이므로 무단전재와 무단복제를 금지하며, 책 내용의 전부 또는 일부를 이용하려면 반드시 저작권자 및 도서출판 에듀컨텐츠휴피아의 서면 동의를 받아야 합니다.